LIBERALIS

Textausgaben schweizerischer
Gesetzeswerke
Band 1:
Schweizerisches Zivilgesetzbuch

ZGB

Schweizerisches Zivilgesetzbuch

Vollständige Textausgabe
mit wichtigen Nebengesetzen
und Verordnungen

16. Auflage 2004

Herausgegeben von
Dr. iur. Peter Weimar
Professor der Universität Zürich

Stand der Gesetzgebung: 1. 7. 2004

Alle Teile des Werkes, insbesondere dessen textliche
Gestaltung und Anordnung, Satzbild und
Sachregister, unterliegen den Bestimmungen des
Urheberrechts. Jede Verwertung ausserhalb der Grenzen
des Urheberrechtsgesetzes ist ohne Zustimmung
des Verlags unzulässig. Insbesondere gilt dies für
Vervielfältigungen und Fotokopien, Mikroverfilmungen
und die Einspeicherung und Verarbeitung in
elektronischen Systemen.

© dieser Ausgabe:
Liberalis Verlag AG, Zürich, 1992
  6. Auflage (Neuausgabe von P. Weimar) 1997
  7. Auflage 1998
  8. Auflage 1999
  9. Auflage 2000
10. Auflage 2001
11. Auflage 2001
12. Auflage 2001
13. Auflage 2002
14. Auflage 2002
15. Auflage 2003
16. Auflage 2004
ISBN 3-906709-44-2
ISBN 3-906709-46-9 (Doppelband)

INHALTSÜBERSICHT

	Seite
Vorwort	7
Einführung	9
Abkürzungen	17
Schweizerisches Zivilgesetzbuch	21
Inhaltsverzeichnis	23
Ingress	53
Einleitung	55
Personenrecht	57
Familienrecht	79
Erbrecht	173
Sachenrecht	215
Schlusstitel	303
Altes Ehegüter- und Erbrecht	327
Zivilstandsverordnung	347
Erwerb von Grundstücken durch Personen im Ausland: Bewilligungsgesetz	383
Erwerb von Grundstücken durch Personen im Ausland: Bewilligungsverordnung	403
Grundbuchverordnung	419
Gerichtsstandsgesetz	473
IPR-Gesetz	485
Sachregister	537

VORWORT

Die Neuausgabe der beliebten Studienausgaben des Schweizerischen Zivilgesetzbuchs und des Obligationenrechts des Liberalis Verlages, bisher von RA. Prof. H. Giger herausgegeben, wurde völlig neu bearbeitet. Grösster Wert wurde auf Übersichtlichkeit und gute Lesbarkeit der Texte gelegt. Auf eine Kommentierung wurde verzichtet; doch werden die Gesetze durch ein genaues Inhaltsverzeichnis und ein reichhaltiges, gründlich überarbeitetes Sachregister erschlossen.

Zürich, den 25. September 1997   P. Weimar

Die 16. Auflage wurde im Hinblick auf die Bedürfnisse in Unterricht und Praxis stark erweitert. Sie enthält, neben dem Schweizerischen Zivilgesetzbuch, neu: die neue Zivilstandsverordnung vom 28. April 2004, das Bundesgesetz nebst Verordnung über den Erwerb von Grundstücken durch Personen im Ausland (Bewilligungsgesetz und -verordnung), die Grundbuchverordnung, das Gerichtsstandsgesetz und das IPR-Gesetz. Alles auf dem neuesten Stand der Gesetzgebung. Im Zivilgesetzbuch wurden die Änderungen der Art. 678 und 745 im Rahmen der «Agrarpolitik 2007», der durch die 1. BVG-Revision geänderte Art. 89 Abs. 6, die neue Trennungsfrist im Scheidungsrecht und die am 1. Juli 2004 in Kraft tretenden Bestimmungen über die elektronische Führung der Personenstandsregister nachgetragen.

Zürich, den 18. Juni 2004   P. Weimar

EINFÜHRUNG

Recht sind diejenigen Regeln menschlichen Verhaltens, über deren Befolgung staatliche Organe wachen. Zivilrecht oder Privatrecht nennt man den Teil der Rechtsordnung, der die Beziehungen der Individuen zueinander regelt. Das Zivilrecht arbeitet nicht in erster Linie mit Geboten und Verboten. Es anerkennt vielmehr die Fähigkeit des einzelnen, seine Angelegenheiten selbst zu ordnen (Privatautonomie), Rechte und Pflichten zu haben und über seine Person selbst zu bestimmen, es stellt ihm die Eltern, den Ehegatten, Kinder und Verwandte zur Seite; es lässt die Vermögen verstorbener Angehöriger auf ihn übergehen; es ordnet ihm Sachen, immaterielle Güter sowie Leistungen zu. Das schweizerische Zivilrecht (ohne das Immaterialgüter-Recht) ist im Schweizerischen Zivilgesetzbuch vom 10. Dezember 1907 (ZGB) mit den vier Teilen Personenrecht, Familienrecht, Erbrecht und Sachenrecht und im Bundesgesetz betreffend die Ergänzung des Schweizerischen Zivilgesetzbuches (Fünfter Teil: Obligationenrecht) vom 30. März 1911 (OR), dem das Obligationenrecht vom 14. Juni 1881 zugrunde liegt, systematisch niedergelegt. Die Kodifikation wurde wie alle Bundesgesetze in den drei Amtssprachen beschlossen und trat als Ganzes am 1. Januar 1912 in Kraft. Die deutsche, französische und italienische Fassung sind gleichberechtigt; dagegen hat die von der Bundeskanzlei herausgegebene Übersetzung ins Bündner Romanische (Rumantsch Grischun) keine Gesetzeskraft.

1. Entstehungsgeschichte
Die alte Eidgenossenschaft hatte kein einheitliches Zivilrecht, und ein Anlauf der Helvetischen Republik zur Rechtsvereinheitlichung (5. Dezember 1798) scheiterte. Als 1848 der schweizerische Bundesstaat konstituiert wurde, erhielt der Bund keine Gesetzgebungskompetenz auf

dem Gebiet des Zivilrechts. Die meisten Kantone modernisierten und vereinheitlichten im Laufe des 19. Jh. ihr Zivilrecht, teils in Anlehnung an den französischen Code civil, der in Genf und im Berner Jura galt – so die Waadt (1819), das Tessin (1837), Freiburg (1834–49) sowie das Wallis und Neuenburg (1853) –, teils in Anlehnung an das österreichische Allgemeine Bürgerliche Gesetzbuch – so Bern (1824–30), Luzern (1831–39), Solothurn (1841–47) und der Aargau (1847–56). Der Stand Zürich gab sich 1853–55 eine eigenständige Kodifikation auf der Grundlage des gemeinen Rechts, das Privatrechtliche Gesetzbuch, das seinerseits die Gesetzbücher der Kantone Nidwalden (1851–59), Thurgau (1860), Graubünden (1862), Schaffhausen (1863–65), Glarus (1869–74) und Zug (1861–75) beeinflusste. Auch Appenzell-Ausserrhoden kodifizierte sein Zivilrecht in den Jahren 1860–61. In den übrigen Kantonen galten die alten Statutarrechte weiter.

Diese Rechtszersplitterung wurde besonders in Kreisen der Wirtschaft als Missstand empfunden. Konkordate zwischen den Kantonen, wie sie seit 1853, zuerst zur Vereinheitlichung des Wechselrechts, dann auch des Handelsrechts, angestrebt worden waren, vermochten dem nicht abzuhelfen. Bei der Totalrevision der Bundesverfassung (BV) am 19. April 1874 erhielt der Bund endlich durch Art. 64 BV die Gesetzgebungskompetenz über die persönliche Handlungsfähigkeit und alle auf Handel und Mobiliarverkehr bezüglichen Rechtsverhältnisse (Obligationenrecht mit Inbegriff des Handels- und Wechselrechts) sowie über das Urheberrecht an Werken der Literatur und Kunst, das Betreibungsverfahren und das Konkursrecht; ferner leitete man aus Art. 54 BV die Zuständigkeit zur Gesetzgebung über Eheschliessung und -scheidung ab. Noch im selben Jahr 1874 wurden das Zivilstandswesen und die Ehe geregelt, und 1881 ergingen, nach 20jährigen Vorarbeiten, das «alte» Obligationenrecht mit 904 Artikeln in 34 Titeln und das Bundesgesetz betreffend die persönliche Handlungsfähigkeit. 1898 erhielt der Bund die Befugnis zur Gesetzgebung auch auf den übrigen Gebieten des Zivilrechts. Schon 1892 hatte der Berner Professor Eugen Huber mit der Ausarbeitung eines Entwurfs eines Zivilgesetzbuchs begonnen. Das ZGB mit 977 Artikeln in 25 Titeln nebst Schlusstitel mit 63 Artikeln wurde 15 Jahre später von den Eidgenössischen Räten einstimmig verabschiedet. Danach wurde der schuldrechtliche Teil des OR, die ersten 23 Titel (Art. 1–551), überarbeitet und dem ZGB angepasst. Schuldübernahme, Grundstückskauf, Versteigerung, Schenkung, Mäklervertrag und Verpfründung wurden neu aufgenommen; der 6. Titel über dingliche Rechte an beweglichen Sachen und der 28. Titel über Vereine wurden gestrichen, weil beides nun im ZGB geregelt war.

2. Inhalt

Im Aufbau folgt die Kodifikation dem sog. Pandektensystem, das im 19. Jahrhundert zur Darstellung des aus dem römischen Recht entstandenen gemeinen Rechts verwendet wurde und das auch dem deutschen Bürgerlichen Gesetzbuch zugrunde liegt. Allerdings fehlt der schweizerischen Kodifikation der für das Pandektensystem typische allgemeine Teil. Die entsprechenden Vorschriften stehen in der Einleitung (Art. 1–10) und im Personenrecht (Art. 11–89) des ZGB sowie in den allgemeinen Bestimmungen (Art. 1–183) des OR. Berühmt ist Art. 1 ZGB, der das Gericht, früher: den Richter, für den Fall einer Lücke im Gesetz anweist, nach der Regel zu entscheiden, die er als Gesetzgeber aufstellen würde. Ebenso wichtig ist Art. 2 ZGB, wonach jedermann in der Ausübung seiner Rechte und in der Erfüllung seiner Pflichten nach dem Grundsatz von Treu und Glauben (lat. ‹bona fides›) zu handeln hat.

Das ZGB regelt (nach den Einleitungsartikeln): im Personenrecht (Art. 11–89) die natürlichen und die juristischen Personen, im Familienrecht (Art. 90–456) Ehe, Verwandtschaft (vor allem das Kindesverhältnis) und Vormundschaft, im Erbrecht (Art. 457–640) die gesetzliche Erbfolge und die Verfügungen von Todes wegen sowie den Erbgang, d. h. die «Schritte» der Beteiligten zur Verwirklichung der ersteren, im Sachenrecht (Art. 641–977) das Eigentum, die beschränkten dinglichen Rechte (Dienstbarkeiten und Grundlasten, Grundpfand und Fahrnispfand) sowie Besitz und Grundbuch; der Schlusstitel enthält Anwendungs- und Ausführungsbestimmungen. Das Obligationenrecht wurde 1911 in drei Abteilungen gegliedert: allgemeine Bestimmungen (Art. 1–183), einzelne Vertragsverhältnisse (Art. 184–551) sowie Handelsgesellschaften, Wertpapiere und Geschäftsfirmen (Art. 552–715 und 720–880).

3. Weiterentwicklung

Die Kodifikation wurde seit ihrem Inkrafttreten immer wieder geändert und neuen Bedürfnissen angepasst.

a) **ZGB:** Im Jahr 1930 wurden die Art. 916–918 ZGB durch das PfandbriefG. ersetzt. Seit 1940 erfolgten aus landwirtschafts- und bodenpolitischen Gründen zahlreiche Änderungen des bäuerlichen Erbrechts (Art. 619 ff.) und des Immobiliarsachenrechts, zuletzt durch die BGe vom 4.10.1991 über die Teilrevision des ZGB (Immobiliarsachenrecht) und des OR (Grundstückskauf) sowie über das bäuerliche Bodenrecht (BGBB). 1963 änderte man die Vorschriften über das Miteigentum und führte das Stockwerkeigentum ein (v.a. Art. 647–650, 712a–712t). 1983 wurde der Schutz der Persönlichkeit, besonders gegenüber den Medien, ausgebaut (Art. 27–28l). Die bedeutendsten Änderungen sind aber im Familienrecht erfolgt: Nachdem 1972 die Adoption neu geregelt worden war (Art. 264–269c), wurden 1976 die Entstehung und die Wirkungen des Kindesverhältnisses novelliert (Art. 252–327) und die ausserehelichen den ehelichen Kindern gleichgestellt. 1978 wurde die fürsorgerische Freiheitsentziehung gesetzlich geregelt (Art. 397a–397f), und 1984 wurden die Wirkungen der

Ehe im allgemeinen (Art. 159–180), das Güterrecht (Art. 181–251; ordentlicher Güterstand: Errungenschaftsbeteiligung) und das Erbrecht des überlebenden Ehegatten (Art. 462 ff.) neu geordnet und Eheleute einander gleichgestellt (in Kraft seit dem 1.1.1988). Durch die Änderung des Bürgerrechtsgesetzes im Jahr 1990 wurden die Auswirkungen von Personenstandsänderungen auf das Kantons- und Gemeindebürgerrecht modifiziert. 1994 wurde das Mündigkeitsalter auf 18 Jahre herabgesetzt. 1998 hat man unter anderm die Beurkundung des Personenstandes (Art. 39–49) sowie Eheschliessung und Scheidung (Art. 90–149) neu geregelt und die Bestimmungen über die Familienheimstätte (Art. 349–358) aufgehoben (in Kraft ab 1. Jan. 2000).

b) OR: Die 1911 in die Wege geleitete Neubearbeitung der 3. Abteilung des OR kam erst 1936 zum Abschluss: Die Materie wurde ausführlicher geregelt (505 statt 324 Artikel) und neu gegliedert: 3. Abt.: Die Handelsgesellschaften und die Genossenschaft, Art. 552–926; 4. Abt.: Handelsregister, Geschäftsfirmen und kaufmännische Buchführung, Art. 927–964; 5. Abt.: Die Wertpapiere, Art. 965–1156. Als eine weitere Art Handelsgesellschaft wurde die GmbH zugelassen (Art. 772–827); das Wechsel- und Checkrecht (Art. 990–1144) wurde den Genfer Abkommen von 1930 und 1931 angepasst. Die Vorschriften über Grundstückskauf (Art. 216 ff.) und Pacht (Art. 275 ff.) wurden seit 1940 wiederholt geändert. 1941 wurde das Bürgschaftsrecht revidiert (Art. 492–512). Neu wurden im Gesetz verankert: der Agenturvertrag (Art. 418a–418v) und die Gläubigergemeinschaft bei Anleihensobligationen (Art. 1157–1186) im Jahr 1949 sowie der Abzahlungs- und der Vorauszahlungsvertrag (Art. 226a ff.) im Jahr 1962 und die sog. Haustürgeschäfte und ähnlichen Verträge (Art. 40a–g) im Jahr 1990, geändert 1993. Der Titel Dienstvertrag (Art. 319–361) wurde nach wiederholten Änderungen 1971 durch eine umfassende, zeitgemässe Kodifikation des Arbeitsrechts im Rahmen des OR ersetzt (seither weitere Änderungen). Nachdem erstmals 1970 Kündigungsbeschränkungen bei Miete von Wohn- und Geschäftsräumen in das Gesetz übernommen worden waren, wurde das gesamte Miet- und Pachtrecht (Art. 253–304, 8. Titel und 8. Titel^{bis}) 1989 vollständig revidiert. 1991 wurde das Aktienrecht (Art. 620 ff.) novelliert. 1998 wurde der Auftrag zur Ehevermittlung oder zur Partnerschaftsvermittlung als klagbar anerkannt und geregelt (Art. 406a–406h, in Kraft ab 1. Jan. 2000).

4. Würdigung

Das Schweizerische Zivilgesetzbuch und das deutsche Bürgerliche Gesetzbuch stehen als die beiden grossen zivilrechtlichen Kodifikationen aus der Zeit der Wende des 19. Jahrhunderts selbständig und gleichrangig nebeneinander. Beide sind nach ihren Strukturen und unzähligen Einzelregelungen charakteristische Kodifikationen des gemeinen Rechts. Allerdings hat man sich schon beim Erlass des OR nicht allein an die gemeinrechtlichen Vorbilder – die Zürcher Kodifikation von 1853–55, das Allgemeine Deutsche Handelsgesetzbuch von 1861 und den Dresdner Entwurf eines allgemeinen deutschen Gesetzes über Schuldverhältnisse von 1866 – gehalten, sondern auch Bestimmungen des französischen Rechts rezipiert, um nicht nur den Traditionen der deutschen, sondern auch der welschen Schweiz gerecht zu werden. Der Wunsch, ein volkstümliches Gesetzbuch zu schaffen, führte beim Erlass des ZGB zu einer stärkeren Berücksichtigung partikularer Rechtsüberlieferungen. Aus demselben Grund pflegt das ZGB eine schlichte Sprache und vermeidet komplizierte und abstrakte, nur dem Juristen zugängliche Formulierungen; es befleissigt sich der Kürze, verzichtet aber auch oft auf die erwünschte genauere Regelung einzelner Fragen. Die Kodifikation nimmt auf die speziellen Interessen einzelner Berufsstände besonders Rücksicht, vor allem durch das Arbeits- und das Handelsrecht und durch das bäuerliche

Erbrecht, das jetzt allerdings im BGBB geregelt ist. Dadurch wird in einzigartiger Weise das Sonderprivatrecht in das Zivilrecht integriert, «weil» – so die Botschaft des Bundesrates zum Entwurf des OR vom 27. November 1879 – «die demokratische Gesinnung des Schweizervolkes jeder Sonderstellung eines Berufsstandes entschieden abgeneigt ist und die gleichmässig verbreitete Schulbildung und geschäftliche Begabung des Volkes diese Tendenz rechtfertigt». Die schweizerische Kodifikation, v. a. das ZGB, hat die Rechtsentwicklung im Ausland vielfältig beeinflusst, am stärksten im benachbarten Liechtenstein und in der Türkei.

5. Nebengesetze, Verordnungen, internationale Übereinkommen und kantonales Recht

Obwohl man die Kodifikation immer wieder ergänzt hat, wurden doch – ganz abgesehen vom Immaterialgüter-Recht – wichtige zivilrechtliche Materien und Einzelfragen in Spezialgesetzen geregelt, die man im Verhältnis zur Kodifikation als Nebengesetze bezeichnen kann; technische, ins einzelne gehende Vorschriften haben in Verordnungen ihren Platz gefunden; länderübergreifende Probleme wurden in internationalen Übereinkommen geregelt. Die Kodifikation selbst enthält eine Reihe von Vorbehalten zugunsten kantonalen Rechts, und die Kantone haben ihre Kompetenzen durch immer wieder geänderte Einführungsgesetze zum ZGB ausgeübt.

Die praktisch wichtigsten Nebengesetze und Verordnungen sind in dieser Ausgabe des **«ZGB»** und im Parallelband **«OR»** abgedruckt. Weitere Bundesgesetze, Verordnungen und internationale Übereinkommen des Bundes auf dem Gebiet des Zivilrechts sind in den Ausgaben «Liberalis plus» enthalten. Was man dort nicht findet, suche man in der Systematischen Sammlung des Bundesrechts (SR 2.1–3 und 02.1–3) auf.

Literaturauswahl

E. Huber, System und Geschichte des schweizerischen Zivilrechts, 4 Bände, Basel 1886–93 – A. B. Schwarz, Das Schweizerische ZGB in der ausländischen Rechtsentwicklung, Zürich 1950 – P. Liver, H. Merz, Das Schweizerische ZGB. Entstehung und Bewährung, in: ZSR, n. F. 81 (1962) I, 9 ff. – Hundert Jahre schweizerisches OR. Jubiläumsschrift, hg. v. H. Peter, E. W. Stark, P. Tercier, Freiburg 1982 Kommentar zum Schweizerischen Zivilgesetzbuch, 48 Teile, 1.–3. Aufl., Zürich 1909 ff. (Zürcher Komm.) – Kommentar zum schweizerischen Privatrecht, hg. v. H. Hausheer, 51 Teile, 1.–3. Aufl., Bern 1910 ff. (Berner Komm.) – Kommentar zum schweizerischen Privatrecht, hg. v. H. Honsell u. a., 4 Bände, 2.–3. Aufl., Basel 2002/03 (Basler Komm.)

Schweizerisches Privatrecht/Traité de droit privé suisse, hg. v. M. Gutzwiller u. a., 8 Bände, Basel/Freiburg 1967 ff. – P. Tuor, Das Schweizerische ZGB, bearb. v. B. Schnyder, J. Schmid, A. Rumo-Jungo, 12. Aufl., Zürich 2002 – H. M. Riemer, Die Einleitungsartikel des Schweizerischen Zivilgesetzbuchs (Art. 1–10 ZGB), 2. Aufl., Bern 2003 – Derselbe, Personenrecht des ZGB, 2. Aufl., Bern 2002 – Chr. Brückner, Das Personenrecht des ZGB, Zürich 2000 – M. M. Pedrazzini, N. Oberholzer, Grundriss des Personenrechts, 4. Aufl., Bern 1993 – A. Bucher, Natürliche Personen und Persönlichkeitsschutz, 3. Aufl., Basel 1999 – A. Heini, Das schweizerische Vereinsrecht, Basel 1988 – C. Hegnauer, P. Breitschmid, Grundriss des Eherechts, 4. Aufl., Bern 2000 – Th. Sutter, D. Freiburghaus, Kommentar zum neuen Scheidungsrecht, Zürich 1999 – H. und M. Näf-Hofmann, Schweizerisches Ehe- und Erbrecht, Zürich 1998 – C. Hegnauer, Grundriss des Kindesrechts und des übrigen Verwandtschaftsrechts, 5. Aufl., Bern 1999 – H. M. Riemer, Grundriss des Vormundschaftsrechts, 2. Aufl., Bern 1997 – J. N. Druey, Grundriss des Erbrechts, 5. Aufl., Bern 2002

H. Rey, H. M. Riemer, Grundriss des schweizerischen Sachenrechts, 2 Bände, 2. Aufl., Bern 2000 – P. Simonius, T. Sutter, Schweizerisches Immobiliarsachenrecht, 2 Bände, Basel 1990/95

Th. Guhl, Das schweizerische Obligationenrecht, bearb. v. A. Koller, A. K. Schnyder, J. N. Druey, 9. Aufl., Zürich 2000 – E. Bucher, Schweizerisches Obligationenrecht, 2 Bände, 2.–3. Aufl., Zürich 1988 – P. Gauch, W. R. Schluep, J. Schmid, H. Rey, Schweizerisches Obligationenrecht, Allgemeiner Teil, ohne ausservertragliches Haftpflichtrecht, 8. Aufl., Zürich 2003 – H. Rey, Ausservertragliches Haftpflichtrecht, 3. Aufl., Zürich 2003 – C. Huguenin, Obligationenrecht. Allgemeiner Teil, Zürich 2004 – K. Oftinger, Schweizerisches Haftpflichtrecht, 2 Bände, 4.–5. Aufl., bearb. v. E. W. Stark, Zürich 1987/95 – I. Schwenzer, Schweizerisches Obligationenrecht, Allgemeiner Teil, 3. Aufl., Bern 2003 – H. Honsell, Schweizerisches Obligationenrecht, Besonderer Teil, 7. Aufl., Bern 2003 – Derselbe, Schweizerisches Haftpflichtrecht, 3. Aufl., Zürich 2000 – M. Rehbinder, Schweizerisches Arbeitsrecht, 15. Aufl., Bern 2002 – A. Meier-Hayoz, P. Forstmoser, Grundriss des schweizerischen Gesellschaftsrechts, 9. Aufl., Bern 2003 – P. Forstmoser, A. Meier-Hayoz, P. Nobel, Schweizerisches Aktienrecht, Bern 1996 – P. Jäggi, J. N. Druey, Chr. v. Greyerz, Wertpapierrecht unter besonderer Berücksichtigung von Wechsel und Check, Basel 1985 – A. Meier-Hayoz, H. C. v. d. Crone, Wertpapierrecht, 2. Aufl., Bern 2000

ABKÜRZUNGEN

AFG BG über die Anlagefonds v. 18.3.1994 (SR 951.31)
AHVG BG über die Alters- und Hinterlassenenversicherung v. 20.12.1946 (SR 831.10)
AS Amtliche Sammlung des Bundesrechts
AVEG BG über die Allgemeinverbindlicherklärung von Gesamtarbeitsverträgen v. 28.9.1956 (SR 221.215.311)
AVG BG über die Arbeitsvermittlung und den Personalverleih v. 6.10.1989 (SR 823.11)
BB Bundesbeschluss
BBl Bundesblatt
BEHG BG über die Börsen und den Effektenhandel v. 24.3.1995 (SR 954.1)
BewG BG über den Erwerb von Grundstücken durch Personen im Ausland v. 16.12.1983 (SR 211.412.41)
BewV V über den Erwerb von Grundstücken durch Personen im Ausland v. 1.10.1984 (SR 211.412.411)
BG Bundesgesetz
BGBB BG über das bäuerliche Bodenrecht v. 4.10.1991 (SR 211.412.11)
BGBM BG über den Binnenmarkt v. 6.10.1995 (SR 943.02)
BGer Bundesgericht
BR Bundesrat
BRB Bundesratsbeschluss
BS Bereinigte Sammlung der Bundesgesetze und Verordnungen (1848–1947)
BüG BG über Erwerb und Verlust des Schweizer Bürgerrechts v. 29.9.1952 (SR 141.0)
BV Bundesverfassung der Schweizerischen Eidgenossenschaft v. 29.5.1874 (SR 101)
BVers Bundesversammlung
BVG BG über die berufliche Alters-, Hinterlassenen- und Invalidenvorsorge v. 25.6.1982 (SR 831.40)
Dep Departement
DSG BG über den Datenschutz v. 19.6.1992 (SR 235.1)
EHG BG betreffend die Haftpflicht der Eisenbahn- und Dampfschiffahrtsunternehmungen und der Post v. 28.3.1905 (SR 221.112.742)
EigVV V des BGer betreffend die Eintragung der Eigentumsvorbehalte v. 19.12.1910 (SR 211.413.1)

ELG	BG über Ergänzungsleistungen zur Alters-, Hinterlassenen- und Invalidenversicherung v. 19.3.1965 (SR 831.30)
FMedG	BG über die medizinisch unterstützte Fortpflanzung v. 18.12.1998 (SR 814.90)
FusG	Fusionsgesetz v. 3.10.2003 (SR 221.301)
GBV	V betreffend das Grundbuch v. 22.2.1910 (SR 211.432.1)
GeBüV	V über die Führung und Aufbewahrung der Geschäftsbücher v. 24.4.2002 (SR 221.435)
GestG	BG über den Gerichtsstand in Zivilsachen v. 24.3.2000 (SR 272)
GlG	BG über die Gleichstellung von Frau und Mann v. 24.3.1995 (SR 151.1)
Haager Kaufrecht	Übereinkommen betreffend das auf internationale Kaufverträge über bewegliche körperliche Sachen anzuwendende Recht v. 15.6.1955 (SR 0.221.211.4)
HRegV	Handelsregisterverordnung v. 7.6.1937 (SR 221.411)
IPRG	BG über das Internationale Privatrecht v. 18.12.1987 (SR 291)
IVG	BG über die Invalidenversicherung v. 19.6.1959 (SR 831.20)
KG	BG über Kartelle und andere Wettbewerbsbeschränkungen v. 6.10.1995 (SR 251)
KKG	BG über den Konsumkredit v. 23.3.2001 (SR 221.214.1)
KVG	BG über die Krankenversicherung v. 18.3.1994 (SR 832.10)
LPG	BG über die landwirtschaftliche Pacht v. 4.10.1985 (SR 221.213.2)
Luganer Übereinkommen	Übereinkommen über die gerichtliche Zuständigkeit und die Vollstreckung gerichtlicher Entscheidungen in Zivil- und Handelssachen v. 16.9.1988 (SR 0.275.11)
MStG	Militärstrafgesetz v. 13.6.1927 (SR 321.0)
OG	BG über die Organisation der Bundesrechtspflege (Bundesrechtspflegegesetz) v. 16.12.1943 (SR 173.110)
OR	BG betreffend die Ergänzung des Schweizerischen Zivilgesetzbuchs (5. Teil: Obligationenrecht) v. 30.3.1911 (SR 220)
PBV	V über die Bekanntgabe von Preisen v. 11.12.1978 (SR 942.211)
PfG	Pfandbriefgesetz v. 25.6.1930 (SR 211.423.4)
PrHG	BG über die Produktehaftpflicht v. 18.6.1993 (SR 221.112.944)
PüG	Preisüberwachungsgesetz v. 20.12.1985 (SR 942.20)

RO	Recueil officiel des lois fédérales
RS	Recueil systématique du droit fédéral
SchKG	BG über Schuldbetreibung und Konkurs v. 11.4.1889 (SR 281.1)
SchlB	Schlussbestimmungen
SchlT	Schlusstitel des ZGB: Anwendungs- und Ausführungsbestimmungen
SR	Systematische Sammlung des Bundesrechts (Systematische Rechtssammlung)
StGB	Schweizerisches Strafgesetzbuch v. 21. 12. 1937 (SR 311.0)
SVG	Strassenverkehrsgesetz v. 19.12.1958 (SR 741.01)
UeD	Übergangsbestimmungen
UWG	BG gegen den unlauteren Wettbewerb v. 19.12.1986 (SR 241)
V	Verordnung
VKKG	V zum Konsumkreditgesetz v. 6. 11. 2002 (SR 221.214.11)
VMWG	V über die Miete und Pacht von Wohn- und Geschäftsräumen v. 9.5.1990 (SR 221.213.11)
VPV	V betreffend die Viehverpfändung v. 30.10.1917 (SR 211.423.1)
VVG	BG über den Versicherungsvertrag v. 2.4.1908 (SR 221.229.1)
Wiener Kaufrecht	Übereinkommen der Vereinten Nationen über Verträge über den internationalen Warenkauf v. 11.4.1980 (SR 0.221.211.1)
ZGB	Schweizerisches Zivilgesetzbuch v. 10.12.1907 (SR 210)
ZStV	Zivilstandsverordnung v. 28.4.2004 (SR 211.112.1)

Schweizerisches Zivilgesetzbuch

INHALTSVERZEICHNIS

EINLEITUNG .... Seite 55

A. Anwendung des Rechts	Art. 1
B. Inhalt der Rechtsverhältnisse	
I. Handeln nach Treu und Glauben	Art. 2
II. Guter Glaube	Art. 3
III. Gerichtliches Ermessen	Art. 4
C. Verhältnis zu den Kantonen	
I. Kantonales Zivilrecht und Ortsübung	Art. 5
II. Öffentliches Recht der Kantone	Art. 6
D. Allgemeine Bestimmungen des Obligationenrechtes	Art. 7
E. Beweisregeln	
I. Beweislast	Art. 8
II. Beweis mit öffentlicher Urkunde	Art. 9
III. Beweisvorschriften	Art. 10

ERSTER TEIL
DAS PERSONENRECHT .... Seite 57

Erster Titel
DIE NATÜRLICHEN PERSONEN

Erster Abschnitt
Das Recht der Persönlichkeit

A. Persönlichkeit im allgemeinen	
I. Rechtsfähigkeit	Art. 11
II. Handlungsfähigkeit	Art. 12
III. Handlungsunfähigkeit	Art. 17
IV. Verwandtschaft und Schwägerschaft	Art. 20
V. Heimat und Wohnsitz	Art. 22
B. Schutz der Persönlichkeit	
I. Vor übermässiger Bindung	Art. 27
II. Gegen Verletzungen	Art. 28
III. Recht auf den Namen	Art. 29

C. Anfang und Ende der Persönlichkeit
    I. Geburt und Tod .... Art. 31
    II. Beweis .... Art. 32
    III. Verschollenerklärung .... Art. 35

Zweiter Abschnitt
Die Beurkundung des Personenstandes
A. Register
    I. Allgemeines .... Art. 39
    II. Meldepflicht und Datenschutz .... Art. 40
    III. Nachweis nicht streitiger Angaben .... Art. 41
    IV. Bereinigung .... Art. 42
B. Organisation
    I. Zivilstandsbehörden .... Art. 44
    II. Haftung .... Art. 46
    III. Disziplinarmassnahmen .... Art. 47
C. Ausführungsbestimmungen
    I. Bundesrecht .... Art. 48
    II. Kantonales Recht .... Art. 49

Zweiter Titel
DIE JURISTISCHEN PERSONEN

Erster Abschnitt
Allgemeine Bestimmungen
A. Persönlichkeit .... Art. 52
B. Rechtsfähigkeit .... Art. 53
C. Handlungsfähigkeit
    I. Voraussetzung .... Art. 54
    II. Betätigung .... Art. 55
D. Wohnsitz .... Art. 56
E. Aufhebung
    I. Vermögensverwendung .... Art. 57
    II. Liquidation .... Art. 58
F. Vorbehalt des öffentlichen und des
Gesellschafts- und Genossenschaftsrechtes .... Art. 59

Zweiter Abschnitt
Die Vereine
A. Gründung
    I. Körperschaftliche Personenverbindung .... Art. 60
    II. Eintragung .... Art. 61
    III. Vereine ohne Persönlichkeit .... Art. 62
    IV. Verhältnis der Statuten zum Gesetz .... Art. 63

B. Organisation
    I. Vereinsversammlung .... Art. 64
    II. Vorstand .... Art. 69
C. Mitgliedschaft
    I. Ein- und Austritt .... Art. 70
    II. Beitragspflicht .... Art. 71
    III. Ausschliessung .... Art. 72
    IV. Stellung ausgeschiedener Mitglieder .... Art. 73
    V. Schutz des Vereinszweckes .... Art. 74
    VI. Schutz der Mitgliedschaft .... Art. 75
D. Auflösung
    I. Auflösungsarten .... Art. 76
    II. Löschung des Registereintrages .... Art. 79

Dritter Abschnitt
Die Stiftungen
A. Errichtung
    I. Im allgemeinen .... Art. 80
    II. Form der Errichtung .... Art. 81
    III. Anfechtung .... Art. 82
B. Organisation .... Art. 83
C. Aufsicht .... Art. 84
D. Umwandlung der Stiftung
    I. Änderung der Organisation .... Art. 85
    II. Änderung des Zweckes .... Art. 86
E. Familienstiftungen und kirchliche Stiftungen ...... Art. 87
F. Aufhebung
    I. Von Gesetzes wegen und durch das Gericht .... Art. 88
    II. Klagerecht und Löschung im Register .... Art. 89
G. Personalfürsorgestiftungen .... Art. 89 [bis]

ZWEITER TEIL
DAS FAMILIENRECHT .... Seite 79

ERSTE ABTEILUNG
DAS EHERECHT

Dritter Titel
DIE ESCHESCHLIESSUNG

Erster Abschnitt
Das Verlöbnis
A. Verlobung .... Art. 90
B. Auflösung des Verlöbnisses
   I. Geschenke .... Art. 91
   II. Beitragspflicht .... Art. 92
   III. Verjährung .... Art. 93

Zweiter Abschnitt
Die Ehevoraussetzungen
A. Ehefähigkeit .... Art. 94
B. Ehehindernisse
   I. Verwandtschaft und Stiefkindverhältnis .... Art. 95
   II. Frühere Ehe .... Art. 96

Dritter Abschnitt
Vorbereitung der Eheschliessung und Trauung
A. Grundsätze .... Art. 97
B. Vorbereitungsverfahren
   I. Gesuch .... Art. 98
   II. Durchführung und Abschluss des
      Vorbereitungsverfahrens .... Art. 99
   III. Fristen .... Art. 100
C. Trauung
   I. Ort .... Art. 101
   II. Form .... Art. 102
D. Ausführungsbestimmungen .... Art. 103

Vierter Abschnitt
Die Eheungültigkeit
A. Grundsatz .... Art. 104
B. Unbefristete Ungültigkeit
   I. Gründe .... Art. 105

II. Klage .... Art. 106
C. Befristete Ungültigkeit
    I. Gründe .... Art. 107
    II. Klage .... Art. 108
D. Wirkungen des Urteils .... Art. 109
E. Zuständigkeit und Verfahren .... Art. 110

Vierter Titel
DIE EHESCHEIDUNG UND DIE EHETRENNUNG

Erster Abschnitt
Die Scheidungsvoraussetzungen
A. Scheidung auf gemeinsames Begehren
    I. Umfassende Einigung .... Art. 111
    II. Teileinigung .... Art. 112
    III. Wechsel zur Scheidung auf Klage .... Art. 113
B. Scheidung auf Klage eines Ehegatten
    I. Nach Getrenntleben .... Art. 114
    II. Unzumutbarkeit .... Art. 115
    III. Zustimmung zur Scheidungsklage,
    Widerklage .... Art. 116

Zweiter Abschnitt
Die Ehetrennung
A. Voraussetzungen und Verfahren .... Art. 117
B. Trennungsfolgen .... Art. 118

Dritter Abschnitt
Die Scheidungsfolgen
A. Stellung geschiedener Ehegatten .... Art. 119
B. Güterrecht und Erbrecht .... Art. 120
C. Wohnung der Familie .... Art. 121
D. Berufliche Vorsorge
    I. Vor Eintritt eines Vorsorgefalls .... Art. 122
    II. Nach Eintritt eines Vorsorgefalls oder bei
    Unmöglichkeit der Teilung .... Art. 124
E. Nachehelicher Unterhalt
    I. Voraussetzungen .... Art. 125
    II. Modalitäten des Unterhaltsbeitrages .... Art. 126
    III. Rente .... Art. 127
    IV. Vollstreckung .... Art. 131
F. Kinder
    I. Elternrechte und -pflichten .... Art. 133
    II. Veränderung der Verhältnisse .... Art. 134

Vierter Abschnitt
Das Scheidungsverfahren
A. Zuständigkeit .... Art. 135
B. Rechtshängigkeit .... Art. 136
C. Vorsorgliche Massnahmen während
   des Scheidungsverfahrens .... Art. 137
D. Neue Anträge .... Art. 138
E. Erforschung des Sachverhalts .... Art. 139
F. Genehmigung der Vereinbarung .... Art. 140
G. Berufliche Vorsorge; Teilung der Austrittsleistungen
      I. Einigung .... Art. 141
      II. Uneinigkeit .... Art. 142
H. Unterhaltsbeiträge .... Art. 143
J. Kinder
      I. Anhörung .... Art. 144
      II. Abklärung der Verhältnisse .... Art. 145
      III. Vertretung des Kindes .... Art. 146
K. Rechtsmittel
      I. Im allgemeinen .... Art. 148
      II. Bei Scheidung auf gemeinsames Begehren ..... Art. 149

Fünfter Titel

DIE WIRKUNGEN DER EHE IM ALLGEMEINEN

A. Eheliche Gemeinschaft; Rechte und Pflichten
   der Ehegatten .... Art. 159
B. Familienname .... Art. 160
C. Kantons- und Gemeindebürgerrecht .... Art. 161
D. Eheliche Wohnung .... Art. 162
E. Unterhalt der Familie
      I. Im allgemeinen .... Art. 163
      II. Betrag zur freien Verfügung .... Art. 164
      III. Ausserordentliche Beiträge eines Ehegatten .... Art. 165
F. Vertretung der ehelichen Gemeinschaft ...... Art. 166
G. Beruf und Gewerbe der Ehegatten .... Art. 167
H. Rechtsgeschäfte der Ehegatten
      I. Im allgemeinen .... Art. 168
      II. Wohnung der Familie .... Art. 169
J. Auskunftspflicht .... Art. 170
K. Schutz der ehelichen Gemeinschaft
      I. Beratungsstellen .... Art. 171
      II. Richterliche Massnahmen .... Art. 172

Sechster Titel
DAS GÜTERRECHT DER EHEGATTEN

Erster Abschnitt
Allgemeine Vorschriften

A. Ordentlicher Güterstand	Art. 181
B. Ehevertrag	
I. Inhalt des Vertrages	Art. 182
II. Vertragsfähigkeit	Art. 183
III. Form des Vertrages	Art. 184
C. Ausserordentlicher Güterstand	
I. Auf Begehren eines Ehegatten	Art. 185
II. Bei Konkurs und Pfändung	Art. 188
III. Güterrechtliche Auseinandersetzung	Art. 192
D. Schutz der Gläubiger	Art. 193
E. ...	
F. Verwaltung des Vermögens eines Ehegatten durch den andern	Art. 195
G. Inventar	Art. 195a

Zweiter Abschnitt
Der ordentliche Güterstand der Errungenschaftsbeteiligung

A. Eigentumsverhältnisse	
I. Zusammensetzung	Art. 196
II. Errungenschaft	Art. 197
III. Eigengut	Art. 198
IV. Beweis	Art. 200
B. Verwaltung, Nutzung und Verfügung	Art. 201
C. Haftung gegenüber Dritten	Art. 202
D. Schulden zwischen Ehegatten	Art. 203
E. Auflösung des Güterstandes und Auseinandersetzung	
I. Zeitpunkt der Auflösung	Art. 204
II. Rücknahme von Vermögenswerten und Regelung der Schulden	Art. 205
III. Berechnung des Vorschlages jedes Ehegatten	Art. 207
IV. Wertbestimmung	Art. 211
V. Beteiligung am Vorschlag	Art. 215
VI. Bezahlung der Beteiligungsforderung und des Mehrwertanteils	Art. 218

Dritter Abschnitt
Die Gütergemeinschaft

A. Eigentumsverhältnisse	
I. Zusammensetzung	Art. 221
II. Gesamtgut	Art. 222
III. Eigengut	Art. 225

IV. Beweis	Art. 226
B. Verwaltung und Verfügung	
I. Gesamtgut	Art. 227
II. Eigengut	Art. 232
C. Haftung gegenüber Dritten	
I. Vollschulden	Art. 233
II. Eigenschulden	Art. 234
D. Schulden zwischen Ehegatten	Art. 235
E. Auflösung des Güterstandes und Auseinandersetzung	
I. Zeitpunkt der Auflösung	Art. 236
II. Zuweisung zum Eigengut	Art. 237
III. Ersatzforderungen zwischen Gesamtgut und Eigengut	Art. 238
IV. Mehrwertanteil	Art. 239
V. Wertbestimmung	Art. 240
VI. Teilung	Art. 241
VII. Durchführung der Teilung	Art. 243

Vierter Abschnitt
Die Gütertrennung

A. Verwaltung, Nutzung und Verfügung	
I. Im allgemeinen	Art. 247
II. Beweis	Art. 248
B. Haftung gegenüber Dritten	Art. 249
C. Schulden zwischen Ehegatten	Art. 250
D. Zuweisung bei Miteigentum	Art. 251

ZWEITE ABTEILUNG

DIE VERWANDTSCHAFT

Siebenter Titel
DIE ENTSTEHUNG DES KINDESVERHÄLTNISSES

Erster Abschnitt
Allgemeine Bestimmungen

A. Entstehung des Kindesverhältnisses im allgemeinen	Art. 252
B. Feststellung und Anfechtung des Kindesverhältnisses	
I. ...	
II. Verfahren	Art. 254

Zweiter Abschnitt
Die Vaterschaft des Ehemannes
A. Vermutung .... Art. 255
B. Anfechtung
    I. Klagerecht .... Art. 256
    II. Klagegrund .... Art. 256a
    III. Klagefrist .... Art. 256c
C. Zusammentreffen zweier Vermutungen .... Art. 257
D. Klage der Eltern .... Art. 258
E. Heirat der Eltern .... Art. 259

Dritter Abschnitt
Anerkennung und Vaterschaftsurteil
A. Anerkennung
    I. Zulässigkeit und Form .... Art. 260
    II. Anfechtung .... Art. 260a
B. Vaterschaftsklage
    I. Klagerecht .... Art. 261
    II. Vermutung .... Art. 262
    III. Klagefrist .... Art. 263

Vierter Abschnitt
Die Adoption
A. Adoption Unmündiger
    I. Allgemeine Voraussetzungen .... Art. 264
    II. Gemeinschaftliche Adoption .... Art. 264a
    III. Einzeladoption .... Art. 264b
    IV. Alter und Zustimmung des Kindes .... Art. 265
    V. Zustimmung der Eltern .... Art. 265a
B. Adoption Mündiger und Entmündigter .... Art. 266
C. Wirkung
    I. Im allgemeinen .... Art. 267
    II. Heimat .... Art. 267a
D. Verfahren
    I. Im allgemeinen .... Art. 268
    II. Untersuchung .... Art. 268a
D.[bis] Adoptionsgeheimnis .... Art. 268b
D.[ter] Auskunft über die Personalien
    der leiblichen Eltern .... Art. 268c
E. Anfechtung
    I. Gründe .... Art. 269
    II. Klagefrist .... Art. 269b
F. Adoptivkindervermittlung .... Art. 269c

Achter Titel
DIE WIRKUNGEN DES KINDESVERHÄLTNISSES

Erster Abschnitt
Die Gemeinschaft der Eltern und Kinder

A. Familienname	Art. 270
B. Heimat	Art. 271
C. Beistand und Gemeinschaft	Art. 272
D. Persönlicher Verkehr	
I. Eltern und Kinder	Art. 273
II. Dritte	Art. 274a
III. Zuständigkeit	Art. 275
E. Information und Auskunft	Art. 275a

Zweiter Abschnitt
Die Unterhaltspflicht der Eltern

A. Gegenstand und Umfang	Art. 276
B. Dauer	Art. 277
C. Verheiratete Eltern	Art. 278
D. Klage	
I. Klagerecht	Art. 279
II. Verfahren	Art. 280
III. Vorsorgliche Massregeln	Art. 281
IV. Bemessung des Unterhaltsbeitrages	Art. 285
V. Veränderung der Verhältnisse	Art. 286
E. Verträge über die Unterhaltspflicht	
I. Periodische Leistungen	Art. 287
II. Abfindung	Art. 288
F. Erfüllung	
I. Gläubiger	Art. 289
II. Vollstreckung	Art. 290
III. Sicherstellung	Art. 292
G. Öffentliches Recht	Art. 293
H. Pflegeeltern	Art. 294
J. Ansprüche der unverheirateten Mutter	Art. 295

Dritter Abschnitt
Die elterliche Sorge

A. Voraussetzungen	
I. Im allgemeinen	Art. 296
II. Verheiratete Eltern	Art. 297
III. Unverheiratete Eltern	Art. 298
IV. Stiefeltern	Art. 299
V. Pflegeeltern	Art. 300
B. Inhalt	
I. Im allgemeinen	Art. 301

II. Erziehung .... Art. 302
III. Religiöse Erziehung .... Art. 303
IV. Vertretung .... Art. 304
C. Kindesschutz
   I. Geeignete Massnahmen .... Art. 307
   II. Beistandschaft .... Art. 308
   III. Aufhebung der elterlichen Obhut .... Art. 310
   IV. Entziehung der elterlichen Gewalt .... Art. 311
   V. Änderung der Verhältnisse .... Art. 313
   VI. Verfahren .... Art. 314
   VII. Zuständigkeit .... Art. 315
   VIII. Pflegekinderaufsicht .... Art. 316
   IX. Zusammenarbeit in der Jugendhilfe .... Art. 317

Vierter Abschnitt
Das Kindesvermögen
A. Verwaltung .... Art. 318
B. Verwendung der Erträge .... Art. 319
C. Anzehrung des Kindesvermögens .... Art. 320
D. Freies Kindesvermögen
   I. Zuwendungen .... Art. 321
   II. Pflichtteil .... Art. 322
   III. Arbeitserwerb, Berufs- und
      Gewerbevermögen .... Art. 323
E. Schutz des Kindesvermögens
   I. Geeignete Massnahmen .... Art. 324
   II. Entziehung der Verwaltung .... Art. 325
F. Ende der Verwaltung
   I. Rückerstattung .... Art. 326
   II. Verantwortlichkeit .... Art. 327

Neunter Titel
DIE FAMILIENGEMEINSCHAFT

Erster Abschnitt
Die Unterstützungspflicht
A. Unterstützungspflichtige .... Art. 328
B. Umfang und Geltendmachung des Anspruches ..... Art. 329
C. Unterhalt von Findelkindern .... Art. 330

Zweiter Abschnitt
Die Hausgewalt
A. Voraussetzung .... Art. 331
B. Wirkung
   I. Hausordnung und Fürsorge .... Art. 332

II. Verantwortlichkeit .... Art. 333
III. Forderung der Kinder und Grosskinder .... Art. 334

Dritter Abschnitt
Das Familienvermögen
A. Familienstiftungen .... Art. 335
B. Gemeinderschaften
    I. Begründung .... Art. 336
    II. Dauer .... Art. 338
    III. Wirkung .... Art. 339
    IV. Aufhebung .... Art. 343
    V. Ertragsgemeinderschaft .... Art. 347

DRITTE ABTEILUNG
DIE VORMUNDSCHAFT

Zehnter Titel
DIE ALLGEMEINE ORDNUNG DER VORMUNDSCHAFT

Erster Abschnitt
Die vormundschaftlichen Organe
A. Im allgemeinen .... Art. 360
B. Vormundschaftliche Behörden
    I. Staatliche Organe .... Art. 361
    II. Familienvormundschaft .... Art. 362
C. Vormund und Beistand .... Art. 367

Zweiter Abschnitt
Die Bevormundungsfälle
A. Unmündigkeit .... Art. 368
B. Unfähigkeit Mündiger
    I. Geisteskrankheit und Geistesschwäche .... Art. 369
    II. Verschwendung, Trunksucht, lasterhafter
        Lebenswandel, Misswirtschaft .... Art. 370
    III. Freiheitsstrafe .... Art. 371
    IV. Eigenes Begehren .... Art. 372
C. Verfahren
    I. Im allgemeinen .... Art. 373
    II. Anhörung und Begutachtung .... Art. 374
    III. Veröffentlichung .... Art. 375

Dritter Abschnitt
Die Zuständigkeit
A. Bevormundung am Wohnsitze .... Art. 376
B. Wechsel des Wohnsitzes .... Art. 377
C. Rechte des Heimatkantons .... Art. 378

Vierter Abschnitt
Die Bestellung des Vormundes
A. Voraussetzungen
    I. Im allgemeinen .... Art. 379
    II. Vorrecht der Verwandten und des Ehegatten .... Art. 380
    III. Wünsche des Bevormundeten
        und der Eltern .... Art. 381
    IV. Allgemeine Pflicht zur Übernahme .... Art. 382
    V. Ablehnungsgründe .... Art. 383
    VI. Ausschliessungsgründe .... Art. 384
B. Ordnung der Wahl
    I. Ernennung des Vormundes .... Art. 385
    II. Vorläufige Fürsorge .... Art. 386
    III. Mitteilung und Veröffentlichung .... Art. 387
    IV. Ablehnung und Anfechtung .... Art. 388
    V. Übergabe des Amtes .... Art. 391

Fünfter Abschnitt
Die Beistandschaft
A. Fälle der Beistandschaft
    I. Vertretung .... Art. 392
    II. Vermögensverwaltung .... Art. 393
    III. Beschränkung der Handlungsfähigkeit .... Art. 395
B. Zuständigkeit .... Art. 396
C. Bestellung des Beistandes .... Art. 397

Sechster Abschnitt
Die fürsorgerische Freiheitsentziehung
A. Voraussetzungen .... Art. 397 a
B. Zuständigkeit .... Art. 397 b
C. Mitteilungspflicht .... Art. 397 c
D. Gerichtliche Beurteilung .... Art. 397 d
E. Verfahren in den Kantonen
    I. Im allgemeinen .... Art. 397 e
    II. Vor Gericht .... Art. 397 f

SCHWEIZERISCHES ZIVILGESETZBUCH

Elfter Titel
DIE FÜHRUNG DER VORMUNDSCHAFT

Erster Abschnitt
Das Amt des Vormundes

A. Übernahme des Amtes
    I. Inventaraufnahme .... Art. 398
    II. Verwahrung von Wertsachen .... Art. 399
    III. Veräusserung von beweglichen Sachen .... Art. 400
    IV. Anlage von Barschaft .... Art. 401
    V. Geschäft und Gewerbe .... Art. 403
    VI. Grundstücke .... Art. 404

B. Fürsorge und Vertretung
    I. Fürsorge für die Person .... Art. 405
    II. Vertretung .... Art. 407

C. Vermögensverwaltung
    I. Pflicht zur Verwaltung und Rechnungsführung .. Art. 413
    II. Freies Vermögen .... Art. 414

D. Amtsdauer .... Art. 415

E. Entschädigung des Vormundes .... Art. 416

Zweiter Abschnitt
Das Amt des Beistandes

A. Stellung des Beistandes .... Art. 417

B. Inhalt der Beistandschaft
    I. Für ein einzelnes Geschäft .... Art. 418
    II. Für Vermögensverwaltung .... Art. 419

Dritter Abschnitt
Die Mitwirkung der vormundschaftlichen Behörden

A. Beschwerden .... Art. 420

B. Zustimmung
    I. Der Vormundschaftsbehörde .... Art. 421
    II. Der Aufsichtsbehörde .... Art. 422

C. Prüfung von Berichten und Rechnungen .... Art. 423

D. Bedeutung der Zustimmung .... Art. 424

E. Kantonale Verordnungen .... Art. 425

Vierter Abschnitt
Die Verantwortlichkeit der vormundschaftlichen Organe

A. Im allgemeinen
    I. Vormund und Behörden .... Art. 426
    II. Gemeinden, Kreise und Kanton .... Art. 427

B. Voraussetzung
    I. Betreffend die Mitglieder einer Behörde .... Art. 428
    II. Im Verhältnis der Organe untereinander .... Art. 429

C. Fürsorgerische Freiheitsentziehung .... Art. 429a
D. Geltendmachung .... Art. 430

Zwölfter Titel
DAS ENDE DER VORMUNDSCHAFT

Erster Abschnitt
Das Ende der Bevormundung
A. Bei Unmündigen .... Art. 431
B. Bei Verurteilten .... Art. 432
C. Bei andern Bevormundeten
   I. Voraussetzung der Aufhebung .... Art. 433
   II. Verfahren .... Art. 434
D. Im Falle der Beistandschaft
   I. Im allgemeinen .... Art. 439
   II. Veröffentlichung und Mitteilung .... Art. 440

Zweiter Abschnitt
Das Ende des vormundschaftlichen Amtes
A. Handlungsunfähigkeit, Tod .... Art. 441
B. Entlassung, Nichtwiederwahl
   I. Ablauf der Amtsdauer .... Art. 442
   II. Eintritt von Ausschliessungs-
     oder Ablehnungsgründen .... Art. 443
   III. Pflicht zur Weiterführung .... Art. 444
C. Amtsenthebung
   I. Gründe .... Art. 445
   II. Verfahren .... Art. 446

Dritter Abschnitt
Die Folgen der Beendigung
A. Schlussrechnung und Vermögensübergabe .... Art. 451
B. Prüfung des Schlussberichtes
   und der Schlussrechnung .... Art. 452
C. Entlassung des Vormundes .... Art. 453
D. Geltendmachung der Verantwortlichkeit
   I. Ordentliche Verjährung .... Art. 454
   II. Ausserordentliche Verjährung .... Art. 455

DRITTER TEIL
DAS ERBRECHT .... Seite 173

ERSTE ABTEILUNG
DIE ERBEN

Dreizehnter Titel
DIE GESETZLICHEN ERBEN

A. Verwandte Erben
    I. Nachkommen .... Art. 457
    II. Elterlicher Stamm .... Art. 458
    III. Grosselterlicher Stamm .... Art. 459
    IV. Umfang der Erbberechtigung .... Art. 460
B. Überlebender Ehegatte .... Art. 462
C. ...
D. Gemeinwesen .... Art. 466

Vierzehnter Titel
DIE VERFÜGUNGEN VON TODES WEGEN

Erster Abschnitt
Die Verfügungsfähigkeit
A. Letztwillige Verfügung .... Art. 467
B. Erbvertrag .... Art. 468
C. Mangelhafter Wille .... Art. 469

Zweiter Abschnitt
Die Verfügungsfreiheit
A. Verfügbarer Teil
    I. Umfang der Verfügungsbefugnis .... Art. 470
    II. Pflichtteil .... Art. 471
    III. ...
    IV. Begünstigung des Ehegatten .... Art. 473
    V. Berechnung des verfügbaren Teils .... Art. 474
B. Enterbung
    I. Gründe .... Art. 477
    II. Wirkung .... Art. 478
    III. Beweislast .... Art. 479
    IV. Enterbung eines Zahlungsunfähigen .... Art. 480

Dritter Abschnitt
Die Verfügungsarten
A. Im allgemeinen .... Art. 481
B. Auflagen und Bedingungen .... Art. 482
C. Erbeinsetzung .... Art. 483
D. Vermächtnis
    I. Inhalt .... Art. 484
    II. Verpflichtung des Beschwerten .... Art. 485
    III. Verhältnis zur Erbschaft .... Art. 486
E. Ersatzverfügung .... Art. 487
F. Nacherbeneinsetzung
    I. Bezeichnung des Nacherben .... Art. 488
    II. Zeitpunkt der Auslieferung .... Art. 489
    III. Sicherungsmittel .... Art. 490
    IV. Rechtsstellung .... Art. 491
G. Stiftungen .... Art. 493
H. Erbverträge
    I. Erbeinsetzungs- und Vermächtnisvertrag ...... Art. 494
    II. Erbverzicht .... Art. 495

Vierter Abschnitt
Die Verfügungsformen
A. Letztwillige Verfügungen
    I. Errichtung .... Art. 498
    II. Widerruf und Vernichtung .... Art. 509
B. Erbverträge
    I. Errichtung .... Art. 512
    II. Aufhebung .... Art. 513
C. Verfügungsbeschränkung .... Art. 516

Fünfter Abschnitt
Die Willensvollstrecker
A. Erteilung des Auftrages .... Art. 517
B. Inhalt des Auftrages .... Art. 518

Sechster Abschnitt
Die Ungültigkeit und Herabsetzung der Verfügungen
A. Ungültigkeitsklage
    I. Bei Verfügungsunfähigkeit, mangelhaftem
    Willen, Rechtswidrigkeit und
    Unsittlichkeit .... Art. 519
    II. Bei Formmangel .... Art. 520
    III. Verjährung .... Art. 521
B. Herabsetzungsklage
    I. Voraussetzungen .... Art. 522
    II. Wirkung .... Art. 525

III. Durchführung .... Art. 532
IV. Verjährung .... Art. 533

Siebenter Abschnitt
Klagen aus Erbverträgen
A. Ansprüche bei Ausrichtung zu Lebzeiten
  des Erblassers .... Art. 534
B. Ausgleichung beim Erbverzicht
  I. Herabsetzung .... Art. 535
  II. Rückleistung .... Art. 536

ZWEITE ABTEILUNG
DER ERBGANG

Fünfzehnter Titel
DIE ERÖFFNUNG DES ERBGANGES

A. Voraussetzung auf Seite des Erblassers .... Art. 537
B. Ort der Eröffnung .... Art. 538
C. Voraussetzungen auf Seite des Erben
  I. Fähigkeit .... Art. 539
  II. Erleben des Erbganges .... Art. 542
D. Verschollenheit
  I. Beerbung eines Verschollenen .... Art. 546
  II. Erbrecht des Verschollenen .... Art. 548
  III. Verhältnis der beiden Fälle zueinander .... Art. 549
  IV. Verfahren von Amtes wegen .... Art. 550

Sechzehnter Titel
DIE WIRKUNG DES ERBGANGES

Erster Abschnitt
Die Sicherungsmassregeln
A. Im allgemeinen .... Art. 551
B. Siegelung der Erbschaft .... Art. 552
C. Inventar .... Art. 553
D. Erbschaftsverwaltung
  I. Im allgemeinen .... Art. 554
  II. Bei unbekannten Erben .... Art. 555
E. Eröffnung der letztwilligen Verfügung
  I. Pflicht zur Einlieferung .... Art. 556

II. Eröffnung .... Art. 557
III. Mitteilung an die Beteiligten .... Art. 558
IV. Auslieferung der Erbschaft .... Art. 559

Zweiter Abschnitt
Der Erwerb der Erbschaft
A. Erwerb
    I. Erben .... Art. 560
    II. ...
    III. Vermächtnisnehmer .... Art. 562
B. Ausschlagung
    I. Erklärung .... Art. 566
    II. Verwirkung der Ausschlagungsbefugnis ..... Art. 571
    III. Ausschlagung eines Miterben .... Art. 572
    IV. Ausschlagung aller nächsten Erben .... Art. 573
    V. Fristverlängerung .... Art. 576
    VI. Ausschlagung eines Vermächtnisses .... Art. 577
    VII. Sicherung für die Gläubiger des Erben .... Art. 578
    VIII. Haftung im Falle der Ausschlagung .... Art. 579

Dritter Abschnitt
Das öffentliche Inventar
A. Voraussetzung .... Art. 580
B. Verfahren
    I. Inventar .... Art. 581
    II. Rechnungsruf .... Art. 582
    III. Aufnahme von Amtes wegen .... Art. 583
    IV. Ergebnis .... Art. 584
C. Verhältnis der Erben während des Inventars
    I. Verwaltung .... Art. 585
    II. Betreibung, Prozesse, Verjährung .... Art. 586
D. Wirkung
    I. Frist zur Erklärung .... Art. 587
    II. Erklärung .... Art. 588
    III. Folgen der Annahme unter öffentlichem
       Inventar .... Art. 589
E. Haftung für Bürgschaftsschulden .... Art. 591
F. Erwerb durch das Gemeinwesen .... Art. 592

Vierter Abschnitt
Die amtliche Liquidation
A. Voraussetzung
    I. Begehren eines Erben .... Art. 593
    II. Begehren der Gläubiger des Erblassers .... Art. 594
B. Verfahren
    I. Verwaltung .... Art. 595

　　　　II. Ordentliche Liquidation .... Art. 596
　　　　III. Konkursamtliche Liquidation .... Art. 597

Fünfter Abschnitt
Die Erbschaftsklage
A. Voraussetzung .... Art. 598
B. Wirkung .... Art. 599
C. Verjährung .... Art. 600
D. Klage der Vermächtnisnehmer .... Art. 601

Siebenzehnter Titel
DIE TEILUNG DER ERBSCHAFT

Erster Abschnitt
Die Gemeinschaft vor der Teilung
A. Wirkung des Erbganges
　　　　I. Erbengemeinschaft .... Art. 602
　　　　II. Haftung der Erben .... Art. 603
B. Teilungsanspruch .... Art. 604
C. Verschiebung der Teilung .... Art. 605
D. Anspruch der Hausgenossen .... Art. 606

Zweiter Abschnitt
Die Teilungsart
A. Im allgemeinen .... Art. 607
B. Ordnung der Teilung
　　　　I. Verfügung des Erblassers .... Art. 608
　　　　II. Mitwirkung der Behörde .... Art. 609
C. Durchführung der Teilung
　　　　I. Gleichberechtigung der Erben .... Art. 610
　　　　II. Bildung von Losen .... Art. 611
　　　　III. Zuweisung und Verkauf einzelner Sachen .... Art. 612
　　　　IV. Zuweisung der Wohnung und des Hausrates
　　　　　　an den überlebenden Ehegatten .... Art. 612a
D. Besondere Gegenstände
　　　　I. Zusammengehörige Sachen,
　　　　　　Familienschriften .... Art. 613
　　　I.bis Landwirtschaftliches Inventar .... Art. 613a
　　　　II. Forderungen des Erblassers an Erben .... Art. 614
　　　　III. Verpfändete Erbschaftssachen .... Art. 615
　　　　IV. Grundstücke .... Art. 617
　　　　V. Landwirtschaftliche Gewerbe
　　　　　　und Grundstücke .... Art. 619

Dritter Abschnitt
Die Ausgleichung
A. Ausgleichungspflicht der Erben .... Art. 626
B. Ausgleichung bei Wegfallen von Erben .... Art. 627
C. Berechnungsart
    I. Einwerfung oder Anrechnung .... Art. 628
    II. Verhältnis zum Erbanteil .... Art. 629
    III. Ausgleichungswert .... Art. 630
D. Erziehungskosten .... Art. 631
E. Gelegenheitsgeschenke .... Art. 632

Vierter Abschnitt
Abschluss und Wirkung der Teilung
A. Abschluss des Vertrages
    I. Teilungsvertrag .... Art. 634
    II. Vertrag über angefallene Erbanteile .... Art. 635
    III. Verträge vor dem Erbgang .... Art. 636
B. Haftung der Miterben unter sich
    I. Gewährleistung .... Art. 637
    II. Anfechtung der Teilung .... Art. 638
C. Haftung gegenüber Dritten
    I. Solidare Haftung .... Art. 639
    II. Rückgriff auf die Miterben .... Art. 640

VIERTER TEIL
DAS SACHENRECHT .... Seite 215

ERSTE ABTEILUNG
DAS EIGENTUM

Achtzehnter Titel
ALLGEMEINE BESTIMMUNGEN

A. Inhalt des Eigentums
    I. Im Allgemeinen .... Art. 641
    II. Tiere .... Art. 641 a
B. Umfang des Eigentums
    I. Bestandteile .... Art. 642
    II. Natürliche Früchte .... Art. 643
    III. Zugehör .... Art. 644

C. Gemeinschaftliches Eigentum
   - I. Miteigentum .... Art. 646
   - II. Gesamteigentum .... Art. 652
   - III. Gemeinschaftliches Eigentum an landwirtschaftlichen Gewerben und Grundstücken ..... Art. 654a

Neunzehnter Titel
DAS GRUNDEIGENTUM

Erster Abschnitt
Gegenstand, Erwerb und Verlust des Grundeigentums
A. Gegenstand .... Art. 655
B. Erwerb
   - I. Eintragung .... Art. 656
   - II. Erwerbsarten .... Art. 657
   - III. Recht auf Eintragung .... Art. 665
C. Verlust .... Art. 666

Zweiter Abschnitt
Inhalt und Beschränkung des Grundeigentums
A. Inhalt
   - I. Umfang .... Art. 667
   - II. Abgrenzung .... Art. 668
   - III. Bauten auf dem Grundstück .... Art. 671
   - IV. Einpflanzungen auf dem Grundstück ..... Art. 678
   - V. Verantwortlichkeit des Grundeigentümers ..... Art. 679
B. Beschränkungen
   - I. Im allgemeinen .... Art. 680
   - II. Veräusserungsbeschränkungen; gesetzliche Vorkaufsrechte .... Art. 681
   - III. Nachbarrecht .... Art. 684
   - IV. Recht auf Zutritt und Abwehr .... Art. 699
   - V. Öffentlich-rechtliche Beschränkungen ..... Art. 702
C. Rechte an Quellen und Brunnen
   - I. Quelleneigentum und Quellenrecht ..... Art. 704
   - II. Ableitung von Quellen .... Art. 705
   - III. Abgraben von Quellen .... Art. 706
   - IV. Quellengemeinschaft .... Art. 708
   - V. Benutzung von Quellen .... Art. 709
   - VI. Notbrunnen .... Art. 710
   - VII. Pflicht zur Abtretung .... Art. 711

Dritter Abschnitt
Das Stockwerkeigentum
A. Inhalt und Gegenstand
    I. Inhalt .... Art. 712a
    II. Gegenstand .... Art. 712b
    III. Verfügung .... Art. 712c
B. Begründung und Untergang
    I. Begründungsakt .... Art. 712d
    II. Wertquoten .... Art. 712e
    III. Untergang .... Art. 712f
C. Verwaltung und Benutzung
    I. Die anwendbaren Bestimmungen .... Art. 712g
    II. Gemeinschaftliche Kosten und Lasten .... Art. 712h
    III. Handlungsfähigkeit der Gemeinschaft .... Art. 712l
D. Organisation
    I. Versammlung der Stockwerkeigentümer .... Art. 712m
    II. Der Verwalter .... Art. 712q

Zwanzigster Titel
DAS FAHRNISEIGENTUM

A. Gegenstand .... Art. 713
B. Erwerbsarten
    I. Übertragung .... Art. 714
    II. Aneignung .... Art. 718
    III. Fund .... Art. 720
    IV. Zuführung .... Art. 725
    V. Verarbeitung .... Art. 726
    VI. Verbindung und Vermischung .... Art. 727
    VII. Ersitzung .... Art. 728
C. Verlust .... Art. 729

ZWEITE ABTEILUNG
DIE BESCHRÄNKTEN DINGLICHEN RECHTE

Einundzwanzigster Titel
DIE DIENSTBARKEITEN UND GRUNDLASTEN

Erster Abschnitt
Die Grunddienstbarkeiten
A. Gegenstand .... Art. 730
B. Errichtung und Untergang
    I. Errichtung .... Art. 731
    II. Untergang .... Art. 734
C. Inhalt
    I. Umfang .... Art. 737
    II. Last des Unterhaltes .... Art. 741
    III. Veränderungen der Belastung .... Art. 742

Zweiter Abschnitt
Nutzniessung und andere Dienstbarkeiten
A. Nutzniessung
    I. Gegenstand .... Art. 745
    II. Entstehung .... Art. 746
    III. Untergang .... Art. 748
    IV. Inhalt .... Art. 755
    V. Besondere Fälle .... Art. 768
B. Wohnrecht
    I. Im allgemeinen .... Art. 776
    II. Ansprüche des Wohnungsberechtigten .... Art. 777
    III. Lasten .... Art. 778
C. Baurecht
    I. Gegenstand und Aufnahme in das Grundbuch .. Art. 779
    II. Vertrag .... Art. 779a
    III. Inhalt und Umfang .... Art. 779b
    IV. Folgen des Ablaufs der Dauer .... Art. 779c
    V. Vorzeitiger Heimfall .... Art. 779f
    VI. Haftung für den Baurechtszins .... Art. 779i
    VII. Höchstdauer .... Art. 7791
D. Quellenrecht .... Art. 780
E. Andere Dienstbarkeiten .... Art. 781

Dritter Abschnitt
Die Grundlasten
A. Gegenstand .... Art. 782
B. Errichtung und Untergang

    I. Errichtung .... Art. 783
    II. Untergang .... Art. 786
C. Inhalt
    I. Gläubigerrecht .... Art. 791
    II. Schuldpflicht .... Art. 792

Zweiundzwanzigster Titel
DAS GRUNDPFAND

Erster Abschnitt
Allgemeine Bestimmungen
A. Voraussetzungen
    I. Arten .... Art. 793
    II. Gestalt der Forderung .... Art. 794
    III. Grundstück .... Art. 796
B. Errichtung und Untergang
    I. Errichtung .... Art. 799
    II. Untergang .... Art. 801
    III. Grundpfänder bei Güterzusammenlegung ...... Art. 802
C. Wirkung
    I. Umfang der Pfandhaft .... Art. 805
    II. Miet- und Pachtzinse .... Art. 806
    III. Verjährung .... Art. 807
    IV. Sicherungsbefugnisse .... Art. 808
    V. Weitere Belastung .... Art. 812
    VI. Pfandstelle .... Art. 813
    VII. Befriedigung aus dem Pfande .... Art. 816
    VIII. Pfandrecht bei Bodenverbesserungen .... Art. 820
    IX. Anspruch auf die Versicherungssumme ..... Art. 822
    X. Vertretung des Gläubigers .... Art. 823

Zweiter Abschnitt
Die Grundpfandverschreibung
A. Zweck und Gestalt .... Art. 824
B. Errichtung und Untergang
    I. Errichtung .... Art. 825
    II. Untergang .... Art. 826
C. Wirkung
    I. Eigentum und Schuldnerschaft .... Art. 832
    II. Übertragung der Forderung .... Art. 835
D. Gesetzliches Grundpfandrecht
    I. Ohne Eintragung .... Art. 836
    II. Mit Eintragung .... Art. 837

Dritter Abschnitt
Schuldbrief und Gült
A. Schuldbrief
    I. Zweck und Gestalt .... Art. 842
    II. Schätzung .... Art. 843
    III. Kündigung .... Art. 844
    IV. Stellung des Eigentümers .... Art. 845
    V. Veräusserung, Zerstückelung .... Art. 846
B. Gült
    I. Zweck und Gestalt .... Art. 847
    II. Belastungsgrenze .... Art. 848
    III. Haftung des Staates .... Art. 849
    IV. Ablösbarkeit .... Art. 850
    V. Schuldpflicht und Eigentum .... Art. 851
    VI. Zerstückelung .... Art. 852
    VII. Kantonale und Erbengülten .... Art. 853
C. Gemeinsame Bestimmungen
    I. Errichtung .... Art. 854
    II. Untergang .... Art. 863
    III. Rechte des Gläubigers .... Art. 865
    IV. Kraftloserklärung .... Art. 870
    V. Einreden des Schuldners .... Art. 872
    VI. Herausgabe des Pfandtitels bei Zahlung .... Art. 873
    VII. Änderungen im Rechtsverhältnis .... Art. 874

Vierter Abschnitt
Ausgabe von Anleihenstiteln mit Grundpfandrecht
A. Obligationen für Anleihen mit Pfandrecht .... Art. 875
B. Ausgabe von Schuldbriefen und Gülten in Serien
    I. Im allgemeinen .... Art. 876
    II. Gestalt .... Art. 877
    III. Amortisation .... Art. 878
    IV. Eintragung .... Art. 879
    V. Wirkung .... Art. 880

Dreiundzwanzigster Titel
DAS FAHRNISPFAND

Erster Abschnitt
Faustpfand und Retentionsrecht
A. Faustpfand
    I. Bestellung .... Art. 884
    II. Untergang .... Art. 888
    III. Wirkung .... Art. 891

B. Retentionsrecht
  I. Voraussetzungen .... Art. 895
  II. Ausnahmen .... Art. 896
  III. Bei Zahlungsunfähigkeit .... Art. 897
  IV. Wirkung .... Art. 898

Zweiter Abschnitt
Das Pfandrecht an Forderungen und andern Rechten
A. Im allgemeinen .... Art. 899
B. Errichtung
  I. Bei Forderungen mit oder ohne Schuldschein ... Art. 900
  II. Bei Wertpapieren .... Art. 901
  III. Bei Warenpapieren .... Art. 902
  IV. Nachverpfändung .... Art. 903
C. Wirkung
  I. Umfang der Pfandhaft .... Art. 904
  II. Vertretung verpfändeter Aktien .... Art. 905
  III. Verwaltung und Abzahlung .... Art. 906

Dritter Abschnitt
Das Versatzpfand
A. Versatzanstalt
  I. Erteilung der Gewerbebefugnis .... Art. 907
  II. Dauer .... Art. 908
B. Versatzpfandrecht
  I. Errichtung .... Art. 909
  II. Wirkung .... Art. 910
  III. Auslösung des Pfandes .... Art. 912
C. Kauf auf Rückkauf .... Art. 914
D. Ordnung des Gewerbes .... Art. 915

DRITTE ABTEILUNG
BESITZ UND GRUNDBUCH

Vierundzwanzigster Titel
DER BESITZ

A. Begriff und Arten
    I. Begriff .... Art. 919
    II. Selbständiger und unselbständiger Besitz ...... Art. 920
    III. Vorübergehende Unterbrechung .... Art. 921
B. Übertragung
    I. Unter Anwesenden .... Art. 922
    II. Unter Abwesenden .... Art. 923
    III. Ohne Übergabe .... Art. 924
    IV. Bei Warenpapieren .... Art. 925
C. Bedeutung
    I. Besitzesschutz .... Art. 926
    II. Rechtsschutz .... Art. 930
    III. Verantwortlichkeit .... Art. 938
    IV. Ersitzung .... Art. 941

Fünfundzwanzigster Titel
DAS GRUNDBUCH

A. Einrichtung
    I. Bestand .... Art. 942
    II. Grundbuchführung .... Art. 951
    III. Grundbuchbeamte .... Art. 955
B. Eintragung
    I. Grundbucheinträge .... Art. 958
    II. Öffentlich-rechtliche Beschränkungen .... Art. 962
    III. Voraussetzung der Eintragung .... Art. 963
    IV. Art der Eintragung .... Art. 967
    V. Anzeigepflicht .... Art. 969
C. Öffentlichkeit des Grundbuches
    I. Auskunftserteilung und Einsichtnahme .... Art. 970
    II. Veröffentlichungen .... Art. 970a
D. Wirkung
    I. Bedeutung der Nichteintragung .... Art. 971
    II. Bedeutung der Eintragung .... Art. 972
E. Aufhebung und Veränderung der Einträge
    I. Bei ungerechtfertigtem Eintrag .... Art. 975
    II. Bei Untergang des eingetragenen Rechts ...... Art. 976
    III. Berichtigungen .... Art. 977

INHALTSVERZEICHNIS

SCHLUSSTITEL
ANWENDUNGS- UND EINFÜHRUNGSBESTIMMUNGEN .... Seite 303

Erster Abschnitt
Die Anwendung bisherigen und neuen Rechtes

A. Allgemeine Bestimmungen
    I. Regel der Nichtrückwirkung .... Art. 1
    II. Rückwirkung .... Art. 2

B. Personenrecht
    I. Handlungsfähigkeit .... Art. 5
    II. Verschollenheit .... Art. 6
    II.bis Zentrale Datenbank im Zivilstandswesen ...... Art. 6a
    III. Juristische Personen .... Art. 6b

C. Familienrecht
    I. Eheschliessung .... Art. 7
    I.bis Scheidung .... Art. 7a
    I.ter Wirkungen der Ehe im allgemeinen .... Art. 8
    II. Güterrecht der vor 1. Januar 1912 geschlossenen Ehen .... Art. 9
    II.bis Güterrecht der nach 1. Januar 1912 geschlossenen Ehen .... Art. 9a
    III. Das Kindesverhältnis im allgemeinen .... Art. 12
    III.bis Adoption .... Art. 12a
    III.ter Anfechtung der Ehelicherklärung .... Art. 12d
    IV. Vaterschaftsklage .... Art. 13
    IV.bis Frist für die Feststellung und die Anfechtung des Kindesverhältnisses .... Art. 13b
    IV.ter Unterhaltsbeiträge .... Art. 13c
    V. Vormundschaft .... Art. 14
    VI. Fürsorgerische Freiheitsentziehung .... Art. 14a

D. Erbrecht
    I. Erbe und Erbgang .... Art. 15
    II. Verfügungen von Todes wegen .... Art. 16

E. Sachenrecht
    I. Dingliche Rechte im allgemeinen .... Art. 17
    II. Anspruch auf Eintragung im Grundbuch .... Art. 18
    III. Ersitzung .... Art. 19
    IV. Besondere Eigentumsrechte .... Art. 20
    V. Grunddienstbarkeiten .... Art. 21
    VI. Grundpfandrechte .... Art. 22
    VII. Fahrnispfandrechte .... Art. 34
    VIII. Retentionsrecht .... Art. 36
    IX. Besitz .... Art. 37

X. Grundbuch	Art.	38
F. Verjährung	Art.	49
G. Vertragsformen	Art.	50

Zweiter Abschnitt
Einführungs- und Übergangsbestimmungen

A. Aufhebung des kantonalen Zivilrechtes	Art.	51
B. Ergänzende kantonale Anordnungen		
I. Recht und Pflicht der Kantone	Art.	52
II. Ersatzverordnungen des Bundes	Art.	53
C. Bezeichnung der zuständigen Behörden	Art.	54
D. Öffentliche Beurkundung	Art.	55
E. Wasserrechtsverleihungen	Art.	56
F.–H. ...		
J. Schuldbetreibung und Konkurs	Art.	58
K. Anwendung schweizerischen und fremden Rechtes	Art.	59
L. Aufhebung von Bundeszivilrecht	Art.	60
M. Schlussbestimmung	Art.	61

Schweizerisches Zivilgesetzbuch
vom 10. Dezember 1907 (Stand am 1. Juli 2004)
Die Bundesversammlung
der Schweizerischen Eidgenossenschaft,
gestützt auf Artikel 64 der Bundesverfassung[1],
nach Einsicht in eine Botschaft des Bundesrates
vom 28. Mai 1904[2],
beschliesst:

Schweizerisches Zivilgesetzbuch

SR **210**; AS **24** 233, **27** 207 und BS **2** 3
[1] Dieser Bestimmung entspricht Art. 122 der Bundesverfassung vom 18. April 1999 (SR **101**).
[2] BBl **1904** IV 1, **1907** VI 367

Einleitung

Art. 1

¹ Das Gesetz findet auf alle Rechtsfragen Anwendung, für die es nach Wortlaut oder Auslegung eine Bestimmung enthält.

² Kann dem Gesetze keine Vorschrift entnommen werden, so soll das Gericht[1] nach Gewohnheitsrecht und, wo auch ein solches fehlt, nach der Regel entscheiden, die es als Gesetzgeber aufstellen würde.

³ Es folgt dabei bewährter Lehre und Überlieferung.

A. Anwendung des Rechts

Art. 2

¹ Jedermann hat in der Ausübung seiner Rechte und in der Erfüllung seiner Pflichten nach Treu und Glauben zu handeln.

² Der offenbare Missbrauch eines Rechtes findet keinen Rechtsschutz.

B. Inhalt der Rechtsverhältnisse
I. Handeln nach Treu und Glauben

Art. 3

¹ Wo das Gesetz eine Rechtswirkung an den guten Glauben einer Person geknüpft hat, ist dessen Dasein zu vermuten.

² Wer bei der Aufmerksamkeit, wie sie nach den Umständen von ihm verlangt werden darf, nicht gutgläubig sein konnte, ist nicht berechtigt, sich auf den guten Glauben zu berufen.

II. Guter Glaube

Art. 4

Wo das Gesetz das Gericht[1] auf sein Ermessen oder auf die Würdigung der Umstände oder auf wichtige Gründe verweist, hat es seine Entscheidung nach Recht und Billigkeit zu treffen.

III. Gerichtliches Ermessen[1]

Art. 5

¹ Soweit das Bundesrecht die Geltung kantonalen Rechtes vorbehält, sind die Kantone befugt, zivilrechtliche Bestimmungen aufzustellen oder aufzuheben.

² Wo das Gesetz auf die Übung oder den Ortsgebrauch verweist, gilt das bisherige kantonale Recht als deren Ausdruck, solange nicht eine abweichende Übung nachgewiesen ist.

C. Verhältnis zu den Kantonen
I. Kantonales Zivilrecht und Ortsübung

Art. 6

¹ Die Kantone werden in ihren öffentlich-rechtlichen Befugnissen durch das Bundeszivilrecht nicht beschränkt.

² Sie können in den Schranken ihrer Hoheit den Verkehr mit gewissen Arten von Sachen beschränken oder untersagen oder die Rechtsgeschäfte über solche Sachen als ungültig bezeichnen.

II. Öffentliches Recht der Kantone

---

[1] Ausdruck gemäss Ziff. I 4 des BG vom 26. Juni 1998, in Kraft seit 1. Jan. 2000 (AS **1999** 1118; BBl **1996** I 1). Diese Änderung ist im ganzen Gesetz berücksichtigt.

Art. 7

D. Allgemeine Bestimmungen des Obligationenrechtes

Die allgemeinen Bestimmungen des Obligationenrechtes[1] über die Entstehung, Erfüllung und Aufhebung der Verträge finden auch Anwendung auf andere zivilrechtliche Verhältnisse.

Art. 8

E. Beweisregeln
I. Beweislast

Wo das Gesetz es nicht anders bestimmt, hat derjenige das Vorhandensein einer behaupteten Tatsache zu beweisen, der aus ihr Rechte ableitet.

Art. 9

II. Beweis mit öffentlicher Urkunde

[1] Öffentliche Register und öffentliche Urkunden erbringen für die durch sie bezeugten Tatsachen vollen Beweis, solange nicht die Unrichtigkeit ihres Inhaltes nachgewiesen ist.

[2] Dieser Nachweis ist an keine besondere Form gebunden.

Art. 10

III. Beweisvorschriften

Wo das Bundesrecht für die Gültigkeit eines Rechtsgeschäftes keine besondere Form vorsieht, darf das kantonale Recht auch für die Beweisbarkeit des Rechtsgeschäftes eine solche nicht vorschreiben.

---

[1] SR 220

ERSTER TEIL

Das Personenrecht

ERSTER TEIL
DAS PERSONENRECHT

Erster Titel
DIE NATÜRLICHEN PERSONEN

Erster Abschnitt
Das Recht der Persönlichkeit

Art. 11
¹ Rechtsfähig ist jedermann.
² Für alle Menschen besteht demgemäss in den Schranken der Rechtsordnung die gleiche Fähigkeit, Rechte und Pflichten zu haben.

A. Persönlichkeit im allgemeinen
I. Rechtsfähigkeit

Art. 12
Wer handlungsfähig ist, hat die Fähigkeit, durch seine Handlungen Rechte und Pflichten zu begründen.

II. Handlungsfähigkeit
1. Inhalt

Art. 13
Die Handlungsfähigkeit besitzt, wer mündig und urteilsfähig ist.

2. Voraussetzungen
a. Im allgemeinen

Art. 14[1)]
Mündig ist, wer das 18. Lebensjahr vollendet hat.

b. Mündigkeit

Art. 15[2)]

c. ...

Art. 16
Urteilsfähig im Sinne dieses Gesetzes ist ein jeder, dem nicht wegen seines Kindesalters oder infolge von Geisteskrankheit, Geistesschwäche, Trunkenheit oder ähnlichen Zuständen die Fähigkeit mangelt, vernunftgemäss zu handeln.

d. Urteilsfähigkeit

Art. 17
Handlungsunfähig sind die Personen, die nicht urteilsfähig, oder die unmündig oder entmündigt sind.

III. Handlungsunfähigkeit
1. Im allgemeinen

Art. 18
Wer nicht urteilsfähig ist, vermag unter Vorbehalt der gesetzlichen Ausnahmen durch seine Handlungen keine rechtliche Wirkung herbeizuführen.

2. Fehlen der Urteilsfähigkeit

[1)] Fassung gemäss Ziff. I des BG vom 7. Okt. 1994, in Kraft seit 1. Jan. 1996 (AS **1995** 1126 1131; BBl **1993** I 1169).
[2)] Aufgehoben durch Ziff. I des BG vom 7. Okt. 1994 (AS **1995** 1126; BBl **1993** I 1169).

Art. 19

3. Urteilsfähige Unmündige oder Entmündigte

¹ Urteilsfähige unmündige oder entmündigte Personen können sich nur mit Zustimmung ihrer gesetzlichen Vertreter durch ihre Handlungen verpflichten.

² Ohne diese Zustimmung vermögen sie Vorteile zu erlangen, die unentgeltlich sind, und Rechte auszuüben, die ihnen um ihrer Persönlichkeit willen zustehen.

³ Sie werden aus unerlaubten Handlungen schadenersatzpflichtig.[1)]

Art. 20

IV.[1)] Verwandtschaft und Schwägerschaft
1. Verwandtschaft

¹ Der Grad der Verwandtschaft[2)] bestimmt sich nach der Zahl der sie vermittelnden Geburten.

² In gerader Linie sind zwei Personen miteinander verwandt, wenn die eine von der andern abstammt, und in der Seitenlinie, wenn sie von einer dritten Person abstammen und unter sich nicht in gerader Linie verwandt sind.

Art. 21

2. Schwägerschaft

¹ Wer mit einer Person verwandt[2)] ist, ist mit deren Ehegatten in der gleichen Linie und in dem gleichen Grade verschwägert.

² Die Schwägerschaft wird durch die Auflösung der Ehe, die sie begründet hat, nicht aufgehoben.

Art. 22

V. Heimat und Wohnsitz
1. Heimatangehörigkeit

¹ Die Heimat einer Person bestimmt sich nach ihrem Bürgerrecht.

² Das Bürgerrecht wird durch das öffentliche Recht bestimmt.

³ Wenn einer Person das Bürgerrecht an mehreren Orten zusteht, so ist für ihre Heimatangehörigkeit der Ort entscheidend, wo sie zugleich ihren Wohnsitz hat oder zuletzt gehabt hat, und mangels eines solchen Wohnsitzes der Ort, dessen Bürgerrecht von ihr oder ihren Vorfahren zuletzt erworben worden ist.

Art. 23

2. Wohnsitz
a. Begriff

¹ Der Wohnsitz einer Person befindet sich an dem Orte, wo sie sich mit der Absicht dauernden Verbleibens aufhält.

² Niemand kann an mehreren Orten zugleich seinen Wohnsitz haben.

³ Die geschäftliche Niederlassung wird von dieser Bestimmung nicht betroffen.

[1)] Fassung des Randtit. gemäss Ziff. I 3 des BG vom 30. Juni 1972, in Kraft seit 1. April 1973 (AS **1972** 2819 2829, **1973** 92; BBl **1971** I 1200).
[2)] Ausdruck gemäss Ziff. I 3 des BG vom 30. Juni 1972, in Kraft seit 1. April 1973 (AS **1972** 2819 2829; BBl **1971** I 1200).

Art. 24

¹ Der einmal begründete Wohnsitz einer Person bleibt bestehen bis zum Erwerbe eines neuen Wohnsitzes.

² Ist ein früher begründeter Wohnsitz nicht nachweisbar oder ist ein im Ausland begründeter Wohnsitz aufgegeben und in der Schweiz kein neuer begründet worden, so gilt der Aufenthaltsort als Wohnsitz.

b. Wechsel im Wohnsitz oder Aufenthalt

Art. 25[1)]

¹ Als Wohnsitz des Kindes unter elterlicher Sorge[2)] gilt der Wohnsitz der Eltern oder, wenn die Eltern keinen gemeinsamen Wohnsitz haben, der Wohnsitz des Elternteils, unter dessen Obhut das Kind steht; in den übrigen Fällen gilt sein Aufenthaltsort als Wohnsitz.

² Bevormundete Personen haben ihren Wohnsitz am Sitz der Vormundschaftsbehörde.

c. Wohnsitz nicht selbständiger Personen

Art. 26

Der Aufenthalt an einem Orte zum Zweck des Besuches einer Lehranstalt und die Unterbringung einer Person in einer Erziehungs-, Versorgungs-, Heil- oder Strafanstalt begründen keinen Wohnsitz.

d. Aufenthalt in Anstalten

Art. 27

¹ Auf die Rechts- und Handlungsfähigkeit kann niemand ganz oder zum Teil verzichten.

² Niemand kann sich seiner Freiheit entäussern oder sich in ihrem Gebrauch in einem das Recht oder die Sittlichkeit verletzenden Grade beschränken.

B. Schutz der Persönlichkeit
I. Vor übermässiger Bindung[3)]

Art. 28[3)]

¹ Wer in seiner Persönlichkeit widerrechtlich verletzt wird, kann zu seinem Schutz gegen jeden, der an der Verletzung mitwirkt, das Gericht[2)] anrufen.

² Eine Verletzung ist widerrechtlich, wenn sie nicht durch Einwilligung des Verletzten, durch ein überwiegendes privates oder öffentliches Interesse oder durch Gesetz gerechtfertigt ist.

II. Gegen Verletzungen
1. Grundsatz

[1)] Fassung gemäss Ziff. I 2 des BG vom 5. Okt. 1984, in Kraft seit 1. Jan. 1988 (AS **1986** 122; SR **210.1** Art. 1; BBl **1979** II 1191).
[2)] Ausdruck gemäss Ziff. I 4 des BG vom 26. Juni 1998, in Kraft seit 1. Jan. 2000 (AS **1999** 1118; BBl **1996** I 1). Diese Änderung ist im ganzen Gesetz berücksichtigt.
[3)] Fassung gemäss Ziff. I des BG vom 16. Dez. 1983, in Kraft seit 1. Juli 1985 (AS **1984** 778 782; BBl **1982** II 636).

Art. 28a[1]

2. Klage

¹ Der Kläger kann dem Gericht beantragen:
1. eine drohende Verletzung zu verbieten;
2. eine bestehende Verletzung zu beseitigen;
3. die Widerrechtlichkeit einer Verletzung festzustellen, wenn sich diese weiterhin störend auswirkt.

² Er kann insbesondere verlangen, dass eine Berichtigung oder das Urteil Dritten mitgeteilt oder veröffentlicht wird.

³ Vorbehalten bleiben die Klagen auf Schadenersatz und Genugtuung sowie auf Herausgabe eines Gewinns entsprechend den Bestimmungen über die Geschäftsführung ohne Auftrag.

3. ...

Art. 28b[2]

Art. 28c[1]

4. Vorsorgliche Massnahmen
a. Voraussetzungen

¹ Wer glaubhaft macht, dass er in seiner Persönlichkeit widerrechtlich verletzt ist oder eine solche Verletzung befürchten muss und dass ihm aus der Verletzung ein nicht leicht wiedergutzumachender Nachteil droht, kann die Anordnung vorsorglicher Massnahmen verlangen.

² Das Gericht kann insbesondere:
1. die Verletzung vorsorglich verbieten oder beseitigen;
2. die notwendigen Massnahmen ergreifen, um Beweise zu sichern.

³ Eine Verletzung durch periodisch erscheinende Medien kann das Gericht jedoch nur dann vorsorglich verbieten oder beseitigen, wenn sie einen besonders schweren Nachteil verursachen kann, offensichtlich kein Rechtfertigungsgrund vorliegt und die Massnahme nicht unverhältnismässig erscheint.

Art. 28d[1]

b. Verfahren

¹ Das Gericht gibt dem Gesuchsgegner Gelegenheit, sich zu äussern.

² Ist es jedoch wegen dringender Gefahr nicht mehr möglich, den Gesuchsgegner vorgängig anzuhören, so kann das Gericht schon auf Einreichung des Gesuchs hin Massnahmen vorläufig anordnen, es sei denn, der Gesuchsteller habe sein Gesuch offensichtlich hinausgezögert.

---

[1] Eingefügt durch Ziff. I des BG vom 16. Dez. 1983, in Kraft seit 1. Juli 1985 (AS **1984** 778 782; BBl **1982** II 636).
[2] Aufgehoben durch Anhang Ziff. 2 des Gerichtsstandsgesetzes vom 24. März 2000 (SR **272**).

³ Kann eine vorsorgliche Massnahme dem Gesuchsgegner schaden, so kann das Gericht vom Gesuchsteller eine Sicherheitsleistung verlangen.

Art. 28e[1]

¹ Vorsorgliche Massnahmen werden in allen Kantonen wie Urteile vollstreckt.

² Vorsorgliche Massnahmen, die angeordnet werden, bevor die Klage rechtshängig ist, fallen dahin, wenn der Gesuchsteller nicht innerhalb der vom Gericht festgesetzten Frist, spätestens aber innert 30 Tagen, Klage erhebt.

c. Vollstreckung

Art. 28f[1]

¹ Der Gesuchsteller hat den durch eine vorsorgliche Massnahme entstandenen Schaden zu ersetzen, wenn der Anspruch, für den sie bewilligt worden ist, nicht zu Recht bestanden hat; trifft ihn jedoch kein oder nur ein leichtes Verschulden, so kann das Gericht das Begehren abweisen oder die Entschädigung herabsetzen.

² ...[2]

³ Eine bestellte Sicherheit ist freizugeben, wenn feststeht, dass keine Schadenersatzklage erhoben wird; bei Ungewissheit setzt das Gericht Frist zur Klage.

d. Schadenersatz

Art. 28g[1]

¹ Wer durch Tatsachendarstellungen in periodisch erscheinenden Medien, insbesondere Presse, Radio und Fernsehen, in seiner Persönlichkeit unmittelbar betroffen ist, hat Anspruch auf Gegendarstellung.

² Kein Anspruch auf Gegendarstellung besteht, wenn über öffentliche Verhandlungen einer Behörde wahrheitsgetreu berichtet wurde und die betroffene Person an den Verhandlungen teilgenommen hat.

5. Recht auf Gegendarstellung
a. Grundsatz

Art. 28h[1]

¹ Der Text der Gegendarstellung ist in knapper Form auf den Gegenstand der beanstandeten Darstellung zu beschränken.

² Die Gegendarstellung kann verweigert werden, wenn sie offensichtlich unrichtig ist oder wenn sie gegen das Recht oder die guten Sitten verstösst.

b. Form und Inhalt

---

[1] Eingefügt durch Ziff. I des BG vom 16. Dez. 1983, in Kraft seit 1. Juli 1985 (AS **1984** 778 782; BBl **1982** II 636).
[2] Aufgehoben durch Anhang Ziff. 2 des Gerichtsstandsgesetzes vom 24. März 2000 (SR **272**).

Art. 28i[1]

c. Verfahren

[1] Der Betroffene muss den Text der Gegendarstellung innert 20 Tagen, nachdem er von der beanstandeten Tatsachendarstellung Kenntnis erhalten hat, spätestens jedoch drei Monate nach der Verbreitung, an das Medienunternehmen absenden.

[2] Das Medienunternehmen teilt dem Betroffenen unverzüglich mit, wann es die Gegendarstellung veröffentlicht oder weshalb es sie zurückweist.

Art. 28k[1]

d. Veröffentlichung

[1] Die Gegendarstellung ist sobald als möglich zu veröffentlichen, und zwar so, dass sie den gleichen Personenkreis wie die beanstandete Tatsachendarstellung erreicht.

[2] Die Gegendarstellung ist als solche zu kennzeichnen; das Medienunternehmen darf dazu nur die Erklärung beifügen, ob es an seiner Tatsachendarstellung festhält oder auf welche Quellen es sich stützt.

[3] Die Veröffentlichung der Gegendarstellung erfolgt kostenlos.

Art. 28l[1]

e. Anrufung des Gerichts

[1] Verhindert das Medienunternehmen die Ausübung des Gegendarstellungsrechts, verweigert es die Gegendarstellung oder veröffentlicht es diese nicht korrekt, so kann der Betroffene das Gericht anrufen.

[2] ...[2]

[3] Das Gericht entscheidet unverzüglich aufgrund der verfügbaren Beweismittel.

[4] Rechtsmittel haben keine aufschiebende Wirkung.

Art. 29

III. Recht auf den Namen
1. Namensschutz

[1] Wird jemandem die Führung seines Namens bestritten, so kann er auf Feststellung seines Rechtes klagen.

[2] Wird jemand dadurch beeinträchtigt, dass ein anderer sich seinen Namen anmasst, so kann er auf Unterlassung dieser Anmassung sowie bei Verschulden auf Schadenersatz und, wo die Art der Beeinträchtigung es rechtfertigt, auf Leistung einer Geldsumme als Genugtuung klagen.

---

[1] Eingefügt durch Ziff. I des BG vom 16. Dez. 1983, in Kraft seit 1. Juli 1985 (AS **1984** 778 782; BBl **1982** II 636).

[2] Aufgehoben durch Anhang Ziff. 2 des Gerichtsstandsgesetzes vom 24. März 2000 (SR **272**).

Art. 30

¹ Die Regierung des Wohnsitzkantons kann einer Person die Änderung des Namens bewilligen, wenn wichtige Gründe vorliegen.[1)]

² Das Gesuch der Brautleute, von der Trauung an den Namen der Ehefrau als Familiennamen zu führen, ist zu bewilligen, wenn achtenswerte Gründe vorliegen.[2)]

³ Wer durch Namensänderung verletzt wird, kann sie binnen Jahresfrist, nachdem er von ihr Kenntnis erlangt hat, gerichtlich anfechten.

2. Namensänderung

Art. 31

¹ Die Persönlichkeit beginnt mit dem Leben nach der vollendeten Geburt und endet mit dem Tode.

² Vor der Geburt ist das Kind unter dem Vorbehalt rechtsfähig, dass es lebendig geboren wird.

C. Anfang und Ende der Persönlichkeit
I. Geburt und Tod

Art. 32

¹ Wer zur Ausübung eines Rechtes sich darauf beruft, dass eine Person lebe oder gestorben sei oder zu einer bestimmten Zeit gelebt oder eine andere Person überlebt habe, hat hiefür den Beweis zu erbringen.

² Kann nicht bewiesen werden, dass von mehreren gestorbenen Personen die eine die andere überlebt habe, so gelten sie als gleichzeitig gestorben.

II. Beweis
1. Beweislast

Art. 33

¹ Der Beweis für die Geburt oder den Tod einer Person wird mit den Zivilstandsurkunden geführt.

² Fehlen solche oder sind die vorhandenen als unrichtig erwiesen, so kann der Beweis auf andere Weise erbracht werden.

2. Beweismittel
a. Im allgemeinen

Art. 34

Der Tod einer Person kann, auch wenn niemand die Leiche gesehen hat, als erwiesen betrachtet werden, sobald die Person unter Umständen verschwunden ist, die ihren Tod als sicher erscheinen lassen.

b. Anzeichen des Todes

[1)] Fassung gemäss Ziff. I 2 des BG vom 25. Juni 1976, in Kraft seit 1. Jan. 1978 (AS **1977** 237 264; BBl **1974** II 1).
[2)] Fassung gemäss Ziff. I 2 des BG vom 5. Okt. 1984, in Kraft seit 1. Jan. 1988 (AS **1986** 122; SR **210.1** Art. 1; BBl **1979** II 1191).

Art. 35

III. Verschollen-
erklärung
1. Im allgemeinen

¹ Ist der Tod einer Person höchst wahrscheinlich, weil sie in hoher Todesgefahr verschwunden oder seit langem nachrichtlos abwesend ist, so kann sie das Gericht auf das Gesuch derer, die aus ihrem Tode Rechte ableiten, für verschollen erklären.

² ...¹⁾

Art. 36

2. Verfahren

¹ Das Gesuch kann nach Ablauf von mindestens einem Jahre seit dem Zeitpunkte der Todesgefahr oder von fünf Jahren seit der letzten Nachricht angebracht werden.

² Das Gericht hat jedermann, der Nachrichten über den Verschwundenen oder Abwesenden geben kann, in angemessener Weise öffentlich aufzufordern, sich binnen einer bestimmten Frist zu melden.

³ Diese Frist ist auf mindestens ein Jahr seit der erstmaligen Auskündung anzusetzen.

Art. 37

3. Wegfallen
des Gesuches

Meldet sich innerhalb der Frist der Verschwundene oder Abwesende, oder laufen Nachrichten über ihn ein, oder wird der Zeitpunkt seines Todes nachgewiesen, so fällt das Gesuch dahin.

Art. 38

4. Wirkung

¹ Läuft während der angesetzten Zeit keine Meldung ein, so wird der Verschwundene oder Abwesende für verschollen erklärt, und es können die aus seinem Tode abgeleiteten Rechte geltend gemacht werden, wie wenn der Tod bewiesen wäre.

² Die Wirkung der Verschollenerklärung wird auf den Zeitpunkt der Todesgefahr oder der letzten Nachricht zurückbezogen.

³ Die Verschollenerklärung löst die Ehe auf.²⁾

---

¹⁾ Aufgehoben durch Anhang Ziff. 2 des Gerichtsstandsgesetzes vom 24. März 2000 (SR **272**).

²⁾ Eingefügt durch Ziff. I 4 des BG vom 26. Juni 1998, in Kraft seit 1. Jan. 2000 (AS **1999** 1118; BBl **1996** I 1).

Zweiter Abschnitt[1]
Die Beurkundung des Personenstandes

Art. 39

¹ Zur Beurkundung des Personenstandes werden elektronische Register geführt.[2]

² Zum Personenstand gehören insbesondere:

1. die eine Person unmittelbar betreffenden Zivilstandstatsachen wie die Geburt, die Heirat, der Tod;
2. die personen- und familienrechtliche Stellung einer Person wie die Mündigkeit, die Abstammung, die Ehe;
3. die Namen;
4. die Kantons- und Gemeindebürgerrechte;
5. die Staatsangehörigkeit.

A. Register
I. Allgemeines

Art. 40

¹ Der Bundesrat bestimmt die Personen und Behörden, die verpflichtet sind, die zur Beurkundung des Personenstandes nötigen Angaben zu melden.

² Er kann vorsehen, dass Verstösse gegen die Meldepflicht mit Busse geahndet werden.

³ ...[3]

II. Meldepflicht[2]

Art. 41

¹ Wenn Angaben über den Personenstand durch Urkunden zu belegen sind, kann die kantonale Aufsichtsbehörde den Nachweis durch Abgabe einer Erklärung vor der Zivilstandsbeamtin oder dem Zivilstandsbeamten bewilligen, sofern es sich nach hinreichenden Bemühungen als unmöglich oder unzumutbar erweist, die Urkunden zu beschaffen, und die Angaben nicht streitig sind.

² Die Zivilstandsbeamtin oder der Zivilstandsbeamte ermahnt die erklärende Person zur Wahrheit und weist sie auf die Straffolgen einer falschen Erklärung hin.

III. Nachweis nicht streitiger Angaben

Art. 42

¹ Wer ein schützenswertes persönliches Interesse glaubhaft macht, kann beim Gericht auf Eintragung von streitigen Angaben über den Personenstand, auf Berichtigung oder auf Löschung einer Eintragung klagen. Das Gericht hört die betroffenen kantonalen Aufsichtsbehörden an und stellt ihnen das Urteil zu.

IV. Bereinigung
1. Durch das Gericht

---

[1] Fassung des 2. Abschnitts gemäss Ziff. I des BG vom 26. Juni 1998, in Kraft seit 1. Jan. 2000 (AS **1999** 1118; BBl **1996** I 1).

[2] Fassung gemäss Ziff. I des BG vom 5. Okt. 2001, in Kraft seit 1. Juli 2004 (AS **2001** 5733, BBl **2001** 1639).

[3] Aufgehoben durch Ziff. I des BG vom 5. Okt. 2001 (AS **2004** 2915, BBl **2001** 1639, 1663, 5733).

² Die kantonalen Aufsichtsbehörden sind ebenfalls klageberechtigt.

Art. 43

2. Durch die Zivilstandsbehörden

Die Zivilstandsbehörden beheben von Amtes wegen Fehler, die auf einem offensichtlichen Versehen oder Irrtum beruhen.

Art. 43a[1]

V. Datenschutz und Bekanntgabe der Daten

¹ Der Bundesrat sorgt auf dem Gebiet der Beurkundung des Personenstandes für den Schutz der Persönlichkeit und der Grundrechte der Personen, über die Daten bearbeitet werden.

² Er regelt die Bekanntgabe von Daten an Private, die ein unmittelbares schutzwürdiges Interesse nachweisen können.

³ Er bestimmt die Behörden ausserhalb des Zivilstandswesens, denen die zur Erfüllung ihrer gesetzlichen Aufgaben nötigen Daten regelmässig oder auf Anfrage bekannt gegeben werden. Vorbehalten bleiben die Vorschriften über die Bekanntgabe nach einem kantonalen Gesetz.

⁴ Auf Daten, die für die Überprüfung der Identität einer Person notwendig sind, haben im Abrufverfahren Zugriff:
1. die ausstellenden Behörden nach dem Bundesgesetz vom 22. Juni 2001[2] über die Ausweise für Schweizer Staatsangehörige;
2. die für die Führung des automatisierten Fahndungssystems nach Artikel 351bis des Strafgesetzbuches[3] zuständige Stelle des Bundes und die Filtrierstellen der im Fahndungssystem ausschreibenden kantonalen und städtischen Polizeikorps;
3. die für die Führung des automatisierten Strafregisters nach Artikel 359 des Strafgesetzbuches zuständige Stelle des Bundes;
4. die für die Nachforschungen nach vermissten Personen zuständige Stelle des Bundes[4].

Art. 44

B. Organisation
I. Zivilstandsbehörden
1. Zivilstandsbeamtinnen und Zivilstandsbeamte

¹ Die Zivilstandsbeamtinnen und Zivilstandsbeamten erfüllen insbesondere folgende Aufgaben:
1. Sie führen die Register.
2. Sie erstellen die Mitteilungen und Auszüge.
3. Sie führen das Vorbereitungsverfahren der Eheschliessung durch und vollziehen die Trauung.
4. Sie nehmen Erklärungen zum Personenstand entgegen.

² Der Bundesrat kann ausnahmsweise eine Vertreterin oder einen Vertreter der Schweiz im Ausland mit diesen Aufgaben betrauen.

---

[1] Eingefügt durch Ziff. I des BG vom 5. Okt. 2001, in Kraft seit 1. Juli 2004 (AS **2004** 2915; BBl **2001** 1639, 1663, 5733).
[2] SR **143.1**
[3] SR **311.0**
[4] Zur Zeit das Bundesamt für Polizei.

Art. 45

¹ Jeder Kanton bestellt die Aufsichtsbehörde.
² Diese Behörde erfüllt insbesondere folgende Aufgaben:
1. Sie beaufsichtigt die Zivilstandsämter.
2. Sie unterstützt und berät die Zivilstandsämter.
3. Sie wirkt bei der Registerführung und beim Vorbereitungsverfahren der Eheschliessung mit.
4. Sie erlässt Verfügungen über die Anerkennung und die Eintragung im Ausland eingetretener Zivilstandstatsachen sowie ausländischer Entscheidungen, die den Personenstand betreffen.
5. Sie sorgt für die Aus- und Weiterbildung der im Zivilstandswesen tätigen Personen.

³ Der Bund übt die Oberaufsicht aus. Er kann gegen Verfügungen der Zivilstandsbeamtinnen und Zivilstandsbeamten sowie der Aufsichtsbehörden die kantonalen Rechtsmittel einlegen.[1]

2. Aufsichtsbehörden

Art. 45a[2]

¹ Der Bund betreibt für die Kantone eine zentrale Datenbank.
² Die Datenbank wird von den Kantonen finanziert. Die Kosten werden nach der Einwohnerzahl aufgeteilt.
³ Der Bundesrat regelt im Rahmen des Gesetzes und unter Mitwirkung der Kantone:
1. das Verfahren der Zusammenarbeit;
2. die Zugriffsrechte der Zivilstandsbehörden;
3. die zur Sicherstellung des Datenschutzes und der Datensicherheit erforderlichen organisatorischen und technischen Massnahmen;
4. die Archivierung.

Ia. Zentrale Datenbank

Art. 46

¹ Wer durch die im Zivilstandswesen tätigen Personen in Ausübung ihrer amtlichen Tätigkeit widerrechtlich verletzt wird, hat Anspruch auf Schadenersatz und, wo die Schwere der Verletzung es rechtfertigt, auf Genugtuung.
² Haftbar ist der Kanton; er kann auf die Personen, welche die Verletzung absichtlich oder grobfahrlässig verursacht haben, Rückgriff nehmen.
³ Auf Personen, die vom Bund angestellt sind, findet das Verantwortlichkeitsgesetz[3] Anwendung.

II. Haftung

---

[1] Fassung gemäss Ziff. I des BG vom 5. Okt. 2001, in Kraft seit 1. Juli 2004 (AS **2004** 2915; BBl **2001** 1639, 1663, 5733).
[2] Eingefügt durch Ziff. I des BG vom 5. Okt. 2001, in Kraft seit 1. Juli 2004 (AS **2004** 2915; BBl **2001** 1639, 1663, 5733).
[3] SR **170.32**

Art. 47

III. Disziplinarmassnahmen

¹ Vorsätzliche oder fahrlässige Amtspflichtverletzungen der auf den Zivilstandsämtern tätigen Personen werden von der kantonalen Aufsichtsbehörde mit Disziplinarmassnahmen geahndet.

² Die Disziplinarmassnahme besteht in einem Verweis, in Busse bis zu 1000 Franken oder, in schweren Fällen, in Amtsenthebung.

³ Vorbehalten bleibt die strafrechtliche Verfolgung.

Art. 48

C. Ausführungsbestimmungen
I. Bundesrecht

¹ Der Bundesrat erlässt die Ausführungsbestimmungen.

² Er regelt namentlich:
1. die zu führenden Register und die einzutragenden Angaben;
2. die Registerführung;
3. die Aufsicht.

³ Zur Sicherstellung eines fachlich zuverlässigen Vollzugs kann der Bundesrat Mindestanforderungen an die Aus- und Weiterbildung der im Zivilstandswesen tätigen Personen sowie an den Beschäftigungsgrad der Zivilstandsbeamtinnen und Zivilstandsbeamten erlassen.

⁴ Er legt die im Zivilstandswesen zu erhebenden Gebühren fest.

⁵ Er bestimmt, unter welchen Voraussetzungen es zulässig ist, auf elektronischem Weg:
1. Zivilstandsfälle zu melden;
2. Erklärungen zum Personenstand abzugeben;
3. Mitteilungen und Registerauszüge zuzustellen.[1]

Art. 49

II. Kantonales Recht

¹ Die Kantone legen die Zivilstandskreise fest.

² Sie erlassen im Rahmen des Bundesrechts die nötigen Ausführungsbestimmungen.

³ Die kantonalen Vorschriften, ausgenommen diejenigen über die Besoldung der im Zivilstandswesen tätigen Personen, bedürfen zu ihrer Gültigkeit der Genehmigung des Bundes.

Art. 50 und 51[2]

---

[1] Eingefügt durch Ziff. I des BG vom 5. Okt. 2001, in Kraft seit 1. Juli 2004 (AS **2004** 2915; BBl **2001** 1639, 1663, 5733).

[2] Aufgehoben durch Ziff. I 1 des BG vom 26. Juni 1998 (AS **1999** 1118; BBl **1996** I 1).

Zweiter Titel
DIE JURISTISCHEN PERSONEN

Erster Abschnitt
Allgemeine Bestimmungen

Art. 52

¹ Die körperschaftlich organisierten Personenverbindungen und die einem besondern Zwecke gewidmeten und selbständigen Anstalten erlangen das Recht der Persönlichkeit durch die Eintragung in das Handelsregister.

² Keiner Eintragung bedürfen die öffentlich-rechtlichen Körperschaften und Anstalten, die Vereine, die nicht wirtschaftliche Zwecke verfolgen, die kirchlichen Stiftungen und die Familienstiftungen.

³ Personenverbindungen und Anstalten zu unsittlichen oder widerrechtlichen Zwecken können das Recht der Persönlichkeit nicht erlangen.

A. Persönlichkeit

Art. 53

Die juristischen Personen sind aller Rechte und Pflichten fähig, die nicht die natürlichen Eigenschaften des Menschen, wie das Geschlecht, das Alter oder die Verwandtschaft, zur notwendigen Voraussetzung haben.

B. Rechtsfähigkeit

Art. 54

Die juristischen Personen sind handlungsfähig, sobald die nach Gesetz und Statuten hiefür unentbehrlichen Organe bestellt sind.

C. Handlungsfähigkeit
I. Voraussetzung

Art. 55

¹ Die Organe sind berufen, dem Willen der juristischen Person Ausdruck zu geben.

² Sie verpflichten die juristische Person sowohl durch den Abschluss von Rechtsgeschäften als durch ihr sonstiges Verhalten.

³ Für ihr Verschulden sind die handelnden Personen ausserdem persönlich verantwortlich.

II. Betätigung

Art. 56

Der Wohnsitz der juristischen Personen befindet sich, wenn ihre Statuten es nicht anders bestimmen, an dem Orte, wo ihre Verwaltung geführt wird.

D. Wohnsitz

Art. 57

E. Aufhebung
I. Vermögens-
verwendung

¹ Wird eine juristische Person aufgehoben, so fällt ihr Vermögen, wenn das Gesetz, die Statuten, die Stiftungsurkunde oder die zuständigen Organe es nicht anders bestimmen, an das Gemeinwesen (Bund, Kanton, Gemeinde), dem sie nach ihrer Bestimmung angehört hat.

² Das Vermögen ist dem bisherigen Zwecke möglichst entsprechend zu verwenden.

³ Wird eine juristische Person wegen Verfolgung unsittlicher oder widerrechtlicher Zwecke gerichtlich aufgehoben, so fällt das Vermögen an das Gemeinwesen, auch wenn etwas anderes bestimmt worden ist.

Art. 58

II. Liquidation

Das Verfahren bei der Liquidation des Vermögens der juristischen Personen richtet sich nach den Vorschriften, die für die Genossenschaften aufgestellt sind.

Art. 59

F. Vorbehalt des
öffentlichen und
des Gesellschafts-
und Genossen-
schaftsrechtes

¹ Für die öffentlich-rechtlichen und kirchlichen Körperschaften und Anstalten bleibt das öffentliche Recht des Bundes und der Kantone vorbehalten.

² Personenverbindungen, die einen wirtschaftlichen Zweck verfolgen, stehen unter den Bestimmungen über die Gesellschaften und Genossenschaften.

³ Allmendgenossenschaften und ähnliche Körperschaften verbleiben unter den Bestimmungen des kantonalen Rechtes.

Zweiter Abschnitt
Die Vereine

Art. 60

A. Gründung
I. Körperschaftliche
Personen-
verbindung

¹ Vereine, die sich einer politischen, religiösen, wissenschaftlichen, künstlerischen, wohltätigen, geselligen oder andern nicht wirtschaftlichen Aufgabe widmen, erlangen die Persönlichkeit, sobald der Wille, als Körperschaft zu bestehen, aus den Statuten ersichtlich ist.

² Die Statuten müssen in schriftlicher Form errichtet sein und über den Zweck des Vereins, seine Mittel und seine Organisation Aufschluss geben.

Art. 61

II. Eintragung

¹ Sind die Vereinsstatuten angenommen und ist der Vorstand bestellt, so ist der Verein befugt, sich in das Handelsregister eintragen zu lassen.

² Betreibt der Verein für seinen Zweck ein nach kaufmännischer Art geführtes Gewerbe, so ist er zur Eintragung verpflichtet.
³ Der Anmeldung sind die Statuten und das Verzeichnis der Vorstandsmitglieder beizufügen.

Art. 62

Vereine, denen die Persönlichkeit nicht zukommt, oder die sie noch nicht erlangt haben, sind den einfachen Gesellschaften gleichgestellt.

III. Vereine ohne Persönlichkeit

Art. 63

¹ Soweit die Statuten über die Organisation und über das Verhältnis des Vereins zu seinen Mitgliedern keine Vorschriften aufstellen, finden die nachstehenden Bestimmungen Anwendung.
² Bestimmungen, deren Anwendung von Gesetzes wegen vorgeschrieben ist, können durch die Statuten nicht abgeändert werden.

IV. Verhältnis der Statuten zum Gesetz

Art. 64

¹ Die Versammlung der Mitglieder bildet das oberste Organ des Vereins.
² Sie wird vom Vorstand einberufen.
³ Die Einberufung erfolgt nach Vorschrift der Statuten und überdies von Gesetzes wegen, wenn ein Fünftel der Mitglieder die Einberufung verlangt.

B. Organisation
I. Vereinsversammlung
1. Bedeutung und Einberufung

Art. 65

¹ Die Vereinsversammlung beschliesst über die Aufnahme und den Ausschluss von Mitgliedern, wählt den Vorstand und entscheidet in allen Angelegenheiten, die nicht andern Organen des Vereins übertragen sind.
² Sie hat die Aufsicht über die Tätigkeit der Organe und kann sie jederzeit abberufen, unbeschadet der Ansprüche, die den Abberufenen aus bestehenden Verträgen zustehen.
³ Das Recht der Abberufung besteht, wenn ein wichtiger Grund sie rechtfertigt, von Gesetzes wegen.

2. Zuständigkeit

Art. 66

¹ Vereinsbeschlüsse werden von der Vereinsversammlung gefasst.
² Die schriftliche Zustimmung aller Mitglieder zu einem Antrag ist einem Beschlusse der Vereinsversammlung gleichgestellt.

3. Vereinsbeschluss
a. Beschlussfassung

Art. 67

b. Stimmrecht und Mehrheit

¹ Alle Mitglieder haben in der Vereinsversammlung das gleiche Stimmrecht.

² Die Vereinsbeschlüsse werden mit Mehrheit der Stimmen der anwesenden Mitglieder gefasst.

³ Über Gegenstände, die nicht gehörig angekündigt sind, darf ein Beschluss nur dann gefasst werden, wenn die Statuten es ausdrücklich gestatten.

Art. 68

c. Ausschliessung vom Stimmrecht

Jedes Mitglied ist von Gesetzes wegen vom Stimmrechte ausgeschlossen bei der Beschlussfassung über ein Rechtsgeschäft oder einen Rechtsstreit zwischen ihm, seinem Ehegatten oder einer mit ihm in gerader Linie verwandten Person einerseits und dem Vereine anderseits.

Art. 69

II. Vorstand

Der Vorstand hat das Recht und die Pflicht, nach den Befugnissen, die die Statuten ihm einräumen, die Angelegenheiten des Vereins zu besorgen und den Verein zu vertreten.

Art. 70

C. Mitgliedschaft
I. Ein- und Austritt

¹ Der Eintritt von Mitgliedern kann jederzeit erfolgen.

² Der Austritt ist von Gesetzes wegen zulässig, wenn er mit Beobachtung einer halbjährigen Frist auf das Ende des Kalenderjahres oder, wenn eine Verwaltungsperiode vorgesehen ist, auf deren Ende angesagt wird.

3 Die Mitgliedschaft ist weder veräusserlich noch vererblich.

Art. 71

II. Beitragspflicht

¹ Die Beiträge der Mitglieder werden durch die Statuten festgesetzt.

² Solange es an einer solchen Festsetzung fehlt, haben die Mitglieder die zur Verfolgung des Vereinszweckes und zur Deckung der Vereinsschulden nötigen Beiträge zu gleichen Teilen zu leisten.

Art. 72

III. Ausschliessung

¹ Die Statuten können die Gründe bestimmen, aus denen ein Mitglied ausgeschlossen werden darf, sie können aber auch die Ausschliessung ohne Angabe der Gründe gestatten.

² Eine Anfechtung der Ausschliessung wegen ihres Grundes ist in diesen Fällen nicht statthaft.

³ Enthalten die Statuten hierüber keine Bestimmung, so darf die Ausschliessung nur durch Vereinsbeschluss und aus wichtigen Gründen erfolgen.

Art. 73

¹ Mitglieder, die austreten oder ausgeschlossen werden, haben auf das Vereinsvermögen keinen Anspruch.

² Für die Beiträge haften sie nach Massgabe der Zeit ihrer Mitgliedschaft.

IV. Stellung ausgeschiedener Mitglieder

Art. 74

Eine Umwandlung des Vereinszweckes kann keinem Mitgliede aufgenötigt werden.

V. Schutz des Vereinszweckes

Art. 75

Beschlüsse, die das Gesetz oder die Statuten verletzen, kann jedes Mitglied, das nicht zugestimmt hat, von Gesetzes wegen binnen Monatsfrist, nachdem es von ihnen Kenntnis erhalten hat, beim Gericht anfechten.

VI. Schutz der Mitgliedschaft

Art. 76

Die Auflösung des Vereins kann jederzeit durch Vereinsbeschluss herbeigeführt werden.

D. Auflösung
I. Auflösungsarten
1. Vereinsbeschluss

Art. 77

Die Auflösung erfolgt von Gesetzes wegen, wenn der Verein zahlungsunfähig ist, sowie wenn der Vorstand nicht mehr statutengemäss bestellt werden kann.

2. Von Gesetzes wegen

Art. 78

Die Auflösung erfolgt durch das Gericht auf Klage der zuständigen Behörde oder eines Beteiligten, wenn der Zweck des Vereins widerrechtlich oder unsittlich ist.

3. Urteil

Art. 79

Ist der Verein im Handelsregister eingetragen, so hat der Vorstand oder das Gericht dem Registerführer die Auflösung behufs Löschung des Eintrages mitzuteilen.

II. Löschung des Registereintrages

Dritter Abschnitt
Die Stiftungen

Art. 80

Zur Errichtung einer Stiftung bedarf es der Widmung eines Vermögens für einen besondern Zweck.

A. Errichtung
I. Im allgemeinen

Art. 81

¹ Die Errichtung erfolgt in der Form einer öffentlichen Urkunde oder durch letztwillige Verfügung.

II. Form der Errichtung

² Die Eintragung in das Handelsregister erfolgt auf Grund der Stiftungsurkunde und nötigenfalls nach Anordnung der Aufsichtsbehörde unter Angabe der Mitglieder der Verwaltung.

Art. 82

III. Anfechtung

Eine Stiftung kann von den Erben oder den Gläubigern des Stifters gleich einer Schenkung angefochten werden.

Art. 83

B. Organisation

¹ Die Organe der Stiftung und die Art der Verwaltung werden durch die Stiftungsurkunde festgestellt.

² Ist die vorgesehene Organisation nicht genügend, so hat die Aufsichtsbehörde die nötigen Verfügungen zu treffen.

³ Können diese nicht zweckdienlich getroffen werden, so hat die Aufsichtsbehörde das Vermögen, sofern der Stifter keinen Einspruch erhebt oder nicht eine Bestimmung der Stiftungsurkunde ausdrücklich entgegensteht, einer andern Stiftung mit möglichst gleichartigem Zwecke zuzuwenden.

Art. 84

C. Aufsicht

¹ Die Stiftungen stehen unter der Aufsicht des Gemeinwesens (Bund, Kanton, Gemeinde), dem sie nach ihrer Bestimmung angehören.

² Die Aufsichtsbehörde hat dafür zu sorgen, dass das Stiftungsvermögen seinen Zwecken gemäss verwendet wird.

Art. 85

D. Umwandlung der Stiftung
I. Änderung der Organisation

Die zuständige kantonale Behörde oder, wo die Stiftung unter der Aufsicht des Bundes steht, der Bundesrat[1] darf auf Antrag der Aufsichtsbehörde und nach Anhörung des obersten Stiftungsorganes die Organisation der Stiftung abändern, wenn die Erhaltung des Vermögens oder die Wahrung des Zweckes der Stiftung die Abänderung dringend erheischt.

Art. 86

II. Änderung des Zweckes

¹ Die zuständige kantonale Behörde oder, wo die Stiftung unter der Aufsicht des Bundes steht, der Bundesrat[1] darf auf Antrag der Aufsichtsbehörde und nach Anhörung des obersten Stiftungsorganes den Zweck der Stiftung abändern, wenn ihr ursprünglicher Zweck eine ganz andere Bedeutung oder Wirkung erhalten hat, so dass die Stiftung dem Willen des Stifters offenbar entfremdet worden ist.

---

[1] Heute: das zuständige Dep. des BR (Art. 61 Abs. 2 und 3 des Verwaltungsorganisationsgesetzes vom 19. Sept. 1978 – SR **172.010**). Gegen die Entscheide des Dep. sowie der kantonalen Aufsichtsbehörden ist die Verwaltungsgerichtsbeschwerde an das BGer zulässig (Art. 97 ff. OG – SR **173.110**).

² Unter den gleichen Voraussetzungen können Auflagen oder Bedingungen, die den Stiftungszweck beeinträchtigen, aufgehoben oder abgeändert werden.

Art. 87

¹ Die Familienstiftungen und die kirchlichen Stiftungen sind unter Vorbehalt des öffentlichen Rechtes der Aufsichtsbehörde nicht unterstellt.
² Über Anstände privatrechtlicher Natur entscheidet das Gericht.

E. Familienstiftungen und kirchliche Stiftungen

Art. 88

¹ Die Aufhebung einer Stiftung erfolgt von Gesetzes wegen, sobald ihr Zweck unerreichbar geworden ist.
² Sie erfolgt durch das Gericht, wenn der Zweck der Stiftung widerrechtlich oder unsittlich geworden ist.

F. Aufhebung
I. Von Gesetzes wegen und durch das Gericht

Art. 89

¹ Zur Klage berechtigt ist die Aufsichtsbehörde sowie jedermann, der ein Interesse hat.
² Die Aufhebung ist dem Registerführer behufs Löschung des Eintrages anzuzeigen.

II. Klagerecht und Löschung im Register

Art. 89[bis1)]

¹ Für Personalfürsorgeeinrichtungen, die gemäss Artikel 331 des Obligationenrechts[3)] in Form der Stiftung errichtet worden sind, gelten überdies noch folgende Bestimmungen.[2)]
² Die Stiftungsorgane haben den Begünstigten über die Organisation, die Tätigkeit und die Vermögenslage der Stiftung den erforderlichen Aufschluss zu erteilen.
³ Leisten die Arbeitnehmer Beiträge an die Stiftung, so sind sie an der Verwaltung wenigstens nach Massgabe dieser Beiträge zu beteiligen; soweit möglich haben die Arbeitnehmer ihre Vertretung aus dem Personal des Arbeitgebers zu wählen.[2)]
⁴ ...[4)]
⁵ Die Begünstigten können auf Ausrichtung von Leistungen der Stiftung klagen, wenn sie Beiträge an diese entrichtet haben oder wenn ihnen nach den Stiftungsbestimmungen ein Rechtsanspruch auf Leistungen zusteht.

G. Personalfürsorgestiftungen[2)]

[1)] Eingefügt durch Ziff. II des BG vom 21. März 1958, in Kraft seit 1. Juli 1958 (AS **1958** 379 381; BBl **1956** II 825).
[2)] Fassung gemäss Ziff. II Art. 2 Ziff. 1 des BG vom 25. Juni 1971, in Kraft seit 1. Jan. 1972 (SR **220** am Schluss, Schl- und UeB zum X. Tit.).
[3)] SR **220**
[4)] Aufgehoben durch Ziff. III des BG vom 21. Juni 1996 (AS **1996** 3067; BBl **1996** 564).

⁶ Für Personalfürsorgestiftungen, die auf dem Gebiet der Alters-, Hinterlassenen- und Invalidenvorsorge tätig sind, gelten überdies die folgenden Bestimmungen des Bundesgesetzes vom 25. Juni 1982[1]) über die berufliche Alters-, Hinterlassenen- und Invalidenvorsorge über:

1. die Definition und Grundsätze der beruflichen Vorsorge sowie des versicherbaren Lohnes oder des versicherbaren Einkommens (Art. 1),
2. die zusätzlichen Einkäufe für den Vorbezug der Altersleistung (Art. 13a Abs. 8[30]),
3. die Begünstigten bei Hinterlassenenleistungen (Art. 20a),
4. die Anpassung der reglementarischen Leistungen an die Preisentwicklung (Art. 36 Abs. 2 und 3),
5. die Verjährung von Ansprüchen und die Aufbewahrung von Vorsorgeunterlagen (Art. 41),
6. die Verantwortlichkeit (Art. 52),
7. die Kontrolle (Art. 53),
8. die Interessenkonflikte (Art. 53a),
9. die Teil- oder Gesamtliquidation (Art. 53b–53d),
10. die Auflösung von Verträgen (Art. 53e),
11. den Sicherheitsfonds (Art. 56 Abs. 1 Bst. c und Abs. 2–5, Art. 56a, 57 und 59),
12. die Aufsicht (Art. 61, 62 und 64),
13. die Gebühren (Art. 63a),
14. die finanzielle Sicherheit (Art. 65 Abs. 1 und 3, Art. 66 Abs. 4, Art. 67 und 69),
15. die Transparenz (Art. 65a),
16. die Rückstellungen (Art. 65b),
17. die Versicherungsverträge zwischen Vorsorgeeinrichtungen und Versicherungseinrichtungen (Art. 68 Abs. 3 und 4),
18. die Vermögensverwaltung (Art. 71),
19. die Rechtspflege (Art. 73 und 74),
20. die Strafbestimmungen (Art. 75–79),
21. den Einkauf (Art. 79b),
22. den versicherbaren Lohn und das versicherbare Einkommen (Art. 79c),
23. die Information der Versicherten (Art. 86b).[2])

---

[1]) SR **831.40**

[2]) Eingefügt durch Anhang Ziff. 1 des BG vom 25. Juni 1982 über die berufliche Alters-, Hinterlassenen- und Invalidenvorsorge, in Kraft seit 1. Jan. 1985 (SR **831.40**). Fassung gemäss Anhang Ziff. 1 des BG vom 3. Okt. 2003 über die berufliche Alters-, Hinterlassenen- und Invalidenvorsorge (1. BVG-Revision), Ziff. 6, 7, 10–12, 14 (ohne Art. 66 Abs. 4), 15, 17–20 und 23 in Kraft seit 1. April 2004, Ziff. 3–5, 8, 9, 13, 14 (mit Bezug auf Art. 66 Abs. 4) und 16 in Kraft seit 1. Jan. 2005, Ziff. 1, 21 und 22 in Kraft seit 1. Jan. 2006, und Ziff. 2 tritt mit der 11. AHV-Revision in Kraft (AS **2004** 1677; BBl **2000** 2637).

ZWEITER TEIL

Das Familienrecht

ZWEITER TEIL
DAS FAMILIENRECHT

ERSTE ABTEILUNG
DAS EHERECHT

Dritter Titel
DIE EHESCHLIESSUNG[1]

Erster Abschnitt
Das Verlöbnis

Art. 90

¹ Das Verlöbnis wird durch das Eheversprechen begründet.

² Unmündige oder Entmündigte werden ohne Zustimmung des gesetzlichen Vertreters durch ihre Verlobung nicht verpflichtet.

³ Aus dem Verlöbnis entsteht kein klagbarer Anspruch auf Eingehung der Ehe.

A. Verlobung

Art. 91

¹ Mit Ausnahme der gewöhnlichen Gelegenheitsgeschenke können die Verlobten Geschenke, die sie einander gemacht haben, bei Auflösung des Verlöbnisses zurückfordern, es sei denn, das Verlöbnis sei durch Tod aufgelöst worden.

² Sind die Geschenke nicht mehr vorhanden, so richtet sich die Rückerstattung nach den Bestimmungen über die ungerechtfertigte Bereicherung.

B. Auflösung des Verlöbnisses
I. Geschenke

Art. 92

Hat einer der Verlobten im Hinblick auf die Eheschliessung in guten Treuen Veranstaltungen getroffen, so kann er bei Auflösung des Verlöbnisses vom andern einen angemessenen Beitrag verlangen, sofern dies nach den gesamten Umständen nicht als unbillig erscheint.

II. Beitragspflicht

Art. 93

Die Ansprüche aus dem Verlöbnis verjähren mit Ablauf eines Jahres nach der Auflösung.

III. Verjährung

---

[1] Fassung des 3. Titels gemäss Ziff. I 2 des BG vom 26. Juni 1998, in Kraft seit 1. Jan. 2000 (AS **1999** 1118; BBl **1996** I 1).

Zweiter Abschnitt
Die Ehevoraussetzungen

Art. 94

A. Ehefähigkeit

¹ Um die Ehe eingehen zu können, müssen die Brautleute das 18. Altersjahr zurückgelegt haben und urteilsfähig sein.

² Die entmündigte Person braucht die Zustimmung des gesetzlichen Vertreters. Sie kann gegen die Verweigerung dieser Zustimmung das Gericht anrufen.

Art. 95

B. Ehehindernisse
I. Verwandtschaft und Stiefkindverhältnis

¹ Die Eheschliessung ist verboten:
1. zwischen Verwandten in gerader Linie sowie zwischen Geschwistern oder Halbgeschwistern, gleichgültig ob sie miteinander durch Abstammung oder durch Adoption verwandt sind;
2. zwischen Stiefeltern und Stiefkindern; das Ehehindernis bleibt auch bestehen, wenn die Ehe, die das Stiefkindverhältnis begründet hat, für ungültig erklärt oder aufgelöst worden ist.

² Die Adoption hebt das Ehehindernis der Verwandtschaft zwischen dem Adoptivkind und seinen Nachkommen einerseits und seiner angestammten Familie anderseits nicht auf.

Art. 96

II. Frühere Ehe

Wer eine neue Ehe eingehen will, hat den Nachweis zu erbringen, dass die frühere Ehe für ungültig erklärt oder aufgelöst worden ist.

Dritter Abschnitt
Vorbereitung der Eheschliessung und Trauung

Art. 97

A. Grundsätze

¹ Die Ehe wird nach dem Vorbereitungsverfahren vor der Zivilstandsbeamtin oder dem Zivilstandsbeamten geschlossen.

² Die Verlobten können sich im Zivilstandskreis ihrer Wahl trauen lassen.

³ Eine religiöse Eheschliessung darf vor der Ziviltrauung nicht durchgeführt werden.

Art. 98

B. Vorbereitungsverfahren
I. Gesuch

¹ Die Verlobten stellen das Gesuch um Durchführung des Vorbereitungsverfahrens beim Zivilstandsamt des Wohnortes der Braut oder des Bräutigams.

² Sie müssen persönlich erscheinen. Falls sie nachweisen, dass dies für sie offensichtlich unzumutbar ist, wird die schriftliche Durchführung des Vorbereitungsverfahrens bewilligt.

³ Sie haben ihre Personalien mittels Dokumenten zu belegen und beim Zivilstandsamt persönlich zu erklären, dass sie die Ehevoraussetzungen erfüllen; sie legen die nötigen Zustimmungen vor.

Art. 99

¹ Das Zivilstandsamt prüft, ob:
1. das Gesuch ordnungsgemäss eingereicht worden ist;
2. die Identität der Verlobten feststeht; und
3. die Ehevoraussetzungen erfüllt sind.

² Sind diese Anforderungen erfüllt, teilt es den Verlobten den Abschluss des Vorbereitungsverfahrens sowie die gesetzlichen Fristen für die Trauung mit.

³ Es legt im Einvernehmen mit den Verlobten im Rahmen der kantonalen Vorschriften den Zeitpunkt der Trauung fest oder stellt auf Antrag eine Ermächtigung zur Trauung in einem andern Zivilstandskreis aus.

II. Durchführung und Abschluss des Vorbereitungsverfahrens

Art. 100

¹ Die Trauung kann frühestens zehn Tage und spätestens drei Monate, nachdem der Abschluss des Vorbereitungsverfahrens mitgeteilt wurde, stattfinden.

² Ist einer der Verlobten in Todesgefahr und ist zu befürchten, dass die Trauung bei Beachtung der Frist von zehn Tagen nicht mehr möglich ist, so kann die Zivilstandsbeamtin oder der Zivilstandsbeamte auf ärztliche Bestätigung hin die Frist abkürzen oder die Trauung unverzüglich vornehmen.

III. Fristen

Art. 101

¹ Die Trauung findet im Trauungslokal des Zivilstandskreises statt, den die Verlobten gewählt haben.

² Ist das Vorbereitungsverfahren in einem andern Zivilstandskreis durchgeführt worden, so müssen die Verlobten eine Trauungsermächtigung vorlegen.

³ Weisen die Verlobten nach, dass es für sie offensichtlich unzumutbar ist, sich in das Trauungslokal zu begeben, so kann die Trauung an einem andern Ort stattfinden.

C. Trauung
I. Ort

Art. 102

¹ Die Trauung ist öffentlich und findet in Anwesenheit von zwei mündigen und urteilsfähigen Zeuginnen oder Zeugen statt.

² Die Zivilstandsbeamtin oder der Zivilstandsbeamte richtet an die Braut und an den Bräutigam einzeln die Frage, ob sie miteinander die Ehe eingehen wollen.

³ Bejahen die Verlobten die Frage, wird die Ehe durch ihre beidseitige Zustimmung als geschlossen erklärt.

II. Form

Art. 103

D. Ausführungsbestimmungen Der Bundesrat und, im Rahmen ihrer Zuständigkeit, die Kantone erlassen die nötigen Ausführungsbestimmungen.

Vierter Abschnitt
Die Eheungültigkeit

Art. 104

A. Grundsatz Die vor der Zivilstandsbeamtin oder dem Zivilstandsbeamten geschlossene Ehe kann nur aus einem in diesem Abschnitt vorgesehenen Grund für ungültig erklärt werden.

Art. 105

B. Unbefristete Ungültigkeit
I. Gründe

Ein Ungültigkeitsgrund liegt vor, wenn:
1. zur Zeit der Eheschliessung einer der Ehegatten[1] bereits verheiratet ist und die frühere Ehe nicht durch Scheidung oder Tod des Partners aufgelöst worden ist;
2. zur Zeit der Eheschliessung einer der Ehegatten nicht urteilsfähig ist und seither nicht wieder urteilsfähig geworden ist;
3. die Eheschliessung infolge Verwandtschaft oder Stiefkindverhältnis unter den Ehegatten verboten ist.

Art. 106

II. Klage ¹ Die Klage ist von der zuständigen kantonalen Behörde am Wohnsitz der Ehegatten von Amtes wegen zu erheben; überdies kann jedermann klagen, der ein Interesse hat.

² Nach Auflösung der Ehe wird deren Ungültigkeit nicht mehr von Amtes wegen verfolgt; es kann aber jedermann, der ein Interesse hat, die Ungültigerklärung verlangen.

³ Die Klage kann jederzeit eingereicht werden.

Art. 107

C. Befristete Ungültigkeit
I. Gründe

Ein Ehegatte kann verlangen, dass die Ehe für ungültig erklärt wird, wenn er:
1. bei der Trauung aus einem vorübergehenden Grund nicht urteilsfähig war;
2. sich aus Irrtum hat trauen lassen, sei es, dass er die Ehe selbst oder die Trauung mit der betreffenden Person nicht gewollt hat;
3. die Ehe geschlossen hat, weil er über wesentliche persönliche Eigenschaften des anderen absichtlich getäuscht worden ist;

---

[1] Es handelt sich um einen feststehenden Rechtsbegriff, der sich auf Personen beider Geschlechter bezieht (im Gegensatz zu den Ausdrücken «Ehemann» und «Ehefrau»).

4. die Ehe geschlossen hat, weil er mit einer nahen und erheblichen Gefahr für das Leben, die Gesundheit oder die Ehre seiner selbst oder einer ihm nahe verbundenen Person bedroht wurde.

Art. 108

[1] Die Ungültigkeitsklage ist innerhalb von sechs Monaten seit Kenntnis des Ungültigkeitsgrundes oder seit dem Wegfall der Drohung einzureichen, in jedem Fall aber vor Ablauf von fünf Jahren seit der Eheschliessung.

[2] Das Klagerecht geht nicht auf die Erben über; ein Erbe kann jedoch an der bereits erhobenen Klage festhalten.

II. Klage

Art. 109

[1] Die Ungültigkeit einer Ehe wird erst wirksam, nachdem das Gericht die Ungültigerklärung ausgesprochen hat; bis zum Urteil hat die Ehe mit Ausnahme der erbrechtlichen Ansprüche, die der überlebende Ehegatte in jedem Fall verliert, alle Wirkungen einer gültigen Ehe.

[2] Für die Wirkungen der gerichtlichen Ungültigerklärung auf die Ehegatten und die Kinder gelten sinngemäss die Bestimmungen über die Scheidung.

D. Wirkungen des Urteils

Art. 110

Die Zuständigkeit und das Verfahren richten sich sinngemäss nach den Vorschriften des Scheidungsrechts.

E. Zuständigkeit und Verfahren

Vierter Titel
DIE EHESCHEIDUNG UND DIE EHETRENNUNG[1]

Erster Abschnitt
Die Scheidungsvoraussetzungen

Art. 111

A. Scheidung auf gemeinsames Begehren
I. Umfassende Einigung

¹ Verlangen die Ehegatten gemeinsam die Scheidung und reichen sie eine vollständige Vereinbarung über die Scheidungsfolgen mit den nötigen Belegen und mit gemeinsamen Anträgen hinsichtlich der Kinder ein, so hört das Gericht sie getrennt und zusammen an; es überzeugt sich davon, dass das Scheidungsbegehren und die Vereinbarung auf freiem Willen und reiflicher Überlegung beruhen und die Vereinbarung voraussichtlich genehmigt werden kann.

² Bestätigen beide Ehegatten nach einer zweimonatigen Bedenkzeit seit der Anhörung schriftlich ihren Scheidungswillen und ihre Vereinbarung, so spricht das Gericht die Scheidung aus und genehmigt die Vereinbarung.

³ Das Gericht kann eine zweite Anhörung anordnen.

Art. 112

II. Teileinigung

¹ Die Ehegatten können gemeinsam die Scheidung verlangen und erklären, dass das Gericht die Scheidungsfolgen beurteilen soll, über die sie sich nicht einig sind.

² Das Gericht hört sie wie bei der umfassenden Einigung zum Scheidungsbegehren, zu den Scheidungsfolgen, über die sie sich geeinigt haben, sowie zur Erklärung, dass die übrigen Folgen gerichtlich zu beurteilen sind, an.

³ Zu den Scheidungsfolgen, über die sie sich nicht einig sind, stellt jeder Ehegatte Anträge, über welche das Gericht im Scheidungsurteil entscheidet.

Art. 113

III. Wechsel zur Scheidung auf Klage

Gelangt das Gericht zum Entscheid, dass die Voraussetzungen für eine Scheidung auf gemeinsames Begehren nicht erfüllt sind, so setzt es jedem Ehegatten eine Frist, um das Scheidungsbegehren durch eine Klage zu ersetzen.

Art. 114

B. Scheidung auf Klage eines Ehegatten
I. Nach Getrenntleben

Ein Ehegatte kann die Scheidung verlangen, wenn die Ehegatten bei Eintritt der Rechtshängigkeit der Klage oder bei Wechsel zur Scheidung auf Klage mindestens zwei Jahre getrennt gelebt haben.[2]

---

[1] Fassung des 4. Titels gemäss Ziff. I 3 des BG vom 26. Juni 1998, in Kraft seit 1. Jan. 2000 (AS **1999** 1118; BBl **1996** I 1).

[2] Fassung gemäss Ziff. I des BG vom 19. Dez. 2003, in Kraft seit. 1. Juni 2004 (AS **2004** 2161; BBl **2003** 3927, 5825).

Art. 115

Vor Ablauf der zweijährigen Frist kann ein Ehegatte die Scheidung verlangen, wenn ihm die Fortsetzung der Ehe aus schwerwiegenden Gründen, die ihm nicht zuzurechnen sind, nicht zugemutet werden kann.[1)]

II. Unzumutbarkeit

Art. 116

Verlangt ein Ehegatte die Scheidung nach Getrenntleben oder wegen Unzumutbarkeit und stimmt der andere Ehegatte ausdrücklich zu oder erhebt er Widerklage, so sind die Bestimmungen über die Scheidung auf gemeinsames Begehren sinngemäss anwendbar.

III. Zustimmung zur Scheidungsklage, Widerklage

Zweiter Abschnitt
Die Ehetrennung

Art. 117

[1] Die Ehegatten können die Trennung unter den gleichen Voraussetzungen wie bei der Scheidung verlangen.
[2] Die Bestimmungen über das Scheidungsverfahren sind sinngemäss anwendbar.
[3] Das Recht, die Scheidung zu verlangen, wird durch das Trennungsurteil nicht berührt.

A. Voraussetzungen und Verfahren

Art. 118

[1] Mit der Trennung tritt von Gesetzes wegen Gütertrennung ein.
[2] Im übrigen finden die Bestimmungen über Massnahmen zum Schutz der ehelichen Gemeinschaft sinngemäss Anwendung.

B. Trennungsfolgen

Dritter Abschnitt
Die Scheidungsfolgen

Art. 119

[1] Der Ehegatte, der seinen Namen geändert hat, behält den bei der Heirat erworbenen Familiennamen, sofern er nicht binnen einem Jahr, nachdem das Urteil rechtskräftig geworden ist, gegenüber der Zivilstandsbeamtin oder dem Zivilstandsbeamten erklärt, dass er den angestammten Namen oder den Namen, den er vor der Heirat trug, wieder führen will.
[2] Das Kantons- und Gemeindebürgerrecht wird von der Scheidung nicht berührt.

A. Stellung geschiedener Ehegatten

[1)] Fassung gemäss Ziff. I des BG vom 19. Dez. 2003, in Kraft seit 1. Juni 2004 (AS **2004** 2161; BBl **2003** 3927, 5825).

Art. 120

B. Güterrecht und Erbrecht

¹ Für die güterrechtliche Auseinandersetzung gelten die Bestimmungen über das Güterrecht.

² Geschiedene Ehegatten haben zueinander kein gesetzliches Erbrecht und können aus Verfügungen von Todes wegen, die sie vor der Rechtshängigkeit des Scheidungsverfahrens errichtet haben, keine Ansprüche erheben.

Art. 121

C. Wohnung der Familie

¹ Ist ein Ehegatte wegen der Kinder oder aus anderen wichtigen Gründen auf die Wohnung der Familie angewiesen, so kann das Gericht ihm die Rechte und Pflichten aus dem Mietvertrag allein übertragen, sofern dies dem anderen billigerweise zugemutet werden kann.

² Der bisherige Mieter haftet solidarisch für den Mietzins bis zum Zeitpunkt, in dem das Mietverhältnis gemäss Vertrag oder Gesetz endet oder beendet werden kann, höchstens aber während zweier Jahre; wird er für den Mietzins belangt, so kann er den bezahlten Betrag ratenweise in der Höhe des monatlichen Mietzinses mit den Unterhaltsbeiträgen, die er dem anderen Ehegatten schuldet, verrechnen.

³ Gehört die Wohnung der Familie einem Ehegatten, so kann das Gericht dem anderen unter den gleichen Voraussetzungen und gegen angemessene Entschädigung oder unter Anrechnung auf Unterhaltsbeiträge ein befristetes Wohnrecht einräumen. Wenn wichtige neue Tatsachen es erfordern, ist das Wohnrecht einzuschränken oder aufzuheben.

Art. 122

D. Berufliche Vorsorge
I. Vor Eintritt eines Vorsorgefalls
1. Teilung der Austrittsleistungen

¹ Gehört ein Ehegatte oder gehören beide Ehegatten einer Einrichtung der beruflichen Vorsorge an und ist bei keinem Ehegatten ein Vorsorgefall eingetreten, so hat jeder Ehegatte Anspruch auf die Hälfte der nach dem Freizügigkeitsgesetz vom 17. Dezember 1993[1)] für die Ehedauer zu ermittelnden Austrittsleistung des anderen Ehegatten.

² Stehen den Ehegatten gegenseitig Ansprüche zu, so ist nur der Differenzbetrag zu teilen.

Art. 123

2. Verzicht und Ausschluss

¹ Ein Ehegatte kann in der Vereinbarung auf seinen Anspruch ganz oder teilweise verzichten, wenn eine entsprechende Alters- und Invalidenvorsorge auf andere Weise gewährleistet ist.

[1)] SR **831.42**

² Das Gericht kann die Teilung ganz oder teilweise verweigern, wenn sie aufgrund der güterrechtlichen Auseinandersetzung oder der wirtschaftlichen Verhältnisse nach der Scheidung offensichtlich unbillig wäre.

Art. 124

¹ Ist bei einem oder bei beiden Ehegatten ein Vorsorgefall bereits eingetreten oder können aus anderen Gründen Ansprüche aus der beruflichen Vorsorge, die während der Dauer der Ehe erworben worden sind, nicht geteilt werden, so ist eine angemessene Entschädigung geschuldet.

II. Nach Eintritt eines Vorsorgefalls oder bei Unmöglichkeit der Teilung

² Das Gericht kann den Schuldner verpflichten, die Entschädigung sicherzustellen, wenn es die Umstände rechtfertigen.

Art. 125

¹ Ist einem Ehegatten nicht zuzumuten, dass er für den ihm gebührenden Unterhalt unter Einschluss einer angemessenen Altersvorsorge selbst aufkommt, so hat ihm der andere einen angemessenen Beitrag zu leisten.

E. Nachehelicher Unterhalt
I. Voraussetzungen

² Beim Entscheid, ob ein Beitrag zu leisten sei und gegebenenfalls in welcher Höhe und wie lange, sind insbesondere zu berücksichtigen:
1. die Aufgabenteilung während der Ehe;
2. die Dauer der Ehe;
3. die Lebensstellung während der Ehe;
4. das Alter und die Gesundheit der Ehegatten;
5. Einkommen und Vermögen der Ehegatten;
6. der Umfang und die Dauer der von den Ehegatten noch zu leistenden Betreuung der Kinder;
7. die berufliche Ausbildung und die Erwerbsaussichten der Ehegatten sowie der mutmassliche Aufwand für die berufliche Eingliederung der anspruchsberechtigten Person;
8. die Anwartschaften aus der eidgenössischen Alters- und Hinterlassenenversicherung und aus der beruflichen oder einer anderen privaten oder staatlichen Vorsorge einschliesslich des voraussichtlichen Ergebnisses der Teilung der Austrittsleistungen.

³ Ein Beitrag kann ausnahmsweise versagt oder gekürzt werden, wenn er offensichtlich unbillig wäre, insbesondere weil die berechtigte Person:
1. ihre Pflicht, zum Unterhalt der Familie beizutragen, grob verletzt hat;
2. ihre Bedürftigkeit mutwillig herbeigeführt hat;
3. gegen die verpflichtete Person oder eine dieser nahe verbundenen Person eine schwere Straftat begangen hat.

Art. 126

II. Modalitäten des Unterhaltsbeitrages

¹ Das Gericht setzt als Unterhaltsbeitrag eine Rente fest und bestimmt den Beginn der Beitragspflicht.

² Rechtfertigen es besondere Umstände, so kann anstelle einer Rente eine Abfindung festgesetzt werden.

³ Das Gericht kann den Unterhaltsbeitrag von Bedingungen abhängig machen.

Art. 127

III. Rente
1. Besondere Vereinbarungen

Die Ehegatten können in der Vereinbarung die Änderung der darin festgesetzten Rente ganz oder teilweise ausschliessen.

Art. 128

2. Anpassung an die Teuerung

Das Gericht kann anordnen, dass der Unterhaltsbeitrag sich bei bestimmten Veränderungen der Lebenskosten ohne weiteres erhöht oder vermindert.

Art. 129

3. Abänderung durch Urteil

¹ Bei erheblicher und dauernder Veränderung der Verhältnisse kann die Rente herabgesetzt, aufgehoben oder für eine bestimmte Zeit eingestellt werden; eine Verbesserung der Verhältnisse der berechtigten Person ist nur dann zu berücksichtigen, wenn im Scheidungsurteil eine den gebührenden Unterhalt deckende Rente festgesetzt werden konnte.

² Die berechtigte Person kann für die Zukunft eine Anpassung der Rente an die Teuerung verlangen, wenn das Einkommen der verpflichteten Person nach der Scheidung unvorhergesehenerweise gestiegen ist.

³ Die berechtigte Person kann innerhalb von fünf Jahren seit der Scheidung die Festsetzung einer Rente oder deren Erhöhung verlangen, wenn im Urteil festgehalten worden ist, dass keine zur Deckung des gebührenden Unterhalts ausreichende Rente festgesetzt werden konnte, die wirtschaftlichen Verhältnisse der verpflichteten Person sich aber entsprechend verbessert haben.

Art. 130

4. Erlöschen von Gesetzes wegen

¹ Die Beitragspflicht erlischt mit dem Tod der berechtigten oder der verpflichteten Person.

² Vorbehältlich einer anderen Vereinbarung entfällt sie auch bei Wiederverheiratung der berechtigten Person.

Art. 131

¹ Erfüllt die verpflichtete Person die Unterhaltspflicht nicht, so hat die Vormundschaftsbehörde oder eine andere vom kantonalen Recht bezeichnete Stelle der berechtigten Person auf Gesuch hin bei der Vollstreckung des Unterhaltsanspruchs in geeigneter Weise und in der Regel unentgeltlich zu helfen.

² Dem öffentlichen Recht bleibt vorbehalten, die Ausrichtung von Vorschüssen zu regeln, wenn die verpflichtete Person ihrer Unterhaltspflicht nicht nachkommt.

³ Soweit das Gemeinwesen für den Unterhalt der berechtigten Person aufkommt, geht der Unterhaltsanspruch mit allen Rechten auf das Gemeinwesen über.

IV. Vollstreckung
1. Inkassohilfe und Vorschüsse

Art. 132

¹ Vernachlässigt die verpflichtete Person die Erfüllung der Unterhaltspflicht, so kann das Gericht ihre Schuldner anweisen, die Zahlungen ganz oder teilweise an die berechtigte Person zu leisten.

² Vernachlässigt die verpflichtete Person beharrlich die Erfüllung der Unterhaltspflicht oder ist anzunehmen, dass sie Anstalten zur Flucht trifft oder ihr Vermögen verschleudert oder beiseiteschafft, so kann sie verpflichtet werden, für die künftigen Unterhaltsbeiträge angemessene Sicherheit zu leisten.

2. Anweisungen an die Schuldner und Sicherstellung

Art. 133

¹ Das Gericht teilt die elterliche Sorge einem Elternteil zu und regelt nach den Bestimmungen über die Wirkungen des Kindesverhältnisses den Anspruch auf persönlichen Verkehr und den Unterhaltsbeitrag des andern Elternteils. Der Unterhaltsbeitrag kann über die Mündigkeit hinaus festgelegt werden.

² Für die Zuteilung der elterlichen Sorge und die Regelung des persönlichen Verkehrs sind alle für das Kindeswohl wichtigen Umstände massgebend; auf einen gemeinsamen Antrag der Eltern und, soweit tunlich, auf die Meinung des Kindes ist Rücksicht zu nehmen.

³ Haben die Eltern sich in einer genehmigungsfähigen Vereinbarung über ihre Anteile an der Betreuung des Kindes und die Verteilung der Unterhaltskosten verständigt, so belässt das Gericht auf gemeinsamen Antrag beiden Eltern die elterliche Sorge, sofern dies mit dem Kindeswohl vereinbar ist.

F. Kinder
I. Elternrechte und -pflichten

Art. 134

II. Veränderung der Verhältnisse

¹ Auf Begehren eines Elternteils, des Kindes oder der Vormundschaftsbehörde ist die Zuteilung der elterlichen Sorge neu zu regeln, wenn dies wegen wesentlicher Veränderung der Verhältnisse zum Wohl des Kindes geboten ist.

² Die Voraussetzungen für eine Änderung des Unterhaltsbeitrages oder des Anspruchs auf persönlichen Verkehr richten sich nach Bestimmungen über die Wirkungen des Kindesverhältnisses.

³ Sind sich die Eltern einig oder ist ein Elternteil verstorben, so ist die Vormundschaftsbehörde für die Neuregelung der elterlichen Sorge und die Genehmigung eines Unterhaltsvertrages zuständig. In den übrigen Fällen entscheidet das für die Abänderung des Scheidungsurteils zuständige Gericht.

⁴ Hat das Gericht über die Änderung der elterlichen Sorge oder des Unterhaltsbeitrages für das unmündige Kind zu befinden, so regelt es nötigenfalls auch den persönlichen Verkehr neu; in den andern Fällen entscheidet die Vormundschaftsbehörde über die Änderung des persönlichen Verkehrs.

Vierter Abschnitt
Das Scheidungsverfahren

Art. 135

A. Zuständigkeit

¹ Die örtliche Zuständigkeit für die Scheidung, die Abänderung des Scheidungsurteils, die Anweisung an die Schuldner und die Sicherstellung der Unterhaltsbeiträge richtet sich nach dem Gerichtsstandsgesetz vom 24. März 2000[1],[2]

² Wird eine Neufestsetzung von Unterhaltsbeiträgen für das mündige Kind verlangt, so richtet sich die Zuständigkeit nach den Bestimmungen über die Unterhaltspflicht der Eltern.

Art. 136

B. Rechtshängigkeit

¹ Das gemeinsame Scheidungsbegehren wird ohne vorausgehendes Sühneverfahren direkt beim Gericht rechtshängig gemacht.

² Die Rechtshängigkeit der Klage eines Ehegatten auf Scheidung oder Abänderung des Scheidungsurteils tritt mit der Klageanhebung ein.

---

[1] SR 272

[2] Eingefügt durch Anhang Ziff. 2 des Gerichtsstandsgesetzes vom 24. März 2000, in Kraft seit 1. Januar 2001 (SR **272**).

Art. 137

¹ Jeder Ehegatte kann nach Eintritt der Rechtshängigkeit für die Dauer des Verfahrens den gemeinsamen Haushalt aufheben.

² Das Gericht trifft die nötigen vorsorglichen Massnahmen. Es kann vorsorgliche Massnahmen auch dann anordnen, wenn die Ehe aufgelöst ist, aber das Verfahren über Scheidungsfolgen fortdauert. Die Bestimmungen über die Massnahmen zum Schutz der ehelichen Gemeinschaft sind sinngemäss anwendbar. Unterhaltsbeiträge können für die Zukunft und für das Jahr vor Einreichung des Begehrens gefordert werden.

C. Vorsorgliche Massnahmen während des Scheidungsverfahrens

Art. 138

¹ In der oberen kantonalen Instanz können neue Tatsachen und Beweismittel vorgebracht werden; neue Rechtsbegehren müssen zugelassen werden, sofern sie durch neue Tatsachen oder Beweismittel veranlasst worden sind.

² Die Scheidungsklage kann jederzeit in eine Trennungsklage umgewandelt werden.

D. Neue Anträge

Art. 139

¹ Das Gericht würdigt die Beweise nach freier Überzeugung.

² Es darf Tatsachen, die zur Begründung einer Klage auf Scheidung dienen, nur dann als erwiesen annehmen, wenn es sich von deren Vorhandensein überzeugt hat.

³ Wer bei einer Ehe- oder Familienberatung oder bei einer Stelle für Familienmediation für die Ehegatten tätig gewesen ist, kann weder Zeugnis ablegen noch Auskunftsperson sein.

E. Erforschung des Sachverhalts

Art. 140

¹ Die Vereinbarung über die Scheidungsfolgen ist erst rechtsgültig, wenn das Gericht sie genehmigt hat. Sie ist in das Urteilsdispositiv aufzunehmen.

² Das Gericht spricht die Genehmigung aus, wenn es sich davon überzeugt hat, dass die Ehegatten aus freiem Willen und nach reiflicher Überlegung die Vereinbarung geschlossen haben und diese klar, vollständig und nicht offensichtlich unangemessen ist.

F. Genehmigung der Vereinbarung

Art. 141

¹ Haben sich die Ehegatten über die Teilung der Austrittsleistungen sowie die Art der Durchführung der Teilung geeinigt und legen sie eine Bestätigung der beteiligten Einrichtungen der beruflichen Vorsorge über die Durchführbarkeit der getroffenen Regelung und die Höhe der Guthaben vor, die für die Berechnung der zu teilenden Austrittsleistungen massgebend sind, so wird die Vereinbarung mit der Genehmigung durch das Gericht auch für die Einrichtungen der beruflichen Vorsorge verbindlich.

G. Berufliche Vorsorge; Teilung der Austrittsleistungen
I. Einigung

² Das Gericht eröffnet den Einrichtungen der beruflichen Vorsorge das rechtskräftige Urteil bezüglich der sie betreffenden Punkte unter Einschluss der nötigen Angaben für die Überweisung des vereinbarten Betrages.

³ Verzichtet ein Ehegatte in der Vereinbarung ganz oder teilweise auf seinen Anspruch, so prüft das Gericht von Amtes wegen, ob eine entsprechende Alters- und Invalidenvorsorge auf andere Weise gewährleistet ist.

Art. 142

II. Uneinigkeit

¹ Kommt keine Vereinbarung zustande, so entscheidet das Gericht über das Verhältnis, in welchem die Austrittsleistungen zu teilen sind.

² Sobald der Entscheid über das Teilungsverhältnis rechtskräftig ist, überweist das Gericht die Streitsache von Amtes wegen dem nach dem Freizügigkeitsgesetz vom 17. Dezember 1993[1] zuständigen Gericht.

³ Diesem ist insbesondere mitzuteilen:
1. der Entscheid über das Teilungsverhältnis;
2. das Datum der Eheschliessung und das Datum der Ehescheidung;
3. die Einrichtungen der beruflichen Vorsorge, bei denen den Ehegatten voraussichtlich Guthaben zustehen;
4. die Höhe der Guthaben der Ehegatten, die diese Einrichtungen gemeldet haben.

Art. 143

H. Unterhaltsbeiträge

Werden durch Vereinbarung oder Urteil Unterhaltsbeiträge festgelegt, so ist anzugeben:
1. von welchem Einkommen und Vermögen jedes Ehegatten ausgegangen wird;
2. wieviel für den Ehegatten und wieviel für jedes Kind bestimmt ist;
3. welcher Betrag zur Deckung des gebührenden Unterhalts des berechtigten Ehegatten fehlt, wenn eine nachträgliche Erhöhung der Rente vorbehalten wird;
4. ob und in welchem Ausmass die Rente sich den Veränderungen der Lebenskosten anpasst.

---

[1] SR **831.42**

Art. 144

J. Kinder
I. Anhörung

¹ Sind Anordnungen über Kinder zu treffen, so hört das Gericht die Eltern persönlich an.

² Die Kinder werden in geeigneter Weise durch das Gericht oder durch eine beauftragte Drittperson persönlich angehört, soweit nicht ihr Alter oder andere wichtige Gründe dagegen sprechen.

Art. 145

II. Abklärung der Verhältnisse

¹ Das Gericht erforscht den Sachverhalt von Amtes wegen und würdigt die Beweise nach freier Überzeugung.

² Nötigenfalls zieht es Sachverständige bei und erkundigt sich bei der Vormundschaftsbehörde oder einer in der Jugendhilfe tätigen Stelle.

Art. 146

III. Vertretung des Kindes
1. Voraussetzungen

¹ Das Gericht ordnet aus wichtigen Gründen die Vertretung des Kindes im Prozess durch einen Beistand an.

² Es prüft die Anordnung der Beistandschaft insbesondere dann, wenn:
1. die Eltern bezüglich der Zuteilung der elterlichen Sorge oder wichtiger Fragen des persönlichen Verkehrs unterschiedliche Anträge stellen;
2. die Vormundschaftsbehörde es beantragt;
3. die Anhörung der Eltern oder des Kindes oder andere Gründe erhebliche Zweifel an der Angemessenheit der gemeinsamen Anträge der Eltern über die Zuteilung der elterlichen Sorge oder den persönlichen Verkehr erwecken oder Anlass geben, den Erlass von Kindesschutzmassnahmen zu erwägen.

³ Auf Antrag des urteilsfähigen Kindes ist die Beistandschaft anzuordnen.

Art. 147

2. Bestellung und Aufgaben

¹ Die Vormundschaftsbehörde bezeichnet als Beistand eine in fürsorgerischen und rechtlichen Fragen erfahrene Person.

² Der Beistand des Kindes kann Anträge stellen und Rechtsmittel einlegen, soweit es um die Zuteilung der elterlichen Sorge, um grundlegende Fragen des persönlichen Verkehrs oder um Kindesschutzmassnahmen geht.

³ Dem Kind dürfen keine Gerichts- oder Parteikosten auferlegt werden.

Art. 148

K. Rechtsmittel
I. Im allgemeinen

¹ Die Einlegung eines Rechtsmittels hemmt den Eintritt der Rechtskraft nur im Umfang der Anträge; wird jedoch der Unterhaltsbeitrag für den Ehegatten angefochten, so können auch die Unterhaltsbeiträge für die Kinder neu beurteilt werden.

² Die rechtskräftige Vereinbarung über die vermögensrechtlichen Scheidungsfolgen kann bei Mängeln im Vertragsschluss mit Revision angefochten werden.

Art. 149

II. Bei Scheidung auf gemeinsames Begehren

¹ Bei einer Scheidung auf gemeinsames Begehren kann die Auflösung der Ehe mit einem ordentlichen Rechtsmittel nur wegen Willensmängel oder Verletzung bundesrechtlicher Verfahrensvorschriften über die Scheidung auf gemeinsames Begehren angefochten werden.

² Ficht eine Partei mit einem ordentlichen Rechtsmittel die einverständlich geregelten Scheidungsfolgen an, so kann die andere Partei innert einer vom Gericht angesetzten Frist erklären, dass sie ihre Zustimmung zur Scheidung auf gemeinsames Begehren widerruft, wenn der betreffende Teil des Urteils geändert würde.

Art. 150–158[1]

---

[1] Aufgehoben durch Ziff. I 3 des BG vom 26. Juni 1998 (AS **1999** 1118; BBl **1996** I 1).

Fünfter Titel
DIE WIRKUNGEN DER EHE IM ALLGEMEINEN[1]

Art. 159

¹ Durch die Trauung werden die Ehegatten zur ehelichen Gemeinschaft verbunden.

² Sie verpflichten sich gegenseitig, das Wohl der Gemeinschaft in einträchtigem Zusammenwirken zu wahren und für die Kinder gemeinsam zu sorgen.

³ Sie schulden einander Treue und Beistand.

A. Eheliche Gemeinschaft; Rechte und Pflichten der Ehegatten

Art. 160

¹ Der Name des Ehemannes ist der Familienname der Ehegatten.

² Die Braut kann jedoch gegenüber dem Zivilstandsbeamten erklären, sie wolle ihren bisherigen Namen dem Familiennamen voranstellen.

³ Trägt sie bereits einen solchen Doppelnamen, so kann sie lediglich den ersten Namen voranstellen.

B. Familienname

Art. 161

Die Ehefrau erhält das Kantons- und Gemeindebürgerrecht des Ehemannes, ohne das Kantons- und Gemeindebürgerrecht zu verlieren, das sie als ledig hatte.

C. Kantons- und Gemeindebürgerrecht

Art. 162

Die Ehegatten bestimmen gemeinsam die eheliche Wohnung.

D. Eheliche Wohnung

Art. 163

¹ Die Ehegatten sorgen gemeinsam, ein jeder nach seinen Kräften, für den gebührenden Unterhalt der Familie.

² Sie verständigen sich über den Beitrag, den jeder von ihnen leistet, namentlich durch Geldzahlungen, Besorgen des Haushaltes, Betreuen der Kinder oder durch Mithilfe im Beruf oder Gewerbe des andern.

³ Dabei berücksichtigen sie die Bedürfnisse der ehelichen Gemeinschaft und ihre persönlichen Umstände.

E. Unterhalt der Familie
I. Im allgemeinen

---

[1] Fassung des 5. Titels gemäss Ziff. I 1 des BG vom 5. Okt. 1984, in Kraft seit 1. Jan. 1988 (AS **1986** 122; SR **210.1** Art. 1; BBl **1979** II 1191). Siehe auch die Art. 8–8b des SchlT hiernach.

Art. 164

II. Betrag zur freien Verfügung

¹ Der Ehegatte, der den Haushalt besorgt, die Kinder betreut oder dem andern im Beruf oder Gewerbe hilft, hat Anspruch darauf, dass der andere ihm regelmässig einen angemessenen Betrag zur freien Verfügung ausrichtet.

² Bei der Festsetzung des Betrages sind eigene Einkünfte des berechtigten Ehegatten und eine verantwortungsbewusste Vorsorge für Familie, Beruf oder Gewerbe zu berücksichtigen.

Art. 165

III. Ausserordentliche Beiträge eines Ehegatten

¹ Hat ein Ehegatte im Beruf oder Gewerbe des andern erheblich mehr mitgearbeitet, als sein Beitrag an den Unterhalt der Familie verlangt, so hat er dafür Anspruch auf angemessene Entschädigung.

² Dies gilt auch, wenn ein Ehegatte aus seinem Einkommen oder Vermögen an den Unterhalt der Familie bedeutend mehr beigetragen hat, als er verpflichtet war.

³ Ein Ehegatte kann aber keine Entschädigung fordern, wenn er seinen ausserordentlichen Beitrag aufgrund eines Arbeits-, Darlehens- oder Gesellschaftsvertrages oder eines andern Rechtsverhältnisses geleistet hat.

Art. 166

F. Vertretung der ehelichen Gemeinschaft

¹ Jeder Ehegatte vertritt während des Zusammenlebens die eheliche Gemeinschaft für die laufenden Bedürfnisse der Familie.

² Für die übrigen Bedürfnisse der Familie kann ein Ehegatte die eheliche Gemeinschaft nur vertreten:
1. wenn er vom andern oder vom Gericht dazu ermächtigt worden ist;
2. wenn das Interesse der ehelichen Gemeinschaft keinen Aufschub des Geschäftes duldet und der andere Ehegatte wegen Krankheit, Abwesenheit oder ähnlichen Gründen nicht zustimmen kann.

³ Jeder Ehegatte verpflichtet sich durch seine Handlungen persönlich und, soweit diese nicht für Dritte erkennbar über die Vertretungsbefugnis hinausgehen, solidarisch auch den andern Ehegatten.

Art. 167

G. Beruf und Gewerbe der Ehegatten

Bei der Wahl und Ausübung seines Berufes oder Gewerbes nimmt jeder Ehegatte auf den andern und das Wohl der ehelichen Gemeinschaft Rücksicht.

Art. 168

H. Rechtsgeschäfte der Ehegatten
I. Im allgemeinen

Jeder Ehegatte kann mit dem andern oder mit Dritten Rechtsgeschäfte abschliessen, sofern das Gesetz nichts anderes bestimmt.

DIE WIRKUNGEN DER EHE IM ALLGEMEINEN

Art. 169

¹ Ein Ehegatte kann nur mit der ausdrücklichen Zustimmung des andern einen Mietvertrag kündigen, das Haus oder die Wohnung der Familie veräussern oder durch andere Rechtsgeschäfte die Rechte an den Wohnräumen der Familie beschränken.

² Kann der Ehegatte diese Zustimmung nicht einholen oder wird sie ihm ohne triftigen Grund verweigert, so kann er das Gericht anrufen.

II. Wohnung der Familie

Art. 170

¹ Jeder Ehegatte kann vom andern Auskunft über dessen Einkommen, Vermögen und Schulden verlangen.

² Auf sein Begehren kann das Gericht den andern Ehegatten oder Dritte verpflichten, die erforderlichen Auskünfte zu erteilen und die notwendigen Urkunden vorzulegen.

³ Vorbehalten bleibt das Berufsgeheimnis der Rechtsanwälte, Notare, Ärzte, Geistlichen und ihrer Hilfspersonen.

J. Auskunftspflicht

Art. 171

Die Kantone sorgen dafür, dass sich die Ehegatten bei Eheschwierigkeiten gemeinsam oder einzeln an Ehe- oder Familienberatungsstellen wenden können.

K. Schutz der ehelichen Gemeinschaft
I. Beratungsstellen

Art. 172

¹ Erfüllt ein Ehegatte seine Pflichten gegenüber der Familie nicht oder sind die Ehegatten in einer für die eheliche Gemeinschaft wichtigen Angelegenheit uneinig, so können sie gemeinsam oder einzeln das Gericht um Vermittlung anrufen.

² Das Gericht mahnt die Ehegatten an ihre Pflichten und versucht, sie zu versöhnen; es kann mit ihrem Einverständnis Sachverständige beiziehen oder sie an eine Ehe- oder Familienberatungsstelle weisen.

³ Wenn nötig, trifft das Gericht auf Begehren eines Ehegatten die vom Gesetz vorgesehenen Massnahmen.

II. Gerichtliche Massnahmen
1. Im allgemeinen

Art. 173

¹ Auf Begehren eines Ehegatten setzt das Gericht die Geldbeiträge an den Unterhalt der Familie fest.

² Ebenso setzt es auf Begehren eines Ehegatten den Betrag für den Ehegatten fest, der den Haushalt besorgt, die Kinder betreut oder dem andern im Beruf oder Gewerbe hilft.

³ Die Leistungen können für die Zukunft und für das Jahr vor Einreichung des Begehrens gefordert werden.

*2. Während des Zusammenlebens
a. Geldleistungen*

Art. 174

b. Entzug der Vertretungsbefugnis

¹ Überschreitet ein Ehegatte seine Befugnis zur Vertretung der ehelichen Gemeinschaft oder erweist er sich als unfähig, sie auszuüben, so kann ihm das Gericht auf Begehren des andern die Vertretungsbefugnis ganz oder teilweise entziehen.

² Der Ehegatte, der das Begehren stellt, darf Dritten den Entzug nur durch persönliche Mitteilung bekanntgeben.

³ Gutgläubigen Dritten gegenüber ist der Entzug nur wirksam, wenn er auf Anordnung des Gerichts veröffentlicht worden ist.

Art. 175

3. Aufhebung des gemeinsamen Haushaltes
a. Gründe

Ein Ehegatte ist berechtigt, den gemeinsamen Haushalt für so lange aufzuheben, als seine Persönlichkeit, seine wirtschaftliche Sicherheit oder das Wohl der Familie durch das Zusammenleben ernstlich gefährdet ist.

Art. 176

b. Regelung des Getrenntlebens

¹ Ist die Aufhebung des gemeinsamen Haushaltes begründet, so muss das Gericht auf Begehren eines Ehegatten:
1. die Geldbeiträge, die der eine Ehegatte dem andern schuldet, festsetzen;
2. die Benützung der Wohnung und des Hausrates regeln;
3. die Gütertrennung anordnen, wenn es die Umstände rechtfertigen.

² Diese Begehren kann ein Ehegatte auch stellen, wenn das Zusammenleben unmöglich ist, namentlich weil der andere es grundlos ablehnt.

³ Haben die Ehegatten unmündige Kinder, so trifft das Gericht nach den Bestimmungen über die Wirkungen des Kindesverhältnisses die nötigen Massnahmen.

Art. 177

4. Anweisungen an die Schuldner

Erfüllt ein Ehegatte seine Unterhaltspflicht gegenüber der Familie nicht, so kann das Gericht dessen Schuldner anweisen, ihre Zahlungen ganz oder teilweise dem andern Ehegatten zu leisten.

Art. 178

5. Beschränkungen der Verfügungsbefugnis

¹ Soweit es die Sicherung der wirtschaftlichen Grundlagen der Familie oder die Erfüllung einer vermögensrechtlichen Verpflichtung aus der ehelichen Gemeinschaft erfordert, kann das Gericht auf Begehren eines Ehegatten die Verfügung über bestimmte Vermögenswerte von dessen Zustimmung abhängig machen.

² Das Gericht trifft die geeigneten sichernden Massnahmen.

³ Untersagt es einem Ehegatten, über ein Grundstück zu verfügen, lässt es dies von Amtes wegen im Grundbuch anmerken.

Art. 179[1]

6. Veränderung der Verhältnisse

¹ Verändern sich die Verhältnisse, so passt das Gericht auf Begehren eines Ehegatten die Massnahmen an oder hebt sie auf, wenn ihr Grund weggefallen ist; in bezug auf den persönlichen Verkehr und die Kindesschutzmassnahmen bleibt die Zuständigkeit der vormundschaftlichen Behörden vorbehalten.

² Nehmen die Ehegatten das Zusammenleben wieder auf, so fallen die für das Getrenntleben angeordneten Massnahmen mit Ausnahme der Gütertrennung und der Kindesschutzmassnahmen dahin.

Art. 180[2]

---

[1] Fassung gemäss Ziff. I 4 des BG vom 26. Juni 1998, in Kraft seit 1. Jan. 2000 (AS **1999** 1118; BBl **1996** I 1).
[2] Aufgehoben durch Anhang Ziff. 2 des Gerichtsstandsgesetzes vom 24. März 2000 (SR **272**).

Sechster Titel
DAS GÜTERRECHT DER EHEGATTEN[1)]

Erster Abschnitt
Allgemeine Vorschriften

Art. 181

A. Ordentlicher Güterstand

Die Ehegatten unterstehen den Vorschriften über die Errungenschaftsbeteiligung, sofern sie nicht durch Ehevertrag etwas anderes vereinbaren oder der ausserordentliche Güterstand eingetreten ist.

Art. 182

B. Ehevertrag
I. Inhalt des Vertrages

[1] Ein Ehevertrag kann vor oder nach der Heirat geschlossen werden.

[2] Die Brautleute oder Ehegatten können ihren Güterstand nur innerhalb der gesetzlichen Schranken wählen, aufheben oder ändern.

Art. 183

II. Vertragsfähigkeit

[1] Wer einen Ehevertrag schliessen will, muss urteilsfähig sein.

[2] Unmündige oder Entmündigte brauchen die Zustimmung ihres gesetzlichen Vertreters.

Art. 184

III. Form des Vertrages

Der Ehevertrag muss öffentlich beurkundet und von den vertragschliessenden Personen sowie gegebenenfalls vom gesetzlichen Vertreter unterzeichnet werden.

Art. 185

C. Ausserordentlicher Güterstand
I. Auf Begehren eines Ehegatten
1. Anordnung

[1] Die Gütertrennung wird auf Begehren eines Ehegatten vom Gericht angeordnet, wenn ein wichtiger Grund dafür vorliegt.

[2] Ein wichtiger Grund liegt namentlich vor:
1. wenn der andere Ehegatte überschuldet ist oder sein Anteil am Gesamtgut gepfändet wird;
2. wenn der andere Ehegatte die Interessen des Gesuchstellers oder der Gemeinschaft gefährdet;
3. wenn der andere Ehegatte in ungerechtfertigter Weise die erforderliche Zustimmung zu einer Verfügung über Gesamtgut verweigert;

[1)] Fassung des 6. Titels gemäss Ziff. I 1 des BG vom 5. Okt. 1984, in Kraft seit 1. Jan. 1988 (AS **1986** 122; SR **210.1** Art. 1; BBl **1979** II 1191). Siehe auch die Art. 9–11a des SchlT hiernach.

4. wenn der andere Ehegatte dem Gesuchsteller die Auskunft über sein Einkommen, sein Vermögen und seine Schulden oder über das Gesamtgut verweigert;
5. wenn der andere Ehegatte dauernd urteilsunfähig ist.

³ Ist ein Ehegatte dauernd urteilsunfähig, so kann sein gesetzlicher Vertreter auch aus diesem Grund die Anordnung der Gütertrennung verlangen.

Art. 186[1])

2. ...

Art. 187

¹ Die Ehegatten können jederzeit durch Ehevertrag wieder ihren früheren oder einen andern Güterstand vereinbaren.

² Ist der Grund der Gütertrennung weggefallen, so kann das Gericht auf Begehren eines Ehegatten die Wiederherstellung des früheren Güterstandes anordnen.

3. Aufhebung

Art. 188

Wird über einen Ehegatten, der in Gütergemeinschaft lebt, der Konkurs eröffnet, so tritt von Gesetzes wegen Gütertrennung ein.

II. Bei Konkurs und Pfändung
1. Bei Konkurs

Art. 189

Ist ein Ehegatte, der in Gütergemeinschaft lebt, für eine Eigenschuld betrieben und sein Anteil am Gesamtgut gepfändet worden, so kann die Aufsichtsbehörde in Betreibungssachen beim Gericht die Anordnung der Gütertrennung verlangen.

2. Bei Pfändung
a. Anordnung

Art. 190

¹ Das Begehren richtet sich gegen beide Ehegatten.
² ...[1])

b. Begehren[2])

Art. 191

¹ Sind die Gläubiger befriedigt, so kann das Gericht auf Begehren eines Ehegatten die Wiederherstellung der Gütergemeinschaft anordnen.

² Die Ehegatten können durch Ehevertrag Errungenschaftsbeteiligung vereinbaren.

3. Aufhebung

---

[1]) Aufgehoben durch Anhang Ziff. 2 des Gerichtsstandsgesetzes vom 24. März 2000 (SR **272**).
[2]) Fassung gemäss Anhang Ziff. 2 des Gerichtsstandsgesetzes vom 24. März 2000, in Kraft seit 1. Jan. 2001 (SR **272**).

Art. 192

III. Güterrechtliche Auseinandersetzung

Tritt Gütertrennung ein, so gelten für die güterrechtliche Auseinandersetzung die Bestimmungen des bisherigen Güterstandes, sofern das Gesetz nichts anderes bestimmt.

Art. 193

D. Schutz der Gläubiger

[1] Durch Begründung oder Änderung des Güterstandes oder durch güterrechtliche Auseinandersetzungen kann ein Vermögen, aus dem bis anhin die Gläubiger eines Ehegatten oder der Gemeinschaft Befriedigung verlangen konnten, dieser Haftung nicht entzogen werden.

[2] Ist ein solches Vermögen auf einen Ehegatten übergegangen, so hat er die Schulden zu bezahlen, kann sich aber von dieser Haftung so weit befreien, als er nachweist, dass das empfangene Vermögen hiezu nicht ausreicht.

E. ...

Art. 194[1]

Art. 195

F. Verwaltung des Vermögens eines Ehegatten durch den andern

[1] Hat ein Ehegatte dem andern ausdrücklich oder stillschweigend die Verwaltung seines Vermögens überlassen, so gelten die Bestimmungen über den Auftrag, sofern nichts anderes vereinbart ist.

[2] Die Bestimmungen über die Tilgung von Schulden zwischen Ehegatten bleiben vorbehalten.

Art. 195a

G. Inventar

[1] Jeder Ehegatte kann jederzeit vom andern verlangen, dass er bei der Aufnahme eines Inventars ihrer Vermögenswerte mit öffentlicher Urkunde mitwirkt.

[2] Ein solches Inventar wird als richtig vermutet, wenn es binnen eines Jahres seit Einbringen der Vermögenswerte errichtet wurde.

---

[1] Aufgehoben durch Anhang Ziff. 2 des Gerichtsstandsgesetzes vom 24. März 2000 (SR **272**).

Zweiter Abschnitt
Der ordentliche Güterstand der Errungenschaftsbeteiligung

Art. 196

Der Güterstand der Errungenschaftsbeteiligung umfasst die Errungenschaft und das Eigengut jedes Ehegatten.

A. Eigentumsverhältnisse
I. Zusammensetzung

Art. 197

[1] Errungenschaft sind die Vermögenswerte, die ein Ehegatte während der Dauer des Güterstandes entgeltlich erwirbt.

[2] Die Errungenschaft eines Ehegatten umfasst insbesondere:
1. seinen Arbeitserwerb;
2. die Leistungen von Personalfürsorgeeinrichtungen, Sozialversicherungen und Sozialfürsorgeeinrichtungen;
3. die Entschädigungen wegen Arbeitsunfähigkeit;
4. die Erträge seines Eigengutes;
5. Ersatzanschaffungen für Errungenschaft.

II. Errungenschaft

Art. 198

Eigengut sind von Gesetzes wegen:
1. die Gegenstände, die einem Ehegatten ausschliesslich zum persönlichen Gebrauch dienen;
2. die Vermögenswerte, die einem Ehegatten zu Beginn des Güterstandes gehören oder ihm später durch Erbgang oder sonstwie unentgeltlich zufallen;
3. Genugtuungsansprüche;
4. Ersatzanschaffungen für Eigengut.

III. Eigengut
1. Nach Gesetz

Art. 199

[1] Die Ehegatten können durch Ehevertrag Vermögenswerte der Errungenschaft, die für die Ausübung eines Berufes oder den Betrieb eines Gewerbes bestimmt sind, zu Eigengut erklären.

[2] Überdies können die Ehegatten durch Ehevertrag vereinbaren, dass Erträge aus dem Eigengut nicht in die Errungenschaft fallen.

2. Nach Ehevertrag

Art. 200

[1] Wer behauptet, ein bestimmter Vermögenswert sei Eigentum des einen oder andern Ehegatten, muss dies beweisen.

[2] Kann dieser Beweis nicht erbracht werden, so wird Miteigentum beider Ehegatten angenommen.

[3] Alles Vermögen eines Ehegatten gilt bis zum Beweis des Gegenteils als Errungenschaft.

IV. Beweis

Art. 201

B. Verwaltung, Nutzung und Verfügung

¹ Innerhalb der gesetzlichen Schranken verwaltet und nutzt jeder Ehegatte seine Errungenschaft und sein Eigengut und verfügt darüber.

² Steht ein Vermögenswert im Miteigentum beider Ehegatten, so kann kein Ehegatte ohne Zustimmung des andern über seinen Anteil verfügen, sofern nichts anderes vereinbart ist.

Art. 202

C. Haftung gegenüber Dritten

Jeder Ehegatte haftet für seine Schulden mit seinem gesamten Vermögen.

Art. 203

D. Schulden zwischen Ehegatten

¹ Der Güterstand hat keinen Einfluss auf die Fälligkeit von Schulden zwischen Ehegatten.

² Bereitet indessen die Zahlung von Geldschulden oder die Erstattung geschuldeter Sachen dem verpflichteten Ehegatten ernstliche Schwierigkeiten, welche die eheliche Gemeinschaft gefährden, so kann er verlangen, dass ihm Fristen eingeräumt werden; die Forderung ist sicherzustellen, wenn es die Umstände rechtfertigen.

Art. 204

E. Auflösung des Güterstandes und Auseinandersetzung
I. Zeitpunkt der Auflösung

¹ Der Güterstand wird mit dem Tod eines Ehegatten oder mit der Vereinbarung eines andern Güterstandes aufgelöst.

² Bei Scheidung, Trennung, Ungültigerklärung der Ehe oder gerichtlicher Anordnung der Gütertrennung wird die Auflösung des Güterstandes auf den Tag zurückbezogen, an dem das Begehren eingereicht worden ist.

Art. 205

II. Rücknahme von Vermögenswerten und Regelung der Schulden
1. Im allgemeinen

¹ Jeder Ehegatte nimmt seine Vermögenswerte zurück, die sich im Besitz des andern Ehegatten befinden.

² Steht ein Vermögenswert im Miteigentum und weist ein Ehegatte ein überwiegendes Interesse nach, so kann er neben den übrigen gesetzlichen Massnahmen verlangen, dass ihm dieser Vermögenswert gegen Entschädigung des andern Ehegatten ungeteilt zugewiesen wird.

³ Die Ehegatten regeln ihre gegenseitigen Schulden.

Art. 206

¹ Hat ein Ehegatte zum Erwerb, zur Verbesserung oder zur Erhaltung von Vermögensgegenständen des andern ohne entsprechende Gegenleistung beigetragen und besteht im Zeitpunkt der Auseinandersetzung ein Mehrwert, so entspricht seine Forderung dem Anteil seines Beitrages und wird nach dem gegenwärtigen Wert der Vermögensgegenstände berechnet; ist dagegen ein Minderwert eingetreten, so entspricht die Forderung dem ursprünglichen Beitrag.

² Ist einer dieser Vermögensgegenstände vorher veräussert worden, so berechnet sich die Forderung nach dem bei der Veräusserung erzielten Erlös und wird sofort fällig.

³ Die Ehegatten können durch schriftliche Vereinbarung den Mehrwertanteil ausschliessen oder ändern.

2. Mehrwertanteil des Ehegatten

Art. 207

¹ Errungenschaft und Eigengut jedes Ehegatten werden nach ihrem Bestand im Zeitpunkt der Auflösung des Güterstandes ausgeschieden.

² Die Kapitalleistung, die ein Ehegatte von einer Vorsorgeeinrichtung oder wegen Arbeitsunfähigkeit erhalten hat, wird im Betrag des Kapitalwertes der Rente, die dem Ehegatten bei Auflösung des Güterstandes zustünde, dem Eigengut zugerechnet.

III. Berechnung des Vorschlages jedes Ehegatten
1. Ausscheidung der Errungenschaft und des Eigengutes

Art. 208

¹ Zur Errungenschaft hinzugerechnet werden:
1. unentgeltliche Zuwendungen, die ein Ehegatte während der letzten fünf Jahre vor Auflösung des Güterstandes ohne Zustimmung des andern Ehegatten gemacht hat, ausgenommen die üblichen Gelegenheitsgeschenke;
2. Vermögensentäusserungen, die ein Ehegatte während der Dauer des Güterstandes vorgenommen hat, um den Beteiligungsanspruch des andern zu schmälern.

² Bei Streitigkeiten über solche Zuwendungen oder Entäusserungen kann das Urteil dem begünstigten Dritten entgegengehalten werden, wenn ihm der Streit verkündet worden ist.

2. Hinzurechnung

Art. 209

¹ Sind Schulden der Errungenschaft aus dem Eigengut oder Schulden des Eigengutes aus der Errungenschaft eines Ehegatten bezahlt worden, so besteht bei der güterrechtlichen Auseinandersetzung eine Ersatzforderung.

² Eine Schuld belastet die Vermögensmasse, mit welcher sie sachlich zusammenhängt, im Zweifel aber die Errungenschaft.

3. Ersatzforderungen zwischen Errungenschaft und Eigengut

³ Haben Mittel der einen Vermögensmasse zum Erwerb, zur Verbesserung oder zur Erhaltung von Vermögensgegenständen der andern beigetragen und ist ein Mehr- oder ein Minderwert eingetreten, so entspricht die Ersatzforderung dem Anteil des Beitrages und wird nach dem Wert der Vermögensgegenstände im Zeitpunkt der Auseinandersetzung oder der Veräusserung berechnet.

Art. 210

4. Vorschlag

¹ Was vom Gesamtwert der Errungenschaft, einschliesslich der hinzugerechneten Vermögenswerte und der Ersatzforderungen, nach Abzug der auf ihr lastenden Schulden verbleibt, bildet den Vorschlag.

² Ein Rückschlag wird nicht berücksichtigt.

Art. 211

IV. Wertbestimmung
1. Verkehrswert

Bei der güterrechtlichen Auseinandersetzung sind die Vermögensgegenstände zu ihrem Verkehrswert einzusetzen.

Art. 212

2. Ertragswert
a. Im allgemeinen

¹ Ein landwirtschaftliches Gewerbe, das ein Ehegatte als Eigentümer selber weiterbewirtschaftet oder für das der überlebende Ehegatte oder ein Nachkomme begründet Anspruch auf ungeteilte Zuweisung erhebt, ist bei Berechnung des Mehrwertanteils und der Beteiligungsforderung zum Ertragswert einzusetzen.

² Der Eigentümer des landwirtschaftlichen Gewerbes oder seine Erben können gegenüber dem andern Ehegatten als Mehrwertanteil oder als Beteiligungsforderung nur den Betrag geltend machen, den sie bei Anrechnung des Gewerbes zum Verkehrswert erhielten.

³ Die erbrechtlichen Bestimmungen über die Bewertung und über den Anteil der Miterben am Gewinn gelten sinngemäss.

Art. 213

b. Besondere Umstände

¹ Der Anrechnungswert kann angemessen erhöht werden, wenn besondere Umstände es rechtfertigen.

² Als besondere Umstände gelten insbesondere die Unterhaltsbedürfnisse des überlebenden Ehegatten, der Ankaufspreis des landwirtschaftlichen Gewerbes einschliesslich der Investitionen oder die Vermögensverhältnisse des Ehegatten, dem das landwirtschaftliche Gewerbe gehört.

Art. 214

3. Massgebender Zeitpunkt

¹ Massgebend für den Wert der bei der Auflösung des Güterstandes vorhandenen Errungenschaft ist der Zeitpunkt der Auseinandersetzung.

² Für Vermögenswerte, die zur Errungenschaft hinzugerechnet werden, ist der Zeitpunkt massgebend, in dem sie veräussert worden sind.

Art. 215

¹ Jedem Ehegatten oder seinen Erben steht die Hälfte des Vorschlages des andern zu.
² Die Forderungen werden verrechnet.

V. Beteiligung am Vorschlag
1. Nach Gesetz

Art. 216

¹ Durch Ehevertrag kann eine andere Beteiligung am Vorschlag vereinbart werden.
² Solche Vereinbarungen dürfen die Pflichtteilsansprüche der nichtgemeinsamen Kinder und deren Nachkommen nicht beeinträchtigen.

2. Nach Vertrag
a. Im allgemeinen

Art. 217

Bei Scheidung, Trennung, Ungültigerklärung der Ehe oder gerichtlicher Anordnung der Gütertrennung gelten Vereinbarungen über die Änderung der gesetzlichen Beteiligung am Vorschlag nur, wenn der Ehevertrag dies ausdrücklich vorsieht.

b. Bei Scheidung, Trennung, Ungültigerklärung der Ehe oder gerichtlicher Gütertrennung

Art. 218

¹ Bringt die sofortige Bezahlung der Beteiligungsforderung und des Mehrwertanteils den verpflichteten Ehegatten in ernstliche Schwierigkeiten, so kann er verlangen, dass ihm Zahlungsfristen eingeräumt werden.
² Die Beteiligungsforderung und der Mehrwertanteil sind, soweit die Parteien nichts anderes vereinbaren, vom Abschluss der Auseinandersetzung an zu verzinsen und, wenn es die Umstände rechtfertigen, sicherzustellen.

VI. Bezahlung der Beteiligungsforderung und des Mehrwertanteils
1. Zahlungsaufschub

Art. 219

¹ Damit der überlebende Ehegatte seine bisherige Lebensweise beibehalten kann, wird ihm auf sein Verlangen am Haus oder an der Wohnung, worin die Ehegatten gelebt haben und die dem verstorbenen Ehegatten gehört hat, die Nutzniessung oder ein Wohnrecht auf Anrechnung zugeteilt; vorbehalten bleibt eine andere ehevertragliche Regelung.
² Unter den gleichen Voraussetzungen kann er die Zuteilung des Eigentums am Hausrat verlangen.
³ Wo die Umstände es rechtfertigen, kann auf Verlangen des überlebenden Ehegatten oder der andern gesetzlichen Erben des Verstorbenen statt der Nutzniessung oder des Wohnrechts das Eigentum am Haus oder an der Wohnung eingeräumt werden.
⁴ An Räumlichkeiten, in denen der Erblasser einen Beruf ausübte oder ein Gewerbe betrieb und die ein Nachkomme zu dessen Weiterführung benötigt, kann der überlebende Ehegatte diese Rechte nicht beanspruchen; die Vorschriften des bäuerlichen Erbrechts bleiben vorbehalten.

2. Wohnung und Hausrat

Art. 220

3. Klage gegen Dritte

¹ Deckt das Vermögen des verpflichteten Ehegatten oder seine Erbschaft bei der güterrechtlichen Auseinandersetzung die Beteiligungsforderung nicht, so können der berechtigte Ehegatte oder seine Erben Zuwendungen, die der Errungenschaft hinzuzurechnen sind, bis zur Höhe des Fehlbetrages bei den begünstigten Dritten einfordern.

² Das Klagerecht erlischt ein Jahr nachdem der Ehegatte oder seine Erben von der Verletzung ihrer Rechte Kenntnis erhalten haben, in jedem Fall aber zehn Jahre nach der Auflösung des Güterstandes.

³ Im übrigen gelten die Bestimmungen über die erbrechtliche Herabsetzungsklage sinngemäss.[1]

Dritter Abschnitt
Die Gütergemeinschaft

Art. 221

A. Eigentumsverhältnisse
I. Zusammensetzung

Der Güterstand der Gütergemeinschaft umfasst das Gesamtgut und das Eigengut jedes Ehegatten.

Art. 222

II. Gesamtgut
1. Allgemeine Gütergemeinschaft

¹ Die allgemeine Gütergemeinschaft vereinigt das Vermögen und die Einkünfte der Ehegatten zu einem Gesamtgut, mit Ausnahme der Gegenstände, die von Gesetzes wegen Eigengut sind.

² Das Gesamtgut gehört beiden Ehegatten ungeteilt.

³ Kein Ehegatte kann über seinen Anteil am Gesamtgut verfügen.

Art. 223

2. Beschränkte Gütergemeinschaften
a. Errungenschaftsgemeinschaft

¹ Die Ehegatten können durch Ehevertrag die Gemeinschaft auf die Errungenschaft beschränken.

² Die Erträge des Eigengutes fallen in das Gesamtgut.

Art. 224

b. Andere Gütergemeinschaften

¹ Die Ehegatten können durch Ehevertrag bestimmte Vermögenswerte oder Arten von Vermögenswerten, wie Grundstücke, den Arbeitserwerb eines Ehegatten oder Vermögenswerte, mit denen dieser einen Beruf ausübt oder ein Gewerbe betreibt, von der Gemeinschaft ausschliessen.

² Sofern nichts anderes vereinbart ist, fallen die Erträge dieser Vermögenswerte nicht in das Gesamtgut.

---

[1] Fassung gemäss Anhang Ziff. 2 des Gerichtsstandsgesetzes vom 24. März 2000, in Kraft seit 1. Jan. 2001 (SR **272**).

Art. 225

¹ Eigengut entsteht durch Ehevertrag, durch Zuwendung Dritter oder von Gesetzes wegen.

² Von Gesetzes wegen umfasst das Eigengut jedes Ehegatten die Gegenstände, die ihm ausschliesslich zum persönlichen Gebrauch dienen, sowie die Genugtuungsansprüche.

³ Was ein Ehegatte als Pflichtteil zu beanspruchen hat, kann ihm von seinen Verwandten nicht als Eigengut zugewendet werden, sofern der Ehevertrag vorsieht, dass diese Vermögenswerte Gesamtgut sind.

III. Eigengut

Art. 226

Alle Vermögenswerte gelten als Gesamtgut, solange nicht bewiesen ist, dass sie Eigengut eines Ehegatten sind.

IV. Beweis

Art. 227

¹ Die Ehegatten verwalten das Gesamtgut im Interesse der ehelichen Gemeinschaft.

² Jeder Ehegatte kann in den Schranken der ordentlichen Verwaltung die Gemeinschaft verpflichten und über das Gesamtgut verfügen.

B. Verwaltung und Verfügung
I. Gesamtgut
1. Ordentliche Verwaltung

Art. 228

¹ Die Ehegatten können ausser für die ordentliche Verwaltung nur gemeinsam oder der eine nur mit Einwilligung des andern die Gemeinschaft verpflichten und über das Gesamtgut verfügen.

² Dritte dürfen diese Einwilligung voraussetzen, sofern sie nicht wissen oder wissen sollten, dass sie fehlt.

³ Die Bestimmungen über die Vertretung der ehelichen Gemeinschaft bleiben vorbehalten.

2. Ausserordentliche Verwaltung

Art. 229

Übt ein Ehegatte mit Zustimmung des andern mit Mitteln des Gesamtgutes allein einen Beruf aus oder betreibt er allein ein Gewerbe, so kann er alle Rechtsgeschäfte vornehmen, die diese Tätigkeiten mit sich bringen.

3. Beruf oder Gewerbe der Gemeinschaft

Art. 230

¹ Ohne Zustimmung des andern kann ein Ehegatte weder eine Erbschaft, die ins Gesamtgut fallen würde, ausschlagen noch eine überschuldete Erbschaft annehmen.

² Kann der Ehegatte diese Zustimmung nicht einholen oder wird sie ihm ohne triftigen Grund verweigert, so kann er das Gericht an seinem Wohnsitz anrufen.

4. Ausschlagung und Annahme von Erbschaften

Art. 231

5. Verantwortlichkeit und Verwaltungskosten

¹ Für Handlungen, die das Gesamtgut betreffen, ist jeder Ehegatte bei Auflösung des Güterstandes gleich einem Beauftragten verantwortlich.

² Die Kosten der Verwaltung werden dem Gesamtgut belastet.

Art. 232

II. Eigengut

¹ Innerhalb der gesetzlichen Schranken verwaltet jeder Ehegatte sein Eigengut und verfügt darüber.

² Fallen die Erträge in das Eigengut, werden die Kosten der Verwaltung diesem belastet.

Art. 233

C. Haftung gegenüber Dritten
I. Vollschulden

Jeder Ehegatte haftet mit seinem Eigengut und dem Gesamtgut:
1. für Schulden, die er in Ausübung seiner Befugnisse zur Vertretung der ehelichen Gemeinschaft oder zur Verwaltung des Gesamtgutes eingeht;
2. für Schulden, die er in Ausübung eines Berufes oder Gewerbes eingeht, sofern für diese Mittel des Gesamtgutes verwendet werden oder deren Erträge ins Gesamtgut fallen;
3. für Schulden, für die auch der andere Ehegatte persönlich einzustehen hat;
4. für Schulden, bei welchen die Ehegatten mit dem Dritten vereinbart haben, dass das Gesamtgut neben dem Eigengut des Schuldners haftet.

Art. 234

II. Eigenschulden

¹ Für alle übrigen Schulden haftet ein Ehegatte nur mit seinem Eigengut und der Hälfte des Wertes des Gesamtgutes.

² Vorbehalten bleiben die Ansprüche wegen Bereicherung der Gemeinschaft.

Art. 235

D. Schulden zwischen Ehegatten

¹ Der Güterstand hat keinen Einfluss auf die Fälligkeit von Schulden zwischen Ehegatten.

² Bereitet indessen die Zahlung von Geldschulden oder die Erstattung geschuldeter Sachen dem verpflichteten Ehegatten ernstliche Schwierigkeiten, welche die eheliche Gemeinschaft gefährden, so kann er verlangen, dass ihm Fristen eingeräumt werden; die Forderung ist sicherzustellen, wenn es die Umstände rechtfertigen.

Art. 236

¹ Der Güterstand wird mit dem Tod eines Ehegatten, mit der Vereinbarung eines andern Güterstandes oder mit der Konkurseröffnung über einen Ehegatten aufgelöst.

² Bei Scheidung, Trennung, Ungültigerklärung der Ehe oder gerichtlicher Anordnung der Gütertrennung wird die Auflösung des Güterstandes auf den Tag zurückbezogen, an dem das Begehren eingereicht worden ist.

³ Für die Zusammensetzung des Gesamtgutes und des Eigengutes ist der Zeitpunkt der Auflösung des Güterstandes massgebend.

E. Auflösung des Güterstandes und Auseinandersetzung
I. Zeitpunkt der Auflösung

Art. 237

Die Kapitalleistung, die ein Ehegatte von einer Vorsorgeeinrichtung oder wegen Arbeitsunfähigkeit erhalten hat und die Gesamtgut geworden ist, wird im Betrag des Kapitalwertes der Rente, die dem Ehegatten bei Auflösung des Güterstandes zustünde, dem Eigengut zugerechnet.

II. Zuweisung zum Eigengut

Art. 238

¹ Bei der güterrechtlichen Auseinandersetzung bestehen zwischen dem Gesamtgut und dem Eigengut jedes Ehegatten Ersatzforderungen, wenn Schulden, die die eine Vermögensmasse belasten, mit Mitteln der andern bezahlt worden sind.

² Eine Schuld belastet die Vermögensmasse, mit welcher sie zusammenhängt, im Zweifel aber das Gesamtgut.

III. Ersatzforderungen zwischen Gesamtgut und Eigengut

Art. 239

Hat das Eigengut eines Ehegatten oder das Gesamtgut zum Erwerb, zur Verbesserung oder zur Erhaltung eines Vermögensgegenstandes einer andern Vermögensmasse beigetragen, so gelten sinngemäss die Bestimmungen über den Mehrwertanteil bei der Errungenschaftsbeteiligung.

IV. Mehrwertanteil

Art. 240

Massgebend für den Wert des bei Auflösung des Güterstandes vorhandenen Gesamtgutes ist der Zeitpunkt der Auseinandersetzung.

V. Wertbestimmung

Art. 241

¹ Wird die Gütergemeinschaft durch Tod eines Ehegatten oder durch Vereinbarung eines andern Güterstandes aufgelöst, so steht jedem Ehegatten oder seinen Erben die Hälfte des Gesamtgutes zu.

² Durch Ehevertrag kann eine andere Teilung vereinbart werden.

³ Solche Vereinbarungen dürfen die Pflichtteilsansprüche der Nachkommen nicht beeinträchtigen.

VI. Teilung
1. Bei Tod oder Vereinbarung eines andern Güterstandes

Art. 242

2. In den übrigen Fällen

¹ Bei Scheidung, Trennung, Ungültigerklärung der Ehe oder Eintritt der gesetzlichen oder gerichtlichen Gütertrennung nimmt jeder Ehegatte vom Gesamtgut zurück, was unter der Errungenschaftsbeteiligung sein Eigengut wäre.

² Das übrige Gesamtgut fällt den Ehegatten je zur Hälfte zu.

³ Vereinbarungen über die Änderung der gesetzlichen Teilung gelten nur, wenn der Ehevertrag dies ausdrücklich vorsieht.

Art. 243

VII. Durchführung der Teilung
1. Eigengut

Wird die Gütergemeinschaft durch Tod eines Ehegatten aufgelöst, so kann der überlebende Ehegatte verlangen, dass ihm auf Anrechnung überlassen wird, was unter der Errungenschaftsbeteiligung sein Eigengut wäre.

Art. 244

2. Wohnung und Hausrat

¹ Gehören das Haus oder die Wohnung, worin die Ehegatten gelebt haben, oder Hausratsgegenstände zum Gesamtgut, so kann der überlebende Ehegatte verlangen, dass ihm das Eigentum daran auf Anrechnung zugeteilt wird.

² Wo die Umstände es rechtfertigen, kann auf Verlangen des überlebenden Ehegatten oder der andern gesetzlichen Erben des Verstorbenen statt des Eigentums die Nutzniessung oder ein Wohnrecht eingeräumt werden.

³ Wird die Gütergemeinschaft nicht durch Tod aufgelöst, kann jeder Ehegatte diese Begehren stellen, wenn er ein überwiegendes Interesse nachweist.

Art. 245

3. Andere Vermögenswerte

Weist ein Ehegatte ein überwiegendes Interesse nach, so kann er verlangen, dass ihm auch andere Vermögenswerte auf Anrechnung zugeteilt werden.

Art. 246

4. Andere Teilungsvorschriften

Im übrigen gelten die Bestimmungen über die Teilung von Miteigentum und die Durchführung der Erbteilung sinngemäss.

Vierter Abschnitt
Die Gütertrennung

Art. 247
Innerhalb der gesetzlichen Schranken verwaltet und nutzt jeder Ehegatte sein Vermögen und verfügt darüber.

A. Verwaltung, Nutzung und Verfügung
I. Im allgemeinen

Art. 248
¹ Wer behauptet, ein bestimmter Vermögenswert sei Eigentum des einen oder andern Ehegatten, muss dies beweisen.
² Kann dieser Beweis nicht erbracht werden, so wird Miteigentum beider Ehegatten angenommen.

II. Beweis

Art. 249
Jeder Ehegatte haftet für seine Schulden mit seinem gesamten Vermögen.

B. Haftung gegenüber Dritten

Art. 250
¹ Der Güterstand hat keinen Einfluss auf die Fälligkeit von Schulden zwischen Ehegatten.
² Bereitet indessen die Zahlung von Geldschulden oder die Erstattung geschuldeter Sachen dem verpflichteten Ehegatten ernstliche Schwierigkeiten, welche die eheliche Gemeinschaft gefährden, so kann er verlangen, dass ihm Fristen eingeräumt werden; die Forderung ist sicherzustellen, wenn es die Umstände rechtfertigen.

C. Schulden zwischen Ehegatten

Art. 251
Steht ein Vermögenswert im Miteigentum und weist ein Ehegatte ein überwiegendes Interesse nach, so kann er bei Auflösung des Güterstandes neben den übrigen gesetzlichen Massnahmen verlangen, dass ihm dieser Vermögenswert gegen Entschädigung des andern Ehegatten ungeteilt zugewiesen wird.

D. Zuweisung bei Miteigentum

ZWEITE ABTEILUNG
DIE VERWANDTSCHAFT

Siebenter Titel
DIE ENTSTEHUNG DES KINDESVERHÄLTNISSES[1)]

Erster Abschnitt
Allgemeine Bestimmungen

Art. 252

A. Entstehung des Kindesverhältnisses im allgemeinen

¹ Das Kindesverhältnis entsteht zwischen dem Kind und der Mutter mit der Geburt.

² Zwischen dem Kind und dem Vater wird es kraft der Ehe der Mutter begründet oder durch Anerkennung oder durch das Gericht festgestellt.

³ Ausserdem entsteht das Kindesverhältnis durch Adoption.

Art. 253[2)]

B. Feststellung und Anfechtung des Kindesverhältnisses
I. ...

Art. 254

II. Verfahren

Das Verfahren zur Feststellung oder Anfechtung des Kindesverhältnisses wird durch das kantonale Prozessrecht geordnet unter Vorbehalt folgender Vorschriften:
1. Das Gericht erforscht den Sachverhalt von Amtes wegen und würdigt die Beweise nach freier Überzeugung.
2. Die Parteien und Dritte haben an Untersuchungen mitzuwirken, die zur Aufklärung der Abstammung nötig und ohne Gefahr für die Gesundheit sind.

[1)] Fassung des 1. bis 3. Abschnitts des 7. Titels gemäss Ziff. I 1 des BG vom 25. Juni 1976, in Kraft seit 1. Jan. 1978 (AS **1977** 237 264; BBl **1974** II 1).
[2)] Aufgehoben durch Anhang Ziff. 2 des Gerichtsstandsgesetzes vom 24. März 2000 (SR **272**).

Zweiter Abschnitt
Die Vaterschaft des Ehemannes

Art. 255[1)]

¹ Ist ein Kind während der Ehe geboren, so gilt der Ehemann als Vater.

² Stirbt der Ehemann, so gilt er als Vater, wenn das Kind innert 300 Tagen nach seinem Tod geboren wird oder bei späterer Geburt nachgewiesenermassen vor dem Tod des Ehemannes gezeugt worden ist.

³ Wird der Ehemann für verschollen erklärt, so gilt er als Vater, wenn das Kind vor Ablauf von 300 Tagen seit dem Zeitpunkt der Todesgefahr oder der letzten Nachricht geboren worden ist.

A. Vermutung

Art. 256

¹ Die Vermutung der Vaterschaft kann beim Gericht angefochten werden:
1. vom Ehemann;
2. vom Kind, wenn während seiner Unmündigkeit der gemeinsame Haushalt der Ehegatten aufgehört hat.

² Die Klage des Ehemannes richtet sich gegen das Kind und die Mutter, die Klage des Kindes gegen den Ehemann und die Mutter.

³ Der Ehemann hat keine Klage, wenn er der Zeugung durch einen Dritten zugestimmt hat. Für das Anfechtungsrecht des Kindes bleibt das Fortpflanzungsmedizingesetz vom 18. Dezember 1998[2)] vorbehalten.[3)]

B. Anfechtung
I. Klagerecht

Art. 256a

¹ Ist ein Kind während der Ehe gezeugt worden, so hat der Kläger nachzuweisen, dass der Ehemann nicht der Vater ist.

² Ist das Kind frühestens 180 Tage nach Abschluss und spätestens 300 Tage nach Auflösung der Ehe durch Tod geboren, so wird vermutet, dass es während der Ehe gezeugt worden ist.[1)]

II. Klagegrund
1. Bei Zeugung während der Ehe

Art. 256b

¹ Ist ein Kind vor Abschluss der Ehe oder zu einer Zeit gezeugt worden, da der gemeinsame Haushalt aufgehoben war, so ist die Anfechtung nicht weiter zu begründen.

2. Bei Zeugung vor der Ehe oder während Aufhebung des Haushaltes

---

[1)] Fassung gemäss Ziff. I 4 des BG vom 26. Juni 1998, in Kraft seit 1. Jan. 2000 (AS **1999** 1118; BBl **1996** I 1).
[2)] SR **814.90**
[3)] Fassung gemäss Art. 39 des Fortpflanzungsmedizingesetzes vom 18. Dez. 1998, in Kraft seit 1. Jan. 2001 (SR **814.90**).

² Die Vaterschaft des Ehemannes wird jedoch auch in diesem Fall vermutet, wenn glaubhaft gemacht wird, dass er um die Zeit der Empfängnis der Mutter beigewohnt hat.

Art. 256c

III. Klagefrist

¹ Der Ehemann hat die Klage binnen Jahresfrist einzureichen, seitdem er die Geburt und die Tatsache erfahren hat, dass er nicht der Vater ist oder dass ein Dritter der Mutter um die Zeit der Empfängnis beigewohnt hat, in jedem Fall aber vor Ablauf von fünf Jahren seit der Geburt.

² Die Klage des Kindes ist spätestens ein Jahr nach Erreichen des Mündigkeitsalters zu erheben.

³ Nach Ablauf der Frist wird eine Anfechtung zugelassen, wenn die Verspätung mit wichtigen Gründen entschuldigt wird.

Art. 257

C. Zusammentreffen zweier Vermutungen

¹ Ist ein Kind vor Ablauf von 300 Tagen seit der Auflösung der Ehe durch Tod geboren und hat die Mutter inzwischen eine neue Ehe geschlossen, so gilt der zweite Ehemann als Vater.[1]

² Wird diese Vermutung beseitigt, so gilt der erste Ehemann als Vater.

Art. 258

D. Klage der Eltern

¹ Ist der Ehemann vor Ablauf der Klagefrist gestorben oder urteilsunfähig geworden, so kann die Anfechtungsklage von seinem Vater oder seiner Mutter erhoben werden.

² Die Bestimmungen über die Anfechtung durch den Ehemann finden entsprechende Anwendung.

³ Die einjährige Klagefrist beginnt frühestens mit der Kenntnis des Todes oder der Urteilsunfähigkeit des Ehemannes.

Art. 259

E. Heirat der Eltern

¹ Heiraten die Eltern einander, so finden auf das vorher geborene Kind die Bestimmungen über das während der Ehe geborene entsprechende Anwendung, sobald die Vaterschaft des Ehemannes durch Anerkennung oder Urteil festgestellt ist.

² Die Anerkennung kann angefochten werden:
1. von der Mutter;
2. vom Kind, oder nach seinem Tode von den Nachkommen, wenn während seiner Unmündigkeit der gemeinsame Haushalt der Ehegatten aufgehört hat oder die Anerkennung erst nach Vollendung seines zwölften Altersjahres ausgesprochen worden ist;

---

[1] Fassung gemäss Ziff. I 4 des BG vom 26. Juni 1998, in Kraft seit 1. Jan. 2000 (AS **1999** 1118; BBl **1996** I 1).

3. von der Heimat- oder Wohnsitzgemeinde des Ehemannes;
4. vom Ehemann.

³ Die Vorschriften über die Anfechtung der Anerkennung finden entsprechende Anwendung.

Dritter Abschnitt
Anerkennung und Vaterschaftsurteil

Art. 260

A. Anerkennung
I. Zulässigkeit und Form

¹ Besteht das Kindesverhältnis nur zur Mutter, so kann der Vater das Kind anerkennen.

² Ist der Anerkennende unmündig oder entmündigt, so ist die Zustimmung seiner Eltern oder seines Vormundes notwendig.

³ Die Anerkennung erfolgt durch Erklärung vor dem Zivilstandsbeamten oder durch letztwillige Verfügung oder, wenn eine Klage auf Feststellung der Vaterschaft hängig ist, vor dem Gericht.

Art. 260a

II. Anfechtung
1. Klagerecht

¹ Die Anerkennung kann von jedermann, der ein Interesse hat, beim Gericht angefochten werden, namentlich von der Mutter, vom Kind und nach seinem Tode von den Nachkommen sowie von der Heimat- oder Wohnsitzgemeinde des Anerkennenden.

² Dem Anerkennenden steht diese Klage nur zu, wenn er das Kind unter dem Einfluss einer Drohung mit einer nahen und erheblichen Gefahr für das Leben, die Gesundheit, die Ehre oder das Vermögen seiner selbst oder einer ihm nahestehenden Person oder in einem Irrtum über seine Vaterschaft anerkannt hat.

³ Die Klage richtet sich gegen den Anerkennenden und das Kind, soweit diese nicht selber klagen.

Art. 260b

2. Klagegrund

¹ Der Kläger hat zu beweisen, dass der Anerkennende nicht der Vater des Kindes ist.

² Mutter und Kind haben diesen Beweis jedoch nur zu erbringen, wenn der Anerkennende glaubhaft macht, dass er der Mutter um die Zeit der Empfängnis beigewohnt habe.

Art. 260c

3. Klagefrist

¹ Die Klage ist binnen Jahresfrist einzureichen, seitdem der Kläger von der Anerkennung und von der Tatsache Kenntnis erhielt, dass der Anerkennende nicht der Vater ist oder dass ein Dritter der Mutter um die Zeit der Empfängnis beigewohnt hat, oder seitdem er den Irrtum entdeckte oder seitdem die Drohung wegfiel, in jedem Fall aber vor Ablauf von fünf Jahren seit der Anerkennung.

² Die Klage des Kindes kann in jedem Fall bis zum Ablauf eines Jahres seit Erreichen des Mündigkeitsalters erhoben werden.

³ Nach Ablauf der Frist wird eine Anfechtung zugelassen, wenn die Verspätung mit wichtigen Gründen entschuldigt wird.

Art. 261

B. Vaterschaftsklage
I. Klagerecht

¹ Sowohl die Mutter als das Kind können auf Feststellung des Kindesverhältnisses zwischen dem Kind und dem Vater klagen.

² Die Klage richtet sich gegen den Vater oder, wenn er gestorben ist, nacheinander gegen seine Nachkommen, Eltern oder Geschwister oder, wenn solche fehlen, gegen die zuständige Behörde seines letzten Wohnsitzes.

³ Ist der Vater gestorben, so wird seiner Ehefrau zur Wahrung ihrer Interessen die Einreichung der Klage vom Gericht mitgeteilt.

Art. 262

II. Vermutung

¹ Hat der Beklagte in der Zeit vom 300. bis zum 180. Tag vor der Geburt des Kindes der Mutter beigewohnt, so wird seine Vaterschaft vermutet.

² Diese Vermutung gilt auch, wenn das Kind vor dem 300. oder nach dem 180. Tag vor der Geburt gezeugt worden ist und der Beklagte der Mutter um die Zeit der Empfängnis beigewohnt hat.

³ Die Vermutung fällt weg, wenn der Beklagte nachweist, dass seine Vaterschaft ausgeschlossen oder weniger wahrscheinlich ist als die eines Dritten.

Art. 263

III. Klagefrist

¹ Die Klage kann vor oder nach der Niederkunft angebracht werden, ist aber einzureichen:
1. von der Mutter vor Ablauf eines Jahres seit der Geburt;
2. vom Kind vor Ablauf eines Jahres seit Erreichen des Mündigkeitsalters.

² Besteht schon ein Kindesverhältnis zu einem andern Mann, so kann die Klage in jedem Fall innerhalb eines Jahres seit dem Tag, da es beseitigt ist, angebracht werden.

³ Nach Ablauf der Frist wird eine Klage zugelassen, wenn die Verspätung mit wichtigen Gründen entschuldigt wird.

Vierter Abschnitt[1]
Die Adoption[2]

Art. 264[3]

Ein Kind darf adoptiert werden, wenn ihm die künftigen Adoptiveltern während wenigstens eines Jahres Pflege und Erziehung erwiesen haben und nach den gesamten Umständen zu erwarten ist, die Begründung eines Kindesverhältnisses diene seinem Wohl, ohne andere Kinder der Adoptiveltern in unbilliger Weise zurückzusetzen.

A. Adoption Unmündiger
I. Allgemeine Voraussetzungen

Art. 264a

¹ Ehegatten können nur gemeinschaftlich adoptieren; anderen Personen ist die gemeinschaftliche Adoption nicht gestattet.

² Die Ehegatten müssen 5 Jahre verheiratet sein oder das 35. Altersjahr zurückgelegt haben.

³ Eine Person darf das Kind ihres Ehegatten adoptieren, wenn die Ehegatten seit mindestens fünf Jahren verheiratet sind.[4]

II. Gemeinschaftliche Adoption

Art. 264b

¹ Eine unverheiratete Person darf allein adoptieren, wenn sie das 35. Altersjahr zurückgelegt hat.

² Eine verheiratete Person, die das 35. Altersjahr zurückgelegt hat, darf allein adoptieren, wenn sich die gemeinschaftliche Adoption als unmöglich erweist, weil der Ehegatte dauernd urteilsunfähig oder seit mehr als 2 Jahren mit unbekanntem Aufenthalt abwesend, oder wenn die Ehe seit mehr als 3 Jahren gerichtlich getrennt ist.

III. Einzeladoption

---

[1] Ursprünglich Dritter Abschnitt.
[2] Fassung des 4. Abschnitts gemäss Ziff. I 1 des BG vom 30. Juni 1972, in Kraft seit 1. April 1973 (**1972** 2819 2829, BBl **1971** I 1200).
[3] Fassung gemäss Anhang Ziff. 2 des BG vom 22. Juni 2001 zum Haager Adoptionsübereinkommen und über Massnahmen zum Schutz des Kindes bei internationalen Adoptionen, in Kraft seit 1. Jan. 2003 (SR **211.221.31**).
[4] Fassung gemäss Ziff. I 4 des BG vom 26. Juni 1998, in Kraft seit 1. Jan. 2000 (AS **1999** 1118; BBl **1996** I 1).

Art. 265

IV. Alter und Zustimmung des Kindes

¹ Das Kind muss wenigstens 16 Jahre jünger sein als die Adoptiveltern.

² Ist das Kind urteilsfähig, so ist zur Adoption seine Zustimmung notwendig.

³ Ist es bevormundet, so kann, auch wenn es urteilsfähig ist, die Adoption nur mit Zustimmung der vormundschaftlichen Aufsichtsbehörde erfolgen.

Art. 265a

V. Zustimmung der Eltern
1. Form

¹ Die Adoption bedarf der Zustimmung des Vaters und der Mutter des Kindes.

² Die Zustimmung ist bei der Vormundschaftsbehörde am Wohnsitz oder Aufenthaltsort der Eltern oder des Kindes mündlich oder schriftlich zu erklären und im Protokoll vorzumerken.

³ Sie ist gültig, selbst wenn die künftigen Adoptiveltern nicht genannt oder noch nicht bestimmt sind.

Art. 265b

2. Zeitpunkt

¹ Die Zustimmung darf nicht vor Ablauf von sechs Wochen seit der Geburt des Kindes erteilt werden.

² Sie kann binnen sechs Wochen seit ihrer Entgegennahme widerrufen werden.

³ Wird sie nach einem Widerruf erneuert, so ist sie endgültig.

Art. 265c

3. Absehen von der Zustimmung
a. Voraussetzungen

Von der Zustimmung eines Elternteils kann abgesehen werden,
1. wenn er unbekannt, mit unbekanntem Aufenthalt länger abwesend oder dauernd urteilsunfähig ist,
2. wenn er sich um das Kind nicht ernstlich gekümmert hat.

Art. 265d

b. Entscheid

¹ Wird das Kind zum Zwecke späterer Adoption untergebracht und fehlt die Zustimmung eines Elternteils, so entscheidet die Vormundschaftsbehörde am Wohnsitz des Kindes, auf Gesuch einer Vermittlungsstelle oder der Adoptiveltern und in der Regel vor Beginn der Unterbringung, ob von dieser Zustimmung abzusehen sei.

² In den andern Fällen ist hierüber anlässlich der Adoption zu entscheiden.

³ Wird von der Zustimmung eines Elternteils abgesehen, weil er sich um das Kind nicht ernstlich gekümmert hat, so ist ihm der Entscheid schriftlich mitzuteilen.

Art. 266

¹ Fehlen Nachkommen, so darf eine mündige oder entmündigte Person adoptiert werden,

B. Adoption Mündiger und Entmündigter

1. wenn sie infolge körperlicher oder geistiger Gebrechen dauernd hilfsbedürftig ist und die Adoptiveltern ihr während wenigstens fünf Jahren Pflege erwiesen haben,
2. wenn ihr während ihrer Unmündigkeit die Adoptiveltern wenigstens fünf Jahre lang Pflege und Erziehung erwiesen haben,
3. wenn andere wichtige Gründe vorliegen und die zu adoptierende Person während wenigstens fünf Jahren mit den Adoptiveltern in Hausgemeinschaft gelebt hat.

² Eine verheiratete Person kann nur mit Zustimmung ihres Ehegatten adoptiert werden.

³ Im übrigen finden die Bestimmungen über die Adoption Unmündiger entsprechende Anwendung.

Art. 267[1]

¹ Das Adoptivkind erhält die Rechtsstellung eines Kindes der Adoptiveltern.

**C. Wirkung
I. Im allgemeinen**

² Das bisherige Kindesverhältnis erlischt; vorbehalten bleibt es zum Elternteil, der mit dem Adoptierenden verheiratet ist.

³ Bei der Adoption kann dem Kind ein neuer Vorname gegeben werden.

Art. 267a

Das unmündige Kind erhält anstelle seines bisherigen das Kantons- und Gemeindebürgerrecht der Adoptiveltern.

II. Heimat

Art. 268

¹ Die Adoption wird von der zuständigen kantonalen Behörde am Wohnsitz der Adoptiveltern ausgesprochen.

**D. Verfahren
I. Im allgemeinen**

² Ist das Adoptionsgesuch eingereicht, so hindert Tod oder Eintritt der Urteilsunfähigkeit des Adoptierenden die Adoption nicht, sofern deren Voraussetzungen im übrigen nicht berührt werden.

³ Wird das Kind nach Einreichung des Gesuches mündig, so bleiben die Bestimmungen über die Adoption Unmündiger anwendbar, wenn deren Voraussetzungen vorher erfüllt waren.

---

[1] Fassung gemäss Ziff. I 1 des BG vom 25. Juni 1976, in Kraft seit 1. Jan. 1978 (AS **1977** 237 264; BBl **1974** II 1).

Art. 268a

II. Untersuchung

¹ Die Adoption darf erst nach umfassender Untersuchung aller wesentlichen Umstände, nötigenfalls unter Beizug von Sachverständigen, ausgesprochen werden.

² Namentlich sind die Persönlichkeit und die Gesundheit der Adoptiveltern und des Adoptivkindes, ihre gegenseitige Beziehung, die erzieherische Eignung, die wirtschaftliche Lage, die Beweggründe und die Familienverhältnisse der Adoptiveltern sowie die Entwicklung des Pflegeverhältnisses abzuklären.

³ Haben die Adoptiveltern Nachkommen, so ist deren Einstellung zur Adoption zu würdigen.

Art. 268b

D.bis Adoptionsgeheimnis[1]

Die Adoptiveltern dürfen ohne ihre Zustimmung den Eltern des Kindes nicht bekanntgegeben werden.

Art. 268c[2]

D.ter Auskunft über die Personalien der leiblichen Eltern

¹ Hat das Kind das 18. Lebensjahr vollendet, so kann es jederzeit Auskunft über die Personalien seiner leiblichen Eltern verlangen; vorher kann es Auskunft verlangen, wenn es ein schutzwürdiges Interesse hat.

² Bevor die Behörde oder Stelle, welche über die gewünschten Angaben verfügt, Auskunft erteilt, informiert sie wenn möglich die leiblichen Eltern. Lehnen diese den persönlichen Kontakt ab, so ist das Kind darüber zu informieren und auf die Persönlichkeitsrechte der leiblichen Eltern aufmerksam zu machen.

³ Die Kantone bezeichnen eine geeignete Stelle, welche das Kind auf Wunsch beratend unterstützt.

Art. 269

E. Anfechtung
I. Gründe
1. Fehlen der Zustimmung

¹ Ist eine Zustimmung ohne gesetzlichen Grund nicht eingeholt worden, so können die Zustimmungsberechtigten die Adoption beim Gericht anfechten, sofern dadurch das Wohl des Kindes nicht ernstlich beeinträchtigt wird.

² Den Eltern steht diese Klage jedoch nicht zu, wenn sie den Entscheid ans Bundesgericht weiterziehen können.

---

[1] Fassung gemäss Anhang Ziff. 2 des BG vom 22. Juni 2001 zum Haager Adoptionsübereinkommen und über Massnahmen zum Schutz des Kindes bei internationalen Adoptionen, in Kraft seit 1. Jan. 2003 (SR **211.221.31**).
[2] Eingefügt durch Anhang Ziff. 2 des BG vom 22. Juni 2001 zum Haager Adoptionsübereinkommen und über Massnahmen zum Schutz des Kindes bei internationalen Adoptionen, in Kraft seit 1. Jan. 2003 (SR **211.221.31**).

Art. 269a

¹ Leidet die Adoption an anderen schwerwiegenden Mängeln, so kann jedermann, der ein Interesse hat, namentlich auch die Heimat- oder Wohnsitzgemeinde, sie anfechten.

² Die Anfechtung ist jedoch ausgeschlossen, wenn der Mangel inzwischen behoben ist oder ausschliesslich Verfahrensvorschriften betrifft.

2. Andere Mängel

Art. 269b

Die Klage ist binnen sechs Monaten seit Entdeckung des Anfechtungsgrundes und in jedem Falle binnen zwei Jahren seit der Adoption zu erheben.

II. Klagefrist

Art. 269c[1]

¹ Der Bund übt die Aufsicht über die Vermittlung von Kindern zur Adoption aus.

² Wer diese Vermittlung berufsmässig oder im Zusammenhang mit seinem Beruf betreibt, bedarf einer Bewilligung; die Vermittlung durch vormundschaftliche Organe bleibt vorbehalten.

³ Der Bundesrat erlässt die Ausführungsbestimmungen und regelt die Mitwirkung der für die Aufnahme von Kindern zum Zweck späterer Adoption zuständigen kantonalen Behörde bei der Abklärung der Bewilligungsvoraussetzungen und bei der Aufsicht.

⁴ Verfügungen der Aufsichtsbehörde können mit Beschwerde bei der Rekurskommission für die Adoptionsvermittlung angefochten werden.

F. Adoptivkindervermittlung

---

[1] Fassung gemäss Anhang Ziff. 2 des BG vom 22. Juni 2001 zum Haager Adoptionsübereinkommen und über Massnahmen zum Schutz des Kindes bei internationalen Adoptionen, in Kraft seit 1. Jan. 2003 (SR **211.221.31**).

Achter Titel
DIE WIRKUNGEN DES KINDESVERHÄLTNISSES[1]

Erster Abschnitt
Die Gemeinschaft der Eltern und Kinder

Art. 270

A. Familienname

¹ Sind die Eltern miteinander verheiratet, so erhält das Kind ihren Familiennamen.

² Sind sie nicht miteinander verheiratet, so erhält das Kind den Namen der Mutter, oder, wenn diese infolge früherer Eheschliessung einen Doppelnamen führt, den ersten Namen.[2]

Art. 271

B. Heimat

¹ Sind die Eltern miteinander verheiratet, so erhält das Kind das Kantons- und Gemeindebürgerrecht des Vaters.

² Sind sie nicht miteinander verheiratet, so erhält das Kind das Kantons- und Gemeindebürgerrecht der Mutter.

³ Erwirbt das Kind unverheirateter Eltern durch Namensänderung den Familiennamen des Vaters, weil es unter seiner elterlichen Sorge aufwächst, so erhält es das Kantons- und Gemeindebürgerrecht des Vaters.

Art. 272

C. Beistand und Gemeinschaft

Eltern und Kinder sind einander allen Beistand, alle Rücksicht und Achtung schuldig, die das Wohl der Gemeinschaft erfordert.

Art. 273[3]

D. Persönlicher Verkehr
I. Eltern und Kinder
1. Grundsatz

¹ Eltern, denen die elterliche Sorge oder Obhut nicht zusteht, und das unmündige Kind haben gegenseitig Anspruch auf angemessenen persönlichen Verkehr.

² Die Vormundschaftsbehörde kann Eltern, Pflegeeltern oder das Kind ermahnen und ihnen Weisungen erteilen, wenn sich die Ausübung oder Nichtausübung des persönlichen Verkehrs für das Kind nachteilig auswirkt oder wenn eine Ermahnung oder eine Weisung aus anderen Gründen geboten ist.

---

[1] Fassung des 8. Titels gemäss Ziff. I 1 des BG vom 25. Juni 1976, in Kraft seit 1. Jan. 1978 (AS **1977** 237 264; BBl **1974** II 1).

[2] Fassung gemäss Ziff. I 2 des BG vom 5. Okt. 1984, in Kraft seit 1. Jan. 1988 (AS **1986** 122; SR **210.1** Art. 1; BBl **1979** II 1191).

[3] Fassung gemäss Ziff. I 4 des BG vom 26. Juni 1998, in Kraft seit 1. Jan. 2000 (AS **1999** 1118; BBl **1996** I 1).

³ Der Vater oder die Mutter können verlangen, dass ihr Anspruch auf persönlichen Verkehr geregelt wird.

Art. 274

¹ Der Vater und die Mutter haben alles zu unterlassen, was das Verhältnis des Kindes zum andern Elternteil beeinträchtigt oder die Aufgabe der erziehenden Person erschwert.[1)]

² Wird das Wohl des Kindes durch den persönlichen Verkehr gefährdet, üben die Eltern ihn pflichtwidrig aus, haben sie sich nicht ernsthaft um das Kind gekümmert oder liegen andere wichtige Gründe vor, so kann ihnen das Recht auf persönlichen Verkehr verweigert oder entzogen werden.

³ Haben die Eltern der Adoption ihres Kindes zugestimmt oder kann von ihrer Zustimmung abgesehen werden, so erlischt das Recht auf persönlichen Verkehr, sobald das Kind zum Zwecke künftiger Adoption untergebracht wird.

2. Schranken

Art. 274a

¹ Liegen ausserordentliche Umstände vor, so kann der Anspruch auf persönlichen Verkehr auch andern Personen, insbesondere Verwandten, eingeräumt werden, sofern dies dem Wohle des Kindes dient.

² Die für die Eltern aufgestellten Schranken des Besuchsrechtes gelten sinngemäss.

II. Dritte

Art. 275[1)]

¹ Für Anordnungen über den persönlichen Verkehr ist die Vormundschaftsbehörde am Wohnsitz des Kindes zuständig und, sofern sie Kindesschutzmassnahmen getroffen hat oder trifft, diejenige an seinem Aufenthaltsort.

² Teilt das Gericht nach den Bestimmungen über die Ehescheidung und den Schutz der ehelichen Gemeinschaft die elterliche Sorge oder die Obhut zu, oder hat es über die Änderung dieser Zuteilung oder des Unterhaltsbeitrages zu befinden, so regelt es auch den persönlichen Verkehr.

³ Bestehen noch keine Anordnungen über den Anspruch von Vater und Mutter, so kann der persönliche Verkehr nicht gegen den Willen der Person ausgeübt werden, welcher die elterliche Sorge oder Obhut zusteht.

III. Zuständigkeit

[1)] Fassung gemäss Ziff. I 4 des BG vom 26. Juni 1998, in Kraft seit 1. Jan. 2000 (AS **1999** 1118; BBl **1996** I 1).

Art. 275a[1]

E. Information und Auskunft

¹ Eltern ohne elterliche Sorge sollen über besondere Ereignisse im Leben des Kindes benachrichtigt und vor Entscheidungen, die für die Entwicklung des Kindes wichtig sind, angehört werden.

² Sie können bei Drittpersonen, die an der Betreuung des Kindes beteiligt sind, wie namentlich bei Lehrkräften, Ärztinnen und Ärzten, in gleicher Weise wie der Inhaber der elterlichen Sorge Auskunft über den Zustand und die Entwicklung des Kindes einholen.

³ Die Bestimmungen über die Schranken des persönlichen Verkehrs und die Zuständigkeit gelten sinngemäss.

Zweiter Abschnitt
Die Unterhaltspflicht der Eltern

Art. 276

A. Gegenstand und Umfang

¹ Die Eltern haben für den Unterhalt des Kindes aufzukommen, inbegriffen die Kosten von Erziehung, Ausbildung und Kindesschutzmassnahmen.

² Der Unterhalt wird durch Pflege und Erziehung oder, wenn das Kind nicht unter der Obhut der Eltern steht, durch Geldzahlung geleistet.

³ Die Eltern sind von der Unterhaltspflicht in dem Mass befreit, als dem Kinde zugemutet werden kann, den Unterhalt aus seinem Arbeitserwerb oder andern Mitteln zu bestreiten.

Art. 277

B. Dauer

¹ Die Unterhaltspflicht der Eltern dauert bis zur Mündigkeit des Kindes.

² Hat es dann noch keine angemessene Ausbildung, so haben die Eltern, soweit es ihnen nach den gesamten Umständen zugemutet werden darf, für seinen Unterhalt aufzukommen, bis eine entsprechende Ausbildung ordentlicherweise abgeschlossen werden kann.[2]

Art. 278

C. Verheiratete Eltern

¹ Während der Ehe tragen die Eltern die Kosten des Unterhaltes nach den Bestimmungen des Eherechts.

---

[1] Eingefügt durch Ziff. I 4 des BG vom 26. Juni 1998, in Kraft seit 1. Jan. 2000 (AS **1999** 1118; BBl **1996** I 1).
[2] Fassung gemäss Ziff. I des BG vom 7. Okt. 1994, in Kraft seit 1. Jan. 1996 (AS **1995** 1126 1131; BBl **1993** I 1169).

² Jeder Ehegatte hat dem andern in der Erfüllung der Unterhaltspflicht gegenüber vorehelichen Kindern in angemessener Weise beizustehen.

Art. 279

¹ Das Kind kann gegen den Vater oder die Mutter oder gegen beide klagen auf Leistung des Unterhalts für die Zukunft und für ein Jahr vor Klageerhebung.

²⁻³ ...[2]

D. Klage
I. Klagerecht[1]

Art. 280

¹ Die Kantone haben für Streitigkeiten über die Unterhaltspflicht ein einfaches und rasches Verfahren vorzusehen.

² Das Gericht erforscht den Sachverhalt von Amtes wegen und würdigt die Beweise nach freier Überzeugung.

³ Die Unterhaltsklage kann mit der Vaterschaftsklage verbunden werden.

II. Verfahren

Art. 281

¹ Ist die Klage eingereicht, so trifft das Gericht auf Begehren des Klägers für die Dauer des Prozesses die nötigen vorsorglichen Massregeln.

² Steht das Kindesverhältnis fest, so kann der Beklagte verpflichtet werden, angemessene Beiträge zu hinterlegen oder vorläufig zu zahlen.

³ Die Hinterlegung erfolgt durch Zahlung an eine vom Gericht bezeichnete Kasse.

III. Vorsorgliche Massregeln
1. Im allgemeinen

Art. 282

Ist die Unterhaltsklage zusammen mit der Vaterschaftsklage eingereicht worden und die Vaterschaft glaubhaft gemacht, so hat der Beklagte auf Begehren des Klägers schon vor dem Urteil die Entbindungskosten und angemessene Beiträge an den Unterhalt von Mutter und Kind zu hinterlegen.

2. Vor der Feststellung der Vaterschaft
a. Hinterlegung

---

[1] Fassung gemäss Anhang Ziff. 2 des Gerichtsstandsgesetzes vom 24. März 2000, in Kraft seit 1. Jan. 2001 (SR **272**).
[2] Aufgehoben durch Anhang Ziff. 2 des Gerichtsstandsgesetzes vom 24. März 2000 (SR **272**).

Art. 283

b. Vorläufige Zahlung

Ist die Vaterschaft zu vermuten und wird die Vermutung durch die ohne Verzug verfügbaren Beweismittel nicht zerstört, so hat der Beklagte auf Begehren des Klägers schon vor dem Urteil angemessene Beiträge an den Unterhalt des Kindes zu zahlen.

Art. 284

3. Zuständigkeit

Über die Hinterlegung, die vorläufige Zahlung, die Auszahlung hinterlegter Beiträge und die Rückerstattung vorläufiger Zahlungen entscheidet das für die Beurteilung der Klage zuständige Gericht.

Art. 285

IV. Bemessung des Unterhaltsbeitrages

[1] Der Unterhaltsbeitrag soll den Bedürfnissen des Kindes sowie der Lebensstellung und Leistungsfähigkeit der Eltern entsprechen und ausserdem Vermögen und Einkünfte des Kindes sowie den Beitrag des nicht obhutsberechtigten Elternteils an der Betreuung des Kindes berücksichtigen.[1)]

[2] Kinderzulagen, Sozialversicherungsrenten und ähnliche für den Unterhalt des Kindes bestimmte Leistungen, die dem Unterhaltspflichtigen zustehen, sind zusätzlich zum Unterhaltsbeitrag zu zahlen, soweit das Gericht es nicht anders bestimmt.

[2bis] Erhält der Unterhaltspflichtige infolge Alter oder Invalidität nachträglich Sozialversicherungsrenten oder ähnliche für den Unterhalt des Kindes bestimmte Leistungen, die Erwerbseinkommen ersetzen, so hat er diese Beträge dem Kind zu zahlen; der bisherige Unterhaltsbeitrag vermindert sich von Gesetzes wegen im Umfang dieser neuen Leistungen.[2)]

[3] Der Unterhaltsbeitrag ist zum voraus auf die Termine zu entrichten, die das Gericht festsetzt.

Art. 286

V. Veränderung der Verhältnisse

[1] Das Gericht kann anordnen, dass der Unterhaltsbeitrag sich bei bestimmten Veränderungen der Bedürfnisse des Kindes oder der Leistungsfähigkeit der Eltern oder der Lebenskosten ohne weiteres erhöht oder vermindert.

[2] Bei erheblicher Veränderung der Verhältnisse setzt das Gericht den Unterhaltsbeitrag auf Antrag eines Elternteils oder des Kindes neu fest oder hebt ihn auf.

[1)] Fassung gemäss Ziff. I 4 des BG vom 26. Juni 1998, in Kraft seit 1. Jan. 2000 (AS **1999** 1118; BBl **1996** I 1).
[2)] Eingefügt durch Ziff. I 4 des BG vom 26. Juni 1998, in Kraft seit 1. Jan. 2000 (AS **1999** 1118; BBl **1996** I 1).

³ Bei nicht vorhergesehenen ausserordentlichen Bedürfnissen des Kindes kann das Gericht die Eltern zur Leistung eines besonderen Beitrags verpflichten.[1]

Art. 287

¹ Unterhaltsverträge werden für das Kind erst mit der Genehmigung durch die Vormundschaftsbehörde verbindlich.

² Vertraglich festgelegte Unterhaltsbeiträge können geändert werden, soweit dies nicht mit Genehmigung der vormundschaftlichen Aufsichtsbehörde ausgeschlossen worden ist.

³ Wird der Vertrag in einem gerichtlichen Verfahren geschlossen, so ist für die Genehmigung das Gericht zuständig.

E. Verträge über die Unterhaltspflicht
I. Periodische Leistungen

Art. 288

¹ Die Abfindung des Kindes für seinen Unterhaltsanspruch kann vereinbart werden, wenn sein Interesse es rechtfertigt.

² Die Vereinbarung wird für das Kind erst verbindlich:
1. wenn die vormundschaftliche Aufsichtsbehörde, oder bei Abschluss in einem gerichtlichen Verfahren, das Gericht die Genehmigung erteilt hat, und
2. wenn die Abfindungssumme an die dabei bezeichnete Stelle entrichtet worden ist.

II. Abfindung

Art. 289

¹ Der Anspruch auf Unterhaltsbeiträge steht dem Kind zu und wird, solange das Kind unmündig ist, durch Leistung an dessen gesetzlichen Vertreter oder den Inhaber der Obhut erfüllt.[2]

² Kommt jedoch das Gemeinwesen für den Unterhalt auf, so geht der Unterhaltsanspruch mit allen Rechten auf das Gemeinwesen über.

F. Erfüllung
I. Gläubiger

Art. 290

Erfüllt der Vater oder die Mutter die Unterhaltspflicht nicht, so hat die Vormundschaftsbehörde oder eine andere vom kantonalen Recht bezeichnete Stelle auf Gesuch dem anderen Elternteil bei der Vollstreckung des Unterhaltsanspruches in geeigneter Weise und unentgeltlich zu helfen.

II. Vollstreckung
1. Geeignete Hilfe

---

[1] Eingefügt durch Ziff. I 4 des BG vom 26. Juni 1998, in Kraft seit 1. Jan. 2000 (AS **1999** 1118; BBl **1996** I 1).
[2] Fassung gemäss Ziff. I 4 des BG vom 26. Juni 1998, in Kraft seit 1. Jan. 2000 (AS **1999** 1118; BBl **1996** I 1).

Art. 291

2. Anweisungen an die Schuldner

Wenn die Eltern die Sorge für das Kind vernachlässigen, kann das Gericht ihre Schuldner anweisen, die Zahlungen ganz oder zum Teil an den gesetzlichen Vertreter des Kindes zu leisten.

Art. 292

III. Sicherstellung

Vernachlässigen die Eltern beharrlich die Erfüllung ihrer Unterhaltspflicht, oder ist anzunehmen, dass sie Anstalten zur Flucht treffen oder ihr Vermögen verschleudern oder beiseite schaffen, so kann der Richter sie verpflichten, für die künftigen Unterhaltsbeiträge angemessene Sicherheit zu leisten.

Art. 293

G. Öffentliches Recht

[1] Das öffentliche Recht bestimmt, unter Vorbehalt der Unterstützungspflicht der Verwandten, wer die Kosten des Unterhaltes zu tragen hat, wenn weder die Eltern noch das Kind sie bestreiten können.

[2] Ausserdem regelt das öffentliche Recht die Ausrichtung von Vorschüssen für den Unterhalt des Kindes, wenn die Eltern ihrer Unterhaltspflicht nicht nachkommen.

Art. 294

H. Pflegeeltern

[1] Pflegeeltern haben Anspruch auf ein angemessenes Pflegegeld, sofern nichts Abweichendes vereinbart ist oder sich eindeutig aus den Umständen ergibt.

[2] Unentgeltlichkeit ist zu vermuten, wenn Kinder von nahen Verwandten oder zum Zweck späterer Adoption aufgenommen werden.

Art. 295

J. Ansprüche der unverheirateten Mutter

[1] Die Mutter kann spätestens bis ein Jahr nach der Geburt bei dem für die Vaterschaftsklage zuständigen Gericht gegen den Vater oder dessen Erben auf Ersatz klagen:
1. für die Entbindungskosten;
2. für die Kosten des Unterhaltes während mindestens vier Wochen vor und mindestens acht Wochen nach der Geburt;
3. für andere infolge der Schwangerschaft oder der Entbindung notwendig gewordene Auslagen unter Einschluss der ersten Ausstattung des Kindes.

[2] Aus Billigkeit kann das Gericht teilweisen oder vollständigen Ersatz der entsprechenden Kosten zusprechen, wenn die Schwangerschaft vorzeitig beendet wird.

[3] Leistungen Dritter, auf welche die Mutter nach Gesetz oder Vertrag Anspruch hat, sind anzurechnen, soweit es die Umstände rechtfertigen.

Dritter Abschnitt
Die elterliche Sorge[1]

Art. 296[1]

¹ Die Kinder stehen, solange sie unmündig sind, unter elterlicher Sorge.

² Unmündigen und Entmündigten steht keine elterliche Sorge zu.

A. Voraussetzungen
I. Im allgemeinen

Art. 297[1]

¹ Während der Ehe üben die Eltern die elterliche Sorge gemeinsam aus.

² Wird der gemeinsame Haushalt aufgehoben oder die Ehe getrennt, so kann das Gericht die elterliche Sorge einem Ehegatten allein zuteilen.

³ Nach dem Tode eines Ehegatten steht die elterliche Sorge dem überlebenden Ehegatten zu; bei Scheidung entscheidet das Gericht nach den Bestimmungen über die Ehescheidung.

II. Verheiratete Eltern

Art. 298[1]

¹ Sind die Eltern nicht verheiratet, so steht die elterliche Sorge der Mutter zu.

² Ist die Mutter unmündig, entmündigt oder gestorben oder ist ihr die elterliche Sorge entzogen, so überträgt die Vormundschaftsbehörde die elterliche Sorge dem Vater oder bestellt dem Kind einen Vormund, je nachdem, was das Wohl des Kindes erfordert.

III. Unverheiratete Eltern
1. Im allgemeinen

Art. 298a[2]

¹ Haben die Eltern sich in einer genehmigungsfähigen Vereinbarung über ihre Anteile an der Betreuung des Kindes und die Verteilung der Unterhaltskosten verständigt, so überträgt ihnen die Vormundschaftsbehörde auf gemeinsamen Antrag die elterliche Sorge, sofern dies mit dem Kindeswohl vereinbar ist.

² Auf Begehren eines Elternteils, des Kindes oder der Vormundschaftsbehörde ist die Zuteilung der elterlichen Sorge durch die vormundschaftliche Aufsichtsbehörde neu zu regeln, wenn dies wegen wesentlicher Veränderung der Verhältnisse zum Wohl des Kindes geboten ist.

2. Gemeinsame elterliche Sorge

---

[1] Fassung gemäss Ziff. I 4 des BG vom 26. Juni 1998, in Kraft seit 1. Jan. 2000 (AS **1999** 1118; BBl **1996** I 1).
[2] Eingefügt durch Ziff. I 4 des BG vom 26. Juni 1998, in Kraft seit 1. Jan. 2000 (AS **1999** 1118; BBl **1996** I 1).

Art. 299

IV. Stiefeltern Jeder Ehegatte hat dem andern in der Ausübung der elterlichen Sorge[2)] gegenüber dessen Kindern in angemessener Weise beizustehen und ihn zu vertreten, wenn es die Umstände erfordern.

Art. 300

V. Pflegeeltern [1] Wird ein Kind Dritten zur Pflege anvertraut, so vertreten sie, unter Vorbehalt abweichender Anordnungen, die Eltern in der Ausübung der elterlichen Sorge, soweit es zur gehörigen Erfüllung ihrer Aufgabe angezeigt ist.

[2] Vor wichtigen Entscheidungen sollen die Pflegeeltern angehört werden.

Art. 301

B. Inhalt
I. Im allgemeinen

[1] Die Eltern leiten im Blick auf das Wohl des Kindes seine Pflege und Erziehung und treffen unter Vorbehalt seiner eigenen Handlungsfähigkeit die nötigen Entscheidungen.

[2] Das Kind schuldet den Eltern Gehorsam; die Eltern gewähren dem Kind die seiner Reife entsprechende Freiheit der Lebensgestaltung und nehmen in wichtigen Angelegenheiten, soweit tunlich, auf seine Meinung Rücksicht.

[3] Das Kind darf ohne Einwilligung der Eltern die häusliche Gemeinschaft nicht verlassen; es darf ihnen auch nicht widerrechtlich entzogen werden.

[4] Die Eltern geben dem Kind den Vornamen.

Art. 302

II. Erziehung [1] Die Eltern haben das Kind ihren Verhältnissen entsprechend zu erziehen und seine körperliche, geistige und sittliche Entfaltung zu fördern und zu schützen.

[2] Sie haben dem Kind, insbesondere auch dem körperlich oder geistig gebrechlichen, eine angemessene, seinen Fähigkeiten und Neigungen soweit möglich entsprechende allgemeine und berufliche Ausbildung zu verschaffen.

[3] Zu diesem Zweck sollen sie in geeigneter Weise mit der Schule und, wo es die Umstände erfordern, mit der öffentlichen und gemeinnützigen Jugendhilfe zusammenarbeiten.

Art. 303

III. Religiöse Erziehung [1] Über die religiöse Erziehung verfügen die Eltern.

[2] Ein Vertrag, der diese Befugnis beschränkt, ist ungültig.

[3] Hat ein Kind das 16. Altersjahr zurückgelegt, so entscheidet es selbständig über sein religiöses Bekenntnis.

Art. 304

¹ Die Eltern haben von Gesetzes wegen die Vertretung des Kindes gegenüber Drittpersonen im Umfang der ihnen zustehenden elterlichen Sorge.[1)]

² Sind beide Eltern Inhaber der elterlichen Sorge, so dürfen gutgläubige Drittpersonen voraussetzen, dass jeder Elternteil im Einvernehmen mit dem andern handelt.[1)]

³ Die Bestimmungen über die Vertretung des Bevormundeten finden entsprechende Anwendung mit Ausschluss der Vorschriften über die Mitwirkung der vormundschaftlichen Behörden.

IV. Vertretung
1. Dritten gegenüber
a. Im allgemeinen

Art. 305

¹ Das Kind hat unter der elterlichen Sorge die gleiche beschränkte Handlungsfähigkeit wie eine bevormundete Person.

² Für Verpflichtungen des Kindes haftet sein Vermögen ohne Rücksicht auf die elterlichen Vermögensrechte.

b. Handlungsfähigkeit des Kindes

Art. 306

¹ Urteilsfähige Kinder, die unter elterlicher Sorge stehen, können mit Zustimmung der Eltern für die Gemeinschaft handeln, verpflichten damit aber nicht sich selbst, sondern die Eltern.[1)]

² Haben die Eltern in einer Angelegenheit Interessen, die denen des Kindes widersprechen, so finden die Bestimmungen über die Vertretungsbeistandschaft Anwendung.

2. Innerhalb der Gemeinschaft

Art. 307

¹ Ist das Wohl des Kindes gefährdet und sorgen die Eltern nicht von sich aus für Abhilfe oder sind sie dazu ausserstande, so trifft die Vormundschaftsbehörde die geeigneten Massnahmen zum Schutz des Kindes.

² Die Vormundschaftsbehörde ist dazu auch gegenüber Kindern verpflichtet, die bei Pflegeeltern untergebracht sind oder sonst ausserhalb der häuslichen Gemeinschaft der Eltern leben.

³ Sie kann insbesondere die Eltern, die Pflegeeltern oder das Kind ermahnen, ihnen bestimmte Weisungen für die Pflege, Erziehung oder Ausbildung erteilen und eine geeignete Person oder Stelle bestimmen, der Einblick und Auskunft zu geben ist.

C. Kindesschutz
I. Geeignete Massnahmen

[1)] Fassung gemäss Ziff. I 4 des BG vom 26. Juni 1998, in Kraft seit 1. Jan. 2000 (AS **1999** 1118; BBl **1996** I 1).

Art. 308

II. Beistandschaft
1. Im allgemeinen

¹ Erfordern es die Verhältnisse, so ernennt die Vormundschaftsbehörde dem Kind einen Beistand, der die Eltern in ihrer Sorge um das Kind mit Rat und Tat unterstützt.

² Sie kann dem Beistand besondere Befugnisse übertragen, namentlich die Vertretung des Kindes bei der Wahrung seines Unterhaltsanspruches und anderer Rechte und die Überwachung des persönlichen Verkehrs.

³ Die elterliche Sorge kann entsprechend beschränkt werden.

Art. 309

2. Feststellung der Vaterschaft

¹ Sobald eine unverheiratete Frau während der Schwangerschaft die Vormundschaftsbehörde darum ersucht oder diese von der Niederkunft Kenntnis erhält, wird dem Kind ein Beistand ernannt, der für die Feststellung des Kindesverhältnisses zum Vater zu sorgen und die Mutter in der nach den Umständen gebotenen Weise zu beraten und zu betreuen hat.

² Die gleiche Anordnung trifft die Vormundschaftsbehörde, wenn ein Kindesverhältnis infolge Anfechtung beseitigt worden ist.

³ Ist das Kindesverhältnis festgestellt oder die Vaterschaftsklage binnen zwei Jahren seit der Geburt nicht erhoben worden, so hat die Vormundschaftsbehörde auf Antrag des Beistandes darüber zu entscheiden, ob die Beistandschaft aufzuheben oder andere Kindesschutzmassnahmen anzuordnen seien.

Art. 310

III. Aufhebung der elterlichen Obhut

¹ Kann der Gefährdung des Kindes nicht anders begegnet werden, so hat die Vormundschaftsbehörde es den Eltern oder, wenn es sich bei Dritten befindet, diesen wegzunehmen und in angemessener Weise unterzubringen.

² Die gleiche Anordnung trifft die Vormundschaftsbehörde auf Begehren der Eltern oder des Kindes, wenn das Verhältnis so schwer gestört ist, dass das Verbleiben des Kindes im gemeinsamen Haushalt unzumutbar geworden ist und nach den Umständen nicht anders geholfen werden kann.

³ Hat ein Kind längere Zeit bei Pflegeeltern gelebt, so kann die Vormundschaftsbehörde den Eltern seine Rücknahme untersagen, wenn diese die Entwicklung des Kindes ernstlich zu gefährden droht.

Art. 311

IV. Entziehung der elterlichen Sorge
1. Durch die vormundschaftliche Aufsichtsbehörde

¹ Sind andere Kindesschutzmassnahmen erfolglos geblieben oder erscheinen sie von vornherein als ungenügend, so entzieht die vormundschaftliche Aufsichtsbehörde die elterliche Sorge:

1. wenn die Eltern wegen Unerfahrenheit, Krankheit, Gebrechen, Ortsabwesenheit oder ähnlichen Gründen ausserstande sind, die elterliche Sorge pflichtgemäss auszuüben;

DIE WIRKUNGEN DES KINDESVERHÄLTNISSES

2. wenn die Eltern sich um das Kind nicht ernstlich gekümmert oder ihre Pflichten gegenüber dem Kinde gröblich verletzt haben.

² Wird beiden Eltern die Sorge entzogen, so erhalten die Kinder einen Vormund.

³ Die Entziehung ist, wenn nicht ausdrücklich das Gegenteil angeordnet wird, gegenüber allen, auch den später geborenen Kindern wirksam.

Art. 312

Die Vormundschaftsbehörde entzieht die elterliche Sorge:
1. wenn die Eltern aus wichtigen Gründen darum nachsuchen;
2. wenn sie in eine künftige Adoption des Kindes durch ungenannte Dritte eingewilligt haben.

2. Durch die Vormundschaftsbehörde

Art. 313

¹ Verändern sich die Verhältnisse, so sind die Massnahmen zum Schutz des Kindes der neuen Lage anzupassen.

² Die elterliche Sorge darf in keinem Fall vor Ablauf eines Jahres nach ihrer Entziehung wiederhergestellt werden.

V. Änderung der Verhältnisse

Art. 314

Das Verfahren wird durch das kantonale Recht geordnet unter Vorbehalt folgender Vorschriften:
1. Vor dem Erlass von Kindesschutzmassnahmen ist das Kind in geeigneter Weise durch die vormundschaftliche Behörde oder durch eine beauftragte Drittperson persönlich anzuhören, soweit nicht sein Alter oder andere wichtige Gründe dagegen sprechen.[2]
2. Hat eine Beschwerde gegen eine Kindesschutzmassnahme aufschiebende Wirkung, so kann ihr diese von der anordnenden oder von der Beschwerdeinstanz entzogen werden.

VI. Verfahren
1. Im allgemeinen[1]

Art. 314a[3]

¹ Wird das Kind von einer Behörde in einer Anstalt untergebracht, so gelten die Vorschriften über die gerichtliche Beurteilung und das Verfahren bei fürsorgerischer Freiheitsentziehung gegenüber mündigen oder entmündigten Personen sinngemäss.

2. Bei fürsorgerischer Freiheitsentziehung

---

[1] Fassung gemäss Ziff. II des BG vom 6. Okt. 1978, in Kraft seit 1. Jan. 1981 (AS **1980** 31 35; BBl **1977** III 1).
[2] Fassung gemäss Ziff. I 4 des BG vom 26. Juni 1998, in Kraft seit 1. Jan. 2000 (AS **1999** 1118; BBl **1996** I 1).
[3] Eingefügt durch Ziff. II des BG vom 6. Okt. 1978, in Kraft seit 1. Jan. 1981 (AS **1980** 31 35; BBl **1977** III 1).

²Hat das Kind das 16. Altersjahr noch nicht zurückgelegt, so kann es nicht selber gerichtliche Beurteilung verlangen.

³ Für die Fälle, in denen Gefahr im Verzuge liegt oder das Kind psychisch krank ist, können die Kantone die Zuständigkeit zur Unterbringung in einer Anstalt ausser der Vormundschaftsbehörde auch andern geeigneten Stellen einräumen.

Art. 315

VII. Zuständigkeit
1. Im allgemeinen[1]

¹ Die Kindesschutzmassnahmen werden von den vormundschaftlichen Behörden am Wohnsitz des Kindes angeordnet.

² Lebt das Kind bei Pflegeeltern oder sonst ausserhalb der häuslichen Gemeinschaft der Eltern oder liegt Gefahr im Verzug, so sind auch die Behörden am Ort zuständig, wo sich das Kind aufhält.

³ Trifft die Behörde am Aufenthaltsort eine Kindesschutzmassnahme, so benachrichtigt sie die Wohnsitzbehörde.

Art. 315a[1]

2. In eherechtlichen Verfahren
a. Zuständigkeit des Gerichts

¹ Hat das Gericht nach den Bestimmungen über die Ehescheidung oder den Schutz der ehelichen Gemeinschaft die Beziehungen der Eltern zu den Kindern zu gestalten, so trifft es auch die nötigen Kindesschutzmassnahmen und betraut die vormundschaftlichen Behörden mit dem Vollzug.

² Bestehende Kindesschutzmassnahmen können auch vom Gericht den neuen Verhältnissen angepasst werden.

³ Die vormundschaftlichen Behörden bleiben jedoch befugt:
1. ein vor dem gerichtlichen Verfahren eingeleitetes Kindesschutzverfahren weiterzuführen;
2. die zum Schutz des Kindes sofort notwendigen Massnahmen anzuordnen, wenn sie das Gericht voraussichtlich nicht rechtzeitig treffen kann.

Art. 315b[2]

b. Abänderung gerichtlicher Anordnungen

¹ Zur Abänderung gerichtlicher Anordnungen über die Kindeszuteilung und den Kindesschutz ist das Gericht zuständig:
1. während des Scheidungsverfahrens;
2. im Verfahren zur Abänderung des Scheidungsurteils gemäss den Vorschriften über die Ehescheidung;

---

[1] Fassung gemäss Ziff. I 4 des BG vom 26. Juni 1998, in Kraft seit 1. Jan. 2000 (AS **1999** 1118; BBl **1996** I 1).
[2] Eingefügt durch Ziff. I 4 des BG vom 26. Juni 1998, in Kraft seit 1. Jan. 2000 (AS **1999** 1118; BBl **1996** I 1).

3. im Verfahren zur Änderung von Eheschutzmassnahmen; die Vorschriften über die Ehescheidung sind sinngemäss anwendbar.

² In den übrigen Fällen sind die vormundschaftlichen Behörden zuständig.

Art. 316

¹ Wer Pflegekinder aufnimmt, bedarf einer Bewilligung der Vormundschaftsbehörde oder einer andern vom kantonalen Recht bezeichneten Stelle seines Wohnsitzes und steht unter deren Aufsicht.

¹ᵇⁱˢ Wird ein Pflegekind zum Zweck der späteren Adoption aufgenommen, so ist eine einzige kantonale Behörde zuständig.[1]

² Der Bundesrat erlässt Ausführungsvorschriften.

VIII. Pflegekinderaufsicht

Art. 317

Die Kantone sichern durch geeignete Vorschriften die zweckmässige Zusammenarbeit der Behörden und Stellen auf dem Gebiet des zivilrechtlichen Kindesschutzes, des Jugendstrafrechts und der übrigen Jugendhilfe.

IX. Zusammenarbeit in der Jugendhilfe

Vierter Abschnitt
Das Kindesvermögen

Art. 318

¹ Die Eltern haben, solange ihnen die elterliche Sorge zusteht, das Recht und die Pflicht, das Kindesvermögen zu verwalten.

² Steht die elterliche Sorge nur einem Elternteil zu, so hat dieser der Vormundschaftsbehörde ein Inventar über das Kindesvermögen einzureichen.

³ Erachtet es die Vormundschaftsbehörde nach Art und Grösse des Kindesvermögens und nach den persönlichen Verhältnissen der Eltern für angezeigt, so ordnet sie die periodische Rechnungsstellung und Berichterstattung an.

A. Verwaltung

Art. 319

¹ Die Eltern dürfen die Erträge des Kindesvermögens für Unterhalt, Erziehung und Ausbildung des Kindes und, soweit es der Billigkeit entspricht, auch für die Bedürfnisse des Haushaltes verwenden.

² Ein Überschuss fällt ins Kindesvermögen.

B. Verwendung der Erträge

---

[1] Eingefügt durch Anhang Ziff. 2 des BG vom 22. Juni 2001 zum Haager Adoptionsübereinkommen und über Massnahmen zum Schutz des Kindes bei internationalen Adoptionen, in Kraft seit 1. Jan. 2003 (SR **211.221.31**).

Art. 320

C. Anzehrung des Kindesvermögens

¹ Abfindungen, Schadenersatz und ähnliche Leistungen dürfen in Teilbeträgen entsprechend den laufenden Bedürfnissen für den Unterhalt des Kindes verbraucht werden.

² Erweist es sich für die Bestreitung der Kosten des Unterhalts, der Erziehung oder der Ausbildung als notwendig, so kann die Vormundschaftsbehörde den Eltern gestatten, auch das übrige Kindesvermögen in bestimmten Beträgen anzugreifen.

Art. 321

D. Freies Kindesvermögen
I. Zuwendungen

¹ Die Eltern dürfen Erträge des Kindesvermögens nicht verbrauchen, wenn es dem Kind mit dieser ausdrücklichen Auflage oder unter der Bestimmung zinstragender Anlage oder als Spargeld zugewendet worden ist.

² Die Verwaltung durch die Eltern ist nur dann ausgeschlossen, wenn dies bei der Zuwendung ausdrücklich bestimmt wird.

Art. 322

II. Pflichtteil

¹ Durch Verfügung von Todes wegen kann auch der Pflichtteil des Kindes von der elterlichen Verwaltung ausgenommen werden.

² Überträgt der Erblasser die Verwaltung einem Dritten, so kann die Vormundschaftsbehörde diesen zur periodischen Rechnungsstellung und Berichterstattung anhalten.

Art. 323

III. Arbeitserwerb, Berufs- und Gewerbevermögen

¹ Was das Kind durch eigene Arbeit erwirbt und was es von den Eltern aus seinem Vermögen zur Ausübung eines Berufes oder eines eigenen Gewerbes herausbekommt, steht unter seiner Verwaltung und Nutzung.

² Lebt das Kind mit den Eltern in häuslicher Gemeinschaft, so können sie verlangen, dass es einen angemessenen Beitrag an seinen Unterhalt leistet.

Art. 324

E. Schutz des Kindesvermögens
I. Geeignete Massnahmen

¹ Ist die sorgfältige Verwaltung nicht hinreichend gewährleistet, so trifft die Vormundschaftsbehörde die geeigneten Massnahmen zum Schutz des Kindesvermögens.

² Sie kann namentlich Weisungen für die Verwaltung erteilen und, wenn die periodische Rechnungsstellung und Berichterstattung nicht ausreichen, die Hinterlegung oder Sicherheitsleistung anordnen.

³ Auf das Verfahren und die Zuständigkeit finden die Bestimmungen über den Kindesschutz entsprechende Anwendung.

Art. 325

¹ Kann der Gefährdung des Kindesvermögens auf andere Weise nicht begegnet werden, so überträgt die Vormundschaftsbehörde die Verwaltung einem Beistand.

² Die Vormundschaftsbehörde trifft die gleiche Anordnung, wenn Kindesvermögen, das nicht von den Eltern verwaltet wird, gefährdet ist.

³ Ist zu befürchten, dass die Erträge oder die für den Verbrauch bestimmten oder freigegebenen Beträge des Kindesvermögens nicht bestimmungsgemäss verwendet werden, so kann die Vormundschaftsbehörde auch deren Verwaltung einem Beistand übertragen.

II. Entziehung der Verwaltung

Art. 326[1]

Endet die elterliche Sorge oder Verwaltung, so haben die Eltern das Kindesvermögen aufgrund einer Abrechnung an das mündige Kind oder an den Vormund oder Beistand des Kindes herauszugeben.

F. Ende der Verwaltung
I. Rückerstattung

Art. 327

¹ Für die Rückleistung sind die Eltern gleich einem Beauftragten verantwortlich.

² Für das, was sie in guten Treuen veräussert haben, ist der Erlös zu erstatten.

³ Für die Beträge, die sie befugtermassen für das Kind oder den Haushalt verwendet haben, schulden sie keinen Ersatz.

II. Verantwortlichkeit

---

[1] Fassung gemäss Ziff. I 4 des BG vom 26. Juni 1998, in Kraft seit 1. Jan. 2000 (AS **1999** 1118; BBl **1996** I 1).

Neunter Titel
DIE FAMILIENGEMEINSCHAFT

Erster Abschnitt
Die Unterstützungspflicht

Art. 328[1]

A. Unterstützungspflichtige

[1] Wer in günstigen Verhältnissen lebt, ist verpflichtet, Verwandte in auf- und absteigender Linie zu unterstützen, die ohne diesen Beistand in Not geraten würden.

[2] Die Unterhaltpflicht der Eltern und des Ehegatten bleibt vorbehalten.

Art. 329

B. Umfang und Geltendmachung des Anspruches[1]

[1] Der Anspruch auf Unterstützung ist gegen die Pflichtigen in der Reihenfolge ihrer Erbberechtigung geltend zu machen und geht auf die Leistung, die zum Lebensunterhalt des Bedürftigen erforderlich und den Verhältnissen des Pflichtigen angemessen ist.

[2] Erscheint die Heranziehung eines Pflichtigen wegen besonderer Umstände als unbillig, so kann das Gericht die Unterstützungspflicht ermässigen oder aufheben.[2]

[3] Die Bestimmungen über die Unterhaltsklage des Kindes und über den Übergang seines Unterhaltsanspruches auf das Gemeinwesen finden entsprechende Anwendung.[2]

Art. 330

C. Unterhalt von Findelkindern

[1] Findelkinder werden von der Gemeinde unterhalten, in der sie eingebürgert worden sind.

[2] Wird die Abstammung eines Findelkindes festgestellt, so kann diese Gemeinde die unterstützungspflichtigen Verwandten und in letzter Linie das unterstützungspflichtige Gemeinwesen zum Ersatz der Auslagen anhalten, die sein Unterhalt ihr verursacht hat.

---

[1] Fassung gemäss Ziff. I 4 des BG vom 26. Juni 1998, in Kraft seit 1. Jan. 2000 (AS **1999** 1118; BBl **1996** I 1).
[2] Fassung gemäss Ziff. I 2 des BG vom 25. Juni 1976, in Kraft seit 1. Jan. 1978 (AS **1977** 237 264; BBl **1974** II 1).

Zweiter Abschnitt
Die Hausgewalt

Art. 331

¹ Haben Personen, die in gemeinsamem Haushalte leben, nach Vorschrift des Gesetzes oder nach Vereinbarung oder Herkommen ein Familienhaupt, so steht diesem die Hausgewalt zu.

² Die Hausgewalt erstreckt sich auf alle Personen, die als Verwandte[1]) und Verschwägerte oder auf Grund eines Vertragsverhältnisses als Arbeitnehmer oder in ähnlicher Stellung in dem gemeinsamen Haushalte leben.[2])

A. Voraussetzung

Art. 332

¹ Die Ordnung, der die Hausgenossen unterstellt sind, hat auf die Interessen aller Beteiligten in billiger Weise Rücksicht zu nehmen.

² Insbesondere soll den Hausgenossen für ihre Ausbildung, ihre Berufsarbeit und für die Pflege der religiösen Bedürfnisse die nötige Freiheit gewährt werden.

³ Die von den Hausgenossen eingebrachten Sachen hat das Familienhaupt mit der gleichen Sorgfalt zu verwahren und gegen Schaden sicherzustellen wie die eigenen.

B. Wirkung
I. Hausordnung und Fürsorge

Art. 333

¹ Verursacht ein unmündiger oder entmündigter, ein geistesschwacher oder geisteskranker Hausgenosse einen Schaden, so ist das Familienhaupt dafür haftbar, insofern es nicht darzutun vermag, dass es das übliche und durch die Umstände gebotene Mass von Sorgfalt in der Beaufsichtigung beobachtet hat.

² Das Familienhaupt ist verpflichtet, dafür zu sorgen, dass aus dem Zustande eines geisteskranken oder geistesschwachen Hausgenossen weder für diesen selbst noch für andere Gefahr oder Schaden erwächst.

³ Nötigenfalls soll es bei der zuständigen Behörde zwecks Anordnung der erforderlichen Vorkehrungen Anzeige machen.

II. Verantwortlichkeit

---

[1]) Ausdruck gemäss Ziff. I 3 des BG vom 30. Juni 1972, in Kraft seit 1. April 1973 (AS **1972** 2819 2829; BBl **1971** I 1200).
[2]) Fassung gemäss Ziff. II Art. 2 Ziff. 2 des BG vom 25. Juni 1971, in Kraft seit 1. Jan. 1972 (SR **220** am Schluss, Schl- und UeB zum X. Tit.).

Art. 334[1]

III. Forderung der Kinder und Grosskinder
1. Voraussetzungen

¹ Mündige Kinder oder Grosskinder, die ihren Eltern oder Grosseltern in gemeinsamem Haushalt ihre Arbeit oder ihre Einkünfte zugewendet haben, können hiefür eine angemessene Entschädigung verlangen.

² Im Streitfalle entscheidet das Gericht über die Höhe der Entschädigung, ihre Sicherung und die Art und Weise der Bezahlung.

Art. 334bis [2]

2. Geltendmachung

¹ Die den Kindern oder Grosskindern zustehende Entschädigung kann mit dem Tode des Schuldners geltend gemacht werden.

² Schon zu Lebzeiten des Schuldners kann sie geltend gemacht werden, wenn gegen ihn eine Pfändung erfolgt oder über ihn der Konkurs eröffnet wird, wenn der gemeinsame Haushalt aufgehoben wird oder wenn der Betrieb in andere Hände übergeht.

³ Sie unterliegt keiner Verjährung, muss aber spätestens bei der Teilung der Erbschaft des Schuldners geltend gemacht werden.

Dritter Abschnitt
Das Familienvermögen

Art. 335

A. Familienstiftungen

¹ Ein Vermögen kann mit einer Familie dadurch verbunden werden, dass zur Bestreitung der Kosten der Erziehung, Ausstattung oder Unterstützung von Familienangehörigen oder zu ähnlichen Zwecken eine Familienstiftung nach den Regeln des Personenrechts oder des Erbrechts errichtet wird.

² Die Errichtung von Familienfideikommissen ist nicht mehr gestattet.

Art. 336

B. Gemeinderschaften
I. Begründung
1. Befugnis

Ein Vermögen kann mit einer Familie dadurch verbunden werden, dass Verwandte entweder eine Erbschaft ganz oder zum Teil als Gemeinderschaftsgut fortbestehen lassen, oder dass sie Vermögen zu einer Gemeinderschaft zusammenlegen.

---

[1] Fassung gemäss Ziff. I 1 des BG vom 6. Okt. 1972, in Kraft seit 15. Febr. 1973 (AS **1973** 93 102; BBl **1970** I 805, **1971** I 737).
[2] Eingefügt durch Ziff. I 1 des BG vom 6. Okt. 1972, in Kraft seit 15. Febr. 1973 (AS **1973** 93 102; BBl **1970** I 805, **1971** I 737).

Art. 337

Der Vertrag über die Begründung einer Gemeinderschaft bedarf zu seiner Gültigkeit der öffentlichen Beurkundung und der Unterschrift aller Gemeinder oder ihrer Vertreter.

2. Form

Art. 338

¹ Die Gemeinderschaft kann auf bestimmte oder unbestimmte Zeit geschlossen werden.
² Ist sie auf unbestimmte Zeit geschlossen, so kann sie jeder Gemeinder auf sechs Monate kündigen.
³ Bei landwirtschaftlichem Betriebe des Gesamtgutes ist eine Kündigung nur auf einen dem Ortsgebrauch entsprechenden Frühjahrs- oder Herbsttermin zulässig.

II. Dauer

Art. 339

¹ Die Gemeinderschaft verbindet die Gemeinder zu gemeinsamer wirtschaftlicher Tätigkeit.
² Sie sind mangels anderer Anordnung zu gleichen Rechten an der Gemeinderschaft beteiligt.
³ Sie können während der Gemeinderschaft weder eine Teilung beanspruchen noch über ihre Gemeinschaftsanteile verfügen.

III. Wirkung
1. Art der Gemeinderschaft

Art. 340

¹ Die Angelegenheiten der Gemeinderschaft werden von allen Gemeindern gemeinsam geordnet.
² Jeder von ihnen kann ohne Mitwirkung der übrigen gewöhnliche Verwaltungshandlungen vornehmen.

2. Leitung und Vertretung
a. Im allgemeinen

Art. 341

¹ Die Gemeinder können eines der Glieder als Haupt der Gemeinderschaft bezeichnen.
² Das Haupt der Gemeinderschaft hat die Vertretung im Umfang ihrer Angelegenheiten und leitet deren wirtschaftliche Tätigkeit.
³ Die Ausschliessung der andern von der Vertretung ist jedoch gutgläubigen Dritten gegenüber nur dann wirksam, wenn der Vertreter im Handelsregister eingetragen ist.

b. Befugnis des Hauptes

Art. 342

¹ Die Vermögenswerte der Gemeinderschaft stehen im Gesamteigentum aller Gemeinder.
² Für die Schulden haften die Gemeinder solidarisch.
³ Was ein einzelner Gemeinder neben dem Gemeinschaftsgut an Vermögen besitzt oder während der Gemeinschaft durch Erbgang oder auf andere Weise unentgeltlich für sich allein erwirbt, ist, wenn es nicht anders verabredet wird, sein persönliches Vermögen.

3. Gemeinschaftsgut und persönliches Vermögen

Art. 343

IV. Aufhebung
1. Gründe

Die Aufhebung der Gemeinderschaft erfolgt:
1. nach Vereinbarung oder Kündigung;
2. mit Ablauf der Zeit, für die eine Gemeinderschaft begründet worden ist, insofern sie nicht stillschweigend fortgesetzt wird;
3. wenn der gepfändete Anteil eines Gemeinders am Gemeinschaftsgute zur Verwertung gelangt ist;
4. wenn ein Gemeinder in Konkurs geraten ist;
5. auf Verlangen eines Gemeinders aus wichtigen Gründen.

Art. 344

2. Kündigung, Zahlungsunfähigkeit, Heirat

¹ Kündigt ein Gemeinder die Gemeinderschaft, oder ist einer der Gemeinder in Konkurs geraten, oder gelangt der gepfändete Anteil eines Gemeinders zur Verwertung, so können die übrigen die Gemeinderschaft miteinander fortsetzen, indem sie den Ausscheidenden oder seine Gläubiger abfinden.

² Verheiratet sich ein Gemeinder, so kann er ohne Kündigung die Abfindung beanspruchen.

Art. 345

3. Tod eines Gemeinders

¹ Stirbt ein Gemeinder, so können die Erben, die nicht in der Gemeinderschaft stehen, nur die Abfindung beanspruchen.

² Hinterlässt er erbberechtigte Nachkommen, so können diese mit Zustimmung der übrigen Gemeinder an Stelle des Erblassers in die Gemeinderschaft eintreten.

Art. 346

4. Teilungsregel

¹ Die Teilung des Gemeinschaftsgutes oder die Abfindung eines ausscheidenden Gemeinders findet nach der Vermögenslage statt, wie sie beim Eintritt des Aufhebungsgrundes vorhanden ist.

² Ihre Durchführung darf nicht zur Unzeit verlangt werden.

Art. 347

V. Ertragsgemeinderschaft
1. Inhalt

¹ Die Gemeinder können die Bewirtschaftung des Gemeinschaftsgutes und die Vertretung einem einzigen unter ihnen übertragen, mit der Bestimmung, dass dieser jedem der Gemeinder jährlich einen Anteil vom Reingewinn zu entrichten hat.

² Dieser Anteil ist, wenn keine andere Abrede getroffen wird, nach dem Durchschnittsertrage des Gemeinschaftsgutes für eine angemessene längere Periode in billiger Weise festzusetzen, unter Berücksichtigung der Leistungen des Übernehmers.

Art. 348

2. Besondere Aufhebungsgründe

¹ Wird das Gemeinschaftsgut von dem Übernehmer nicht ordentlich bewirtschaftet, oder kommt dieser seinen Verpflichtungen gegenüber den Gemeindern nicht nach, so kann die Gemeinderschaft aufgehoben werden.

² Auf Verlangen eines Gemeinders kann das Gericht aus wichtigen Gründen dessen Eintritt in die Wirtschaft des Übernehmers verfügen, unter Berücksichtigung der Vorschriften über die erbrechtliche Teilung.

³ Im übrigen steht die Ertragsgemeinschaft unter den Regeln der Gemeinderschaft mit gemeinsamer Wirtschaft.

Art. 349–358[1]

Art. 359[2]

---

[1] Aufgehoben durch Ziff. I 4 des BG vom 26. Juni 1998 (AS **1999** 1118; BBl **1998** 3491).
[2] Aufgehoben durch Ziff. II 21 des BG vom 15. Dez. 1989 über die Genehmigung kantonaler Erlasse durch den Bund (AS **1991** 362; BBl **1988** II 1333).

DRITTE ABTEILUNG
DIE VORMUNDSCHAFT

Zehnter Titel
DIE ALLGEMEINE ORDNUNG DER VORMUNDSCHAFT

Erster Abschnitt
Die vormundschaftlichen Organe

Art. 360

A. Im allgemeinen

Vormundschaftliche Organe sind: die vormundschaftlichen Behörden, der Vormund und der Beistand.

Art. 361

B. Vormundschaftliche Behörden
I. Staatliche Organe

[1] Vormundschaftliche Behörden sind: die Vormundschaftsbehörde und die Aufsichtsbehörde.

[2] Die Kantone bestimmen diese Behörden und ordnen, wo zwei Instanzen der Aufsichtsbehörde vorgesehen sind, die Zuständigkeit dieser Instanzen.

Art. 362

II. Familienvormundschaft
1. Zulässigkeit und Bedeutung

[1] Eine Familienvormundschaft kann ausnahmsweise für die Fälle gestattet werden, wo die Interessen des Bevormundeten wegen Fortführung eines Gewerbes, einer Gesellschaft und dergleichen es rechtfertigen.

[2] Sie besteht darin, dass die Befugnisse und Pflichten und die Verantwortlichkeit der Vormundschaftsbehörde auf einen Familienrat übertragen werden.

Art. 363

2. Anordnung

Die Familienvormundschaft wird auf Antrag von zwei nahen handlungsfähigen Verwandten[1]) oder auf Antrag eines nahen Verwandten[1]) und des Ehegatten des Bevormundeten durch Beschluss der Aufsichtsbehörde angeordnet.

---

[1]) Im französischen Text «parents ou alliés» (Verwandten oder Verschwägerten).

Art. 364

¹ Der Familienrat wird von der Aufsichtsbehörde aus wenigstens drei zur Besorgung einer Vormundschaft geeigneten Verwandten[1] des Bevormundeten auf je vier Jahre zusammengesetzt.

² Der Ehegatte des Bevormundeten kann dem Familienrat angehören.

3. Familienrat

Art. 365

¹ Die Mitglieder des Familienrates haben für die richtige Erfüllung ihrer Pflichten Sicherheit zu leisten.

² Ohne diese Sicherstellung darf eine Familienvormundschaft nicht angeordnet werden.

4. Sicherheitsleistung

Art. 366

Die Aufsichtsbehörde kann die Familienvormundschaft jederzeit aufheben, wenn der Familienrat seine Pflicht nicht erfüllt oder wenn die Interessen des Bevormundeten es erfordern.

5. Aufhebung

Art. 367

¹ Der Vormund hat die gesamten persönlichen und vermögensrechtlichen Interessen des unmündigen oder entmündigten Bevormundeten zu wahren und ist dessen Vertreter.

² Der Beistand ist für einzelne Geschäfte eingesetzt oder mit Vermögensverwaltung betraut.

³ Für den Beistand gelten, soweit keine besonderen Vorschriften aufgestellt sind, die Bestimmungen dieses Gesetzes über den Vormund.

C. Vormund und Beistand

Zweiter Abschnitt
Die Bevormundungsfälle

Art. 368

¹ Unter Vormundschaft gehört jede unmündige Person, die sich nicht unter der elterlichen Sorge befindet.

² Die Zivilstandsbeamten, Verwaltungsbehörden und Gerichte haben der zuständigen Behörde Anzeige zu machen, sobald sie in ihrer Amtstätigkeit von dem Eintritt eines solchen Bevormundungsfalles Kenntnis erhalten.

A. Unmündigkeit

---

[1] Im französischen Text «parents ou alliés» (Verwandten oder Verschwägerten).

Art. 369

B. Unfähigkeit Mündiger
I. Geisteskrankheit und Geistesschwäche

¹ Unter Vormundschaft gehört jede mündige Person, die infolge von Geisteskrankheit oder Geistesschwäche ihre Angelegenheiten nicht zu besorgen vermag, zu ihrem Schutze dauernd des Beistandes und der Fürsorge bedarf oder die Sicherheit anderer gefährdet.

² Die Verwaltungsbehörden und Gerichte haben der zuständigen Behörde Anzeige zu machen, sobald sie in ihrer Amtstätigkeit von dem Eintritt eines solchen Bevormundungsfalles Kenntnis erhalten.

Art. 370

II. Verschwendung, Trunksucht, lasterhafter Lebenswandel, Misswirtschaft

Unter Vormundschaft gehört jede mündige Person, die durch Verschwendung, Trunksucht, lasterhaften Lebenswandel oder durch die Art und Weise ihrer Vermögensverwaltung sich oder ihre Familie der Gefahr eines Notstandes oder der Verarmung aussetzt, zu ihrem Schutze dauernd des Beistandes und der Fürsorge bedarf oder die Sicherheit anderer gefährdet.

Art. 371

III. Freiheitsstrafe

¹ Unter Vormundschaft gehört jede mündige Person, die zu einer Freiheitsstrafe von einem Jahr oder darüber verurteilt worden ist.

² Die Strafvollzugsbehörde hat, sobald ein solcher Verurteilter seine Strafe antritt, der zuständigen Behörde Mitteilung zu machen.

Art. 372

IV. Eigenes Begehren

Einer mündigen Person kann auf ihr Begehren ein Vormund gegeben werden, wenn sie dartut, dass sie infolge von Altersschwäche oder andern Gebrechen oder von Unerfahrenheit ihre Angelegenheiten nicht gehörig zu besorgen vermag.

Art. 373

C. Verfahren
I. Im allgemeinen

¹ Die Kantone bestimmen die für die Entmündigung zuständigen Behörden und das Verfahren.

² Die Weiterziehung an das Bundesgericht bleibt vorbehalten.

Art. 374

II. Anhörung und Begutachtung

¹ Wegen Verschwendung, Trunksucht, lasterhaften Lebenswandels oder der Art und Weise ihrer Vermögensverwaltung darf eine Person nicht entmündigt werden, ohne dass sie vorher angehört worden ist.

² Die Entmündigung wegen Geisteskrankheit oder Geistesschwäche darf nur nach Einholung des Gutachtens von Sachverständigen erfolgen, das sich auch über die Zulässigkeit einer vorgängigen Anhörung des zu Entmündigenden auszusprechen hat.

Art. 375

¹ Ist ein Mündiger bevormundet, so muss die Bevormundung, sobald sie rechtskräftig geworden ist, wenigstens einmal in einem amtlichen Blatte seines Wohnsitzes und seiner Heimat veröffentlicht werden.

² Mit Zustimmung der Aufsichtsbehörde kann auf eine Veröffentlichung verzichtet werden, wenn die Handlungsunfähigkeit für Dritte offenkundig ist oder der Geisteskranke, Geistesschwache oder Trunksüchtige in einer Anstalt untergebracht ist; die Bevormundung ist aber dem Betreibungsamt mitzuteilen.[1]

³ Vor der Veröffentlichung kann die Bevormundung gutgläubigen Dritten nicht entgegengehalten werden.

III. Veröffentlichung

Dritter Abschnitt
Die Zuständigkeit

Art. 376

¹ Die Bevormundung erfolgt am Wohnsitze der zu bevormundenden Person.

² Die Kantone sind berechtigt, für ihre im Kanton wohnenden Bürger die vormundschaftlichen Behörden der Heimat als zuständig zu erklären, insofern auch die Armenunterstützung ganz oder teilweise der Heimatgemeinde obliegt.

A. Bevormundung am Wohnsitze

Art. 377

¹ Ein Wechsel des Wohnsitzes kann nur mit Zustimmung der Vormundschaftsbehörde stattfinden.

² Ist er erfolgt, so geht die Vormundschaft auf die Behörde des neuen Wohnsitzes über.

³ Die Bevormundung ist in diesem Falle am neuen Wohnsitze zu veröffentlichen.

B. Wechsel des Wohnsitzes

Art. 378

¹ Die Vormundschaftsbehörde der Heimat ist befugt, die Bevormundung von Angehörigen, die in einem andern Kanton ihren Wohnsitz haben, bei der Wohnsitzbehörde zu beantragen.

² Sie kann zur Wahrung der Interessen eines Angehörigen, der in einem andern Kanton bevormundet werden sollte oder bevormundet ist, bei der zuständigen Behörde Beschwerde führen.

C. Rechte des Heimatkantons

---

[1] Fassung gemäss Anhang Ziff. 4 des BG vom 16. Dez. 1994, in Kraft seit 1. Jan. 1997 (AS **1995** 1227 1307; BBl **1991** III 1).

³ Wenn über die religiöse Erziehung eines bevormundeten Unmündigen eine Verfügung zu treffen ist, so hat die Behörde des Wohnsitzes die Weisung der heimatlichen Vormundschaftsbehörde einzuholen und zu befolgen.

Vierter Abschnitt
Die Bestellung des Vormundes

Art. 379

A. Voraussetzungen
I. Im allgemeinen

¹ Als Vormund hat die Vormundschaftsbehörde eine mündige Person zu wählen, die zu diesem Amte geeignet erscheint.

² Bei besondern Umständen können mehrere Personen gewählt werden, die das Amt gemeinsam oder auf Grund einer amtlichen Ausscheidung der Befugnisse führen.

³ Die gemeinsame Führung einer Vormundschaft kann jedoch mehreren Personen nur mit ihrem Einverständnis übertragen werden.

Art. 380

II. Vorrecht der Verwandten und des Ehegatten

Sprechen keine wichtigen Gründe dagegen, so hat die Behörde einem tauglichen nahen Verwandten[1] oder dem Ehegatten des zu Bevormundenden bei der Wahl den Vorzug zu geben, unter Berücksichtigung der persönlichen Verhältnisse und der Nähe des Wohnsitzes.

Art. 381

III. Wünsche des Bevormundeten und der Eltern

Hat die zu bevormundende Person oder deren Vater oder Mutter jemand als den Vormund ihres Vertrauens bezeichnet, so soll dieser Bezeichnung, wenn nicht wichtige Gründe dagegen sprechen, Folge geleistet werden.

Art. 382

IV. Allgemeine Pflicht zur Übernahme

¹ Zur Übernahme des Amtes sind verpflichtet die Verwandten und der Ehegatte der zu bevormundenden Person sowie alle Personen, die im Vormundschaftskreis wohnen.[2]

² Die Pflicht zur Übernahme des Amtes besteht nicht, wenn der Vormund durch den Familienrat ernannt wird.

---

[1] Im französischen Text «parents ou alliés» (Verwandten oder Verschwägerten).
[2] Fassung gemäss Ziff. I 4 des BG vom 26. Juni 1998, in Kraft seit 1. Jan. 2000 (AS **1999** 1118; BBl **1996** I 1).

Art. 383

Die Übernahme des Amtes können ablehnen:
1. wer das 60. Altersjahr zurückgelegt hat;
2. wer wegen körperlicher Gebrechen das Amt nur mit Mühe führen könnte;
3. wer über mehr als vier Kinder die elterliche Sorge ausübt;
4. wer bereits eine besonders zeitraubende oder zwei andere Vormundschaften besorgt;
5. die Mitglieder des Bundesrates, der Kanzler der Eidgenossenschaft und die Mitglieder des Bundesgerichtes;
6. die von den Kantonen bezeichneten Beamten und Mitglieder kantonaler Behörden.

V. Ablehnungsgründe

Art. 384

Zu dem Amte sind nicht wählbar:
1. wer selbst bevormundet ist;
2. wer nicht im Besitz der bürgerlichen Ehren und Rechte[1]) steht, oder einen unehrenhaften Lebenswandel führt;
3. wer Interessen hat, die in erheblicher Weise denjenigen der zu bevormundenden Person widerstreiten, oder wer mit ihr verfeindet ist;
4. die Mitglieder der beteiligten vormundschaftlichen Behörden, solange andere taugliche Personen vorhanden sind.

VI. Ausschliessungsgründe

Art. 385

[1] Die Vormundschaftsbehörde hat mit aller Beförderung den Vormund zu bestellen.

[2] Das Entmündigungsverfahren kann nötigenfalls schon eingeleitet werden, bevor der zu Bevormundende das Mündigkeitsalter erreicht hat.

[3] Wenn mündige Kinder entmündigt werden, so tritt an Stelle der Vormundschaft in der Regel die elterliche Sorge.

B. Ordnung der Wahl
I. Ernennung des Vormundes

---

[1]) Die Einstellung in der bürgerlichen Ehrenfähigkeit ist heute abgeschafft (Aufhebung der Art. 52, 76, 171 und 284 StGB – SR **311.0** – sowie der Art. 28 Abs. 2 Satz 2 in der Fassung vom 13. Juni 1927 – BS **3** 391 –, 29 Abs. 2 Satz 2 in der Fassung vom 13. Juni 1941 – BS **3** 391 –, 39 und 57 MStG, in der Fassung vom 13. Juni 1941 – SR **321.0**). Jedoch fallen die Folgen einer solchen, in einem Urteil des bürgerlichen Strafrechtes vor dem 1. Juli 1971 ausgesprochenen Einstellung in bezug auf die Wählbarkeit in Behörden und öffentliche Ämter nicht dahin (SR **311.0** am Schluss, SchlB Änd. vom 18. März 1971 Ziff. III 3 Abs. 3) und ebenso nicht die Folgen der Einstellung, die gemäss dem Militärstrafrecht in Urteilen vor dem 1. Febr. 1975 ausgesprochen wurde (SR **321.0** am Schluss, SchlB Änd. vom 4. Okt. 1974 Ziff. II 2).

Art. 386

II. Vorläufige Fürsorge

¹ Wird es vor der Wahl notwendig, vormundschaftliche Geschäfte zu besorgen, so trifft die Vormundschaftsbehörde von sich aus die erforderlichen Massregeln.

² Sie kann insbesondere die vorläufige Entziehung der Handlungsfähigkeit aussprechen und eine Vertretung anordnen.

³ Eine solche Massregel ist zu veröffentlichen.

Art. 387

III. Mitteilung und Veröffentlichung

¹ Dem Gewählten wird unverzüglich seine Ernennung schriftlich mitgeteilt.

² Zugleich wird die Wahl im Falle der Auskündung der Bevormundung in einem amtlichen Blatte des Wohnsitzes und der Heimat veröffentlicht.

Art. 388

IV. Ablehnung und Anfechtung
1. Geltendmachung

¹ Der Gewählte kann binnen zehn Tagen nach Mitteilung der Wahl einen Ablehnungsgrund geltend machen.

² Ausserdem kann jedermann, der ein Interesse hat, die Wahl binnen zehn Tagen, nachdem er von ihr Kenntnis erhalten hat, als gesetzwidrig anfechten.

³ Wird von der Vormundschaftsbehörde die Ablehnung oder Anfechtung als begründet anerkannt, so trifft sie eine neue Wahl, andernfalls unterbreitet sie die Angelegenheit mit ihrem Berichte der Aufsichtsbehörde zur Entscheidung.

Art. 389

2. Vorläufige Pflicht des Gewählten

Der Gewählte ist trotz der Ablehnung oder Anfechtung bei seiner Verantwortlichkeit verpflichtet, die Vormundschaft zu führen, bis er des Amtes enthoben wird.

Art. 390

3. Entscheidung

¹ Von der Entscheidung macht die Aufsichtsbehörde sowohl dem Gewählten als der Vormundschaftsbehörde Anzeige.

² Wird der Gewählte entlassen, so trifft die Vormundschaftsbehörde unverweilt eine neue Wahl.

Art. 391

V. Übergabe des Amtes

Ist die Wahl endgültig getroffen, so erfolgt die Übergabe des Amtes an den Vormund durch die Vormundschaftsbehörde.

Fünfter Abschnitt
Die Beistandschaft

Art. 392

Auf Ansuchen eines Beteiligten oder von Amtes wegen ernennt die Vormundschaftsbehörde einen Beistand da, wo das Gesetz es besonders vorsieht, sowie in folgenden Fällen:
1. wenn eine mündige Person in einer dringenden Angelegenheit infolge von Krankheit, Abwesenheit oder dergleichen weder selbst zu handeln, noch einen Vertreter zu bezeichnen vermag;
2. wenn der gesetzliche Vertreter einer unmündigen oder entmündigten Person in einer Angelegenheit Interessen hat, die denen des Vertretenen widersprechen;
3. wenn der gesetzliche Vertreter an der Vertretung verhindert ist.

A. Fälle der Beistandschaft
I. Vertretung

Art. 393

Fehlt einem Vermögen die nötige Verwaltung, so hat die Vormundschaftsbehörde das Erforderliche anzuordnen und namentlich in folgenden Fällen einen Beistand zu ernennen:
1. bei längerer Abwesenheit einer Person mit unbekanntem Aufenthalt;
2. bei Unfähigkeit einer Person, die Verwaltung ihres Vermögens selbst zu besorgen oder einen Vertreter zu bestellen, falls nicht die Vormundschaft anzuordnen ist;
3. bei Ungewissheit der Erbfolge und zur Wahrung der Interessen des Kindes vor der Geburt;
4. bei einer Körperschaft oder Stiftung, solange die erforderlichen Organe mangeln und nicht auf andere Weise für die Verwaltung gesorgt ist;
5. bei öffentlicher Sammlung von Geldern für wohltätige und andere dem öffentlichen Wohle dienende Zwecke, solange für die Verwaltung oder Verwendung nicht gesorgt ist.

II. Vermögensverwaltung
1. Kraft Gesetzes

Art. 394

Einer mündigen Person kann auf ihr Begehren ein Beistand gegeben werden, wenn die Voraussetzungen der Bevormundung auf eigenes Begehren vorliegen.

2. Auf eigenes Begehren

Art. 395

[1] Wenn für die Entmündigung einer Person kein genügender Grund vorliegt, gleichwohl aber zu ihrem Schutze eine Beschränkung der Handlungsfähigkeit als notwendig erscheint, so kann ihr ein Beirat gegeben werden, dessen Mitwirkung für folgende Fälle erforderlich ist:

III. Beschränkung der Handlungsfähigkeit

1. Prozessführung und Abschluss von Vergleichen;
2. Kauf, Verkauf, Verpfändung und andere dingliche Belastung von Grundstücken;
3. Kauf, Verkauf und Verpfändung von Wertpapieren;
4. Bauten, die über die gewöhnlichen Verwaltungshandlungen hinausgehen;
5. Gewährung und Aufnahme von Darlehen;
6. Entgegennahme von Kapitalzahlungen;
7. Schenkungen;
8. Eingehung wechselrechtlicher Verbindlichkeiten;
9. Eingehung von Bürgschaften.

² Unter den gleichen Voraussetzungen kann die Verwaltung des Vermögens dem Schutzbedürftigen entzogen werden, während er über die Erträgnisse die freie Verfügung behält.

Art. 396

B. Zuständigkeit

¹ Die Vertretung durch einen Beistand wird für die der Beistandschaft bedürftige Person von der Vormundschaftsbehörde ihres Wohnsitzes angeordnet.

² Die Anordnung einer Vermögensverwaltung erfolgt durch die Vormundschaftsbehörde des Ortes, wo das Vermögen in seinem Hauptbestandteil verwaltet worden oder der zu vertretenden Person zugefallen ist.

³ Der Heimatgemeinde stehen zur Wahrung der Interessen ihrer Angehörigen die gleichen Befugnisse zu wie bei der Vormundschaft.

Art. 397

C. Bestellung des Beistandes

¹ Für das Verfahren gelten die gleichen Vorschriften wie bei der Bevormundung.

² Die Ernennung wird nur veröffentlicht, wenn es der Vormundschaftsbehörde als zweckmässig erscheint.

³ Wird die Ernennung nicht veröffentlicht, so wird sie dem Betreibungsamt am jeweiligen Wohnsitz der betroffenen Person mitgeteilt, sofern dies nicht als unzweckmässig erscheint.[1]

---

[1] Eingefügt durch Anhang Ziff. 4 des BG vom 16. Dez. 1994, in Kraft seit 1. Jan. 1997 (AS **1995** 1227 1307; BBl **1991** III 1).

Sechster Abschnitt
Die fürsorgerische Freiheitsentziehung[1])

Art. 397a

A. Voraussetzungen

¹ Eine mündige oder entmündigte Person darf wegen Geisteskrankheit, Geistesschwäche, Trunksucht, anderen Suchterkrankungen oder schwerer Verwahrlosung in einer geeigneten Anstalt untergebracht oder zurückbehalten werden, wenn ihr die nötige persönliche Fürsorge nicht anders erwiesen werden kann.

² Dabei ist auch die Belastung zu berücksichtigen, welche die Person für ihre Umgebung bedeutet.

³ Die betroffene Person muss entlassen werden, sobald ihr Zustand es erlaubt.

Art. 397b

B. Zuständigkeit

¹ Zuständig für den Entscheid ist eine vormundschaftliche Behörde am Wohnsitz oder, wenn Gefahr im Verzuge liegt, eine vormundschaftliche Behörde am Aufenthaltsort der betroffenen Person.

² Für die Fälle, in denen Gefahr im Verzuge liegt oder die Person psychisch krank ist, können die Kantone diese Zuständigkeit ausserdem andern geeigneten Stellen einräumen.

³ Hat eine vormundschaftliche Behörde die Unterbringung oder Zurückbehaltung angeordnet, so befindet sie auch über die Entlassung; in den andern Fällen entscheidet darüber die Anstalt.

Art. 397c

C. Mitteilungspflicht

Die vormundschaftliche Behörde am Aufenthaltsort und die andern vom kantonalen Recht bezeichneten Stellen benachrichtigen die vormundschaftliche Behörde am Wohnsitz, wenn sie eine entmündigte Person in einer Anstalt unterbringen oder zurückbehalten oder wenn sie für eine mündige Person weitere vormundschaftliche Massnahmen als notwendig erachten.

Art. 397d

D. Gerichtliche Beurteilung

¹ Die betroffene oder eine ihr nahestehende Person kann gegen den Entscheid innert zehn Tagen nach der Mitteilung schriftlich das Gericht anrufen.

² Dieses Recht besteht auch bei Abweisung eines Entlassungsgesuches.

---

[1]) Der 6. Abschnitt wurde eingefügt durch Ziff. I des BG vom 6. Okt. 1978, in Kraft seit 1. Jan. 1981 (AS **1980** 31 35; BBl **1977** III 1).

Art. 397e

E. Verfahren in den Kantonen
I. Im allgemeinen

Das Verfahren wird durch das kantonale Recht geordnet mit folgenden Vorbehalten:
1. Bei jedem Entscheid muss die betroffene Person über die Gründe der Anordnung unterrichtet und schriftlich darauf aufmerksam gemacht werden, dass sie das Gericht anrufen kann.
2. Jeder, der in eine Anstalt eintritt, muss sofort schriftlich darüber unterrichtet werden, dass er bei Zurückbehaltung oder bei Abweisung eines Entlassungsgesuches das Gericht anrufen kann.
3. Ein Begehren um gerichtliche Beurteilung ist unverzüglich an das zuständige Gericht weiterzuleiten.
4. Die Stelle, welche die Einweisung angeordnet hat, oder das Gericht kann dem Begehren um gerichtliche Beurteilung aufschiebende Wirkung erteilen.
5. Bei psychisch Kranken darf nur unter Beizug von Sachverständigen entschieden werden; ist dies in einem gerichtlichen Verfahren bereits einmal erfolgt, so können obere Gerichte darauf verzichten.

Art. 397f

II. Vor Gericht

¹ Das Gericht entscheidet in einem einfachen und raschen Verfahren.

² Es bestellt der betroffenen Person wenn nötig einen Rechtsbeistand.

³ Das Gericht erster Instanz muss diese Person mündlich einvernehmen.

DIE FÜHRUNG DER VORMUNDSCHAFT

Elfter Titel

DIE FÜHRUNG DER VORMUNDSCHAFT

Erster Abschnitt
Das Amt des Vormundes

Art. 398

¹ Bei Übernahme der Vormundschaft ist über das zu verwaltende Vermögen durch den Vormund und einen Vertreter der Vormundschaftsbehörde ein Inventar aufzunehmen.

² Ist der Bevormundete urteilsfähig, so wird er, soweit tunlich, zur Inventaraufnahme zugezogen.

³ Wo die Umstände es rechtfertigen, kann die Aufsichtsbehörde auf Antrag des Vormundes und der Vormundschaftsbehörde die Aufnahme eines öffentlichen Inventars anordnen, das für die Gläubiger die gleiche Wirkung hat wie das öffentliche Inventar des Erbrechts.

A. Übernahme des Amtes
I. Inventaraufnahme

Art. 399

Wertschriften, Kostbarkeiten, wichtige Dokumente und dergleichen sind, soweit es die Verwaltung des Mündelvermögens gestattet, unter Aufsicht der Vormundschaftsbehörde an sicherem Orte aufzubewahren.

II. Verwahrung von Wertsachen

Art. 400

¹ Andere bewegliche Gegenstände sind, soweit es die Interessen des Bevormundeten erheischen, nach Weisung der Vormundschaftsbehörde öffentlich zu versteigern oder aus freier Hand zu veräussern.

² Gegenstände, die für die Familie oder den Bevormundeten persönlich einen besondern Wert haben, sollen wenn immer möglich nicht veräussert werden.

III. Veräusserung von beweglichen Sachen

Art. 401

¹ Bares Geld hat der Vormund, soweit er dessen nicht für den Bevormundeten bedarf, beförderlich in einer von der Vormundschaftsbehörde oder durch kantonale Verordnung hiefür bezeichneten Kasse oder in Werttiteln, die von der Vormundschaftsbehörde nach Prüfung ihrer Sicherheit genehmigt werden, zinstragend anzulegen.

² Unterlässt der Vormund diese Anlage länger als einen Monat, so wird er selbst zinspflichtig.

IV. Anlage von Barschaft
1. Pflicht zur Anlage

Art. 402

2. Umwandlung von Kapitalanlagen

¹ Kapitalanlagen, die nicht genügende Sicherheit bieten, sind durch sichere Anlagen zu ersetzen.

² Die Umwandlung soll aber nicht zur Unzeit, sondern unter Wahrung der Interessen des Bevormundeten vorgenommen werden.

Art. 403

V. Geschäft und Gewerbe

Findet sich in dem Vermögen ein Geschäft, ein Gewerbe oder dergleichen, so hat die Vormundschaftsbehörde die nötigen Weisungen zur Liquidation oder zur Weiterführung zu erteilen.

Art. 404

VI. Grundstücke

¹ Die Veräusserung von Grundstücken erfolgt nach Weisung der Vormundschaftsbehörde und ist nur in den Fällen zu gestatten, wo die Interessen des Bevormundeten es erfordern.

² Die Veräusserung erfolgt durch öffentliche Versteigerung, unter Vorbehalt der Genehmigung des Zuschlags durch die Vormundschaftsbehörde, die beförderlich darüber zu entscheiden hat.

³ Ausnahmsweise kann mit Genehmigung der Aufsichtsbehörde der Verkauf aus freier Hand stattfinden.

Art. 405

B. Fürsorge und Vertretung
I. Fürsorge für die Person
1. Bei Unmündigkeit
a. Im allgemeinen[1]

¹ Ist der Bevormundete unmündig, so hat der Vormund die Pflicht, für dessen Unterhalt und Erziehung das Angemessene anzuordnen.

² Zu diesem Zwecke stehen ihm die gleichen Rechte zu wie den Eltern, unter Vorbehalt der Mitwirkung der vormundschaftlichen Behörden.

Art. 405a[2]

b. Bei fürsorgerischer Freiheitsentziehung

¹ Über die Unterbringung des Unmündigen in einer Anstalt entscheidet auf Antrag des Vormundes die Vormundschaftsbehörde oder, wenn Gefahr im Verzuge liegt, auch der Vormund.

² Im übrigen gelten die Vorschriften über die Zuständigkeit, die gerichtliche Beurteilung und das Verfahren bei fürsorgerischer Freiheitsentziehung gegenüber mündigen oder entmündigten Personen sinngemäss.

³ Hat das Kind das 16. Altersjahr noch nicht zurückgelegt, so kann es nicht selber gerichtliche Beurteilung verlangen.

---

[1] Berichtigung durch die Redaktionskommission der Bundesversammlung (Art. 33 des Geschäftsverkehrsgesetzes – SR **171.11**).
[2] Eingefügt durch Ziff. II des BG vom 6. Okt. 1978, in Kraft seit 1. Jan. 1981 (AS **1980** 31 35; BBl **1977** III 1).

Art. 406[1]

¹ Steht der Bevormundete im Mündigkeitsalter, so erstreckt sich die Fürsorge auf den Schutz und Beistand in allen persönlichen Angelegenheiten.

² Liegt Gefahr im Verzuge, so kann der Vormund nach den Bestimmungen über die fürsorgerische Freiheitsentziehung die Unterbringung oder Zurückbehaltung in einer Anstalt anordnen.

2. Bei Entmündigung

Art. 407

Der Vormund vertritt den Bevormundeten in allen rechtlichen Angelegenheiten, unter Vorbehalt der Mitwirkung der vormundschaftlichen Behörden.

II. Vertretung
1. Im allgemeinen

Art. 408

Zu Lasten des Bevormundeten dürfen keine Bürgschaften eingegangen, keine erheblichen Schenkungen vorgenommen und keine Stiftungen errichtet werden.

2. Verbotene Geschäfte

Art. 409

¹ Ist der Bevormundete urteilsfähig und wenigstens 16 Jahre alt, so hat ihn der Vormund bei wichtigen Angelegenheiten, soweit tunlich, vor der Entscheidung um seine Ansicht zu befragen.

² Die Zustimmung des Bevormundeten befreit den Vormund nicht von seiner Verantwortlichkeit.

3. Mitwirkung des Bevormundeten

Art. 410

¹ Ist der Bevormundete urteilsfähig, so kann er Verpflichtungen eingehen oder Rechte aufgeben, sobald der Vormund ausdrücklich oder stillschweigend zum voraus seine Zustimmung gegeben hat oder nachträglich das Geschäft genehmigt.

² Der andere Teil wird frei, wenn die Genehmigung nicht innerhalb einer angemessenen Frist erfolgt, die er selber ansetzt oder durch das Gericht ansetzen lässt.

4. Eigenes Handeln
a. Zustimmung des Vormundes

Art. 411

¹ Erfolgt die Genehmigung des Vormundes nicht, so kann jeder Teil die vollzogenen Leistungen zurückfordern, der Bevormundete haftet jedoch nur insoweit, als die Leistung in seinem Nutzen verwendet wurde, oder als er zur Zeit der Rückforderung noch bereichert ist oder sich böswillig der Bereicherung entäussert hat.

b. Mangel der Zustimmung

---

[1] Fassung gemäss Ziff. II des BG vom 6. Okt. 1978, in Kraft seit 1. Jan. 1981 (AS **1980** 31 35; BBl **1977** III 1).

² Hat der Bevormundete den andern Teil zu der irrtümlichen Annahme seiner Handlungsfähigkeit verleitet, so ist er ihm für den verursachten Schaden verantwortlich.

Art. 412

5. Beruf oder Gewerbe

Der Bevormundete, dem die Vormundschaftsbehörde den selbständigen Betrieb eines Berufes oder Gewerbes ausdrücklich oder stillschweigend gestattet, kann alle Geschäfte vornehmen, die zu dem regelmässigen Betriebe gehören, und haftet hieraus mit seinem ganzen Vermögen.

Art. 413

C. Vermögensverwaltung
I. Pflicht zur Verwaltung und Rechnungsführung

¹ Der Vormund hat das Vermögen des Bevormundeten sorgfältig zu verwalten.

² Er hat über die Verwaltung Rechnung zu führen und diese der Vormundschaftsbehörde in den von ihr angesetzten Perioden, mindestens aber alle zwei Jahre, zur Prüfung vorzulegen.

³ Ist der Bevormundete urteilsfähig und wenigstens 16 Jahre alt, so soll er, soweit tunlich, zur Rechnungsablegung zugezogen werden.

Art. 414

II. Freies Vermögen

Was einem Bevormundeten zur freien Verwendung zugewiesen wird, oder was er mit Einwilligung des Vormundes durch eigene Arbeit erwirbt, kann er frei verwalten.

Art. 415

D. Amtsdauer

¹ Die Vormundschaft wird in der Regel auf zwei Jahre übertragen.

² Nach Ablauf der Amtsdauer kann der Vormund je auf weitere zwei Jahre mit einfacher Bestätigung im Amte bleiben.

³ Nach Ablauf von vier Jahren ist er befugt, die Weiterführung der Vormundschaft abzulehnen.

Art. 416

E. Entschädigung des Vormundes

Der Vormund hat Anspruch auf eine Entschädigung, die aus dem Vermögen des Bevormundeten entrichtet und von der Vormundschaftsbehörde für jede Rechnungsperiode nach der Mühe, die die Verwaltung verursacht, und nach dem Ertrage des Vermögens festgesetzt wird.

Zweiter Abschnitt
Das Amt des Beistandes

Art. 417

¹ Die Beistandschaft hat unter Vorbehalt der Bestimmungen über die Mitwirkung eines Beirates auf die Handlungsfähigkeit der verbeiständeten Person keinen Einfluss.

² Die Amtsdauer und die Entschädigung werden von der Vormundschaftsbehörde festgestellt.

A. Stellung des Beistandes

Art. 418

Wird dem Beistand die Besorgung einer einzelnen Angelegenheit übertragen, so hat er die Anweisungen der Vormundschaftsbehörde genau zu beobachten.

B. Inhalt der Beistandschaft
I. Für ein einzelnes Geschäft

Art. 419

¹ Wird dem Beistand die Verwaltung oder Überwachung eines Vermögens übertragen, so hat er sich auf die Verwaltung und die Fürsorge für die Erhaltung des Vermögens zu beschränken.

² Verfügungen, die darüber hinausgehen, darf er nur auf Grund besonderer Ermächtigung vornehmen, die ihm der Vertretene selbst oder, wenn dieser hiezu nicht fähig ist, die Vormundschaftsbehörde erteilt.

II. Für Vermögensverwaltung

Dritter Abschnitt
Die Mitwirkung der vormundschaftlichen Behörden

Art. 420

¹ Gegen die Handlungen des Vormundes kann der Bevormundete, der urteilsfähig ist, sowie jedermann, der ein Interesse hat, bei der Vormundschaftsbehörde Beschwerde führen.

² Gegen die Beschlüsse der Vormundschaftsbehörde kann binnen zehn Tagen nach deren Mitteilung bei der Aufsichtsbehörde Beschwerde geführt werden.

A. Beschwerden

Art. 421

Die Zustimmung der Vormundschaftsbehörde wird für folgende Fälle gefordert:
1. Kauf, Verkauf, Verpfändung und andere dingliche Belastung von Grundstücken;
2. Kauf, Verkauf und Verpfändung anderer Vermögenswerte, sobald diese Geschäfte nicht unter die Führung der gewöhnlichen Verwaltung und Bewirtschaftung fallen;
3. Bauten, die über die gewöhnlichen Verwaltungshandlungen hinausgehen;

B. Zustimmung
I. Der Vormundschaftsbehörde

4. Gewährung und Aufnahme von Darlehen;
5. Eingehung wechselrechtlicher Verbindlichkeiten;
6. Pachtverträge, sobald sie auf ein Jahr oder länger, und Mietverträge über Räumlichkeiten, sobald sie auf wenigstens drei Jahre abgeschlossen werden;
7. Ermächtigung des Bevormundeten zum selbständigen Betrieb eines Berufes oder Gewerbes;
8. Prozessführung, Abschluss eines Vergleichs, eines Schiedsvertrages oder eines Nachlassvertrages, unter Vorbehalt der vorläufigen Verfügungen des Vormundes in dringenden Fällen;
9. Eheverträge und Erbteilungsverträge;
10. Erklärung der Zahlungsunfähigkeit;
11. Versicherungsverträge auf das Leben des Bevormundeten;
12. Verträge über die berufliche Ausbildung des Bevormundeten;
13. ...[1]
14. Verlegung des Wohnsitzes des Bevormundeten.

Art. 422

II. Der Aufsichtsbehörde

Die Zustimmung der Aufsichtsbehörde wird, nachdem die Beschlussfassung der Vormundschaftsbehörde vorausgegangen ist, für folgende Fälle gefordert:

1.[2] Adoption eines Bevormundeten oder durch einen Bevormundeten;
2. Erwerb eines Bürgerrechts oder Verzicht auf ein solches;
3. Übernahme oder Liquidation eines Geschäftes, Eintritt in eine Gesellschaft mit persönlicher Haftung oder erheblicher Kapitalbeteiligung;
4. Leibgedings-, Leibrenten- und Verpfründungsverträge;
5. Annahme oder Ausschlagung einer Erbschaft und Abschluss eines Erbvertrages;
6. ...[3]
7. Verträge zwischen Mündel und Vormund.

Art. 423

C. Prüfung von Berichten und Rechnungen

¹ Die Vormundschaftsbehörde prüft die periodischen Berichte und Rechnungen des Vormundes und verlangt, wo es ihr notwendig erscheint, deren Ergänzung und Berichtigung.

---

[1] Aufgehoben durch Ziff. II des BG vom 6. Okt. 1978 (AS **1980** 31; BBl **1977** III 1).
[2] Fassung gemäss Ziff. I 3 des BG vom 30. Juni 1972, in Kraft seit 1. April 1973 (AS **1972** 2819 2829; BBl **1971** I 1200).
[3] Aufgehoben durch Ziff. I 4 des BG vom 26. Juni 1998 (AS **1999** 1118; BBl **1996** I 1).

² Sie erteilt oder verweigert die Genehmigung der Berichte und Rechnungen und trifft nötigenfalls die für die Wahrung der Interessen des Mündels angezeigten Massregeln.

³ Die Kantone können der Aufsichtsbehörde eine Nachprüfung und die Genehmigung übertragen.

Art. 424

Ist ein Geschäft ohne die vom Gesetze verlangte Zustimmung der zuständigen vormundschaftlichen Behörde für den Bevormundeten abgeschlossen worden, so hat es für ihn nur die Wirkung eines ohne Zustimmung seines Vertreters von ihm selbst abgeschlossenen Geschäftes.

D. Bedeutung der Zustimmung

Art. 425

¹ Die Kantone haben die Mitwirkung der Behörden auf dem Wege der Verordnung näher zu regeln.

² Sie haben namentlich Bestimmungen aufzustellen über die Anlage und Verwahrung des Mündelvermögens sowie die Art der Rechnungsführung und Rechnungsstellung und der Berichterstattung.

³ Diese Erlasse bedürfen zu ihrer Gültigkeit der Genehmigung des Bundes[1].

E. Kantonale Verordnungen

Vierter Abschnitt
Die Verantwortlichkeit der vormundschaftlichen Organe

Art. 426

Der Vormund und die Mitglieder der vormundschaftlichen Behörden haben bei der Ausübung ihres Amtes die Regeln einer sorgfältigen Verwaltung zu beobachten und haften für den Schaden, den sie absichtlich oder fahrlässig verschulden.

A. Im allgemeinen
I. Vormund und Behörden

Art. 427

¹ Wird der Schaden durch den Vormund oder die Mitglieder der vormundschaftlichen Behörden nicht gedeckt, so haftet für den Ausfall der Kanton.

² Es bleibt jedoch den Kantonen vorbehalten, hinter dem Vormund und der Vormundschaftsbehörde vorerst die beteiligten Gemeinden oder Kreise haften zu lassen.

II. Gemeinden, Kreise und Kanton

---

[1] Ausdruck gemäss Ziff. III des BG vom 15. Dez. 1989 über die Genehmigung kantonaler Erlasse durch den Bund, in Kraft seit 1. Febr. 1991 (AS **1991** 362 369; BBl **1988** II 1333). Diese Änderung ist im ganzen Gesetz berücksichtigt.

Art. 428

B. Voraussetzung
I. Betreffend die Mitglieder einer Behörde

¹ Wird die vormundschaftliche Behörde aus der Führung der Vormundschaft verantwortlich, so ist ein jedes Mitglied haftbar, soweit es nicht nachweisen kann, dass ihm kein Verschulden zur Last fällt.

² Jedes der haftbaren Mitglieder trägt den Schaden für seinen Anteil.

Art. 429

II. Im Verhältnis der Organe untereinander

¹ Sind der Vormund und die Mitglieder der Vormundschaftsbehörde zugleich haftbar, so haften letztere nur für das, was vom Vormund nicht erhältlich ist.

² Sind die Mitglieder der Aufsichtsbehörde und diejenigen der Vormundschaftsbehörde zugleich haftbar, so haften die erstern nur für das, was von den letztern nicht erhältlich ist.

³ Aus Arglist haften alle verantwortlichen Personen unmittelbar und solidarisch.

Art. 429a[1]

C. Fürsorgerische Freiheitsentziehung

¹ Wer durch eine widerrechtliche Freiheitsentziehung verletzt wird, hat Anspruch auf Schadenersatz und, wo die Schwere der Verletzung es rechtfertigt, auf Genugtuung.

² Haftbar ist der Kanton unter Vorbehalt des Rückgriffs gegen die Personen, welche die Verletzung absichtlich oder grobfahrlässig verursacht haben.

Art. 430

D.[2] Geltendmachung

¹ Über die Verantwortlichkeitsklage gegen den Vormund und die Mitglieder der vormundschaftlichen Behörden sowie gegen die Gemeinden oder Kreise und den Kanton entscheidet das Gericht.

² Die Klage aus der Verantwortlichkeit darf nicht von der vorgängigen Prüfung durch eine Verwaltungsbehörde abhängig gemacht werden.

---

[1] Eingefügt durch Ziff. II des BG vom 6. Okt. 1978, in Kraft seit 1. Jan. 1981 (AS **1980** 31 35; BBl **1977** III 1).
[2] Ursprünglich Bst. C.

Zwölfter Titel
DAS ENDE DER VORMUNDSCHAFT

Erster Abschnitt
Das Ende der Bevormundung

Art. 431

¹ Die Vormundschaft über eine unmündige Person hört mit dem Zeitpunkt auf, da die Mündigkeit eintritt.

² ...[1]

A. Bei Unmündigen

Art. 432

¹ Die Vormundschaft über eine zu Freiheitsstrafe verurteilte Person hört auf mit der Beendigung der Haft.

² Die zeitweilige oder bedingte Entlassung hebt die Vormundschaft nicht auf.

B. Bei Verurteilten

Art. 433

¹ Die Vormundschaft über andere Personen endigt mit der Aufhebung durch die zuständige Behörde.

² Die Behörde ist zu dieser Aufhebung verpflichtet, sobald ein Grund zur Bevormundung nicht mehr besteht.

³ Der Bevormundete sowie jedermann, der ein Interesse hat, kann die Aufhebung der Vormundschaft beantragen.

C. Bei andern Bevormundeten
I. Voraussetzung der Aufhebung

Art. 434

¹ Die Ordnung des Verfahrens erfolgt durch die Kantone.

² Die Weiterziehung an das Bundesgericht bleibt vorbehalten.

II. Verfahren
1. Im allgemeinen

Art. 435

¹ Wurde die Entmündigung veröffentlicht, so ist auch die Aufhebung zu veröffentlichen.

² Die Wiedererlangung der Handlungsfähigkeit hängt von der Veröffentlichung nicht ab.

³ Wurde die Entmündigung dem Betreibungsamt mitgeteilt, so ist auch die Aufhebung oder die Übertragung an einen neuen Wohnort mitzuteilen.[2]

2. Veröffentlichung

---

[1] Aufgehoben durch Ziff. I des BG vom 7. Okt. 1994 (AS **1995** 1126; BBl **1993** I 1169).
[2] Eingefügt durch Anhang Ziff. 4 des BG vom 16. Dez. 1994, in Kraft seit 1. Jan. 1997 (AS **1995** 1227 1307; BBl **1991** III 1).

Art. 436

3. Bei Geisteskrankheit

Die Aufhebung einer wegen Geisteskrankheit oder Geistesschwäche angeordneten Vormundschaft darf nur erfolgen, nachdem das Gutachten von Sachverständigen eingeholt und festgestellt ist, dass der Bevormundungsgrund nicht mehr besteht.

Art. 437

4. Bei Verschwendung, Trunksucht, lasterhaftem Lebenswandel, Misswirtschaft

Die Aufhebung einer wegen Verschwendung, Trunksucht, lasterhaften Lebenswandels oder wegen der Art und Weise der Vermögensverwaltung angeordneten Vormundschaft darf der Bevormundete nur dann beantragen, wenn er seit mindestens einem Jahre mit Hinsicht auf den Bevormundungsgrund nicht mehr Anlass zu Beschwerden gegeben hat.

Art. 438

5. Bei eigenem Begehren

Die Aufhebung einer auf eigenes Begehren des Bevormundeten angeordneten Vormundschaft darf nur erfolgen, wenn der Grund des Begehrens dahingefallen ist.

Art. 439

D. Im Falle der Beistandschaft
I. Im allgemeinen

[1] Die Vertretung durch den Beistand hört auf mit der Erledigung der Angelegenheit, für die er bestellt worden ist.

[2] Die Vermögensverwaltung hört auf, sobald der Grund, aus dem sie angeordnet wurde, weggefallen und der Beistand entlassen ist.

[3] Die Beistandschaft des Beirates endigt mit der Aufhebung durch die zuständige Behörde nach den Vorschriften über die Aufhebung der Vormundschaft.

Art. 440

II. Veröffentlichung und Mitteilung[1]

[1] Das Aufhören der Beistandschaft ist in einem amtlichen Blatt zu veröffentlichen, wenn deren Anordnung veröffentlicht wurde oder die Vormundschaftsbehörde es sonst für angezeigt erachtet.

[2] Das Aufhören der Beistandschaft oder der Wechsel des Wohnsitzes der verbeiständeten Person ist dem Betreibungsamt mitzuteilen, wenn die Ernennung des Beistandes mitgeteilt wurde.[2]

---

[1] Fassung gemäss Anhang Ziff. 4 des BG vom 16. Dez. 1994, in Kraft seit 1. Jan. 1997 (AS **1995** 1227 1307; BBl **1991** III 1).
[2] Eingefügt durch Anhang Ziff. 4 des BG vom 16. Dez. 1994, in Kraft seit 1. Jan. 1997 (AS **1995** 1227 1307; BBl **1991** III 1).

Zweiter Abschnitt
Das Ende des vormundschaftlichen Amtes

Art. 441

Das Amt des Vormundes hört mit dem Zeitpunkt auf, da er handlungsunfähig wird oder stirbt.

A. Handlungsunfähigkeit, Tod

Art. 442

Das Amt des Vormundes hört auf mit Ablauf der Zeit, für die er bestellt worden ist, sofern er nicht bestätigt wird.

B. Entlassung, Nichtwiederwahl
I. Ablauf der Amtsdauer

Art. 443

¹ Tritt während der Vormundschaft ein Ausschliessungsgrund ein, so hat der Vormund das Amt niederzulegen.

² Tritt ein Ablehnungsgrund ein, so kann der Vormund in der Regel die Entlassung vor Ablauf der Amtsdauer nicht verlangen.

II. Eintritt von Ausschliessungs- oder Ablehnungsgründen

Art. 444

Der Vormund ist verpflichtet, die notwendigen Geschäfte der Vormundschaft weiter zu führen, bis sein Nachfolger das Amt übernommen hat.

III. Pflicht zur Weiterführung

Art. 445

¹ Macht sich der Vormund einer groben Nachlässigkeit oder eines Missbrauchs seiner amtlichen Befugnisse schuldig, begeht er eine Handlung, die ihn der Vertrauensstellung unwürdig erscheinen lässt, oder wird er zahlungsunfähig, so ist er von der Vormundschaftsbehörde seines Amtes zu entheben.

² Genügt er seinen vormundschaftlichen Pflichten nicht, so kann ihn die Vormundschaftsbehörde, auch wenn ihn kein Verschulden trifft, aus dem Amte entlassen, sobald die Interessen des Bevormundeten gefährdet sind.

C. Amtsenthebung
I. Gründe

Art. 446

¹ Die Amtsenthebung kann sowohl von dem Bevormundeten, der urteilsfähig ist, als auch von jedermann, der ein Interesse hat, beantragt werden.

² Wird der Vormundschaftsbehörde auf anderem Wege ein Enthebungsgrund bekannt, so hat sie von Amtes wegen zur Enthebung zu schreiten.

II. Verfahren
1. Auf Antrag und von Amtes wegen

Art. 447

2. Untersuchung und Bestrafung

¹ Vor der Enthebung hat die Vormundschaftsbehörde die Umstände des Falles zu untersuchen und den Vormund anzuhören.

² Bei geringen Unregelmässigkeiten kann die Enthebung bloss angedroht und dem Vormund eine Busse bis auf 100 Franken auferlegt werden.

Art. 448

3. Vorläufige Massregeln

Ist Gefahr im Verzuge, so kann die Vormundschaftsbehörde den Vormund vorläufig im Amte einstellen und nötigenfalls seine Verhaftung und die Beschlagnahme seines Vermögens veranlassen.

Art. 449

4. Weitere Massregeln

Neben der Amtsenthebung und der Verhängung von Strafen hat die Vormundschaftsbehörde die zur Sicherung des Bevormundeten nötigen Massregeln zu treffen.

Art. 450

5. Beschwerde

Gegen die Verfügungen der Vormundschaftsbehörde kann die Entscheidung der Aufsichtsbehörde angerufen werden.

Dritter Abschnitt
Die Folgen der Beendigung

Art. 451

A. Schlussrechnung und Vermögensübergabe

Geht das vormundschaftliche Amt zu Ende, so hat der Vormund der Vormundschaftsbehörde einen Schlussbericht zu erstatten und eine Schlussrechnung einzureichen sowie das Vermögen zur Übergabe an den Bevormundeten, an dessen Erben oder an den Amtsnachfolger bereit zu halten.

Art. 452

B. Prüfung des Schlussberichtes und der Schlussrechnung

Der Schlussbericht und die Schlussrechnung werden durch die vormundschaftlichen Behörden in gleicher Weise geprüft und genehmigt wie die periodische Berichterstattung und Rechnungsstellung.

Art. 453

C. Entlassung des Vormundes

¹ Sind der Schlussbericht und die Schlussrechnung genehmigt und das Mündelvermögen dem Bevormundeten, dessen Erben oder dem Amtsnachfolger zur Verfügung gestellt, so spricht die Vormundschaftsbehörde die Entlassung des Vormundes aus.

² Die Schlussrechnung ist dem Bevormundeten, dessen Erben oder dem neuen Vormunde zuzustellen unter Hinweis auf die Bestimmungen über die Geltendmachung der Verantwortlichkeit.

³ Gleichzeitig ist ihnen von der Entlassung des Vormundes oder von der Verweigerung der Genehmigung der Schlussrechnung Mitteilung zu machen.

Art. 454

¹ Die Verantwortlichkeitsklage gegenüber dem Vormund und den unmittelbar haftbaren Mitgliedern der vormundschaftlichen Behörden verjährt mit Ablauf eines Jahres nach Zustellung der Schlussrechnung.

² Gegenüber den Mitgliedern der vormundschaftlichen Behörden, die nicht unmittelbar haftbar sind, sowie gegenüber den Gemeinden oder Kreisen und dem Kanton verjährt die Klage mit Ablauf eines Jahres, nachdem sie erhoben werden konnte.

³ Die Verjährung der Klage gegen die Mitglieder der vormundschaftlichen Behörden, gegen die Gemeinden oder Kreise oder den Kanton beginnt in keinem Falle vor dem Aufhören der Vormundschaft.

D. Geltendmachung der Verantwortlichkeit
I. Ordentliche Verjährung

Art. 455

¹ Liegt ein Rechnungsfehler vor oder konnte ein Verantwortlichkeitsgrund erst nach Beginn der ordentlichen Verjährungsfrist entdeckt werden, so verjährt die Verantwortlichkeitsklage mit Ablauf eines Jahres, nachdem der Fehler oder der Verantwortlichkeitsgrund entdeckt worden ist, in jedem Falle aber mit Ablauf von zehn Jahren seit Beginn der ordentlichen Verjährungsfrist.

² Wird die Verantwortlichkeitsklage aus einer strafbaren Handlung hergeleitet, so kann sie auch nach Ablauf dieser Fristen noch so lange geltend gemacht werden, als die Strafklage nicht verjährt ist.

II. Ausserordentliche Verjährung

Art. 456[1]

---

[1] Aufgehoben durch Anhang Ziff. 4 des BG vom 16. Dez. 1994 (AS **1995** 1227; BBl **1991** III 1).

DRITTER TEIL

Das Erbrecht

DRITTER TEIL
DAS ERBRECHT

ERSTE ABTEILUNG
DIE ERBEN

Dreizehnter Titel
DIE GESETZLICHEN ERBEN

Art. 457

¹ Die nächsten Erben eines Erblassers sind seine Nachkommen.
² Die Kinder erben zu gleichen Teilen.
³ An die Stelle vorverstorbener Kinder treten ihre Nachkommen, und zwar in allen Graden nach Stämmen.

A. Verwandte[1] Erben
I. Nachkommen

Art. 458

¹ Hinterlässt der Erblasser keine Nachkommen, so gelangt die Erbschaft an den Stamm der Eltern.
² Vater und Mutter erben nach Hälften.
³ An die Stelle von Vater oder Mutter, die vorverstorben sind, treten ihre Nachkommen, und zwar in allen Graden nach Stämmen.
⁴ Fehlt es an Nachkommen auf einer Seite, so fällt die ganze Erbschaft an die Erben der andern Seite.

II. Elterlicher Stamm

Art. 459

¹ Hinterlässt der Erblasser weder Nachkommen noch Erben des elterlichen Stammes, so gelangt die Erbschaft an den Stamm der Grosseltern.
² Überleben die Grosseltern der väterlichen und die der mütterlichen Seite den Erblasser, so erben sie auf jeder Seite zu gleichen Teilen.
³ An die Stelle eines vorverstorbenen Grossvaters oder einer vorverstorbenen Grossmutter treten ihre Nachkommen, und zwar in allen Graden nach Stämmen.
⁴ Ist der Grossvater oder die Grossmutter auf der väterlichen oder der mütterlichen Seite vorverstorben, und fehlt es auch an Nachkommen des Vorverstorbenen, so fällt die ganze Hälfte an die vorhandenen Erben der gleichen Seite.
⁵ Fehlt es an Erben der väterlichen oder der mütterlichen Seite, so fällt die ganze Erbschaft an die Erben der andern Seite.

III. Grosselterlicher Stamm

---

[1] Ausdruck gemäss Ziff. I 3 des BG vom 30. Juni 1972, in Kraft seit 1. April 1973 (AS **1972** 2819 2829; BBl **1971** I 1200).

Art. 460[1]

IV. Umfang der Erbberechtigung

Mit dem Stamm der Grosseltern hört die Erbberechtigung der Verwandten auf.

Art. 461[2]

Art. 462[1]

B. Überlebender Ehegatte

Der überlebende Ehegatte erhält:
1. wenn er mit Nachkommen zu teilen hat, die Hälfte der Erbschaft;
2. wenn er mit Erben des elterlichen Stammes zu teilen hat, drei Viertel der Erbschaft;
3. wenn auch keine Erben des elterlichen Stammes vorhanden sind, die ganze Erbschaft.

Art. 463–464[3]

C. ...

Art. 465[4]

Art. 466[1]

D. Gemeinwesen

Hinterlässt der Erblasser keine Erben, so fällt die Erbschaft an den Kanton, in dem der Erblasser den letzten Wohnsitz gehabt hat, oder an die Gemeinde, die von der Gesetzgebung dieses Kantons als berechtigt bezeichnet wird.

---

[1] Fassung gemäss Ziff. I 2 des BG vom 5. Okt. 1984, in Kraft seit 1. Jan. 1988 (AS **1986** 122; SR **210.1** Art. 1; BBl **1979** II 1191).
[2] Aufgehoben durch Ziff. I 2 des BG vom 25. Juni 1976 (AS **1977** 237; BBl **1974** II 1).
[3] Aufgehoben durch Ziff. I 2 des BG vom 5. Okt. 1984 (AS **1986** 122; BBl **1979** II 1191).
[4] Aufgehoben durch Ziff. I 3 des BG vom 30. Juni 1972 (AS **1972** 2819; BBl **1971** I 1200). Siehe jedoch Art. 12a SchlT hiernach.

Vierzehnter Titel
DIE VERFÜGUNGEN VON TODES WEGEN

Erster Abschnitt
Die Verfügungsfähigkeit

Art. 467

Wer urteilsfähig ist und das 18. Altersjahr zurückgelegt hat, ist befugt, unter Beobachtung der gesetzlichen Schranken und Formen über sein Vermögen letztwillig zu verfügen.

A. Letztwillige Verfügung

Art. 468

Zur Abschliessung eines Erbvertrages bedarf der Erblasser der Mündigkeit.

B. Erbvertrag

Art. 469

[1] Verfügungen, die der Erblasser unter dem Einfluss von Irrtum, arglistiger Täuschung, Drohung oder Zwang errichtet hat, sind ungültig.

[2] Sie erlangen jedoch Gültigkeit, wenn sie der Erblasser nicht binnen Jahresfrist aufhebt, nachdem er von dem Irrtum oder von der Täuschung Kenntnis erhalten hat oder der Einfluss von Zwang oder Drohung weggefallen ist.

[3] Enthält eine Verfügung einen offenbaren Irrtum in bezug auf Personen oder Sachen, und lässt sich der wirkliche Wille des Erblassers mit Bestimmtheit feststellen, so ist die Verfügung in diesem Sinne richtigzustellen.

C. Mangelhafter Wille

Zweiter Abschnitt
Die Verfügungsfreiheit

Art. 470

[1] Wer Nachkommen, Eltern oder den Ehegatten als seine nächsten Erben hinterlässt, kann bis zu deren Pflichtteil über sein Vermögen von Todes wegen verfügen.[1)]

[2] Wer keine der genannten Erben hinterlässt, kann über sein ganzes Vermögen von Todes wegen verfügen.

A. Verfügbarer Teil
I. Umfang der Verfügungsbefugnis

[1)] Fassung gemäss Ziff. I 2 des BG vom 5. Okt. 1984, in Kraft seit 1. Jan. 1988 (AS **1986** 122; SR **210.1** Art. 1; BBl **1979** II 1191).

Art. 471[1]

II. Pflichtteil Der Pflichtteil beträgt:
1. für einen Nachkommen drei Viertel des gesetzlichen Erbanspruches;
2. für jedes der Eltern die Hälfte;
3. für den überlebenden Ehegatten die Hälfte.

III. ... ### Art. 472[2]

Art. 473

IV. Begünstigung des Ehegatten

¹ Der Erblasser kann dem überlebenden Ehegatten durch Verfügung von Todes wegen gegenüber den gemeinsamen Nachkommen die Nutzniessung an dem ganzen ihnen zufallenden Teil der Erbschaft zuwenden.[3]

² Diese Nutzniessung tritt an die Stelle des dem Ehegatten neben diesen Nachkommen zustehenden gesetzlichen Erbrechts. Neben dieser Nutzniessung beträgt der verfügbare Teil einen Viertel des Nachlasses.[3]

³ Im Falle der Wiederverheiratung entfällt die Nutzniessung auf jenem Teil der Erbschaft, der im Zeitpunkt des Erbganges nach den ordentlichen Bestimmungen über den Pflichtteil der Nachkommen nicht hätte mit der Nutzniessung belastet werden können.[1]

Art. 474

V. Berechnung des verfügbaren Teils
1. Schuldenabzug

¹ Der verfügbare Teil berechnet sich nach dem Stande des Vermögens zur Zeit des Todes des Erblassers.

² Bei der Berechnung sind die Schulden des Erblassers, die Auslagen für das Begräbnis, für die Siegelung und Inventaraufnahme sowie die Ansprüche der Hausgenossen auf Unterhalt während eines Monats von der Erbschaft abzuziehen.

Art. 475

2. Zuwendungen unter Lebenden

Die Zuwendungen unter Lebenden werden insoweit zum Vermögen hinzugerechnet, als sie der Herabsetzungsklage unterstellt sind.

---

[1] Fassung gemäss Ziff. I 2 des BG vom 5. Okt. 1984, in Kraft seit 1. Jan. 1988 (AS **1986** 122; SR **210.1** Art. 1; BBl **1979** II 1191).
[2] Aufgehoben durch Ziff. I 2 des BG vom 5. Okt. 1984 (AS **1986** 122; BBl **1979** II 1191).
[3] Fassung gemäss Ziff. I des BG vom 5. Okt. 2001, in Kraft seit 1. März 2002 (AS **2002** 269; BBl **2001** 1121, 2011, 2111).

Art. 476

Ist ein auf den Tod des Erblassers gestellter Versicherungsanspruch mit Verfügung unter Lebenden oder von Todes wegen zugunsten eines Dritten begründet oder bei Lebzeiten des Erblassers unentgeltlich auf einen Dritten übertragen worden, so wird der Rückkaufswert des Versicherungsanspruches im Zeitpunkt des Todes des Erblassers zu dessen Vermögen gerechnet.

3. Versicherungsansprüche

Art. 477

Der Erblasser ist befugt, durch Verfügung von Todes wegen einem Erben den Pflichtteil zu entziehen:
1. wenn der Erbe gegen den Erblasser oder gegen eine diesem nahe verbundene Person eine schwere Straftat[1] begangen hat;
2. wenn er gegenüber dem Erblasser oder einem von dessen Angehörigen die ihm obliegenden familienrechtlichen Pflichten schwer verletzt hat.

B. Enterbung
I. Gründe

Art. 478

¹ Der Enterbte kann weder an der Erbschaft teilnehmen noch die Herabsetzungsklage geltend machen.

² Der Anteil des Enterbten fällt, sofern der Erblasser nicht anders verfügt hat, an die gesetzlichen Erben des Erblassers, wie wenn der Enterbte den Erbfall nicht erlebt hätte.

³ Die Nachkommen des Enterbten behalten ihr Pflichtteilsrecht, wie wenn der Enterbte den Erbfall nicht erlebt hätte.

II. Wirkung

Art. 479

¹ Eine Enterbung ist nur dann gültig, wenn der Erblasser den Enterbungsgrund in seiner Verfügung angegeben hat.

² Ficht der Enterbte die Enterbung wegen Unrichtigkeit dieser Angabe an, so hat der Erbe oder Bedachte, der aus der Enterbung Vorteil zieht, deren Richtigkeit zu beweisen.

³ Kann dieser Nachweis nicht erbracht werden oder ist ein Enterbungsgrund nicht angegeben, so wird die Verfügung insoweit aufrecht erhalten, als sich dies mit dem Pflichtteil des Enterbten verträgt, es sei denn, dass der Erblasser die Verfügung in einem offenbaren Irrtum über den Enterbungsgrund getroffen hat.

III. Beweislast

Art. 480

¹ Bestehen gegen einen Nachkommen des Erblassers Verlustscheine, so kann ihm der Erblasser die Hälfte seines Pflichtteils entziehen, wenn er diese den vorhandenen und später geborenen Kindern desselben zuwendet.

IV. Enterbung eines Zahlungsunfähigen

---

[1] Ausdruck gemäss Ziff. I 4 des BG vom 26. Juni 1998, in Kraft seit 1. Jan. 2000 (AS **1999** 1118; BBl **1996** I 1).

² Diese Enterbung fällt jedoch auf Begehren des Enterbten dahin, wenn bei der Eröffnung des Erbganges Verlustscheine nicht mehr bestehen, oder wenn deren Gesamtbetrag einen Viertel des Erbteils nicht übersteigt.

Dritter Abschnitt
Die Verfügungsarten

Art. 481

A. Im allgemeinen

¹ Der Erblasser kann in den Schranken der Verfügungsfreiheit über sein Vermögen mit letztwilliger Verfügung oder mit Erbvertrag ganz oder teilweise verfügen.

² Der Teil, über den er nicht verfügt hat, fällt an die gesetzlichen Erben.

Art. 482

B. Auflagen und Bedingungen

¹ Der Erblasser kann seinen Verfügungen Auflagen oder Bedingungen anfügen, deren Vollziehung, sobald die Verfügung zur Ausführung gelangt ist, jedermann verlangen darf, der an ihnen ein Interesse hat.

² Unsittliche oder rechtswidrige Auflagen und Bedingungen machen die Verfügung ungültig.

³ Sind sie lediglich für andere Personen lästig oder sind sie unsinnig, so werden sie als nicht vorhanden betrachtet.

⁴ Wird ein Tier mit einer Zuwendung von Todes wegen bedacht, so gilt die entsprechende Verfügung als Auflage, für das Tier tiergerecht zu sorgen.[1]

Art. 483

C. Erbeinsetzung

¹ Der Erblasser kann für die ganze Erbschaft oder für einen Bruchteil einen oder mehrere Erben einsetzen.

² Als Erbeinsetzung ist jede Verfügung zu betrachten, nach der ein Bedachter die Erbschaft insgesamt oder zu einem Bruchteil erhalten soll.

Art. 484

D. Vermächtnis
I. Inhalt

¹ Der Erblasser kann einem Bedachten, ohne ihn als Erben einzusetzen, einen Vermögensvorteil als Vermächtnis zuwenden.

---

[1] Eingefügt durch Ziff. I des BG vom 4. Okt. 2002, in Kraft seit 1. April 2003 (AS **2003** 463 466; BBl **2002** 4164 5806).

² Er kann ihm eine einzelne Erbschaftssache oder die Nutzniessung an der Erbschaft im ganzen oder zu einem Teil vermachen oder die Erben oder Vermächtnisnehmer beauftragen, ihm Leistungen aus dem Werte der Erbschaft zu machen oder ihn von Verbindlichkeiten zu befreien.

³ Vermacht der Erblasser eine bestimmte Sache, so wird der Beschwerte, wenn sich diese in der Erbschaft nicht vorfindet und kein anderer Wille des Erblassers aus der Verfügung ersichtlich ist, nicht verpflichtet.

Art. 485

¹ Die Sache ist dem Bedachten in dem Zustande und in der Beschaffenheit, mit Schaden und mit Zuwachs, frei oder belastet auszuliefern, wie sie sich zur Zeit der Eröffnung des Erbganges vorfindet.

² Für Aufwendungen, die der Beschwerte seit der Eröffnung des Erbganges auf die Sache gemacht hat, sowie für Verschlechterungen, die seither eingetreten sind, steht er in den Rechten und Pflichten eines Geschäftsführers ohne Auftrag.

II. Verpflichtung des Beschwerten

Art. 486

¹ Übersteigen die Vermächtnisse den Betrag der Erbschaft oder der Zuwendung an den Beschwerten oder den verfügbaren Teil, so kann ihre verhältnismässige Herabsetzung verlangt werden.

² Erleben die Beschwerten den Tod des Erblassers nicht, oder sind sie erbunwürdig, oder erklären sie die Ausschlagung, so bleiben die Vermächtnisse gleichwohl in Kraft.

³ Hat der Erblasser ein Vermächtnis zugunsten eines der gesetzlichen oder eingesetzten Erben aufgestellt, so kann dieser es auch dann beanspruchen, wenn er die Erbschaft ausschlägt.

III. Verhältnis zur Erbschaft

Art. 487

Der Erblasser kann in seiner Verfügung eine oder mehrere Personen bezeichnen, denen die Erbschaft oder das Vermächtnis für den Fall des Vorabsterbens oder der Ausschlagung des Erben oder Vermächtnisnehmers zufallen soll.

E. Ersatzverfügung

Art. 488

¹ Der Erblasser ist befugt, in seiner Verfügung den eingesetzten Erben als Vorerben zu verpflichten, die Erbschaft einem andern als Nacherben auszuliefern.

² Dem Nacherben kann eine solche Pflicht nicht auferlegt werden.

³ Die gleichen Bestimmungen gelten für das Vermächtnis.

F. Nacherbeneinsetzung
I. Bezeichnung des Nacherben

Art. 489

II. Zeitpunkt der Auslieferung

¹ Als Zeitpunkt der Auslieferung ist, wenn die Verfügung es nicht anders bestimmt, der Tod des Vorerben zu betrachten.

² Wird ein anderer Zeitpunkt genannt, und ist dieser zur Zeit des Todes des Vorerben noch nicht eingetreten, so geht die Erbschaft gegen Sicherstellung auf die Erben des Vorerben über.

³ Kann der Zeitpunkt aus irgend einem Grunde nicht mehr eintreten, so fällt die Erbschaft vorbehaltlos an die Erben des Vorerben.

Art. 490

III. Sicherungsmittel

¹ In allen Fällen der Nacherbeneinsetzung hat die zuständige Behörde die Aufnahme eines Inventars anzuordnen.

² Die Auslieferung der Erbschaft an den Vorerben erfolgt, sofern ihn der Erblasser nicht ausdrücklich von dieser Pflicht befreit hat, nur gegen Sicherstellung, die bei Grundstücken durch Vormerkung der Auslieferungspflicht im Grundbuch geleistet werden kann.

³ Vermag der Vorerbe diese Sicherstellung nicht zu leisten, oder gefährdet er die Anwartschaft des Nacherben, so ist die Erbschaftsverwaltung anzuordnen.

Art. 491

IV. Rechtsstellung
1. Des Vorerben

¹ Der Vorerbe erwirbt die Erbschaft wie ein anderer eingesetzter Erbe.

² Er wird Eigentümer der Erbschaft unter der Pflicht zur Auslieferung.

Art. 492

2. Des Nacherben

¹ Der Nacherbe erwirbt die Erbschaft des Erblassers, wenn er den für die Auslieferung bestimmten Zeitpunkt erlebt hat.

² Erlebt er diesen Zeitpunkt nicht, so verbleibt die Erbschaft, wenn der Erblasser nicht anders verfügt hat, dem Vorerben.

³ Erlebt der Vorerbe den Tod des Erblassers nicht, oder ist er erbunwürdig, oder schlägt er die Erbschaft aus, so fällt sie an den Nacherben.

Art. 493

G. Stiftungen

¹ Der Erblasser ist befugt, den verfügbaren Teil seines Vermögens ganz oder teilweise für irgend einen Zweck als Stiftung zu widmen.

² Die Stiftung ist jedoch nur dann gültig, wenn sie den gesetzlichen Vorschriften entspricht.

Art. 494

H. Erbverträge
I. Erbeinsetzungs- und Vermächtnisvertrag

¹ Der Erblasser kann sich durch Erbvertrag einem andern gegenüber verpflichten, ihm oder einem Dritten seine Erbschaft oder ein Vermächtnis zu hinterlassen.

² Er kann über sein Vermögen frei verfügen.

³ Verfügungen von Todes wegen oder Schenkungen, die mit seinen Verpflichtungen aus dem Erbvertrag nicht vereinbar sind, unterliegen jedoch der Anfechtung.

Art. 495

¹ Der Erblasser kann mit einem Erben einen Erbverzichtvertrag oder Erbauskauf abschliessen.

² Der Verzichtende fällt beim Erbgang als Erbe ausser Betracht.

³ Wo der Vertrag nicht etwas anderes anordnet, wirkt der Erbverzicht auch gegenüber den Nachkommen des Verzichtenden.

II. Erbverzicht
1. Bedeutung

Art. 496

¹ Sind im Erbvertrag bestimmte Erben an Stelle des Verzichtenden eingesetzt, so fällt der Verzicht dahin, wenn diese die Erbschaft aus irgend einem Grunde nicht erwerben.

² Ist der Verzicht zugunsten von Miterben erfolgt, so wird vermutet, dass er nur gegenüber den Erben des Stammes, der sich vom nächsten ihnen gemeinsamen Vorfahren ableitet, ausgesprochen sei und gegenüber entfernteren Erben nicht bestehe.

2. Lediger Anfall

Art. 497

Ist der Erblasser zur Zeit der Eröffnung des Erbganges zahlungsunfähig, und werden seine Gläubiger von den Erben nicht befriedigt, so können der Verzichtende und seine Erben insoweit in Anspruch genommen werden, als sie für den Erbverzicht innerhalb der letzten fünf Jahre vor dem Tode des Erblassers aus dessen Vermögen eine Gegenleistung erhalten haben und hieraus zur Zeit des Erbganges noch bereichert sind.

3. Rechte der Erbschaftsgläubiger

Vierter Abschnitt
Die Verfügungsformen

Art. 498

Der Erblasser kann eine letztwillige Verfügung entweder mit öffentlicher Beurkundung oder eigenhändig oder durch mündliche Erklärung errichten.

A. Letztwillige Verfügungen
I. Errichtung
1. Im allgemeinen

Art. 499

Die öffentliche letztwillige Verfügung erfolgt unter Mitwirkung von zwei Zeugen vor dem Beamten, Notar oder einer anderen Urkundsperson, die nach kantonalem Recht mit diesen Geschäften betraut sind.

2. Öffentliche Verfügung
a. Errichtungsform

Art. 500

b. Mitwirkung des Beamten

¹ Der Erblasser hat dem Beamten seinen Willen mitzuteilen, worauf dieser die Urkunde aufsetzt oder aufsetzen lässt und dem Erblasser zu lesen gibt.

² Die Urkunde ist vom Erblasser zu unterschreiben.

³ Der Beamte hat die Urkunde zu datieren und ebenfalls zu unterschreiben.

Art. 501

c. Mitwirkung der Zeugen

¹ Der Erblasser hat unmittelbar nach der Datierung und Unterzeichnung den zwei Zeugen in Gegenwart des Beamten zu erklären, dass er die Urkunde gelesen habe und dass sie seine letztwillige Verfügung enthalte.

² Die Zeugen haben auf der Urkunde mit ihrer Unterschrift zu bestätigen, dass der Erblasser vor ihnen diese Erklärung abgegeben und dass er sich nach ihrer Wahrnehmung dabei im Zustande der Verfügungsfähigkeit befunden habe.

³ Es ist nicht erforderlich, dass die Zeugen vom Inhalt der Urkunde Kenntnis erhalten.

Art. 502

d. Errichtung ohne Lesen und Unterschrift des Erblassers

¹ Wenn der Erblasser die Urkunde nicht selbst liest und unterschreibt, so hat sie ihm der Beamte in Gegenwart der beiden Zeugen vorzulesen, und der Erblasser hat daraufhin zu erklären, die Urkunde enthalte seine Verfügung.

² Die Zeugen haben in diesem Falle nicht nur die Erklärung des Erblassers und ihre Wahrnehmung über seine Verfügungsfähigkeit zu bezeugen, sondern auch mit ihrer Unterschrift zu bestätigen, dass die Urkunde in ihrer Gegenwart dem Erblasser vom Beamten vorgelesen worden sei.

Art. 503

e. Mitwirkende Personen

¹ Personen, die nicht handlungsfähig sind, die sich infolge eines strafgerichtlichen Urteils nicht im Besitz der bürgerlichen Ehren und Rechte[1] befinden, oder die des Schreibens und Lesens unkun-

---

[1] Die Einstellung in der bürgerlichen Ehrenfähigkeit ist heute abgeschafft (Aufhebung der Art. 52, 76, 171 und 284 StGB – SR **311.0** – sowie der Art. 28 Abs. 2 Satz 2 in der Fassung vom 13. Juni 1927 – BS **3** 391 –, 29 Abs. 2 Satz 2 in der Fassung vom 13. Juni 1941 – BS **3** 391 –, 39 und 57 MStG, in der Fassung vom 13. Juni 1941 – SR **321.0**). Jedoch fallen die Folgen einer solchen, in einem Urteil des bürgerlichen Strafrechtes vor dem 1. Juli 1971 ausgesprochenen Einstellung in bezug auf die Wählbarkeit in Behörden und öffentliche Ämter nicht dahin (SR **311.0** am Schluss, SchlB Änd. vom 18. März 1971 Ziff. III 3 Abs. 3) und ebenso nicht die Folgen der Einstellung, die gemäss dem Militärstrafrecht in Urteilen vor dem 1. Febr. 1975 ausgesprochen wurde (SR **321.0** am Schluss, SchlB Änd. vom 4. Okt. 1974 Ziff. II 2).

dig sind, sowie die Verwandten[1] in gerader Linie und Geschwister des Erblassers und deren Ehegatten und der Ehegatte des Erblassers selbst können bei der Errichtung der öffentlichen Verfügung weder als beurkundender Beamter noch als Zeugen mitwirken.

² Der beurkundende Beamte und die Zeugen sowie die Verwandten in gerader Linie und die Geschwister oder Ehegatten dieser Personen dürfen in der Verfügung nicht bedacht werden.

Art. 504

Die Kantone haben dafür zu sorgen, dass die mit der Beurkundung betrauten Beamten die Verfügungen im Original oder in einer Abschrift entweder selbst aufbewahren oder einer Amtsstelle zur Aufbewahrung übergeben.

f. Aufbewahrung der Verfügung

Art. 505

¹ Die eigenhändige letztwillige Verfügung ist vom Erblasser von Anfang bis zu Ende mit Einschluss der Angabe von Jahr, Monat und Tag der Errichtung von Hand niederzuschreiben sowie mit seiner Unterschrift zu versehen.[2]

² Die Kantone haben dafür zu sorgen, dass solche Verfügungen offen oder verschlossen einer Amtsstelle zur Aufbewahrung übergeben werden können.

3. Eigenhändige Verfügung

Art. 506

¹ Ist der Erblasser infolge ausserordentlicher Umstände, wie nahe Todesgefahr, Verkehrssperre, Epidemien oder Kriegsereignisse, verhindert, sich einer der andern Errichtungsformen zu bedienen, so ist er befugt, eine mündliche letztwillige Verfügung zu errichten.

² Zu diesem Zwecke hat er seinen letzten Willen vor zwei Zeugen zu erklären und sie zu beauftragen, seiner Verfügung die nötige Beurkundung zu verschaffen.

³ Für die Zeugen gelten die gleichen Ausschliessungsvorschriften wie bei der öffentlichen Verfügung.

4. Mündliche Verfügung a. Verfügung

Art. 507

¹ Die mündliche Verfügung ist sofort von einem der Zeugen unter Angabe von Ort, Jahr, Monat und Tag der Errichtung in Schrift zu verfassen, von beiden Zeugen zu unterschreiben und hierauf mit der Erklärung, dass der Erblasser ihnen im Zustande der Ver-

b. Beurkundung

---

[1] Fassung dieses Wortes gemäss Ziff. I 3 des BG vom 30. Juni 1972, in Kraft seit 1. April 1973 (AS **1972** 2819 2829; BBl **1971** I 1200).
[2] Fassung gemäss Ziff. I des BG vom 23. Juni 1995, in Kraft seit 1. Jan. 1996 (AS **1995** 4882 4883; BBl **1994** III 516, V 607).

fügungsfähigkeit unter den obwaltenden besonderen Umständen diesen seinen letzten Willen mitgeteilt habe, ohne Verzug bei einer Gerichtsbehörde niederzulegen.

² Die beiden Zeugen können statt dessen die Verfügung mit der gleichen Erklärung bei einer Gerichtsbehörde zu Protokoll geben.

³ Errichtet der Erblasser die mündliche Verfügung im Militärdienst, so kann ein Offizier mit Hauptmanns- oder höherem Rang die Gerichtsbehörde ersetzen.

Art. 508

c. Verlust der Gültigkeit

Wird es dem Erblasser nachträglich möglich, sich einer der andern Verfügungsformen zu bedienen, so verliert nach 14 Tagen, von diesem Zeitpunkt an gerechnet, die mündliche Verfügung ihre Gültigkeit.

Art. 509

II. Widerruf und Vernichtung
1. Widerruf

¹ Der Erblasser kann seine letztwillige Verfügung jederzeit in einer der Formen widerrufen, die für die Errichtung vorgeschrieben sind.

² Der Widerruf kann die Verfügung ganz oder zum Teil beschlagen.

Art. 510

2. Vernichtung

¹ Der Erblasser kann seine letztwillige Verfügung dadurch widerrufen, dass er die Urkunde vernichtet.

² Wird die Urkunde durch Zufall oder aus Verschulden anderer vernichtet, so verliert die Verfügung unter Vorbehalt der Ansprüche auf Schadenersatz gleichfalls ihre Gültigkeit, insofern ihr Inhalt nicht genau und vollständig festgestellt werden kann.

Art. 511

3. Spätere Verfügung

¹ Errichtet der Erblasser eine letztwillige Verfügung, ohne eine früher errichtete ausdrücklich aufzuheben, so tritt sie an die Stelle der früheren Verfügung, soweit sie sich nicht zweifellos als deren blosse Ergänzung darstellt.

² Ebenso wird eine letztwillige Verfügung über eine bestimmte Sache dadurch aufgehoben, dass der Erblasser über die Sache nachher eine Verfügung trifft, die mit jener nicht vereinbar ist.

Art. 512

B. Erbverträge
I. Errichtung

¹ Der Erbvertrag bedarf zu seiner Gültigkeit der Form der öffentlichen letztwilligen Verfügung.

² Die Vertragschliessenden haben gleichzeitig dem Beamten ihren Willen zu erklären und die Urkunde vor ihm und den zwei Zeugen zu unterschreiben.

Art. 513

II. Aufhebung
1. Unter Lebenden
a. Durch Vertrag und letztwillige Verfügung

¹ Der Erbvertrag kann von den Vertragschliessenden jederzeit durch schriftliche Übereinkunft aufgehoben werden.

² Der Erblasser kann einseitig einen Erbeinsetzungs- oder Vermächtnisvertrag aufheben, wenn sich der Erbe oder Bedachte nach dem Abschluss des Vertrages dem Erblasser gegenüber eines Verhaltens schuldig macht, das einen Enterbungsgrund darstellt.

³ Die einseitige Aufhebung hat in einer der Formen zu erfolgen, die für die Errichtung der letztwilligen Verfügungen vorgeschrieben sind.

Art. 514

b. Durch Rücktritt vom Vertrag

Wer auf Grund eines Erbvertrages Leistungen unter Lebenden zu fordern hat, kann, wenn sie nicht vertragsgemäss erfüllt oder sichergestellt werden, nach den Bestimmungen des Obligationenrechtes[1]) den Rücktritt erklären.

Art. 515

2. Vorabsterben des Erben

¹ Erlebt der Erbe oder Vermächtnisnehmer den Tod des Erblassers nicht, so fällt der Vertrag dahin.

² Ist der Erblasser zur Zeit des Todes des Erben aus dem Vertrage bereichert, so können die Erben des Verstorbenen, wenn es nicht anders bestimmt ist, diese Bereicherung herausverlangen.

Art. 516

C. Verfügungsbeschränkung

Tritt für den Erblasser nach Errichtung einer Verfügung von Todes wegen eine Beschränkung der Verfügungsfreiheit ein, so wird die Verfügung nicht aufgehoben, wohl aber der Herabsetzungsklage unterstellt.

Fünfter Abschnitt
Die Willensvollstrecker

Art. 517

A. Erteilung des Auftrages

¹ Der Erblasser kann in einer letztwilligen Verfügung eine oder mehrere handlungsfähige Personen mit der Vollstreckung seines Willens beauftragen.

² Dieser Auftrag ist ihnen von Amtes wegen mitzuteilen, und sie haben sich binnen 14 Tagen, von dieser Mitteilung an gerechnet, über die Annahme des Auftrages zu erklären, wobei ihr Stillschweigen als Annahme gilt.

³ Sie haben Anspruch auf angemessene Vergütung für ihre Tätigkeit.

---
[1]) SR **220**

Art. 518

B. Inhalt des Auftrages

¹ Die Willensvollstrecker stehen, soweit der Erblasser nichts anderes verfügt, in den Rechten und Pflichten des amtlichen Erbschaftsverwalters.

² Sie haben den Willen des Erblassers zu vertreten und gelten insbesondere als beauftragt, die Erbschaft zu verwalten, die Schulden des Erblassers zu bezahlen, die Vermächtnisse auszurichten und die Teilung nach den vom Erblasser getroffenen Anordnungen oder nach Vorschrift des Gesetzes auszuführen.

³ Sind mehrere Willensvollstrecker bestellt, so stehen ihnen diese Befugnisse unter Vorbehalt einer anderen Anordnung des Erblassers gemeinsam zu.

Sechster Abschnitt
Die Ungültigkeit und Herabsetzung der Verfügungen

Art. 519

A. Ungültigkeitsklage
I. Bei Verfügungsunfähigkeit, mangelhaftem Willen, Rechtswidrigkeit und Unsittlichkeit

¹ Eine Verfügung von Todes wegen wird auf erhobene Klage für ungültig erklärt:
1. wenn sie vom Erblasser zu einer Zeit errichtet worden ist, da er nicht verfügungsfähig war;
2. wenn sie aus mangelhaftem Willen hervorgegangen ist;
3. wenn ihr Inhalt oder eine ihr angefügte Bedingung unsittlich oder rechtswidrig ist.

² Die Ungültigkeitsklage kann von jedermann erhoben werden, der als Erbe oder Bedachter ein Interesse daran hat, dass die Verfügung für ungültig erklärt werde.

Art. 520

II. Bei Formmangel
1. Im allgemeinen[1)]

¹ Leidet die Verfügung an einem Formmangel, so wird sie auf erhobene Klage für ungültig erklärt.

² Liegt die Formwidrigkeit in der Mitwirkung von Personen, die selber oder deren Angehörige in der Verfügung bedacht sind, so werden nur diese Zuwendungen für ungültig erklärt.

³ Für das Recht zur Klage gelten die gleichen Vorschriften wie im Falle der Verfügungsunfähigkeit.

[1)] Fassung gemäss Ziff. I des BG vom 23. Juni 1995, in Kraft seit 1. Jan. 1996 (AS **1995** 4882 4883; BBl **1994** III 516, V 607).

Art. 520a[1]

Liegt der Mangel einer eigenhändigen letztwilligen Verfügung darin, dass Jahr, Monat oder Tag nicht oder unrichtig angegeben sind, so kann sie nur dann für ungültig erklärt werden, wenn sich die erforderlichen zeitlichen Angaben nicht auf andere Weise feststellen lassen und das Datum für die Beurteilung der Verfügungsfähigkeit, der Reihenfolge mehrerer Verfügungen oder einer anderen, die Gültigkeit der Verfügung betreffenden Frage notwendig ist.

2. Bei eigenhändiger letztwilliger Verfügung

Art. 521

[1] Die Ungültigkeitsklage verjährt mit Ablauf eines Jahres, von dem Zeitpunkt an gerechnet, da der Kläger von der Verfügung und dem Ungültigkeitsgrund Kenntnis erhalten hat, und in jedem Falle mit Ablauf von zehn Jahren, vom Tage der Eröffnung der Verfügung an gerechnet.

[2] Gegenüber einem bösgläubigen Bedachten verjährt sie im Falle der Verfügungsunfähigkeit des Erblassers oder der Rechtswidrigkeit oder Unsittlichkeit unter allen Umständen erst mit dem Ablauf von 30 Jahren.

[3] Einredeweise kann die Ungültigkeit einer Verfügung jederzeit geltend gemacht werden.

III. Verjährung

Art. 522

[1] Hat der Erblasser seine Verfügungsbefugnis überschritten, so können die Erben, die nicht dem Werte nach ihren Pflichtteil erhalten, die Herabsetzung der Verfügung auf das erlaubte Mass verlangen.

[2] Enthält die Verfügung Bestimmungen über die Teile der gesetzlichen Erben, so sind sie, wenn kein anderer Wille des Erblassers aus der Verfügung ersichtlich ist, als blosse Teilungsvorschriften aufzufassen.

B. Herabsetzungsklage
I. Voraussetzungen
1. Im allgemeinen

Art. 523

Enthält eine Verfügung von Todes wegen Zuwendungen an mehrere pflichtteilsberechtigte Erben im Sinne einer Begünstigung, so findet bei Überschreitung der Verfügungsbefugnis unter den Miterben eine Herabsetzung im Verhältnis der Beträge statt, die ihnen über ihren Pflichtteil hinaus zugewendet sind.

2. Begünstigung der Pflichtteilsberechtigten

---

[1] Eingefügt durch Ziff. I des BG vom 23. Juni 1995, in Kraft seit 1. Jan. 1996 (AS **1995** 4882 4883; BBl **1994** III 516, V 607).

Art. 524

3. Rechte der Gläubiger

¹ Die Konkursverwaltung eines Erben oder dessen Gläubiger, die zur Zeit des Erbganges Verlustscheine besitzen, können, wenn der Erblasser den verfügbaren Teil zum Nachteil des Erben überschritten hat und dieser auf ihre Aufforderung hin die Herabsetzungsklage nicht anhebt, innerhalb der dem Erben gegebenen Frist die Herabsetzung verlangen, soweit dies zu ihrer Deckung erforderlich ist.

² Die gleiche Befugnis besteht auch gegenüber einer Enterbung, die der Enterbte nicht anficht.

Art. 525

II. Wirkung
1. Herabsetzung im allgemeinen

¹ Die Herabsetzung erfolgt für alle eingesetzten Erben und Bedachten im gleichen Verhältnis, soweit nicht aus der Verfügung ein anderer Wille des Erblassers ersichtlich ist.

² Wird die Zuwendung an einen Bedachten, der zugleich mit Vermächtnissen beschwert ist, herabgesetzt, so kann er unter dem gleichen Vorbehalt verlangen, dass auch diese Vermächtnisse verhältnismässig herabgesetzt werden.

Art. 526

2. Vermächtnis einer einzelnen Sache

Gelangt das Vermächtnis einer einzelnen Sache, die ohne Schädigung ihres Wertes nicht geteilt werden kann, zur Herabsetzung, so kann der Bedachte entweder gegen Vergütung des Mehrbetrages die Sache selbst oder anstatt der Sache den verfügbaren Betrag beanspruchen.

Art. 527

3. Bei Verfügungen unter Lebenden a. Fälle

Der Herabsetzung unterliegen wie die Verfügungen von Todes wegen:
1. die Zuwendungen auf Anrechnung an den Erbteil, als Heiratsgut, Ausstattung oder Vermögensabtretung, wenn sie nicht der Ausgleichung unterworfen sind;
2. die Erbabfindungen und Auskaufsbeträge;
3. die Schenkungen, die der Erblasser frei widerrufen konnte oder die er während der letzten fünf Jahre vor seinem Tode ausgerichtet hat, mit Ausnahme der üblichen Gelegenheitsgeschenke;
4. die Entäusserung von Vermögenswerten, die der Erblasser offenbar zum Zwecke der Umgehung der Verfügungsbeschränkung vorgenommen hat.

Art. 528

b. Rückleistung

¹ Wer sich in gutem Glauben befindet, ist zu Rückleistungen nur insoweit verbunden, als er zur Zeit des Erbganges aus dem Rechtsgeschäfte mit dem Erblasser noch bereichert ist.

² Muss sich der durch Erbvertrag Bedachte eine Herabsetzung gefallen lassen, so ist er befugt, von der dem Erblasser gemachten Gegenleistung einen entsprechenden Betrag zurückzufordern.

Art. 529

Versicherungsansprüche auf den Tod des Erblassers, die durch Verfügung unter Lebenden oder von Todes wegen zugunsten eines Dritten begründet oder bei Lebzeiten des Erblassers unentgeltlich auf einen Dritten übertragen worden sind, unterliegen der Herabsetzung mit ihrem Rückkaufswert.

4. Versicherungsansprüche

Art. 530

Hat der Erblasser seine Erbschaft mit Nutzniessungsansprüchen und Renten derart beschwert, dass deren Kapitalwert nach der mutmasslichen Dauer der Leistungspflicht den verfügbaren Teil der Erbschaft übersteigt, so können die Erben entweder eine verhältnismässige Herabsetzung der Ansprüche oder, unter Überlassung des verfügbaren Teiles der Erbschaft an die Bedachten, deren Ablösung verlangen.

5. Bei Nutzniessung und Renten

Art. 531

Eine Nacherbeneinsetzung ist gegenüber einem pflichtteilsberechtigten Erben im Umfange des Pflichtteils ungültig.

6. Bei Nacherbeneinsetzung

Art. 532

Der Herabsetzung unterliegen in erster Linie die Verfügungen von Todes wegen und sodann die Zuwendungen unter Lebenden, und zwar diese in der Weise, dass die spätern vor den frühern herabgesetzt werden, bis der Pflichtteil hergestellt ist.

III. Durchführung

Art. 533

¹ Die Herabsetzungsklage verjährt mit Ablauf eines Jahres von dem Zeitpunkt an gerechnet, da die Erben von der Verletzung ihrer Rechte Kenntnis erhalten haben, und in jedem Fall mit Ablauf von zehn Jahren, die bei den letztwilligen Verfügungen von dem Zeitpunkte der Eröffnung, bei den andern Zuwendungen aber vom Tode des Erblassers an gerechnet werden.

² Ist durch Ungültigerklärung einer späteren Verfügung eine frühere gültig geworden, so beginnen die Fristen mit diesem Zeitpunkte.

³ Einredeweise kann der Herabsetzungsanspruch jederzeit geltend gemacht werden.

IV. Verjährung

Siebenter Abschnitt
Klagen aus Erbverträgen

Art. 534

A. Ansprüche bei Ausrichtung zu Lebzeiten des Erblassers

¹ Überträgt der Erblasser sein Vermögen bei Lebzeiten auf den Vertragserben, so kann dieser ein öffentliches Inventar aufnehmen lassen.

² Hat der Erblasser nicht alles Vermögen übertragen oder nach der Übertragung Vermögen erworben, so bezieht sich der Vertrag unter Vorbehalt einer anderen Anordnung nur auf das übertragene Vermögen.

³ Soweit die Übergabe bei Lebzeiten stattgefunden hat, gehen Rechte und Pflichten aus dem Vertrag unter Vorbehalt einer anderen Anordnung auf die Erben des eingesetzten Erben über.

Art. 535

B. Ausgleichung beim Erbverzicht
I. Herabsetzung

¹ Hat der Erblasser dem verzichtenden Erben bei Lebzeiten Leistungen gemacht, die den verfügbaren Teil seiner Erbschaft übersteigen, so können die Miterben die Herabsetzung verlangen.

² Der Herabsetzung unterliegt die Verfügung jedoch nur für den Betrag, um den sie den Pflichtteil des Verzichtenden übersteigt.

³ Die Anrechnung der Leistungen erfolgt nach den gleichen Vorschriften wie bei der Ausgleichung.

Art. 536

II. Rückleistung

Wird der Verzichtende auf Grund der Herabsetzung zu einer Rückleistung an die Erbschaft verpflichtet, so hat er die Wahl, entweder diese Rückleistung auf sich zu nehmen oder die ganze Leistung in die Teilung einzuwerfen und an dieser teilzunehmen, als ob er nicht verzichtet hätte.

ZWEITE ABTEILUNG
DER ERBGANG

Fünfzehnter Titel
DIE ERÖFFNUNG DES ERBGANGES

Art. 537

¹ Der Erbgang wird durch den Tod des Erblassers eröffnet.

² Insoweit den Zuwendungen und Teilungen, die bei Lebzeiten des Erblassers erfolgt sind, erbrechtliche Bedeutung zukommt, werden sie nach dem Stande der Erbschaft berücksichtigt, wie er beim Tode des Erblassers vorhanden ist.

A. Voraussetzung auf Seite des Erblassers

Art. 538

¹ Die Eröffnung des Erbganges erfolgt für die Gesamtheit des Vermögens am letzten Wohnsitze des Erblassers.

² ...[2]

B. Ort der Eröffnung[1]

Art. 539

¹ Jedermann ist fähig, Erbe zu sein und aus Verfügungen von Todes wegen zu erwerben, sobald er nicht nach Vorschrift des Gesetzes erbunfähig ist.

² Zuwendungen mit Zweckbestimmung an eine Mehrheit von Personen insgesamt werden, wenn dieser das Recht der Persönlichkeit nicht zukommt, von allen Zugehörigen unter der vom Erblasser aufgestellten Zweckbestimmung erworben oder gelten, wo dieses nicht angeht, als Stiftung.

C. Voraussetzungen auf Seite des Erben
I. Fähigkeit
1. Rechtsfähigkeit

Art. 540

¹ Unwürdig, Erbe zu sein oder aus einer Verfügung von Todes wegen irgend etwas zu erwerben, ist:
1. wer vorsätzlich und rechtswidrig den Tod des Erblassers herbeigeführt oder herbeizuführen versucht hat;
2. wer den Erblasser vorsätzlich und rechtswidrig in einen Zustand bleibender Verfügungsunfähigkeit gebracht hat;
3. wer den Erblasser durch Arglist, Zwang oder Drohung dazu gebracht oder daran verhindert hat, eine Verfügung von Todes wegen zu errichten oder zu widerrufen;

2. Erbunwürdigkeit
a. Gründe

---

[1] Fassung gemäss Anhang Ziff. 2 des Gerichtsstandsgesetzes vom 24. März 2000, in Kraft seit 1. Jan. 2001 (SR **272**).

[2] Aufgehoben durch Anhang Ziff. 2 des Gerichtsstandsgesetzes vom 24. März 2000 (SR **272**).

4. wer eine Verfügung von Todes wegen vorsätzlich und rechtswidrig unter Umständen, die dem Erblasser deren Erneuerung nicht mehr ermöglichen, beseitigt oder ungültig gemacht hat.

² Durch Verzeihung des Erblassers wird die Erbunwürdigkeit aufgehoben.

Art. 541

b. Wirkung auf Nachkommen

¹ Die Unfähigkeit besteht nur für den Unwürdigen selbst.
² Seine Nachkommen beerben den Erblasser, wie wenn er vor dem Erblasser gestorben wäre.

Art. 542

II. Erleben des Erbganges
1. Als Erbe

¹ Um die Erbschaft erwerben zu können, muss der Erbe den Erbgang in erbfähigem Zustand erleben.
² Stirbt ein Erbe, nachdem er den Erbgang erlebt hat, so vererbt sich sein Recht an der Erbschaft auf seine Erben.

Art. 543

2. Als Vermächtnisnehmer

¹ Der Vermächtnisnehmer erwirbt den Anspruch auf das Vermächtnis, wenn er den Erbgang in erbfähigem Zustand erlebt hat.
² Stirbt er vor dem Erblasser, so fällt sein Vermächtnis, wenn kein anderer Wille aus der Verfügung nachgewiesen werden kann, zugunsten desjenigen weg, der zur Ausrichtung verpflichtet gewesen wäre.

Art. 544

3. Das Kind vor der Geburt

¹ Das Kind ist vom Zeitpunkt der Empfängnis an unter dem Vorbehalt erbfähig, dass es lebendig geboren wird.
² Wird es tot geboren, so fällt es für den Erbgang ausser Betracht.

Art. 545

4. Nacherben

¹ Auf dem Wege der Nacherbeneinsetzung oder des Nachvermächtnisses kann die Erbschaft oder eine Erbschaftssache einer Person zugewendet werden, die zur Zeit des Erbfalles noch nicht lebt.
² Ist kein Vorerbe genannt, gelten die gesetzlichen Erben als Vorerben.

Art. 546

D. Verschollenheit
I. Beerbung eines Verschollenen
1. Erbgang gegen Sicherstellung

¹ Wird jemand für verschollen erklärt, so haben die Erben oder Bedachten vor der Auslieferung der Erbschaft für die Rückgabe des Vermögens an besser Berechtigte oder an den Verschollenen selbst Sicherheit zu leisten.
² Diese Sicherheit ist im Falle des Verschwindens in hoher Todesgefahr auf fünf Jahre und im Falle der nachrichtlosen Abwesenheit auf 15 Jahre zu leisten, in keinem Falle aber länger als bis zu dem Tage, an dem der Verschollene 100 Jahre alt wäre.
³ Die fünf Jahre werden vom Zeitpunkte der Auslieferung der Erbschaft und die 15 Jahre von der letzten Nachricht an gerechnet.

Art. 547

¹ Kehrt der Verschollene zurück, oder machen besser Berechtigte ihre Ansprüche geltend, so haben die Eingewiesenen die Erbschaft nach den Besitzesregeln herauszugeben.

² Den besser Berechtigten haften sie, wenn sie in gutem Glauben sind, nur während der Frist der Erbschaftsklage.

2. Aufhebung der Verschollenheit und Rückerstattung

Art. 548

¹ Kann für den Zeitpunkt des Erbganges Leben oder Tod eines Erben nicht nachgewiesen werden, weil dieser verschwunden ist, so wird sein Anteil unter amtliche Verwaltung gestellt.

² Die Personen, denen bei Nichtvorhandensein des Verschwundenen sein Erbteil zugefallen wäre, haben das Recht, ein Jahr seit dem Verschwinden in hoher Todesgefahr oder fünf Jahre seit der letzten Nachricht über den Verschwundenen beim Gericht um die Verschollenerklärung und, nachdem diese erfolgt ist, um die Aushändigung des Anteils nachzusuchen.

³ Die Auslieferung des Anteils erfolgt nach den Vorschriften über die Auslieferung an die Erben eines Verschollenen.

II. Erbrecht des Verschollenen

Art. 549

¹ Haben die Erben des Verschollenen die Einweisung in sein Vermögen bereits erwirkt, so können sich seine Miterben, wenn ihm eine Erbschaft anfällt, hierauf berufen und die angefallenen Vermögenswerte herausverlangen, ohne dass es einer neuen Verschollenerklärung bedarf.

² Ebenso können die Erben des Verschollenen sich auf die Verschollenerklärung berufen, die von seinen Miterben erwirkt worden ist.

III. Verhältnis der beiden Fälle zueinander

Art. 550

¹ Stand das Vermögen oder der Erbteil eines Verschwundenen während zehn Jahren in amtlicher Verwaltung, oder hätte dieser ein Alter von 100 Jahren erreicht, so wird auf Verlangen der zuständigen Behörde die Verschollenerklärung von Amtes wegen durchgeführt.

² Melden sich alsdann innerhalb der Auskündungsfrist keine Berechtigten, so fallen die Vermögenswerte an das erbberechtigte Gemeinwesen oder, wenn der Verschollene niemals in der Schweiz gewohnt hat, an den Heimatkanton.

³ Gegenüber dem Verschollenen selbst und den besser Berechtigten besteht die gleiche Pflicht zur Rückerstattung wie für die eingewiesenen Erben.

IV. Verfahren von Amtes wegen

Sechzehnter Titel
DIE WIRKUNG DES ERBGANGES

Erster Abschnitt
Die Sicherungsmassregeln

Art. 551

A. Im allgemeinen

¹ Die zuständige Behörde hat von Amtes wegen die zur Sicherung des Erbganges nötigen Massregeln zu treffen.[1]

² Solche Massregeln sind insbesondere in den vom Gesetze vorgesehenen Fällen die Siegelung der Erbschaft, die Aufnahme des Inventars, die Anordnung der Erbschaftsverwaltung und die Eröffnung der letztwilligen Verfügungen.

³ ...[2]

Art. 552

B. Siegelung der Erbschaft

Die Siegelung der Erbschaft wird in den Fällen angeordnet, für die das kantonale Recht sie vorsieht.

Art. 553

C. Inventar

¹ Die Aufnahme eines Inventars wird angeordnet:
1. wenn ein Erbe zu bevormunden ist oder unter Vormundschaft steht;
2. wenn ein Erbe dauernd und ohne Vertretung abwesend ist;
3. wenn einer der Erben sie verlangt.

² Sie erfolgt nach den Vorschriften des kantonalen Rechtes und ist in der Regel binnen zwei Monaten seit dem Tode des Erblassers durchzuführen.

³ Die Aufnahme eines Inventars kann durch die kantonale Gesetzgebung für weitere Fälle vorgeschrieben werden.

Art. 554

D. Erbschaftsverwaltung
I. Im allgemeinen

¹ Die Erbschaftsverwaltung wird angeordnet:
1. wenn ein Erbe dauernd und ohne Vertretung abwesend ist, sofern es seine Interessen erfordern;
2. wenn keiner der Ansprecher sein Erbrecht genügend nachzuweisen vermag oder das Vorhandensein eines Erben ungewiss ist;

---

[1] Fassung gemäss Anhang Ziff. 2 des Gerichtsstandsgesetzes vom 24. März 2000, in Kraft seit 1. Januar 2001 (SR **272**).

[2] Aufgehoben durch Anhang Ziff. 2 des Gerichtsstandsgesetzes vom 24. März 2000 (SR **272**).

3. wenn nicht alle Erben des Erblassers bekannt sind;
4. wo das Gesetz sie für besondere Fälle vorsieht.

² Hat der Erblasser einen Willensvollstrecker bezeichnet, so ist diesem die Verwaltung zu übergeben.

³ Stirbt eine bevormundete Person, so liegt, wenn keine andere Anordnung getroffen wird, die Erbschaftsverwaltung dem Vormunde ob.

Art. 555

¹ Ist die Behörde im ungewissen, ob der Erblasser Erben hinterlassen hat oder nicht, oder ob ihr alle Erben bekannt sind, so sind die Berechtigten in angemessener Weise öffentlich aufzufordern, sich binnen Jahresfrist zum Erbgange zu melden.

² Erfolgt während dieser Frist keine Anmeldung und sind der Behörde keine Erben bekannt, so fällt die Erbschaft unter Vorbehalt der Erbschaftsklage an das erbberechtigte Gemeinwesen.

II. Bei unbekannten Erben

Art. 556

¹ Findet sich beim Tode des Erblassers eine letztwillige Verfügung vor, so ist sie der Behörde unverweilt einzuliefern, und zwar auch dann, wenn sie als ungültig erachtet wird.

² Der Beamte, bei dem die Verfügung protokolliert oder hinterlegt ist, sowie jedermann, der eine Verfügung in Verwahrung genommen oder unter den Sachen des Erblassers vorgefunden hat, ist bei persönlicher Verantwortlichkeit verbunden, dieser Pflicht nachzukommen, sobald er vom Tode des Erblassers Kenntnis erhalten hat.

³ Nach der Einlieferung hat die Behörde, soweit tunlich nach Anhörung der Beteiligten, entweder die Erbschaft einstweilen den gesetzlichen Erben zu überlassen oder die Erbschaftsverwaltung anzuordnen.

E. Eröffnung der letztwilligen Verfügung
I. Pflicht zur Einlieferung

Art. 557

¹ Die Verfügung des Erblassers muss binnen Monatsfrist nach der Einlieferung von der zuständigen Behörde eröffnet werden.

² Zu der Eröffnung werden die Erben, soweit sie den Behörden bekannt sind, vorgeladen.

³ Hinterlässt der Erblasser mehr als eine Verfügung, so sind sie alle der Behörde einzuliefern und von ihr zu eröffnen.

II. Eröffnung

Art. 558

¹ Alle an der Erbschaft Beteiligten erhalten auf Kosten der Erbschaft eine Abschrift der eröffneten Verfügung, soweit diese sie angeht.

² An Bedachte unbekannten Aufenthalts erfolgt die Mitteilung durch eine angemessene öffentliche Auskündung.

III. Mitteilung an die Beteiligten

Art. 559

IV. Auslieferung der Erbschaft

¹ Nach Ablauf eines Monats seit der Mitteilung an die Beteiligten wird den eingesetzten Erben, wenn die gesetzlichen Erben oder die aus einer früheren Verfügung Bedachten nicht ausdrücklich deren Berechtigung bestritten haben, auf ihr Verlangen von der Behörde eine Bescheinigung darüber ausgestellt, dass sie unter Vorbehalt der Ungültigkeitsklage und der Erbschaftsklage als Erben anerkannt seien.

² Zugleich wird gegebenen Falles der Erbschaftsverwalter angewiesen, ihnen die Erbschaft auszuliefern.

Zweiter Abschnitt
Der Erwerb der Erbschaft

Art. 560

A. Erwerb
I. Erben

¹ Die Erben erwerben die Erbschaft als Ganzes mit dem Tode des Erblassers kraft Gesetzes.

² Mit Vorbehalt der gesetzlichen Ausnahmen gehen die Forderungen, das Eigentum, die beschränkten dinglichen Rechte und der Besitz des Erblassers ohne weiteres auf sie über, und die Schulden des Erblassers werden zu persönlichen Schulden der Erben.

³ Der Erwerb der eingesetzten Erben wird auf den Zeitpunkt der Eröffnung des Erbganges zurückbezogen, und es haben die gesetzlichen Erben ihnen die Erbschaft nach den Besitzesregeln herauszugeben.

II. ...

Art. 561[1)]

Art. 562

III. Vermächtnisnehmer
1. Erwerb

¹ Die Vermächtnisnehmer haben gegen die Beschwerten oder, wenn solche nicht besonders genannt sind, gegen die gesetzlichen oder eingesetzten Erben einen persönlichen Anspruch.

² Wenn aus der Verfügung nichts anderes hervorgeht, so wird der Anspruch fällig, sobald der Beschwerte die Erbschaft angenommen hat oder sie nicht mehr ausschlagen kann.

³ Kommen die Erben ihrer Verpflichtung nicht nach, so können sie zur Auslieferung der vermachten Erbschaftssachen, oder wenn irgend eine Handlung den Gegenstand der Verfügung bildet, zu Schadenersatz angehalten werden.

[1)] Aufgehoben durch Ziff. I 2 des BG vom 5. Okt. 1984 (AS **1986** 122; BBl **1979** II 1191).

Art. 563

¹ Ist dem Bedachten eine Nutzniessung oder eine Rente oder eine andere zeitlich wiederkehrende Leistung vermacht, so bestimmt sich sein Anspruch, wo es nicht anders angeordnet ist, nach den Vorschriften des Sachen- und Obligationenrechtes.

² Ist ein Versicherungsanspruch auf den Tod des Erblassers vermacht, so kann ihn der Bedachte unmittelbar geltend machen.

2. Gegenstand

Art. 564

¹ Die Gläubiger des Erblassers gehen mit ihren Ansprüchen den Vermächtnisnehmern vor.

² Die Gläubiger des Erben stehen, wenn dieser die Erbschaft vorbehaltlos erworben hat, den Gläubigern des Erblassers gleich.

3. Verhältnis von Gläubiger und Vermächtnisnehmer

Art. 565

¹ Zahlen die Erben nach Ausrichtung der Vermächtnisse Erbschaftsschulden, von denen sie vorher keine Kenntnis hatten, so sind sie befugt, die Vermächtnisnehmer insoweit zu einer verhältnismässigen Rückleistung anzuhalten, als sie die Herabsetzung der Vermächtnisse hätten beanspruchen können.

² Die Vermächtnisnehmer können jedoch höchstens im Umfange der zur Zeit der Rückforderung noch vorhandenen Bereicherung in Anspruch genommen werden.

4. Herabsetzung

Art. 566

¹ Die gesetzlichen und die eingesetzten Erben haben die Befugnis, die Erbschaft, die ihnen zugefallen ist, auszuschlagen.

² Ist die Zahlungsunfähigkeit des Erblassers im Zeitpunkt seines Todes amtlich festgestellt oder offenkundig, so wird die Ausschlagung vermutet.

B. Ausschlagung
I. Erklärung
1. Befugnis

Art. 567

¹ Die Frist zur Ausschlagung beträgt drei Monate.

² Sie beginnt für die gesetzlichen Erben, soweit sie nicht nachweisbar erst später von dem Erbfall Kenntnis erhalten haben, mit dem Zeitpunkte, da ihnen der Tod des Erblassers bekannt geworden, und für die eingesetzten Erben mit dem Zeitpunkte, da ihnen die amtliche Mitteilung von der Verfügung des Erblassers zugekommen ist.

*2. Befristung
a. Im allgemeinen*

Art. 568

Ist ein Inventar als Sicherungsmassregel aufgenommen worden, so beginnt die Frist zur Ausschlagung für alle Erben mit dem Tage, an dem die Behörde ihnen von dem Abschlusse des Inventars Kenntnis gegeben hat.

b. Bei Inventaraufnahme

Art. 569

3. Übergang der Ausschlagungsbefugnis

¹ Stirbt ein Erbe vor der Ausschlagung oder Annahme der Erbschaft, so geht die Befugnis zur Ausschlagung auf seine Erben über.

² Die Frist zur Ausschlagung beginnt für diese Erben mit dem Zeitpunkte, da sie von dem Anfall der Erbschaft an ihren Erblasser Kenntnis erhalten, und endigt frühestens mit dem Ablauf der Frist, die ihnen gegenüber ihrem eigenen Erblasser für die Ausschlagung gegeben ist.

³ Schlagen die Erben aus und gelangt die Erbschaft an andere Erben, die vorher nicht berechtigt waren, so beginnt für diese die Frist mit dem Zeitpunkte, da sie von der Ausschlagung Kenntnis erhalten haben.

Art. 570

4. Form

¹ Die Ausschlagung ist von dem Erben bei der zuständigen Behörde mündlich oder schriftlich zu erklären.

² Sie muss unbedingt und vorbehaltlos geschehen.

³ Die Behörde hat über die Ausschlagungen ein Protokoll zu führen.

Art. 571

II. Verwirkung der Ausschlagungsbefugnis

¹ Erklärt der Erbe während der angesetzten Frist die Ausschlagung nicht, so hat er die Erbschaft vorbehaltlos erworben.

² Hat ein Erbe sich vor Ablauf der Frist in die Angelegenheiten der Erbschaft eingemischt oder Handlungen vorgenommen, die nicht durch die blosse Verwaltung der Erbschaft und durch den Fortgang der Geschäfte des Erblassers gefordert waren, oder hat er Erbschaftssachen sich angeeignet oder verheimlicht, so kann er die Erbschaft nicht mehr ausschlagen.

Art. 572

III. Ausschlagung eines Miterben

¹ Hinterlässt der Erblasser keine Verfügung von Todes wegen und schlägt einer unter mehreren Erben die Erbschaft aus, so vererbt sich sein Anteil, wie wenn er den Erbfall nicht erlebt hätte.

² Hinterlässt der Erblasser eine Verfügung von Todes wegen, so gelangt der Anteil, den ein eingesetzter Erbe ausschlägt, wenn kein anderer Wille des Erblassers aus der Verfügung ersichtlich ist, an dessen nächsten gesetzlichen Erben.

Art. 573

IV. Ausschlagung aller nächsten Erben
1. Im allgemeinen

¹ Wird die Erbschaft von allen nächsten gesetzlichen Erben ausgeschlagen, so gelangt sie zur Liquidation durch das Konkursamt.

² Ergibt sich in der Liquidation nach Deckung der Schulden ein Überschuss, so wird dieser den Berechtigten überlassen, wie wenn keine Ausschlagung stattgefunden hätte.

Art. 574

Haben die Nachkommen die Erbschaft ausgeschlagen, so wird der überlebende Ehegatte von der Behörde hievon in Kenntnis gesetzt und kann binnen Monatsfrist die Annahme erklären.

2. Befugnis der überlebenden Ehegatten

Art. 575

¹ Die Erben können bei der Ausschlagung verlangen, dass die auf sie folgenden Erben noch angefragt werden, bevor die Erbschaft liquidiert wird.

² In diesem Falle ist seitens der Behörde den folgenden Erben von der Ausschlagung der vorgehenden Kenntnis zu geben, und wenn darauf jene Erben nicht binnen Monatsfrist die Annahme der Erbschaft erklären, so ist sie auch von ihnen ausgeschlagen.

3. Ausschlagung zugunsten nachfolgender Erben

Art. 576

Aus wichtigen Gründen kann die zuständige Behörde den gesetzlichen und den eingesetzten Erben eine Fristverlängerung gewähren oder eine neue Frist ansetzen.

V. Fristverlängerung

Art. 577

Schlägt ein Vermächtnisnehmer das Vermächtnis aus, so fällt es zugunsten des Beschwerten weg, wenn kein anderer Wille des Erblassers aus der Verfügung ersichtlich ist.

VI. Ausschlagung eines Vermächtnisses

Art. 578

¹ Hat ein überschuldeter Erbe die Erbschaft zu dem Zwecke ausgeschlagen, dass sie seinen Gläubigern entzogen bleibe, so können diese oder die Konkursverwaltung die Ausschlagung binnen sechs Monaten anfechten, wenn ihre Forderungen nicht sichergestellt werden.

² Wird ihre Anfechtung gutgeheissen, so gelangt die Erbschaft zur amtlichen Liquidation.

³ Ein Überschuss dient in erster Linie zur Befriedigung der anfechtenden Gläubiger und fällt nach Deckung der übrigen Schulden an die Erben, zu deren Gunsten ausgeschlagen wurde.

VII. Sicherung für die Gläubiger des Erben

Art. 579

¹ Schlagen die Erben eines zahlungsunfähigen Erblassers die Erbschaft aus, so haften sie dessen Gläubigern gleichwohl insoweit, als sie vom Erblasser innerhalb der letzten fünf Jahre vor seinem Tode Vermögenswerte empfangen haben, die bei der Erbteilung der Ausgleichung unterworfen sein würden.

² Die landesübliche Ausstattung bei der Verheiratung sowie die Kosten der Erziehung und Ausbildung werden von dieser Haftung nicht getroffen.

³ Gutgläubige Erben haften nur, soweit sie noch bereichert sind.

VIII. Haftung im Falle der Ausschlagung

Dritter Abschnitt
Das öffentliche Inventar

Art. 580

A. Voraussetzung

¹ Jeder Erbe, der die Befugnis hat, die Erbschaft auszuschlagen, ist berechtigt, ein öffentliches Inventar zu verlangen.

² Das Begehren muss binnen Monatsfrist in der gleichen Form wie die Ausschlagung bei der zuständigen Behörde angebracht werden.

³ Wird es von einem der Erben gestellt, so gilt es auch für die übrigen.

Art. 581

B. Verfahren
I. Inventar

¹ Das öffentliche Inventar wird durch die zuständige Behörde nach den Vorschriften des kantonalen Rechtes errichtet und besteht in der Anlegung eines Verzeichnisses der Vermögenswerte und Schulden der Erbschaft, wobei alle Inventarstücke mit einer Schätzung zu versehen sind.

² Wer über die Vermögensverhältnisse des Erblassers Auskunft geben kann, ist bei seiner Verantwortlichkeit verpflichtet, der Behörde alle von ihr verlangten Aufschlüsse zu erteilen.

³ Insbesondere haben die Erben der Behörde die ihnen bekannten Schulden des Erblassers mitzuteilen.

Art. 582

II. Rechnungsruf

¹ Mit der Aufnahme des Inventars verbindet die Behörde einen Rechnungsruf, durch den auf dem Wege angemessener öffentlicher Auskündung die Gläubiger und Schuldner des Erblassers mit Einschluss der Bürgschaftsgläubiger aufgefordert werden, binnen einer bestimmten Frist ihre Forderungen und Schulden anzumelden.

² Die Gläubiger sind dabei auf die Folgen der Nichtanmeldung aufmerksam zu machen.

³ Die Frist ist auf mindestens einen Monat, vom Tage der ersten Auskündung an gerechnet, anzusetzen.

Art. 583

III. Aufnahme von Amtes wegen

¹ Forderungen und Schulden, die aus öffentlichen Büchern oder aus den Papieren des Erblassers ersichtlich sind, werden von Amtes wegen in das Inventar aufgenommen.

² Die Aufnahme ist den Schuldnern und Gläubigern anzuzeigen.

Art. 584

IV. Ergebnis

¹ Nach Ablauf der Auskündungsfrist wird das Inventar geschlossen und hierauf während wenigstens eines Monats zur Einsicht der Beteiligten aufgelegt.

² Die Kosten werden von der Erbschaft und, wo diese nicht ausreicht, von den Erben getragen, die das Inventar verlangt haben.

Art. 585

¹ Während der Dauer des Inventars dürfen nur die notwendigen Verwaltungshandlungen vorgenommen werden.
² Gestattet die Behörde die Fortsetzung des Geschäftes des Erblassers durch einen Erben, so sind dessen Miterben befugt, Sicherstellung zu verlangen.

C. Verhältnis der Erben während des Inventars
I. Verwaltung

Art. 586

¹ Die Betreibung für die Schulden des Erblassers ist während der Dauer des Inventars ausgeschlossen.
² Eine Verjährung läuft nicht.
³ Prozesse können mit Ausnahme von dringenden Fällen weder fortgesetzt noch angehoben werden.

II. Betreibung, Prozesse, Verjährung

Art. 587

¹ Nach Abschluss des Inventars wird jeder Erbe aufgefordert, sich binnen Monatsfrist über den Erwerb der Erbschaft zu erklären.
² Wo die Umstände es rechtfertigen, kann die zuständige Behörde zur Einholung von Schätzungen, zur Erledigung von streitigen Ansprüchen und dergleichen eine weitere Frist einräumen.

D. Wirkung
I. Frist zur Erklärung

Art. 588

¹ Der Erbe kann während der angesetzten Frist ausschlagen oder die amtliche Liquidation verlangen oder die Erbschaft unter öffentlichem Inventar oder vorbehaltlos annehmen.
² Gibt er keine Erklärung ab, so hat er die Erbschaft unter öffentlichem Inventar angenommen.

II. Erklärung

Art. 589

¹ Übernimmt ein Erbe die Erbschaft unter öffentlichem Inventar, so gehen die Schulden des Erblassers, die im Inventar verzeichnet sind, und die Vermögenswerte auf ihn über.
² Der Erwerb der Erbschaft mit Rechten und Pflichten wird auf den Zeitpunkt der Eröffnung des Erbganges zurückbezogen.
³ Für die Schulden, die im Inventar verzeichnet sind, haftet der Erbe sowohl mit der Erbschaft als mit seinem eigenen Vermögen.

III. Folgen der Annahme unter öffentlichem Inventar
1. Haftung nach Inventar

Art. 590

¹ Den Gläubigern des Erblassers, deren Forderungen aus dem Grunde nicht in das Inventar aufgenommen worden sind, weil sie deren Anmeldung versäumt haben, sind die Erben weder persönlich noch mit der Erbschaft haftbar.
² Haben die Gläubiger ohne eigene Schuld die Anmeldung zum Inventar unterlassen, oder sind deren Forderungen trotz Anmeldung in das Verzeichnis nicht aufgenommen worden, so haftet der Erbe, soweit er aus der Erbschaft bereichert ist.

2. Haftung ausser Inventar

³ In allen Fällen können die Gläubiger ihre Forderungen geltend machen, soweit sie durch Pfandrecht an Erbschaftssachen gedeckt sind.

Art. 591

E. Haftung für Bürgschaftsschulden

Bürgschaftsschulden des Erblassers werden im Inventar besonders aufgezeichnet und können gegen den Erben, auch wenn er die Erbschaft annimmt, nur bis zu dem Betrage geltend gemacht werden, der bei der konkursmässigen Tilgung aller Schulden aus der Erbschaft auf die Bürgschaftsschulden fallen würde.

Art. 592

F. Erwerb durch das Gemeinwesen

Fällt eine Erbschaft an das Gemeinwesen, so wird von Amtes wegen ein Rechnungsruf vorgenommen, und es haftet das Gemeinwesen für die Schulden der Erbschaft nur im Umfange der Vermögenswerte, die es aus der Erbschaft erworben hat.

Vierter Abschnitt
Die amtliche Liquidation

Art. 593

A. Voraussetzung
I. Begehren eines Erben

¹ Jeder Erbe ist befugt, anstatt die Erbschaft auszuschlagen oder unter öffentlichem Inventar anzunehmen, die amtliche Liquidation zu verlangen.

² Solange jedoch ein Miterbe die Annahme erklärt, kann dem Begehren keine Folge gegeben werden.

³ Im Falle der amtlichen Liquidation werden die Erben für die Schulden der Erbschaft nicht haftbar.

Art. 594

II. Begehren der Gläubiger des Erblassers

¹ Haben die Gläubiger des Erblassers begründete Besorgnis, dass ihre Forderungen nicht bezahlt werden, und werden sie auf ihr Begehren nicht befriedigt oder sichergestellt, so können sie binnen drei Monaten, vom Tode des Erblassers oder der Eröffnung der Verfügung an gerechnet, die amtliche Liquidation der Erbschaft verlangen.

² Die Vermächtnisnehmer können unter der gleichen Voraussetzung zu ihrer Sicherstellung vorsorgliche Massregeln verlangen.

Art. 595

B. Verfahren
I. Verwaltung

¹ Die amtliche Liquidation wird von der zuständigen Behörde oder in deren Auftrag von einem oder mehreren Erbschaftsverwaltern durchgeführt.

² Sie beginnt mit der Aufnahme eines Inventars, womit ein Rechnungsruf verbunden wird.

³ Der Erbschaftsverwalter steht unter der Aufsicht der Behörde, und die Erben sind befugt, bei dieser gegen die von ihm beabsichtigten oder getroffenen Massregeln Beschwerde zu erheben.

Art. 596

¹ Zum Zwecke der Liquidation sind die laufenden Geschäfte des Erblassers zu beendigen, seine Verpflichtungen zu erfüllen, seine Forderungen einzuziehen, die Vermächtnisse nach Möglichkeit auszurichten, die Rechte und Pflichten des Erblassers, soweit nötig, gerichtlich festzustellen und sein Vermögen zu versilbern.

² Die Veräusserung von Grundstücken des Erblassers erfolgt durch öffentliche Versteigerung und darf nur mit Zustimmung aller Erben aus freier Hand stattfinden.

³ Die Erben können verlangen, dass ihnen die Sachen und Gelder der Erbschaft, die für die Liquidation entbehrlich sind, schon während derselben ganz oder teilweise ausgeliefert werden.

II. Ordentliche Liquidation

Art. 597

Ist die Erbschaft überschuldet, so erfolgt die Liquidation durch das Konkursamt nach den Vorschriften des Konkursrechtes.

III. Konkursamtliche Liquidation

Fünfter Abschnitt
Die Erbschaftsklage

Art. 598

¹ Wer auf eine Erbschaft oder auf Erbschaftssachen als gesetzlicher oder eingesetzter Erbe ein besseres Recht zu haben glaubt als der Besitzer, ist befugt, sein Recht mit der Erbschaftsklage geltend zu machen.

² Das Gericht trifft auf Verlangen des Klägers die zu dessen Sicherung erforderlichen Massregeln, wie Anordnung von Sicherstellung oder Ermächtigung zu einer Vormerkung im Grundbuch.

A. Voraussetzung

Art. 599

¹ Wird die Klage gutgeheissen, so hat der Besitzer die Erbschaft oder die Erbschaftssachen nach den Besitzesregeln an den Kläger herauszugeben.

² Auf die Ersitzung an Erbschaftssachen kann sich der Beklagte gegenüber der Erbschaftsklage nicht berufen.

B. Wirkung

Art. 600

C. Verjährung

¹ Die Erbschaftsklage verjährt gegenüber einem gutgläubigen Beklagten mit Ablauf eines Jahres, von dem Zeitpunkte an gerechnet, da der Kläger von dem Besitz des Beklagten und von seinem eigenen bessern Recht Kenntnis erhalten hat, in allen Fällen aber mit dem Ablauf von zehn Jahren, vom Tode des Erblassers oder dem Zeitpunkte der Eröffnung seiner letztwilligen Verfügung an gerechnet.

² Gegenüber einem bösgläubigen Beklagten beträgt die Verjährungsfrist stets 30 Jahre.

Art. 601

D. Klage der Vermächtnisnehmer

Die Klage des Vermächtnisnehmers verjährt mit dem Ablauf von zehn Jahren, von der Mitteilung der Verfügung oder vom Zeitpunkt an gerechnet, auf den das Vermächtnis später fällig wird.

Siebenzehnter Titel
DIE TEILUNG DER ERBSCHAFT

Erster Abschnitt
Die Gemeinschaft vor der Teilung

Art. 602

¹ Beerben mehrere Erben den Erblasser, so besteht unter ihnen, bis die Erbschaft geteilt wird, infolge des Erbganges eine Gemeinschaft aller Rechte und Pflichten der Erbschaft.

² Sie werden Gesamteigentümer der Erbschaftsgegenstände und verfügen unter Vorbehalt der vertraglichen oder gesetzlichen Vertretungs- und Verwaltungsbefugnisse über die Rechte der Erbschaft gemeinsam.

³ Auf Begehren eines Miterben kann die zuständige Behörde für die Erbengemeinschaft bis zur Teilung eine Vertretung bestellen.

A. Wirkung des Erbganges
I. Erbengemeinschaft

Art. 603

¹ Für die Schulden des Erblassers werden die Erben solidarisch haftbar.

² Die angemessene Entschädigung, die den Kindern oder Grosskindern für Zuwendungen an den mit dem Erblasser gemeinsam geführten Haushalt geschuldet wird, ist zu den Erbschaftsschulden zu rechnen, soweit dadurch nicht eine Überschuldung der Erbschaft entsteht.[1]

II. Haftung der Erben

Art. 604

¹ Jeder Miterbe kann zu beliebiger Zeit die Teilung der Erbschaft verlangen, soweit er nicht durch Vertrag oder Vorschrift des Gesetzes zur Gemeinschaft verpflichtet ist.

² Auf Ansuchen eines Erben kann das Gericht vorübergehend eine Verschiebung der Teilung der Erbschaft oder einzelner Erbschaftssachen anordnen, wenn deren sofortige Vornahme den Wert der Erbschaft erheblich schädigen würde.

³ Den Miterben eines zahlungsunfähigen Erben steht die Befugnis zu, zur Sicherung ihrer Ansprüche sofort nach dem Erbgange vorsorgliche Massregeln zu verlangen.

B. Teilungsanspruch

---

[1] Eingefügt durch Ziff. I 1 des BG vom 6. Okt. 1972, in Kraft seit 15. Febr. 1973 (AS **1973** 93 102; BBl **1970** I 805, **1971** I 737).

Art. 605

C. Verschiebung der Teilung

¹ Ist beim Erbgang auf ein noch nicht geborenes Kind Rücksicht zu nehmen, so muss die Teilung bis zum Zeitpunkte seiner Geburt verschoben werden.

² Ebensolange hat die Mutter, soweit dies für ihren Unterhalt erforderlich ist, Anspruch auf den Genuss am Gemeinschaftsvermögen.

Art. 606

D. Anspruch der Hausgenossen

Erben, die zur Zeit des Todes des Erblassers in dessen Haushaltung ihren Unterhalt erhalten haben, können verlangen, dass ihnen nach dem Tode des Erblassers der Unterhalt noch während eines Monats auf Kosten der Erbschaft zuteil werde.

Zweiter Abschnitt
Die Teilungsart

Art. 607

A. Im allgemeinen

¹ Gesetzliche Erben haben sowohl unter sich als mit eingesetzten Erben nach den gleichen Grundsätzen zu teilen.

² Sie können, wo es nicht anders angeordnet ist, die Teilung frei vereinbaren.

³ Miterben, die sich im Besitze von Erbschaftssachen befinden oder Schuldner des Erblassers sind, haben hierüber bei der Teilung genauen Aufschluss zu geben.

Art. 608

B. Ordnung der Teilung
I. Verfügung des Erblassers

¹ Der Erblasser ist befugt, durch Verfügung von Todes wegen seinen Erben Vorschriften über die Teilung und Bildung der Teile zu machen.

² Unter Vorbehalt der Ausgleichung bei einer Ungleichheit der Teile, die der Erblasser nicht beabsichtigt hat, sind diese Vorschriften für die Erben verbindlich.

³ Ist nicht ein anderer Wille des Erblassers aus der Verfügung ersichtlich, so gilt die Zuweisung einer Erbschaftssache an einen Erben als eine blosse Teilungsvorschrift und nicht als Vermächtnis.

Art. 609

II. Mitwirkung der Behörde

¹ Auf Verlangen eines Gläubigers, der den Anspruch eines Erben auf eine angefallene Erbschaft erworben oder gepfändet hat, oder der gegen ihn Verlustscheine besitzt, hat die Behörde an Stelle dieses Erben bei der Teilung mitzuwirken.

² Dem kantonalen Recht bleibt es vorbehalten, noch für weitere Fälle eine amtliche Mitwirkung bei der Teilung vorzusehen.

Art. 610

¹ Die Erben haben bei der Teilung, wenn keine andern Vorschriften Platz greifen, alle den gleichen Anspruch auf die Gegenstände der Erbschaft.

² Sie haben einander über ihr Verhältnis zum Erblasser alles mitzuteilen, was für die gleichmässige und gerechte Verteilung der Erbschaft in Berücksichtigung fällt.

³ Jeder Miterbe kann verlangen, dass die Schulden des Erblassers vor der Teilung der Erbschaft getilgt oder sichergestellt werden.

C. Durchführung der Teilung
I. Gleichberechtigung der Erben

Art. 611

¹ Die Erben bilden aus den Erbschaftssachen so viele Teile oder Lose, als Erben oder Erbstämme sind.

² Können sie sich nicht einigen, so hat auf Verlangen eines der Erben die zuständige Behörde unter Berücksichtigung des Ortsgebrauches, der persönlichen Verhältnisse und der Wünsche der Mehrheit der Miterben die Lose zu bilden.

³ Die Verteilung der Lose erfolgt nach Vereinbarung oder durch Losziehung unter den Erben.

II. Bildung von Losen

Art. 612

¹ Eine Erbschaftssache, die durch Teilung an ihrem Werte wesentlich verlieren würde, soll einem der Erben ungeteilt zugewiesen werden.

² Können die Erben sich über die Teilung oder Zuweisung einer Sache nicht einigen, so ist die Sache zu verkaufen und der Erlös zu teilen.

³ Auf Verlangen eines Erben hat der Verkauf auf dem Wege der Versteigerung stattzufinden, wobei, wenn die Erben sich nicht einigen, die zuständige Behörde entscheidet, ob die Versteigerung öffentlich oder nur unter den Erben stattfinden soll.

III. Zuweisung und Verkauf einzelner Sachen

Art. 612a[1)]

¹ Befinden sich das Haus oder die Wohnung, worin die Ehegatten gelebt haben, oder Hausratsgegenstände in der Erbschaft, so kann der überlebende Ehegatte verlangen, dass ihm das Eigentum daran auf Anrechnung zugeteilt wird.

² Wo die Umstände es rechtfertigen, kann auf Verlangen des überlebenden Ehegatten oder der andern gesetzlichen Erben des Verstorbenen statt des Eigentums die Nutzniessung oder ein Wohnrecht eingeräumt werden.

IV. Zuweisung der Wohnung und des Hausrates an den überlebenden Ehegatten

---

[1)] Eingefügt durch Ziff. I 2 des BG vom 5. Okt. 1984, in Kraft seit 1. Jan. 1988 (AS **1986** 122; SR **210.1** Art. 1; BBl **1979** II 1191).

³ An Räumlichkeiten, in denen der Erblasser einen Beruf ausübte oder ein Gewerbe betrieb und die ein Nachkomme zu dessen Weiterführung benötigt, kann der überlebende Ehegatte diese Rechte nicht beanspruchen; die Vorschriften des bäuerlichen Erbrechts bleiben vorbehalten.

Art. 613

D. Besondere Gegenstände
I. Zusammengehörende Sachen, Familienschriften

¹ Gegenstände, die ihrer Natur nach zusammengehören, sollen, wenn einer der Erben gegen die Teilung Einspruch erhebt, nicht voneinander getrennt werden.

² Familienschriften und Gegenstände, die für die Familie einen besonderen Erinnerungswert haben, sollen, sobald ein Erbe widerspricht, nicht veräussert werden.

³ Können sich die Erben nicht einigen, so entscheidet die zuständige Behörde über die Veräusserung oder die Zuweisung mit oder ohne Anrechnung, unter Berücksichtigung des Ortsgebrauches und, wo ein solcher nicht besteht, der persönlichen Verhältnisse der Erben.

Art. 613a[1]

I.bis Landwirtschaftliches Inventar

Stirbt der Pächter eines landwirtschaftlichen Gewerbes und führt einer seiner Erben die Pacht allein weiter, so kann dieser verlangen, dass ihm das gesamte Inventar (Vieh, Gerätschaften, Vorräte usw.) unter Anrechnung auf seinen Erbteil zum Nutzwert zugewiesen wird.

Art. 614

II. Forderungen des Erblassers an Erben

Forderungen, die der Erblasser an einen der Erben gehabt hat, sind bei der Teilung diesem anzurechnen.

Art. 615

III. Verpfändete Erbschaftssachen

Erhält ein Erbe bei der Teilung eine Erbschaftssache, die für Schulden des Erblassers verpfändet ist, so wird ihm auch die Pfandschuld überbunden.

Art. 616[2]

Art. 617[3]

IV. Grundstücke
1. Übernahme
a. Anrechnungswert

Grundstücke sind den Erben zum Verkehrswert anzurechnen, der ihnen im Zeitpunkt der Teilung zukommt.

---

[1] Eingefügt durch Art. 92 Ziff. 1 des BG vom 4. Okt. 1991, in Kraft seit 1. Jan. 1994 (SR **211.412.11**).
[2] Aufgehoben durch Art. 92 Ziff. 1 des BG vom 4. Okt 1991 (SR **211.412.11**).
[3] Fassung gemäss Art. 92 Ziff. 1 des BG vom 4. Okt. 1991, in Kraft seit 1. Jan. 1994 (SR **211.412.11**).

DIE TEILUNG DER ERBSCHAFT

Art. 618

¹ Können sich die Erben über den Anrechnungswert nicht verständigen, so wird er durch amtlich bestellte Sachverständige endgültig festgestellt.

² ...[1]

b. Schatzungsverfahren

Art. 619[2]

Für die Übernahme und Anrechnung von landwirtschaftlichen Gewerben und Grundstücken gilt das Bundesgesetz vom 4. Oktober 1991[3] über das bäuerliche Bodenrecht.

V. Landwirtschaftliche Gewerbe und Grundstücke

Art. 620–625[4]

Dritter Abschnitt
Die Ausgleichung

Art. 626

¹ Die gesetzlichen Erben sind gegenseitig verpflichtet, alles zur Ausgleichung zu bringen, was ihnen der Erblasser bei Lebzeiten auf Anrechnung an ihren Erbanteil zugewendet hat.

² Was der Erblasser seinen Nachkommen als Heiratsgut, Ausstattung oder durch Vermögensabtretung, Schulderlass und dergleichen zugewendet hat, steht, sofern der Erblasser nicht ausdrücklich das Gegenteil verfügt, unter der Ausgleichungspflicht.

A. Ausgleichungspflicht der Erben

Art. 627

¹ Fällt ein Erbe vor oder nach dem Erbgang weg, so geht seine Ausgleichungspflicht auf die Erben über, die an seine Stelle treten.

² Nachkommen eines Erben sind auch auf die Zuwendungen, die dieser erhalten hat, auch dann zur Ausgleichung verpflichtet, wenn die Zuwendungen nicht auf sie übergegangen sind.

B. Ausgleichung bei Wegfallen von Erben

Art. 628

¹ Die Erben haben die Wahl, die Ausgleichung durch Einwerfung in Natur oder durch Anrechnung dem Werte nach vorzunehmen, und zwar auch dann, wenn die Zuwendungen den Betrag des Erbanteils übersteigen.

C. Berechnungsart
I. Einwerfung oder Anrechnung

---

[1] Aufgehoben durch Ziff. I 1 des BG vom 6. Okt. 1972 (AS **1973** 93; BBl **1970** I 805, **1971** I 737).
[2] Fassung gemäss Art. 92 Ziff. 1 des BG vom 4. Okt. 1991, in Kraft seit 1. Jan. 1994 (SR **211.412.11**).
[3] SR **211.412.11**
[4] Aufgehoben durch Art. 92 Ziff. 1 des BG vom 4. Okt. 1991 (SR **211.412.11**).

Art. 629

II. Verhältnis zum Erbanteil

¹ Übersteigen die Zuwendungen den Betrag eines Erbanteiles, so ist der Überschuss unter Vorbehalt des Herabsetzungsanspruches der Miterben nicht auszugleichen, wenn nachweisbar der Erblasser den Erben damit begünstigen wollte.

² Diese Begünstigung wird vermutet bei den Ausstattungen, die den Nachkommen bei ihrer Verheiratung in üblichem Umfange zugewendet worden sind.

Art. 630

III. Ausgleichungswert

¹ Die Ausgleichung erfolgt nach dem Werte der Zuwendungen zur Zeit des Erbganges oder, wenn die Sache vorher veräussert worden ist, nach dem dafür erzielten Erlös.

² Verwendungen und Schaden sowie bezogene Früchte sind unter den Erben nach den Besitzesregeln in Anschlag zu bringen.

Art. 631

D. Erziehungskosten

¹ Die Auslagen des Erblassers für die Erziehung und Ausbildung einzelner Kinder sind, wenn kein anderer Wille des Erblassers nachgewiesen wird, der Ausgleichungspflicht nur insoweit unterworfen, als sie das übliche Mass übersteigen.

² Kindern, die noch in der Ausbildung stehen oder die gebrechlich sind, ist bei der Teilung ein angemessener Vorausbezug einzuräumen.[1]

Art. 632

E. Gelegenheitsgeschenke

Übliche Gelegenheitsgeschenke stehen nicht unter der Ausgleichungspflicht.

Art. 633[2]

---

[1] Fassung gemäss Ziff. I 2 des BG vom 5. Okt. 1984, in Kraft seit 1. Jan. 1988 (AS **1986** 122; SR **210.1** Art. 1; BBl **1979** II 1191).
[2] Aufgehoben durch Ziff. I 1 des BG vom 6. Okt. 1972 (AS **1973** 93; BBl **1970** I 805, **1971** I 737).

Vierter Abschnitt
Abschluss und Wirkung der Teilung

Art. 634

¹ Die Teilung wird für die Erben verbindlich mit der Aufstellung und Entgegennahme der Lose oder mit dem Abschluss des Teilungsvertrages.

² Der Teilungsvertrag bedarf zu seiner Gültigkeit der schriftlichen Form.

A. Abschluss des Vertrages
I. Teilungsvertrag

Art. 635

¹ Verträge unter den Miterben über Abtretung der Erbanteile bedürfen zu ihrer Gültigkeit der schriftlichen Form.[1)]

² Werden sie von einem Erben mit einem Dritten abgeschlossen, so geben sie diesem kein Recht auf Mitwirkung bei der Teilung, sondern nur einen Anspruch auf den Anteil, der dem Erben aus der Teilung zugewiesen wird.

II. Vertrag über angefallene Erbanteile

Art. 636

¹ Verträge, die ein Erbe über eine noch nicht angefallene Erbschaft ohne Mitwirkung und Zustimmung des Erblassers mit einem Miterben oder einem Dritten abschliesst, sind nicht verbindlich.

² Leistungen, die auf Grund solcher Verträge gemacht worden sind, können zurückgefordert werden.

III. Verträge vor dem Erbgang

Art. 637

¹ Nach Abschluss der Teilung haften die Miterben einander für die Erbschaftssachen wie Käufer und Verkäufer.

² Sie haben einander den Bestand der Forderungen, die ihnen bei der Teilung zugewiesen werden, zu gewährleisten und haften einander, soweit es sich nicht um Wertpapiere mit Kurswert handelt, für die Zahlungsfähigkeit des Schuldners im angerechneten Forderungsbetrag wie einfache Bürgen.

³ Die Klage aus der Gewährleistungspflicht verjährt mit Ablauf eines Jahres nach der Teilung oder nach dem Zeitpunkt, auf den die Forderungen später fällig werden.

B. Haftung der Miterben unter sich
I. Gewährleistung

Art. 638

Die Anfechtung des Teilungsvertrages erfolgt nach den Vorschriften über die Anfechtung der Verträge im allgemeinen.

II. Anfechtung der Teilung

[1)] Fassung gemäss Ziff. I 2 des BG vom 5. Okt. 1984, in Kraft seit 1. Jan. 1988 (AS **1986** 122; SR **210.1** Art. 1; BBl **1979** II 1191).

Art. 639

C. Haftung gegenüber Dritten
I. Solidare Haftung

¹ Für die Schulden des Erblassers sind die Erben den Gläubigern auch nach der Teilung solidarisch und mit ihrem ganzen Vermögen haftbar, solange die Gläubiger in eine Teilung oder Übernahme der Schulden nicht ausdrücklich oder stillschweigend eingewilligt haben.

² Die solidare Haftung der Miterben verjährt mit Ablauf von fünf Jahren nach der Teilung oder nach dem Zeitpunkt, auf den die Forderung später fällig geworden ist.

Art. 640

II. Rückgriff auf die Miterben

¹ Hat ein Erbe eine Schuld des Erblassers bezahlt, die ihm bei der Teilung nicht zugewiesen worden ist, oder hat er von einer Schuld mehr bezahlt, als er übernommen, so ist er befugt, auf seine Miterben Rückgriff zu nehmen.

² Dieser Rückgriff richtet sich zunächst gegen den, der die bezahlte Schuld bei der Teilung übernommen hat.

³ Im übrigen haben die Erben mangels anderer Abrede die Schulden unter sich im Verhältnis der Erbanteile zu tragen.

VIERTER TEIL

Das Sachenrecht

VIERTER TEIL
DAS SACHENRECHT

ERSTE ABTEILUNG
DAS EIGENTUM

Achtzehnter Titel
ALLGEMEINE BESTIMMUNGEN

Art. 641

¹ Wer Eigentümer einer Sache ist, kann in den Schranken der Rechtsordnung über sie nach seinem Belieben verfügen.

² Er hat das Recht, sie von jedem, der sie ihm vorenthält, herauszuverlangen und jede ungerechtfertigte Einwirkung abzuwehren.

A. Inhalt des Eigentums
I. Im Allgemeinen[1]

Art. 641a[2]

¹ Tiere sind keine Sachen.

² Soweit für Tiere keine besonderen Regelungen bestehen, gelten für sie die auf Sachen anwendbaren Vorschriften.

II. Tiere

Art. 642

¹ Wer Eigentümer einer Sache ist, hat das Eigentum an allen ihren Bestandteilen.

² Bestandteil einer Sache ist alles, was nach der am Orte üblichen Auffassung zu ihrem Bestande gehört und ohne ihre Zerstörung, Beschädigung oder Veränderung nicht abgetrennt werden kann.

B. Umfang des Eigentums
I. Bestandteile

Art. 643

¹ Wer Eigentümer einer Sache ist, hat das Eigentum auch an ihren natürlichen Früchten.

² Natürliche Früchte sind die zeitlich wiederkehrenden Erzeugnisse und die Erträgnisse, die nach der üblichen Auffassung von einer Sache ihrer Bestimmung gemäss gewonnen werden.

³ Bis zur Trennung sind die natürlichen Früchte Bestandteil der Sache.

II. Natürliche Früchte

---

[1] Fassung gemäss Ziff. I des BG vom 4. Okt. 2002, in Kraft seit 1. April 2003 (AS **2003** 463 466; BBl **2002** 4164 5806).
[2] Eingefügt durch Ziff. I des BG vom 4. Okt. 2002, in Kraft seit 1. April 2003 (AS **2003** 463 466; BBl **2002** 4164 5806).

Art. 644

III. Zugehör
1. Umschreibung

¹ Die Verfügung über eine Sache bezieht sich, wenn keine Ausnahme gemacht wird, auch auf ihre Zugehör.

² Zugehör sind die beweglichen Sachen, die nach der am Orte üblichen Auffassung oder nach dem klaren Willen des Eigentümers der Hauptsache dauernd für deren Bewirtschaftung, Benutzung oder Verwahrung bestimmt und durch Verbindung, Anpassung oder auf andere Weise in die Beziehung zur Hauptsache gebracht sind, in der sie ihr zu dienen haben.

³ Ist eine Sache Zugehör, so vermag eine vorübergehende Trennung von der Hauptsache ihr diese Eigenschaft nicht zu nehmen.

Art. 645

2. Ausschluss

Zugehör sind niemals solche beweglichen Sachen, die dem Besitzer der Hauptsache nur zum vorübergehenden Gebrauche oder zum Verbrauche dienen, oder die zu der Eigenart der Hauptsache in keiner Beziehung stehen, sowie solche, die nur zur Aufbewahrung oder zum Verkauf oder zur Vermietung mit der Hauptsache in Verbindung gebracht sind.

Art. 646

C. Gemeinschaftliches Eigentum
I. Miteigentum
1. Verhältnis der Miteigentümer

¹ Haben mehrere Personen eine Sache nach Bruchteilen und ohne äusserliche Abteilung in ihrem Eigentum, so sind sie Miteigentümer.

² Ist es nicht anders festgestellt, so sind sie Miteigentümer zu gleichen Teilen.

³ Jeder Miteigentümer hat für seinen Anteil die Rechte und Pflichten eines Eigentümers, und es kann dieser Anteil von ihm veräussert und verpfändet und von seinen Gläubigern gepfändet werden.

Art. 647[1]

2. Nutzungs- und Verwaltungsordnung

¹ Die Miteigentümer können eine von den gesetzlichen Bestimmungen abweichende Nutzungs- und Verwaltungsordnung vereinbaren und im Grundbuch anmerken lassen.

² Nicht aufheben oder beschränken können sie die jedem Miteigentümer zustehenden Befugnisse:

1. zu verlangen, dass die für die Erhaltung des Wertes und der Gebrauchsfähigkeit der Sache notwendigen Verwaltungshandlungen durchgeführt und nötigenfalls vom Gericht angeordnet werden;

---

[1] Fassung gemäss Ziff. I des BG vom 19. Dez. 1963, in Kraft seit 1. Jan. 1965 (AS **1964** 993 1005; BBl **1962** II 1461).

2. von sich aus auf Kosten aller Miteigentümer die Massnahmen zu ergreifen, die sofort getroffen werden müssen, um die Sache vor drohendem oder wachsendem Schaden zu bewahren.

Art. 647a[1]

3. Gewöhnliche Verwaltungshandlungen

[1] Zu den gewöhnlichen Verwaltungshandlungen ist jeder Miteigentümer befugt, insbesondere zur Vornahme von Ausbesserungen, Anbau- und Erntearbeiten, zur kurzfristigen Verwahrung und Aufsicht sowie zum Abschluss der dazu dienenden Verträge und zur Ausübung der Befugnisse, die sich aus ihnen und aus den Miet-, Pacht- und Werkverträgen ergeben, einschliesslich der Bezahlung und Entgegennahme von Geldbeträgen für die Gesamtheit.

[2] Mit Zustimmung der Mehrheit aller Miteigentümer kann die Zuständigkeit zu diesen Verwaltungshandlungen unter Vorbehalt der Bestimmungen des Gesetzes über die notwendigen und dringlichen Massnahmen anders geregelt werden.

Art. 647b[1]

4. Wichtigere Verwaltungshandlungen

[1] Mit Zustimmung der Mehrheit aller Miteigentümer, die zugleich den grösseren Teil der Sache vertritt, können wichtigere Verwaltungshandlungen durchgeführt werden, insbesondere die Änderung der Kulturart oder Benutzungsweise, der Abschluss und die Auflösung von Miet- und Pachtverträgen, die Beteiligung an Bodenverbesserungen und die Bestellung eines Verwalters, dessen Zuständigkeit nicht auf gewöhnliche Verwaltungshandlungen beschränkt ist.

[2] Vorbehalten bleiben die Bestimmungen über die notwendigen baulichen Massnahmen.

Art. 647c[1]

5. Bauliche Massnahmen a. Notwendige

Unterhalts-, Wiederherstellungs- und Erneuerungsarbeiten, die für die Erhaltung des Wertes und der Gebrauchsfähigkeit der Sache nötig sind, können mit Zustimmung der Mehrheit aller Miteigentümer ausgeführt werden, soweit sie nicht als gewöhnliche Verwaltungshandlungen von jedem einzelnen vorgenommen werden dürfen.

Art. 647d[1]

b. Nützliche

[1] Erneuerungs- und Umbauarbeiten, die eine Wertsteigerung oder Verbesserung der Wirtschaftlichkeit oder Gebrauchsfähigkeit der Sache bezwecken, bedürfen der Zustimmung der Mehrheit aller Miteigentümer, die zugleich den grösseren Teil der Sache vertritt.

---

[1] Eingefügt durch Ziff. I des BG vom 19. Dez. 1963, in Kraft seit 1. Jan. 1965 (AS **1964** 993 1005; BBl **1962** II 1461).

² Änderungen, die einem Miteigentümer den Gebrauch oder die Benutzung der Sache zum bisherigen Zweck erheblich und dauernd erschweren oder unwirtschaftlich machen, können nicht ohne seine Zustimmung durchgeführt werden.

³ Verlangt die Änderung von einem Miteigentümer Aufwendungen, die ihm nicht zumutbar sind, insbesondere weil sie in einem Missverhältnis zum Vermögenswert seines Anteils stehen, so kann sie ohne seine Zustimmung nur durchgeführt werden, wenn die übrigen Miteigentümer seinen Kostenanteil auf sich nehmen, soweit er den ihm zumutbaren Betrag übersteigt.

Art. 647e[1]

c. Der Verschönerung und Bequemlichkeit dienende

¹ Bauarbeiten, die lediglich der Verschönerung, der Ansehnlichkeit der Sache oder der Bequemlichkeit im Gebrauch dienen, dürfen nur mit Zustimmung aller Miteigentümer ausgeführt werden.

² Werden solche Arbeiten mit Zustimmung der Mehrheit aller Miteigentümer, die zugleich den grösseren Teil der Sache vertritt, angeordnet, so können sie auch gegen den Willen eines nicht zustimmenden Miteigentümers ausgeführt werden, sofern dieser durch sie in seinem Nutzungs- und Gebrauchsrecht nicht dauernd beeinträchtigt wird, und die übrigen Miteigentümer ihm für eine bloss vorübergehende Beeinträchtigung Ersatz leisten und seinen Kostenanteil übernehmen.

Art. 648[2]

6. Verfügung über die Sache

¹ Jeder Miteigentümer ist befugt, die Sache insoweit zu vertreten, zu gebrauchen und zu nutzen, als es mit den Rechten der andern verträglich ist.

² Zur Veräusserung oder Belastung der Sache sowie zur Veränderung ihrer Zweckbestimmung bedarf es der Übereinstimmung aller Miteigentümer, soweit diese nicht einstimmig eine andere Ordnung vereinbart haben.

³ Bestehen Grundpfandrechte oder Grundlasten an Miteigentumsanteilen, so können die Miteigentümer die Sache selbst nicht mehr mit solchen Rechten belasten.

Art. 649[2]

7. Tragung der Kosten und Lasten

¹ Die Verwaltungskosten, Steuern und anderen Lasten, die aus dem Miteigentum erwachsen oder auf der gemeinschaftlichen Sache ruhen, werden von den Miteigentümern, wo es nicht anders bestimmt ist, im Verhältnis ihrer Anteile getragen.

---

[1] Eingefügt durch Ziff. I des BG vom 19. Dez. 1963, in Kraft seit 1. Jan. 1965 (AS **1964** 993 1005; BBl **1962** II 1461).

[2] Fassung gemäss Ziff. I des BG vom 19. Dez. 1963, in Kraft seit 1. Jan. 1965 (AS **1964** 993 1005; BBl **1962** II 1461).

² Hat ein Miteigentümer solche Ausgaben über diesen Anteil hinaus getragen, so kann er von den anderen nach dem gleichen Verhältnis Ersatz verlangen.

Art. 649a[1)]

Die von den Miteigentümern vereinbarte Nutzungs- und Verwaltungsordnung und die von ihnen gefassten Verwaltungsbeschlüsse sowie die gerichtlichen Urteile und Verfügungen sind auch für den Rechtsnachfolger eines Miteigentümers und für den Erwerber eines dinglichen Rechtes an einem Miteigentumsanteil verbindlich.

8. Eintritt des Erwerbers eines Anteils

Art. 649b[1)]

¹ Der Miteigentümer kann durch gerichtliches Urteil aus der Gemeinschaft ausgeschlossen werden, wenn durch sein Verhalten oder das Verhalten von Personen, denen er den Gebrauch der Sache überlassen oder für die er einzustehen hat, Verpflichtungen gegenüber allen oder einzelnen Mitberechtigten so schwer verletzt werden, dass diesen die Fortsetzung der Gemeinschaft nicht zugemutet werden kann.

² Umfasst die Gemeinschaft nur zwei Miteigentümer, so steht jedem das Klagerecht zu; im übrigen bedarf es zur Klage, wenn nichts anderes vereinbart ist, der Ermächtigung durch einen Mehrheitsbeschluss aller Miteigentümer mit Ausnahme des Beklagten.

³ Erkennt das Gericht auf Ausschluss des Beklagten, so verurteilt es ihn zur Veräusserung seines Anteils und ordnet für den Fall, dass der Anteil nicht binnen der angesetzten Frist veräussert wird, dessen öffentliche Versteigerung nach den Vorschriften über die Zwangsverwertung von Grundstücken an unter Ausschluss der Bestimmungen über die Auflösung des Miteigentumsverhältnisses.

9. Ausschluss aus der Gemeinschaft a. Miteigentümer

Art. 649c[1)]

Die Bestimmungen über den Ausschluss eines Miteigentümers sind auf den Nutzniesser und auf den Inhaber eines anderen dinglichen oder vorgemerkten persönlichen Nutzungsrechtes an einem Miteigentumsanteil sinngemäss anwendbar.

b. Andere Berechtigte

Art. 650[2)]

¹ Jeder Miteigentümer hat das Recht, die Aufhebung des Miteigentums zu verlangen, wenn sie nicht durch ein Rechtsgeschäft, durch Aufteilung zu Stockwerkeigentum oder durch die Bestimmung der Sache für einen dauernden Zweck ausgeschlossen ist.

10. Aufhebung a. Anspruch auf Teilung

[1)] Eingefügt durch Ziff. I des BG vom 19. Dez. 1963, in Kraft seit 1. Jan. 1965 (AS **1964** 993 1005; BBl **1962** II 1461).
[2)] Fassung gemäss Ziff. I des BG vom 19. Dez. 1963, in Kraft seit 1. Jan. 1965 (AS **1964** 993 1005; BBl **1962** II 1461).

² Die Aufhebung kann auf höchstens 30 Jahre durch eine Vereinbarung ausgeschlossen werden, die für Grundstücke zu ihrer Gültigkeit der öffentlichen Beurkundung bedarf und im Grundbuch vorgemerkt werden kann.

³ Die Aufhebung darf nicht zur Unzeit verlangt werden.

Art. 651

b. Art der Teilung

¹ Die Aufhebung erfolgt durch körperliche Teilung, durch Verkauf aus freier Hand oder auf dem Wege der Versteigerung mit Teilung des Erlöses oder durch Übertragung der ganzen Sache auf einen oder mehrere der Miteigentümer unter Auskauf der übrigen.

² Können sich die Miteigentümer über die Art der Aufhebung nicht einigen, so wird nach Anordnung des Gerichts die Sache körperlich geteilt oder, wenn dies ohne wesentliche Verminderung ihres Wertes nicht möglich ist, öffentlich oder unter den Miteigentümern versteigert.

³ Mit der körperlichen Teilung kann bei ungleichen Teilen eine Ausgleichung der Teile in Geld verbunden werden.

Art. 651a[1)]

c. Tiere des häuslichen Bereichs

¹ Bei Tieren, die im häuslichen Bereich und nicht zu Vermögens- oder Erwerbszwecken gehalten werden, spricht das Gericht im Streitfall das Alleineigentum derjenigen Partei zu, die in tierschützerischer Hinsicht dem Tier die bessere Unterbringung gewährleistet.

² Das Gericht kann die Person, die das Tier zugesprochen erhält, zur Leistung einer angemessenen Entschädigung an die Gegenpartei verpflichten; es bestimmt deren Höhe nach freiem Ermessen.

³ Es trifft die nötigen vorsorglichen Massnahmen, namentlich in Bezug auf die vorläufige Unterbringung des Tieres.

Art. 652

II. Gesamteigentum
1. Voraussetzung

Haben mehrere Personen, die durch Gesetzesvorschrift oder Vertrag zu einer Gemeinschaft verbunden sind, eine Sache kraft ihrer Gemeinschaft zu Eigentum, so sind sie Gesamteigentümer, und es geht das Recht eines jeden auf die ganze Sache.

Art. 653

2. Wirkung

¹ Die Rechte und Pflichten der Gesamteigentümer richten sich nach den Regeln, unter denen ihre gesetzliche oder vertragsmässige Gemeinschaft steht.

[1)] Eingefügt durch Ziff. I des BG vom 4. Okt. 2002, in Kraft seit 1. April 2003 (AS **2003** 463 466; BBl **2002** 4164 5806).

² Besteht keine andere Vorschrift, so bedarf es zur Ausübung des Eigentums und insbesondere zur Verfügung über die Sache des einstimmigen Beschlusses aller Gesamteigentümer.

³ Solange die Gemeinschaft dauert, ist ein Recht auf Teilung oder die Verfügung über einen Bruchteil der Sache ausgeschlossen.

Art. 654

¹ Die Aufhebung erfolgt mit der Veräusserung der Sache oder dem Ende der Gemeinschaft.

² Die Teilung geschieht, wo es nicht anders bestimmt ist, nach den Vorschriften über das Miteigentum.

3. Aufhebung

Art. 654a[1)]

Für die Aufhebung von gemeinschaftlichem Eigentum an landwirtschaftlichen Gewerben und Grundstücken gilt zudem das Bundesgesetz vom 4. Oktober 1991[2)] über das bäuerliche Bodenrecht.

III. Gemeinschaftliches Eigentum an landwirtschaftlichen Gewerben und Grundstücken

---

[1)] Eingefügt durch Art. 92 Ziff. 1 des BG vom 4. Okt. 1991, in Kraft seit 1. Jan. 1994 (SR **211.412.11**).
[2)] SR **211.412.11**

Neunzehnter Titel
DAS GRUNDEIGENTUM

Erster Abschnitt
Gegenstand, Erwerb und Verlust des Grundeigentums

Art. 655[1]

A. Gegenstand

¹ Gegenstand des Grundeigentums sind die Grundstücke.
² Grundstücke im Sinne dieses Gesetzes sind:
1. die Liegenschaften;
2. die in das Grundbuch aufgenommenen selbständigen und dauernden Rechte;
3. die Bergwerke;
4. die Miteigentumsanteile an Grundstücken.

Art. 656

B. Erwerb
I. Eintragung

¹ Zum Erwerbe des Grundeigentums bedarf es der Eintragung in das Grundbuch.
² Bei Aneignung, Erbgang, Enteignung, Zwangsvollstreckung oder gerichtlichem Urteil erlangt indessen der Erwerber schon vor der Eintragung das Eigentum, kann aber im Grundbuch erst dann über das Grundstück verfügen, wenn die Eintragung erfolgt ist.

Art. 657

II. Erwerbsarten
1. Übertragung

¹ Der Vertrag auf Eigentumsübertragung bedarf zu seiner Verbindlichkeit der öffentlichen Beurkundung.
² Die Verfügung von Todes wegen und der Ehevertrag bedürfen der im Erbrecht und im ehelichen Güterrecht vorgeschriebenen Formen.

Art. 658

2. Aneignung

¹ Die Aneignung eines im Grundbuch eingetragenen Grundstückes kann nur stattfinden, wenn dieses nach Ausweis des Grundbuches herrenlos ist.
² Die Aneignung von Land, das nicht im Grundbuch aufgenommen ist, steht unter den Bestimmungen über die herrenlosen Sachen.

---

[1] Fassung gemäss Ziff. I des BG vom 19. Dez. 1963, in Kraft seit 1. Jan. 1965 (AS **1964** 993 1005; BBl **1962** II 1461).

Art. 659

¹ Entsteht durch Anschwemmung, Anschüttung, Bodenverschiebung, Veränderungen im Lauf oder Stand eines öffentlichen Gewässers oder in anderer Weise aus herrenlosem Boden der Ausbeutung fähiges Land, so gehört es dem Kanton, in dessen Gebiet es liegt.

² Es steht den Kantonen frei, solches Land den Anstössern zu überlassen.

³ Vermag jemand nachzuweisen, dass Bodenteile seinem Eigentume entrissen worden sind, so kann er sie binnen angemessener Frist zurückholen.

3. Bildung neuen Landes

Art. 660

¹ Bodenverschiebungen von einem Grundstück auf ein anderes bewirken keine Veränderung der Grenzen.

² Bodenteile und andere Gegenstände, die hiebei von dem einen Grundstück auf das andere gelangt sind, unterliegen den Bestimmungen über die zugeführten Sachen oder die Sachverbindungen.

4. Bodenverschiebung
a. Im allgemeinen[1)]

Art. 660a[2)]

¹ Der Grundsatz, wonach Bodenverschiebungen keine Änderung der Grenzen bewirken, gilt nicht für Gebiete mit dauernden Bodenverschiebungen, wenn diese Gebiete vom Kanton als solche bezeichnet worden sind.

² Bei der Bezeichnung der Gebiete ist die Beschaffenheit der betroffenen Grundstücke zu berücksichtigen.

³ Die Zugehörigkeit eines Grundstücks zu einem solchen Gebiet ist in geeigneter Weise den Beteiligten mitzuteilen und im Grundbuch anzumerken.

b. Dauernde

Art. 660b[2)]

¹ Wird eine Grenze wegen einer Bodenverschiebung unzweckmässig, so kann jeder betroffene Grundeigentümer verlangen, dass sie neu festgesetzt wird.

² Ein Mehr- oder Minderwert ist auszugleichen.

c. Neufestsetzung der Grenze

[1)] Fassung gemäss Ziff. I des BG vom 4. Okt. 1991, in Kraft seit 1. Jan. 1994 (AS **1993** 1404 1409; BBl **1988** III 953).
[2)] Eingefügt durch Ziff. I des BG vom 4. Okt. 1991, in Kraft seit 1. Jan. 1994 (AS **1993** 1404 1409; BBl **1988** III 953).

Art. 661

5. Ersitzung
a. Ordentliche Ersitzung

Ist jemand ungerechtfertigt im Grundbuch als Eigentümer eingetragen, so kann sein Eigentum, nachdem er das Grundstück in gutem Glauben zehn Jahre lang ununterbrochen und unangefochten besessen hat, nicht mehr angefochten werden.

Art. 662

b. Ausserordentliche Ersitzung

¹ Besitzt jemand ein Grundstück, das nicht im Grundbuch aufgenommen ist, ununterbrochen und unangefochten während 30 Jahren als sein Eigentum, so kann er verlangen, dass er als Eigentümer eingetragen werde.

² Unter den gleichen Voraussetzungen steht dieses Recht dem Besitzer eines Grundstückes zu, dessen Eigentümer aus dem Grundbuch nicht ersichtlich ist oder bei Beginn der Ersitzungsfrist von 30 Jahren tot oder für verschollen erklärt war.

³ Die Eintragung darf jedoch nur auf Verfügung des Gerichts erfolgen, nachdem binnen einer durch amtliche Auskündung angesetzten Frist kein Einspruch erhoben oder der erfolgte Einspruch abgewiesen worden ist.

Art. 663

c. Fristen

Für die Berechnung der Fristen, die Unterbrechung und den Stillstand der Ersitzung finden die Vorschriften über die Verjährung von Forderungen entsprechende Anwendung.

Art. 664

6. Herrenlose und öffentliche Sachen

¹ Die herrenlosen und die öffentlichen Sachen stehen unter der Hoheit des Staates, in dessen Gebiet sie sich befinden.

² An den öffentlichen Gewässern sowie an dem der Kultur nicht fähigen Lande, wie Felsen und Schutthalden, Firnen und Gletschern, und den daraus entspringenden Quellen besteht unter Vorbehalt anderweitigen Nachweises kein Privateigentum.

³ Das kantonale Recht stellt über die Aneignung des herrenlosen Landes, die Ausbeutung und den Gemeingebrauch der öffentlichen Sachen, wie der Strassen und Plätze, Gewässer und Flussbetten, die erforderlichen Bestimmungen auf.

Art. 665

III. Recht auf Eintragung

¹ Der Erwerbsgrund gibt dem Erwerber gegen den Eigentümer einen persönlichen Anspruch auf Eintragung und bei Weigerung des Eigentümers das Recht auf gerichtliche Zusprechung des Eigentums.

² Bei Aneignung, Erbgang, Enteignung, Zwangsvollstreckung oder Urteil des Gerichts kann der Erwerber die Eintragung von sich aus erwirken.

³ Änderungen am Grundeigentum, die von Gesetzes wegen durch Gütergemeinschaft oder deren Auflösung eintreten, werden auf Anmeldung eines Ehegatten hin im Grundbuch eingetragen.[1]

Art. 666

¹ Das Grundeigentum geht unter mit der Löschung des Eintrages sowie mit dem vollständigen Untergang des Grundstückes.

² Der Zeitpunkt, auf den im Falle der Enteignung der Verlust eintritt, wird durch das Enteignungsrecht des Bundes und der Kantone bestimmt.

C. Verlust

Zweiter Abschnitt
Inhalt und Beschränkung des Grundeigentums

Art. 667

¹ Das Eigentum an Grund und Boden erstreckt sich nach oben und unten auf den Luftraum und das Erdreich, soweit für die Ausübung des Eigentums ein Interesse besteht.

² Es umfasst unter Vorbehalt der gesetzlichen Schranken alle Bauten und Pflanzen sowie die Quellen.

A. Inhalt
I. Umfang

Art. 668

¹ Die Grenzen werden durch die Grundbuchpläne und durch die Abgrenzungen auf dem Grundstücke selbst angegeben.

² Widersprechen sich die bestehenden Grundbuchpläne und die Abgrenzungen, so wird die Richtigkeit der Grundbuchpläne vermutet.

³ Die Vermutung gilt nicht für die vom Kanton bezeichneten Gebiete mit Bodenverschiebungen.[2]

II. Abgrenzung
1. Art der Abgrenzung

Art. 669

Jeder Grundeigentümer ist verpflichtet, auf das Begehren seines Nachbarn zur Feststellung einer ungewissen Grenze mitzuwirken, sei es bei Berichtigung der Grundbuchpläne oder bei Anbringung von Grenzzeichen.

2. Abgrenzungspflicht

---

[1] Fassung gemäss Ziff. I 2 des BG vom 5. Okt. 1984, in Kraft seit 1. Jan. 1988 (AS **1986** 122; SR **210.1** Art. 1; BBl **1979** II 1191).
[2] Eingefügt durch Ziff. I des BG vom 4. Okt. 1991, in Kraft seit 1. Jan. 1994 (AS **1993** 1404 1409; BBl **1988** III 953).

Art. 670

3. Miteigentum an Vorrichtungen zur Abgrenzung

Stehen Vorrichtungen zur Abgrenzung zweier Grundstücke, wie Mauern, Hecken, Zäune, auf der Grenze, so wird Miteigentum der beiden Nachbarn vermutet.

Art. 671

III. Bauten auf dem Grundstück
1. Boden- und Baumaterial
a. Eigentumsverhältnis

¹ Verwendet jemand zu einem Bau auf seinem Boden fremdes Material oder eigenes Material auf fremdem Boden, so wird es Bestandteil des Grundstückes.

² Der Eigentümer des Materials ist jedoch, wenn die Verwendung ohne seinen Willen stattgefunden hat, berechtigt, auf Kosten des Grundeigentümers die Trennung des Materials und dessen Herausgabe zu verlangen, insoweit dies ohne unverhältnismässige Schädigung möglich ist.

³ Unter der gleichen Voraussetzung kann der Grundeigentümer, wenn die Verwendung ohne seinen Willen stattgefunden hat, auf Kosten des Bauenden die Wegschaffung des Materials verlangen.

Art. 672

b. Ersatz

¹ Findet keine Trennung des Materials vom Boden statt, so hat der Grundeigentümer für das Material eine angemessene Entschädigung zu leisten.

² Bei bösem Glauben des bauenden Grundeigentümers kann das Gericht auf vollen Schadenersatz erkennen.

³ Bei bösem Glauben des bauenden Materialeigentümers kann es auch nur dasjenige zusprechen, was der Bau für den Grundeigentümer allermindestens wert ist.

Art. 673

c. Zuweisung des Grundeigentums

Übersteigt der Wert des Baues offenbar den Wert des Bodens, so kann derjenige, der sich in gutem Glauben befindet, verlangen, dass das Eigentum an Bau und Boden gegen angemessene Entschädigung dem Materialeigentümer zugewiesen werde.

Art. 674

2. Überragende Bauten

¹ Bauten und andere Vorrichtungen, die von einem Grundstücke auf ein anderes überragen, verbleiben Bestandteil des Grundstückes, von dem sie ausgehen, wenn dessen Eigentümer auf ihren Bestand ein dingliches Recht hat.

² Das Recht auf den Überbau kann als Dienstbarkeit in das Grundbuch eingetragen werden.

³ Ist ein Überbau unberechtigt, und erhebt der Verletzte, trotzdem dies für ihn erkennbar geworden ist, nicht rechtzeitig Einspruch, so kann, wenn es die Umstände rechtfertigen, dem Überbauenden, der sich in gutem Glauben befindet, gegen angemessene Entschädigung

das dingliche Recht auf den Überbau oder das Eigentum am Boden zugewiesen werden.

Art. 675

¹ Bauwerke und andere Vorrichtungen, die auf fremdem Boden eingegraben, aufgemauert oder sonstwie dauernd auf oder unter der Bodenfläche mit dem Grundstücke verbunden sind, können einen besonderen Eigentümer haben, wenn ihr Bestand als Dienstbarkeit in das Grundbuch eingetragen ist.

² Die Bestellung eines Baurechtes an einzelnen Stockwerken eines Gebäudes ist ausgeschlossen.

3. Baurecht

Art. 676

¹ Leitungen für Wasser, Gas, elektrische Kraft und dergleichen, die sich ausserhalb des Grundstückes befinden, dem sie dienen, werden, wo es nicht anders geordnet ist, als Zugehör des Werkes, von dem sie ausgehen, und als Eigentum des Werkeigentümers betrachtet.

² Soweit nicht das Nachbarrecht Anwendung findet, erfolgt die dingliche Belastung der fremden Grundstücke mit solchen Leitungen durch die Errichtung einer Dienstbarkeit.

³ Die Dienstbarkeit entsteht, wenn die Leitung nicht äusserlich wahrnehmbar ist, mit der Eintragung in das Grundbuch und in den andern Fällen mit der Erstellung der Leitung.

4. Leitungen

Art. 677

¹ Hütten, Buden, Baracken und dergleichen behalten, wenn sie ohne Absicht bleibender Verbindung auf fremdem Boden aufgerichtet sind, ihren besondern Eigentümer.

² Ihr Bestand wird nicht in das Grundbuch eingetragen.

5. Fahrnisbauten

Art. 678

¹ Verwendet jemand fremde Pflanzen auf eigenem Grundstücke, oder eigene Pflanzen auf fremdem Grundstücke, so entstehen die gleichen Rechte und Pflichten wie beim Verwenden von Baumaterial oder bei Fahrnisbauten.

² Eine dem Baurecht entsprechende Dienstbarkeit für einzelne Pflanzen und Anlagen von Pflanzen kann auf mindestens zehn und auf höchstens 100 Jahre errichtet werden.[1]

³ Der belastete Eigentümer kann vor Ablauf der vereinbarten Dauer die Ablösung der Dienstbarkeit verlangen, wenn er mit dem Dienstbarkeitsberechtigten einen Pachtvertrag über die Nutzung des Bodens abgeschlossen hat und dieser Vertrag beendigt wird. Das Ge-

IV. Einpflanzungen auf dem Grundstück

---

[1] Fassung gemäss Ziff. I des BG vom 20. Juni 2003, in Kraft seit 1. Jan. 2004 (AS **2003** 4121; BBl **2002** 4721, **2003** 4530).

richt bestimmt die vermögensrechtlichen Folgen unter Würdigung aller Umstände.[1)]

Art. 679

V. Verantwortlichkeit des Grundeigentümers

Wird jemand dadurch, dass ein Grundeigentümer sein Eigentumsrecht überschreitet, geschädigt oder mit Schaden bedroht, so kann er auf Beseitigung der Schädigung oder auf Schutz gegen drohenden Schaden und auf Schadenersatz klagen.

Art. 680

B. Beschränkungen
I. Im allgemeinen

[1] Die gesetzlichen Eigentumsbeschränkungen bestehen ohne Eintrag im Grundbuch.

[2] Ihre Aufhebung oder Abänderung durch Rechtsgeschäft bedarf zur Gültigkeit der öffentlichen Beurkundung und der Eintragung in das Grundbuch.

[3] Ausgeschlossen ist die Aufhebung oder Abänderung von Eigentumsbeschränkungen öffentlich-rechtlichen Charakters.

Art. 681[2)]

II. Veräusserungsbeschränkungen; gesetzliche Vorkaufsrechte
1. Grundsätze

[1] Gesetzliche Vorkaufsrechte können auch bei der Zwangsversteigerung ausgeübt werden, aber nur an der Steigerung selbst und zu den Bedingungen, zu welchen das Grundstück dem Ersteigerer zugeschlagen wird; im übrigen können die gesetzlichen Vorkaufsrechte unter den Voraussetzungen geltend gemacht werden, die für die vertraglichen Vorkaufsrechte gelten.

[2] Das Vorkaufsrecht entfällt, wenn das Grundstück an eine Person veräussert wird, der ein Vorkaufsrecht im gleichen oder in einem vorderen Rang zusteht.

[3] Gesetzliche Vorkaufsrechte können weder vererbt noch abgetreten werden. Sie gehen den vertraglichen Vorkaufsrechten vor.

Art. 681a[3)]

2. Ausübung

[1] Der Verkäufer muss die Vorkaufsberechtigten über den Abschluss und den Inhalt des Kaufvertrags in Kenntnis setzen.

[2] Will der Vorkaufsberechtigte sein Recht ausüben, so muss er es innert dreier Monate seit Kenntnis von Abschluss und Inhalt des Vertrages geltend machen. Nach Ablauf von zwei Jahren seit der Eintragung des neuen Eigentümers in das Grundbuch kann das Recht nicht mehr geltend gemacht werden.

[1)] Eingefügt durch Ziff. I des BG vom 20. Juni 2003, in Kraft seit 1. Jan. 2004 (AS **2003** 4121; BBl **2002** 4721, **2003** 4530).

[2)] Fassung gemäss Ziff. I des BG vom 4. Okt. 1991, in Kraft seit 1. Jan. 1994 (AS **1993** 1404 1409; BBl **1988** III 953).

[3)] Eingefügt durch Ziff. I des BG vom 4. Okt. 1991, in Kraft seit 1. Jan. 1994 (AS **1993** 1404 1409; BBl **1988** III 953).

³ Der Vorkaufsberechtigte kann seinen Anspruch innerhalb dieser Fristen gegenüber jedem Eigentümer des Grundstücks geltend machen.

Art. 681b[1]

¹ Die Vereinbarung, mit welcher ein gesetzliches Vorkaufsrecht ausgeschlossen oder abgeändert wird, bedarf zu ihrer Gültigkeit der öffentlichen Beurkundung. Sie kann im Grundbuch vorgemerkt werden, wenn das Vorkaufsrecht dem jeweiligen Eigentümer eines andern Grundstücks zusteht.

² Nach Eintritt des Vorkaufsfalls kann der Berechtigte schriftlich auf die Ausübung eines gesetzlichen Vorkaufsrechts verzichten.

3. Abänderung, Verzicht

Art. 682[2]

¹ Miteigentümer haben ein Vorkaufsrecht gegenüber jedem Nichtmiteigentümer, der einen Anteil erwirbt. Machen mehrere Miteigentümer ihr Vorkaufsrecht geltend, so wird ihnen der Anteil im Verhältnis ihrer bisherigen Miteigentumsanteile zugewiesen.[3]

² Ein Vorkaufsrecht gegenüber jedem Erwerber haben auch der Eigentümer eines Grundstückes, das mit einem selbständigen und dauernden Baurecht belastet ist, an diesem Recht und der Inhaber dieses Rechts am belasteten Grundstück, soweit dieses durch die Ausübung seines Rechtes in Anspruch genommen wird.

³ ...[4]

4. Im Miteigentums- und im Baurechts- verhältnis[3]

Art. 682a[5]

Für die Vorkaufsrechte an landwirtschaftlichen Gewerben und Grundstücken gilt zudem das Bundesgesetz vom 4. Oktober 1991[6] über das bäuerliche Bodenrecht.

5. Vorkaufsrecht an landwirtschaftlichen Gewerben und Grundstücken

Art. 683[4]

---

[1] Eingefügt durch Ziff. I des BG vom 4. Okt. 1991, in Kraft seit 1. Jan. 1994 (AS **1993** 1404 1409; BBl **1988** III 953).
[2] Fassung gemäss Ziff. I des BG vom 19. Dez. 1963, in Kraft seit 1. Jan. 1965 (AS **1964** 993 1005; BBl **1962** II 1461).
[3] Fassung gemäss Ziff. I des BG vom 4. Okt. 1991, in Kraft seit 1. Jan. 1994 (AS **1993** 1404 1409; BBl **1988** III 953).
[4] Aufgehoben durch Ziff. I des BG vom 4. Okt. 1991 (AS **1993** 1404; BBl **1988** III 953).
[5] Eingefügt durch Art. 92 Ziff. 1 des BG vom 4. Okt. 1991, in Kraft seit 1. Jan. 1994 (SR **211.412.11**).
[6] SR **211.412.11**

Art. 684

III. Nachbarrecht
1. Art der Bewirtschaftung

¹ Jedermann ist verpflichtet, bei der Ausübung seines Eigentums, wie namentlich bei dem Betrieb eines Gewerbes auf seinem Grundstück, sich aller übermässigen Einwirkung auf das Eigentum der Nachbarn zu enthalten.

² Verboten sind insbesondere alle schädlichen und nach Lage und Beschaffenheit der Grundstücke oder nach Ortsgebrauch nicht gerechtfertigten Einwirkungen durch Rauch oder Russ, lästige Dünste, Lärm oder Erschütterung.

Art. 685

2. Graben und Bauen
a. Regel

¹ Bei Grabungen und Bauten darf der Eigentümer die nachbarlichen Grundstücke nicht dadurch schädigen, dass er ihr Erdreich in Bewegung bringt oder gefährdet oder vorhandene Vorrichtungen beeinträchtigt.

² Auf Bauten, die den Vorschriften des Nachbarrechtes zuwiderlaufen, finden die Bestimmungen betreffend überragende Bauten Anwendung.

Art. 686

b. Kantonale Vorschriften

¹ Die Kantone sind befugt, die Abstände festzusetzen, die bei Grabungen und Bauten zu beobachten sind.

² Es bleibt ihnen vorbehalten, weitere Bauvorschriften aufzustellen.

Art. 687

3. Pflanzen
a. Regel

¹ Überragende Äste und eindringende Wurzeln kann der Nachbar, wenn sie sein Eigentum schädigen und auf seine Beschwerde hin nicht binnen angemessener Frist beseitigt werden, kappen und für sich behalten.

² Duldet ein Grundeigentümer das Überragen von Ästen auf bebauten oder überbauten Boden, so hat er ein Recht auf die an ihnen wachsenden Früchte (Anries).

³ Auf Waldgrundstücke, die aneinander grenzen, finden diese Vorschriften keine Anwendung.

Art. 688

b. Kantonale Vorschriften

Die Kantone sind befugt, für Anpflanzungen je nach der Art des Grundstückes und der Pflanzen bestimmte Abstände vom nachbarlichen Grundstück vorzuschreiben oder den Grundeigentümer zu verpflichten, das Übergreifen von Ästen oder Wurzeln fruchttragender Bäume zu gestatten und für diese Fälle das Anries zu regeln oder aufzuheben.

Art. 689

¹ Jeder Grundeigentümer ist verpflichtet, das Wasser, das von dem oberhalb liegenden Grundstück natürlicherweise abfliesst, aufzunehmen, wie namentlich Regenwasser, Schneeschmelze und Wasser von Quellen, die nicht gefasst sind.

² Keiner darf den natürlichen Ablauf zum Schaden des Nachbarn verändern.

³ Das für das untere Grundstück nötige Abwasser darf diesem nur insoweit entzogen werden, als es für das obere Grundstück unentbehrlich ist.

4. Wasserablauf

Art. 690

¹ Bei Entwässerungen hat der Eigentümer des unterhalb liegenden Grundstückes das Wasser, das ihm schon vorher auf natürliche Weise zugeflossen ist, ohne Entschädigung abzunehmen.

² Wird er durch die Zuleitung geschädigt, so kann er verlangen, dass der obere Eigentümer die Leitung auf eigene Kosten durch das untere Grundstück weiter führe.

5. Entwässerungen

Art. 691

¹ Jeder Grundeigentümer ist gehalten, die Durchleitung von Brunnen, Drainierröhren, Gasröhren und dergleichen sowie von elektrischen ober- oder unterirdischen Leitungen gegen vorgängigen vollen Ersatz des dadurch verursachten Schadens zu gestatten, insofern sich die Leitung ohne Inanspruchnahme seines Grundstückes gar nicht oder nur mit unverhältnismässigen Kosten durchführen lässt.

² Das Recht auf Durchleitung aus Nachbarrecht kann in den Fällen nicht beansprucht werden, in denen das kantonale Recht oder das Bundesrecht auf den Weg der Enteignung verweist.

³ Solche Durchleitungen werden, wenn es der Berechtigte verlangt, auf seine Kosten in das Grundbuch eingetragen.

6. Durchleitungen
a. Pflicht zur Duldung

Art. 692

¹ Der belastete Grundeigentümer hat Anspruch darauf, dass auf seine Interessen in billiger Weise Rücksicht genommen werde.

² Wo ausserordentliche Umstände es rechtfertigen, kann er bei oberirdischen Leitungen verlangen, dass ihm das Stück Land, über das diese Leitungen geführt werden sollen, in angemessenem Umfange gegen volle Entschädigung abgenommen werde.

b. Wahrung der Interessen des Belasteten

Art. 693

c. Änderung der Verhältnisse

¹ Ändern sich die Verhältnisse, so kann der Belastete eine seinen Interessen entsprechende Verlegung der Leitung verlangen.

² Die Kosten der Verlegung hat in der Regel der Berechtigte zu tragen.

³ Wo besondere Umstände es rechtfertigen, kann jedoch ein angemessener Teil der Kosten dem Belasteten auferlegt werden.

Art. 694

7. Wegrechte
a. Notweg

¹ Hat ein Grundeigentümer keinen genügenden Weg von seinem Grundstück auf eine öffentliche Strasse, so kann er beanspruchen, dass ihm die Nachbarn gegen volle Entschädigung einen Notweg einräumen.

² Der Anspruch richtet sich in erster Linie gegen den Nachbarn, dem die Gewährung des Notweges der früheren Eigentums- und Wegeverhältnisse wegen am ehesten zugemutet werden darf, und im weitern gegen denjenigen, für den der Notweg am wenigsten schädlich ist.

³ Bei der Festsetzung des Notweges ist auf die beidseitigen Interessen Rücksicht zu nehmen.

Art. 695

b. Andere Wegrechte

Den Kantonen bleibt es vorbehalten, über die Befugnis des Grundeigentümers, zum Zwecke der Bewirtschaftung oder Vornahme von Ausbesserungen und Bauten das nachbarliche Grundstück zu betreten, sowie über das Streck- oder Tretrecht, den Tränkweg, Winterweg, Brachweg, Holzlass, Reistweg und dergleichen nähere Vorschriften aufzustellen.

Art. 696

c. Anmerkung im Grundbuch

¹ Wegrechte, die das Gesetz unmittelbar begründet, bestehen ohne Eintragung zu Recht.

² Sie werden jedoch, wenn sie von bleibendem Bestande sind, im Grundbuche angemerkt.

Art. 697

8. Einfriedigung

¹ Die Kosten der Einfriedigung eines Grundstückes trägt dessen Eigentümer, unter Vorbehalt der Bestimmungen über das Miteigentum an Grenzvorrichtungen.

² In bezug auf die Pflicht und die Art der Einfriedigung bleibt das kantonale Recht vorbehalten.

Art. 698

9. Unterhaltspflicht

An die Kosten der Vorrichtungen zur Ausübung der nachbarrechtlichen Befugnisse haben die Grundeigentümer im Verhältnis ihres Interesses beizutragen.

Art. 699

¹ Das Betreten von Wald und Weide und die Aneignung wildwachsender Beeren, Pilze und dergleichen sind in ortsüblichem Umfange jedermann gestattet, soweit nicht im Interesse der Kulturen seitens der zuständigen Behörde einzelne bestimmt umgrenzte Verbote erlassen werden.

² Über das Betreten fremden Eigentums zur Ausübung von Jagd und Fischerei kann das kantonale Recht nähere Vorschriften aufstellen.

IV. Recht auf Zutritt und Abwehr
1. Zutritt

Art. 700

¹ Werden Sachen durch Wasser, Wind, Lawinen oder andere Naturgewalt oder zufällige Ereignisse auf ein fremdes Grundstück gebracht, oder geraten Tiere, wie Gross- und Kleinvieh, Bienenschwärme, Geflügel und Fische, auf fremden Boden, so hat der Grundeigentümer dem Berechtigten deren Aufsuchung und Wegschaffung zu gestatten.

² Für den hieraus entstehenden Schaden kann er Ersatz verlangen und hat hiefür an diesen Sachen ein Retentionsrecht.

2. Wegschaffung zugeführter Sachen und dergleichen

Art. 701

¹ Kann jemand einen drohenden Schaden oder eine gegenwärtige Gefahr nur dadurch von sich oder andern abwenden, dass er in das Grundeigentum eines Dritten eingreift, so ist dieser verpflichtet, den Eingriff zu dulden, sobald Gefahr oder Schaden ungleich grösser sind als die durch den Eingriff entstehende Beeinträchtigung.

² Für den hieraus entstehenden Schaden ist angemessener Ersatz zu leisten.

3. Abwehr von Gefahr und Schaden

Art. 702

Dem Bunde, den Kantonen und den Gemeinden bleibt es vorbehalten, Beschränkungen des Grundeigentums zum allgemeinen Wohl aufzustellen, wie namentlich betreffend die Bau-, Feuer- und Gesundheitspolizei, das Forst- und Strassenwesen, den Reckweg, die Errichtung von Grenzmarken und Vermessungszeichen, die Bodenverbesserungen, die Zerstückelung der Güter, die Zusammenlegung von ländlichen Fluren und von Baugebiet, die Erhaltung von Altertümern und Naturdenkmälern, die Sicherung der Landschaften und Aussichtspunkte vor Verunstaltung und den Schutz von Heilquellen.

V. Öffentlich-rechtliche Beschränkungen
1. Im allgemeinen

Art. 703[1]

2. Boden-
verbesserungen

¹ Können Bodenverbesserungen, wie Gewässerkorrektionen, Entwässerungen, Bewässerungen, Aufforstungen, Weganlagen, Güterzusammenlegungen und dergleichen, nur durch ein gemeinschaftliches Unternehmen ausgeführt werden, und hat die Mehrheit der beteiligten Grundeigentümer, denen zugleich mehr als die Hälfte des beteiligten Bodens gehört, dem Unternehmen zugestimmt, so sind die übrigen Grundeigentümer zum Beitritt verpflichtet. Die an der Beschlussfassung nicht mitwirkenden Grundeigentümer gelten als zustimmend. Der Beitritt ist im Grundbuch anzumerken.

² Die Kantone ordnen das Verfahren. Sie haben insbesondere für Güterzusammenlegungen eine einlässliche Ordnung zu treffen.

³ Die kantonale Gesetzgebung kann die Durchführung solcher Bodenverbesserungen noch weiter erleichtern und die entsprechenden Vorschriften auf Baugebiete und Gebiete mit dauernden Bodenverschiebungen anwendbar erklären.[2]

Art. 704

C. Rechte an
Quellen und
Brunnen
I. Quelleneigentum
und Quellenrecht

¹ Quellen sind Bestandteile der Grundstücke und können nur zugleich mit dem Boden, dem sie entspringen, zu Eigentum erworben werden.

² Das Recht an Quellen auf fremdem Boden wird als Dienstbarkeit durch Eintragung in das Grundbuch begründet.

³ Das Grundwasser ist den Quellen gleichgestellt.

Art. 705

II. Ableitung
von Quellen

¹ Durch das kantonale Recht kann zur Wahrung des allgemeinen Wohles die Fortleitung von Quellen geordnet, beschränkt oder untersagt werden.

² Ergeben sich hieraus Anstände unter Kantonen, so entscheidet darüber endgültig der Bundesrat.

Art. 706

III. Abgraben von
Quellen
1. Schadenersatz

¹ Werden Quellen und Brunnen, die in erheblicher Weise benutzt oder zum Zwecke der Verwertung gefasst worden sind, zum Nachteil des Eigentümers oder Nutzungsberechtigten durch Bauten, Anlagen oder Vorkehrungen anderer Art abgegraben, beeinträchtigt oder verunreinigt, so kann dafür Schadenersatz verlangt werden.

---

[1] Fassung gemäss Art. 121 des Landwirtschaftsgesetzes, in Kraft seit 1. Jan. 1954 (SR **910.1**).
[2] Fassung gemäss Ziff. I des BG vom 4. Okt. 1991, in Kraft seit 1. Jan. 1994 (AS **1993** 1404 1409; BBl **1988** III 953).

² Ist der Schaden weder absichtlich noch fahrlässig zugefügt oder trifft den Beschädigten selbst ein Verschulden, so bestimmt das Gericht nach seinem Ermessen, ob, in welchem Umfange und in welcher Weise Ersatz zu leisten ist.

Art. 707
¹ Werden Quellen und Brunnen, die für die Bewirtschaftung oder Bewohnung eines Grundstückes oder für Trinkwasserversorgungen unentbehrlich sind, abgegraben oder verunreinigt, so kann, soweit überhaupt möglich, die Wiederherstellung des früheren Zustandes verlangt werden.
² In den andern Fällen kann diese Wiederherstellung nur verlangt werden, wo besondere Umstände sie rechtfertigen.

2. Wiederherstellung

Art. 708
¹ Bilden benachbarte Quellen verschiedener Eigentümer als Ausfluss eines gemeinsamen Sammelgebietes zusammen eine Quellengruppe, so kann jeder Eigentümer beantragen, dass sie gemeinschaftlich gefasst und den Berechtigten im Verhältnis der bisherigen Quellenstärke zugeleitet werden.
² Die Kosten der gemeinschaftlichen Anlage tragen die Berechtigten im Verhältnis ihres Interesses.
³ Widersetzt sich einer der Berechtigten, so ist jeder von ihnen zur ordnungsgemässen Fassung und Ableitung seiner Quelle auch dann befugt, wenn die Stärke der anderen Quellen dadurch beeinträchtigt wird, und hat hiefür nur insoweit Ersatz zu leisten, als seine Quelle durch die neuen Vorrichtungen verstärkt worden ist.

IV. Quellengemeinschaft

Art. 709
Den Kantonen bleibt es vorbehalten, zu bestimmen, in welchem Umfange Quellen, Brunnen und Bäche, die sich in Privateigentum befinden, auch von den Nachbarn und von andern Personen zum Wasserholen, Tränken und dergleichen benutzt werden dürfen.

V. Benutzung von Quellen

Art. 710
¹ Entbehrt ein Grundstück des für Haus und Hof notwendigen Wassers und lässt sich dieses ohne ganz unverhältnismässige Mühe und Kosten nicht von anderswo herleiten, so kann der Eigentümer vom Nachbarn, der ohne eigene Not ihm solches abzugeben vermag, gegen volle Entschädigung die Abtretung eines Anteils an Brunnen oder Quellen verlangen.
² Bei der Festsetzung des Notbrunnens ist vorzugsweise auf das Interesse des zur Abgabe Verpflichteten Rücksicht zu nehmen.
³ Ändern sich die Verhältnisse, so kann eine Abänderung der getroffenen Ordnung verlangt werden.

VI. Notbrunnen

Art. 711

VII. Pflicht zur Abtretung
1. Des Wassers

¹ Sind Quellen, Brunnen oder Bäche ihrem Eigentümer von keinem oder im Verhältnis zu ihrer Verwertbarkeit von ganz geringem Nutzen, so kann vom Eigentümer verlangt werden, dass er sie gegen volle Entschädigung für Trinkwasserversorgungen, Hydrantenanlagen oder andere Unternehmungen des allgemeinen Wohles abtrete.

² Diese Entschädigung kann in der Zuleitung von Wasser aus der neuen Anlage bestehen.

Art. 712

2. Des Bodens

Eigentümer von Trinkwasserversorgungen können auf dem Wege der Enteignung die Abtretung des umliegenden Bodens verlangen, soweit es zum Schutz ihrer Quellen gegen Verunreinigung notwendig ist.

Dritter Abschnitt
Das Stockwerkeigentum[1])

Art. 712a

A. Inhalt und Gegenstand
I. Inhalt

¹ Stockwerkeigentum ist der Miteigentumsanteil an einem Grundstück, der dem Miteigentümer das Sonderrecht gibt, bestimmte Teile eines Gebäudes ausschliesslich zu benutzen und innen auszubauen.

² Der Stockwerkeigentümer ist in der Verwaltung, Benutzung und baulichen Ausgestaltung seiner eigenen Räume frei, darf jedoch keinem anderen Stockwerkeigentümer die Ausübung des gleichen Rechtes erschweren und die gemeinschaftlichen Bauteile, Anlagen und Einrichtungen in keiner Weise beschädigen oder in ihrer Funktion und äusseren Erscheinung beeinträchtigen.

³ Er ist verpflichtet, seine Räume so zu unterhalten, wie es zur Erhaltung des Gebäudes in einwandfreiem Zustand und gutem Aussehen erforderlich ist.

Art. 712b

II. Gegenstand

¹ Gegenstand des Sonderrechts können einzelne Stockwerke oder Teile von Stockwerken sein, die als Wohnungen oder als Einheiten von Räumen zu geschäftlichen oder anderen Zwecken mit eigenem Zugang in sich abgeschlossen sein müssen, aber getrennte Nebenräume umfassen können.

---

[1]) Eingefügt durch Ziff. II des BG vom 19. Dez. 1963, in Kraft seit 1. Jan. 1965 (AS **1964** 993 1005; BBl **1962** II 1461).

² Dem Stockwerkeigentümer können nicht zu Sonderrecht zugeschieden werden:
1. der Boden der Liegenschaft und das Baurecht, kraft dessen gegebenenfalls das Gebäude erstellt wird;
2. die Bauteile, die für den Bestand, die konstruktive Gliederung und Festigkeit des Gebäudes oder der Räume anderer Stockwerkeigentümer von Bedeutung sind oder die äussere Gestalt und das Aussehen des Gebäudes bestimmen;
3. die Anlagen und Einrichtungen, die auch den andern Stockwerkeigentümern für die Benutzung ihrer Räume dienen.

³ Andere Bestandteile des Gebäudes können im Begründungsakt und in gleicher Form auch durch nachherige Vereinbarung der Stockwerkeigentümer als gemeinschaftlich erklärt werden; ist dies nicht geschehen, so gilt die Vermutung, dass sie zu Sonderrecht ausgeschieden sind.

Art. 712c

¹ Von Gesetzes wegen hat der Stockwerkeigentümer kein Vorkaufsrecht gegenüber jedem Dritten, der einen Anteil erwirbt, doch kann es im Begründungsakt oder durch nachherige Vereinbarung errichtet und im Grundbuch vorgemerkt werden.

III. Verfügung

² In gleicher Weise kann bestimmt werden, dass die Veräusserung eines Stockwerkes, dessen Belastung mit einer Nutzniessung oder einem Wohnrecht sowie die Vermietung nur rechtsgültig ist, wenn die übrigen Stockwerkeigentümer dagegen nicht auf Grund eines von ihnen gefassten Beschlusses binnen 14 Tagen seit der ihnen gemachten Mitteilung Einsprache erhoben haben.

³ Die Einsprache ist unwirksam, wenn sie ohne wichtigen Grund erhoben worden ist, worüber auf Begehren des Einspruchsgegners das Gericht im summarischen Verfahren entscheidet.

Art. 712d

¹ Das Stockwerkeigentum wird durch Eintragung im Grundbuch begründet.

B. Begründung und Untergang
I. Begründungsakt

² Die Eintragung kann verlangt werden:
1. auf Grund eines Vertrages der Miteigentümer über die Ausgestaltung ihrer Anteile zu Stockwerkeigentum;
2. auf Grund einer Erklärung des Eigentümers der Liegenschaft oder des Inhabers eines selbständigen und dauernden Baurechtes über die Bildung von Miteigentumsanteilen und deren Ausgestaltung zu Stockwerkeigentum.

³ Das Rechtsgeschäft bedarf zu seiner Gültigkeit der öffentlichen Beurkundung oder, wenn es eine Verfügung von Todes wegen oder ein Erbteilungsvertrag ist, der im Erbrecht vorgeschriebenen Form.

Art. 712e

II. Wertquoten

¹ Im Begründungsakt ist ausser der räumlichen Ausscheidung der Anteil eines jeden Stockwerkes in Hundertsteln oder Tausendsteln des Wertes der Liegenschaft oder des Baurechts anzugeben.

² Änderungen der Wertquoten bedürfen der Zustimmung aller unmittelbar Beteiligten und der Genehmigung der Versammlung der Stockwerkeigentümer; doch hat jeder Stockwerkeigentümer Anspruch auf Berichtigung, wenn seine Quote aus Irrtum unrichtig festgesetzt wurde oder infolge von baulichen Veränderungen des Gebäudes oder seiner Umgebung unrichtig geworden ist.

Art. 712f

III. Untergang

¹ Das Stockwerkeigentum endigt mit dem Untergang der Liegenschaft oder des Baurechtes und mit der Löschung im Grundbuch.

² Die Löschung kann auf Grund einer Aufhebungsvereinbarung und ohne solche von einem Stockwerkeigentümer, der alle Anteile in seiner Hand vereinigt, verlangt werden, bedarf jedoch der Zustimmung der an den einzelnen Stockwerken dinglich berechtigten Personen, deren Rechte nicht ohne Nachteil auf das ganze Grundstück übertragen werden können.

³ Die Aufhebung kann von jedem Stockwerkeigentümer verlangt werden, wenn das Gebäude zu mehr als der Hälfte seines Wertes zerstört und der Wiederaufbau nicht ohne eine für ihn schwer tragbare Belastung durchführbar ist; doch können die Stockwerkeigentümer, welche die Gemeinschaft fortsetzen wollen, die Aufhebung durch Abfindung der übrigen abwenden.

Art. 712g

C. Verwaltung und Benutzung
I. Die anwendbaren Bestimmungen

¹ Für die Zuständigkeit zu Verwaltungshandlungen und baulichen Massnahmen gelten die Bestimmungen über das Miteigentum.

² Soweit diese Bestimmungen es nicht selber ausschliessen, können sie durch eine andere Ordnung ersetzt werden, jedoch nur im Begründungsakt oder mit einstimmigem Beschluss aller Stockwerkeigentümer.

³ Im übrigen kann jeder Stockwerkeigentümer verlangen, dass ein Reglement über die Verwaltung und Benutzung aufgestellt und im Grundbuch angemerkt werde, das zu seiner Verbindlichkeit der Annahme durch Beschluss mit der Mehrheit der Stockwerkeigentümer, die zugleich zu mehr als der Hälfte anteilsberechtigt ist, bedarf und mit dieser Mehrheit, auch wenn es im Begründungsvertrag aufgestellt worden ist, geändert werden kann.

Art. 712h

¹ Die Stockwerkeigentümer haben an die Lasten des gemeinschaftlichen Eigentums und an die Kosten der gemeinschaftlichen Verwaltung Beiträge nach Massgabe ihrer Wertquoten zu leisten.

² Solche Lasten und Kosten sind namentlich:

1. die Auslagen für den laufenden Unterhalt, für Reparaturen und Erneuerungen der gemeinschaftlichen Teile des Grundstückes und Gebäudes sowie der gemeinschaftlichen Anlagen und Einrichtungen;
2. die Kosten der Verwaltungstätigkeit einschliesslich der Entschädigung des Verwalters;
3. die den Stockwerkeigentümern insgesamt auferlegten öffentlichrechtlichen Beiträge und Steuern;
4. die Zins und Amortisationszahlungen an Pfandgläubiger, denen die Liegenschaft haftet oder denen sich die Stockwerkeigentümer solidarisch verpflichtet haben.

³ Dienen bestimmte gemeinschaftliche Bauteile, Anlagen oder Einrichtungen einzelnen Stockwerkeinheiten nicht oder nur in ganz geringem Masse, so ist dies bei der Verteilung der Kosten zu berücksichtigen.

II. Gemeinschaftliche Kosten und Lasten
1. Bestand und Verteilung

Art. 712i

¹ Die Gemeinschaft hat für die auf die letzten drei Jahre entfallenden Beitragsforderungen Anspruch gegenüber jedem jeweiligen Stockwerkeigentümer auf Errichtung eines Pfandrechtes an dessen Anteil.

² Die Eintragung kann vom Verwalter oder, wenn ein solcher nicht bestellt ist, von jedem dazu durch Mehrheitsbeschluss oder durch das Gericht ermächtigten Stockwerkeigentümer und vom Gläubiger, für den die Beitragsforderung gepfändet ist, verlangt werden.

³ Im übrigen sind die Bestimmungen über die Errichtung des Bauhandwerkerpfandrechts sinngemäss anwendbar.

2. Haftung für Beiträge
a. Gesetzliches Pfandrecht

Art. 712k

Die Gemeinschaft hat für die auf die letzten drei Jahre entfallenden Beitragsforderungen an den beweglichen Sachen, die sich in den Räumen eines Stockwerkeigentümers befinden und zu deren Einrichtung oder Benutzung gehören, ein Retentionsrecht wie ein Vermieter.

b. Retentionsrecht

Art. 712l

¹ Unter ihrem eigenen Namen erwirbt die Gemeinschaft das sich aus ihrer Verwaltungstätigkeit ergebende Vermögen, wie namentlich die Beitragsforderungen und die aus ihnen erzielten verfügbaren Mittel, wie den Erneuerungsfonds.

III. Handlungsfähigkeit der Gemeinschaft

² Die Gemeinschaft der Stockwerkeigentümer kann unter ihrem Namen klagen und betreiben sowie beklagt und betrieben werden.[1)]

Art. 712m

D. Organisation
I. Versammlung der Stockwerkeigentümer
1. Zuständigkeit und rechtliche Stellung

¹ Ausser den in andern Bestimmungen genannten hat die Versammlung der Stockwerkeigentümer insbesondere die folgenden Befugnisse:
1. in allen Verwaltungsangelegenheiten, die nicht dem Verwalter zustehen, zu entscheiden;
2. den Verwalter zu bestellen und die Aufsicht über dessen Tätigkeit zu führen;
3. einen Ausschuss oder einen Abgeordneten zu wählen, dem sie Verwaltungsangelegenheiten übertragen kann, wie namentlich die Aufgabe, dem Verwalter beratend zur Seite zu stehen, dessen Geschäftsführung zu prüfen und der Versammlung darüber Bericht zu erstatten und Antrag zu stellen;
4. jährlich den Kostenvoranschlag, die Rechnung und die Verteilung der Kosten unter den Eigentümern zu genehmigen;
5. über die Schaffung eines Erneuerungsfonds für Unterhalts- und Erneuerungsarbeiten zu befinden;
6. das Gebäude gegen Feuer und andere Gefahren zu versichern und die üblichen Haftpflichtversicherungen abzuschliessen, ferner den Stockwerkeigentümer, der seine Räume mit ausserordentlichen Aufwendungen baulich ausgestaltet hat, zur Leistung eines zusätzlichen Prämienanteils zu verpflichten, wenn er nicht eine Zusatzversicherung auf eigene Rechnung abschliesst.

² Soweit das Gesetz nicht besondere Bestimmungen enthält, finden auf die Versammlung der Stockwerkeigentümer und auf den Ausschuss die Vorschriften über die Organe des Vereins und über die Anfechtung von Vereinsbeschlüssen Anwendung.

Art. 712n

2. Einberufung und Leitung

¹ Die Versammlung der Stockwerkeigentümer wird vom Verwalter einberufen und geleitet, wenn sie nicht anders beschlossen hat.

² Die Beschlüsse sind zu protokollieren, und das Protokoll ist vom Verwalter oder von dem den Vorsitz führenden Stockwerkeigentümer aufzubewahren.

[1)] Fassung gemäss Anhang Ziff. 2 des Gerichtsstandsgesetzes vom 24. März 2000, in Kraft seit 1. Jan. 2001 (SR **272**).

Art. 712o

¹ Mehrere Personen, denen ein Stockwerk gemeinschaftlich zusteht, haben nur eine Stimme, die sie durch einen Vertreter abgeben.

² Ebenso haben sich der Eigentümer und der Nutzniesser eines Stockwerkes über die Ausübung des Stimmrechtes zu verständigen, ansonst der Nutzniesser in allen Fragen der Verwaltung mit Ausnahme der bloss nützlichen oder der Verschönerung und Bequemlichkeit dienenden baulichen Massnahmen als stimmberechtigt gilt.

3. Ausübung des Stimmrechtes

Art. 712p

¹ Die Versammlung der Stockwerkeigentümer ist beschlussfähig, wenn die Hälfte aller Stockwerkeigentümer, die zugleich zur Hälfte anteilsberechtigt ist, mindestens aber zwei Stockwerkeigentümer, anwesend oder vertreten sind.

² Für den Fall der ungenügenden Beteiligung ist eine zweite Versammlung einzuberufen, die nicht vor Ablauf von zehn Tagen seit der ersten stattfinden darf.

³ Die zweite Versammlung ist beschlussfähig, wenn der dritte Teil aller Stockwerkeigentümer, mindestens aber zwei, anwesend oder vertreten sind.

4. Beschlussfähigkeit

Art. 712q

¹ Kommt die Bestellung des Verwalters durch die Versammlung der Stockwerkeigentümer nicht zustande, so kann jeder Stockwerkeigentümer die Ernennung des Verwalters durch das Gericht verlangen.

² Das gleiche Recht steht auch demjenigen zu, der ein berechtigtes Interesse daran hat, wie dem Pfandgläubiger und dem Versicherer.

II. Der Verwalter
1. Bestellung

Art. 712r

¹ Durch Beschluss der Versammlung der Stockwerkeigentümer kann der Verwalter unter Vorbehalt allfälliger Entschädigungsansprüche jederzeit abberufen werden.

² Lehnt die Versammlung der Stockwerkeigentümer die Abberufung des Verwalters unter Missachtung wichtiger Gründe ab, so kann jeder Stockwerkeigentümer binnen Monatsfrist die gerichtliche Abberufung verlangen.

³ Ein Verwalter, der vom Gericht eingesetzt wurde, kann ohne dessen Bewilligung vor Ablauf der Zeit, für die er eingesetzt ist, nicht abberufen werden.

2. Abberufung

Art. 712s

3. Aufgaben
a. Ausführung der Bestimmungen und Beschlüsse über die Verwaltung und Benutzung

¹ Der Verwalter vollzieht alle Handlungen der gemeinschaftlichen Verwaltung gemäss den Vorschriften des Gesetzes und des Reglementes sowie gemäss den Beschlüssen der Versammlung der Stockwerkeigentümer und trifft von sich aus alle dringlichen Massnahmen zur Abwehr oder Beseitigung von Schädigungen.

² Er verteilt die gemeinschaftlichen Kosten und Lasten auf die einzelnen Stockwerkeigentümer, stellt ihnen Rechnung, zieht ihre Beiträge ein und besorgt die Verwaltung und bestimmungsgemässe Verwendung der vorhandenen Geldmittel.

³ Er wacht darüber, dass in der Ausübung der Sonderrechte und in der Benutzung der gemeinschaftlichen Teile des Grundstückes und Gebäudes sowie der gemeinschaftlichen Einrichtungen die Vorschriften des Gesetzes, des Reglementes und der Hausordnung befolgt werden.

Art. 712t

b. Vertretung nach aussen

¹ Der Verwalter vertritt in allen Angelegenheiten der gemeinschaftlichen Verwaltung, die in den Bereich seiner gesetzlichen Aufgaben fallen, sowohl die Gemeinschaft als auch die Stockwerkeigentümer nach aussen.

² Zur Führung eines anzuhebenden oder vom Gegner eingeleiteten Zivilprozesses bedarf der Verwalter ausserhalb des summarischen Verfahrens der vorgängigen Ermächtigung durch die Versammlung der Stockwerkeigentümer, unter Vorbehalt dringender Fälle, in denen die Ermächtigung nachgeholt werden kann.

³ An die Stockwerkeigentümer insgesamt gerichtete Erklärungen, Aufforderungen, Urteile und Verfügungen können durch Zustellung an den Verwalter an seinem Wohnsitz oder am Ort der gelegenen Sache wirksam mitgeteilt werden.

Zwanzigster Titel
DAS FAHRNISEIGENTUM

Art. 713

Gegenstand des Fahrniseigentums sind die ihrer Natur nach beweglichen körperlichen Sachen sowie die Naturkräfte, die der rechtlichen Herrschaft unterworfen werden können und nicht zu den Grundstücken gehören.

A. Gegenstand

Art. 714

[1] Zur Übertragung des Fahrniseigentums bedarf es des Überganges des Besitzes auf den Erwerber.

[2] Wer in gutem Glauben eine bewegliche Sache zu Eigentum übertragen erhält, wird, auch wenn der Veräusserer zur Eigentumsübertragung nicht befugt ist, deren Eigentümer, sobald er nach den Besitzesregeln im Besitze der Sache geschützt ist.

B. Erwerbsarten
I. Übertragung
1. Besitzübergang

Art. 715

[1] Der Vorbehalt des Eigentums an einer dem Erwerber übertragenen beweglichen Sache ist nur dann wirksam, wenn er an dessen jeweiligem Wohnort in einem vom Betreibungsbeamten zu führenden öffentlichen Register eingetragen ist.

[2] Beim Viehhandel ist jeder Eigentumsvorbehalt ausgeschlossen.

2. Eigentumsvorbehalt
a. Im allgemeinen

Art. 716

Gegenstände, die mit Eigentumsvorbehalt übertragen worden sind, kann der Eigentümer nur unter der Bedingung zurückverlangen, dass er die vom Erwerber geleisteten Abzahlungen unter Abzug eines angemessenen Mietzinses und einer Entschädigung für Abnützung zurückerstattet.

b. Bei Abzahlungsgeschäften

Art. 717

[1] Bleibt die Sache infolge eines besondern Rechtsverhältnisses beim Veräusserer, so ist der Eigentumsübergang Dritten gegenüber unwirksam, wenn damit ihre Benachteiligung oder eine Umgehung der Bestimmungen über das Faustpfand beabsichtigt worden ist.

[2] Das Gericht entscheidet hierüber nach seinem Ermessen.

3. Erwerb ohne Besitz

Art. 718

Eine herrenlose Sache wird dadurch zu Eigentum erworben, dass jemand sie mit dem Willen, ihr Eigentümer zu werden, in Besitz nimmt.

II. Aneignung
1. Herrenlose Sachen

Art. 719

2. Herrenlos werdende Tiere

¹ Gefangene Tiere werden herrenlos, wenn sie die Freiheit wieder erlangen und ihr Eigentümer ihnen nicht unverzüglich und ununterbrochen nachforscht und sie wieder einzufangen bemüht ist.

² Gezähmte Tiere werden herrenlos, sobald sie wieder in den Zustand der Wildheit geraten und nicht mehr zu ihrem Herrn zurückkehren.

³ Bienenschwärme werden dadurch, dass sie auf fremden Boden gelangen, nicht herrenlos.

Art. 720

III. Fund
1. Bekanntmachung, Nachfrage
a. Im Allgemeinen[1]

¹ Wer eine verlorene Sache findet, hat den Eigentümer davon zu benachrichtigen und, wenn er ihn nicht kennt, entweder der Polizei den Fund anzuzeigen oder selbst für eine den Umständen angemessene Bekanntmachung und Nachfrage zu sorgen.

² Zur Anzeige an die Polizei ist er verpflichtet, wenn der Wert der Sache offenbar 10 Franken übersteigt.

³ Wer eine Sache in einem bewohnten Hause oder in einer dem öffentlichen Gebrauch oder Verkehr dienenden Anstalt findet, hat sie dem Hausherrn, Mieter oder den mit der Aufsicht betrauten Personen abzuliefern.

Art. 720a[2]

b. Bei Tieren

¹ Wer ein verlorenes Tier findet, hat unter Vorbehalt von Artikel 720 Absatz 3 den Eigentümer davon zu benachrichtigen und, wenn er ihn nicht kennt, den Fund anzuzeigen.

² Die Kantone bezeichnen die Stelle, welcher der Fund anzuzeigen ist.

Art. 721

2. Aufbewahrung, Versteigerung

¹ Die gefundene Sache ist in angemessener Weise aufzubewahren.

² Sie darf mit Genehmigung der zuständigen Behörde nach vorgängiger Auskündung öffentlich versteigert werden, wenn sie einen kostspieligen Unterhalt erfordert oder raschem Verderben ausgesetzt ist, oder wenn die Polizei oder eine öffentliche Anstalt sie schon länger als ein Jahr aufbewahrt hat.

³ Der Steigerungserlös tritt an die Stelle der Sache.

---

[1] Fassung gemäss Ziff. I des BG vom 4. Okt. 2002, in Kraft seit 1. April 2003 (AS **2003** 463 466; BBl **2002** 4164 5806).

[2] Eingefügt durch Ziff. I des BG vom 4. Okt. 2002; Abs. 1 in Kraft seit 1. April 2003, Abs. 2 seit 1. April 2004 (AS **2003** 463 466; BBl **2002** 4164 5806).

Art. 722

¹ Wer seinen Pflichten als Finder nachkommt, erwirbt, wenn während fünf Jahren von der Bekanntmachung oder Anzeige an der Eigentümer nicht festgestellt werden kann, die Sache zu Eigentum.

¹ᵇⁱˢ Bei Tieren, die im häuslichen Bereich und nicht zu Vermögens- oder Erwerbszwecken gehalten werden, beträgt die Frist zwei Monate.¹⁾

¹ᵗᵉʳ Vertraut der Finder das Tier einem Tierheim mit dem Willen an, den Besitz daran endgültig aufzugeben, so kann das Tierheim nach Ablauf von zwei Monaten, seitdem ihm das Tier anvertraut wurde, frei über das Tier verfügen.¹⁾

² Wird die Sache zurückgegeben, so hat der Finder Anspruch auf Ersatz aller Auslagen sowie auf einen angemessenen Finderlohn.

³ Bei Fund in einem bewohnten Hause oder in einer dem öffentlichen Gebrauch oder Verkehr dienenden Anstalt wird der Hausherr, der Mieter oder die Anstalt als Finder betrachtet, hat aber keinen Finderlohn zu beanspruchen.

3. Eigentumserwerb, Herausgabe

Art. 723

¹ Wird ein Wertgegenstand aufgefunden, von dem nach den Umständen mit Sicherheit anzunehmen ist, dass er seit langer Zeit vergraben oder verborgen war und keinen Eigentümer mehr hat, so wird er als Schatz angesehen.

² Der Schatz fällt unter Vorbehalt der Bestimmung über Gegenstände von wissenschaftlichem Wert an den Eigentümer des Grundstückes oder der beweglichen Sache, in der er aufgefunden worden ist.

³ Der Finder hat Anspruch auf eine angemessene Vergütung, die jedoch die Hälfte des Wertes des Schatzes nicht übersteigen darf.

4. Schatz

Art. 724

¹ Werden herrenlose Naturkörper oder Altertümer von erheblichem wissenschaftlichem Wert aufgefunden, so gelangen sie in das Eigentum des Kantons, in dessen Gebiet sie gefunden worden sind.

² Der Eigentümer, in dessen Grundstück solche Gegenstände aufgefunden werden, ist verpflichtet, ihre Ausgrabung zu gestatten gegen Ersatz des dadurch verursachten Schadens.

³ Der Finder und im Falle des Schatzes auch der Eigentümer haben Anspruch auf eine angemessene Vergütung, die jedoch den Wert der Gegenstände nicht übersteigen soll.

5. Wissenschaftliche Gegenstände

---

¹⁾ Eingefügt durch Ziff. I des BG vom 4. Okt. 2002, in Kraft seit 1. April 2003 (AS **2003** 463 466; BBl **2002** 4164 5806).

Art. 725

IV. Zuführung

¹ Werden jemandem durch Wasser, Wind, Lawinen oder andere Naturgewalt oder zufällige Ereignisse bewegliche Sachen zugeführt, oder geraten fremde Tiere in seinen Gewahrsam, so hat er die Rechte und Pflichten eines Finders.

² Fliegt ein Bienenschwarm in einen fremden bevölkerten Bienenstock, so fällt er ohne Entschädigungspflicht dem Eigentümer dieses Stockes zu.

Art. 726

V. Verarbeitung

¹ Hat jemand eine fremde Sache verarbeitet oder umgebildet, so gehört die neue Sache, wenn die Arbeit kostbarer ist als der Stoff, dem Verarbeiter, andernfalls dem Eigentümer des Stoffes.

² Hat der Verarbeiter nicht in gutem Glauben gehandelt, so kann das Gericht, auch wenn die Arbeit kostbarer ist, die neue Sache dem Eigentümer des Stoffes zusprechen.

³ Vorbehalten bleiben die Ansprüche auf Schadenersatz und aus Bereicherung.

Art. 727

VI. Verbindung und Vermischung

¹ Werden bewegliche Sachen verschiedener Eigentümer so miteinander vermischt oder verbunden, dass sie ohne wesentliche Beschädigung oder unverhältnismässige Arbeit und Auslagen nicht mehr getrennt werden können, so entsteht für die Beteiligten Miteigentum an der neuen Sache, und zwar nach dem Werte, den die einzelnen Teile zur Zeit der Verbindung haben.

² Wird eine bewegliche Sache mit einer andern derart vermischt oder verbunden, dass sie als deren nebensächlicher Bestandteil erscheint, so gehört die ganze Sache dem Eigentümer des Hauptbestandteiles.

³ Vorbehalten bleiben die Ansprüche auf Schadenersatz und aus Bereicherung.

Art. 728

VII. Ersitzung

¹ Hat jemand eine fremde bewegliche Sache ununterbrochen und unangefochten während fünf Jahren in gutem Glauben als Eigentum in seinem Besitze, so wird er durch Ersitzung Eigentümer.

¹bis Bei Tieren, die im häuslichen Bereich und nicht zu Vermögens- oder Erwerbszwecken gehalten werden, beträgt die Frist zwei Monate.[1)]

² Unfreiwilliger Verlust des Besitzes unterbricht die Ersitzung nicht, wenn der Besitzer binnen Jahresfrist oder mittels einer während dieser Frist erhobenen Klage die Sache wieder erlangt.

[1)] Eingefügt durch Ziff. I des BG vom 4. Okt. 2002, in Kraft seit 1. April 2003 (AS **2003** 463 466; BBl **2002** 4164 5806).

³ Für die Berechnung der Fristen, die Unterbrechung und den Stillstand der Ersitzung finden die Vorschriften über die Verjährung von Forderungen entsprechende Anwendung.

Art. 729

Das Fahrniseigentum geht, trotz Verlust des Besitzes, erst dadurch unter, dass der Eigentümer sein Recht aufgibt, oder dass in der Folge ein anderer das Eigentum erwirbt.

C. Verlust

ZWEITE ABTEILUNG
DIE BESCHRÄNKTEN DINGLICHEN RECHTE

Einundzwanzigster Titel
DIE DIENSTBARKEITEN UND GRUNDLASTEN

Erster Abschnitt
Die Grunddienstbarkeiten

Art. 730

A. Gegenstand

¹ Ein Grundstück kann zum Vorteil eines andern Grundstückes in der Weise belastet werden, dass sein Eigentümer sich bestimmte Eingriffe des Eigentümers dieses andern Grundstückes gefallen lassen muss oder zu dessen Gunsten nach gewissen Richtungen sein Eigentumsrecht nicht ausüben darf.

² Eine Verpflichtung zur Vornahme von Handlungen kann mit der Grunddienstbarkeit nur nebensächlich verbunden sein.

Art. 731

B. Errichtung und Untergang
I. Errichtung
1. Eintragung

¹ Zur Errichtung einer Grunddienstbarkeit bedarf es der Eintragung in das Grundbuch.

² Für Erwerb und Eintragung gelten, soweit es nicht anders geordnet ist, die Bestimmungen über das Grundeigentum.

³ Die Ersitzung ist nur zu Lasten von Grundstücken möglich, an denen das Eigentum ersessen werden kann.

Art. 732

2. Vertrag

Der Vertrag über Errichtung einer Grunddienstbarkeit bedarf zu seiner Gültigkeit der schriftlichen Form.

Art. 733

3. Errichtung zu eigenen Lasten

Der Eigentümer ist befugt, auf seinem Grundstück zugunsten eines andern ihm gehörigen Grundstückes eine Dienstbarkeit zu errichten.

Art. 734

II. Untergang
1. Im allgemeinen

Jede Grunddienstbarkeit geht unter mit der Löschung des Eintrages sowie mit dem vollständigen Untergang des belasteten oder des berechtigten Grundstückes.

Art. 735

¹ Wird der Berechtigte Eigentümer des belasteten Grundstückes, so kann er die Dienstbarkeit löschen lassen.

² Solange die Löschung nicht erfolgt ist, bleibt die Dienstbarkeit als dingliches Recht bestehen.

2. Vereinigung

Art. 736

¹ Hat eine Dienstbarkeit für das berechtigte Grundstück alles Interesse verloren, so kann der Belastete ihre Löschung verlangen.

² Ist ein Interesse des Berechtigten zwar noch vorhanden, aber im Vergleich zur Belastung von unverhältnismässig geringer Bedeutung, so kann die Dienstbarkeit gegen Entschädigung ganz oder teilweise abgelöst werden.

3. Ablösung durch das Gericht

Art. 737

¹ Der Berechtigte ist befugt, alles zu tun, was zur Erhaltung und Ausübung der Dienstbarkeit nötig ist.

² Er ist jedoch verpflichtet, sein Recht in möglichst schonender Weise auszuüben.

³ Der Belastete darf nichts vornehmen, was die Ausübung der Dienstbarkeit verhindert oder erschwert.

C. Inhalt
I. Umfang
1. Im allgemeinen

Art. 738

¹ Soweit sich Rechte und Pflichten aus dem Eintrage deutlich ergeben, ist dieser für den Inhalt der Dienstbarkeit massgebend.

² Im Rahmen des Eintrages kann sich der Inhalt der Dienstbarkeit aus ihrem Erwerbsgrund oder aus der Art ergeben, wie sie während längerer Zeit unangefochten und in gutem Glauben ausgeübt worden ist.

2. Nach dem Eintrag

Art. 739

Ändern sich die Bedürfnisse des berechtigten Grundstückes, so darf dem Verpflichteten eine Mehrbelastung nicht zugemutet werden.

3. Bei verändertem Bedürfnis

Art. 740

Der Inhalt der Wegrechte, wie Fussweg, gebahnter Weg, Fahrweg, Zelgweg, Winterweg, Holzweg, ferner der Weiderechte, Holzungsrechte, Tränkerechte, Wässerungsrechte und dergleichen wird, soweit sie für den einzelnen Fall nicht geordnet sind, durch das kantonale Recht und den Ortsgebrauch bestimmt.

4. Nach kantonalem Recht und Ortsgebrauch

Art. 741

II. Last des Unterhaltes

¹ Gehört zur Ausübung der Dienstbarkeit eine Vorrichtung, so hat sie der Berechtigte zu unterhalten.

² Dient die Vorrichtung auch den Interessen des Belasteten, so tragen beide die Last des Unterhaltes nach Verhältnis ihrer Interessen.

Art. 742

III. Veränderungen der Belastung
1. Verlegung

¹ Wird durch die Ausübung der Grunddienstbarkeit nur ein Teil des Grundstückes in Anspruch genommen, so kann der Eigentümer, wenn er ein Interesse nachweist und die Kosten übernimmt, die Verlegung auf eine andere, für den Berechtigten nicht weniger geeignete Stelle verlangen.

² Hiezu ist er auch dann befugt, wenn die Dienstbarkeit im Grundbuch auf eine bestimmte Stelle gelegt worden ist.

³ Auf die Verlegung von Leitungen werden im übrigen die nachbarrechtlichen Vorschriften angewendet.

Art. 743

2. Teilung
a. Des berechtigten Grundstückes

¹ Wird das berechtigte Grundstück geteilt, so besteht in der Regel die Dienstbarkeit zugunsten aller Teile weiter.

² Beschränkt sich die Ausübung der Dienstbarkeit jedoch nach den Umständen auf einen Teil, so kann der Belastete verlangen, dass sie in bezug auf die andern Teile gelöscht werde.

³ Der Grundbuchverwalter teilt dem Berechtigten das Begehren mit und nimmt die Löschung vor, wenn dieser binnen Monatsfrist nicht Einspruch erhebt.

Art. 744

b. Des belasteten Grundstückes

¹ Wird das belastete Grundstück geteilt, so besteht die Last in der Regel auf allen Teilen weiter.

² Wenn jedoch die Dienstbarkeit auf einzelnen Teilen nicht ruht und nach den Umständen nicht ruhen kann, so ist jeder Eigentümer eines nicht belasteten Teiles berechtigt, zu verlangen, dass sie auf seinem Grundstücke gelöscht werde.

³ Der Grundbuchverwalter teilt dem Berechtigen das Begehren mit und nimmt die Löschung vor, wenn dieser binnen Monatsfrist nicht Einspruch erhebt.

Zweiter Abschnitt
Nutzniessung und andere Dienstbarkeiten

Art. 745

¹ Die Nutzniessung kann an beweglichen Sachen, an Grundstücken, an Rechten oder an einem Vermögen bestellt werden.

² Sie verleiht dem Berechtigten, wo es nicht anders bestimmt ist, den vollen Genuss des Gegenstandes.

³ Die Ausübung der Nutzniessung an einem Grundstück kann auf einen bestimmten Teil eines Gebäudes oder auf einen bestimmten Teil des Grundstücks beschränkt werden.[1]

A. Nutzniessung
I. Gegenstand

Art. 746

¹ Zur Bestellung einer Nutzniessung ist bei beweglichen Sachen oder Forderungen die Übertragung auf den Erwerber und bei Grundstücken die Eintragung in das Grundbuch erforderlich.

² Für den Erwerb bei beweglichen Sachen und bei Grundstücken sowie für die Eintragung gelten, soweit es nicht anders geordnet ist, die Bestimmungen über das Eigentum.

II. Entstehung
1. Im allgemeinen

Art. 747[2]

2. ...

Art. 748

¹ Die Nutzniessung geht unter mit dem vollständigen Untergang ihres Gegenstandes und überdies bei Grundstücken mit der Löschung des Eintrages, wo dieser zur Bestellung notwendig war.

² Andere Untergangsgründe, wie Zeitablauf, Verzicht oder Tod des Berechtigten, geben bei Grundstücken dem Eigentümer nur einen Anspruch auf Löschung des Eintrages.

³ Die gesetzliche Nutzniessung hört auf mit dem Wegfall ihres Grundes.

III. Untergang
1. Gründe

Art. 749

¹ Die Nutzniessung endigt mit dem Tode des Berechtigten und für juristische Personen mit deren Auflösung.

² Sie kann jedoch für diese höchstens 100 Jahre dauern.

2. Dauer

Art. 750

¹ Der Eigentümer ist nicht verpflichtet, die untergegangene Sache wieder herzustellen.

² Stellt er sie her, so ist auch die Nutzniessung wieder hergestellt.

3. Ersatz bei Untergang

---

[1] Eingefügt durch Ziff. I des BG vom 20. Juni 2003, in Kraft seit 1. Jan. 2004 (AS **2003** 4121; BBl **2002** 4721, **2003** 4530).

[2] Aufgehoben durch Ziff. I 2 des BG vom 5. Okt. 1984 (AS **1986** 122; BBl **1979** II 1191).

³ Wird für die untergegangene Sache ein Ersatz geleistet, wie bei der Enteignung und der Versicherung, so besteht die Nutzniessung an dem Ersatzgegenstande weiter.

Art. 751

4. Rückleistung
a. Pflicht

Ist die Nutzniessung beendigt, so hat der Besitzer dem Eigentümer den Gegenstand zurückzugeben.

Art. 752

b. Verantwortlichkeit

¹ Der Nutzniesser haftet für den Untergang und den Minderwert der Sache, insofern er nicht nachweist, dass dieser Schaden ohne sein Verschulden eingetreten ist.

² Aufgebrauchte Gegenstände, deren Verbrauch nicht zur Nutzung gehört, hat er zu ersetzen.

³ Den Minderwert der Gegenstände, der durch den ordnungsgemässen Gebrauch der Sache eingetreten ist, hat er nicht zu ersetzen.

Art. 753

c. Verwendungen

¹ Hat der Nutzniesser Verwendungen gemacht oder Neuerungen vorgenommen, zu denen er nicht verpflichtet war, so kann er bei der Rückleistung Ersatz verlangen wie ein Geschäftsführer ohne Auftrag.

² Vorrichtungen, die er erstellt hat, für die ihm aber der Eigentümer keinen Ersatz leisten will, kann er wegnehmen, ist aber verpflichtet, den vorigen Stand wieder herzustellen.

Art. 754

5. Verjährung der Ersatzansprüche

Die Ersatzansprüche des Eigentümers wegen Veränderung oder Wertverminderung der Sache sowie die Ansprüche des Nutzniessers auf Ersatz von Verwendungen oder auf Wegnahme von Vorrichtungen verjähren mit Ablauf eines Jahres seit der Rückleistung der Sache.

Art. 755

IV. Inhalt
1. Rechte des Nutzniessers
a. Im allgemeinen

¹ Der Nutzniesser hat das Recht auf den Besitz, den Gebrauch und die Nutzung der Sache.

² Er besorgt deren Verwaltung.

³ Bei der Ausübung dieses Rechtes hat er nach den Regeln einer sorgfältigen Wirtschaft zu verfahren.

Art. 756

b. Natürliche Früchte

¹ Natürliche Früchte gehören dem Nutzniesser, wenn sie während der Zeit seiner Berechtigung reif geworden sind.

² Wer das Feld bestellt, hat für seine Verwendungen gegen den, der die reifen Früchte erhält, einen Anspruch auf angemessene Entschädigung, die jedoch den Wert der reifen Früchte nicht übersteigen soll.

³ Bestandteile, die nicht Erzeugnisse oder Erträgnisse sind, verbleiben dem Eigentümer der Sache.

Art. 757

Zinse von Nutzniessungskapitalien und andere periodische Leistungen gehören dem Nutzniesser von dem Tage an, da sein Recht beginnt, bis zu dem Zeitpunkte, da es aufhört, auch wenn sie erst später fällig werden.

c. Zinse

Art. 758

¹ Die Nutzniessung kann, wenn es sich nicht um ein höchst persönliches Recht handelt, zur Ausübung auf einen andern übertragen werden.

² Der Eigentümer ist befugt, seine Rechte diesem gegenüber unmittelbar geltend zu machen.

d. Übertragbarkeit

Art. 759

Der Eigentümer kann gegen jeden widerrechtlichen oder der Sache nicht angemessenen Gebrauch Einspruch erheben.

2. Rechte des Eigentümers
a. Aufsicht

Art. 760

¹ Der Eigentümer ist befugt, von dem Nutzniesser Sicherheit zu verlangen, sobald er eine Gefährdung seiner Rechte nachweist.

² Ohne diesen Nachweis und schon vor der Übergabe der Sache kann er Sicherheit verlangen, wenn verbrauchbare Sachen oder Wertpapiere den Gegenstand der Nutzniessung bilden.

³ Für die Sicherstellung bei Wertpapieren genügt deren Hinterlegung.

b. Sicherstellung

Art. 761

¹ Der Anspruch auf Sicherstellung besteht nicht gegenüber demjenigen, der den Gegenstand dem Eigentümer unter Vorbehalt der Nutzniessung geschenkt hat.

² Bei der gesetzlichen Nutzniessung steht der Anspruch unter der besondern Ordnung des Rechtsverhältnisses.

c. Sicherstellung bei Schenkung und gesetzlicher Nutzniessung

Art. 762

Leistet der Nutzniesser während einer ihm hiefür angesetzten angemessenen Frist die Sicherheit nicht oder lässt er trotz Einspruches des Eigentümers von einem widerrechtlichen Gebrauch der Sache nicht ab, so hat das Gericht ihm den Besitz des Gegenstandes bis auf weiteres zu entziehen und eine Beistandschaft anzuordnen.

d. Folge der Nichtleistung der Sicherheit

Art. 763

Der Eigentümer und der Nutzniesser haben das Recht, jederzeit zu verlangen, dass über die Gegenstände der Nutzniessung auf gemeinsame Kosten ein Inventar mit öffentlicher Beurkundung aufgenommen werde.

3. Inventarpflicht

Art. 764

4. Lasten
a. Erhaltung der Sache

¹ Der Nutzniesser hat den Gegenstand in seinem Bestande zu erhalten und Ausbesserungen und Erneuerungen, die zum gewöhnlichen Unterhalte gehören, von sich aus vorzunehmen.

² Werden wichtigere Arbeiten oder Vorkehrungen zum Schutze des Gegenstandes nötig, so hat der Nutzniesser den Eigentümer davon zu benachrichtigen und ihre Vornahme zu gestatten.

³ Schafft der Eigentümer nicht Abhilfe, so ist der Nutzniesser befugt, auf Kosten des Eigentümers sich selbst zu helfen.

Art. 765

b. Unterhalt und Bewirtschaftung

¹ Die Auslagen für den gewöhnlichen Unterhalt und die Bewirtschaftung der Sache, die Zinse für die darauf haftenden Kapitalschulden sowie die Steuern und Abgaben trägt im Verhältnisse zu der Dauer seiner Berechtigung der Nutzniesser.

² Werden die Steuern und Abgaben beim Eigentümer erhoben, so hat ihm der Nutzniesser in dem gleichen Umfange Ersatz zu leisten.

³ Alle andern Lasten trägt der Eigentümer, er darf aber, falls der Nutzniesser ihm auf Verlangen die nötigen Geldmittel nicht unentgeltlich vorschiesst, Gegenstände der Nutzniessung hiefür verwerten.

Art. 766

c. Zinspflicht bei Nutzniessung an einem Vermögen

Steht ein Vermögen in Nutzniessung, so hat der Nutzniesser die Kapitalschulden zu verzinsen, kann aber, wo die Umstände es rechtfertigen, verlangen, von dieser Zinspflicht dadurch befreit zu werden, dass nach Tilgung der Schulden die Nutzniessung auf den verbleibenden Überschuss der Vermögenswerte beschränkt wird.

Art. 767

d. Versicherung

¹ Der Nutzniesser hat den Gegenstand zugunsten des Eigentümers gegen Feuer und andere Gefahren zu versichern, soweit diese Versicherung nach ortsüblicher Auffassung zu den Pflichten einer sorgfältigen Wirtschaft gerechnet wird.

² Die Versicherungsprämien hat in diesem Falle, sowie wenn eine bereits versicherte Sache in Nutzniessung kommt, für die Zeit seiner Nutzniessung der Nutzniesser zu tragen.

Art. 768

V. Besondere Fälle
1. Grundstücke
a. Früchte

¹ Der Nutzniesser eines Grundstückes hat darauf zu achten, dass es durch die Art der Nutzniessung nicht über das gewöhnliche Mass in Anspruch genommen wird.

² Soweit Früchte über dieses Mass hinaus bezogen worden sind, gehören sie dem Eigentümer.

Art. 769

¹ Der Nutzniesser darf an der wirtschaftlichen Bestimmung des Grundstückes keine Veränderungen vornehmen, die für den Eigentümer von erheblichem Nachteil sind.

² Die Sache selbst darf er weder umgestalten noch wesentlich verändern.

³ Die Neuanlage von Steinbrüchen, Mergelgruben, Torfgräbereien und dergleichen ist ihm nur nach vorgängiger Anzeige an den Eigentümer und unter der Voraussetzung gestattet, dass die wirtschaftliche Bestimmung des Grundstückes dadurch nicht wesentlich verändert wird.

b. Wirtschaftliche Bestimmung

Art. 770

¹ Ist ein Wald Gegenstand der Nutzniessung, so kann der Nutzniesser die Nutzung insoweit beanspruchen, als ein ordentlicher Wirtschaftsplan dies rechtfertigt.

² Sowohl der Eigentümer als der Nutzniesser können die Einhaltung eines Planes verlangen, der ihre Rechte nicht beeinträchtigt.

³ Erfolgt im Falle von Sturm, Schneeschaden, Brand, Insektenfrass oder aus andern Gründen eine erhebliche Übernutzung, so soll sie allmählich wieder eingespart oder der Wirtschaftsplan den neuen Verhältnissen angepasst werden, der Erlös der Übernutzung aber wird zinstragend angelegt und dient zur Ausgleichung des Ausfalles.

c. Wald

Art. 771

Auf die Nutzniessung an Gegenständen, deren Nutzung in der Gewinnung von Bodenbestandteilen besteht, wie namentlich an Bergwerken, finden die Bestimmungen über die Nutzniessung am Walde entsprechende Anwendung.

d. Bergwerke

Art. 772

¹ An verbrauchbaren Sachen erhält der Nutzniesser, wenn es nicht anders bestimmt ist, das Eigentum, wird aber für den Wert, den sie bei Beginn der Nutzniessung hatten, ersatzpflichtig.

² Werden andere bewegliche Sachen unter einer Schätzung übergeben, so kann der Nutzniesser, wenn es nicht anders bestimmt ist, frei über sie verfügen, wird aber, wenn er von diesem Rechte Gebrauch macht, ersatzpflichtig.

³ Der Ersatz kann bei landwirtschaftlichen Einrichtungen, Herden, Warenlagern und dergleichen in Gegenständen gleicher Art und Güte geleistet werden.

2. Verbrauchbare und geschätzte Sachen

Art. 773

3. Forderungen
a. Inhalt

¹ Stehen Forderungen in Nutzniessung, so kann der Nutzniesser deren Ertrag einziehen.

² Kündigungen an den Schuldner sowie Verfügungen über Wertpapiere müssen vom Gläubiger und vom Nutzniesser ausgehen, Kündigungen des Schuldners gegenüber beiden erfolgen.

³ Der Gläubiger und der Nutzniesser haben gegeneinander ein Recht auf Zustimmung zu den Massregeln, die im Falle der Gefährdung der Forderung zu einer sorgfältigen Verwaltung gehören.

Art. 774

b. Rückzahlungen und Neuanlage

¹ Ist der Schuldner nicht ermächtigt, dem Gläubiger oder dem Nutzniesser die Rückzahlung zu leisten, so hat er entweder an beide gemeinsam zu zahlen oder zu hinterlegen.

² Der Gegenstand der Leistung, wie namentlich zurückbezahltes Kapital, unterliegt der Nutzniessung.

³ Sowohl der Gläubiger als der Nutzniesser haben Anspruch auf sichere und zinstragende Neuanlage der Kapitalien.

Art. 775

c. Recht auf Abtretung

¹ Der Nutzniesser hat das Recht, binnen drei Monaten nach Beginn der Nutzniessung die Abtretung der seiner Nutzniessung unterstellten Forderungen und Wertpapiere zu verlangen.

² Erfolgt deren Abtretung, so wird er dem bisherigen Gläubiger für den Wert, den sie zur Zeit der Abtretung haben, ersatzpflichtig und hat in diesem Betrage Sicherheit zu leisten, insofern nicht hierauf verzichtet wird.

³ Der Übergang erfolgt, wenn kein Verzicht vorliegt, erst mit der Sicherstellung.

Art. 776

B. Wohnrecht
I. Im allgemeinen

¹ Das Wohnrecht besteht in der Befugnis, in einem Gebäude oder in einem Teile eines solchen Wohnung zu nehmen.

² Es ist unübertragbar und unvererblich.

³ Es steht, soweit das Gesetz es nicht anders ordnet, unter den Bestimmungen über die Nutzniessung.

Art. 777

II. Ansprüche des Wohnungsberechtigten

¹ Das Wohnrecht wird im allgemeinen nach den persönlichen Bedürfnissen des Berechtigten bemessen.

² Er darf aber, falls das Recht nicht ausdrücklich auf seine Person beschränkt ist, seine Familienangehörigen und Hausgenossen zu sich in die Wohnung aufnehmen.

³ Ist das Wohnrecht auf einen Teil eines Gebäudes beschränkt, so kann der Berechtigte die zum gemeinschaftlichen Gebrauch bestimmten Einrichtungen mitbenutzen.

Art. 778

¹ Steht dem Berechtigten ein ausschliessliches Wohnrecht zu, so trägt er die Lasten des gewöhnlichen Unterhaltes.

² Hat er nur ein Mitbenutzungsrecht, so fallen die Unterhaltskosten dem Eigentümer zu.

III. Lasten

Art. 779

¹ Ein Grundstück kann mit der Dienstbarkeit belastet werden, dass jemand das Recht erhält, auf oder unter der Bodenfläche ein Bauwerk zu errichten oder beizubehalten.

² Dieses Recht ist, wenn es nicht anders vereinbart wird, übertragbar und vererblich.

³ Ist das Baurecht selbständig und dauernd, so kann es als Grundstück in das Grundbuch aufgenommen werden.

C. Baurecht
I. Gegenstand und Aufnahme in das Grundbuch[1]

Art. 779a[2]

Der Vertrag über die Begründung eines selbständigen und dauernden Baurechtes bedarf zu seiner Gültigkeit der öffentlichen Beurkundung.

II. Vertrag

Art. 779b[2]

Die vertraglichen Bestimmungen über den Inhalt und Umfang des Baurechtes, wie namentlich über Lage, Gestalt, Ausdehnung und Zweck der Bauten sowie über die Benutzung nicht überbauter Flächen, die mit seiner Ausübung in Anspruch genommen werden, sind für jeden Erwerber des Baurechtes und des belasteten Grundstückes verbindlich.

III. Inhalt und Umfang

Art. 779c[2]

Geht das Baurecht unter, so fallen die bestehenden Bauwerke dem Grundeigentümer heim, indem sie zu Bestandteilen seines Grundstückes werden.

IV. Folgen des Ablaufs der Dauer
1. Heimfall

Art. 779d[2]

¹ Der Grundeigentümer hat dem bisherigen Bauberechtigten für die heimfallenden Bauwerke eine angemessene Entschädigung zu leisten, die jedoch den Gläubigern, denen das Baurecht verpfändet war, für ihre noch bestehenden Forderungen haftet und ohne ihre Zustimmung dem bisherigen Bauberechtigten nicht ausbezahlt werden darf.

2. Entschädigung

---

[1] Fassung des Randtitels gemäss Ziff. I des BG vom 19. März 1965, in Kraft seit 1. Juli 1965 (AS **1965** 445 450; BBl **1963** I 969).
[2] Eingefügt durch Ziff. I des BG vom 19. März 1965, in Kraft seit 1. Juli 1965 (AS **1965** 445 450; BBl **1963** I 969).

² Wird die Entschädigung nicht bezahlt oder sichergestellt, so kann der bisherige Bauberechtigte oder ein Gläubiger, dem das Baurecht verpfändet war, verlangen, dass an Stelle des gelöschten Baurechtes ein Grundpfandrecht mit demselben Rang zur Sicherung der Entschädigungsforderung eingetragen werde.

³ Die Eintragung muss spätestens drei Monate nach dem Untergang des Baurechtes erfolgen.

Art. 779e[1]

3. Vereinbarungen

Über die Höhe der Entschädigung und das Verfahren zu ihrer Festsetzung sowie über die Aufhebung der Entschädigungspflicht und über die Wiederherstellung des ursprünglichen Zustandes der Liegenschaft können Vereinbarungen in der Form, die für die Begründung des Baurechtes vorgeschrieben ist, getroffen und im Grundbuch vorgemerkt werden.

Art. 779f[1]

V. Vorzeitiger Heimfall
1. Voraussetzungen

Wenn der Bauberechtigte in grober Weise sein dingliches Recht überschreitet oder vertragliche Verpflichtungen verletzt, so kann der Grundeigentümer die Ausübung des vorzeitigen Heimfall herbeiführen, indem er die Übertragung des Baurechts mit allen Rechten und Lasten auf sich selber verlangt.

Art. 779g[1]

2. Ausübung des Heimfallsrechtes

¹ Das Heimfallsrecht kann nur ausgeübt werden, wenn für die heimfallenden Bauwerke eine angemessene Entschädigung geleistet wird, bei deren Bemessung das schuldhafte Verhalten des Bauberechtigten als Herabsetzungsgrund berücksichtigt werden kann.

² Die Übertragung des Baurechtes auf den Grundeigentümer erfolgt erst, wenn die Entschädigung bezahlt oder sichergestellt ist.

Art. 779h[1]

3. Andere Anwendungsfälle

Den Vorschriften über die Ausübung des Heimfallsrechtes unterliegt jedes Recht, das sich der Grundeigentümer zur vorzeitigen Aufhebung oder Rückübertragung des Baurechtes wegen Pflichtverletzung des Bauberechtigten vorbehalten hat.

Art. 779i[1]

VI. Haftung für den Baurechtszins
1. Anspruch auf Errichtung eines Pfandrechts

¹ Zur Sicherung des Baurechtszinses hat der Grundeigentümer gegenüber dem jeweiligen Bauberechtigten Anspruch auf Errichtung eines Pfandrechtes an dem in das Grundbuch aufgenommenen Baurecht im Höchstbetrag von drei Jahresleistungen.

---

[1] Eingefügt durch Ziff. I des BG vom 19. März 1965, in Kraft seit 1. Juli 1965 (AS **1965** 445 450; BBl **1963** I 969).

² Ist die Gegenleistung nicht in gleichmässigen Jahresleistungen festgesetzt, so besteht der Anspruch auf das gesetzliche Pfandrecht für den Betrag, der bei gleichmässiger Verteilung auf drei Jahre entfällt.

Art. 779k[1]

¹ Das Pfandrecht kann jederzeit eingetragen werden, solange das Baurecht besteht, und ist von der Löschung im Zwangsverwertungsverfahren ausgenommen.

² Im übrigen sind die Bestimmungen über die Errichtung des Bauhandwerkerpfandrechtes sinngemäss anwendbar.

2. Eintragung

Art. 779l[1]

¹ Das Baurecht kann als selbständiges Recht auf höchstens 100 Jahre begründet werden.

² Es kann jederzeit in der für die Begründung vorgeschriebenen Form auf eine neue Dauer von höchstens 100 Jahren verlängert werden, doch ist eine zum voraus eingegangene Verpflichtung hiezu nicht verbindlich.

VII. Höchstdauer

Art. 780

¹ Das Recht an einer Quelle auf fremdem Grundstück belastet das Quellengrundstück mit der Dienstbarkeit der Aneignung und Ableitung des Quellwassers.

² Es ist, wenn es nicht anders vereinbart wird, übertragbar und vererblich.

³ Ist das Quellenrecht selbständig und dauernd, so kann es als Grundstück in das Grundbuch aufgenommen werden.

D. Quellenrecht

Art. 781

¹ Dienstbarkeiten anderen Inhaltes können zugunsten einer beliebigen Person oder Gemeinschaft an Grundstücken bestellt werden, so oft diese in bestimmter Hinsicht jemandem zum Gebrauch dienen können, wie für die Abhaltung von Schiessübungen oder für Weg und Steg.

² Sie sind, soweit es nicht anders vereinbart wird, unübertragbar, und es bestimmt sich ihr Inhalt nach den gewöhnlichen Bedürfnissen der Berechtigten.

³ Im übrigen stehen sie unter den Bestimmungen über die Grunddienstbarkeiten.

E. Andere Dienstbarkeiten

---

[1] Eingefügt durch Ziff. I des BG vom 19. März 1965, in Kraft seit 1. Juli 1965 (AS **1965** 445 450; BBl **1963** I 969).

Dritter Abschnitt
Die Grundlasten

Art. 782

A. Gegenstand

¹ Durch die Grundlast wird der jeweilige Eigentümer eines Grundstückes zu einer Leistung an einen Berechtigten verpflichtet, für die er ausschliesslich mit dem Grundstücke haftet.

² Als Berechtiger kann der jeweilige Eigentümer eines andern Grundstückes bezeichnet sein.

³ Unter Vorbehalt der Gült und der öffentlich-rechtlichen Grundlasten kann eine Grundlast nur eine Leistung zum Inhalt haben, die sich entweder aus der wirtschaftlichen Natur des belasteten Grundstückes ergibt, oder die für die wirtschaftlichen Bedürfnisse eines berechtigten Grundstückes bestimmt ist.

Art. 783

B. Errichtung und Untergang
I. Errichtung
1. Eintragung und Erwerbsart

¹ Die Grundlast bedarf zu ihrer Errichtung der Eintragung in das Grundbuch.

² Bei der Eintragung ist ein bestimmter Betrag als ihr Gesamtwert in Landesmünze anzugeben, und zwar bei zeitlich wiederkehrenden Leistungen mangels anderer Abrede der zwanzigfache Betrag der Jahresleistung.

³ Für Erwerb und Eintragung gelten, wo es nicht anders geordnet ist, die Bestimmungen über das Grundeigentum.

Art. 784

2. Öffentlich-rechtliche Grundlasten

¹ Öffentlich-rechtliche Grundlasten bedürfen, wo es nicht anders geordnet ist, keiner Eintragung in das Grundbuch.

² Gibt das Gesetz dem Gläubiger nur einen Anspruch auf eine Grundlast, so entsteht diese erst mit der Eintragung in das Grundbuch.

Art. 785

3. Bei Sicherungszwecken

Wird eine Grundlast zum Zwecke der Sicherung einer Geldforderung begründet, so steht sie unter den Bestimmungen über die Gült.

Art. 786

II. Untergang
1. Im allgemeinen

¹ Die Grundlast geht unter mit der Löschung des Eintrages sowie mit dem vollständigen Untergang des belasteten Grundstückes.

² Aus Verzicht oder Ablösung oder aus andern Untergangsgründen erhält der Belastete gegenüber dem Berechtigten einen Anspruch auf Löschung des Eintrages.

Art. 787

Der Berechtigte kann die Ablösung der Grundlast verlangen nach Abrede und ferner:
1. wenn das belastete Grundstück zerstückelt und dadurch das Recht des Gläubigers erheblich beeinträchtigt wird;
2. wenn der Eigentümer den Wert des Grundstückes vermindert und zum Ersatz dafür keine andern Sicherheiten bietet;
3. wenn der Schuldner mit drei Jahresleistungen im Rückstand ist.

2. Ablösung
a. Durch den Gläubiger

Art. 788

¹ Der Schuldner kann die Ablösung verlangen nach Abrede und ferner:
1. wenn der Vertrag, auf dem die Grundlast beruht, vom Berechtigten nicht innegehalten wird;
2. nach dreissigjährigem Bestande der Grundlast, und zwar auch dann, wenn eine längere Dauer oder die Unablösbarkeit verabredet worden ist.

² Erfolgt die Ablösung nach dreissigjährigem Bestande, so hat ihr in allen Fällen eine Kündigung auf Jahresfrist voranzugehen.

³ Ausgeschlossen ist diese Ablösung, wenn die Grundlast mit einer unablösbaren Grunddienstbarkeit verbunden ist.

b. Durch den Schuldner

Art. 789

Die Ablösung erfolgt um den Betrag, der im Grundbuch als Gesamtwert der Grundlast eingetragen ist, unter Vorbehalt des Nachweises, dass die Grundlast in Wirklichkeit einen geringeren Wert hat.

c. Ablösungsbetrag

Art. 790

¹ Die Grundlast ist keiner Verjährung unterworfen.

² Die einzelne Leistung unterliegt der Verjährung von dem Zeitpunkte an, da sie zur persönlichen Schuld des Pflichtigen wird.

3. Verjährung

Art. 791

¹ Der Gläubiger der Grundlast hat keine persönliche Forderung gegen den Schuldner, sondern nur ein Recht auf Befriedigung aus dem Werte des belasteten Grundstückes.

² Die einzelne Leistung wird jedoch mit Ablauf von drei Jahren seit Eintritt ihrer Fälligkeit zur persönlichen Schuld, für die das Grundstück nicht mehr haftet.

C. Inhalt
I. Gläubigerrecht

Art. 792

¹ Wechselt das Grundstück den Eigentümer, so wird der Erwerber ohne weiteres Schuldner der Grundlast.

² Wird das belastete Grundstück zerstückelt, so treten für die Grundlast die gleichen Folgen ein wie bei der Gült.

II. Schuldpflicht

Zweiundzwanzigster Titel
DAS GRUNDPFAND

Erster Abschnitt
Allgemeine Bestimmungen

Art. 793

A. Voraussetzungen
I. Arten

¹ Das Grundpfand wird bestellt als Grundpfandverschreibung, als Schuldbrief oder als Gült.

² Die Bestellung anderer Arten des Grundpfandes ist nicht gestattet.

Art. 794

II. Gestalt der Forderung
1. Betrag

¹ Bei der Bestellung des Grundpfandes ist in allen Fällen ein bestimmter Betrag der Forderung in Landesmünze anzugeben.

² Ist der Betrag der Forderung unbestimmt, so wird ein Höchstbetrag angegeben, bis zu dem das Grundstück für alle Ansprüche des Gläubigers haftet.

Art. 795

2. Zinse

¹ Die Zinspflicht kann innerhalb der gegen Missbräuche im Zinswesen aufgestellten Schranken in beliebiger Weise festgesetzt werden.

² Die kantonale Gesetzgebung kann den Höchstbetrag des Zinsfusses bestimmen, der für Forderungen zulässig ist, für die ein Grundstück zu Pfand gesetzt wird.

Art. 796

III. Grundstück
1. Verpfändbarkeit

¹ Das Grundpfand wird nur auf Grundstücke errichtet, die in das Grundbuch aufgenommen sind.

² Die Kantone sind befugt, die Verpfändung von öffentlichem Grund und Boden, von Allmenden oder Weiden, die sich im Eigentum von Körperschaften befinden, sowie von damit verbundenen Nutzungsrechten besonderen Vorschriften zu unterstellen oder sie zu untersagen.

Art. 797

2. Bestimmtheit
a. Bei einem Grundstück

¹ Bei der Errichtung des Grundpfandes ist das Grundstück, das verpfändet wird, bestimmt anzugeben.

² Teile eines Grundstückes können, solange dessen Teilung im Grundbuch nicht erfolgt ist, nicht verpfändet werden.

Art. 798

¹ Auf mehrere Grundstücke kann für eine Forderung ein Grundpfandrecht errichtet werden, wenn sie dem nämlichen Eigentümer gehören oder im Eigentum solidarisch verpflichteter Schuldner stehen.

² In allen andern Fällen ist bei der Verpfändung mehrerer Grundstücke für die nämliche Forderung ein jedes von ihnen mit einem bestimmten Teilbetrag zu belasten.

³ Diese Belastung erfolgt, wenn es nicht anders vereinbart ist, nach dem Wertverhältnis der Grundstücke.

b. Bei mehreren Grundstücken

Art. 798a[1)]

Für die Verpfändung von landwirtschaftlichen Grundstücken gilt zudem das Bundesgesetz vom 4. Oktober 1991[2)] über das bäuerliche Bodenrecht.

3. Landwirtschaftliche Grundstücke

Art. 799

¹ Das Grundpfand entsteht unter Vorbehalt der gesetzlichen Ausnahmen mit der Eintragung in das Grundbuch.

² Der Vertrag auf Errichtung eines Grundpfandes bedarf zu seiner Verbindlichkeit der öffentlichen Beurkundung.

B. Errichtung und Untergang
I. Errichtung
1. Eintragung

Art. 800

¹ Steht ein Grundstück in Miteigentum, so kann jeder Eigentümer seinen Anteil verpfänden.

² Steht ein Grundstück in Gesamteigentum, so kann es nur insgesamt und im Namen aller Eigentümer verpfändet werden.

2. Bei gemeinschaftlichem Eigentum

Art. 801

¹ Das Grundpfand geht unter mit der Löschung des Eintrages sowie mit dem vollständigen Untergang des Grundstückes.

² Der Untergang infolge von Enteignung steht unter dem Enteignungsrecht des Bundes und der Kantone.

II. Untergang

Art. 802

¹ Bei Güterzusammenlegungen, die unter Mitwirkung oder Aufsicht öffentlicher Behörden durchgeführt werden, sind die Grundpfandrechte, die auf den abzutretenden Grundstücken lasten, im bisherigen Range auf die zum Ersatze zugewiesenen Grundstücke zu übertragen.

III. Grundpfänder bei Güterzusammenlegung
1. Verlegung der Pfandrechte

[1)] Eingefügt durch Art. 92 Ziff. 1 des BG vom 4. Okt. 1991, in Kraft seit 1. Jan. 1994 (SR **211.412.11**).
[2)] SR **211.412.11**

² Tritt ein Grundstück an die Stelle von mehreren einzelnen, die für verschiedene Forderungen verpfändet oder von denen nicht alle belastet sind, so werden die Pfandrechte unter tunlichster Wahrung ihres bisherigen Ranges auf das Grundstück in seinem neuen Umfange gelegt.

Art. 803

2. Kündigung durch den Schuldner

Der Schuldner ist befugt, Pfandrechte auf Grundstücken, die in eine Güterzusammenlegung einbezogen sind, auf den Zeitpunkt der Durchführung dieser Unternehmung mit einer Kündigungsfrist von drei Monaten abzulösen.

Art. 804

3. Entschädigung in Geld

¹ Wird für verpfändete Grundstücke eine Entschädigung in Geld entrichtet, so ist der Betrag an die Gläubiger nach ihrer Rangordnung, oder bei gleicher Rangordnung nach der Grösse ihrer Forderung abzutragen.

² An den Schuldner dürfen solche Beträge ohne Zustimmung der Gläubiger nicht ausbezahlt werden, sobald sie mehr als den zwanzigsten Teil der Pfandforderung betragen, oder sobald das neue Grundstück nicht mehr hinreichende Sicherheit darbietet.

Art. 805

C. Wirkung
I. Umfang der Pfandhaft

¹ Das Grundpfandrecht belastet das Grundstück mit Einschluss aller Bestandteile und aller Zugehör.

² Werden bei der Verpfändung Sachen als Zugehör ausdrücklich angeführt und im Grundbuch angemerkt, wie Maschinen und Hotelmobiliar, so gelten sie als Zugehör, solange nicht dargetan ist, dass ihnen diese Eigenschaft nach Vorschrift des Gesetzes nicht zukommen kann.

³ Vorbehalten bleiben die Rechte Dritter an der Zugehör.

Art. 806

II. Miet- und Pachtzinse

¹ Ist das verpfändete Grundstück vermietet oder verpachtet, so erstreckt sich die Pfandhaft auch auf die Miet- oder Pachtzinsforderungen, die seit Anhebung der Betreibung auf Verwertung des Grundpfandes oder seit der Eröffnung des Konkurses über den Schuldner bis zur Verwertung auflaufen.

² Den Zinsschuldnern gegenüber ist diese Pfandhaft erst wirksam, nachdem ihnen von der Betreibung Mitteilung gemacht oder der Konkurs veröffentlicht worden ist.

³ Rechtsgeschäfte des Grundeigentümers über noch nicht verfallene Miet- oder Pachtzinsforderungen sowie die Pfändung durch andere Gläubiger sind gegenüber einem Grundpfandgläubiger, der vor der Fälligkeit der Zinsforderung Betreibung auf Verwertung des Unterpfandes angehoben hat, nicht wirksam.

Art. 807

Forderungen, für die ein Grundpfand eingetragen ist, unterliegen keiner Verjährung.

III. Verjährung

Art. 808

¹ Vermindert der Eigentümer den Wert der Pfandsache, so kann ihm der Gläubiger durch das Gericht jede weitere schädliche Einwirkung untersagen lassen.

² Der Gläubiger kann vom Gericht ermächtigt werden, die zweckdienlichen Vorkehrungen zu treffen, und kann solche auch ohne Ermächtigung vornehmen, wenn Gefahr im Verzug ist.

³ Für die Kosten der Vorkehrungen kann er vom Eigentümer Ersatz verlangen und hat dafür an dem Grundstück ohne Eintragung in das Grundbuch ein Pfandrecht, das jeder eingetragenen Belastung vorgeht.

IV. Sicherungsbefugnisse
*1. Massregeln bei Wertverminderung
a. Untersagung und Selbsthilfe*

Art. 809

¹ Ist eine Wertverminderung eingetreten, so kann der Gläubiger vom Schuldner die Sicherung seiner Ansprüche oder die Wiederherstellung des früheren Zustandes verlangen.

² Droht die Gefahr einer Wertverminderung, so kann er die Sicherung verlangen.

³ Wird dem Verlangen innerhalb einer vom Gericht angesetzten Frist nicht entsprochen, so kann der Gläubiger eine zu seiner Sicherung ausreichende Abzahlung der Schuld beanspruchen.

b. Sicherung, Wiederherstellung, Abzahlung

Art. 810

¹ Wertverminderungen, die ohne Verschulden des Eigentümers eintreten, geben dem Gläubiger nur insoweit ein Recht auf Sicherstellung oder Abzahlung, als der Eigentümer für den Schaden gedeckt wird.

² Der Gläubiger kann jedoch Vorkehrungen zur Beseitigung oder Abwehr der Wertverminderung treffen und hat für deren Kosten an dem Grundstück ohne Schuldpflicht des Eigentümers und ohne Eintragung in das Grundbuch ein Pfandrecht, das jeder eingetragenen Belastung vorgeht.

2. Unverschuldete Wertverminderung

Art. 811

Wird ein Teil des Grundstückes, der auf weniger als den zwanzigsten Teil der Pfandforderung zu werten ist, veräussert, so kann der Gläubiger die Entlassung dieses Stückes aus der Pfandhaft nicht verweigern, sobald eine verhältnismässige Abzahlung geleistet wird oder der Rest des Grundstückes ihm hinreichende Sicherheit bietet.

3. Abtrennung kleiner Stücke

Art. 812

V. Weitere Belastung

¹ Ein Verzicht des Eigentümers auf das Recht, weitere Lasten auf das verpfändete Grundstück zu legen, ist unverbindlich.

² Wird nach der Errichtung des Grundpfandrechtes eine Dienstbarkeit oder Grundlast auf das Grundstück gelegt, ohne dass der Pfandgläubiger zugestimmt hat, so geht das Grundpfandrecht der späteren Belastung vor, und diese wird gelöscht, sobald bei der Pfandverwertung ihr Bestand den vorgehenden Pfandgläubiger schädigt.

³ Der aus der Dienstbarkeit oder Grundlast Berechtigte hat jedoch gegenüber nachfolgenden Eingetragenen für den Wert der Belastung Anspruch auf vorgängige Befriedigung aus dem Erlöse.

Art. 813

VI. Pfandstelle
1. Wirkung der Pfandstellen

¹ Die pfandrechtliche Sicherung ist auf die Pfandstelle beschränkt, die bei der Eintragung angegeben wird.

² Grundpfandrechte können in zweitem oder beliebigem Rang errichtet werden, sobald ein bestimmter Betrag als Vorgang bei der Eintragung vorbehalten wird.

Art. 814

2. Pfandstellen untereinander

¹ Sind Grundpfandrechte verschiedenen Ranges auf ein Grundstück errichtet, so hat bei Löschung eines Grundpfandes der nachfolgende Grundpfandgläubiger keinen Anspruch darauf, in die Lücke nachzurücken.

² An Stelle des getilgten vorgehenden Grundpfandes darf ein anderes errichtet werden.

³ Vereinbarungen über das Nachrücken von Grundpfandgläubigern haben nur dann dingliche Wirkung, wenn sie vorgemerkt sind.

Art. 815

3. Leere Pfandstellen

Ist ein Grundpfandrecht ohne Vorhandensein eines vorgehenden in späterem Rang errichtet, hat der Schuldner über einen vorgehenden Pfandtitel nicht verfügt, oder beträgt die vorgehende Forderung weniger, als eingetragen ist, so wird bei der Pfandverwertung der Erlös aus dem Pfande ohne Rücksicht auf die leeren Pfandstellen den wirklichen Pfandgläubigern nach ihrem Range zugewiesen.

Art. 816

VII. Befriedigung aus dem Pfande
1. Art der Befriedigung

¹ Der Gläubiger hat ein Recht darauf, im Falle der Nichtbefriedigung sich aus dem Erlöse des Grundstückes bezahlt zu machen.

² Die Abrede, wonach das Grundpfand dem Gläubiger, wenn er nicht befriedigt wird, als Eigentum zufallen soll, ist ungültig.

³ Sind mehrere Grundstücke für die gleiche Forderung verpfändet, so ist die Betreibung auf Pfandverwertung gleichzeitig gegen alle zu richten, die Verwertung aber nach Anordnung des Betreibungsamtes nur soweit nötig durchzuführen.

Art. 817

¹ Der Erlös aus dem Verkaufe des Grundstückes wird unter die Grundpfandgläubiger nach ihrem Range verteilt.
² Gläubiger gleichen Ranges haben unter sich Anspruch auf gleichmässige Befriedigung.

2. Verteilung des Erlöses

Art. 818

¹ Das Grundpfandrecht bietet dem Gläubiger Sicherheit:
1. für die Kapitalforderung;
2. für die Kosten der Betreibung und die Verzugszinse;
3. für drei zur Zeit der Konkurseröffnung oder des Pfandverwertungsbegehrens verfallene Jahreszinse und den seit dem letzten Zinstage laufenden Zins.

² Der ursprünglich vereinbarte Zins darf nicht zum Nachteil nachgehender Grundpfandgläubiger über fünf vom Hundert erhöht werden.

3. Umfang der Sicherung

Art. 819

Hat der Pfandgläubiger zur Erhaltung der Pfandsache notwendige Auslagen gemacht, insbesondere die vom Eigentümer geschuldeten Versicherungsprämien bezahlt, so kann er hiefür ohne Eintragung in das Grundbuch die gleiche Sicherung beanspruchen wie für seine Pfandforderung.

4. Sicherung für erhaltende Auslagen

Art. 820

¹ Wird ein ländliches Grundstück durch eine Bodenverbesserung, die unter Mitwirkung öffentlicher Behörden zur Durchführung gelangt, im Werte erhöht, so kann der Eigentümer für seinen Kostenanteil zur Sicherung seines Gläubigers ein Pfandrecht in das Grundbuch eintragen lassen, das allen andern eingetragenen Belastungen vorgeht.
² Wird eine solche Bodenverbesserung ohne staatliche Subvention durchgeführt, so kann der Eigentümer dieses Pfandrecht für höchstens zwei Drittteile seines Kostenanteiles eintragen lassen.

VIII. Pfandrecht bei Bodenverbesserungen
1. Vorrang

Art. 821

¹ Wird die Bodenverbesserung ohne staatliche Subvention durchgeführt, so ist die Pfandschuld durch Annuitäten von wenigstens fünf Prozent der eingetragenen Pfandsumme zu tilgen.

2. Tilgung der Schuld und des Pfandrechtes

² Das Pfandrecht erlischt für die Forderung und für jede Annuität nach Ablauf von drei Jahren seit Eintritt der Fälligkeit, und es rücken die nachfolgenden Pfandgläubiger nach.

Art. 822

IX. Anspruch auf die Versicherungssumme

¹ Eine fällig gewordene Versicherungssumme darf nur mit Zustimmung aller Grundpfandgläubiger an den Eigentümer des versicherten Grundstückes ausbezahlt werden.

² Gegen angemessene Sicherstellung ist sie jedoch dem Eigentümer zum Zwecke der Wiederherstellung des Unterpfandes herauszugeben.

³ Im übrigen bleiben die Vorschriften der Kantone über die Feuerversicherung vorbehalten.

Art. 823

X. Vertretung des Gläubigers

¹ Ist der Name oder Wohnort eines Grundpfandgläubigers unbekannt, so kann in den Fällen, wo das Gesetz eine persönliche Betätigung des Gläubigers vorsieht und eine solche dringend erforderlich ist, auf Antrag des Schuldners oder anderer Beteiligter dem Gläubiger von der Vormundschaftsbehörde ein Beistand ernannt werden.

² Zuständig ist die Vormundschaftsbehörde des Ortes, wo das Unterpfand liegt.

Zweiter Abschnitt
Die Grundpfandverschreibung

Art. 824

A. Zweck und Gestalt

¹ Durch die Grundpfandverschreibung kann eine beliebige, gegenwärtige oder zukünftige oder bloss mögliche Forderung pfandrechtlich sichergestellt werden.

² Das verpfändete Grundstück braucht nicht Eigentum des Schuldners zu sein.

Art. 825

B. Errichtung und Untergang
I. Errichtung

¹ Die Grundpfandverschreibung wird auch bei Forderungen mit unbestimmtem oder wechselndem Betrage auf eine bestimmte Pfandstelle errichtet und behält ungeachtet aller Schwankungen ihren Rang nach dem Eintrag.

² Über die errichtete Pfandverschreibung wird auf Verlangen des Gläubigers ein Auszug aus dem Grundbuch ausgestellt, dem jedoch nur die Eigenschaft eines Beweismittels und nicht eines Wertpapiers zukommt.

³ An Stelle dieses Beweismittels kann die Bescheinigung der Eintragung auf der Vertragsurkunde treten.

Art. 826

Ist die Forderung untergegangen, so kann der Eigentümer des belasteten Grundstückes vom Gläubiger verlangen, dass er die Löschung des Eintrages bewillige.

II. Untergang
1. Recht auf Löschung

Art. 827

¹ Ist der Grundeigentümer nicht Schuldner der Pfandforderung, so kann er das Pfandrecht unter den gleichen Voraussetzungen ablösen, unter denen der Schuldner zur Tilgung der Forderung befugt ist.

² Befriedigt er den Gläubiger, so geht das Forderungsrecht auf ihn über.

2. Stellung des Eigentümers

Art. 828

¹ Das kantonale Recht kann den Erwerber eines Grundstuckes, der nicht persönlich für die darauf lastenden Schulden haftbar ist, ermächtigen, solange keine Betreibung erfolgt ist, die Grundpfandrechte, wenn sie den Wert des Grundstückes übersteigen, abzulösen, indem er den Gläubigern den Erwerbspreis oder bei unentgeltlichem Erwerbe den Betrag herausbezahlt, auf den er das Grundstück wertet.

² Er hat die beabsichtigte Ablösung den Gläubigern schriftlich mit halbjähriger Kündigung mitzuteilen.

³ Der Ablösungsbetrag wird unter die Gläubiger nach ihrem Range verteilt.

3. Einseitige Ablösung
a. Voraussetzung und Geltendmachung

Art. 829

¹ Bei dieser Ablösung haben die Gläubiger das Recht, binnen Monatsfrist nach der Mitteilung des Erwerbes gegen Vorschuss der Kosten eine öffentliche Versteigerung des Unterpfandes zu verlangen, die nach öffentlicher Bekanntmachung binnen eines weitern Monats, nachdem sie verlangt wurde, vorzunehmen ist.

² Wird hiebei ein höherer Preis erzielt, so gilt dieser als Ablösungsbetrag.

³ Die Kosten der Versteigerung hat im Falle der Erzielung eines höheren Preises der Erwerber, andernfalls der Gläubiger, der sie verlangt hat, zu tragen.

b. Öffentliche Versteigerung

Art. 830

Das kantonale Recht kann an Stelle der öffentlichen Versteigerung eine amtliche Schätzung vorsehen, deren Betrag als Ablösungssumme zu gelten hat.

c. Amtliche Schätzung

Art. 831

4. Kündigung · Eine Kündigung der Forderung durch den Gläubiger ist gegenüber dem Eigentümer der Pfandsache, der nicht Schuldner ist, nur dann wirksam, wenn sie gegenüber Schuldner und Eigentümer erfolgt.

Art. 832

C. Wirkung
I. Eigentum und Schuldnerschaft
1. Veräusserung

¹ Wird das mit einer Grundpfandverschreibung belastete Grundstück veräussert, so bleibt die Haftung des Grundpfandes und des Schuldners, wenn es nicht anders verabredet ist, unverändert.

² Hat aber der neue Eigentümer die Schuldpflicht für die Pfandforderung übernommen, so wird der frühere Schuldner frei, wenn der Gläubiger diesem gegenüber nicht binnen Jahresfrist schriftlich erklärt, ihn beibehalten zu wollen.

Art. 833

2. Zerstückelung

¹ Wird ein Teil des mit einem Grundpfande belasteten Grundstückes oder eines von mehreren verpfändeten Grundstücken desselben Eigentümers veräussert, oder das Unterpfand zerstückelt, so ist die Pfandhaft mangels anderer Abrede derart zu verteilen, dass jeder der Teile nach seinem Werte verhältnismässig belastet wird.

² Will ein Gläubiger diese Verteilung nicht annehmen, so kann er binnen Monatsfrist, nachdem sie rechtskräftig geworden ist, verlangen, dass seine Pfandforderung innerhalb eines Jahres getilgt werde.

³ Haben die Erwerber die Schuldpflicht für die auf ihren Grundstücken lastenden Pfandforderungen übernommen, so wird der frühere Schuldner frei, wenn der Gläubiger diesem gegenüber nicht binnen Jahresfrist schriftlich erklärt, ihn beibehalten zu wollen.

Art. 834

3. Anzeige der Schuldübernahme

¹ Von der Übernahme der Schuld durch den Erwerber hat der Grundbuchverwalter dem Gläubiger Kenntnis zu geben.

² Die Jahresfrist für die Erklärung des Gläubigers läuft von dieser Mitteilung an.

Art. 835

II. Übertragung der Forderung

Die Übertragung der Forderung, für die eine Grundpfandverschreibung errichtet ist, bedarf zu ihrer Gültigkeit keiner Eintragung in das Grundbuch.

Art. 836

D. Gesetzliches Grundpfandrecht
I. Ohne Eintragung

Die gesetzlichen Pfandrechte des kantonalen Rechtes aus öffentlich-rechtlichen oder andern für die Grundeigentümer allgemein verbindlichen Verhältnissen bedürfen, wo es nicht anders geordnet ist, zu ihrer Gültigkeit keiner Eintragung.

Art. 837

¹ Der Anspruch auf Errichtung eines gesetzlichen Grundpfandes besteht:
1. für die Forderung des Verkäufers an dem verkauften Grundstück;
2. für die Forderung der Miterben und Gemeinder aus Teilung an den Grundstücken, die der Gemeinschaft gehörten;
3. für die Forderungen der Handwerker oder Unternehmer, die zu Bauten oder andern Werken auf einem Grundstücke Material und Arbeit oder Arbeit allein geliefert haben, an diesem Grundstücke, sei es, dass sie den Grundeigentümer oder einen Unternehmer zum Schuldner haben.

² Auf diese gesetzlichen Grundpfandrechte kann der Berechtigte nicht zum voraus Verzicht leisten.

II. Mit Eintragung
1. Fälle

Art. 838

Die Eintragung des Pfandrechtes des Verkäufers, der Miterben oder Gemeinder muss spätestens drei Monate nach der Übertragung des Eigentums erfolgen.

2. Verkäufer, Miterben und Gemeinder

Art. 839

¹ Das Pfandrecht der Handwerker und Unternehmer kann von dem Zeitpunkte an, da sie sich zur Arbeitsleistung verpflichtet haben, in das Grundbuch eingetragen werden.

² Die Eintragung hat bis spätestens drei Monate nach der Vollendung ihrer Arbeit zu geschehen.

³ Sie darf nur erfolgen, wenn die Forderung vom Eigentümer anerkannt oder gerichtlich festgestellt ist, und kann nicht verlangt werden, wenn der Eigentümer für die angemeldete Forderung hinreichende Sicherheit leistet.

3. Handwerker und Unternehmer
a. Eintragung

Art. 840

Gelangen mehrere gesetzliche Pfandrechte der Handwerker und Unternehmer zur Eintragung, so haben sie, auch wenn sie von verschiedenem Datum sind, untereinander den gleichen Anspruch auf Befriedigung aus dem Pfande.

b. Rang

Art. 841

¹ Kommen die Forderungen der Handwerker und Unternehmer bei der Pfandverwertung zu Verlust, so ist der Ausfall aus dem den Wert des Bodens übersteigenden Verwertungsanteil der vorgehenden Pfandgläubiger zu ersetzen, sofern das Grundstück durch ihre Pfandrechte in einer für sie erkennbaren Weise zum Nachteil der Handwerker und Unternehmer belastet worden ist.

c. Vorrecht

² Veräussert der vorgehende Pfandgläubiger seinen Pfandtitel, so hat er den Handwerkern und Unternehmern für dasjenige, was ihnen dadurch entzogen wird, Ersatz zu leisten.

³ Sobald der Beginn des Werkes auf Anzeige eines Berechtigten im Grundbuch angemerkt ist, dürfen bis zum Ablauf der Eintragungsfrist Pfandrechte nur als Grundpfandverschreibungen eingetragen werden.

Dritter Abschnitt
Schuldbrief und Gült

Art. 842

A. Schuldbrief
I. Zweck und Gestalt

Durch den Schuldbrief wird eine persönliche Forderung begründet, die grundpfändlich sichergestellt ist.

Art. 843

II. Schätzung

¹ Das kantonale Recht kann für die Errichtung von Schuldbriefen eine amtliche Schätzung des Grundstückes den Beteiligten zur Verfügung stellen oder allgemein vorschreiben.

² Es kann vorschreiben, dass Schuldbriefe nur bis zum Betrage der Schätzung oder bis zu einem Bruchteil des Schätzungswertes errichtet werden dürfen.

Art. 844

III. Kündigung

¹ Der Schuldbrief kann, wenn es nicht anders bestimmt ist, vom Gläubiger und Schuldner je nur auf sechs Monate und auf die üblichen Zinstage gekündigt werden.

² Das kantonale Recht kann einschränkende Bestimmungen über die Kündbarkeit der Schuldbriefe aufstellen.

Art. 845

IV. Stellung des Eigentümers

¹ Die Stellung des Eigentümers der Pfandsache, der nicht Schuldner ist, bestimmt sich nach den Vorschriften über die Grundpfandverschreibung.

² Die Einreden des Schuldners stehen beim Schuldbrief auch dem Eigentümer der Pfandsache zu.

Art. 846

V. Veräusserung, Zerstückelung

Für die Folgen der Veräusserung und der Zerstückelung des Grundstückes gelten die Bestimmungen über die Grundpfandverschreibung.

Art. 847

¹ Durch die Gült wird eine Forderung als Grundlast auf ein Grundstück gelegt.

² Sie kann nur auf landwirtschaftliche Grundstücke, Wohnhäuser und Baugebiet errichtet werden.

³ Die Forderung besteht ohne jede persönliche Haftbarkeit des Schuldners, und ein Schuldgrund wird nicht angeführt.

B. Gült
I. Zweck und Gestalt

Art. 848[1]

¹ Eine Gült kann auf einem landwirtschaftlichen Grundstück bis zum Ertragswert errichtet werden.

² Auf einem nichtlandwirtschaftlichen Grundstück kann eine Gült bis zu drei Fünfteln des Mittelwerts aus dem nichtlandwirtschaftlichen Ertragswert und dem Boden- und Bauwert errichtet werden; die massgebenden Werte werden durch eine amtliche Schätzung ermittelt, die durch das kantonale Recht zu ordnen ist.

II. Belastungsgrenze

Art. 849

¹ Die Kantone sind dafür haftbar, dass die Schätzung mit aller erforderlichen Sorgfalt vorgenommen wird.

² Sie haben ein Rückgriffsrecht auf die fehlbaren Beamten.

III. Haftung des Staates

Art. 850

¹ Der Eigentümer des mit Gülten belasteten Grundstückes hat das Recht, je auf Ende einer Periode von sechs Jahren mit vorausgehender Kündigung auf ein Jahr die Ablösung der Gült auch dann zu verlangen, wenn der Vertrag auf längere Zeit Unkündbarkeit angeordnet hat.

² Der Gültgläubiger kann die Gültforderung ausser in den vom Gesetz bestimmten Fällen nur je auf Ende einer Periode von 15 Jahren mit vorausgehender jährlicher Kündigungsfrist ablösen.[2]

IV. Ablösbarkeit

Art. 851

¹ Die Gült hat zum Schuldner den Eigentümer des belasteten Grundstückes.

² Der Erwerber des Grundstückes wird unter Entlastung des bisherigen Eigentümers ohne weiteres Schuldner der Gültforderung.

³ Gültzinse werden von dem Zeitpunkte an zu persönlichen Schulden, wo das Grundstück nicht mehr für sie haftet.

V. Schuldpflicht und Eigentum

---

[1] Fassung gemäss Art. 92 Ziff. 1 des BG vom 4. Okt. 1991, in Kraft seit 1. Jan. 1994 (SR **211.412.11**).

[2] Fassung gemäss Art. 93 des BG vom 12. Dez. 1940, in Kraft seit 1. Jan. 1947 [BS **9** 80].

Art. 852

VI. Zerstückelung

¹ Bei Zerstückelung eines mit einer Gült belasteten Grundstückes werden die Eigentümer der Teilstücke Gültschuldner.

² Im übrigen erfolgt die Verlegung der Forderung auf die Teilstücke nach dem gleichen Verfahren, wie es für die Grundpfandverschreibung angeordnet ist.

³ Im Falle der Ablösung hat der Gläubiger binnen Monatsfrist, nachdem die Verlegung rechtskräftig geworden ist, auf ein Jahr zu kündigen.

Art. 853

VII. Kantonale und Erbengülten

Für die Gülten, die unter dem kantonalen Rechte errichtet worden sind, insbesondere betreffend die Zinsbeschränkungen und die Bedeutung der Pfandstelle, sowie für die Erbengülten bleiben die besondern gesetzlichen Bestimmungen vorbehalten.

Art. 854

C. Gemeinsame Bestimmungen
I. Errichtung
1. Gestalt der Forderung

Schuldbrief und Gült dürfen weder Bedingung noch Gegenleistung enthalten.

Art. 855

2. Verhältnis zur ursprünglichen Forderung

¹ Mit der Errichtung eines Schuldbriefes oder einer Gült wird das Schuldverhältnis, das der Errichtung zu Grunde liegt, durch Neuerung getilgt.

² Eine andere Abrede wirkt nur unter den Vertragschliessenden sowie gegenüber Dritten, die sich nicht in gutem Glauben befinden.

Art. 856

3. Eintrag und Pfandtitel
a. Notwendigkeit des Pfandtitels

¹ Bei der Errichtung eines Schuldbriefes oder einer Gült wird neben der Eintragung in das Grundbuch stets ein Pfandtitel ausgestellt.

² Die Eintragung hat schon vor der Ausstellung des Pfandtitels Schuldbrief- oder Gültwirkung.

Art. 857

b. Ausfertigung des Pfandtitels

¹ Schuldbrief und Gült werden durch den Grundbuchverwalter ausgestellt.

² Sie bedürfen zu ihrer Gültigkeit der Unterschrift des Grundbuchverwalters.[1]

---

[1] Fassung gemäss Ziff. I des BG vom 4. Okt. 1991, in Kraft seit 1. Jan. 1994 (AS **1993** 1404 1409; BBl **1988** III 953).

³ Sie dürfen dem Gläubiger oder seinem Beauftragten nur mit ausdrücklicher Einwilligung des Schuldners und des Eigentümers des belasteten Grundstückes ausgehändigt werden.

Art. 858

Die Formen des Schuldbriefes und der Gült werden durch Verordnung des Bundesrates festgestellt.

c. Form des Pfandtitels

Art. 859

¹ Als Gläubiger des Schuldbriefes wie der Gült kann eine bestimmte Person oder der Inhaber bezeichnet werden.

² Die Ausstellung kann auch auf den Namen des Grundeigentümers erfolgen.

4. Bezeichnung des Gläubigers
a. Bei der Ausfertigung

Art. 860

¹ Bei der Errichtung eines Schuldbriefes oder einer Gült kann ein Bevollmächtigter bestellt werden, der die Zahlungen zu leisten und zu empfangen, Mitteilungen entgegenzunehmen, Pfandentlassungen zu gewähren und im allgemeinen die Rechte der Gläubiger wie des Schuldners und Eigentümers mit aller Sorgfalt und Unparteilichkeit zu wahren hat.

² Der Name des Bevollmächtigten ist im Grundbuch und auf den Pfandtiteln anzumerken.

³ Fällt die Vollmacht dahin, so trifft das Gericht, wenn die Beteiligten sich nicht vereinbaren, die nötigen Anordnungen.

b. Mit Stellvertretung

Art. 861

¹ Bestimmt der Pfandtitel es nicht anders, so hat der Schuldner alle Zahlungen am Wohnort des Gläubigers zu leisten, und zwar auch dann, wenn der Titel auf den Inhaber lautet.

² Ist der Wohnsitz des Gläubigers nicht bekannt oder zum Nachteil des Schuldners verlegt worden, so kann sich dieser durch Hinterlegung bei der zuständigen Behörde am eigenen Wohnsitze oder am früheren Wohnsitze des Gläubigers befreien.

³ Sind dem Titel Zinscoupons beigegeben, so ist die Zinszahlung nur an den Vorweiser des Coupons zu leisten.

5. Zahlungsort

Art. 862

¹ Bei Übertragung der Forderung kann der Schuldner, solange ihm keine Anzeige gemacht ist, Zinse und Annuitäten, für die keine Coupons bestehen, an den bisherigen Gläubiger entrichten, auch wenn der Titel auf den Inhaber lautet.

² Die Abzahlung des Kapitals oder einer Kapitalrate dagegen kann er in allen Fällen wirksam nur an denjenigen leisten, der sich ihm gegenüber im Zeitpunkt der Zahlung als Gläubiger ausweist.

6. Zahlung nach Übertragung der Forderung

Art. 863

II. Untergang
1. Wegfall des Gläubigers

¹ Ist kein Gläubiger vorhanden oder verzichtet der Gläubiger auf das Pfandrecht, so hat der Schuldner die Wahl, den Eintrag im Grundbuch löschen oder stehen zu lassen.

² Er ist befugt, den Pfandtitel weiter zu verwerten.

Art. 864

2. Löschung

Schuldbrief und Gült dürfen im Grundbuch nicht gelöscht werden, bevor der Pfandtitel entkräftet oder durch das Gericht für kraftlos erklärt worden ist.

Art. 865

III. Rechte des Gläubigers
1. Schutz des guten Glaubens
a. Auf Grund des Eintrages

Die Forderung aus Schuldbrief oder Gült besteht dem Eintrage gemäss für jedermann zu Recht, der sich in gutem Glauben auf das Grundbuch verlassen hat.

Art. 866

b. Auf Grund des Pfandtitels

Der formrichtig als Schuldbrief oder Gült erstellte Pfandtitel besteht seinem Wortlaute gemäss für jedermann zu Recht, der sich in gutem Glauben auf die Urkunde verlassen hat.

Art. 867

c. Verhältnis des Titels zum Eintrag

¹ Ist der Wortlaut eines Schuldbriefes oder einer Gült nicht dem Eintrag entsprechend oder ein Eintrag nicht vorhanden, so ist das Grundbuch massgebend.

² Der gutgläubige Erwerber des Titels hat jedoch nach den Vorschriften über das Grundbuch Anspruch auf Schadenersatz.

Art. 868

2. Geltendmachung

¹ Die Forderung aus Schuldbrief oder Gült kann sowohl, wenn der Titel auf einen bestimmten Namen, als wenn er auf den Inhaber lautet, nur in Verbindung mit dem Besitz des Pfandtitels veräussert, verpfändet, oder überhaupt geltend gemacht werden.

² Vorbehalten bleibt die Geltendmachung der Forderung in den Fällen, wo die Kraftloserklärung des Titels erfolgt oder ein Titel noch gar nicht ausgestellt worden ist.

Art. 869

3. Übertragung

¹ Zur Übertragung der Forderung aus Schuldbrief oder Gült bedarf es in allen Fällen der Übergabe des Pfandtitels an den Erwerber.

² Lautet der Titel auf einen bestimmten Namen, so bedarf es ausserdem der Anmerkung der Übertragung auf dem Titel unter Angabe des Erwerbers.

Art. 870

¹ Ist ein Pfandtitel oder Zinscoupon abhanden gekommen oder ohne Tilgungsabsicht vernichtet worden, so wird er durch das Gericht für kraftlos erklärt und der Schuldner zur Zahlung verpflichtet, oder es wird für die noch nicht fällige Forderung ein neuer Titel oder Coupon ausgefertigt.

² Die Kraftloserklärung erfolgt mit Auskündung auf ein Jahr nach den Vorschriften über die Amortisation der Inhaberpapiere.

³ In gleicher Weise kann der Schuldner die Kraftloserklärung verlangen, wenn ein abbezahlter Titel vermisst wird.

IV. Kraftloserklärung
1. Bei Verlust

Art. 871

¹ Ist der Gläubiger eines Schuldbriefes oder einer Gült seit zehn Jahren unbekannt und sind während dieser Zeit keine Zinse gefordert worden, so kann der Eigentümer des verpfändeten Grundstückes verlangen, dass der Gläubiger nach den Bestimmungen über die Verschollenerklärung durch das Gericht öffentlich aufgefordert werde, sich zu melden.

² Meldet sich der Gläubiger nicht, und ergibt die Untersuchung mit hoher Wahrscheinlichkeit, dass die Forderung nicht mehr zu Recht besteht, so wird der Titel durch das Gericht für kraftlos erklärt und die Pfandstelle frei.

2. Aufrufung des Gläubigers

Art. 872

Der Schuldner kann nur solche Einreden geltend machen, die sich entweder auf den Eintrag oder auf die Urkunde beziehen oder ihm persönlich gegen den ihn belangenden Gläubiger zustehen.

V. Einreden des Schuldners

Art. 873

Der Gläubiger hat dem Schuldner auf sein Verlangen bei der vollständigen Zahlung den Pfandtitel unentkräftet herauszugeben.

VI. Herausgabe des Pfandtitels bei Zahlung

Art. 874

¹ Erleidet das Rechtsverhältnis eine Änderung, wie namentlich bei Abzahlung an die Schuld, Schulderleichterung oder Pfandentlassung, so hat der Schuldner das Recht, sie im Grundbuch eintragen zu lassen.

² Der Grundbuchverwalter hat diese Änderung auf dem Titel anzumerken.

³ Ohne diese Eintragung kann jeder gutgläubige Erwerber des Titels die Wirkung der Änderung im Rechtsverhältnis von sich ablehnen, mit Ausnahme der Abzahlungen, die mit in dem Titel vorgeschriebenen Annuitäten stattfinden.

VII. Änderungen im Rechtsverhältnis

Vierter Abschnitt
Ausgabe von Anleihenstiteln mit Grundpfandrecht

Art. 875

A. Obligationen für Anleihen mit Pfandrecht

Anleihensobligationen, die auf den Namen der Gläubiger oder auf den Inhaber lauten, können mit einem Grundpfand sichergestellt werden:
1. durch Errichtung einer Grundpfandverschreibung oder eines Schuldbriefes für das ganze Anleihen und die Bezeichnung eines Stellvertreters für die Gläubiger und den Schuldner;
2. durch die Errichtung eines Grundpfandrechtes für das ganze Anleihen zugunsten der Ausgabestelle und Bestellung eines Pfandrechtes an dieser Grundpfandforderung für die Obligationsgläubiger.

Art. 876

B. Ausgabe von Schuldbriefen und Gülten in Serien
I. Im allgemeinen

Die Schuldbriefe und Gülten, die in Serien ausgegeben werden, stehen unter Vorbehalt der nachfolgenden Vorschriften unter dem allgemeinen Schuldbrief- und Gültrecht.

Art. 877

II. Gestalt

¹ Die Titel lauten auf 100 oder ein Vielfaches von 100 Franken.
² Alle Titel einer Serie tragen fortlaufende Nummern und haben die gleiche Form.
³ Werden die Titel nicht vom Grundeigentümer selbst ausgegeben, so muss die Ausgabestelle als Vertreter des Gläubigers und des Schuldners bezeichnet werden.

Art. 878

III. Amortisation

¹ Dem Zinsbetrag, den der Schuldner zu entrichten hat, kann ein Betrag beigefügt werden, der zur allmählichen Tilgung der Serie verwendet wird.
² Der jährliche Tilgungsbetrag muss einer gewissen Zahl von Titeln entsprechen.

Art. 879

IV. Eintragung

¹ Die Titel werden im Grundbuch mit einem Eintrag für das ganze Anleihen unter Angabe der Anzahl der Titel eingetragen.
² Ausnahmsweise kann bei einer kleinen Anzahl von Titeln jeder einzelne Titel eingetragen werden.

Art. 880

V. Wirkung
1. Ausgabestelle

Die Ausgabestelle kann, auch wo sie als Vertreter bestellt ist, an den Schuldbedingungen keine Veränderungen vornehmen, die nicht bei der Ausgabe vorbehalten worden sind.

Art. 881

¹ Die Rückzahlung der Titel erfolgt nach dem Tilgungsplan, der bei der Ausgabe aufgestellt worden ist oder von der Ausgabestelle kraft der bei der Ausgabe erhaltenen Vollmacht aufgestellt wird.

² Gelangt ein Titel zur Rückzahlung, so wird sein Betrag dem Gläubiger entrichtet und der Titel getilgt.

³ Eine Löschung des Eintrages darf, wenn es nicht anders vereinbart wird, erst erfolgen, nachdem der Schuldner den Verpflichtungen, auf die der Eintrag lautet, vollständig nachgekommen ist und den Titel samt den Coupons eingeliefert oder für die nicht eingelieferten Coupons die entsprechenden Beträge hinterlegt hat.

V2. Rückzahlung
a. Tilgungsplan

Art. 882

¹ Der Eigentümer oder die Ausgabestelle ist verpflichtet, die Auslosungen dem Tilgungsplan gemäss vorzunehmen und die abbezahlten Titel zu tilgen.

² Bei Gülten haben die Kantone die Vornahme dieser Auslosungen und Tilgungen amtlich überwachen zu lassen.

b. Aufsicht

Art. 883

Rückzahlungen sind in allen Fällen bei der nächsten Auslosung zur Tilgung von Pfandtiteln zu verwenden.

c. Verwendung der Rückzahlungen

Dreiundzwanzigster Titel
DAS FAHRNISPFAND

Erster Abschnitt
Faustpfand und Retentionsrecht

Art. 884

A. Faustpfand
I. Bestellung
1. Besitz des Gläubigers

¹ Fahrnis kann, wo das Gesetz keine Ausnahme macht, nur dadurch verpfändet werden, dass dem Pfandgläubiger der Besitz an der Pfandsache übertragen wird.

² Der gutgläubige Empfänger der Pfandsache erhält das Pfandrecht, soweit nicht Dritten Rechte aus früherem Besitze zustehen, auch dann, wenn der Verpfänder nicht befugt war, über die Sache zu verfügen.

³ Das Pfandrecht ist nicht begründet, solange der Verpfänder die ausschliessliche Gewalt über die Sache behält.

Art. 885

2. Viehverpfändung

¹ Zur Sicherung von Forderungen von Geldinstituten und Genossenschaften, die von der zuständigen Behörde ihres Wohnsitzkantons ermächtigt sind, solche Geschäfte abzuschliessen, kann ein Pfandrecht an Vieh ohne Übertragung des Besitzes bestellt werden durch Eintragung in ein Verschreibungsprotokoll und Anzeige an das Betreibungsamt.

² Der Bundesrat regelt die Führung des Protokolls.[1]

³ Für die Eintragungen im Protokoll und die damit verbundenen Verrichtungen können die Kantone Gebühren erheben; sie bezeichnen die Kreise, in denen die Protokolle geführt werden, und die Beamten, die mit deren Führung betraut sind.[1]

Art. 886

3. Nachverpfändung

Ein nachgehendes Faustpfand wird dadurch bestellt, dass der Faustpfandgläubiger schriftlich von der Nachverpfändung benachrichtigt und angewiesen wird, nach seiner Befriedigung das Pfand an den nachfolgenden Gläubiger herauszugeben.

Art. 887

4. Verpfändung durch den Pfandgläubiger

Der Gläubiger kann die Pfandsache nur mit Zustimmung des Verpfänders weiter verpfänden.

---

[1] Fassung gemäss Ziff. I des BG vom 4. Okt. 1991, in Kraft seit 1. Jan. 1994 (AS **1993** 1404 1409; BBl **1988** III 953).

Art. 888

¹ Das Faustpfandrecht geht unter, sobald der Gläubiger die Pfandsache nicht mehr besitzt und auch von dritten Besitzern nicht zurückverlangen kann.

² Es hat keine Wirkung, solange sich das Pfand mit Willen des Gläubigers in der ausschliesslichen Gewalt des Verpfänders befindet.

II. Untergang
1. Besitzesverlust

Art. 889

¹ Ist das Pfandrecht infolge der Tilgung der Forderung oder aus anderem Grunde untergegangen, so hat der Gläubiger die Pfandsache an den Berechtigten herauszugeben.

² Vor seiner vollen Befriedigung ist er nicht verpflichtet, das Pfand ganz oder zum Teil herauszugeben.

2. Rückgabepflicht

Art. 890

¹ Der Gläubiger haftet für den aus der Wertverminderung oder aus dem Untergang der verpfändeten Sache entstandenen Schaden, sofern er nicht nachweist, dass dieser ohne sein Verschulden eingetreten ist.

² Hat der Gläubiger das Pfand eigenmächtig veräussert oder weiter verpfändet, so haftet er für allen hieraus entstandenen Schaden.

3. Haftung des Gläubigers

Art. 891

¹ Der Gläubiger hat im Falle der Nichtbefriedigung ein Recht darauf, sich aus dem Erlös des Pfandes bezahlt zu machen.

² Das Pfandrecht bietet ihm Sicherheit für die Forderung mit Einschluss der Vertragszinse, der Betreibungskosten und der Verzugszinse.

III. Wirkung
1. Rechte des Gläubigers

Art. 892

¹ Das Pfandrecht belastet die Pfandsache mit Einschluss der Zugehör.

² Die natürlichen Früchte der Pfandsache hat der Gläubiger, wenn es nicht anders verabredet ist, an den Eigentümer herauszugeben, sobald sie aufhören, Bestandteil der Sache zu sein.

³ Früchte, die zur Zeit der Pfandverwertung Bestandteil der Pfandsache sind, unterliegen der Pfandhaft.

2. Umfang der Pfandhaft

Art. 893

¹ Haften mehrere Pfandrechte auf der gleichen Sache, so werden die Gläubiger nach ihrem Range befriedigt.

² Der Rang der Pfandrechte wird durch die Zeit ihrer Errichtung bestimmt.

3. Rang der Pfandrechte

Art. 894

4. Verfallsvertrag — Jede Abrede, wonach die Pfandsache dem Gläubiger, wenn er nicht befriedigt wird, als Eigentum zufallen soll, ist ungültig.

Art. 895

B. Retentionsrecht
I. Voraussetzungen

¹ Bewegliche Sachen und Wertpapiere, die sich mit Willen des Schuldners im Besitze des Gläubigers befinden, kann dieser bis zur Befriedigung für seine Forderung zurückbehalten, wenn die Forderung fällig ist und ihrer Natur nach mit dem Gegenstande der Retention in Zusammenhang steht.

² Unter Kaufleuten besteht dieser Zusammenhang, sobald der Besitz sowohl als die Forderung aus ihrem geschäftlichen Verkehr herrühren.

³ Der Gläubiger hat das Retentionsrecht, soweit nicht Dritten Rechte aus früherem Besitze zustehen, auch dann, wenn die Sache, die er in gutem Glauben empfangen hat, nicht dem Schuldner gehört.

Art. 896

II. Ausnahmen

¹ An Sachen, deren Natur eine Verwertung nicht zulässt, kann das Retentionsrecht nicht ausgeübt werden.

² Ebenso ist die Retention ausgeschlossen, wenn ihr eine vom Gläubiger übernommene Verpflichtung, oder eine vom Schuldner vor oder bei der Übergabe der Sache erteilte Vorschrift oder die öffentliche Ordnung entgegensteht.

Art. 897

III. Bei Zahlungsunfähigkeit

¹ Bei Zahlungsunfähigkeit des Schuldners hat der Gläubiger das Retentionsrecht auch dann, wenn seine Forderung nicht fällig ist.

² Ist die Zahlungsunfähigkeit erst nach der Übergabe der Sache eingetreten oder dem Gläubiger bekannt geworden, so kann dieser die Retention auch dann ausüben, wenn ihr eine von ihm vorher übernommene Verpflichtung oder eine besondere Vorschrift des Schuldners entgegensteht.

Art. 898

IV. Wirkung

¹ Kommt der Schuldner seiner Verpflichtung nicht nach, so kann der Gläubiger, wenn er nicht hinreichend sichergestellt wird, die zurückbehaltene Sache nach vorgängiger Benachrichtigung des Schuldners wie ein Faustpfand verwerten.

² Zur Verwertung zurückbehaltener Namenpapiere hat in Vertretung des Schuldners der Betreibungs- oder der Konkursbeamte das Erforderliche vorzunehmen.

Zweiter Abschnitt
Das Pfandrecht an Forderungen und andern Rechten

Art. 899

¹ Forderungen und andere Rechte können verpfändet werden, wenn sie übertragbar sind.

² Das Pfandrecht an ihnen steht, wo es nicht anders geordnet ist, unter den Bestimmungen über das Faustpfand.

A. Im allgemeinen

Art. 900

¹ Zur Verpfändung einer Forderung, für die keine Urkunde oder nur ein Schuldschein besteht, bedarf es der schriftlichen Abfassung des Pfandvertrages und gegebenenfalls der Übergabe des Schuldscheines.

² Der Pfandgläubiger und der Verpfänder können den Schuldner von der Pfandbestellung benachrichtigen.

³ Zur Verpfändung anderer Rechte bedarf es neben einem schriftlichen Pfandvertrag der Beobachtung der Form, die für die Übertragung vorgesehen ist.

B. Errichtung
I. Bei Forderungen mit oder ohne Schuldschein

Art. 901

¹ Bei Inhaberpapieren genügt zur Verpfändung die Übertragung der Urkunde an den Pfandgläubiger.

² Bei andern Wertpapieren bedarf es der Übergabe der Urkunde in Verbindung mit einem Indossament oder mit einer Abtretungserklärung.

II. Bei Wertpapieren

Art. 902

¹ Bestehen für Waren Wertpapiere, die sie vertreten, so wird durch Verpfändung der Wertpapiere ein Pfandrecht an der Ware bestellt.

² Besteht neben einem Warenpapier noch ein besonderer Pfandschein (Warrant), so genügt zur Pfandbestellung die Verpfändung des Pfandscheines, sobald auf dem Warenpapier selbst die Verpfändung mit Forderungsbetrag und Verfalltag eingetragen ist.

III. Bei Warenpapieren

Art. 903

Ein nachgehendes Forderungspfandrecht ist nur gültig, wenn der vorgehende Pfandgläubiger vom Gläubiger der Forderung oder vom nachgehenden Pfandgläubiger von der Nachverpfändung schriftlich benachrichtigt wird.

IV. Nachverpfändung

Art. 904

C. Wirkung
I. Umfang der Pfandhaft

¹ Beim Pfandrecht an einer verzinslichen Forderung oder an einer Forderung mit andern zeitlich wiederkehrenden Nebenleistungen, wie Dividenden, gilt, wenn es nicht anders vereinbart ist, nur der laufende Anspruch als mitverpfändet, und der Gläubiger hat keinen Anspruch auf die verfallenen Leistungen.

² Bestehen jedoch besondere Papiere für solche Nebenrechte, so gelten diese, wenn es nicht anders vereinbart ist, insoweit für mitverpfändet, als das Pfandrecht an ihnen formrichtig bestellt ist.

Art. 905

II. Vertretung verpfändeter Aktien

Verpfändete Aktien werden in der Generalversammlung durch die Aktionäre und nicht durch die Pfandgläubiger vertreten.

Art. 906

III. Verwaltung und Abzahlung

¹ Erfordert die sorgfältige Verwaltung die Kündigung und Einziehung der verpfändeten Forderung, so darf deren Gläubiger sie vornehmen und der Pfandgläubiger verlangen, dass sie vorgenommen werde.

² Zahlungen darf der Schuldner, sobald er von der Verpfändung benachrichtigt ist, an den einen nur mit Einwilligung des andern entrichten.

³ Wo diese fehlt, hat er den geschuldeten Betrag zu hinterlegen.

Dritter Abschnitt
Das Versatzpfand

Art. 907

A. Versatzanstalt
I. Erteilung der Gewerbebefugnis

¹ Wer das Pfandleihgewerbe betreiben will, bedarf hiezu einer Bewilligung der kantonalen Regierung.

² Die Kantone können bestimmen, dass diese Bewilligung nur an öffentliche Anstalten des Kantons oder der Gemeinden sowie an gemeinnützige Unternehmungen erteilt werden soll.

³ Die Kantone können von den Anstalten Gebühren erheben.

Art. 908

II. Dauer

¹ Die Bewilligung wird an private Anstalten nur auf eine bestimmte Zeit erteilt, kann aber erneuert werden.

² Sie kann jederzeit widerrufen werden, wenn die Anstalt die Bestimmungen, denen ihr Betrieb unterstellt ist, nicht beobachtet.

Art. 909

B. Versatzpfandrecht
I. Errichtung

Das Versatzpfand wird dadurch begründet, dass der Pfandgegenstand der Anstalt übergeben und hiefür ein Versatzschein ausgestellt wird.

Art. 910

¹ Ist das Pfand auf den vereinbarten Termin nicht ausgelöst worden, so kann die Anstalt nach vorgängiger öffentlicher Aufforderung zur Einlösung den Pfandgegenstand amtlich verkaufen lassen.

² Eine persönliche Forderung kann die Anstalt nicht geltend machen.

II. Wirkung
1. Verkauf des Pfandes

Art. 911

¹ Ergibt sich aus dem Kauferlös ein Überschuss über die Pfandsumme, so hat der Berechtigte Anspruch auf dessen Herausgabe.

² Mehrere Forderungen gegen denselben Schuldner dürfen bei Berechnung des Überschusses als ein Ganzes behandelt werden.

³ Der Anspruch auf den Überschuss verjährt in fünf Jahren nach dem Verkauf der Sache.

2. Recht auf den Überschuss

Art. 912

¹ Das Pfand kann von dem Berechtigten gegen Rückgabe des Versatzscheines ausgelöst werden, solange der Verkauf nicht stattgefunden hat.

² Kann er den Schein nicht beibringen, so ist er nach Eintritt der Fälligkeit zur Auslösung des Pfandes befugt, wenn er sich über sein Recht ausweist.

³ Diese Befugnis steht dem Berechtigten nach Ablauf von sechs Monaten seit der Fälligkeit auch dann zu, wenn die Anstalt sich ausdrücklich vorbehalten hat, das Pfand nur gegen Rückgabe des Scheines auszulösen.

III. Auslösung des Pfandes
1. Recht auf Auslösung

Art. 913

¹ Die Anstalt ist berechtigt, bei jeder Auslösung den Zins für den ganzen laufenden Monat zu verlangen.

² Hat die Anstalt sich ausdrücklich vorbehalten, das Pfand gegen Rückgabe des Scheines an jedermann herauszugeben, so ist sie zu dieser Herausgabe befugt, solange sie nicht weiss oder wissen sollte, dass der Inhaber auf unredliche Weise in den Besitz des Scheines gelangt ist.

2. Rechte der Anstalt

Art. 914

Der gewerbsmässige Kauf auf Rückkauf wird dem Versatzpfande gleichgestellt.

C. Kauf auf Rückkauf

Art. 915

D. Ordnung des Gewerbes

¹ Die Kantone können zur Ordnung des Pfandleihgewerbes weitere Vorschriften aufstellen.

² ...[1]

Art. 916–918[2]

---

[1] Aufgehoben durch Ziff. II 21 des BG vom 15. Dez. 1989 (AS **1991** 362; BBl **1988** II 1333).

[2] Aufgehoben durch Art. 52 Abs. 2 des Pfandbriefgesetzes vom 25. Juni 1930 (SR **211.423.4**).

DRITTE ABTEILUNG
BESITZ UND GRUNDBUCH

Vierundzwanzigster Titel
DER BESITZ

Art. 919

¹ Wer die tatsächliche Gewalt über eine Sache hat, ist ihr Besitzer.

² Dem Sachbesitz wird bei Grunddienstbarkeiten und Grundlasten die tatsächliche Ausübung des Rechtes gleichgestellt.

A. Begriff und Arten
I. Begriff

Art. 920

¹ Hat ein Besitzer die Sache einem andern zu einem beschränkten dinglichen oder einem persönlichen Recht übertragen, so sind sie beide Besitzer.

² Wer eine Sache als Eigentümer besitzt, hat selbständigen, der andere unselbständigen Besitz.

II. Selbständiger und unselbständiger Besitz

Art. 921

Eine ihrer Natur nach vorübergehende Verhinderung oder Unterlassung der Ausübung der tatsächlichen Gewalt hebt den Besitz nicht auf.

III. Vorübergehende Unterbrechung

Art. 922

¹ Der Besitz wird übertragen durch die Übergabe der Sache selbst oder der Mittel, die dem Empfänger die Gewalt über die Sache verschaffen.

² Die Übergabe ist vollzogen, sobald sich der Empfänger mit Willen des bisherigen Besitzers in der Lage befindet, die Gewalt über die Sache auszuüben.

B. Übertragung
I. Unter Anwesenden

Art. 923

Geschieht die Übergabe unter Abwesenden, so ist sie mit der Übergabe der Sache an den Empfänger oder dessen Stellvertreter vollzogen.

II. Unter Abwesenden

Art. 924

¹ Ohne Übergabe kann der Besitz einer Sache erworben werden, wenn ein Dritter oder der Veräusserer selbst auf Grund eines besonderen Rechtsverhältnisses im Besitz der Sache verbleibt.

² Gegenüber dem Dritten ist dieser Besitzesübergang erst dann wirksam, wenn ihm der Veräusserer davon Anzeige gemacht hat.

III. Ohne Übergabe

³ Der Dritte kann dem Erwerber die Herausgabe aus den gleichen Gründen verweigern, aus denen er sie dem Veräusserer hätte verweigern können.

Art. 925

IV. Bei Warenpapieren

¹ Werden für Waren, die einem Frachtführer oder einem Lagerhaus übergeben sind, Wertpapiere ausgestellt, die sie vertreten, so gilt die Übertragung einer solchen Urkunde als Übertragung der Ware selbst.
² Steht jedoch dem gutgläubigen Empfänger des Warenpapiers ein gutgläubiger Empfänger der Ware gegenüber, so geht dieser jenem vor.

Art. 926

C. Bedeutung
I. Besitzesschutz
1. Abwehr von Angriffen

¹ Jeder Besitzer darf sich verbotener Eigenmacht mit Gewalt erwehren.
² Er darf sich, wenn ihm die Sache durch Gewalt oder heimlich entzogen wird, sofort des Grundstückes durch Vertreibung des Täters wieder bemächtigen und die bewegliche Sache dem auf frischer Tat betroffenen und unmittelbar verfolgten Täter wieder abnehmen.
³ Er hat sich dabei jeder nach den Umständen nicht gerechtfertigten Gewalt zu enthalten.

Art. 927

2. Klage aus Besitzesentziehung

¹ Wer einem andern eine Sache durch verbotene Eigenmacht entzogen hat, ist verpflichtet, sie zurückzugeben, auch wenn er ein besseres Recht auf die Sache behauptet.
² Wenn der Beklagte sofort sein besseres Recht nachweist und auf Grund desselben dem Kläger die Sache wieder abverlangen könnte, so kann er die Rückgabe verweigern.
³ Die Klage geht auf Rückgabe der Sache und Schadenersatz.

Art. 928

3. Klage aus Besitzesstörung

¹ Wird der Besitz durch verbotene Eigenmacht gestört, so kann der Besitzer gegen den Störenden Klage erheben, auch wenn dieser ein Recht zu haben behauptet.
² Die Klage geht auf Beseitigung der Störung, Unterlassung fernerer Störung und Schadenersatz.

Art. 929

4. Zulässigkeit und Verjährung der Klage

¹ Die Klage aus verbotener Eigenmacht ist nur zulässig, wenn der Besitzer sofort, nachdem ihm der Eingriff und der Täter bekannt geworden sind, die Sache zurückfordert oder Beseitigung der Störung verlangt.
² Die Klage verjährt nach Ablauf eines Jahres, das mit der Entziehung oder Störung zu laufen beginnt, auch wenn der Besitzer erst später von dem Eingriff und dem Täter Kenntnis erhalten hat.

Art. 930

¹ Vom Besitzer einer beweglichen Sache wird vermutet, dass er ihr Eigentümer sei.

² Für jeden früheren Besitzer besteht die Vermutung, dass er in der Zeit seines Besitzes Eigentümer der Sache gewesen ist.

II. Rechtsschutz
1. Vermutung des Eigentums

Art. 931

¹ Besitzt jemand eine bewegliche Sache, ohne Eigentümer sein zu wollen, so kann er die Vermutung des Eigentums dessen geltend machen, von dem er sie in gutem Glauben empfangen hat.

² Besitzt jemand eine bewegliche Sache mit dem Anspruche eines beschränkten dinglichen oder eines persönlichen Rechtes, so wird der Bestand dieses Rechtes vermutet, er kann aber demjenigen gegenüber, von dem er die Sache erhalten hat, diese Vermutung nicht geltend machen.

2. Vermutung bei unselbständigem Besitz

Art. 932

Der Besitzer einer beweglichen Sache kann sich gegenüber jeder Klage auf die Vermutung zugunsten seines besseren Rechtes berufen, unter Vorbehalt der Bestimmungen über eigenmächtige Entziehung oder Störung des Besitzes.

3. Klage gegen den Besitzer

Art. 933

Wer eine bewegliche Sache in gutem Glauben zu Eigentum oder zu einem beschränkten dinglichen Recht übertragen erhält, ist in seinem Erwerbe auch dann zu schützen, wenn sie dem Veräusserer ohne jede Ermächtigung zur Übertragung anvertraut worden war.

4. Verfügungs- und Rückforderungsrecht
a. Bei anvertrauten Sachen

Art. 934

¹ Der Besitzer, dem eine bewegliche Sache gestohlen wird oder verloren geht oder sonst wider seinen Willen abhanden kommt, kann sie während fünf Jahren jedem Empfänger abfordern. Vorbehalten bleibt Artikel 722.[1]

² Ist die Sache öffentlich versteigert oder auf dem Markt oder durch einen Kaufmann, der mit Waren der gleichen Art handelt, übertragen worden, so kann sie dem ersten und jedem spätern gutgläubigen Empfänger nur gegen Vergütung des von ihm bezahlten Preises abgefordert werden.

³ Die Rückleistung erfolgt im übrigen nach den Vorschriften über die Ansprüche des gutgläubigen Besitzers.

b. Bei abhanden gekommenen Sachen

---

[1] Fassung gemäss Ziff. I des BG vom 4. Okt. 2002, in Kraft seit 1. April 2003 (AS **2003** 463 466; BBl **2002** 4164 5806).

Art. 935

c. Bei Geld und Inhaberpapieren

Geld und Inhaberpapiere können, auch wenn sie dem Besitzer gegen seinen Willen abhanden gekommen sind, dem gutgläubigen Empfänger nicht abgefordert werden.

Art. 936

d. Bei bösem Glauben

[1] Wer den Besitz einer beweglichen Sache nicht in gutem Glauben erworben hat, kann von dem früheren Besitzer jederzeit auf Herausgabe belangt werden.

[2] Hatte jedoch auch der frühere Besitzer nicht in gutem Glauben erworben, so kann er einem spätern Besitzer die Sache nicht abfordern.

Art. 937

5. Vermutung bei Grundstücken

[1] Hinsichtlich der in das Grundbuch aufgenommenen Grundstücke besteht eine Vermutung des Rechtes und eine Klage aus dem Besitze nur für denjenigen, der eingetragen ist.

[2] Wer jedoch über das Grundstück die tatsächliche Gewalt hat, kann wegen eigenmächtiger Entziehung oder Störung des Besitzes Klage erheben.

Art. 938

III. Verantwortlichkeit
1. Gutgläubiger Besitzer
a. Nutzung

[1] Wer eine Sache in gutem Glauben besitzt, wird dadurch, dass er sie seinem vermuteten Rechte gemäss gebraucht und nutzt, dem Berechtigten nicht ersatzpflichtig.

[2] Was hiebei untergeht oder Schaden leidet, braucht er nicht zu ersetzen.

Art. 939

b. Ersatzforderungen

[1] Verlangt der Berechtigte die Auslieferung der Sache, so kann der gutgläubige Besitzer für die notwendigen und nützlichen Verwendungen Ersatz beanspruchen und die Auslieferung bis zur Ersatzleistung verweigern.

[2] Für andere Verwendungen kann er keinen Ersatz verlangen, darf aber, wenn ihm ein solcher nicht angeboten wird, vor der Rückgabe der Sache, was er verwendet hat, wieder wegnehmen, soweit dies ohne Beschädigung der Sache selbst geschehen kann.

[3] Die vom Besitzer bezogenen Früchte sind auf die Forderung für die Verwendungen anzurechnen.

Art. 940

2. Bösgläubiger Besitzer

[1] Wer eine Sache in bösem Glauben besitzt, muss sie dem Berechtigten herausgeben und für allen durch die Vorenthaltung verursachten Schaden sowie für die bezogenen oder versäumten Früchte Ersatz leisten.

² Für Verwendungen hat er eine Forderung nur, wenn solche auch für den Berechtigten notwendig gewesen wären.

³ Solange der Besitzer nicht weiss, an wen er die Sache herausgeben soll, haftet er nur für den Schaden, den er verschuldet hat.

Art. 941

Der zur Ersitzung berechtigte Besitzer darf sich den Besitz seines Vorgängers anrechnen, insofern auch dessen Besitz zur Ersitzung tauglich gewesen ist.

IV. Ersitzung

Fünfundzwanzigster Titel
DAS GRUNDBUCH

Art. 942

A. Einrichtung
I. Bestand
1. Im allgemeinen

¹ Über die Rechte an den Grundstücken wird ein Grundbuch geführt.

² Das Grundbuch besteht aus dem Hauptbuch und den das Hauptbuch ergänzenden Plänen, Liegenschaftsverzeichnissen, Belegen, Liegenschaftsbeschreibungen und dem Tagebuche.

Art. 943[1)]

2. Aufnahme
a. Gegenstand

¹ Als Grundstücke werden in das Grundbuch aufgenommen:
1. die Liegenschaften;
2. die selbständigen und dauernden Rechte an Grundstücken;
3. die Bergwerke;
4. die Miteigentumsanteile an Grundstücken.

² Über die Voraussetzungen und über die Art der Aufnahme der selbständigen und dauernden Rechte, der Bergwerke und der Miteigentumsanteile an Grundstücken setzt eine Verordnung des Bundesrates das Nähere fest.

Art. 944

b. Ausnahmen

¹ Die nicht im Privateigentum stehenden und die dem öffentlichen Gebrauche dienenden Grundstücke werden in das Grundbuch nur aufgenommen, wenn dingliche Rechte daran zur Eintragung gebracht werden sollen oder die Kantone deren Aufnahme vorschreiben.

² Verwandelt sich ein aufgenommenes Grundstück in ein solches, das nicht aufzunehmen ist, so wird es vom Grundbuch ausgeschlossen.

³ ...[2)]

Art. 945

3. Bücher
a. Hauptbuch

¹ Jedes Grundstück erhält im Hauptbuch ein eigenes Blatt und eine eigene Nummer.

² Das Verfahren, das bei Teilung eines Grundstückes oder bei Vereinigung mehrerer zu beobachten ist, wird durch eine Verordnung des Bundesrates festgesetzt.

[1)] Fassung gemäss Ziff. III des BG vom 19. Dez. 1963, in Kraft seit 1. Jan. 1965 (AS **1964** 993 1005; BBl **1962** II 1461).
[2)] Aufgehoben durch Ziff. I des BG vom 4. Okt. 1991 (AS **1993** 1404; BBl **1988** III 953).

Art. 946

¹ Auf jedem Blatt werden in besondern Abteilungen eingetragen:
1. das Eigentum;
2. die Dienstbarkeiten und Grundlasten, die mit dem Grundstück verbunden sind, oder die darauf ruhen;
3. die Pfandrechte, mit denen es belastet ist.

² Die Zugehör wird auf Begehren des Eigentümers angemerkt und darf, wenn dies erfolgt ist, nur mit Zustimmung aller aus dem Grundbuche ersichtlichen Berechtigten gestrichen werden.

b. Grundbuchblatt

Art. 947

¹ Mit Einwilligung des Eigentümers können mehrere Grundstücke, auch wenn sie nicht unter sich zusammenhangen, auf ein einziges Blatt genommen werden.

² Die Eintragungen auf diesem Blatt gelten mit Ausnahme der Grunddienstbarkeiten für alle Grundstücke gemeinsam.

³ Der Eigentümer kann jederzeit die Ausscheidung einzelner Grundstücke aus einem Kollektivblatte verlangen, unter Vorbehalt der daran bestehenden Rechte.

c. Kollektivblätter

Art. 948

¹ Die Anmeldungen zur Eintragung in das Grundbuch werden nach ihrer zeitlichen Reihenfolge ohne Aufschub in das Tagebuch eingeschrieben, unter Angabe der anmeldenden Person und ihres Begehrens.

² Die Belege, auf deren Vorlegung hin die Eintragungen in das Grundbuch vorgenommen werden, sind zweckmässig zu ordnen und aufzubewahren.

³ An die Stelle der Belege kann in den Kantonen, die eine öffentliche Beurkundung durch den Grundbuchverwalter vornehmen lassen, ein Urkundenprotokoll treten, dessen Einschreibungen die öffentliche Beurkundung herstellen.

d. Tagebuch, Belege

Art. 949

¹ Der Bundesrat stellt die Formulare für das Grundbuch auf, erlässt die nötigen Verordnungen und kann zur Regelung des Grundbuchwesens die Führung von Hilfsregistern vorschreiben.

² Die Kantone sind ermächtigt, über die Eintragung der dinglichen Rechte an Grundstücken, die dem kantonalen Rechte unterstellt bleiben, besondere Vorschriften aufzustellen, die jedoch zu ihrer Gültigkeit der Genehmigung des Bundes bedürfen.

4. Verordnungen

Art. 949a[1]

4.bis Andere technische Hilfsmittel

¹ Der Bundesrat kann einen Kanton ermächtigen, das Grundbuch mit elektronischer Datenverarbeitung zu führen.

² Der Bundesrat bestimmt die Voraussetzungen und legt die Anforderungen an eine solche Grundbuchführung fest.

Art. 950

5. Grundbuchpläne

¹ Die Aufnahme und Beschreibung der einzelnen Grundstücke im Grundbuch erfolgt auf Grund eines Planes, der in der Regel auf einer amtlichen Vermessung beruht.

² Der Bundesrat bestimmt, nach welchen Grundsätzen die Pläne anzulegen sind.

Art. 951

II. Grundbuchführung
1. Kreise
a. Zugehörigkeit

¹ Zur Führung des Grundbuches werden Kreise gebildet.

² Die Grundstücke werden in das Grundbuch des Kreises aufgenommen, in dem sie liegen.

Art. 952

b. Grundstücke in mehreren Kreisen

¹ Liegt ein Grundstück in mehreren Kreisen, so ist es in jedem Kreise in das Grundbuch aufzunehmen mit Verweisung auf das Grundbuch der übrigen Kreise.

² Die Anmeldungen und rechtsbegründenden Eintragungen erfolgen in dem Grundbuche des Kreises, in dem der grössere Teil des Grundstückes liegt.

³ Die Eintragungen in diesem Grundbuch sind den andern Ämtern vom Grundbuchverwalter mitzuteilen.

Art. 953

2. Grundbuchämter

¹ Die Einrichtung der Grundbuchämter, die Umschreibung der Kreise, die Ernennung und Besoldung der Beamten sowie die Ordnung der Aufsicht erfolgt durch die Kantone.

² Die kantonalen Vorschriften, ausgenommen jene über die Ernennung und die Besoldung der Beamten, bedürfen der Genehmigung des Bundes.[2]

---

[1] Eingefügt durch Ziff. I des BG vom 4. Okt. 1991, in Kraft seit 1. Jan. 1994 (AS **1993** 1404 1409; BBl **1988** III 953).

[2] Fassung gemäss Ziff. II 21 des BG vom 15. Dez. 1989, in Kraft seit 1. Febr. 1991 (AS **1991** 362 369; BBl **1988** II 1333).

Art. 954

¹ Für die Eintragungen in das Grundbuch und für die damit verbundenen Vermessungsarbeiten dürfen die Kantone Gebühren erheben.

² Für Eintragungen, die mit Bodenverbesserungen oder mit Bodenaustausch zum Zwecke der Abrundung landwirtschaftlicher Betriebe zusammenhangen, dürfen keine Gebühren erhoben werden.

3. Gebühren

Art. 955

¹ Die Kantone sind für allen Schaden verantwortlich, der aus der Führung des Grundbuches entsteht.

² Sie haben Rückgriff auf die Beamten und Angestellten der Grundbuchverwaltung sowie die Organe der unmittelbaren Aufsicht, denen ein Verschulden zur Last fällt.

³ Sie können von den Beamten und Angestellten Sicherstellung verlangen.

III. Grundbuchbeamte
1. Haftbarkeit

Art. 956

¹ Die Amtsführung des Grundbuchverwalters unterliegt einer regelmässigen Aufsicht.

² Beschwerden gegen seine Amtsführung und Anstände bezüglich der eingereichten oder einzureichenden Belege und Erklärungen werden, sofern nicht gerichtliche Anfechtung vorgesehen ist, von der kantonalen Aufsichtsbehörde entschieden.

³ Für die Weiterziehung dieser Entscheidungen an die Bundesbehörden wird eine besondere Regelung vorbehalten.

2. Aufsicht

Art. 957[1]

¹ Vorsätzliche oder fahrlässige Amtspflichtverletzungen der in der Grundbuchverwaltung tätigen Personen werden von der kantonalen Aufsichtsbehörde mit Disziplinarmassnahmen geahndet.

² Die Disziplinarmassnahme besteht in einem Verweis, in Busse bis zu 1000 Franken oder, in schweren Fällen, in Amtsenthebung.

³ Vorbehalten bleibt die strafgerichtliche Verfolgung.

3. Disziplinarmassnahmen

Art. 958

In das Grundbuch werden folgende Rechte an Grundstücken eingetragen:
1. das Eigentum;
2. die Dienstbarkeiten und Grundlasten;
3. die Pfandrechte.

B. Eintragung
I. Grundbucheinträge
1. Eigentum und dingliche Rechte

---

[1] Fassung gemäss Ziff. I 4 des BG vom 26. Juni 1998, in Kraft seit 1. Jan. 2000 (AS **1999** 1118; BBl **1996** I 1).

Art. 959

2. Vormerkungen
a. Persönliche Rechte

¹ Persönliche Rechte können im Grundbuche vorgemerkt werden, wenn deren Vormerkung durch das Gesetz ausdrücklich vorgesehen ist, wie bei Vor- und Rückkauf, Kaufsrecht, Pacht und Miete.

² Sie erhalten durch die Vormerkung Wirkung gegenüber jedem später erworbenen Rechte.

Art. 960

b. Verfügungsbeschränkungen

¹ Verfügungsbeschränkungen können für einzelne Grundstücke vorgemerkt werden:
1. auf Grund einer amtlichen Anordnung zur Sicherung streitiger oder vollziehbarer Ansprüche;
2. auf Grund einer Pfändung;[1]
3. auf Grund eines Rechtsgeschäftes, für das diese Vormerkung im Gesetz vorgesehen ist, wie für die Anwartschaft des Nacherben.[2]

² Die Verfügungsbeschränkungen erhalten durch die Vormerkung Wirkung gegenüber jedem später erworbenen Rechte.

Art. 961

c. Vorläufige Eintragung

¹ Vorläufige Eintragungen können vorgemerkt werden:
1. zur Sicherung behaupteter dinglicher Rechte;
2. im Falle der vom Gesetze zugelassenen Ergänzung des Ausweises.

² Sie geschehen mit Einwilligung aller Beteiligten oder auf Anordnung des Gerichts mit der Folge, dass das Recht für den Fall seiner späteren Feststellung vom Zeitpunkte der Vormerkung an dinglich wirksam wird.

³ Über das Begehren entscheidet das Gericht in schnellem Verfahren und bewilligt, nachdem der Ansprecher seine Berechtigung glaubhaft gemacht hat, die Vormerkung, indem es deren Wirkung zeitlich und sachlich genau feststellt und nötigenfalls zur gerichtlichen Geltendmachung der Ansprüche eine Frist ansetzt.

Art. 961a[3]

d. Eintragung nachgehender Rechte

Eine Vormerkung hindert die Eintragung eines im Rang nachgehenden Rechts nicht.

---

[1] Fassung gemäss Anhang, Ziff. 4 des BG vom 16. Dez. 1994, in Kraft seit 1. Jan. 1997 (AS **1995** 1227 1307; BBl **1991** III 1).

[2] Fassung gemäss Ziff. I 4 des BG vom 26. Juni 1998, in Kraft seit 1. Jan. 2000 (AS **1999** 1118; BBl **1996** I 1).

[3] Eingefügt durch Ziff. I des BG vom 4. Okt. 1991, in Kraft seit 1. Jan. 1994 (AS **1993** 1404 1409; BBl **1988** III 953).

Art. 962

¹ Die Kantone können vorschreiben, dass öffentlich-rechtliche Beschränkungen, wie Baulinien und dergleichen, im Grundbuch anzumerken sind.

² Diese Vorschriften bedürfen zu ihrer Gültigkeit der Genehmigung des Bundes.

II. Öffentlich-rechtliche Beschränkungen

Art. 963

¹ Die Eintragungen erfolgen auf Grund einer schriftlichen Erklärung des Eigentümers des Grundstückes, auf das sich die Verfügung bezieht.

² Keiner Erklärung des Eigentümers bedarf es, wenn der Erwerber sich auf eine Gesetzesvorschrift, auf ein rechtskräftiges Urteil oder eine dem Urteil gleichwertige Urkunde zu berufen vermag.

³ Die mit der öffentlichen Beurkundung beauftragten Beamten können durch die Kantone angewiesen werden, die von ihnen beurkundeten Geschäfte zur Eintragung anzumelden.

III. Voraussetzung der Eintragung
1. Anmeldungen
a. Bei Eintragungen

Art. 964

¹ Zur Löschung oder Abänderung eines Eintrages bedarf es einer schriftlichen Erklärung der aus dem Eintrage berechtigten Personen.

² Diese Erklärung kann mit der Unterzeichnung im Tagebuch abgegeben werden.

b. Bei Löschungen

Art. 965

¹ Grundbuchliche Verfügungen, wie Eintragung, Änderung, Löschung, dürfen in allen Fällen nur auf Grund eines Ausweises über das Verfügungsrecht und den Rechtsgrund vorgenommen werden.

² Der Ausweis über das Verfügungsrecht liegt in dem Nachweise, dass der Gesuchsteller die nach Massgabe des Grundbuches verfügungsberechtigte Person ist oder von dieser eine Vollmacht erhalten hat.

³ Der Ausweis über den Rechtsgrund liegt in dem Nachweise, dass die für dessen Gültigkeit erforderliche Form erfüllt ist.

2. Ausweise
a. Gültiger Ausweis

Art. 966

¹ Werden die Ausweise für eine grundbuchliche Verfügung nicht beigebracht, so ist die Anmeldung abzuweisen.

² Wenn jedoch der Rechtsgrund hergestellt ist und es sich nur um eine Ergänzung des Ausweises über das Verfügungsrecht handelt, so kann mit Einwilligung des Eigentümers oder auf gerichtliche Verfügung eine vorläufige Eintragung stattfinden.

b. Ergänzung des Ausweises

Art. 967

IV. Art der Eintragung
1. Im allgemeinen

¹ Die Eintragungen im Hauptbuche finden nach der Reihenfolge statt, in der die Anmeldungen angebracht oder die Beurkundungen oder Erklärungen vor dem Grundbuchverwalter unterzeichnet worden sind.

² Über alle Eintragungen wird den Beteiligten auf ihr Verlangen ein Auszug ausgefertigt.

³ Die Form der Eintragung und der Löschung sowie der Auszüge wird durch eine Verordnung des Bundesrates festgestellt.

Art. 968

2. Bei Dienstbarkeiten

Die Eintragung und Löschung der Grunddienstbarkeiten erfolgt auf dem Blatt des berechtigten und des belasteten Grundstückes.

Art. 969

V. Anzeigepflicht

¹ Der Grundbuchverwalter hat den Beteiligten von den grundbuchlichen Verfügungen, die ohne ihr Wissen erfolgen, Anzeige zu machen; insbesondere teilt er den Berechtigten, deren Vorkaufsrecht im Grundbuch vorgemerkt ist oder von Gesetzes wegen besteht und aus dem Grundbuch hervorgeht, den Erwerb des Eigentums durch einen Dritten mit.[1]

² Die Fristen, die für die Anfechtung solcher Verfügungen aufgestellt sind, nehmen ihren Anfang mit der Zustellung dieser Anzeige.

Art. 970

C. Öffentlichkeit des Grundbuchs
I. Auskunftserteilung und Einsichtnahme[1]

¹ Jedermann ist berechtigt, darüber Auskunft zu erhalten, wer als Eigentümer eines Grundstücks im Grundbuch eingetragen ist.[1]

² Wer ein Interesse glaubhaft macht, hat Anspruch darauf, dass ihm Einsicht in das Grundbuch gewährt oder dass ihm daraus ein Auszug erstellt wird.[1]

³ Die Einwendung, dass jemand eine Grundbucheintragung nicht gekannt habe, ist ausgeschlossen.

Art. 970a[2]

II. Veröffentlichungen

¹ Die Kantone veröffentlichen innert angemessener Frist den Erwerb des Eigentums an Grundstücken. Der Erwerb durch Erbgang wird nicht veröffentlicht.

² Die Veröffentlichung umfasst:

---

[1] Fassung gemäss Ziff. I des BG vom 4. Okt. 1991, in Kraft seit 1. Jan. 1994 (AS **1993** 1404 1409; BBl **1988** III 953).

[2] Eingefügt durch Ziff. I des BG vom 4. Okt. 1991, in Kraft seit 1. Jan. 1994 (AS **1993** 1404 1409; BBl **1988** III 953).

a. die Nummer, die Fläche, die Art und die Ortsbezeichnung des Grundstücks sowie die Art der in der Liegenschaftsbeschreibung aufgeführten Gebäude;
b. die Namen und den Wohnort oder den Sitz der Personen, die das Eigentum veräussern, und derjenigen, die es erwerben;
c. Das Datum des Eigentumserwerbs durch den Veräusserer;
d. bei Miteigentum den Anteil und bei Stockwerkeigentum die Werkquote.

³ Die Kantone können die Veröffentlichung weiterer Angaben, namentlich der Gegenleistung, vorsehen und auf die Veröffentlichung des Erwerbs kleiner Flächen sowie geringfügiger Anteile oder Wertquoten verzichten. Im Falle einer Erbteilung, eines Erbvorbezugs, eines Ehevertrags oder einer güterrechtlichen Auseinandersetzung dürfen nur die Angaben nach Absatz 2 veröffentlicht werden.

Art. 971

¹ Soweit für die Begründung eines dinglichen Rechtes die Eintragung in das Grundbuch vorgesehen ist, besteht dieses Recht als dingliches nur, wenn es aus dem Grundbuche ersichtlich ist.

² Im Rahmen des Eintrages kann der Inhalt eines Rechtes durch die Belege oder auf andere Weise nachgewiesen werden.

D. Wirkung
I. Bedeutung der Nichteintragung

Art. 972

¹ Die dinglichen Rechte entstehen und erhalten ihren Rang und ihr Datum durch die Eintragung in das Hauptbuch.

² Ihre Wirkung wird auf den Zeitpunkt der Einschreibung in das Tagebuch zurückbezogen, vorausgesetzt, dass die gesetzlichen Ausweise der Anmeldung beigefügt oder bei den vorläufigen Eintragungen nachträglich rechtzeitig beigebracht werden.

³ Wo nach kantonalem Recht die öffentliche Beurkundung durch den Grundbuchverwalter vermittelst Einschreibung in das Urkundenprotokoll erfolgt, tritt diese an die Stelle der Einschreibung in das Tagebuch.

II. Bedeutung der Eintragung
1. Im allgemeinen

Art. 973

¹ Wer sich in gutem Glauben auf einen Eintrag im Grundbuch verlassen und daraufhin Eigentum oder andere dingliche Rechte erworben hat, ist in diesem Erwerbe zu schützen.

² Diese Bestimmung gilt nicht für Grenzen von Grundstücken in den vom Kanton bezeichneten Gebieten mit Bodenverschiebungen.[1)]

2. Gegenüber gutgläubigen Dritten

[1)] Eingefügt durch Ziff. I des BG vom 4. Okt. 1991, in Kraft seit 1. Jan. 1994 (AS **1993** 1404 1409; BBl **1988** III 953).

Art. 974

3. Gegenüber bösgläubigen Dritten

¹ Ist der Eintrag eines dinglichen Rechtes ungerechtfertigt, so kann sich der Dritte, der den Mangel kennt oder kennen sollte, auf den Eintrag nicht berufen.

² Ungerechtfertigt ist der Eintrag, der ohne Rechtsgrund oder aus einem unverbindlichen Rechtsgeschäft erfolgt ist.

³ Wer durch einen solchen Eintrag in einem dinglichen Recht verletzt ist, kann sich unmittelbar gegenüber dem bösgläubigen Dritten auf die Mangelhaftigkeit des Eintrages berufen.

Art. 975

E. Aufhebung und Veränderung der Einträge
I. Bei ungerechtfertigtem Eintrag

¹ Ist der Eintrag eines dinglichen Rechtes ungerechtfertigt, oder ein richtiger Eintrag in ungerechtfertigter Weise gelöscht oder verändert worden, so kann jedermann, der dadurch in seinen dinglichen Rechten verletzt ist, auf Löschung oder Abänderung des Eintrages klagen.

² Vorbehalten bleiben die von gutgläubigen Dritten durch Eintragung erworbenen dinglichen Rechte und die Ansprüche auf Schadenersatz.

Art. 976[1)]

II. Bei Untergang des eingetragenen Rechts

¹ Hat eine Eintragung jede rechtliche Bedeutung verloren, so kann der Belastete deren Löschung verlangen; der Grundbuchverwalter kann die Löschung auch von Amtes wegen vornehmen.

² Entspricht der Grundbuchverwalter dem Begehren oder nimmt er die Löschung von Amtes wegen vor, so teilt er dies den Beteiligten mit.

³ Wer durch die Löschung in seinen Rechten verletzt wird, kann auf Wiedereintragung klagen.

Art. 977

III. Berichtigungen

¹ Berichtigungen darf der Grundbuchverwalter ohne schriftliche Einwilligung der Beteiligten nur auf Verfügung des Gerichts vornehmen.

² Statt einer Berichtigung kann der unrichtige Eintrag gelöscht und ein neuer Eintrag erwirkt werden.

³ Die Berichtigung blosser Schreibfehler erfolgt von Amtes wegen nach Massgabe einer hierüber vom Bundesrate zu erlassenden Verordnung.

[1)] Fassung gemäss Ziff. I des BG vom 4. Okt. 1991, in Kraft seit 1. Jan. 1994 (AS **1993** 1404 1409; BBl **1988** III 953).

SCHLUSSTITEL

Anwendungs- und Einführungsbestimmungen

Schlusstitel

ANWENDUNGS- UND EINFÜHRUNGSBESTIMMUNGEN[1)]

Erster Abschnitt
Die Anwendung bisherigen und neuen Rechts[1)]

Art. 1

¹ Die rechtlichen Wirkungen von Tatsachen, die vor dem Inkrafttreten dieses Gesetzes eingetreten sind, werden auch nachher gemäss den Bestimmungen des eidgenössischen oder kantonalen Rechtes beurteilt, die zur Zeit des Eintrittes dieser Tatsachen gegolten haben.

² Demgemäss unterliegen die vor diesem Zeitpunkte vorgenommenen Handlungen in bezug auf ihre rechtliche Verbindlichkeit und ihre rechtlichen Folgen auch in Zukunft den bei ihrer Vornahme geltend gewesenen Bestimmungen.

³ Die nach diesem Zeitpunkte eingetretenen Tatsachen dagegen werden, soweit das Gesetz eine Ausnahme nicht vorgesehen hat, nach dem neuen Recht beurteilt.

A. Allgemeine Bestimmungen
I. Regel der Nichtrückwirkung

Art. 2

¹ Die Bestimmungen dieses Gesetzes, die um der öffentlichen Ordnung und Sittlichkeit willen aufgestellt sind, finden mit dessen Inkrafttreten auf alle Tatsachen Anwendung, soweit das Gesetz eine Ausnahme nicht vorgesehen hat.

² Demgemäss finden Vorschriften des bisherigen Rechtes, die nach der Auffassung des neuen Rechtes der öffentlichen Ordnung oder Sittlichkeit widersprechen, nach dessen Inkrafttreten keine Anwendung mehr.

II. Rückwirkung
1. Öffentliche Ordnung und Sittlichkeit

Art. 3

Rechtsverhältnisse, deren Inhalt unabhängig vom Willen der Beteiligten durch das Gesetz umschrieben wird, sind nach dem Inkrafttreten dieses Gesetzes nach dem neuen Recht zu beurteilen, auch wenn sie vor diesem Zeitpunkte begründet worden sind.

2. Inhalt der Rechtsverhältnisse kraft Gesetzes

[1)] Fassung gemäss Ziff. I 4 des BG vom 26. Juni 1998, in Kraft seit 1. Jan. 2000 (AS **1999** 1118; BBl **1996** I 1).

Art. 4

3. Nicht erworbene Rechte

Tatsachen, die zwar unter der Herrschaft des bisherigen Rechtes eingetreten sind, durch die aber zur Zeit des Inkrafttretens des neuen Rechtes ein rechtlich geschützter Anspruch nicht begründet gewesen ist, stehen nach diesem Zeitpunkt in bezug auf ihre Wirkung unter dem neuen Recht.

Art. 5

B. Personenrecht
I. Handlungsfähigkeit

¹ Die Handlungsfähigkeit wird in allen Fällen nach den Bestimmungen dieses Gesetzes beurteilt.

² Wer indessen nach dem bisherigen Recht zur Zeit des Inkrafttretens dieses Gesetzes handlungsfähig gewesen ist, nach den Bestimmungen des neuen Rechtes aber nicht handlungsfähig wäre, wird auch nach diesem Zeitpunkte als handlungsfähig anerkannt.

Art. 6

II. Verschollenheit

¹ Die Verschollenerklärung steht nach dem Inkrafttreten dieses Gesetzes unter den Bestimmungen des neuen Rechtes.

² Die Todes- oder Abwesenheitserklärungen des bisherigen Rechtes haben nach dem Inkrafttreten dieses Gesetzes die gleichen Wirkungen wie die Verschollenerklärung des neuen Rechtes, wobei aber die vor diesem Zeitpunkte nach bisherigem Recht eingetretenen Folgen, wie Erbgang oder Auflösung der Ehe, bestehen bleiben.

³ Ein zur Zeit des Inkrafttretens des neuen Rechtes schwebendes Verfahren wird unter Anrechnung der abgelaufenen Zeit nach den Bestimmungen dieses Gesetzes neu begonnen oder auf Antrag der Beteiligten nach dem bisherigen Verfahren und unter Beobachtung der bisherigen Fristen zu Ende geführt.

Art. 6a[1]

II.bis Zentrale Datenbank im Zivilstandswesen

¹ Der Bundesrat regelt den Übergang von der bisherigen auf die elektronische Registerführung.

² Der Bund übernimmt die Investitionskosten bis zu 5 Millionen Franken.

Art. 6b[2]

III. Juristische Personen

¹ Personenverbände und Anstalten oder Stiftungen, die unter dem bisherigen Recht die Persönlichkeit erlangt haben, behalten sie unter dem neuen Recht bei, auch wenn sie nach dessen Bestimmungen die Persönlichkeit nicht erlangt hätten.

² Die bereits bestehenden juristischen Personen, für deren Entstehung nach der Vorschrift dieses Gesetzes die Eintragung in das öf-

---

[1] Eingefügt durch Ziff. I des BG vom 5. Okt. 2001, in Kraft seit 1. Juli 2004 (AS **2004** 2915; BBl **2001** 1639, 1663, 5733).
[2] Zählung gemäss Ziff. I des BG vom 5. Okt. 2001, in Kraft seit 1. Juli 2004 (AS **2004** 2915; BBl **2001** 1639, 1663, 5733); vorher Art. 6a, ursprünglich Art. 7.

fentliche Register erforderlich ist, müssen jedoch diese Eintragung, auch wenn sie nach dem bisherigen Recht nicht vorgesehen war, binnen fünf Jahren nach dem Inkrafttreten des neuen Rechtes nachholen und werden nach Ablauf dieser Frist ohne Eintragung nicht mehr als juristische Personen anerkannt.

³ Der Inhalt der Persönlichkeit bestimmt sich für alle juristischen Personen, sobald dieses Gesetz in Kraft getreten ist, nach dem neuen Recht.

Art. 7[1)]

¹ Für die Eheschliessung gilt das neue Recht, sobald das Bundesgesetz vom 26. Juni 1998[2)] in Kraft getreten ist.

C. Familienrecht
I. Eheschliessung

² Ehen, für die nach dem bisherigen Recht ein Ungültigkeitsgrund vorliegt, können, sobald das neue Recht in Kraft getreten ist, nur nach dessen Bestimmungen für ungültig erklärt werden, wobei jedoch die vor diesem Zeitpunkt abgelaufene Zeit bei der Fristbestimmung angerechnet wird.

Art. 7a[1)]

¹ Für die Scheidung gilt das neue Recht, sobald das Bundesgesetz vom 26. Juni 1998[2)] in Kraft getreten ist.

I.bis Scheidung
1. Grundsatz

² Scheidungen, die unter dem bisherigen Recht rechtskräftig geworden sind, bleiben anerkannt; die neuen Bestimmungen über die Vollstreckung finden Anwendung auf Renten oder Abfindungen, die als Unterhaltsersatz oder als Unterhaltsbeitrag festgesetzt worden sind.

³ Die Abänderung des Scheidungsurteils erfolgt nach den Vorschriften des früheren Rechts unter Vorbehalt der Bestimmungen über die Kinder und das Verfahren.

Art. 7b[1)]

¹ Auf die Scheidungsprozesse, die beim Inkrafttreten des Bundesgesetzes vom 26. Juni 1998[2)] rechtshängig und die von einer kantonalen Instanz zu beurteilen sind, findet das neue Recht Anwendung.

2. Rechtshängige Scheidungsprozesse

² Neue Rechtsbegehren, die durch den Wechsel des anwendbaren Rechts veranlasst werden, sind zulässig; nicht angefochtene Teile des Urteils bleiben verbindlich, sofern sie sachlich nicht derart eng mit noch zu beurteilenden Rechtsbegehren zusammenhängen, dass sinnvollerweise eine Gesamtbeurteilung stattfinden muss.

³ Das Bundesgericht entscheidet nach bisherigem Recht, wenn der angefochtene Entscheid vor dem Inkrafttreten des Bundesgesetzes vom 26. Juni 1998[2)] ergangen ist; dies gilt auch bei einer allfälligen Rückweisung an die kantonale Instanz.

[1)] Eingefügt durch Ziff. I 4 des BG vom 26. Juni 1998, in Kraft seit 1. Jan. 2000 (AS **1999** 1118; BBl **1996** I 1).
[2)] AS **1999** 1118, in Kraft seit 1. Januar 2000.

Art. 7c[1]

3. Trennungsfrist bei rechtshängigen Scheidungsprozessen

Für Scheidungsprozesse, die beim Inkrafttreten der Änderung vom 19. Dezember 2003[2] rechtshängig und die von einer kantonalen Instanz zu beurteilen sind, gilt die Trennungsfrist nach dem neuen Recht.

Art. 8[3]

I.ter Wirkungen der Ehe im allgemeinen
1. Grundsatz

Für die Wirkungen der Ehe im allgemeinen gilt das neue Recht, sobald das Bundesgesetz vom 5. Oktober 1984 in Kraft getreten ist.

Art. 8a[4]

2. Name

Die Frau, die sich unter dem bisherigen Recht verheiratet hat, kann binnen Jahresfrist seit Inkrafttreten des neuen Rechts gegenüber dem Zivilstandsbeamten erklären, sie stelle den Namen, den sie vor der Heirat trug, dem Familiennamen voran.

Art. 8b[4]

3. Bürgerrecht

Die Schweizerin, die sich unter dem bisherigen Recht verheiratet hat, kann binnen Jahresfrist seit Inkrafttreten des neuen Rechts gegenüber der zuständigen Behörde ihres ehemaligen Heimatkantons erklären, sie nehme das Bürgerrecht, das sie als ledig hatte, wieder an.

Art. 9[5]

II. Güterrecht der vor 1. Januar 1912 geschlossenen Ehen

Für die güterrechtlichen Wirkungen der Ehen, die vor dem 1. Januar 1912 geschlossen worden sind, gelten die an diesem Tag in Kraft getretenen Bestimmungen des Zivilgesetzbuches über die Anwendung bisherigen und neuen Rechts[6].

Art. 9a[4]

II.bis Güterrecht der nach 1. Januar 1912 geschlossenen Ehen
1. Im allgemeinen

[1] Für die Ehen, die beim Inkrafttreten des Bundesgesetzes vom 5. Oktober 1984 bestehen, gilt das neue Recht, soweit nichts anderes bestimmt ist.

---

[1] Eingefügt durch Ziff. I des BG vom 19. Dez. 2003, in Kraft seit 1. Juni 2004 (AS **2004** 2161; BBl **2003** 3927, 5825).
[2] AS **2004** 2161
[3] Fassung gemäss Ziff. I 4 des BG vom 26. Juni 1998, in Kraft seit 1. Jan. 2000 (AS **1999** 1118; BBl **1996** I 1).
[4] Eingefügt durch Ziff. I 2 des BG vom 5. Okt. 1984, in Kraft seit 1. Jan. 1988 (AS **1986** 122; SR **210.1** Art. 1; BBl **1979** II 1191).
[5] Fassung gemäss Ziff. I 2 des BG vom 5. Okt. 1984, in Kraft seit 1. Jan. 1988 (AS **1986** 122; SR **210.1** Art. 1; BBl **1979** II 1191).
[6] Wegen des damals neuen Rechts siehe die früheren Bestimmungen des sechsten Titels am Schluss des Gesetzes [hinten S. 327–343].

² Für die güterrechtlichen Wirkungen der Ehen, die vor Inkrafttreten des Bundesgesetzes vom 5. Oktober 1984 aufgelöst worden sind, gilt das bisherige Recht[1].

Art. 9b[2]

¹ Für Ehegatten, die bisher unter dem Güterstand der Güterverbindung gestanden haben, gelten im Verhältnis untereinander und gegenüber Dritten die Vorschriften über die Errungenschaftsbeteiligung.

² Die Vermögenswerte jedes Ehegatten werden sein Eigengut oder seine Errungenschaft gemäss den Vorschriften über die Errungenschaftsbeteiligung; durch Ehevertrag begründetes Sondergut wird Eigengut.

³ Die Frau nimmt ihr eingebrachtes Gut, das ins Eigentum des Mannes übergegangen ist, in ihr Eigentum zurück oder macht hierfür eine Ersatzforderung geltend.

2. Wechsel von der Güterverbindung zur Errungenschaftsbeteiligung
a. Änderung der Vermögensmassen

Art. 9c[2]

Die bisherigen Bestimmungen über die Ersatzforderungen der Ehefrau für das eingebrachte und nicht mehr vorhandene Frauengut bei Konkurs und Pfändung von Vermögenswerten des Ehemannes bleiben nach Inkrafttreten des neuen Rechts noch zehn Jahre anwendbar.

b. Vorrecht

Art. 9d[2]

¹ Nach Inkrafttreten des neuen Rechts richtet sich die güterrechtliche Auseinandersetzung unter den Ehegatten für die ganze Dauer des früheren und des neuen ordentlichen Güterstandes nach den Vorschriften über die Errungenschaftsbeteiligung, es sei denn, die Ehegatten haben im Zeitpunkt des Inkrafttretens des neuen Rechts die güterrechtliche Auseinandersetzung nach den Bestimmungen über die Güterverbindung bereits abgeschlossen.

² Vor Inkrafttreten des neuen Rechts kann jeder Ehegatte dem andern schriftlich bekanntgeben, dass der bisherige Güterstand der Güterverbindung nach den Bestimmungen des früheren Rechts aufgelöst werden müsse.

³ Wird der Güterstand aufgelöst, weil eine vor dem Inkrafttreten des neuen Rechts erhobene Klage gutgeheissen worden ist, so richtet sich die güterrechtliche Auseinandersetzung nach dem bisherigen Recht.

c. Güterrechtliche Auseinandersetzung unter dem neuen Recht

---

[1] Siehe die bis zum 31. Dez. 1987 gültigen Bestimmungen am Schluss des Gesetzes [hinten S. 327–343].
[2] Eingefügt durch Ziff. I 2 des BG vom 5. Okt. 1984, in Kraft seit 1. Jan. 1988 (AS **1986** 122; SR **210.1** Art. 1; BBl **1979** II 1191).

Art. 9e[1]

3. Beibehaltung der Güterverbindung

¹ Ehegatten, die unter dem ordentlichen Güterstand der Güterverbindung stehen, ohne diesen Güterstand ehevertraglich geändert zu haben, können bis spätestens ein Jahr nach Inkrafttreten des neuen Rechts durch Einreichung einer gemeinsamen schriftlichen Erklärung beim Güterrechtsregisteramt an ihrem Wohnsitz vereinbaren, die Güterverbindung beizubehalten; das Güterrechtsregisteramt führt ein Verzeichnis der Beibehaltserklärungen, das jedermann einsehen kann.

² Dritten kann der Güterstand nur entgegengehalten werden, wenn sie ihn kennen oder kennen sollten.

³ Für das Sondergut der Ehegatten gelten inskünftig die neuen Vorschriften über die Gütertrennung.

Art. 9f[1]

4. Beibehaltung der gesetzlichen oder gerichtlichen Gütertrennung

Ist von Gesetzes wegen oder auf Anordnung des Richters Gütertrennung eingetreten, so gelten für die Ehegatten die neuen Bestimmungen über die Gütertrennung.

Art. 10[2]

5. Ehevertrag
a. Im allgemeinen

¹ Haben die Ehegatten nach den Bestimmungen des Zivilgesetzbuches einen Ehevertrag abgeschlossen, so gilt dieser Ehevertrag weiter, und ihr gesamter Güterstand bleibt unter Vorbehalt der Bestimmungen dieses Titels über das Sondergut, die Rechtskraft gegenüber Dritten und über die vertragliche Gütertrennung den bisherigen Bestimmungen unterstellt.

² Für das Sondergut der Ehegatten gelten inskünftig die neuen Vorschriften über die Gütertrennung.

³ Vereinbarungen über die Vor- und Rückschlagsbeteiligung bei der Güterverbindung dürfen die Pflichtteilsansprüche der nichtgemeinsamen Kinder und deren Nachkommen nicht beeinträchtigen.

Art. 10a[1]

b. Rechtskraft gegenüber Dritten

¹ Dritten kann der Güterstand nur entgegengehalten werden, wenn sie ihn kennen oder kennen sollten.

² Hat der Ehevertrag keine Rechtskraft gegenüber Dritten, so gelten im Verhältnis zu ihnen fortan die Bestimmungen über die Errungenschaftsbeteiligung.

---

[1] Eingefügt durch Ziff. I 2 des BG vom 5. Okt. 1984, in Kraft seit 1. Jan. 1988 (AS **1986** 122; SR **210.1** Art. 1; BBl **1979** II 1191).
[2] Fassung gemäss Ziff. I 2 des BG vom 5. Okt. 1984, in Kraft seit 1. Jan. 1988 (AS **1986** 122; SR **210.1** Art. 1; BBl **1979** II 1191).

Art. 10b[1]

¹ Ehegatten, die unter Güterverbindung stehen, diesen Güterstand aber ehevertraglich geändert haben, können bis spätestens ein Jahr nach Inkrafttreten des neuen Rechts durch Einreichung einer gemeinsamen schriftlichen Erklärung beim Güterrechtsregisteramt an ihrem Wohnsitz vereinbaren, ihre Rechtsverhältnisse dem neuen ordentlichen Güterstand der Errungenschaftsbeteiligung zu unterstellen.

² In diesem Falle gilt die vertragliche Beteiligung am Vorschlag inskünftig für die Gesamtsumme des Vorschlages beider Ehegatten, sofern nicht durch Ehevertrag etwas anderes vereinbart wird.

c. Unterstellung unter das neue Recht

Art. 10c[1]

Haben die Ehegatten unter dem bisherigen Recht Gütertrennung vereinbart, so gelten für sie inskünftig die neuen Bestimmungen über die Gütertrennung.

d. Vertragliche Gütertrennung nach bisherigem Recht

Art. 10d[1]

Eheverträge, die vor dem Inkrafttreten des Bundesgesetzes vom 5. Oktober 1984 geschlossen werden, aber erst unter dem neuen Recht ihre Wirkungen entfalten sollen, bedürfen nicht der Genehmigung der Vormundschaftsbehörde.

e. Im Hinblick auf das Inkrafttreten des neuen Rechts abgeschlossene Eheverträge

Art. 10e[1]

¹ Mit Inkrafttreten des Bundesgesetzes vom 5. Oktober 1984 werden keine neuen Eintragungen im Güterrechtsregister mehr vorgenommen.

² Das Recht, ins Register Einsicht zu nehmen, bleibt gewahrt.

f. Güterrechtsregister

Art. 11[2]

Bereitet bei einer güterrechtlichen Auseinandersetzung im Zusammenhang mit dem Inkrafttreten des neuen Rechts die Zahlung von Geldschulden oder die Erstattung geschuldeter Sachen dem verpflichteten Ehegatten ernstliche Schwierigkeiten, so kann er verlangen, dass ihm Zahlungsfristen eingeräumt werden; die Forderung ist sicherzustellen, wenn es die Umstände rechtfertigen.

6. Tilgung von Schulden bei der güterrechtlichen Auseinandersetzung

Art. 11a[1]

Ändert sich das eheliche Güterrecht mit dem Inkrafttreten des Bundesgesetzes vom 5. Oktober 1984, so gelten für die Haftung die Bestimmungen über den Schutz der Gläubiger bei Änderung des Güterstandes.

7. Schutz der Gläubiger

---

[1] Eingefügt durch Ziff. I 2 des BG vom 5. Okt. 1984, in Kraft seit 1. Jan. 1988 (AS **1986** 122; SR **210.1** Art. 1; BBl **1979** II 1191).
[2] Fassung gemäss Ziff. I 2 des BG vom 5. Okt. 1984, in Kraft seit 1. Jan. 1988 (AS **1986** 122; SR **210.1** Art. 1; BBl **1979** II 1191).

Art. 12[1]

III. Das Kindesverhältnis im allgemeinen

[1] Entstehung und Wirkungen des Kindesverhältnisses stehen, sobald dieses Gesetz in Kraft getreten ist, unter dem neuen Recht; der Familienname und das Bürgerrecht, die nach bisherigem Recht erworben wurden, bleiben erhalten.

[2] Befinden sich Kinder, die nach dem neuen Recht von Gesetzes wegen unter der elterlichen Gewalt stehen, bei seinem Inkrafttreten unter Vormundschaft, so tritt spätestens mit Ablauf eines Jahres nach diesem Zeitpunkt an deren Stelle die elterliche Gewalt, sofern nicht nach den Bestimmungen über die Entziehung der elterlichen Gewalt das Gegenteil angeordnet worden ist.

[3] Eine unter dem bisherigen Recht durch behördliche Verfügung erfolgte Übertragung oder Entziehung der elterlichen Gewalt bleibt auch nach Inkrafttreten des neuen Rechts wirksam.

Art. 12a[2]

III.bis Adoption
1. Fortdauer des bisherigen Rechts

[1] Die Adoption, die vor Inkrafttreten der neuen Bestimmungen des Bundesgesetzes vom 30. Juni 1972 über die Änderung des Schweizerischen Zivilgesetzbuches ausgesprochen worden ist, steht weiterhin unter dem am 1. Januar 1912[3] in Kraft getretenen Recht; Zustimmungen, die nach diesem Recht gültig erteilt worden sind, bleiben in jedem Falle wirksam.

[2] Personen, die beim Inkrafttreten des Bundesgesetzes vom 7. Oktober 1994 noch nicht 20 Jahre alt sind, können auch nach Eintritt der Mündigkeit noch nach den Bestimmungen über die Unmündigen adoptiert werden, sofern das Gesuch innerhalb von zwei Jahren seit Inkrafttreten des Bundesgesetzes und vor dem 20. Geburtstag eingereicht wird.[4]

---

[1] Fassung gemäss Ziff. I 2 des BG vom 25. Juni 1976, in Kraft seit 1. Jan. 1978 (AS **1977** 237 264; BBl **1974** II 1).
[2] Eingefügt durch Ziff. I 3 des BG vom 30. Juni 1972, in Kraft seit 1. April 1973 (AS **1972** 2819 2829; BBl **1971** I 1200).
[3] Art. 465 ZGB in der Fassung vom 1. Jan. 1912:
  [1] Das angenommene Kind und seine Nachkommen haben zum Annehmenden das gleiche Erbrecht wie die ehelichen Nachkommen.
  [2] Der Annehmende und seine Blutsverwandten haben kein Erbrecht gegenüber dem angenommenen Kinde.
[4] Eingefügt durch Ziff. I des BG vom 7. Okt. 1994, in Kraft seit 1. Jan. 1996 (AS **1995** 1126 1131; BBl **1993** I 1169).

Art. 12b[1]

¹ Eine nach dem bisherigen Recht ausgesprochene Adoption einer unmündigen Person kann auf gemeinsames Begehren der Adoptiveltern und des Adoptivkindes binnen fünf Jahren nach Inkrafttreten der neuen Bestimmungen diesen unterstellt werden.

² Der Eintritt der Mündigkeit des Adoptivkindes steht diesem Begehren nicht entgegen.

³ Anwendbar sind die neuen Bestimmungen über das Verfahren; die Zustimmung der Eltern ist nicht erforderlich.

2. Unterstellung unter das neue Recht

Art. 12c[1]

¹ Eine mündige oder entmündigte Person kann nach den neuen Bestimmungen über die Adoption Unmündiger adoptiert werden, wenn das bisherige Recht die Adoption während ihrer Unmündigkeit nicht zugelassen hat, die Voraussetzungen des neuen Rechts aber damals erfüllt gewesen wären.

² Die Vorschriften des bisherigen und des neuen Rechts über die Zustimmung der Eltern zur Adoption Unmündiger finden jedoch keine Anwendung.

³ Das Gesuch ist binnen fünf Jahren seit Inkrafttreten der neuen Bestimmungen zu stellen.

3. Adoption mündiger oder entmündigter Personen

Art. 12c[bis][2]

¹ Die von den kantonalen Aufsichtsbehörden über die Adoptionsvermittlungsstellen erteilten Bewilligungen bleiben bis zu ihrem Ablauf gültig.

² Die kantonalen Aufsichtsbehörden über die Adoptionsvermittlungsstellen übermitteln der Aufsichtsbehörde des Bundes unverzüglich alle die Aufsicht und die Bewilligungsverfahren betreffenden Akten, die innerhalb der letzten fünf Jahre vor Inkrafttreten der Änderung von Artikel 269c vom 22. Juni 2001 angelegt worden sind.

4. Adoptionsvermittlung

Art. 12d[3]

Für die Anfechtung einer unter dem bisherigen Recht erfolgten Ehelicherklärung gelten sinngemäss die Bestimmungen des neuen Rechts über die Anfechtung einer Anerkennung nach der Heirat der Eltern.

III.ter Anfechtung der Ehelicherklärung

---

[1] Eingefügt durch Ziff. I 3 des BG vom 30. Juni 1972, in Kraft seit 1. April 1973 (AS **1972** 2819 2829; BBl **1971** I 1200).
[2] Eingefügt durch Anhang Ziff. 2 des BG vom 22. Juni 2001 zum Haager Adoptionsübereinkommen und über Massnahmen zum Schutz des Kindes bei internationalen Adoptionen, in Kraft seit 1. Jan. 2003 (SR **211.221.31**).
[3] Eingefügt durch Ziff. I 1 des BG vom 25. Juni 1976, in Kraft seit 1. Jan. 1978 (AS **1977** 237 264; BBl **1974** II 1).

Art. 13[1]

IV. Vaterschafts-
klage
1. Hängige Klagen

¹ Eine beim Inkrafttreten des neuen Rechts hängige Klage wird nach dem neuen Recht beurteilt.

² Die Wirkungen bis zum Inkrafttreten des neuen Rechts bestimmen sich nach dem bisherigen Recht.

Art. 13a[2]

2. Neue Klagen

¹ Ist vor Inkrafttreten des neuen Rechts durch gerichtliche Entscheidung oder durch Vertrag eine Verpflichtung des Vaters zu Vermögensleistungen begründet worden und hat das Kind beim Inkrafttreten des neuen Rechts das zehnte Altersjahr noch nicht vollendet, so kann es binnen zwei Jahren nach den Bestimmungen des neuen Rechts auf Feststellung des Kindesverhältnisses klagen.

² Beweist der Beklagte, dass seine Vaterschaft ausgeschlossen oder weniger wahrscheinlich ist als diejenige eines Dritten, so erlischt der Anspruch auf künftigen Unterhalt.

Art. 13b[3]

IV.bis Frist für die
Feststellung und die
Anfechtung des
Kindesverhältnisses

Wer durch das Inkrafttreten des Bundesgesetzes vom 7. Oktober 1994 mündig wird, kann in jedem Fall noch während eines Jahres eine Klage auf Feststellung oder Anfechtung des Kindesverhältnisses einreichen.

Art. 13c[3]

IV.ter Unterhalts-
beiträge

Unterhaltsbeiträge, die vor dem Inkrafttreten des Bundesgesetzes vom 7. Oktober 1994 bis zur Mündigkeit festgelegt worden sind, werden bis zur Vollendung des 20. Altersjahres geschuldet.

Art. 14

V. Vormundschaft

¹ Die Vormundschaft steht, sobald dieses Gesetz in Kraft getreten ist, unter den Bestimmungen des neuen Rechtes.

² Eine vor diesem Zeitpunkt eingetretene Bevormundung bleibt bestehen, ist aber durch die vormundschaftlichen Behörden mit dem neuen Recht in Einklang zu bringen.

³ Bevormundungen, die nach bisherigem Recht eingetreten sind, nach dem neuen Recht aber nicht zulässig sein würden, sind aufzuheben, bleiben aber bis zum Zeitpunkte der Aufhebung in Kraft.

---

[1] Fassung gemäss Ziff. I 1 des BG vom 25. Juni 1976, in Kraft seit 1. Jan. 1978 (AS **1977** 237 264; BBl **1974** II 1).

[2] Eingefügt durch Ziff. I 1 des BG vom 25. Juni 1976, in Kraft seit 1. Jan. 1978 (AS **1977** 237 264; BBl **1974** II 1).

[3] Eingefügt durch Ziff. I des BG vom 7. Okt. 1994, in Kraft seit 1. Jan. 1996 (AS **1995** 1126 1131; BBl **1993** I 1169).

Art. 14a[1)]

VI. Fürsorgerische Freiheitsentziehung

[1] Sobald die Gesetzesänderung vom 6. Oktober 1978 in Kraft ist, steht die fürsorgerische Freiheitsentziehung unter dem neuen Recht.

[2] Wer sich zu diesem Zeitpunkt in einer Anstalt befindet, ist binnen eines Monats über sein Recht, den Richter anzurufen, zu unterrichten.

Art. 15

D. Erbrecht
I. Erbe und Erbgang

[1] Die erbrechtlichen Verhältnisse und die mit ihnen nach kantonalem Recht untrennbar verknüpften güterrechtlichen Wirkungen des Todes eines Vaters, einer Mutter oder eines Ehegatten werden, wenn der Erblasser vor dem Inkrafttreten dieses Gesetzes gestorben ist, auch nach diesem Zeitpunkt durch das bisherige Recht bestimmt.

[2] Diese Vorschrift bezieht sich sowohl auf die Erben als auf den Erbgang.

Art. 16

II. Verfügungen von Todes wegen

[1] Eine vor dem Inkrafttreten dieses Gesetzes erfolgte Errichtung oder Aufhebung einer Verfügung von Todes wegen kann, wenn sie nach dem Recht, das zur Zeit ihrer Errichtung gegolten hat, von einem verfügungsfähigen Erblasser errichtet worden ist, nicht deshalb angefochten werden, weil der Erblasser nach dem Inkrafttreten des neuen Rechtes gestorben ist und nach dessen Bestimmungen nicht verfügungsfähig gewesen wäre.

[2] Eine letztwillige Verfügung kann wegen eines Formmangels nicht angefochten werden, wenn die Formvorschriften beobachtet sind, die zur Zeit der Errichtung oder des Todes gegolten haben.

[3] Die Anfechtung wegen Überschreitung der Verfügungsfreiheit oder wegen der Art der Verfügung richtet sich bei allen Verfügungen von Todes wegen nach den Bestimmungen des neuen Rechtes, wenn der Erblasser nach dessen Inkrafttreten gestorben ist.

Art. 17

E. Sachenrecht
I. Dingliche Rechte im allgemeinen

[1] Die beim Inkrafttreten dieses Gesetzes bestehenden dinglichen Rechte bleiben unter Vorbehalt der Vorschriften über das Grundbuch auch unter dem neuen Recht anerkannt.

[2] In bezug auf ihren Inhalt stehen jedoch das Eigentum und die beschränkten dinglichen Rechte nach dem Inkrafttreten des Gesetzes, soweit es eine Ausnahme nicht vorsieht, unter dem neuen Recht.

[3] Wäre ihre Errichtung nach dem neuen Rechte nicht mehr möglich, so bleiben sie unter dem bisherigen Recht.

[1)] Eingefügt durch Ziff. II des BG vom 6. Okt. 1978, in Kraft seit 1. Jan. 1981 (AS **1980** 31 35; BBl **1977** III 1).

Art. 18

II. Anspruch auf Eintragung im Grundbuch

¹ Die vor dem Inkrafttreten dieses Gesetzes begründeten Ansprüche auf Errichtung eines dinglichen Rechtes werden als rechtskräftig anerkannt, wenn sie der Form des bisherigen oder des neuen Rechtes entsprechen.

² Die Verordnung betreffend Grundbuchführung bestimmt, welche Ausweise für die Eintragung solcher Ansprüche erforderlich sind.

³ Der vor dem Inkrafttreten dieses Gesetzes durch Rechtsgeschäft festgesetzte Inhalt eines dinglichen Verhältnisses bleibt auch unter dem neuen Recht anerkannt, soweit er nicht mit diesem unverträglich ist.

Art. 19

III. Ersitzung

¹ Die Ersitzung richtet sich von dem Inkrafttreten dieses Gesetzes an nach dem neuen Recht.

² Hat jedoch eine Ersitzung, die auch dem neuen Recht entspricht, unter dem bisherigen Recht begonnen, so wird die bis zum Inkrafttreten dieses Gesetzes abgelaufene Zeit an die Ersitzungsfrist verhältnismässig angerechnet.

Art. 20[1)]

IV. Besondere Eigentumsrechte
1. Bäume auf fremdem Boden

¹ Die bestehenden Eigentumsrechte an Bäumen auf fremdem Boden werden auch weiterhin nach kantonalem Recht anerkannt.

² Die Kantone sind befugt, diese Verhältnisse zu beschränken oder aufzuheben.

Art. 20[bis 2)]

2. Stockwerkeigentum
a. Ursprüngliches

Das vom früheren kantonalen Recht beherrschte Stockwerkeigentum ist den neuen Vorschriften dieses Gesetzes unterstellt, auch wenn die Stockwerke oder Stockwerkteile nicht als Wohnungen oder Geschäftsraumeinheiten in sich abgeschlossen sind.

Art. 20[ter 2)]

b. Umgewandeltes

¹ Die Kantone können auch Stockwerkeigentum, das in Formen des am 1. Januar 1912 in Kraft getretenen Rechtes in das Grundbuch eingetragen worden ist, den neuen Vorschriften über das Stockwerkeigentum unterstellen.

² Die Unterstellung wird wirksam mit der entsprechenden Änderung der Einträge im Grundbuch.

[1)] Fassung gemäss Ziff. IV des BG vom 19. Dez. 1963, in Kraft seit 1. Jan. 1965 (AS **1964** 993 1005; BBl **1962** II 1461).
[2)] Eingefügt durch Ziff. IV des BG vom 19. Dez. 1963, in Kraft seit 1. Jan. 1965 (AS **1964** 993 1005; BBl **1962** II 1461).

Art. 20quater[1)]

Die Kantone können zur Durchführung der Unterstellung des umgewandelten Stockwerkeigentums unter die neuen Vorschriften und zur Eintragung des bestehenden eigentlichen Stockwerkeigentums die Bereinigung der Grundbücher anordnen und dafür besondere Verfahrensvorschriften erlassen.

c. Bereinigung der Grundbücher

Art. 21

Die vor dem Inkrafttreten dieses Gesetzes entstandenen Grunddienstbarkeiten bleiben nach der Einführung des Grundbuches auch ohne Eintragung in Kraft, können aber, solange sie nicht eingetragen sind, gutgläubigen Dritten gegenüber nicht geltend gemacht werden.

V. Grunddienstbarkeiten

Art. 22

[1] Die zur Zeit des Inkrafttretens dieses Gesetzes bestehenden Pfandtitel bleiben in Kraft, ohne dass deren Anpassung an das neue Recht zu erfolgen hat.

[2] Den Kantonen bleibt es jedoch vorbehalten, eine Neuausfertigung der bestehenden Pfandtitel auf der Grundlage des neuen Rechtes mit bestimmten Fristen vorzuschreiben.

VI. Grundpfandrechte
1. Anerkennung der bestehenden Pfandtitel

Art. 23

[1] Neue Grundpfandrechte können nach dem Inkrafttreten dieses Gesetzes nur noch in den von diesem anerkannten Arten errichtet werden.

[2] Für deren Errichtung bleiben bis zur Einführung des Grundbuches die bisherigen kantonal-rechtlichen Formen in Kraft.

2. Errichtung von Pfandrechten

Art. 24

[1] Die Tilgung und Umänderung der Titel, die Pfandentlassung und dergleichen stehen nach dem Inkrafttreten des neuen Rechtes unter dessen Vorschriften.

[2] Bis zur Einführung des Grundbuches bestimmen sich jedoch die Formen nach kantonalem Recht.

3. Tilgung von Titeln

Art. 25

[1] Der Umfang der Pfandhaft bestimmt sich für alle Grundpfandrechte nach dem neuen Recht.

[2] Hat jedoch der Gläubiger vermöge besonderer Abrede gewisse Gegenstände in rechtsgültiger Weise mit dem Grundstück verpfändet erhalten, so bleibt das Pfandrecht an diesen in Kraft, auch wenn sie nach dem neuen Recht nicht mitverpfändet sein würden.

4. Umfang der Pfandhaft

[1)] Eingefügt durch Ziff. IV des BG vom 19. Dez. 1963, in Kraft seit 1. Jan. 1965 (AS **1964** 993 1005; BBl **1962** II 1461).

Art. 26

5. Rechte und Pflichten aus dem Grundpfand
a. Im allgemeinen

¹ Die Rechte und Pflichten des Gläubigers und des Schuldners beurteilen sich, soweit es sich um Vertragswirkungen handelt, für die zur Zeit des Inkrafttretens dieses Gesetzes vorhandenen Pfandrechte nach dem bisherigen Recht.

² In bezug auf die von Gesetzes wegen eintretenden und vertraglich nicht abzuändernden Wirkungen gilt von diesem Zeitpunkte an auch für die schon bestehenden Pfandrechte das neue Recht.

³ Erstreckt sich das Pfandrecht auf mehrere Grundstücke, so bleibt die Pfandhaft nach bisherigem Recht bestehen.

Art. 27

b. Sicherungsrechte

Die Rechte des Pfandgläubigers während des bestehenden Verhältnisses, wie namentlich die Sicherungsrechte und ebenso die Rechte des Schuldners stehen für alle Pfandrechte vom Zeitpunkte des Inkrafttretens dieses Gesetzes an unter dem neuen Recht.

Art. 28

c. Kündigung, Übertragung

Die Kündbarkeit der Pfandforderungen und die Übertragung der Pfandtitel werden bei den Pfandrechten, die zur Zeit des Inkrafttretens dieses Gesetzes bereits errichtet sind, nach dem bisherigen Recht beurteilt, unter Vorbehalt der zwingenden Vorschriften des neuen Rechtes.

Art. 29

6. Rang

¹ Der Rang der Pfandrechte bestimmt sich bis zur Aufnahme der Grundstücke in das Grundbuch nach bisherigem Recht.

² Vom Zeitpunkte der Einführung des Grundbuches an richtet sich der Rang der Gläubiger nach dem Grundbuchrechte dieses Gesetzes.

Art. 30

7. Pfandstelle

¹ In bezug auf die feste Pfandstelle oder ein Recht des Gläubigers auf Ein- oder Nachrücken gilt mit der Einführung des Grundbuches und jedenfalls nach Ablauf von fünf Jahren seit dem Inkrafttreten dieses Gesetzes das neue Recht, unter Vorbehalt der für den Gläubiger bestehenden besondern Ansprüche.

² Die Kantone können weitere Übergangsbestimmungen aufstellen.[1]

---

[1] Fassung gemäss Ziff. II 21 des BG vom 15. Dez. 1989, in Kraft seit 1. Febr. 1991 (AS **1991** 362 369; BBl **1988** II 1333).

Art. 31

¹ Die Vorschriften dieses Gesetzes über die Beschränkung der Errichtung von Pfandrechten nach dem Schätzungswerte der Pfandsache finden nur auf die künftig zu errichtenden Grundpfandrechte Anwendung.

² Pfandstellen, die unter dem bisherigen Recht in gültiger Weise belastet worden sind, bleiben unter dem neuen bis zu ihrer Löschung gewahrt, und es können die bestehenden Pfandrechte auf diesen Pfandstellen erneuert werden ohne Rücksicht auf die beschränkenden Vorschriften des neuen Rechtes.

8. Einschränkung nach dem Schätzungswert
a. Im allgemeinen

Art. 32

¹ Die Vorschriften des bisherigen Rechtes über die Belastungsgrenze bleiben für die Errichtung von Schuldbriefen in Kraft, solange die Kantone nicht neue Bestimmungen darüber aufstellen.

² Ausserdem bleiben sie bis zu ihrer Aufhebung durch die Kantone auch in Anwendung für die Errichtung vertragsmässiger Grundpfandverschreibungen auf ländlichen Grundstücken.

b. Fortdauer des bisherigen Rechtes

Art. 33

¹ Die kantonalen Einführungsgesetze können feststellen, dass im allgemeinen oder in bestimmter Beziehung eine Grundpfandart des bisherigen Rechtes einer solchen des neuen Rechtes gleichzuhalten sei.

² Soweit dies geschieht, finden die Bestimmungen dieses Gesetzes mit dessen Inkrafttreten auch Anwendung auf solche kantonale Pfandrechte.

³ ...[1]

9. Gleichstellung bisheriger Pfandarten mit solchen des neuen Rechtes

Art. 34

¹ Fahrnispfandrechte können vom Zeitpunkt des Inkrafttretens dieses Gesetzes an nur in den von diesem vorgesehenen Formen errichtet werden.

² Soweit vor diesem Zeitpunkt ein Fahrnispfand in anderer Form errichtet worden ist, erlischt es mit Ablauf von sechs Monaten, die bei Fälligkeit der Forderung mit dem Inkrafttreten des neuen Rechtes und bei späterer Fälligkeit mit deren Eintritt oder mit dem Zeitpunkte zu laufen beginnen, auf den die Kündigung zulässig ist.

VII. Fahrnispfandrechte
1. Formvorschriften

---

[1] Aufgehoben durch Ziff. II 21 des BG vom 15. Dez. 1989 (AS **1991** 362; BBl **1988** II 1333).

Art. 35

2. Wirkung

¹ Die Wirkungen des Fahrnispfandrechtes, die Rechte und Pflichten des Pfandgläubigers, des Verpfänders und des Pfandschuldners richten sich vom Zeitpunkte des Inkrafttretens dieses Gesetzes an nach dem neuen Recht, auch wenn das Pfandrecht schon vorher entstanden ist.

² Ein vor dem Inkrafttreten dieses Gesetzes geschlossener Verfallsvertrag verliert mit diesem Zeitpunkte seine Gültigkeit.

Art. 36

VIII. Retentionsrecht

¹ Das Retentionsrecht dieses Gesetzes erstreckt sich auch auf solche Sachen, die vor dessen Inkrafttreten in die Verfügungsgewalt des Gläubigers gekommen sind.

² Es steht dem Gläubiger auch für solche Forderungen zu, die vor diesem Zeitpunkt entstanden sind.

³ Früher entstandene Retentionsrechte unterliegen bezüglich ihrer Wirksamkeit den Bestimmungen dieses Gesetzes.

Art. 37

IX. Besitz

Der Besitz steht mit dem Inkrafttreten dieses Gesetzes unter dem neuen Recht.

Art. 38

X. Grundbuch
1. Anlegung des Grundbuches

¹ Der Bundesrat wird nach Verständigung mit den Kantonen den allgemeinen Plan über die Anlegung des Grundbuches und die Vermessung festsetzen.

² Die bereits vorhandenen grundbuchlichen Einrichtungen und Vermessungswerke sollen, soweit möglich, als Bestandteile der neuen Grundbuchordnung beibehalten werden.

Art. 39

2. Vermessung
a. Kosten

¹ Die Kosten der Vermessung sind in der Hauptsache vom Bunde zu tragen.

² Diese Bestimmung findet auf alle Vermessungen mit Beginn des Jahres 1907 Anwendung.

³ Die nähere Ordnung der Kostentragung wird endgültig durch die Bundesversammlung aufgestellt.

Art. 40

b. Verhältnis zum Grundbuch

¹ In der Regel soll die Vermessung der Anlegung des Grundbuches vorangehen.

² Mit Einwilligung des Bundes kann jedoch das Grundbuch schon vorher angelegt werden, wenn genügende Liegenschaftsverzeichnisse vorhanden sind.

Art. 41

¹ In bezug auf die Zeit der Vermessung ist auf die Verhältnisse der Kantone und auf das Interesse der verschiedenen Gebiete angemessene Rücksicht zu nehmen.

² Die Vermessung und die Einführung des Grundbuches kann für die einzelnen Bezirke eines Kantons nacheinander erfolgen.

c. Zeit der Durchführung

Art. 42

¹ Der Bundesrat hat die Art der Vermessung nach Anhörung der Kantone für die einzelnen Gebiete festzustellen.

² Über Gebiete, für die eine genauere Vermessung nicht erforderlich ist, wie Wälder und Weiden von beträchtlicher Ausdehnung, soll eine vereinfachte Planaufnahme angeordnet werden.

d. Art der Vermessung

Art. 43

¹ Bei der Einführung des Grundbuches sollen die dinglichen Rechte, die bereits bestehen, zur Eintragung gebracht werden.

² Zu diesem Zwecke ist eine öffentliche Aufforderung zur Anmeldung und Eintragung dieser Rechte zu erlassen.

³ Die nach bisherigem Recht in öffentlichen Büchern eingetragenen dinglichen Rechte werden, soweit sie nach neuem Recht begründet werden können, von Amtes wegen in das Grundbuch eingetragen.

3. Eintragung der dinglichen Rechte a. Verfahren

Art. 44

¹ Die dinglichen Rechte des bisherigen Rechtes, die nicht eingetragen werden, behalten zwar ihre Gültigkeit, können aber Dritten, die sich in gutem Glauben auf das Grundbuch verlassen, nicht entgegengehalten werden.

² Der Gesetzgebung des Bundes oder der Kantone bleibt es vorbehalten, alle im Grundbuche nicht eingetragenen dinglichen Rechte auf einen bestimmten Zeitpunkt nach vorausgehender Auskündung für aufgehoben zu erklären.

b. Folge der Nichteintragung

Art. 45[1]

¹ Dingliche Rechte, die nach dem Grundbuchrecht nicht mehr begründet werden können, wie Eigentum an Bäumen auf fremdem Boden, Nutzungspfandrechte und dergleichen, werden im Grundbuch nicht eingetragen, sind aber in zweckdienlicher Weise anzumerken.

² Sind sie aus irgendwelchem Grunde untergegangen, so können sie nicht neu begründet werden.

4. Behandlung aufgehobener Rechte

---

[1] Fassung gemäss Ziff. IV des BG vom 19. Dez. 1963, in Kraft seit 1. Jan. 1965 (AS **1964** 993 1005; BBl **1962** II 1461).

Art. 46

5. Verschiebung der Einführung des Grundbuches

¹ Die Einführung des Grundbuches nach den Vorschriften dieses Gesetzes kann mit Ermächtigung des Bundesrates durch die Kantone verschoben werden, sobald die kantonalen Formvorschriften, mit oder ohne Ergänzungen, als genügend erscheinen, um die Wirkung des Grundbuches im Sinne des neuen Rechtes zu gewährleisten.

² Dabei ist genau festzustellen, mit welchen Formen des kantonalen Rechtes die vom neuen Recht angeordneten Wirkungen verbunden sein sollen.

Art. 47

6. Einführung des Sachenrechtes vor dem Grundbuch

Das Sachenrecht dieses Gesetzes tritt im allgemeinen in Kraft, auch ohne dass die Grundbücher angelegt worden sind.

Art. 48

7. Wirkung kantonaler Formen

¹ Die Kantone können mit dem Inkrafttreten des Sachenrechtes und vor der Einführung des Grundbuches die Formen, wie Fertigung, Eintragung in Grund-, Pfand- und Servitutenregister, bezeichnen, denen sofort Grundbuchwirkung zukommen soll.

² Diese Formen können mit der Wirkung ausgestattet werden, dass auch ohne und vor Einführung des Grundbuches in bezug auf Entstehung, Übertragung, Umänderung und Untergang der dinglichen Rechte die Grundbuchwirkung mit ihnen verbunden ist.

³ Dagegen besteht, solange nicht das Grundbuch selbst eingeführt oder eine andere Einrichtung ihm gleichgestellt ist, eine Grundbuchwirkung zugunsten des gutgläubigen Dritten nicht.

Art. 49

F. Verjährung

¹ Wo eine Verjährung von fünf oder mehr Jahren neu eingeführt ist, wird der abgelaufene Zeitraum einer vor dem Inkrafttreten dieses Gesetzes begonnenen Verjährung angerechnet, wobei jedoch zur Vollendung der Verjährung noch mindestens zwei Jahre seit diesem Zeitpunkte ablaufen müssen.

² Kürzere, durch dieses Gesetz bestimmte Fristen der Verjährung oder der Verwirkung fangen erst mit dem Inkrafttreten dieses Gesetzes zu laufen an.

³ Im übrigen gelten für die Verjährung von diesem Zeitpunkte an die Bestimmungen des neuen Rechtes.

Art. 50

G. Vertragsformen

Verträge, die vor dem Inkrafttreten dieses Gesetzes abgeschlossen worden sind, behalten ihre Gültigkeit, auch wenn ihre Form den Vorschriften des neuen Rechtes nicht entspricht.

Zweiter Abschnitt
Einführungs- und Übergangsbestimmungen

Art. 51

Mit dem Inkrafttreten dieses Gesetzes sind die zivilrechtlichen Bestimmungen der Kantone aufgehoben, soweit nicht bundesrechtlich etwas anderes vorgesehen ist.

A. Aufhebung des kantonalen Zivilrechtes

Art. 52

[1] Die Kantone treffen die zur Ergänzung dieses Gesetzes vorgesehenen Anordnungen, wie namentlich in bezug auf die Zuständigkeit der Behörden und die Einrichtung der Zivilstands-, Vormundschafts- und Grundbuchämter.

[2] Soweit das neue Recht zu seiner Ausführung notwendig der Ergänzung durch kantonale Anordnungen bedarf, sind die Kantone verpflichtet, solche aufzustellen, und können sie vorläufig auf dem Verordnungswege erlassen.[1]

[3] Die kantonalen Anordnungen zum Verwandtschafts-, Vormundschafts- und Registerrecht sowie über die Errichtung öffentlicher Urkunden bedürfen der Genehmigung des Bundes.[1]

[4] Kantonale Anordnungen zu den übrigen Bestimmungen des Zivilgesetzbuches bedürfen nur dann einer Genehmigung, wenn sie im Anschluss an eine Änderung des Bundesrechts erlassen werden.[2]

B. Ergänzende kantonale Anordnungen
I. Recht und Pflicht der Kantone

Art. 53

[1] Hat ein Kanton die notwendigen Anordnungen nicht rechtzeitig getroffen, so erlässt der Bundesrat vorläufig die erforderlichen Verordnungen an Stelle des Kantons unter Anzeige an die Bundesversammlung.

[2] Macht ein Kanton in einer Sache, die einer ergänzenden Verordnung nicht notwendig bedarf, von seiner Befugnis keinen Gebrauch, so verbleibt es bei den Vorschriften dieses Gesetzes.

II. Ersatzverordnungen des Bundes

Art. 54

[1] Wo dieses Gesetz von einer zuständigen Behörde spricht, bestimmen die Kantone, welche bereits vorhandene oder erst zu schaffende Behörde zuständig sein soll.

C. Bezeichnung der zuständigen Behörden

---

[1] Fassung gemäss Ziff. II 21 des BG vom 15. Dez. 1989, in Kraft seit 1. Febr. 1991 (AS **1991** 362 369; BBl **1988** II 1333).
[2] Eingefügt durch Ziff. II 21 des BG vom 15. Dez. 1989, in Kraft seit 1. Febr. 1991 (AS **1991** 362 369; BBl **1988** II 1333).

² Wo das Gesetz nicht ausdrücklich entweder vom Gericht[1]) oder von einer Verwaltungsbehörde spricht, können die Kantone entweder eine gerichtliche oder eine Verwaltungsbehörde als zuständig bezeichnen.

³ Das Verfahren vor der zuständigen Behörde ordnen die Kantone.

Art. 55

D. Öffentliche Beurkundung

¹ Die Kantone bestimmen, in welcher Weise auf ihrem Gebiete die öffentliche Beurkundung hergestellt wird.

² Sie haben für die Errichtung von öffentlichen Urkunden in fremder Sprache ordnende Bestimmungen aufzustellen.

Art. 56[1])

E. Wasserrechtsverleihungen

Bis zum Erlass einer bundesrechtlichen Ordnung gilt für die Wasserrechtsverleihungen folgende Bestimmung:

Die Wasserrechtsverleihungen an öffentlichen Gewässern können, sobald sie auf wenigstens 30 Jahre oder auf unbestimmte Zeit ausgestellt und nicht als Dienstbarkeit mit einem herrschenden Grundstück verbunden sind, als selbständige und dauernde Rechte in das Grundbuch aufgenommen werden.

F.–H. ...

Art. 57[2])

Art. 58[3])

J. Schuldbetreibung und Konkurs

Das Bundesgesetz vom 11. April 1889[4]) über Schuldbetreibung und Konkurs wird mit dem Inkrafttreten dieses Gesetzes abgeändert wie folgt:
...[5])

---

[1]) Siehe heute Art. 59 des BG vom 22. Dez. 1916 über die Nutzbarmachung der Wasserkräfte (SR **721.80**).
[2]) Aufgehoben durch Art. 53 Abs. 1 Bst. b des BG vom 8. Nov. 1934 über die Banken und Sparkassen (SR **952.0**).
[3]) Neue Numerierung der letzten vier Artikel als Folge der Aufhebung der ursprünglichen Art. 58 und 59, gemäss Ziff. I der UeB OR, in Kraft seit 1. Jan. 1912 (SR **220**).
[4]) SR **281.1**
[5]) Text siehe im genannten BG. Für die Fassung der Art. 132bis, 141 Abs. 3 und 258 Abs. 4 siehe AS **24** 233 SchlT Art. 60.

Art. 59[1)]

[1] Das Bundesgesetz vom 25. Juni 1891[2)] betreffend die zivilrechtlichen Verhältnisse der Niedergelassenen und Aufenthalter bleibt für die Rechtsverhältnisse der Schweizer im Auslande und der Ausländer in der Schweiz, und soweit kantonal verschiedenes Recht zur Anwendung kommt, in Kraft.

[2] ...[3)]

[3] Das Bundesgesetz vom 25. Juni 1891[2)] erhält folgende Einfügung:

...

K. Anwendung schweizerischen und fremden Rechtes

Art. 60[4)]

[1] Mit dem Inkrafttreten dieses Gesetzes sind die damit im Widerspruch stehenden zivilrechtlichen Bestimmungen des Bundes aufgehoben.

[2] Insbesondere sind aufgehoben:

das Bundesgesetz vom 24. Dezember 1874[5)] betreffend Feststellung und Beurkundung des Zivilstandes und die Ehe;

das Bundesgesetz vom 22. Juni 1881[6)] betreffend die persönliche Handlungsfähigkeit;

das Bundesgesetz vom 14. Juni 1881[7)] über das Obligationenrecht.

[3] In Geltung bleiben die Spezialgesetze betreffend das Eisenbahn, Dampfschiff-, Post-, Telegraphen- und Telephonrecht, die Verpfändung und Zwangsliquidation der Eisenbahnen, diejenigen betreffend die Fabrikarbeit und die Haftbarkeit aus Fabrikbetrieb und aus andern Unternehmungen sowie alle Bundesgesetze über Gegenstände des Obligationenrechts, die neben dem Bundesgesetz vom 14. Juni 1881[8)] über das Obligationenrecht erlassen worden sind.

L. Aufhebung von Bundeszivilrecht

[1)] Neue Numerierung der letzten vier Artikel als Folge der Aufhebung der ursprünglichen Art. 58 und 59, gemäss Ziff. I der UeB OR, in Kraft seit 1. Jan. 1912 (SR **220**).

[2)] [BS **2** 737; AS **1972** 2819 II 1, **1977** 237 II 1, **1986** 122 II 1. SR **291** Anhang Ziff. I Bst. a]. Siehe heute das IPRG vom 18. Dez. 1987 (SR **291**).

[3)] Aufgehoben durch Ziff. I 2 des BG vom 5. Okt. 1984 (AS **1986** 122; BBl **1979** II 1191).

[4)] Fassung gemäss Ziff. I des UeB OR, in Kraft seit 1. Jan. 1912 (SR **220**).

[5)] [AS **1** 506]

[6)] [AS **5** 556]

[7)] [AS **5** 635, **11** 490; SR **221.229.1** Art. 103 Abs. 1]

[8)] [AS **5** 635, **11** 490]

Art. 61[1]

M. Schluss-bestimmung

¹ Dieses Gesetz tritt mit dem 1. Januar 1912 in Kraft.

² Der Bundesrat ist unter Zustimmung der Bundesversammlung befugt, einzelne Bestimmungen schon früher in Kraft zu setzen.

---

[1] Neue Numerierung der letzten vier Artikel als Folge der Aufhebung der ursprünglichen Art. 58 und 59, gemäss Ziff. I der UeB OR, in Kraft seit 1. Jan. 1912 (SR **220**).

Altes
Ehegüter- und Erbrecht

Wortlaut der früheren Bestimmungen[1])
des sechsten Titels

Sechster Titel
DAS GÜTERRECHT DER EHEGATTEN

Erster Abschnitt
Allgemeine Vorschriften

Art. 178

Die Ehegatten stehen unter den Vorschriften der Güterverbindung, insofern sie nicht durch Ehevertrag etwas anderes vereinbaren oder unter ihnen der ausserordentliche Güterstand eingetreten ist.

A. Ordentlicher Güterstand

Art. 179

[1] Ein Ehevertrag kann sowohl vor als nach Eingehung der Ehe abgeschlossen werden.

[2] Die Brautleute oder Ehegatten haben für ihren Vertrag einen der Güterstände anzunehmen, die in diesem Gesetze vorgesehen sind.

[3] Ein nach Eingehung der Ehe abgeschlossener Ehevertrag darf die bisherige Haftung des Vermögens gegenüber Dritten nicht beeinträchtigen.

B. Güterstand des Ehevertrages
I. Inhalt des Vertrages

Art. 180

[1] Für Abschluss, Abänderung und Aufhebung eines Ehevertrages bedürfen die Vertragschliessenden der Urteilsfähigkeit.

[2] Sind sie unmündig oder entmündigt, so ist die Zustimmung ihrer gesetzlichen Vertreter erforderlich.

II. Vertragsfähigkeit

Art. 181

[1] Abschluss, Abänderung und Aufhebung des Ehevertrages bedürfen zu ihrer Gültigkeit der öffentlichen Beurkundung sowie der Unterschrift der vertragschliessenden Personen und ihrer gesetzlichen Vertreter.

[2] Eheverträge, die während der Ehe abgeschlossen werden, bedürfen überdies der Zustimmung der Vormundschaftsbehörde.

[3] Der Ehevertrag erhält Rechtskraft gegenüber Dritten nach den Vorschriften über das Güterrechtsregister.

III. Form des Vertrages

---

[1]) BS **2** 3. Diese Bestimmungen sind als Übergangsrecht insofern noch anwendbar, als es die Art. 9a ff. SchlT (Revision des Eherechtes vom 5. Okt. 1984) vorsehen.

Art. 182

C. Ausserordentlicher Güterstand
I. Gesetzliche Gütertrennung

[1] Kommen die Gläubiger im Konkurse eines Ehegatten zu Verlust, so tritt von Gesetzes wegen Gütertrennung ein.

[2] Sind zur Zeit der Eheschliessung Gläubiger vorhanden, die Verlustscheine besitzen, so kann jedes der Brautleute die Gütertrennung dadurch begründen, dass es diesen Güterstand vor der Trauung in das Güterrechtsregister eintragen lässt.

Art. 183

II. Gerichtliche Gütertrennung
1. Auf Begehren der Ehefrau

Der Richter hat auf Begehren der Ehefrau die Gütertrennung anzuordnen:
1. wenn der Ehemann für den Unterhalt von Weib und Kind nicht pflichtgemäss Sorge trägt;
2. wenn er die für das eingebrachte Frauengut verlangte Sicherheit nicht leistet;
3. wenn der Ehemann oder das Gesamtgut überschuldet ist.

Art. 184

2. Auf Begehren des Ehemannes

Der Richter hat auf Begehren des Ehemannes die Gütertrennung anzuordnen:
1. wenn die Ehefrau überschuldet ist;
2. wenn die Ehefrau in ungerechtfertigter Weise die nach Gesetz oder Güterstand erforderliche Zustimmung zu den Verfügungen des Ehemannes über das eheliche Vermögen verweigert;
3. wenn die Ehefrau die Sicherstellung des eingebrachten Frauengutes verlangt hat.

Art. 185

3. Auf Begehren der Gläubiger

Der Richter hat die Gütertrennung auf Begehren eines Gläubigers anzuordnen, wenn dieser bei der gegen einen Ehegatten durchgeführten Betreibung auf Pfändung zu Verlust gekommen ist.

Art. 186

III. Beginn der Gütertrennung

[1] Die Gütertrennung infolge Konkurses beginnt mit der Ausstellung der Verlustscheine, wird aber in betreff des Vermögens, das die Ehegatten seit der Konkurseröffnung durch Erbgang oder auf andere Weise erworben haben, auf den Zeitpunkt des Erwerbes zurückbezogen.

[2] Die gerichtliche Gütertrennung wird auf den Zeitpunkt der Anbringung des Begehrens zurückbezogen.

[3] Der Eintritt der Gütertrennung wird im Falle des Konkurses oder des gerichtlichen Urteils zur Eintragung in das Güterrechtsregister von Amtes wegen angemeldet.

Art. 187

¹ Durch Befriedigung der Gläubiger wird die infolge Konkurses eingetretene oder wegen eines Verlustes in der Betreibung auf Pfändung angeordnete Gütertrennung nicht ohne weiteres aufgehoben.

² Dagegen kann der Richter auf Verlangen eines Ehegatten die Wiederherstellung des früheren Güterstandes anordnen.

³ Die Wiederherstellung ist zur Eintragung in das Güterrechtsregister von Amtes wegen anzumelden.

IV. Aufhebung der Gütertrennung

Art. 188

¹ Durch güterrechtliche Auseinandersetzungen oder durch Wechsel des Güterstandes kann ein Vermögen, aus dem bis dahin die Gläubiger eines Ehegatten oder der Gemeinschaft Befriedigung verlangen konnten, dieser Haftung nicht entzogen werden.

² Ist ein solches Vermögen auf einen Ehegatten übergegangen, so hat er die Schulden zu bezahlen, kann sich aber von dieser Haftung in dem Masse befreien, als er nachweist, dass das Empfangene hiezu nicht ausreicht.

³ Was die Ehefrau aus dem Konkurse des Ehemannes oder in einer Anschlusspfändung zurück erhält, bleibt den Gläubigern des Ehemannes, soweit sie nicht auch Gläubiger der Ehefrau sind, entzogen.

D. Wechsel des Güterstandes
I. Haftung

Art. 189

¹ Tritt während der Ehe die Gütertrennung ein, so zerfällt das eheliche Vermögen mit Vorbehalt der Rechte der Gläubiger in das Eigengut des Mannes und das Eigengut der Frau.

² Ein Vorschlag wird den Ehegatten nach ihrem bisherigen Güterstande zugewiesen, einen Rückschlag hat der Ehemann zu tragen, soweit er nicht nachweist, dass die Ehefrau ihn verursacht hat.

³ Behält der Ehemann während der Auseinandersetzung Frauengut in seiner Verfügungsgewalt, so hat er auf Verlangen der Ehefrau Sicherheit zu leisten.

II. Auseinandersetzung bei Eintritt der Gütertrennung

Art. 190

¹ Das Sondergut entsteht durch Ehevertrag, durch Zuwendung Dritter und kraft Gesetzes.

² Was ein Ehegatte als Pflichtteil von seinen Verwandten zu beanspruchen hat, kann ihm nicht als Sondergut zugewendet werden.

E. Sondergut
I. Entstehung
1. Im allgemeinen

Art. 191

Kraft Gesetzes sind Sondergut:
1. die Gegenstände, die einem Ehegatten ausschliesslich zu persönlichem Gebrauche dienen;

2. Kraft Gesetzes

2. die Vermögenswerte des Frauengutes, mit denen die Ehefrau einen Beruf oder ein Gewerbe betreibt;
3. der Erwerb der Ehefrau aus selbständiger Arbeit.

Art. 192

II. Wirkung

¹ Das Sondergut steht im allgemeinen und namentlich mit Hinsicht auf die Pflicht der Ehefrau, zur Tragung der Lasten der Ehe einen Beitrag zu leisten, unter den Regeln der Gütertrennung.
² Die Ehefrau hat ihren Arbeitserwerb, soweit erforderlich, für die Bedürfnisse des Haushaltes zu verwenden.

Art. 193

III. Beweislast

Behauptet ein Ehegatte, dass ein Vermögenswert zum Sondergut gehöre, so ist er hiefür beweispflichtig.

Zweiter Abschnitt
Die Güterverbindung

Art. 194

A. Eigentumsverhältnisse
I. Eheliches Vermögen

¹ Die Güterverbindung vereinigt alles Vermögen, das den Ehegatten zur Zeit der Eheschliessung gehört oder während der Ehe auf sie übergeht, zum ehelichen Vermögen.
² Ausgenommen hievon ist das Sondergut der Ehefrau.

Art. 195

II. Eigentum von Mann und Frau

¹ Was vom ehelichen Vermögen zur Zeit der Eheschliessung der Ehefrau gehört oder ihr während der Ehe infolge von Erbgang oder auf andere Weise unentgeltlich zufällt, ist ihr eingebrachtes Gut und bleibt ihr Eigentum.
² Der Ehemann hat das Eigentum an dem von ihm eingebrachten Gute und an allem ehelichen Vermögen, das nicht Frauengut ist.
³ Die Einkünfte der Ehefrau und die natürlichen Früchte des Frauengutes werden unter Vorbehalt der Bestimmungen über das Sondergut auf den Zeitpunkt ihrer Fälligkeit oder Trennung Eigentum des Ehemannes.

Art. 196

III. Beweis

¹ Behauptet ein Ehegatte, dass ein Vermögenswert zum Frauengut gehöre, so ist er hiefür beweispflichtig.
² Werden während der Ehe zum Ersatz für Vermögenswerte der Ehefrau Anschaffungen gemacht, so wird vermutet, dass sie zum Frauengute gehören.

Art. 197

¹ Sowohl der Ehemann als die Ehefrau können jederzeit verlangen, dass über das eingebrachte Eigengut ein Inventar mit öffentlicher Urkunde errichtet werde.

² Ist ein solches Inventar binnen sechs Monaten nach der Einbringung errichtet worden, so wird es als richtig vermutet.

IV. Inventar
1. Errichtung und Beweiskraft

Art. 198

¹ Wird mit dem Inventar eine Schätzung verbunden und diese durch die öffentliche Urkunde festgestellt, so bestimmt sich die gegenseitige Ersatzpflicht der Ehegatten für die fehlenden Vermögenswerte nach dieser Schätzung.

² Sind Gegenstände in guten Treuen während der Ehe unter dem Schätzungswerte veräussert worden, so tritt der Erlös an die Stelle der Schätzungssumme.

2. Bedeutung der Schätzung

Art. 199

Mit der Schätzung kann unter Beobachtung der Vorschriften über den Ehevertrag binnen sechs Monaten nach der Einbringung des Frauengutes die Bestimmung verbunden werden, dass das Frauengut zum Schätzungsbetrag in das Eigentum des Ehemannes übergehen und die Frauengutsforderung unverändert bleiben soll.

V. Eigentum des Ehemannes am Frauengut

Art. 200

¹ Der Ehemann verwaltet das eheliche Vermögen.

² Er trägt die Kosten der Verwaltung.

³ Der Ehefrau steht die Verwaltung insoweit zu, als sie zur Vertretung der ehelichen Gemeinschaft berechtigt ist.

B. Verwaltung, Nutzung, Verfügungsbefugnis
I. Verwaltung

Art. 201

¹ Der Ehemann hat die Nutzung am eingebrachten Frauengut und ist hieraus gleich einem Nutzniesser verantwortlich.

² Diese Verantwortlichkeit wird durch die Schätzung des Frauengutes im Inventar nicht erhöht.

³ Bares Geld, andere vertretbare Sachen und Inhaberpapiere, die nur der Gattung nach bestimmt worden sind, gehen in das Eigentum des Ehemannes über, und die Ehefrau erhält für deren Wert eine Ersatzforderung.

II. Nutzung

Art. 202

¹ Der Ehemann bedarf zur Verfügung über Vermögenswerte des eingebrachten Frauengutes, die nicht in sein Eigentum übergegangen sind, der Einwilligung der Ehefrau, sobald es sich um mehr als die gewöhnliche Verwaltung handelt.

III. Verfügungsbefugnis
1. Des Ehemannes

² Dritte dürfen jedoch diese Einwilligung voraussetzen, sofern sie nicht wissen oder wissen sollten, dass sie mangelt, oder sofern die Vermögenswerte nicht für jedermann als der Ehefrau gehörig erkennbar sind.

Art. 203

2. Der Ehefrau
a. Im allgemeinen

Soweit die Vertretung der ehelichen Gemeinschaft es rechtfertigt, hat die Ehefrau die Verfügung über das eheliche Vermögen.

Art. 204

b. Ausschlagung von Erbschaften

¹ Zur Ausschlagung einer Erbschaft bedarf die Ehefrau der Einwilligung des Ehemannes.

² Gegen die Verweigerung kann die Ehefrau die Entscheidung der Vormundschaftsbehörde anrufen.

Art. 205

C. Sicherung der Ehefrau

¹ Der Ehemann hat der Ehefrau auf Verlangen jederzeit über den Stand ihres eingebrachten Gutes Auskunft zu geben.

² Die Ehefrau kann jederzeit Sicherstellung verlangen.

³ Die Anfechtungsklage nach dem Bundesgesetz vom 11. April 1889[1]) über Schuldbetreibung und Konkurs bleibt vorbehalten.

Art. 206

D. Haftung
I. Haftung des Ehemannes

Der Ehemann ist haftbar:
1. für seine vorehelichen Schulden;
2. für die Schulden, die er während der Ehe begründet;
3. für die Schulden, die sich aus der Vertretung der ehelichen Gemeinschaft durch die Ehefrau ergeben.

Art. 207

II. Haftung der Ehefrau
1. Mit dem ganzen Vermögen

¹ Die Ehefrau haftet mit ihrem ganzen Vermögen, ohne Rücksicht auf die dem Ehemann aus dem Güterstande zustehenden Rechte:
1. für ihre vorehelichen Schulden;
2. für die Schulden, die sie mit Einwilligung des Ehemannes oder bei Verpflichtungen zu seinen Gunsten mit Zustimmung der Vormundschaftsbehörde begründet;
3. für die Schulden, die aus dem regelmässigen Betriebe ihres Berufes oder Gewerbes entstehen;
4. für die Schulden aus Erbschaften, die auf sie übergehen;
5. für die Schulden aus unerlaubten Handlungen.

² Für die Schulden, die von ihr oder vom Ehemanne für den gemeinsamen Haushalt eingegangen werden, haftet sie, soweit der Ehemann nicht zahlungsfähig ist.

---

[1]) SR **281.1**

Art. 208

¹ Die Ehefrau ist während und nach der Ehe nur mit dem Werte ihres Sonderguts verpflichtet:
1. für die Schulden, die sie als Sondergutsschulden begründet;
2. für die Schulden, die sie ohne Einwilligung des Ehemannes begründet;
3. für die Schulden, die sie in Überschreitung ihrer Befugnis zur Vertretung der ehelichen Gemeinschaft begründet.

² Vorbehalten bleiben die Ansprüche aus ungerechtfertigter Bereicherung.

2. Mit dem Sondergut

Art. 209

¹ Sind Schulden, für die das eingebrachte Frauengut haftet, aus dem Mannesgut oder Schulden des Mannes aus dem eingebrachten Frauengut getilgt worden, so besteht eine Ersatzforderung, die jedoch unter Vorbehalt der gesetzlichen Ausnahmen erst mit der Aufhebung der Güterverbindung fällig wird.

² Sind Sondergutsschulden der Ehefrau aus dem ehelichen Vermögen oder Schulden, für die eheliches Vermögen haftet, aus dem Sondergute getilgt worden, so kann die Ausgleichung schon während der Ehe gefordert werden.

E. Ersatzforderungen
I. Fälligkeit

Art. 210

¹ Im Konkurse und bei der Pfändung von Vermögenswerten des Ehemannes kann die Ehefrau ihre Ersatzforderung für das eingebrachte und nicht mehr vorhandene Frauengut geltend machen.

² Gegenforderungen des Ehemannes werden in Abzug gebracht.

³ Die noch vorhandenen Vermögenswerte kann die Ehefrau als Eigentümerin an sich ziehen.

II. Konkurs des Ehemannes und Pfändung
1. Anspruch der Ehefrau

Art. 211

¹ Wird die Ehefrau durch die Zurücknahme ihres Eigentums und die ihr gegebenen Sicherheiten nicht für die Hälfte des eingebrachten Frauengutes gedeckt, so geniesst ihre Ersatzforderung für den Rest dieser Hälfte ein Vorrecht nach dem Bundesgesetz vom 11. April 1889[1)] über Schuldbetreibung und Konkurs.

² Die Abtretung des Vorrechts sowie der Verzicht auf dasselbe zugunsten einzelner Gläubiger sind ungültig.

2. Vorrecht

Art. 212

¹ Stirbt die Ehefrau, so fällt das eingebrachte Frauengut mit Vorbehalt der erbrechtlichen Ansprüche des Ehemannes an die Erben der Frau.

F. Auflösung des ehelichen Vermögens
I. Tod der Ehefrau

---

1) SR **281.1**

² Für das Fehlende hat der Ehemann, soweit er verantwortlich ist und unter Anrechnung dessen, was er von der Ehefrau zu fordern hat, Ersatz zu leisten.

Art. 213

II. Tod des Ehemannes

Stirbt der Ehemann, so nimmt die Ehefrau das noch vorhandene eingebrachte Frauengut zurück und kann gegen die Erben für das Fehlende die Ersatzforderung geltend machen.

Art. 214

III. Vor- und Rückschlag

¹ Ergibt sich nach der Ausscheidung des Mannes- und Frauengutes ein Vorschlag, so gehört er zu einem Drittel der Ehefrau oder ihren Nachkommen und im übrigen dem Ehemann oder seinen Erben.

² Erzeigt das eheliche Vermögen einen Rückschlag, so wird er vom Ehemanne oder seinen Erben getragen, soweit nicht nachgewiesen wird, dass ihn die Ehefrau verursacht hat.

³ Durch Ehevertrag kann eine andere Beteiligung am Vorschlag oder Rückschlag verabredet werden.

Dritter Abschnitt
Die Gütergemeinschaft

Art. 215

A. Allgemeine Gütergemeinschaft
I. Eheliches Vermögen

¹ Die allgemeine Gütergemeinschaft vereinigt das Vermögen und die Einkünfte von Mann und Frau zu einem Gesamtgute, das den beiden Ehegatten ungeteilt und insgesamt zugehört.

² Kein Ehegatte kann über seinen Anteil am Gesamtgute verfügen.

³ Behauptet ein Ehegatte, dass ein Vermögenswert nicht zum Gesamtgute gehöre, so ist er hiefür beweispflichtig.

Art. 216

II. Verwaltung und Verfügungsbefugnis
1. Verwaltung

¹ Der Ehemann verwaltet das Gesamtgut.

² Die Kosten der Verwaltung trägt das Gesamtgut.

³ Der Ehefrau steht die Verwaltung insoweit zu, als sie zur Vertretung der ehelichen Gemeinschaft berechtigt ist.

Art. 217

2. Verfügungsbefugnis
a. Verfügung über Gesamtgut

¹ Zu Verfügungen über Vermögenswerte des Gesamtgutes bedarf es einer Erklärung der beiden Ehegatten oder der Einwilligung des einen zur Verfügung des andern, sobald es sich um mehr als die gewöhnliche Verwaltung handelt.

² Dritte dürfen jedoch diese Einwilligung voraussetzen, sofern sie nicht wissen oder wissen sollten, dass sie mangelt, oder sofern die Vermögenswerte nicht für jedermann als zum Gesamtgute gehörig erkennbar sind.

Art. 218

¹ Zur Ausschlagung von Erbschaften bedarf ein Ehegatte während der Ehe der Einwilligung des andern.

² Gegen die Verweigerung kann er die Entscheidung der Vormundschaftsbehörde anrufen.

b. Ausschlagung von Erbschaften

Art. 219

Der Ehemann ist persönlich und mit dem Gesamtgute haftbar:
1. für die vorehelichen Schulden beider Ehegatten;
2. für die Schulden, die sich aus der Vertretung der ehelichen Gemeinschaft durch die Ehefrau ergeben;
3. für alle andern Schulden, die während der Ehe durch ihn oder zu Lasten des Gesamtgutes durch die Ehefrau begründet werden.

III. Haftung
1. Schulden des Ehemannes

Art. 220

¹ Neben dem Gesamtgute haftet die Ehefrau persönlich:
1. für ihre vorehelichen Schulden;
2. für die Schulden, die sie mit Einwilligung des Ehemannes oder bei Verpflichtungen zu seinen Gunsten mit Zustimmung der Vormundschaftsbehörde begründet;
3. für die Schulden, die aus dem regelmässigen Betriebe ihres Berufes oder Gewerbes entstehen;
4. für die Schulden aus Erbschaften, die auf sie übergehen;
5. für die Schulden aus unerlaubten Handlungen.

² Für die Schulden, die von ihr oder dem Ehemanne für den gemeinsamen Haushalt eingegangen werden, haftet sie, soweit das Gesamtgut nicht ausreicht.

³ Für die andern Schulden des Gesamtgutes ist sie nicht persönlich haftbar.

2. Schulden der Ehefrau
a. Der Ehefrau und des Gesamtgutes

Art. 221

¹ Die Ehefrau ist während und nach der Ehe nur mit dem Werte ihres Sonderguts verpflichtet:
1. für die Schulden, die sie aus Sondergutsschulden begründet;
2. für die Schulden, die sie ohne Einwilligung des Ehemannes begründet;
3. für die Schulden, die sie in Überschreitung ihrer Befugnis zur Vertretung der ehelichen Gemeinschaft begründet.

² Vorbehalten bleiben die Ansprüche aus ungerechtfertigter Bereicherung.

b. Sondergutsschulden

Art. 222

3. Zwangsvollstreckung

Während der Dauer der Gütergemeinschaft geht die Zwangsvollstreckung für die Schulden, für die das Gesamtgut haftet, gegen den Ehemann.

Art. 223

IV. Ersatzforderungen
1. Im allgemeinen

¹ Werden Schulden, für die das Gesamtgut haftet, aus diesem getilgt, so entsteht unter den Ehegatten keine Ersatzforderung.

² Sind Gemeinschaftsschulden aus dem Sondergute oder Sondergutsschulden aus dem Gesamtgute getilgt worden, so entsteht ein Anspruch auf Ausgleichung, der schon während der Ehe geltend gemacht werden kann.

Art. 224

2. Frauengutsforderung

¹ Im Konkurse des Ehemannes und bei der Pfändung von Vermögenswerten des Gesamtgutes kann die Ehefrau eine Forderung für ihr eingebrachtes Gut geltend machen und geniesst für deren Hälfte ein Vorrecht nach dem Bundesgesetz vom 11. April 1889[1] über Schuldbetreibung und Konkurs.

² Die Abtretung des Vorrechtes sowie der Verzicht auf dasselbe zugunsten einzelner Gläubiger sind ungültig.

Art. 225

V. Auflösung des ehelichen Vermögens
1. Grösse der Anteile
a. Nach Gesetz

¹ Stirbt ein Ehegatte, so fällt die eine Hälfte des Gesamtgutes dem überlebenden Ehegatten zu.

² Die andere Hälfte geht unter Vorbehalt der erbrechtlichen Ansprüche des Überlebenden auf die Erben des Verstorbenen über.

³ Ist der überlebende Ehegatte erbunwürdig, so kann er aus der Gütergemeinschaft in keinem Falle mehr beanspruchen, als ihm bei Scheidung der Ehe zukommen würde.

Art. 226

b. Nach Vertrag

¹ An Stelle der Teilung nach Hälften kann durch Ehevertrag eine andere Teilung gesetzt werden.

² Den Nachkommen des verstorbenen Ehegatten darf jedoch ein Viertel des bei seinem Tode vorhandenen Gesamtvermögens nicht entzogen werden.

Art. 227

2. Haftung des Überlebenden

¹ Der überlebende Ehemann bleibt für alle Schulden des Gesamtgutes persönlich haftbar.

² Die überlebende Ehefrau befreit sich durch Ausschlagung des ihr zufallenden Anteils von jeder Haftung für die Schulden des Gesamtgutes, die nicht zugleich ihre persönlichen Schulden sind.

---

[1] SR **281.1**

³ Übernimmt sie ihren Anteil, so ist sie haftbar, kann sich aber von dieser Haftung in dem Masse befreien, als sie nachweist, dass das Empfangene zur Bezahlung jener Schuld nicht ausreicht.

Art. 228

Bei der Teilung kann der überlebende Ehegatte verlangen, dass ihm auf Anrechnung diejenigen Vermögenswerte überlassen werden, die von ihm eingebracht worden sind.

3. Anrechnung

Art. 229

¹ Der überlebende Ehegatte kann mit den gemeinsamen Kindern die Gütergemeinschaft fortsetzen.

² Für unmündige Kinder bedarf es hiezu der Zustimmung der Vormundschaftsbehörde.

³ Wird die Gütergemeinschaft fortgesetzt, so können bis zu ihrer Beendigung erbrechtliche Ansprüche nicht geltend gemacht werden.

B. Fortgesetzte Gütergemeinschaft
I. Voraussetzung

Art. 230

¹ Die fortgesetzte Gütergemeinschaft umfasst das bisherige eheliche Vermögen sowie die Einkünfte und den Erwerb der Beteiligten, mit Ausnahme des Sondergutes.

² Was den Kindern oder dem Ehegatten während dieser Gemeinschaft infolge von Erbgang oder auf andere Weise unentgeltlich zufällt, wird, soweit nicht anders verfügt ist, ihr Sondergut.

³ Die Zwangsvollstreckung ist unter den Beteiligten in gleicher Weise beschränkt wie unter den Ehegatten.

II. Umfang

Art. 231

¹ Sind die Kinder unmündig, so steht die Verwaltung und Vertretung der fortgesetzten Gütergemeinschaft dem überlebenden Ehegatten zu.

² Sind sie mündig, so kann durch Vereinbarung etwas anderes festgesetzt werden.

III. Verwaltung und Vertretung

Art. 232

¹ Der überlebende Ehegatte kann die fortgesetzte Gütergemeinschaft jederzeit aufheben.

² Mündige Kinder können aus der Gemeinschaft jederzeit entweder einzeln oder insgesamt austreten.

³ Für unmündige Kinder kann die Vormundschaftsbehörde den Austritt erklären.

IV. Aufhebung
1. Durch Erklärung

Art. 233

2. Von Gesetzes wegen

¹ Die fortgesetzte Gütergemeinschaft wird von Gesetzes wegen aufgehoben:
1. mit dem Tode oder der Wiederverheiratung des überlebenden Ehegatten;
2. mit dem Konkurse des überlebenden Ehegatten oder der Kinder.

² Fällt nur eines der Kinder in Konkurs, so können die übrigen Beteiligten verlangen, dass es ausscheide.

³ Im Konkurse des Vaters sowie bei der Pfändung von Vermögenswerten des Gesamtgutes treten die Kinder an die Stelle der verstorbenen Mutter.

Art. 234

3. Durch Urteil

¹ Ist ein Gläubiger bei der Betreibung auf Pfändung gegen den Ehegatten oder gegen eines der Kinder zu Verlust gekommen, so kann er beim Richter die Aufhebung der Gütergemeinschaft verlangen.

² Wird diese Aufhebung von dem Gläubiger eines Kindes gefordert, so können die übrigen Beteiligten verlangen, dass es ausscheide.

Art. 235

4. Durch Heirat oder Tod eines Kindes

¹ Verheiratet sich ein Kind, so können die übrigen Beteiligten verlangen, dass es ausscheide.

² Stirbt ein Kind mit Hinterlassung von Nachkommen, so können die übrigen Beteiligten deren Ausscheiden verlangen.

³ Stirbt ein Kind ohne Hinterlassung von Nachkommen, so verbleibt sein Anteil dem Gesamtgute, unter Vorbehalt der Ansprüche nicht an der Gemeinschaft beteiligter Erben.

Art. 236

5. Teilungsart

¹ Bei der Auflösung der fortgesetzten Gütergemeinschaft oder dem Ausscheiden eines Kindes erfolgt die Teilung oder die Abfindung nach der in diesem Zeitpunkte vorhandenen Vermögenslage.

² An den Anteilen, die den einzelnen Kindern zufallen, behält der Ehegatte die erbrechtlichen Ansprüche.

³ Die Auseinandersetzung darf nicht zur Unzeit vorgenommen werden.

Art. 237

C. Beschränkte Gütergemeinschaft
I. Mit Gütertrennung

¹ Die Ehegatten können durch Ehevertrag eine beschränkte Gütergemeinschaft annehmen, indem sie einzelne Vermögenswerte oder gewisse Arten von solchen, wie namentlich die Liegenschaften, von der Gemeinschaft ausschliessen.

² Die ausgeschlossenen Vermögenswerte stehen unter den Regeln der Gütertrennung.

Art. 238

¹ Das von der Gemeinschaft ausgeschlossene Frauengut kann durch den Ehevertrag unter die Regeln der Güterverbindung gestellt werden.

² Eine solche Abrede wird angenommen, wenn die Ehefrau dieses Vermögen durch den Ehevertrag dem Ehemanne zur Verwaltung und Nutzung überlassen hat.

II. Mit Güterverbindung

Art. 239

¹ Die Gütergemeinschaft kann durch Ehevertrag auf die Errungenschaft beschränkt werden.

² Was während der Ehe erworben und nicht als Ersatz für eingebrachte Vermögenswerte angeschafft worden ist, bildet die Errungenschaft und steht unter den Regeln der Gütergemeinschaft.

³ Für das bei Eingehung oder während der Ehe von Mann und Frau eingebrachte Vermögen gelten die Regeln der Güterverbindung.

III. Errungenschaftsgemeinschaft
1. Umfang

Art. 240

¹ Ergibt sich bei der Aufhebung der Gemeinschaft ein Vorschlag, so wird er zwischen den Ehegatten oder ihren Erben nach Hälften geteilt.

² Ein Rückschlag wird vom Ehemanne oder seinen Erben getragen, soweit er nicht nachweisbar durch die Ehefrau verursacht worden ist.

³ Durch Ehevertrag kann eine andere Beteiligung am Vorschlag oder Rückschlag verabredet werden.

2. Beteiligung am Vor- und Rückschlag

Vierter Abschnitt
Die Gütertrennung

Art. 241

¹ Die Gütertrennung bezieht sich, wenn sie von Gesetzes wegen oder durch Gerichtsurteil begründet wird, auf das ganze Vermögen beider Ehegatten.

² Wird sie durch Ehevertrag begründet, so erstreckt sie sich auf das ganze Vermögen, insoweit nicht im Vertrag besondere Ausnahmen aufgestellt sind.

A. Ausdehnung

Art. 242

¹ Jeder Ehegatte behält das Eigentum an seinem Vermögen sowie die Verwaltung und die Nutzung.

B. Eigentum, Verwaltung und Nutzung

² Hat die Ehefrau dem Ehemanne die Verwaltung übertragen, so wird vermutet, dass er ihr während der Ehe keine Rechnung zu stellen habe und die Einkünfte aus dem übertragenen Vermögen als Beitrag an die ehelichen Lasten beanspruchen dürfe.

³ Ein Verzicht der Ehefrau auf das Recht, die Verwaltung jederzeit wieder an sich zu ziehen, ist nicht verbindlich.

Art. 243

C. Haftung
I. Im allgemeinen

¹ Der Ehemann haftet persönlich für seine vorehelichen Schulden sowie für diejenigen, die von ihm während der Ehe oder von der Ehefrau in Ausübung ihrer Vertretungsbefugnis begründet werden.

² Die Ehefrau haftet persönlich für ihre vorehelichen und für ihre während der Ehe entstandenen Schulden.

³ Für die Schulden, die vom Ehemann oder von der Ehefrau für den gemeinsamen Haushalt eingegangen werden, haftet die Ehefrau im Falle der Zahlungsunfähigkeit des Ehemannes.

Art. 244

II. Konkurs des Ehemannes und Pfändung

¹ Die Ehefrau hat im Konkurse und bei der Pfändung von Vermögenswerten des Ehemannes auch dann, wenn sie ihm ihr Vermögen zur Verwaltung übergeben hat, kein Vorzugsrecht.

² Vorbehalten bleiben die Bestimmungen über die Ehesteuer.

Art. 245

D. Einkünfte und Erwerb

Die Einkünfte und der Erwerb gehören dem Ehegatten, von dessen Vermögen oder Arbeit sie herrühren.

Art. 246

E. Tragung der ehelichen Lasten

¹ Der Ehemann kann verlangen, dass ihm die Ehefrau zur Tragung der ehelichen Lasten einen angemessenen Beitrag leiste.

² Können sich die Ehegatten über die Höhe des Beitrages nicht verständigen, so wird er auf Begehren des einen oder des andern von der zuständigen Behörde festgesetzt.

³ Für die Beiträge der Ehefrau wird der Ehemann nicht ersatzpflichtig.

Art. 247

F. Ehesteuer

¹ Der Ehevertrag kann einen Betrag des Frauengutes festsetzen, den die Ehefrau dem Ehemanne zur Tragung der ehelichen Lasten als Ehesteuer zuweist.

² Was die Ehefrau derart dem Ehemann überlässt, steht, wenn es nicht anders vereinbart worden ist, unter den Regeln der Güterverbindung.

Fünfter Abschnitt
Das Güterrechtsregister

Art. 248

¹ Die durch Ehevertrag oder Verfügung des Richters begründeten güterrechtlichen Verhältnisse sowie die Rechtsgeschäfte unter Ehegatten, die das eingebrachte Gut der Ehefrau oder das Gesamtgut betreffen, bedürfen zur Rechtskraft gegenüber Dritten der Eintragung in das Güterrechtsregister und der Veröffentlichung.

² Die Erben des verstorbenen Ehegatten sind nicht als Dritte anzusehen.

A. Rechtskraft

Art. 249

¹ Zur Eintragung gelangen die Bestimmungen, die Dritten gegenüber wirksam sein sollen.

² Die Eintragung erfolgt, wo das Gesetz es nicht anders bestimmt oder der Ehevertrag die Eintragung nicht ausdrücklich ausschliesst, auf das einseitige Begehren eines Ehegatten.

B. Eintragung
I. Gegenstand

Art. 250

¹ Die Eintragung geschieht in dem Register des Wohnsitzes des Ehemannes.

² Verlegt der Ehemann seinen Wohnsitz in einen andern Registerbezirk, so muss die Eintragung binnen drei Monaten auch am neuen Wohnsitze erfolgen.

³ Der Eintrag in dem Register des früheren Wohnsitzes verliert die rechtliche Wirkung nach Ablauf von drei Monaten, vom Wechsel des Wohnsitzes an gerechnet.

II. Ort der Eintragung

Art. 251

¹ Das Güterrechtsregister wird durch das Handelsregisteramt geführt, soweit die Kantone nicht besondere Bezirke und besondere Registerführer bezeichnen.

² Jedermann ist befugt, das Güterrechtsregister einzusehen oder Auszüge zu verlangen.

³ Die Veröffentlichung der Eheverträge hat nur anzugeben, welchen Güterstand die Ehegatten gewählt haben.

C. Registerführung

Wortlaut früherer Bestimmungen[1] des Erbrechts

Art. 460

IV. Urgrosseltern

¹ Mit dem Stamme der Grosseltern hört die Erbberechtigung der Verwandten[2] auf.

² Urgrosseltern haben jedoch auf Lebenszeit die Nutzniessung an dem Anteil, der den von ihnen abstammenden Nachkommen zugefallen wäre, wenn diese den Erbfall erlebt hätten.

³ An Stelle vorverstorbener Urgrosseltern erhalten auf Lebenszeit diese Nutzniessung die von ihnen abstammenden Geschwister der Grosseltern des Erblassers.

Art. 462

B. Überlebender Ehegatte
I. Erbanspruch

¹ Der überlebende Ehegatte erhält, wenn der Erblasser Nachkommen hinterlässt, nach seiner Wahl entweder die Hälfte der Erbschaft zu Nutzniessung oder den Vierteil zu Eigentum.

² Neben Erben des elterlichen Stammes erhält er einen Vierteil zu Eigentum und drei Vierteile zu Nutzniessung, neben Erben des grosselterlichen Stammes die Hälfte zu Eigentum und die andere Hälfte zu Nutzniessung und, wenn auch keine Erben des grosselterlichen Stammes vorhanden sind, die ganze Erbschaft zu Eigentum.

Art. 463

II. Umwandlung und Sicherstellung

¹ Der überlebende Ehegatte kann, wo ihm die Nutzniessung zusteht, an ihrer Stelle jederzeit eine jährliche Rente von entsprechender Höhe verlangen.

² Hat eine solche Umwandlung stattgefunden, so kann der Ehegatte bei Gefährdung seiner Ansprüche von seinen Miterben Sicherstellung verlangen.

Art. 464

III. Sicherstellung der Miterben

Der überlebende Ehegatte hat den Miterben im Falle der Wiederverheiratung sowie bei Gefährdung ihres Eigentums auf ihr Begehren Sicherheit zu leisten.

---

[1] Diese Bestimmungen sind insofern noch anwendbar, als es Art. 15 SchlT vorsieht. [P. W.]

[2] Fassung dieses Wortes gemäss Ziff. I 3 des BG vom 30. Juni 1972, in Kraft seit 1. April 1973 (AS **1972** 2819 2829; BBl **1971** I 1200).

Art. 466

Hinterlässt der Erblasser keine erbberechtigten Personen, so fällt die Erbschaft unter Vorbehalt der Nutzniessungsrechte der Urgrosseltern und der Geschwister der Grosseltern an den Kanton, in dem der Erblasser den letzten Wohnsitz gehabt hat, oder an die Gemeinde, die von der Gesetzgebung dieses Kantons als berechtigt bezeichnet wird.

D. Gemeinwesen

Art. 470

[1] Wer Nachkommen, Eltern oder Geschwister oder den Ehegatten als seine nächsten Erben hinterlässt, ist befugt, bis zu deren Pflichtteil über sein Vermögen von Todes wegen zu verfügen.

[2] Wer keine der genannten Erben hinterlässt, kann über sein ganzes Vermögen von Todes wegen verfügen.

A. Verfügbarer Teil
I. Umfang der Verfügungsbefugnis

Art. 471

Der Pflichtteil beträgt:
1. für einen Nachkommen drei Vierteile des gesetzlichen Erbanspruches;
2. für jedes der Eltern die Hälfte;
3. für jedes der Geschwister einen Vierteil;
4. für den überlebenden Ehegatten den ganzen Anspruch zu Eigentum, wenn neben ihm gesetzliche Erben vorhanden sind, und die Hälfte, wenn er einziger gesetzlicher Erbe ist.

II. Pflichtteil

Art. 472

Die Kantone sind befugt, für die Beerbung ihrer Angehörigen, die in ihrem Gebiete den letzten Wohnsitz gehabt haben, den Pflichtteilsanspruch der Geschwister entweder aufzuheben oder ihn auf die Nachkommen der Geschwister auszudehnen.

III. Vorbehalt kantonalen Rechtes

Art. 473

[1] Der Erblasser kann dem überlebenden Ehegatten durch Verfügung von Todes wegen gegenüber den gemeinsamen und den während der Ehe gezeugten nichtgemeinsamen Kindern und deren Nachkommen die Nutzniessung an dem ganzen ihnen zufallenden Teil der Erbschaft zuwenden.[1]

[2] Diese Nutzniessung tritt an die Stelle des dem Ehegatten neben diesen Nachkommen zustehenden gesetzlichen Erbrechts.[1]

[3] Im Falle der Wiederverheiratung verliert jedoch der überlebende Ehegatte die Hälfte dieser Nutzniessung.

IV. Begünstigung des Ehegatten

---

[1] Fassung gemäss Ziff. I 2 des BG vom 25. Juni 1976, in Kraft seit 1. Jan. 1978 (AS **1977** 237 264; BBl **1974** II 1).

Art. 561

II. Nutzniessungsberechtigte

¹ Die gesetzliche Nutzniessung des überlebenden Ehegatten sowie der Urgrosseltern und der Geschwister der Grosseltern ist nach den für die Vermächtnisse aufgestellten Grundsätzen zu behandeln.

² Die Nutzniessung erhält jedoch mit der Eröffnung des Erbganges dingliche Wirkung, soweit sie den Gläubigern des Erblassers gegenüber bestehen kann.

Art. 631

D. Erziehungskosten

¹ Die Auslagen des Erblassers für die Erziehung und Ausbildung einzelner Kinder sind, wenn kein anderer Wille des Erblassers nachgewiesen wird, der Ausgleichungspflicht nur insoweit unterworfen, als sie das übliche Mass übersteigen.

² Unerzogenen und gebrechlichen Kindern ist bei der Teilung ein billiger Vorausbezug einzuräumen.

Art. 635

II. Vertrag über angefallene Erbanteile

¹ Verträge unter den Miterben über Abtretung der Erbanteile, sowie Verträge des Vaters oder der Mutter mit den Kindern über den Erbanteil, der diesen von dem andern Ehegatten zugefallen ist, bedürfen zu ihrer Gültigkeit der schriftlichen Form.

² Werden sie von einem Erben mit einem Dritten abgeschlossen, so geben sie diesem kein Recht auf Mitwirkung bei der Teilung, sondern nur einen Anspruch auf den Anteil, der dem Erben aus der Teilung zugewiesen wird.

Zivilstandsverordnung

A. Zivilstandsverordnung (ZStV)
vom 28. April 2004 (Stand am 1. Juli 2004)

Der Schweizerische Bundesrat,
gestützt auf die Artikel 40, 43a, 44 Absatz 2, 45a Absatz 3, 48, 103 und Schlusstitel Artikel 6a Absatz 1 des Zivilgesetzbuches[1] (ZGB),
verordnet:

Erstes Kapitel: Allgemeine Bestimmungen

Art. 1

Zivilstandskreis und Amtssitz

[1] Die Zivilstandskreise werden von den Kantonen so festgelegt, dass sich für die Zivilstandsbeamtinnen und Zivilstandsbeamten ein Beschäftigungsgrad ergibt, der einen fachlich zuverlässigen Vollzug gewährleistet. Der Beschäftigungsgrad beträgt mindestens 40 Prozent. Er wird ausschliesslich auf Grund zivilstandsamtlicher Tätigkeiten berechnet.

[2] Das Eidgenössische Justiz- und Polizeidepartement (Departement) kann in besonders begründeten Fällen auf Gesuch der kantonalen Aufsichtsbehörde im Zivilstandswesen (Aufsichtsbehörde) Ausnahmen vom minimalen Beschäftigungsgrad bewilligen, wenn der fachlich zuverlässige Vollzug gewährleistet ist.

[3] Zivilstandskreise können Gemeinden mehrerer Kantone umfassen. Die beteiligten Kantone treffen im Einvernehmen mit dem Eidgenössischen Amt für das Zivilstandswesen die nötigen Vereinbarungen.

[4] Die Kantone bezeichnen für jeden Zivilstandskreis den Amtssitz.

[5] Jede Veränderung eines Zivilstandskreises oder Verlegung eines Amtssitzes ist dem Eidgenössischen Amt für das Zivilstandswesen vorgängig zu melden.

Art. 2

Sonderzivilstandsämter

[1] Die Kantone können Sonderzivilstandsämter bilden, deren Zivilstandskreis das ganze Kantonsgebiet umfasst.

[2] Sie können den Sonderzivilstandsämtern folgende Aufgaben zuteilen:

a. Erfassen ausländischer Entscheidungen oder Urkunden über den Zivilstand auf Grund von Verfügungen der eigenen Aufsichtsbehörde (Art. 32 des Bundesgesetzes vom 18. Dezember 1987[2] über das Internationale Privatrecht, IPRG);

SR **211.112.1**; AS **2004** 2915
[1] SR **210** (Fassung gemäss Änderung vom 5. Okt. 2001, in Kraft seit 1. Juli 2004; (AS **2004** 2915).
[2] SR **291**

b. Erfassen von Urteilen oder Verfügungen der eigenen kantonalen Gerichte oder Verwaltungsbehörden;
c. Erfassen von Verwaltungsverfügungen des Bundes, wenn Kantonsbürgerinnen oder Kantonsbürger betroffen sind, oder von Bundesgerichtsurteilen, wenn erstinstanzlich ein eigenes kantonales Gericht entschieden hat.

³ Sie können diese Aufgaben auch ordentlichen Zivilstandsämtern zuteilen.

⁴ Mehrere Kantone können gemeinsame Sonderzivilstandsämter bilden. Sie treffen im Einvernehmen mit dem Eidgenössischen Amt für das Zivilstandswesen die nötigen Vereinbarungen.

Art. 3

Amtssprache

¹ Die Amtssprache richtet sich nach der kantonalen Regelung.

² Eine sprachlich vermittelnde Person ist beizuziehen, wenn bei einer Amtshandlung die Verständigung nicht gewährleistet ist. Die Kosten sind von den beteiligten Privaten zu tragen, soweit es sich nicht um sprachliche Vermittlung für Gehörlose handelt.

³ Die Zivilstandsbeamtin oder der Zivilstandsbeamte hält die Personalien der sprachlich vermittelnden Person schriftlich fest, ermahnt diese zur Wahrheit und weist sie auf die Straffolgen einer falschen Vermittlung hin.

⁴ Urkunden, die nicht in einer schweizerischen Amtssprache abgefasst sind, können zurückgewiesen werden, wenn sie nicht von einer beglaubigten deutschen, französischen oder italienischen Übersetzung begleitet sind.

⁵ Die Zivilstandsbehörden sorgen für die Übersetzung, soweit dies notwendig und möglich ist.

⁶ Die Kosten der Übersetzung sind von den beteiligten Privaten zu tragen.

Art. 4

Zivilstandsbeamtin und Zivilstandsbeamter

¹ Die Kantone ordnen jedem Zivilstandskreis die nötige Anzahl Zivilstandsbeamtinnen und Zivilstandsbeamten zu, bestimmen die Leiterin oder den Leiter und regeln die Stellvertretung.

² Eine Zivilstandsbeamtin oder ein Zivilstandsbeamter kann für mehrere Zivilstandskreise zuständig sein.

³ Die Ernennung oder Wahl zur Zivilstandsbeamtin oder zum Zivilstandsbeamten setzt voraus:
a. das Schweizer Bürgerrecht;
b. die Handlungsfähigkeit;
c. den eidgenössischen Fachausweis für Zivilstandsbeamtinnen und Zivilstandsbeamte nach dem Reglement über die Berufsprüfung für Zivilstandsbeamtinnen und Zivilstandsbeamte oder einen Ausweis, der vom Eidgenössischen Amt für das Zivilstandswesen als gleichwertig anerkannt ist.

ZIVILSTANDSVERORDNUNG

⁴ Der Ausweis nach Absatz 3 Buchstabe c kann auch nach der Ernennung oder Wahl erworben werden. Die zuständige kantonale Behörde legt in der Anstellungsverfügung die Frist fest. Diese beträgt höchstens drei Jahre und kann in begründeten Ausnahmefällen verlängert werden.

⁵ Die Kantone können weitere Voraussetzungen für die Ernennung oder Wahl zur Zivilstandsbeamtin oder zum Zivilstandsbeamten festlegen.

Art. 5

¹ Die Vertretungen der Schweiz im Ausland wirken beim Vollzug der Beurkundung des Personenstandes und des Eheschliessungsverfahrens mit. Sie haben namentlich folgende Aufgaben:

a. Information und Beratung der betroffenen Personen;
b. Übermittlung ausländischer Urkunden und Entscheidungen über den Zivilstand mit summarischer Übersetzung und Beglaubigung;
c. Vermittlung von Dokumenten und Entgegennahme von Erklärungen für das Vorbereitungsverfahren der Eheschliessung in der Schweiz;
d. Vermittlung von schweizerischen Ehefähigkeitszeugnissen für Heiraten im Ausland;
e. Entgegennahme und Übermittlung von Namenserklärungen;
f. Abklärung von Gemeinde- und Kantonsbürgerrechten und des Schweizer Bürgerrechts;
g. Überprüfung der Echtheit ausländischer Urkunden;
h. Beschaffung und Übermittlung von Informationen über das ausländische Recht;
i. Erhebung von Gebühren.

Vertretungen der Schweiz im Ausland

² Das Departement kann ausnahmsweise eine Vertreterin oder einen Vertreter der Schweiz im Ausland mit den Aufgaben einer Zivilstandsbeamtin oder eines Zivilstandsbeamten betrauen. Der Rechtsschutz richtet sich nach dem Bundesgesetz vom 20. Dezember 1968[1] über das Verwaltungsverfahren und nach dem Bundesrechtspflegegesetz vom 16. Dezember 1943[2].

³ Das Eidgenössische Amt für das Zivilstandswesen erteilt die nötigen Weisungen und übt die Aufsicht aus.

---

[1] SR **172.021**
[2] SR **173.110**

Art. 6

Zivilstands-formulare und ihre Beschriftung

¹ Das Eidgenössische Amt für das Zivilstandswesen legt die im Zivilstandswesen zu verwendenden Formulare fest.

² Es erlässt Weisungen über die Papierqualität und die Anforderungen an die Beschriftung. Zur Vermeidung von Missbräuchen kann es besondere Sicherheitselemente vorschreiben.

2. Kapitel: Gegenstand der Beurkundung

Art. 7

Personenstand

¹ Gegenstand der Beurkundung ist der Personenstand (Art. 39 Abs. 2 ZGB).

² Erfasst werden:
a. Geburt;
b. Findelkind;
c. Tod;
d. Tod einer Person mit unbekannter Identität;
e. Namenserklärung;
f. Kindesanerkennung;
g. Bürgerrecht;
h. Ehevorbereitung;
i. Ehe;
j. Eheauflösung;
k. Namensänderung;
l. Kindesverhältnis;
m. Adoption;
n. Verschollenerklärung;
o. Geschlechtsänderung.

Art. 8

Daten Folgende Daten werden im Personenstandsregister geführt:
a. Systemdaten:
   1. Systemnummern,
   2. Eintragungsart,
   3. Eintragungsstatus,
   4. Verzeichnisse (Gemeinden, Zivilstandskreise, Staaten, Adressen);
b. Personenidentifikationsnummer;
c. Namen:
   1. Familienname,
   2. Ledigname,
   3. Vornamen,
   4. andere amtliche Namen;
d. Geschlecht;
e. Geburt:
   1. Datum,

ZIVILSTANDSVERORDNUNG

A 8

   2. Zeit,
   3. Ort,
   4. Totgeburt;
f. Zivilstand:
   1. Status,
   2. Datum;
g. Tod:
   1. Datum,
   2. Zeit,
   3. Ort;
h. Wohnort;
i. Aufenthaltsort;
j. Lebensstatus;
k. bevormundet;
l. Eltern:
   1. Familienname der Mutter,
   2. Vornamen der Mutter,
   3. andere amtliche Namen der Mutter,
   4. Familienname des Vaters,
   5. Vornamen des Vaters,
   6. andere amtliche Namen des Vaters;
m. Adoptiveltern:
   1. Familienname der Adoptivmutter,
   2. Vornamen der Adoptivmutter,
   3. andere amtliche Namen der Adoptivmutter,
   4. Familienname des Adoptivvaters,
   5. Vornamen des Adoptivvaters,
   6. andere amtliche Namen des Adoptivvaters;
n. Bürgerrecht/Staatsangehörigkeit:
   1. Datum (gültig ab/gültig bis),
   2. Erwerbsgrund,
   3. Anmerkung zum Erwerbsgrund,
   4. Verlustgrund,
   5. Anmerkung zum Verlustgrund,
   6. Referenz Familienregister,
   7. Burger- oder Korporationsrecht;
o. Beziehungsdaten
   1. Art (Eheverhältnis/Kindesverhältnis),
   2. Datum (gültig ab/gültig bis),
   3. Auflösungsgrund.

Art. 9

Geburt ¹ Als Geburten werden die Lebend- und die Totgeburten beurkundet.

² Als Totgeburt wird ein Kind bezeichnet, das ohne Lebenszeichen auf die Welt kommt und ein Geburtsgewicht von mindestens 500 Gramm oder ein Gestationsalter von mindestens 22 vollendeten Wochen aufweist.

³ Bei tot geborenen Kindern können Familienname und Vornamen erfasst werden, wenn es die zur Vornamensgebung berechtigten Personen (Art. 37 Abs. 1) wünschen.

Art. 10

Findelkind Als Findelkind gilt ein ausgesetztes Kind unbekannter Abstammung.

Art. 11

Kindesanerkennung ¹ Als Kindesanerkennung gilt die Anerkennung eines Kindes, das nur zur Mutter in einem Kindesverhältnis steht, durch den Vater.

² Die Anerkennung kann vor der Geburt des Kindes erfolgen.

³ Ausgeschlossen ist die Beurkundung der Anerkennung eines adoptierten Kindes.

⁴ Ist der Anerkennende unmündig oder entmündigt, so ist die Zustimmung seiner Eltern oder seiner Vormündin oder seines Vormundes notwendig. Die Zustimmung ist schriftlich zu erteilen. Die Unterschriften sind zu beglaubigen.

⁵ Zur Beurkundung von Anerkennungen ist unter Vorbehalt der gerichtlichen und der testamentarischen Kindesanerkennungen jede Zivilstandsbeamtin und jeder Zivilstandsbeamte zuständig (Art. 260 Abs. 3 ZGB).

⁶ In besonders begründeten Ausnahmefällen kann die Beurkundung ausserhalb des Zivilstandsamts, namentlich durch am Ort einer Klinik oder einer Strafvollzugsanstalt zuständige Zivilstandsbeamtinnen oder Zivilstandsbeamte, oder durch Vermittlung der zuständigen Vertretung der Schweiz im Ausland erfolgen.

⁷ Die Kindesanerkennung ist unter Hinweis auf die Artikel 260a–260c ZGB der Mutter sowie dem Kind oder nach seinem Tode den Nachkommen mitzuteilen.

Art. 12

Namenserklärung vor der Heirat ¹ Die Braut kann gegenüber dem Zivilstandsbeamten oder der Zivilstandsbeamtin erklären, sie wolle nach der Eheschliessung ihren bisherigen Namen, gefolgt vom Familiennamen, weiterführen (Art. 160 Abs. 2 und 3 ZGB). Die gleiche Möglichkeit hat der Bräutigam, wenn die Brautleute das Gesuch stellen, von der Trauung an den Namen der Ehefrau als Familiennamen zu führen (Art. 30 Abs. 2 ZGB).

² Für die Entgegennahme der Erklärung ist das Zivilstandsamt, bei welchem das Gesuch um Durchführung des Vorbereitungsverfahrens zur Eheschliessung eingereicht werden muss, oder das Zivilstandsamt des Trauungsortes zuständig. Bei Trauung im Ausland kann die erklärende Person die Erklärung auch der Vertretung der Schweiz oder dem Zivilstandsamt ihres Heimatortes oder schweizerischen Wohnsitzes abgeben.
³ Die Unterschrift wird beglaubigt.

Art. 13

¹ Der Ehegatte, der durch Heirat seinen Namen geändert hat, kann nach gerichtlicher Auflösung der Ehe innert einem Jahr gegenüber der Zivilstandsbeamtin oder dem Zivilstandsbeamten erklären, den angestammten oder den vor der Heirat getragenen Familiennamen wieder führen zu wollen (Art. 109 Abs. 2 ZGB in Verbindung mit Art. 119 Abs. 1 ZGB).

Namenserklärung nach gerichtlicher Auflösung der Ehe

² Zur Entgegennahme der Erklärung sind in der Schweiz jede Zivilstandsbeamtin und jeder Zivilstandsbeamte und im Ausland die Vertretung der Schweiz zuständig.
³ Die Unterschrift wird beglaubigt.

Art. 14

¹ Im Zusammenhang mit einem sie oder ihn persönlich betreffenden Zivilstandsfall kann die Schweizerin oder der Schweizer mit Wohnsitz im Ausland oder die Ausländerin oder der Ausländer gegenüber der Zivilstandsbeamtin oder dem Zivilstandsbeamten schriftlich erklären, ihren oder seinen Namen dem Heimatrecht unterstellen zu wollen (Art. 37 Abs. 2 IPRG vom 18. Dezember 1987[1])).

Erklärung über die Unterstellung des Namens unter das Heimatrecht

² Im Zusammenhang mit einem ausländischen Zivilstandsfall kann eine solche Erklärung der Aufsichtsbehörde direkt oder durch Vermittlung der Vertretung der Schweiz abgegeben werden.
³ Wenn eine Schweizerin oder ein Schweizer die Namenserklärung nach Artikel 12 oder 13 abgibt, so gilt dies als Erklärung, den Namen dem Heimatrecht unterstellen zu wollen.

---

[1]) SR **291**

3. Kapitel: Verfahren der Beurkundung

1. Abschnitt: Allgemeines

Art. 15

Grundsatz Der Personenstand wird ausschliesslich elektronisch beurkundet.

Art. 16

Prüfung ¹ Die Zivilstandsbehörde prüft, ob:
a. sie zuständig ist;
b. die Identität der beteiligten Personen nachgewiesen ist und diese handlungsfähig sind;
c. die zu beurkundenden Angaben richtig, vollständig und auf dem neusten Stand sind.

² Die beteiligten Personen haben die erforderlichen Dokumente vorzulegen. Diese dürfen nicht älter als sechs Monate sein. Ist die Beschaffung solcher Dokumente unmöglich oder offensichtlich unzumutbar, sind in begründeten Fällen ältere Dokumente zulässig.

³ Wer das Schweizer Bürgerrecht besitzt, hat schweizerische Dokumente vorzulegen.

⁴ Personenstandsdaten, die in der Schweiz beurkundet und von der Behörde ohne besonderen Aufwand abrufbar sind, müssen nicht mit Dokumenten nachgewiesen werden.

⁵ Die Zivilstandsbehörde informiert und berät die betroffenen Personen, veranlasst nötigenfalls zusätzliche Abklärungen und kann verlangen, dass die Beteiligten dabei mitwirken.

⁶ Besteht bei der Beurkundung des Personenstandes oder in einem Eheschliessungsverfahren ein Bezug zum Ausland, können die Kantone vorsehen, dass die Akten der Aufsichtsbehörde zur Prüfung zu unterbreiten sind.

⁷ Besteht der begründete Verdacht, dass Dokumente gefälscht oder unrechtmässig verwendet worden sind, so werden diese zuhanden der zuständigen kantonalen Strafverfolgungsbehörde eingezogen.

Art. 17

Nachweis nicht streitiger Angaben
(Art. 41 ZGB)

¹ Die Aufsichtsbehörde kann im Einzelfall den Nachweis von Angaben über den Personenstand durch Abgabe einer Erklärung vor der Zivilstandsbeamtin oder dem Zivilstandsbeamten unter folgenden Voraussetzungen bewilligen:
a. Die zur Mitwirkung verpflichtete Person weist nach, dass es ihr nach hinreichenden Bemühungen unmöglich oder unzumutbar ist, die entsprechenden Urkunden zu beschaffen; und
b. die Angaben sind nach den zur Verfügung stehenden Unterlagen und Informationen nicht streitig.

² Die Zivilstandsbeamtin oder der Zivilstandsbeamte ermahnt die erklärende Person zur Wahrheit, weist sie auf die Straffolgen einer falschen Erklärung hin und beglaubigt ihre Unterschrift.

³ Bei streitigen Angaben über den Personenstand sind die Gerichte zuständig.

Art. 18

¹ Die Zivilstandsbeamtin und der Zivilstandsbeamte sowie die übrigen zur Unterzeichnung der Eintragung verpflichteten Personen unterschreiben eigenhändig und zeitgleich.

² Ist eine unterschriftspflichtige Person ausserstande zu unterschreiben oder verweigert sie die Unterschrift, so wird dies von der Zivilstandsbeamtin oder dem Zivilstandsbeamten schriftlich festgehalten.

³ Die Zivilstandsbeamtin oder der Zivilstandsbeamte beglaubigt in den in dieser Verordnung vorgesehenen Fällen die Unterschrift der Person, die vor ihr oder ihm Erklärungen abgibt.

Unterschrift und Beglaubigung

Art. 19

Nachgewiesene Personenstandsdaten sind innert Wochenfrist zu beurkunden.

Frist für die Beurkundung der Daten des Personenstands

2. Abschnitt: Zuständigkeit

Art. 20

¹ Geburt und Tod werden im Zivilstandskreis beurkundet, in dem sie stattfinden.

² Erfolgt die Geburt während der Fahrt, so wird sie im Zivilstandskreis beurkundet, in dem die Mutter das Fahrzeug verlässt.

³ Tritt der Tod während der Fahrt ein, so wird er im Zivilstandskreis beurkundet, in dem die Leiche dem Fahrzeug entnommen wird.

⁴ Lässt sich nicht feststellen, wo die Person gestorben ist, so wird der Tod im Zivilstandskreis beurkundet, in dem die Leiche gefunden wird.

⁵ Die Zuständigkeiten für die Beurkundung von Geburten und Todesfällen, die sich an Bord eines Luftfahrzeuges oder eines Seeschiffes ereignen, richten sich nach den Artikeln 18–20 der Verordnung vom 22. Januar 1960[1] über die Rechte und Pflichten des Kommandanten eines Luftfahrzeuges und nach Artikel 56 des Bundesgesetzes vom 23. September 1953[2] über die Seeschifffahrt unter der Schweizer Flagge.

Geburt und Tod

---
[1] SR **748.225.1**
[2] SR **747.30**

Art. 21

Trauung, Kindesanerkennung und Erklärungen

¹ Die Trauung wird im Zivilstandskreis beurkundet, in dem sie stattgefunden hat.

² Die Zuständigkeit für die Beurkundung der Kindesanerkennung richtet sich nach Artikel 11 Absätze 5 und 6.

³ Die Zuständigkeit für die Beurkundung der Erklärungen richtet sich nach:

a. Artikel 12 Absätze 1 und 2 für die Namenserklärung vor der Heirat;
b. Artikel 13 Absätze 1 und 2 für die Namenserklärung nach gerichtlicher Auflösung der Ehe;
c. Artikel 14 Absätze 1 und 2 für die Erklärung über die Unterstellung des Namens unter das Heimatrecht;
d. Artikel 17 Absatz 1 für die Erklärung als Nachweis nicht streitiger Angaben.

Art. 22

Inländische Gerichtsurteile, Verwaltungsverfügungen und Einbürgerungen

¹ Inländische Gerichtsurteile, Verwaltungsverfügungen und Einbürgerungen werden im Kanton beurkundet, in dem sie erlassen werden.

² Bundesgerichtsurteile werden im Kanton des Sitzes der ersten Instanz, Verwaltungsverfügungen des Bundes im Heimatkanton der betroffenen Person beurkundet.

³ Die Aufsichtsbehörde ist dafür verantwortlich, dass die mitgeteilten Personenstandsdaten beurkundet werden und die Bekanntgabe von Amtes wegen erfolgt (6. Kapitel, 2. Abschnitt).

⁴ Das kantonale Recht regelt die internen Zuständigkeiten.

Art. 23

Ausländische Entscheidungen oder Urkunden

¹ Ausländische Entscheidungen oder Urkunden werden auf Grund einer Verfügung der Aufsichtsbehörde des Heimatkantons der betroffenen Personen beurkundet.

² Die Aufsichtsbehörde ist dafür verantwortlich, dass die Personenstandsdaten beurkundet werden und die Bekanntgabe von Amtes wegen erfolgt (6. Kapitel, 2. Abschnitt).

³ Das kantonale Recht regelt die internen Zuständigkeiten.

3. Abschnitt: Erfassen

Art. 24

Namen

¹ Namen werden, soweit es der Standardzeichensatz (Art. 80) erlaubt, so erfasst, wie sie in den Zivilstandsurkunden oder, wenn solche fehlen, in andern massgebenden Ausweisen geschrieben sind.

² Als Ledigname einer Person wird der Familienname erfasst, den sie unmittelbar vor ihrer ersten Eheschliessung geführt hat.

³ Amtliche Namen, die weder Familiennamen noch Vornamen sind, werden als «andere amtliche Namen» erfasst.
⁴ Namen dürfen weder weggelassen noch übersetzt noch in ihrer Reihenfolge geändert werden.

Art. 25
Titel und Grade werden nicht erfasst.

Titel und Grade

Art. 26
¹ Schweizerische Ortsnamen werden nach dem amtlichen Gemeindeverzeichnis der Schweiz erfasst.

Ortsnamen

² Ortsnamen des Auslandes werden, soweit es der Standardzeichensatz (Art. 80) erlaubt, so erfasst, wie sie in den massgebenden Ausweisen geschrieben sind.

Art. 27
Erfasst werden:
a. ausländische Staatsangehörigkeiten, wenn eine Person das Schweizer Bürgerrecht nicht besitzt;
b. die Staatenlosigkeit.

Ausländische Staatsangehörigkeit und Staatenlosigkeit

4. Abschnitt: Abschliessen

Art. 28
¹ Die rechtsgültige Beurkundung der Personenstandsdaten erfolgt durch die Funktion des Abschliessens.
² Abschliessen dürfen nur Zivilstandsbeamtinnen und Zivilstandsbeamte mit dem entsprechenden Zugriffsrecht (Art. 79) und unter Verwendung ihrer persönlichen Identifikation.

5. Abschnitt: Bereinigung

Art. 29
¹ Die administrative Bereinigung der Beurkundung von Personenstandsdaten erfolgt durch die kantonale Aufsichtsbehörde im Zivilstandswesen (Art. 43 ZGB).

Durch die Zivilstandsbehörden

² Sind mehrere kantonale Aufsichtsbehörden betroffen, so ist für die Bereinigung nach den Weisungen des Eidgenössischen Amtes für das Zivilstandswesen vorzugehen.
³ Die Behörden, namentlich die Zivilstandsämter, sind zur Meldung solcher Sachverhalte an die kantonale Aufsichtsbehörde verpflichtet.
⁴ Die Meldung kann auch durch die betroffenen Personen erfolgen.

Art. 30

Durch die Gerichte ¹ Unter Vorbehalt von Artikel 29 entscheiden die Gerichte über die Bereinigung der Beurkundung von Personenstandsdaten (Art. 42 ZGB).

² Zuständig sind die Gerichte, in deren Amtskreis die zu bereinigende Beurkundung von Personenstandsdaten erfolgt ist oder hätte erfolgen müssen.

6. Abschnitt: Belege

Art. 31

Ablage Die Kantone sorgen für eine zweckmässige Ablage der Belege zur Beurkundung der Personenstandsdaten (Art. 7).

Art. 32

Aufbewahrungsfrist ¹ Die Belege sind 50 Jahre aufzubewahren.

² Werden die Belege durch Mikroverfilmung oder elektronische Speicherung gesichert, so dürfen sie mit Bewilligung der Aufsichtsbehörde nach 10 Jahren vernichtet werden.

Art. 33

Bekanntgabe von Daten aus den Belegen ¹ Die Bekanntgabe von Daten aus den Belegen richtet sich nach den Vorschriften des 6. Kapitels über die Bekanntgabe von Daten.

² Dokumente aus den Belegen können von den Zivilstandsämtern den Berechtigten zurückgegeben werden. Sie sind durch beglaubigte Kopien zu ersetzen.

4. Kapitel: Meldepflichten

1. Abschnitt: Geburt und Tod

Art. 34

Meldepflichtige Zur Meldung von Geburten und Todesfällen sind in folgender Reihenfolge verpflichtet:

a. die Direktionen von Kliniken, Heimen und Anstalten;
b. die Behörden, die von der Geburt oder vom Todesfall Kenntnis erhalten;
c. die zugezogene Ärztin oder der zugezogene Arzt sowie die zugezogenen ärztlichen Hilfspersonen;
d. die Familienangehörigen oder die von ihnen Bevollmächtigten;
e. die anderen anwesenden Personen, namentlich wer beim Tod einer unbekannten Person zugegen war oder deren Leiche findet;
f. die Kommandantin oder der Kommandant eines Luftfahrzeuges sowie der Kapitän oder die Kapitänin eines Seeschiffes (Art. 20 Abs. 5).

Art. 35

¹ Die Meldepflichtigen haben Todesfälle innert zwei Tagen und Geburten innert drei Tagen dem Zivilstandsamt schriftlich oder durch persönliche Vorsprache zu melden.
² Das Zivilstandsamt nimmt auch eine verspätete Meldung entgegen. Liegen zwischen der Geburt oder dem Todesfall einerseits und der Meldung andererseits mehr als 30 Tage, so ersucht es die Aufsichtsbehörde um eine Verfügung.
³ Es zeigt der Aufsichtsbehörde die Personen an, die ihrer Meldepflicht nicht rechtzeitig nachgekommen sind (Art. 91 Abs. 2).
⁴ Das kantonale Recht kann die Meldung an eine Amtsstelle einer Wohngemeinde vorsehen für Fälle, in denen eine Person an ihrem Wohnort verstorben ist.
⁵ Wird der Tod oder eine Totgeburt gemeldet, so ist eine ärztliche Bescheinigung einzureichen.

Zuständige Behörde, Form und Frist der Meldung

Art. 36

¹ Erst nach der Meldung des Todes oder des Leichenfundes darf die Leiche bestattet oder ein Leichenpass ausgestellt werden.
² In Ausnahmefällen kann die nach kantonalem Recht zuständige Stelle die Bestattung erlauben oder den Leichenpass ausstellen, ohne dass ihr eine Bestätigung der Anmeldung eines Todesfalles vorliegt. In diesem Fall muss sie unverzüglich Meldung an das Zivilstandsamt erstatten.
³ Hat die Bestattung oder die Ausstellung des Leichenpasses vor der Meldung ohne behördliche Bewilligung stattgefunden, so darf die Eintragung nur mit Bewilligung der kantonalen Aufsichtsbehörde im Zivilstandswesen vorgenommen werden.

Bestattung

Art. 37

¹ Sind die Eltern miteinander verheiratet, so bestimmen sie die Vornamen des Kindes. Sind sie nicht miteinander verheiratet, so bestimmt die Mutter die Vornamen, sofern die Eltern die elterliche Sorge nicht gemeinsam ausüben.
² Die Vornamen sind dem Zivilstandsamt mit der Geburtsmeldung mitzuteilen.
³ Die Zivilstandsbeamtin oder der Zivilstandsbeamte weist Vornamen zurück, welche die Interessen des Kindes offensichtlich verletzen.

Vornamen des Kindes

Art. 38

¹ Wer ein Kind unbekannter Abstammung findet, hat die nach kantonalem Recht zuständige Behörde zu benachrichtigen.
² Die Behörde gibt dem Findelkind Familiennamen und Vornamen und erstattet dem Zivilstandsamt Meldung.

Findelkind

³ Wird die Abstammung oder der Geburtsort des Findelkindes später festgestellt, so ist dies auf Verfügung der Aufsichtsbehörde zu beurkunden.

2. Abschnitt:
Ausländische Ereignisse, Erklärungen und Entscheidungen

Art. 39

Schweizerinnen und Schweizer sowie ausländische Staatsangehörige, die zu Schweizerinnen oder Schweizern in einem familienrechtlichen Verhältnis stehen, haben ausländische Ereignisse, Erklärungen und Entscheidungen, die den Personenstand betreffen, der zuständigen Vertretung der Schweiz im Ausland zu melden.

5. Kapitel: Amtliche Mitteilungspflichten

Art. 40

Gerichte ¹ Die Gerichte teilen folgende Urteile mit:
a. Feststellung von Geburt und Tod;
b. Feststellung der Eheschliessung;
c. Verschollenerklärung und ihre Aufhebung;
d. Ehescheidung (Art. 111 ff. ZGB) und Eheungültigerklärung (Art. 104 ff. ZGB);
e. Namenssachen (Art. 29 und 30 ZGB);
f. Feststellung der Vaterschaft (Art. 261 ZGB);
g. Aufhebung des Kindesverhältnisses zum Ehemann der Mutter (Art. 256 ZGB);
h. Aufhebung der Anerkennung (Art. 259 Abs. 2 und 260a ZGB);
i. Aufhebung der Adoption (Art. 269 ff. ZGB);
j. Geschlechtsänderung;
k. Erfassung und Bereinigung von Personenstandsdaten (Art. 42 ZGB).

² Die amtliche Mitteilungspflicht umfasst auch die vor dem Gericht erfolgte Anerkennung eines Kindes (Art. 260 Abs. 3 ZGB).

Art. 41

Verwaltungs- Die Verwaltungsbehörden teilen folgende Verfügungen mit:
behörden
a. Erwerb und Verlust von Gemeinde- und Kantonsbürgerrechten;
b. Erwerb und Verlust des Schweizer Bürgerrechts;
c. Namensänderung (Art. 30 Abs. 1 und 2 ZGB);
d. Namensänderung mit Bürgerrechtsänderung (Art. 271 Abs. 3 ZGB).

ZIVILSTANDSVERORDNUNG A 42–44

Art. 42

¹ Die nach kantonalem Recht zuständigen Gerichte und Verwaltungsbehörden teilen folgende Urteile oder Verfügungen mit: **Weitere Fälle**
a. Adoption (Art. 264 ff. ZGB);
b. testamentarische Anerkennung eines Kindes (Art. 260 Abs. 3 ZGB);
c. Entmündigung und ihre Aufhebung (Art. 368 ff. und 431 ff. ZGB).

² Die Mitteilung nach Absatz 1 Buchstabe b erfolgt durch die das Testament eröffnende Behörde (Art. 557 Abs. 1 ZGB) in der Form eines Testamentsauszuges.

Art. 43

¹ Die Mitteilung ist an die Aufsichtsbehörde am Sitz des Gerichts oder der Verwaltungsbehörde zu richten. **Zuständige Behörde, Form und Frist der Mitteilung**

² Bundesgerichtsurteile sind der Aufsichtsbehörde am Sitz der ersten Instanz, Verwaltungsverfügungen des Bundes der Aufsichtsbehörde des Heimatkantons der betroffenen Person mitzuteilen.

³ Bezeichnet das kantonale Recht intern eine andere Behörde (Art. 2), so sind die Mitteilungen nach den Absätzen 1 und 2 direkt dieser zuzustellen.

⁴ Die Gerichte teilen die Urteile zusätzlich mit:
a. der Vormundschaftsbehörde des Wohnsitzes unmündiger Kinder (Art. 40 Abs. 1 Bst. c, bei einer verheirateten Person, sowie Bst. d, g, h und i);
b. der Vormundschaftsbehörde des Wohnsitzes der Mutter zur Zeit der Geburt des Kindes (Art. 40 Abs. 1 Bst. f).

⁵ Die Mitteilung erfolgt nachdem der Entscheid rechtskräftig geworden ist. Sie hat die Form eines Auszuges, der die vollständigen Personenstandsdaten auf Grund von Zivilstandsurkunden, das Dispositiv sowie das Datum des Eintritts der Rechtskraft enthält.

⁶ Fotokopien sind zulässig, sofern sie mit dem Originalstempel des Gerichts oder der Verwaltungsbehörde und mit der Originalunterschrift der befugten Amtsperson versehen sind.

6. Kapitel: Bekanntgabe der Daten

1. Abschnitt: Allgemeines

Art. 44

¹ Die bei den Zivilstandsbehörden tätigen Personen sind zur Verschwiegenheit über Personenstandsdaten verpflichtet. Die Schweigepflicht besteht nach der Beendigung des Dienstverhältnisses weiter. **Amtsgeheimnis**

² Vorbehalten bleibt die Bekanntgabe von Personenstandsdaten auf Grund besonderer Vorschriften.

Art. 45

Voraussetzungen der Bekanntgabe

¹ Die Berechtigung zur amtlichen Bekanntgabe von Personenstandsdaten richtet sich nach dem 2. Abschnitt dieses Kapitels, die Berechtigung zur Bekanntgabe von Personenstandsdaten auf Verlangen nach dem 3. Abschnitt dieses Kapitels.

² Personenstandsdaten, die noch nicht rechtsgültig beurkundet (Art. 28), zu bereinigen (Art. 29 und 30) oder gesperrt (Art. 46) sind, dürfen nur mit Bewilligung der kantonalen Aufsichtsbehörde im Zivilstandswesen bekannt gegeben werden.

Art. 46

Sperrung der Bekanntgabe

¹ Die Aufsichtsbehörde veranlasst die Sperrung der Bekanntgabe von Personenstandsdaten:
  a. auf Antrag oder von Amtes wegen, sofern dies zum Schutz der betroffenen Person unerlässlich oder gesetzlich vorgesehen ist;
  b. auf Grund einer rechtskräftigen richterlichen Verfügung.

² Entfallen die Voraussetzungen für die Sperrung, so veranlasst die Aufsichtsbehörde die Aufhebung der Sperrung.

³ Vorbehalten bleibt das Recht des Adoptivkindes auf Auskunft über die Personalien der leiblichen Eltern (Art. 268c ZGB).

Art. 47

Form der Bekanntgabe

¹ Die Form der Bekanntgabe von Personenstandsdaten richtet sich nach den Weisungen des Eidgenössischen Amtes für das Zivilstandswesen über die Zivilstandsformulare und ihre Beschriftung (Art. 6).

² Die Bekanntgabe erfolgt durch:
  a. eine schriftliche Bescheinigung oder Bestätigung, wenn kein Zivilstandsformular zur Verfügung steht;
  b. eine beglaubigte Kopie oder Abschrift von Belegen.

³ Die Dokumente sind zu datieren, durch die Unterschrift der Zivilstandsbeamtin oder des Zivilstandsbeamten als richtig zu bescheinigen und mit dem Amtsstempel zu versehen.

Art. 48

Beweiskraft

Die Dokumente nach Artikel 47 haben die gleiche Beweiskraft wie die Datenträger (Personenstandsregister und Belege), aus denen Personenstandsdaten bekannt gegeben werden.

2. Abschnitt: Bekanntgabe von Amtes wegen

Art. 49

¹ Das für die Beurkundung zuständige Zivilstandsamt meldet die Erfassung und Bereinigung von Personenstandsdaten der Gemeindeverwaltung des Wohnsitzes oder Aufenthaltsortes der betroffenen Personen.

² Die Meldung dient der Führung der Einwohnerregister.

An die Gemeindeverwaltung des Wohnsitzes oder Aufenthaltes

Art. 50

¹ Das für die Beurkundung zuständige Zivilstandsamt meldet der Vormundschaftsbehörde:
a. die Geburt eines Kindes, dessen Eltern nicht miteinander verheiratet sind, sowie dessen Tod, sofern dieser innerhalb des ersten Lebensjahres erfolgt und in diesem Zeitpunkt kein Kindesverhältnis zum Vater besteht;
b. die Geburt eines innert 300 Tagen nach dem Tod oder der Verschollenerklärung des Ehemannes der Mutter geborenen Kindes;
c. die Anerkennung eines unmündigen Kindes;
d. den Tod eines die elterliche Sorge ausübenden Elternteils;
e. das Auffinden eines Findelkindes.

² Die Meldung erfolgt an die Vormundschaftsbehörde:
a. des Wohnsitzes der Mutter zur Zeit der Geburt des Kindes (Abs. 1 Bst. a und c);
b. des Wohnsitzes des Kindes (Abs. 1 Bst. b und d);
c. des Auffindungsortes (Abs. 1 Bst. e).

An die Vormundschaftsbehörde

Art. 51

Das für die Beurkundung zuständige Zivilstandsamt meldet dem Bundesamt für Flüchtlinge folgende Zivilstandsfälle, die eine Asyl suchende, eine vorläufig aufgenommene oder als Flüchtling anerkannte Person betreffen:
a. Geburten;
b. Kindesanerkennungen;
c. Trauungen;
d. Todesfälle.

An das Bundesamt für Flüchtlinge

Art. 52

Das Bundesamt für Statistik erhält die statistischen Angaben nach der Verordnung vom 30. Juni 1993[1)] über die Durchführung von statistischen Erhebungen des Bundes.

An das Bundesamt für Statistik

[1)] SR **431.012.1**

Art. 53

An die AHV-Behörde Das Zivilstandsamt des Todesortes meldet alle von ihm beurkundeten Todesfälle an die Zentrale Ausgleichsstelle der Alters-, Hinterlassenen- und Invalidenversicherung.

Art. 54

An ausländische Behörden ¹ Ausländischen Behörden werden Personenstandsdaten über ihre Staatsangehörigen mitgeteilt, wenn eine internationale Vereinbarung dies vorsieht.

² Fehlt eine solche Vereinbarung, so kann eine Meldung grundsätzlich nur durch die berechtigten Personen (Art. 59) erfolgen. Vorbehalten bleibt in Ausnahmefällen die amtliche Zustellung eines Auszuges auf Gesuch einer ausländischen Behörde (Art. 61).

³ Mitteilungen nach Absatz 1 übermittelt das Zivilstandsamt direkt dem Eidgenössischen Amt für das Zivilstandswesen zuhanden der ausländischen Vertretung, sofern die internationale Vereinbarung keine abweichende Regelung vorsieht.

Art. 55

Todesmeldungen an ausländische Vertretungen ¹ Das Zivilstandsamt des Todesortes meldet alle von ihm zu beurkundenden Todesfälle von ausländischen Staatsangehörigen der Vertretung des Heimatstaates, in deren Konsularkreis der Todesfall eingetreten ist (Art. 37 Bst. a des Wiener Übereinkommens vom 24. April 1963[1]) über konsularische Beziehungen).

² Die Meldung erfolgt unverzüglich und enthält die folgenden Angaben, soweit sie verfügbar sind:

a. Familiennamen;
b. Vornamen;
c. Geschlecht;
d. Ort und Datum der Geburt;
e. Ort und Datum des Todes.

Art. 56

An andere Stellen ¹ Vorbehalten bleiben weitere Mitteilungs- und Meldepflichten der Zivilstandsämter aufgrund des Rechts des Bundes oder der Kantone.

² Für die Behörden, welche die Mitteilungen oder Meldungen erhalten, gelten die Grundsätze der Geheimhaltung ebenfalls (Art. 44).

---

[1]) SR **0.191.02**

Art. 57

¹ Die Kantone können vorsehen, dass die Geburten, die Todesfälle und die Trauungen veröffentlicht werden.

² Den Verzicht auf die Veröffentlichung verlangen können:
a. bei Geburten ein Elternteil;
b. bei Todesfällen nächste Angehörige;
c. bei Trauungen die Braut oder der Bräutigam.

Veröffentlichung von Zivilstandsfällen

3. Abschnitt: Bekanntgabe auf Anfrage

Art. 58

Die Zivilstandsbehörden sind verpflichtet, schweizerischen Gerichten und Verwaltungsbehörden die zur Erfüllung ihrer gesetzlichen Aufgaben unerlässlichen Personenstandsdaten auf Verlangen bekannt zu geben.

An Gerichte und Verwaltungsbehörden

Art. 59

Privaten, die ein unmittelbares und schutzwürdiges Interesse nachweisen, werden Personenstandsdaten bekannt gegeben, wenn die Beschaffung bei den direkt betroffenen Personen nicht möglich oder offensichtlich nicht zumutbar ist.

An Private

Art. 60

Die Aufsichtsbehörde bewilligt die Bekanntgabe von Personenstandsdaten, sofern die Beschaffung der Daten bei den direkt betroffenen Personen nicht möglich oder offensichtlich nicht zumutbar ist, zum Zweck:
a. der wissenschaftlichen, nicht personenbezogenen Forschung;
b. der personenbezogenen Forschung, namentlich der Familienforschung.

An Forschende

Art. 61

¹ Besteht keine internationale Vereinbarung (Art. 54), so können in Ausnahmefällen Personenstandsdaten auf Gesuch einer ausländischen Vertretung bekannt gegeben werden.

² Das Gesuch ist an das Eidgenössische Amt für das Zivilstandswesen zu richten.

³ Die ausländische Vertretung muss nachweisen, dass:
a. sie die gewünschte Information trotz zureichender Bemühungen von der berechtigten Person (Art. 59) nicht erhalten konnte;
b. die berechtigte Person die Bekanntgabe ohne zureichenden Grund verweigert, namentlich um sich einer schweizerischen oder ausländischen gesetzlichen Bestimmung zu entziehen;
c. für sie datenschutzrechtliche Vorschriften gelten, die mit jenen der Schweiz vergleichbar sind;
d. sie den Grundsatz der Gegenseitigkeit beachtet.

An ausländische Behörden

⁴ Ist der Nachweis erbracht oder handelt es sich um eine Todesurkunde, die von einer Behörde eines Vertragsstaates des Wiener Übereinkommens vom 24. April 1963[1]) über die konsularischen Beziehungen für einen eigenen Staatsangehörigen verlangt wird, so bestellt das Eidgenössische Amt für das Zivilstandswesen den entsprechenden Auszug direkt beim Zivilstandsamt. Dieses übermittelt das Dokument direkt dem Eidgenössischen Amt zuhanden der ausländischen Vertretung.

⁵ Es werden keine Gebühren erhoben.

7. Kapitel: Vorbereitung der Eheschliessung und Trauung

1. Abschnitt: Vorbereitungsverfahren

Art. 62

Zuständigkeit

¹ Zuständig für die Durchführung des Vorbereitungsverfahrens ist:
a. das Zivilstandsamt des schweizerischen Wohnsitzes der Braut oder des Bräutigams;
b. das Zivilstandsamt, das die Trauung durchführen soll, wenn beide Verlobten im Ausland wohnen.

² Ein nachträglicher Wohnsitzwechsel hebt die einmal begründete Zuständigkeit nicht auf.

Art. 63

Einreichung des Gesuchs

¹ Die Verlobten reichen das Gesuch um Durchführung des Vorbereitungsverfahrens beim zuständigen Zivilstandsamt ein.

² Verlobte, die sich im Ausland aufhalten, können das Gesuch durch Vermittlung der zuständigen Vertretung der Schweiz einreichen.

Art. 64

Dokumente

¹ Die Verlobten legen dem Gesuch in jedem Fall folgende Dokumente bei:
a. Ausweis über den aktuellen Wohnsitz;
b. Dokumente über Geburt, Geschlecht, Namen, Abstammung, Zivilstand (verheiratet gewesene Verlobte: Datum der Eheauflösung) sowie Heimatorte und Staatsangehörigkeit;
c. Dokumente über Geburt, Geschlecht, Namen und Abstammung gemeinsamer Kinder.

² Entmündigte legen zusätzlich die schriftliche Einwilligungserklärung der gesetzlichen Vertreterin oder des gesetzlichen Vertreters bei.

---

[1]) SR **0.191.02**

³ Sind beide Verlobte ausländische Staatsangehörige und fehlt nach schweizerischem Recht eine Voraussetzung der Eheschliessung (Art. 94–96 ZGB), so legen sie zusätzlich die Eheanerkennungserklärung des Heimatstaates der oder des Verlobten und die Bewilligung der kantonalen Aufsichtsbehörde (Art. 74) bei.

Art. 65

Erklärungen

¹ Die Verlobten erklären vor der Zivilstandsbeamtin oder dem Zivilstandsbeamten, dass:

a. die Angaben im Gesuch und die vorgelegten Dokumente auf dem neuesten Stand, vollständig und richtig sind;
b. sie nicht unter Vormundschaft stehen;
c. sie weder durch leibliche Abstammung noch durch Adoption miteinander in gerader Linie verwandt, Geschwister oder Halbgeschwister sind und sie zueinander nicht in einem Stiefkindverhältnis stehen;
d. sie keine bestehende Ehe verschwiegen haben.

² Die Zivilstandsbeamtin oder der Zivilstandsbeamte ermahnt die Verlobten zur Wahrheit, weist sie auf die Straffolgen einer falschen Erklärung hin und beglaubigt ihre Unterschriften.

Art. 66

Prüfung des Gesuchs

¹ Das Zivilstandsamt führt die Prüfung nach Artikel 16 durch.
² Zusätzlich prüft es, ob:

a. das Gesuch in der richtigen Form eingereicht worden ist;
b. die nötigen Dokumente und Erklärungen vorliegen;
c. die Ehefähigkeit beider Verlobten feststeht (Art. 94 ZGB: Identität, Mündigkeit, Urteilsfähigkeit; Zustimmung der eine allfällige Vormundschaft ausübenden Person);
d. keine Ehehindernisse vorliegen (Art. 95 ZGB: Verwandtschaft und Stiefkindverhältnis; Art. 96 ZGB: frühere Ehe).

Art 67

Abschluss des Vorbereitungsverfahrens

¹ Die Zivilstandsbeamtin oder der Zivilstandsbeamte stellt das Ergebnis des Vorbereitungsverfahrens fest.
² Sind alle Ehevoraussetzungen erfüllt, so eröffnet das Zivilstandsamt den Verlobten schriftlich den Entscheid, dass die Trauung stattfinden kann. Es vereinbart die Einzelheiten des Vollzugs oder verweist die Verlobten an das Zivilstandsamt, das sie für die Trauung gewählt haben.
³ Sind die Ehevoraussetzungen nicht erfüllt oder bleiben erhebliche Zweifel bestehen, so verweigert das Zivilstandsamt die Trauung.

Art. 68

Fristen ¹ Die Trauung findet frühestens zehn Tage und spätestens drei Monate, nachdem der Entscheid über das positive Ergebnis des Vorbereitungsverfahrens mitgeteilt wurde, statt.

² Ist die oder der Verlobte in Todesgefahr und ist zu befürchten, dass die Trauung bei Beachtung der Frist von zehn Tagen nicht mehr möglich ist, so kann die Zivilstandsbeamtin oder der Zivilstandsbeamte des Zivilstandskreises, in dem das Vorbereitungsverfahren durchgeführt oder der für die Trauung gewählt worden ist, auf ärztliche Bestätigung hin die Frist verkürzen oder die Trauung unverzüglich vornehmen.

Art. 69

Vollständige schriftliche Durchführung des Vorbereitungsverfahrens ¹ Weist die oder der Verlobte nach, dass es für sie oder ihn offensichtlich unzumutbar ist, im Vorbereitungsverfahren persönlich zu erscheinen, so bewilligt die Zivilstandsbeamtin oder der Zivilstandsbeamte die schriftliche Durchführung des Verfahrens.

² Wohnen beide Verlobten im Ausland und besitzen beide das Schweizer Bürgerrecht nicht, so entscheidet die Aufsichtsbehörde im Rahmen der Bewilligung nach Artikel 73.

³ Wird die schriftliche Durchführung des Vorbereitungsverfahrens bewilligt, so können Verlobte, die sich im Ausland aufhalten, die Erklärungen nach Artikel 65 vor der zuständigen Vertretung der Schweiz im Ausland abgeben.

2. Abschnitt: Trauung

Art. 70

Ort ¹ Die Trauung findet im Trauungslokal des Zivilstandskreises statt, den die Verlobten gewählt haben (Art. 67 Abs. 2).

² Weisen die Verlobten nach, dass es für sie offensichtlich unzumutbar ist, sich in das Trauungslokal zu begeben, so kann die Zivilstandsbeamtin oder der Zivilstandsbeamte die Trauung in einem andern Lokal durchführen.

Art. 71

Form der Trauung ¹ Die Trauung ist öffentlich und findet in Anwesenheit von zwei mündigen und urteilsfähigen Zeuginnen oder Zeugen statt. Diese müssen von den Verlobten gestellt werden.

² Die Trauung wird vollzogen, indem die Zivilstandsbeamtin oder der Zivilstandsbeamte an die Braut und den Bräutigam einzeln die Frage richtet:

«N. N., ich richte an Sie die Frage: Wollen Sie mit M. M. die Ehe eingehen?»

«M. M., ich richte an Sie die Frage: Wollen Sie mit N. N. die Ehe eingehen?»

³ Haben beide die Frage bejaht, so erklärt die Zivilstandsbeamtin oder der Zivilstandsbeamte:
«Da Sie beide meine Frage bejaht haben, ist Ihre Ehe durch Ihre beidseitige Zustimmung geschlossen.»

⁴ Unmittelbar nach der Trauung wird der vorbereitete Beleg für die Erfassung der Trauung von den Ehegatten, den Zeuginnen oder Zeugen und der Zivilstandsbeamtin oder dem Zivilstandsbeamten unterzeichnet.

Art. 72

Besondere organisatorische Vorschriften

¹ Die Zivilstandsbeamtin oder der Zivilstandsbeamte kann die Zahl der teilnehmenden Personen aus Ordnungsgründen beschränken. Wer die Trauhandlung stört, wird weggewiesen.

² Die Trauung mehrerer Paare zur gleichen Zeit darf nur erfolgen, wenn alle Verlobten damit einverstanden sind.

³ An Sonntagen und an den am Amtssitz des Zivilstandsamtes geltenden allgemeinen Feiertagen dürfen keine Trauungen stattfinden.

3. Abschnitt: Eheschliessung von ausländischen Staatsangehörigen

Art. 73

Wohnsitz im Ausland

¹ Die Aufsichtsbehörde entscheidet über Gesuche um Bewilligung der Eheschliessung zwischen ausländischen Verlobten, die beide nicht in der Schweiz wohnen (Art. 43 Abs. 2 IPRG[1])).

² Das Gesuch ist beim Zivilstandsamt einzureichen, das die Trauung durchführen soll. Beizulegen sind:
a. die Eheanerkennungserklärung des Heimat- oder Wohnsitzstaates beider Verlobten (Art. 43 Abs. 2 IPRG);
b. die Dokumente nach Artikel 64 ausser der Bewilligung nach Artikel 74.

³ Gleichzeitig mit dem Entscheid über das Gesuch entscheidet die Aufsichtsbehörde allenfalls über eine Bewilligung der Eheschliessung nach dem Heimatrecht der oder des Verlobten (Art. 74) und über die schriftliche Durchführung des Vorbereitungsverfahrens (Art. 69).

Art. 74

Ehevoraussetzungen nach ausländischem Recht

Sind die Voraussetzungen einer Eheschliessung zwischen ausländischen Staatsangehörigen nach schweizerischem Recht (Art. 94–96 ZGB) nicht gegeben, so bewilligt die Aufsichtsbehörde die Eheschliessung, wenn diese nach den Voraussetzungen des Heimatrechts der oder des Verlobten stattfinden kann (Art. 44 Abs. 2 IPRG[1])) und die Ehe mit dem schweizerischen Ordre public vereinbar ist.

---
[1]) SR **291**

4. Abschnitt: Ehefähigkeitszeugnisse

Art. 75

¹ Ein für die Trauung einer Schweizer Bürgerin oder eines Schweizer Bürgers im Ausland notwendiges Ehefähigkeitszeugnis wird auf Gesuch beider Verlobten ausgestellt.

² Zuständigkeit und Verfahren richten sich sinngemäss nach den Vorschriften über das Vorbereitungsverfahren für eine Eheschliessung in der Schweiz (Art. 62–67 und 69). Besteht kein Wohnsitz in der Schweiz, so ist das Zivilstandsamt des Heimatortes der Braut oder des Bräutigams zuständig.

8. Kapitel: Zentrale Datenbank Infostar

Art. 76

Verantwortliche Organe

¹ Das Bundesamt für Justiz betreibt beim Informatik Service Center (Leistungserbringer) des Eidgenössischen Justiz- und Polizeidepartements die zentrale Datenbank «Infostar».

² Es trägt die Verantwortung für die zentrale Datenbank. Es trifft insbesondere Massnahmen, die zur Gewährleistung des Datenschutzes und der Datensicherheit notwendig sind.

³ Die Stellen, die «Infostar» benutzen, sind in ihrem Bereich für solche Massnahmen verantwortlich.

Art. 77

Finanzierung, Bedarfsermittlung und Abrechnung

¹ Die Kantone finanzieren die zentrale Datenbank Infostar.

² Das Bundesamt für Justiz rechnet den Betrieb und allfällige Neuinvestitionen über ein Abrechnungskonto ausserhalb der Finanzrechnung ab.

³ Es ermittelt den jährlichen Bedarf und erstellt die Abrechnung über die tatsächlichen Kosten.

⁴ Die Einzelheiten werden in einer Betriebsvereinbarung zwischen dem Bundesamt für Justiz und der Konferenz der kantonalen Aufsichtsbehörden im Zivilstandsdienst geregelt.

Art. 78

Mitwirkung der Kantone

¹ Die Kantone wirken beim Betrieb und bei der Weiterentwicklung der zentralen Datenbank mit.

² Die Mitwirkung erfolgt durch die Konferenz der kantonalen Aufsichtsbehörden im Zivilstandsdienst.

³ Diese hat namentlich folgende Aufgaben:
a. Genehmigung der geplanten Aufwendungen für den Betrieb;
b. Genehmigung der Abrechnung über die tatsächlichen Kosten des Betriebs;
c. Einbringen von Vorschlägen für die Weiterentwicklung;

d. Stellungnahme zu Vorschlägen des Bundes für die Weiterentwicklung;
e. Genehmigung von Investitionen für die Weiterentwicklung;
f. Abnahme von weiterentwickelten Einheiten der zentralen Datenbank.

⁴ Das Eidgenössische Amt für das Zivilstandswesen arbeitet eng mit den zuständigen Organen der Konferenz zusammen.

Art. 79

¹ Die Zugriffsrechte auf die zentrale Datenbank Infostar richten sich nach den in dieser Verordnung festgelegten Rechten und Pflichten der beteiligten Behörden.   **Zugriffsrechte**

² Sie sind im Anhang tabellarisch dargestellt.

³ Sie werden ausschliesslich auf Veranlassung des Eidgenössischen Amtes für das Zivilstandswesen eingerichtet, geändert oder gelöscht.

Art. 80

Die Daten werden nach dem westeuropäischen Standardzeichensatz der Internationalen Organisation für Normung ISO 8859-1 erfasst.   **Zeichensatz**

9. Kapitel: Datenschutz und Datensicherheit

Art. 81

¹ Jede Person kann beim Zivilstandsamt des Ereignis- oder Heimatortes Auskunft über die Daten verlangen, die über sie geführt werden.   **Auskunftsrecht**

² Die Auskunft wird in der Form eines Registerauszuges oder einer Bestätigung erteilt. Die Kosten richten sich nach der Verordnung vom 27. Oktober 1999[1] über die Gebühren im Zivilstandswesen.

Art. 82

¹ Die Personenstandsdaten, Programme und Programmdokumentationen sind vor unbefugtem Zugriff, vor unbefugter Veränderung und Vernichtung sowie vor Entwendung angemessen zu schützen.   **Datensicherheit**

² Die Zivilstandsämter, die Aufsichtsbehörden und das Eidgenössische Amt für das Zivilstandswesen treffen in ihrem Bereich die notwendigen organisatorischen und technischen Massnahmen zur Sicherung der Personenstandsdaten und zur Aufrechterhaltung der Beurkundung des Personenstandes bei einem Systemausfall.

---

[1] SR **172.042.110**

³ Das Eidgenössische Amt für das Zivilstandswesen erlässt auf der Grundlage der Vorschriften des Bundesrates sowie des Departementes über die Informatiksicherheit Weisungen über die Anforderungen an die Datensicherheit und sorgt für die Koordination mit den Kantonen.

Art. 83

Aufsicht ¹ Die Aufsichtsbehörden und das Eidgenössische Amt für das Zivilstandswesen überwachen die Einhaltung des Datenschutzes und die Gewährleistung der Datensicherheit im Rahmen ihrer Aufsichts- und Inspektionstätigkeit (Art. 84 und 85). Sie sorgen dafür, dass Mängel beim Datenschutz und bei der Datensicherheit so rasch als möglich behoben werden.

² Das Eidgenössische Amt für das Zivilstandswesen zieht den Eidgenössischen Datenschutzbeauftragten sowie das Informatikstrategieorgan des Bundes bei.

10. Kapitel: Aufsicht

Art. 84

Behörden ¹ Das Departement übt die Oberaufsicht über das schweizerische Zivilstandswesen aus.

² Die Aufsichtsbehörden sind für den fachlich zuverlässigen Vollzug des Zivilstandswesens in ihrem Kanton besorgt. Mehrere Kantone können eine Aufgabenteilung vorsehen oder ihre Aufsichtsbehörden zusammenlegen. Sie treffen im Einvernehmen mit dem Eidgenössischen Amt für das Zivilstandswesen die nötigen Vereinbarungen.

³ Das Eidgenössische Amt für das Zivilstandswesen ist zur selbstständigen Erledigung folgender Geschäfte ermächtigt:
a. Erlass von Weisungen über die Beurkundung des Personenstandes, die Vorbereitung der Eheschliessung und die Trauung sowie die Sicherstellung der Register und Belege;
b. Inspektion der Zivilstandsämter, der kantonalen Aufsichtsbehörden im Zivilstandswesen und der kantonalen Zivilstandsarchive;
c. Austausch und Beschaffung von Zivilstandsurkunden.

⁴ Es kann für den Austausch und die Beschaffung von Zivilstandsurkunden direkt mit Vertretungen der Schweiz im Ausland sowie mit ausländischen Behörden und Amtsstellen verkehren.

Art. 85

Inspektion und Berichterstattung ¹ Die Aufsichtsbehörden lassen die Zivilstandsämter mindestens alle zwei Jahre inspizieren. Bietet ein Zivilstandsamt keine Gewähr für einen fachlich zuverlässigen Vollzug seiner Aufgaben, so veranlassen sie die Inspektionen so oft wie nötig mit dem Ziel, die Mängel umgehend zu beheben.

² Die Aufsichtsbehörden berichten dem Departement mindestens alle zwei Jahre über:
a. die Erfüllung ihrer Aufgaben (Art. 45 Abs. 2 ZGB);
b. Erlass und Änderung kantonaler Vorschriften und Weisungen;
c. die Geschäftsführung der Zivilstandsämter, insbesondere über die Ergebnisse der Inspektionen und die getroffenen Massnahmen;
d. die grundsätzliche Rechtsprechung im Zivilstandswesen;
e. die Erfüllung von Aufgaben, für die eine besondere Pflicht zur Berichterstattung besteht, wie die Einhaltung des Datenschutzes, die Gewährleistung der Datensicherheit sowie Massnahmen zur Integration Behinderter (Art. 18 des Behindertengleichstellungsgesetzes vom 13. Dezember 2002[1]));
f. Erkenntnisse zur Optimierung der Aufgabenerledigung.

³ Das Departement kann durch sein Amt für das Zivilstandswesen Inspektionen in den Kantonen vornehmen lassen.

Art. 86

¹ Die Aufsichtsbehörden schreiten von Amtes wegen gegen die vorschriftswidrige Amtsführung der ihnen untergeordneten Amtsstellen ein und treffen die erforderlichen Massnahmen, gegebenenfalls auf Kosten der Gemeinden, der Bezirke oder des Kantons.

Einschreiten von Amtes wegen

² Die gleichen Befugnisse stehen dem Departement zu, wenn die kantonale Aufsichtsbehörde trotz Aufforderung keine oder ungenügende Massnahmen trifft.

³ Das Verfahren und die Rechtsmittel richten sich nach den Artikeln 89 und 90.

Art. 87

¹ Zivilstandsbeamtinnen und Zivilstandsbeamte, die sich zur Ausübung ihres Amtes als unfähig erwiesen haben oder die die Wählbarkeitsvoraussetzungen nach Artikel 4 Absatz 3 nicht mehr erfüllen, sind durch die Aufsichtsbehörde von Amtes wegen oder auf Antrag des Eidgenössischen Amtes für das Zivilstandswesen ihres Amtes zu entheben oder gegebenenfalls von der Wiederwahl auszuschliessen.

Entlassung und Nichtwiederwahl einer Zivilstandsbeamtin oder eines Zivilstandsbeamten

² Das Verfahren und die Rechtsmittel richten sich nach den Artikeln 89 und 90.

---

[1]) SR **151.3**

Art. 88

Eidgenössische Kommission für Zivilstandsfragen

¹ Die Eidgenössische Kommission für Zivilstandsfragen berät die Bundesbehörden in der Ausübung der Oberaufsicht über das Zivilstandswesen.

² Die Beratung erstreckt sich namentlich auf folgende Bereiche:
a. Rechtsetzung;
b. Rechtsanwendung (Weisungen und Empfehlungen);
c. Fachfragen zum Betrieb und zur Weiterentwicklung der zentralen Datenbank;
d. Anträge des Bundesamtes für Justiz an die Konferenz der kantonalen Aufsichtsbehörden im Zivilstandsdienst auf Abnahme von weiterentwickelten Einheiten der zentralen Datenbank.

³ Die Kommission besteht aus:
a. der Chefin oder dem Chef des Eidgenössischen Amtes für das Zivilstandswesen;
b. drei bis fünf Vertreterinnen oder Vertretern der Aufsichtsbehörden;
c. drei bis fünf Vertreterinnen oder Vertretern der Zivilstandsämter.

⁴ Die Vertreterinnen und Vertreter der kantonalen Aufsichtsbehörden werden auf Vorschlag der Konferenz der kantonalen Aufsichtsbehörden im Zivilstandsdienst, die Vertreterinnen und Vertreter der Zivilstandsämter auf Vorschlag des Schweizerischen Verbandes für Zivilstandswesen durch das Eidgenössische Justiz- und Polizeidepartement gewählt. Dieses achtet auf eine möglichst repräsentative regionale und sprachliche Vertretung.

⁵ Den Vorsitz hat die Chefin oder der Chef des Eidgenössischen Amtes für das Zivilstandswesen. Dieses führt das Sekretariat.

11. Kapitel: Verfahren und Rechtsmittel

Art. 89

Verfahrensgrundsätze

¹ Soweit der Bund keine abschliessende Regelung vorsieht, richtet sich das Verfahren vor den Zivilstandsämtern und den kantonalen Aufsichtsbehörden nach kantonalem Recht.

² Das Verfahren vor den Bundesbehörden richtet sich nach dem Bundesgesetz vom 20. Dezember 1968[1)] über das Verwaltungsverfahren und nach dem Bundesrechtspflegegesetz vom 16. Dezember 1943[2)].

³ Das für den Ausstand anwendbare Recht der Kantone oder des Bundes ist auf sprachlich vermittelnde Personen, die bei Amtshandlungen der Zivilstandsbehörden mitwirken oder vorzulegende

---

[1)] SR **172.021**
[2)] SR **173.110**

Dokumente übersetzen (Art. 3 Abs. 2–6), sowie auf Ärztinnen und Ärzte, die Bescheinigungen über den Tod oder die Totgeburt ausstellen (Art. 35 Abs. 5), sinngemäss anwendbar.

Art. 90

¹ Gegen Verfügungen der Zivilstandsbeamtin oder des Zivilstandsbeamten kann bei der Aufsichtsbehörde Beschwerde geführt werden.

² Gegen Verfügungen und Beschwerdeentscheide der Aufsichtsbehörde kann bei den zuständigen kantonalen Behörden Beschwerde geführt werden, in letzter Instanz Verwaltungsgerichtsbeschwerde beim Bundesgericht.

³ Die Beschwerde gegen Verfügungen und Beschwerdeentscheide von Bundesbehörden oder letzten kantonalen Instanzen richtet sich nach den allgemeinen Bestimmungen über die Bundesrechtspflege.

⁴ Das Bundesamt für Justiz kann gegen Entscheide in Zivilstandssachen bei den kantonalen Rechtsmittelinstanzen Beschwerde führen, gegen letztinstanzliche kantonale Entscheide Verwaltungsgerichtsbeschwerde beim Bundesgericht.

⁵ Kantonale Beschwerdeentscheide sowie erstinstanzliche Verfügungen der Zivilstandsbeamtin oder des Zivilstandsbeamten und der Aufsichtsbehörde, denen eine grundsätzliche Bedeutung zukommt, sind dem Eidgenössischen Amt für das Zivilstandswesen zuhanden des Bundesamtes für Justiz zu eröffnen. Auf Verlangen dieser Behörden sind auch andere Entscheide zu eröffnen.

Rechtsmittel

12. Kapitel: Strafbestimmung

Art. 91

¹ Mit Busse bis zu 500 Franken wird bestraft, wer gegen die in den Artikeln 34–39 genannten Meldepflichten vorsätzlich oder fahrlässig verstösst.

² Die Zivilstandsämter zeigen die Verstösse der Aufsichtsbehörde an.

³ Die Kantone bestimmen die zur Beurteilung der Verstösse zuständigen Behörden.

13. Kapitel: Schlussbestimmungen

Art. 92

¹ Die bisherigen Geburts-, Todes-, Ehe- und Anerkennungsregister werden spätestens auf den 31. Dezember 2004 geschlossen.

² Das Eidgenössische Amt für das Zivilstandswesen erlässt Weisungen über:
a. die Schliessung der bisherigen Register;

Bisherige Zivilstandsregister

b. die übergangsrechtlichen Ausnahmen von der Schliessung;
c. die Sicherung der Register und Belege;
d. die personenstandsrechtliche Erfassung inländischer Gerichtsurteile, Verwaltungsverfügungen und Einbürgerungen bis zum Inkrafttreten der Artikel 22 und 43 Absätze 1 bis 3 (Art. 100 Abs. 3).

³ Die Bekanntgabe von Personenstandsdaten aus den Registern und Belegen erfolgt nach Artikel 47. Die Aufsichtsbehörde kann ausnahmsweise die Einsichtnahme in Zivilstandsregister schriftlich bewilligen, wenn eine Bekanntgabe von Daten in der Form nach Artikel 47 offensichtlich nicht zumutbar ist. Sie erlässt die nötigen Auflagen zur Sicherung des Datenschutzes.

⁴ Die Kantone sorgen dafür, dass die Zivilstandsämter im Besitz der Originale oder lesbarer Kopien auf Mikrofilmen oder elektronischen Datenträgern der seit wenigstens 120 Jahren für ihren Kreis geführten Zivilstandsregister sind.

⁵ Sie stellen sicher, dass die Originale der Zivilstandsregister, die nicht mehr im Besitz der Zivilstandsämter sind, bis mindestens auf das Jahr 1850 zurück an einem geeigneten Ort sicher aufbewahrt werden und Interessierte schonend darin Einsicht nehmen können.

⁶ Nach der Inbetriebnahme der zentralen Datenbank Infostar dürfen mit den bisherigen Informatikmitteln zur elektronischen Verarbeitung von Personenstandsdaten grundsätzlich keine Geschäftsfälle mehr bearbeitet werden. Das Eidgenössische Amt für das Zivilstandswesen legt die Ausnahmen fest und erlässt Weisungen für die Ablösung dieser Informatikmittel.

⁷ Das zentrale Verzeichnis der Adoptionen wird auf das Inkrafttreten der Artikel 22 und 43 Absätze 1 bis 3 hin (Art. 100 Abs. 3) geschlossen. Das Eidgenössische Amt für das Zivilstandswesen regelt in seinen Weisungen namentlich die Bekanntgabe von Personenstandsdaten aus diesem Verzeichnis.

Art. 93

Rückerfassung von Personenstandsdaten

¹ Personenstandsdaten aus den bisherigen Zivilstandsregistern werden in folgenden Fällen in die zentrale Datenbank Infostar übertragen:
a. bei aktuellen Ereignissen, Erklärungen und Entscheidungen, die den Personenstand betreffen;
b. bei der Bestellung eines Personenstandsausweises, eines Heimatscheins oder, wenn die Titularin oder der Titular nach dem 31. Dezember 1967 geboren wurde, eines Familienscheines;
c. auf Anordnung der kantonalen Aufsichtsbehörde im Zivilstandswesen.

² Das Eidgenössische Amt für das Zivilstandswesen erlässt die nötigen Weisungen.

Art. 94

Die Zivilstandskreise sind bis 31. Dezember 2005 auf die Anforderungen nach den Artikeln 1 Absatz 1 und 4 Absatz 2 zu überprüfen und nötigenfalls anzupassen.

Zivilstandskreise

Art. 95

[1] Zivilstandsbeamtinnen und Zivilstandsbeamte, die vor Inkrafttreten dieser Verordnung ernannt oder gewählt worden sind, müssen den Eidgenössischen Fachausweis oder einen vom Eidgenössischen Amt für das Zivilstandswesen als gleichwertig anerkannten Ausweis nur dann erwerben (Art. 4 Abs. 3 Bst. c), wenn sie bei Inkrafttreten dieser Verordnung weniger als drei Jahre im Amt sind.

[2] Die Frist für den Erwerb beträgt drei Jahre ab Inkrafttreten dieser Verordnung.

[3] In begründeten Ausnahmefällen kann die Aufsichtsbehörde die Frist nach Absatz 2 verlängern, wenn der fachlich zuverlässige Vollzug gewährleistet ist.

Eidgenössischer Fachausweis oder gleichwertiger Ausweis

Art. 96

[1] Das kantonale Recht kann vorsehen, dass bestimmte Mitglieder einer Gemeindeexekutive zu ausserordentlichen Zivilstandsbeamtinnen oder ausserordentlichen Zivilstandsbeamten mit der ausschliesslichen Befugnis, Trauungen zu vollziehen, ernannt werden, wenn:

a. die Trauung durch diese Personen der Tradition entspricht und in der Bevölkerung fest verankert ist und

b. die erforderliche Aus- und Weiterbildung sichergestellt ist.

[2] Die Aufsichtsbehörde berichtet dem Departement im Rahmen ihrer Berichterstattungspflicht (Art. 85 Abs. 2) über die ernannten Personen.

Trauung durch Mitglieder einer Gemeindeexekutive

Art. 97

Die zuständige Zivilstandsbehörde kann verlangen, dass Personen, die zur Mitwirkung verpflichtet sind, ihre vor Inkrafttreten dieser Verordnung beurkundeten Personenstandsdaten in Abweichung von Artikel 16 Absatz 4 nachweisen.

Nachweis von Personenstandsdaten

Art. 98

[1] Vor dem 1. Januar 2002 erfolgte Geschlechtsänderungen werden auf Verlangen im Geburtsregister am Rand angemerkt.

[2] Zuständig für die Entgegennahme des Gesuchs ist die Aufsichtsbehörde des Kantons, in dem das Geburtsregister geführt wird.

Anmerkung von Geschlechtsänderungen

Art. 99

Aufhebung und Änderung bisherigen Rechts

¹ Folgende Erlasse werden aufgehoben:
1. Verordnung vom 22. Dezember 1980[1] über den Heimatschein;
2. Zivilstandsverordnung vom 1. Juni 1953[2] mit Ausnahme der Artikel 130–132 (Art. 100 Abs. 3).
3. Die Artikel 130–132 der Zivilstandsverordnung vom 1. Juni 1953 werden mit der Inkraftsetzung der Artikel 22 und 43 Absätze 1–3 der Zivilstandsverordnung vom 28. April 2004 durch das Eidgenössische Justiz- und Polizeidepartement aufgehoben (Art. 100 Abs. 3).

² Das Reglement des schweizerischen diplomatischen und konsularischen Dienstes vom 24. November 1967[3] wird wie folgt geändert:

Art. 15, 23, 24 und 25
Aufgehoben

Art. 100

Inkrafttreten

¹ Diese Verordnung tritt unter Vorbehalt der Absätze 2 und 3 am 1. Juli 2004 in Kraft.

² Artikel 9 Absatz 2 tritt am 1. Januar 2005 in Kraft.

³ Das Eidgenössische Justiz- und Polizeidepartement bestimmt das Datum des Inkrafttretens der Artikel 22 und 43 Absätze 1–3.

---

[1] AS **1981** 34, 2000 2028
[2] AS **1953** 797
[3] SR **191.1**

Zugriffsrechte

Anhang
(Art. 79)

Abkürzungen

A	Abrufen
E	Erfassen
U	Beurkunden
EAZW	Eidgenössisches Amt für das Zivilstandswesen
KAB	Kantonale Aufsichtsbehörde im Zivilstandswesen
ZA SB	Sachbearbeiter/in im Zivilstandsamt
ZA UP	Urkundsperson im Zivilstandsamt (Zivilstandsbeamtin/Zivilstandsbeamter)

Zugriffsrechte

Datenfeldnamen		Zugriffsberechtigte Stellen			
		ZA UP	ZA SB	KAB	EAZW
1.	**Systemdaten**				
1.1	Systemnummern	A	A	A	A
1.2	Eintragungsart	U	E	A	A
1.3	Eintragungsstatus	U	E	A	A
1.4	Verzeichnisse (Gemeinden, Zivilstandskreise, Staaten, Adressen)	A[1]	A[1]	A[2]	E
2.	**Personenidentifikationsnummern**	A	A	A	A
3.	**Namen**				
3.1	Familienname	U	E	A	A
3.2	Ledigname	U	E	A	A
3.3	Vornamen	U	E	A	A
3.4	Andere amtliche Namen	U	E	A	A
4.	**Geschlecht**	U	E	A	A
5.	**Geburt**				
5.1	Datum	U	E	A	A
5.2	Zeit	U	E	A	A
5.3	Ort	U	E	A	A
5.4	Totgeburt	U	E	A	A
6.	**Zivilstand**				
6.1	Status	U	E	A	A
6.2	Datum	U	E	A	A
7.	**Tod**				
7.1	Datum	U	E	A	A
7.2	Zeit	U	E	A	A
7.3	Ort	U	E	A	A

[1] E für Adressen auf Stufe ZA
[2] E für Adressen auf Stufe KAB

Datenfeldnamen	Zugriffsberechtigte Stellen			
	ZA UP	ZA SB	KAB	EAZW
8. Wohnort	U	E	A	A
9. Aufenthaltsort	U	E	A	A
10. Lebensstatus	U	E	A	A
11. Bevormundet	U	E	A	A
12. Eltern				
12.1 Familienname der Mutter	U	E	A	A
12.2 Vornamen der Mutter	U	E	A	A
12.3 Andere amtliche Namen der Mutter	U	E	A	A
12.4 Familienname des Vaters	U	E	A	A
12.5 Vornamen des Vaters	U	E	A	A
12.6 Andere amtliche Namen des Vaters	U	E	A	A
13. Adoptiveltern				
13.1 Familienname der Adoptivmutter	U	E	A	A
13.2 Vornamen der Adoptivmutter	U	E	A	A
13.3 Andere amtliche Namen der Adoptivmutter	U	E	A	A
13.4 Familienname des Adoptivvaters	U	E	A	A
13.5 Vornamen des Adoptivvaters	U	E	A	A
13.6 Andere amtliche Namen des Adoptivvaters	U	E	A	A
14. Bürgerrecht/Staatsangehörigkeit				
14.1 Datum (Gültig ab/Gültig bis)	U	E	A	A
14.2 Erwerbsgrund	U	E	A	A
14.3 Anmerkung zum Erwerbsgrund	U	E	A	A
14.4 Verlustgrund	U	E	A	A
14.5 Anmerkung zum Verlustgrund	U	E	A	A
14.6 Referenz Familienregister	U	E	A	A
14.7 Burger- oder Korporationsrecht	U	E	A	A
15. Beziehungsdaten				
15.1 Art (Eheverhältnis/Kindesverhältnis)	U	E	A	A
15.2 Datum (Gültig ab/Gültig bis)	U	E	A	A
15.3 Auflösungsgrund	U	E	A	A

Erwerb von Grundstücken durch Personen im Ausland: Bewilligungsgesetz

B. Bundesgesetz über den Erwerb von Grundstücken durch Personen im Ausland (BewG)

vom 16. Dezember 1983 (Stand am 1. September 2002)

Die Bundesversammlung der Schweizerischen Eidgenossenschaft,
gestützt auf die Zuständigkeit des Bundes im Bereich der auswärtigen Angelegenheiten[1] sowie die Artikel 64 und 64bis der Bundesverfassung[2],
nach Einsicht in eine Botschaft des Bundesrates vom 16. September 1981[3],[4]
beschliesst:

1. Kapitel: Zweck und Grundsätze

Art. 1

Dieses Gesetz beschränkt den Erwerb von Grundstücken durch Personen im Ausland, um die Überfremdung des einheimischen Bodens zu verhindern.

Zweck

Art. 2

[1] Personen im Ausland bedürfen für den Erwerb von Grundstücken einer Bewilligung der zuständigen kantonalen Behörde.

Bewilligungspflicht

[2] Keiner Bewilligung bedarf der Erwerb, wenn:

a. das Grundstück als ständige Betriebsstätte eines Handels-, Fabrikations- oder eines anderen nach kaufmännischer Art geführten Gewerbes, eines Handwerksbetriebes oder eines freien Berufes dient;
b. das Grundstück dem Erwerber als natürlicher Person als Hauptwohnung am Ort seines rechtmässigen und tatsächlichen Wohnsitzes dient; oder
c. eine Ausnahme nach Artikel 7 vorliegt.[5]

[3] Beim Erwerb von Grundstücken nach Absatz 2 Buchstabe a können durch Wohnanteilvorschriften vorgeschriebene Wohnungen oder dafür reservierte Flächen miterworben werden.[5]

SR **211.412.41**; AS **1984** 1148, **1997** 2086
[1] Dieser allgemeinen Zuständigkeitsumschreibung entspricht Art. 54 Abs. 1 der BV vom 18. April 1999 (SR **101**). – Fassung gemäss Anhang Ziff. 4 des Gerichtsstandsgesetzes vom 24. April 2000, in Kraft seit 1. Jan. 2001 (SR **272**).
[2] [BS **1** 3]. Den genannten Bestimmungen entsprechen heute die Art. 122 und 123 der BV vom 18. April 1999 (SR **101**).
[3] BBl **1981** III 585
[4] Fassung gemäss Ziff. I des BG vom 30. April 1997, in Kraft seit 1. Okt. 1997 (AS **1997** 2086).
[5] Eingefügt durch Ziff. I des BG vom 30. April 1997, in Kraft seit 1. Okt. 1997 (AS **1997** 2086).

Art. 3

Bundesrecht und kantonales Recht

¹ Die Bewilligung wird nur aus den Gründen erteilt, die dieses Gesetz vorsieht.

² Die Kantone können zur Wahrung ihrer unterschiedlichen Interessen zusätzliche Bewilligungsgründe und weitergehende Beschränkungen vorsehen, soweit dieses Gesetz sie dazu ermächtigt.

2. Kapitel: Bewilligungspflicht

Art. 4

Erwerb von Grundstücken

¹ Als Erwerb eines Grundstückes gilt:

a. der Erwerb des Eigentums, eines Baurechts, eines Wohnrechts oder der Nutzniessung an einem Grundstück;

b. die Beteiligung an einer vermögensfähigen Gesellschaft ohne juristische Persönlichkeit, deren tatsächlicher Zweck der Erwerb von Grundstücken ist[1];

c. der Erwerb des Eigentums oder der Nutzniessung an einem Anteil an einem Immobilienanlagefonds, dessen Anteilscheine auf dem Markt nicht regelmässig gehandelt werden, oder an einem ähnlichen Vermögen;

d. ...[2]

e. der Erwerb des Eigentums oder der Nutzniessung an einem Anteil an einer juristischen Person, deren tatsächlicher Zweck der Erwerb von Grundstücken ist;

f. die Begründung und Ausübung eines Kaufs-, Vorkaufs- oder Rückkaufsrechts an einem Grundstück oder an einem Anteil im Sinne der Buchstaben b, c und e[1];

g. der Erwerb anderer Rechte, die dem Erwerber eine ähnliche Stellung wie dem Eigentümer eines Grundstückes verschaffen.

² Als Erwerb eines Grundstückes gilt es auch, wenn eine juristische Person oder eine vermögensfähige Gesellschaft ohne juristische Persönlichkeit ihren statutarischen oder tatsächlichen Sitz ins Ausland verlegt und Rechte an einem Grundstück beibehält, das nicht nach Artikel 2 Absatz 2 Buchstabe a bewilligungsfrei erworben werden kann.[1]

---

[1] Fassung gemäss Ziff. I des BG vom 30. April 1997, in Kraft seit 1. Okt. 1997 (AS **1997** 2086).

[2] Aufgehoben durch Ziff. I des BG vom 30. April 1997 (AS **1997** 2086).

Art. 5

Personen im Ausland

¹ Als Personen im Ausland gelten:

a.[1]) Staatsangehörige der Mitgliedstaaten der Europäischen Gemeinschaft oder der Europäischen Freihandelsassoziation, die ihren rechtmässigen und tatsächlichen Wohnsitz nicht in der Schweiz haben;

a.bis[2]) Staatsangehörige anderer ausländischer Staaten, die nicht das Recht haben, sich in der Schweiz niederzulassen;

b. juristische Personen oder vermögensfähige Gesellschaften ohne juristische Persönlichkeit, die ihren statutarischen oder tatsächlichen Sitz im Ausland haben;

c. juristische Personen oder vermögensfähige Gesellschaften ohne juristische Persönlichkeit, die ihren statutarischen und tatsächlichen Sitz in der Schweiz haben und in denen Personen im Ausland eine beherrschende Stellung innehaben;

d.[3]) natürliche und juristische Personen sowie vermögensfähige Gesellschaften ohne juristische Persönlichkeit, die nicht Personen im Ausland nach den Buchstaben a, abis und c sind, wenn sie ein Grundstück für Rechnung von Personen im Ausland erwerben.

² ...[4])

Art. 6

Beherrschende Stellung

¹ Eine Person im Ausland hat eine beherrschende Stellung inne, wenn sie aufgrund ihrer finanziellen Beteiligung, ihres Stimmrechtes oder aus anderen Gründen allein oder gemeinsam mit anderen Personen im Ausland die Verwaltung oder Geschäftsführung entscheidend beeinflussen kann.

² Die Beherrschung einer juristischen Person durch Personen im Ausland wird vermutet, wenn diese:

a. mehr als einen Drittel des Aktien-, Stamm- oder Genossenschafts- und gegebenenfalls des Partizipationsscheinkapitals besitzen;

---

[1]) Fassung gemäss Ziff. I 2 des BG vom 14. Dez. 2001 betreffend die Bestimmungen über die Personenfreizügigkeit im Abk. zur Änderung des Übereinkommens zur Errichtung der EFTA, in Kraft seit 1. Juni 2002 (AS **2002** 685; BBl **2001** 4963).

[2]) Eingefügt durch Ziff. I 2 des BG vom 8. Okt. 1999 zum Abkommen zwischen der Schweizerischen Eidgenossenschaft einerseits und der EG sowie ihren Mitgliedstaaten andererseits über die Freizügigkeit, in Kraft seit 1. Juni 2002 (AS **2002** 701; BBl **1999** 6128).

[3]) Fassung gemäss Ziff. I 2 des BG vom 8. Okt. 1999 zum Abkommen zwischen der Schweizerischen Eidgenossenschaft einerseits und der EG sowie ihren Mitgliedstaaten andererseits über die Freizügigkeit, in Kraft seit 1. Juni 2002 (AS **2002** 701; BBl **1999** 6128).

[4]) Aufgehoben durch Ziff. I des BG vom 30. April 1997 (AS **1997** 2086).

b. über mehr als einen Drittel der Stimmen in der General- oder Gesellschafterversammlung verfügen;
c. die Mehrheit des Stiftungsrates oder der Begünstigten einer Stiftung des privaten Rechts stellen;
d. der juristischen Person rückzahlbare Mittel zur Verfügung stellen, die mehr als die Hälfte der Differenz zwischen den Aktiven der juristischen Person und ihren Schulden gegenüber nicht bewilligungspflichtigen Personen ausmachen.

³ Die Beherrschung einer Kollektiv- oder Kommanditgesellschaft durch Personen im Ausland wird vermutet, wenn eine oder mehrere von ihnen:
a. unbeschränkt haftende Gesellschafter sind;
b. der Gesellschaft als Kommanditäre Mittel zur Verfügung stellen, die einen Drittel der Eigenmittel der Gesellschaft übersteigen;
c. der Gesellschaft oder unbeschränkt haftenden Gesellschaftern rückzahlbare Mittel zur Verfügung stellen, die mehr als die Hälfte der Differenz zwischen den Aktiven der Gesellschaft und ihren Schulden gegenüber nicht bewilligungspflichtigen Personen ausmachen.

Art. 7

Übrige Ausnahmen von der Bewilligungspflicht[1]

Keiner Bewilligung bedürfen:
a. gesetzliche Erben im Sinne des schweizerischen Rechts im Erbgang;
b. Verwandte des Veräusserers in auf- und absteigender Linie sowie dessen Ehegatte;
c. Geschwister des Veräusserers, die bereits Mit- oder Gesamteigentum am Grundstück haben;
d. Stockwerkeigentümer für den Tausch ihrer Stockwerke im selben Objekt;
e. der Erwerber, der ein Grundstück als Realersatz bei einer Enteignung, Landumlegung oder Güterzusammenlegung nach dem Recht des Bundes oder des Kantons erhält;
f. der Erwerber, der ein Grundstück als Ersatz für ein anderes erwirbt, das er an eine öffentlichrechtliche Körperschaft oder Anstalt veräussert hat;
g. der Erwerber, der eine geringfügige Fläche infolge einer Grenzbereinigung oder infolge einer Erhöhung der Wertquote von Stockwerkeigentum erwirbt;
h. ausländische Staaten und internationale Organisationen des Völkerrechts, wenn sie ein Grundstück zu einem in der Schweiz anerkannten öffentlichen Zweck erwerben, oder andere Erwerber, wenn das staatspolitische Interesse des Bundes es gebietet;

---
[1] Fassung gemäss Ziff. I des BG vom 30. April 1997, in Kraft seit 1. Okt. 1997 (AS **1997** 2086).

die Fläche darf nicht grösser sein, als es der Verwendungszweck erfordert.
i. natürliche Personen, die infolge der Liquidation einer vor dem 1. Februar 1974 gegründeten juristischen Person, deren tatsächlicher Zweck der Erwerb von Grundstücken ist, eine Wohnung erwerben, wenn sie nach den damals geltenden Vorschriften im entsprechenden Umfang Anteile an der juristischen Person erworben haben.[1]
j.[2] Staatsangehörige der Mitgliedstaaten der Europäischen Gemeinschaft und der Europäischen Freihandelsassoziation, die als Grenzgänger in der Region des Arbeitsorts eine Zweitwohnung erwerben.

3. Kapitel: Bewilligungs- und Verweigerungsgründe

Art. 8

Allgemeine Bewilligungsgründe

¹ Der Erwerb wird bewilligt, wenn das Grundstück dienen soll:
a. ...[3]
b. als Kapitalanlage aus der Geschäftstätigkeit ausländischer und ausländisch beherrschter, in der Schweiz zum Geschäftsbetrieb zugelassener Versicherungseinrichtungen, sofern die allgemein anerkannten Anlagegrundsätze beachtet werden und der Wert aller Grundstücke des Erwerbers die von der Versicherungsaufsichtsbehörde als technisch notwendig erachteten Rückstellungen für das Schweizer Geschäft nicht übersteigt;
c. zur Personalvorsorge von inländischen Betriebsstätten oder zu ausschliesslich gemeinnützigen Zwecken, wenn der Erwerber für das Grundstück von der direkten Bundessteuer befreit ist;
d. zur Deckung pfandgesicherter Forderungen ausländischer und ausländisch beherrschter, in der Schweiz zum Geschäftsbetrieb zugelassener Banken und Versicherungseinrichtungen in Zwangsverwertungen und Liquidationsvergleichen[4].

² Einem Erben, welcher der Bewilligung bedarf und keinen Bewilligungsgrund hat, wird der Erwerb mit der Auflage bewilligt, das Grundstück innert zweier Jahre wieder zu veräussern.

---

[1] Eingefügt durch Ziff. I des BG vom 30. April 1997, in Kraft seit 1. Okt. 1997 (AS **1997** 2086).
[2] Eingefügt durch Ziff. I 2 des BG vom 14. Dez. 2001 betreffend die Bestimmungen über die Personenfreizügigkeit im Abk. zur Änderung des Übereinkommens zur Errichtung der EFTA, in Kraft seit 1. Juni 2002 (AS **2002** 685; BBl **2001** 4963).
[3] Aufgehoben durch Ziff. I des BG vom 30. April 1997 (AS **1997** 2086).
[4] Fassung gemäss Ziff. I des BG vom 30. April 1997, in Kraft seit 1. Okt. 1997 (AS **1997** 2086).

³ Einer natürlichen Person, die von einer anderen eine Haupt-, Zweit- oder Ferienwohnung oder eine Wohneinheit in einem Apparthotel erwirbt und dafür mangels kantonaler Bestimmungen oder infolge einer örtlichen Bewilligungssperre keinen Bewilligungsgrund hat, wird die Bewilligung erteilt, wenn ein Härtefall für den Veräusserer vorliegt. Als Härtefall gilt eine nachträglich eingetretene, unvorhersehbare Notlage des Veräusserers, die er nur abwenden kann, indem er das Grundstück an eine Person im Ausland veräussert. ...[1]

Art. 9

Kantonale Bewilligungsgründe[2]

¹ Die Kantone können durch Gesetz bestimmen, dass der Erwerb bewilligt wird, wenn das Grundstück dient:
a. dem sozialen Wohnungsbau nach kantonalem Recht und ohne Bundeshilfe in Orten, die unter Wohnungsnot leiden, oder wenn sich auf dem Grundstück solche neuerstellten Wohnbauten befinden;
b. ...[3]
c. einer natürlichen Person als Zweitwohnung an einem Ort, zu dem sie aussergewöhnlich enge, schutzwürdige Beziehungen unterhält, solange diese andauern.

² Die Kantone können ausserdem durch Gesetz bestimmen, dass einer natürlichen Person der Erwerb als Ferienwohnung oder als Wohneinheit in einem Apparthotel im Rahmen des kantonalen Kontingents bewilligt werden kann.

³ Die Kantone bestimmen periodisch die Orte, die nach einem genehmigten Entwicklungskonzept im Sinne des Bundesrechts über die Investitionshilfe in Berggebieten oder nach einer gleichwertigen amtlichen Planung des Erwerbs von Ferienwohnungen oder von Wohneinheiten in Apparthotels durch Personen im Ausland bedürfen, um den Fremdenverkehr zu fördern.

⁴ Nicht an das Kontingent angerechnet wird eine Bewilligung:
a. wenn bereits dem Veräusserer der Erwerb der Ferienwohnung oder Wohneinheit in einem Apparthotel bewilligt worden ist;
b. die nach Artikel 8 Absatz 3 erteilt wird;
c. für den Erwerb eines Miteigentumsanteils an einer Ferienwohnung oder Wohneinheit in einem Apparthotel, sofern der Erwerb eines anderen Miteigentumsanteils an derselben Ferienwohnung oder Wohneinheit in einem Apparthotel bereits an das Kontingent angerechnet worden ist.[4]

---

[1] Satz 3 aufgehoben durch Ziff. I des BG vom 22. März 2002 (AS **2002** 2467; BBl **2002** 1052 2748).
[2] Fassung gemäss Ziff. I des BG vom 22. März 2002 (AS **2002** 2467; BBl **2002** 1052 2748).
[3] Aufgehoben durch Ziff. I des BG vom 30. April 1997 (AS **1997** 2086).
[4] Eingefügt durch Ziff. I des BG vom 22. März 2002 (AS **2002** 2467; BBl **2002** 1052 2748).

Art. 10

Als Apparthotel gilt ein neues oder zu erneuerndes Hotel im Stockwerkeigentum des Betriebsinhabers, von Personen im Ausland und gegebenenfalls von Drittpersonen, wenn es folgende Voraussetzungen erfüllt:

a. Eigentum des Betriebsinhabers an den besonderen Anlagen und Einrichtungen für den Hotelbetrieb und an den Wohneinheiten im Umfang von insgesamt mindestens 51 Prozent der Wertquoten;
b. dauernde hotelmässige Bewirtschaftung der Wohneinheiten im Umfange von mindestens 65 Prozent der darauf entfallenden Wertquoten, einschliesslich aller dem Betriebsinhaber gehörenden Wohneinheiten;
c. angemessenes Dienstleistungsangebot, entsprechende bauliche und betriebliche Eignung sowie mutmassliche Wirtschaftlichkeit des Hotels gestützt auf ein Gutachten der Schweizerischen Gesellschaft für Hotelkredit.

Apparthotels

Art. 11[1)]

¹ Der Bundesrat bestimmt die jährlichen kantonalen Bewilligungskontingente für den Erwerb von Ferienwohnungen und Wohneinheiten in Apparthotels im Rahmen einer gesamtschweizerischen Höchstzahl; er berücksichtigt dabei die staatspolitischen und volkswirtschaftlichen Interessen des Landes.

² Die Höchstzahl nach Absatz 1 darf 1500 Kontingentseinheiten nicht überschreiten.

³ Der Bundesrat bemisst die kantonalen Kontingente nach der Bedeutung des Fremdenverkehrs für die Kantone, den touristischen Entwicklungsplanungen und dem Anteil an ausländischem Grundeigentum auf ihrem Gebiet.

⁴ Die Kantone regeln die Verteilung der Bewilligungen aus ihrem Kontingent.

Bewilligungskontingente

Art. 12

Die Bewilligung wird auf jeden Fall verweigert, wenn:
a. das Grundstück einer nach diesem Gesetz unzulässigen Kapitalanlage dient;
b. die Fläche grösser ist, als es der Verwendungszweck erfordert;
c. der Erwerber versucht hat, dieses Gesetz zu umgehen;

Zwingende Verweigerungsgründe

[1)] Fassung gemäss Ziff. I des BG vom 22. März 2002 (AS **2002** 2467; BBl **2002** 1052 2748).

d.[1)] dem Erwerber einer Zweitwohnung im Sinne von Artikel 9 Absatz 1 Buchstabe c, einer Ferienwohnung oder einer Wohneinheit in einem Apparthotel, seinem Ehegatten oder seinen Kindern unter 20 Jahren bereits eine solche Wohnung in der Schweiz gehört;

e. ...[2)]

f. der Erwerb staatspolitischen Interessen widerspricht.

Art. 13

Weitergehende kantonale Beschränkungen

[1] Die Kantone können durch Gesetz den Erwerb von Ferienwohnungen und von Wohneinheiten in Apparthotels weitergehend einschränken, indem sie insbesondere:

a. eine Bewilligungssperre einführen;

b. den Erwerb von Ferienwohnungen nur im Rahmen von Stockwerkeigentum oder einer anderen Gesamtheit mehrerer Ferienwohnungen zulassen;

c. für eine Gesamtheit von Ferienwohnungen und für Wohneinheiten in Apparthotels den Erwerb nur bis zu einer bestimmten Quote des Wohnraums zulassen;

d. zugunsten von Personen, die keiner Bewilligung bedürfen, ein Vorkaufsrecht zum Verkehrswert einführen;

e. den Erwerb auf das Baurecht, das Wohnrecht oder die Nutzniessung beschränken.

[2] Die Gemeinden können diese Einschränkungen von sich aus einführen. Die Kantone regeln das Verfahren.

Art. 14

Bedingungen und Auflagen

[1] Die Bewilligung wird unter Bedingungen und Auflagen erteilt, die sicherstellen, dass das Grundstück zu dem vom Erwerber geltend gemachten Zweck verwendet wird.

[2] Der Bundesrat regelt die Mindestbedingungen und -auflagen, soweit dieses Gesetz sie nicht regelt, und den Verfall von Bewilligungen.

[3] Auflagen sind im Grundbuch anzumerken.

[4] Sie können auf Antrag des Erwerbers aus zwingenden Gründen widerrufen werden.

[5] Wird die Bewilligungspflicht verneint, weil Personen im Ausland keine beherrschende Stellung innehaben, so ist diese Feststellung an die Auflage zu knüpfen, dass der Erwerber vor jeder Änderung der Verhältnisse, welche die Bewilligungspflicht begründen könnte, erneut um die Feststellung nachzusuchen hat.

[1)] Fassung gemäss Ziff. I 2 des BG vom 8. Okt. 1999 zum Abkommen zwischen der Schweizerischen Eidgenossenschaft einerseits und der EG sowie ihren Mitgliedstaaten andererseits über die Freizügigkeit, in Kraft seit 1. Juni 2002 (AS **2002** 701; BBl **1999** 6128).

[2)] Aufgehoben durch Ziff. I des BG vom 30. April 1997 AS **1997** 2086).

4. Kapitel: Behörden und Verfahren

Art. 15

¹ Jeder Kanton bezeichnet:

Kantonale Behörden

a. eine oder mehrere Bewilligungsbehörden, die über die Bewilligungspflicht, die Bewilligung und den Widerruf einer Bewilligung oder Auflage entscheiden;
b. eine beschwerdeberechtigte Behörde, die auch den Widerruf einer Bewilligung oder die Einleitung eines Strafverfahrens verlangen und auf Beseitigung des rechtswidrigen Zustandes klagen kann;
c. eine Beschwerdeinstanz.

² Zuständig ist die Behörde am Ort des Grundstückes; beim Erwerb von Anteilen an juristischen Personen oder bei der Beteiligung an einer vermögensfähigen Gesellschaft ohne juristische Persönlichkeit ist die Behörde zuständig, in deren Amtsbereich wertmässig der grösste Teil der Grundstücke liegt.

³ Das Eidgenössische Justiz- und Polizeidepartement entscheidet in Kompetenzkonflikten zwischen den Behörden verschiedener Kantone.

Art. 16

¹ Der Bundesrat stellt nach Anhören der Kantonsregierung fest, ob:

Bundesbehörden

a. es sich um einen Erwerb handelt, für den der Erwerber aus Gründen des staatspolitischen Interesses des Bundes keiner Bewilligung bedarf;
b. der Erwerb staatspolitischen Interessen widerspricht; trifft dies zu, so verweigert er die Bewilligung.

² Das Eidgenössische Departement für auswärtige Angelegenheiten stellt nach Anhören der Kantonsregierung fest, ob der Erwerber ein ausländischer Staat oder eine internationale Organisation des Völkerrechts ist und das Grundstück zu einem in der Schweiz anerkannten öffentlichen Zweck erwirbt.

³ ...[1]

⁴ In den übrigen Fällen sind das Eidgenössische Justiz- und Polizeidepartement und, soweit dieses Gesetz es vorsieht, das Bundesamt für Justiz zuständig.

---

[1] Aufgehoben durch Ziff. I des BG vom 30. April 1997 (AS **1997** 2086).

Art. 17

Bewilligungsverfahren

¹ Erwerber, deren Bewilligungspflicht sich nicht ohne weiteres ausschliessen lässt, haben spätestens nach dem Abschluss des Rechtsgeschäftes oder, mangels dessen, nach dem Erwerb um die Bewilligung oder die Feststellung nachzusuchen, dass sie keiner Bewilligung bedürfen.

² Die Bewilligungsbehörde eröffnet ihre Verfügung mit Begründung und Rechtsmittelbelehrung den Parteien, der Gemeinde, in der das Grundstück liegt, und mit den vollständigen Akten der beschwerdeberechtigten kantonalen Behörde.

³ Verzichtet die beschwerdeberechtigte kantonale Behörde auf eine Beschwerde oder zieht sie diese zurück, so eröffnet sie die Verfügung mit den vollständigen Akten kostenlos dem Bundesamt für Justiz.

Art. 18

Grundbuch und Handelsregister

¹ Kann der Grundbuchverwalter die Bewilligungspflicht nicht ohne weiteres ausschliessen, so setzt er das Verfahren aus und räumt dem Erwerber eine Frist von 30 Tagen ein, um die Bewilligung oder die Feststellung einzuholen, dass er keiner Bewilligung bedarf; er weist die Anmeldung ab, wenn der Erwerber nicht fristgerecht handelt oder die Bewilligung verweigert wird.

² Der Handelsregisterführer verfährt wie der Grundbuchverwalter; er verweist jedoch eine juristische Person oder vermögensfähige Gesellschaft ohne juristische Persönlichkeit, die ihren Sitz von der Schweiz ins Ausland verlegt, vor der Löschung in jedem Falle an die Bewilligungsbehörde.

³ Die abweisende Verfügung des Grundbuchverwalters und des Handelsregisterführers unterliegt der Beschwerde an die nach diesem Gesetz zuständige kantonale Beschwerdeinstanz; diese Beschwerde tritt an die Stelle der Beschwerde an die Aufsichtsbehörde für das Grundbuch oder Handelsregister.

⁴ ...[1]

Art. 19

Zwangsversteigerung

¹ Ersteigert jemand ein Grundstück in einer Zwangsversteigerung, so hat er der Steigerungsbehörde nach dem Zuschlag schriftlich zu erklären, ob er eine Person im Ausland ist, namentlich ob er auf Rechnung einer Person im Ausland handelt; er ist darauf und auf die Bewilligungspflicht von Personen im Ausland für den Erwerb von Grundstücken in den Steigerungsbedingungen aufmerksam zu machen.

---

[1] Aufgehoben durch Ziff. I des BG vom 30. April 1997 (AS **1997** 2086).

² Besteht Gewissheit über die Bewilligungspflicht und liegt noch keine rechtskräftige Bewilligung vor, oder lässt sich die Bewilligungspflicht ohne nähere Prüfung nicht ausschliessen, so räumt die Steigerungsbehörde dem Erwerber unter Mitteilung an den Grundbuchverwalter eine Frist von zehn Tagen ein, um:
a. die Bewilligung oder die Feststellung einzuholen, dass der Erwerber keiner Bewilligung bedarf;
b. den Kaufpreis sicherzustellen, wobei für die Dauer der Sicherstellung ein jährlicher Zins von 5 Prozent zu entrichten ist;
c. die Kosten einer erneuten Versteigerung sicherzustellen.

³ Handelt der Erwerber nicht fristgerecht oder wird die Bewilligung rechtskräftig verweigert, so hebt die Steigerungsbehörde unter Mitteilung an den Grundbuchverwalter den Zuschlag auf und ordnet eine neue Versteigerung an.

⁴ Die Aufhebungsverfügung der Steigerungsbehörde unterliegt der Beschwerde an die nach diesem Gesetz zuständige kantonale Beschwerdeinstanz; diese Beschwerde tritt an die Stelle der Beschwerde an die Aufsichtsbehörde für Schuldbetreibung und Konkurs.

⁵ Wird bei der erneuten Versteigerung ein geringerer Erlös erzielt, so haftet der erste Ersteigerer für den Ausfall und allen weiteren Schaden.

Art. 20

¹ Der Beschwerde an die kantonale Beschwerdeinstanz unterliegen die Verfügungen der Bewilligungsbehörde, des Grundbuchverwalters, des Handelsregisterführers und der Steigerungsbehörde.

Beschwerde an die kantonale Beschwerdeinstanz

² Das Beschwerderecht steht zu:
a. dem Erwerber, dem Veräusserer und anderen Personen, die ein schutzwürdiges Interesse an der Aufhebung oder Änderung der Verfügung haben;
b. der beschwerdeberechtigten kantonalen Behörde oder, wenn diese auf die Beschwerde verzichtet oder sie zurückzieht, dem Bundesamt für Justiz;
c. der Gemeinde, in der das Grundstück liegt, gegen eine Bewilligung, gegen die Feststellung, dass der Erwerber keiner Bewilligung bedarf, und gegen den Widerruf einer Auflage.

³ Die Beschwerdefrist beträgt 30 Tage seit der Eröffnung der Verfügung an die Parteien oder die beschwerdeberechtigte Behörde.

⁴ Die kantonale Beschwerdeinstanz eröffnet ihren Entscheid mit Begründung und Rechtsmittelbelehrung den beschwerdeberechtigten Personen, der Bewilligungsbehörde und, kostenlos, den beschwerdeberechtigten Behörden.

ERWERB VON GRUNDSTÜCKEN (BewG)

Art. 21

Beschwerde an Bundesbehörden

¹ Eidgenössische Beschwerdeinstanzen sind:
a. das Bundesgericht für Verwaltungsgerichtsbeschwerden gegen Entscheide kantonaler Beschwerdeinstanzen und des Eidgenössischen Justiz- und Polizeidepartements;
b. der Bundesrat für Beschwerden gegen Verfügungen des Eidgenössischen Departements für auswärtige Angelegenheiten¹⁾;
c. das Eidgenössische Justiz- und Polizeidepartement für Beschwerden gegen Verfügungen des Bundesamtes für Justiz.

² Die Beschwerde an die kantonale Beschwerdeinstanz berechtigten Parteien und Behörden sind auch zur Verwaltungsgerichtsbeschwerde an das Bundesgericht berechtigt.

³ Die Verwaltungsgerichtsbeschwerde ist auch zulässig gegen Entscheide gestützt auf kantonales öffentliches Recht; rügt der Beschwerdeführer die Verletzung einer Bestimmung selbständigen kantonalen Rechts, so beschränkt sich die Prüfung durch das Bundesgericht auf Willkür.

Art. 22

Beweiserhebung

¹ Die Bewilligungsbehörde und die kantonale Beschwerdeinstanz stellen den Sachverhalt von Amtes wegen fest. Sie stellen nur auf Vorbringen ab, die sie geprüft und über die sie nötigenfalls Beweis erhoben haben.

² Die Bewilligungsbehörde, die kantonale Beschwerdeinstanz, das Bundesgericht und, ausserhalb eines Verfahrens dieser Behörden, die beschwerdeberechtigte kantonale Behörde und das Bundesamt für Justiz können Auskunft über alle Tatsachen verlangen, die für die Bewilligungspflicht oder die Bewilligung von Bedeutung sind.

³ Auskunftspflichtig ist, wer von Amtes wegen, berufsmässig, vertraglich, als Organ einer juristischen Person oder Gesellschaft ohne juristische Persönlichkeit oder eines Anlagefonds durch Finanzierung oder auf andere Weise an der Vorbereitung, dem Abschluss oder dem Vollzug eines Rechtsgeschäftes über den Erwerb mitwirkt; er hat auf Verlangen auch Einsicht in die Geschäftsbücher, Korrespondenzen oder Belege zu gewähren und sie herauszugeben.

⁴ Die Behörde kann zu Ungunsten des Erwerbers entscheiden, wenn ein Auskunftspflichtiger die notwendige und zumutbare Mitwirkung verweigert.

---

¹⁾ Fassung gemäss Ziff. I des BG vom 30. April 1997, in Kraft seit 1. Okt. 1997 (AS 1997 2086).

Art. 23

Vorsorgliche Massnahmen

¹ Die kantonalen Behörden und, ausserhalb eines Verfahrens, auch das Bundesamt für Justiz können vorsorgliche Massnahmen anordnen, um einen rechtlichen oder tatsächlichen Zustand unverändert zu erhalten.

² Die Beschwerde gegen eine vorsorgliche Verfügung hat keine aufschiebende Wirkung.

Art. 24

Rechts- und Amtshilfe

¹ Die Verwaltungs- und Gerichtsbehörden des Bundes und der Kantone leisten sich gegenseitig Rechts- und Amtshilfe.

² Behörden und Beamte, die in ihrer amtlichen Eigenschaft Widerhandlungen wahrnehmen oder Kenntnis davon erhalten, sind verpflichtet, sie sofort der zuständigen kantonalen Strafverfolgungsbehörde, der beschwerdeberechtigten kantonalen Behörde oder dem Bundesamt für Justiz anzuzeigen.

³ Die zuständigen Behörden liefern dem Bundesamt für Justiz die zur Führung und Veröffentlichung einer Statistik über den Erwerb von Grundstücken durch Personen im Ausland notwendigen Angaben; das Bundesamt für Justiz erteilt den zuständigen Behörden Auskunft über Tatsachen, die für die Bewilligungspflicht oder die Bewilligung von Bedeutung sind.

5. Kapitel: Sanktionen

1. Abschnitt: Verwaltungsrecht

Art. 25

Widerruf der Bewilligung und nachträgliche Feststellung der Bewilligungspflicht[1]

¹ Die Bewilligung wird von Amtes wegen widerrufen, wenn der Erwerber sie durch unrichtige Angaben erschlichen hat oder eine Auflage trotz Mahnung nicht einhält.

¹ᵇⁱˢ Die Bewilligungspflicht wird von Amtes wegen nachträglich festgestellt, wenn der Erwerber einer zuständigen Behörde, dem Grundbuchverwalter oder dem Handelsregisterführer über Tatsachen, die für die Bewilligungspflicht von Bedeutung sind, unrichtige oder unvollständige Angaben gemacht hat.[2]

² Sanktionen nach dem Ausländerrecht bleiben vorbehalten.

---

[1] Fassung gemäss Ziff. I des BG vom 30. April 1997, in Kraft seit 1. Okt. 1997 (AS **1997** 2086).

[2] Eingefügt durch Ziff. I des BG vom 30. April 1997, in Kraft seit 1. Okt. 1997 (AS **1997** 2086).

2. Abschnitt: Zivilrecht

Art. 26

Unwirksamkeit und Nichtigkeit

¹ Rechtsgeschäfte über einen Erwerb, für den der Erwerber einer Bewilligung bedarf, bleiben ohne rechtskräftige Bewilligung unwirksam.

² Sie werden nichtig, wenn:
a. der Erwerber das Rechtsgeschäft vollzieht, ohne um die Bewilligung nachzusuchen oder bevor die Bewilligung in Rechtskraft tritt;
b. die Bewilligungsbehörde die Bewilligung rechtskräftig verweigert oder widerrufen hat;
c. der Grundbuchverwalter oder Handelsregisterführer die Anmeldung abweist, ohne dass die Bewilligungsbehörde die Bewilligung vorgängig verweigert hat;
d. die Steigerungsbehörde den Zuschlag aufhebt, ohne dass die Bewilligungsbehörde die Bewilligung vorgängig verweigert hat.

³ Unwirksamkeit und Nichtigkeit sind von Amtes wegen zu beachten.

⁴ Sie haben zur Folge, dass:
a. versprochene Leistungen nicht gefordert werden dürfen;
b. Leistungen innerhalb eines Jahres zurückgefordert werden können, seit der Kläger Kenntnis von seinem Rückforderungsanspruch hat, oder innerhalb eines Jahres seit Abschluss eines Strafverfahrens, spätestens aber innerhalb von zehn Jahren seit die Leistung erbracht worden ist;
c. von Amtes wegen auf Beseitigung eines rechtswidrigen Zustandes geklagt wird.

Art. 27

Beseitigung des rechtswidrigen Zustandes

¹ Die beschwerdeberechtigte kantonale Behörde oder, wenn diese nicht handelt, das Bundesamt für Justiz klagt gegen die Parteien auf[1]:
a. Wiederherstellung des ursprünglichen Zustandes, wenn ein Grundstück aufgrund eines mangels Bewilligung nichtigen Rechtsgeschäftes erworben wurde;
b. Auflösung der juristischen Person mit Verfall ihres Vermögens an das Gemeinwesen im Falle von Artikel 57 Absatz 3 des Schweizerischen Zivilgesetzbuches[2].

² Erweist sich die Wiederherstellung des ursprünglichen Zustandes als unmöglich oder untunlich, so ordnet der Richter die öffentliche Versteigerung nach den Vorschriften über die Zwangsverwertung von Grundstücken an. Der Erwerber kann nur seine Gestehungskosten beanspruchen; ein Mehrerlös fällt dem Kanton zu.

---

[1] Fassung gemäss Anhang Ziff. 4 des Gerichtsstandsgesetzes vom 24. April 2000, in Kraft seit 1. Jan. 2001 (SR **272**).
[2] SR **210**

³ Die Klage auf Wiederherstellung des ursprünglichen Zustandes entfällt, wenn die Parteien ihn wieder hergestellt haben oder ein gutgläubiger Dritter das Grundstück erworben hat.

⁴ Beide Klagen sind anzubringen:

a. innerhalb eines Jahres seit einem rechtskräftigen Entscheid, der die Nichtigkeit bewirkt;
b. im übrigen innerhalb von zehn Jahren seit dem Erwerb, wobei die Klagefrist während eines Verwaltungsverfahrens ruht;
c. spätestens bis zur Verjährung der Strafverfolgung, wenn diese länger dauert.

⁵ Für den Schutz gutgläubig erworbener dinglicher Rechte und die Ersatzpflicht gilt Artikel 975 Absatz 2 des Schweizerischen Zivilgesetzbuches.

3. Abschnitt: Strafrecht

Art. 28

¹ Wer vorsätzlich ein mangels Bewilligung nichtiges Rechtsgeschäft vollzieht oder als Erbe, der für den Erwerb der Bewilligung bedarf, nicht fristgerecht um diese nachsucht, wird mit Gefängnis oder mit Busse bis zu 100 000 Franken bestraft.

² Handelt der Täter gewerbsmässig, so ist die Strafe Gefängnis nicht unter sechs Monaten.

³ Handelt der Täter fahrlässig, so ist die Strafe Busse bis zu 50 000 Franken.

⁴ Stellt der Täter den ursprünglichen Zustand wieder her, so kann der Richter die Strafe mildern.

Umgehung der Bewilligungspflicht

Art. 29

¹ Wer vorsätzlich einer zuständigen Behörde, dem Grundbuchverwalter oder dem Handelsregisterführer über Tatsachen, die für die Bewilligungspflicht oder für die Bewilligung von Bedeutung sind, unrichtige oder unvollständige Angaben macht oder einen Irrtum dieser Behörden arglistig benutzt, wird mit Gefängnis oder mit Busse bis zu 100 000 Franken bestraft[1].

² Wer fahrlässig unrichtige oder unvollständige Angaben macht, wird mit Busse bis zu 50 000 Franken bestraft.

Unrichtige Angaben

Art. 30

¹ Wer vorsätzlich eine Auflage missachtet, wird mit Gefängnis oder mit Busse bis zu 100 000 Franken bestraft.

² Handelt der Täter fahrlässig, so ist die Strafe Busse bis zu 50 000 Franken.

Missachtung von Auflagen

---

[1] Fassung gemäss Ziff. I des BG vom 30. April 1997, in Kraft seit 1. Okt. 1997 (AS **1997** 2086).

³ Wird die Auflage nachträglich widerrufen oder kommt der Täter nachträglich der Auflage nach, so ist die Strafe Busse bis zu 20 000 Franken.

⁴ Bis zur rechtskräftigen Erledigung eines Verfahrens auf Widerruf der Auflage darf der Strafrichter nicht urteilen.

Art. 31

Verweigerung von Auskunft oder Edition

Wer sich weigert, der Auskunfts- oder Editionspflicht nachzukommen, die ihm die zuständige Behörde unter Hinweis auf die Strafandrohung dieses Artikels auferlegt, wird mit Haft oder mit Busse bis zu 50 000 Franken bestraft. Er bleibt straflos, wenn er sich auf ein Berufsgeheimnis nach Artikel 321 des Strafgesetzbuches[1] berufen kann.

Art. 32

Verjährung

¹ Die Strafverfolgung verjährt:
a. in zwei Jahren für die Verweigerung von Auskunft oder Edition;
b. in fünf Jahren für andere Übertretungen;
c. in zehn Jahren für Vergehen.

² Die Strafe für eine Übertretung verjährt in fünf Jahren.

Art. 33

Einziehung unrechtmässiger Vermögensvorteile

¹ Wer durch eine Widerhandlung einen unrechtmässigen Vorteil erlangt, der nicht auf Klage hin beseitigt wird, ist bis zur Verjährung der Strafverfolgung ohne Rücksicht auf die Strafbarkeit einer bestimmten Person zu verpflichten, einen entsprechenden Betrag an den Kanton zu zahlen.

² Geschenke und andere Zuwendungen verfallen nach Artikel 59 des Strafgesetzbuches[1].

Art. 34

Widerhandlungen im Geschäftsbetrieb

Für Widerhandlungen im Geschäftsbetrieb gelten die Artikel 6 und 7 des Verwaltungsstrafrechtsgesetzes[2] sinngemäss.

Art. 35

Strafverfolgung

¹ Die Strafverfolgung obliegt den Kantonen.

² Jede Einleitung eines Strafverfahrens, alle Einstellungsbeschlüsse, Strafbescheide und Strafurteile sind ohne Verzug und unentgeltlich der Bundesanwaltschaft mitzuteilen; diese kann jederzeit Auskunft über den Stand eines hängigen Strafverfahrens verlangen.

³ Die Artikel 258 und 259 des Bundesstrafrechtspflegegesetzes[3] sind anwendbar.

---

[1] SR **311.0**. Heute: nach Art. 321 und 321ᵇⁱˢ.
[2] SR **313.0**
[3] SR **312.0**

6. Kapitel: Schlussbestimmungen

Art. 36

Ausführungsbestimmungen

¹ Der Bundesrat und die Kantone erlassen die notwendigen Ausführungsbestimmungen.

² Die Kantone können ausser ihren notwendigen Ausführungsbestimmungen auch ergänzende gesetzliche Bestimmungen, zu deren Erlass dieses Gesetz sie ermächtigt, vorläufig durch nicht referendumspflichtige Verordnung erlassen; diese Verordnungen bleiben bis zum Erlass gesetzlicher Bestimmungen in Kraft, längstens jedoch für die Dauer von drei Jahren seit dem Inkrafttreten dieses Gesetzes.

³ Die kantonalen Bestimmungen bedürfen der Genehmigung des Bundes[1]; Bestimmungen, welche die Gemeinden erlassen, sind dem Bundesamt für Justiz zur Kenntnis zu bringen.

Art. 37

Aufhebung und Änderung anderer Erlasse

¹ Der Bundesbeschluss vom 23. März 1961[2] über den Erwerb von Grundstücken durch Personen im Ausland wird aufgehoben.

² Das Bundesgesetz vom 23. Juni 1950[3] über den Schutz militärischer Anlagen wird wie folgt geändert: ...

Art. 38

Übergangsbestimmung

Dieses Gesetz und die gestützt darauf erlassenen Ausführungsbestimmungen sind auf Bewilligungen anwendbar, die nach dem Inkrafttreten dieses Gesetzes in erster Instanz erteilt werden, soweit sie nicht auf rechtskräftigen Grundsatzbewilligungen nach dem früheren Recht[4] beruhen.

Art. 39

Bewilligungskontingente

Der Bundesrat setzt für die erste Periode von zwei Jahren die gesamtschweizerische Höchstzahl an Bewilligungen für Ferienwohnungen und Wohneinheiten in Apparthotels auf höchstens zwei Drittel der Bewilligungen fest, die im Durchschnitt der fünf letzten Jahre vor Inkrafttreten dieses Gesetzes für den Erwerb von Zweitwohnungen im Sinne des früheren Rechts erteilt worden sind.

---

[1] Ausdruck gemäss Ziff. III des BG vom 15. Dez. 1989 über die Genehmigung kantonaler Erlasse durch den Bund, in Kraft seit 1. Febr. 1991 (AS **1991** 362 369; BBl **1988** II 1333).
[2] [AS **1961** 203, **1965** 1239, **1970** 1199, **1974** 83, **1977** 1689 Ziff. II, **1982** 1914]
[3] SR 510.518
[4] [AS **1972** 1062. AS **1974** 94 Art. 26]
[AS **1974** 109, **1975** 1303, **1976** 607. AS **1976** 2389 Art. 5 Abs. 3]
[AS **1976** 2389, **1979** 806, **1980** 1875, **1981** 2070, **1982** 2235, **1983** 1614]

Art. 40

Referendum und Inkrafttreten

¹ Dieses Gesetz untersteht dem fakultativen Referendum.

² Es tritt am 1. Januar 1985 in Kraft, wenn die Volksinitiative «gegen den Ausverkauf der Heimat» vor diesem Zeitpunkt zurückgezogen oder verworfen wird.[1] Andernfalls bestimmt der Bundesrat das Inkrafttreten.

Schlussbestimmungen der Änderung vom 30. April 1997[2]

¹ Die Änderung dieses Gesetzes ist auf Rechtsgeschäfte anwendbar, die vor dem Inkrafttreten dieser Änderung abgeschlossen, aber noch nicht vollzogen worden oder noch nicht rechtskräftig entschieden sind.

² An eine Bewilligung geknüpfte Auflagen fallen von Gesetzes wegen dahin, wenn das neue Recht sie nicht mehr vorschreibt oder es den Erwerb nicht mehr der Bewilligungpflicht unterstellt; ihre Löschung im Grundbuch erfolgt auf Antrag des Erwerbers.

³ Kann der Grundbuchverwalter nicht ohne weiteres feststellen, ob eine Auflage von Gesetzes wegen dahingefallen ist, verweist er den Anmeldenden an die Bewilligungsbehörde; Artikel 18 Absatz 1 ist sinngemäss anwendbar.

Schlussbestimmungen der Änderung vom 8. Oktober 1999[3]

Die Schlussbestimmungen der Änderung vom 30. April 1997 gelten für diese Änderung analog.

Schlussbestimmungen der Änderung vom 14. Dezember 2001[4]

Die vorliegende Änderung ist anwendbar auf Rechtsakte, die zwar vor dem Inkrafttreten dieser Änderung abgeschlossen, aber noch nicht ausgeführt oder nicht von einer in Kraft getretenen Entscheidung erfasst worden sind.

---

[1] Die Initiative wurde am 20. Mai 1984 verworfen (BBl **1984** II 989).
[2] Ziff. III des BG vom 30. April 1997, in Kraft seit 1. Okt. 1997 (AS **1997** 2086).
[3] AS **2002** 701; BBl **1999** 6128
[4] AS **2002** 685; BBl **2001** 4963

Erwerb von Grundstücken durch Personen im Ausland: Bewilligungsverordnung

# C. Verordnung über den Erwerb von Grundstücken durch Personen im Ausland (BewV)

vom 1. Oktober 1984 (Stand am 1. Juli 2003)

Der Schweizerische Bundesrat,
gestützt auf Artikel 36 Absatz 1 des Bundesgesetzes vom 16. Dezember 1983[1)] über den Erwerb von Grundstücken durch Personen im Ausland (BewG),
verordnet:

1. Kapitel: Bewilligungspflicht

Art. 1

Erwerb von Grundstücken

[1] Als Erwerb von Grundstücken gelten auch:

a.[2)] die Beteiligung an der Gründung und, sofern der Erwerber damit seine Stellung verstärkt, an der Kapitalerhöhung von juristischen Personen, deren tatsächlicher Zweck der Erwerb von Grundstücken ist (Art. 4 Abs. 1 Bst. e BewG), die nicht nach Artikel 2 Absatz 2 Buchstabe a BewG ohne Bewilligung erworben werden können;

b.[2)] die Übernahme eines Grundstückes, das nicht nach Artikel 2 Absatz 2 Buchstabe a BewG ohne Bewilligung erworben werden kann, zusammen mit einem Vermögen oder Geschäft (Art. 181 OR[3)]) oder durch Fusion (Art. 748 ff. und 914 OR), Umwandlung oder Aufspaltung von Gesellschaften, sofern sich dadurch die Rechte des Erwerbers an diesem Grundstück vermehren;

c. der Erwerb von Anteilen an einer Gesellschaft, der eine Wohnung gehört, die dem Erwerber der Anteile als Haupt-, Zweit- oder Ferienwohnung dient.

[2] Als andere Rechte, die dem Erwerber eine ähnliche Stellung wie dem Eigentümer eines Grundstückes verschaffen (Art. 4 Abs. 1 Bst. g BewG), gelten insbesondere:

a. die langfristige Miete oder Pacht eines Grundstückes, wenn die Abreden den Rahmen des gewöhnlichen oder kaufmännischen Geschäftsverkehrs sprengen und den Vermieter oder Verpächter in eine besondere Abhängigkeit vom Mieter oder Pächter bringen;

SR **211.412.411**; AS **1984** 1164
[1)] SR **211.412.41**
[2)] Fassung gemäss Ziff. I der V vom 10. Sept. 1997, in Kraft seit 1. Okt. 1997 (AS **1997** 2122).
[3)] SR **220**

b. die Finanzierung des Kaufes oder der Überbauung eines Grundstückes, wenn die Abreden, die Höhe der Kredite oder die Vermögensverhältnisse des Schuldners den Käufer oder Bauherrn in eine besondere Abhängigkeit vom Gläubiger bringen;
c. die Begründung von Bauverboten und ähnlichen Eigentumsbeschränkungen mit dinglicher oder obligatorischer Wirkung, welche ein Nachbargrundstück betreffen.

Art. 2[1]

Personen im Ausland

[1] Staatsangehörige der Mitgliedstaaten der Europäischen Gemeinschaft (EG) und der Europäischen Freihandelsassoziation (EFTA) gelten nicht als Personen im Ausland, wenn sie in der Schweiz Wohnsitz nach den Artikeln 23, 24 Absatz 1, 25 und 26 des Zivilgesetzbuches[2] (ZGB) haben (Art. 5 Abs. 1 Bst. a BewG).

[2] Die Rechtmässigkeit des Wohnsitzes setzt ausserdem eine gültige Kurzaufenthalts-, Aufenthalts- oder Niederlassungsbewilligung EG-EFTA (Art. 4 Abs. 1 und Art. 5 der Verordnung vom 23. Mai 2001[3] über die Einführung des freien Personenverkehrs [VEP]) zur Wohnsitznahme voraus.

[3] Als Personen, die nicht das Recht haben, sich in der Schweiz niederzulassen (Art. 5 Abs. 1 Bst. a^{bis} BewG), gelten Ausländer ohne gültige Niederlassungsbewilligung (Ausländerausweis C, Art. 6 und 9 Abs. 3 des Bundesgesetzes vom 26. März 1931[4] über Aufenthalt und Niederlassung der Ausländer; ANAG).

[4] Ausländer, die für ihren rechtmässigen Aufenthalt keiner Bewilligung der Fremdenpolizei bedürfen (Art. 5 Abs. 3), unterliegen der Bewilligungspflicht für den Erwerb von Grundstücken wie Ausländer, die einer Bewilligung der Fremdenpolizei bedürfen.

2. Kapitel: Bewilligungs- und Verweigerungsgründe

Art. 3[5]

Erstellung und gewerbsmässige Vermietung von Wohnraum

Die Verwendung des Grundstückes für die Erstellung oder gewerbsmässige Vermietung von Wohnraum, der nicht zu einem Hotel oder Apparthotel gehört, begründet keine Betriebsstätte im Sinne von Artikel 2 Absatz 2 Buchstabe a BewG.

---

[1] Fassung gemäss Ziff. I der V vom 23. Jan. 2002, in Kraft seit 1. Juni 2002 (AS **2002** 1115).
[2] SR **210**
[3] [AS **2002** 1729]. Heute: V vom 22. Mai 2002 (SR **142.203**; AS **2002** 1741).
[4] SR **142.20**
[5] Fassung gemäss Ziff. I der V vom 10. Sept. 1997, in Kraft seit 1. Okt. 1997 (AS **1997** 2122).

Art. 4

¹ Der Veräusserer, der einen Härtefall geltend macht (Art. 8 Abs. 3 BewG), muss ausser seiner Notlage nachweisen, dass er die Wohnung erfolglos zu den Gestehungskosten Personen angeboten hat, die keiner Bewilligung bedürfen; die Gestehungskosten erhöhen sich um den Betrag einer angemessenen Verzinsung, wenn die Wohnung dem Veräusserer seit mehr als drei Jahren gehört.

Härtefall

² Der Erwerb einer Ferienwohnung oder einer Wohneinheit in einem Apparthotel kann auch in einem Härtefall nur in Fremdenverkehrsorten im Sinne des geltenden (Art. 9 Abs. 3 BewG) oder des früheren Rechts (Art. 21 Abs. 2) bewilligt werden.

Art. 5

¹ Der Wohnsitz, der zum bewilligungsfreien Erwerb einer Hauptwohnung berechtigt (Art. 2 Abs. 2 Bst. b BewG), bestimmt sich nach den Artikeln 23, 24 Absatz 1, 25 und 26 ZGB[1),2)]

Hauptwohnung

² Die Rechtmässigkeit des Wohnsitzes setzt ausserdem die gültige Aufenthaltsbewilligung zur Wohnsitznahme (Ausländerausweis B, Art. 5 und 9 Abs. 1 ANAG[3)]) oder eine andere entsprechende Berechtigung voraus.

³ Eine andere Berechtigung steht zu, wenn im übrigen die Voraussetzungen des Wohnsitzes vorliegen, den Personen im Dienste:

a.[2)] diplomatischer Missionen, konsularischer Posten, internationaler Organisationen mit Sitz in der Schweiz und ständiger Missionen bei diesen Organisationen (Legitimationskarte des Eidgenössischen Departementes für auswärtige Angelegenheiten);

b. von Betriebsstellen ausländischer Bahn-, Post- und Zollverwaltungen mit Sitz in der Schweiz (Dienstausweis).

Art. 6

¹ Als aussergewöhnlich enge, schutzwürdige Beziehungen, die zum Erwerb einer Zweitwohnung berechtigen (Art. 9 Abs. 1 Bst. c BewG), gelten regelmässige Beziehungen, die der Erwerber zum Ort der Zweitwohnung unterhalten muss, um überwiegende wirtschaftliche, wissenschaftliche, kulturelle oder andere wichtige Interessen zu wahren.

Zweitwohnung

² Verwandtschaft oder Schwägerschaft mit Personen in der Schweiz und Ferien-, Kur-, Studien- oder andere vorübergehende Aufenthalte begründen für sich allein keine engen schutzwürdigen Beziehungen.

[1)] SR **210**
[2)] Fassung gemäss Ziff. I der V vom 23. Jan. 2002, in Kraft seit 1. Juni 2002 (AS **2002** 1115).
[3)] SR **142.20**

Art. 7

Apparthotels   1 ...[1]

2 Die dauernde hotelmässige Bewirtschaftung (Art. 10 Bst. b BewG) wird sichergestellt, indem die Stockwerkeigentümer im Begründungsakt und im Verwaltungs- und Nutzungsreglement (Art. 712d ff. ZGB[2]) darauf verpflichtet werden; die Bewilligungen werden unter den dafür vorgeschriebenen Auflagen erteilt (Art. 11 Abs. 2 Bst. g).

3 Vorbehalten bleiben die nach kantonalem Recht für einen Hotelbetrieb erforderlichen Bewilligungen.

Art. 8[3]

Erwerb einer Wohnung durch eine natürliche Person   Als Erwerb einer Wohnung durch eine natürliche Person (Art. 2 Abs. 2 Bst. b, 7 Bst. j, 8 Abs. 3 sowie 9 Abs. 1 Bst. c und Abs. 2 BewG) gilt der unmittelbare Erwerb auf deren persönlichen Namen und bei Mieteraktiengesellschaften, deren Gründung vor dem 1. Februar 1974 erfolgte, der Erwerb von Anteilen im entsprechenden Umfang.

Art. 9

Bewilligungskontingente   1 Der Anhang 1 dieser Verordnung führt die jährliche gesamtschweizerische Höchstzahl an Bewilligungen für Ferienwohnungen und Wohneinheiten in Apparthotels sowie die kantonalen Jahreskontingente auf (Art. 11 und 39 BewG).

2 Die Bewilligungen werden im Zeitpunkt der Zusicherung an den Veräusserer durch die zuständige Behörde (Grundsatzbewilligung) oder, wenn keine Zusicherung vorliegt, im Zeitpunkt der Erteilung an den Erwerber auf das Kontingent angerechnet.

3 In einem Jahr nicht gebrauchte Kontingentseinheiten werden auf das folgende Jahr übertragen.[4]

4 Werden sie auch bis zum 31. Oktober des folgenden Jahres nicht gebraucht, so verteilt sie das Bundesamt für Justiz auf die Kantone, die bis zu diesem Zeitpunkt ihr Kontingent ausgeschöpft und um Zuteilung weiterer Einheiten nachgesucht haben.[5]

5 Die Anzahl der zusätzlichen Einheiten für einen Kanton darf die Hälfte seines Jahreskontingents (Anhang 1) nicht überschreiten.[5]

---

[1] Aufgehoben durch Ziff. I der V vom 10. Sept. 1997 (AS 1997 2122).

[2] SR **210**

[3] Fassung gemäss Ziff. I der V vom 23. Jan. 2002, in Kraft seit 1. Juni 2002 (AS **2002** 1115).

[4] Fassung gemäss Ziff. I der V vom 10. Juni 1996, in Kraft seit 1. Aug. 1996 (AS **1996** 2117).

[5] Eingefügt durch Ziff. I der V vom 10. Juni 1996, in Kraft seit 1. Aug. 1996 (AS **1996** 2117).

⁶ Verlangen die Kantone mehr zusätzliche Einheiten, als zur Verfügung stehen, so erfolgt die Verteilung im Verhältnis der Jahreskontingente der ersuchenden Kantone.[1]

⁷ Die auf das folgende Jahr übertragenen (Abs. 3) wie auch die vom Bundesamt für Justiz zugeteilten zusätzlichen Einheiten (Abs. 4) verfallen, wenn sie bis zum 31. Dezember dieses Jahres nicht gebraucht werden.[1]

Art. 10

¹ ...[2]

Zulässige Fläche

² Die Nettowohnfläche von Zweitwohnungen im Sinne von Artikel 9 Absatz 1 Buchstabe c BewG, Ferienwohnungen und Wohneinheiten in Apparthotels darf 200 m² in der Regel nicht übersteigen.[3]

³ Ausserdem darf für Zweitwohnungen im Sinne von Artikel 9 Absatz 1 Buchstabe c BewG und für Ferienwohnungen, die nicht im Stockwerkeigentum stehen, die Gesamtfläche des Grundstückes 1000 m² in der Regel nicht übersteigen.[4]

⁴ Ein nachträglicher Mehrerwerb darf nur im Rahmen der zulässigen Fläche erfolgen.

⁵ Führt ein Tausch von Wohnungen oder eine Grenzbereinigung dazu, dass die zulässige Fläche überschritten wird, so entfällt die für diesen Erwerb vorgesehene Ausnahme von der Bewilligungspflicht (Art. 7 Bst. d und g BewG); der Grundbuchverwalter verweist in diesem Falle den Erwerber an die Bewilligungsbehörde (Art. 18 Abs. 1 BewG).

Art. 11

¹ Der Erwerb einer Zweitwohnung im Sinne von Artikel 9 Absatz 1 Buchstabe c BewG, einer Ferienwohnung oder einer Wohneinheit in einem Apparthotel darf, wenn dem Erwerber, seinem Ehegatten oder einem Kind unter 20 Jahren bereits eine solche Wohnung gehört, nur unter der Bedingung bewilligt werden, dass diese Wohnung vorher veräussert wird (Art. 12 Bst. d BewG).[4]

Bedingungen und Auflagen

² An die Bewilligungen sind in der Regel mindestens die folgenden, im Grundbuch anzumerkenden Auflagen zu knüpfen (Art. 14 BewG):

---

[1] Eingefügt durch Ziff. I der V vom 10. Juni 1996, in Kraft seit 1. Aug. 1996 (AS **1996** 2117).

[2] Aufgehoben durch Ziff. I der V vom 10. Sept. 1997 (AS **1997** 2122).

[3] Fassung gemäss Ziff. I der V vom 28. Mai 2003, in Kraft seit 1. Juli 2003 (AS **2003** 1635).

[4] Fassung gemäss Ziff. I der V vom 23. Jan. 2002, in Kraft seit 1. Juni 2002 (AS **2002** 1115).

a. die Verpflichtung, das Grundstück dauernd zu dem Zwecke zu verwenden, für den der Erwerb bewilligt wird, und für jede Änderung des Verwendungszweckes die Einwilligung der Bewilligungsbehörde einzuholen;
b. bei Bauland die Verpflichtung, den Bau innert bestimmter Frist zu beginnen und für alle erheblichen Änderungen der Baupläne die Einwilligung der Bewilligungsbehörde einzuholen;
c.[1] bei Grundstücken, die als Kapitalanlage ausländischer Versicherer, der Personalvorsorge, gemeinnützigen Zwecken oder dem sozialen Wohnungsbau dienen, eine vom Erwerb an gerechnete zehnjährige Sperrfrist für die Wiederveräusserung;
d. bei Grundstücken des sozialen Wohnungsbaus das Verbot für den Erwerber, Wohnungen selber zu benützen;
e.[2] bei Zweitwohnungen im Sinne von Artikel 9 Absatz 1 Buchstabe c BewG die Verpflichtung, sie innert zweier Jahre zu veräussern, wenn der Erwerber sie nicht mehr als solche verwendet;
f. bei Ferienwohnungen das Verbot, sie ganzjährig zu vermieten;
g. bei Apparthotels die Verpflichtung, die Wohneinheit dem Betriebsinhaber zur Bewirtschaftung gemäss dem Begründungsakt des Stockwerkeigentums und dem Verwaltungs- und Nutzungsreglement (Art. 7) zu überlassen;
h. beim Erwerb von Anteilen an Immobiliengesellschaften das Verbot, die Anteile während der Sperrfrist (Bst. c) zu veräussern oder zu verpfänden, und die Verpflichtung, die Titel auf den Namen des Erwerbers bei einer Depositenstelle, die der Kanton bestimmt, unwiderruflich zu hinterlegen.

³ Die Bewilligungsbehörde kann weitergehende Auflagen verfügen, um die Verwendung des Grundstückes zu dem Zwecke sicherzustellen, den der Erwerber geltend macht.

⁴ Als zwingender Grund für den ganzen oder teilweisen Widerruf einer Auflage (Art. 14 Abs. 4 BewG) gilt eine Veränderung der Verhältnisse für den Erwerber, welche die Erfüllung der Auflage unmöglich oder unzumutbar macht.

⁵ Die Überprüfung der Einhaltung der Auflagen ist Sache der Bewilligungsbehörde oder, wenn diese nicht handelt, der beschwerdeberechtigten Behörden.

---

[1] Fassung gemäss Ziff. I der V vom 10. Sept. 1997, in Kraft seit 1. Okt. 1997 (AS **1997** 2122).

[2] Fassung gemäss Ziff. I der V vom 23. Jan. 2002, in Kraft seit 1. Juni 2002 (AS **2002** 1115).

Art. 12

Verfall der Bewilligungen

¹ Die Bewilligung für den Erwerb verfällt, wenn dieser nicht innert dreier Jahre erfolgt (Art. 14 Abs. 2 BewG).
² Die Bewilligungsbehörde kann diese Frist ausnahmsweise und aus wichtigen Gründen erstrecken, wenn der Erwerber vor Ablauf der Frist darum nachsucht.
³ Die Kantone regeln den Verfall der Zusicherungen von Bewilligungen an Veräusserer (Grundsatzbewilligungen).
⁴ Grundsatzbewilligungen, die nicht befristet worden sind, verfallen am 31. Dezember 2000, soweit von ihnen nicht Gebrauch gemacht worden ist.[1]

Art. 13 und 14[2]

3. Kapitel: Behörden und Verfahren

Art. 15

Feststellung der Bewilligungspflicht

¹ Der Erwerber ersucht die Bewilligungsbehörde um ihren Entscheid über die Bewilligungspflicht (Art. 2 und 4–7 BewG), wenn diese sich nicht ohne weiteres ausschliessen lässt (Art. 17 Abs. 1 BewG).[3]
² Steht der Entscheid einer Bundesbehörde zu (Art. 7 Bst. h, 16 Abs. 1 Bst. a und Abs. 2 BewG), so richtet der Erwerber sein Gesuch an die kantonale Bewilligungsbehörde zuhanden der Bundesbehörde.
³ Im übrigen entscheidet die Bewilligungsbehörde über die Bewilligungspflicht, wenn:
a. der Erwerber auf Veranlassung des Grundbuchverwalters, des Handelsregisterführers oder der Steigerungsbehörde darum ersucht (Art. 18 und 19 BewG);
b. eine beschwerdeberechtigte kantonale Behörde oder das Bundesamt für Justiz darum ersucht (Art. 22 Abs. 2 BewG);
c. der Zivilrichter, der Strafrichter oder eine andere Behörde darum ersucht.

Art. 16

Örtliche Zuständigkeit

Die Bestimmung über die örtliche Zuständigkeit im Falle des Erwerbes von Anteilen an einer Immobiliengesellschaft mit Grundstücken im Amtsbereich mehrerer Behörden (Art. 15 Abs. 2 BewG) ist auf einen anderen Erwerb sinngemäss anwendbar.

---

[1] Eingefügt durch Ziff. I der V vom 10. Sept. 1997, in Kraft seit 1. Okt. 1997 (AS **1997** 2122).
[2] Aufgehoben durch Ziff. I der V vom 10. Sept. 1997 (AS **1997** 2122).
[3] Fassung gemäss Ziff. I der V vom 10. Sept. 1997, in Kraft seit 1. Okt. 1997 (AS **1997** 2122).

Art. 17

Eröffnung von Verfügungen

[1] Die kantonalen Behörden eröffnen dem Bundesamt für Justiz die Verfügungen der Bewilligungsbehörde und die Beschwerdeentscheide mit den im Anhang 2 dieser Verordnung vorgeschriebenen Angaben in drei Exemplaren und mit den vollständigen Akten (Art. 17 Abs. 3, 20 Abs. 4 und 24 Abs. 3 BewG).

[2] Das Eidgenössische Justiz- und Polizeidepartement kann für eine automatisierte statistische Auswertung ein ergänzendes Formular vorschreiben.

Art. 18

Prüfung und Beweiserhebung

[1] Grundbuchamt, Handelsregisteramt und Steigerungsbehörde überlassen, unter Vorbehalt der Artikel 18a und 18b, eine nähere Prüfung der Bewilligungspflicht und gegebenenfalls die Beweiserhebung darüber der Bewilligungsbehörde, an die sie den Erwerber verweisen (Art. 18 Abs. 1 und 2 sowie 19 Abs. 2 BewG; Art. 15 Abs. 3 Bst. a).[1)]

[2] Öffentliche Urkunden erbringen für durch sie bezeugte Tatsache vollen Beweis, wenn die Urkundsperson darin bescheinigt, sich über die Tatsachen aus eigener Wahrnehmung vergewissert zu haben, und wenn keine Anhaltspunkte dafür bestehen, dass die Tatsachen nicht zutreffen (Art. 9 ZGB[2)]).

[3] Allgemeine Erklärungen, die lediglich Voraussetzungen der Bewilligungspflicht bestreiten oder Voraussetzungen der Bewilligung behaupten, erbringen in keinem Falle Beweis; vorbehalten bleiben Erklärungen über die beabsichtigte Nutzung des Grundstücks (Art. 18a).[1)]

[4] Als Geschäftsbücher (Art. 22 Abs. 3 BewG) gelten auch das Aktienbuch (Art. 685 OR[3)]), das Anteilbuch (Art. 790 OR) und das Genossenschafterverzeichnis (Art. 835 OR).

Art. 18a[4)]

Prüfung durch Grundbuchamt und Steigerungsbehörde

[1] Für einen Erwerb nach Artikel 2 Absatz 2 Buchstabe a BewG (Betriebsstätte) verzichten das Grundbuchamt und die Steigerungsbehörde auf die Verweisung des Erwerbers an die Bewilligungsbehörde zur Abklärung der Bewilligungspflicht (Art. 18 Abs. 1), wenn:

a. der Erwerber nachweist, dass das Grundstück für die Ausübung einer wirtschaftlichen Tätigkeit eines Unternehmens dient;

[1)] Fassung gemäss Ziff. I der V vom 10. Sept. 1997, in Kraft seit 1. Okt. 1997 (AS **1997** 2122).
[2)] SR **210**
[3)] SR **220**. Siehe heute Art. 686.
[4)] Eingefügt durch Ziff. I der V vom 10. Sept. 1997, in Kraft seit 1. Okt. 1997 (AS **1997** 2122).

b. er bei einem Grundstück, das nicht überbaut ist, schriftlich erklärt, es zu diesem Zweck zu überbauen;
c. die Landreserven für einen Ausbau des Unternehmens einen Drittel der gesamten Fläche nicht übersteigen.

² Für einen Erwerb nach Artikel 2 Absatz 2 Buchstabe b BewG (Hauptwohnung) ist auf die Verweisung zu verzichten, wenn:
a. der Erwerber eine gültige Aufenthaltsbewilligung zur Wohnsitznahme (Ausländerausweis B, Art. 5 Abs. 2) oder eine andere entsprechende Berechtigung (Art. 5 Abs. 3) vorlegt;
b. er schriftlich erklärt, das Grundstück als Hauptwohnung zu erwerben;
c. die Fläche des Grundstücks 3000 m² nicht übersteigt.

³ Für den Erwerb einer Zweitwohnung durch einen Grenzgänger in der Region des Arbeitsorts (Art. 7 Bst. j BewG) ist auf die Verweisung zu verzichten, wenn:
a. der Erwerber eine gültige Grenzgängerbewilligung EG-EFTA (Art. 4 Abs. 1 VEP) vorlegt;
b. er schriftlich erklärt, das Grundstück als Zweitwohnung zu erwerben;
c. die Fläche des Grundstücks 1000 m² nicht übersteigt.[1]

Art. 18b[2]

Das Handelsregisteramt verweist die anmeldende Person in der Regel nur dann an die Bewilligungsbehörde (Art. 18 Abs. 1), wenn die Eintragung in das Handelsregister im Zusammenhang mit einer Beteiligung einer Person im Ausland an einer vermögensfähigen Gesellschaft ohne juristische Persönlichkeit oder an einer juristischen Person steht, deren tatsächlicher Zweck der Erwerb von Grundstücken ist (Art. 4 Abs. 1 Bst. b und e BewG; Art. 1 Abs. 1 Bst. a und b), die nicht nach Artikel 2 Absatz 2 Buchstabe a BewG ohne Bewilligung erworben werden können.

Prüfung durch das Handelsregisteramt

Art. 19

¹ Die Bewilligungsbehörde holt, bevor sie entscheidet, die Stellungnahme ein:
a. des Sekretariates der Eidgenössischen Bankenkommission, wenn es sich um die Bewilligungspflicht für den Erwerb von Anteilen an einem Immobilienanlagefonds ohne regelmässigen Markt oder an einem ähnlichen Vermögen handelt (Art. 4 Abs. 1 Bst. c BewG);

Stellungnahme anderer Behörden

---

[1] Eingefügt durch Ziff. I der V vom 23. Jan. 2002, in Kraft seit 1. Juni 2002 (AS **2002** 1115).
[2] Eingefügt durch Ziff. I der V vom 10. Sept. 1997, in Kraft seit 1. Okt. 1997 (AS **1997** 2122).

b. des Bundesamtes für Privatversicherungswesen, wenn es sich um die Bewilligung für den Erwerb als Anlage ausländischer und ausländisch beherrschter Versicherungseinrichtungen (Art. 8 Abs. 1 Bst. b BewG) oder um den Widerruf von Auflagen (Art. 11 Abs. 4) handelt.

c. der kantonalen Steuerbehörde darüber, ob der Erwerber für das Grundstück von der direkten Bundessteuer befreit ist, wenn es sich um die Bewilligung für den Erwerb zur Personalvorsorge inländischer Betriebsstätten oder zu gemeinnützigen Zwecken handelt (Art. 8 Abs. 1 Bst. c BewG);

d. der zuständigen kantonalen Behörde, wenn das Grundstück dem sozialen Wohnungsbau dient oder sich darauf solche neuerstellten Wohnungen befinden (Art. 9 Abs. 1 Bst. a BewG);

e.[1] der zuständigen kantonalen und Bundesbehörden darüber, ob Interessen vorliegen, die den Erwerb einer Zweitwohnung im Sinne von Artikel 9 Absatz 1 Buchstabe c BewG rechtfertigen.

² Die Bewilligungsbehörde kann die Stellungnahme anderer Bundes- oder kantonalen Behörden einholen, um einen Sachverhalt abzuklären (Art. 22 Abs. 1 und 24 Abs. 1 BewG).

Art. 20

Statistik ¹ Die Statistik über den Erwerb von Grundstücken durch Personen im Ausland (Art. 24 Abs. 3 BewG) erfasst:

a.[2] die Anzahl der Bewilligungen für den Erwerb von Ferienwohnungen und Wohneinheiten in Apparthotels, Ort, Art und Fläche des Grundstückes, Staatsangehörigkeit des Erwerbers und die entsprechenden Handänderungen;

b. ...[3]

c.[2] den schweizerischen Rückerwerb von Ferienwohnungen und Wohneinheiten in Apparthotels.

² Die Grundbuchverwalter melden die entsprechenden Eintragungen dem Bundesamt für Justiz unverzüglich und unentgeltlich mit dem Formular, das ihnen das Bundesamt zur Verfügung stellt; die Kantone können bestimmen, dass die Meldungen über die Bewilligungs- oder beschwerdeberechtigte Behörde erfolgen.

³ Das Bundesamt für Justiz veröffentlicht alljährlich einen Auszug aus der Statistik in der «Volkswirtschaft».

⁴ Der Auszug aus der Statistik weist auch den ausländischen Erwerb ohne die Handänderungen zwischen ausländischen Veräusserern und Erwerbern und ohne den schweizerischen Rückerwerb aus (Nettozuwachs).

---

[1] Fassung gemäss Ziff. I der V vom 23. Jan. 2002, in Kraft seit 1. Juni 2002 (AS **2002** 1115).

[2] Fassung gemäss Ziff. I der V vom 10. Sept. 1997, in Kraft seit 1. Okt. 1997 (AS **1997** 2122).

[3] Aufgehoben durch Ziff. I der V vom 23. Nov. 1988 (AS **1988** 1998).

⁵ Eine Verwendung von Personendaten zu anderen als statistischen Zwecken ist nur zulässig, soweit das Gesetz es vorsieht.

4. Kapitel: Schlussbestimmungen

Art. 21

¹ Es werden aufgehoben: **Aufhebung von Erlassen**
a. die Verordnung vom 21. Dezember 1973[1]) über den Erwerb von Grundstücken durch Personen im Ausland;
b. die Verfügung vom 25. März 1964[2]) des Eidgenössischen Militärdepartementes betreffend den Erwerb von Grundstücken in der Nähe wichtiger militärischer Anlagen durch Personen im Ausland.

² Auflagen aufgrund von Bewilligungen, die nach dem früheren Recht (BB vom 23. März 1961[3]) über den Erwerb von Grundstücken durch Personen im Ausland, BRB vom 26. Juni 1972[4]) betreffend Verbot der Anlage ausländischer Gelder in inländischen Grundstücken und V vom 10. Nov. 1976[5]) über den Erwerb von Grundstücken in Fremdenverkehrsorten durch Personen im Ausland) erteilt worden sind, bleiben in Kraft; vorbehalten bleiben Absatz 2 der Schlussbestimmungen der Änderung vom 30. April 1997[6]) sowie die Schlussbestimmungen der Änderungen vom 8. Oktober 1999[7]) und 14. Dezember 2001[8]) des BewG.[9])

Art. 22

Diese Verordnung tritt am 1. Januar 1985 in Kraft. **Inkrafttreten**

---

[1]) [AS **1974** 94 1010, **1976** 607]
[2]) [AS **1964** 322]
[3]) [AS **1961** 203, **1965** 1239, **1970** 1199, **1974** 83, **1977** 1689 Ziff. II, **1982** 1914. SR **211.412.41** Art. 37 Abs. 1]
[4]) [AS **1972** 1062. AS **1974** 94 Art. 26]
[5]) [AS **1976** 2389, **1979** 806, **1980** 1875, **1981** 2070, **1982** 2235, **1983** 1614]
[6]) [AS **1997** 2086]
[7]) [AS **2002** 701]
[8]) [AS **2002** 685]
[9]) Zweiter Satzteil eingefügt durch Ziff. I der V vom 10. Sept. 1997 (AS **1997** 2122). Fassung gemäss Ziff. I der V vom 23. Jan. 2002, in Kraft seit 1. Juni 2002 (AS **2002** 1115).
[10]) Fassung gemäss Ziff. I der V vom 3. Juli 2002, in Kraft seit 1. Sept. 2002 (AS **2002** 2469.

Anhang 1[1]
(Art. 9 Abs. 1 und 5)

Bewilligungskontingente

¹ Die jährliche gesamtschweizerische Höchstzahl an Bewilligungen für Ferienwohnungen und Wohneinheiten in Apparthotels wird auf 1400 festgesetzt.

² Die jährlichen kantonalen Bewilligungskontingente werden wie folgt festgesetzt:

Bern	130	Schaffhausen	20
Luzern	50	St. Gallen	45
Uri	20	Graubünden	270
Schwyz	50	Tessin	180
Obwalden	20	Waadt	160
Nidwalden	20	Wallis	310
Glarus	20	Neuenburg	35
Freiburg	50	Jura	20

---

[1] Fassung gemäss Ziff. I der V vom 3. Juli 2002, in Kraft seit 1. Sept. 2002 (AS **2002** 2469).

ERWERB VON GRUNDSTÜCKEN (BewV) **C**

Mindestangaben in den Verfügungen **Anhang 2**
(Art. 17 Abs. 1)

1 Erwerber
11 Name oder Firma, vertreten durch:
12 Gewöhnlicher Aufenthalt oder Sitz (genaue Adresse und Staat)
13 Geburtsdatum (für natürliche Personen)
14 Staatsangehörigkeit (für natürliche Personen)
15 gegebenenfalls Bewilligung der Fremdenpolizei (für natürliche Personen): Art, Zeitpunkt der Ausstellung, Zeitpunkt der Einreise zur Übersiedlung
16 gegebenenfalls Gewerbe oder Beruf (für natürliche Personen), Zweck (für Firmen)

2 Veräusserer
21 Name oder Firma
22 Gewöhnlicher Aufenthalt oder Sitz (genaue Adresse und Staat)
23 Geburtsdatum (für natürliche Personen, wenn sie das Grundstück seinerzeit mit Bewilligung erworben haben)
24 Staatsangehörigkeit (für natürliche Personen)

3 Grundstücke
31 Kanton, Gemeinde, Ort, Grundbuch- und Parzellen-Nummer
32 Art (Verwendungszweck)
33 Miteigentumsanteil oder Zahl der Gesamteigentümer
34 Wohnfläche und Fläche der Parzelle in Quadratmetern (bei Stockwerkeigentum: Fläche der Stammparzelle und Wohnungsfläche; bei der Beteiligung an juristischen Personen oder an vermögensfähigen Gesellschaften ohne juristische Persönlichkeit: Fläche aller Grundstücke der Gesellschaft)

4 Rechtsgeschäft
41 Form und Zeitpunkt
42 Art des Rechtes
43 Preis in Franken

5 Bewilligungspflicht
(Art. 4–7 BewG, Art. 1 und 2 BewV)

6 Bewilligungs- oder Verweigerungsgründe
(Art. 8–13 BewG, Art. 3–14 BewV)

7 Entscheidungsformel mit Bedingungen und Auflagen
(Art. 14 BewG, Art. 11 BewV)

8 Mitteilung mit Zeitpunkt, Verteiler und Rechtsmittelbelehrung

Grundbuchverordnung

D. Verordnung betreffend das Grundbuch (GBV)

vom 22. Februar 1910 (Stand am 1. Juli 2004)

Der Schweizerische Bundesrat,
in Ausführung der Artikel 943, 945, 949, 949a, 953, 954, 956, 967, 977 und Artikel 18 Schlusstitel des Schweizerischen Zivilgesetzbuches[1] (ZGB) sowie Artikel 102 des Fusionsgesetzes vom 3. Oktober 2003[2] (FusG)
verordnet:[3]

I. Aufnahme der Grundstücke und Anlage des Hauptbuchs[2]

Art. 1[4]

¹ Ein Grundstück wird in das Grundbuch (Art. 942 ZGB) aufgenommen, indem:
a. es im Plan, soweit darin darstellbar, oder im Liegenschaftsverzeichnis aufgezeichnet wird;
b. dafür ein Hauptbuchblatt angelegt wird und
c.[2] eine Grundstücksbeschreibung (Art. 4–10a) hergestellt wird.

² Die Aufnahme von Grundstücken, die nicht im Privateigentum stehen und die dem öffentlichen Gebrauch dienen, richtet sich nach Artikel 944 Absatz 1 des Zivilgesetzbuches.

Art. 1a[5]

¹ Jedes Grundstück muss im Hauptbuch mit der Gemeinde und mit einer Nummer bezeichnet werden. Ist diese Gemeinde grundbuchmässig in Orte oder Quartiere aufgeteilt, so sind auch diese anzugeben (Identifikation).

² Die Bezeichnung muss so sein, dass sie nicht mit derjenigen eines andern Grundstücks in der Schweiz verwechselt werden kann.

³ Handelt es sich um eine Liegenschaft, so muss deren Nummer mit derjenigen des Plans für das Grundbuch übereinstimmen.

⁴ Wird ein Grundstück im Grundbuch gestrichen, so darf seine Nummer nicht für ein anderes, neu aufzunehmendes Grundstück verwendet werden.

SR **211.432.1**; AS **26** 176; BS **2** 530
[1] SR **210**
[2] SR **221.301**
[3] Fassung gemäss Anhang Ziff. II der V vom 21. Apr. 2004, in Kraft seit 1. Juli 2004 (AS **2004** ...).
[4] Fassung gemäss Ziff. I der V vom 18. Nov. 1987, in Kraft seit 1. Jan. 1988 (AS **1987** 1600).
[5] Eingefügt durch Ziff. I der V vom 23. Nov. 1994, in Kraft seit 1. Jan. 1995 (AS **1995** 14).

⁵ Die Kantone können eine von den Absätzen 3 und 4 abweichende Regelung erlassen, wenn sie sicherstellen, dass die Grundstücke nicht verwechselt werden können.

Art. 2[1]

¹ Liegenschaften und flächenmässig ausgeschiedene, im Grundbuch aufzunehmende selbständige und dauernde Rechte werden im Plan nach den Vorschriften über die amtliche Vermessung aufgezeichnet.[2]

² Die Originale der Grundbuchpläne bleiben beim Vermessungsamt bzw. beim Ingenieur-Geometer; ein Satz der Grundbuchpläne in Kopie befindet sich in der Regel beim Grundbuchamt.

³ Das Grundbuchamt darf die Daten der amtlichen Vermessung des Plans für das Grundbuch auf dem Weg der elektronischen Übermittlung beziehen.[2]

⁴ Grenzänderungen von Liegenschaften und von flächenmässig ausgeschiedenen, im Grundbuch aufgenommenen selbständigen und dauernden Rechten müssen dem Grundbuchamt angemeldet und von diesem im Hauptbuch nachgeführt werden.[3]

Art. 3[1]

¹ In das Grundbuch müssen von Amts wegen alle Liegenschaften aufgenommen werden, die ganz oder zum grösseren Teil im Grundbuchkreis liegen.

² Liegenschaft ist jede Bodenfläche mit genügend bestimmten Grenzen.

Art. 4[2]

¹ Das Grundbuchamt erstellt die Grundstücksbeschreibung aus den Daten und mit den Bezeichnungen der amtlichen Vermessung sowie nach den Angaben, die sich aus den Artikeln 7–10a ergeben.

² Es stellt sie auf dem Hauptbuchblatt oder in den Formen, die für die Führung der Hilfsregister gelten (Art. 108), dar.

³ Wird ein Grundstück in das Grundbuch aufgenommen, das dem Betrieb einer Eisenbahnunternehmung des öffentlichen Verkehrs dient (Eisenbahngrundstück), so ist in der Grundstücksbeschreibung auf diese Tatsache hinzuweisen.

---

[1] Fassung gemäss Ziff. I der V vom 18. Nov. 1987, in Kraft seit 1. Jan. 1988 (AS **1987** 1600).
[2] Fassung gemäss Ziff. I der V vom 23. Nov. 1994, in Kraft seit 1. Jan. 1995 (AS **1995** 14).
[3] Eingefügt durch Ziff. I der V vom 23. Nov. 1994, in Kraft seit 1. Jan. 1995 (AS **1995** 14).

⁴ Die Grundstücksbeschreibung muss nicht erstellt werden, soweit das Grundbuchamt auf dem Weg der elektronischen Übermittlung:
a. die Daten über die Liegenschaften (Bodenbedeckung, Flächen, Gebäude und deren Nummern usw.) von der amtlichen Vermessung bezieht;
b. weitere Daten beschreibender Art, wie den Steuerwert, aus den entsprechenden kantonalen oder kommunalen Informationssystemen bezieht.
⁵ Die beschreibenden Daten haben keine Grundbuchwirkung (Art. 971–974 ZGB).

Art. 5[1]

Art. 6

¹ Liegt eine Liegenschaft in mehreren Grundbuchkreisen, so hat der Grundbuchverwalter des Kreises, in dem sie von Amtes wegen aufzunehmen ist (Art. 3 Abs. 1), den Grundbuchämtern der übrigen Kreise durch Zustellung eines Auszuges Mitteilung von der Aufnahme zu machen.[2]
² Die Liegenschaft ist daraufhin auch in den übrigen Kreisen in der Weise in das Grundbuch aufzunehmen, dass das Hauptbuchblatt mit der Aufschrift «Kopie von Nr. ... des Grundbuchkreises...» versehen wird.
³ Auf dem Grundbuchblatt der Hauptaufnahme ist auf die Grundbuchblätter der Nebenaufnahmen und auf jedem der letzten auf die Hauptaufnahme und die übrigen Nebenaufnahmen zu verweisen.

Art. 7

¹ Selbständige und dauernde Rechte, wie Baurechte und Quellenrechte, werden auf schriftliches Begehren des Berechtigten als Grundstücke ins Grundbuch aufgenommen.
² Die Aufnahme eines solchen Rechts darf nur erfolgen, wenn es:
1. als Dienstbarkeit an einem in Privateigentum stehenden Grundstück oder an einem öffentlichen Boden desselben Grundbuchkreises zu Recht besteht und weder zugunsten eines herrschenden Grundstücks noch ausschliesslich zugunsten einer bestimmten Person errichtet ist, und
2. auf wenigstens 30 Jahre oder auf unbestimmte Zeit begründet erscheint.

---

[1] Aufgehoben durch Ziff. I der V vom 23. Nov. 1994 (AS **1995** 14).
[2] Fassung gemäss Ziff. I der V vom 18. Nov. 1987, in Kraft seit 1. Jan. 1988 (AS **1987** 1600).

³ Für selbständige und dauernde Rechte, die zugleich auf mehreren in verschiedenen Grundbuchkreisen gelegenen Grundstücken als Dienstbarkeiten eingetragen sind, bestimmt die zuständige Aufsichtsbehörde, in welchem Grundbuchkreis dieselben als Grundstücke aufzunehmen sind.

Art. 8

¹ Wasserrechtsverleihungen an öffentlichen Gewässern werden, sofern sie dem Artikel 59 des Bundesgesetzes vom 22. Dezember 1916[1]) über die Nutzbarmachung der Wasserkräfte entsprechen, auf schriftliches Begehren des Berechtigten in demjenigen Grundbuchkreise als Grundstück aufgenommen, in dem die zur Nutzung bestimmte Gewässerstrecke liegt.[2])

² Liegt diese Gewässerstrecke in verschiedenen Grundbuchkreisen, so bestimmt die zuständige Aufsichtsbehörde, in welchem Grundbuchkreise die Aufnahme erfolgen soll.

³ Ist die Gewässerstrecke ebenfalls im Grundbuch aufgenommen, so ist darauf zu verweisen.

⁴ Im weitern ist der Zusammenhang mit den Wasserrechtsbüchern, wo solche vorhanden sind, herzustellen.

Art. 9

¹ Die Aufnahme der selbständigen und dauernden Rechte in das Grundbuch geschieht durch Anlegung eines Blattes im Hauptbuch und durch Herstellung einer Beschreibung des Rechts.

² Die Nummer der Beschreibung und des Hauptbuchblattes (Einzel- oder Kollektivblatt) erhält einen den Inhalt des Rechts bezeichnenden Zusatz, wie «Baurecht auf Nr. ...», «Quellrecht auf Nr. ...», «Wasserrecht» usw.

³ Ist das selbständige und dauernde Recht zugleich als Dienstbarkeit zu Lasten eines Grundstücks eingetragen, so erhalten Beschreibung und Hauptbuchblatt dieses belasteten Grundstücks eine Verweisung auf das als Grundstück aufgenommene Recht.

⁴ Im übrigen finden die Bestimmungen über die Aufnahme der Liegenschaften entsprechende Anwendung.

Art. 10

¹ Die Bergwerke werden unter den gleichen Voraussetzungen wie die Wasserrechtsverleihungen auf schriftliches Begehren des Berechtigten nach den Vorschriften des Artikels 9 in demjenigen Grundbuchkreis als Grundstück aufgenommen, in dem sie liegen.

² Liegt ein Bergwerk in mehreren Grundbuchkreisen, so findet Artikel 6 entsprechende Anwendung.

---

[1]) SR **721.80**
[2]) Fassung gemäss Ziff. I des BRB vom 29. Juni 1965 (AS **1965** 467).

Art. 10a[1]

¹ Für Miteigentumsanteile an Grundstücken werden, wenn es im Interesse der Klarheit und Übersichtlichkeit der Einträge liegt, besondere Blätter mit dem Zusatz «Miteigentumsanteil an Nr. ...» und mit der Beschreibung des Anteils angelegt.

² Für die zu Stockwerkeigentum ausgestalteten Miteigentumsanteile sind in jedem Fall besondere Blätter mit dem Zusatz «Stockwerkeigentum an Nr. ...» und mit der Beschreibung des Stockwerkes unter Hinweis auf den Begründungsakt oder den Aufteilungsplan anzulegen.

³ Auf dem Blatt der Liegenschaft oder des selbständigen und dauernden Rechtes ist auf die Miteigentums- oder Stockwerkeigentumsblätter und auf diesen auf das Blatt der Liegenschaft oder des selbständigen und dauernden Rechtes zu verweisen.

⁴ Die Kantone können in ihren Vorschriften gemäss Artikel 20^{quater} Schlusstitel des Zivilgesetzbuches vorsehen, dass bei der Eintragung altrechtlichen Stockwerkeigentums auf Grund der Ausnahmebestimmung von Artikel 20bis Schlusstitel des Zivilgesetzbuches besondere Stockwerkeigentumsblätter nicht oder nur unter bestimmten Voraussetzungen anzulegen sind.

II. Anmeldung, Einschreibung in das Tagebuch[2]

Art. 11[2]

Der Grundbuchverwalter darf Eintragungen in das Grundbuch nur auf Anmeldung hin vornehmen. Vorbehalten bleiben die im Zivilgesetzbuch und in dieser Verordnung vorgesehenen Ausnahmen, in denen das Verfahren von Amtes wegen eingeleitet wird (Berichtigungen, Löschungen, Anlage von Ersatzblättern).

Art. 12

¹ Die Anmeldung zur Eintragung muss unbedingt und vorbehaltlos sein.

² In der Anmeldung muss jede vorzunehmende Eintragung einzeln aufgeführt werden.[2]

³ Werden mehrere Anmeldungen gleichzeitig eingereicht, die miteinander im Zusammenhang stehen, so muss die Reihenfolge ihrer Behandlung angegeben werden.[3]

---

[1] Eingefügt durch Ziff. I des BRB vom 21. April 1964, in Kraft seit 1. Jan. 1965 (AS **1964** 413 456 1005).
[2] Fassung gemäss Ziff. I der V vom 23. Nov. 1994, in Kraft seit 1. Jan. 1995 (AS **1995** 14).
[3] Eingefügt durch Ziff. I der V vom 23. Nov. 1994, in Kraft seit 1. Jan. 1995 (AS **1995** 14).

⁴ In der Anmeldung kann bestimmt werden, dass die eine Eintragung nicht ohne eine bestimmte andere vorgenommen werden soll.[1]

Art. 13

¹ Die Anmeldung zur Eintragung muss schriftlich geschehen.

² Die Schriftlichkeit kann durch Unterschrift des Anmeldenden auf gedrucktem Formular beim zuständigen Grundbuchamt hergestellt werden.

³ Telefonisch oder elektronisch übermittelte Anmeldungen gelten nicht als schriftliche Anmeldungen.[1]

⁴ Behörden und Gerichte dürfen in dringenden Fällen die Vormerkung einer Verfügungsbeschränkung und einer vorläufigen Eintragung (Art. 960 Abs. 1 Ziff. 1 und 2, Art. 961 Abs. 1 Ziff. 1 ZGB) sowie die Anmerkung einer Grundbuchsperre (Art. 80 Abs. 6) und die in Artikel 80 Absatz 9 erwähnten Massnahmen telefonisch oder elektronisch anmelden. Die schriftliche Anmeldung ist unverzüglich nachzureichen. Die Anmeldung wird mit Datum und Zeitpunkt der telefonischen oder elektronischen Übermittlung ins Tagebuch eingeschrieben.[2]

Art. 13a[1]

¹ Die Anmeldungsbelege müssen folgende Angaben über die verfügende Person und die Person des Erwerbers enthalten:
a. für natürliche Personen: den Namen, mindestens einen ausgeschriebenen Vornamen, das Geburtsdatum, den Wohnort, den Heimatort oder die Staatszugehörigkeit und die Angabe, ob die Person verheiratet oder nicht verheiratet ist.[2]
b. für juristische Personen sowie Kollektiv- und Kommanditgesellschaften: die Firma oder den Namen, den Sitz, die Rechtsform, wenn diese nicht aus der Firma oder dem Namen hervorgeht, sowie die Firmennummer, wenn eine solche vom Handelsregister geführt wird;
c. für andere Gesellschaften und Gemeinschaften, in denen die beteiligten Personen durch Gesetzesvorschrift oder Vertrag verbunden und Gesamteigentümer sind: die Angaben über die daran beteiligten Personen nach den Buchstaben a oder b.

² Die Anmeldungsbelege müssen die Angaben zur Beurteilung enthalten, ob für die Veräusserung, den Erwerb oder die Belastung des Grundstücks die Bewilligung einer Behörde oder die Zustim-

---

[1] Eingefügt durch Ziff. I der V vom 23. Nov. 1994, in Kraft seit 1. Jan. 1995 (AS **1995** 14).
[2] Fassung gemäss Änderung vom 2. Dez. 1996, in Kraft seit 1. Jan. 1997 (AS **1996** 710).

mung eines Dritten nötig ist. Mit den Anmeldungsbelegen kann nachgewiesen werden, dass das angemeldete Geschäft keiner Bewilligung oder Zustimmung bedarf.

³ Beim Erwerb von gemeinschaftlichem Eigentum müssen die Angaben gemacht werden, die für die Darstellung des Gemeinschaftsverhältnisses nach Artikel 33 erforderlich sind.

Art. 14

¹ Jede Anmeldung und jedes von Amtes wegen eingeleitete Verfahren muss sofort nach ihrem Eingang bzw. nach seiner Einleitung in das Tagebuch eingeschrieben werden. Die Einschreibung ist auf Wunsch zu bescheinigen. Sie enthält:
a. eine fortlaufende Ordnungsnummer, deren Zählung mit jedem Kalenderjahr neu beginnt;
b. das Datum und die genaue Zeit;
c. den Namen und den Wohnort des Anmeldenden;
d. die vorzunehmenden Eintragungen in Stichworten und die Identifikation der betroffenen Grundstücke; bei einer Vielzahl von Eintragungen oder Grundstücken genügt der Hinweis auf die Anmeldung.[1]

² Die Aufnahme und Änderung von beschreibenden Daten (Art. 4) und von Adressen (Art. 108) darf im Tagebuch erfasst werden.[1]

³ Wo nach kantonalem Recht die öffentliche Beurkundung durch den Grundbuchverwalter vermittelst Einschreibung in das Urkundenprotokoll erfolgt, gilt diese Beurkundung, falls in derselben nicht ausdrücklich etwas anderes bestimmt ist, zugleich als Anmeldung der Eintragung.

⁴ Wird ein Verfahren von Amtes wegen eingeleitet und können die Gründe dafür nicht mit einem Stichwort im Tagebuch ausgedrückt werden, so muss ein Beleg darüber erstellt werden.[2]

⁵ Die Anmeldung oder der Beleg nach Absatz 4 muss mit der Ordnungsnummer versehen werden (Eingangsvermerk).[2]

Art. 14a[2]

¹ Das Grundbuchamt führt ein Tagebuch für den ganzen Grundbuchkreis.

² Die Führung des Tagebuchs darf mit einer Geschäftskontrolle verbunden werden.

³ Das Tagebuch darf computerunterstützt geführt werden.

⁴ Das computerunterstützt geführte Tagebuch muss täglich ausgedruckt werden; die Blätter sind nach Artikel 110 aufzubewahren.

---

[1] Fassung gemäss Ziff. I der V vom 23. Nov. 1994, in Kraft seit 1. Jan. 1995 (AS **1995** 14).
[2] Eingefügt durch Ziff. I der V vom 23. Nov. 1994, in Kraft seit 1. Jan. 1995 (AS **1995** 14).

Art. 15

¹ Nach erfolgter Anmeldung hat der Grundbuchverwalter zu prüfen, ob sie von dem nach Grundbuchrecht Verfügungsberechtigten ausgeht (Art. 963 ZGB).

² Verfügt der eingetragene Eigentümer, so ist die Identität des Verfügenden mit dem Eingetragenen festzustellen.

³ Geht die Verfügung vom Erwerber aus (Art. 656 Abs. 2, 665 Abs. 2 und 3, 836, 963 Abs. 2 ZGB, Art. 34 Abs. 3 des BG vom 4. Okt. 1991[1]) über das bäuerliche Bodenrecht), so ist die Identität des Verfügenden mit dem Erwerber festzustellen.[2]

Art. 16

¹ Erfolgt die Anmeldung für eine Gesellschaft oder juristische Person oder durch einen Stellvertreter des Verfügungsberechtigten, so ist ein Ausweis über die Verfügungsbefugnis oder das Vertretungsverhältnis, bzw. eine Vollmacht, beizubringen.

² Mit der öffentlichen Beurkundung des Vertrages über das einzutragende Recht kann die Ermächtigung des Erwerbers zur Anmeldung verbunden werden.

³ Für die Fälle, wo der Ausweis für die Eintragung (Art. 18–23) in öffentlicher Beurkundung auszufertigen ist, kann das kantonale Recht die Urkundspersonen als zur Vornahme der Anmeldung ermächtigt erklären.

⁴ Der Vermächtnisnehmer ist zur Anmeldung befugt, wenn er eine schriftliche Ermächtigung des beschwerten Eigentümers besitzt.

Art. 17[3]

Erfolgt die Anmeldung durch eine Behörde (Gerichts-, Betreibungs- oder Konkursbehörde), oder durch einen Beamten (Grundbuchverwalter, Urkundsperson), so hat der Grundbuchverwalter ihre Zuständigkeit zur Vornahme der Anmeldung zu prüfen.

Art. 18[2]

¹ Ist zum Erwerb des Eigentums die Eintragung in das Grundbuch konstitutiv (Art. 656 Abs. 1 ZGB), so wird der Ausweis für die Eigentumsübertragung erbracht:

---

[1] SR **211.412.11**
[2] Fassung gemäss Ziff. I der V vom 23. Nov. 1994, in Kraft seit 1. Jan. 1995 (AS **1995** 14).
[3] Fassung gemäss Ziff. I der V vom 18. Nov. 1987, in Kraft seit 1. Jan. 1988 (AS **1987** 1600).

a. im Falle eines privatrechtlichen Vertrags: durch eine öffentliche Urkunde oder einen Vertrag in der vom Bundesrecht vorgesehenen Form[1];
b. im Falle der Erbteilung: durch die schriftliche Zustimmungserklärung sämtlicher Miterben oder durch einen schriftlichen Teilungsvertrag;
c. im Falle von Vermächtnis: durch eine beglaubigte Kopie der Verfügung von Todes wegen, die Annahmeerklärung des Vermächtnisnehmers und die Zustimmungserklärung der Erben oder die Anordnung des Willensvollstreckers[1];
d. im Falle der Ausübung eines Vorkaufsrechts: durch den Vertrag des Verkäufers mit dem Käufer, die Ausübungserklärung des Vorkaufsberechtigten und die Zustimmungserklärung des Eigentümers; bei einem vertraglichen Vorkaufsrecht zudem durch den Vorkaufsvertrag (Art. 216 Abs. 2 und 3 OR[2]).
e. im Falle eines völkerrechtlichen Vertrags oder eines verwaltungsrechtlichen Vertrags zwischen selbständigen öffentlichrechtlichen Organisationen über die Übertragung von Grundstücken des Verwaltungsvermögens: durch eine beglaubigte Kopie dieses Vertrags[1];
f. im Falle einer Verfügung einer Verwaltungsbehörde: durch die rechtskräftige Verfügung.[1]

[2] Erfolgt der Eigentumserwerb ausserbuchlich (Art. 656 Abs. 2 ZGB), so wird der Ausweis für die Eigentumsübertragung erbracht:

a. im Falle des Erbgangs: durch die Bescheinigung, dass die gesetzlichen und die eingesetzten Erben als einzige Erben des Erblassers anerkannt sind;
b. im Falle der Enteignung: durch einen dem angewendeten Enteignungsrecht entsprechenden Ausweis, im Zweifel durch die Bescheinigung der Zahlung, Hinterlegung oder Sicherstellung der Entschädigungssumme;
c. im Falle der Zwangsvollstreckung: durch die vom Betreibungsamt oder von der Konkursverwaltung ausgestellte Bescheinigung des Zuschlags, mit der Ermächtigung zur Eintragung;
d. im Falle eines Urteils: durch das Urteil mit der Bescheinigung der Rechtskraft und mit der Ermächtigung zur Eintragung;
e. in den übrigen Fällen: durch die Urkunden in der vom Gesetz vorgeschriebenen Form über das Rechtsgeschäft oder durch die rechtskräftige Verfügung oder den rechtskräftigen Entscheid.

[3] Zur Erbringung des Ausweises genügt die Wiedergabe der für die Eigentumsübertragung notwendigen Angaben.[1]

---

[1] Fassung gemäss Änderung vom 2. Dez. 1996, in Kraft seit 1. Jan. 1997 (AS **1996** 710).
[2] SR **220**

Art. 18a[1]

¹ Erfolgt der Eigentumserwerb auf Grund von Tatbeständen nach dem Fusionsgesetz, so wird der Ausweis für den Eigentumsübergang erbracht:

a. im Falle der Fusion, wenn der übernehmende Rechtsträger im Handelsregister eingetragen ist: durch einen beglaubigten Handelsregisterauszug des übernehmenden Rechtsträgers;
b. im Falle der Fusion von Vereinen oder Stiftungen, wenn der übertragende oder der übernehmende Rechtsträger nicht im Handelsregister eingetragen ist: durch eine öffentliche Urkunde über die Tatsache, dass das Eigentum an den Grundstücken auf den übernehmenden Rechtsträger übergegangen ist, und einen beglaubigten Handelsregisterauszug des eingetragenen Rechtsträgers;
c. im Falle der Aufspaltung: durch einen beglaubigten Handelsregisterauszug des die Grundstücke übernehmenden Rechtsträgers und einen beglaubigten Auszug aus dem im Spaltungsvertrag oder Spaltungsplan enthaltenen Inventar über die Zuordnung der Grundstücke;
d. im Falle der Abspaltung: durch einen beglaubigten Handelsregisterauszug des die Grundstücke übernehmenden Rechtsträgers und eine öffentliche Urkunde über die Tatsache, dass das Eigentum an den Grundstücken auf den übernehmenden Rechtsträger übergegangen ist;
e. im Falle der Vermögensübertragung an einen im Handelsregister eingetragenen Rechtsträger: durch einen beglaubigten Handelsregisterauszug des die Grundstücke übernehmenden Rechtsträgers und einen beglaubigten Auszug aus dem öffentlich beurkundeten Teil des Übertragungsvertrags über die übertragenen Grundstücke;
f. im Falle der Vermögensübertragung an einen nicht im Handelsregister eingetragenen Rechtsträger: durch einen beglaubigten Handelsregisterauszug des die Grundstücke übertragenden Rechtsträgers und einen beglaubigten Auszug aus dem öffentlich beurkundeten Teil des Übertragungsvertrags über die übertragenen Grundstücke.

² Im Falle von Umwandlungen nach dem Fusionsgesetz wird der Ausweis für die Änderung der Rechtsform durch einen beglaubigten Handelsregisterauszug des umgewandelten Rechtsträgers erbracht.

³ Im Falle der Fusion von Instituten des öffentlichen Rechts mit Rechtsträgern des Privatrechts, der Umwandlung solcher Institute in Rechtsträger des Privatrechts oder der Vermögensübertragung unter Beteiligung eines Instituts des öffentlichen Rechts wird der Rechtsgrundausweis erbracht durch einen beglaubigten Handelsre-

---

[1] Eingefügt durch Anhang Ziff. 2 der V vom 21. Apr. 2004, in Kraft seit 1. Juli 2004 (AS **2004** ...).

gisterauszug des übernehmenden oder umgewandelten Rechtsträgers und einen beglaubigten Auszug aus dem die Grundstücke enthaltenden Teil des Inventars.

Art. 19

[1] Auf die Leistung des Ausweises für die Eintragung einer Nutzniessung, eines Wohnrechtes, eines selbständigen und dauernden Baurechtes, einer Grundlast oder eines Grundpfandrechtes finden die Vorschriften des Artikels 18 entsprechende Anwendung.[1]

[2] Bei Errichtung von Grunddienstbarkeiten und andern in Absatz 1 nicht erwähnten Dienstbarkeitsbelastungen durch Vertrag genügt die einfache Schriftlichkeit, es sei denn, dass durch die Dienstbarkeit eine gesetzliche Eigentumsbeschränkung aufgehoben oder abgeändert wird, in welchem Falle öffentliche Beurkundung des Vertrages erforderlich ist.

Art. 20

[1] Der Ausweis für die Eintragung einer Eigentümerdienstbarkeit, eines Eigentümer- oder Inhaberschuldbriefes oder einer Eigentümer- oder Inhabergült wird durch die schriftliche Anmeldung des Eigentümers erbracht.

[2] *Aufgehoben*[2]

Art. 21

[1] Der Ausweis für die Eintragung eines Pfandrechtes bei Bodenverbesserungen, die unter Mitwirkung oder Aufsicht öffentlicher Behörden zur Durchführung gelangen, hat auf Grund einer Bescheinigung der zuständigen Behörde über die Höhe des auf das Grundstück entfallenden Kostenanteils zu erfolgen.

[2] Wird die Bodenverbesserung ohne staatliche Subvention durchgeführt, so kann diese Bescheinigung von der mit der Durchführung des Unternehmens betrauten Kommission oder von der Leitung des Unternehmens ausgestellt werden, oder es ist die Einwilligung sämtlicher am Grundstück dinglich Berechtigten oder eine Verfügung des Richters erforderlich.

Art. 22

[1] Der Ausweis für die Eintragung eines gesetzlichen Grundpfandrechtes wird durch die Urkunden geleistet, die zur Begründung der Forderungen, für die das Grundpfandrecht eingetragen werden soll, nötig sind.

---

[1] Fassung gemäss Ziff. I des BRB vom 29. Juni 1965 (AS **1965** 467).
[2] Aufgehoben durch Änderung vom 2. Dez. 1996, in Kraft seit 1. Jan. 1997 (AS **1996** 710)

² Für die Eintragung eines Grundpfandrechtes zugunsten der Handwerker und Unternehmer ist erforderlich, dass die Forderung als Pfandsumme vom Eigentümer anerkannt oder gerichtlich festgestellt ist, oder die Eintragung vom Eigentümer bewilligt wird.

³ Leistet der Eigentümer für die Forderung hinreichende Sicherheit, so ist die Eintragung zugunsten der Handwerker und Unternehmer abzuweisen.

⁴ Sind der Gläubiger und der Schuldner über die Pfandsumme oder die Sicherheit nicht einig, so kann gemäss Artikel 961 Absatz 1 Ziffer 1 des Zivilgesetzbuches eine vorläufige Eintragung stattfinden.

Art. 22a[1]

¹ Auf die Eintragung des gesetzlichen Grundpfandrechtes für die Entschädigungsforderung anstelle des gelöschten Baurechtes (Art. 779d Abs. 2 und 3 ZGB) sind die Bestimmungen des Artikels 22 über die Eintragung des Pfandrechtes zugunsten der Handwerker und Unternehmer anwendbar.

² Diese Bestimmungen sind, soweit sie ihrem Sinne nach nicht bloss auf das Pfandrecht zugunsten der Handwerker und Unternehmer zutreffen und soweit sich ihre Anwendung nicht auf Grund des Baurechtsvertrages erübrigt, auch für die Eintragung des gesetzlichen Grundpfandrechtes zur Sicherung des Baurechtszinses (Art. 779i und k ZGB) massgebend.

³ Dasselbe gilt sinngemäss für die Eintragung des gesetzlichen Pfandrechtes zur Sicherung von Beitragsforderungen der Gemeinschaft gegenüber den Stockwerkeigentümern (Art. 712i ZGB).

Art. 23

Für die Eintragung von Rechten an Wasserrechtsverleihungen (Art. 8) ist, abgesehen von den in den Artikeln 15–18 genannten Ausweisen, noch der Nachweis erforderlich, dass die besonderen vom Bundes- oder kantonalen Recht aufgestellten Voraussetzungen (z.B. schriftliche Einwilligung der Verleihungsbehörde) erfüllt sind.

Art. 24

¹ Entspricht eine Anmeldung nicht den gesetzlichen Anforderungen und kann der Grundbuchverwalter auch nicht eine vorläufige Eintragung nach Artikel 966 Absatz 2 des Zivilgesetzbuches vornehmen, so weist er die Anmeldung ab.[2]

¹ᵇⁱˢ Die Anmeldung ist namentlich abzuweisen, wenn:
a. die Veräusserung, der Erwerb oder die Belastung des Grundstücks der Zustimmung eines Dritten bedarf und diese nicht vorliegt;

---

[1] Eingefügt durch Ziff. I des BRB vom 29. Juni 1965 (AS **1965** 467).
[2] Fassung gemäss Ziff. I der V vom 18. Nov. 1987, in Kraft seit 1. Jan. 1988 (AS **1987** 1600)

b. dafür die Bewilligung einer Behörde nötig ist und diese nicht vorliegt;

c. die schriftliche Anmeldung nach Artikel 13 Absatz 4 nicht innert der üblichen Zustelldauer für Briefpost eintrifft.[1)]

² Die Gründe der Abweisung sind dem Anmeldenden und allen anderen, die von der Abweisung berührt sind, schriftlich und unter Angabe der Beschwerdefrist (Art. 103) mitzuteilen. Im Tagebuch ist auf die Abweisungsverfügung hinzuweisen.[2)]

³ Die Abweisung der Anmeldung wird rechtskräftig, nachdem die Beschwerdefrist unbenützt abgelaufen ist.

⁴ Wird gegen die Abweisungsverfügung Beschwerde erhoben, so merkt dies der Grundbuchverwalter im Hauptbuch an. Er löscht die Anmerkung von Amts wegen, sobald über die Beschwerde rechtskräftig entschieden worden ist.[3)]

Art. 24a[3)]

¹ Sieht ein Bundesgesetz vor, dass der Grundbuchverwalter eine Anmeldung im Hauptbuch nicht vollziehen darf, bevor eine andere Behörde darüber entschieden hat, ob das angemeldete Geschäft einer Bewilligung bedarf, so schreibt der Grundbuchverwalter die Anmeldung im Tagebuch ein und setzt dem Anmeldenden die vom anwendbaren Gesetz vorgesehene Frist zur Einleitung des Bewilligungsverfahrens.

² Wird das Bewilligungsverfahren innert der vorgeschriebenen Frist eingeleitet, so merkt der Grundbuchverwalter dies im Hauptbuch an.

³ Wird das Bewilligungsverfahren nicht fristgerecht eingeleitet oder wird die Bewilligung verweigert, so weist der Grundbuchverwalter die Anmeldung ab.

⁴ Die Anmerkung wird von Amts wegen gelöscht, wenn die Anmeldung im Hauptbuch vollzogen wird oder wenn sie rechtskräftig abgewiesen worden ist.

III. Die Eintragungen

Art. 25

¹ Die Eintragungen im Hauptbuch sind in sorgfältiger Schrift ohne Rasuren, Korrekturen oder Zwischenschriften auszuführen.

[1)] Eingefügt durch Ziff. I der V vom 23. Nov. 1994, in Kraft seit 1. Jan. 1995 (AS **1987** 14).
[2)] Fassung gemäss Ziff. I der V vom 18. Nov. 1987, in Kraft seit 1. Jan. 1988 (AS **1987** 1600).
[3)] Eingefügt durch Ziff. I der V vom 18. Nov. 1987, in Kraft seit 1. Jan. 1988 (AS **1987** 1600).

² Sie sollen in der Reihenfolge vorgenommen werden, in der die Anmeldungen eingetroffen oder die Beurkundungen oder Erklärungen vor dem Grundbuchverwalter unterzeichnet worden sind.[1]

³ Der Grundbuchverwalter darf im Hauptbuch nur eintragen, was sich aus den Anmeldungsbelegen ergibt (Verifikation).[2]

⁴ Die Grundbuchwirkung nach den Artikeln 971–974 des Zivilgesetzbuches kommt der Eintragung auf dem Hauptbuchblatt des belasteten Grundstücks zu.[2]

⁵ Der Grundbuchverwalter bescheinigt auf Begehren die Eintragung auf den für die Parteien bestimmten Urkunden; er kann dies auch tun, indem er über den neuen Zustand einen vollständigen oder teilweisen Auszug aus dem Hauptbuch abgibt.[2]

Art. 26[3]

¹ ...[4]

² Der Grundbuchverwalter hat die Eintragung so bald wie möglich nach der Anmeldung im Hauptbuch zu vollziehen.

³ Ist es nicht möglich, die Eintragung im Hauptbuch am gleichen Tag zu vollziehen wie die Einschreibung im Tagebuch, so kann im betreffenden Hauptbuchblatt mit Bleistift auf die Ordnungsnummer der Anmeldung hingewiesen werden.

⁴ Die Eintragungen in das Hauptbuch müssen unter dem Datum der Einschreibung im Tagebuch vorgenommen werden.[1]

Art. 27

¹ Sind in einem Hauptbuchblatt mehrere an demselben Tage zur Anmeldung gelangte Eintragungen vorzunehmen und sollen sie nach dem Willen der Parteien oder nach der Reihenfolge der Einschreibung in das Tagebuch oder in das Urkundenprotokoll verschiedenen Rang erhalten, so ist dies auch im Hauptbuch in geeigneter Weise (z.B. durch Angabe der genauen Zeit oder durch Angabe des Rangverhältnisses bei jedem Eintrag) zum Ausdruck zu bringen.

² Die besonderen Vorschriften über die Eintragung der Pfandstellen bei Grundpfandrechten bleiben vorbehalten.

³ Soll sich der Rang einer Eintragung nicht aufgrund des Eintragungsdatums ergeben, so muss dies ausdrücklich aus dem Hauptbuchblatt hervorgehen.[2]

---

[1] Fassung gemäss Ziff. I der V vom 23. Nov. 1994, in Kraft seit 1. Jan. 1995 (AS **1995** 14).
[2] Eingefügt durch Ziff. I der V vom 23. Nov. 1994, in Kraft seit 1. Jan. 1995 (AS **1995** 14).
[3] Fassung gemäss Ziff. I der V vom 18. Nov. 1987, in Kraft seit 1. Jan. 1988 (AS **1987** 1600).
[4] Aufgehoben durch Ziff. I der V vom 23. Nov. 1994 (AS **1995** 14).

Art. 28

¹ Sämtliche Belege, auf deren Vorlegung hin eine Eintragung in das Hauptbuch vorgenommen wird, sind womöglich in gleichem Format einzureichen, mit der Ordnungsnummer und der Nummer des Hauptbuchblattes zu versehen und in dem für jedes Grundbuchblatt besonders anzulegenden Faszikel der Grundbuchakten (Belege) geordnet aufzubewahren.

² Die Ordnungsnummern der Belege werden für jedes Grundbuchblatt in besonderer, fortlaufender Numerierung festgestellt.

³ Ist für mehrere Eintragungen in verschiedenen Grundbuchblättern nur ein Beleg vorhanden, so hat der Grundbuchverwalter bei denjenigen Grundbuchakten, in deren Faszikel das Beleg selbst nicht aufgenommen werden kann, eine Verweisung auf dasselbe anzubringen und im übrigen diese Verweisung als Beleg zu behandeln.

Art. 29

¹ An Stelle der in Artikel 28 vorgesehenen Anordnung der Belege in besonderen Faszikeln für jedes Grundbuchblatt kann von den Kantonen die Aufbewahrung der Belege in chronologischer Reihenfolge angeordnet werden.

² Die Belege sind in diesem Fall fortlaufend oder entsprechend der Ordnungsnummer des Tagebuchs zu numerieren.[1]

Art. 30

An Stelle der Belege kann in den Kantonen, die eine öffentliche Beurkundung durch den Grundbuchverwalter vornehmen lassen, das Urkundenprotokoll treten.

Art. 31[1]

¹ Das Eigentum wird in der entsprechenden Abteilung des Hauptbuchs eingetragen. Die Eintragung enthält:
a. die Bezeichnung des Eigentümers;
b. das Datum der Eintragung;
c. den Erwerbsgrund;
d. den Hinweis auf den Beleg;
e. die Bezeichnung der Miteigentümer mit einer Ziffer oder Litera, wenn für die Miteigentumsanteile keine besonderen Blätter angelegt worden sind.

² Zur Bezeichnung des Eigentümers und einer Person, der ein anderes Recht am Grundstück zusteht (Art. 958–961 ZGB), werden angegeben:

---

[1] Fassung gemäss Ziff. I der V vom 23. Nov. 1994, in Kraft seit 1. Jan. 1995 (AS **1995** 14).

a. für natürliche Personen: der Name, mindestens ein ausgeschriebener Vorname und das Geburtsdatum;
b. für juristische Personen und für Kollektiv- und Kommanditgesellschaften: die Firma oder der Name, der Sitz und die Rechtsform, wenn diese nicht aus dem Namen oder der Firma hervorgeht;
c. für einfache Gesellschaften und Gemeinschaften, in denen die beteiligten Personen durch Gesetzesvorschrift oder Vertrag verbunden und Gesamteigentümer sind: die Angaben über die daran beteiligten Personen nach Buchstabe a oder b; für Erbengemeinschaften genügt die Bezeichnung der Erbengemeinschaft (Art. 33 Abs. 3).

³ Weitere Personendaten dürfen im Hauptbuch nur angegeben werden, soweit sie zur Identifikation nötig sind.

⁴ In der Abteilung «Eigentum» dürfen als Bemerkung die Vertretung einer Erbengemeinschaft, der Willensvollstrecker und die Verwaltung einer Stockwerkeigentümergemeinschaft mit Name und Funktion aufgeführt werden; aufgeführt werden dürfen ebenfalls die Pfändung eines Anteils an einem Gemeinschaftsvermögen und ähnliche Beschränkungen.[1]

Art. 32[2]

¹ Steht das Eigentum an einem Grundstück (Anmerkungsgrundstück) dem jeweiligen Eigentümer eines andern Grundstückes (Hauptgrundstück) zu, so ist statt des Namens des Eigentümers die Nummer des Hauptgrundstücks in die Abteilung «Eigentum» einzutragen.[2]

² Auf dem Blatt des Hauptgrundstücks ist in der Abteilung «Anmerkungen» oder in der Grundstücksbeschreibung auf dieses Eigentumsverhältnis hinzuweisen.[3]

³ Werden für Miteigentumsanteile oder Stockwerke besondere Blätter eröffnet, so werden die Grundbuchnummern der Miteigentumsanteile oder der Stockwerke in der Abteilung «Eigentum» des Stammgrundstücks eingetragen.

Art. 33

¹ Bei Miteigentum muss der Bruchteil durch entsprechenden Zusatz («zur Hälfte», «zu $1/3$» usw.) zum Namen jedes Miteigentümers angegeben werden.

---

[1] Fassung gemäss Änderung vom 2. Dez. 1996, in Kraft seit 1. Jan. 1997 (AS **1996** 710)
[2] Fassung gemäss Ziff. I der V vom 18. Nov. 1987, in Kraft seit 1. Jan. 1988 (AS **1987** 1600).
[3] Fassung gemäss Ziff. I der V vom 23. Nov. 1994, in Kraft seit 1. Jan. 1995 (AS **1995** 14).

² Miteigentumsverhältnisse an überragenden Bauten oder an Bauwerken auf fremdem Boden werden, soweit erforderlich, als Dienstbarkeiten eingetragen.

³ Bei Gesamteigentum muss den Angaben nach Artikel 31 Absatz 2 Buchstabe c das die Gemeinschaft oder Gesellschaft begründende Rechtsverhältnis beigefügt werden.[1]

Art. 33a[2]

¹ Stockwerkeigentum wird auf dem Hauptbuchblatt der Liegenschaft oder des Baurechtes in der Eigentumskolumne eingetragen.

² Die Eintragung umfasst:
a. die Nummer des Blattes eines jeden Stockwerkes;
b. den Bruchteil (Wertquote) eines jeden Stockwerkes, ausgedrückt in Hundertsteln oder Tausendsteln;
c. die Bezeichnung des Eigentumsverhältnisses als Stockwerkeigentum (StWE);
d. das Datum des Eintrages;
e. die Angabe des Begründungsaktes («Begründungsvertrag» oder «Begründungserklärung»);
f. die Verweisung auf die Belege.

Art. 33b[2]

¹ Die räumliche Lage, Abgrenzung und Zusammensetzung der Stockwerkeinheiten müssen im Begründungsakt klar und bestimmt angegeben sein.

² Fehlt es daran, so setzt der Grundbuchverwalter Frist zur Beibringung eines von allen Eigentümern unterzeichneten Aufteilungsplanes und nötigenfalls einer amtlichen Bestätigung gemäss kantonaler Vorschrift, dass die zu Sonderrecht ausgeschiedenen Räume ganze in sich abgeschlossene Wohnungen oder geschäftlichen oder anderen Zwecken dienende Raumeinheiten mit eigenem Zugang sind.

³ Werden diese Ausweise nicht fristgemäss beigebracht, so wird die Anmeldung abgewiesen.

⁴ Für die Eintragung altrechtlichen Stockwerkeigentums bleibt Artikel 20bis Schlusstitel des Zivilgesetzbuches vorbehalten.

Art. 33c[2]

¹ Die Eintragung von Stockwerkeigentum vor Erstellung des Gebäudes kann nur verlangt werden, wenn mit der Anmeldung der Aufteilungsplan eingereicht wird.

---

[1] Fassung gemäss Ziff. I der V vom 23. Nov. 1994, in Kraft seit 1. Jan. 1995 (AS **1995** 14).
[2] Eingefügt durch Ziff. I des BRB vom 21. April 1964, in Kraft seit 1. Jan. 1965 (AS **1964** 413 1005).

² Der Grundbuchverwalter schreibt auf dem Blatt der Liegenschaft oder des Baurechtes und auf den Blättern der Stockwerke die Anmerkung «Begründung des StWE vor der Erstellung des Gebäudes» ein.

³ Die Fertigstellung des Gebäudes ist dem Grundbuchamt anzuzeigen, gegebenenfalls unter Einreichung des nach der Bauausführung berichtigten Aufteilungsplanes, der auf Verlangen des Grundbuchverwalters durch die amtliche Bestätigung gemäss Artikel 33b Absatz 2 zu ergänzen ist.

⁴ Wird diese Bestätigung nicht beigebracht oder sonstwie festgestellt, dass die zu Sonderrecht ausgeschiedenen Räume nicht in sich abgeschlossene Wohnungen oder zu anderen Zwecken bestimmte Raumeinheiten mit eigenem Zugang sind, so ist das Stockwerkeigentum nach fruchtloser Fristansetzung in sinngemässer Anwendung von Artikel 976 des Zivilgesetzbuches zu löschen und damit in gewöhnliches Miteigentum zurückzuführen.

⁵ ...[1]

Art. 34

Eigentumsbeschränkungen aus Nachbarrecht, deren Eintragung im Grundbuch nach Zivilgesetzbuch zugelassen (Durchleitungsrecht) oder für die Entstehung erforderlich ist (Notweg, Notbrunnen), sind gemäss den Bestimmungen über die Eintragung der Grunddienstbarkeiten einzutragen.

Art. 35[2]

¹ Eine Dienstbarkeit und eine Grundlast wird in der gleichnamigen Abteilung des Hauptbuchblattes des belasteten Grundstücks eingetragen. Eine Grunddienstbarkeit und eine Grundlast, die dem jeweiligen Eigentümer eines Grundstücks zusteht, wird zudem auf dem Hauptbuchblatt des berechtigten Grundstücks in derselben Abteilung eingetragen.

² Die Eintragung im Hauptbuchblatt enthält:
a. die Bezeichnung mit einer Ziffer oder Litera;
b. die Bezeichnung als Last oder als Recht;
c. die Bezeichnung der Dienstbarkeit oder Grundlast mit einem Stichwort;
d. auf dem Hauptbuchblatt des belasteten Grundstücks die Bezeichnung des berechtigten Grundstücks oder der berechtigten Person;

---

[1] Aufgehoben durch Ziff. I der V vom 23. Nov. 1994 (AS **1995** 14).
[2] Fassung gemäss Ziff. I der V vom 23. Nov. 1994, in Kraft seit 1. Jan. 1995 (AS **1995** 14).

e. auf dem Hauptbuchblatt des berechtigten Grundstücks die Bezeichnung des belasteten Grundstücks; ist eine grosse Zahl von Grundstücken belastet, so darf auf deren Bezeichnung verzichtet und auf den Beleg hingewiesen werden;
f. das Datum der Eintragung;
g. den Hinweis auf den Beleg.

³ Das Stichwort wird vom Grundbuchverwalter festgelegt.

Art. 36[1]

Art. 37

¹ Bei Eintragung und Einschreibung einer Grundlast soll ausserdem ihr Gesamtwert gemäss Artikel 783 Absatz 2 des Zivilgesetzbuches angegeben werden.

² Bei Eintragung und Einschreibung von Dienstbarkciten kann ebenfalls ein bestimmter Betrag als Gesamtwert der Belastung angegeben werden, sofern die vorgehenden Pfandgläubiger der Errichtung der Dienstbarkeit nicht zugestimmt haben (Art. 812 Abs. 2 und 3 ZGB).

³ Haben vorgehende Pfandgläubiger der Errichtung einer Grundlast oder Dienstbarkeit zu Lasten eines verpfändeten Grundstücks zugestimmt, so hat der Grundbuchverwalter diese Einwilligung unter den «Bemerkungen» zu den betreffenden Grundpfandeinträgen einzuschreiben, bei dem Eintrag der Dienstbarkeit hierauf zu verweisen und die neue Last auf den Pfandtiteln als vorgehendes Recht aufzunehmen.

Art. 38

¹ Steht das Grundstück, zu dessen Lasten oder zu dessen Gunsten eine Grunddienstbarkeit eingetragen werden soll, auf einem Kollektivblatt, so sind bei dem Eintrag auf diesem Blatt stets die Nummern des belasteten und des berechtigten Grundstücks anzugeben.

² Sind das belastete und das berechtigte Grundstück auf einem Kollektivblatt vereinigt, so bedarf es nur einer Eintragung, unter Angabe der Nummern des belasteten und des berechtigten Grundstücks.

Art. 39[1]

Art. 40

¹ Die Grundpfandrechte werden in der gleichnamigen Abteilung des Hauptbuchblatts eingetragen. Die Eintragung enthält:
a. die Bezeichnung mit einer Ziffer oder Litera;
b. die Art des Grundpfandrechts;
c. die Bezeichnung des Gläubigers (Art. 31 Abs. 2) oder die Bezeichnung «Inhaber»;

---

[1] Aufgehoben durch Ziff. I der V vom 23. Nov. 1994 (AS **1995** 14).

d. die Pfandsumme und gegebenenfalls den Zinsfuss, für den das Pfandrecht nach Artikel 818 Absatz 2 des Zivilgesetzbuches Sicherheit bietet (Höchstzinsfuss);
e. die Pfandstelle (Rang);
f. das Datum der Eintragung;
g. den Hinweis auf den Beleg.[1]

² Haben die Parteien besondere Vereinbarungen über Rückzahlungen und Kündigungen oder über Amortisation der Pfandschuld getroffen, so soll in der Kolumne «Bemerkungen» auf das Bestehen solcher Vereinbarungen hingewiesen werden.

³ Vereinbarungen über das Nachrücken von Grundpfandgläubigern (Art. 814 Abs. 3 ZGB) werden in der Kolumne «Vormerkungen» eingetragen.

⁴ Bei Eisenbahngrundstücken bleibt die Abteilung «Pfandrechte» geschlossen.[2]

Art. 41

¹ Die Eintragung von Grundpfandrechten in ein Kollektivblatt darf nur erfolgen, wenn sämtliche darin aufgenommenen Grundstücke verpfändet werden sollen.

² Wird die Eintragung eines Grundpfandrechtes nur für einzelne auf dem Kollektivblatt enthaltene Grundstücke nachgesucht, so hat der Grundbuchverwalter von Amtes wegen die Ausscheidung dieser oder der übrigen Grundstücke des Blattes nach den Vorschriften über die Umschreibungen (Art. 94) vorzunehmen.

Art. 42

¹ Soll gemäss Artikel 798 Absatz 1 des Zivilgesetzbuches auf mehrere, nicht in einem Kollektivblatt vereinigte Grundstücke desselben Grundbuchkreises für eine Forderung ein Grundpfandrecht (Gesamtpfandrecht) errichtet werden, so soll bei der Eintragung desselben in die einzelnen Grundbuchblätter jeweils in der Kolumne «Pfandsumme» der ganze Betrag der Forderung und in der Kolumne «Bemerkungen» der Hinweis auf die mitverpfändeten Grundstücke (z.B. «zu A: Nummer ... mitverpfändet») aufgenommen werden.

² Soll dieses Grundpfand für eine Forderung auf mehrere, in verschiedenen Grundbuchkreisen gelegene Grundstücke errichtet werden, so ist die Anmeldung zur Eintragung zuerst in demjenigen Kreise vorzunehmen, in dem die grössere Fläche der zu verpfändenden Grundstücke liegt, und hier gemäss Absatz 1 für die in diesem Kreis gelegenen Grundstücke zu erledigen.

---

[1] Fassung gemäss Ziff. I der V vom 23. Nov. 1994, in Kraft seit 1. Jan. 1995 (AS **1995** 14).
[2] Eingefügt durch Ziff. I der V vom 23. Nov. 1994, in Kraft seit 1. Jan. 1995 (AS **1995** 14).

³ Hierauf hat der Eigentümer oder der Erwerber, gestützt auf den Ausweis über die Eintragung im ersten Grundbuchkreise, der Reihe nach in den übrigen Grundbuchkreisen um die Eintragung des Grundpfandrechtes nachzusuchen, wobei von jedem Grundbuchverwalter die Nummern aller mitverpfändeten Grundstücke des eigenen und der anderen Kreise gemäss Absatz 1 zu vermerken sind, und den Grundbuchämtern der übrigen Kreise, zum Zwecke der Ergänzung ihrer Vermerke, unter Angabe der Nummern von sämtlichen Verpfändungen Mitteilung zu machen ist.

⁴ Für die Fälle, wo die zu verpfändenden Grundstücke nur in einem Kanton gelegen sind, können die Kantone denjenigen Grundbuchverwalter, bei dem gemäss Absatz 2 dieses Artikels die erste Anmeldung zu geschehen hat, verpflichten, von Amtes wegen die Eintragung der Grundpfandrechte in den übrigen Grundbuchkreisen zu veranlassen.

Art. 43

Gehören in den Fällen des Artikels 42 Absatz 1 oder 2 mehrere Grundstücke innerhalb eines Grundbuchkreises verschiedenen Eigentümern, so ist die Anmeldung zur Eintragung für alle Grundstücke gleichzeitig anzubringen.

Art. 44

Die Vorschriften des Artikels 42 finden entsprechende Anwendung, wenn nachträglich noch andere Grundstücke mit dem an einem Grundstück bestehenden Grundpfandrechte gemäss Artikel 798 Absatz 1 des Zivilgesetzbuches belastet werden sollen.

Art. 45

¹ Werden mehrere auf verschiedenen Grundbuchblättern aufgenommene Grundstücke für die nämliche Forderung verpfändet, ohne dass ein Gesamtpfandrecht nach Artikel 798 Absatz 1 des Zivilgesetzbuches errichtet werden soll, so ist jedes Grundstück mit dem von den Parteien bei der Anmeldung angegebenen Teilbetrag zu belasten.

² Haben die Parteien über die Verteilung nichts bestimmt, so kann der Grundbuchverwalter entweder die Anmeldung zurückweisen oder in den Fällen, wo für die Grundstücke ein Schatzungswert im Grundbuch angegeben ist, diese Verteilung unter Anzeige an die Parteien nach dem Schatzungswerte vornehmen und die entsprechenden Belastungen in das Grundbuch eintragen.

³ Bei der Teilung der Pfandsumme soll nicht unter 1 Franken gegangen werden.

Art. 46

¹ Wenn eines von mehreren insgesamt verpfändeten Grundstücken veräussert wird und sich der Erwerber für die Schuld, für die das Grundstück haftet, nicht solidarisch verpflichtet, sind die Vorschriften des Artikels 45 ebenfalls anwendbar, jedoch mit der Besonderheit, dass der Grundbuchverwalter die Verteilung der Belastung in allen Fällen vorzunehmen hat, wo die Parteien hierüber nichts vereinbaren.

² Nimmt der Grundbuchverwalter diese Verteilung vor, so hat er den Beteiligten unverzüglich davon Kenntnis zu geben.

Art. 47[1]

¹ Die Eintragung der Verpfändung von Miteigentumsanteilen soll, wenn für diese nicht besondere Blätter eröffnet sind, ausser den in Artikel 40 verlangten Angaben noch die Bezeichnung des verpfändeten Anteils in der Kolumne «Bemerkungen», z.B. «am Anteil Litera ... des NN» oder «am Anteil Ziffer ... des NN», enthalten.

² Bestehen Grundpfandrechte oder Grundlasten an Miteigentumsanteilen, so können solche Rechte nicht mehr zu Lasten des im Miteigentum stehenden Grundstückes eingetragen werden.

³ Werden Grundpfandrechte oder Grundlasten auf den besonderen Blättern von Miteigentumsanteilen eingetragen, so ist durch Anmerkung auf dem Blatt des gemeinschaftlichen Grundstückes darauf hinzuweisen.

Art. 48[2]

Für die Eintragung des vorbehaltenen Vorganges (Art. 813 ZGB) und der leeren Pfandstelle gilt Artikel 40. Statt des Namens des Gläubigers wird jedoch «vorbehaltener Vorgang» oder «leere Pfandstelle» eingesetzt; unter «Grundpfandart» wird nichts eingetragen.

Art. 49

¹ Die Eintragung der Grundpfandrechte für Bodenverbesserungen (Art. 820 ZGB) erfolgt nach den Bestimmungen des Artikels 40 mit der Besonderheit, dass statt der Pfandstelle die Abkürzung «B-V» eingetragen wird.

² Wird das Pfandrecht für eine Bodenverbesserung eingetragen, die ohne staatliche Subvention durchgeführt wird, so ist in der Kolumne «Bemerkungen» ausserdem «Tilgung durch Annuitäten von ... %» beizufügen.

---

[1] Fassung gemäss Ziff. I des BRB vom 21. April 1964, in Kraft seit 1. Jan. 1965 (AS **1964** 413 1005).
[2] Fassung gemäss Ziff. I der V vom 18. Nov. 1987, in Kraft seit 1. Jan. 1988 (AS **1987** 1600).

³ Der Grundbuchverwalter hat allen denjenigen, die aus einem auf demselben Grundbuchblatt eingetragenen Grundpfandrecht oder aus einer Grundlast berechtigt sind, unverzüglich von der Eintragung eines solchen Pfandrechtes für Bodenverbesserungen Kenntnis zu geben und dessen Errichtung auf denjenigen Pfandtiteln anzumerken, in denen das Grundstück als Pfand haftet.

Art. 50[1]

¹ Die Eintragung der Pfandrechte für die Forderungen der Handwerker und Unternehmer (Art. 837 Ziff. 3 ZGB) soll ausser den in Artikel 40 aufgezählten Angaben noch die Bezeichnung «Baupfandrecht» in der Kolumne «Bemerkungen» enthalten.

² Die entsprechende Bemerkung zum Eintrag des gesetzlichen Pfandrechtes für den Baurechtszins (Art. 779i und k ZGB) lautet: «Baurechtszins».

³ Zum Eintrag des Pfandrechtes für die Heimfallsentschädigung (Art. 779d Abs. 2 und 3 ZGB) lautet sie: «Heimfallsentschädigung».

⁴ Die Bezeichnung «Heimfallsentschädigung» wird statt der Pfandstelle mit der Abkürzung «HfE» eingetragen und durch die Bemerkung ergänzt, dass das Pfandrecht den Rang des gelöschten Baurechtes hat.

Art. 51

¹ Die Angabe des Bevollmächtigten bei Schuldbrief oder Gült (Art. 860 ZGB) erfolgt in der Kolumne «Bemerkungen», auf schriftliches Begehren des Eigentümers und unter der Voraussetzung, dass der Bevollmächtigte im Ausweise über die Errichtung des Pfandrechts genannt ist.

² Zur nachträglichen Angabe eines Bevollmächtigten oder zur Streichung bedarf es der Zustimmung aller Beteiligten oder einer Verfügung des Richters.

³ Wird die Eintragung des Pfandrechtes, auf das sich die Bestellung des Bevollmächtigten bezieht, gelöscht, so ist die Bemerkung von Amtes wegen zu streichen.

Art. 52

¹ Bei Ausgabe von Pfandtiteln in Serien (Art. 876 ff. ZGB) ist ausser den Angaben nach Artikel 40 in der Kolumne «Gläubiger» noch die Anzahl der Titel einzutragen.

---

[1] Fassung gemäss Ziff. I des BRB vom 29. Juni 1965 (AS **1965** 467).

² Werden Anleihensobligationen durch Errichtung einer Grundpfandverschreibung oder eines Schuldbriefes gemäss Artikel 875 Ziffer 1 des Zivilgesetzbuches sichergestellt, so gelten die Bestimmungen des Artikels 40 mit den Abänderungen, dass als Gläubiger «die aus den Anleihensobligationen Berechtigten» eingetragen, ferner in der gleichen Kolumne der Betrag, die Anzahl und die Art der Obligationen (Namen- oder Inhaberobligationen) angegeben werden und der Name des Stellvertreters für die Gläubiger und den Schuldner unter den «Bemerkungen» erwähnt wird.

Art. 52a[1]

¹ Dienstbarkeiten, Grundlasten und Grundpfandrechte können statt mit Literae auch mit Ziffern gekennzeichnet werden.

² Eine entsprechende Kennzeichnung kann auch in den Abteilungen «Eigentum», «Vormerkungen», «Anmerkungen» und in der Grundstücksbeschreibung vorgenommen werden.

IV. Ausstellung der Schuldbriefe und Gülten und der Urkunden über die Pfandverschreibungen

Art. 53

¹ Soll ein Schuldbrief oder eine Gült errichtet werden, so stellt der Grundbuchverwalter sofort nach der Eintragung des Pfandrechts im Hauptbuch den Pfandtitel aus.[2]

² Der Pfandtitel ist nach dem Muster des Amtes für Grundbuch- und Bodenrecht zu erstellen. Es ist darin mindestens aufzuführen:

a. die Bezeichnung als Schuldbrief oder Gült und die Angabe des Gläubigers, oder die Angabe, dass der Titel auf den Inhaber lautet;

b. das Datum der Eintragung des Pfandrechts und die Angabe des Belegs;

c. eine Nummer oder eine andere eindeutige Kennzeichnung, wenn der Titel keine körperliche Einheit bildet; in diesem Fall muss der Titel im Gläubigerregister oder in einem anderen Hilfsregister (Art. 108 Abs. 2) erfasst werden;

d. die Pfandsumme, die Zins-, Kündigungs- und Abzahlungsbestimmungen sowie gegebenenfalls der Höchstzinsfuss (Art. 818 Abs. 2 ZGB) und die Bemerkungen über Änderungen im Rechtsverhältnis (Art. 874 ZGB);

---

[1] Eingefügt durch Ziff. I der V vom 18. Nov. 1987, in Kraft seit 1. Jan. 1988 (AS **1987** 1600).
[2] Fassung gemäss Ziff. I der V vom 23. Nov. 1994, in Kraft seit 1. Jan. 1995 (AS **1995** 14).

e. die Bezeichnung des Grundstücks, das als Pfand eingesetzt ist, mit der Identifikation (Art. 1a und Art. 31 Abs. 1 Bst. e) und, wenn der Titel nicht mit einem Auszug aus dem Hauptbuch verbunden ist, mit seiner Rechtsnatur (Art. 655 ZGB); ist das Grundstück in einer kantonalen Grundbucheinrichtung aufgenommen, so ist ein entsprechender Hinweis anzubringen;
f. die Pfandstelle;
g. die bereits auf dem Grundstück ruhenden Rechte und die vorgehenden und gleichrangigen Lasten (Dienstbarkeiten, Grundlasten, Pfandrechte, mit Einschluss der leeren Pfandstellen und der vorbehaltenen Vorgänge, Vormerkungen);
h. bei Belastung von Miteigentum und Stockwerkeigentum zudem die vorgehende Pfandbelastung der ganzen Sache;
i. die Unterschrift der Person, die den Titel ausstellen darf[1].

³ Wird ein Gesamtpfandrecht errichtet, so muss dieses im Pfandtitel als solches bezeichnet werden. Zudem müssen für alle als Pfand eingesetzten Grundstücke die Angaben nach Absatz 2 Buchstaben e–h aufgeführt werden.[1]

⁴ Anstelle der Angaben nach Absatz 2 Buchstaben g und h darf im Titel ein Auszug aus dem Hauptbuch wiedergegeben werden. Der Titel darf auch Hinweise auf ein Drittpfandverhältnis sowie auf die Übertragung, Aufbewahrung, Kraftloserklärung des Titels und ähnliches enthalten.[1]

⁵ Umfasst der Titel einschliesslich eines Auszuges aus dem Hauptbuch mehrere Seiten und bilden diese keine körperliche Einheit, so ist auf jeder beschrifteten Seite die Titelnummer anzugeben; die Seiten sind durch gegenseitige Hinweise auf die Seitenzahl miteinander zu verbinden.[1]

⁶ Ist die Darstellung der Angaben nach Absatz 2 Buchstaben g und h oder eines Auszugs nach Absatz 4 zu aufwendig oder würde der Titel dadurch unübersichtlich oder zu umfangreich, so dürfen die Angaben auf diejenigen über die vorgehenden und gleichrangigen Pfandrechte (mit Einschluss der leeren Pfandstellen und vorbehaltenen Vorgänge), Grundlasten, selbständigen und dauernden Rechte, Nutzniessungen und Wohnrechte beschränkt werden. In diesem Fall muss im Titel darauf hingewiesen werden, dass allfällige andere vorgehende Belastungen aus dem Hauptbuch ersichtlich sind.[1]

⁷ Wird ein neuer Pfandtitel für einen kraftlos erklärten oder entkräfteten Titel (Art. 64) ausgestellt, so muss er die Angabe enthalten, dass er an die Stelle des bisherigen tritt.[1]

---

[1] Fassung gemäss Änderung vom 2. Dez. 1996, in Kraft seit 1. Jan. 1997 (AS **1996** 710)

Art. 54

¹ Sollen für einen Schuldbrief- oder Gültbetrag mehrere Grundstücke zu Pfand gesetzt werden, so wird nur *ein* Pfandtitel ausgestellt, sofern die zu verpfändenden Grundstücke auf einem Kollektivblatt vereinigt sind oder sofern es sich um ein Gesamtpfandrecht (Art. 42 dieser Verordnung und Art. 798 Abs. 1 ZGB) handelt.

² In den andern Fällen (Art. 45 dieser Verordnung und Art. 798 Abs. 2 ZGB) kann entweder für jeden Teilbetrag, mit dem ein Grundstück belastet wird, ein besonderer Titel ausgestellt werden, oder es können, solange Verwirrung nicht zu besorgen ist, die verschiedenen verpfändeten Grundstücke, unter Angabe des auf jedem derselben lastenden Teilbetrages, in einem einzigen Pfandtitel aufgeführt werden.

Art. 55

Die Vorschriften des Artikels 54 finden entsprechende Anwendung, wenn nach Errichtung eines Schuldbriefes oder einer Gült noch weitere Grundstücke desselben Grundbuchkreises damit belastet werden sollen (Pfandvermehrung).

Art. 56[1]

Soll ein Schuldbrief oder eine Gült auf mehrere, in verschiedenen Grundbuchkreisen gelegene Grundstücke als Gesamtpfand errichtet werden (Art. 42 Abs. 2), so hat jeder Grundbuchverwalter die in seinem Kreis gelegenen Grundstücke in den Pfandtitel aufzunehmen. Der Pfandtitel ist vom Grundbuchverwalter jedes betroffenen Kreises zu unterschreiben.

Art. 57[2]

Art. 58

¹ Der Grundbuchverwalter darf die Pfandtitel dem Gläubiger oder seinem Beauftragten nur dann aushändigen, wenn der Schuldner und der Eigentümer des belasteten Grundstücks schriftlich ihre Zustimmung erklärt haben (Art. 857 Abs. 3 ZGB).

² Diese Einwilligung kann in die Anmeldung des Pfandrechts zur Eintragung in das Grundbuch aufgenommen werden.

---

[1] Fassung gemäss Ziff. I der V vom 23. Nov. 1994, in Kraft seit 1. Jan. 1995 (AS **1995** 14).
[2] Aufgehoben durch Ziff. I der V vom 23. Nov. 1994 (AS **1995** 14).

Art. 59

¹ Die Ausstellung von Grundpfandverschreibungen und Schuldbriefen zur Sicherstellung von Anleihensobligationen (Art. 875 Ziff. 1 ZGB) sowie von Serienschuldbriefen und Seriengülten (Art. 876 ff. ZGB) erfolgt nach Formularen, die für den einzelnen Fall festgestellt werden.

² Die Aufsichtsbehörde hat dem Grundbuchverwalter hierüber die nötigen Weisungen zu erteilen.

Art. 60

Wird über eine Grundpfandverschreibung ein Auszug aus dem Grundbuch erstellt (Art. 825 Abs. 2 ZGB), so gelten die Bestimmungen über die Angaben, die in einem Pfandtitel enthalten sein müssen (Art 53 und 64), sinngemäss.[1]

V. Abänderungen und Löschungen. Entkräftung der Pfandtitel

Art. 61

¹ Die für die Anmeldung zur Eintragung aufgestellten Vorschriften gelten auch für die Anmeldung zur Abänderung oder Löschung eines Eintrages.

² Ausserdem bedarf es einer schriftlichen Erklärung der aus dem Eintrage berechtigten Personen oder einer Ermächtigung des Richters oder einer andern zuständigen Behörde.

³ Eintragungen von Schuldbriefen und Gülten dürfen nur abgeändert werden, wenn die entsprechende Änderung gleichzeitig im Pfandtitel vorgenommen wird. Ist der Pfandtitel abhanden gekommen, so darf eine Änderung nur vorgenommen werden, wenn der Titel vom Richter kraftlos erklärt und an seiner Stelle ein Ersatztitel (Duplikat) ausgestellt worden ist.[2]

⁴ Die besonderen Bestimmungen über die Voraussetzungen der Abänderung oder Löschung ungerechtfertigter oder bedeutungslos gewordener Einträge (Art. 975 und 976 ZGB) bleiben vorbehalten.

Art. 62[2]

¹ Eine Eintragung wird gelöscht, indem sie vollständig gestrichen und bei der betreffenden Stelle die Bemerkung «... gelöscht» eingeschrieben wird. Datum und Beleg der Löschung müssen angegeben werden.

² Die Löschung erhält die gleiche Litera oder Ziffer, mit der die gelöschte Eintragung versehen war.

---

[1] Fassung gemäss Änderung vom 2. Dez. 1996, in Kraft seit 1. Jan. 1997 (AS **1996** 710)

[2] Fassung gemäss Ziff. I der V vom 18. Nov. 1987, in Kraft seit 1. Jan. 1988 (AS **1987** 1600).

Art. 63

Wird ein vorgehendes Grundpfandrecht getilgt, ohne dass an dessen Stelle sofort und für die ganze ursprüngliche Pfandsumme ein neues errichtet wird, und ohne dass die nachgehenden Grundpfandgläubiger nachrücken, so ist zugleich mit der Löschung unter der bisherigen Litera eine leere Pfandstelle gemäss Artikel 48 einzutragen.

Art. 64

[1] Schuldbrief und Gült dürfen im Grundbuch nicht gelöscht werden, bevor der Pfandtitel entkräftet oder durch den Richter für kraftlos erklärt worden ist.

[2] Ein Pfandtitel wird entkräftet, indem er zerschnitten, perforiert oder diagonal durchgestrichen und mit einem Löschungsvermerk versehen wird. Der Löschungsvermerk muss datiert und vom Grundbuchverwalter unterschrieben werden.[1]

[3] Ist ein Pfandtitel schadhaft, unleserlich oder unübersichtlich geworden oder erweist sich eine Neuausstellung als zweckmässiger als die Änderung, so stellt der Grundbuchverwalter unter Entkräftung des alten einen neuen Pfandtitel aus und vermerkt darauf die Neuausstellung. Wird ein Namentitel neu ausgestellt, so ist als Gläubiger diejenige Person anzugeben, an welche der Titel zuletzt übertragen wurde.[1]

[4] Der entkräftete Pfandtitel ist zusammen mit dem neu ausgestellten Titel der berechtigten Person auszuhändigen, wenn diese es verlangt. Das kantonale Recht kann eine andere Regelung vorsehen.[2]

[5] Wird das Grundpfandrecht im Grundbuch gelöscht, so ist der entkräftete Titel dem Grundeigentümer auf dessen Verlangen auszuhändigen.[3]

Art. 65[4]

[1] Eine Eintragung wird abgeändert, indem entweder die ganze Eintragung oder bloss der zu ändernde Teil gestrichen und durch den neuen Wortlaut ersetzt wird. Datum und Beleg der Änderung müssen angegeben werden.

[2] Die Änderung erhält die gleiche Litera oder Ziffer, mit der die bisherige Eintragung versehen war.

---

[1] Fassung gemäss Ziff. I der V vom 23. Nov. 1994, in Kraft seit 1. Jan. 1995 (AS **1995** 14).

[2] Fassung gemäss Änderung vom 2. Dez. 1996, in Kraft seit 1. Jan. 1997 (AS **1996** 710)

[3] Eingefügt durch Ziff. I der V vom 23. Nov. 1994, in Kraft seit 1. Jan. 1995 (AS **1995** 14).

[4] Fassung gemäss Ziff. I der V vom 18. Nov. 1987, in Kraft seit 1. Jan. 1988 (AS **1987** 1600).

Art. 66

¹ Der Übergang des Gläubigerrechts aus Grundpfandforderungen wird im Grundbuch nicht eingetragen.

² In einem besonderen Register (Art. 108 Abs. 1 Bst. b) oder auf dem Hauptbuchblatt in der Abteilung «Grundpfandrechte» ist dagegen die Person zu bezeichnen (Art. 31 Abs. 2), die als Grundpfand- oder als Faustpfandgläubigerin an einer Grundpfandforderung berechtigt ist, wenn die Person darum ersucht und ihr Recht glaubhaft macht. Das Gläubigerregister kann auch aus den gesammelten, fortlaufend numerierten Gläubigergesuchen bestehen.[1]

³ Die Angabe der aus dem Pfandrecht berechtigten Personen hat zur Folge, dass der Grundbuchverwalter alle ihm durch Gesetz und Verordnung vorgeschriebenen Anzeigen an diese Personen zu machen hat, insoweit nicht ein Bevollmächtigter gemäss Artikel 51 bestellt ist.

Art. 67

¹ Erleidet bei Grundpfandforderungen das Rechtsverhältnis durch Abzahlungen an die Schuld oder durch Ermässigung des Zinsfusses Änderungen, so werden sie auf schriftliches Begehren des Schuldners in der Kolumne «Bemerkungen» eingeschrieben.

² Andere Schulderleichterungen sind unter der gleichen Voraussetzung bei den Belegen zu erwähnen.

Art. 68

¹ Die in Artikel 67 vorgesehenen Abänderungen bezüglich des Grundpfandrechts sollen gleichzeitig in den Pfandtiteln angemerkt und vom Grundbuchverwalter unterzeichnet werden.

² Ausserdem sind in den Pfandtiteln von Amtes wegen alle diejenigen Änderungen anzumerken, die sich aus den Eintragungen und Löschungen in den anderen Abteilungen des Grundbuchblattes ergeben und die von Einfluss auf das Pfandrecht sind (Veräusserung des Grundstücks, Aufhebung von Dienstbarkeiten und Grundlasten, die dem verpfändeten Grundstücke zustanden).

³ Bei der Ausgabe von Anleihenstiteln können hierüber spezielle Vorschriften aufgestellt werden, auf die im Grundbuch in der Kolumne «Bemerkungen» zu verweisen ist.

Art. 69

Die Belege für die Abänderung oder Löschung eines Eintrages sind gemäss den Vorschriften der Artikel 28 und 29 aufzubewahren.

---

[1] Fassung gemäss Ziff. I der V vom 23. Nov. 1994, in Kraft seit 1. Jan. 1995 (AS **1995** 14).

VI. Vormerkungen

Art. 70

Die Vorschriften über die Eintragungen, wie insbesondere betreffend die Anmeldung zur Eintragung und die Prüfung des Verfügungsrechts (Art. 15–17), finden auf die Vormerkungen, unter Vorbehalt der nachfolgenden besonderen Bestimmungen, entsprechende Anwendung.

Art. 71

¹ Für den Ausweis zur Vormerkung persönlicher Rechte ist erforderlich:
bei Kaufsrecht, Rückkaufsrecht, Vereinbarung über das Nachrücken von Grundpfandgläubigern, Rückfall von Schenkungen, Vorkaufsrecht mit zum voraus bestimmtem Preis (limitiertes Vorkaufsrecht): öffentliche Beurkundung; bei Vorkaufsrecht ohne Kaufpreisangabe (unlimitiertes Vorkaufsrecht), Miete und Pacht: einfache Schriftlichkeit.[1]

² Die Vormerkungen persönlicher Rechte sollen stets die Bedingungen, unter denen das Recht geltend gemacht werden kann, und die Zeitdauer des Bestandes enthalten.

Art. 71a[2]

¹ Der für die Vormerkung des Vorkaufsrechtes und des Einspracherechtes der Stockwerkeigentümer gemäss Artikel 712c des Zivilgesetzbuches erforderliche Ausweis wird erbracht durch die Vorlegung des Begründungsaktes oder einer besonderen Vereinbarung in schriftlicher Form.

² Zur Vormerkung der Aufhebung oder Abänderung des Vorkaufsrechtes der Miteigentümer, des Bauberechtigten und des Eigentümers des mit dem Baurecht belasteten Grundstückes sowie zur Vormerkung des Rechtes, die Aufhebung des Miteigentums zu verlangen, bedarf es einer Vereinbarung in der Form der öffentlichen Beurkundung.

³ Ist die Vormerkung vereinbart, so ist jeder aus dieser Vereinbarung Berechtigte oder Verpflichtete zu ihrer Anmeldung befugt.

---

[1] Fassung gemäss Art. 7 Ziff.1 der Verordnung vom 4. Oktober 1993 über das bäuerliche Bodenrecht, in Kraft seit 1. Jan. 1994 (SR **211.412.110**).
[2] Eingefügt durch Ziff. I des BRB vom 21. April 1964, in Kraft seit 1. Jan. 1965 (AS **1964** 413 1005).

Art. 71b[1)]

¹ Vereinbarungen über die Entschädigung für heimfallende Bauten und über die Wiederherstellung des ursprünglichen Zustandes nach dem Untergang des Baurechtes (Art. 779e ZGB) müssen als Ausweis für die Vormerkung öffentlich beurkundet sein.

² In schriftlicher Form bilden diese Vereinbarungen den Ausweis für die Vormerkung, wenn das Baurecht nicht ein selbständiges und dauerndes Recht ist.

³ Die Vormerkung ist auf dem Blatte des belasteten Grundstückes und gegebenenfalls zudem auf dem Blatte des Baurechtes einzuschreiben.

Art. 72

¹ Die Vormerkungen persönlicher Rechte sind von Amtes wegen zu löschen, wenn die in der Vormerkung angegebene Zeit abgelaufen ist.

² Vorgemerkte Vorkaufs-, Rückkaufs- oder Kaufsrechte sind ausserdem von Amtes wegen zu löschen, wenn der Berechtigte Eigentümer des Grundstücks geworden ist.

Art. 73[2)]

¹ Der Ausweis für die Vormerkung von Verfügungsbeschränkungen wird geleistet:
a. bei streitigen oder vollziehbaren Ansprüchen sowie bei Pfändung, Pfandverwertung und Arrest: durch die Ermächtigung der zuständigen Behörde;
b. bei Errichtung einer Heimstätte: durch die Genehmigungsurkunde der zuständigen Behörde;
c. bei Nacherbeneinsetzung und Nachvermächtnis: durch eine beglaubigte Kopie der Verfügung von Todes wegen.

² Die Vormerkung einer Verfügungsbeschränkung zur Sicherung eines streitigen Anspruchs muss den Ansprecher und den Anspruch bezeichnen.

³ Die Vormerkung einer Verfügungsbeschränkung wegen Pfändung oder Arrest muss den Betrag angeben, für den gepfändet oder verarrestiert wurde.

Art. 74[3)]

[1)] Eingefügt durch Ziff. I des BRB vom 29. Juni 1965 (AS **1965** 467).
[2)] Fassung gemäss Änderung vom 2. Dez. 1996, in Kraft seit 1. Jan. 1997 (AS **1996** 710)
[3)] Aufgehoben durch Änderung vom 2. Dez. 1996, in Kraft seit 1. Jan. 1997 (AS **1996** 710)

Art. 75

¹ Für die Vormerkung vorläufiger Eintragungen bedarf es der schriftlichen Einwilligung des Eigentümers und der übrigen Beteiligten oder der Anordnung des Richters.

² Vorläufige Eintragungen sind mit der Abkürzung «V.E.» zu versehen und sollen in Stichworten den wesentlichen Inhalt des Rechts, den Berechtigten, das Datum der Anmeldung und den Hinweis auf den Beleg enthalten.[1]

Art. 76

¹ Die Vormerkung einer vorläufigen Eintragung ist von Amtes wegen zu löschen, wenn die entsprechende definitive Eintragung vorgenommen wird oder wenn die vom Grundbuchverwalter oder vom Richter für deren Anmeldung festgesetzte Frist unbenützt abgelaufen ist.

² Tritt an Stelle der vorläufigen die endgültige Eintragung, so ist diese mit dem Datum der gelöschten Vormerkung zu versehen.

Art. 77[2]

¹ Die Vormerkungen müssen in der gleichnamigen Abteilung des Hauptbuchblattes des belasteten Grundstücks eingeschrieben werden und enthalten:

a. die Bezeichnung mit einer Litera oder Ziffer;
b. den wesentlichen Inhalt des vorgemerkten Rechts;
c. die Bezeichnung der berechtigten Person (Art. 31 Abs. 2) oder die Bezeichnung des berechtigten Grundstücks;
d. das Datum der Eintragung;
e. den Hinweis auf den Beleg.

² Soll ein persönliches Recht vorgemerkt werden (Art. 959 ZGB), das dem jeweiligen Eigentümer eines Grundstücks zusteht, so muss die Vormerkung auch in der gleichnamigen Abteilung des Hauptbuchblattes des berechtigten Grundstücks eingetragen werden.

VII. Anmerkungen

Art. 78[1]

Soweit die Artikel 79 und 80 nichts anderes bestimmen, gelten für die Anmerkungen sinngemäss die Vorschriften über die Eintragungen.

---

[1] Fassung gemäss Ziff. I der V vom 18. Nov. 1987, in Kraft seit 1. Jan. 1988 (AS **1987** 1600).
[2] Fassung gemäss Ziff. I der V vom 23. Nov. 1994, in Kraft seit 1. Jan. 1995 (AS **1995** 14).

Art. 79[1]

[1] Anmerkungen, die auf dem Privatrecht beruhen, sind auf dem Hauptbuchblatt oder in der Grundstücksbeschreibung mit einem Stichwort und dem Hinweis auf den Beleg einzuschreiben.

[2] Zugehör (Art. 946 Abs. 2 ZGB) wird auf Anmeldung des Eigentümers angemerkt; können die einzelnen Zugehörstücke aus Platzgründen in der Abteilung «Anmerkungen» oder in der Grundstücksbeschreibung nicht angegeben werden, so ist das Verzeichnis darüber bei den Belegen aufzubewahren.

[3] Der Zeitpunkt des Beginns eines Werkes (Art. 841 Abs. 3 ZGB) wird auf Anmeldung eines berechtigten Handwerkers oder Unternehmers angemerkt.

[4] Eine Nutzungs- und Verwaltungsordnung (Art. 647 ZGB) wird auf Anmeldung jedes Miteigentümers angemerkt; Ausweis zur Einschreibung bildet die von allen beteiligten Miteigentümern unterschriebene Nutzungs- und Verwaltungsordnung.

[5] Ein Reglement für die Stockwerkeigentümer-Gemeinschaft (Art. 712g ZGB) wird auf Anmeldung des Verwalters bzw. jedes Stockwerkeigentümers angemerkt; Ausweis zur Einschreibung bildet das von allen Stockwerkeigentümern unterzeichnete Reglement oder das Reglement, dem ein beglaubigter Auszug aus dem Protokoll über seine Annahme durch Beschluss der Stockwerkeigentümer- Gemeinschaft beigelegt ist.

[6] Das Vorpachtrecht (Art. 5 LPG[2]) wird auf Anmeldung eines Nachkommen des Eigentümers oder Nutzniessers (Verpächters) eines landwirtschaftlichen Gewerbes angemerkt; zur Anmeldung ist jeder Nachkomme befugt, der das 18. Altersjahr vollendet hat.

[7] ...[3]

Art. 80[1]

[1] Öffentlich-rechtliche Eigentumsbeschränkungen sind auf dem Hauptbuchblatt oder in der Grundstücksbeschreibung mit einem Stichwort und dem Hinweis auf den Beleg und gegebenenfalls auf den Plan anzumerken.

---

[1] Fassung gemäss Ziff. I der V vom 18. Nov. 1987, in Kraft seit 1. Jan. 1988 (AS **1987** 1600).
[2] SR **221.213.2 (OR-H)**
[3] Aufgehoben durch Ziff. I der V vom 23. Nov. 1994 (AS **1995** 14).

² Gesetzliche Wegrechte von bleibendem Bestand (Art. 696 ZGB) werden ohne besonderen Ausweis auf Anmeldung des Eigentümers auf dem Hauptbuchblatt des belasteten Grundstücks mit einem Stichwort angemerkt. Das kantonale Recht kann vorsehen, dass die Anmerkung von Amtes wegen vorgenommen wird, es bezeichnet die hierfür nötigen Ausweise.[1]

³ Der Beitritt zu einer Körperschaft zum Zwecke der Bodenverbesserung (Art. 703 ZGB) wird auf Anmeldung des vom kantonalen Recht bezeichneten Organs angemerkt.

⁴ Andere Beschränkungen nach kantonalem Recht, für die eine Anmerkung vorgeschrieben ist (Art. 962 ZGB), werden auf Grund einer rechtskräftigen Verfügung der zuständigen Behörde oder auf Anmeldung des Eigentümers angemerkt.

⁵ Beschränkungen auf Grund eines Bundesgesetzes, für die das Bundesrecht eine Anmerkung vorsieht, werden auf Grund einer rechtskräftigen Verfügung der zuständigen Behörde oder auf Anmeldung des Eigentümers angemerkt.

⁶ Eine Grundbuchsperre wird angemerkt, wenn:

a. der Richter sie zum Schutze der ehelichen Gemeinschaft angeordnet hat (Art. 178 ZGB);
b. der Richter das Grundstück nach eidgenössischem Strafprozessrecht mit Beschlag belegt hat;
c. eine Behörde vorsorgliche Massnahmen nach dem Bundesgesetz vom 16. Dezember 1983[2] über den Erwerb von Grundstücken durch Personen im Ausland angeordnet hat;
d. bei einer Zwangsverwertung die Behörde dem Erwerber eines Grundstücks einen Zahlungstermin gewährt hat (Art. 137 SchKG[3]).[1]

⁷ Kantonale Vorschriften über die Anmerkung von öffentlich-rechtlichen Eigentumsbeschränkungen, einschliesslich Beschränkungen der Verfügungsbefugnis, sind nur gültig, wenn der Bundesrat sie genehmigt hat (Art. 962 Abs. 2 ZGB).

⁸ Die Zugehörigkeit eines Grundstücks zu einem Gebiet mit dauernden Bodenverschiebungen wird auf Anmeldung einer vom Kanton bezeichneten Behörde angemerkt.[4]

⁹ Die Konkurseröffnung (Art. 176 SchKG), die Nachlassstundung (Art. 296 SchKG), der Nachlassvertrag mit Vermögensabtretung (Art. 319 SchKG) und die Notstundung (Art. 345 SchKG) werden auf Mitteilung des Richters angemerkt.[1]

---

[1] Fassung gemäss Änderung vom 2. Dez. 1996, in Kraft seit 1. Jan. 1997 (AS **1996** 710)
[2] SR **211.412.41**
[3] SR **281.1**
[4] Eingefügt durch Ziff. I der V vom 23. Nov. 1994, in Kraft seit 1. Jan. 1995 (AS **1995** 14).

¹⁰ Die Veräusserungsbeschränkung zur Sicherung des Vorsorgezwecks bei Förderung von Wohneigentum (Art. 30e Abs. 2 BVG[1]) wird mit Zustimmung des Eigentümers auf Anmeldung der Vorsorgeeinrichtung oder der Urkundsperson angemerkt[2].

Art. 80a[3]

¹ Soll die Landesgrenze geändert werden, so teilt dies der Kantonsgeometer dem Grundbuchverwalter des Kreises mit und bezeichnet die Grundstücke, die davon betroffen sind oder sein könnten. Diese Mitteilung gilt als Anmeldung zur Anmerkung.

² Der Grundbuchverwalter merkt den Tatbestand auf den Blättern der betroffenen Grundstücke an und gibt den Beteiligten nach Artikel 969 des Zivilgesetzbuches davon Kenntnis.

³ Ist die Änderung der Landesgrenze vollzogen und das Grundbuch nachgeführt, so löscht der Grundbuchverwalter die Anmerkungen von Amtes wegen.

Art. 81[4]

Vorbehalten bleiben die weiteren Anmerkungen, die diese Verordnung vorsieht (Art. 24, 24a, 32, 33c, 47, 80a und 114)[5].

Art. 82[6]

VIII. Bemerkungen zu den Grundpfandeinträgen

Art. 83

¹ Die in dieser Verordnung vorgesehenen Einschreibungen in die Kolumne «Bemerkungen zu den Grundpfandeinträgen» sind in der Weise vorzunehmen, dass alle Bemerkungen zu einem Grundpfandeintrag unter dessen Litera angebracht und soweit möglich zusammengestellt werden.

² Ebenso ist bei dem Eintrag, auf den die Bemerkung Bezug hat, darauf zu verweisen, und es ist zum Zwecke der Einschreibung solcher Verweisungen nach jedem Grundbucheintrag in der Abteilung «Grundpfand» eine Zeile leer zu lassen.

---

[1] SR **831.40**
[2] Fassung gemäss Änderung vom 2. Dez. 1996, in Kraft seit 1. Jan. 1997 (AS **1996** 710).
[3] Eingefügt durch Ziff. I der V vom 23. Nov. 1994, in Kraft seit 1. Jan. 1995 (AS **1995** 14).
[4] Fassung gemäss Ziff. I der V vom 18. Nov. 1987, in Kraft seit 1. Jan. 1988 (AS **1987** 1600).
[5] Fassung gemäss Ziff. I der V vom 23. Nov. 1994, in Kraft seit 1. Jan. 1995 (AS **1995** 14).
[6] Aufgehoben durch Ziff. I der V vom 18. Nov. 1987 (AS **1987** 1600).

Art. 84

¹ Die Bemerkungen werden von Amtes wegen gestrichen, wenn der entsprechende Eintrag gelöscht wird oder wenn eine frühere Bemerkung infolge einer späteren hinfällig wird.

² Mit der Bemerkung ist zugleich auch die Verweisung darauf beim Eintrag zu löschen bzw. entsprechend abzuändern.

IX. Teilung, Vereinigung und Umschreibung

Art. 85[1)]

¹ Wird die Teilung eines Grundstücks angemeldet, so führt der Grundbuchverwalter das ursprüngliche Hauptbuchblatt für einen Teil weiter. In der Grundstücksbeschreibung des Blattes, das weitergeführt wird, ist die Verminderung der Fläche und das Datum der Teilung anzugeben. Für die andern Teile eröffnet der Grundbuchverwalter neue Hauptbuchblätter.

² Der Grundbuchverwalter kann in besonderen Fällen auch für jeden Teil ein neues Hauptbuchblatt eröffnen.

³ Auf den neuen Hauptbuchblättern muss er auf die bisherige Nummer verweisen.

⁴ Der Grundbuchverwalter nimmt die Änderungen auf dem ursprünglichen Hauptbuchblatt und die Einträge auf den neuen Hauptbuchblättern nach Abrede der Parteien vor. Haben die Parteien nichts verabredet, so geht der Grundbuchverwalter gemäss den Artikeln 86–89 vor.

Art. 86[1)]

Eintragungen über Dienstbarkeiten zugunsten oder zu Lasten des aufgeteilten Grundstücks sind auf dem Hauptbuchblatt, das weitergeführt wird, zu belassen und auf alle neuen Hauptbuchblätter zu übertragen, sofern sie nicht auf Grund des Verfahrens nach den Artikeln 743 und 744 des Zivilgesetzbuches gelöscht werden.

Art. 87

¹ Die Grundpfandrechte sind auf dem Hauptbuchblatt, das weitergeführt wird, zu belassen und auf die neuen Hauptbuchblätter zu übertragen. Gehören die Teile verschiedenen nicht solidarisch verpflichteten Eigentümern, so ist die Pfandsumme jedoch so zu verteilen, dass jeder der Teile seinem Schätzungswert entsprechend verhältnismässig belastet wird.[1)]

[1)] Fassung gemäss Ziff. I der V vom 18. Nov. 1987, in Kraft seit 1. Jan. 1988 (AS **1987** 1600).

² Der Grundbuchverwalter hat den Grundpfandgläubigern unverzüglich, unter Hinweis auf die ihnen nach Artikel 833 des Zivilgesetzbuches zustehenden Rechte, von dieser Verteilung Kenntnis zu geben.
³ Die Verteilung ist in den Pfandtiteln anzumerken.

Art. 88

¹ Die Vorschrift des Artikels 87 findet auch Anwendung bei Zerstückelung eines mit einer Grundlast beschwerten Grundstückes, und zwar bezüglich der Ablösungssumme und der teilbaren Leistungen.
² Ist die Leistung unteilbar, so ist die Leistungspflicht auf denjenigen Teil zu legen, der den höheren Schatzungswert aufweist oder sonst als am besten geeignet erscheint.
³ Der Grundbuchverwalter hat den aus der Grundlast Berechtigten unverzüglich von dieser Verteilung, unter Hinweis auf die ihnen nach Artikel 787 des Zivilgesetzbuches zustehenden Rechte, Kenntnis zu geben.

Art. 89[1]

¹ Vormerkungen und Anmerkungen sind auf die Hauptbuchblätter aller Teile zu übertragen. Können sie sich nach ihrem Inhalt nur auf bestimmte Teile beziehen, so sind sie auf die entsprechenden Hauptbuchblätter zu übernehmen und auf den andern zu löschen.
² Sind die Anmerkungen in den Grundstücksbeschreibungen aufgenommen, so ist für sie Absatz 1 sinngemäss anwendbar.

Art. 90[1]

¹ Wird ein Teil eines Grundstücks abgetrennt, ohne dass eine Übertragung von Rechten und Lasten notwendig ist, so soll der Grundbuchverwalter, wenn Grundpfandeinträge vorhanden sind, auf dem Hauptbuchblatt unter «Bemerkungen» und in den Pfandtiteln auf eine allfällige Pfandentlassung hinweisen.
² Über den Grund der Abtrennung sind in der Grundstücksbeschreibung oder in einem Beleg, auf den zu verweisen ist, die näheren Angaben zu machen.

---

[1] Fassung gemäss Ziff. I der V vom 18. Nov. 1987, in Kraft seit 1. Jan. 1988 (AS **1987** 1600).

Art. 91

¹ Die Vereinigung mehrerer Grundstücke desselben Eigentümers zu einem einzigen Grundstück mit neuer Nummer kann im Grundbuch nur stattfinden, wenn keine Grundpfandrechte oder Grundlasten aus den Grundbuchblättern der einzelnen Grundstücke auf das neue Grundbuchblatt des vereinigten Grundstücks übertragen werden müssen oder die Gläubiger dazu einwilligen.

² Lasten Dienstbarkeiten auf den Grundstücken, so kann die Vereinigung nur stattfinden, wenn die Berechtigten dazu einwilligen oder nach der Art der Belastung dadurch in ihren Rechten nicht verletzt werden.

³ Sind Grunddienstbarkeiten zugunsten der Grundstücke eingetragen, so kann die Vereinigung nur stattfinden, wenn die Eigentümer der belasteten Grundstücke dazu einwilligen oder wenn durch die Vereinigung keine Vergrösserung der Belastungen eintritt.

Art. 92

¹ Kann die Vereinigung stattfinden, so geschieht die Übertragung der Einträge unter Ausdehnung der Belastung auf das ganze neue Grundstück nach der Abrede der Beteiligten.

² Dienstbarkeiten, die zu Lasten des einen und zugunsten des andern der zu vereinigenden Grundstücke bestehen, sind bei der Vereinigung von Amtes wegen zu löschen.

Art. 93

¹ Nicht als Vereinigung im Sinne der Artikel 91 und 92 gilt es, wenn die Vermehrung des Flächeninhalts eines Grundstückes durch ein anderes Grundstück oder einen Grundstückteil in der Weise stattfindet, dass mit dieser Vergrösserung keine neuen Rechte oder Lasten auf dem Blatt des vergrösserten Grundstücks eingetragen werden müssen.

² Bei einer solchen Vergrösserung ist deren Umfang und Datum unter «Flächeninhalt» und, sofern Grundpfandeinträge oder Pfandtitel vorhanden sind, als Pfandvermehrung in den Pfandtiteln anzugeben.

³ Über den Grund der Vergrösserung sind in der Liegenschaftsbeschreibung oder in einem Beleg, auf das zu verweisen ist, die näheren Angaben zu machen.

Art. 94

¹ Die Vorschriften der Artikel 86–89 finden entsprechende Anwendung, wenn ein Grundstück von einem Kollektivblatt auf ein Einzelblatt umgeschrieben wird.

² Ebenso kommen die Bestimmungen der Artikel 91 und 92 zur Anwendung, wenn mehrere Grundstücke von Einzelblättern auf ein Kollektivblatt umgeschrieben werden.

Art. 95[1)]

Nehmen die Eintragungen in einer Abteilung eines Hauptbuchblattes mit der Zeit den ganzen verfügbaren Raum ein oder ist das Blatt unübersichtlich geworden, so hat der Grundbuchverwalter das Blatt unter der bisherigen Nummer auf ein neues Hauptbuchblatt umzuschreiben. Dabei müssen die nicht gelöschten Eintragungen und die nicht gestrichenen Angaben sämtlicher Abteilungen auf das neue Blatt übertragen werden.

Art. 96

[1] Verliert ein Hauptbuchblatt infolge Teilung (Art. 85–90), Vereinigung (Art. 91–93) oder Umschreibung (Art. 95) seine Wirkung, so ist es mit einem entsprechenden Vermerk zu schliessen und diagonal zu streichen. Grund und Datum der Schliessung und gegebenenfalls der Beleg sind anzugeben.[1)]

[2] Scheidet ein Grundstück aus einem Kollektivblatt aus, so ist nur die betreffende Ordnungsziffer und die dazu gehörige Nummer zu streichen, unter Angabe des Datums und der Verweisung, sowie des Belegs, das den Grund der Ausscheidung angibt.

[3] Die Vorschriften der Absätze 1 und 2 finden auch Anwendung, wenn ein aufgenommenes Grundstück sich in ein solches verwandelt, das nicht aufzunehmen ist.

Art. 97

Für die Teilung und Vereinigung von Grundstücken im Grundbuch bleiben im übrigen die Vorschriften über die Vermessung vorbehalten.

X. Berichtigungen

Art. 98

[1] Ist aus Versehen in einer Abteilung des Hauptbuches ein unrichtiger Eintrag gemacht worden, so soll ihn der Grundbuchverwalter berichtigen.

[2] Wird die Unrichtigkeit eines Eintrages vom Grundbuchverwalter sogleich wahrgenommen, so darf er die Berichtigung ohne weiteres vornehmen.

[3] Wird die Unrichtigkeit eines Eintrages erst erkannt, nachdem die Beteiligten oder Dritte von dem unrichtigen Eintrag Kenntnis erhalten haben, so soll der Grundbuchverwalter den Beteiligten davon Mitteilung machen, sie um schriftliche Einwilligung zur Berichtigung ersuchen und nach Eingang der Einwilligung aller Beteiligten die Berichtigung vornehmen.

[1)] Fassung gemäss Ziff. I der V vom 18. Nov. 1987, in Kraft seit 1. Jan. 1988 (AS **1987** 1600).

⁴ Verweigert einer der Beteiligten seine Zustimmung, so hat der Grundbuchverwalter den zuständigen Richter um Anordnung der Berichtigung zu ersuchen.

Art. 99

Wird durch die Berichtigung der Inhalt des einzutragenden Rechtes nicht berührt, so darf der Grundbuchverwalter die Berichtigung jederzeit von sich aus vornehmen (Art. 977 Abs. 3 ZGB).

Art. 100

¹ Eine Eintragung wird berichtigt, indem die unrichtige Eintragung gestrichen und die richtige Eintragung vorgenommen wird.[1]

² Die Berichtigung durch Rasuren, Korrekturen, Randbemerkungen oder Einschiebungen irgendwelcher Art ist untersagt.

³ In der berichtigten Eintragung ist auf die Einschreibung im Tagebuch (Art. 14) hinzuweisen.[2]

Art. 101[3]

XI. Aufsicht, Beschwerden[4]

Art. 102[5]

¹ Gegen die Amtsführung des Grundbuchverwalters kann bei der kantonalen Aufsichtsbehörde, in letzter Instanz beim Bundesgericht, Beschwerde geführt werden.

² Die letztinstanzlichen kantonalen Entscheide sind dem Bundesamt für Justiz zu eröffnen. Dieses kann gegen den Entscheid Verwaltungsgerichtsbeschwerde an das Bundesgericht führen.[6]

Art. 103[5]

¹ Weist der Grundbuchverwalter die Anmeldung gemäss Artikel 24 ab, so können der Anmeldende sowie alle übrigen, die von der Abweisung berührt sind, innert 30 Tagen bei der kantonalen Aufsichtsbehörde dagegen Beschwerde führen.[1]

---

[1] Fassung gemäss Ziff. I der V vom 18. Nov. 1987, in Kraft seit 1. Jan. 1988 (AS **1987** 1600).
[2] Eingefügt durch Ziff. I der V vom 18. Nov. 1987 (AS **1987** 1600). Fassung gemäss Ziff. I der V vom 23. Nov. 1994, in Kraft seit 1. Jan. 1995 (AS **1995** 14).
[3] Aufgehoben durch Ziff. I der V vom 18. Nov. 1987 (AS **1987** 1600).
[4] Fassung gemäss Ziff. I der V vom 23. Nov. 1994, in Kraft seit 1. Jan. 1995 (AS **1995** 14).
[5] Fassung gemäss Ziff. I des BRB vom 29. Juni 1965 (AS **1965** 467).
[6] Eingefügt durch Ziff. I der V vom 23. Nov. 1994, in Kraft seit 1. Jan. 1995 (AS **1995** 14).

² Die gleiche Frist gilt für den Weiterzug an eine andere kantonale Behörde.[1]

³ Wird Beschwerde geführt, so hat die Aufsichtsbehörde in kürzester Frist darüber zu entscheiden, ob der beanstandeten Anmeldung vom Grundbuchverwalter durch Vornahme der Eintragung Folge zu geben sei.

⁴ Gegen den letztinstanzlichen kantonalen Entscheid kann binnen 30 Tagen Verwaltungsgerichtsbeschwerde beim Bundesgericht erhoben werden.

Art. 104[1]

¹ Jeder, der durch eine Verfügung des Grundbuchverwalters berührt ist, die nicht die Abweisung einer Anmeldung zum Gegenstand hat, kann dagegen innert 30 Tagen bei der kantonalen Aufsichtsbehörde Beschwerde führen.

² Verweigert oder verzögert der Grundbuchverwalter eine Amtshandlung, so kann dagegen jederzeit Beschwerde geführt werden.

Art. 104a[2]

¹ Das Eidgenössische Amt für Grundbuch- und Bodenrecht übt die Oberaufsicht über das Grundbuchwesen aus. Dazu kann es selbständig namentlich:

a. Weisungen an die kantonalen Grundbuchämter und Aufsichtsbehörden über die Einrichtung der Grundbücher, die Verschiebung der Einführung, die Ersatzeinrichtungen und die Grundbuchführung erlassen; das Eidgenössische Justiz- und Polizeidepartement kann sich wichtige Entscheidungen vorbehalten;

b. Mustervorlagen für die Grundbuchführung (Hauptbuchblatt, Schuldbrief usw.) und einen Datenkatalog für die Führung des Grundbuchs mit elektronischer Datenverarbeitung (Art. 111 ff.) erstellen;

c. Weisungen für den Vollzug dieser Verordnung und die Bereinigung der dinglichen Rechte erlassen;

d. Inspektionen der Grundbuchämter durchführen;

e. gegenüber den Kantonen, die das Grundbuch mit elektronischer Datenverarbeitung führen, die besonderen Aufgaben nach Abschnitt XIII übernehmen.[3]

² Es kann Empfehlungen über die Sicherung von Daten abgeben und eine Schnittstelle für Daten des mit elektronischer Datenverarbeitung geführten Hauptbuchs zur Verfügung stellen.

---

[1] Fassung gemäss Ziff. I der V vom 18. Nov. 1987, in Kraft seit 1. Jan. 1988 (AS **1987** 1600).

[2] Eingefügt durch Ziff. I der V vom 23. Nov. 1994, in Kraft seit 1. Jan. 1995 (AS **1995** 14).

[3] Fassung gemäss Anhang Ziff. 3 der V vom 19. Dez. 2003, in Kraft seit 1. Febr. 2004 (AS **2004** 433).

Art. 104b[1]

Die kantonalen Vorschriften über Anlage, System und Führung des Grundbuchs sowie über die Zugriffsberechtigung bedürfen der Genehmigung des Bundes.

XII. Auszüge, Form des Hauptbuchs, Hilfsregister[2]

Art. 105[3]

[1] Auszüge aus dem Hauptbuch, aus den dazugehörigen Belegen oder aus den Hilfsregistern werden erstellt, indem die entsprechenden Stellen abgeschrieben, kopiert (Fotokopie oder anderes Verfahren) oder, wenn sie elektronisch gespeichert sind, ausgedruckt werden.

[2] In den Auszügen über Stockwerke, über selbständige und dauernde Rechte und, wenn für sie eigene Blätter angelegt worden sind, über Miteigentumsanteile sind die eingetragenen Rechte und vorgehenden Belastungen anzugeben, die sich auf dem Blatt des gemeinschaftlichen oder des belasteten Grundstücks befinden.

[3] Auszüge aus dem Hauptbuch geben die darin enthaltenen rechtsgültigen Angaben wieder. Erfordern die Umstände nicht etwas anderes, so dürfen Auszüge, die durch Kopie des Hauptbuchblattes erstellt werden, auch gelöschte Angaben wiedergeben.

[4] Auszüge aus dem Hauptbuch enthalten ferner:
a. den Hinweis auf Anmeldungen, die im Tagebuch eingeschrieben, aber noch nicht im Hauptbuch eingetragen sind;
b. einen entsprechenden Hinweis, wenn es sich um eine kantonale Grundbucheinrichtung handelt.[2]

[5] Ein Auszug aus dem Hauptbuch kann sich auf bestimmte Abteilungen oder auf die Aussage beschränken, dass eine bestimmte Eintragung im Hauptbuch nicht vorhanden ist.[2]

[6] Auszüge müssen datiert sein und zur Bescheinigung der Richtigkeit die Unterschrift des Grundbuchverwalters tragen. Die Richtigkeit wird nicht bescheinigt, wenn der Empfänger des Auszuges dies ausdrücklich wünscht oder wenn der Auszug elektronisch übermittelt wird.[2]

Art. 106

[1] Die Regelungen von Artikel 105 finden auch Anwendung auf Auszüge und Bescheinigungen, die für Gerichte und Behörden ausgestellt werden.[3]

---

[1] Eingefügt durch Ziff. I der V vom 23. Nov. 1994, in Kraft seit 1. Jan. 1995 (AS **1995** 14).
[2] Fassung gemäss Ziff. I der V vom 23. Nov. 1994, in Kraft seit 1. Jan. 1995 (AS **1995** 14).
[3] Fassung gemäss Ziff. I der V vom 18. Nov. 1987, in Kraft seit 1. Jan. 1988 (AS **1987** 1600).

² Das Hauptbuch darf nicht herausgegeben werden.

³ Belege dürfen den Gerichtsbehörden nur gegen Empfangsbescheinigung herausgegeben werden. Eine beglaubigte Abschrift oder Kopie muss jedoch bei den Grundbuchakten bleiben.[1]

Art. 107[1]

¹ Das Hauptbuchblatt muss die Abteilungen Eigentum, Dienstbarkeiten und Grundlasten, Grundpfandrechte (einschliesslich Bemerkungen), Vormerkungen und Anmerkungen enthalten. Werden die Anmerkungen in der Grundstücksbeschreibung aufgeführt, so erübrigt sich eine entsprechende Abteilung auf dem Hauptbuchblatt.

² Das Hauptbuch kann in Buch- oder in Loseblattform geführt werden.

³ Das Hauptbuchblatt in Buchform ist nach einheitlichem Formular einzurichten. Das vom Kanton vorgesehene Hauptbuchblatt in Loseblattform muss vom Amt für Grundbuch- und Bodenrecht genehmigt werden.[2]

⁴ Die Kantone haben alle erforderlichen Massnahmen anzuordnen, damit der Verlust eines Blattes sofort festgestellt und eine missbräuchliche Verwendung des Hauptbuchblattes verhindert werden kann.

Art. 107a[3] [4]

¹ Wird ein Hauptbuchblatt zerstört oder vermisst, so entscheidet die kantonale Aufsichtsbehörde, ob auf Grund der vorhandenen Sicherheitsmittel (insbesondere Doppel, Mikroverfilmung oder Speicherung auf einem elektronischen Datenträger) für das zerstörte oder vermisste Blatt ein Ersatzblatt angelegt werden kann.

² Ist dies der Fall, so legt der Grundbuchverwalter auf Grund der vorhandenen Unterlagen und Sicherheitsmittel ein Ersatzblatt an. Dieses muss alle nicht gelöschten Einschreibungen enthalten.

³ Das Ersatzblatt entfaltet Rechtswirkung, sobald die kantonale Aufsichtsbehörde seine Richtigkeit und Vollständigkeit bestätigt hat.

---

[1] Fassung gemäss Ziff. I der V vom 18. Nov. 1987, in Kraft seit 1. Jan. 1988 (AS **1987** 1600).
[2] Fassung des zweiten Satzes gemäss Ziff. I der V vom 23. Nov. 1994, in Kraft seit 1. Jan. 1995 (AS **1995** 14).
[3] Eingefügt durch Ziff. I des BRB vom 17. Dez. 1965 (AS **1965** 1255). Fassung gemäss Ziff. I der V vom 18. Nov. 1987, in Kraft seit 1. Jan. 1988 (AS **1987** 1600).
[4] Ursprünglich Art. 107c

Art. 107b[1)2)]

¹ Kann auf Grund der Belege und Sicherheitsmittel kein vollständiges Ersatzblatt angelegt werden, so erlässt der Grundbuchverwalter durch öffentliche Bekanntmachung eine Aufforderung, bestehende, allenfalls nicht berücksichtigte Rechte zur Eintragung anzumelden. Er verbindet damit die Androhung, dass das neue Blatt an die Stelle des verschwundenen trete, wenn solche Rechte nicht innerhalb von 30 Tagen nach der öffentlichen Bekanntgabe beim Grundbuchamt unter Hinweis auf die Belege und die frühere Eintragung angemeldet werden.[3)]

² Nach Ablauf der Frist tritt das allenfalls ergänzte Ersatzblatt an die Stelle des verschwundenen Blattes.

Art. 107c[4)5)]

Wird ein Ersatzblatt angelegt, so muss ein Beleg erstellt und darauf angegeben werden, aufgrund welcher Unterlagen und Sicherheitsmittel das Ersatzblatt erstellt worden ist. Auf dem Ersatzblatt ist auf den Beleg hinzuweisen.

Art. 108[3)]

¹ Es werden folgende Hilfsregister geführt:
a. ein Eigentümerregister (Art. 109);
b. ein Gläubigerregister (Art. 66);
c. ...[6)]

² Die Kantone können die Anlage weiterer Register vorschreiben (insbesondere eines der Dienstbarkeiten, eines der Teilungen oder eines der Zusammenlegungen).

³ Die Hilfsregister dürfen in Buchform, auf losen Karten oder computerunterstützt geführt werden. Die Einschreibung im entsprechenden Hilfsregister ist in der Regel auf dem Hauptbuchblatt anzugeben.[7)]

[1)] Eingefügt durch Ziff. I des BRB vom 17. Dez. 1965 (AS **1965** 1255).
[2)] Ursprünglich Art. 107e
[3)] Fassung gemäss Ziff. I der V vom 18. Nov. 1987, in Kraft seit 1. Jan. 1988 (AS **1987** 1600).
[4)] Eingefügt durch Ziff. I des BRB vom 17. Dez. 1965 (AS **1965** 1255). Fassung gemäss Ziff. I der V vom 23. Nov. 1994, in Kraft seit 1. Jan. 1995 (AS **1995** 14).
[5)] Ursprünglich Art. 107f
[6)] Aufgehoben durch Ziff. I der V vom 23. Nov. 1994 (AS **1995** 14).
[7)] Fassung gemäss Ziff. I der V vom 23. Nov. 1994, in Kraft seit 1. Jan. 1995 (AS **1995** 14).

⁴ In den Hilfsregistern dürfen auch die Adressen der Personen, denen Rechte an Grundstücken zustehen, geführt werden. Die Adressen dürfen elektronisch aus den entsprechenden kantonalen oder kommunalen Informationssystemen bezogen werden. Weitere Daten dürfen nur so weit in die Hilfsregister aufgenommen werden, wie es das kantonale Recht vorsieht.[1]

⁵ Die Kantone regeln, wie die elektronisch gespeicherten Daten der Hilfsregister zu unterhalten und zu sichern sind.[1]

Art. 109

¹ Das Eigentümerverzeichnis ist so einzurichten, dass die Namen der Eigentümer in alphabetischer Reihenfolge eingeschrieben werden können.

² Beim Namen muss jedes zugehörige Grundstück mit seiner Identifikation aufgeführt werden.[2]

³ Die Ingenieur-Geometer dürfen zur Erfüllung ihrer Aufgaben in der amtlichen Vermessung auf die Namen und Adressen der Eigentümer greifen. Wird das Eigentümerregister computerunterstützt geführt, so legt der Kanton fest, auf welche Weise der Zugriff ermöglicht wird.[3]

Art. 110

¹ Die Bücher und Register sowie die ausgeschiedenen Hauptbuchblätter und Registerkarten sind sorgfältig und geordnet aufzubewahren und dürfen, wie auch die Grundbuchakten, nicht vernichtet werden.[4]

² Der Grundbuchverwalter hat über sämtliche im Grundbuchamt vorhandenen Register ein Verzeichnis zu führen.

---

[1] Eingefügt durch Ziff. I der V vom 23. Nov. 1994, in Kraft seit 1. Jan. 1995 (AS **1995** 14).
[2] Fassung gemäss Ziff. I der V vom 23. Nov. 1994, in Kraft seit 1. Jan. 1995 (AS **1995** 14).
[3] Aufgehoben durch Ziff. I der V vom 18. Nov. 1987 (AS **1987** 1600). Fassung gemäss Ziff. I der V vom 23. Nov. 1994, in Kraft seit 1. Jan. 1995 (AS **1995** 14).
[4] Fassung gemäss Ziff. I des BRB vom 17. Dez. 1965 (AS **1965** 1255).

XIII.[1]) Besondere Bestimmungen zur Führung des Grundbuchs mit elektronischer Datenverarbeitung (Art. 949a ZGB)

Art. 111

Begriff   In der Grundbuchführung mit elektronischer Datenverarbeitung (EDV-Grundbuch) werden die Daten des Hauptbuchs, des Tagebuchs, der Grundstücksbeschreibung und der Hilfsregister gemeinsam mittels eines automatisierten Systems gehalten und zueinander in Beziehung gesetzt.

Art. 111a

Verhältnis zu den vorangehenden Abschnitten   Soweit dieser Abschnitt keine besonderen Bestimmungen über die Führung des Grundbuchs mit elektronischer Datenverarbeitung enthält, gelten die übrigen Bestimmungen dieser Verordnung.

Art. 111b

Hauptbuch   ¹ Den auf den Geräten des Grundbuchamtes in Schrift und Zahlen lesbaren Angaben über ein Grundstück kommt die Rechtswirkung des Hauptbuches zu, wenn sie nur durch ein neues Bearbeitungsverfahren (Art. 111g) verändert werden können.

² Aus der Darstellung der Daten muss ersichtlich sein, dass es sich um Angaben über ein bestimmtes Grundstück zu einem bestimmten Zeitpunkt handelt.

Art. 111c

Aufnahme von Grundstücken   ¹ Anteile an selbständigem Miteigentum müssen als Grundstücke im Grundbuch aufgenommen werden.

² Die Kantone können für Grundstücke, die im Miteigentum von Ehegatten stehen, sowie für Autoabstellplätze und dergleichen abweichende Vorschriften erlassen.

Art. 111d

Eintragungen   ¹ Gesellschaften und Gemeinschaften, die keine juristischen Personen sind und deren Mitglieder Gesamteigentümer sind, müssen als Einheit eindeutig bezeichnet und erfasst werden. Die Mitglieder solcher Gesellschaften und Gemeinschaften sind, soweit es sich nicht um Kollektiv- und Kommanditgesellschaften handelt, einzeln im System zu erfassen.

² Die Dienstbarkeiten und die Grundlasten dürfen gesondert dargestellt werden.

³ Anstelle einer Ziffer oder Litera dürfen die Eintragungen mit andern Zeichen versehen werden. Die Bezeichnung muss jedoch eindeutig sein.

---

[1]) Fassung gemäss Ziff. I der V vom 23. Nov. 1994, in Kraft seit 1. Jan. 1995 (AS **1995** 14).

⁴ Bemerkungen zu den Eintragungen dürfen in allen Abteilungen eingeschrieben werden.

Art. 111e

Die Namen der Eigentümer müssen in alphabetischer Reihenfolge für den ganzen Grundbuchkreis dargestellt werden können.

Liste der Eigentümer

Art. 111f

¹ Den auf den Geräten des Grundbuchamtes in Schrift und Zahlen lesbaren Angaben über die Anmeldungen und über die von Amtes wegen eingeleiteten Verfahren kommt die Rechtswirkung des Tagebuches zu.

² Aus der Darstellung der Daten muss ersichtlich sein, dass es sich um Angaben des Tagebuchs zu einem bestimmten Zeitpunkt handelt.

³ Jede vorzunehmende Eintragung ist einzeln im Tagebuch aufzuführen. Sind im System alle Angaben der Anmeldung bereits erfasst, so genügt zur Angabe des Inhalts und der betroffenen Grundstücke ein Hinweis auf die Anmeldung.

⁴ Das System muss so eingerichtet sein, dass die Daten nach dem Abschluss der Einschreibung nicht mehr verändert werden können.

⁵ Die Tagebuchdaten müssen abgerufen werden können:
a. in chronologischer Reihenfolge;
b. nach der Identifikation der Grundstücke.

Tagebuch

Art. 111g

¹ Das Verfahren zur Bearbeitung der Daten des Hauptbuchs wird mit der Einschreibung ins Tagebuch eingeleitet.

² Die Daten des Hauptbuchs, die aufgrund einer Tagebucheinschreibung erfasst, geändert, berichtigt oder gelöscht werden sollen, müssen während des Bearbeitungsverfahrens beliebig verändert werden können, ohne dass die rechtswirksamen Daten des Hauptbuchs in ihrem Bestand berührt werden.

³ Auf hängige Bearbeitungsverfahren ist in den Daten des Hauptbuchs hinzuweisen. Ist aus dem Hinweis der Stand des Bearbeitungsverfahrens ersichtlich, so gilt er als Anmerkung (Art. 24 und 24a).

⁴ Der Grundbuchverwalter schliesst das Bearbeitungsverfahren ab, indem er durch je einen besonderen Befehl:
a. die Aufnahme und die Änderung der Daten des Hauptbuchs für rechtswirksam erklärt;
b. eingibt, dass die Anmeldung rechtskräftig abgewiesen ist;
c. eingibt, dass die Anmeldung zurückgezogen wurde; oder
d. eine versehentliche Einschreibung im Tagebuch für ungültig erklärt.

Bearbeitungsverfahren

Art. 111h

Löschungen, Änderungen und Berichtigungen

¹ Daten werden gelöscht, indem sie vom Bestand der rechtswirksamen Daten in den Bestand der nicht mehr rechtswirksamen Daten überführt werden.

² Bei einer Änderung oder einer Berichtigung sind die neuen Daten in den Bestand der rechtswirksamen Daten des Hauptbuchs aufzunehmen und die geänderten oder berichtigten Daten in den Bestand der nicht mehr rechtswirksamen Daten überzuführen.

³ Daten, die nicht mehr rechtswirksam sind, sind als solche kenntlich zu machen.

Art. 111i

Datensicherheit

¹ Die Daten des EDV-Grundbuchs sind so zu unterhalten, dass sie in Bestand und Qualität erhalten bleiben. Sie sind nach anerkannten Normen zu sichern.

² Die Kantone stellen ein Konzept für die Datensicherheit auf.

Art. 111k

Verfügbarkeit

¹ Im Grundbuchamt müssen folgende Daten kurzfristig abgerufen werden können:
a. die aktuellen Daten des Hauptbuchs über die Eigentümer sowie die gelöschten Daten des Rechtsvorgängers und dessen Vorgängers, stets aber die Daten aller Eigentümer der letzten fünf Jahre;
b. die aktuellen Daten des Hauptbuchs über die Dienstbarkeiten, Grundlasten, Pfandrechte, Vormerkungen und Anmerkungen sowie die entsprechenden gelöschten Daten im Zustand zum Zeitpunkt ihrer Löschung;
c. die Tagebuchdaten über alle hängigen Bearbeitungsverfahren und über alle Einschreibungen in den letzten drei Kalenderjahren.

² Die übrigen Daten müssen innert nützlicher Frist abgerufen werden können.

Art. 111l

Auszüge

¹ Auszüge aus dem Hauptbuch sind übersichtlich nach Abteilungen darzustellen.

² Auf jedem Blatt muss ersichtlich sein, dass es sich um einen Auszug über ein bestimmtes Grundstück zu einem bestimmten Zeitpunkt handelt.

Art. 111m

Zugriff im Abrufverfahren

¹ Die Ingenieur-Geometer dürfen auf die Daten des Hauptbuchs greifen, die sie zur Erfüllung ihrer Aufgaben in der amtlichen Vermessung benötigen (Eigentum, Dienstbarkeiten, Anmerkungen). Die Kantone legen fest, auf welche Weise der Zugriff ermöglicht wird.

² Die Kantone können den direkten oder mittelbaren Zugriff gestatten:
a. Urkundspersonen und Steuerbehörden auf die Daten, die sie zur Erfüllung ihrer Aufgaben benötigen;
b. anderen Behörden auf beschreibende Daten und Daten über die Eigentumsverhältnisse an Grundstücken, wenn sie diese Daten zur Erfüllung ihrer Aufgaben benötigen;
c. bestimmten Personen auf die Daten der Grundstücke, die ihnen gehören, und auf bestimmte Daten derjenigen Grundstücke, an denen der Person Rechte daran zustehen.

³ Jede Abfrage durch eine Person, die einen direkten oder mittelbaren Zugriff hat, ist automatisch aufzuzeichnen und muss während eines Jahres kurzfristig abgerufen werden können. Nach Ablauf von fünf Jahren müssen die Aufzeichnungen vernichtet werden.

Art. 111n

¹ Will ein Kanton das Grundbuch mit elektronischer Datenverarbeitung führen, so stellt er beim Amt für Grundbuch- und Bodenrecht ein Begehren um Vorprüfung.

Vorprüfungsverfahren

² Dem Begehren sind beizulegen:
a. die kantonalen Ausführungsbestimmungen im Entwurf oder als Beschluss;
b. eine Beschreibung des Systems;
c. einen Zeitplan für die Einführung des EDV-Grundbuchs in den einzelnen Grundbuchämtern oder Grundbuchkreisen.

³ Die Beschreibung enthält namentlich:
a. die Darstellung des Aufbaus des Systems in Worten und mit einer Grafik;
b. den Datenkatalog mit den Typologien und ein Beziehungsschema;
c. die Ausführungen über technische und organisatorische Massnahmen zur Gewährleistung der Datenintegrität (Konsistenzen, Plausibilitäten);
d. das Betriebskonzept sowie die Konzepte über den Datenschutz und die Datensicherheit;
e. die Ergebnisse der angewandten funktionalen Prüfungen.

⁴ Das Amt für Grundbuch- und Bodenrecht:
a. prüft die eingereichten Unterlagen;
b. kann das Vorprojekt während der Vorprüfung begleiten;
c. beurteilt das System theoretisch und nach den Ergebnissen im praxisbezogenen Betrieb;
d. gibt dem Kanton innerhalb dreier Monate das Ergebnis der Vorprüfung bekannt.

Art. 111o

Ermächtigung ¹ Das Eidgenössische Justiz- und Polizeidepartement (Departement) ermächtigt den Kanton zur Führung des EDV-Grundbuchs, wenn:

a. die kantonalen Ausführungsbestimmungen genehmigt sind oder ohne Vorbehalt genehmigt werden können; und

b. das System den gesetzlichen Anforderungen entspricht.

² Mit der Ermächtigung genehmigt das Departement die kantonalen Ausführungsbestimmungen, wenn diese noch der Genehmigung bedürfen.

³ Im übrigen richtet sich das Verfahren nach der Verordnung vom 30. Januar 1991[1] über die Genehmigung kantonaler Erlasse durch den Bund.

⁴ Kann die Ermächtigung nicht erteilt werden, weil das System den gesetzlichen Anforderungen nicht entspricht oder weil die Ausführungsvorschriften nicht vollständig sind oder nur unter Vorbehalt genehmigt werden können, so weist das Departement die Gesuche an den Kanton zurück.

Art. 111p

Meldung von Änderungen Die Kantone, die zur Führung des EDV-Grundbuchs ermächtigt sind, müssen dem Amt für Grundbuch- und Bodenrecht wesentliche Änderungen des Systems melden.

Art. 112[2]

XIV. Schluss- und Übergangsbestimmungen

Art. 113

¹ Ist unter dem bisherigen Recht ein Anspruch auf die Errichtung eines dinglichen Rechts rechtskräftig geworden, so kann die Eintragung in das Grundbuch verlangt werden (Art. 18 Abs. 1 SchlT ZGB).

² Der Anspruch ist als rechtskräftig zu betrachten, wenn er in der Form entweder den Vorschriften des bisherigen kantonalen Rechts, bzw. der kantonalen Einführungsgesetze, oder dem neuen Recht entspricht (Art. 18 Abs. 2 SchlT ZGB).

³ Im übrigen gelten für den Ausweis zur Eintragung die Vorschriften dieser Verordnung.

---

[1] SR **172.068**

[2] Aufgehoben durch Ziff. I der V vom 23. Nov. 1994 (AS **1995** 14).

Art. 113a[1]

¹ Das eidgenössische Grundbuch wird aufgrund einer provisorisch oder definitiv anerkannten amtlichen Vermessung angelegt.

² Es kann für eine ganze Gemeinde oder für einen Teil einer Gemeinde eingeführt werden.

Art. 114

¹ Dingliche Rechte des bisherigen Rechts, die nach dem Grundbuchrecht nicht mehr begründet werden können (Art. 45 SchlT ZGB), sind im Grundbuch in der Kolumne «Anmerkungen» anzugeben.

² Die kantonalen Ausführungsgesetze können jedoch vorschreiben oder die Beteiligten können vereinbaren, dass diese dinglichen Rechte in einer dem Grundbuchrecht entsprechenden Weise eingetragen werden, wie beispielsweise bei Eigentum an Bäumen auf fremdem Boden, als Eigentum an Grund und Boden für den einen Berechtigten und als übertragbare Dienstbarkeit im Sinne von Artikel 781 des Zivilgesetzbuches für den andern.[2]

Art. 115

¹ Die Kantone können die Aufsicht und das Disziplinarverfahren betreffend die Grundbuchämter auf Grund der Artikel 956 und 957 des Zivilgesetzbuches näher ordnen.

² Diese Vorschriften bedürfen zu ihrer Gültigkeit der Genehmigung des Bundes.

Art. 116[3]

Art. 117

Die gegenwärtige Verordnung tritt in Kraft auf den 1. Januar 1912 und, soweit es zur Ausführung von Bestimmungen des Zivilgesetzbuches, die früher in Kraft gesetzt werden, erforderlich ist, auf den gleichen Zeitpunkt wie diese Bestimmungen.

---

[1] Fassung gemäss Änderung vom 2. Dez. 1996, in Kraft seit 1. Jan. 1997 (AS **1996** 710)

[2] Fassung gemäss Ziff. I des BRB vom 21. April 1964, in Kraft seit 1. Jan. 1965 (AS **1964** 413 1005).

[3] Aufgehoben durch Ziff. I der V vom 23. Nov. 1994 (AS **1995** 14).

Schlussbestimmungen der Änderung vom 23. November 1994[1]

¹ Wenn die Darstellung einer Eintragung im Hauptbuch dem neuen Recht nicht entspricht, muss sie erst angepasst werden, wenn sie von einer Anmeldung betroffen wird.

² Die Kantone können das Grundbuch auf Papier bis zum 31. Dezember 1995 nach den bisherigen Bestimmungen weiterführen. Sie publizieren rechtzeitig den Übergang zum neuen Recht in den öffentlichen Anzeigeblättern.

³ Wird das EDV-Grundbuch eingeführt, so muss das System die aktuellen Eintragungen materiell so wiedergeben können, wie sie im Grundbuch auf Papier aufgeführt sind.

⁴ Die Überführung des Grundbuchs auf Papier in ein EDV-Grundbuch kann wahlweise für eine ganze Gemeinde, für einen Teil einer Gemeinde, für jedes Grundstück einzeln oder für bestimmte Abteilungen erfolgen.

⁵ In das EDV-Grundbuch müssen alle aktuellen Eintragungen der einzelnen Abteilungen übernommen werden. Gelöschte Eintragungen und die entsprechenden Hinweise auf die Belege müssen nicht erfasst werden. Für Daten, die nicht elektronisch erfasst werden, gelten weiterhin die Bestimmungen über die Führung des Grundbuchs auf Papier.

---

[1] AS **1995** 14

Gerichtsstandsgesetz

E. Bundesgesetz über den Gerichtsstand in Zivilsachen (Gerichtsstandsgesetz, GestG)

vom 24. März 2000 (Stand am 1. Januar 2001)

Die Bundesversammlung der Schweizerischen Eidgenossenschaft,
gestützt auf die Artikel 30 und 122 der Bundesverfassung,
nach Einsicht in die Botschaft des Bundesrates vom 18. November 1998[1],
beschliesst:

1. Kapitel: Gegenstand und Geltungsbereich

Art. 1

¹ Dieses Gesetz regelt die örtliche Zuständigkeit in Zivilsachen, wenn kein internationales Verhältnis vorliegt.

² Vorbehalten bleiben die Bestimmungen über die Zuständigkeit:
a. auf dem Gebiet des Kindesschutzes und des Vormundschaftsrechts;
b. nach dem Bundesgesetz vom 11. April 1889[2] über Schuldbetreibung und Konkurs;
c. auf dem Gebiet der Binnen- und Seeschifffahrt sowie der Luftfahrt.

2. Kapitel: Allgemeine Gerichtsstandsvorschriften

Art. 2

¹ Ein Gerichtsstand ist nur dann zwingend, wenn das Gesetz es ausdrücklich vorsieht.

² Von einem zwingenden Gerichtsstand können die Parteien nicht abweichen.

Zwingende Zuständigkeit

Art. 3

¹ Sieht dieses Gesetz nichts anderes vor, so ist zuständig:
a. für Klagen gegen eine natürliche Person das Gericht an deren Wohnsitz;
b. für Klagen gegen eine juristische Person das Gericht an deren Sitz;
c. für Klagen gegen den Bund ein Gericht in der Stadt Bern;
d. für Klagen gegen öffentlich-rechtliche Anstalten oder Körperschaften des Bundes ein Gericht an deren Sitz.

Wohnsitz und Sitz

SR **272**; AS **2000** 2355
[1] BBl **1999** 2829
[2] SR **281.1**

² Der Wohnsitz bestimmt sich nach dem Zivilgesetzbuch[1] (ZGB). Artikel 24 ZGB ist nicht anwendbar.

Art. 4

Aufenthaltsort ¹ Hat die beklagte Partei keinen Wohnsitz, so ist das Gericht an ihrem gewöhnlichen Aufenthaltsort zuständig.

² Gewöhnlicher Aufenthaltsort ist der Ort, an dem eine Person während längerer Zeit lebt, selbst wenn diese Zeit von vornherein befristet ist.

Art. 5

Niederlassung Für Klagen aus dem Betrieb einer geschäftlichen oder beruflichen Niederlassung oder einer Zweigniederlassung ist das Gericht am Wohnsitz oder Sitz der beklagten Partei oder am Ort der Niederlassung zuständig.

Art. 6

Widerklage ¹ Beim Gericht der Hauptklage kann Widerklage erhoben werden, wenn die Widerklage mit der Hauptklage in einem sachlichen Zusammenhang steht.

² Der Gerichtsstand bleibt bestehen, auch wenn die Hauptklage aus irgendeinem Grund dahinfällt.

Art. 7

Klagenhäufung ¹ Richtet sich die Klage gegen mehrere Streitgenossen, so ist das für eine beklagte Partei zuständige Gericht für alle beklagten Parteien zuständig.

² Für mehrere Ansprüche gegen eine beklagte Partei, welche in einem sachlichen Zusammenhang stehen, ist jedes Gericht zuständig, das für einen der Ansprüche zuständig ist.

Art. 8

Interventions- und Gewährleistungsklage Das kantonale Recht kann für eine Interventions- und Gewährleistungsklage, insbesondere auf Grund eines Regresses des Beklagten, die Zuständigkeit des Gerichtes des Hauptprozesses vorsehen.

Art. 9

Gerichtsstandsvereinbarung ¹ Soweit das Gesetz nichts anderes vorsieht, können die Parteien für einen bestehenden oder für einen künftigen Rechtsstreit über Ansprüche aus einem bestimmten Rechtsverhältnis einen Gerichtsstand vereinbaren. Geht aus der Vereinbarung nichts anderes hervor, so kann die Klage nur am vereinbarten Gerichtsstand angehoben werden.

---

[1] SR **210**

² Die Vereinbarung muss schriftlich erfolgen. Einer schriftlichen Vereinbarung gleichgestellt sind:
a. Formen der Übermittlung, die den Nachweis durch Text ermöglichen, wie namentlich Telex, Telefax und E-Mail;
b. eine mündliche Vereinbarung mit schriftlicher Bestätigung der Parteien.

³ Das bezeichnete Gericht kann seine Zuständigkeit ablehnen, wenn die Streitigkeit keinen genügenden örtlichen oder sachlichen Bezug zum vereinbarten Gerichtsstand aufweist.

Art. 10

¹ Soweit das Gesetz nichts anderes vorsieht, wird das angerufene Gericht zuständig, wenn sich die beklagte Partei zur Sache äussert, ohne die Einrede der Unzuständigkeit zu erheben.

² Artikel 9 Absatz 3 gilt sinngemäss.

Einlassung

Art. 11

In Angelegenheiten der freiwilligen Gerichtsbarkeit ist das Gericht am Wohnsitz oder Sitz der gesuchstellenden Partei zuständig, sofern das Gesetz nichts anderes bestimmt.

Freiwillige Gerichtsbarkeit

3. Kapitel: Besondere Gerichtsstände

1. Abschnitt: Personenrecht

Art. 12

Das Gericht am Wohnsitz oder Sitz einer der Parteien ist zuständig für:
a. Klagen aus Persönlichkeitsverletzung;
b. Begehren um Gegendarstellung;
c. Klagen auf Namensschutz und auf Anfechtung einer Namensänderung;
d. Klagen und Begehren nach Artikel 15 des Bundesgesetzes vom 19. Juni 1992[1)] über den Datenschutz.

Persönlichkeits- und Datenschutz

Art. 13

Für Begehren um Verschollenerklärung ist das Gericht am letzten bekannten Wohnsitz der verschwundenen Person zwingend zuständig.

Verschollenerklärung

Art. 14

Für Begehren auf Berichtigung des Zivilstandsregisters ist das Gericht am Ort des Registers zwingend zuständig.

Berichtigung des Zivilstandsregisters

[1)] SR **235.1**

2. Abschnitt: Familienrecht

Art. 15

Eherechtliche Begehren und Klagen

¹ Das Gericht am Wohnsitz einer Partei ist zwingend zuständig für:
a. Eheschutzmassnahmen sowie für Gesuche um Änderung, Ergänzung oder Aufhebung der angeordneten Massnahmen;
b. Klagen auf Ungültigerklärung, Scheidung oder Trennung der Ehe;
c. Klagen über die güterrechtliche Auseinandersetzung, unter Vorbehalt von Artikel 18;
d. Klagen auf Ergänzung oder Abänderung eines Scheidungs- oder Trennungsurteils.

² Für Begehren der Aufsichtsbehörde in Betreibungssachen um Anordnung der Gütertrennung ist das Gericht am Wohnsitz des Schuldners oder der Schuldnerin zwingend zuständig.

Art. 16

Feststellung und Anfechtung des Kindsverhältnisses

Für Klagen auf Feststellung oder Anfechtung des Kindsverhältnisses ist das Gericht am Wohnsitz einer Partei zurzeit der Geburt beziehungsweise der Adoption oder der Klage zwingend zuständig.

Art. 17

Unterhalts- und Unterstützungsklagen

Das Gericht am Wohnsitz einer Partei ist zwingend zuständig für:
a. Unterhaltsklagen der Kinder gegen ihre Eltern; vorbehalten bleibt die Festlegung des Unterhaltes im Rahmen der Artikel 15 und 16;
b. Klagen gegen unterstützungspflichtige Verwandte.

3. Abschnitt: Erbrecht

Art. 18

¹ Für erbrechtliche Klagen sowie für Klagen über die güterrechtliche Auseinandersetzung bei Tod eines Ehegatten ist das Gericht am letzten Wohnsitz des Erblassers oder der Erblasserin zuständig. Klagen über die erbrechtliche Zuweisung eines landwirtschaftlichen Gewerbes oder Grundstückes (Art. 11 ff. des Bundesgesetzes vom 4. Oktober 1991[1]) über das bäuerliche Bodenrecht) können auch am Ort der gelegenen Sache erhoben werden.

² Für Massnahmen im Zusammenhang mit dem Erbgang ist die Behörde am letzten Wohnsitz des Erblassers oder der Erblasserin zuständig; ist der Tod nicht am Wohnsitz eingetreten, so macht die Behörde des Sterbeortes derjenigen des Wohnortes Mitteilung und trifft die nötigen Massnahmen zur Sicherung der Vermögenswerte am Sterbeort.

---

[1] SR 211.412.11

4. Abschnitt: Sachenrecht

Art. 19

¹ Das Gericht am Ort, an dem das Grundstück im Grundbuch aufgenommen ist oder aufzunehmen wäre, ist zuständig für:

a. dingliche Klagen;
b. Klagen gegen die Gemeinschaft der Stockwerkeigentümer und -eigentümerinnen;
c. andere Klagen, die sich auf das Grundstück beziehen, wie solche auf Übertragung von Grundeigentum oder auf Einräumung beschränkter dinglicher Rechte an Grundstücken; diese Klagen können auch beim Gericht am Wohnsitz oder Sitz der beklagten Partei erhoben werden.

² Bezieht sich eine Klage auf mehrere Grundstücke, so ist das Gericht am Ort zuständig, an dem das flächenmässig grösste Grundstück liegt.

Grundstücke

Art. 20

Für Klagen über dingliche Rechte oder über den Besitz an beweglichen Sachen und über Forderungen, die durch Faustpfand oder Retentionsrecht gesichert sind, ist das Gericht am Wohnsitz oder Sitz der beklagten Partei oder am Ort, an dem die Sache liegt, zuständig.

Bewegliche Sachen

5. Abschnitt: Klagen aus besonderen Verträgen

Art. 21

¹ Auf die Gerichtsstände dieses Abschnittes können nicht zum Voraus oder durch Einlassung verzichten:

a. der Konsument oder die Konsumentin;
b. die mietende oder pachtende Partei von Wohn- oder Geschäftsräumen;
c. die pachtende Partei bei landwirtschaftlichen Pachtverhältnissen;
d. die stellensuchende oder arbeitnehmende Partei.

² Vorbehalten bleibt der Abschluss einer Gerichtsstandsvereinbarung nach Entstehung der Streitigkeit.

Grundsatz

Art. 22

¹ Bei Streitigkeiten aus Konsumentenverträgen ist zuständig:

a. für Klagen des Konsumenten oder der Konsumentin das Gericht am Wohnsitz oder Sitz einer der Parteien;
b. für Klagen des Anbieters oder der Anbieterin das Gericht am Wohnsitz der beklagten Partei.

² Als Konsumentenverträge gelten Verträge über Leistungen des üblichen Verbrauchs, die für die persönlichen oder familiären Be-

Verträge mit Konsumenten

dürfnisse des Konsumenten oder der Konsumentin bestimmt sind und von der anderen Partei im Rahmen ihrer beruflichen oder gewerblichen Tätigkeit angeboten werden.

Art. 23

Miete und Pacht unbeweglicher Sachen

¹ Für Klagen aus Miete und Pacht unbeweglicher Sachen sind die Schlichtungsbehörde und das Gericht am Ort der Sache zuständig.

² Für Klagen aus landwirtschaftlicher Pacht ist das Gericht am Wohnsitz oder Sitz der beklagten Partei oder am Ort der gepachteten Sache zuständig.

Art. 24

Arbeitsrecht

¹ Für arbeitsrechtliche Klagen ist das Gericht am Wohnsitz oder Sitz der beklagten Partei oder am Ort, an dem der Arbeitnehmer oder die Arbeitnehmerin gewöhnlich die Arbeit verrichtet, zuständig.

² Für Klagen einer stellensuchenden Person, eines Arbeitnehmers oder einer Arbeitnehmerin, die sich auf das Arbeitsvermittlungsgesetz vom 6. Oktober 1989[1] stützen, ist zusätzlich zum Gericht nach Absatz 1 das Gericht am Ort der Geschäftsniederlassung der vermittelnden oder verleihenden Person, mit welcher der Vertrag abgeschlossen wurde, zuständig.

³ Bei vorübergehend entsandten Arbeitnehmern und Arbeitnehmerinnen ist zusätzlich zum Gericht nach den Absätzen 1 und 2 das Gericht am Entsendeort zuständig, soweit die Klage Ansprüche aus der Zeit der Entsendung betrifft.

6. Abschnitt: Klagen aus unerlaubter Handlung

Art. 25

Grundsatz

Für Klagen aus unerlaubter Handlung ist das Gericht am Wohnsitz oder Sitz der geschädigten Person oder der beklagten Partei oder am Handlungs- oder am Erfolgsort zuständig.

Art. 26

Motorfahrzeug- und Fahrradunfälle

¹ Für Klagen aus Motorfahrzeug- und Fahrradunfällen ist das Gericht am Unfallort oder am Wohnsitz oder Sitz der beklagten Partei zuständig.

² Für Klagen gegen das nationale Versicherungsbüro (Art. 74 des Strassenverkehrsgesetzes vom 19. Dezember 1958[2], SVG) oder gegen den nationalen Garantiefonds (Art. 76 SVG) ist zusätzlich zum Gericht nach Absatz 1 das Gericht am Ort einer Zweigniederlassung dieser Einrichtungen zuständig.

---

[1] SR **823.11**
[2] SR **741.01**

Art. 27

Bei Massenschäden ist das Gericht am Handlungsort zwingend zuständig; bei unbekanntem Handlungsort ist das Gericht am Wohnsitz oder Sitz der beklagten Partei zuständig.

Massenschäden

Art. 28

Die Zuständigkeit des Strafgerichts für die Beurteilung der Zivilansprüche bleibt vorbehalten.

Adhäsionsklage

7. Abschnitt: Handelsrecht

Art. 29

Für Klagen aus gesellschaftsrechtlicher Verantwortlichkeit ist das Gericht am Wohnsitz oder Sitz der beklagten Partei oder am Sitz der Gesellschaft zuständig.

Gesellschaftsrecht

Art. 29a[1]

Für Klagen, die sich auf das Fusionsgesetz vom 3. Oktober 2003[2] stützen, ist das Gericht am Sitz eines der beteiligten Rechtsträger zuständig.

Fusionen, Spaltungen, Umwandlungen und Vermögensübertragungen

Art. 30

¹ Für die Kraftloserklärung von Aktien ist das Gericht am Sitz der Aktiengesellschaft und für die Kraftloserklärung der übrigen Wertpapiere das Gericht am Wohnsitz oder Sitz des Schuldners oder der Schuldnerin zuständig.

² Für Zahlungsverbote aus Wechsel und Check und für deren Kraftloserklärung ist das Gericht am Zahlungsort zuständig.

Kraftloserklärung von Wertpapieren und Zahlungsverbot

Art. 31

Für die Ermächtigung zur Einberufung der Gläubigerversammlung bei Anleihensobligationen ist das Gericht des gegenwärtigen oder des letzten Wohnsitzes oder der geschäftlichen Niederlassung des Schuldners oder der Schuldnerin zuständig.

Anleihensobligationen

Art. 32

Für Klagen der Anleger gegen die Fondsleitung, die Depotbank, den Vertriebsträger, die Revisions- oder Liquidationsbeauftragten, den Schätzungsexperten, die Vertretung der Anlegergemeinschaft, den Beobachter sowie gegen den Sachwalter eines Anlagefonds ist das Gericht am Sitz der Fondsleitung zwingend zuständig.

Anlagefonds

---

[1] Eingefügt durch Anhang Ziff. 3 des Fusionsgesetzes vom 3. Okt. 2003, in Kraft seit 1. Juli 2004 (SR **221.301**).
[2] SR **221.301**

4. Kapitel: Vorsorgliche Massnahmen

Art. 33

Für den Erlass vorsorglicher Massnahmen ist das Gericht am Ort, an dem die Zuständigkeit für die Hauptsache gegeben ist, oder am Ort, an dem die Massnahme vollstreckt werden soll, zwingend zuständig.

5. Kapitel: Prüfung der örtlichen Zuständigkeit

Art. 34

[1] Das Gericht prüft die örtliche Zuständigkeit von Amtes wegen.

[2] Wird eine mangels örtlicher Zuständigkeit zurückgezogene oder zurückgewiesene Klage binnen 30 Tagen beim zuständigen Gericht neu angebracht, so gilt als Zeitpunkt der Klageanhebung das Datum der ersten Einreichung.

6. Kapitel: Identische und in Zusammenhang stehende Klagen

Art. 35

Identische Klagen

[1] Werden bei mehreren Gerichten Klagen über denselben Streitgegenstand zwischen denselben Parteien rechtshängig gemacht, so setzt jedes später angerufene Gericht das Verfahren aus, bis das zuerst angerufene Gericht über seine Zuständigkeit entschieden hat.

[2] Ein später angerufenes Gericht tritt auf die Klage nicht ein, sobald die Zuständigkeit des zuerst angerufenen Gerichts feststeht.

Art. 36

In Zusammenhang stehende Klagen

[1] Werden bei mehreren Gerichten Klagen rechtshängig gemacht, die miteinander in sachlichem Zusammenhang stehen, so kann jedes später angerufene Gericht das Verfahren aussetzen, bis das zuerst angerufene Gericht entschieden hat.

[2] Das später angerufene Gericht kann die Klage an das zuerst angerufene Gericht überweisen, wenn dieses mit der Übernahme einverstanden ist.

7. Kapitel: Anerkennung und Vollstreckung

Art. 37

Bei der Anerkennung und Vollstreckung eines Entscheides darf die Zuständigkeit des Gerichts, das den Entscheid gefällt hat, nicht mehr geprüft werden.

8. Kapitel: Schlussbestimmungen

Art. 38
Für Klagen, die bei Inkrafttreten dieses Gesetzes hängig sind, bleibt der Gerichtsstand bestehen.

Hängige Verfahren

Art. 39
Die Gültigkeit einer Gerichtsstandsvereinbarung bestimmt sich nach bisherigem Recht, wenn sie vor dem Inkrafttreten dieses Gesetzes getroffen worden ist.

Gerichtsstandsvereinbarung

Art. 40
[1] Dieses Gesetz untersteht dem fakultativen Referendum.
[2] Der Bundesrat bestimmt das Inkrafttreten.

Referendum und Inkrafttreten

Datum des Inkrafttretens: 1. Januar 2001[1]

Änderung von Bundesgesetzen   *Anhang*

. . .[2]

---

[1] BRB vom 7. Sept. 2000 (AS **2000** 2364)
[2] Die hiernach aufgeführten Änderungen sind in den genannten Erlassen berücksichtigt.

IPR-Gesetz

F. Bundesgesetz über das Internationale Privatrecht (IPRG)

vom 18. Dezember 1987 (Stand am 1. Juni 2004)

Die Bundesversammlung der Schweizerischen Eidgenossenschaft,
gestützt auf die Zuständigkeit des Bundes in auswärtigen Angelegenheiten[1] und auf Artikel 64 der Bundesverfassung[2],
nach Einsicht in eine Botschaft des Bundesrates vom 10. November 1982[3]
beschliesst:

1. Kapitel: Gemeinsame Bestimmungen

1. Abschnitt: Geltungsbereich

Art. 1

¹ Dieses Gesetz regelt im internationalen Verhältnis:
a. die Zuständigkeit der schweizerischen Gerichte oder Behörden;
b. das anzuwendende Recht;
c. die Voraussetzungen der Anerkennung und Vollstreckung ausländischer Entscheidungen;
d. den Konkurs und den Nachlassvertrag;
e. die Schiedsgerichtsbarkeit.

² Völkerrechtliche Verträge sind vorbehalten.

2. Abschnitt: Zuständigkeit

Art. 2

Sieht dieses Gesetz keine besondere Zuständigkeit vor, so sind die schweizerischen Gerichte oder Behörden am Wohnsitz des Beklagten zuständig.

I. Im allgemeinen

Art. 3

Sieht dieses Gesetz keine Zuständigkeit in der Schweiz vor und ist ein Verfahren im Ausland nicht möglich oder unzumutbar, so sind die schweizerischen Gerichte oder Behörden am Ort zuständig, mit dem der Sachverhalt einen genügenden Zusammenhang aufweist.

II. Notzuständigkeit

SR **291**; AS **1988** 1776
[1] Diese Zuständigkeitsumschreibung entspricht Art. 54 Abs. 1 der BV vom 18. April 1999 (SR **101**).
[2] [BS **1** 3]. Der genannten Bestimmung entspricht heute der Art. 122 der BV vom 18. April 1999 (SR **101**).
[3] BBl **1983** I 263

Art. 4

III. Arrestprosequierung Sieht dieses Gesetz keine andere Zuständigkeit in der Schweiz vor, so kann die Klage auf Prosequierung des Arrestes am schweizerischen Arrestort erhoben werden.

Art. 5

IV. Gerichtsstandsvereinbarung [1] Für einen bestehenden oder für einen zukünftigen Rechtsstreit über vermögensrechtliche Ansprüche aus einem bestimmten Rechtsverhältnis können die Parteien einen Gerichtsstand vereinbaren. Die Vereinbarung kann schriftlich, durch Telegramm, Telex, Telefax oder in einer anderen Form der Übermittlung, die den Nachweis der Vereinbarung durch Text ermöglicht, erfolgen. Geht aus der Vereinbarung nichts anderes hervor, so ist das vereinbarte Gericht ausschliesslich zuständig.

[2] Die Gerichtsstandsvereinbarung ist unwirksam, wenn einer Partei ein Gerichtsstand des schweizerischen Rechts missbräuchlich entzogen wird.

[3] Das vereinbarte Gericht darf seine Zuständigkeit nicht ablehnen:
a. wenn eine Partei ihren Wohnsitz, ihren gewöhnlichen Aufenthalt oder eine Niederlassung im Kanton des vereinbarten Gerichts hat, oder
b. wenn nach diesem Gesetz auf den Streitgegenstand schweizerisches Recht anzuwenden ist.

Art. 6

V. Einlassung In vermögensrechtlichen Streitigkeiten begründet die vorbehaltlose Einlassung die Zuständigkeit des angerufenen schweizerischen Gerichtes, sofern dieses nach Artikel 5 Absatz 3 seine Zuständigkeit nicht ablehnen kann.

Art. 7

VI. Schiedsvereinbarung Haben die Parteien über eine schiedsfähige Streitsache eine Schiedsvereinbarung getroffen, so lehnt das angerufene schweizerische Gericht seine Zuständigkeit ab, es sei denn:
a. der Beklagte habe sich vorbehaltlos auf das Verfahren eingelassen;
b. das Gericht stelle fest, die Schiedsvereinbarung sei hinfällig, unwirksam oder nicht erfüllbar, oder
c. das Schiedsgericht könne nicht bestellt werden aus Gründen, für die der im Schiedsverfahren Beklagte offensichtlich einzustehen hat.

Art. 8

VII. Widerklage Das Gericht, bei dem die Hauptklage hängig ist, beurteilt auch die Widerklage, sofern zwischen Haupt- und Widerklage ein sachlicher Zusammenhang besteht.

Art. 9

¹ Ist eine Klage über denselben Gegenstand zwischen denselben Parteien zuerst im Ausland hängig gemacht worden, so setzt das schweizerische Gericht das Verfahren aus, wenn zu erwarten ist, dass das ausländische Gericht in angemessener Frist eine Entscheidung fällt, die in der Schweiz anerkennbar ist.

² Zur Feststellung, wann eine Klage in der Schweiz hängig gemacht worden ist, ist der Zeitpunkt der ersten, für die Klageeinleitung notwendigen Verfahrenshandlung massgebend. Als solche genügt die Einleitung des Sühneverfahrens.

³ Das schweizerische Gericht weist die Klage zurück, sobald ihm eine ausländische Entscheidung vorgelegt wird, die in der Schweiz anerkannt werden kann.

VIII. Rechtshängigkeit

Art. 10

Die schweizerischen Gerichte oder Behörden können vorsorgliche Massnahmen treffen, auch wenn sie für die Entscheidung in der Sache selbst nicht zuständig sind.

IX. Vorsorgliche Massnahmen

Art. 11

¹ Rechtshilfehandlungen werden in der Schweiz nach dem Recht des Kantons durchgeführt, in dem sie vorgenommen werden.

² Auf Begehren der ersuchenden Behörde können auch ausländische Verfahrensformen angewendet oder berücksichtigt werden, wenn es für die Durchsetzung eines Rechtsanspruchs im Ausland notwendig ist und nicht wichtige Gründe auf seiten des Betroffenen entgegenstehen.

³ Die schweizerischen Gerichte oder Behörden können Urkunden nach einer Form des ausländischen Rechts ausstellen oder einem Gesuchsteller die eidesstattliche Erklärung abnehmen, wenn eine Form nach schweizerischem Recht im Ausland nicht anerkannt wird und deshalb ein schützenswerter Rechtsanspruch dort nicht durchgesetzt werden könnte.

X. Rechtshilfehandlungen

Art. 12

Hat eine Person im Ausland vor schweizerischen Gerichten oder Behörden eine Frist zu wahren, so genügt es für die Wahrung von Fristen, wenn die Eingabe am letzten Tag der Frist bei einer schweizerischen diplomatischen oder konsularischen Vertretung eintrifft.

XI. Fristen

3. Abschnitt: Anwendbares Recht

Art. 13

I. Umfang der Verweisung

Die Verweisung dieses Gesetzes auf ein ausländisches Recht umfasst alle Bestimmungen, die nach diesem Recht auf den Sachverhalt anwendbar sind. Die Anwendbarkeit einer Bestimmung des ausländischen Rechts ist nicht allein dadurch ausgeschlossen, dass ihr ein öffentlichrechtlicher Charakter zugeschrieben wird.

Art. 14

II. Rück- und Weiterverweisung

[1] Sieht das anwendbare Recht eine Rückverweisung auf das schweizerische Recht oder eine Weiterverweisung auf ein anderes ausländisches Recht vor, so ist sie zu beachten, wenn dieses Gesetz sie vorsieht.

[2] In Fragen des Personen- oder Familienstandes ist die Rückverweisung auf das schweizerische Recht zu beachten.

Art. 15

III. Ausnahmeklausel

[1] Das Recht, auf das dieses Gesetz verweist, ist ausnahmsweise nicht anwendbar, wenn nach den gesamten Umständen offensichtlich ist, dass der Sachverhalt mit diesem Recht in nur geringem, mit einem anderen Recht jedoch in viel engerem Zusammenhang steht.

[2] Diese Bestimmung ist nicht anwendbar, wenn eine Rechtswahl vorliegt.

Art. 16

IV. Feststellung ausländischen Rechts

[1] Der Inhalt des anzuwendenden ausländischen Rechts ist von Amtes wegen festzustellen. Dazu kann die Mitwirkung der Parteien verlangt werden. Bei vermögensrechtlichen Ansprüchen kann der Nachweis den Parteien überbunden werden.

[2] Ist der Inhalt des anzuwendenden ausländischen Rechts nicht feststellbar, so ist schweizerisches Recht anzuwenden.

Art. 17

V. Vorbehaltsklausel

Die Anwendung von Bestimmungen eines ausländischen Rechts ist ausgeschlossen, wenn sie zu einem Ergebnis führen würde, das mit dem schweizerischen Ordre public unvereinbar ist.

Art. 18

VI. Zwingende Anwendung des schweizerischen Rechts

Vorbehalten bleiben Bestimmungen des schweizerischen Rechts, die wegen ihres besonderen Zweckes, unabhängig von dem durch dieses Gesetz bezeichneten Recht, zwingend anzuwenden sind.

Art. 19

¹ Anstelle des Rechts, das durch dieses Gesetz bezeichnet wird, kann die Bestimmung eines andern Rechts, die zwingend angewandt sein will, berücksichtigt werden, wenn nach schweizerischer Rechtsauffassung schützenswerte und offensichtlich überwiegende Interessen einer Partei es gebieten und der Sachverhalt mit jenem Recht einen engen Zusammenhang aufweist.

² Ob eine solche Bestimmung zu berücksichtigen ist, beurteilt sich nach ihrem Zweck und den daraus sich ergebenden Folgen für eine nach schweizerischer Rechtsauffassung sachgerechte Entscheidung.

VII. Berücksichtigung zwingender Bestimmungen eines ausländischen Rechts

4. Abschnitt: Wohnsitz, Sitz und Staatsangehörigkeit

Art. 20

¹ Im Sinne dieses Gesetzes hat eine natürliche Person:
a. ihren Wohnsitz in dem Staat, in dem sie sich mit der Absicht dauernden Verbleibens aufhält;
b. ihren gewöhnlichen Aufenthalt in dem Staat, in dem sie während längerer Zeit lebt, selbst wenn diese Zeit zum vornherein befristet ist;
c. ihre Niederlassung in dem Staat, in dem sich der Mittelpunkt ihrer geschäftlichen Tätigkeit befindet.

² Niemand kann an mehreren Orten zugleich Wohnsitz haben. Hat eine Person nirgends einen Wohnsitz, so tritt der gewöhnliche Aufenthalt an die Stelle des Wohnsitzes. Die Bestimmungen des Zivilgesetzbuches[1]) über Wohnsitz und Aufenthalt sind nicht anwendbar.

I. Wohnsitz, gewöhnlicher Aufenthalt und Niederlassung einer natürlichen Person

Art. 21

¹ Bei Gesellschaften gilt der Sitz als Wohnsitz.

² Als Sitz einer Gesellschaft gilt der in den Statuten oder im Gesellschaftsvertrag bezeichnete Ort. Fehlt eine solche Bezeichnung, so gilt als Sitz der Ort, an dem die Gesellschaft tatsächlich verwaltet wird.

³ Die Niederlassung einer Gesellschaft befindet sich in dem Staat, in dem sie ihren Sitz oder eine Zweigniederlassung hat.

II. Sitz und Niederlassung von Gesellschaften

Art. 22

Die Staatsangehörigkeit einer natürlichen Person bestimmt sich nach dem Recht des Staates, zu dem die Staatsangehörigkeit in Frage steht.

III. Staatsangehörigkeit

---

[1]) SR 210

Art. 23

IV. Mehrfache Staatsangehörigkeit

¹ Besitzt eine Person neben der schweizerischen eine andere Staatsangehörigkeit, so ist für die Begründung eines Heimatgerichtsstandes ausschliesslich die schweizerische Staatsangehörigkeit massgebend.

² Besitzt eine Person mehrere Staatsangehörigkeiten, so ist, soweit dieses Gesetz nichts anderes vorsieht, für die Bestimmung des anwendbaren Rechts die Angehörigkeit zu dem Staat massgebend, mit dem die Person am engsten verbunden ist.

³ Ist die Staatsangehörigkeit einer Person Voraussetzung für die Anerkennung einer ausländischen Entscheidung in der Schweiz, so genügt die Beachtung einer ihrer Staatsangehörigkeiten.

Art. 24

V. Staatenlose und Flüchtlinge

¹ Eine Person gilt als staatenlos, wenn ihr diese Eigenschaft im Sinne des New Yorker Übereinkommens vom 28. September 1954[1] über die Rechtsstellung der Staatenlosen zukommt oder wenn ihre Beziehung zum Heimatstaat so gelockert ist, dass dies einer Staatenlosigkeit gleichkommt.

² Eine Person gilt als Flüchtling, wenn ihr diese Eigenschaft im Sinne des Asylgesetzes vom 5. Oktober 1979[2] zukommt.

³ Ist dieses Gesetz auf Staatenlose oder Flüchtlinge anzuwenden, so gilt der Wohnsitz an Stelle der Staatsangehörigkeit.

5. Abschnitt: Anerkennung und Vollstreckung ausländischer Entscheidungen

Art. 25

I. Anerkennung
1. Grundsatz

Eine ausländische Entscheidung wird in der Schweiz anerkannt:
a. wenn die Zuständigkeit der Gerichte oder Behörden des Staates, in dem die Entscheidung ergangen ist, begründet war;
b. wenn gegen die Entscheidung kein ordentliches Rechtsmittel mehr geltend gemacht werden kann oder wenn sie endgültig ist, und
c. wenn kein Verweigerungsgrund im Sinne von Artikel 27 vorliegt.

Art. 26

2. Zuständigkeit ausländischer Behörden

Die Zuständigkeit ausländischer Behörden ist begründet:
a. wenn eine Bestimmung dieses Gesetzes sie vorsieht oder, falls eine solche fehlt, wenn der Beklagte seinen Wohnsitz im Urteilsstaat hatte;

---

[1] SR **0.142.40**
[2] SR **142.31**

b. wenn in vermögensrechtlichen Streitigkeiten die Parteien sich durch eine nach diesem Gesetz gültige Vereinbarung der Zuständigkeit der Behörde unterworfen haben, welche die Entscheidung getroffen hat;
c. wenn sich der Beklagte in einer vermögensrechtlichen Streitigkeit vorbehaltlos auf den Rechtsstreit eingelassen hat;
d. wenn im Falle einer Widerklage die Behörde, die die Entscheidung getroffen hat, für die Hauptklage zuständig war und zwischen Haupt- und Widerklage ein sachlicher Zusammenhang besteht.

Art. 27

¹ Eine im Ausland ergangene Entscheidung wird in der Schweiz nicht anerkannt, wenn die Anerkennung mit dem schweizerischen Ordre public offensichtlich unvereinbar wäre.

² Eine im Ausland ergangene Entscheidung wird ebenfalls nicht anerkannt, wenn eine Partei nachweist:
a. dass sie weder nach dem Recht an ihrem Wohnsitz noch nach dem am gewöhnlichen Aufenthalt gehörig geladen wurde, es sei denn, sie habe sich vorbehaltlos auf das Verfahren eingelassen;
b. dass die Entscheidung unter Verletzung wesentlicher Grundsätze des schweizerischen Verfahrensrechts zustande gekommen ist, insbesondere dass ihr das rechtliche Gehör verweigert worden ist;
c. dass ein Rechtsstreit zwischen denselben Parteien und über denselben Gegenstand zuerst in der Schweiz eingeleitet oder in der Schweiz entschieden worden ist oder dass er in einem Drittstaat früher entschieden worden ist und dieser Entscheid in der Schweiz anerkannt werden kann.

³ Im übrigen darf die Entscheidung in der Sache selbst nicht nachgeprüft werden.

3. Verweigerungsgründe

Art. 28

Eine nach den Artikeln 25–27 anerkannte Entscheidung wird auf Begehren der interessierten Partei für vollstreckbar erklärt.

II. Vollstreckung

Art. 29

¹ Das Begehren auf Anerkennung oder Vollstreckung ist an die zuständige Behörde des Kantons zu richten, in dem die ausländische Entscheidung geltend gemacht wird. Dem Begehren sind beizulegen:
a. eine vollständige und beglaubigte Ausfertigung der Entscheidung;
b. eine Bestätigung, dass gegen die Entscheidung kein ordentliches Rechtsmittel mehr geltend gemacht werden kann oder dass sie endgültig ist, und

III. Verfahren

c. im Falle eines Abwesenheitsurteils eine Urkunde, aus der hervorgeht, dass die unterlegene Partei gehörig und so rechtzeitig geladen worden ist, dass sie die Möglichkeit gehabt hatte, sich zu verteidigen.

² Im Anerkennungs- und Vollstreckungsverfahren ist die Partei, die sich dem Begehren widersetzt, anzuhören; sie kann ihre Beweismittel geltend machen.

³ Wird eine Entscheidung vorfrageweise geltend gemacht, so kann die angerufene Behörde selber über die Anerkennung entscheiden.

Art. 30

IV. Gerichtlicher Vergleich

Die Artikel 25–29 gelten auch für den gerichtlichen Vergleich, sofern er in dem Staat, in dem er abgeschlossen worden ist, einer gerichtlichen Entscheidung gleichgestellt wird.

Art. 31

V. Freiwillige Gerichtsbarkeit

Die Artikel 25–29 gelten sinngemäss für die Anerkennung und Vollstreckung einer Entscheidung oder einer Urkunde der freiwilligen Gerichtsbarkeit.

Art. 32

VI. Eintragung in die Zivilstandsregister

¹ Eine ausländische Entscheidung oder Urkunde über den Zivilstand wird aufgrund einer Verfügung der kantonalen Aufsichtsbehörde in die Zivilstandsregister eingetragen.

² Die Eintragung wird bewilligt, wenn die Voraussetzungen der Artikel 25–27 erfüllt sind.

³ Die betroffenen Personen sind vor der Eintragung anzuhören, wenn nicht feststeht, dass im ausländischen Urteilsstaat die verfahrensmässigen Rechte der Parteien hinreichend gewahrt worden sind.

2. Kapitel: Natürliche Personen

Art. 33

I. Grundsatz

¹ Sieht dieses Gesetz nichts anderes vor, so sind für personenrechtliche Verhältnisse die schweizerischen Gerichte oder Behörden am Wohnsitz zuständig; sie wenden das Recht am Wohnsitz an.

² Für Ansprüche aus Persönlichkeitsverletzung gelten die Bestimmungen dieses Gesetzes über unerlaubte Handlungen (Art. 129ff.).

Art. 34

II. Rechtsfähigkeit

¹ Die Rechtsfähigkeit untersteht schweizerischem Recht.

² Beginn und Ende der Persönlichkeit unterstehen dem Recht des Rechtsverhältnisses, das die Rechtsfähigkeit voraussetzt.

Art. 35

Die Handlungsfähigkeit untersteht dem Recht am Wohnsitz. Ein Wechsel des Wohnsitzes berührt die einmal erworbene Handlungsfähigkeit nicht.

III. Handlungsfähigkeit
1. Grundsatz

Art. 36

[1] Wer ein Rechtsgeschäft vorgenommen hat, obwohl er nach dem Recht an seinem Wohnsitz handlungsunfähig war, kann sich auf seine Handlungsunfähigkeit nicht berufen, wenn er nach dem Recht des Staates, in dem er das Rechtsgeschäft vorgenommen hat, handlungsfähig gewesen wäre, es sei denn, die andere Partei habe seine Handlungsunfähigkeit gekannt oder hätte sie kennen müssen.

[2] Diese Bestimmung ist auf familien- und erbrechtliche Rechtsgeschäfte sowie auf Rechtsgeschäfte über dingliche Rechte an Grundstücken nicht anwendbar.

2. Verkehrsschutz

Art. 37

[1] Der Name einer Person mit Wohnsitz in der Schweiz untersteht schweizerischem Recht; der Name einer Person mit Wohnsitz im Ausland untersteht dem Recht, auf welches das Kollisionsrecht des Wohnsitzstaates verweist.

[2] Eine Person kann jedoch verlangen, dass ihr Name dem Heimatrecht untersteht.

IV. Name
1. Grundsatz

Art. 38

[1] Für eine Namensänderung sind die schweizerischen Behörden am Wohnsitz des Gesuchstellers zuständig.

[2] Ein Schweizer Bürger ohne Wohnsitz in der Schweiz kann bei der Behörde seines Heimatkantons eine Namensänderung verlangen.

[3] Voraussetzungen und Wirkungen der Namensänderung unterstehen schweizerischem Recht.

2. Namensänderung

Art. 39

Eine im Ausland erfolgte Namensänderung wird in der Schweiz anerkannt, wenn sie im Wohnsitz- oder im Heimatstaat des Gesuchstellers gültig ist.

3. Namensänderung im Ausland

Art. 40

Der Name wird nach den schweizerischen Grundsätzen über die Registerführung in die Zivilstandsregister eingetragen.

4. Eintragung in die Zivilstandsregister

Art. 41

[1] Für die Verschollenerklärung sind die schweizerischen Gerichte oder Behörden am letzten bekannten Wohnsitz der verschwundenen Person zuständig.

V. Verschollenerklärung
1. Zuständigkeit und anwendbares Recht

² Die schweizerischen Gerichte oder Behörden sind überdies für eine Verschollenerklärung zuständig, wenn hierfür ein schützenswertes Interesse besteht.

³ Voraussetzungen und Wirkungen der Verschollenerklärung unterstehen schweizerischem Recht.

Art. 42

2. Verschollen- und Todeserklärung im Ausland

Eine im Ausland ausgesprochene Verschollen- oder Todeserklärung wird in der Schweiz anerkannt, wenn sie im Staat des letzten bekannten Wohnsitzes oder im Heimatstaat der verschwundenen Person ergangen ist.

3. Kapitel: Eherecht

1. Abschnitt: Eheschliessung

Art. 43

I. Zuständigkeit

¹ Die schweizerischen Behörden sind für die Eheschliessung zuständig, wenn die Braut oder der Bräutigam in der Schweiz Wohnsitz oder das Schweizer Bürgerrecht hat.

² Ausländischen Brautleuten ohne Wohnsitz in der Schweiz kann durch die zuständige Behörde die Eheschliessung in der Schweiz auch bewilligt werden, wenn die Ehe im Wohnsitz- oder im Heimatstaat beider Brautleute anerkannt wird.

³ Die Bewilligung darf nicht allein deshalb verweigert werden, weil eine in der Schweiz ausgesprochene oder anerkannte Scheidung im Ausland nicht anerkannt wird.

Art. 44

II. Anwendbares Recht

¹ Die materiell-rechtlichen Voraussetzungen der Eheschliessung in der Schweiz unterstehen schweizerischem Recht.

² Sind die Voraussetzungen nach schweizerischem Recht nicht erfüllt, so kann die Ehe zwischen Ausländern geschlossen werden, wenn sie den Voraussetzungen des Heimatrechts eines der Brautleute entspricht.

³ Die Form der Eheschliessung in der Schweiz untersteht schweizerischem Recht.

Art. 45

III. Eheschliessung im Ausland

¹ Eine im Ausland gültig geschlossene Ehe wird in der Schweiz anerkannt.

² Sind Braut oder Bräutigam Schweizer Bürger oder haben beide Wohnsitz in der Schweiz, so wird die im Ausland geschlossene Ehe anerkannt, wenn der Abschluss nicht in der offenbaren Absicht ins Ausland verlegt worden ist, die Vorschrif-

ten des schweizerischen Rechts über die Eheungültigkeit zu umgehen.[1]

Art. 45a[2]

Unmündige mit Wohnsitz in der Schweiz werden mit der Eheschliessung in der Schweiz oder mit der Anerkennung der im Ausland geschlossenen Ehe mündig.

IV. Mündigkeit

2. Abschnitt: Wirkungen der Ehe im allgemeinen

Art. 46

Für Klagen oder Massnahmen betreffend die ehelichen Rechte und Pflichten sind die schweizerischen Gerichte oder Behörden am Wohnsitz oder, wenn ein solcher fehlt, diejenigen am gewöhnlichen Aufenthalt eines der Ehegatten zuständig.

I. Zuständigkeit
1. Grundsatz

Art. 47

Haben die Ehegatten weder Wohnsitz noch gewöhnlichen Aufenthalt in der Schweiz und ist einer von ihnen Schweizer Bürger, so sind für Klagen oder Massnahmen betreffend die ehelichen Rechte und Pflichten die Gerichte oder Behörden am Heimatort zuständig, wenn es unmöglich oder unzumutbar ist, die Klage oder das Begehren am Wohnsitz oder am gewöhnlichen Aufenthalt eines der Ehegatten zu erheben.

2. Heimatzuständigkeit

Art. 48

¹ Die ehelichen Rechte und Pflichten unterstehen dem Recht des Staates, in dem die Ehegatten ihren Wohnsitz haben.

² Haben die Ehegatten ihren Wohnsitz nicht im gleichen Staat, so unterstehen die ehelichen Rechte und Pflichten dem Recht des Wohnsitzstaates, mit dem der Sachverhalt in engerem Zusammenhang steht.

³ Sind nach Artikel 47 die schweizerischen Gerichte oder Behörden am Heimatort zuständig, so wenden sie schweizerisches Recht an.

II. Anwendbares Recht
1. Grundsatz

Art. 49

Für die Unterhaltspflicht zwischen Ehegatten gilt das Haager Übereinkommen vom 2. Oktober 1973[3] über das auf die Unterhaltspflichten anzuwendende Recht.

2. Unterhaltspflicht

---

[1] Fassung gemäss Anhang Ziff. 3 des BG vom 26. Juni 1998, in Kraft seit 1. Jan. 2000 (AS **1999** 1118).
[2] Eingefügt durch Ziff. II 2 des BG vom 7. Okt. 1994, in Kraft seit 1. Jan. 1996 (AS **1995** 1126 1131; BBl **1993** I 1169).
[3] SR **0.211.213.01**

Art. 50

III. Ausländische Entscheidungen oder Massnahmen

Ausländische Entscheidungen oder Massnahmen über die ehelichen Rechte und Pflichten werden in der Schweiz anerkannt, wenn sie im Staat des Wohnsitzes oder des gewöhnlichen Aufenthaltes eines der Ehegatten ergangen sind.

3. Abschnitt: Ehegüterrecht

Art. 51

I. Zuständigkeit

Für Klagen oder Massnahmen betreffend die güterrechtlichen Verhältnisse sind zuständig:

a. für die güterrechtliche Auseinandersetzung im Falle des Todes eines Ehegatten die schweizerischen Gerichte oder Behörden, die für die erbrechtliche Auseinandersetzung zuständig sind (Art. 86–89);

b. für die güterrechtliche Auseinandersetzung im Falle einer gerichtlichen Auflösung oder Trennung der Ehe die schweizerischen Gerichte, die hierfür zuständig sind (Art. 59, 60, 63, 64);

c. in den übrigen Fällen die schweizerischen Gerichte oder Behörden, die für Klagen oder Massnahmen betreffend die Wirkungen der Ehe zuständig sind (Art. 46, 47).

Art. 52

II. Anwendbares Recht
1. Rechtswahl
a. Grundsatz

[1] Die güterrechtlichen Verhältnisse unterstehen dem von den Ehegatten gewählten Recht.

[2] Die Ehegatten können wählen zwischen dem Recht des Staates, in dem beide ihren Wohnsitz haben oder nach der Eheschliessung haben werden, und dem Recht eines ihrer Heimatstaaten. Artikel 23 Absatz 2 ist nicht anwendbar.

Art. 53

b. Modalitäten

[1] Die Rechtswahl muss schriftlich vereinbart sein oder sich eindeutig aus dem Ehevertrag ergeben. Im übrigen untersteht sie dem gewählten Recht.

[2] Die Rechtswahl kann jederzeit getroffen oder geändert werden. Wird sie nach Abschluss der Ehe getroffen, so wirkt sie, wenn die Parteien nichts anderes vereinbaren, auf den Zeitpunkt der Eheschliessung zurück.

[3] Das gewählte Recht bleibt anwendbar, bis die Ehegatten ein anderes Recht wählen oder die Rechtswahl aufheben.

Art. 54

2. Fehlen einer Rechtswahl
a. Grundsatz

[1] Haben die Ehegatten keine Rechtswahl getroffen, so unterstehen die güterrechtlichen Verhältnisse:

a. dem Recht des Staates, in dem beide gleichzeitig ihren Wohnsitz haben, oder, wenn dies nicht der Fall ist,

b. dem Recht des Staates, in dem beide Ehegatten zuletzt gleichzeitig ihren Wohnsitz hatten.

² Hatten die Ehegatten nie gleichzeitig Wohnsitz im gleichen Staat, so ist ihr gemeinsames Heimatrecht anwendbar.

³ Hatten die Ehegatten nie gleichzeitig Wohnsitz im gleichen Staat und haben sie auch keine gemeinsame Staatsangehörigkeit, so gilt die Gütertrennung des schweizerischen Rechts.

Art. 55

¹ Verlegen die Ehegatten ihren Wohnsitz von einem Staat in einen anderen, so ist das Recht des neuen Wohnsitzstaates rückwirkend auf den Zeitpunkt der Eheschliessung anzuwenden. Die Ehegatten können durch schriftliche Vereinbarung die Rückwirkung ausschliessen.

² Der Wohnsitzwechsel hat keine Wirkung auf das anzuwendende Recht, wenn die Parteien die Weitergeltung des früheren Rechts schriftlich vereinbart haben oder wenn zwischen ihnen ein Ehevertrag besteht.

b. Wandelbarkeit und Rückwirkung bei Wohnsitzwechsel

Art. 56

Der Ehevertrag ist formgültig, wenn er dem auf den Ehevertrag anwendbaren Recht oder dem Recht am Abschlussort entspricht.

3. Form des Ehevertrages

Art. 57

¹ Die Wirkungen des Güterstandes auf das Rechtsverhältnis zwischen einem Ehegatten und einem Dritten unterstehen dem Recht des Staates, in dem dieser Ehegatte im Zeitpunkt der Entstehung des Rechtsverhältnisses seinen Wohnsitz hat.

² Hat der Dritte im Zeitpunkt der Entstehung des Rechtsverhältnisses das Recht, dem die güterrechtlichen Verhältnisse unterstanden, gekannt oder hätte er es kennen müssen, so ist dieses anzuwenden.

4. Rechtsverhältnisse mit Dritten

Art. 58

¹ Ausländische Entscheidungen über güterrechtliche Verhältnisse werden in der Schweiz anerkannt:
a. wenn sie im Wohnsitzstaat des beklagten Ehegatten ergangen sind oder wenn sie dort anerkannt werden;
b. wenn sie im Wohnsitzstaat des klagenden Ehegatten ergangen sind oder dort anerkannt werden, vorausgesetzt, der beklagte Ehegatte hatte seinen Wohnsitz nicht in der Schweiz;
c. wenn sie in dem Staat, dessen Recht nach diesem Gesetz anwendbar ist, ergangen sind oder wenn sie dort anerkannt werden, oder
d. wenn sie Grundstücke betreffen und am Ort der gelegenen Sache ergangen sind oder dort anerkannt werden.

² Für Entscheidungen über güterrechtliche Verhältnisse, die im Zusammenhang mit Massnahmen zum Schutz der ehelichen

III. Ausländische Entscheidungen

Gemeinschaft oder infolge Tod, Nichtigerklärung, Scheidung oder Trennung ergangen sind, richtet sich die Anerkennung nach den Bestimmungen dieses Gesetzes über das Ehe-, Ehescheidungs- oder Erbrecht (Art. 50, 65 und 96).

4. Abschnitt: Scheidung und Trennung

Art. 59

I. Zuständigkeit
1. Grundsatz

Für Klagen auf Scheidung oder Trennung sind zuständig:
a. die schweizerischen Gerichte am Wohnsitz des Beklagten;
b. die schweizerischen Gerichte am Wohnsitz des Klägers, wenn dieser sich seit einem Jahr in der Schweiz aufhält oder wenn er Schweizer Bürger ist.

Art. 60

2. Heimatzuständigkeit

Haben die Ehegatten keinen Wohnsitz in der Schweiz und ist einer von ihnen Schweizer Bürger, so sind die Gerichte am Heimatort für Klagen auf Scheidung oder Trennung der Ehe zuständig, wenn es unmöglich oder unzumutbar ist, die Klage am Wohnsitz eines der Ehegatten zu erheben.

Art. 61

II. Anwendbares Recht

¹ Scheidung und Trennung unterstehen schweizerischem Recht.
² Haben die Ehegatten eine gemeinsame ausländische Staatsangehörigkeit und hat nur einer von ihnen Wohnsitz in der Schweiz, so ist ihr gemeinsames Heimatrecht anzuwenden.
³ Ist die Scheidung nach dem gemeinsamen ausländischen Heimatrecht nicht oder nur unter ausserordentlich strengen Bedingungen zulässig, so ist schweizerisches Recht anzuwenden, wenn einer der Ehegatten auch Schweizer Bürger ist oder sich seit zwei Jahren in der Schweiz aufhält.
⁴ Sind nach Artikel 60 die schweizerischen Gerichte am Heimatort zuständig, so wenden sie schweizerisches Recht an.

Art. 62

III. Vorsorgliche Massnahmen

¹ Das schweizerische Gericht, bei dem eine Scheidungs- oder Trennungsklage hängig ist, kann vorsorgliche Massnahmen treffen, sofern seine Unzuständigkeit zur Beurteilung der Klage nicht offensichtlich ist oder nicht rechtskräftig festgestellt wurde.
² Die vorsorglichen Massnahmen unterstehen schweizerischem Recht.
³ Die Bestimmungen dieses Gesetzes über die Unterhaltspflicht der Ehegatten (Art. 49), die Wirkungen des Kindesverhältnisses (Art. 82 und 83) und den Minderjährigenschutz (Art. 85) sind vorbehalten.

Art. 63

¹ Die für Klagen auf Scheidung oder Trennung zuständigen schweizerischen Gerichte sind auch für die Regelung der Nebenfolgen zuständig.

² Die Nebenfolgen der Scheidung oder Trennung unterstehen dem auf die Scheidung anzuwendenden Recht. Die Bestimmungen dieses Gesetzes über den Namen (Art. 37–40), die Unterhaltspflicht der Ehegatten (Art. 49), das eheliche Güterrecht (Art. 52–57), die Wirkungen des Kindesverhältnisses (Art. 82 und 83) und den Minderjährigenschutz (Art. 85) sind vorbehalten.

IV. Nebenfolgen

Art. 64

¹ Die schweizerischen Gerichte sind für Klagen auf Ergänzung oder Abänderung von Entscheidungen über die Scheidung oder die Trennung zuständig, wenn sie diese selbst ausgesprochen haben oder wenn sie nach Artikel 59 oder 60 zuständig sind. Die Bestimmungen dieses Gesetzes über den Minderjährigenschutz (Art. 85) sind vorbehalten.

² Die Ergänzung oder Abänderung eines Trennungs- oder Scheidungsurteils untersteht dem auf die Scheidung anwendbaren Recht. Die Bestimmungen dieses Gesetzes über den Namen (Art. 37–40), die Unterhaltspflicht der Ehegatten (Art. 49), das eheliche Güterrecht (Art. 52–57), die Wirkungen des Kindesverhältnisses (Art. 82 und 83) und den Minderjährigenschutz (Art. 85) sind vorbehalten.

V. Ergänzung oder Abänderung einer Entscheidung

Art. 65

¹ Ausländische Entscheidungen über die Scheidung oder Trennung werden in der Schweiz anerkannt, wenn sie im Staat des Wohnsitzes, des gewöhnlichen Aufenthalts oder im Heimatstaat eines Ehegatten ergangen sind oder wenn sie in einem dieser Staaten anerkannt werden.

² Ist jedoch die Entscheidung in einem Staat ergangen, dem kein oder nur der klagende Ehegatte angehört, so wird sie in der Schweiz nur anerkannt:

a. wenn im Zeitpunkt der Klageeinleitung wenigstens ein Ehegatte in diesem Staat Wohnsitz oder gewöhnlichen Aufenthalt hatte und der beklagte Ehegatte seinen Wohnsitz nicht in der Schweiz hatte;
b. wenn der beklagte Ehegatte sich der Zuständigkeit des ausländischen Gerichts vorbehaltlos unterworfen hat, oder
c. wenn der beklagte Ehegatte mit der Anerkennung der Entscheidung in der Schweiz einverstanden ist.

VI. Ausländische Entscheidungen

4. Kapitel: Kindesrecht

1. Abschnitt: Entstehung des Kindesverhältnisses durch Abstammung

Art. 66

I. Zuständigkeit
1. Grundsatz

Für Klagen auf Feststellung oder Anfechtung des Kindesverhältnisses sind die schweizerischen Gerichte am gewöhnlichen Aufenthalt des Kindes oder am Wohnsitz der Mutter oder des Vaters zuständig.

Art. 67

2. Heimatzuständigkeit

Haben die Eltern keinen Wohnsitz und das Kind keinen gewöhnlichen Aufenthalt in der Schweiz, so sind die Gerichte am schweizerischen Heimatort der Mutter oder des Vaters für Klagen auf Feststellung oder Anfechtung des Kindesverhältnisses zuständig, wenn es unmöglich oder unzumutbar ist, die Klage am Wohnsitz der Mutter oder des Vaters oder am gewöhnlichen Aufenthalt des Kindes zu erheben.

Art. 68

II. Anwendbares Recht
1. Grundsatz

¹ Die Entstehung des Kindesverhältnisses sowie dessen Feststellung oder Anfechtung unterstehen dem Recht am gewöhnlichen Aufenthalt des Kindes.

² Haben jedoch weder die Mutter noch der Vater Wohnsitz im Staat des gewöhnlichen Aufenthaltes des Kindes, besitzen aber die Eltern und das Kind die gleiche Staatsangehörigkeit, so ist ihr gemeinsames Heimatrecht anzuwenden.

Art. 69

2. Massgeblicher Zeitpunkt

¹ Für die Bestimmung des auf die Entstehung, Feststellung oder Anfechtung des Kindesverhältnisses anwendbaren Rechts ist der Zeitpunkt der Geburt massgebend.

² Bei gerichtlicher Feststellung oder Anfechtung des Kindesverhältnisses ist jedoch der Zeitpunkt der Klageerhebung massgebend, wenn ein überwiegendes Interesse des Kindes es erfordert.

Art. 70

III. Ausländische Entscheidungen

Ausländische Entscheidungen betreffend die Feststellung oder Anfechtung des Kindesverhältnisses werden in der Schweiz anerkannt, wenn sie im Staat des gewöhnlichen Aufenthaltes des Kindes, in dessen Heimatstaat oder im Wohnsitz- oder im Heimatstaat der Mutter oder des Vaters ergangen sind.

2. Abschnitt: Anerkennung

Art. 71

¹ Für die Entgegennahme der Anerkennung sind die schweizerischen Behörden am Geburtsort oder am gewöhnlichen Aufenthalt des Kindes, sowie die Behörden am Wohnsitz oder am Heimatort der Mutter oder des Vaters zuständig.

² Erfolgt die Anerkennung im Rahmen eines gerichtlichen Verfahrens, in dem die Abstammung rechtserheblich ist, so kann auch der mit der Klage befasste Richter die Anerkennung entgegennehmen.

³ Für die Anfechtung der Anerkennung sind die gleichen Gerichte zuständig wie für die Feststellung oder Anfechtung des Kindesverhältnisses (Art. 66 und 67).

I. Zuständigkeit

Art. 72

¹ Die Anerkennung in der Schweiz kann nach dem Recht am gewöhnlichen Aufenthalt des Kindes, nach dessen Heimatrecht, nach dem Recht am Wohnsitz oder nach dem Heimatrecht der Mutter oder des Vaters erfolgen. Massgebend ist der Zeitpunkt der Anerkennung.

² Die Form der Anerkennung in der Schweiz untersteht schweizerischem Recht.

³ Die Anfechtung der Anerkennung untersteht schweizerischem Recht.

II. Anwendbares Recht

Art. 73

¹ Die im Ausland erfolgte Anerkennung eines Kindes wird in der Schweiz anerkannt, wenn sie nach dem Recht am gewöhnlichen Aufenthalt des Kindes, nach dessen Heimatrecht, nach dem Recht am Wohnsitz oder nach dem Heimatrecht der Mutter oder des Vaters gültig ist.

² Ausländische Entscheidungen über die Anfechtung einer Anerkennung werden in der Schweiz anerkannt, wenn sie in einem der in Absatz 1 genannten Staaten ergangen sind.

III. Ausländische Anerkennung und Anfechtung der Anerkennung

Art. 74

Für die Anerkennung einer im Ausland erfolgten Legitimation gilt Artikel 73 sinngemäss.

IV. Legitimation

3. Abschnitt: Adoption

Art. 75

I. Zuständigkeit
1. Grundsatz

¹ Die schweizerischen Gerichte oder Behörden am Wohnsitz der adoptierenden Person oder der adoptierenden Ehegatten sind zuständig, die Adoption auszusprechen.

² Für die Anfechtung der Adoption sind die gleichen Gerichte zuständig wie für die Feststellung oder die Anfechtung des Kindesverhältnisses (Art. 66 und 67).

Art. 76

2. Heimatzuständigkeit

Haben die adoptierende Person oder die adoptierenden Ehegatten keinen Wohnsitz in der Schweiz und ist einer von ihnen Schweizer Bürger, so sind die Gerichte oder Behörden am Heimatort für die Adoption zuständig, wenn es unmöglich oder unzumutbar ist, die Adoption an ihrem Wohnsitz durchzuführen.

Art. 77

II. Anwendbares Recht

¹ Die Voraussetzungen der Adoption in der Schweiz unterstehen schweizerischem Recht.

² Zeigt sich, dass eine Adoption im Wohnsitz- oder im Heimatstaat der adoptierenden Person oder der adoptierenden Ehegatten nicht anerkannt und dem Kind daraus ein schwerwiegender Nachteil erwachsen würde, so berücksichtigt die Behörde auch die Voraussetzungen des Rechts des betreffenden Staates. Erscheint die Anerkennung auch dann nicht als gesichert, so darf die Adoption nicht ausgesprochen werden.

³ Die Anfechtung einer in der Schweiz ausgesprochenen Adoption untersteht schweizerischem Recht. Eine im Ausland ausgesprochene Adoption kann in der Schweiz nur angefochten werden, wenn auch ein Anfechtungsgrund nach schweizerischem Recht vorliegt.

Art. 78

III. Ausländische Adoptionen und ähnliche Akte

¹ Ausländische Adoptionen werden in der Schweiz anerkannt, wenn sie im Staat des Wohnsitzes oder im Heimatstaat der adoptierenden Person oder der adoptierenden Ehegatten ausgesprochen worden sind.

² Ausländische Adoptionen oder ähnliche Akte, die von einem Kindesverhältnis im Sinne des schweizerischen Rechts wesentlich abweichende Wirkungen haben, werden in der Schweiz nur mit den Wirkungen anerkannt, die ihnen im Staat der Begründung zukommen.

4. Abschnitt: Wirkungen des Kindesverhältnisses

Art. 79

¹ Für Klagen betreffend die Beziehungen zwischen Eltern und Kind, insbesondere betreffend den Unterhalt des Kindes, sind die schweizerischen Gerichte am gewöhnlichen Aufenthalt des Kindes oder am Wohnsitz oder, wenn ein solcher fehlt, am gewöhnlichen Aufenthalt des beklagten Elternteils zuständig.

² Die Bestimmungen dieses Gesetzes über den Namen (Art. 33, 37–40), den Schutz Minderjähriger (Art. 85) und das Erbrecht (Art. 86–89) sind vorbehalten.

I. Zuständigkeit
1. Grundsatz

Art. 80

Hat weder das Kind noch der beklagte Elternteil Wohnsitz oder gewöhnlichen Aufenthalt in der Schweiz und ist einer von ihnen Schweizer Bürger, so sind die Gerichte am Heimatort zuständig.

2. Heimatzuständigkeit

Art. 81

Die nach Artikel 79 und 80 zuständigen schweizerischen Gerichte entscheiden ebenfalls:
a. über Ansprüche von Behörden, die für den Unterhalt des Kindes Vorschuss geleistet haben;
b. über Ansprüche der Mutter auf Unterhalt und Ersatz der durch die Geburt entstandenen Kosten.

3. Ansprüche Dritter

Art. 82

¹ Die Beziehungen zwischen Eltern und Kind unterstehen dem Recht am gewöhnlichen Aufenthalt des Kindes.

² Haben jedoch weder die Mutter noch der Vater Wohnsitz im Staat des gewöhnlichen Aufenthaltes des Kindes, besitzen aber die Eltern und das Kind die gleiche Staatsangehörigkeit, so ist ihr gemeinsames Heimatrecht anzuwenden.

³ Die Bestimmungen dieses Gesetzes über den Namen (Art. 33, 37–40), den Schutz Minderjähriger (Art. 85) und das Erbrecht (Art. 90–95) sind vorbehalten.

II. Anwendbares Recht
1. Grundsatz

Art. 83

¹ Für die Unterhaltspflicht zwischen Eltern und Kind gilt das Haager Übereinkommen vom 2. Oktober 1973[1]) über das auf Unterhaltspflichten anzuwendende Recht.

² Soweit das Übereinkommen die Ansprüche der Mutter auf Unterhalt und Ersatz der durch die Geburt entstandenen Kosten nicht regelt, gilt es sinngemäss.

2. Unterhaltspflicht

---

[1]) SR **0.211.213.01**

Art. 84

III. Ausländische Entscheidungen

¹ Ausländische Entscheidungen betreffend die Beziehungen zwischen Eltern und Kind werden in der Schweiz anerkannt, wenn sie im Staat ergangen sind, in dem das Kind seinen gewöhnlichen Aufenthalt oder der beklagte Elternteil seinen Wohnsitz oder gewöhnlichen Aufenthalt hat.

² Die Bestimmungen dieses Gesetzes über den Namen (Art. 39), den Schutz Minderjähriger (Art. 85) und das Erbrecht (Art. 96) sind vorbehalten.

5. Kapitel: Vormundschaft und andere Schutzmassnahmen

Art. 85

¹ Für den Schutz von Minderjährigen gilt in bezug auf die Zuständigkeit der schweizerischen Gerichte oder Behörden, das anwendbare Recht und die Anerkennung ausländischer Entscheidungen oder Massnahmen das Haager Übereinkommen vom 5. Oktober 1961¹⁾ über die Zuständigkeit der Behörden und das anzuwendende Recht auf dem Gebiet des Schutzes von Minderjährigen.

² Das Übereinkommen gilt sinngemäss für Volljährige oder für Personen, die nur nach schweizerischem Recht minderjährig sind, sowie für Personen, die ihren gewöhnlichen Aufenthalt nicht in einem der Vertragsstaaten haben.

³ Die schweizerischen Gerichte oder Behörden sind ausserdem zuständig, wenn es für den Schutz einer Person oder deren Vermögen unerlässlich ist.

6. Kapitel: Erbrecht

Art. 86

I. Zuständigkeit
1. Grundsatz

¹ Für das Nachlassverfahren und die erbrechtlichen Streitigkeiten sind die schweizerischen Gerichte oder Behörden am letzten Wohnsitz des Erblassers zuständig.

² Vorbehalten ist die Zuständigkeit des Staates, der für Grundstücke auf seinem Gebiet die ausschliessliche Zuständigkeit vorsieht.

Art. 87

2. Heimatzuständigkeit

¹ War der Erblasser Schweizer Bürger mit letztem Wohnsitz im Ausland, so sind die schweizerischen Gerichte oder Behörden am Heimatort zuständig, soweit sich die ausländische Behörde mit seinem Nachlass nicht befasst.

² Sie sind stets zuständig, wenn ein Schweizer Bürger mit letztem Wohnsitz im Ausland sein in der Schweiz gelegenes Vermögen oder seinen gesamten Nachlass durch letztwillige Verfügung oder Erbvertrag der schweizerischen Zuständigkeit oder dem schweizerischen Recht unterstellt hat. Artikel 86 Absatz 2 ist vorbehalten.

Art. 88

¹ War der Erblasser Ausländer mit letztem Wohnsitz im Ausland, so sind die schweizerischen Gerichte oder Behörden am Ort der gelegenen Sache für den in der Schweiz gelegenen Nachlass zuständig, soweit sich die ausländischen Behörden damit nicht befassen.

² Befindet sich Vermögen an mehreren Orten, so sind die zuerst angerufenen schweizerischen Gerichte oder Behörden zuständig.

3. Zuständigkeit am Ort der gelegenen Sache

Art. 89

Hinterlässt der Erblasser mit letztem Wohnsitz im Ausland Vermögen in der Schweiz, so ordnen die schweizerischen Behörden am Ort der gelegenen Sache die zum einstweiligen Schutz der Vermögenswerte notwendigen Massnahmen an.

4. Sichernde Massnahmen

Art. 90

¹ Der Nachlass einer Person mit letztem Wohnsitz in der Schweiz untersteht schweizerischem Recht.

² Ein Ausländer kann jedoch durch letztwillige Verfügung oder Erbvertrag den Nachlass einem seiner Heimatrechte unterstellen. Diese Unterstellung fällt dahin, wenn er im Zeitpunkt des Todes diesem Staat nicht mehr angehört hat oder wenn er Schweizer Bürger geworden ist.

II. Anwendbares Recht
1. Letzter Wohnsitz in der Schweiz

Art. 91

¹ Der Nachlass einer Person mit letztem Wohnsitz im Ausland untersteht dem Recht, auf welches das Kollisionsrecht des Wohnsitzstaates verweist.

² Soweit nach Artikel 87 die schweizerischen Gerichte oder Behörden am Heimatort zuständig sind, untersteht der Nachlass eines Schweizers mit letztem Wohnsitz im Ausland schweizerischem Recht, es sei denn, der Erblasser habe in der letztwilligen Verfügung oder im Erbvertrag ausdrücklich das Recht an seinem letzten Wohnsitz vorbehalten.

2. Letzter Wohnsitz im Ausland

Art. 92

3. Umfang des Erbstatuts und Nachlassabwicklung

¹ Das auf den Nachlass anwendbare Recht bestimmt, was zum Nachlass gehört, wer in welchem Umfang daran berechtigt ist, wer die Schulden des Nachlasses trägt, welche Rechtsbehelfe und Massnahmen zulässig sind und unter welchen Voraussetzungen sie angerufen werden können.

² Die Durchführung der einzelnen Massnahmen richtet sich nach dem Recht am Ort der zuständigen Behörde. Diesem Recht unterstehen namentlich die sichernden Massnahmen und die Nachlassabwicklung mit Einschluss der Willensvollstreckung.

Art. 93

4. Form

¹ Für die Form der letztwilligen Verfügung gilt das Haager Übereinkommen vom 5. Oktober 1961[1]) über das auf die Form letztwilliger Verfügungen anwendbare Recht.

² Dieses Übereinkommen gilt sinngemäss auch für die Form anderer Verfügungen von Todes wegen.

Art. 94

5. Verfügungsfähigkeit

Eine Person kann von Todes wegen verfügen, wenn sie im Zeitpunkt der Verfügung nach dem Recht am Wohnsitz oder am gewöhnlichen Aufenthalt oder nach dem Recht eines ihrer Heimatstaaten verfügungsfähig ist.

Art. 95

6. Erbverträge und gegenseitige Verfügungen von Todes wegen

¹ Der Erbvertrag untersteht dem Recht am Wohnsitz des Erblassers zur Zeit des Vertragsabschlusses.

² Unterstellt ein Erblasser im Vertrag den ganzen Nachlass seinem Heimatrecht, so tritt dieses an die Stelle des Wohnsitzrechts.

³ Gegenseitige Verfügungen von Todes wegen müssen dem Wohnsitzrecht jedes Verfügenden oder dem von ihnen gewählten gemeinsamen Heimatrecht entsprechen.

⁴ Vorbehalten bleiben die Bestimmungen dieses Gesetzes über die Form und die Verfügungsfähigkeit (Art. 93 und 94).

Art. 96

III. Ausländische Entscheidungen, Massnahmen, Urkunden und Rechte

¹ Ausländische Entscheidungen, Massnahmen und Urkunden, die den Nachlass betreffen, sowie Rechte aus einem im Ausland eröffneten Nachlass werden in der Schweiz anerkannt:

a. wenn sie im Staat des letzten Wohnsitzes des Erblassers oder im Staat, dessen Recht er gewählt hat, getroffen, ausgestellt oder festgestellt worden sind oder wenn sie in einem dieser Staaten anerkannt werden, oder

---

[1]) SR **0.211.312.1**

b. wenn sie Grundstücke betreffen und in dem Staat, in dem sie liegen, getroffen, ausgestellt oder festgestellt worden sind oder wenn sie dort anerkannt werden.

² Beansprucht ein Staat für die in seinem Gebiet liegenden Grundstücke des Erblassers die ausschliessliche Zuständigkeit, so werden nur dessen Entscheidungen, Massnahmen und Urkunden anerkannt.

³ Sichernde Massnahmen des Staates, in dem Vermögen des Erblassers liegt, werden in der Schweiz anerkannt.

7. Kapitel: Sachenrecht

Art. 97

Für Klagen betreffend dingliche Rechte an Grundstücken in der Schweiz sind die Gerichte am Ort der gelegenen Sache ausschliesslich zuständig.

I. Zuständigkeit
1. Grundstücke

Art. 98

¹ Für Klagen betreffend dingliche Rechte an beweglichen Sachen sind die schweizerischen Gerichte am Wohnsitz oder, wenn ein solcher fehlt, diejenigen am gewöhnlichen Aufenthalt des Beklagten zuständig.

² Hat der Beklagte in der Schweiz weder Wohnsitz noch gewöhnlichen Aufenthalt, so sind die schweizerischen Gerichte am Ort der gelegenen Sache zuständig.

2. Bewegliche Sachen

Art. 99

¹ Dingliche Rechte an Grundstücken unterstehen dem Recht am Ort der gelegenen Sache.

² Für Ansprüche aus Immissionen, die von einem Grundstück ausgehen, gelten die Bestimmungen dieses Gesetzes über unerlaubte Handlungen (Art. 138).

II. Anwendbares Recht
1. Grundstücke

Art. 100

¹ Erwerb und Verlust dinglicher Rechte an beweglichen Sachen unterstehen dem Recht des Staates, in dem die Sache im Zeitpunkt des Vorgangs, aus dem der Erwerb oder der Verlust hergeleitet wird, liegt.

² Inhalt und Ausübung dinglicher Rechte an beweglichen Sachen unterstehen dem Recht am Ort der gelegenen Sache.

2. Bewegliche Sachen
a. Grundsatz

Art. 101

Rechtsgeschäftlicher Erwerb und Verlust dinglicher Rechte an Sachen im Transit unterstehen dem Recht des Bestimmungsstaates.

b. Sachen im Transit

Art. 102

c. Sachen, die in die Schweiz gelangen

¹ Gelangt eine bewegliche Sache in die Schweiz und ist der Erwerb oder der Verlust eines dinglichen Rechts an ihr nicht bereits im Ausland erfolgt, so gelten die im Ausland eingetretenen Vorgänge als in der Schweiz erfolgt.

² Gelangt eine bewegliche Sache in die Schweiz und ist an ihr im Ausland ein Eigentumsvorbehalt gültig begründet worden, der den Anforderungen des schweizerischen Rechts nicht genügt, so bleibt der Eigentumsvorbehalt in der Schweiz noch während drei Monaten gültig.

³ Dem gutgläubigen Dritten kann der Bestand eines solchen Eigentumsvorbehalts nicht entgegengehalten werden.

Art. 103

d. Eigentumsvorbehalt an Sachen, die ausgeführt werden

Der Eigentumsvorbehalt an einer zur Ausfuhr bestimmten beweglichen Sache untersteht dem Recht des Bestimmungsstaates.

Art. 104

e. Rechtswahl

¹ Die Parteien können den Erwerb und den Verlust dinglicher Rechte an beweglichen Sachen dem Recht des Abgangs- oder des Bestimmungsstaates oder dem Recht unterstellen, dem das zugrundeliegende Rechtsgeschäft untersteht.

² Die Rechtswahl kann Dritten nicht entgegengehalten werden.

Art. 105

3. Besondere Regeln
a. Verpfändung von Forderungen, Wertpapieren und anderen Rechten

¹ Die Verpfändung von Forderungen, Wertpapieren und anderen Rechten untersteht dem von den Parteien gewählten Recht. Die Rechtswahl kann Dritten nicht entgegengehalten werden.

² Fehlt eine Rechtswahl, so untersteht die Verpfändung von Forderungen und Wertpapieren dem Recht am gewöhnlichen Aufenthalt des Pfandgläubigers; die Verpfändung anderer Rechte untersteht dem auf diese anwendbaren Recht.

³ Dem Schuldner kann nur das Recht entgegengehalten werden, dem das verpfändete Recht untersteht.

Art. 106

b. Warenpapiere

¹ Das in einem Warenpapier bezeichnete Recht bestimmt, ob das Papier die Ware vertritt. Ist im Papier kein Recht bezeichnet, so gilt das Recht des Staates, in dem der Aussteller seine Niederlassung hat.

² Vertritt ein Papier die Ware, so unterstehen die dinglichen Rechte am Papier und an der Ware dem Recht, das auf das Warenpapier als bewegliche Sache anwendbar ist.

³ Machen verschiedene Parteien dingliche Rechte an der Ware geltend, die einen unmittelbar, die anderen aufgrund eines Warenpapiers, so entscheidet über den Vorrang das auf die Ware selbst anwendbare Recht.

Art. 107
Die Bestimmungen anderer Gesetze über dingliche Rechte an Schiffen, Luftfahrzeugen und anderen Transportmitteln sind vorbehalten.

c. Transportmittel

Art. 108
¹ Ausländische Entscheidungen über dingliche Rechte an Grundstücken werden in der Schweiz anerkannt, wenn sie im Staat, in dem sie liegen, ergangen sind oder wenn sie dort anerkannt werden.

III. Ausländische Entscheidungen

² Ausländische Entscheidungen über dingliche Rechte an beweglichen Sachen werden in der Schweiz anerkannt:
a. wenn sie im Staat ergangen sind, in dem der Beklagte seinen Wohnsitz hat;
b. wenn sie im Staat, in dem die Sache liegt, ergangen sind, sofern der Beklagte dort seinen gewöhnlichen Aufenthalt hatte, oder
c. wenn sie im Staat ergangen sind, in dem sich der vereinbarte Gerichtsstand befindet.

8. Kapitel: Immaterialgüterrecht

Art. 109
¹ Für Klagen betreffend Immaterialgüterrechte sind die schweizerischen Gerichte am Wohnsitz des Beklagten zuständig. Fehlt ein solcher, so sind die schweizerischen Gerichte am Ort zuständig, wo der Schutz beansprucht wird. Ausgenommen sind Klagen betreffend die Gültigkeit oder die Eintragung von Immaterialgüterrechten im Ausland.

I. Zuständigkeit

² Können mehrere Beklagte in der Schweiz belangt werden und stützen sich die Ansprüche im wesentlichen auf die gleichen Tatsachen und Rechtsgründe, so kann bei jedem zuständigen Richter gegen alle geklagt werden; der zuerst angerufene Richter ist ausschliesslich zuständig.

³ Hat der Beklagte keinen Wohnsitz in der Schweiz, so sind für Klagen betreffend die Gültigkeit oder die Eintragung von Immaterialgüterrechten in der Schweiz die schweizerischen Gerichte am Geschäftssitz des im Register eingetragenen Vertreters oder, wenn ein solcher fehlt, diejenigen am Sitz der schweizerischen Registerbehörde zuständig.

Art. 110

II. Anwendbares Recht

¹ Immaterialgüterrechte unterstehen dem Recht des Staates, für den der Schutz der Immaterialgüter beansprucht wird.

² Für Ansprüche aus Verletzung von Immaterialgüterrechten können die Parteien nach Eintritt des schädigenden Ereignisses stets vereinbaren, dass das Recht am Gerichtsort anzuwenden ist.

³ Verträge über Immaterialgüterrechte unterstehen den Bestimmungen dieses Gesetzes über das auf obligationenrechtliche Verträge anzuwendende Recht (Art. 122).

Art. 111

III. Ausländische Entscheidungen

¹ Ausländische Entscheidungen betreffend Immaterialgüterrechte werden in der Schweiz anerkannt:
a. wenn sie im Staat ergangen sind, in dem der Beklagte seinen Wohnsitz hatte, oder
b. wenn sie im Staat ergangen sind, für den der Schutz der Immaterialgüter beansprucht wird, und der Beklagte keinen Wohnsitz in der Schweiz hat.

² Ausländische Entscheidungen betreffend Gültigkeit oder Eintragung von Immaterialgüterrechten werden nur anerkannt, wenn sie im Staat ergangen sind, für den der Schutz beansprucht wird, oder wenn sie dort anerkannt werden.

9. Kapitel: Obligationenrecht

1. Abschnitt: Verträge

Art. 112

I. Zuständigkeit
1. *Grundsatz*

¹ Für Klagen aus Vertrag sind die schweizerischen Gerichte am Wohnsitz des Beklagten oder, wenn ein solcher fehlt, diejenigen an seinem gewöhnlichen Aufenthalt zuständig.

² Für Klagen aufgrund der Tätigkeit einer Niederlassung in der Schweiz sind überdies die Gerichte am Ort der Niederlassung zuständig.

Art. 113

2. *Erfüllungsort*

Hat der Beklagte weder Wohnsitz oder gewöhnlichen Aufenthalt, noch eine Niederlassung in der Schweiz, ist aber die Leistung in der Schweiz zu erbringen, so kann beim schweizerischen Gericht am Erfüllungsort geklagt werden.

Art. 114

3. *Verträge mit Konsumenten*

¹ Für die Klagen eines Konsumenten aus einem Vertrag, der den Voraussetzungen von Artikel 120 Absatz 1 entspricht, sind nach Wahl des Konsumenten die schweizerischen Gerichte zuständig:

a. am Wohnsitz oder am gewöhnlichen Aufenthalt des Konsumenten, oder

b. am Wohnsitz des Anbieters oder, wenn ein solcher fehlt, an dessen gewöhnlichem Aufenthalt.

² Der Konsument kann nicht zum voraus auf den Gerichtsstand an seinem Wohnsitz oder an seinem gewöhnlichen Aufenthalt verzichten.

Art. 115

¹ Für Klagen aus Arbeitsvertrag sind die schweizerischen Gerichte am Wohnsitz des Beklagten oder am Ort zuständig, wo der Arbeitnehmer gewöhnlich seine Arbeit verrichtet.

4. Arbeitsverträge

² Für Klagen des Arbeitnehmers sind überdies die schweizerischen Gerichte an seinem Wohnsitz oder an seinem gewöhnlichen Aufenthalt zuständig.

³ Für Klagen bezüglich der auf die Arbeitsleistung anzuwendenden Arbeits- und Lohnbedingungen sind zudem die Schweizer Gerichte am Ort zuständig, an den der Arbeitnehmer für einen begrenzten Zeitraum und zur Verrichtung auch nur eines Teils seiner Arbeit aus dem Ausland entsandt worden ist.[1]

Art. 116

¹ Der Vertrag untersteht dem von den Parteien gewählten Recht.

II. Anwendbares Recht
1. Im allgemeinen
a. Rechtswahl

² Die Rechtswahl muss ausdrücklich sein oder sich eindeutig aus dem Vertrag oder aus den Umständen ergeben. Im übrigen untersteht sie dem gewählten Recht.

³ Die Rechtswahl kann jederzeit getroffen oder geändert werden. Wird sie nach Vertragsabschluss getroffen oder geändert, so wirkt sie auf den Zeitpunkt des Vertragsabschlusses zurück. Die Rechte Dritter sind vorbehalten.

Art. 117

¹ Bei Fehlen einer Rechtswahl untersteht der Vertrag dem Recht des Staates, mit dem er am engsten zusammenhängt.

b. Fehlen einer Rechtswahl

² Es wird vermutet, der engste Zusammenhang bestehe mit dem Staat, in dem die Partei, welche die charakteristische Leistung erbringen soll, ihren gewöhnlichen Aufenthalt hat oder, wenn sie den Vertrag aufgrund einer beruflichen oder gewerblichen Tätigkeit geschlossen hat, in dem sich ihre Niederlassung befindet.

³ Als charakteristische Leistung gilt namentlich:

a. bei Veräusserungsverträgen die Leistung des Veräusserers;

---

[1] Eingefügt durch Anhang Ziff. 1 des BG vom 8. Okt. 1999 über die in die Schweiz entsandten Arbeitnehmerinnen und Arbeitnehmer, in Kraft seit 1. Juni 2004 (SR **823.20**; AS **2003** 1370; BBl **1999** 6128).

b. bei Gebrauchsüberlassungsverträgen die Leistung der Partei, die eine Sache oder ein Recht zum Gebrauch überlässt;
c. bei Auftrag, Werkvertrag und ähnlichen Dienstleistungsverträgen die Dienstleistung;
d. bei Verwahrungsverträgen die Leistung des Verwahrers;
e. bei Garantie- oder Bürgschaftsverträgen die Leistung des Garanten oder des Bürgen.

Art. 118

2. Im besonderen
a. Kauf beweglicher körperlicher Sachen

[1] Für den Kauf beweglicher körperlicher Sachen gilt das Haager Übereinkommen vom 15. Juni 1955[1] betreffend das auf internationale Kaufverträge über bewegliche körperliche Sachen anzuwendende Recht.

[2] Artikel 120 ist vorbehalten.

Art. 119

b. Grundstücke

[1] Verträge über Grundstücke oder deren Gebrauch unterstehen dem Recht des Staates, in dem sich die Grundstücke befinden.

[2] Eine Rechtswahl ist zulässig.

[3] Die Form untersteht dem Recht des Staates, in dem sich das Grundstück befindet, es sei denn, dieses Recht lasse die Anwendung eines anderen Rechts zu. Für ein Grundstück in der Schweiz richtet sich die Form nach schweizerischem Recht.

Art. 120

c. Verträge mit Konsumenten

[1] Verträge über Leistungen des üblichen Verbrauchs, die für den persönlichen oder familiären Gebrauch des Konsumenten bestimmt sind und nicht im Zusammenhang mit der beruflichen oder gewerblichen Tätigkeit des Konsumenten stehen, unterstehen dem Recht des Staates, in dem der Konsument seinen gewöhnlichen Aufenthalt hat:
a. wenn der Anbieter die Bestellung in diesem Staat entgegengenommen hat;
b. wenn in diesem Staat dem Vertragsabschluss ein Angebot oder eine Werbung vorausgegangen ist und der Konsument in diesem Staat die zum Vertragsabschluss erforderlichen Rechtshandlungen vorgenommen hat, oder
c. wenn der Anbieter den Konsumenten veranlasst hat, sich ins Ausland zu begeben und seine Bestellung dort abzugeben.

[2] Eine Rechtswahl ist ausgeschlossen.

---

[1] SR **0.221.211.4**

Art. 121

¹ Der Arbeitsvertrag untersteht dem Recht des Staates, in dem der Arbeitnehmer gewöhnlich seine Arbeit verrichtet.

² Verrichtet der Arbeitnehmer seine Arbeit gewöhnlich in mehreren Staaten, so untersteht der Arbeitsvertrag dem Recht des Staates, in dem sich die Niederlassung oder, wenn eine solche fehlt, der Wohnsitz oder der gewöhnliche Aufenthalt des Arbeitgebers befindet.

³ Die Parteien können den Arbeitsvertrag dem Recht des Staates unterstellen, in dem der Arbeitnehmer seinen gewöhnlichen Aufenthalt hat oder in dem der Arbeitgeber seine Niederlassung, seinen Wohnsitz oder seinen gewöhnlichen Aufenthalt hat.

d. Arbeitsverträge

Art. 122

¹ Verträge über Immaterialgüterrechte unterstehen dem Recht des Staates, in dem derjenige, der das Immaterialgüterrecht überträgt oder die Benutzung an ihm einräumt, seinen gewöhnlichen Aufenthalt hat.

² Eine Rechtswahl ist zulässig.

³ Verträge zwischen Arbeitgebern und Arbeitnehmern über Rechte an Immaterialgütern, die der Arbeitnehmer im Rahmen der Erfüllung des Arbeitsvertrages geschaffen hat, unterstehen dem auf den Arbeitsvertrag anwendbaren Recht.

e. Verträge über Immaterialgüterrechte

Art. 123

Schweigt eine Partei auf einen Antrag zum Abschluss eines Vertrages, so kann sie sich für die Wirkungen des Schweigens auf das Recht des Staates berufen, in dem sie ihren gewöhnlichen Aufenthalt hat.

3. Gemeinsame Bestimmungen
a. Schweigen auf einen Antrag

Art. 124

¹ Der Vertrag ist formgültig, wenn er dem auf den Vertrag anwendbaren Recht oder dem Recht am Abschlussort entspricht.

² Befinden sich die Parteien im Zeitpunkt des Vertragsabschlusses in verschiedenen Staaten, so genügt es, wenn die Form dem Recht eines dieser Staaten entspricht.

³ Schreibt das auf den Vertrag anwendbare Recht die Beachtung einer Form zum Schutz einer Partei vor, so richtet sich die Formgültigkeit ausschliesslich nach diesem Recht, es sei denn, dieses lasse die Anwendung eines anderen Rechts zu.

b. Form

Art. 125

Erfüllungs- und Untersuchungsmodalitäten unterstehen dem Recht des Staates, in dem sie tatsächlich erfolgen.

c. Erfüllungs- und Untersuchungsmodalitäten

Art. 126

d. Stellvertretung

¹ Bei rechtsgeschäftlicher Vertretung untersteht das Verhältnis zwischen dem Vertretenen und dem Vertreter dem auf ihren Vertrag anwendbaren Recht.

² Die Voraussetzungen, unter denen eine Handlung des Vertreters den Vertretenen gegenüber dem Dritten verpflichtet, unterstehen dem Recht des Staates, in dem der Vertreter seine Niederlassung hat oder, wenn eine solche fehlt oder für den Dritten nicht erkennbar ist, dem Recht des Staates, in dem der Vertreter im Einzelfall hauptsächlich handelt.

³ Steht der Vertreter in einem Arbeitsverhältnis zum Vertretenen und besitzt er keine eigene Geschäftsniederlassung, so befindet sich der Ort seiner Niederlassung am Sitz des Vertretenen.

⁴ Das nach Absatz 2 anwendbare Recht gilt auch für das Verhältnis zwischen dem nicht ermächtigten Vertreter und dem Dritten.

2. Abschnitt: Ungerechtfertigte Bereicherung

Art. 127

I. Zuständigkeit

Für Klagen aus ungerechtfertigter Bereicherung sind die schweizerischen Gerichte am Wohnsitz des Beklagten oder, wenn ein solcher fehlt, diejenigen an seinem gewöhnlichen Aufenthalt oder am Ort seiner Niederlassung zuständig.

Art. 128

II. Anwendbares Recht

¹ Ansprüche aus ungerechtfertigter Bereicherung unterstehen dem Recht, dem das bestehende oder das vermeintliche Rechtsverhältnis unterstellt ist, aufgrund dessen die Bereicherung stattgefunden hat.

² Besteht kein Rechtsverhältnis, so unterstehen die Ansprüche aus ungerechtfertigter Bereicherung dem Recht des Staates, in dem die Bereicherung eingetreten ist; die Parteien können vereinbaren, dass das Recht am Gerichtsort anzuwenden ist.

3. Abschnitt: Unerlaubte Handlungen

Art. 129

I. Zuständigkeit
1. Grundsatz

¹ Für Klagen aus unerlaubter Handlung sind die schweizerischen Gerichte am Wohnsitz des Beklagten oder, wenn ein solcher fehlt, diejenigen an seinem gewöhnlichen Aufenthalt oder am Ort seiner Niederlassung zuständig.

² Hat der Beklagte weder Wohnsitz oder gewöhnlichen Aufenthalt, noch eine Niederlassung in der Schweiz, so kann beim schweizerischen Gericht am Handlungs- oder am Erfolgsort geklagt werden.

³ Können mehrere Beklagte in der Schweiz belangt werden und stützen sich die Ansprüche im wesentlichen auf die gleichen Tatsachen und Rechtsgründe, so kann bei jedem zuständigen Richter gegen alle geklagt werden; der zuerst angerufene Richter ist ausschliesslich zuständig.

Art. 130

¹ Ist durch eine Kernanlage oder beim Transport vom Kernmaterialien Schaden verursacht worden, so sind die schweizerischen Gerichte des Ortes zuständig, an dem das schädigende Ereignis eingetreten ist.

² Kann dieser Ort nicht ermittelt werden, so sind:

a. wenn der Inhaber einer Kernanlage haftet, die schweizerischen Gerichte des Ortes zuständig, in dem die Kernanlage gelegen ist;
b. wenn der Inhaber einer Transportbewilligung haftet, die schweizerischen Gerichte des Ortes zuständig, an dem der Inhaber der Transportbewilligung seinen Wohnsitz oder sein Gerichtsdomizil hat.

³ Klagen zur Durchsetzung des Auskunftsrechts gegen den Inhaber einer Datensammlung können bei den in Artikel 129 genannten Gerichten oder bei den schweizerischen Gerichten am Ort, wo die Datensammlung geführt oder verwendet wird, eingereicht werden.[1]

2. Im besonderen

Art. 131

Für Klagen aufgrund eines unmittelbaren Forderungsrechts gegen den Haftpflichtversicherer sind die schweizerischen Gerichte am Ort der Niederlassung des Versicherers oder diejenigen am Handlungs- oder am Erfolgsort zuständig.

3. Unmittelbares Forderungsrecht

Art. 132

Die Parteien können nach Eintritt des schädigenden Ereignisses stets vereinbaren, dass das Recht am Gerichtsort anzuwenden ist.

II. Anwendbares Recht
1. Im allgemeinen
a. Rechtswahl

Art. 133

¹ Haben Schädiger und Geschädigter ihren gewöhnlichen Aufenthalt im gleichen Staat, so unterstehen Ansprüche aus unerlaubter Handlung dem Recht dieses Staates.

b. Fehlen einer Rechtswahl

---

[1] Eingefügt durch Anhang Ziff. 3 des BG vom 19. Juni 1992 über den Datenschutz, in Kraft seit 1. Juli 1993 (SR **235.1**).
[2] SR **0.741.31**

² Haben Schädiger und Geschädigter ihren gewöhnlichen Aufenthalt nicht im gleichen Staat, so ist das Recht des Staates anzuwenden, in dem die unerlaubte Handlung begangen worden ist. Tritt der Erfolg nicht in dem Staat ein, in dem die unerlaubte Handlung begangen worden ist, so ist das Recht des Staates anzuwenden, in dem der Erfolg eintritt, wenn der Schädiger mit dem Eintritt des Erfolges in diesem Staat rechnen musste.

³ Wird durch eine unerlaubte Handlung ein zwischen Schädiger und Geschädigtem bestehendes Rechtsverhältnis verletzt, so unterstehen Ansprüche aus unerlaubter Handlung, ungeachtet der Absätze 1 und 2, dem Recht, dem das vorbestehende Rechtsverhältnis unterstellt ist.

Art. 134

2. Im besonderen
a. Strassen-
verkehrsunfälle

Für Ansprüche aus Strassenverkehrsunfällen gilt das Haager Übereinkommen vom 4. Mai 1971[1]) über das auf Strassenverkehrsunfälle anwendbare Recht.

Art. 135

b. Produktemängel

¹ Ansprüche aus Mängeln oder mangelhafter Beschreibung eines Produktes unterstehen nach Wahl des Geschädigten:
a. dem Recht des Staates, in dem der Schädiger seine Niederlassung oder, wenn eine solche fehlt, seinen gewöhnlichen Aufenthalt hat, oder
b. dem Recht des Staates, in dem das Produkt erworben worden ist, sofern der Schädiger nicht nachweist, dass es in diesem Staat ohne sein Einverständnis in den Handel gelangt ist.

² Unterstehen Ansprüche aus Mängeln oder mangelhafter Beschreibung eines Produktes ausländischem Recht, so können in der Schweiz keine weitergehenden Leistungen zugesprochen werden, als nach schweizerischem Recht für einen solchen Schaden zuzusprechen wären.

Art. 136

c. Unlauterer
Wettbewerb

¹ Ansprüche aus unlauterem Wettbewerb unterstehen dem Recht des Staates, auf dessen Markt die unlautere Handlung ihre Wirkung entfaltet.

² Richtet sich die Rechtsverletzung ausschliesslich gegen betriebliche Interessen des Geschädigten, so ist das Recht des Staates anzuwenden, in dem sich die betroffene Niederlassung befindet.

³ Artikel 133 Absatz 3 ist vorbehalten.

---

[1]) SR **0.741.31**

Art. 137

¹ Ansprüche aus Wettbewerbsbehinderung unterstehen dem Recht des Staates, auf dessen Markt der Geschädigte von der Behinderung unmittelbar betroffen ist.

² Unterstehen Ansprüche aus Wettbewerbsbehinderung ausländischem Recht, so können in der Schweiz keine weitergehenden Leistungen zugesprochen werden als nach schweizerischem Recht für eine unzulässige Wettbewerbsbehinderung zuzusprechen wären.

d. Wettbewerbsbehinderung

Art. 138

Ansprüche aus schädigenden Einwirkungen, die von einem Grundstück ausgehen, unterstehen nach Wahl des Geschädigten dem Recht des Staates, in dem das Grundstück liegt, oder dem Recht des Staates, in dem der Erfolg einer Einwirkung eintritt.

e. Immissionen

Art. 139

¹ Ansprüche aus Verletzung der Persönlichkeit durch Medien, insbesondere durch Presse, Radio, Fernsehen oder durch andere Informationsmittel in der Öffentlichkeit, unterstehen nach Wahl des Geschädigten:

a. dem Recht des Staates, in dem der Geschädigte seinen gewöhnlichen Aufenthalt hat, sofern der Schädiger mit dem Eintritt des Erfolges in diesem Staat rechnen musste;
b. dem Recht des Staates, in dem der Urheber der Verletzung seine Niederlassung oder seinen gewöhnlichen Aufenthalt hat, oder
c. dem Recht des Staates, in dem der Erfolg der verletzenden Handlung eintritt, sofern der Schädiger mit dem Eintritt des Erfolges in diesem Staat rechnen musste.

² Das Gegendarstellungsrecht gegenüber periodisch erscheinenden Medien richtet sich ausschliesslich nach dem Recht des Staates, in dem das Druckerzeugnis erschienen ist oder von dem aus die Radio- oder Fernsehsendung verbreitet wurde.

³ Absatz 1 ist auch anwendbar auf Ansprüche aus Verletzung der Persönlichkeit durch das Bearbeiten von Personendaten sowie aus Beeinträchtigung des Rechts auf Auskunft über Personendaten.[1)]

f. Persönlichkeitsverletzung

Art. 140

Sind mehrere Personen an einer unerlaubten Handlung beteiligt, so ist für jede von ihnen das anwendbare Recht gesondert zu bestimmen, unabhängig von der Art ihrer Beteiligung.

3. Besondere Bestimmungen
a. Mehrfache Haftpflichtige

[1)] Eingefügt durch Anhang Ziff. 3 des BG vom 19. Juni 1992 über den Datenschutz, in Kraft seit 1. Juli 1993 (SR **235.1**).

Art. 141

b. Unmittelbares Forderungsrecht

Der Geschädigte kann seinen Anspruch direkt gegen den Versicherer des Haftpflichtigen geltend machen, wenn das auf die unerlaubte Handlung oder auf den Versicherungsvertrag anwendbare Recht es vorsieht.

Art. 142

4. Geltungsbereich

¹ Das auf die unerlaubte Handlung anwendbare Recht bestimmt insbesondere die Deliktsfähigkeit, die Voraussetzungen und den Umfang der Haftung sowie die Person des Haftpflichtigen.

² Sicherheits- und Verhaltensvorschriften am Ort der Handlung sind zu berücksichtigen.

4. Abschnitt: Gemeinsame Bestimmungen

Art. 143

I. Mehrheit von Schuldnern
1. Ansprüche gegen mehrere Schuldner

Hat der Gläubiger Ansprüche gegen mehrere Schuldner, so unterstehen die Rechtsfolgen daraus dem Recht, dem das Rechtsverhältnis zwischen dem Gläubiger und dem in Anspruch genommenen Schuldner unterstellt ist.

Art. 144

2. Rückgriff zwischen Schuldnern

¹ Ein Schuldner kann auf einen anderen Schuldner unmittelbar oder durch Eintritt in die Rechtsstellung des Gläubigers insoweit Rückgriff nehmen, als es die Rechte zulassen, denen die entsprechenden Schulden unterstehen.

² Die Durchführung des Rückgriffs untersteht dem gleichen Recht wie die Schuld des Rückgriffsverpflichteten. Fragen, die nur das Verhältnis zwischen Gläubiger und Rückgriffsberechtigtem betreffen, unterstehen dem Recht, das auf die Schuld des Rückgriffsberechtigten anwendbar ist.

³ Ob einer Einrichtung, die öffentliche Aufgaben wahrnimmt, ein Rückgriffsrecht zusteht, bestimmt sich nach dem auf diese Einrichtung anwendbaren Recht. Für die Zulässigkeit und die Durchführung des Rückgriffes gelten die Absätze 1 und 2.

Art. 145

II. Übergang einer Forderung
1. Abtretung durch Vertrag

¹ Die Abtretung einer Forderung durch Vertrag untersteht dem von den Parteien gewählten Recht oder, wenn ein solches fehlt, dem auf die Forderung anzuwendenden Recht. Die Rechtswahl ist gegenüber dem Schuldner ohne dessen Zustimmung unwirksam.

² Für die Abtretung einer Forderung des Arbeitnehmers ist die Rechtswahl nur insoweit wirksam, als Artikel 121 Absatz 3 sie für den Arbeitsvertrag zulässt.

³ Die Form der Abtretung untersteht ausschliesslich dem auf den Abtretungsvertrag anwendbaren Recht.

⁴ Fragen, die nur das Verhältnis zwischen den Parteien des Abtretungsvertrages betreffen, unterstehen dem Recht, welches auf das der Abtretung zugrundeliegende Rechtsverhältnis anwendbar ist.

Art. 146

¹ Der Übergang einer Forderung kraft Gesetzes untersteht dem Recht des zugrundeliegenden Rechtsverhältnisses zwischen altem und neuem Gläubiger oder, wenn ein solches fehlt, dem Recht der Forderung.

² Vorbehalten sind die Bestimmungen des Rechts der Forderung, die den Schuldner schützen.

2. Übergang kraft Gesetzes

Art. 147

¹ Was unter einer Währung zu verstehen ist, bestimmt das Recht des Staates, dessen Währung in Frage steht.

² Die Wirkungen einer Währung auf die Höhe einer Schuld unterstehen dem Recht, das auf die Schuld anwendbar ist.

³ In welcher Währung zu zahlen ist, richtet sich nach dem Recht des Staates, in dem die Zahlung zu erfolgen hat.

III. Währung

Art. 148

¹ Verjährung und Erlöschen einer Forderung unterstehen dem auf die Forderung anwendbaren Recht.

² Bei der Verrechnung untersteht das Erlöschen dem Recht der Forderung, deren Tilgung mit der Verrechnung bezweckt ist.

³ Die Neuerung, der Erlass- und der Verrechnungsvertrag richten sich nach den Bestimmungen dieses Gesetzes über das auf Verträge anwendbare Recht (Art. 116ff.).

IV. Verjährung und Erlöschen einer Forderung

5. Abschnitt: Ausländische Entscheidungen

Art. 149

¹ Ausländische Entscheidungen über obligationenrechtliche Ansprüche werden in der Schweiz anerkannt, wenn sie im Staat ergangen sind:

a. in dem der Beklagte seinen Wohnsitz hatte, oder
b. in dem der Beklagte seinen gewöhnlichen Aufenthalt hatte und die Ansprüche mit einer Tätigkeit an diesem Ort zusammenhängen.

² Eine ausländische Entscheidung wird ferner anerkannt:

a. wenn sie eine vertragliche Leistung betrifft, im Staat der Erfüllung dieser Leistung ergangen ist und der Beklagte seinen Wohnsitz nicht in der Schweiz hatte;

b. wenn sie Ansprüche aus Verträgen mit Konsumenten betrifft und am Wohnsitz oder am gewöhnlichen Aufenthalt des Konsumenten ergangen ist, und die Voraussetzungen von Artikel 120 Absatz 1 erfüllt sind;
c. wenn sie Ansprüche aus einem Arbeitsvertrag betrifft, am Arbeits- oder Betriebsort ergangen ist und der Arbeitnehmer seinen Wohnsitz nicht in der Schweiz hatte;
d. wenn sie Ansprüche aus dem Betrieb einer Niederlassung betrifft und am Sitz dieser Niederlassung ergangen ist;
e. wenn sie Ansprüche aus ungerechtfertigter Bereicherung betrifft, am Handlungs- oder am Erfolgsort ergangen ist und der Beklagte seinen Wohnsitz nicht in der Schweiz hatte, oder
f. wenn sie Ansprüche aus unerlaubter Handlung betrifft, am Handlungs- oder am Erfolgsort ergangen ist und der Beklagte seinen Wohnsitz nicht in der Schweiz hatte.

10. Kapitel: Gesellschaftsrecht

Art. 150

I. Begriffe

¹ Als Gesellschaften im Sinne dieses Gesetzes gelten organisierte Personenzusammenschlüsse und organisierte Vermögenseinheiten.

² Für einfache Gesellschaften, die sich keine Organisation gegeben haben, gilt das auf Verträge anwendbare Recht (Art. 116ff.).

Art. 151

II. Zuständigkeit
1. Grundsatz

¹ In gesellschaftsrechtlichen Streitigkeiten sind die schweizerischen Gerichte am Sitz der Gesellschaft zuständig für Klagen gegen die Gesellschaft, die Gesellschafter oder die aus gesellschaftsrechtlicher Verantwortlichkeit haftenden Personen.

² Für Klagen gegen einen Gesellschafter oder gegen eine aus gesellschaftsrechtlicher Verantwortlichkeit haftende Person sind auch die schweizerischen Gerichte am Wohnsitz oder, wenn ein solcher fehlt, diejenigen am gewöhnlichen Aufenthalt des Beklagten zuständig.

³ Für Klagen aus Verantwortlichkeit infolge öffentlicher Ausgabe von Beteiligungspapieren und Anleihen sind ausserdem die schweizerischen Gerichte am Ausgabeort zuständig. Diese Zuständigkeit kann durch eine Gerichtsstandsvereinbarung nicht ausgeschlossen werden.

Art. 152

2. Haftung für ausländische Gesellschaften

Für Klagen gegen die nach Artikel 159 haftenden Personen oder gegen die ausländische Gesellschaft, für die sie handeln, sind zuständig:

a. die schweizerischen Gerichte am Wohnsitz oder, wenn ein solcher fehlt, diejenigen am gewöhnlichen Aufenthalt des Beklagten, oder
b. die schweizerischen Gerichte am Ort, an dem die Gesellschaft tatsächlich verwaltet wird.

Art. 153

Für Massnahmen zum Schutze des in der Schweiz gelegenen Vermögens von Gesellschaften mit Sitz im Ausland sind die schweizerischen Gerichte oder Behörden am Ort des zu schützenden Vermögenswertes zuständig.

3. Schutzmassnahmen

Art. 154

¹ Gesellschaften unterstehen dem Recht des Staates, nach dessen Vorschriften sie organisiert sind, wenn sie die darin vorgeschriebenen Publizitäts- oder Registrierungsvorschriften dieses Rechts erfüllen oder, falls solche Vorschriften nicht bestehen, wenn sie sich nach dem Recht dieses Staates organisiert haben.

² Erfüllt eine Gesellschaft diese Voraussetzungen nicht, so untersteht sie dem Recht des Staates, in dem sie tatsächlich verwaltet wird.

III. Anwendbares Recht
1. Grundsatz

Art. 155

Unter Vorbehalt der Artikel 156–161 bestimmt das auf die Gesellschaft anwendbare Recht insbesondere:
a. die Rechtsnatur;
b. die Entstehung und den Untergang;
c. die Rechts- und Handlungsfähigkeit;
d. den Namen oder die Firma;
e. die Organisation;
f. die internen Beziehungen, namentlich diejenigen zwischen der Gesellschaft und ihren Mitgliedern;
g. die Haftung aus Verletzung gesellschaftsrechtlicher Vorschriften;
h. die Haftung für ihre Schulden;
i. die Vertretung der aufgrund ihrer Organisation handelnden Personen.

2. Umfang

Art. 156

Ansprüche aus öffentlicher Ausgabe von Beteiligungspapieren und Anleihen aufgrund von Prospekten, Zirkularen und ähnlichen Bekanntmachungen können nach dem auf die Gesellschaft anwendbaren Recht oder nach dem Recht des Staates geltend gemacht werden, in dem die Ausgabe erfolgt ist.

IV. Sonderanknüpfungen
1. Ansprüche aus öffentlicher Ausgabe von Beteiligungspapieren und Anleihen

Art. 157

2. Namens- und Firmenschutz

¹ Wird in der Schweiz der Name oder die Firma einer im schweizerischen Handelsregister eingetragenen Gesellschaft verletzt, so richtet sich deren Schutz nach schweizerischem Recht.

² Ist eine Gesellschaft nicht im schweizerischen Handelsregister eingetragen, so richtet sich der Schutz ihres Namens oder ihrer Firma nach dem auf den unlauteren Wettbewerb (Art. 136) oder nach dem auf die Persönlichkeitsverletzung anwendbaren Recht (Art. 132, 133 und 139).

Art. 158

3. Beschränkung der Vertretungsbefugnis

Eine Gesellschaft kann sich nicht auf die Beschränkung der Vertretungsbefugnis eines Organs oder eines Vertreters berufen, die dem Recht des Staates des gewöhnlichen Aufenthalts oder der Niederlassung der anderen Partei unbekannt ist, es sei denn, die andere Partei habe diese Beschränkung gekannt oder hätte sie kennen müssen.

Art. 159

4. Haftung für ausländische Gesellschaften

Werden die Geschäfte einer Gesellschaft, die nach ausländischem Recht gegründet worden ist, in der Schweiz oder von der Schweiz aus geführt, so untersteht die Haftung der für sie handelnden Personen schweizerischem Recht.

Art. 160

V. Zweigniederlassung ausländischer Gesellschaften in der Schweiz

¹ Eine Gesellschaft mit Sitz im Ausland kann in der Schweiz eine Zweigniederlassung haben. Diese untersteht schweizerischem Recht.

² Die Vertretungsmacht einer solchen Zweigniederlassung richtet sich nach schweizerischem Recht. Mindestens eine zur Vertretung befugte Person muss in der Schweiz Wohnsitz haben und im Handelsregister eingetragen sein.

³ Der Bundesrat erlässt die näheren Vorschriften über die Pflicht zur Eintragung in das Handelsregister.

Art. 161

VI. Verlegung, Fusion, Spaltung und Vermögensübertragung
1. Verlegung der Gesellschaft vom Ausland in die Schweiz
a. Grundsatz[1]

¹ Eine ausländische Gesellschaft kann sich ohne Liquidation und Neugründung dem schweizerischen Recht unterstellen, wenn das ausländische Recht es gestattet, die Gesellschaft die Voraussetzungen des ausländischen Rechts erfüllt und die Anpassung an eine schweizerische Rechtsform möglich ist.

² Der Bundesrat kann die Unterstellung unter das schweizerische Recht auch ohne Berücksichtigung des ausländischen Rechts zulassen, insbesondere wenn erhebliche schweizerische Interessen es erfordern.

---

[1] Fassung gemäss Anhang Ziff. 4 des Fusionsgesetzes vom 3. Okt. 2003, in Kraft seit 1. Juli 2004 (SR **221.301**).

Art. 162

¹ Eine Gesellschaft, die nach schweizerischem Recht eintragungspflichtig ist, untersteht schweizerischem Recht, sobald sie nachweist, dass sie den Mittelpunkt der Geschäftstätigkeit in die Schweiz verlegt und sich dem schweizerischen Recht angepasst hat.

² Eine Gesellschaft, die nach schweizerischem Recht nicht eintragungspflichtig ist, untersteht dem schweizerischen Recht, sobald der Wille, dem schweizerischen Recht zu unterstehen, deutlich erkennbar ist, eine genügende Beziehung zur Schweiz besteht und die Anpassung an das schweizerische Recht erfolgt ist.

³ Eine Kapitalgesellschaft hat vor der Eintragung durch den Bericht eines besonders befähigten Revisors im Sinne von Artikel 727b des Obligationenrechts[1] nachzuweisen, dass ihr Grundkapital nach schweizerischem Recht gedeckt ist.[2]

b. Massgeblicher Zeitpunkt[1]

Art. 163[2]

¹ Eine schweizerische Gesellschaft kann sich ohne Liquidation und Neugründung dem ausländischen Recht unterstellen, wenn die Voraussetzungen nach schweizerischem Recht erfüllt sind und sie nach dem ausländischen Recht fortbesteht.

² Die Gläubiger sind unter Hinweis auf die bevorstehende Änderung des Gesellschaftsstatus öffentlich zur Anmeldung ihrer Forderungen aufzufordern. Artikel 46 des Fusionsgesetzes vom 3. Oktober 2003[3] findet sinngemäss Anwendung.

³ Die Bestimmungen über vorsorgliche Schutzmassnahmen im Falle internationaler Konflikte im Sinne von Artikel 61 des Landesversorgungsgesetzes[4] sind vorbehalten.

2. Verlegung der Gesellschaft von der Schweiz ins Ausland

Art. 163a[5]

¹ Eine schweizerische Gesellschaft kann eine ausländische Gesellschaft übernehmen (Immigrationsabsorption) oder sich mit ihr zu einer neuen schweizerischen Gesellschaft zusammenschliessen (Immigrationskombination), wenn das auf die ausländische Gesellschaft anwendbare Recht dies gestattet und dessen Voraussetzungen erfüllt sind.

² Im Übrigen untersteht die Fusion dem schweizerischen Recht.

*3. Fusion
a. Fusion vom Ausland in die Schweiz*

---

[1] SR **220**

[2] Fassung gemäss Anhang Ziff. 4 des Fusionsgesetzes vom 3. Okt. 2003, in Kraft seit 1. Juli 2004 (SR **221.301**).

[3] SR **221.301**

[4] SR **531**

[5] Eingefügt durch Anhang Ziff. 4 des Fusionsgesetzes vom 3. Okt. 2003, in Kraft seit 1. Juli 2004 (SR **221.301**).

Art. 163b[1]

b. Fusion von der Schweiz ins Ausland

¹ Eine ausländische Gesellschaft kann eine schweizerische Gesellschaft übernehmen (Emigrationsabsorption) oder sich mit ihr zu einer neuen ausländischen Gesellschaft zusammenschliessen (Emigrationskombination), wenn die schweizerische Gesellschaft nachweist, dass:

a. mit der Fusion ihre Aktiven und Passiven auf die ausländische Gesellschaft übergehen; und
b. die Anteils- oder Mitgliedschaftsrechte in der ausländischen Gesellschaft angemessen gewahrt bleiben.

² Die schweizerische Gesellschaft hat alle Vorschriften des schweizerischen Rechts zu erfüllen, die für die übertragende Gesellschaft gelten.

³ Die Gläubiger sind unter Hinweis auf die bevorstehende Fusion in der Schweiz öffentlich zur Anmeldung ihrer Ansprüche aufzufordern. Artikel 46 des Fusionsgesetzes vom 3. Oktober 2003[2] findet sinngemäss Anwendung.

⁴ Im Übrigen untersteht die Fusion dem Recht der übernehmenden ausländischen Gesellschaft.

Art. 163c[1]

c. Fusionsvertrag

¹ Der Fusionsvertrag hat den zwingenden gesellschaftsrechtlichen Vorschriften der auf die beteiligten Gesellschaften anwendbaren Rechte mit Einschluss der Formvorschriften zu entsprechen.

² Im Übrigen untersteht der Fusionsvertrag dem von den Parteien gewählten Recht. Bei Fehlen einer Rechtswahl untersteht der Fusionsvertrag dem Recht des Staates, mit dem er am engsten zusammenhängt. Es wird vermutet, der engste Zusammenhang bestehe mit dem Staat, dessen Rechtsordnung die übernehmende Gesellschaft untersteht.

Art. 163d[1]

4. Spaltung und Vermögensübertragung

¹ Auf die Spaltung und die Vermögensübertragung, an welchen eine schweizerische und eine ausländische Gesellschaft beteiligt sind, finden die Vorschriften dieses Gesetzes über die Fusion sinngemäss Anwendung. Artikel 163b Absatz 3 findet keine Anwendung auf die Vermögensübertragung.

² Im Übrigen unterstehen die Spaltung und die Vermögensübertragung dem Recht der sich spaltenden oder der ihr Vermögen auf einen anderen Rechtsträger übertragenden Gesellschaft.

---

[1] Eingefügt durch Anhang Ziff. 4 des Fusionsgesetzes vom 3. Okt. 2003, in Kraft seit 1. Juli 2004 (SR **221.301**).
[2] SR **221.301**

³ Auf den Spaltungsvertrag findet unter den Voraussetzungen von Artikel 163c Absatz 2 vermutungsweise das Recht der sich spaltenden Gesellschaft Anwendung. Das gilt sinngemäss auch für den Übertragungsvertrag.

Art. 164[1]

5. Gemeinsame Bestimmungen
a. Löschung im Handelsregister

¹ Eine im schweizerischen Handelsregister eingetragene Gesellschaft kann nur gelöscht werden, wenn durch einen Bericht eines besonders befähigten Revisors bestätigt wird, dass die Forderungen der Gläubiger im Sinne von Artikel 46 des Fusionsgesetzes vom 3. Oktober 2003[2] sichergestellt oder erfüllt worden sind oder dass die Gläubiger mit der Löschung einverstanden sind.

² Übernimmt eine ausländische Gesellschaft eine schweizerische, schliesst sie sich mit ihr zu einer neuen ausländischen Gesellschaft zusammen oder spaltet sich eine schweizerische Gesellschaft in ausländische Gesellschaften auf, so muss überdies:

a. nachgewiesen werden, dass die Fusion oder die Spaltung gemäss dem auf die ausländische Gesellschaft anwendbaren Recht rechtsgültig geworden ist; und

b. ein besonders befähigter Revisor bestätigen, dass die ausländische Gesellschaft den anspruchsberechtigten Gesellschaftern der schweizerischen Gesellschaft die Anteils- oder Mitgliedschaftsrechte eingeräumt oder eine allfällige Ausgleichszahlung oder Abfindung ausgerichtet oder sichergestellt hat.

Art. 164a[1]

b. Betreibungsort und Gerichtsstand

¹ Übernimmt eine ausländische Gesellschaft eine schweizerische, schliesst sie sich mit ihr zu einer neuen ausländischen Gesellschaft zusammen oder spaltet sich eine schweizerische Gesellschaft in ausländische Gesellschaften auf, so kann die Klage auf Überprüfung der Anteils- oder Mitgliedschaftsrechte gemäss Artikel 105 des Fusionsgesetzes vom 3. Oktober 2003[2] auch am schweizerischen Sitz des übertragenden Rechtsträgers erhoben werden.

² Der bisherige Betreibungsort und Gerichtsstand in der Schweiz bleibt bestehen, bis die Forderungen der Gläubiger oder Anteilsinhaber sichergestellt oder befriedigt sind.

Art. 164b[1]

c. Verlegung, Fusion, Spaltung und Vermögensübertragung im Ausland

Die Unterstellung einer ausländischen Gesellschaft unter eine andere ausländische Rechtsordnung und die Fusion, Spaltung und Vermögensübertragung zwischen ausländischen Gesellschaften

---

[1] Eingefügt durch Anhang Ziff. 4 des Fusionsgesetzes vom 3. Okt. 2003, in Kraft seit 1. Juli 2004 (SR **221.301**).
[2] SR **221.301**

werden in der Schweiz als gültig anerkannt, wenn sie nach den beteiligten Rechtsordnungen gültig sind.

Art. 165

VII. Ausländische Entscheidungen[1]

¹ Ausländische Entscheidungen über gesellschaftsrechtliche Ansprüche werden in der Schweiz anerkannt, wenn sie im Staat ergangen sind:
a. in dem die Gesellschaft ihren Sitz hat, oder wenn sie dort anerkannt werden und der Beklagte seinen Wohnsitz nicht in der Schweiz hatte, oder
b. in dem der Beklagte seinen Wohnsitz oder seinen gewöhnlichen Aufenthalt hat.

² Ausländische Entscheidungen über Ansprüche aus öffentlicher Ausgabe von Beteiligungspapieren und Anleihen aufgrund von Prospekten, Zirkularen und ähnlichen Bekanntmachungen werden in der Schweiz anerkannt, wenn sie im Staat ergangen sind, in dem der Ausgabeort der Beteiligungspapiere oder Anleihen liegt und der Beklagte seinen Wohnsitz nicht in der Schweiz hatte.

11. Kapitel: Konkurs und Nachlassvertrag

Art. 166

I. Anerkennung

¹ Ein ausländisches Konkursdekret, das am Wohnsitz des Schuldners ergangen ist, wird auf Antrag der ausländischen Konkursverwaltung oder eines Konkursgläubigers anerkannt:
a. wenn das Dekret im Staat, in dem es ergangen ist, vollstreckbar ist;
b. wenn kein Verweigerungsgrund nach Artikel 27 vorliegt, und
c. wenn der Staat, in dem das Dekret ergangen ist, Gegenrecht hält.

² Hat der Schuldner eine Zweigniederlassung in der Schweiz, so ist ein Verfahren nach Artikel 50 Absatz 1 des Schuldbetreibungs- und Konkursgesetzes[2] bis zur Rechtskraft des Kollokationsplanes nach Artikel 172 dieses Gesetzes zulässig.

Art. 167

II. Verfahren
1. Zuständigkeit

¹ Ein Antrag auf Anerkennung des ausländischen Konkursdekrets ist an das zuständige Gericht am Ort des Vermögens in der Schweiz zu richten. Artikel 29 ist sinngemäss anwendbar.

² Befindet sich Vermögen an mehreren Orten, so ist das zuerst angerufene Gericht zuständig.

³ Forderungen des Gemeinschuldners gelten als dort gelegen, wo der Schuldner des Gemeinschuldners seinen Wohnsitz hat.

---

[1] Fassung gemäss Anhang Ziff. 4 des Fusionsgesetzes vom 3. Okt. 2003, in Kraft seit 1. Juli 2004 (SR **221.301**).
[2] SR **281.1**

Art. 168

Sobald die Anerkennung des ausländischen Konkursdekrets beantragt ist, kann das Gericht auf Begehren des Antragstellers die sichernden Massnahmen nach den Artikeln 162–165 und 170 des Schuldbetreibungs- und Konkursgesetzes[1]) anordnen.

2. Sichernde Massnahmen

Art. 169

¹ Die Entscheidung über die Anerkennung des ausländischen Konkursdekrets wird veröffentlicht.

² Diese Entscheidung wird dem Betreibungsamt, dem Konkursamt, dem Grundbuchamt und dem Handelsregister am Ort des Vermögens sowie gegebenenfalls dem Bundesamt für geistiges Eigentum mitgeteilt. Das gleiche gilt für den Abschluss und die Einstellung des Konkursverfahrens sowie für den Widerruf des Konkurses.

3. Veröffentlichung

Art. 170

¹ Die Anerkennung des ausländischen Konkursdekrets zieht, soweit dieses Gesetz nichts anderes vorsieht, für das in der Schweiz gelegene Vermögen des Schuldners die konkursrechtlichen Folgen des schweizerischen Rechts nach sich.

² Die Fristen nach schweizerischem Recht beginnen mit der Veröffentlichung der Entscheidung über die Anerkennung.

³ Es wird weder eine Gläubigerversammlung noch ein Gläubigerausschuss gebildet.

III. Rechtsfolgen
1. Im allgemeinen

Art. 171

Die Anfechtungsklage untersteht den Artikeln 285–292 des Schuldbetreibungs- und Konkursgesetzes[1]). Sie kann auch durch die ausländische Konkursverwaltung oder durch einen dazu berechtigten Konkursgläubiger erhoben werden.

2. Anfechtungsklage

Art. 172

¹ In den Kollokationsplan werden nur aufgenommen:
a. die pfandversicherten Forderungen nach Artikel 219 des Schuldbetreibungs- und Konkursgesetzes[1]), und
b.[2]) die nicht pfandgesicherten, aber privilegierten Forderungen von Gläubigern mit Wohnsitz in der Schweiz.

² Zur Kollokationsklage nach Artikel 250 des Bundesgesetzes über Schuldbetreibung und Konkurs sind nur Gläubiger nach Absatz 1 berechtigt.

3. Kollokationsplan

---

[1]) SR **281.1**

³ Ist ein Gläubiger in einem ausländischen Verfahren, das mit dem Konkurs in Zusammenhang steht, teilweise befriedigt worden, so ist dieser Teil nach Abzug der ihm entstandenen Kosten im schweizerischen Verfahren auf die Konkursdividende anzurechnen.

Art. 173

4. Verteilung
a. Anerkennung des ausländischen Kollokationsplanes

¹ Bleibt nach Befriedigung der Gläubiger gemäss Artikel 172 Absatz 1 dieses Gesetzes ein Überschuss, so wird dieser der ausländischen Konkursverwaltung oder den berechtigten Konkursgläubigern zur Verfügung gestellt.

² Der Überschuss darf erst zur Verfügung gestellt werden, wenn der ausländische Kollokationsplan anerkannt worden ist.

³ Für die Anerkennung des ausländischen Kollokationsplanes ist das schweizerische Gericht zuständig, welches das ausländische Konkursdekret anerkannt hat. Es überprüft insbesondere, ob die Forderungen von Gläubigern mit Wohnsitz in der Schweiz im ausländischen Kollokationsplan angemessen berücksichtigt worden sind. Diese Gläubiger werden angehört.

Art. 174

b. Nichtanerkennung des ausländischen Kollokationsplanes

¹ Wird der ausländische Kollokationsplan nicht anerkannt, so ist ein Überschuss an die Gläubiger der dritten Klasse mit Wohnsitz in der Schweiz gemäss Artikel 219 Absatz 4 des Bundesgesetzes über Schuldbetreibung und Konkurs[1] zu verteilen.[2]

² Das gleiche gilt, wenn der Kollokationsplan nicht innert der vom Richter angesetzten Frist zur Anerkennung vorgelegt wird.

Art. 175

IV. Anerkennung ausländischer Nachlassverträge und ähnlicher Verfahren

Eine von der zuständigen ausländischen Behörde ausgesprochene Genehmigung eines Nachlassvertrages oder eines ähnlichen Verfahrens wird in der Schweiz anerkannt. Die Artikel 166–170 gelten sinngemäss. Die Gläubiger mit Wohnsitz in der Schweiz werden angehört.

12. Kapitel: Internationale Schiedsgerichtsbarkeit

Art. 176

I. Geltungsbereich. Sitz des Schiedsgerichts

¹ Die Bestimmungen dieses Kapitels gelten für Schiedsgerichte mit Sitz in der Schweiz, sofern beim Abschluss der Schiedsvereinbarung wenigstens eine Partei ihren Wohnsitz oder ihren gewöhnlichen Aufenthalt nicht in der Schweiz hatte.

---

[1] Fassung gemäss Anhang Ziff. 22 des BG vom 16. Dez. 1994, in Kraft seit 1. Jan. 1997 (AS **1995** 1227 1307; BBl **1991** III 1).
[2] SR **281.1**

² Die Bestimmungen dieses Kapitels gelten nicht, wenn die Parteien schriftlich die Anwendung dieses Kapitels ausgeschlossen und die ausschliessliche Anwendung der kantonalen Bestimmungen über die Schiedsgerichtsbarkeit vereinbart haben.

³ Der Sitz des Schiedsgerichts wird von den Parteien oder der von ihnen benannten Schiedsgerichtsinstitution, andernfalls von den Schiedsrichtern bezeichnet.

Art. 177

¹ Gegenstand eines Schiedsverfahrens kann jeder vermögensrechtliche Anspruch sein.

II. Schiedsfähigkeit

² Ist eine Partei ein Staat, ein staatlich beherrschtes Unternehmen oder eine staatlich kontrollierte Organisation, so kann sie nicht unter Berufung auf ihr eigenes Recht ihre Parteifähigkeit im Schiedsverfahren oder die Schiedsfähigkeit einer Streitsache in Frage stellen, die Gegenstand der Schiedsvereinbarung ist.

Art. 178

¹ Die Schiedsvereinbarung hat schriftlich, durch Telegramm, Telex, Telefax oder in einer anderen Form der Übermittlung zu erfolgen, die den Nachweis der Vereinbarung durch Text ermöglicht.

III. Schiedsvereinbarung

² Die Schiedsvereinbarung ist im übrigen gültig, wenn sie dem von den Parteien gewählten, dem auf die Streitsache, insbesondere dem auf den Hauptvertrag anwendbaren oder dem schweizerischen Recht entspricht.

³ Gegen eine Schiedsvereinbarung kann nicht eingewendet werden, der Hauptvertrag sei ungültig oder die Schiedsvereinbarung beziehe sich auf einen noch nicht entstandenen Streit.

Art. 179

¹ Die Schiedsrichter werden gemäss der Vereinbarung der Parteien ernannt, abberufen oder ersetzt.

IV. Schiedsgericht
1. Bestellung

² Fehlt eine solche Vereinbarung, so kann der Richter am Sitz des Schiedsgerichts angerufen werden; er wendet sinngemäss die Bestimmungen des kantonalen Rechts über die Ernennung, Abberufung oder Ersetzung von Schiedsrichtern an.

³ Ist ein staatlicher Richter mit der Ernennung eines Schiedsrichters betraut, so muss er diesem Begehren stattgeben, es sei denn, eine summarische Prüfung ergebe, dass zwischen den Parteien keine Schiedsvereinbarung besteht.

Art. 180

¹ Ein Schiedsrichter kann abgelehnt werden:

2. Ablehnung eines Schiedsrichters

a. wenn er nicht den von den Parteien vereinbarten Anforderungen entspricht;

b. wenn ein in der von den Parteien vereinbarten Verfahrensordnung enthaltener Ablehnungsgrund vorliegt, oder
c. wenn Umstände vorliegen, die Anlass zu berechtigten Zweifeln an seiner Unabhängigkeit geben.

[2] Eine Partei kann einen Schiedsrichter, den sie ernannt hat oder an dessen Ernennung sie mitgewirkt hat, nur aus Gründen ablehnen, von denen sie erst nach dessen Ernennung Kenntnis erhalten hat. Vom Ablehnungsgrund ist dem Schiedsgericht sowie der anderen Partei unverzüglich Mitteilung zu machen.

[3] Soweit die Parteien das Ablehnungsverfahren nicht geregelt haben, entscheidet im Bestreitungsfalle der Richter am Sitz des Schiedsgerichts endgültig.

Art. 181

V. Rechtshängigkeit

Das Schiedsverfahren ist hängig, sobald eine Partei mit einem Rechtsbegehren den oder die in der Schiedsvereinbarung bezeichneten Schiedsrichter anruft oder, wenn die Vereinbarung keinen Schiedsrichter bezeichnet, sobald eine Partei das Verfahren zur Bildung des Schiedsgerichts einleitet.

Art. 182

VI. Verfahren
1. Grundsatz

[1] Die Parteien können das schiedsrichterliche Verfahren selber oder durch Verweis auf eine schiedsgerichtliche Verfahrensordnung regeln; sie können es auch einem Verfahrensrecht ihrer Wahl unterstellen.

[2] Haben die Parteien das Verfahren nicht selber geregelt, so wird dieses, soweit nötig, vom Schiedsgericht festgelegt, sei es direkt, sei es durch Bezugnahme auf ein Gesetz oder eine schiedsgerichtliche Verfahrensordnung.

[3] Unabhängig vom gewählten Verfahren muss das Schiedsgericht in allen Fällen die Gleichbehandlung der Parteien sowie ihren Anspruch auf rechtliches Gehör in einem kontradiktorischen Verfahren gewährleisten.

Art. 183

2. Vorsorgliche und sichernde Massnahmen

[1] Haben die Parteien nichts anderes vereinbart, so kann das Schiedsgericht auf Antrag einer Partei vorsorgliche oder sichernde Massnahmen anordnen.

[2] Unterzieht sich der Betroffene nicht freiwillig der angeordneten Massnahme, so kann das Schiedsgericht den staatlichen Richter um Mitwirkung ersuchen; dieser wendet sein eigenes Recht an.

[3] Das Schiedsgericht oder der staatliche Richter können die Anordnung vorsorglicher oder sichernder Massnahmen von der Leistung angemessener Sicherheiten abhängig machen.

Art. 184

¹ Das Schiedsgericht nimmt die Beweise selber ab.

² Ist für die Durchführung des Beweisverfahrens staatliche Rechtshilfe erforderlich, so kann das Schiedsgericht oder eine Partei mit Zustimmung des Schiedsgerichtes den staatlichen Richter am Sitz des Schiedsgerichtes um Mitwirkung ersuchen; dieser wendet sein eigenes Recht an.

3. Beweisaufnahme

Art. 185

Ist eine weitere Mitwirkung des staatlichen Richters erforderlich, so ist der Richter am Sitz des Schiedsgerichts zuständig.

4. Weitere Mitwirkung des staatlichen Richters

Art. 186

¹ Das Schiedsgericht entscheidet selbst über seine Zuständigkeit.

² Die Einrede der Unzuständigkeit ist vor der Einlassung auf die Hauptsache zu erheben.

³ Das Schiedsgericht entscheidet über seine Zuständigkeit in der Regel durch Vorentscheid.

VII. Zuständigkeit

Art. 187

¹ Das Schiedsgericht entscheidet die Streitsache nach dem von den Parteien gewählten Recht oder, bei Fehlen einer Rechtswahl, nach dem Recht, mit dem die Streitsache am engsten zusammenhängt.

² Die Parteien können das Schiedsgericht ermächtigen, nach Billigkeit zu entscheiden.

VIII. Sachentscheid
1. Anwendbares Recht

Art. 188

Haben die Parteien nichts anderes vereinbart, so kann das Schiedsgericht Teilentscheide treffen.

2. Teilentscheid

Art. 189

¹ Der Entscheid ergeht nach dem Verfahren und in der Form, welche die Parteien vereinbart haben.

² Fehlt eine solche Vereinbarung, so wird er mit Stimmenmehrheit gefällt oder, falls sich keine Stimmenmehrheit ergibt, durch den Präsidenten des Schiedsgerichts. Der Entscheid ist schriftlich abzufassen, zu begründen, zu datieren und zu unterzeichnen. Es genügt die Unterschrift des Präsidenten.

3. Schiedsentscheid

Art. 190

IX. Endgültigkeit, Anfechtung
1. Grundsatz

¹ Mit der Eröffnung ist der Entscheid endgültig.

² Der Entscheid kann nur angefochten werden:
a. wenn der Einzelschiedsrichter vorschriftswidrig ernannt oder das Schiedsgericht vorschriftswidrig zusammengesetzt wurde;
b. wenn sich das Schiedsgericht zu Unrecht für zuständig oder unzuständig erklärt hat;
c. wenn das Schiedsgericht über Streitpunkte entschieden hat, die ihm nicht unterbreitet wurden, oder wenn es Rechtsbegehren unbeurteilt gelassen hat;
d. wenn der Grundsatz der Gleichbehandlung der Parteien oder der Grundsatz des rechtlichen Gehörs verletzt wurde;
e. wenn der Entscheid mit dem Ordre public unvereinbar ist.

³ Vorentscheide können nur aus den in Absatz 2 Buchstaben a und b genannten Gründen angefochten werden; die Beschwerdefrist beginnt mit der Zustellung des Vorentscheides.

Art. 191

2. Beschwerdeinstanz

¹ Einzige Beschwerdeinstanz ist das schweizerische Bundesgericht. Das Verfahren richtet sich nach den Bestimmungen des Bundesrechtspflegegesetzes[1] betreffend staatsrechtliche Beschwerde.

² Die Parteien können vereinbaren, dass anstelle des Bundesgerichtes der Richter am Sitz des Schiedsgerichtes entscheidet; dessen Entscheid ist endgültig. Die Kantone bezeichnen hierfür eine einzige Instanz.

Art. 192

X. Verzicht auf Rechtsmittel

¹ Hat keine der Parteien Wohnsitz, gewöhnlichen Aufenthalt oder eine Niederlassung in der Schweiz, so können sie durch eine ausdrückliche Erklärung in der Schiedsvereinbarung oder in einer späteren schriftlichen Übereinkunft die Anfechtung der Schiedsentscheide vollständig ausschliessen; sie können auch nur einzelne Anfechtungsgründe gemäss Artikel 190 Absatz 2 ausschliessen.

² Haben die Parteien eine Anfechtung der Entscheide vollständig ausgeschlossen und sollen die Entscheide in der Schweiz vollstreckt werden, so gilt das New Yorker Übereinkommen vom 10. Juni 1958[2] über die Anerkennung und Vollstreckung ausländischer Schiedssprüche sinngemäss.

---

[1] SR **173.110**
[2] SR **0.277.12**

Art. 193

¹ Jede Partei kann auf ihre Kosten beim schweizerischen Gericht am Sitz des Schiedsgerichts eine Ausfertigung des Entscheides hinterlegen.

² Auf Antrag einer Partei stellt das Gericht eine Vollstreckbarkeitsbescheinigung aus.

³ Auf Antrag einer Partei bescheinigt das Schiedsgericht, dass der Schiedsspruch nach den Bestimmungen dieses Gesetzes ergangen ist; eine solche Bescheinigung ist der gerichtlichen Hinterlegung gleichwertig.

XI. Vollstreckbarkeitsbescheinigung

Art. 194

Für die Anerkennung und Vollstreckung ausländischer Schiedssprüche gilt das New Yorker Übereinkommen vom 10. Juni 1958[1]) über die Anerkennung und Vollstreckung ausländischer Schiedssprüche.

XII. Ausländische Schiedssprüche

13. Kapitel: Schlussbestimmungen

1. Abschnitt: Aufhebung und Änderung des geltenden Bundesrechts

Art. 195

Die Aufhebung und Änderung des geltenden Bundesrechts stehen im Anhang; dieser ist Bestandteil des Gesetzes.

2. Abschnitt: Übergangsbestimmungen

Art. 196

¹ Die rechtlichen Wirkungen von Sachverhalten oder Rechtsvorgängen, die vor Inkrafttreten dieses Gesetzes entstanden und abgeschlossen sind, beurteilen sich nach bisherigem Recht.

² Die rechtlichen Wirkungen von Sachverhalten oder Rechtsvorgängen, die vor Inkrafttreten dieses Gesetzes entstanden, aber auf Dauer angelegt sind, beurteilen sich nach bisherigem Recht. Mit dem Inkrafttreten dieses Gesetzes richtet sich die Wirkung nach neuem Recht.

I. Nichtrückwirkung

Art. 197

¹ Für Klagen oder Begehren, die beim Inkrafttreten dieses Gesetzes hängig sind, bleiben die angerufenen schweizerischen Gerichte oder Behörden zuständig, auch wenn nach diesem Gesetz ihre Zuständigkeit nicht mehr begründet ist.

II. Übergangsrecht
1. Zuständigkeit

² Klagen oder Begehren, die vor dem Inkrafttreten dieses Gesetzes von schweizerischen Gerichten oder Behörden mangels Zuständigkeit zurückgewiesen wurden, können nach Inkrafttreten dieses Gesetzes erneut erhoben werden, wenn nach diesem Gesetz eine Zuständigkeit begründet ist und der Rechtsanspruch noch geltend gemacht werden kann.

Art. 198

2. Anwendbares Recht

Für Klagen oder Begehren, die beim Inkrafttreten dieses Gesetzes in erster Instanz hängig sind, bestimmt sich das anwendbare Recht nach diesem Gesetz.

Art. 199

3. Anerkennung und Vollstreckung ausländischer Entscheidungen

Für Begehren auf Anerkennung oder Vollstreckung ausländischer Entscheide, die beim Inkrafttreten dieses Gesetzes hängig sind, richten sich die Voraussetzungen der Anerkennung oder Vollstreckung nach diesem Gesetz.

3. Abschnitt: Referendum und Inkrafttreten

Art. 200

¹ Dieses Gesetz untersteht dem fakultativen Referendum.
² Der Bundesrat bestimmt das Inkrafttreten.

Datum des Inkrafttretens: 1. Januar 1989[1]

---

[1] BRB vom 27. Okt. 1988 (AS **1988** 1831)

Sachregister

Benutzungshinweise

Stichworte, die mit einem Eigenschaftswort gebildet sind (z. B. guter Glaube), findet man unter dem Hauptwort (Glaube, guter).

Die Zahlen beziehen sich im allgemeinen auf die Artikel des Zivilgesetzbuchs; ein vorangestelltes «SchlT» verweist auf die Artikel des Schlusstitels desselben, ein vorangestelltes «a.» (alter Artikel) auf Bestimmungen des alten Ehegüter- und Erbrechts, die hinter dem Zivilgesetzbuch abgedruckt sind. Den Bestimmungen der Nebengesetze und Verordnungen sind die Buchstaben **A** bis **F** vorangestellt, mit denen dieselben bezeichnet sind.

A

ABÄNDERUNG
– der Unterhaltsrente 127, 129
– der elterlichen Sorge 134
– des Unterhaltsbeitrages 134, 135, 286
– des Anspruchs auf persönlichen Verkehr 134
– des Scheidungsurteils 135, **F** 64
– gesetzlicher Beschränkungen des Grundeigentums 680
– eines gesetzlichen Vorkaufsrechts 681b
s. auch Änderung; Veränderung

ABBERUFUNG
– von Vereinsorganen 65
– des Verwalters bei Stockwerkeigentum 712r
s. auch Amtsenthebung

ABFINDUNG
– des geschiedenen Ehegatten 126
– des Kindes 288, 320
– eines Gemeinders 344 ff.
– der Erben s. Erbauskauf
– der Miteigentümer s. Auskauf
– von Stockwerkeigentümern 712 f.

ABGABEN
s. Steuern

ABGRABEN von Quellen und Brunnen 706 f.

ABGRENZUNG von Grundstücken 668 ff., 702

ABLEHNUNG und Anfechtung der Wahl zum Vormund 383, 388 ff., 415, 443

ABLEITUNG von Quellen 705, 708, 780

ABLÖSUNG
– von Nutzniessung und Renten im Erbgang 530
– von Grunddienstbarkeiten 736
– der Grundlast 786 ff.
– von Grundpfandrechten 827 ff., 845, 850, 852

ABRECHNUNG, RECHNUNGSFÜHRUNG, SCHLUSSRECHNUNG
– Kindesvermögen 326
– des Vormundes 413, 423, 425, 451 f.

ABSCHLIESSEN der Beurkundung der Personenstandsdaten **A** 28

ABSCHLUSS
– eines Vergleichs 395, 421
– der Erbschaftsteilung 634

ABSCHRIFTEN der Zivilstandsregister
s. Bekanntgabe von Personenstandsdaten

ABSETZUNG des Grundbuchbeamten, Vormundes
s. Amtsenthebung

ABSTAMMUNG 20, 39, 95, **F** 66 ff.

ABSTAND vom Nachbargrundstück 686, 688

ABTRENNUNG kleiner Stücke des Grundpfandes 811

ABTRETUNG
– von Erbanteilen 635
– von Forderungen 835, **F** 145
– – zur Nutzniessung 775
– von Quellen und Brunnen 710 ff.
– Vermögensabtretung 527, 626

ABTRETUNGSERKLÄRUNG bei Verpfändung von Namenpapieren 901

ABWASSER, nötiges 689

ABWEHR
– von Schaden oder Gefahr 701
– von Schädigungen bei Stockwerkeigentum 712s
– und Beseitigung einer Wertverminderung des Grundpfandes 810
– verbotener Eigenmacht 926

ABWEISUNG einer Grundbuchanmeldung 966

ABWESENHEIT
– nachrichtenlose 35
– absehen von der Zustimmung eines Elternteils zur Adoption 265c
– Handlungsunvermögen 392

ABWESENHEITSERKLÄRUNG SchlT 6

ABZAHLUNG
– von Schuldbrief und Gült
– – nach Übertragung der Forderung 862
– – Eintragung im Grundbuch 874
– nach Verpfändung der Forderung 906

SACHREGISTER — A

– bei Wertverminderung des Grundpfandes 809 ff.

ABZAHLUNGSGESCHÄFTE 716

ACHTUNG (BEISTAND UND ACHTUNG) im Kindesverhältnis 272

ACTIO CONFESSORIA 737

ACTIO NEGATORIA 641

ACTIO PAULIANA
– Erbrechtspauliana 497
– Güterrechtspauliana 193

ADOPTION 264 ff., SchlT 12a ff., **A** 7 f., **F** 75 ff.
– Ehehindernis der Verwandtschaft 95
– gemeinschaftliche 264a
– eines Mündigen oder Entmündigten 266
– einer verheirateten Person 266
– durch ungenannte Dritte, Einwilligung 312
– eines oder durch einen Bevormundeten, Zustimmung 422
– zentrales Verzeichnis **A** 92

ADOPTIONSGEHEIMNIS 268b

ADOPTIVKIND, Vermittlung 269c

AKTIEN, VERPFÄNDETE 905

AKZESSIONSPRINZIP 642, 660, 667, 671, 678, 727, 805
– Ausnahmen 674 ff.
– Ausgleichsansprüche 671 ff., 678, 756

AKZESSORIETÄT
– des Fahrnispfandes 889
– der Grundpfandverschreibung 824

ALIMENTE
s. Unterhalt

ALLMENDE, ALLMENDGENOSSENSCHAFT 59, 796

ALLUVIO (ANSCHWEMMUNG) 659

ALTER
– Mündigkeit 14
– Ehefähigkeit 94
– bei Adoption 264a f., 265, 266
– Religionsmündigkeit 303
– Testierfähigkeit 467

ALTERSPRIORITÄT
s. Rang

ALTERSSCHWÄCHE 372

ALTERTÜMER 702, 724

AMORTISATION (TILGUNG) 878

AMORTISATION (KRAFTLOSERKLÄRUNG) 870

AMTSDAUER
– des Vormundes 415, 442
– des Beistandes 417

AMTSENTHEBUNG
– des Zivilstandsbeamten 47
– des Vormundes 445 ff.
– des Grundbuchbeamten 957
s. auch Disziplinarmassnahmen; Entlassung

AMTSGEHEIMNIS A 44

AMTSPFLICHTVERLETZUNG
– der Zivilstandsbeamten 47
– der Beamten der Grundbuchverwaltung 957, **D** 115

AMTSSITZ A 1

AMTSSPRACHE A 3

ANALPHABETEN 503

ANALOGIE 1

ÄNDERUNG
– der Kulturart oder Benutzungsweise bei Miteigentum 647b
– der Grundstücksgrenzen 660 f., **D** 2
– der Verhältnisse bei Durchleitungen 693, bei Notbrunnen 710
– der Wertquoten bei Stockwerkeigentum 712e
– der Belastung bei Grunddienstbarkeiten 742
– der wirtschaftlichen Bestimmung des Grundstückes bei Nutzniessung 769
– des Rechtsverhältnisses bei Schuldbrief und Gült 874
– von Eintragungen im Grundbuch **D** 61, 65 ff.
s. auch Abänderung; Veränderung

ANEIGNUNG
– von Grundstücken 656, 658, 664 f.
– von Beeren und Pilzen 699
– von Fahrnis 718 f., 722
– von Quellwasser (Dienstbarkeit) 780, vgl. 704

A

ANERKENNUNG
– des ausserehelichen Kindes 252, 259, 260 ff., SchlT 12, **A** 7, 11, 21, **F** 71 ff.
– ausländischer Entscheidungen **F** 25 ff., 65

ANERKENNUNGSREGISTER A 92 f.

ANFALL, LEDIGER 496

ANFANG UND ENDE DER PERSÖNLICHKEIT 31 ff.

ANFECHTBARKEIT, ANFECHTUNG
– Personenrecht
  der Namensänderung 30; der Ausschliessung eines Vereinsmitgliedes 72; von Vereinsbeschlüssen 75; einer Stiftung 82
– Eherecht
  der Ehe s. Eheungültigkeit
– Kindesrecht
  des Kindesverhältnisses 254, 309, SchlT 13b, **F** 66 ff.; der Vermutung der Vaterschaft 256 ff.; der Anerkennung der Vaterschaft 260a ff.; der Adoption 269 ff.; der Ehelicherklärung SchlT 12d
– Vormundschaftsrecht
  der Wahl zum Vormund
  s. Ablehnung
– Erbrecht
  der Ausschlagung (actio Pauliana) 578; der Enterbung 479, 524; des Teilungsvertrages 638; der Verfügung von Todes wegen bei Verfügungsunfähigkeit, mangelhaftem Willen, Rechtswidrigkeit, Unsittlichkeit oder Formmangel s. Ungültigkeitsklage; bei Verletzung des Pflichtteils oder des Erbvertrages s. Herabsetzungsklage
– Sachenrecht
  von Beschlüssen der Stockwerkeigentümer 712m; einer Grundbucheintragung 969, 975 f., **D** 104
s. auch Anrufung des Gerichts

ANHÖRUNG von Eltern und Kindern bei Scheidung 144, 146

ANLEIHE F 156, 165
– mit Pfandrecht 875, **D** 52, 59, 68

ANMELDUNG
– der Vereinsstatuten beim Handelsregister 61
– zum Erbgange 555
– zur Eintragung im Grundbuch 948, 952, 963 ff., **D** 11 ff., 61, 70

ANMERKUNG im Grundbuch **D** 78 ff.
– altrechtlicher dinglicher Rechte SchlT 45
– einer abweichenden Nutzungs- und Verwaltungsordnung
– – bei Miteigentum 647, **D** 79
– – bei Stockwerkeigentum 712g, **D** 79
– von gesetzlichen Wegrechten 696, **D** 80
– des Beitritts zur Meliorationskörperschaft 703, **D** 80
– des Beginns des Werkes 841, **D** 79
– der Zugehör 946, **D** 79
– von öffentlich-rechtlichen Beschränkungen 962, **D** 80
– eines Vorpachtrechts **D** 79
– der Beschränkung der Verfügungsbefugnis (Kanzleisperre) 178, **D** 80
– von dauernden Bodenverschiebungen **D** 80
– von Auflagen **B** 14
s. auch Bemerkung

ANNAHME
– an Kindes Statt s. Adoption
– der Erbschaft 230, 422, 588 ff., 593; s. auch Ausschlagung
– des Amtes des Willensvollstreckers 517

ANNUITÄTEN 821, 862, 874

ANPASSUNG des Unterhaltsbeitrages 128, 286

ANRECHNUNG an den Erbteil 527, 535, 612a ff., 626, 628
– Anrechnungswert, Ertrags-, Nutz-, Verkehrswert 613a, 617 f.

ANRIES 687 f.

ANRUFUNG des Gerichts 94
s. auch Beurteilung, gerichtliche; Weiterziehung an das Bundesgericht

ANSCHÜTTUNG, ANSCHWEMMUNG 659

ANSPRUCH, ANSPRUCHSGRUNDLAGE
s. Klagen

A

ANSTALT
– juristische Person 52, 59
– öffentlich-rechtliche 52, 59
– Erziehungs-, Heil-, Lehr-, Straf-, Versorgungsanstalt 26, 314a, 375, 397a ff., 406
– Versatzanstalt 907 ff.
s. auch Pfandbriefzentrale

ANTEIL
s. Erbanteil, Mehrwertanteil

ANWARTSCHAFT des Nacherben 490

ANWEISUNG an die Schuldner bei Vernachlässigung der Unterhaltspflicht 132, 177, 291

ANWENDUNG des Rechts 1, SchlT 1 ff.

ANZEHRUNG des Kindesvermögens 320

ANZEIGE(-PFLICHT), MELDEPFLICHT
– zur Beurkundung des Personenstandes 40, A 34 ff.
– des Zustandes eines geisteskranken Hausgenossen 333
– eines Bevormundungsfalles 368 f.
– an den Vorkaufsberechtigten 681a, 969
– des Finders 720
– des Nutzniessers bei Neuanlage von Gruben 769
– der Übernahme der Schuld bei Grundpfandverschreibung 834
– der Übertragung der Forderung bei Schuldbrief und Gült 862
– an das Betreibungsamt bei Viehverpfändung 885
– bei Besitzübertragung ohne Übergabe der Sache 924

APPARTHOTEL B 10, 13, C 7, 9

ARBEITNEHMER E 21, 24
– Personalfürsorgestiftung 89bis
– Erstreckung der Hausgewalt 331

ARBEITSERWERB
– der Ehegatten 197, 222, 224
– des Kindes 276, 323
– des Bevormundeten 414

ARBEITSUNFÄHIGKEIT, Entschädigung wegen 197, 207, 237

ARBEITSVERTRAG E 24, F 115, 121

ARGLIST, TÄUSCHUNG
– bei der Eheschliessung 107
– der vormundschaftlichen Organe 429
– des Erblassers 469, 540

ARREST F 4

ÄSTE, ÜBERRAGENDE 687

ASYLSUCHENDE A 51

AUFBEWAHRUNG
– letztwilliger Verfügungen 504 f.
– der Protokolle der Versammlung der Stockwerkeigentümer 712n
– gefundener Sachen 721
– der Grundbuchbelege 948
– der Belege zur Beurkundung der Personenstandsdaten A 32
s. auch Verwahrung

AUFENTHALT, AUFENTHALTSORT 23 ff., E 4
– unbekannter: Ernennung eines Beistandes 393; Auskündung der letztwilligen Verfügung 558

AUFFINDUNG von Naturkörpern und Altertümern 724

AUFFORDERUNG
– öffentliche: bei Verschollenerklärung; bei unbekannten Erben 555
– zur Erklärung über den Erwerb der Erbschaft 587
– zur Einlösung des Versatzpfandes 910
– zur Anmeldung und Eintragung dinglicher Rechte SchlT 43
s. auch Rechnungsruf

AUFGEBOT
s. Auskündung

AUFHEBUNG
– juristische Personen 57 f., 76 f., 88 f.
– Auflagen 86
– gemeinsamer Haushalt 175 f., 256b, 297, 334bis
– Güterstand 182, 187, 191
– elterliche Obhut 310
– Unterstützungspflicht 329
– Gemeinderschaft 343 ff.
– Familienvormundschaft 366
– Bevormundung 433 ff.
– Beistandschaft 439 f.

- Verfügung von Todes wegen (s. auch Widerruf) 469, 511, 513 ff.
- Erbunwürdigkeit 540
- Verschollenheit 547
- gemeinschaftliches Eigentum 650 f., 654 f.
- gesetzliche Eigentumsbeschränkungen 680
- Vorkaufsrecht **D** 71a
- Stockwerkeigentum 712f.
- kantonales und Bundeszivilrecht SchlT 51, 60

s. auch Änderung

AUFLAGEN
- bei Stiftungen 86
- bei Zuwendungen an ein Kind 321
- bei Verfügungen von Todes wegen 482
- beim Erwerb von Grundstücken durch Personen im Ausland **B** 14, **C** 11

s. auch Bedingungen

AUFLÖSUNG
- des Vereins 76 ff.
- des Verlöbnisses 91 ff.
- der Ehe 38, 96, 105 f.; s. auch Ehescheidung; Ungültigerklärung
- des Güterstandes 204 ff., 220, 231, 236 ff., 251, 665

AUFRUFUNG des Gläubigers bei Schuldbrief oder Gült 871

AUFSCHIEBUNG der Erbteilung
s. Teilung der Erbschaft

AUFSICHT über
- das Zivilstandswesen 42, 45, 48, **A** 84 ff.
- Stiftungen 83 ff., 89 f.
- die Adoptivkindervermittlung 269c
- das Pflegekinderwesen 307, 316
- den Vormund 413, 423, 452 (s. auch Vormundschaftsbehörde)
- die Vormundschaftsbehörde 314, 361 (s. auch Aufsichtsbehörde)
- den Erbschaftsverwalter 595
- das Grundbuchwesen 953, 955 ff., **D** 102 ff., 115

AUFSICHTSBEHÖRDE, VORMUNDSCHAFTLICHE 265, 287 f., 311, 314, 361, 364, 366, 375, 390, 420, 422 f., 450, SchlT 52

AUSBILDUNG, BERUFLICHE, Zustimmung der Vormundschaftsbehörde 421
s. auch Erziehung; Unterhalt

AUSEINANDERSETZUNG, GÜTERRECHTLICHE
- bei Ehescheidung 120
- bei Eintritt der Gütertrennung 192, a.189, Errungenschaftsbeteiligung 204 ff., Gütergemeinschaft 236 ff., a.225 ff., 236, Gütertrennung 251, Güterverbindung SchlT 9d, a.212
- Gerichtsstand **E** 15, 18

AUSGABE
- von Anleihenstiteln mit Grundpfandrecht 875 ff.
- von Beteiligungspapieren und Anleihen **F** 156

AUSGLEICHUNG, ERBRECHTLICHE (KOLLATION) 626 ff.
- beim Erbverzicht 535 f.
- bei Ungleichheit der Teile 608

AUSKAUF der Miteigentümer 651

AUSKAUFSBETRÄGE 527

AUSKÜNDUNG
- bei Verschollenheit oder unbekanntem Aufenthalt 36, 550, 558
- beim öffentlichen Inventar 582
- bei ausserordentlicher Ersitzung 662
- bei Kraftloserklärung von Pfandtiteln 870

AUSKUNFT
- über die ehelichen Vermögensverhältnisse 170, 185
- über die leiblichen Eltern 268c
- über das Kind 275a, 307
- im Erbgang 581, 607, 610
- aus dem Grundbuch 970

s. auch Bekanntgabe von Personenstandsdaten

AUSLAGENERSATZ beim Fund 722

AUSLAND A 5

AUSLEGUNG
- des Gesetzes 1
- der Verfügungen von Todes wegen 469

AUSLIEFERUNG
- der Erbschaft 559
- – an Nacherben 488 ff.
- des Nachlasses eines Verschollenen 546
- des Erbschaftsanteils eines Verschollenen 548

AUSLÖSUNG des Versatzpfandes 912 f.

AUSNAHMEKLAUSEL bei Rück- und Weiterverweisung **F** 15

AUSSCHLAGUNG der Erbschaft 230, 486, 492, 566 ff., a.204

AUSSCHLIESSUNGSGRÜNDE
- für den Vormund 384, 443 f.
- für den beurkundenden Beamten, die Zeugen bei letztwilligen Verfügungen 503, 506

AUSSCHLUSS
- von Vereinsmitgliedern 65, 72 f.
- eines Miteigentümers 649b f.

AUSSICHTSPUNKTE 702

AUSSTATTUNG
- des Kindes, Anspruch der unverheirateten Mutter 295
- von Nachkommen 527, 626
- bei der Verheiratung s. Heiratsgut

AUSSTELLUNG der Schuldbriefe, Gülten, Urkunden über Pfandverschreibungen **D** 53 ff.

AUSTRITT aus einem Verein 70
s. auch Kündigung

AUSTRITTSLEISTUNG
s. Vorsorge, berufliche

AUSÜBUNG
- des Vorkaufsrechts 681a
- eines Berufs oder Gewerbes s. Beruf und Gewerbe

AUSWEISE für Grundbucheintragungen 961, 965 f., **D** 18 ff., 79

AUSZÜGE
- aus Zivilstandsregistern 44, **A** 81
- aus dem Grundbuch 825, 967, 970, **D** 25, 60, 105 f.
- – bei EDV **D** 1111

B

BÄCHE 709, 711

BARACKE 677

BARSCHAFT DES BEVORMUNDETEN 401

BAU (BAUTÄTIGKEIT) 671 ff., 685 f.
- Mitwirkung des Beirates 395
- Zustimmung der Vormundschaftsbehörde 421

BAU (BAUWERK) 667, 673 ff.
- Fahrnisbau 677
s. auch Baurecht

BAUHANDWERKERPFANDRECHT
s. Grundpfandrecht

BAULINIEN 962

BAUMATERIAL 671 ff.

BÄUME s. Pflanzen

BAURECHT
- Dienstbarkeit 675, 779 ff., **D** 7, 19, 22a, 33a, 33c, 50, 71a f.
- Baupolizei 702

BAUTEN (Mehrzahl von Bau)
s. Bau (Bauwerk)

BEDENKZEIT beim Scheidungsbegehren 111

BEDINGUNGEN
- bei Verfügungen von Todes wegen 482, 519, 521
- keine bei Ausschlagung der Erbschaft 570
- keine bei Schuldbrief und Gült 854
s. auch Auflagen

BEDÜRFNISSE, RELIGIÖSE 332

BEENDIGUNG
s. Aufhebung; Auflösung; Ungültigkeit

BEEREN 699

BEGLAUBIGUNG in Zivilstandssachen **A** 5, 18

BEGRÄBNIS 474
s. auch Bestattung

BEGÜNSTIGUNG
- Dritter bei Errungenschaftsbeteiligung 208, 220

– Erbrecht des überlebenden Ehegatten 473, mehrerer Pflichtteilsberechtigter 523, durch Erbvorbezug 629

BEHÖRDEN
– vormundschaftliche 360 ff.
– – Zuständigkeit 304, 315, 397b f., 420 ff.
– – Verantwortlichkeit 426 ff.
– Zuständigkeit, kantonale Anordnungen SchlT 52, 54

BEIBEHALTUNG
– der Güterverbindung SchlT 9e
– der gesetzlichen oder gerichtlichen Gütertrennung SchlT 9f

BEIRAT 395, 417, 439

BEISTAND, -SCHAFT 360, 367, 392 ff., 417 ff., 439 f.
– für ein Kind 146 f., 306, 308 f., 325 f.
– bei Nutzniessung 762
– beim Grundpfand 823

BEISTANDSPFLICHT
– der Ehegatten 278
– der Eltern und Kinder 272
s. auch Unterstützungspflicht

BEITRAG
– der Vereinsmitglieder 71
– bei Auflösung des Verlöbnisses 92
– an den Unterhalt
– – der Familie 163, 165
– – bei Getrenntleben 176
– – bei Scheidung 137, 143
– – des geschiedenen Ehegatten 125 ff., 135, 148
– – des Kindes 133 ff., 148, 281 ff., 323, SchlT 13c
– – von Mutter und Kind 282
– der Stockwerkeigentümer 712h

BEKANNTGABE
– des Entzugs der ehelichen Vertretungsbefugnis 174
– von Personenstandsdaten 43a, **A** 33, 44 ff., 92

BEKANNTMACHUNG des Fundes 720

BELASTUNG
– von Sachen: Übereinstimmung der Miteigentümer 648
– von Grundstücken: Mitwirkung des Beirates 395, Zustimmung der Vormundschaftsbehörde 421
– mehrerer Grundstücke nach dem Wertverhältnis 798
– eines Stockwerks: Einsprache der übrigen Stockwerkeigentümer 712c
– weitere Belastung beim Grundpfand 812

BELASTUNGSGRENZE 843 (Schuldbrief), 848 (Gült), SchlT 31 f.
– bei landwirtschaftlichen Grundstücken 848

BELEGE
– zu den Grundbucheintragungen 942, 948, 956, 971, **D** 28 ff.
– zur Beurkundung von Personenstandsdaten **A** 31 ff.

BEMERKUNG IM GRUNDBUCH D 83 f.
s. auch Anmerkung

BEMESSUNG des Unterhaltsbeitrages an das Kind 285 f.

BENEFICIUM INVENTARII 589 ff.

BERATUNG
– Ehe- und Familienberatungsstellen 171
– und Betreuung der unverheirateten Mutter 309

BEREICHERUNG
– Massstab der Haftung, Herausgabe- oder Rückleistungspflichten im Erbrecht 497, 515, 528, 565, 579, 590
– ungerechtfertigte **M** 127 f.

BERGWERK 655, 771, 943, **D** 10

BEREINIGUNG von Personenstandsdaten 42 f., **A** 29 f., **E** 14

BERICHTIGUNG
– bei Persönlichkeitsverletzung 28a
– der Wertquote beim Stockwerkeigentum 712e
– des Grundbuchs 977, **D** 98 ff.

BERUF UND GEWERBE
– Hilfe, Mitarbeit des Ehegatten 163 ff., 173
– Rücksicht auf den Ehegatten bei Wahl und Ausübung 167
– Vermögenswerte für deren Ausübung als Eigengut 199, 219, 224

- Verwendung von Mitteln des Gesamtguts für deren Ausübung 229, 233
- Berufs- und Gewerbevermögen des Kindes 323
- Familienvormundschaft wegen Fortführung eines Gewerbes 362
- eines Bevormundeten 403, 412, 414, 421
- landwirtschaftliche Gewerbe 212 f., 613a, 619
- Einwirkung auf das Eigentum des Nachbarn 684

BERUFSGEHEIMNIS in der Ehe 170

BESCHRÄNKUNG, BESCHRÄNKUNGEN
- der Verfolgung der Eheungültigkeit von Amtes wegen 106
- der Verfügungsbefugnis zum Schutz der ehelichen Gemeinschaft 178
- der Verfügungsfreiheit 516
- des Grundeigentums, gesetzliche 680 ff.
- - Veräusserungsbeschränkungen 681 ff.
- - öff.-rechtl. 702, 703, 962
- der Vertretungsbefugnis im internationalen Recht F 158

BESCHWERDE, RECHTSSCHUTZ
- in Zivilstandssachen A 5, 86 f., 89 f.
- gegen Kindesschutzmassnahmen 314
- gegen den Vormund, die Vormundschaftsbehörde 420, 450
- gegen den Erbschaftsverwalter 595
- gegen den Grundbuchverwalter 956, **D** 102 ff.
- beim Erwerb von Grundstücken durch Personen im Ausland **B** 20 f.
s. auch Beurteilung, gerichtliche; Weiterziehung an das Bundesgericht

BESEITIGUNG
- einer Persönlichkeitsverletzung 28a, 28c
- der Schädigung bei Überschreitung des Eigentumsrechts 679
- der Besitzesstörung 928 f.
s. auch Abwehr

BESITZ 919 ff., SchlT 37
- selbständiger und unselbständiger 920
- Erbenbesitz 560
- des Nutzniessers 755, 762
- des Pfandtitels zur Geltendmachung von Schuldbrief und Gült 868
- des Gläubigers beim Faustpfand 884 f., 888
- - beim Retentionsrecht 895
- Rechtsbesitz 919
- Besitzesanweisung 924
- Besitzeskonstitut 717, 924
- Besitzesrechtsklage 934 ff.
- Besitzesschutz 926 ff., 937
- - klage 927 f., 937
- Rechtsschutz 930 ff.
- Erwerb und Verlust des Fahrniseigentums 714, 717, 718, 728, 729

BESTANDTEIL 642 f., 671, 674, 704, 727, 756, 779c, 805, 892

BESTATTUNG A 36
s. auch Begräbnis

BESUCHSRECHT
s. Verkehr, persönlicher

BETEILIGUNG am Vorschlag 215 ff., a.214

BETRAG zur freien Verfügung 164, 173, 176

BETREIBUNG
- für eine Eigenschuld in Gütergemeinschaft 189
- für Erbschaftsschulden während des öffentlichen Inventars 586

BETRETEN von Wald und Weide, fremden Eigentums 699

BETRIEBSSTÄTTE B 8, **C** 3

BETRUG bei Eheschliessung 107

BEURKUNDUNG SchlT 55
- des Personenstandes 39 ff., **A** 7 ff., 15 ff.
- des Ehevertrages 184
- der Begründung der Gemeinderschaft 337
- letztwilliger Verfügungen 498 ff., 506 f.
- des Erbvertrages 512
- in bezug auf Grundeigentum 657, 680, 681b, 712d, 746, 763, 776, 779a, 779e, 783, 799, 963, **D** 71b
- durch den Grundbuchverwalter 948, 972
s. auch Register; Urkunde

BEURTEILUNG, GERICHTLICHE
– der fürsorgerischen Freiheitsentziehung 397d, 397f
– der Nutzerbringung in einer Anstalt 314a, 405a
s. auch Anrufung des Gerichts

BEVORMUNDETE
s. Entmündigte; s. auch Vormund; Vormundschaft

BEVORMUNDUNG
– Fälle 368 ff.
– Verfahren 373 ff.
– Zuständigkeit 376 ff.
– Ende 431 ff.
s. auch Vormundschaft

BEWEIS, -LAST, -MITTEL, -REGELN, 8 ff., **A** 48
– im Scheidungsverfahren 139, 145
– in Verfahren zur Feststellung oder Anfechtung des Kindesverhältnisses 254
– im Unterhaltsprozess 280, 283
– des Lebens und des Todes 32 ff.
– des Eigentums eines Ehegatten 195a, 200, 226, 248
– der Nichtvaterschaft 256a, 260b
– der Richtigkeit des Enterbungsgrundes 479
– der Grundpfandverschreibung 825
s. auch Vermutung

BEWEISSICHERUNG 28c

BEWILLIGUNG
– der Adoptionsvermittlung 269c
– der Aufnahme von Pflegekindern 316
– der Ausübung des Pfandleihgewerbes 907 f.
– des Erwerbs von Grundstücken durch Personen im Ausland **B** 1 ff., **C** 1 ff. (Gründe **B** 8, Kontingente **B** 11, **C** 9, Verfahren **B** 17)

BEZIEHUNGEN, PERSÖNLICHE
s. Verkehr, persönlicher

BIENEN 700, 719, 725

BIGAMIE 105

BILLIGKEIT 4

BINDUNG, die Sittlichkeit verletzende 27

BLANKOADOPTION 265a, 312

BLUTSVERWANDTSCHAFT
s. Abstammung; Verwandtschaft

BODENVERBESSERUNG 702 f.
– Pfandrecht 820 f.

BODENVERSCHIEBUNG 660 ff.

BRACHWEG 695

BRUNNEN 691, 706 f., 709 ff.

BUDE 677

BUNDESGERICHT
s. Weiterziehung

BÜRGERRECHT 22, 39, **A** 5, 7 f., 41
– der Ehefrau 161, SchlT 8b
– bei Scheidung 119
– des Kindes 267a, 271, 330, SchlT 12

BÜRGSCHAFT
– Mitwirkung des Beirates 395
– zu Lasten eines Bevormundeten 408
– im Erbgang 582, 591

BUSSE
s. Disziplinarmassnahmen

COMMIXTIO 727

CONFUSIO 727, 735

CONSTITUTUM POSSESSORIUM
s. Besitz, Besitzkonstitut

COUPONS
s. Zinscoupons

DARLEHEN
– Mitwirkung des Beirates 395
– Zustimmung der Vormundschaftsbehörde 421

DATENBANK, zentrale, im Zivilstandswesen 45a, SchlT 6a, **A** 76 ff.

DATENSCHUTZ UND SICHERHEIT von Personenstandsdaten 43a, 45a, **A** 81 ff., **E** 12

DATENVERARBEITUNG, ELEKTRONISCHE
– im Zivilstandswesen 39 ff., **A** 15 ff.
– in der Grundbuchführung **D** 111 ff.

DATIERUNG der Verfügungen von Todes wegen 500, 505, 507, 520a

DELIKTSFÄHIGKEIT
s. Handlungsfähigkeit

DIENSTBARKEITEN 730 ff., **D** 7, 9, 19, 35, 37, 114

DISZIPLINARMASSNAHMEN gegen
– Zivilstandsbeamte 47
– Grundbuchbeamte 957

DIVIDENDEN, Mitverpfändung beim Pfandrecht an einer Forderung 904

DOMIZIL
s. Wohnsitz

DOPPELEHE 105

DREISSIGSTER 474, 606

DROGENSUCHT 397a

DROHUNG
– bei Eheschliessung 107 f.
– bei Kindesanerkennung 260a, 260c
– bei Errichtung einer Verfügung von Todes wegen 469, 540

DULDUNGSPFLICHT bei Durchleitungen 691
s. auch Notbrunnen; Notweg

DÜNSTE, LÄSTIGE 684

DURCHLEITUNGEN 676, 691 ff.

E

EDV
s. Datenverarbeitung, elektronische

EHE, EHERECHT 38, 90 ff., a.178 ff., **F** 43 ff.
– frühere 96
– Begründung des Kindesverhältnisses 252, 259; Vermutung der Vaterschaft 255

EHEBERATUNG 139, 171

EHEFÄHIGKEIT 94

EHEFÄHIGKEITSZEUGNIS A 75

EHEGATTE
– geschiedener 119 ff.
– überlebender 462, 471, 473, 574

EHEGÜTERRECHT 181 ff., a.178 ff., **F** 51 ff.

EHEHINDERNIS 94 f.

EHELICHERKLÄRUNG SchlT 12d

EHEMÜNDIGKEIT
s. Ehefähigkeit

EHEREGISTER A 92 f.

EHESCHEIDUNG 111 ff., SchlT 7a f., **E** 15, **F** 59 ff.
s. auch Scheidung

EHESCHLIESSUNG 90 ff., SchlT 7, **A** 70 ff., **F** 43 ff.
– Vorbereitungsverfahren 44, 97 ff., **A** 62 ff.
– religiöse 97
– von ausländischen Staatsangehörigen **A** 73 ff., **F** 43 f.

EHESCHUTZ 118, 171 ff., **E** 15

EHESTEUER a.247

EHETRENNUNG 117 f., **E** 15, **F** 59 ff.
s. auch Ehescheidung

EHEUNGÜLTIGKEIT 104 ff.

EHEVERSPRECHEN 90

EHEVERTRAG 182 ff., SchlT 10 ff., a.179 ff., 190
– eines Bevormundeten 421
– bei Errungenschaftsbeteiligung 199, 216 f.
– bei Gütergemeinschaft 223 ff., 241 f., a.226, 237 ff.
– bei Gütertrennung 187, 191, a.241, 247
– bei Güterverbindung a.214, 226

EHEVORAUSSETZUNGEN 94 ff., 98, **A** 64, 67, 74

EHEWIRKUNGEN 159 ff., SchlT 8 ff., **F** 46 ff.
– Mündigkeit **F** 45a

EIGENBESITZ 728
s. auch Besitz, selbständiger

EIGENGUT
– bei Errungenschaftsbeteiligung 198 ff., 201, 205, 207
– bei Gütergemeinschaft 222 ff., 232, 233 f., 236 ff., 242, 243

– beim Wechsel zur Errungenschaftsbeteiligung SchlT 9b
s. auch Sondergut

EIGENHÄNDIGKEIT 498, 505, 509

EIGENMACHT, VERBOTENE 926 ff.

EIGENSCHULDEN 189, 234

EIGENTUM 641 ff.
– gemeinschaftliches 646 ff.

EIGENTÜMERGRUNDDIENSTBARKEIT 733, 735

EIGENTÜMERGRUNDPFANDRECHT 827, 845, 859, 863

EIGENTÜMERREGISTER, -VERZEICHNIS D 108 f.

EIGENTUMSBESCHRÄNKUNGEN, GESETZLICHE 680 ff., **D** 80
– Veräusserungsbeschränkungen 681 ff.
– aus Nachbarrecht 684 ff., **D** 34, s. auch Duldungspflicht
– Recht auf Zutritt 699 ff.
– öffentlich-rechtliche 702 f., 962

EIGENTUMSERWERB
– Grundeigentum 656 ff.
– Fahrniseigentum 714 ff.

EIGENTUMSKLAGE 641

EIGENTUMSÜBERSCHREITUNG 679

EIGENTUMSVORBEHALT 715 f., **F** 103

EINFRIEDIGUNG 697

EINLASSUNG E 10

EINPFLANZUNGEN 678

EINRÄUMUNG eines Anspruchs auf persönlichen Verkehr 274a f.

EINREDE
– der Ungültigkeit der Verfügung von Todes wegen 521
– der Herabsetzbarkeit 533
– bei Schuldbrief und Gült 845, 872

EINSICHT, EINSICHTNAHME
– in das Grundbuch 970
– in das Güterrechtsregister SchlT 10e
– in Zivilstandsregister **A** 92

EINSPRUCH
– gegen die ao. Ersitzung 662
– gegen die Löschung einer Grunddienstbarkeit 743 f.
– gegen nicht angemessenen Gebrauch des Nutzniessers 759

EINSTIMMIGKEIT
– bei schriftlicher Beschlussfassung im Verein 66
– bei Verfügungen über Sachen in Mit- oder Gesamteigentum 648, 653
– der Erbengemeinschaft 602

EINTRAG, EINTRAGUNG
– von Zivilstandsdaten 42, **A** 18, 36
– in das Handelsregister 52, 61, 79, 81, 89, 341
– im Güterrechtsregister SchlT 10e
– in das Grundbuch 958 ff., 971 ff., SchlT 18, 43 ff., **D** 11 ff., 25 ff.
– – des Eigentums 656, 665, 958
– – von Dienstbarkeiten und Grundlasten 731, 746, 783
– – von Grundpfändern 799, 813, 825 f., 836 ff., 856, 865, 867, 879
– – vorläufige 961, 966
– im Eigentumsvorbehaltsregister 715
– in ein (Vieh-)Verschreibungsprotokoll 885

EINTRITT
– in einen Verein 70
– in die Rechtsstellung des Gläubigers 289, **M** 144

EINTRITTS-, REPRÄSENTATIONSRECHT der Nachkommen 457 ff.

EINWERFUNG in die Teilung 536, 628
s. auch Ausgleichung

EINWILLIGUNG
– des Verletzten 28
– des Ehegatten zur Verpflichtung der Gemeinschaft und zur Verfügung über Gesamtgut 228, zur Ausschlagung und Annahme einer Erbschaft 230
– der Eltern zum Verlassen der häuslichen Gemeinschaft 301
– des Eigentümers zur Aushändigung des Pfandtitels 857
s. auch Genehmigung; Mitwirkung; Zustimmung

SACHREGISTER — E

EINWIRKUNG auf das Eigentum des Nachbarn 684

ELTERN
– Gemeinschaft der Eltern und Kinder 270 ff.
– persönlicher Verkehr 133 f., 146 f., 273 ff.
– Unterhaltspflicht 276
– elterliche Sorge 296 ff., SchlT 12
– Eltern ohne elterliche Sorge 275a
– Verwaltung des Kindesvermögens 318 ff.
– Elternrechte bei Ehescheidung 133
– leibliche, des Adoptivkindes 268c
– gesetzliches Erbrecht 458, 470 f.

EMIGRATIONSABSORPTION, -KOMBINATION F 163b

ENTÄUSSERUNG, BÖSWILLIGE 411

ENTBINDUNGSKOSTEN 282, 295

ENTEIGNUNG
– beim Grundeigentum 656, 665 f., 691, 711 f.
– bei der Nutzniessung 750
– beim Grundpfand 801

ENTERBUNG 477 ff., 513, 524

ENTLASSUNG
– aus fürsorgerischer Freiheitsentziehung 397a ff.
– des bevormundeten Strafgefangenen 432
– des Vormundes 442 ff., 453

ENTKRÄFTUNG der Pfandtitel **D** 61 ff.

ENTMÜNDIGTE, BEVORMUNDETE
– Handlungsfähigkeit 17, 19, 410 ff.; Wohnsitz 25, 421
– Verlöbnis 90; Eheschliessung 94; Ehevertrag 183
– Kindesanerkennung 260; Adoption 266; keine elterliche Sorge 296, 298
– Verantwortlichkeit des Familienhauptes 333
– Fürsorge und Vertretung 405 ff.; Vermögensverwaltung 398 ff., 413 f., 416
– als Erbe 553; als Erblasser 554
s. auch Vormund; Vormundschaft

ENTMÜNDIGUNG
s. Bevormundung

ENTSCHÄDIGUNG
– des Vormundes oder Beistandes 416, 417
– bei Einbauten 672
– beim Heimfall 779d f., **D** 71b
s. auch Auslagenersatz; Beitrag; Schadenersatz; Vergütung

ENTWÄSSERUNGEN 690, 703

ENTZIEHUNG, ENTZUG
– der Vertretungsbefugnis eines Ehegatten 174
– des Rechts auf persönlichen Verkehr mit dem Kind 274
– der elterlichen Sorge 311 ff.
– der Handlungsfähigkeit 386
– Freiheitsentziehung, fürsorgerische 397a ff.
– Besitzesentziehung 927

ERBABFINDUNG 527

ERBANTEILE 635, 640

ERBAUSKAUF 495, 527

ERBEINSETZUNG 483, 494, 513

ERBEN 457 ff., 559 f.
– gesetzliche 457 ff.
– eingesetzte 483, 487 ff., 494
– abwesende, unbekannte 554 f.

ERBENGEMEINSCHAFT 602 ff.

ERBENGLÄUBIGER 524, 564, 578, 609

ERBENGÜLT 853

ERBENVERTRETER 602 Abs. 3

ERBFÄHIGKEIT 120, 539 ff.

ERBFOLGE
– gesetzliche 457 ff., SchlT 15
– ungewisse 393, 554
– vorweggenommene s. Vermögensabtretung

ERBGANG 537 ff., 542, 546, **D** 18

ERBRECHT 457 ff., **F** 86 ff.
– geschiedener Ehegatten 120

ERBSCHAFT 483, 560
– Ausschlagung 566 ff.
– Erwerb 491 f., 542 ff., 560 ff.
– Inventar 553

– Liquidation 573
– Teilung 602 ff.

ERBSCHAFTSGLÄUBIGER 497, 564, 579, 589 ff., 594, 639

ERBSCHAFTSKLAGE 598 ff.

ERBSCHAFTSSCHULDEN
s. Schulden des Erblassers

ERBSCHAFTSVERWALTUNG 490, 548, 550, 554 ff., 559, 595

ERBSCHEIN 559

ERBSTATUT **F** 92

ERBTEIL 457 ff., 471, 483

ERBTEILUNG
s. Teilung der Erbschaft

ERBTEILUNGSVERTRAG
s. Teilungsvertrag

ERBUNWÜRDIGKEIT 486, 492, 540 f.

ERBVERTRAG 494 ff., 512 ff.; **F** 95
– Verfügungsfähigkeit 468
– Zustimmung der vormundschaftlichen Aufsichtsbehörde 422
– Klagen 534 ff.

ERBVERZICHT 495 ff., 535 f.

ERBVORBEZUG
s. Zuwendungen des Erblassers

EREIGNISSE, BESONDERE im Leben des Kindes 275a

ERFASSEN von Personenstandsdaten **A** 24 ff.

ERMESSEN, GERICHTLICHES 4

ERÖFFNUNG
– des Erbganges 537 ff.
– letztwilliger Verfügungen 556 ff.

ERRUNGENSCHAFT 197, 199 ff., 207 ff., 214

ERRUNGENSCHAFTSBETEILIGUNG 181, 196 ff., 242 f.

ERRUNGENSCHAFTSGEMEINSCHAFT 223, a.239

ERSATZANSCHAFFUNGEN im Güterrecht 197 f.

ERSATZFORDERUNGEN
– im Güterrecht 209, 238, a.209, a.223
– des gutgläubigen Besitzers 939

ERSATZVERFÜGUNG 487

ERSCHÜTTERUNG 684

ERSITZUNG 599, 661 ff., 728, 731, 941, SchlT 19
– Fristen, Berechnung 663, 728

ERTRÄGE des Eigengutes 197, 199, 223, 232

ERTRAGSGEMEINDERSCHAFT 347 f.

ERTRAGSWERT 212 f., 848

ERWACHSENENADOPTION 266

ERWERB
– der Erbschaft 491 f., 542 ff., 560 ff.
– des Vermächtnisanspruchs 543, 562
– des Grundeigentums 656 ff.; des Fahrniseigentums 714 ff.; der Grunddienstbarkeiten 731; der Nutzniessung 746; der Grundlast 783
– von Grundstücken durch Personen im Ausland **B** 1 ff., **C** 1 ff.
s. auch Arbeitserwerb

ERZIEHUNG
– des Kindes 276, 301 ff., 319 f.
– – Kosten 276, 319 f., 631
– des Mündels 378, 405
– religiöse 303, 378
– Weisungen der Vormundschaftsbehörde 307

EXPROPRIATION
s. Enteignung

EXTRATABULARERSITZUNG 662

F

FAHRNISBAU 677

FAHRNISEIGENTUM 713 ff.

FAHRNISKLAGE 934 ff.

FAHRNISPFANDRECHT 884 ff., SchlT 34 ff., **F** 106 ff.

FAHRNISPFLANZEN 678

FAMILIE, FAMILIENRECHT 90 ff., SchlT 7 ff., a.149 ff., **F** 43 ff.

F

FAMILIENBERATUNG 139, 171 f.

FAMILIENFIDEIKOMMISS 335

FAMILIENGEMEINSCHAFT 328 ff.

FAMILIENHAUPT 331, 333

FAMILIENMEDIATION 139

FAMILIENNAME
s. Name

FAMILIENRAT 362, 364

FAMILIENREGISTER A 8

FAMILIENSCHEIN A 93

FAMILIENSCHRIFTEN 613

FAMILIENSTIFTUNG 52, 87, 335

FAMILIENVERMÖGEN 335 ff.

FAMILIENVORMUNDSCHAFT 362 ff.

FAUSTPFAND 884 ff.
s. auch Fahrnispfand

FEHLGEBURT,
s. Kind, tot geborenes

FELSEN 664

FERIENWOHNUNGEN B 13

FESTSTELLUNG des Kindesverhältnisses 254, **F** 66 ff.

FESTSTELLUNGSKLAGE
s. Klagen

FEUERPOLIZEI 702

FINDELKIND 330, **A** 10, 38

FINDERLOHN 722
s. auch Vergütung

FIRMENSCHUTZ F 157

FIRN 664

FISCHEREI 699

FLÜCHTLING A 51

FLUSSBETT 664

FORDERUNG 560, 614, 773 ff., 791, 794, 807, 824 ff., 835, 842, 847 (dinglicher Anspruch), 855, 891

FORM, SCHRIFTLICHE
– Vereinsstatuten 60
– bei Unterbringung zwecks späterer Adoption 265d
– Teilungsvertrag 634
– Verträge über angefallene Erbanteile 635
– Verträge über die Errichtung einer Grunddienstbarkeit 732
– Mitteilung über die Ablösung der Grundpfandverschreibung 828
– Benachrichtigung von der Nachverpfändung 886, 903
– bei Verpfändung von Forderungen und anderen Rechten 900
– Anmeldung zur Eintragung im Grundbuch 963, **D** 13
s. auch Beglaubigung; Beurkundung; Eigenhändigkeit

FORMULARE A 6

FORSTWESEN 702

FRAUENGUT SchlT 9c, a.183 f., 195 ff.

FREIHEIT 27, 332

FREIHEITSENTZIEHUNG, FÜRSORGERISCHE 314a, 397a ff., SchlT 14a

FREIHEITSSTRAFE, Bevormundungsfall 371, 432

FREMDPLATZIERUNG des Kindes 310

FRISTEN
– für die Trauung 99, 100, **A** 68
– bei der Scheidung 111, 114 f.
– für die Meldung zur Beurkundung von Personenstandsdaten **A** 19, 35, 43

FRÜCHTE, NATÜRLICHE 643
– bezogene, bei der Ausgleichung 630
– vom Besitzer bezogene oder versäumte 939 f.
– bei Nutzniessung 756, 768
– der Pfandsache 892
s. auch Anries; Rechtsfrüchte

FUND 720 ff.

FÜRSORGE, vorläufige 386

FUSION von Gesellschaften
s. Verlegung, Fusion

FUSIONSGESETZ, Eintragung von Tatbeständen nach dem **D** 18a

FUSSWEG (WEGRECHT) 740

G

GEBÄUDE
s. Bau; Grundstück

GEBRECHEN 372, 383
s. auch Kind

GEBÜHREN
– im Zivilstandswesen 48
– von der Versatzanstalt 907
– für Eintragungen in das Grundbuch 954
– bei der Viehverpfändung 885

GEBURT 31 ff., 39, 252 ff., 544 f., **A** 7 ff., 20, 34 ff.

GEBURTSREGISTER A 92 f.

GEGENDARSTELLUNG 28g ff.

GEHORSAM des Kindes 301

GEISTESKRANKHEIT, -SCHWÄCHE 16, 333, 369, 375, 397a

GEMEINDE
– Anfechtung der Anerkennung des Kindes 260a
– Unterhalt des Findelkindes 330
– Bevormundung 376, 396
– – Haftung 427, 430, 454
– Erbberechtigung 466
s. auch Gemeinwesen; Heimat; Wohnsitz

GEMEINDER, GEMEINDERSCHAFT 336 ff., 837 f.

GEMEINSCHAFT
– eheliche 159, 171 ff., 203, 235, 250
– Eltern und Kinder 270 ff.
– Familiengemeinschaft 328 ff.
– Erbengemeinschaft 602 ff.
– Miteigentümer 646 ff.
– Gesamteigentümer 652 ff.
– Stockwerkeigentümer 712g ff.

GEMEINWESEN
– Erwerb des Vermögens einer aufgehobenen juristischen Person 57
– Unterhaltsleistungen 131, 289, 330
– Erbberechtigung 466, 550, 555, 592
s. auch Gemeinde; Kanton

GENEHMIGUNG
– der Vormundschaftsbehörde: Verträge über die Unterhaltspflicht 287 f.; Berichte und Rechnungen des Vormundes 423
– der vormundschaftlichen Aufsichtsbehörde: Verträge über die Unterhaltspflicht 287 f.; Veräusserung von Grundstücken 404
– gerichtliche: Vereinbarung über die Folgen der Scheidung 111, 123, 133, 140 f.; Verträge über die Unterhaltspflicht 287 f.
s. auch Einwilligung; Mitwirkung; Zustimmung

GENUGTUUNG 28a f., 29, 46, 429a

GERICHTSBARKEIT, freiwillige **E** 11

GERICHTSSTAND E 1 ff.
– allgemeine Vorschriften **E** 2 ff.
– besonderer
– – Personenrecht **E** 12 ff.
– – Familienrecht **E** 1, 15 ff.
– – Erbrecht **E** 18
– – Sachenrecht **E** 19 ff.
– – Klagen aus Verträgen **E** 21 ff.
– – Klagen aus unerlaubten Handlungen **E** 25 ff.
– – Handelsrecht **E** 29 ff.
– – Versicherungssachen **E** 26
– – Verbrauchersachen **E** 21 f.
s. auch Zuständigkeit; Anerkennung

GERICHTSSTANDSVEREINBARUNG E 9, 39, **F** 5

GESAMTEIGENTUM 652 ff., 800
– bei Gütergemeinschaft (Gesamtgut) 222 ff., 227 ff., a.215 ff.
– bei Gemeinderschaft 342
– bei Erbengemeinschaft 602

GESAMTGUT
s. Gesamteigentum

GESAMTPFANDRECHT 798, 816, **D** 45, 53

GESCHÄFT
s. Beruf und Gewerbe

GESCHENKE, GELEGENHEITSGESCHENKE
– unter Verlobten 91
– des Erblassers 527, 632
s. auch Schenkungen

GESCHLECHT, GESCHLECHTSÄNDERUNG A 7 f., 40, 55, 64, 98

GESCHWISTER
- Erbberechtigung 458
- Pflichtteil a.471 f.
- bei Beurkundung einer Verfügung von Todes wegen 503, 506, 512

GESELLSCHAFT, GESELLSCHAFTSRECHT F 150 ff.
- Verlegung in die Schweiz F 161 f.
- – ins Ausland F 163 f.
- Zweigniederlassung in der Schweiz F 160

GETRENNTLEBEN 114, 117 f., 137, 175 f.

GEWÄHRLEISTUNG nach Abschluss der Erbschaftsteilung 637

GEWÄHRLEISTUNGSKLAGE E 8

GEWALT
- elterliche SchlT 12
  s. auch Sorge, elterliche
- tatsächliche (Besitz) 919, 921 f., 937
- Abwehr von Angriffen 926

GEWÄSSER 659, 664, 703

GEWERBE
s. Beruf und Gewerbe

GEWINNHERAUSGABE 28a f.

GEWOHNHEITSRECHT 1

GLAUBE, GUTER UND BÖSER 3
- Familienrecht
  bei Überschreitung 166 und Entzug der Vertretungsbefugnis 174; bei fehlender Einwilligung des andern Ehegatten 228, des andern Elternteils 304; bei Ausschliessung eines Gemeinders von der Vertretung 341; bei Bevormundung 375
- Erbrecht
  des Bedachten 521; bei der Herabsetzung 528; des Erbschaftsbesitzers 547, 600; der Erben eines zahlungsunfähigen Erblassers 579
- Sachenrecht
  bei der Ersitzung 661, 728; des bauenden Grund- oder Materialeigentümers 672 f.; des Überbauenden 674; des Verarbeiters 726; des Erwerbers 714; des Besitzers 925, 931, 933 ff.; in bezug auf den Inhalt einer Dienstbarkeit 738; die Richtigkeit des Grundbuchs 973 ff.; bei Schuldbrief und Gült 855, 865 ff., 874; beim Fahrnispfand 884, 895, SchlT 21, 44, 48

GLAUBE, ÖFFENTLICHER, des Grundbuchs 973 f.

GLÄUBIGERREGISTER D 66, 108

GLÄUBIGERSCHUTZ
- bei Errichtung einer Stiftung 82
- im Ehegüterrecht 191, 193
- im Erbgang s. Erbengläubiger, Erbschaftsgläubiger
- beim Grundpfand s. Pfandgläubiger

GLETSCHER 664

GRABUNGEN UND BAUTEN 685 f.

GRAD DER VERWANDTSCHAFT 20

GRENZEN
s. Grundstück

GRENZÄNDERUNG D 2
s. auch Änderung

GROSSELTERN 334bis, 459

GROSSKIND 334 f.

GRUNDBUCH 942 ff., SchlT 38 ff., B 18, D 1 ff.
- Anlegung SchlT 38
- Anmeldung D 11 ff.
- Ausweis 965 f., D 18 ff.
- Tagebuch 948, D 14 f., 111f
- Belege 948, D 13a, 111f
- Hauptbuch 945, D 1 ff., 111b
- Hilfsregister D 108 ff.
- Eintragung 958 ff., 967 f., D 25 ff., 111d
- – – Wirkung 971 ff.
- Öffentlichkeit 970 f., D 105 f.,111l f.
- Berichtigung 975 ff., D 98 ff.
- Löschung 964, 975 ff., D 61 ff., 111h
- Gebühren 954
s. auch Eintrag(ung); Vormerkung; Anmerkung; Löschung

GRUNDBUCHÄMTER, -KREISE 951 ff., D 3, 6

GRUNDBUCHBEAMTE, -VERWALTER 955 ff.
- Aufsicht, Beschwerde 956, D 102 ff.

GRUNDBUCHBLATT, KOLLEKTIVBLATT 945 ff.
– Umschreibung **D** 95

GRUNDBUCHPLÄNE 668 f., 942, 950

GRUNDBUCHSPERRE 178, **B** 23, **D** 80 Abs. 6

GRUNDDIENSTBARKEITEN 730 ff., **D** 19, 35, 37 f., 114

GRÜNDE der gerichtlichen Entscheidung 4

GRUNDEIGENTUM 655 ff.

GRUNDLAST 782 ff., 847, **D** 19, 35, 37, 49, 88

GRUNDPFANDRECHT 793 ff., **D** 19 ff., 40 ff., 53 ff., 61 ff., 83 f.
– altrechtliches SchlT 26 ff.
– gesetzliches 712i, 779d, 779i f., 836 ff.
– – des Verkäufers, der Miterben und Gemeinder 837 f.
– – der Handwerker und Unternehmer 837, 839 ff.
– – unmittelbares 808, 810, 819, 836

GRUNDPFANDVERSCHREIBUNG 824 ff.

GRUNDRECHTE 43a

GRUNDSTÜCK 655 ff., 667 ff., 942 ff., **D** 1 ff., **F** 97, 99, 108, 119
– landwirtschaftliches 619
– öffentliches 944
– Abgrenzung 668 ff.
– Bauten 671 ff.
– Beschreibung **D** 4
– Bodenverschiebung 660 ff.
– Einpflanzungen 678
– Erwerb 656 ff.
– – durch Personen im Ausland **B** 1 ff., 4, **C** 1 ff.
– Geschäfte
– – Mitwirkung des Beirates 395
– – bei Vormundschaft 404, 421
– Teilung, Zerstückelung 702, 787, 792, 833, 846, 852, **D** 85 ff.
– Umschreibung im Grundbuch **D** 94 ff.
– Untergang 666
– Verpfändbarkeit 796
– Vereinigung **D** 91 f.
– Vermessung 950, SchlT 39 ff.
– Ausschluss von der Gütergemeinschaft 224
– im Erbgang 490, 596, 617 ff.

GRUNDWASSER 704

GÜLT 847 ff., 854 ff.
s. auch Grundpfandrecht; Grundlast

GUT, EINGEBRACHTES SchlT 9b f.

GÜTERGEMEINSCHAFT 221 ff., a.215 ff.
– beschränkte 223 f., a.237 ff.
– fortgesetzte a.229 ff.

GÜTERRECHT, EHELICHES 181 ff., a.178 ff., **E** 15, **F** 51 ff.

GÜTERRECHTSREGISTER SchlT 10e, a.248 ff.

GÜTERSTAND
– ordentlicher (gesetzlicher): Errungenschaftsbeteiligung 181, 196 ff.; Güterverbindung a.194 ff.
– ausserordentlicher (gerichtlicher): Gütertrennung 185 ff., 247 ff.; a.182 ff., a.241 ff.
– vertraglicher 182, a.179: Gütergemeinschaft 221 ff., a.215 ff.; Gütertrennung 247 ff., a.241 ff.
– Wahl, Aufhebung, Änderung 182, a.179
– altrechtlicher SchlT 9b ff.
s. auch Güterrecht

GÜTERTRENNUNG 247 ff., SchlT 10, 10c, a.182 ff., 241 ff., **E** 15
– als ausserordentlicher Güterstand
– – Anordnung durch das Gericht SchlT 9f
– – – auf Begehren 185 ff., a.183 ff.
– – – bei Konkurs und Pfändung 188 ff., a.182
– von Gesetzes wegen bei Ehetrennung 118, SchlT 9f

GÜTERVERBINDUNG SchlT 9b ff., 10 ff., a.178, a.194 ff.

GÜTERZUSAMMENLEGUNG 702 f., 802 ff.

GUTGLÄUBIGKEIT
s. Glaube, guter

H

HABITATIO 776 ff.

HAFTBARKEIT
s. Verantwortlichkeit

H

HAFTPFLICHTVERSICHERUNG
s. Versicherungssachen

HAFTUNG
- juristischer Personen und ihrer Organe 55, **F** 159
- der ehelichen Gemeinschaft 166; beim Wechsel des Güterstandes 193, a.179, a.188; bei Errungenschaftsbeteiligung 202; bei Gütergemeinschaft 233 f., a.219 ff.; bei Gütertrennung 249, a.243; bei Güterverbindung a.206 ff.
- Eltern 306
- Kinder unter elterlicher Sorge 305
- Gemeinder 342
- Bevormundeter aus genehmigtem Beruf oder Gewerbe 412
- im Erbgang: bei Ausschlagung 579; Beschränkung bei öffentlichem Inventar 589 ff.; Gemeinwesen 592; Erben 560, 603, 637, 639 f.
- Stockwerkeigentümer 712i
- Bauberechtigter 779i
- aus der Grundlast 782
- Pfandhaft 805 f., 824, 832 f., 842, 847, 892, 904, 910, SchlT 25

s. auch Sachhaftung; Solidarhaftung; Verantwortlichkeit; Vorrecht

HANDELSREGISTER 52, 61, 79, 81, 89, 341, **B** 18, **F** 157, 160, 164

HANDELSREGISTERAMT C 18, 18b

HANDELSSACHEN E 29 ff.

HANDLUNG, UNERLAUBTE 19, **F** 129 ff.

HANDLUNGSFÄHIGKEIT 12 ff., 27, 54 f., **F** 35 f.
- von Ehegatten 168
- Ehevertragsfähigkeit 183
- Testierfähigkeit 467
- Erbvertragsfähigkeit 468
- Beschränkung (sog. Verbeiratung) 395, 417
- beschränkte, Unmündiger und Entmündigter 19
- – Kinder unter elterlicher Sorge 301, 305 f., 323
- – bevormundeter Personen 410 ff.
- vorläufige Entziehung 386

HANDLUNGSUNFÄHIGKEIT 17 ff.

HAUPT der Gemeinderschaft 341

HAUPTBUCH
s. Grundbuch

HAUSGENOSSEN, HAUSGEWALT 331 ff.

HAUSHALT, GEMEINSAMER 137, 162, 175 f., 256b, 297, 334 f., 603

HAUSORDNUNG 332

HAUSRAT 219, 244, 612a

HAUSTRAUUNG 101, **A** 70

HECKEN 670

HEILANSTALT
s. Anstalt

HEILQUELLEN 702

HEIMAT, HEIMATGEMEINDE 22, 260a, 375, 376, 378, 387, 396, 466

HEIMATRECHT, Unterstellung des Namens **A** 14

HEIMFALL 779c ff., **D** 71b

HEIRAT 39
- der Eltern 259
- eines Gemeinders 344
s. auch Eheschliessung

HEIRATSGUT, Zuwendung unter Lebenden 527, 579, 626, 629

HERABSETZUNG 486, 494, 516, 522 ff., 535 f., 565
- güterrechtliche 220

HINTERLEGUNG
- bei der Unterhaltsklage des Kindes 281 f., 284
- zum Schutz des Kindesvermögens 324
- bei Nutzniessung einer Forderung 774
- bei Schuldbrief und Gült 861
- bei verpfändeter Forderung 906

HINZURECHNUNG
- bei Berechnung des Vorschlages 208
- bei Berechnung des verfügbaren Teils 475 f.

HÖCHSTBETRAG
- der Haftsumme 794
- des Zinsfusses 795

HOHEIT des Kantons, des Staates 6, 664

HOLZLASS 695

HOLZUNGSRECHT 740
HOLZWEG 740
HOTELMOBILIAR, Zugehör 805
HÜTTE 677
HYDRANTENANLAGE 711
HYPOTHEK
s. Grundpfandverschreibung

I

IDEALKOLLATION 628
IMMATERIALGÜTERRECHT F 109 ff., 122
IMMIGRATIONSABSORPTION, -KOMBINATION F 163a
IMMISSIONEN 684, F 138
IMMOBILIEN
s. Grundstück
IMPLANTATIO 678
INDOSSAMENT bei Verpfändung von Ordrepapieren 901
INFOSTAR A 76 ff.
INHABERPAPIERE 859, 861, 901, 935
INKASSOHILFE 131
INKOGNITOADOPTION 265a
INTEGRITÄT, KÖRPERLICHE, SEELISCHE 28
INTERESSE 42, 89, 106, 260a, 269a, 388, 420, 433, 446, 482, 519
INTERVENTIONSKLAGE E 8
INVENTAR
– der Vermögenswerte der Ehegatten 195a, a.197; über das Kindesvermögen 318; über das zu verwaltende Vermögen des Bevormundeten 398
– bei Nacherbeneinsetzung 490; bei Übertragung des Vermögens auf den Vertragserben 534; bei Eröffnung des Erbgangs (Sicherungsinventar) 551, 553, 568; öffentliches Inventar 580 ff.; bei der amtlichen Liquidation 595
– bei Nutzniessung 763
IRRTUM
– im Zivilstandsregister 43

– bei der Eheschliessung 107
– bei der Anerkennung eines ausserehelichen Kindes 260a
– bei einer Verfügung von Todes wegen 469, 479, 519

J

JAGD 699
JOURNAL
s. Grundbuch
JUGENDHILFE 145, 302, 317

K

KANTON
– Erbe 466, 550, 592
– Eigentumserwerb 659, 724
– Stiftungsaufsicht 84
– Überwachung des Tilgungsplans bei Seriengülten 882
– Bewilligung des Pfandleihgewerbes 907 f.
– Haftbarkeit, Verantwortlichkeit 427 ff., 454 f., 849, 955
s. auch Gemeinwesen; Recht, kantonales
KANZLEISPERRE 178, **B** 23, **D** 80 Abs. 6
KAPITALANLAGEN Bevormundeter 402
KAPITALWERT wiederkehrender Leistungen
– bei der güterrechtlichen Auseinandersetzung 207, 237
– bei der Herabsetzungsklage 530
KAPITALZAHLUNGEN, Mitwirkung des Beirates 395
KAPPRECHT 687
KASKADENHAFTUNG im Vormundschaftsrecht 429
KAUF F 118 ff.
– Mitwirkung des Beirates 395
– Zustimmung der Vormundschaftsbehörde 421
KAUF AUF RÜCKKAUF 914
KAUFLEUTE, Retentionsrecht 895

KAUFSRECHT, Vormerkung 959, **D** 71

KIND
- vor der Geburt 31, 393, 544, 605
- tot geborenes **A** 8 f., 35, 89
- aussereheliches s. Kindesverhältnis
- Unterhaltspflicht der Eltern 270 ff.
- Unterstützungspflicht 328 ff.
- elterliche Sorge 296 ff.
- Wohnsitz 25
- bei Ehescheidung und Trennung 133 f., 144 ff.
- behindertes, gebrechliches 302, 631
- Beaufsichtigung und Verantwortlichkeit 333
- Zuwendungen an die Eltern im gemeinsamen Haushalt 334 f., 603
- Entmündigung 385
- Erbrecht 457 ff., 462, 471 f., s. auch Ausgleichung

s. auch Handlungsfähigkeit, Unmündige

KINDERZULAGEN 285

KINDESALTER 16

KINDESANERKENNUNG
s. Anerkennung

KINDESANNAHME
s. Adoption

KINDESRECHT 252 ff.

KINDESSCHUTZ 146 f., 307 ff., **E** 1

KINDESVERHÄLTNIS 252 ff., SchlT 12 ff., **F** 66 ff.
- Entstehung 252 ff., SchlT 12 ff., **F** 66 ff., s. auch Adoption
- Beseitigung (Anfechtung) 256 ff., 260a ff., **E** 16
- Feststellung (Vaterschaftsklage) 261 ff., SchlT 13 f., **E** 16
- Wirkungen 270 ff., SchlT 12

KINDESVERMÖGEN 318 ff.
- freies 321 ff.
- Schutz 324 f.

KINDESWOHL s. Wohl des Kindes

KLAGEN (Auswahl)
Personenrecht
- wegen Persönlichkeitsverletzung 28 ff.
- zum Schutz des Namens 29
- bei Verletzung durch Namensänderung 30
- auf Bereinigung des Zivilstandsregisters 42
- gegen Vereinsbeschlüsse 75
- auf Aufhebung eines Vereins oder einer Stiftung 78, 89

Eherecht
- keine auf Eingehung der Ehe 90
- bei Auflösung des Verlöbnisses 91 ff.
- auf Ungültigerklärung der Ehe 106, 108
- auf Scheidung 114 ff.
- auf Trennung 117
- auf Abänderung des Scheidungsurteils 129, 134, 135, **F** 64
- auf Anweisung an die Schuldner 132, 135
- auf Sicherstellung der Unterhaltsbeiträge 135
- wegen Zuwendungen an Dritte bei Errungenschaftsbeteiligung 220

Kindesrecht
- Anfechtung des Kindesverhältnisses: der Vaterschaftsvermutung 256 ff., der Anerkennung 260a ff.
- Feststellung des Kindesverhältnisses: Vaterschaftsklage 261 ff., SchlT 13a
- auf Anfechtung der Adoption 269 ff.
- Leistung des Unterhalts 279 ff.
- der unverheirateten Mutter auf Ersatz 295

Familiengemeinschaft
- auf Unterstützung 329
- auf Ersatz der Auslagen für ein Findelkind 330

Vormundschaft
- Verantwortlichkeitsklage 430, Frist 454 f.

Erbgang
- wegen Ungültigkeit der Verfügung von Todes wegen (Ungültigkeitsklage) 519 ff.
- Herabsetzungsklage: bei Verletzung des Pflichtteils 522 ff., 535 f., 565; des Beschwerten bei Erschöpfung des Erbteils oder der Zuwendung 486; bei Unvereinbarkeit mit dem Erbvertrag 494
- der Gläubiger des überschuldeten Erben bei Ausschlagung (Erbrechtspauliana) 578

- gegen den Erbschaftsbesitzer (Erbschaftsklage) 598 ff.
- des Vermächtnisnehmers (Vermächtnisklage) 601
- auf Teilung der Erbschaft (Teilungsklage) 604
- gegen Miterben aus Gewährleistungspflicht 637

Sachenrecht
- Eigentumsklage (rei vindicatio), Eigentumsfreiheitsklage (actio negatoria) 641
- auf Ausschluss aus der Miteigentümergemeinschaft 649b f.
- auf Aufhebung des Miteigentums 650 f.
- aus Verantwortlichkeit des Grundeigentümers 679
- auf Schadenersatz bei Schuldbrief und Gült 867
- Besitzesschutzklage 927 ff., 937
- Besitzesrechtsklage (Fahrnisklage) 934 ff.
- auf Löschung oder Abänderung des Eintrages (Grundbuchberichtigungsklage) 975

s. auch Haftung; Verantwortlichkeit; Gerichtsstand; Zuständigkeit

KLAGENHÄUFUNG E 7

KOLLEKTIVBLATT
s. Grundbuch

KOMMORIENTENVERMUTUNG 32

KONKURS F 166 ff.
- des Ehegatten 188, 236, SchlT 9c
- der Eltern oder Grosseltern 334bis
- des Gemeinders 343
- Überschuldung der Erbschaft s. Liquidation, konkursamtliche
- eines Erben 524, 578

KONNEXITÄT 895

KÖRPERSCHAFT 52, 59, 60 ff., 393, 796, SchlT 7, **F** 150 ff.

KOSTEN
- des Begräbnisses 474
- des öffentlichen Inventars 584
- beim Miteigentum 649
- der Einfriedigung 697
- im Nachbarrecht 698
- beim Stockwerkeigentum 712h ff., 712s
- der amtlichen Vermessung SchlT 39

KRAFTLOSERKLÄRUNG von Pfandtiteln 870 f.

KRANKHEIT, Fall der Beistandschaft 392

KREISE
- Verantwortlichkeit im Vormundschaftswesen 427, 430, 454
- Grundbuchkreise s. Grundbuch

KRIEGSEREIGNISSE 506

KÜNDIGUNG
- des Mietvertrages über die Wohnung der Familie 169
- der Gemeinderschaft 338, 344
- von Forderungen in Nutzniessung 773
- der Grundlast 788
- bei Pfandrechten 803, 828, 831, 844, 850, 852, 906, SchlT 28

L

LANDESMÜNZE, LANDESWÄHRUNG 783, 794, **F** 147

LANDSCHAFTSSCHUTZ 702

LÄRMIMMISSIONEN 684

LAWINEN 725

LEBENSVERSICHERUNG
- Zustimmung der Vormundschaftsbehörde 421
- im Erbgang 476, 529, 563

LEBENSWANDEL, LASTERHAFTER, UNEHRENHAFTER
- Entmündigungsgrund 370, 374, 437
- Grund zur Ausschliessung vom Amt des Vormundes 384

LEGALSERVITUT
s. Notbrunnen; Notweg

LEGITIMATION F 74
s. auch Anerkennung; Kindesverhältnis

LEHRE, BEWÄHRTE 1

LEHRVERTRAG, Zustimmung der Vormundschaftsbehörde 421

LEICHE, LEICHENFUND A 20, 34, 36

LEITUNGEN 676, 691 ff., 742

Lex commissoria
s. Verfallsklausel

Lidlohn 334 f., 603

Liegenschaft 655 ff., 667 ff., **D** 3
s. auch Grundstück

Liegenschaftsbeschreibung, -Verzeichnis 942
s. auch Grundstück

Liquidation
– des Vermögens einer juristischen Person 58
– einer Erbschaft
– – amtliche 578, 588, 593 ff.
– – konkursamtliche 573 ff., 597

Löschung
– in Zivilstandsregistern 42
– im Handelsregister: des Vereins 79; der Stiftung 89
– im Grundbuch: der Grunddienstbarkeit 734 ff., 743 f., 968; der Nutzniessung 748; der Grundlast 786; eines Grundpfandes 801, 812, 814, 826, 864, 881; s. auch Grundbuch

Lose 611, 634

Lücke im Gesetz 1

Luftraum 667

M

Markt 934

Maschinen als Zugehör 805

Massnahmen, Massregeln, Vorkehrungen **E** 33, **F** 10
– vorsorgliche, bei Persönlichkeitsverletzung 28c ff.
– vorsorgliche, während des Scheidungsverfahrens 137, **F** 62
– gerichtliche, zum Schutz der ehelichen Gemeinschaft 172 ff.
– vorsorgliche, bei Unterhaltsklage 281 ff.
– geeignete, zum Schutz des Kindes 307, 315 f., des Kindesvermögens 324
– zum Schutz von Minderjährigen **F** 85
– erforderliche, im Entmündigungsverfahren 386

– vorläufige, bei Amtsenthebung des Vormunds 448 f.
– nötige, zur Sicherung des Erbganges 551 ff., **F** 89
– vorsorgliche, zur Sicherstellung der Gläubiger des Erblassers 594
– vorsorgliche, bei Zahlungsunfähigkeit eines Miterben 604
– vorsorgliche, beim Erwerb von Grundstücken durch Personen im Ausland **B** 23
– zweckdienliche bei Wertverminderung der Pfandsache 808
– zum Schutz des Vermögens ausländischer Gesellschaften **F** 153
– sichernde, bei einem Konkurs im Ausland **F** 168
– vorsorgliche und sichernde, im Schiedsverfahren **F** 183

Mater semper certa est 252

Material 671 ff.

Mauern 670

Medien, -unternehmen 28c, 28g ff.

Mehrbelastung bei Grunddienstbarkeiten 739

Mehrheit von Schuldnern **F** 143 f.

Mehrwert, Mehrwertanteil
– bei Errungenschaftsbeteiligung 206, 211 f., 218
– bei Gütergemeinschaft 239

Meldepflicht **A** 34 ff.
s. auch Anzeigepflicht, Mitteilungspflicht

Melioration
s. Bodenverbesserung

Miete, Mietvertrag
– bei Ehescheidung 121
– Zustimmung der Vormundschaftsbehörde 421
– Mietzins als Pfandobjekt 806
– Vormerkung im Grundbuch 959

Militärdienst, mündliche letztwillige Verfügung 507

Minderjährige **F** 85
s. auch Unmündige

MISSBRAUCH
– eines Rechts 2
– der Befugnisse des Vormundes 445

MISSWIRTSCHAFT 370, 374, 437

MITEIGENTUM 646 ff., 655, **D** 10a, 31 ff., 105
– bei Errungenschaftsbeteiligung 200 f., 205
– bei Gütergemeinschaft 246
– bei Gütertrennung 248, 251
– Abgrenzungsvorrichtungen 670
– Vorkaufsrecht 682, 712c
– beim Stockwerkeigentum 712a ff.
– Verpfändung 800

MITERBE
– Ausschlagung 572
– Ausgleichung 628 f.
– Vertrag über Erbanteil 635 f.
– Haftung 637 ff.
– gesetzliches Grundpfandrecht 837 f.
s. auch Erbengemeinschaft

MITTEILUNGSPFLICHT, amtliche **A** 40 ff.

MITWIRKUNG
– des Beirates 395
– der vormundschaftlichen Behörden 420 ff.

MITGLIEDSCHAFT IM VEREIN 70 ff.

MOBILIEN
s. Fahrnis

MÜNDEL
s. Entmündigte, Bevormundete

MÜNDIGKEIT 14, 39, 431, 468, **F** 45a

MUTTER, 252, 270 ff., 295, 298, 309, 605

N

NACHBARRECHT 684 ff.

NACHERBEN, -EINSETZUNG 488 ff., 531, 545, 960

NACHKOMMEN 345, 457, 470 f., 478, 480, 541, 626 f., 629

NACHLASS, -ABWICKLUNG F 92
s. auch Erbschaft

NACHLASSSTUNDUNG
421 Ziff. 8, 960, **F** 166 f.

NACHRÜCKEN der Grundpfandgläubiger 814, SchlT 30

NACHVERPFÄNDUNG 886, 903

NACHWEIS von Personenstandsdaten 41, **A** 16 f., 21, 97

NAME 30, 39, 119, 160, 259, 267, 270 f., SchlT 12, **A** 8 f., 24, 37 f., 55, 64, Anhang, **F** 37 ff.
– Vorname 267, 301, **A** 8 f., 24, 37 f., 55, Anhang
– Namensänderung 30, 271, **A** 7, 41, **F** 38 f.
– Namenserklärung 119, 160, SchlT 8a, **A** 5, 7, 12 ff., 21
– Namensschutz 29, **F** 157

NASCITURUS
s. Kind, vor der Geburt

NAMENPAPIERE, Verwertung zurückbehaltener 898

NAMENSSACHE 29 f., **A** 40

NATURDENKMAL 702

NATURKRÄFTE 713

NEUERUNG durch Schuldbrief und Gült 855

NEUFESTSETZUNG des Unterhaltsbeitrages 135, 286

NICHTEINTRAGUNG im Grundbuch 971, SchlT 44

NICHTIGKEIT
– der Ehe s. Ungültigkeit
– von Grundstücksgeschäften **B** 26 f.

NICHTRÜCKWIRKUNG SchlT 1

NIEDERLASSUNG 23, **E** 5, **F** 20 f.
s. auch Zweigniederlassung

NIESSBRAUCH
s. Nutzniessung

NOTBRUNNEN 710

NOTERBE
s. Pflichtteil

NOTSTAND 701

NOTTESTAMENT 506 ff.

NOTTRAUUNG 100, **A** 68
NOTWEG 694
NOVATION
s. Neuerung
NOVEN, im Scheidungsverfahren 138
NUMERUS CLAUSUS
– der Verfügungen von Todes wegen 481–497
– der Grundpfandarten 793
– der vormerkbaren Rechte 959
NUTZNIESSUNG 745 ff., 484, 530, 563
– des überlebenden Ehegatten 219, 244, 473, 612a, a.462 ff., 561
– der Urgrosseltern a.460
NUTZUNG
– des ehelichen Vermögens 201, 247, a.200, 242
– des Kindesvermögens 319 ff.
s. auch Verwaltung
NUTZUNGSPFANDRECHT SchlT 45
NUTZUNGS-, GEBRAUCHSRECHTE
s. Dienstbarkeiten

OBHUT über die Kinder 273, 275, 310
OBLIGATION
s. Anleihe; Forderung; Schulden
OBLIGATIONENRECHT 7, **F** 112 ff.
ÖFFENTLICHKEIT
– der Trauung 102, **B** 159
– des Grundbuchs 970 ff.
OFFIZIALMAXIME 145, 254, 280, 329
OKKUPATION (INBESITZNAHME)
s. Aneignung
ORDNUNG, ÖFFENTLICHE SchlT 2, **F** 17
ORDNUNGSSTRAFE
s. Disziplinarmassnahmen
ORDRE PUBLIC
s. Ordnung, öffentliche
ORGANE, VORMUNDSCHAFTLICHE 360, 426 ff.

ORGANE, ORGANISATION juristischer Personen 54 f., 64 ff., 83, 85, **F** 155 ff.
ORTSGEBRAUCH, Ortsüblichkeit 5, 699, 740, 767
ORTSNAME **A** 26

P

PACHT, PACHTVERTRAG
– Zustimmung der Vormundschaftsbehörde 421
– Zins als Pfandobjekt 806
– Vormerkung 959
PERSON
– natürliche 11 ff., **F** 33 ff.
– juristische 52 ff., SchlT 6b, **F** 150 ff.
– Bevormundete, s. Entmündigte
– im Ausland **B** 5, **C** 2
PERSONALFÜRSORGE
– -stiftung 89bis
– -leistungen 197
s. auch Vorsorge, berufliche
PERSONENRECHT 11 ff.
PERSONENSTAND 39 ff., **A** 7 ff.
PERSONENSTANDSDATEN **A** 7 ff., 44 ff.
PERSONENVERBINDUNG, KÖRPERSCHAFTLICHE
s. Körperschaft
PERSONENZUSAMMENSCHLUSS, ORGANISIERTER
s. Körperschaft
PERSÖNLICHKEIT 11 ff., 52, **F** 33 ff.
– Verletzung, Schutz 27 ff., 43a, **E** 12, **F** 139
PFAND, PFANDRECHT
– an Grundstücken 793 ff., s. auch Grundpfandrecht
– an beweglichen Sachen 884 ff., s. auch Fahrnispfandrecht
– an Forderungen und anderen Rechten 899 ff., **F** 105 f.
– Rang 813 ff., 825, 840, 893, 972, SchlT 29, **I** 29
s. auch Retentionsrecht; Sicherungsübereignung

Pfandentlassung 860, 874, SchlT 24

Pfandgläubiger 808 ff., 823, 859 ff., 865 ff., **D** 40, 66, 108

Pfandhaft 805 ff., 832 f., 892, 904, SchlT 25

Pfandleihgewerbe 907 f., 915

Pfandschein (Warrant) 902

Pfandstelle 813 ff., 825, 871, SchlT 30 f., **D** 40, 48, 53, 63

Pfandtitel 856 ff., 870 ff., SchlT 22, 28, **D** 53 ff.
s. auch Pfandbrief

Pfändung
– des Anteils eines Ehegatten am Gesamtgut 185, 188
– des Anteils eines Gemeinders am Gemeinschaftsgute 343 f.
– Vormerkung im Grundbuch 960

Pfandvermehrung D 55

Pflanzen 667, 678, 687 f.

Pflegeeltern, -kind 294, 300, 307, 310, 316

Pflichtteil 470 ff., 477 ff., 522 ff., a.471 ff.
– von Nachkommen 216, 241, 322, SchlT 10
– verheirateter Personen 225

Pilze 699

Plätze, öffentliche 664

Presse
s. Medien

Privatrecht, internationales F 1 ff.

Privatsphäre 28

Privileg
s. Vorrecht

Produktemängel F 135

Prorogation s. Gerichtsstandsvereinbarung

Prozessführung 395, 421, 586, 712l, 712t

Q

Quelle, Quellenrecht 664, 667, 689, 704 ff., 780, **D** 7

Quote, disponible (verfügbarer Teil) 470 ff.

R

Randanmerkung im Zivilstandsregister **A** 98

Rang
– der Pfandrechte s. Pfand
– der gesetzlichen Vorkaufsrechte 681
– dinglicher Rechte an Grundstücken 972

Rauch 684

Realkollation
s. Einwerfung in die Teilung

Reallast s. Grundlast

Rechnungsfehler 455

Rechnungsruf 582, 592, 595

Rechnungsstellung
s. Abrechnung

Recht
– anwendbares **F** 13 ff.
– bisheriges und neues (intertemporales) SchlT 1 ff.
– kantonales 5 f., 10, SchlT 20 ff., 44, 51 ff., betreffend
– – die Zivilstandsämter 49, **A** 3, 22 f., 35 f., 38, 43, 85, 96
– – die Vormundschaftsämter 361, 373, 376, 378, 397b, 425, 434
– – die Grundbuchämter 949, 953 ff.
– – die Bewilligungsbehörden **B** 15
– – die fürsorgerische Freiheitsentziehung 397e
– – die Errichtung eines öffentlichen Inventars 581
– – die Enteignung 666
– – Beschränkungen des Grundeigentums zum allgemeinen Wohl 702
– – die Bestimmung eines Höchstzinsfusses 795

– – die Beschränkung der Verpfändbarkeit 796
– öffentliches 6, 59, 293

RECHTE
– beschränkte dingliche 730 ff., SchlT 21 ff.
– dingliche, an Grundstücken 943, 958, 971 ff., SchlT 17, 43 ff., **D** 31 ff., **F** 99, s. auch Grundeigentum
– persönliche 959, SchlT 18, **D** 71 ff.
– selbständige und dauernde 655, 682, 779 ff., 943, SchlT 56, **D** 2, 7, 9, 105

RECHTSBESITZ 919

RECHTSFÄHIGKEIT 11, 27, 31, 53, **F** 34, 155
– Erbfähigkeit 120, 539 ff.

RECHTSFINDUNG, gerichtliche 1

RECHTSFRÜCHTE 757

RECHTSGESCHÄFT 6, 10, 55, 68, 168

RECHTSHÄNGIGKEIT E 35 f., **F** 9
– bei Ehescheidung 136

RECHTSMISSBRAUCH 2

RECHTSMITTEL
– im Scheidungsverfahren 148 f.
– in Zivilstandssachen **A** 90

RECHTSSCHUTZ beim Besitz 930 ff.

RECHTSÜBERGANG, GESETZLICHER 131

RECHTSWAHL F 15, 52 ff., 87, 104, 116 f., 132 f.

RECHTSWIDRIGKEIT
s. Widerrechtlichkeit

RECKWEG 702

REGENWASSER 689

REGISTER, öffentliche 9
– elektronische, zur Beurkundung des Personenstandes 39 ff., SchlT 6a
s. auch Beurkundung des Personenstandes; Grundbuch; Güterrechtsregister; Handelsregister

REGLEMENT beim Stockwerkeigentum 712g, 712s

REGRESS
s. Rückgriff

REISTWEG 695

REI VINDICATIO
s. Eigentumsklage

RELIGIONSMÜNDIGKEIT 303

RENTE 127 ff., 285, 530, 563

RENVOI
s. Rückverweisung

RETENTIONSRECHT 700, 712k, 895 ff., 939 f., SchlT 36

RÜCKERSTATTUNG, RÜCKGABE, RÜCKLEISTUNG
– der Verlobungsgeschenke 91
– vorläufiger Unterhaltszahlungen 284
– des Vermögens oder Erbteils eines Verschollenen 550
– des herabgesetzten Vermächtnisses 565
– des Faustpfandes nach Untergang des Pfandrechts 889

RÜCKFORDERUNG
– vollzogener Leistungen mangels Genehmigung des Vormundes 411
– abhanden gekommener oder bösgläubig erworbener beweglicher Sachen 933 ff.

RÜCKGRIFF
– des Gemeinwesens auf Unterstützungspflichtige 289
– der vormundschaftlichen Behörde auf ihre Mitglieder 428
– des Kantons bei fürsorgerischer Freiheitsentziehung 429a
– auf die Miterben 640
– auf die Miteigentümer 649
– des Kantons auf fehlbare Beamte 849
– des Kantons auf Mitarbeiter der Grundbuchverwaltung 955
– zwischen Schuldnern **F** 144

RÜCKKAUFSRECHT 959, **D** 71

RÜCKKAUFSWERT des Versicherungsanspruchs 476, 529

RÜCKSCHLAG 210

RÜCKVERWEISUNG F 14

RÜCKWIRKUNG
– der Verschollenerklärung 38
– der Eintragung im Grundbuch 972
– des ZGB SchlT 1 ff.

RUSS 684

S

Sachen
- bewegliche s. Fahrnis
- unbewegliche s. Grundstück
- Beschränkung des Verkehrs mit gewissen Arten 6
- eingebrachte 332
- herrenlose 658 f., 664, 718 f.
- zugeführte 660, 700, 725
- öffentliche 664
- gefundene 720 ff.
- verbrauchbare 760, 772
- geschätzte 772
- anvertraute 933
- abhanden gekommene 870, 934 ff.

Sachenrecht
- 641 ff., F 97 ff.

Sachhaftung
- bei der Grundlast 782, 791
- bei Vorkehrungen gegen Wertverminderungen des Grundpfandes 810
- bei der Gült 847, 851
- des Versatzpfandes 910

Sachverständige
- bei Anordnung über Kinder im Scheidungsverfahren 145
- beim Eheschutz 172
- bei der Adoption 268a
- bei Bevormundung psychisch Kranker 374, 436
- bei fürsorgerischer Freiheitsentziehung 397e
- bei Schatzung von Erbschaftsgrundstücken 618

Sammlung, öffentliche 393

Schadenersatz
- beim Persönlichkeitsschutz 28a, 28f
- beim Namensschutz 29
- des Bevormundeten wegen Verleitung zur Annahme seiner Handlungsfähigkeit 411
- bei widerrechtlicher Freiheitsentziehung 429a
- bei Vernichtung einer letztwilligen Verfügung 510
- beim Vermächtnis 562
- bei Einbauten 672
- bei Eingriffen in fremdes Grundeigentum
- – – Abgrabung, Beeinträchtigung, Verunreinigung von Quellen 706
- – – Ausgrabung wissenschaftlicher Gegenstände 724
- – – Notstand 701
- – – Wegschaffung zugeführter Sachen 700
- bei Verarbeitung 726
- bei Verbindung und Vermischung 672, 727
- bei abweichendem Wortlaut des Schuldbriefs oder der Gült 867
- bei Besitzesentziehung 927
- bei Besitzesstörung 928
- wegen unrichtiger Grundbucheintragungen 975
s. auch Entschädigung; Verantwortlichkeit; Verwendungen

Schatzfund 723 f.

Schatzung, Schätzung
- beim öffentlichen Inventar 581, 587
- amtliche von Erbschaftsgrundstücken 618
- bei der Nutzniessung 772
- amtliche des Grundpfandes 830, 843, 848 ff.

Scheidung SchlT 7a f.
- auf gemeinsames Begehren 111 f., 116
- auf Klage 113, 114 ff.
s. auch Ehescheidung

Scheidungsfolgen 119 ff.
- Vereinbarung 111 f., 123, 127, 130, 133, 140 ff., 148

Scheidungskonvention
s. Scheidungsfolgen

Scheidungsrente 127 ff.

Scheidungsverfahren 135 ff.

Scheidungsvoraussetzungen 111 ff., 119

Schenkungen
- Mitwirkung des Beirates 395
- zu Lasten des Bevormundeten 408
- des Erblassers 527
- unter Nutzniessungsvorbehalt 761
s. auch Geschenke

SACHREGISTER

SCHIEDSGERICHTSBARKEIT, INTERNATIONALE F 176 ff.

SCHIEDSKLAUSEL, -VEREINBARUNG, -VERTRAG 421, **F** 7, 177

SCHIESSÜBUNGEN (DIENSTBARKEIT) 781

SCHLUSSBERICHT, -RECHNUNG des Vormundes 451 ff.

SCHMERZENSGELD s. Genugtuung

SCHNEESCHMELZE 689

SCHRIFTFORM
s. Form, schriftliche

SCHULDBRIEF 842 ff., 854 ff., SchlT 32
– Ausgabe in Serien 876
– Eintragung im Grundbuch 856, 865, 867, **D** 40 ff., 53 ff.
– Pfandtitel 856, 866 ff., **D** 53 ff.
s. auch Grundpfandrecht

SCHULDEN DES ERBLASSERS 474, 518, 560, 564 f., 589 ff., 603, 610, 615, 639 f.
s. auch Haftung

SCHULDERLASS 626

SCHULDSCHEIN 900

SCHULDÜBERNAHME 639, 832 ff., 846

SCHULE 302

SCHUTZ
– der Persönlichkeit 27 ff., 40, **F** 139
– von Vereinszweck und -mitgliedschaft 74 f.
– der ehelichen Gemeinschaft 118, 137, 171 ff.
– der Gläubiger im Güterrecht 193, a.179, a.188
– – im Erbgang 578 f.
– des Kindes 307 ff.
– des Kindesvermögens 324 f.
– des Besitzes 926 ff.

SCHWÄGERSCHAFT 21
s. auch Stiefeltern, -kinder

SCHWANGERSCHAFT 295, 309

SELBSTHILFE 926

SERIENTITEL 876 ff.

SERVITUTEN
s. Dienstbarkeiten

SICHERHEITSLEISTUNG
– bei vorsorglichen Massnahmen im Persönlichkeitsschutz 28d, 28f
– für künftige Unterhaltsbeiträge 131, 292
– zum Schutz des Kindesvermögens 324
– der Mitglieder des Familienrates 365
– des überlebenden Ehegatten a.464
– der Erben und Bedachten eines Verschollenen 546
– des Nutzniessers 762, 775

SICHERSTELLUNG
– des Unterhaltsanspruchs 132, 292
– der Forderung gegen den Ehegatten 203, 235, 250
– der Beteiligungsforderung, des Mehrwertanteils 218, 239
– des Nacherben 489 f.
– während des Inventars 585
– der Vermächtnisnehmer 594
– bei der Erbschaftsklage 598
– der Erblasserschulden 610
– des Eigentümers bei Nutzniessung 760 f.
– der Grundpfandgläubiger bei Auszahlung der Versicherungssumme an den Eigentümer 822
– des Kantons 955

SICHERUNG
s. Massnahmen

SICHERUNGSÜBEREIGNUNG 717

SIEGELUNG DER ERBSCHAFT 474, 551 f.

SITTENWIDRIGKEIT s. Unsittlichkeit

SITTLICHKEIT 27

SITZ EINER GESELLSCHAFT E 3, **F** 21
s. auch Wohnsitz

SOLDATENTESTAMENT 506 ff.

SOLIDARHAFTUNG
– der Gemeinder 342
– der vormundschaftlichen Organe aus Arglist 429
– der Erben für Schulden des Erblassers 603, 639

SONDERGUT SchlT 9b, 9e, 10, a.190 ff., a.208

SONDERZIVILSTANDSÄMTER A 2

Sorge, elterliche 296 ff.
– bei Scheidung 133 f., 146 f.
s. auch Kindesvermögen

Sorgerecht, Sorgerechtsentscheidung 133 f.

Sorgfalt, gebotene 333

Sozialfürsorge-, Sozialversicherungsleistungen 197, 207, 237, 285, 295

Spaltung von Gesellschaften
s. Verlegung, Fusion

Spargeld des Kindes 321

Spezifikation
s. Verarbeitung

Staatsangehörigkeit, Staatenlosigkeit 39, **A** 27, **F** 22 ff.

Stämme
– Erbberechtigung 457 ff.
– beim Erbverzicht 496

Stand
s. Personenstand

Statuten
– juristischer Personen 54, 56 f.
– eines Vereins 60 f., 63

Steigerungsbehörde C 18 f.

Stellvertretung D 16, **F** 126

Steuern und Abgaben bei Nutzniessung 765

Stiefeltern, -kinder 95, 105, 264a Abs. 3, 299

Stiftungen 52 ff., 80 ff., 493, SchlT 7
– kirchliche 52, 59, 87
– zu Lasten eines Bevormundeten 408
s. auch Vermögenseinheiten

Stimmrecht im Verein 67 f.

Stockwerkeigentum 712a ff., SchlT 20bis, **D** 10a, 33a, 33c, 71a, 79

Straftat gegen den Erblasser 477, 540

Strassen 664, 702

Strassenverkehrsunfälle F 134

Streckrecht 695

Streitverkündung
s. Interventionsklage

Studienkosten
s. Erziehung

Suchterkrankungen 397a

T

Tabularersitzung (ordentliche Ersitzung) 661, 731, 746, 783

Tagebuch
s. Grundbuch

Täuschung
s. Arglist

Teil, verfügbarer 470 ff.

Teilung
– des Gesamtgutes 241 ff.
– des Gemeinschaftsgutes 339, 346
– der Erbschaft 602 ff.
– – Aufschiebung, Verschiebung 604 f.
s. auch Aufhebung; Beteiligung; Zerstückelung

Teilungsanspruch, -klage
– der Miterben 604
– der Miteigentümer 650, 653

Teilungsvertrag, Erbteilungsvertrag 421, 634

Teilungsvorschriften des Erblassers 522, 608

Testament
s. Verfügung, letztwillige

Testamentsvollstrecker
s. Willensvollstrecker

Testierfähigkeit 467, **F** 94
– Erbvertragsfähigkeit 468

Tiere 482, 641a, 700, 719, 720a, 725
– im häuslichen Bereich 651a, 722, 728

Tilgung
– der Pfandschuld aus Bodenverbesserung 821
– von Serientiteln 878, 881 ff.
s. auch Neuerung

Titel und Grade A 25

Tod 31 ff., 39, **A** 7 f., 20, 34 ff.
– des Verlobten 91
– des Ehegatten 204, 236

- des geschiedenen Ehegatten 130
- des Ehemannes der Mutter 258
- des ausserehelichen Vaters 261
- eines Elternteils 297
- der unverheirateten Mutter 298
- eines Gemeinders 345
- des Vormundes 441
- des Vorerben 489
- des Erben 542
- des Erblassers 537
- – Herbeiführung 540
- des Nutzniessers 749
s. auch Vorabsterben

TODESBESCHEINIGUNG A 35, 89

TODESERKLÄRUNG SchlT 6, **F** 42
s. auch Verschollenerklärung

TODESFALLVERSICHERUNG (LEBENSVERSICHERUNG) 476, 529

TODESGEFAHR 35 f., 38, 100, 506

TODESREGISTER A 92 f.

TORFGRÄBEREI 769

TRADITIO LONGA MANU 922

TRÄNKE, TRÄNKERECHT, TRÄNKWEG 695, 709, 740

TRAUUNG 44, 97 ff., 101 ff., **A** 70 ff., 96
s. auch Eheschliessung

TRAUUNGSERMÄCHTIGUNG 99, 101

TRENNUNG der Ehegatten
s. Ehetrennung

TRETRECHT 695

TREU UND GLAUBEN 2, 92

TRINKWASSERVERSORGUNG 707, 711 f.

TRUNKENHEIT 16

TRUNKSUCHT 370, 374, 397a, 437

U

ÜBERBAU 674

ÜBERFREMDUNG B 1

ÜBERGABE
- einer Sache 922 ff.
- des Pfandtitels 869
- des Pfandgegenstandes 909

ÜBERGANGSBESTIMMUNGEN SchlT 51 ff.
s. auch Recht

ÜBERLIEFERUNG 1

ÜBERSCHULDUNG 185, 566, 578, 597

ÜBERSCHUSS beim Versatzpfand 911

ÜBERTRAGBARKEIT
- der Nutzniessung zur Ausübung 758
- der Bau- und Quellenrechte und anderer Dienstbarkeiten 779, 780 f.
- als Voraussetzung der Verpfändung 899
- Ausschluss
- – bei der Mitgliedschaft in einem Verein 70
- – bei gesetzlichen Vorkaufsrechten 681
- – bei Nutzniessung, Wohnrecht und anderen Dienstbarkeiten 758, 776, 781
s. auch Vererblichkeit

ÜBERTRAGUNG
- des Grundeigentums 657
- des Fahrniseigentums 714 ff.
- der Forderung bei Grundpfandverschreibung 835, SchlT 28
- der Forderung aus Schuldbrief und Gült 869, SchlT 28
- des Besitzes 922 ff.

ÜBUNG, USANCE 5

UMWANDLUNG
- des Vereinszweckes 74
- der Stiftung 85 f.

UNERFAHRENHEIT
- Entziehung der elterlichen Sorge 311
- Bevormundung auf eigenes Begehren 372

UNFÄHIGKEIT MÜNDIGER
- Bevormundungsfälle 369 ff.
- Fälle der Beistandschaft 392 f.

UNGÜLTIGKEIT
- der Ehe 104 ff.
- – Ungültigerklärung 109, **E** 15
- einer Verfügung von Todes wegen 469, 482
- – Ungültigerklärung 519 ff.

UNMÜNDIGE
- Handlungsfähigkeit 17, 19, 183
- Verlobung 90

- Adoption 264 ff.
- Kinder 296
- Eltern 296, 298
- Verantwortlichkeit des Familienhaupts 333
- Bevormundung 368
- als Miterbe eines landwirtschaftlichen Gewerbes **F** 12
s. auch Minderjährige

UNSITTLICHKEIT 27, 482, 519, 521

UNTERBRECHUNG, VORÜBERGEHENDE, des Besitzes 921

UNTERBRINGUNG in einer Anstalt 397b, 397e, 405a f.

UNTERGANG, VERLUST
- des Grundeigentums 666
- des Stockwerkeigentums 712f
- des Fahrniseigentums 729
- Grunddienstbarkeit 734 ff.
- der Nutzniessung 748 ff.
- des Wohnrechts 776
- des Baurechts (Heimfall) 779c ff., **D** 71b
- der Grundlast 786 ff.
- der Pfandrechte 801, 826 ff., 863 f., 888 ff.
- eingetragener Rechte 976, **D** 61

UNTERHALT
- von Vorrichtungen zur Ausübung nachbarrechtlicher Befugnisse 698
- – bei Grunddienstbarkeiten 741
- und Bewirtschaftung des Nutzniessungsgegenstandes 765
- gewöhnlicher, beim Wohnrecht 778

UNTERHALT (LEBENSUNTERHALT)
- der Familie 163 ff., 173, **F** 49
- – bei Aufhebung des gemeinsamen Haushaltes 176
- nachehelicher 125 ff., **F** 49
- des Kindes (Pflicht der Eltern) 276 ff., 319 f., **F** 83
- – Verträge darüber 287 f.
- – Pflegegeld 294
- Vorschuss aus öffentlichen Mitteln 293
- Vernachlässigung der Unterhaltspflicht 132, 291 f.
- der unverheirateten Mutter, Ersatz der Kosten 295

- Unterstützung von Verwandten 328 f., **E** 17
- von Findelkindern 330
- unmündiger Bevormundeter 405
- der Hausgenossen des Erblassers (Dreissigster) 474, 606
- der Mutter eines ungeborenen Erben 605
s. auch Beitrag

UNTERHALTSANSPRÜCHE, Geltendmachung 279 ff., 329, **E** 17

UNTERHALTSBEITRAG
s. Beitrag

UNTERHALTSPFLICHT
s. Unterhalt (Lebensunterhalt)

UNTERHALTSVORSCHUSS aus öffentlichen Mitteln 131, 293

UNTERLASSUNGSANSPRUCH, -PFLICHT, 28a, 29, 274, 684, 928

UNTERSTÜTZUNGSPFLICHT 328 ff.

UNTERSUCHUNGSMAXIME
s. Offizialmaxime

UNZUMUTBARKEIT der Fortsetzung der Ehe 115

URGROSSELTERN a.460

URKUNDE
- öffentliche 9, SchlT 55
- – Errichtung einer Stiftung 81
- – Inventar der Vermögenswerte der Ehegatten 195a, a.197

URKUNDENPROTOKOLL 948, 972

URTEIL
- Verbindlichkeit für den Rechtsnachfolger eines Miteigentümers 649a
- Verschaffung des Grundeigentums 656, 665, 963

URTEILSFÄHIGKEIT 13, 16 ff., 94, 105, 107, 146, 183, 306, 398, 409 f., 413, 446, 467

V

VATERSCHAFT
- des Ehemannes 255 ff.
- Anerkennung oder Feststellung 260 ff.

VATERSCHAFTSKLAGE 261 ff.

VERÄNDERUNG
- der Lebenskosten: Anpassung des Unterhaltsbeitrages 128, 286
- der Bedürfnisse, der Leistungsfähigkeit 286
- der Verhältnisse: Abänderung der Unterhaltsrente 129; Neuregelung der elterlichen Sorge, Änderung des Unterhaltsbeitrages, des Anspruchs auf persönlichen Verkehr 134; Anpassung der Eheschutzmassnahmen 179; Neufestsetzung des Unterhaltsbeitrages 286; Anpassung der Massnahmen zum Schutz des Kindes 313
s. auch Abänderung; Änderung

VERANTWORTLICHKEIT, Haftbarkeit
- für Personen im Zivilstandswesen 46
- der Eltern für das Kindesvermögen 327
- des Familienhauptes 333
- des Familienrates 362, 365
- der vormundschaftlichen Organe 426 ff., 454 ff.
- des Kantons bei fürsorgerischer Freiheitsentziehung 429a
- des Beschwerten bei Verschlechterung der vermachten Sache 485
- des Grundeigentümers 679
- des Nutzniessers 752
- der Kantone für die Schätzung des Grundstücks 849
- des Faustpfandgläubigers 890
- des Besitzers 938 ff.
- der Kantone für die Grundbuchverwaltung 955
- gesellschaftsrechtliche **F** 151 ff.
- aus Beteiligungspapieren und Anleihen **F** 151 ff.

VERARBEITUNG 726

VERÄUSSERUNG
- Miteigentumsanteil 646
- Sache in Miteigentum 648
- Sache in Gesamteigentum 653
- Stockwerk 712c
- Grundpfand 811, 832 ff., 846, 851
- Forderung aus Schuldbrief und Gült 868
- eigenmächtige, des Pfandes durch den Gläubiger 890
s. auch Verfügung; Verpfändung

VERÄUSSERUNGSBESCHRÄNKUNGEN
681 ff., **D** 80 Abs. 10

VERBANDSPERSON
s. Person, juristische

VERBEIRATUNG 395
s. Handlungsfähigkeit

VERBINDUNG 727

VERBRAUCHER, VERBRAUCHERSACHEN
E 21 f.

VERBRECHEN
s. Straftat

VEREIN 52, 60 ff.

VEREINIGUNG von Grundstücken 945, **D** 85 ff.
- Löschung von Dienstbarkeiten (Confusio) 735

VEREINSVERSAMMLUNG 64 ff.

VERERBLICHKEIT 560
- des Rechtes auf Ungültigerklärung der Ehe 108
- des Erbrechts 542
- der Befugnis zur Ausschlagung der Erbschaft 569
s. auch Übertragbarkeit

VERFAHREN
- Personenrecht
im Persönlichkeitsschutz, bei vorsorglichen Massnahmen 28d und Gegendarstellungen 28i; bei Verschollenerklärung 36
- Eherecht
zur Vorbereitung der Eheschliessung 97 ff.; **A** 5, 12, 62 ff., 73, 75; bei Ungültigerklärung der Ehe 110; bei Ehetrennung 117; bei Ehescheidung 135 ff.
- Kindesrecht
zur Feststellung oder Anfechtung des Kindsverhältnisses 254; bei Adoption 268 ff.; bei Streitigkeiten über die Unterhaltspflicht 280; beim Kindesschutz 314 f.

- Vormundschaftsrecht
bei Entmündigung 373 ff.; Bestellung des Vormundes 385 ff.; fürsorgerischer Freiheitsentziehung 397e f.; Aufhebung der Vormundschaft 434 ff.; zur Amtsenthebung des Vormundes 446 ff.
- Erbrecht
beim öffentlichen Inventar 581 ff.; bei amtlicher Liquidation 595 ff.
- der Beurkundung des Personenstandes **A** 15 ff.
- vor den Zivilstandsämtern und Aufsichtsbehörden **A** 89
- kantonales Recht bei Bodenverbesserungen 703; vor der zuständigen Behörde SchlT 54

VERFALLSKLAUSEL 816, 894, SchlT 35

VERFÜGUNGEN
- bei gemeinschaftlichem Eigentum 646, 648, 653
- bei Stockwerkeigentum 712c
- von Ehegatten 201, 227 ff., 247, a.200 f., a.217
- von Todes wegen 467 ff., SchlT 16, **F** 93 ff.
- letztwillige 81, 260, 467, 498 ff., 517, 556 ff., **F** 93 f., s. auch Erbvertrag

VERFÜGUNGSARTEN 481 ff.

VERFÜGUNGSBESCHRÄNKUNGEN, gerichtliche, behördliche 178, **B** 23, **D** 73
s. auch Verfügungsfreiheit

VERFÜGUNGSFÄHIGKEIT 467 ff., 519, 521, **F** 94

VERFÜGUNGSFORMEN 498 ff.

VERFÜGUNGSFREIHEIT 470 ff., 516

VERFÜGUNGSRECHT 965

VERGLEICH
- Mitwirkung des Beirates 395
- Zustimmung der Vormundschaftsbehörde 421

VERGÜTUNG
- des Willensvollstreckers 517
- beim Schatzfund 723 f.
s. auch Entschädigung; Finderlohn

VERHÄLTNISSE, PERSÖNLICHE 318, 611, 613
s. auch Persönlichkeit

VERJÄHRUNG SchlT 49
- Familienrecht
Ansprüche aus Verlöbnis 93; Eheungültigkeitsklage 106, 108; Verantwortlichkeitsklage bei Vormundschaft 454 f.
- im Erbgang
während der Dauer des Inventars 586; Ungültigkeitsklage 521; Herabsetzungsklage 533; Erbschaftsklage 600; Vermächtnisklage 601; Gewährleistungsklage 637; Solidarhaftung nach Erbschaftsteilung 639
- Sachenrecht
bei Nutzniessung 754; bei der Grundlast 790; beim Grundpfand 807; beim Versatzpfand 911; Klagen aus verbotener Eigenmacht 929

VERKÄUFERPFANDRECHT 837 f.
s. auch Grundpfandrecht, gesetzliches

VERKEHR, PERSÖNLICHER, mit dem unmündigen Kind 133 f., 146 f., 273 ff.

VERKEHRSWERT 211, 617 f.

VERLEGUNG
- einer Leitung 693
- einer Grunddienstbarkeit 742
- der Grundpfandrechte bei Güterzusammenlegung 802, bei Zerstückelung 833, 846, 852

VERLEGUNG, FUSION, SPALTUNG, VERMÖGENSÜBERTRAGUNG von Gesellschaften **F** 161 ff.

VERLETZUNG
- der Persönlichkeit 28 ff.
- familienrechtlicher Pflichten 477

VERLÖBNIS, VERLOBUNG 90 ff.

VERLÖBNISBRUCH
s. Auflösung des Verlöbnisses

VERLUST
s. Untergang

VERLUSTSCHEIN
- gegen einen Nachkommen des Erblassers 480
- gegen einen Erben 524, 609

VERMÄCHTNIS 484 ff.
- Ersatzvermächtnis 487
- Nachvermächtnis 488 f., 545

- Verschaffungsvermächtnis 484 Abs. 3
- Vorvermächtnis, Prälegat 486 Abs. 3
- Vermächtnisvertrag 494, 513 ff.
- Herabsetzung 525 f., 565
- Erwerb 543, 562 ff.
- Verjährung der Klage 601

VERMESSUNG der Grundstücke 950, SchlT 38 ff.
s. auch Grundbuchpläne

VERMISCHUNG 727

VERMÖGEN
- eheliches a.194
- freies, des Bevormundeten 414
- des Erblassers 481, s. auch Erbschaft
- Nutzniessung daran 745, 766
s. auch Kindesvermögen; Verwaltung

VERMÖGENSEINHEITEN, ORGANISIERTE F 150
s. auch Stiftung

VERMÖGENSABTRETUNG (vorweggenommene Erbfolge) 527, 626

VERMÖGENSÜBERTRAGUNG zwischen Gesellschaften
s. Verlegung, Fusion

VERMUTUNG
- des guten Glaubens 3
- der Richtigkeit öffentlicher Register und Urkunden 9
- des gleichzeitigen Todes (Kommorientenvermutung) 32
- der Richtigkeit des öffentlichen Inventars der Vermögenswerte 195a
- des Miteigentums von Ehegatten 200, 248
- der Zugehörigkeit zur Errungenschaft 200
- – zum Gesamtgut 226
- der Vaterschaft des Ehemannes 255, 257
- – bei Vaterschaftsklage 262
- der Unentgeltlichkeit des Pflegekindverhältnisses 294
- beim Erbverzicht zugunsten von Miterben 496
- der Ausschlagung bei Überschuldung des Erblassers 566
- der Ausgleichung bei Zuwendungen an Nachkommen 626
- der Begünstigung der Nachkommen 629
- der Richtigkeit der Grundbuchpläne 668
- des Miteigentums an Grenzvorrichtungen 670
- der Eigenschaft als Zugehör bei der Verpfändung 805
- des Eigentums 930 f., 937

VERNACHLÄSSIGUNG der Unterhaltspflicht 132, 291 f.

VERNICHTUNG der letztwilligen Verfügung 510

VERÖFFENTLICHUNG
- des Urteils bei Persönlichkeitsverletzungen 28a
- der Gegendarstellung 28i ff.
- des Entzugs der Vertretungsbefugnis 174
- der Bevormundung und ihrer Aufhebung 375, 377, 435
- der vorläufigen Entziehung der Handlungsfähigkeit 386
- der Wahl des Vormunds 387
- der Beistandschaft 397, 440
- von Zivilstandsfällen **A** 57
s. auch Aufforderung; Auskündung; Bekanntmachung

VERPFÄNDUNG s. Pfand

VERSAMMLUNG der Stockwerkeigentümer 712m ff.

VERSATZPFAND 907 ff.

VERSATZSCHEIN 909

VERSCHAFFUNGSVERMÄCHTNIS 484 Abs. 3

VERSCHIEBUNG der Erbschaftsteilung
s. Teilung

VERSCHOLLENERKLÄRUNG 35 ff., 546 ff., **A** 7, 40, 50, **E** 13, **F** 41 f.

VERSCHREIBUNGSPROTOKOLL bei Viehverpfändung 885

VERSCHULDEN
- bei Versäumung der Anmeldung zum öffentlichen Inventar 590
- Voraussetzung der Erbunwürdigkeit 540
s. auch Verantwortlichkeit

VERSCHWENDUNG 370, 374, 437

VERSCHWINDEN einer Person 34 f.

VERSICHERUNG
– bei Nutzniessung 750, 767
– beim Pfandrecht 819, 822
s. auch Lebens-, Viehversicherung; Personalfürsorge; Sozialfürsorge; Sozialversicherung; Vorsorge, berufliche

VERSICHERUNGSSACHEN E 26

VERSTEIGERUNG, ÖFFENTLICHE
– von Mündelvermögen 400, 404
– im Erbgang 596, 612
– zur Aufhebung des Miteigentums 651
– von Fundsachen 721
– bei einseitiger Ablösung der Grundpfandverschreibung 829
– Fahrnisklage wegen öffentlich versteigerter Sachen 934

VERTRÄGE 7, **E** 21 ff., **F** 112 ff.
– über die Unterhaltspflicht 287 f.
– von Eltern über die religiöse Erziehung der Kinder 303
– Zustimmungsbedürftigkeit bei Vormundschaft 421 f.
– über die Erbteilung (Teilungsvertrag) 634
– über angefallene Erbanteile 635
– über eine noch nicht angefallene Erbschaft 636
– auf Grundeigentumsübertragung 657
– der Miteigentümer auf Begründung von Stockwerkeigentum 712d
– über die Errichtung einer Grunddienstbarkeit 732
– zur Begründung eines selbständigen und dauernden Baurechts 779a
– auf Errichtung eines Grundpfandes 799
– mit Konsumenten, Verbrauchern **E** 21 f., **F** 114, 120
s. auch Ehevertrag; Scheidungsfolgen; Erbvertrag

VERTRAGSFÄHIGKEIT (HANDLUNGSFÄHIGKEIT) 12 ff., 183, 468

VERTRAUENSVORMUND 381

VERTRETUNG
– juristischer Personen 55, 69
– der ehelichen Gemeinschaft 166, 174, 306
– des Kindes 146, 304 f.
– einer der Beistandschaft bedürftigen Person 392 ff.
– – für ein verwaltungsloses Vermögen 393, 823
– des Bevormundeten 405 ff.
– der Erbengemeinschaft 602; s. auch Erbschaftsverwaltung, Willensvollstrecker
– der Stockwerkeigentümer 712t
– für Schuldbrief und Gült 860
– verpfändeter Aktien in der Generalversammlung (Ausübung der Mitgliedschaftsrechte) 905

VERWAHRLOSUNG 397a

VERWAHRUNG von Wertsachen des Mündelvermögens 399

VERWALTUNG
– des Vermögens, schlechte 370, 374, 437
– – fehlende 393
– – Beschränkung, Entziehung 395
– – durch einen Beistand 419, 439
– – bei Gütertrennung 247, a.242
– des Eigenguts 201, 232
– der Errungenschaft 201
– des Gesamtguts 227 ff., a.216, a.231
– des ehelichen Vermögens a.200
– des Kindesvermögens 318 ff.
– des Vermögens des Bevormundeten 413 f.
– – Zustimmung der vormundschaftlichen Behörden 421 f.
– der Erbschaft 571, 602, s. auch Erbschaftsverwaltung, Willensvollstreckung
– gemeinschaftlichen Eigentums 647 ff., 653, **D** 79
– des Stockwerkeigentums 712g, 712m, 712q ff., **D** 79
– verpfändeter Forderungen 906

VERWALTUNGSBEISTANDSCHAFT, -BEIRATSCHAFT 393, 395, 419

VERWALTUNGSGERICHTSBESCHWERDE
85 f., 956, **A** 90, **B** 21, **D** 10

VERWANDTE 20 f., 274a, 328, 363, 380
– Unterhalts- und Unterstützungspflicht 328
– Erbberechtigung 457 ff., 470 f.
s. auch Eltern; Nachkommen

VERWANDTSCHAFT 20 f., 252 ff.
– Ehehindernis 95, 105

VERWEIS
s. Disziplinarmassnahmen

VERWENDUNGEN 630, 753 f., 756, 939 f.

VERWIRKUNG der Ausschlagungsbefugnis 571
s. auch Verjährung

VERZEIHUNG 137 f., 540

VERZICHT
– auf die Rechts- und Handlungsfähigkeit 27
– auf die Erbschaft 495 ff., 535 f.
– auf die Ausübung eines gesetzlichen Vorkaufsrechts 681b
– auf weitere Belastung des Grundstücks 812
– auf gesetzliche Grundpfandrechte 837

VERZUGSZINSE 818, 891

VINDIKATION (EIGENTUMSKLAGE) 641

VOLLJÄHRIGKEIT
s. Mündigkeit

VOLLSTRECKUNG
– des Unterhaltsanspruchs 131 f., 290
– ausländischer Entscheidungen **F** 25 ff., 28

VORABSTERBEN eines Erben, Vermächtnisnehmers 487, 515, 542 f.

VORAUSBEZUG von Kindern in Ausbildung 631

VORBEHALT
s. Recht, kantonales

VORBEHALTSKLAUSEL
s. Ordnung, öffentliche

VORBEREITUNGSVERFAHREN
s. Eheschliessung

VORERBE 488 ff., 545

VORGANG bei Grundpfandrechten 813 ff.

VORKAUFSRECHT 681 ff., 712c, 959, **D** 71 ff.

VORMERKUNG IM GRUNDBUCH 959 ff., **D** 70 ff.
– persönlicher Rechte 649c, 959
– von Verfügungsbeschränkungen
– – kraft amtlicher Anordnung zur Sicherung streitiger oder vollziehbarer Ansprüche 598, 960
– – kraft Pfändung, Konkurserkenntnisses oder Nachlassstundung 960
– – kraft Rechtsgeschäftes 490, 681b, 712c, 779e, 814, 960
– vorläufiger Eintragungen 961

VORMUND 367
– Bestellung 379 ff.
– Amt 398 ff.
– – Ende 441 ff.
– Beschwerde 420
– Verantwortlichkeit 426 f., 428 ff., 454 f.

VORMUNDSCHAFT 360 ff., SchlT 14, **F** 85
– Familienvormundschaft 362 ff.
– Führung 398 ff.
– – gemeinsame 379
– Ende 431 ff.

VORMUNDSCHAFTSBEHÖRDE 25, 145, 273, 275, 287, 290, 298, 307 ff., 316, 324 f., 361 f., 377 f., 379 ff., 392 ff., 398, 420 ff., 426 ff., 445 ff., 451 ff., 823, SchlT 52

VORNAME
s. Name

VORRECHT
– der Ersatzforderungen der Ehefrau SchlT 9c, a.211
– der Forderungen der Handwerker und Unternehmer 841

VORRECHT der Verwandten bei der Bestellung des Vormundes 380

VORRICHTUNGEN auf Liegenschaften 670, 698, 741, 753 f.

VORSCHLAG
– bei Errungenschaftsbeteiligung 207 ff., 215 ff.
– bei Güterverbindung SchlT 10, 10b, a.214

VORSCHUSS
s. Unterhaltsvorschuss

VORSORGE, berufliche
– bei Scheidung 122 ff., 141 f.
– Leistungen bei Auflösung des Güterstandes 207, 237
s. auch Personalfürsorge

VORSTAND des Vereins 61, 64 f., 69, 77, 79

VORVERMÄCHTNIS
s. Vermächtnis

WÄHRUNG F 147
s. auch Landesmünze

WALD 678, 687, 699, 770, SchlT 20, 42

WALDGENOSSENSCHAFT 59

WARENPAPIERE 902, 925, F 106

WARRANT 902

WASSER
– Auf-, Abnahmepflicht 689 f.
– Leitungen 676, 691 ff., 742
– Pflicht zur Abtretung 711 f.
s. auch Bäche; Brunnen; Grundwasser; Quelle

WASSERRECHTSVERLEIHUNG SchlT 56, D 8, 23

WÄSSERUNGSRECHTE 740

WECHSEL, Eingehung wechselrechtlicher Verbindlichkeiten 395, 421

WEG 694 ff., 703, 740, 781

WEGSCHAFFUNG zugeführter Sachen 700

WEIDE 699, 796, 740

WEITERVERWEISUNG F 14

WEITERZIEHUNG an das Bundesgericht 269, 373, 434

WERK 676, 841

WERTBESTIMMUNG
– güterrechtliche Auseinandersetzung 211 ff., 240
– Berechnung des verfügbaren Teils 474 ff., 537

– bei der Teilung der Erbschaft 617 ff.
– – bei der Ausgleichung 630

WERTPAPIERE
– Geschäfte bei Beschränkung der Handlungsfähigkeit 395
– Haftung der Miterben für den Bestand der verbrieften Forderung 637
– als Gegenstand der Nutzniessung 760, 773
– Retentionsrecht 895
– Verpfändung 901 f.
– Warenpapiere 902, 925, F 106

WERTQUOTEN 712e, 712h

WERTVERMINDERUNG der Pfandsache 808 ff., 890

WETTBEWERB
– unlauterer F 136
– Behinderung F 137

WIDERKLAGE E 6, F 8

WIDERRECHTLICHKEIT
– der Persönlichkeitsverletzung 28
– des Zwecks einer juristischen Person 52, 57, 78, 88
– von Auflagen und Bedingungen 482
– einer Verfügung von Todes wegen 519, 521

WIDERRUF
– der letztwilligen Verfügung 509 ff.
– einer Bewilligung B 25

WIDMUNG ALS ZUGEHÖR 644, 805

WIEDERHERSTELLUNG
– der Gütergemeinschaft 191
– der elterlichen Sorge 313
– der Quelle 704
– des Pfandes 809, 822

WIEDERVERHEIRATUNG
– des geschiedenen Ehegatten 130
– des überlebenden Ehegatten 473

WILLE, MANGELHAFTER
– bei Scheidung auf gemeinsames Begehren 148
– des Erblassers 469, 519

WILLENSMANGEL
s. Arglist; Drohung; Irrtum; Wille, mangelhafter; Zwang

WILLENSVOLLSTRECKER 517 f., 554

WINTERWEG 695, 740

WIRKUNGEN
– der Ehe 159 ff., SchlT 8 ff., **F** 46 ff.
– der Ungültigerklärung der Ehe 109
– des Kindesverhältnisses 270 ff., **F** 79 ff.
– des Erbganges 551 ff.

WOHL DES KINDES 133 f., 301

WOHLFAHRTSSTIFTUNG
s. Personalfürsorgestiftung

WOHNRECHT 219, 244, 612a, 776 ff.
– bei Ehescheidung 121

WOHNSITZ
– der natürlichen Person 23 ff., 421, **C** 8, **E** 3, **F** 20 f.
– der juristischen Person 56, **E** 3, **F** 21

WOHNUNG
– eheliche 162, 169
– – Aufhebung des gemeinsamen Haushaltes 137, 175 f.
– – Anspruch des überlebenden Ehegatten 219, 244, 612a
– der Familie 121, 169
– Haupt-, Zweitwohnung **C** 5 f., 8

WURZELN 687

Z

ZAHLUNG
– Schulden zwischen Ehegatten 203, 218, 235, 250, SchlT 11
– vorläufige, von Unterhaltsbeiträgen 283 f.
– bei Schuldbrief, Gült 861 f.

ZAHLUNGSUNFÄHIGKEIT
– des Vereins 77
– eines Ehegatten 189
– des Bevormundeten 421
– des Vormundes 445
– des Erblassers 497, 579
– des Erben 604
– Retentionsrecht des Gläubigers 897
s. auch Überschuldung

ZAUN auf der Grenze 670

ZELGWEG 740

ZERSTÜCKELUNG
– der Güter 702
– von Grundstücken **D** 85 ff.
– – landwirtschaftliche **F** 58 ff.
– – bei Dienstbarkeiten 743 f.
– – bei der Grundlast 787, 792
– – beim Grundpfand 833, 846, 852

ZEUGEN
– bei der Trauung 102, **A** 71
– bei der Beurkundung einer öffentlichen Verfügung von Todes wegen 499, 501 ff., 506 f., 512

ZINS
– Anlage von Bargeld des Mündels 401
– von Nutzniessungskapitalien 757, 765
– Baurechtszins 779i f.
– beim Grundpfand 795, 818, 851, 853, 861 f., 891
– beim Fahrnispfand 904, 913

ZINSCOUPONS bei Schuldbrief und Gült 861 f., 870

ZIVILSTAND
s. Personenstand

ZIVILSTANDSAMT, -BEHÖRDE 44 f., 98, **A** 1 ff., 84 ff.

ZIVILSTANDSBEAMTE 41, 44 ff., 97, 102, 104, 119, **A** 4 f., 87

ZIVILSTANDSKREISE 49, 97, 99, **A** 1, 94

ZIVILSTANDSREGISTER 39, 45, 48, **A** 92 f.
– Mitteilungen und Auszüge 44, s. auch Bekanntgabe von Personenstandsdaten
– Bereinigung 42 f., **A** 29 f., **E** 14

ZIVILSTANDTATSACHEN 39, 45
s. auch Personenstandsdaten

ZIVILSTANDSURKUNDE 33, 41, **A** 6, 47 f.

ZUFÜHRUNG von Sachen 660, 700, 725

ZUGEHÖR 644 f., 805, 892, 946, **D** 79 f.

ZUGRIFFSRECHT auf die zentrale Datenbank 45a, **A** 28, 79, Anhang

ZURÜCKBEHALTUNGSRECHT
s. Retentionsrecht

ZUSTÄNDIGKEIT
– gerichtliche, s. auch Gerichtsstand

– – in Zivil- und Handelssachen **E** 1, 8 ff., 28, 34 f., 37
– – in Ehesachen 110, 135, **E** 15
– – internationale **F** 2 ff.
– – zwingende **E** 2, 13 ff., 27, 32 f.
– – Prüfung **E** 34 ff.
– – Vereinbarung s. Gerichtsstandsvereinbarung
– der Vormundschaftsbehörden
– – für die Regelung des persönlichen Verkehrs und den Kindesschutz 179, 275, 315 f.
– – für den Schutz des Kindesvermögens 324
– – für die Bevormundung 376 ff.
– – für die Bestellung eines Beistandes 396
– – für die Anordnung der fürsorgerischen Freiheitsentziehung 397b
– der Vereinsversammlung 65
– der Versammlung der Stockwerkeigentümer 712m
– für Verwaltungshandlungen bei Miteigentum 647a f. und Stockwerkeigentum 712g
– der Zivilstandsbehörden **A** 20 ff., 35, 43, 62
– der Kantone 103, 314a, 361, 397e, SchlT 52, 54

ZUSTIMMUNG
– des gesetzlichen Vertreters 19, 305, 410 ff.; zur Verlobung 90; zur Eheschliessung 94, 98 f.; zum Abschluss eines Ehevertrages 183 f.; zur Anerkennung eines Kindes 260
– des anderen Ehegatten zur Scheidungsklage 116; zur Verfügung über die Wohnung der Familie 169; zur Verfügung über Vermögenswerte im Miteigentum 201, 229; zur Adoption 266, 269
– des Kindes zur Adoption 265, 266, 269
– der Eltern zur Adoption 265a ff., 266, 269; zur Vertretung der Gemeinschaft 306

– der Adoptiveltern 268b
– der Vormundschaftsbehörde 421, 424 f.; zur Anzehrung des Kindesvermögens 319
– der vormundschaftlichen Aufsichtsbehörde 422, 424 f.; zur Adoption eines Bevormundeten 265, 266
– des Erblassers zu Verträgen über die noch nicht angefallene Erbschaft 636
– der Grundpfandgläubiger zur Auszahlung der Entschädigung an den Bauberechtigten 779d, der Versicherungssumme an den Eigentümer 822; zur Belastung des Grundstücks mit einer Dienstbarkeit oder Grundlast 812
s. auch Einwilligung; Genehmigung; Mitwirkung

ZUTRITT zu Grundstücken 699

ZUTEILUNG, ZUWEISUNG
– von Vermögenswerten im Miteigentum 205, 251
– von Wohnung und Hausrat 219, 244, 612a

ZUWENDUNGEN
– Dritter bei Gütergemeinschaft 225
– an das Kind unter Auflagen 321
– des Erblassers unter Lebenden 475, 527 ff., 532 f., 537, 626 f.

ZWANG gegen den Erblasser 469, 540

ZWANGSVOLLSTRECKUNG 131, 656, 665, **D** 18

ZWANGSVERSTEIGERUNG B 1

ZWECK
– der juristischen Person 52, 59
– des Vereins 60, 74
– der Stiftung 80, 84 ff., 88
– unsittlicher oder widerrechtlicher 52, 57, 78, 88
– dem öffentlichen Wohle dienender 393

ZWECKBESTIMMUNG bei Miteigentum 648

ZWEIGNIEDERLASSUNG E 5, 26, **F** 160

ZWEITWOHNUNG C 6

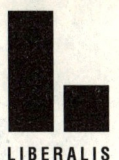
LIBERALIS

Textausgaben schweizerischer
Gesetzeswerke
Band 2:
Das Obligationenrecht

OR

Obligationenrecht

Vollständige Textausgabe
mit wichtigen Nebengesetzen
und Verordnungen

16. Auflage 2004

Herausgegeben von
Dr. iur. Peter Weimar
Professor der Universität Zürich

Stand der Gesetzgebung: 1. Juli 2004

Alle Teile des Werkes, insbesondere dessen textliche
Gestaltung und Anordnung, Satzbild und
Sachregister, unterliegen den Bestimmungen des
Urheberrechts. Jede Verwertung ausserhalb der Grenzen
des Urheberrechtsgesetzes ist ohne Zustimmung
des Verlags unzulässig. Insbesondere gilt dies für
Vervielfältigungen und Fotokopien, Mikroverfilmungen
und die Einspeicherung und Verarbeitung in
elektronischen Systemen.

© dieser Ausgabe:
Liberalis Verlag AG, Zürich, 1992
 6. Auflage (Neuausgabe von P. Weimar) 1997
 7. Auflage 1998
 8. Auflage 1999
 9. Auflage 2000
10. Auflage 2001
11. Auflage 2001
12. Auflage 2001
13. Auflage 2002
14. Auflage 2002
15. Auflage 2003
16. Auflage 2004
ISBN 3-906709-45-0

INHALTSÜBERSICHT

Seite
Vorwort 7

Abkürzungen 9

Obligationenrecht 13
   Inhaltsverzeichnis 15
   Ingress 49
   Allgemeine Bestimmungen 51
   Die einzelnen Vertragsverhältnisse 93
   Die Handelsgesellschaften und die Genossenschaft 251
   Handelsregister, Geschäftsfirmen und
   kaufmännische Buchführung 371
   Die Wertpapiere 381
   Schluss- und Übergangsbestimmungen 439

Gleichstellungsgesetz 455

Produktehaftpflichtgesetz 463

Verordnung über die Miete und Pacht von
   Wohn- und Geschäftsräumen 469

Konsumkreditgesetz 481

Verordnung zum Konsumkreditgesetz 497

Fusionsgesetz 505

Handelsregisterverordnung 547

Geschäftsbücherverordnung 601

Bundesgesetz gegen den unlauteren Wettbewerb 607

Preisüberwachungsgesetz 619

Preisbekanntgabeverordnung 629

Bundesgesetz über Pauschalreisen 641

Sachregister 651

VORWORT

Die Neuausgabe der beliebten Studienausgaben des Schweizerischen Zivilgesetzbuchs und des Obligationenrechts des Liberalis Verlages, bisher von RA. Prof. H. Giger herausgegeben, wurde völlig neu bearbeitet. Grösster Wert wurde auf Übersichtlichkeit und gute Lesbarkeit der Texte gelegt. Auf eine Kommentierung wurde verzichtet; doch werden die Gesetze durch ein genaues Inhaltsverzeichnis und ein reichhaltiges, gründlich überarbeitetes Sachregister erschlossen.

Zürich, den 25. September 1997 P. Weimar

Die 16. Auflage wurde im Hinblick auf die Bedürfnisse in Unterricht und Praxis stark erweitert. Sie enthält, neben dem Obligationenrecht, neu: das Gleichstellungsgesetz, das Produktehaftpflichtgesetz, die Verordnung über die Miete und Pacht von Wohn- und Geschäftsräumen, das Konsumkreditgesetz nebst Verordnung, das neue Fusionsgesetz, die Handelsregisterverordnung, die Verordnung über die Führung und Aufbewahrung der Geschäftsbücher, das Bundesgesetz gegen den unlauteren Wettbewerb (UWG), das Preisüberwachungsgesetz und die Preisbekanntgabeverordnung sowie das Bundesgesetz über Pauschalreisen. Alles auf dem neuesten Stand der Gesetzgebung. Im Obligationenrecht wurden die Änderungen durch das Berufsbildungsgesetz, das Nationalbankgesetz, die 1. BVG-Revision und das Fusionsgesetz berücksichtigt.

Zürich, den 18. Juni 2004 P. Weimar

ABKÜRZUNGEN

AFG	BG über die Anlagefonds v. 18.3.1994 (SR 951.31)
AHVG	BG über die Alters- und Hinterlassenenversicherung v. 20.12.1946 (SR 831.10)
AS	Amtliche Sammlung des Bundesrechts
AVEG	BG über die Allgemeinverbindlicherklärung von Gesamtarbeitsverträgen v. 28.9.1956 (SR 221.215.311)
AVG	BG über die Arbeitsvermittlung und den Personalverleih v. 6.10.1989 (SR 823.11)
BB	Bundesbeschluss
BBl	Bundesblatt
BEHG	BG über die Börsen und den Effektenhandel v. 24.3.1995 (SR 954.1)
BewG	BG über den Erwerb von Grundstücken durch Personen im Ausland v. 16.12.1983 (SR 211.412.41)
BewV	V über den Erwerb von Grundstücken durch Personen im Ausland v. 1.10.1984 (SR 211.412.411)
BG	Bundesgesetz
BGBB	BG über das bäuerliche Bodenrecht v. 4.10.1991 (SR 211.412.11)
BGBM	BG über den Binnenmarkt v. 6.10.1995 (SR 943.02)
BGer	Bundesgericht
BR	Bundesrat
BRB	Bundesratsbeschluss
BS	Bereinigte Sammlung der Bundesgesetze und Verordnungen (1848–1947)
BüG	BG über Erwerb und Verlust des Schweizer Bürgerrechts v. 29.9.1952 (SR 141.0)
BV	Bundesverfassung der Schweizerischen Eidgenossenschaft v. 29.5.1874 (SR 101)
BVers	Bundesversammlung
BVG	BG über die berufliche Alters-, Hinterlassenen- und Invalidenvorsorge v. 25.6.1982 (SR 831.40)
Dep	Departement
DSG	BG über den Datenschutz v. 19.6.1992 (SR 235.1)
EHG	BG betreffend die Haftpflicht der Eisenbahn- und Dampfschiffahrtsunternehmungen und der Post v. 28.3.1905 (SR 221.112.742)
EigVV	V des BGer betreffend die Eintragung der Eigentumsvorbehalte v. 19.12.1910 (SR 211.413.1)

ELG	BG über Ergänzungsleistungen zur Alters-, Hinterlassenen- und Invalidenversicherung v. 19. 3. 1965 (SR 831.30)
FMedG	BG über die medizinisch unterstützte Fortpflanzung v. 18. 12. 1998 (SR 814.90)
FusG	Fusionsgesetz v. 3. 10. 2003 (SR 221.301)
GBV	V betreffend das Grundbuch v. 22. 2. 1910 (SR 211.432.1)
GeBüV	V über die Führung und Aufbewahrung der Geschäftsbücher v. 24. 4. 2002 (SR 221.435)
GestG	BG über den Gerichtsstand in Zivilsachen v. 24. 3. 2000 (SR 272)
GlG	BG über die Gleichstellung von Frau und Mann v. 24. 3. 1995 (SR 151.1)
Haager Kaufrecht	Übereinkommen betreffend das auf internationale Kaufverträge über bewegliche körperliche Sachen anzuwendende Recht v. 15. 6. 1955 (SR 0.221.211.4)
HRegV	Handelsregisterverordnung v. 7. 6. 1937 (SR 221.411)
IPRG	BG über das Internationale Privatrecht v. 18. 12. 1987 (SR 291)
IVG	BG über die Invalidenversicherung v. 19. 6. 1959 (SR 831.20)
KG	BG über Kartelle und andere Wettbewerbsbeschränkungen v. 6. 10. 1995 (SR 251)
KKG	BG über den Konsumkredit v. 23. 3. 2001 (SR 221.214.1)
KVG	BG über die Krankenversicherung v. 18. 3. 1994 (SR 832.10)
LPG	BG über die landwirtschaftliche Pacht v. 4. 10. 1985 (SR 221.213.2)
Luganer Übereinkommen	Übereinkommen über die gerichtliche Zuständigkeit und die Vollstreckung gerichtlicher Entscheidungen in Zivil- und Handelssachen v. 16. 9. 1988 (SR 0.275.11)
MStG	Militärstrafgesetz v. 13. 6. 1927 (SR 321.0)
OG	BG über die Organisation der Bundesrechtspflege (Bundesrechtspflegegesetz) v. 16. 12. 1943 (SR 173.110)
OR	BG betreffend die Ergänzung des Schweizerischen Zivilgesetzbuchs (5. Teil: Obligationenrecht) v. 30. 3. 1911 (SR 220)
PBV	V über die Bekanntgabe von Preisen v. 11. 12. 1978 (SR 942.211)
PfG	Pfandbriefgesetz v. 25. 6. 1930 (SR 211.423.4)

PrHG	BG über die Produktehaftpflicht v. 18.6.1993 (SR 221.112.944)
PüG	Preisüberwachungsgesetz v. 20.12.1985 (SR 942.20)
RO	Recueil officiel des lois fédérales
RS	Recueil systématique du droit fédéral
SchKG	BG über Schuldbetreibung und Konkurs v. 11.4.1889 (SR 281.1)
SchlB	Schlussbestimmungen
SchlT	Schlusstitel des ZGB: Anwendungs- und Ausführungsbestimmungen
SR	Systematische Sammlung des Bundesrechts (Systematische Rechtssammlung)
StGB	Schweizerisches Strafgesetzbuch v. 21.12.1937 (SR 311.0)
SVG	Strassenverkehrsgesetz v. 19.12.1958 (SR 741.01)
UeB	Übergangsbestimmungen
UWG	BG gegen den unlauteren Wettbewerb v. 19.12.1986 (SR 241)
V	Verordnung
VKKG	V zum Konsumkreditgesetz v. 6.11.2002 (SR 221.214.11)
VMWG	V über die Miete und Pacht von Wohn- und Geschäftsräumen v. 9.5.1990 (SR 221.213.11)
VPV	V betreffend die Viehverpfändung v. 30.10.1917 (SR 211.423.1)
VVG	BG über den Versicherungsvertrag v. 2.4.1908 (SR 221.229.1)
Wiener Kaufrecht	Übereinkommen der Vereinten Nationen über Verträge über den internationalen Warenkauf v. 11.4.1980 (SR 0.221.211.1)
ZGB	Schweizerisches Zivilgesetzbuch v. 10.12.1907 (SR 210)
ZStV	Zivilstandsverordnung v. 28.4.2004 (SR 211.112.1)

Obligationenrecht

INHALTSVERZEICHNIS

DAS OBLIGATIONENRECHT .... Seite 49

ERSTE ABTEILUNG
ALLGEMEINE BESTIMMUNGEN .... Seite 51

Erster Titel
DIE ENTSTEHUNG DER OBLIGATIONEN

Erster Abschnitt
Die Entstehung durch Vertrag
A. Abschluss des Vertrages
    I. Übereinstimmende Willensäusserung .... Art. 1
    II. Antrag und Annahme .... Art. 3
    III. Beginn der Wirkungen eines unter
        Abwesenden geschlossenen Vertrages .... Art. 10
B. Form der Verträge
    I. Erfordernis und Bedeutung im allgemeinen .... Art. 11
    II. Schriftlichkeit .... Art. 12
C. Verpflichtungsgrund .... Art. 17
D. Auslegung der Verträge, Simulation .... Art. 18
E. Inhalt des Vertrages
    I. Bestimmung des Inhaltes .... Art. 19
    II. Nichtigkeit .... Art. 20
    III. Übervorteilung .... Art. 21
    IV. Vorvertrag .... Art. 22
F. Mängel des Vertragsabschlusses
    I. Irrtum .... Art. 23
    II. Absichtliche Täuschung .... Art. 28
    III. Furchterregung .... Art. 29
    IV. Aufhebung des Mangels durch
        Genehmigung des Vertrages .... Art. 31
G. Stellvertretung
    I. Mit Ermächtigung .... Art. 32
    II. Ohne Ermächtigung .... Art. 38
    III. Vorbehalt besonderer Vorschriften .... Art. 40
H. Widerrufsrecht bei Haustürgeschäften
    und ähnlichen Verträgen
    I. Geltungsbereich .... Art. 40a
    II. Grundsatz .... Art. 40b

    III. Ausnahmen .... Art. 40c
    IV. Orientierungspflicht des Anbieters .... Art. 40d
    V. Widerruf .... Art. 40e

Zweiter Abschnitt
Die Entstehung durch unerlaubte Handlungen
A. Haftung im allgemeinen
    I. Voraussetzung der Haftung .... Art. 41
    II. Festsetzung des Schadens .... Art. 42
    III. Bestimmung des Ersatzes .... Art. 43
    IV. Herabsetzungsgründe .... Art. 44
    V. Besondere Fälle .... Art. 45
    VI. Haftung mehrerer .... Art. 50
    VII. Haftung bei Notwehr, Notstand
         und Selbsthilfe .... Art. 52
    VIII. Verhältnis zum Strafrecht .... Art. 53
B. Haftung urteilsunfähiger Personen .... Art. 54
C. Haftung des Geschäftsherrn .... Art. 55
D. Haftung für Tiere
    I. Ersatzpflicht .... Art. 56
    II. Pfändung des Tieres .... Art. 57
E. Haftung des Werkeigentümers
    I. Ersatzpflicht .... Art. 58
    II. Sichernde Massregeln .... Art. 59
F. Verjährung .... Art. 60
G. Verantwortlichkeit öffentlicher Beamter
   und Angestellter .... Art. 61

Dritter Abschnitt
Die Entstehung aus ungerechtfertigter Bereicherung
A. Voraussetzung
    I. Im allgemeinen .... Art. 62
    II. Zahlung einer Nichtschuld .... Art. 63
B. Umfang der Rückerstattung
    I. Pflicht des Bereicherten .... Art. 64
    II. Ansprüche aus Verwendungen .... Art. 65
C. Ausschluss der Rückforderung .... Art. 66
D. Verjährung .... Art. 67

Zweiter Titel
DIE WIRKUNG DER OBLIGATIONEN

Erster Abschnitt
Die Erfüllung der Obligationen
A. Allgemeine Grundsätze
    I. Persönliche Leistung .... Art. 68
    II. Gegenstand der Erfüllung .... Art. 69
B. Ort der Erfüllung .... Art. 74
C. Zeit der Erfüllung
    I. Unbefristete Verbindlichkeit .... Art. 75
    II. Befristete Verbindlichkeit .... Art. 76
    III. Erfüllung zur Geschäftszeit .... Art. 79
    IV. Fristverlängerung .... Art. 80
    V. Vorzeitige Erfüllung .... Art. 81
    VI. Bei zweiseitigen Verträgen .... Art. 82
D. Zahlung
    I. Landeswährung .... Art. 84
    II. Anrechnung .... Art. 85
    III. Quittung und Rückgabe des Schuldscheines .... Art. 88
E. Verzug des Gläubigers
    I. Voraussetzung .... Art. 91
    II. Wirkung .... Art. 92
F. Andere Verhinderung der Erfüllung .... Art. 96

Zweiter Abschnitt
Die Folgen der Nichterfüllung
A. Ausbleiben der Erfüllung
    I. Ersatzpflicht des Schuldners .... Art. 97
    II. Mass der Haftung und Umfang
       des Schadenersatzes .... Art. 99
B. Verzug des Schuldners
    I. Voraussetzung .... Art. 102
    II. Wirkung .... Art. 103

Dritter Abschnitt
Beziehungen zu dritten Personen
A. Eintritt eines Dritten .... Art. 110
B. Vertrag zu Lasten eines Dritten .... Art. 111
C. Vertrag zugunsten eines Dritten
    I. Im allgemeinen .... Art. 112
    II. Bei Haftpflichtversicherung .... Art. 113

Dritter Titel
DAS ERLÖSCHEN DER OBLIGATIONEN

A. Erlöschen der Nebenrechte .... Art. 114
B. Aufhebung durch Übereinkunft .... Art. 115
C. Neuerung
    I. Im allgemeinen .... Art. 116
    II. Beim Kontokorrentverhältnis .... Art. 117
D. Vereinigung .... Art. 118
E. Unmöglichwerden einer Leistung .... Art. 119
F. Verrechnung
    I. Voraussetzung .... Art. 120
    II. Wirkung der Verrechnung .... Art. 124
    III. Fälle der Ausschliessung .... Art. 125
    IV. Verzicht .... Art. 126
G. Verjährung
    I. Fristen .... Art. 127
    II. Wirkung auf Nebenansprüche .... Art. 133
    III. Hinderung und Stillstand der Verjährung ...... Art. 134
    IV. Unterbrechung der Verjährung .... Art. 135
    V. Nachfrist bei Rückweisung der Klage .... Art. 139
    VI. Verjährung bei Fahrnispfandrecht .... Art. 140
    VII. Verzicht auf die Verjährung .... Art. 141
    VIII. Geltendmachung .... Art. 142

Vierter Titel
BESONDERE VERHÄLTNISSE BEI OBLIGATIONEN

Erster Abschnitt
Die Solidarität
A. Solidarschuld
    I. Entstehung .... Art. 143
    II. Verhältnis zwischen Gläubiger und Schuldner .. Art. 144
    III. Verhältnis unter den Solidarschuldnern .... Art. 148
B. Solidarforderung .... Art. 150

Zweiter Abschnitt
Die Bedingungen
A. Aufschiebende Bedingung
    I. Im allgemeinen .... Art. 151
    II. Zustand bei schwebender Bedingung .... Art. 152
    III. Nutzen in der Zwischenzeit .... Art. 153
B. Auflösende Bedingung .... Art. 154

C. Gemeinsame Vorschriften
    I. Erfüllung der Bedingung .... Art. 155
    II. Verhinderung wider Treu und Glauben .... Art. 156
    III. Unzulässige Bedingungen .... Art. 157

Dritter Abschnitt
Haft- und Reugeld. Lohnabzüge. Konventionalstrafe
A. Haft- und Reugeld .... Art. 158
B. ...
C. Konventionalstrafe
    I. Recht des Gläubigers .... Art. 160
    II. Höhe, Ungültigkeit und Herabsetzung
        der Strafe .... Art. 163

Fünfter Titel
DIE ABTRETUNG VON FORDERUNGEN UND DIE SCHULDÜBERNAHME

A. Abtretung von Forderungen
    I. Erfordernisse .... Art. 164
    II. Wirkung der Abtretung .... Art. 167
    III. Besondere Bestimmungen .... Art. 174
B. Schuldübernahme
    I. Schuldner und Schuldübernehmer .... Art. 175
    II. Vertrag mit dem Gläubiger .... Art. 176
    III. Wirkung des Schuldnerwechsels .... Art. 178
    IV. Dahinfallen des Schuldübernahmevertrages ... Art. 180
    V. Übernahme eines Vermögens
       oder eines Geschäftes .... Art. 181
    VI. Vereinigung und Umwandlung von Geschäften . Art. 182
    VII. Erbteilung und Grundstückkauf .... Art. 183

ZWEITE ABTEILUNG
DIE EINZELNEN VERTRAGSVERHÄLTNISSE .... Seite 93

Sechster Titel
KAUF UND TAUSCH

Erster Abschnitt
Allgemeine Bestimmungen
A. Rechte und Pflichten im allgemeinen .... Art. 184
B. Nutzen und Gefahr .... Art. 185
C. Vorbehalt der kantonalen Gesetzgebung .... Art. 186

Zweiter Abschnitt
Der Fahrniskauf
A. Gegenstand .... Art. 187
B. Verpflichtungen des Verkäufers
    I. Übergabe .... Art. 188
    II. Gewährleistung des veräusserten Rechtes ...... Art. 192
    III. Gewährleistung wegen Mängel der Kaufsache .. Art. 197
C. Verpflichtungen des Käufers
    I. Zahlung des Preises und Annahme
      der Kaufsache .... Art. 211
    II. Bestimmung des Kaufpreises .... Art. 212
    III. Fälligkeit und Verzinsung des Kaufpreises ..... Art. 213
    IV. Verzug des Käufers .... Art. 214

Dritter Abschnitt
Der Grundstückkauf
A. Formvorschriften .... Art. 216
A.^{bis} Befristung und Vormerkung .... Art. 216a
A.^{ter} Vererblichkeit und Abtretung .... Art. 216b
A.^{quater} Vorkaufsrechte
    I. Vorkaufsfall .... Art. 216c
    II. Wirkungen des Vorkaufsfalls, Bedingungen .... Art. 216d
    III. Ausübung, Verwirkung .... Art. 216e
B. Bedingter Kauf und Eigentumsvorbehalt .... Art. 217
C. Landwirtschaftliche Grundstücke .... Art. 218
D. Gewährleistung .... Art. 219
E. Nutzen und Gefahr .... Art. 220
F. Verweisung auf den Fahrniskauf .... Art. 221

Vierter Abschnitt
Besondere Arten des Kaufes
A. Kauf nach Muster .... Art. 222
B. Kauf auf Probe oder auf Besicht
    I. Bedeutung .... Art. 223
    II. Prüfung beim Verkäufer .... Art. 224
    III. Prüfung beim Käufer .... Art. 225
C. Teilzahlungsgeschäfte
    I. ...
    II. Der Vorauszahlungsvertrag .... Art. 227a
D. Versteigerung
    I. Abschluss des Kaufes .... Art. 229
    II. Anfechtung .... Art. 230
    III. Gebundenheit des Bietenden .... Art. 231
    IV. Barzahlung .... Art. 233
    V. Gewährleistung .... Art. 234

VI. Eigentumsübergang .... Art. 235
VII. Kantonale Vorschriften .... Art. 236

Fünfter Abschnitt
Der Tauschvertrag
A. Verweisung auf den Kauf .... Art. 237
B. Gewährleistung .... Art. 238

Siebenter Titel
DIE SCHENKUNG

A. Inhalt der Schenkung......................... Art. 239
B. Persönliche Fähigkeit
    I. Des Schenkers .... Art. 240
    II. Des Beschenkten .... Art. 241
C. Errichtung der Schenkung
    I. Schenkung von Hand zu Hand .... Art. 242
    II. Schenkungsversprechen .... Art. 243
    III. Bedeutung der Annahme .... Art. 244
D. Bedingungen und Auflagen
    I. Im allgemeinen .... Art. 245
    II. Vollziehung der Auflagen .... Art. 246
    III. Verabredung des Rückfalles .... Art. 247
E. Verantwortlichkeit des Schenkers .... Art. 248
F. Aufhebung der Schenkung
    I. Rückforderung der Schenkung .... Art. 249
    II. Widerruf und Hinfälligkeit
       des Schenkungsversprechens .... Art. 250
    III. Verjährung und Klagerecht der Erben .... Art. 251
    IV. Tod des Schenkers .... Art. 252

Achter Titel
DIE MIETE

Erster Abschnitt
Allgemeine Bestimmungen
A. Begriff und Geltungsbereich
    I. Begriff .... Art. 253
    II. Geltungsbereich......................... Art. 253a
B. Koppelungsgeschäfte .... Art. 254
C. Dauer des Mietverhältnisses .... Art. 255

D. Pflichten des Vermieters
    I. Im allgemeinen . . . . Art. 256
    II. Auskunftspflicht . . . . Art. 256a
    III. Abgaben und Lasten . . . . Art. 256b
E. Pflichten des Mieters
    I. Zahlung des Mietzinses und der Nebenkosten . . Art. 257
    II. Sicherheiten durch den Mieter . . . . Art. 257e
    III. Sorgfalt und Rücksichtnahme . . . . Art. 257f
    IV. Meldepflicht . . . . Art. 257g
    V. Duldungspflicht . . . . Art. 257h
F. Nichterfüllung oder mangelhafte Erfüllung
des Vertrags bei Übergabe der Sache . . . . Art. 258
G. Mängel während der Mietdauer
    I. Pflicht des Mieters zu kleinen Reinigungen
    und Ausbesserungen . . . . Art. 259
    II. Rechte des Mieters . . . . Art. 259a
H. Erneuerungen und Änderungen
    I. Durch den Vermieter . . . . Art. 260
    II. Durch den Mieter . . . . Art. 260a
J. Wechsel des Eigentümers
    I. Veräusserung der Sache . . . . Art. 261
    II. Einräumung beschränkter dinglicher Rechte . . . . Art. 261a
    III. Vormerkung im Grundbuch . . . . Art. 261b
K. Untermiete . . . . Art. 262
L. Übertragung der Miete auf einen Dritten . . . . Art. 263
M. Vorzeitige Rückgabe der Sache . . . . Art. 264
N. Verrechnung . . . . Art. 265
O. Beendigung des Mietverhältnisses
    I. Ablauf der vereinbarten Dauer . . . . Art. 266
    II. Kündigungsfristen und -termine . . . . Art. 266a
    III. Ausserordentliche Kündigung . . . . Art. 266g
    IV. Form der Kündigung bei Wohn-
    und Geschäftsräumen . . . . Art. 266l
P. Rückgabe der Sache
    I. Im allgemeinen . . . . Art. 267
    II. Prüfung der Sache und Meldung an den Mieter . Art. 267a
Q. Retentionsrecht des Vermieters
    I. Umfang . . . . Art. 268
    II. Sachen Dritter . . . . Art. 268a
    III. Geltendmachung . . . . Art. 268b

Zweiter Abschnitt
Schutz vor missbräuchlichen Mietzinsen und andern missbräuchlichen Forderungen des Vermieters bei der Miete von Wohn- und Geschäftsräumen
A. Missbräuchliche Mietzinse
    I. Regel .... Art. 269
    II. Ausnahmen .... Art. 269a
B. Indexierte Mietzinse .... Art. 269b
C. Gestaffelte Mietzinse .... Art. 269c
D. Mietzinserhöhungen und andere einseitige Vertragsänderungen durch den Vermieter .... Art. 269d
E. Anfechtung des Mietzinses
    I. Herabsetzungsbegehren .... Art. 270
    II. Anfechtung von Mietzinserhöhungen und andern einseitigen Vertragsänderungen .... Art. 270b
    III. Anfechtung indexierter Mietzinse .... Art. 270c
    IV. Anfechtung gestaffelter Mietzinse .... Art. 270d
F. Weitergeltung des Mietvertrages während des Anfechtungsverfahrens .... Art. 270e

Dritter Abschnitt
Kündigungsschutz bei der Miete von Wohn- und Geschäftsräumen
A. Anfechtbarkeit der Kündigung
    I. Im allgemeinen .... Art. 271
    II. Kündigung durch den Vermieter .... Art. 271a
B. Erstreckung des Mietverhältnisses
    I. Anspruch des Mieters .... Art. 272
    II. Ausschluss der Erstreckung .... Art. 272a
    III. Dauer der Erstreckung .... Art. 272b
    IV. Weitergeltung des Mietvertrages .... Art. 272c
    V. Kündigung während der Erstreckung .... Art. 272d
C. Verfahren: Behörden und Fristen .... Art. 273
D. Wohnung der Familie .... Art. 273a
E. Untermiete .... Art. 273b
F. Zwingende Bestimmungen .... Art. 273c

Vierter Abschnitt
Behörden und Verfahren
A. Grundsatz................................ Art. 274
B. Schlichtungsbehörde .... Art. 274a
C. ...
D. Schiedsgericht .... Art. 274c

E. Verfahren bei der Miete von Wohn-
und Geschäftsräumen
    I. Grundsatz .... Art. 274d
    II. Schlichtungsverfahren .... Art. 274e
    III. Gerichtsverfahren .... Art. 274f
F. Ausweisungsbehörde .... Art. 274g

Achter Titel^{bis}
DIE PACHT

A. Begriff und Geltungsbereich
    I. Begriff .... Art. 275
    II. Geltungsbereich .... Art. 276
B. Inventaraufnahme .... Art. 277
C. Pflichten des Verpächters
    I. Übergabe der Sache .... Art. 278
    II. Hauptreparaturen .... Art. 279
    III. Abgaben und Lasten .... Art. 280
D. Pflichten des Pächters
    I. Zahlung des Pachtzinses und der Nebenkosten .. Art. 281
    II. Sorgfalt, Rücksichtnahme und Unterhalt .... Art. 283
    III. Meldepflicht .... Art. 286
    IV. Duldungspflicht .... Art. 287
E. Rechte des Pächters bei Nichterfüllung des
Vertrags und bei Mängeln .... Art. 288
F. Erneuerungen und Änderungen
    I. Durch den Verpächter .... Art. 289
    II. Durch den Pächter .... Art. 289a
G. Wechsel des Eigentümers .... Art. 290
H. Unterpacht .... Art. 291
J. Übertragung der Pacht auf einen Dritten .... Art. 292
K. Vorzeitige Rückgabe der Sache .... Art. 293
L. Verrechnung .... Art. 294
M. Beendigung des Pachtverhältnisses
    I. Ablauf der vereinbarten Dauer .... Art. 295
    II. Kündigungsfristen und -termine .... Art. 296
    III. Ausserordentliche Beendigung .... Art. 297
    IV. Form der Kündigung bei Wohn-
und Geschäftsräumen .... Art. 298
N. Rückgabe der Sache
    I. Im allgemeinen .... Art. 299
    II. Prüfung der Sache und Meldung
an den Pächter .... Art. 299a
    III. Ersatz von Gegenständen des Inventars .... Art. 299b

O. Retentionsrecht .... Art. 299c
P. Kündigungsschutz bei der Pacht von Wohn-
   und Geschäftsräumen .... Art. 300
Q. Behörden und Verfahren .... Art. 301
R. Viehpacht und Viehverstellung
     I. Rechte und Pflichten des Einstellers .... Art. 302
    II. Haftung .... Art. 303
   III. Kündigung .... Art. 304

Neunter Titel
DIE LEIHE

Erster Abschnitt
Die Gebrauchsleihe
A. Begriff .... Art. 305
B. Wirkung
     I. Gebrauchsrecht des Entlehners .... Art. 306
    II. Kosten der Erhaltung .... Art. 307
   III. Haftung mehrerer Entlehner .... Art. 308
C. Beendigung
     I. Bei bestimmtem Gebrauch .... Art. 309
    II. Bei unbestimmtem Gebrauch .... Art. 310
   III. Beim Tod des Entlehners .... Art. 311

Zweiter Abschnitt
Das Darlehen
A. Begriff .... Art. 312
B. Wirkung
     I. Zinse .... Art. 313
    II. Verjährung des Anspruchs auf Aushändigung
       und Annahme .... Art. 315
   III. Zahlungsfähigkeit des Borgers .... Art. 316
C. Hingabe an Geldes Statt .... Art. 317
D. Zeit der Rückzahlung .... Art. 318

Zehnter Titel
DER ARBEITSVERTRAG

Erster Abschnitt
Der Einzelarbeitsvertrag
A. Begriff und Entstehung
     I. Begriff .... Art. 319
    II. Entstehung .... Art. 320

B. Pflichten des Arbeitnehmers
- I. Persönliche Arbeitspflicht .... Art. 321
- II. Sorgfalts- und Treuepflicht .... Art. 321a
- III. Rechenschafts- und Herausgabepflicht .... Art. 321b
- IV. Überstundenarbeit .... Art. 321c
- V. Befolgung von Anordnungen und Weisungen ... Art. 321d
- VI. Haftung des Arbeitnehmers .... Art. 321e

C. Pflichten des Arbeitgebers
- I. Lohn .... Art. 322
- II. Ausrichtung des Lohnes .... Art. 323
- III. Lohn bei Verhinderung an der Arbeitsleistung .. Art. 324
- IV. Abtretung und Verpfändung von Lohnforderungen .... Art. 325
- V. Akkordlohnarbeit .... Art. 326
- VI. Arbeitsgeräte, Material und Auslagen .... Art. 327
- VII. Schutz der Persönlichkeit des Arbeitnehmers ... Art. 328
- VIII. Freizeit, Ferien und Urlaub für ausserschulische Jugendarbeit .... Art. 329
- IX. Übrige Pflichten .... Art. 330

D. Personalvorsorge
- I. Pflichten des Arbeitgebers .... Art. 331
- II. Beginn und Ende des Vorsorgeschutzes .... Art. 331a
- III. Abtretung und Verpfändung .... Art. 331b
- IV. Gesundheitliche Vorbehalte .... Art. 331c
- V. Wohneigentumsförderung .... Art. 331d

E. Rechte an Erfindungen und Designs .... Art. 332

F. Übergang des Arbeitsverhältnisses .... Art. 333

G. Beendigung des Arbeitsverhältnisses
- I. Befristetes Arbeitsverhältnis .... Art. 334
- II. Unbefristetes Arbeitsverhältnis .... Art. 335
- II.bis Massenentlassung .... Art. 335d
- III. Kündigungsschutz .... Art. 336
- IV. Fristlose Auflösung .... Art. 337
- V. Tod des Arbeitnehmers oder des Arbeitgebers .. Art. 338
- VI. Folgen der Beendigung des Arbeitsverhältnisses Art. 339
- VII. Konkurrenzverbot .... Art. 340

H. Unverzichtbarkeit und Verjährung .... Art. 341

J. Vorbehalt und zivilrechtliche Wirkungen des öffentlichen Rechts .... Art. 342

K. Zivilrechtspflege .... Art. 343

Zweiter Abschnitt
Besondere Einzelarbeitsverträge
A. Der Lehrvertrag
    I. Begriff und Entstehung .... Art. 344
    II. Wirkungen .... Art. 345
    III. Beendigung .... Art. 346
B. Der Handelsreisendenvertrag
    I. Begriff und Entstehung .... Art. 347
    II. Pflichten und Vollmachten des Handelsreisenden Art. 348
    III. Besondere Pflichten des Arbeitgebers .... Art. 349
    IV. Beendigung .... Art. 350
C. Der Heimarbeitsvertrag
    I. Begriff und Entstehung .... Art. 351
    II. Besondere Pflichten des Arbeitnehmers .... Art. 352
    III. Besondere Pflichten des Arbeitgebers .... Art. 353
    IV. Beendigung .... Art. 354
D. Anwendbarkeit der allgemeinen Vorschriften ...... Art. 355

Dritter Abschnitt
Gesamtarbeitsvertrag und Normalarbeitsvertrag
A. Gesamtarbeitsvertrag
    I. Begriff, Inhalt, Form und Dauer .... Art. 356
    II. Wirkungen .... Art. 357
    III. Verhältnis zum zwingenden Recht .... Art. 358
B. Normalarbeitsvertrag
    I. Begriff und Inhalt........................ Art. 359
    II. Zuständigkeit und Verfahren .... Art. 359a
    III. Wirkungen .... Art. 360
    IV. Mindestlöhne .... Art. 360a

Vierter Abschnitt
Zwingende Vorschriften
A. Unabänderlichkeit zuungunsten des Arbeitgebers
    und des Arbeitnehmers .... Art. 361
B. Unabänderlichkeit zuungunsten des Arbeit-
    nehmers .... Art. 362

Elfter Titel
DER WERKVERTRAG

A. Begriff .... Art. 363
B. Wirkungen
    I. Pflichten des Unternehmers .... Art. 364
    II. Pflichten des Bestellers .... Art. 372

C. Beendigung
    I. Rücktritt wegen Überschreitung des Kostenansatzes .... Art. 375
    II. Untergang des Werkes .... Art. 376
    III. Rücktritt des Bestellers gegen Schadloshaltung .... Art. 377
    IV. Unmöglichkeit der Erfüllung aus Verhältnissen des Bestellers .... Art. 378
    V. Tod und Unfähigkeit des Unternehmers .... Art. 379

Zwölfter Titel
DER VERLAGSVERTRAG

A. Begriff .... Art. 380
B. Wirkungen
    I. Übertragung des Urheberrechts und Gewährleistung .... Art. 381
    II. Verfügung des Verlaggebers .... Art. 382
    III. Bestimmung der Auflagen .... Art. 383
    IV. Vervielfältigung und Vertrieb .... Art. 384
    V. Verbesserung und Berichtigungen .... Art. 385
    VI. Gesamtausgaben und Einzelausgaben .... Art. 386
    VII. Übersetzungsrecht .... Art. 387
    VIII. Honorar des Verlaggebers .... Art. 388
C. Beendigung
    I. Untergang des Werkes .... Art. 390
    II. Untergang der Auflage .... Art. 391
    III. Endigungsgründe in der Person des Urhebers und des Verlegers .... Art. 392
D. Bearbeitung eines Werkes nach Plan des Verlegers .. Art. 393

Dreizehnter Titel
DER AUFTRAG

Erster Abschnitt
Der einfache Auftrag
A. Begriff .... Art. 394
B. Entstehung .... Art. 395
C. Wirkungen
    I. Umfang des Auftrages .... Art. 396
    II. Verpflichtungen des Beauftragten .... Art. 397
    III. Verpflichtungen des Auftraggebers .... Art. 402
    IV. Haftung mehrerer .... Art. 403

D. Beendigung
    I. Gründe .... Art. 404
    II. Wirkung des Erlöschens .... Art. 406

Erster Abschnitt^{bis}
Auftrag zur Ehe- oder zur Partnerschaftsvermittlung
A. Begriff und anwendbares Recht .... Art. 406a
B. Vermittlung von oder an Personen aus dem Ausland
    I. Kosten der Rückreise .... Art. 406b
    II. Bewilligungspflicht .... Art. 406c
C. Form und Inhalt .... Art. 406d
D. Inkrafttreten, Rücktritt .... Art. 406e
E. Rücktrittserklärung und Kündigung .... Art. 406f
F. Information und Datenschutz .... Art. 406g
G. Herabsetzung .... Art. 406h

Zweiter Abschnitt
Der Kreditbrief und der Kreditauftrag
A. Kreditbrief .... Art. 407
B. Kreditauftrag
    I. Begriff und Form .... Art. 408
    II. Vertragsunfähigkeit des Dritten .... Art. 409
    III. Eigenmächtige Stundung .... Art. 410
    IV. Kreditnehmer und Auftraggeber .... Art. 411

Dritter Abschnitt
Der Mäklervertrag
A. Begriff und Form .... Art. 412
B. Mäklerlohn
    I. Begründung .... Art. 413
    II. Festsetzung .... Art. 414
    III. Verwirklichung .... Art. 415
    IV. Heiratsvermittlung .... Art. 416
    V. Herabsetzung .... Art. 417
C. Vorbehalt kantonalen Rechtes .... Art. 418

Vierter Abschnitt
Der Agenturvertrag
A. Allgemeines
    I. Begriff .... Art. 418a
    II. Anwendbares Recht .... Art. 418b
B. Pflichten des Agenten
    I. Allgemeines und Delcredere .... Art. 418c
    II. Geheimhaltungspflicht und Konkurrenzverbot .. Art. 418d
C. Vertretungsbefugnis .... Art. 418e

D. Pflichten des Auftraggebers
    I. Im allgemeinen .... Art. 418 f
    II. Provision .... Art. 418 g
    III. Verhinderung an der Tätigkeit .... Art. 418 m
    IV. Kosten und Auslagen .... Art. 418 n
    V. Retentionsrecht .... Art. 418 o
E. Beendigung
    I. Zeitablauf............................... Art. 418 p
    II. Kündigung .... Art. 418 q
    III. Tod, Handlungsunfähigkeit, Konkurs .... Art. 418 s
    IV. Ansprüche des Agenten .... Art. 418 t
    V. Rückgabepflichten .... Art. 418 v

Vierzehnter Titel
DIE GESCHÄFTSFÜHRUNG OHNE AUFTRAG

A. Stellung des Geschäftsführers
    I. Art der Ausführung .... Art. 419
    II. Haftung des Geschäftsführers im allgemeinen .. Art. 420
    III. Haftung des vertragsunfähigen
        Geschäftsführers .... Art. 421
B. Stellung des Geschäftsherrn
    I. Geschäftsführung im Interesse des
       Geschäftsherrn .... Art. 422
    II. Geschäftsführung im Interesse des
        Geschäftsführers .... Art. 423
    III. Genehmigung der Geschäftsführung .... Art. 424

Fünfzehnter Titel
DIE KOMMISSION

A. Einkaufs- und Verkaufskommission
    I. Begriff .... Art. 425
    II. Pflichten des Kommissionärs .... Art. 426
    III. Rechte des Kommissionärs .... Art. 431
B. Speditionsvertrag .... Art. 439

Sechzehnter Titel
DER FRACHTVERTRAG

A. Begriff .... Art. 440
B. Wirkungen
    I. Stellung des Absenders .... Art. 441
    II. Stellung des Frachtführers .... Art. 444

C. Staatlich genehmigte und staatliche
   Transportanstalten .... Art. 455
D. Mitwirkung einer öffentlichen Transportanstalt .... Art. 456
E. Haftung des Spediteurs .... Art. 457

Siebzehnter Titel
DIE PROKURA UND ANDERE HANDLUNGSVOLLMACHTEN

A. Prokura
    I. Begriff und Bestellung .... Art. 458
    II. Umfang der Vollmacht .... Art. 459
    III. Beschränkbarkeit .... Art. 460
    IV. Löschung der Prokura .... Art. 461
B. Andere Handlungsvollmachten .... Art. 462
C. ...
D. Konkurrenzverbot .... Art. 464
E. Erlöschen der Prokura und der andern
   Handlungsvollmachten .... Art. 465

Achtzehnter Titel
DIE ANWEISUNG

A. Begriff .... Art. 466
B. Wirkungen
    I. Verhältnis des Anweisenden zum
       Anweisungsempfänger .... Art. 467
    II. Verpflichtung des Angewiesenen .... Art. 468
    III. Anzeigepflicht bei nicht erfolgter Zahlung ..... Art. 469
C. Widerruf .... Art. 470
D. Anweisung bei Wertpapieren .... Art. 471

Neunzehnter Titel
DER HINTERLEGUNGSVERTRAG

A. Hinterlegung im allgemeinen
    I. Begriff .... Art. 472
    II. Pflichten des Hinterlegers .... Art. 473
    III. Pflichten des Aufbewahrers .... Art. 474
    IV. Sequester .... Art. 480
B. Die Hinterlegung vertretbarer Sachen .... Art. 481
C. Lagergeschäft
    I. Berechtigung zur Ausgabe von Warenpapieren .. Art. 482
    II. Aufbewahrungspflicht des Lagerhalters .... Art. 483
    III. Vermehrung der Güter .... Art. 484

IV. Anspruch des Lagerhalters .... Art. 485
V. Rückgabe der Güter .... Art. 486
D. Gast- und Stallwirte
    I. Haftung der Gastwirte .... Art. 487
    II. Haftung der Stallwirte .... Art. 490
    III. Retentionsrecht .... Art. 491

Zwanzigster Titel
DIE BÜRGSCHAFT

A. Voraussetzungen
    I. Begriff .... Art. 492
    II. Form .... Art. 493
    III. Zustimmung des Ehegatten .... Art. 494
B. Inhalt
    I. Besonderheiten der einzelnen Bürgschaftsarten . Art. 495
    II. Gemeinsamer Inhalt .... Art. 499
C. Beendigung der Bürgschaft
    I. Dahinfallen von Gesetzes wegen .... Art. 509
    II. Bürgschaft auf Zeit; Rücktritt .... Art. 510
    III. Unbefristete Bürgschaft .... Art. 511
    IV. Amts- und Dienstbürgschaft .... Art. 512

Einundzwanzigster Titel
SPIEL UND WETTE

A. Unklagbarkeit der Forderung .... Art. 513
B. Schuldverschreibungen und freiwillige Zahlung .... Art. 514
C. Lotterie- und Ausspielgeschäfte .... Art. 515
D. Spiel in Spielbanken, Darlehen von Spielbanken ... Art. 515a

Zweiundzwanzigster Titel
DER LEIBRENTENVERTRAG UND DIE VERPFRÜNDUNG

A. Leibrentenvertrag
    I. Inhalt .... Art. 516
    II. Form der Entstehung .... Art. 517
    III. Rechte des Gläubigers .... Art. 518
    IV. Leibrenten nach dem Gesetz über den
        Versicherungsvertrag .... Art. 520
B. Verpfründung
    I. Begriff .... Art. 521
    II. Entstehung .... Art. 522

III. Inhalt .... Art. 524
IV. Anfechtung und Herabsetzung .... Art. 525
V. Aufhebung .... Art. 526
VI. Unübertragbarkeit, Geltendmachung bei
Konkurs und Pfändung .... Art. 529

Dreiundzwanzigster Titel
DIE EINFACHE GESELLSCHAFT

A. Begriff .... Art. 530
B. Verhältnis der Gesellschafter unter sich
    I. Beiträge .... Art. 531
    II. Gewinn und Verlust .... Art. 532
    III. Gesellschaftsbeschlüsse .... Art. 534
    IV. Geschäftsführung .... Art. 535
    V. Verantwortlichkeit unter sich .... Art. 536
    VI. Entzug und Beschränkung
       der Geschäftsführung .... Art. 539

    VII. Geschäftsführende und nicht
        geschäftsführende Gesellschafter .... Art. 540
    VIII. Aufnahme neuer Gesellschafter und
        Unterbeteiligung .... Art. 542
C. Verhältnis der Gesellschafter gegenüber Dritten
    I. Vertretung .... Art. 543
    II. Wirkung der Vertretung .... Art. 544
D. Beendigung der Gesellschaft
    I. Auflösungsgründe .... Art. 545
    II. Wirkung der Auflösung auf die
       Geschäftsführung .... Art. 547
    III. Liquidation .... Art. 548
    IV. Haftung gegenüber Dritten .... Art. 551

DRITTE ABTEILUNG
DIE HANDELSGESELLSCHAFTEN UND DIE GENOSSENSCHAFT .... Seite 251

Vierundzwanzigster Titel
DIE KOLLEKTIVGESELLSCHAFT

Erster Abschnitt
Begriff und Errichtung
A. Kaufmännische Gesellschaft .... Art. 552

B. Nichtkaufmännische Gesellschaft .... Art. 553
C. Registereintrag
    I. Ort und Inhalt .... Art. 554
    II. Vertretung .... Art. 555
    III. Formelle Erfordernisse .... Art. 556

Zweiter Abschnitt
Verhältnis der Gesellschafter unter sich
A. Vertragsfreiheit, Verweisung
    auf die einfache Gesellschaft .... Art. 557
B. Gewinn- und Verlustrechnung .... Art. 558
C. Anspruch auf Gewinn, Zinse und Honorar .... Art. 559
D. Verluste .... Art. 560
E. Konkurrenzverbot .... Art. 561

Dritter Abschnitt
Verhältnis der Gesellschaft zu Dritten
A. Im allgemeinen .... Art. 562
B. Vertretung
    I. Grundsatz .... Art. 563
    II. Umfang .... Art. 564
    III. Entziehung .... Art. 565
    IV. Prokura und Handlungsvollmacht .... Art. 566
    V. Rechtsgeschäfte und Haftung
       aus unerlaubten Handlungen .... Art. 567
C. Stellung der Gesellschaftsgläubiger
    I. Haftung der Gesellschafter .... Art. 568
    II. Haftung neu eintretender Gesellschafter .... Art. 569
    III. Konkurs der Gesellschaft .... Art. 570
    IV. Konkurs von Gesellschaft und Gesellschaftern .. Art. 571
D. Stellung der Privatgläubiger eines Gesellschafters .. Art. 572
E. Verrechnung .... Art. 573

Vierter Abschnitt
Auflösung und Ausscheiden
A. Im allgemeinen .... Art. 574
B. Kündigung durch Gläubiger eines Gesellschafters .. Art. 575
C. Ausscheiden von Gesellschaftern
    I. Übereinkommen .... Art. 576
    II. Ausschliessung durch den Richter .... Art. 577
    III. Durch die übrigen Gesellschafter .... Art. 578
    IV. Bei zwei Gesellschaftern .... Art. 579
    V. Festsetzung des Betrages .... Art. 580
    VI. Eintragung .... Art. 581

Fünfter Abschnitt
Liquidation
A. Grundsatz .... Art. 582
B. Liquidatoren .... Art. 583
C. Vertretung von Erben .... Art. 584
D. Rechte und Pflichten der Liquidatoren .... Art. 585
E. Vorläufige Verteilung .... Art. 586
F. Auseinandersetzung
   I. Bilanz .... Art. 587
   II. Rückzahlung des Kapitals und
      Verteilung des Überschusses .... Art. 588
G. Löschung im Handelsregister .... Art. 589
H. Aufbewahrung der Bücher und Papiere .... Art. 590

Sechster Abschnitt
Verjährung
A. Gegenstand und Frist .... Art. 591
B. Besondere Fälle .... Art. 592
C. Unterbrechung .... Art. 593

Fünfundzwanzigster Titel
DIE KOMMANDITGESELLSCHAFT

Erster Abschnitt
Begriff und Errichtung
A. Kaufmännische Gesellschaft .... Art. 594
B. Nichtkaufmännische Gesellschaft .... Art. 595
C. Registereintrag
   I. Ort und Inhalt .... Art. 596
   II. Formelle Erfordernisse .... Art. 597

Zweiter Abschnitt
Verhältnis der Gesellschafter unter sich
A. Vertragsfreiheit. Verweisung
   auf die Kollektivgesellschaft .... Art. 598
B. Geschäftsführung .... Art. 599
C. Stellung des Kommanditärs .... Art. 600
D. Gewinn- und Verlustbeteiligung .... Art. 601

Dritter Abschnitt
Verhältnis der Gesellschaft zu Dritten
A. Im allgemeinen .... Art. 602
B. Vertretung .... Art. 603
C. Haftung des unbeschränkt haftenden
   Gesellschafters .... Art. 604

D. Haftung des Kommanditärs
  I. Handlungen für die Gesellschaft .... Art. 605
  II. Mangelnder Eintrag .... Art. 606
  III. Name des Kommanditärs in der Firma .... Art. 607
  IV. Umfang der Haftung .... Art. 608
  V. Verminderung der Kommanditsumme .... Art. 609
  VI. Klagerecht der Gläubiger .... Art. 610
  VII. Bezug von Zinsen und Gewinn .... Art. 611
  VIII. Eintritt in die Gesellschaft .... Art. 612
E. Stellung der Privatgläubiger .... Art. 613
F. Verrechnung .... Art. 614
G. Konkurs
  I. Im allgemeinen .... Art. 615
  II. Konkurs der Gesellschaft .... Art. 616
  III. Vorgehen gegen den unbeschränkt haftenden Gesellschafter .... Art. 617
  IV. Konkurs des Kommanditärs .... Art. 618

Vierter Abschnitt
Auflösung, Liquidation, Verjährung .... Art. 619

Sechsundzwanzigster Titel
DIE AKTIENGESELLSCHAFT

Erster Abschnitt
Allgemeine Bestimmungen
A. Begriff .... Art. 620
B. Mindestkapital .... Art. 621
C. Aktien
  I. Arten .... Art. 622
  II. Zerlegung und Zusammenlegung .... Art. 623
  III. Ausgabebetrag .... Art. 624
D. Zahl der Mitglieder .... Art. 625
E. Statuten
  I. Gesetzlich vorgeschriebener Inhalt .... Art. 626
  II. Weitere Bestimmungen .... Art. 627
F. Gründung
  I. Errichtungsakt .... Art. 629
  II. Belege .... Art. 631
  III. Einlagen .... Art. 632
G. Eintragung in das Handelsregister
  I. Anmeldung .... Art. 640
  II. Inhalt der Eintragung .... Art. 641
  III. Zweigniederlassungen .... Art. 642

H. Erwerb der Persönlichkeit
    I. Zeitpunkt; mangelnde Voraussetzungen .... Art. 643
    II. Vor der Eintragung ausgegebene Aktien .... Art. 644
    III. Vor der Eintragung eingegangene
        Verpflichtungen .... Art. 645
J. Statutenänderung .... Art. 647
K. Erhöhung des Aktienkapitals
    I. Ordentliche und genehmigte Kapitalerhöhung .. Art. 650
    II. Bedingte Kapitalerhöhung .... Art. 653
    III. Vorzugsaktien .... Art. 654
L. Partizipationsscheine
    I. Begriff; anwendbare Vorschriften .... Art. 656a
    II. Partizipations- und Aktienkapital .... Art. 656b
    III. Rechtsstellung des Partizipanten .... Art. 656c
M. Genussscheine .... Art. 657
N. Eigene Aktien
    I. Einschränkung des Erwerbs .... Art. 659
    II. Folgen des Erwerbs .... Art. 659a
    III. Erwerb durch Tochtergesellschaften .... Art. 659b

Zweiter Abschnitt
Rechte und Pflichten der Aktionäre
A. Recht auf Gewinn- und Liquidationsanteil
    I. Im allgemeinen .... Art. 660
    II. Berechnungsart .... Art. 661
B. Geschäftsbericht
    I. Im allgemeinen .... Art. 662
    II. Erfolgsrechnung; Mindestgliederung .... Art. 663
    III. Bilanz; Mindestgliederung .... Art. 663a
    IV. Anhang................................. Art. 663b
    V. Beteiligungsverhältnisse bei
       Publikumsgesellschaften .... Art. 663c
    VI. Jahresbericht .... Art. 663d
    VII. Konzernrechnung .... Art. 663e
    VIII. Schutz und Anpassung .... Art. 663h
    IX. Bewertung .... Art. 664
C. Reserven
    I. Gesetzliche Reserven .... Art. 671
    II. Statutarische Reserven .... Art. 672
    III. Verhältnis des Gewinnanteils zu den Reserven .. Art. 674
D. Dividenden, Bauzinse und Tantiemen
    I. Dividenden............................... Art. 675
    II. Bauzinse .... Art. 676
    III. Tantiemen .... Art. 677

E. Rückerstattung von Leistungen
 I. Im allgemeinen .... Art. 678
 II. Tantiemen im Konkurs .... Art. 679
F. Leistungspflicht des Aktionärs
 I. Gegenstand .... Art. 680
 II. Verzugsfolgen .... Art. 681
G. Ausgabe und Übertragung der Aktien
 I. Inhaberaktien .... Art. 683
 II. Namenaktien .... Art. 684
H. Beschränkung der Übertragbarkeit
 I. Gesetzliche Beschränkung .... Art. 685
 II. Statutarische Beschränkung .... Art. 685a
 III. Interimsscheine .... Art. 688
J. Persönliche Mitgliedschaftsrechte
 I. Teilnahme an der Generalversammlung .... Art. 689
 II. Unbefugte Teilnahme .... Art. 691
 III. Stimmrecht in der Generalversammlung .... Art. 692
 IV. Kontrollrecht der Aktionäre .... Art. 696
 V. Recht auf Einleitung einer Sonderprüfung ..... Art. 697a
K. Offenlegung von Jahresrechnung und
 Konzernrechnung........................... Art. 697h

Dritter Abschnitt
Organisation der Aktiengesellschaft
A. Die Generalversammlung
 I. Befugnisse .... Art. 698
 II. Einberufung und Traktandierung .... Art. 699
 III. Vorbereitende Massnahmen; Protokoll .... Art. 702
 IV. Beschlussfassung und Wahlen .... Art. 703
 V. Abberufung des Verwaltungsrates und der
  Revisionsstelle .... Art. 705
 VI. Anfechtung von Generalversammlungs-
  beschlüssen .... Art. 706
 VII. Nichtigkeit .... Art. 706b
B. Der Verwaltungsrat
 I. Im allgemeinen .... Art. 707
 II. Organisation .... Art. 712
 III. Aufgaben .... Art. 716
 IV. Sorgfalts- und Treuepflicht .... Art. 717
 V. Vertretung .... Art. 718
 VI. Organhaftung .... Art. 722
 VII. Kapitalverlust und Überschuldung .... Art. 725
 VIII. Abberufung und Einstellung .... Art. 726
C. Die Revisionsstelle
 I. Wahl................................... Art. 727

II. Amtsdauer, Rücktritt, Abberufung und
   Löschung im Handelsregister .... Art. 727e
III. Einsetzung durch den Richter .... Art. 727f
IV. Aufgaben .... Art. 728
V. Besondere Bestimmungen .... Art. 731
VI. Prüfung der Konzernrechnung .... Art. 731a

Vierter Abschnitt
Herabsetzung des Aktienkapitals
A. Herabsetzungsbeschluss .... Art. 732
B. Aufforderung an die Gläubiger .... Art. 733
C. Durchführung der Herabsetzung .... Art. 734
D. Herabsetzung im Fall einer Unterbilanz .... Art. 735

Fünfter Abschnitt
Auflösung der Aktiengesellschaft
A. Auflösung im allgemeinen
   I. Gründe .... Art. 736
   II. Anmeldung beim Handelsregister .... Art. 737
   III. Folgen .... Art. 738
B. Auflösung mit Liquidation
   I. Zustand der Liquidation. Befugnisse .... Art. 739
   II. Bestellung und Abberufung der Liquidatoren ... Art. 740
   III. Liquidationstätigkeit .... Art. 742
   IV. Löschung im Handelsregister .... Art. 746
   V. Aufbewahrung der Geschäftsbücher .... Art. 747
C. Auflösung ohne Liquidation
   I. ...
   II. Übernahme durch eine Körperschaft
      des öffentlichen Rechts .... Art. 751

Sechster Abschnitt
Verantwortlichkeit
A. Haftung
   I. Für den Emissionsprospekt .... Art. 752
   II. Gründungshaftung .... Art. 753
   III. Haftung für Verwaltung, Geschäftsführung
        und Liquidation .... Art. 754
   IV. Revisionshaftung .... Art. 755
B. Schaden der Gesellschaft
   I. Ansprüche ausser Konkurs .... Art. 756
   II. Ansprüche im Konkurs .... Art. 757
   III. Wirkung des Entlastungsbeschlusses .... Art. 758
C. Solidarität und Rückgriff .... Art. 759
D. Verjährung .... Art. 760

Siebenter Abschnitt
**Beteiligung von Körperschaften des
öffentlichen Rechts** .... Art. 762

Achter Abschnitt
**Ausschluss der Anwendung des Gesetzes auf
öffentlich-rechtliche Anstalten** .... Art. 763

Siebenundzwanzigster Titel
DIE KOMMANDITAKTIENGESELLSCHAFT

A. Begriff .... Art. 764
B. Verwaltung
    I. Bezeichnung und Befugnisse .... Art. 765
    II. Zustimmung zu
       Generalversammlungsbeschlüssen .... Art. 766
    III. Entziehung der Geschäftsführung
        und Vertretung .... Art. 767
C. Aufsichtsstelle
    I. Bestellung und Befugnisse .... Art. 768
    II. Verantwortlichkeitsklage .... Art. 769
D. Auflösung .... Art. 770
E. Kündigung .... Art. 771

Achtundzwanzigster Titel
DIE GESELLSCHAFT MIT BESCHRÄNKTER HAFTUNG

Erster Abschnitt
Allgemeine Bestimmungen
A. Begriff .... Art. 772
B. Stammkapital .... Art. 773
C. Stammeinlage .... Art. 774
D. Zahl der Mitglieder .... Art. 775
E. Statuten
    I. Gesetzlich vorgeschriebener Inhalt .... Art. 776
    II. Weitere Bestimmungen .... Art. 777
F. Gründung .... Art. 779
G. Eintragung in das Handelsregister
    I. Anmeldung .... Art. 780
    II. Inhalt der Eintragung .... Art. 781
    III. Zweigniederlassungen .... Art. 782
H. Erwerb der Persönlichkeit .... Art. 783

J. Statutenänderung
    I. Beschluss .... Art. 784
    II. Eintragung .... Art. 785
    III. Erhöhung des Stammkapitals .... Art. 786
    IV. Herabsetzung des Stammkapitals .... Art. 788

Zweiter Abschnitt
Rechte und Pflichten der Gesellschafter
A. Gesellschaftsanteile
    I. Im allgemeinen .... Art. 789
    II. Anteilbuch. Liste .... Art. 790
    III. Übertragung .... Art. 791
    IV. Zwangsvollstreckung .... Art. 793
    V. Teilung .... Art. 795
    VI. Erwerb durch einen Mitgesellschafter .... Art. 796
    VII. Anteile mehrerer .... Art. 797
B. Einzahlung
    I. Pflicht und Art .... Art. 798
    II. Verzug .... Art. 799
C. Haftung der Gesellschafter .... Art. 802
D. Nachschüsse .... Art. 803
E. Anspruch und Gewinnanteil
    I. Im allgemeinen .... Art. 804
    II. Bilanzvorschriften und Reservefonds .... Art. 805
    III. Rückerstattung bezogener Gewinnanteile ...... Art. 806
F. Erwerbung oder Pfandnahme eigener Anteile ...... Art. 807

Dritter Abschnitt
Organisation der Gesellschaft
A. Gesellschafterversammlung
    I. Gesellschaftsbeschlüsse .... Art. 808
    II. Einberufung .... Art. 809
    III. Befugnisse .... Art. 810
B. Geschäftsführung und Vertretung
    I. Durch die Gesellschafter .... Art. 811
    II. Durch andere Personen .... Art. 812
    III. Wohnsitz der Geschäftsführer .... Art. 813
    IV. Umfang, Beschränkung und Entziehung .... Art. 814
    V. Zeichnung, Eintragung .... Art. 815
    VI. Prokura und Handlungsvollmacht .... Art. 816
    VII. Anzeigepflicht bei Kapitalverlust und
        bei Überschuldung .... Art. 817
    VIII. Konkurrenzverbot .... Art. 818
C. Kontrolle .... Art. 819

Vierter Abschnitt
Auflösung und Ausscheiden
A. Auflösungsgründe .... Art. 820
B. Anmeldung beim Handelsregister .... Art. 821
C. Austritt und Ausschliessung durch den Richter ..... Art. 822
D. Liquidation .... Art. 823
E. ...

Fünfter Abschnitt
Verantwortlichkeit .... Art. 827

Neunundzwanzigster Titel
DIE GENOSSENSCHAFT

Erster Abschnitt
Begriff und Errichtung
A. Genossenschaft des Obligationenrechts .... Art. 828
B. Genossenschaften des öffentlichen Rechts .... Art. 829
C. Errichtung
   I. Erfordernisse .... Art. 830
   II. Statuten .... Art. 832
   III. Konstituierende Versammlung .... Art. 834
   IV. Eintragung in das Handelsregister .... Art. 835
   V. Erwerb der Persönlichkeit .... Art. 838

Zweiter Abschnitt
Erwerb der Mitgliedschaft
A. Grundsatz .... Art. 839
B. Beitrittserklärung .... Art. 840
C. Verbindung mit einem Versicherungsvertrag ...... Art. 841

Dritter Abschnitt
Verlust der Mitgliedschaft
A. Austritt
   I. Freiheit des Austrittes .... Art. 842
   II. Beschränkung des Austrittes .... Art. 843
   III. Kündigungsfrist und Zeitpunkt des
      Austrittes .... Art. 844
   IV. Geltendmachung im Konkurs und
      bei Pfändung .... Art. 845
B. Ausschliessung .... Art. 846
C. Tod des Genossenschafters .... Art. 847
D. Wegfall einer Beamtung oder Anstellung
   oder eines Vertrages .... Art. 848

E. Übertragung der Mitgliedschaft
  I. Im allgemeinen .... Art. 849
  II. Durch Übertragung von Grundstücken oder
      wirtschaftlichen Betrieben .... Art. 850
F. Austritt des Rechtsnachfolgers .... Art. 851

Vierter Abschnitt
Rechte und Pflichten der Genossenschafter
A. Ausweis der Mitgliedschaft .... Art. 852
B. Genossenschaftsanteile .... Art. 853
C. Rechtsgleichheit .... Art. 854
D. Rechte
  I. Stimmrecht .... Art. 855
  II. Kontrollrecht der Genossenschafter .... Art. 856
  III. Allfällige Rechte auf den Reinertrag .... Art. 858
  IV. Abfindungsanspruch .... Art. 864
E. Pflichten
  I. Treuepflicht .... Art. 866
  II. Pflicht zu Beiträgen und Leistungen .... Art. 867
  III. Haftung .... Art. 868

Fünfter Abschnitt
Organisation der Genossenschaft
A. Generalversammlung
  I. Befugnisse .... Art. 879
  II. Urabstimmung .... Art. 880
  III. Einberufung .... Art. 881
  IV. Stimmrecht .... Art. 885
  V. Vertretung .... Art. 886
  VI. Ausschliessung vom Stimmrecht .... Art. 887
  VII. Beschlussfassung .... Art. 888
  VIII. Abberufung der Verwaltung und
        Kontrollstelle .... Art. 890
  IX. Anfechtung der Generalversammlungs-
      beschlüsse .... Art. 891
  X. Delegiertenversammlung .... Art. 892
  XI. Ausnahmebestimmungen für
      Versicherungsgenossenschaften .... Art. 893
B. Verwaltung
  I. Wählbarkeit .... Art. 894
  II. Amtsdauer .... Art. 896
  III. Verwaltungsausschuss .... Art. 897
  IV. Geschäftsführung und Vertretung .... Art. 898
  V. Pflichten .... Art. 902
  VI. Rückerstattung entrichteter Zahlungen .... Art. 904

VII. Einstellung und Abberufung .... Art. 905
C. Kontrollstelle
    I. Wahl .... Art. 906
    II. Tätigkeit der Kontrollstelle .... Art. 907

Sechster Abschnitt
Auflösung der Genossenschaft
A. Auflösungsgründe .... Art. 911
B. Anmeldung beim Handelsregister .... Art. 912
C. Liquidation. Verteilung des Vermögens .... Art. 913
D. ...
E. Übernahme durch eine Körperschaft
    des öffentlichen Rechts .... Art. 915

Siebenter Abschnitt
Verantwortlichkeit
A. Haftung gegenüber der Genossenschaft .... Art. 916
B. Haftung gegenüber Genossenschaft,
    Genossenschaftern und Gläubigern .... Art. 917
C. Solidarität und Rückgriff .... Art. 918
D. Verjährung .... Art. 919
E. Bei Kredit- und Versicherungsgenossenschaften .... Art. 920

Achter Abschnitt
Genossenschaftsverbände
A. Voraussetzungen .... Art. 921
B. Organisation
    I. Delegiertenversammlung .... Art. 922
    II. Verwaltung .... Art. 923
    III. Überwachung, Anfechtung .... Art. 924
    IV. Ausschluss neuer Verpflichtungen .... Art. 925

Neunter Abschnitt
Beteiligung von Körperschaften des öffentlichen Rechts .. Art. 926

VIERTE ABTEILUNG
HANDELSREGISTER, GESCHÄFTSFIRMEN UND KAUFMÄNNISCHE BUCHFÜHRUNG ..... Seite 371

Dreissigster Titel
DAS HANDELSREGISTER

A. Zweck und Einrichtung
    I. Im allgemeinen .... Art. 927
    II. Haftbarkeit .... Art. 928
    III. Verordnung des Bundesrates .... Art. 929
    IV. Öffentlichkeit .... Art. 930
    V. Handelsamtsblatt .... Art. 931
B. Eintragungen
    I. Beginn der Wirksamkeit .... Art. 932
    II. Wirkungen .... Art. 933
    III. Eintragung einer Firma .... Art. 934
    IV. Änderungen .... Art. 937
    V. Löschung .... Art. 938
    VI. Konkurs von Handelsgesellschaften und Genossenschaften .... Art. 939
    VII. Pflichten des Registerführers .... Art. 940
    VIII. Nichtbefolgung der Vorschriften .... Art. 942

Einunddreissigster Titel
DIE GESCHÄFTSFIRMEN

A. Grundsätze der Firmenbildung
    I. Allgemeine Bestimmungen .... Art. 944
    II. Einzelfirmen .... Art. 945
    III. Gesellschaftsfirmen .... Art. 947
    IV. Zweigniederlassungen .... Art. 952
    V. Übernahme eines Geschäftes .... Art. 953
    VI. Namensänderung .... Art. 954
B. Überwachung .... Art. 955
C. Schutz der Firma .... Art. 956

Zweiunddreissigster Titel
DIE KAUFMÄNNISCHE BUCHFÜHRUNG

A. Pflicht zur Buchführung und Aufbewahrung der Geschäftsbücher .... Art. 957

B. Bilanzvorschriften
    I. Bilanzpflicht .... Art. 958
    II. Bilanzgrundsätze .... Art. 959
    III. Unterzeichnung .... Art. 961
C. Dauer der Aufbewahrungspflicht .... Art. 962
D. Editionspflicht .... Art. 963

FÜNFTE ABTEILUNG
DIE WERTPAPIERE .... Seite 381

Dreiunddreissigster Titel
DIE NAMEN-, INHABER- UND ORDREPAPIERE

Erster Abschnitt
Allgemeine Bestimmungen
A. Begriff des Wertpapiers .... Art. 965
B. Verpflichtung aus dem Wertpapier .... Art. 966
C. Übertragung des Wertpapiers
    I. Allgemeine Form .... Art. 967
    II. Indossierung .... Art. 968
D. Umwandlung .... Art. 970
E. Kraftloserklärung
    I. Geltendmachung .... Art. 971
    II. Verfahren. Wirkung .... Art. 972
F. Besondere Vorschriften .... Art. 973

Zweiter Abschnitt
Die Namenpapiere
A. Begriff .... Art. 974
B. Ausweis über das Gläubigerrecht
    I. In der Regel .... Art. 975
    II. Beim hinkenden Inhaberpapier .... Art. 976
C. Kraftloserklärung .... Art. 977

Dritter Abschnitt
Die Inhaberpapiere
A. Begriff .... Art. 978
B. Einreden des Schuldners
    I. Im allgemeinen .... Art. 979
    II. Bei Inhaberzinscoupons .... Art. 980
C. Kraftloserklärung
    I. Im allgemeinen .... Art. 981

II. Bei Coupons im besondern .... Art. 987
III. Bei Banknoten und ähnlichen Papieren .... Art. 988
D. Schuldbrief und Gült .... Art. 989

Vierter Abschnitt
Der Wechsel
A. Wechselfähigkeit .... Art. 990
B. Gezogener Wechsel
    I. Ausstellung und Form des gezogenen Wechsels . Art. 991
    II. Indossament .... Art. 1001
    III. Annahme .... Art. 1011
    IV. Wechselbürgschaft .... Art. 1020
    V. Verfall .... Art. 1023
    VI. Zahlung .... Art. 1028
    VII. Rückgriff mangels Annahme und mangels
        Zahlung .... Art. 1033
    VIII. Übergang der Deckung .... Art. 1053
    IX. Ehreneintritt .... Art. 1054
    X. Ausfertigung mehrerer Stücke eines
       Wechsels (Duplikate), Wechselabschriften
       (Wechselkopien) .... Art. 1063
    XI. Änderungen des Wechsels .... Art. 1068
    XII. Verjährung .... Art. 1069
    XIII. Kraftloserklärung .... Art. 1072
    XIV. Allgemeine Vorschriften .... Art. 1081
    XV. Geltungsbereich der Gesetze .... Art. 1086
C. Eigener Wechsel .... Art. 1096

Fünfter Abschnitt
Der Check
    I. Ausstellung und Form des Checks .... Art. 1100
    II. Übertragung .... Art. 1108
    III. Checkbürgschaft .... Art. 1114
    IV. Vorlegung und Zahlung .... Art. 1115
    V. Gekreuzter Check und Verrechnungscheck ..... Art. 1123
    VI. Rückgriff mangels Zahlung .... Art. 1128
    VII. Gefälschter Check .... Art. 1132
    VIII. Ausfertigung mehrerer Stücke eines Checks .... Art. 1133
    IX. Verjährung .... Art. 1134
    X. Allgemeine Vorschriften .... Art. 1135
    XI. Geltungsbereich der Gesetze .... Art. 1138
    XII. Anwendbarkeit des Wechselrechts .... Art. 1143
    XIII. Vorbehalt besondern Rechtes .... Art. 1144

Sechster Abschnitt
Wechselähnliche und andere Ordrepapiere
A. Im allgemeinen
    I. Voraussetzungen .... Art. 1145
    II. Einreden des Schuldners .... Art. 1146
B. Wechselähnliche Papiere
    I. Anweisungen an Ordre .... Art. 1147
    II. Zahlungsversprechen an Ordre .... Art. 1151
C. Andere indossierbare Papiere .... Art. 1152

Siebenter Abschnitt
Die Warenpapiere
A. Erfordernisse .... Art. 1153
B. Der Pfandschein .... Art. 1154
C. Bedeutung der Formvorschriften .... Art. 1155

Vierunddreissigster Titel
ANLEIHENSOBLIGATIONEN

Erster Abschnitt
Prospektzwang bei Ausgabe von Anleihensobligationen .. Art. 1156

Zweiter Abschnitt
Gläubigergemeinschaft bei Anleihensobligationen
A. Voraussetzungen .... Art. 1157
B. Anleihensvertreter
    I. Bestellung .... Art. 1158
    II. Befugnisse .... Art. 1159
    III. Dahinfallen der Vollmacht .... Art. 1162
    IV. Kosten .... Art. 1163
C. Gläubigerversammlung
    I. Im allgemeinen .... Art. 1164
    II. Einberufung .... Art. 1165
    III. Abhaltung .... Art. 1167
    IV. Verfahrensvorschriften .... Art. 1169
D. Gemeinschaftsbeschlüsse
    I. Eingriffe in die Gläubigerrechte .... Art. 1170
    II. Andere Beschlüsse .... Art. 1180
E. Besondere Anwendungsfälle
    I. Konkurs des Schuldners .... Art. 1183
    II. Nachlassvertrag .... Art. 1184
    III. Anleihen von Eisenbahn- oder
        Schiffahrtsunternehmungen .... Art. 1185
F. Zwingendes Recht .... Art. 1186

SCHLUSS- UND ÜBERGANGSBESTIMMUNGEN Seite 439

**Bundesgesetz betreffend die Ergänzung
des Schweizerischen Zivilgesetzbuches
(Fünfter Teil: Obligationenrecht)**
vom 30. März 1911 (Stand am 1. Juli 2004)
*Die Bundesversammlung
der Schweizerischen Eidgenossenschaft,*
nach Einsicht in die Botschaften des Bundesrates
vom 3. März 1905 und 1. Juni 1909[1],
beschliesst:

Das Obligationenrecht

SR **220**; AS **27** 317 und BS **2** 199
[1] BBl **1905** II 1, **1909** III 725, **1911** I 845

ERSTE ABTEILUNG
ALLGEMEINE BESTIMMUNGEN

Erster Titel
DIE ENTSTEHUNG DER OBLIGATIONEN

Erster Abschnitt
Die Entstehung durch Vertrag

Art. 1

[1] Zum Abschlusse eines Vertrages ist die übereinstimmende gegenseitige Willensäusserung der Parteien erforderlich.
[2] Sie kann eine ausdrückliche oder stillschweigende sein.

A. Abschluss des Vertrages
I. Übereinstimmende Willensäusserung
1. Im allgemeinen

Art. 2

[1] Haben sich die Parteien über alle wesentlichen Punkte geeinigt, so wird vermutet, dass der Vorbehalt von Nebenpunkten die Verbindlichkeit des Vertrages nicht hindern solle.
[2] Kommt über die vorbehaltenen Nebenpunkte eine Vereinbarung nicht zustande, so hat der Richter über diese nach der Natur des Geschäftes zu entscheiden.
[3] Vorbehalten bleiben die Bestimmungen über die Form der Verträge.

2. Betreffende Nebenpunkte

Art. 3

[1] Wer einem andern den Antrag zum Abschlusse eines Vertrages stellt und für die Annahme eine Frist setzt, bleibt bis zu deren Ablauf an den Antrag gebunden.
[2] Er wird wieder frei, wenn eine Annahmeerklärung nicht vor Ablauf dieser Frist bei ihm eingetroffen ist.

II. Antrag und Annahme
1. Antrag mit Annahmefrist

Art. 4

[1] Wird der Antrag ohne Bestimmung einer Frist an einen Anwesenden gestellt und nicht sogleich angenommen, so ist der Antragsteller nicht weiter gebunden.
[2] Wenn die Vertragschliessenden oder ihre Bevollmächtigten sich persönlich des Telephons bedienen, so gilt der Vertrag als unter Anwesenden abgeschlossen.

2. Antrag ohne Annahmefrist
a. Unter Anwesenden

Art. 5

[1] Wird der Antrag ohne Bestimmung einer Frist an einen Abwesenden gestellt, so bleibt der Antragsteller bis zu dem Zeitpunkte gebunden, wo er den Eingang der Antwort bei ih-

b. Unter Abwesenden

rer ordnungsmässigen und rechtzeitigen Absendung erwarten darf.

² Er darf dabei voraussetzen, dass sein Antrag rechtzeitig angekommen sei.

³ Trifft die rechtzeitig abgesandte Annahmeerklärung erst nach jenem Zeitpunkte bei dem Antragsteller ein, so ist dieser, wenn er nicht gebunden sein will, verpflichtet, ohne Verzug hievon Anzeige zu machen.

Art. 6

3. Stillschweigende Annahme

Ist wegen der besonderen Natur des Geschäftes oder nach den Umständen eine ausdrückliche Annahme nicht zu erwarten, so gilt der Vertrag als abgeschlossen, wenn der Antrag nicht binnen angemessener Frist abgelehnt wird.

Art. 6a[1)]

3a. Zusendung unbestellter Sachen

¹ Die Zusendung einer unbestellten Sache ist kein Antrag.

² Der Empfänger ist nicht verpflichtet, die Sache zurückzusenden oder aufzubewahren.

³ Ist eine unbestellte Sache offensichtlich irrtümlich zugesandt worden, so muss der Empfänger den Absender benachrichtigen.

Art. 7

4. Antrag ohne Verbindlichkeit, Auskündung, Auslage

¹ Der Antragsteller wird nicht gebunden, wenn er dem Antrage eine die Behaftung ablehnende Erklärung beifügt, oder wenn ein solcher Vorbehalt sich aus der Natur des Geschäftes oder aus den Umständen ergibt.

² Die Versendung von Tarifen, Preislisten und dergleichen bedeutet an sich keinen Antrag.

³ Dagegen gilt die Auslage von Waren mit Angabe des Preises in der Regel als Antrag.

Art. 8

5. Preisausschreiben und Auslobung

¹ Wer durch Preisausschreiben oder Auslobung für eine Leistung eine Belohnung aussetzt, hat diese seiner Auskündung gemäss zu entrichten.

² Tritt er zurück, bevor die Leistung erfolgt ist, so hat er denjenigen, die auf Grund der Auskündung in guten Treuen Aufwendungen gemacht haben, hiefür bis höchstens zum Betrag der ausgesetzten Belohnung Ersatz zu leisten, sofern er nicht beweist, dass ihnen die Leistung doch nicht gelungen wäre.

[1)] Eingefügt durch Ziff. I des BG vom 5. Okt. 1990, in Kraft seit 1. Juli 1991 (AS **1991** 846 848; BBl **1986** II 354).

Art. 9

¹ Trifft der Widerruf bei dem anderen Teile vor oder mit dem Antrage ein, oder wird er bei späterem Eintreffen dem andern zur Kenntnis gebracht, bevor dieser vom Antrag Kenntnis genommen hat, so ist der Antrag als nicht geschehen zu betrachten.

² Dasselbe gilt für den Widerruf der Annahme.

6. Widerruf des Antrages und der Annahme

Art. 10

¹ Ist ein Vertrag unter Abwesenden zustande gekommen, so beginnen seine Wirkungen mit dem Zeitpunkte, wo die Erklärung der Annahme zur Absendung abgegeben wurde.

² Wenn eine ausdrückliche Annahme nicht erforderlich ist, so beginnen die Wirkungen des Vertrages mit dem Empfange des Antrages.

III. Beginn der Wirkungen eines unter Abwesenden geschlossenen Vertrages

Art. 11

¹ Verträge bedürfen zu ihrer Gültigkeit nur dann einer besonderen Form, wenn das Gesetz eine solche vorschreibt.

² Ist über Bedeutung und Wirkung einer gesetzlich vorgeschriebenen Form nicht etwas anderes bestimmt, so hängt von deren Beobachtung die Gültigkeit des Vertrages ab.

B. Form der Verträge
I. Erfordernis und Bedeutung im allgemeinen

Art. 12

Ist für einen Vertrag die schriftliche Form gesetzlich vorgeschrieben, so gilt diese Vorschrift auch für jede Abänderung, mit Ausnahme von ergänzenden Nebenbestimmungen, die mit der Urkunde nicht im Widerspruche stehen.

I. Schriftlichkeit
1. Gesetzlich vorgeschriebene Form
a. Bedeutung

Art. 13

¹ Ein Vertrag, für den die schriftliche Form gesetzlich vorgeschrieben ist, muss die Unterschriften aller Personen tragen, die durch ihn verpflichtet werden sollen.

² Sofern das Gesetz es nicht anders bestimmt, gilt als schriftliche Form auch der Brief oder das Telegramm, vorausgesetzt, dass der Brief oder die Aufgabedepesche die Unterschrift derjenigen trägt, die sich verpflichten.

b. Erfordernisse

Art. 14

¹ Die Unterschrift ist eigenhändig zu schreiben.

² Eine Nachbildung der eigenhändigen Schrift auf mechanischem Wege wird nur da als genügend anerkannt, wo deren Gebrauch im Verkehr üblich ist, insbesondere wo es sich um die Unterschrift auf Wertpapieren handelt, die in grosser Zahl ausgegeben werden.

³ Für den Blinden ist die Unterschrift nur dann verbindlich, wenn sie beglaubigt ist, oder wenn nachgewiesen wird, dass er zur Zeit der Unterzeichnung den Inhalt der Urkunde gekannt hat.

c. Unterschrift

Art. 15

d. Ersatz der Unterschrift

Kann eine Person nicht unterschreiben, so ist es, mit Vorbehalt der Bestimmungen über den Wechsel, gestattet, die Unterschrift durch ein beglaubigtes Handzeichen zu ersetzen oder durch eine öffentliche Beurkundung ersetzen zu lassen.

Art. 16

2. Vertraglich vorbehaltene Form

¹ Ist für einen Vertrag, der vom Gesetze an keine Form gebunden ist, die Anwendung einer solchen vorbehalten worden, so wird vermutet, dass die Parteien vor Erfüllung der Form nicht verpflichtet sein wollen.

² Geht eine solche Abrede auf schriftliche Form ohne nähere Bezeichnung, so gelten für deren Erfüllung die Erfordernisse der gesetzlich vorgeschriebenen Schriftlichkeit.

Art. 17

C. Verpflichtungsgrund

Ein Schuldbekenntnis ist gültig auch ohne die Angabe eines Verpflichtungsgrundes.

Art. 18

D. Auslegung der Verträge, Simulation

¹ Bei der Beurteilung eines Vertrages sowohl nach Form als nach Inhalt ist der übereinstimmende wirkliche Wille und nicht die unrichtige Bezeichnung oder Ausdrucksweise zu beachten, die von den Parteien aus Irrtum oder in der Absicht gebraucht wird, die wahre Beschaffenheit des Vertrages zu verbergen.

² Dem Dritten, der die Forderung im Vertrauen auf ein schriftliches Schuldbekenntnis erworben hat, kann der Schuldner die Einrede der Simulation nicht entgegensetzen.

Art. 19

E. Inhalt des Vertrages
I. Bestimmung des Inhaltes

¹ Der Inhalt des Vertrages kann innerhalb der Schranken des Gesetzes beliebig festgestellt werden.

² Von den gesetzlichen Vorschriften abweichende Vereinbarungen sind nur zulässig, wo das Gesetz nicht eine unabänderliche Vorschrift aufstellt oder die Abweichung nicht einen Verstoss gegen die öffentliche Ordnung, gegen die guten Sitten oder gegen das Recht der Persönlichkeit in sich schliesst.

Art. 20

II. Nichtigkeit

¹ Ein Vertrag, der einen unmöglichen oder widerrechtlichen Inhalt hat oder gegen die guten Sitten verstösst, ist nichtig.

² Betrifft aber der Mangel bloss einzelne Teile des Vertrages, so sind nur diese nichtig, sobald nicht anzunehmen ist, dass er ohne den nichtigen Teil überhaupt nicht geschlossen worden wäre.

Art. 21

¹ Wird ein offenbares Missverhältnis zwischen der Leistung und der Gegenleistung durch einen Vertrag begründet, dessen Abschluss von dem einen Teil durch Ausbeutung der Notlage, der Unerfahrenheit oder des Leichtsinns des andern herbeigeführt worden ist, so kann der Verletzte innerhalb Jahresfrist erklären, dass er den Vertrag nicht halte, und das schon Geleistete zurückverlangen.

² Die Jahresfrist beginnt mit dem Abschluss des Vertrages.

III. Übervorteilung

Art. 22

¹ Durch Vertrag kann die Verpflichtung zum Abschluss eines künftigen Vertrages begründet werden.

² Wo das Gesetz zum Schutze der Vertragschliessenden für die Gültigkeit des künftigen Vertrages eine Form vorschreibt, gilt diese auch für den Vorvertrag.

IV. Vorvertrag

Art. 23

Der Vertrag ist für denjenigen unverbindlich, der sich beim Abschluss in einem wesentlichen Irrtum befunden hat.

F. Mängel des Vertragsabschlusses
I. Irrtum
1. Wirkung

Art. 24

¹ Der Irrtum ist namentlich in folgenden Fällen ein wesentlicher:
1. wenn der Irrende einen andern Vertrag eingehen wollte als denjenigen, für den er seine Zustimmung erklärt hat;
2. wenn der Wille des Irrenden auf eine andere Sache oder, wo der Vertrag mit Rücksicht auf eine bestimmte Person abgeschlossen wurde, auf eine andere Person gerichtet war, als er erklärt hat;
3. wenn der Irrende eine Leistung von erheblich grösserem Umfange versprochen hat oder eine Gegenleistung von erheblich geringerem Umfange sich hat versprechen lassen, als es sein Wille war;
4. wenn der Irrtum einen bestimmten Sachverhalt betraf, der vom Irrenden nach Treu und Glauben im Geschäftsverkehr als eine notwendige Grundlage des Vertrages betrachtet wurde.

² Bezieht sich dagegen der Irrtum nur auf den Beweggrund zum Vertragsabschlusse, so ist er nicht wesentlich.

³ Blosse Rechnungsfehler hindern die Verbindlichkeit des Vertrages nicht, sind aber zu berichtigen.

2. Fälle des Irrtums

Art. 25

¹ Die Berufung auf Irrtum ist unstatthaft, wenn sie Treu und Glauben widerspricht.

² Insbesondere muss der Irrende den Vertrag gelten lassen, wie er ihn verstanden hat, sobald der andere sich hiezu bereit erklärt.

3. Geltendmachung gegen Treu und Glauben

Art. 26

4. Fahrlässiger Irrtum

¹ Hat der Irrende, der den Vertrag nicht gegen sich gelten lässt, seinen Irrtum der eigenen Fahrlässigkeit zuzuschreiben, so ist er zum Ersatze des aus dem Dahinfallen des Vertrages erwachsenen Schadens verpflichtet, es sei denn, dass der andere den Irrtum gekannt habe oder hätte kennen sollen.

² Wo es der Billigkeit entspricht, kann der Richter auf Ersatz weiteren Schadens erkennen.

Art. 27

5. Unrichtige Übermittlung

Wird beim Vertragsabschluss Antrag oder Annahme durch einen Boten oder auf andere Weise unrichtig übermittelt, so finden die Vorschriften über den Irrtum entsprechende Anwendung.

Art. 28

II. Absichtliche Täuschung

¹ Ist ein Vertragschliessender durch absichtliche Täuschung seitens des andern zu dem Vertragsabschlusse verleitet worden, so ist der Vertrag für ihn auch dann nicht verbindlich, wenn der erregte Irrtum kein wesentlicher war.

² Die von einem Dritten verübte absichtliche Täuschung hindert die Verbindlichkeit für den Getäuschten nur, wenn der andere zur Zeit des Vertragsabschlusses die Täuschung gekannt hat oder hätte kennen sollen.

Art. 29

III. Furchterregung 1. Abschluss des Vertrages

¹ Ist ein Vertragschliessender von dem anderen oder von einem Dritten widerrechtlich durch Erregung gegründeter Furcht zur Eingehung eines Vertrages bestimmt worden, so ist der Vertrag für den Bedrohten unverbindlich.

² Ist die Drohung von einem Dritten ausgegangen, so hat, wo es der Billigkeit entspricht, der Bedrohte, der den Vertrag nicht halten will, dem anderen, wenn dieser die Drohung weder gekannt hat noch hätte kennen sollen, Entschädigung zu leisten.

Art. 30

2. Gegründete Furcht

¹ Die Furcht ist für denjenigen eine gegründete, der nach den Umständen annehmen muss, dass er oder eine ihm nahe verbundene Person an Leib und Leben, Ehre oder Vermögen mit einer nahen und erheblichen Gefahr bedroht sei.

² Die Furcht vor der Geltendmachung eines Rechtes wird nur dann berücksichtigt, wenn die Notlage des Bedrohten benutzt worden ist, um ihm die Einräumung übermässiger Vorteile abzunötigen.

Art. 31

¹ Wenn der durch Irrtum, Täuschung oder Furcht beeinflusste Teil binnen Jahresfrist weder dem anderen eröffnet, dass er den Vertrag nicht halte, noch eine schon erfolgte Leistung zurückfordert, so gilt der Vertrag als genehmigt.

² Die Frist beginnt in den Fällen des Irrtums und der Täuschung mit der Entdeckung, in den Fällen der Furcht mit deren Beseitigung.

³ Die Genehmigung eines wegen Täuschung oder Furcht unverbindlichen Vertrages schliesst den Anspruch auf Schadenersatz nicht ohne weiteres aus.

IV. Aufhebung des Mangels durch Genehmigung des Vertrages

Art. 32

¹ Wenn jemand, der zur Vertretung eines andern ermächtigt ist, in dessen Namen einen Vertrag abschliesst, so wird der Vertretene und nicht der Vertreter berechtigt und verpflichtet.

² Hat der Vertreter bei dem Vertragsabschlusse sich nicht als solcher zu erkennen gegeben, so wird der Vertretene nur dann unmittelbar berechtigt oder verpflichtet, wenn der andere aus den Umständen auf das Vertretungsverhältnis schliessen musste, oder wenn es ihm gleichgültig war, mit wem er den Vertrag schliesse.

³ Ist dies nicht der Fall, so bedarf es einer Abtretung der Forderung oder einer Schuldübernahme nach den hiefür geltenden Grundsätzen.

G. Stellvertretung
I. Mit Ermächtigung
1. Im allgemeinen
a. Wirkung der Vertretung

Art. 33

¹ Soweit die Ermächtigung, im Namen eines andern Rechtshandlungen vorzunehmen, aus Verhältnissen des öffentlichen Rechtes hervorgeht, ist sie nach den Vorschriften des öffentlichen Rechtes des Bundes und der Kantone zu beurteilen.

² Ist die Ermächtigung durch Rechtsgeschäft eingeräumt, so beurteilt sich ihr Umfang nach dessen Inhalt.

³ Wird die Ermächtigung vom Vollmachtgeber einem Dritten mitgeteilt, so beurteilt sich ihr Umfang diesem gegenüber nach Massgabe der erfolgten Kundgebung.

b. Umfang der Ermächtigung

Art. 34

¹ Eine durch Rechtsgeschäft erteilte Ermächtigung kann vom Vollmachtgeber jederzeit beschränkt oder widerrufen werden, unbeschadet der Rechte, die sich aus einem unter den Beteiligten bestehenden anderen Rechtsverhältnis, wie Einzelarbeitsvertrag, Gesellschaftsvertrag, Auftrag, ergeben können.[1]

2. Auf Grund von Rechtsgeschäft
a. Beschränkung und Widerruf

---

[1] Fassung gemäss Ziff. II Art. 1 Ziff. 1 des BG vom 25. Juni 1971, in Kraft seit 1. Jan. 1972 (am Schluss des OR, Schl- und UeB des X. Tit.).

² Ein vom Vollmachtgeber zum voraus erklärter Verzicht auf dieses Recht ist ungültig.

³ Hat der Vertretene die Vollmacht ausdrücklich oder tatsächlich kundgegeben, so kann er deren gänzlichen oder teilweisen Widerruf gutgläubigen Dritten nur dann entgegensetzen, wenn er ihnen auch diesen Widerruf mitgeteilt hat.

Art. 35

b. Einfluss von Tod, Handlungsunfähigkeit und anderem

¹ Die durch Rechtsgeschäft erteilte Ermächtigung erlischt, sofern nicht das Gegenteil vereinbart ist oder aus der Natur des Geschäftes hervorgeht, mit dem Tod, der Verschollenerklärung, dem Verluste der Handlungsfähigkeit oder dem Konkurs des Vollmachtgebers oder des Bevollmächtigten.

² Die nämliche Wirkung hat die Auflösung einer juristischen Person oder einer in das Handelsregister eingetragenen Gesellschaft.

³ Die gegenseitigen persönlichen Ansprüche werden hievon nicht berührt.

Art. 36

c. Rückgabe der Vollmachtsurkunde

¹ Ist dem Bevollmächtigten eine Vollmachtsurkunde ausgestellt worden, so ist er nach dem Erlöschen der Vollmacht zur Rückgabe oder gerichtlichen Hinterlegung der Urkunde verpflichtet.

² Wird er von dem Vollmachtgeber oder seinen Rechtsnachfolgern hiezu nicht angehalten, so sind diese den gutgläubigen Dritten für den Schaden verantwortlich.

Art. 37

d. Zeitpunkt der Wirkung des Erlöschens der Vollmacht

¹ Solange das Erlöschen der Vollmacht dem Bevollmächtigten nicht bekannt geworden ist, berechtigt und verpflichtet er den Vollmachtgeber oder dessen Rechtsnachfolger, wie wenn die Vollmacht noch bestehen würde.

² Ausgenommen sind die Fälle, in denen der Dritte vom Erlöschen der Vollmacht Kenntnis hatte.

Art. 38

II. Ohne Ermächtigung
1. Genehmigung

¹ Hat jemand, ohne dazu ermächtigt zu sein, als Stellvertreter einen Vertrag abgeschlossen, so wird der Vertretene nur dann Gläubiger oder Schuldner, wenn er den Vertrag genehmigt.

² Der andere ist berechtigt, von dem Vertretenen innerhalb einer angemessenen Frist eine Erklärung über die Genehmigung zu verlangen und ist nicht mehr gebunden, wenn der Vertretene nicht binnen dieser Frist die Genehmigung erklärt.

Art. 39

¹ Wird die Genehmigung ausdrücklich oder stillschweigend abgelehnt, so kann derjenige, der als Stellvertreter gehandelt hat, auf Ersatz des aus dem Dahinfallen des Vertrages erwachsenen Schadens belangt werden, sofern er nicht nachweist, dass der andere den Mangel der Vollmacht kannte oder hätte kennen sollen.

² Bei Verschulden des Vertreters kann der Richter, wo es der Billigkeit entspricht, auf Ersatz weitern Schadens erkennen.

³ In allen Fällen bleibt die Forderung aus ungerechtfertigter Bereicherung vorbehalten.

2. Nichtgenehmigung

Art. 40

In bezug auf die Vollmacht der Vertreter und Organe von Gesellschaften, der Prokuristen und anderer Handlungsbevollmächtigter bleiben die besonderen Vorschriften vorbehalten.

III. Vorbehalt besonderer Vorschriften

Art. 40a[1]

¹ Die nachfolgenden Bestimmungen sind auf Verträge über bewegliche Sachen und Dienstleistungen, die für den persönlichen oder familiären Gebrauch des Kunden bestimmt sind, anwendbar, wenn:
a. der Anbieter der Güter oder Dienstleistungen im Rahmen einer beruflichen oder gewerblichen Tätigkeit gehandelt hat und
b. die Leistung des Kunden 100 Franken übersteigt.

² Die Bestimmungen gelten nicht für Versicherungsverträge.

³ Bei wesentlicher Veränderung der Kaufkraft des Geldes passt der Bundesrat den in Absatz 1 Buchstabe b genannten Betrag entsprechend an.

H. Widerruf bei Haustürgeschäften und ähnlichen Verträgen
I. Geltungsbereich

Art. 40b[1]

Der Kunde kann seinen Antrag zum Vertragsabschluss oder seine Annahmeerklärung widerrufen, wenn ihm das Angebot gemacht wurde:
a.[2] an seinem Arbeitsplatz, in Wohnräumen oder in deren unmittelbaren Umgebung;
b. in öffentlichen Verkehrsmitteln oder auf öffentlichen Strassen und Plätzen;
c. an einer Werbeveranstaltung, die mit einer Ausflugsfahrt oder einem ähnlichen Anlass verbunden war.

II. Grundsatz

---

[1] Eingefügt durch Ziff. I des BG vom 5. Okt. 1990, in Kraft seit 1. Juli 1991 (AS **1991** 846 848; BBl **1986** II 354).
[2] Fassung gemäss Ziff. I des BG vom 18. Juni 1993, in Kraft seit 1. Jan. 1994 (AS **1993** 3120 3121; BBl **1993** I 805).

Art. 40c[1]

III. Ausnahmen Der Kunde hat kein Widerrufsrecht, wenn er:
a. die Vertragsverhandlungen ausdrücklich gewünscht hat;
b. seine Erklärung an einem Markt- oder Messestand abgegeben hat.

Art. 40d[1]

IV. Orientierungspflicht des Anbieters

¹ Der Anbieter muss den Kunden schriftlich über das Widerrufsrecht sowie über Form und Frist des Widerrufs unterrichten und ihm seine Adresse bekannt geben.

² Diese Angaben müssen datiert sein und die Identifizierung des Vertrags ermöglichen.

³ Sie sind dem Kunden so zu übergeben, dass er sie kennt, wenn er den Vertrag beantragt oder annimmt.

Art. 40e[1]

V. Widerruf
1. Form und Frist

¹ Der Kunde muss dem Anbieter den Widerruf schriftlich erklären.

² Die Widerrufsfrist beträgt sieben Tage und beginnt, sobald der Kunde:
a. den Vertrag beantragt oder angenommen hat; und
b. von den Angaben nach Artikel 40d Kenntnis erhalten hat.

³ Der Beweis des Zeitpunkts, in dem der Kunde von den Angaben nach Artikel 40d Kenntnis erhalten hat, obliegt dem Anbieter.

⁴ Die Frist ist eingehalten, wenn die Widerrufserklärung am siebenten Tag der Post übergeben wird.

Art. 40f[2]

2. Folgen

¹ Hat der Kunde widerrufen, so müssen die Parteien bereits empfangene Leistungen zurückerstatten.

² Hat der Kunde eine Sache bereits gebraucht, so schuldet er dem Anbieter einen angemessenen Mietzins.

³ Hat der Anbieter eine Dienstleistung erbracht, so muss ihm der Kunde Auslagen und Verwendungen nach den Bestimmungen über den Auftrag (Art. 402) ersetzen.

⁴ Der Kunde schuldet dem Anbieter keine weitere Entschädigung.

---

[1] Eingefügt durch Ziff. I des BG vom 5. Okt. 1990 (AS **1991** 846; BBl **1986** II 354). Fassung gemäss Ziff. I des BG vom 18. Juni 1993, in Kraft seit 1. Jan. 1994 (AS **1993** 3120 3121; BBl **1993** I 805).

[2] Eingefügt durch Ziff. I des BG vom 5. Okt. 1990, in Kraft seit 1. Juli 1991 (AS **1991** 846 848; BBl **1986** II 354).

Zweiter Abschnitt:
Die Entstehung durch unerlaubte Handlungen

Art. 41

¹ Wer einem andern widerrechtlich Schaden zufügt, sei es mit Absicht, sei es aus Fahrlässigkeit, wird ihm zum Ersatze verpflichtet.

² Ebenso ist zum Ersatze verpflichtet, wer einem andern in einer gegen die guten Sitten verstossenden Weise absichtlich Schaden zufügt.

A. Haftung im allgemeinen
I. Voraussetzungen der Haftung

Art. 42

¹ Wer Schadenersatz beansprucht, hat den Schaden zu beweisen.

² Der nicht ziffernmässig nachweisbare Schaden ist nach Ermessen des Richters mit Rücksicht auf den gewöhnlichen Lauf der Dinge und auf die vom Geschädigten getroffenen Massnahmen abzuschätzen.

³ Bei Tieren, die im häuslichen Bereich und nicht zu Vermögens- oder Erwerbszwecken gehalten werden, können die Heilungskosten auch dann angemessen als Schaden geltend gemacht werden, wenn sie den Wert des Tieres übersteigen.[1]

II. Festsetzung des Schadens

Art. 43

¹ Art und Grösse des Ersatzes für den eingetretenen Schaden bestimmt der Richter, der hiebei sowohl die Umstände als die Grösse des Verschuldens zu würdigen hat.

¹bis Im Falle der Verletzung oder Tötung eines Tieres, das im häuslichen Bereich und nicht zu Vermögens- oder Erwerbszwecken gehalten wird, kann er dem Affektionswert, den dieses für seinen Halter oder dessen Angehörige hatte, angemessen Rechnung tragen.[1]

² Wird Schadenersatz in Gestalt einer Rente zugesprochen, so ist der Schuldner gleichzeitig zur Sicherheitsleistung anzuhalten.

III. Bestimmung des Ersatzes

Art. 44

¹ Hat der Geschädigte in die schädigende Handlung eingewilligt, oder haben Umstände, für die er einstehen muss, auf die Entstehung oder Verschlimmerung des Schadens eingewirkt oder die Stellung des Ersatzpflichtigen sonst erschwert, so kann der Richter die Ersatzpflicht ermässigen oder gänzlich von ihr entbinden.

² Würde ein Ersatzpflichtiger, der den Schaden weder absichtlich noch grobfahrlässig verursacht hat, durch Leistung des Ersatzes in eine Notlage versetzt, so kann der Richter auch aus diesem Grunde die Ersatzpflicht ermässigen.

IV. Herabsetzungsgründe

---

[1] Eingefügt durch Ziff. II des BG vom 4. Okt. 2002, in Kraft seit 1. April 2003 (AS **2003** 463 466; BBl **2002** 4164 5806).

Art. 45

V. Besondere Fälle
1. Tötung und Körperverletzung
a. Schadenersatz bei Tötung

¹ Im Falle der Tötung eines Menschen sind die entstandenen Kosten, insbesondere diejenigen der Bestattung, zu ersetzen.

² Ist der Tod nicht sofort eingetreten, so muss namentlich auch für die Kosten der versuchten Heilung und für die Nachteile der Arbeitsunfähigkeit Ersatz geleistet werden.

³ Haben andere Personen durch die Tötung ihren Versorger verloren, so ist auch für diesen Schaden Ersatz zu leisten.

Art. 46

b. Schadenersatz bei Körperverletzung

¹ Körperverletzung gibt dem Verletzten Anspruch auf Ersatz der Kosten, sowie auf Entschädigung für die Nachteile gänzlicher oder teilweiser Arbeitsunfähigkeit, unter Berücksichtigung der Erschwerung des wirtschaftlichen Fortkommens.

² Sind im Zeitpunkte der Urteilsfällung die Folgen der Verletzung nicht mit hinreichender Sicherheit festzustellen, so kann der Richter bis auf zwei Jahre, vom Tage des Urteils an gerechnet, dessen Abänderung vorbehalten.

Art. 47

c. Leistung von Genugtuung

Bei Tötung eines Menschen oder Körperverletzung kann der Richter unter Würdigung der besonderen Umstände dem Verletzten oder den Angehörigen des Getöteten eine angemessene Geldsumme als Genugtuung zusprechen.

Art. 48[1]

2. ...

Art. 49[2]

3. Bei Verletzung der Persönlichkeit

¹ Wer in seiner Persönlichkeit widerrechtlich verletzt wird, hat Anspruch auf Leistung einer Geldsumme als Genugtuung, sofern die Schwere der Verletzung es rechtfertigt und diese nicht anders wiedergutgemacht worden ist.

² Anstatt oder neben dieser Leistung kann der Richter auch auf eine andere Art der Genugtuung erkennen.

Art. 50

VI. Haftung mehrerer
1. Bei unerlaubter Handlung

¹ Haben mehrere den Schaden gemeinsam verschuldet, sei es als Anstifter, Urheber oder Gehilfen, so haften sie dem Geschädigten solidarisch.

² Ob und in welchem Umfange die Beteiligten Rückgriff gegeneinander haben, wird durch richterliches Ermessen bestimmt.

---

[1] Aufgehoben durch Art. 21 Abs. 1 des BG vom 30. Sept. 1943 über den unlauteren Wettbewerb [BS **2** 951].
[2] Fassung gemäss Ziff. II 1 des BG vom 16. Dez. 1983, in Kraft seit 1. Juli 1985 (AS **1984** 778 782; BBl **1982** II 636).

³ Der Begünstiger haftet nur dann und nur soweit für Ersatz, als er einen Anteil an dem Gewinn empfangen oder durch seine Beteiligung Schaden verursacht hat.

Art. 51

¹ Haften mehrere Personen aus verschiedenen Rechtsgründen, sei es aus unerlaubter Handlung, aus Vertrag oder aus Gesetzesvorschrift dem Verletzten für denselben Schaden, so wird die Bestimmung über den Rückgriff unter Personen, die einen Schaden gemeinsam verschuldet haben, entsprechend auf sie angewendet.

² Dabei trägt in der Regel derjenige in erster Linie den Schaden, der ihn durch unerlaubte Handlung verschuldet hat, und in letzter Linie derjenige, der ohne eigene Schuld und ohne vertragliche Verpflichtung nach Gesetzesvorschrift haftbar ist.

2. Bei verschiedenen Rechtsgründen

Art. 52

¹ Wer in berechtigter Notwehr einen Angriff abwehrt, hat den Schaden, den er dabei dem Angreifer in seiner Person oder in seinem Vermögen zufügt, nicht zu ersetzen.

² Wer in fremdes Vermögen eingreift, um drohenden Schaden oder Gefahr von sich oder einem andern abzuwenden, hat nach Ermessen des Richters Schadenersatz zu leisten.

³ Wer zum Zwecke der Sicherung eines berechtigten Anspruches sich selbst Schutz verschafft, ist dann nicht ersatzpflichtig, wenn nach den gegebenen Umständen amtliche Hilfe nicht rechtzeitig erlangt und nur durch Selbsthilfe eine Vereitelung des Anspruches oder eine wesentliche Erschwerung seiner Geltendmachung verhindert werden konnte.

VII. Haftung bei Notwehr, Notstand und Selbsthilfe

Art. 53

¹ Bei der Beurteilung der Schuld oder Nichtschuld, Urteilsfähigkeit oder Urteilsunfähigkeit ist der Richter an die Bestimmungen über strafrechtliche Zurechnungsfähigkeit oder an eine Freisprechung durch das Strafgericht nicht gebunden.

² Ebenso ist das strafgerichtliche Erkenntnis mit Bezug auf die Beurteilung der Schuld und die Bestimmung des Schadens für den Zivilrichter nicht verbindlich.

VIII. Verhältnis zum Strafrecht

Art. 54

¹ Aus Billigkeit kann der Richter auch eine nicht urteilsfähige Person, die Schaden verursacht hat, zu teilweisem oder vollständigem Ersatze verurteilen.

² Hat jemand vorübergehend die Urteilsfähigkeit verloren und in diesem Zustand Schaden angerichtet, so ist er hiefür ersatzpflichtig, wenn er nicht nachweist, dass dieser Zustand ohne sein Verschulden eingetreten ist.

B. Haftung urteilsunfähiger Personen

Art. 55

C. Haftung des Geschäftsherrn

¹ Der Geschäftsherr haftet für den Schaden, den seine Arbeitnehmer oder andere Hilfspersonen in Ausübung ihrer dienstlichen oder geschäftlichen Verrichtungen verursacht haben, wenn er nicht nachweist, dass er alle nach den Umständen gebotene Sorgfalt angewendet hat, um einen Schaden dieser Art zu verhüten, oder dass der Schaden auch bei Anwendung dieser Sorgfalt eingetreten wäre.[1]

² Der Geschäftsherr kann auf denjenigen, der den Schaden gestiftet hat, insoweit Rückgriff nehmen, als dieser selbst schadenersatzpflichtig ist.

Art. 56

D. Haftung für Tiere
I. Ersatzpflicht

¹ Für den von einem Tier angerichteten Schaden haftet, wer dasselbe hält, wenn er nicht nachweist, dass er alle nach den Umständen gebotene Sorgfalt in der Verwahrung und Beaufsichtigung angewendet habe, oder dass der Schaden auch bei Anwendung dieser Sorgfalt eingetreten wäre.

² Vorbehalten bleibt ihm der Rückgriff, wenn das Tier von einem andern oder durch das Tier eines andern gereizt worden ist.

³ ...[2]

Art. 57

II. Pfändung des Tieres

¹ Der Besitzer eines Grundstückes ist berechtigt, Dritten angehörige Tiere, die auf dem Grundstücke Schaden anrichten, zur Sicherung seiner Ersatzforderung einzufangen und in seinen Gewahrsam zu nehmen und, wo die Umstände es rechtfertigen, sogar zu töten.

² Er ist jedoch verpflichtet, ohne Verzug dem Eigentümer davon Kenntnis zu geben und, sofern ihm dieser nicht bekannt ist, zu dessen Ermittelung das Nötige vorzukehren.

Art. 58

E. Haftung des Werkeigentümers
I. Ersatzpflicht

¹ Der Eigentümer eines Gebäudes oder eines andern Werkes hat den Schaden zu ersetzen, den diese infolge von fehlerhafter Anlage oder Herstellung oder von mangelhafter Unterhaltung verursachen.

² Vorbehalten bleibt ihm der Rückgriff auf andere, die ihm hiefür verantwortlich sind.

---

[1] Fassung gemäss Ziff. II Art. 1 Ziff. 2 des BG vom 25. Juni 1971, in Kraft seit 1. Jan. 1972 (am Schluss des OR, Schl- und UeB des X. Tit.).
[2] Aufgehoben durch Art. 27 Ziff. 3 des Jagdgesetzes vom 20. Juni 1986 (SR **922.0**).

Art. 59

¹ Wer von dem Gebäude oder Werke eines andern mit Schaden bedroht ist, kann von dem Eigentümer verlangen, dass er die erforderlichen Massregeln zur Abwendung der Gefahr treffe.

² Vorbehalten bleiben die Anordnungen der Polizei zum Schutze von Personen und Eigentum.

II. Sichernde Massregeln

Art. 60

¹ Der Anspruch auf Schadenersatz oder Genugtuung verjährt in einem Jahre von dem Tage hinweg, wo der Geschädigte Kenntnis vom Schaden und von der Person des Ersatzpflichtigen erlangt hat, jedenfalls aber mit dem Ablaufe von zehn Jahren, vom Tage der schädigenden Handlung an gerechnet.

² Wird jedoch die Klage aus einer strafbaren Handlung hergeleitet, für die das Strafrecht eine längere Verjährung vorschreibt, so gilt diese auch für den Zivilanspruch.

³ Ist durch die unerlaubte Handlung gegen den Verletzten eine Forderung begründet worden, so kann dieser die Erfüllung auch dann verweigern, wenn sein Anspruch aus der unerlaubten Handlung verjährt ist.

F. Verjährung

Art. 61

¹ Über die Pflicht von öffentlichen Beamten oder Angestellten, den Schaden, den sie in Ausübung ihrer amtlichen Verrichtungen verursachen, zu ersetzen oder Genugtuung zu leisten, können der Bund und die Kantone auf dem Wege der Gesetzgebung abweichende Bestimmungen aufstellen.

² Für gewerbliche Verrichtungen von öffentlichen Beamten oder Angestellten können jedoch die Bestimmungen dieses Abschnittes durch kantonale Gesetze nicht geändert werden.

G. Verantwortlichkeit öffentlicher Beamter und Angestellter

Dritter Abschnitt:
Die Entstehung aus ungerechtfertigter Bereicherung

Art. 62

¹ Wer in ungerechtfertigter Weise aus dem Vermögen eines andern bereichert worden ist, hat die Bereicherung zurückzuerstatten.

² Insbesondere tritt diese Verbindlichkeit dann ein, wenn jemand ohne jeden gültigen Grund oder aus einem nicht verwirklichten oder nachträglich weggefallenen Grund eine Zuwendung erhalten hat.

A. Voraussetzung
I. Im allgemeinen

Art. 63

II. Zahlung einer Nichtschuld

¹ Wer eine Nichtschuld freiwillig bezahlt, kann das Geleistete nur dann zurückfordern, wenn er nachzuweisen vermag, dass er sich über die Schuldpflicht im Irrtum befunden hat.

² Ausgeschlossen ist die Rückforderung, wenn die Zahlung für eine verjährte Schuld oder in Erfüllung einer sittlichen Pflicht geleistet wurde.

³ Vorbehalten bleibt die Rückforderung einer bezahlten Nichtschuld nach Schuldbetreibungs- und Konkursrecht.

Art. 64

B. Umfang der Rückerstattung
I. Pflicht des Bereicherten

Die Rückerstattung kann insoweit nicht gefordert werden, als der Empfänger nachweisbar zur Zeit der Rückforderung nicht mehr bereichert ist, es sei denn, dass er sich der Bereicherung entäusserte und hiebei nicht in gutem Glauben war oder doch mit der Rückerstattung rechnen musste.

Art. 65

II. Ansprüche aus Verwendungen

¹ Der Empfänger hat Anspruch auf Ersatz der notwendigen und nützlichen Verwendungen, für letztere jedoch, wenn er beim Empfange nicht in gutem Glauben war, nur bis zum Betrage des zur Zeit der Rückerstattung noch vorhandenen Mehrwertes.

² Für andere Verwendungen kann er keinen Ersatz verlangen, darf aber, wenn ihm ein solcher nicht angeboten wird, vor der Rückgabe der Sache, was er verwendet hat, wieder wegnehmen, soweit dies ohne Beschädigung der Sache selbst geschehen kann.

Art. 66

C. Ausschluss der Rückforderungen

Was in der Absicht, einen rechtswidrigen oder unsittlichen Erfolg herbeizuführen, gegeben worden ist, kann nicht zurückgefordert werden.

Art. 67

D. Verjährung

¹ Der Bereicherungsanspruch verjährt mit Ablauf eines Jahres, nachdem der Verletzte von seinem Anspruch Kenntnis erhalten hat, in jedem Fall aber mit Ablauf von zehn Jahren seit der Entstehung des Anspruchs.

² Besteht die Bereicherung in einer Forderung an den Verletzten, so kann dieser die Erfüllung auch dann verweigern, wenn der Bereicherungsanspruch verjährt ist.

Zweiter Titel
DIE WIRKUNG DER OBLIGATIONEN

Erster Abschnitt
Die Erfüllung der Obligationen

Art. 68

Der Schuldner ist nur dann verpflichtet, persönlich zu erfüllen, wenn es bei der Leistung auf seine Persönlichkeit ankommt.

A. Allgemeine Grundsätze
I. Persönliche Leistung

Art. 69

[1] Der Gläubiger braucht eine Teilzahlung nicht anzunehmen, wenn die gesamte Schuld feststeht und fällig ist.

[2] Will der Gläubiger eine Teilzahlung annehmen, so kann der Schuldner die Zahlung des von ihm anerkannten Teiles der Schuld nicht verweigern.

II. Gegenstand der Erfüllung
1. Teilzahlung

Art. 70

[1] Ist eine unteilbare Leistung an mehrere Gläubiger zu entrichten, so hat der Schuldner an alle gemeinsam zu leisten, und jeder Gläubiger kann die Leistung an alle gemeinsam fordern.

[2] Ist eine unteilbare Leistung von mehreren Schuldnern zu entrichten, so ist jeder Schuldner zu der ganzen Leistung verpflichtet.

[3] Sofern sich aus den Umständen nicht etwas anderes ergibt, kann alsdann der Schuldner, der den Gläubiger befriedigt hat, von den übrigen Schuldnern verhältnismässigen Ersatz verlangen, und es gehen, soweit ihm ein solcher Anspruch zusteht, die Rechte des befriedigten Gläubigers auf ihn über.

2. Unteilbare Leistung

Art. 71

[1] Ist die geschuldete Sache nur der Gattung nach bestimmt, so steht dem Schuldner die Auswahl zu, insofern sich aus dem Rechtsverhältnis nicht etwas anderes ergibt.

[2] Er darf jedoch nicht eine Sache unter mittlerer Qualität anbieten.

3. Bestimmung nach der Gattung

Art. 72

Ist die Schuldpflicht in der Weise auf mehrere Leistungen gerichtet, dass nur die eine oder die andere erfolgen soll, so steht die Wahl dem Schuldner zu, insofern sich aus dem Rechtsverhältnis nicht etwas anderes ergibt.

4. Wahlobligation

Art. 73

5. Zinsen

¹ Geht die Schuldpflicht auf Zahlung von Zinsen und ist deren Höhe weder durch Vertrag noch durch Gesetz oder Übung bestimmt, so sind Zinse zu fünf vom Hundert für das Jahr zu bezahlen.

² Dem öffentlichen Rechte bleibt es vorbehalten, Bestimmungen gegen Missbräuche im Zinswesen aufzustellen.

Art. 74

B. Ort der Erfüllung

¹ Der Ort der Erfüllung wird durch den ausdrücklichen oder aus den Umständen zu schliessenden Willen der Parteien bestimmt.

² Wo nichts anderes bestimmt ist, gelten folgende Grundsätze:
1. Geldschulden sind an dem Orte zu zahlen, wo der Gläubiger zur Zeit der Erfüllung seinen Wohnsitz hat;
2. wird eine bestimmte Sache geschuldet, so ist diese da zu übergeben, wo sie sich zur Zeit des Vertragsabschlusses befand;
3. andere Verbindlichkeiten sind an dem Orte zu erfüllen, wo der Schuldner zur Zeit ihrer Entstehung seinen Wohnsitz hatte.

³ Wenn der Gläubiger seinen Wohnsitz, an dem er die Erfüllung fordern kann, nach der Entstehung der Schuld ändert und dem Schuldner daraus eine erhebliche Belästigung erwächst, so ist dieser berechtigt, an dem ursprünglichen Wohnsitze zu erfüllen.

Art. 75

C. Zeit der Erfüllung
I. Unbefristete Verbindlichkeit

Ist die Zeit der Erfüllung weder durch Vertrag noch durch die Natur des Rechtsverhältnisses bestimmt, so kann die Erfüllung sogleich geleistet und gefordert werden.

Art. 76

II. Befristete Verbindlichkeit
1. Monatstermin

¹ Ist die Zeit auf Anfang oder Ende eines Monates festgesetzt, so ist darunter der erste oder der letzte Tag des Monates zu verstehen.

² Ist die Zeit auf die Mitte eines Monates festgesetzt, so gilt der fünfzehnte dieses Monates.

Art. 77

2. Andere Fristbestimmung

¹ Soll die Erfüllung einer Verbindlichkeit oder eine andere Rechtshandlung mit dem Ablaufe einer bestimmten Frist nach Abschluss des Vertrages erfolgen, so fällt ihr Zeitpunkt:
1. wenn die Frist nach Tagen bestimmt ist, auf den letzten Tag der Frist, wobei der Tag, an dem der Vertrag geschlossen wurde, nicht mitgerechnet und, wenn die Frist auf acht oder 15 Tage lautet, nicht die Zeit von einer oder zwei Wochen verstanden wird, sondern volle acht oder 15 Tage;
2. wenn die Frist nach Wochen bestimmt ist, auf denjenigen Tag der letzten Woche, der durch seinen Namen dem Tage des Vertragsabschlusses entspricht;

3. wenn die Frist nach Monaten oder einem mehrere Monate umfassenden Zeitraume (Jahr, halbes Jahr, Vierteljahr) bestimmt ist, auf denjenigen Tag des letzten Monates, der durch seine Zahl dem Tage des Vertragsabschlusses entspricht, und, wenn dieser Tag in dem letzten Monate fehlt, auf den letzten Tag dieses Monates.

Der Ausdruck «halber Monat» wird einem Zeitraume von 15 Tagen gleichgeachtet, die, wenn eine Frist auf einen oder mehrere Monate und einen halben Monat lautet, zuletzt zu zählen sind.

² In gleicher Weise wird die Frist auch dann berechnet, wenn sie nicht von dem Tage des Vertragsabschlusses, sondern von einem andern Zeitpunkte an zu laufen hat.

³ Soll die Erfüllung innerhalb einer bestimmten Frist geschehen, so muss sie vor deren Ablauf erfolgen.

Art. 78

¹ Fällt der Zeitpunkt der Erfüllung oder der letzte Tag einer Frist auf einen Sonntag oder auf einen andern am Erfüllungsorte staatlich anerkannten Feiertag[1]), so gilt als Erfüllungstag oder als letzter Tag der Frist der nächstfolgende Werktag.

² Abweichende Vereinbarungen bleiben vorbehalten.

3. Sonn- und Feiertage

Art. 79

Die Erfüllung muss an dem festgesetzten Tage während der gewöhnlichen Geschäftszeit vollzogen und angenommen werden.

III. Erfüllung zur Geschäftszeit

Art. 80

Ist die vertragsmässige Frist verlängert worden, so beginnt die neue Frist, sofern sich aus dem Vertrage nicht etwas anderes ergibt, am ersten Tage nach Ablauf der alten Frist.

IV. Fristverlängerung

Art. 81

¹ Sofern sich nicht aus dem Inhalt oder der Natur des Vertrages oder aus den Umständen eine andere Willensmeinung der Parteien ergibt, kann der Schuldner schon vor dem Verfalltage erfüllen.

² Er ist jedoch nicht berechtigt, einen Diskonto abzuziehen, es sei denn, dass Übereinkunft oder Übung einen solchen gestatten.

V. Vorzeitige Erfüllung

---

[1]) Hinsichtlich der gesetzlichen Fristen des eidgenössischen Rechts und der kraft eidgenössischen Rechts von Behörden angesetzten Fristen wird heute der Samstag einem anerkannten Feiertag gleichgestellt (Art. 1 des BG vom 21. Juni 1963 über den Fristenlauf an Samstagen – SR **173.110.3**).

Art. 82

VI. Bei zweiseitigen Verträgen
1. Ordnung in der Erfüllung

Wer bei einem zweiseitigen Vertrage den andern zur Erfüllung anhalten will, muss entweder bereits erfüllt haben oder die Erfüllung anbieten, es sei denn, dass er nach dem Inhalte oder der Natur des Vertrages erst später zu erfüllen hat.

Art. 83

2. Rücksicht auf einseitige Zahlungsunfähigkeit

[1] Ist bei einem zweiseitigen Vertrag der eine Teil zahlungsunfähig geworden, wie namentlich, wenn er in Konkurs geraten oder fruchtlos gepfändet ist, und wird durch diese Verschlechterung der Vermögenslage der Anspruch des andern gefährdet, so kann dieser seine Leistung so lange zurückhalten, bis ihm die Gegenleistung sichergestellt wird.

[2] Wird er innerhalb einer angemessenen Frist auf sein Begehren nicht sichergestellt, so kann er vom Vertrage zurücktreten.

Art. 84[1]

D. Zahlung
I. Landeswährung

[1] Geldschulden sind in gesetzlichen Zahlungsmitteln der geschuldeten Währung zu bezahlen.

[2] Lautet die Schuld auf eine Währung, die am Zahlungsort nicht Landeswährung ist, so kann die geschuldete Summe nach ihrem Wert zur Verfallzeit dennoch in Landeswährung bezahlt werden, sofern nicht durch den Gebrauch des Wortes «effektiv» oder eines ähnlichen Zusatzes die wortgetreue Erfüllung des Vertrags ausbedungen ist.

Art. 85

II. Anrechnung
1. Bei Teilzahlung

[1] Der Schuldner kann eine Teilzahlung nur insoweit auf das Kapital anrechnen, als er nicht mit Zinsen oder Kosten im Rückstande ist.

[2] Sind dem Gläubiger für einen Teil seiner Forderung Bürgen gestellt, oder Pfänder oder andere Sicherheiten gegeben worden, so ist der Schuldner nicht berechtigt, eine Teilzahlung auf den gesicherten oder besser gesicherten Teil der Forderung anzurechnen.

Art. 86

2. Bei mehreren Schulden
a. Nach Erklärung des Schuldners oder des Gläubigers

[1] Hat der Schuldner mehrere Schulden an denselben Gläubiger zu bezahlen, so ist er berechtigt, bei der Zahlung zu erklären, welche Schuld er tilgen will.

[2] Mangelt eine solche Erklärung, so wird die Zahlung auf diejenige Schuld angerechnet, die der Gläubiger in seiner Quittung bezeichnet, vorausgesetzt, dass der Schuldner nicht sofort Widerspruch erhebt.

---

[1] Fassung gemäss Anhang Ziff. 2 des BG vom 22. Dezember 1999 über die Währung und die Zahlungsmittel, in Kraft seit 1. Mai 2000 (SR **914.10**).

Art. 87

¹ Liegt weder eine gültige Erklärung über die Tilgung noch eine Bezeichnung in der Quittung vor, so ist die Zahlung auf die fällige Schuld anzurechnen, unter mehreren fälligen auf diejenige Schuld, für die der Schuldner zuerst betrieben worden ist, und hat keine Betreibung stattgefunden, auf die früher verfallene.

² Sind sie gleichzeitig verfallen, so findet eine verhältnismässige Anrechnung statt.

³ Ist keine der mehreren Schulden verfallen, so wird die Zahlung auf die Schuld angerechnet, die dem Gläubiger am wenigsten Sicherheit darbietet.

b. Nach Gesetzesvorschrift

Art. 88

¹ Der Schuldner, der eine Zahlung leistet, ist berechtigt, eine Quittung und, falls die Schuld vollständig getilgt wird, auch die Rückgabe des Schuldscheines oder dessen Entkräftung zu fordern.

² Ist die Zahlung keine vollständige oder sind in dem Schuldscheine auch andere Rechte des Gläubigers beurkundet, so kann der Schuldner ausser der Quittung nur die Vormerkung auf dem Schuldscheine verlangen.

III. Quittung und Rückgabe des Schuldscheines
1. Recht des Schuldners

Art. 89

¹ Werden Zinse oder andere periodische Leistungen geschuldet, so begründet die für eine spätere Leistung ohne Vorbehalt ausgestellte Quittung die Vermutung, es seien die früher fällig gewordenen Leistungen entrichtet.

² Ist eine Quittung für die Kapitalschuld ausgestellt, so wird vermutet, dass auch die Zinse bezahlt seien.

³ Die Rückgabe des Schuldscheines an den Schuldner begründet die Vermutung, dass die Schuld getilgt sei.

2. Wirkung

Art. 90

¹ Behauptet der Gläubiger, es sei der Schuldschein abhanden gekommen, so kann der Schuldner bei der Zahlung fordern, dass der Gläubiger die Entkräftung des Schuldscheines und die Tilgung der Schuld in einer öffentlichen oder beglaubigten Urkunde erkläre.

² Vorbehalten bleiben die Bestimmungen über Kraftloserklärung von Wertpapieren.

3. Unmöglichkeit der Rückgabe

Art. 91

Der Gläubiger kommt in Verzug, wenn er die Annahme der gehörig angebotenen Leistung oder die Vornahme der ihm obliegenden Vorbereitungshandlungen, ohne die der Schuldner zu erfüllen nicht imstande ist, ungerechtfertigterweise verweigert.

E. Verzug des Gläubigers
I. Voraussetzung

Art. 92

II. Wirkung
1. *Bei Sachleistung*
a. Recht zur
Hinterlegung

¹ Wenn der Gläubiger sich im Verzuge befindet, so ist der Schuldner berechtigt, die geschuldete Sache auf Gefahr und Kosten des Gläubigers zu hinterlegen und sich dadurch von seiner Verbindlichkeit zu befreien.

² Den Ort der Hinterlegung hat der Richter zu bestimmen, jedoch können Waren auch ohne richterliche Bestimmung in einem Lagerhause hinterlegt werden.[1]

Art. 93

b. Recht
zum Verkauf

¹ Ist nach der Beschaffenheit der Sache oder nach der Art des Geschäftsbetriebes eine Hinterlegung nicht tunlich, oder ist die Sache dem Verderben ausgesetzt, oder erheischt sie Unterhaltungs- oder erhebliche Aufbewahrungskosten, so kann der Schuldner nach vorgängiger Androhung mit Bewilligung des Richters die Sache öffentlich verkaufen lassen und den Erlös hinterlegen.

² Hat die Sache einen Börsen- oder Marktpreis oder ist sie im Verhältnis zu den Kosten von geringem Werte, so braucht der Verkauf kein öffentlicher zu sein und kann vom Richter auch ohne vorgängige Androhung gestattet werden.

Art. 94

c. Recht zur
Rücknahme

¹ Der Schuldner ist so lange berechtigt, die hinterlegte Sache wieder zurückzunehmen, als der Gläubiger deren Annahme noch nicht erklärt hat oder als nicht infolge der Hinterlegung ein Pfandrecht aufgehoben worden ist.

² Mit dem Zeitpunkte der Rücknahme tritt die Forderung mit allen Nebenrechten wieder in Kraft.

Art. 95

2. *Bei andern*
Leistungen

Handelt es sich um die Verpflichtung zu einer andern als einer Sachleistung, so kann der Schuldner beim Verzug des Gläubigers nach den Bestimmungen über den Verzug des Schuldners vom Vertrage zurücktreten.

Art. 96

F. Andere
Verhinderung der
Erfüllung

Kann die Erfüllung der schuldigen Leistung aus einem andern in der Person des Gläubigers liegenden Grunde oder infolge einer unverschuldeten Ungewissheit über die Person des Gläubigers weder an diesen noch an einen Vertreter geschehen, so ist der Schuldner zur Hinterlegung oder zum Rücktritt berechtigt, wie beim Verzug des Gläubigers.

---

[1] Fassung gemäss Anhang Ziff. 5 des Gerichtsstandsgesetzes vom 24. März 2000, in Kraft seit 1. Januar 2001 (SR **272**).

Zweiter Abschnitt
Die Folgen der Nichterfüllung

Art. 97

¹ Kann die Erfüllung der Verbindlichkeit überhaupt nicht oder nicht gehörig bewirkt werden, so hat der Schuldner für den daraus entstehenden Schaden Ersatz zu leisten, sofern er nicht beweist, dass ihm keinerlei Verschulden zur Last falle.

² Die Art der Zwangsvollstreckung steht unter den Bestimmungen des Schuldbetreibungs- und Konkursrechtes und der eidgenössischen und kantonalen Vollstreckungsvorschriften.

A. Ausbleiben der Erfüllung
I. Ersatzpflicht des Schuldners
1. Im allgemeinen

Art. 98

¹ Ist der Schuldner zu einem Tun verpflichtet, so kann sich der Gläubiger, unter Vorbehalt seiner Ansprüche auf Schadenersatz, ermächtigen lassen, die Leistung auf Kosten des Schuldners vorzunehmen.

² Ist der Schuldner verpflichtet, etwas nicht zu tun, so hat er schon bei blossem Zuwiderhandeln den Schaden zu ersetzen.

³ Überdies kann der Gläubiger die Beseitigung des rechtswidrigen Zustandes verlangen und sich ermächtigen lassen, diesen auf Kosten des Schuldners zu beseitigen.

2. Bei Verbindlichkeit zu einem Tun oder Nichttun

Art. 99

¹ Der Schuldner haftet im allgemeinen für jedes Verschulden.

² Das Mass der Haftung richtet sich nach der besonderen Natur des Geschäftes und wird insbesondere milder beurteilt, wenn das Geschäft für den Schuldner keinerlei Vorteil bezweckt.

³ Im übrigen finden die Bestimmungen über das Mass der Haftung bei unerlaubten Handlungen auf das vertragswidrige Verhalten entsprechende Anwendung.

II. Mass der Haftung und Umfang des Schadenersatzes
1. Im allgemeinen

Art. 100

¹ Eine zum voraus getroffene Verabredung, wonach die Haftung für rechtswidrige Absicht oder grobe Fahrlässigkeit ausgeschlossen sein würde, ist nichtig.

² Auch ein zum voraus erklärter Verzicht auf Haftung für leichtes Verschulden kann nach Ermessen des Richters als nichtig betrachtet werden, wenn der Verzichtende zur Zeit seiner Erklärung im Dienst des anderen Teiles stand, oder wenn die Verantwortlichkeit aus dem Betriebe eines obrigkeitlich konzessionierten Gewerbes folgt.

³ Vorbehalten bleiben die besonderen Vorschriften über den Versicherungsvertrag.

2. Wegbedingung der Haftung

Art. 101

3. Haftung für Hilfspersonen

¹ Wer die Erfüllung einer Schuldpflicht oder die Ausübung eines Rechtes aus einem Schuldverhältnis, wenn auch befugterweise, durch eine Hilfsperson, wie Hausgenossen oder Arbeitnehmer, vornehmen lässt, hat dem andern den Schaden zu ersetzen, den die Hilfsperson in Ausübung ihrer Verrichtungen verursacht.[1]

² Diese Haftung kann durch eine zum voraus getroffene Verabredung beschränkt oder aufgehoben werden.

³ Steht aber der Verzichtende im Dienst des andern oder folgt die Verantwortlichkeit aus dem Betriebe eines obrigkeitlich konzessionierten Gewerbes, so darf die Haftung höchstens für leichtes Verschulden wegbedungen werden.

Art. 102

B. Verzug des Schuldners
I. Voraussetzung

¹ Ist eine Verbindlichkeit fällig, so wird der Schuldner durch Mahnung des Gläubigers in Verzug gesetzt.

² Wurde für die Erfüllung ein bestimmter Verfalltag verabredet, oder ergibt sich ein solcher infolge einer vorbehaltenen und gehörig vorgenommenen Kündigung, so kommt der Schuldner schon mit Ablauf dieses Tages in Verzug.

Art. 103

II. Wirkung
1. Haftung für Zufall

¹ Befindet sich der Schuldner im Verzuge, so hat er Schadenersatz wegen verspäteter Erfüllung zu leisten und haftet auch für den Zufall.

² Er kann sich von dieser Haftung durch den Nachweis befreien, dass der Verzug ohne jedes Verschulden von seiner Seite eingetreten ist oder dass der Zufall auch bei rechtzeitiger Erfüllung den Gegenstand der Leistung zum Nachteile des Gläubigers betroffen hätte.

Art. 104

2. Verzugszinse
a. Im allgemeinen

¹ Ist der Schuldner mit der Zahlung einer Geldschuld in Verzug, so hat er Verzugszinse zu fünf vom Hundert für das Jahr zu bezahlen, selbst wenn die vertragsmässigen Zinse weniger betragen.

² Sind durch Vertrag höhere Zinse als fünf vom Hundert, sei es direkt, sei es durch Verabredung einer periodischen Bankprovision, ausbedungen worden, so können sie auch während des Verzuges gefordert werden.

³ Unter Kaufleuten können für die Zeit, wo der übliche Bankdiskonto am Zahlungsorte fünf vom Hundert übersteigt, die Verzugszinse zu diesem höheren Zinsfusse berechnet werden.

---

[1] Fassung gemäss Ziff. II Art. 1 Ziff. 3 des BG vom 25. Juni 1971, in Kraft seit 1. Jan. 1972 (am Schluss des OR, Schl- und UeB des X. Tit.).

Art. 105

¹ Ein Schuldner, der mit der Zahlung von Zinsen oder mit der Entrichtung von Renten oder mit der Zahlung einer geschenkten Summe im Verzuge ist, hat erst vom Tage der Anhebung der Betreibung oder der gerichtlichen Klage an Verzugszinse zu bezahlen.

² Eine entgegenstehende Vereinbarung ist nach den Grundsätzen über Konventionalstrafe zu beurteilen.

³ Von Verzugszinsen dürfen keine Verzugszinse berechnet werden.

b. Bei Zinsen, Renten, Schenkungen

Art. 106

¹ Hat der Gläubiger einen grösseren Schaden erlitten, als ihm durch die Verzugszinse vergütet wird, so ist der Schuldner zum Ersatze auch dieses Schadens verpflichtet, wenn er nicht beweist, dass ihm keinerlei Verschulden zur Last falle.

² Lässt sich dieser grössere Schaden zum voraus abschätzen, so kann der Richter den Ersatz schon im Urteil über den Hauptanspruch festsetzen.

3. Weiterer Schaden

Art. 107

¹ Wenn sich ein Schuldner bei zweiseitigen Verträgen im Verzuge befindet, so ist der Gläubiger berechtigt, ihm eine angemessene Frist zur nachträglichen Erfüllung anzusetzen oder durch die zuständige Behörde ansetzen zu lassen.

² Wird auch bis zum Ablaufe dieser Frist nicht erfüllt, so kann der Gläubiger immer noch auf Erfüllung nebst Schadenersatz wegen Verspätung klagen, statt dessen aber auch, wenn er es unverzüglich erklärt, auf die nachträgliche Leistung verzichten und entweder Ersatz des aus der Nichterfüllung entstandenen Schadens verlangen oder vom Vertrage zurücktreten.

4. Rücktritt und Schadenersatz a. Unter Fristansetzung

Art. 108

Die Ansetzung einer Frist zur nachträglichen Erfüllung ist nicht erforderlich:

1. wenn aus dem Verhalten des Schuldners hervorgeht, dass sie sich als unnütz erweisen würde;
2. wenn infolge Verzuges des Schuldners die Leistung für den Gläubiger nutzlos geworden ist;
3. wenn sich aus dem Vertrage die Absicht der Parteien ergibt, dass die Leistung genau zu einer bestimmten oder bis zu einer bestimmten Zeit erfolgen soll.

b. Ohne Fristansetzung

Art. 109

c. Wirkung des Rücktritts

¹ Wer vom Vertrage zurücktritt, kann die versprochene Gegenleistung verweigern und das Geleistete zurückfordern.

² Überdies hat er Anspruch auf Ersatz des aus dem Dahinfallen des Vertrages erwachsenen Schadens, sofern der Schuldner nicht nachweist, dass ihm keinerlei Verschulden zur Last falle.

Dritter Abschnitt
Beziehungen zu dritten Personen

Art. 110

A. Eintritt eines Dritten

Soweit ein Dritter den Gläubiger befriedigt, gehen dessen Rechte von Gesetzes wegen auf ihn über:
1. wenn er eine für eine fremde Schuld verpfändete Sache einlöst, an der ihm das Eigentum oder ein beschränktes dingliches Recht zusteht;
2. wenn der Schuldner dem Gläubiger anzeigt, dass der Zahlende an die Stelle des Gläubigers treten soll.

Art. 111

B. Vertrag zu Lasten eines Dritten

Wer einem andern die Leistung eines Dritten verspricht, ist, wenn sie nicht erfolgt, zum Ersatze des hieraus entstandenen Schadens verpflichtet.

Art. 112

C. Vertrag zugunsten eines Dritten
I. Im allgemeinen

¹ Hat sich jemand, der auf eigenen Namen handelt, eine Leistung an einen Dritten zu dessen Gunsten versprechen lassen, so ist er berechtigt, zu fordern, dass an den Dritten geleistet werde.

² Der Dritte oder sein Rechtsnachfolger kann selbständig die Erfüllung fordern, wenn es die Willensmeinung der beiden andern war, oder wenn es der Übung entspricht.

³ In diesem Falle kann der Gläubiger den Schuldner nicht mehr entbinden, sobald der Dritte dem letzteren erklärt hat, von seinem Rechte Gebrauch machen zu wollen.

Art. 113

II. Bei Haftpflichtversicherung

Wenn ein Dienstherr gegen die Folgen der gesetzlichen Haftpflicht versichert war und der Dienstpflichtige nicht weniger als die Hälfte an die Prämien geleistet hat, so steht der Anspruch aus der Versicherung ausschliesslich dem Dienstpflichtigen zu.

Dritter Titel
DAS ERLÖSCHEN DER OBLIGATIONEN

Art. 114

¹ Geht eine Forderung infolge ihrer Erfüllung oder auf andere Weise unter, so erlöschen alle ihre Nebenrechte, wie namentlich die Bürgschaften und Pfandrechte.

² Bereits erlaufene Zinse können nur dann nachgefordert werden, wenn diese Befugnis des Gläubigers verabredet oder den Umständen zu entnehmen ist.

³ Vorbehalten bleiben die besonderen Vorschriften über das Grundpfandrecht, die Wertpapiere und den Nachlassvertrag.

A. Erlöschen der Nebenrechte

Art. 115

Eine Forderung kann durch Übereinkunft ganz oder zum Teil auch dann formlos aufgehoben werden, wenn zur Eingehung der Verbindlichkeit eine Form erforderlich oder von den Vertragschliessenden gewählt war.

B. Aufhebung durch Übereinkunft

Art. 116

¹ Die Tilgung einer alten Schuld durch Begründung einer neuen wird nicht vermutet.

² Insbesondere bewirkt die Eingehung einer Wechselverbindlichkeit mit Rücksicht auf eine bestehende Schuld oder die Ausstellung eines neuen Schuld- oder Bürgschaftsscheines, wenn es nicht anders vereinbart wird, keine Neuerung der bisherigen Schuld.

C. Neuerung
I. Im allgemeinen

Art. 117

¹ Die Einsetzung der einzelnen Posten in einen Kontokorrent hat keine Neuerung zur Folge.

² Eine Neuerung ist jedoch anzunehmen, wenn der Saldo gezogen und anerkannt wird.

³ Bestehen für einen einzelnen Posten besondere Sicherheiten, so werden sie, unter Vorbehalt anderer Vereinbarung, durch die Ziehung und Anerkennung des Saldos nicht aufgehoben.

II. Beim Kontokorrentverhältnis

Art. 118

¹ Wenn die Eigenschaften des Gläubigers und des Schuldners in einer Person zusammentreffen, so gilt die Forderung als durch Vereinigung erloschen.

² Wird die Vereinigung rückgängig, so lebt die Forderung wieder auf.

³ Vorbehalten bleiben die besondern Vorschriften über das Grundpfandrecht und die Wertpapiere.

D. Vereinigung

Art. 119

E. Unmöglichwerden einer Leistung

¹ Soweit durch Umstände, die der Schuldner nicht zu verantworten hat, seine Leistung unmöglich geworden ist, gilt die Forderung als erloschen.

² Bei zweiseitigen Verträgen haftet der hienach freigewordene Schuldner für die bereits empfangene Gegenleistung aus ungerechtfertigter Bereicherung und verliert die noch nicht erfüllte Gegenforderung.

³ Ausgenommen sind die Fälle, in denen die Gefahr nach Gesetzesvorschrift oder nach dem Inhalt des Vertrages vor der Erfüllung auf den Gläubiger übergeht.

Art. 120

F. Verrechnung
I. Voraussetzung
1. Im allgemeinen

¹ Wenn zwei Personen einander Geldsummen oder andere Leistungen, die ihrem Gegenstande nach gleichartig sind, schulden, so kann jede ihre Schuld, insofern beide Forderungen fällig sind, mit ihrer Forderung verrechnen.

² Der Schuldner kann die Verrechnung geltend machen, auch wenn seine Gegenforderung bestritten wird.

³ Eine verjährte Forderung kann zur Verrechnung gebracht werden, wenn sie zur Zeit, wo sie mit der andern Forderung verrechnet werden konnte, noch nicht verjährt war.

Art. 121

2. Bei Bürgschaft

Der Bürge kann die Befriedigung des Gläubigers verweigern, soweit dem Hauptschuldner das Recht der Verrechnung zusteht.

Art. 122

3. Bei Verträgen zugunsten Dritter

Wer sich zugunsten eines Dritten verpflichtet hat, kann diese Schuld nicht mit Forderungen, die ihm gegen den andern zustehen, verrechnen.

Art. 123

4. Im Konkurse des Schuldners

¹ Im Konkurse des Schuldners können die Gläubiger ihre Forderungen, auch wenn sie nicht fällig sind, mit Forderungen, die dem Gemeinschuldner ihnen gegenüber zustehen, verrechnen.

² Die Ausschliessung oder Anfechtung der Verrechnung im Konkurse des Schuldners steht unter den Vorschriften des Schuldbetreibungs- und Konkursrechts.

Art. 124

II. Wirkung der Verrechnung

¹ Eine Verrechnung tritt nur insofern ein, als der Schuldner dem Gläubiger zu erkennen gibt, dass er von seinem Rechte der Verrechnung Gebrauch machen wolle.

² Ist dies geschehen, so wird angenommen, Forderung und Gegenforderung seien, soweit sie sich ausgleichen, schon im Zeitpunkte getilgt worden, in dem sie zur Verrechnung geeignet einander gegenüberstanden.

³ Vorbehalten bleiben die besonderen Übungen des kaufmännischen Kontokorrentverkehres.

Art. 125

Wider den Willen des Gläubigers können durch Verrechnung nicht getilgt werden:
1. Verpflichtungen zur Rückgabe oder zum Ersatze hinterlegter, widerrechtlich entzogener oder böswillig vorenthaltener Sachen;
2. Verpflichtungen, deren besondere Natur die tatsächliche Erfüllung an den Gläubiger verlangt, wie Unterhaltsansprüche und Lohnguthaben, die zum Unterhalt des Gläubigers und seiner Familie unbedingt erforderlich sind;
3. Verpflichtungen gegen das Gemeinwesen aus öffentlichem Rechte.

III. Fälle der Ausschliessung

Art. 126

Auf die Verrechnung kann der Schuldner zum voraus Verzicht leisten.

IV. Verzicht

Art. 127

Mit Ablauf von zehn Jahren verjähren alle Forderungen, für die das Bundeszivilrecht nicht etwas anderes bestimmt.

G. Verjährung
I. Fristen
1. Zehn Jahre

Art. 128

Mit Ablauf von fünf Jahren verjähren die Forderungen:
1. für Miet-, Pacht- und Kapitalzinse sowie für andere periodische Leistungen;
2. aus Lieferung von Lebensmitteln, für Beköstigung und für Wirtsschulden;
3.[1] aus Handwerksarbeit, Kleinverkauf von Waren, ärztlicher Besorgung, Berufsarbeiten von Anwälten, Rechtsagenten, Prokuratoren und Notaren sowie aus dem Arbeitsverhältnis von Arbeitnehmern.

2. Fünf Jahre

Art. 129

Die in diesem Titel aufgestellten Verjährungsfristen können durch Verfügung der Beteiligten nicht abgeändert werden.

3. Unabänderlichkeit der Fristen

---

[1] Fassung gemäss Ziff. II Art. 1 Ziff. 4 des BG vom 25. Juni 1971, in Kraft seit 1. Jan. 1972 (am Schluss des OR, Schl- und UeB des X. Tit.).

Art. 130

4. Beginn der Verjährung
a. Im allgemeinen

¹ Die Verjährung beginnt mit der Fälligkeit der Forderung.
² Ist eine Forderung auf Kündigung gestellt, so beginnt die Verjährung mit dem Tag, auf den die Kündigung zulässig ist.

Art. 131

b. Bei periodischen Leistungen

¹ Bei Leibrenten und ähnlichen periodischen Leistungen beginnt die Verjährung für das Forderungsrecht im ganzen mit dem Zeitpunkte, in dem die erste rückständige Leistung fällig war.
² Ist das Forderungsrecht im ganzen verjährt, so sind es auch die einzelnen Leistungen.

Art. 132

5. Berechnung der Fristen

¹ Bei der Berechnung der Frist ist der Tag, von dem an die Verjährung läuft, nicht mitzurechnen und die Verjährung erst dann als beendigt zu betrachten, wenn der letzte Tag unbenützt verstrichen ist.
² Im übrigen gelten die Vorschriften für die Fristberechnungen bei der Erfüllung auch für die Verjährung.

Art. 133

II. Wirkung auf Nebenansprüche

Mit dem Hauptanspruche verjähren die aus ihm entspringenden Zinse und andere Nebenansprüche.

Art. 134

III. Hinderung und Stillstand der Verjährung

¹ Die Verjährung beginnt nicht und steht stille, falls sie begonnen hat:
1. für Forderungen der Kinder gegen die Eltern während der Dauer der elterlichen Sorge[1];
2. für Forderungen der Mündel gegen den Vormund und die vormundschaftlichen Behörden während der Dauer der Vormundschaft;
3. für Forderungen der Ehegatten gegeneinander während der Dauer der Ehe;
4.[2] für Forderungen der Arbeitnehmer, die mit dem Arbeitgeber in Hausgemeinschaft leben, gegen diesen während der Dauer des Arbeitsverhältnisses;
5. solange dem Schuldner an der Forderung eine Nutzniessung zusteht;
6. solange eine Forderung vor einem schweizerischen Gerichte nicht geltend gemacht werden kann.

---

[1] Fassung gemäss Anhang Ziff. 2 des BG vom 26. Juni 1998, in Kraft seit 1. Jan. 2000 (AS **1999** 1118; BBl **1996** I 1).
[2] Fassung gemäss Ziff. II Art. 1 Ziff. 5 des BG vom 25. Juni 1971, in Kraft seit 1. Jan. 1972 (am Schluss des OR, Schl- und UeB des X. Tit.).

² Nach Ablauf des Tages, an dem diese Verhältnisse zu Ende gehen, nimmt die Verjährung ihren Anfang oder, falls sie begonnen hatte, ihren Fortgang.

³ Vorbehalten bleiben die besondern Vorschriften des Schuldbetreibungs- und Konkursrechtes.

Art. 135

Die Verjährung wird unterbrochen:
1. durch Anerkennung der Forderung von seiten des Schuldners, namentlich auch durch Zins- und Abschlagszahlungen, Pfand- und Bürgschaftsbestellung;
2. durch Schuldbetreibung, durch Klage oder Einrede vor einem Gerichte oder Schiedsgericht sowie durch Eingabe im Konkurse und Ladung zu einem amtlichen Sühneversuch.

IV. Unterbrechung der Verjährung
1. Unterbrechungsgründe

Art. 136

¹ Die Unterbrechung der Verjährung gegen einen Solidarschuldner oder den Mitschuldner einer unteilbaren Leistung wirkt auch gegen die übrigen Mitschuldner.

² Ist die Verjährung gegen den Hauptschuldner unterbrochen, so ist sie es auch gegen den Bürgen.

³ Dagegen wirkt die gegen den Bürgen eingetretene Unterbrechung nicht gegen den Hauptschuldner.

2. Wirkung der Unterbrechung unter Mitverpflichteten

Art. 137

¹ Mit der Unterbrechung beginnt die Verjährung von neuem.

² Wird die Forderung durch Ausstellung einer Urkunde anerkannt oder durch Urteil des Richters festgestellt, so ist die neue Verjährungsfrist stets die zehnjährige.

3. Beginn einer neuen Frist
a. Bei Anerkennung und Urteil

Art. 138

¹ Wird die Verjährung durch eine Klage oder Einrede unterbrochen, so beginnt im Verlaufe des Rechtsstreites mit jeder gerichtlichen Handlung der Parteien und mit jeder Verfügung oder Entscheidung des Richters die Verjährung von neuem.

² Erfolgt die Unterbrechung durch Schuldbetreibung, so beginnt mit jedem Betreibungsakt die Verjährung von neuem.

³ Geschieht die Unterbrechung durch Eingabe im Konkurse, so beginnt die neue Verjährung mit dem Zeitpunkte, in dem die Forderung nach dem Konkursrechte wieder geltend gemacht werden kann.

b. Bei Handlungen des Gläubigers

Art. 139

V. Nachfrist bei Rückweisung der Klage

Ist die Klage oder die Einrede wegen Unzuständigkeit des angesprochenen Richters oder wegen eines verbesserlichen Fehlers angebrachtermassen oder als vorzeitig zurückgewiesen worden, so beginnt, falls die Verjährungsfrist unterdessen abgelaufen ist, eine neue Frist von 60 Tagen zur Geltendmachung des Anspruches.

Art. 140

VI. Verjährung bei Fahrnispfandrecht

Durch das Bestehen eines Fahrnispfandrechtes wird die Verjährung einer Forderung nicht ausgeschlossen, ihr Eintritt verhindert jedoch den Gläubiger nicht an der Geltendmachung des Pfandrechtes.

Art. 141

VII. Verzicht auf die Verjährung

[1] Auf die Verjährung kann nicht zum voraus verzichtet werden.
[2] Der Verzicht eines Solidarschuldners kann den übrigen Solidarschuldnern nicht entgegengehalten werden.
[3] Dasselbe gilt unter mehreren Schuldnern einer unteilbaren Leistung und für den Bürgen beim Verzicht des Hauptschuldners.

Art. 142

VIII. Geltendmachung

Der Richter darf die Verjährung nicht von Amtes wegen berücksichtigen.

Vierter Titel
BESONDERE VERHÄLTNISSE BEI OBLIGATIONEN

Erster Abschnitt
Die Solidarität

Art. 143

A. Solidarschuld
I. Entstehung

¹ Solidarität unter mehreren Schuldnern entsteht, wenn sie erklären, dass dem Gläubiger gegenüber jeder einzeln für die Erfüllung der ganzen Schuld haften wolle.

² Ohne solche Willenserklärung entsteht Solidarität nur in den vom Gesetze bestimmten Fällen.

Art. 144

II. Verhältnis zwischen Gläubiger und Schuldner
1. Wirkung
a. Haftung der Schuldner

¹ Der Gläubiger kann nach seiner Wahl von allen Solidarschuldnern je nur einen Teil oder das Ganze fordern.

² Sämtliche Schuldner bleiben so lange verpflichtet, bis die ganze Forderung getilgt ist.

Art. 145

b. Einreden der Schuldner

¹ Ein Solidarschuldner kann dem Gläubiger nur solche Einreden entgegensetzen, die entweder aus seinem persönlichen Verhältnisse zum Gläubiger oder aus dem gemeinsamen Entstehungsgrunde oder Inhalte der solidarischen Verbindlichkeit hervorgehen.

² Jeder Solidarschuldner wird den andern gegenüber verantwortlich, wenn er diejenigen Einreden nicht geltend macht, die allen gemeinsam zustehen.

Art. 146

c. Persönliche Handlung des Einzelnen

Ein Solidarschuldner kann, soweit es nicht anders bestimmt ist, durch seine persönliche Handlung die Lage der andern nicht erschweren.

Art. 147

2. Erlöschen der Solidarschuld

¹ Soweit ein Solidarschuldner durch Zahlung oder Verrechnung den Gläubiger befriedigt hat, sind auch die übrigen befreit.

² Wird ein Solidarschuldner ohne Befriedigung des Gläubigers befreit, so wirkt die Befreiung zugunsten der andern nur so weit, als die Umstände oder die Natur der Verbindlichkeit es rechtfertigen.

Art. 148

III. Verhältnis unter den Solidarschuldnern
1. Beteiligung

¹ Sofern sich aus dem Rechtsverhältnisse unter den Solidarschuldnern nicht etwas anderes ergibt, hat von der an den Gläubiger geleisteten Zahlung ein jeder einen gleichen Teil zu übernehmen.

² Bezahlt ein Solidarschuldner mehr als seinen Teil, so hat er für den Mehrbetrag Rückgriff auf seine Mitschuldner.

³ Was von einem Mitschuldner nicht erhältlich ist, haben die übrigen gleichmässig zu tragen.

Art. 149

2. *Übergang der Gläubigerrechte*

¹ Auf den rückgriffsberechtigten Solidarschuldner gehen in demselben Masse, als er den Gläubiger befriedigt hat, dessen Rechte über.

² Der Gläubiger ist dafür verantwortlich, dass er die rechtliche Lage des einen Solidarschuldners nicht zum Schaden der übrigen besser stelle.

Art. 150

B. Solidarforderung

¹ Solidarität unter mehreren Gläubigern entsteht, wenn der Schuldner erklärt, jeden einzelnen auf die ganze Forderung berechtigen zu wollen sowie in den vom Gesetze bestimmten Fällen.

² Die Leistung an einen der Solidargläubiger befreit den Schuldner gegenüber allen.

³ Der Schuldner hat die Wahl, an welchen Solidargläubiger er bezahlen will, solange er nicht von einem rechtlich belangt worden ist.

Zweiter Abschnitt
Die Bedingungen

Art. 151

A. Aufschiebende Bedingung
I. Im allgemeinen

¹ Ein Vertrag, dessen Verbindlichkeit vom Eintritte einer ungewissen Tatsache abhängig gemacht wird, ist als bedingt anzusehen.

² Für den Beginn der Wirkungen ist der Zeitpunkt massgebend, in dem die Bedingung in Erfüllung geht, sofern nicht auf eine andere Absicht der Parteien geschlossen werden muss.

Art. 152

II. Zustand bei schwebender Bedingung

¹ Der bedingt Verpflichtete darf, solange die Bedingung schwebt, nichts vornehmen, was die gehörige Erfüllung seiner Verbindlichkeit hindern könnte.

² Der bedingt Berechtigte ist befugt, bei Gefährdung seiner Rechte dieselben Sicherungsmassregeln zu verlangen, wie wenn seine Forderung eine unbedingte wäre.

³ Verfügungen während der Schwebezeit sind, wenn die Bedingung eintritt, insoweit hinfällig, als sie deren Wirkung beeinträchtigen.

Art. 153

¹ Ist die versprochene Sache dem Gläubiger vor Eintritt der Bedingung übergeben worden, so kann er, wenn die Bedingung erfüllt wird, den inzwischen bezogenen Nutzen behalten.

² Wenn die Bedingung nicht eintritt, so hat er das Bezogene herauszugeben.

III. Nutzen in der Zwischenzeit

Art. 154

¹ Ein Vertrag, dessen Auflösung vom Eintritte einer Bedingung abhängig gemacht worden ist, verliert seine Wirksamkeit mit dem Zeitpunkte, wo die Bedingung in Erfüllung geht.

² Eine Rückwirkung findet in der Regel nicht statt.

B. Auflösende Bedingung

Art. 155

Ist die Bedingung auf eine Handlung eines der Vertragschliessenden gestellt, bei der es auf dessen Persönlichkeit nicht ankommt, so kann sie auch von seinen Erben erfüllt werden.

C. Gemeinsame Vorschriften
I. Erfüllung der Bedingung

Art. 156

Eine Bedingung gilt als erfüllt, wenn ihr Eintritt von dem einen Teile wider Treu und Glauben verhindert worden ist.

II. Verhinderung wider Treu und Glauben

Art. 157

Wird eine Bedingung in der Absicht beigefügt, eine widerrechtliche oder unsittliche Handlung oder Unterlassung zu befördern, so ist der bedingte Anspruch nichtig.

III. Unzulässige Bedingungen

Dritter Abschnitt
Haft- und Reugeld. Lohnabzüge. Konventionalstrafe

Art. 158

¹ Das beim Vertragsabschlusse gegebene An- oder Draufgeld gilt als Haft-, nicht als Reugeld.

² Wo nicht Vertrag oder Ortsgebrauch etwas anderes bestimmen, verbleibt das Haftgeld dem Empfänger ohne Abzug von seinem Anspruche.

³ Ist ein Reugeld verabredet worden, so kann der Geber gegen Zurücklassung des bezahlten und der Empfänger gegen Erstattung des doppelten Betrages von dem Vertrage zurücktreten.

A. Haft- und Reugeld

Art. 159[1]

B. ...

---

[1] Aufgehoben durch Ziff. II Art. 6 Ziff. 1 des BG vom 25. Juni 1971 (am Schluss des OR, Schl- und UeB des X. Tit.).

Art. 160

C. Konventional-strafe
I. Recht des Gläubigers
1. Verhältnis der Strafe zur Vertragserfüllung

¹ Wenn für den Fall der Nichterfüllung oder der nicht richtigen Erfüllung eines Vertrages eine Konventionalstrafe versprochen ist, so ist der Gläubiger mangels anderer Abrede nur berechtigt, entweder die Erfüllung oder die Strafe zu fordern.

² Wurde die Strafe für Nichteinhaltung der Erfüllungszeit oder des Erfüllungsortes versprochen, so kann sie nebst der Erfüllung des Vertrages gefordert werden, solange der Gläubiger nicht ausdrücklich Verzicht leistet oder die Erfüllung vorbehaltlos annimmt.

³ Dem Schuldner bleibt der Nachweis vorbehalten, dass ihm gegen Erlegung der Strafe der Rücktritt freistehen sollte.

Art. 161

2. Verhältnis der Strafe zum Schaden

¹ Die Konventionalstrafe ist verfallen, auch wenn dem Gläubiger kein Schaden erwachsen ist.

² Übersteigt der erlittene Schaden den Betrag der Strafe, so kann der Gläubiger den Mehrbetrag nur so weit einfordern, als er ein Verschulden nachweist.

Art. 162

3. Verfall von Teilzahlungen

¹ Die Abrede, dass Teilzahlungen im Falle des Rücktrittes dem Gläubiger verbleiben sollen, ist nach den Vorschriften über die Konventionalstrafe zu beurteilen.

² ...¹⁾

Art. 163

II. Höhe, Ungültigkeit und Herabsetzung der Strafe

¹ Die Konventionalstrafe kann von den Parteien in beliebiger Höhe bestimmt werden.

² Sie kann nicht gefordert werden, wenn sie ein widerrechtliches oder unsittliches Versprechen bekräftigen soll und, mangels anderer Abrede, wenn die Erfüllung durch einen vom Schuldner nicht zu vertretenden Umstand unmöglich geworden ist.

³ Übermässig hohe Konventionalstrafen hat der Richter nach seinem Ermessen herabzusetzen.

---

¹⁾ Aufgehoben durch Anhang 2 Ziff. II 1 des BG vom 23. März 2001 über den Konsumkredit (SR **221.214.1**).

Fünfter Titel

DIE ABTRETUNG VON FORDERUNGEN UND DIE SCHULDÜBERNAHME

Art. 164

¹ Der Gläubiger kann eine ihm zustehende Forderung ohne Einwilligung des Schuldners an einen andern abtreten, soweit nicht Gesetz, Vereinbarung oder Natur des Rechtsverhältnisses entgegenstehen.

² Dem Dritten, der die Forderung im Vertrauen auf ein schriftliches Schuldbekenntnis erworben hat, das ein Verbot der Abtretung nicht enthält, kann der Schuldner die Einrede, dass die Abtretung durch Vereinbarung ausgeschlossen worden sei, nicht entgegensetzen.

A. Abtretung von Forderungen
I. Erfordernisse
1. Freiwillige Abtretung
a. Zulässigkeit

Art. 165

¹ Die Abtretung bedarf zu ihrer Gültigkeit der schriftlichen Form.
² Die Verpflichtung zum Abschluss eines Abtretungsvertrages kann formlos begründet werden.

b. Form des Vertrages

Art. 166

Bestimmen Gesetz oder richterliches Urteil, dass eine Forderung auf einen andern übergeht, so ist der Übergang Dritten gegenüber wirksam, ohne dass es einer besondern Form oder auch nur einer Willenserklärung des bisherigen Gläubigers bedarf.

2. Übergang kraft Gesetzes oder Richterspruchs

Art. 167

Wenn der Schuldner, bevor ihm der Abtretende oder der Erwerber die Abtretung angezeigt hat, in gutem Glauben an den frühern Gläubiger oder, im Falle mehrfacher Abtretung, an einen im Rechte nachgehenden Erwerber Zahlung leistet, so ist er gültig befreit.

II. Wirkung der Abtretung
1. Stellung des Schuldners
a. Zahlung in gutem Glauben

Art. 168

¹ Ist die Frage, wem eine Forderung zustehe, streitig, so kann der Schuldner die Zahlung verweigern und sich durch gerichtliche Hinterlegung befreien.
² Zahlt der Schuldner, obschon er von dem Streite Kenntnis hat, so tut er es auf seine Gefahr.
³ Ist der Streit vor Gericht anhängig und die Schuld fällig, so kann jede Partei den Schuldner zur Hinterlegung anhalten.

b. Verweigerung der Zahlung und Hinterlegung

Art. 169

¹ Einreden, die der Forderung des Abtretenden entgegenstanden, kann der Schuldner auch gegen den Erwerber geltend machen, wenn sie schon zu der Zeit vorhanden waren, als er von der Abtretung Kenntnis erhielt.

c. Einreden des Schuldners

² Ist eine Gegenforderung des Schuldners in diesem Zeitpunkt noch nicht fällig gewesen, so kann er sie dennoch zur Verrechnung bringen, wenn sie nicht später als die abgetretene Forderung fällig geworden ist.

Art. 170

2. Übergang der Vorzugs- und Nebenrechte, Urkunden und Beweismittel

¹ Mit der Forderung gehen die Vorzugs- und Nebenrechte über, mit Ausnahme derer, die untrennbar mit der Person des Abtretenden verknüpft sind.

² Der Abtretende ist verpflichtet, dem Erwerber die Schuldurkunde und alle vorhandenen Beweismittel auszuliefern und ihm die zur Geltendmachung der Forderung nötigen Aufschlüsse zu erteilen.

³ Es wird vermutet, dass mit der Hauptforderung auch die rückständigen Zinse auf den Erwerber übergehen.

Art. 171

3. Gewährleistung a. Im allgemeinen

¹ Bei der entgeltlichen Abtretung haftet der Abtretende für den Bestand der Forderung zur Zeit der Abtretung.

² Für die Zahlungsfähigkeit des Schuldners dagegen haftet der Abtretende nur dann, wenn er sich dazu verpflichtet hat.

³ Bei der unentgeltlichen Abtretung haftet der Abtretende auch nicht für den Bestand der Forderung.

Art. 172

b. Bei Abtretung zahlungshalber

Hat ein Gläubiger seine Forderung zum Zwecke der Zahlung abgetreten ohne Bestimmung des Betrages, zu dem sie angerechnet werden soll, so muss der Erwerber sich nur diejenige Summe anrechnen lassen, die er vom Schuldner erhält oder bei gehöriger Sorgfalt hätte erhalten können.

Art. 173

c. Umfang der Haftung

¹ Der Abtretende haftet vermöge der Gewährleistung nur für den empfangenen Gegenwert nebst Zinsen und überdies für die Kosten der Abtretung und des erfolglosen Vorgehens gegen den Schuldner.

² Geht eine Forderung von Gesetzes wegen auf einen andern über, so haftet der bisherige Gläubiger weder für den Bestand der Forderung noch für die Zahlungsfähigkeit des Schuldners.

Art. 174

III. Besondere Bestimmungen

Wo das Gesetz für die Übertragung von Forderungen besondere Bestimmungen aufstellt, bleiben diese vorbehalten.

Art. 175

B. Schuldübernahme
I. Schuldner und Schuldübernehmer

¹ Wer einem Schuldner verspricht, seine Schuld zu übernehmen, verpflichtet sich, ihn von der Schuld zu befreien, sei es durch Befriedigung des Gläubigers oder dadurch, dass er sich an seiner Statt mit Zustimmung des Gläubigers zu dessen Schuldner macht.

² Der Übernehmer kann zur Erfüllung dieser Pflicht vom Schuldner nicht angehalten werden, solange dieser ihm gegenüber den Verpflichtungen nicht nachgekommen ist, die dem Schuldübernahmevertrag zugrunde liegen.

³ Unterbleibt die Befreiung des alten Schuldners, so kann dieser vom neuen Schuldner Sicherheit verlangen.

Art. 176

II. Vertrag mit dem Gläubiger
1. Antrag und Annahme

¹ Der Eintritt eines Schuldübernehmers in das Schuldverhältnis an Stelle und mit Befreiung des bisherigen Schuldners erfolgt durch Vertrag des Übernehmers mit dem Gläubiger.

² Der Antrag des Übernehmers kann dadurch erfolgen, dass er, oder mit seiner Ermächtigung der bisherige Schuldner, dem Gläubiger von der Übernahme der Schuld Mitteilung macht.

³ Die Annahmeerklärung des Gläubigers kann ausdrücklich erfolgen oder aus den Umständen hervorgehen und wird vermutet, wenn der Gläubiger ohne Vorbehalt vom Übernehmer eine Zahlung annimmt oder einer anderen schuldnerischen Handlung zustimmt.

Art. 177

2. Wegfall des Antrags

¹ Die Annahme durch den Gläubiger kann jederzeit erfolgen, der Übernehmer wie der bisherige Schuldner können jedoch dem Gläubiger für die Annahme eine Frist setzen, nach deren Ablauf die Annahme bei Stillschweigen des Gläubigers als verweigert gilt.

² Wird vor der Annahme durch den Gläubiger eine neue Schuldübernahme verabredet und auch von dem neuen Übernehmer dem Gläubiger der Antrag gestellt, so wird der vorhergehende Übernehmer befreit.

Art. 178

III. Wirkung des Schuldnerwechsels
1. Nebenrechte

¹ Die Nebenrechte werden vom Schuldnerwechsel, soweit sie nicht mit der Person des bisherigen Schuldners untrennbar verknüpft sind, nicht berührt.

² Von Dritten bestellte Pfänder sowie die Bürgen haften jedoch dem Gläubiger nur dann weiter, wenn der Verpfänder oder der Bürge der Schuldübernahme zugestimmt hat.

Art. 179

2. Einreden

¹ Die Einreden aus dem Schuldverhältnis stehen dem neuen Schuldner zu wie dem bisherigen.

² Die Einreden, die der bisherige Schuldner persönlich gegen den Gläubiger gehabt hat, kann der neue Schuldner diesem, soweit nicht aus dem Vertrag mit ihm etwas anderes hervorgeht, nicht entgegenhalten.

³ Der Übernehmer kann die Einreden, die ihm gegen den Schuldner aus dem der Schuldübernahme zugrundeliegenden Rechtsverhältnisse zustehen, gegen den Gläubiger nicht geltend machen.

Art. 180

IV. Dahinfallen des Schuldübernahmevertrages

¹ Fällt ein Übernahmevertrag als unwirksam dahin, so lebt die Verpflichtung des frühern Schuldners mit allen Nebenrechten, unter Vorbehalt der Rechte gutgläubiger Dritter, wieder auf.

² Ausserdem kann der Gläubiger von dem Übernehmer Ersatz des Schadens verlangen, der ihm hiebei infolge des Verlustes früher erlangter Sicherheiten oder dergleichen entstanden ist, insoweit der Übernehmer nicht darzutun vermag, dass ihm an dem Dahinfallen der Schuldübernahme und an der Schädigung des Gläubigers keinerlei Verschulden zur Last falle.

Art. 181

V. Übernahme eines Vermögens oder eines Geschäftes

¹ Wer ein Vermögen oder ein Geschäft mit Aktiven und Passiven übernimmt, wird den Gläubigern aus den damit verbundenen Schulden ohne weiteres verpflichtet, sobald von dem Übernehmer die Übernahme den Gläubigern mitgeteilt oder in öffentlichen Blättern ausgekündigt worden ist.

² Der bisherige Schuldner haftet jedoch solidarisch mit dem neuen noch während dreier Jahre, die für fällige Forderungen mit der Mitteilung oder der Auskündung und bei später fällig werdenden Forderungen mit Eintritt der Fälligkeit zu laufen beginnen.[1]

³ Im übrigen hat diese Schuldübernahme die gleiche Wirkung wie die Übernahme einer einzelnen Schuld.

⁴ Die Übernahme des Vermögens oder des Geschäftes von Handelsgesellschaften, Genossenschaften, Vereinen, Stiftungen und Einzelfirmen, die im Handelsregister eingetragen sind, richtet sich nach den Vorschriften des Fusionsgesetzes vom 3. Oktober 2003[2],[3]

---

[1] Fassung gemäss Anhang Ziff. 2 des Fusionsgesetzes vom 3. Okt. 2003, in Kraft seit 1. Juli 2004 (SR **221.301**).
[2] SR **221.301**
[3] Eingefügt durch Anhang Ziff. 2 des Fusionsgesetzes vom 3. Okt. 2003, in Kraft seit 1. Juli 2004 (SR **221.301**).

Art. 182[1]

Art. 183

Die besondern Bestimmungen betreffend die Schuldübernahme bei Erbteilung und bei Veräusserung verpfändeter Grundstücke bleiben vorbehalten.

VI. ...

VII. Erbteilung und Grundstückkauf

---

[1] Aufgehoben durch Anhang Ziff. 2 des Fusionsgesetzes vom 3. Okt. 2003 (SR **221.301**).

ZWEITE ABTEILUNG
DIE EINZELNEN VERTRAGSVERHÄLTNISSE

Sechster Titel
KAUF UND TAUSCH

Erster Abschnitt
Allgemeine Bestimmungen

Art. 184

¹ Durch den Kaufvertrag verpflichtet sich der Verkäufer, dem Käufer den Kaufgegenstand zu übergeben und ihm das Eigentum daran zu verschaffen, und der Käufer, dem Verkäufer den Kaufpreis zu bezahlen.

² Sofern nicht Vereinbarung oder Übung entgegenstehen, sind Verkäufer und Käufer verpflichtet, ihre Leistungen gleichzeitig – Zug um Zug – zu erfüllen.

³ Der Preis ist genügend bestimmt, wenn er nach den Umständen bestimmbar ist.

A. Rechte und Pflichten im allgemeinen

Art. 185

¹ Sofern nicht besondere Verhältnisse oder Verabredungen eine Ausnahme begründen, gehen Nutzen und Gefahr der Sache mit dem Abschlusse des Vertrages auf den Erwerber über.

² Ist die veräusserte Sache nur der Gattung nach bestimmt, so muss sie überdies ausgeschieden und, wenn sie versendet werden soll, zur Versendung abgegeben sein.

³ Bei Verträgen, die unter einer aufschiebenden Bedingung abgeschlossen sind, gehen Nutzen und Gefahr der veräusserten Sache erst mit dem Eintritte der Bedingung auf den Erwerber über.

B. Nutzen und Gefahr

Art. 186

Der kantonalen Gesetzgebung bleibt es vorbehalten, die Klagbarkeit von Forderungen aus dem Kleinvertriebe geistiger Getränke, einschliesslich der Forderung für Wirtszeche, zu beschränken oder auszuschliessen.

C. Vorbehalt der kantonalen Gesetzgebung

Zweiter Abschnitt
Der Fahrniskauf

Art. 187

¹ Als Fahrniskauf ist jeder Kauf anzusehen, der nicht eine Liegenschaft oder ein in das Grundbuch als Grundstück aufgenommenes Recht zum Gegenstande hat.

A. Gegenstand

² Bestandteile eines Grundstückes, wie Früchte oder Material auf Abbruch oder aus Steinbrüchen, bilden den Gegenstand eines Fahrniskaufes, wenn sie nach ihrer Lostrennung auf den Erwerber als bewegliche Sachen übergehen sollen.

Art. 188

B. Verpflichtungen des Verkäufers
I. Übergabe
1. Kosten der Übergabe

Sofern nicht etwas anderes vereinbart worden oder üblich ist, trägt der Verkäufer die Kosten der Übergabe, insbesondere des Messens und Wägens, der Käufer dagegen die der Beurkundung und der Abnahme.

Art. 189

2. Transportkosten

¹ Muss die verkaufte Sache an einen anderen als den Erfüllungsort versendet werden, so trägt der Käufer die Transportkosten, sofern nicht etwas anderes vereinbart oder üblich ist.

² Ist Frankolieferung verabredet, so wird vermutet, der Verkäufer habe die Transportkosten übernommen.

³ Ist Franko- und zollfreie Lieferung verabredet, so gelten die Ausgangs-, Durchgangs- und Eingangszölle, die während des Transportes, nicht aber die Verbrauchssteuern, die bei Empfang der Sache erhoben werden, als mitübernommen.

Art. 190

3. Verzug in der Übergabe
a. Rücktritt im kaufmännischen Verkehr

¹ Ist im kaufmännischen Verkehr ein bestimmter Lieferungstermin verabredet und kommt der Verkäufer in Verzug, so wird vermutet, dass der Käufer auf die Lieferung verzichte und Schadenersatz wegen Nichterfüllung beanspruche.

² Zieht der Käufer vor, die Lieferung zu verlangen, so hat er es dem Verkäufer nach Ablauf des Termines unverzüglich anzuzeigen.

Art. 191

b. Schadenersatzpflicht und Schadenberechnung

¹ Kommt der Verkäufer seiner Vertragspflicht nicht nach, so hat er den Schaden, der dem Käufer hieraus entsteht, zu ersetzen.

² Der Käufer kann als seinen Schaden im kaufmännischen Verkehr die Differenz zwischen dem Kaufpreis und dem Preise, um den er sich einen Ersatz für die nicht gelieferte Sache in guten Treuen erworben hat, geltend machen.

³ Bei Waren, die einen Markt- oder Börsenpreis haben, kann er, ohne sich den Ersatz anzuschaffen, die Differenz zwischen dem Vertragspreise und dem Preise zur Erfüllungszeit als Schadensersatz verlangen.

Art. 192

¹ Der Verkäufer hat dafür Gewähr zu leisten, dass nicht ein Dritter aus Rechtsgründen, die schon zur Zeit des Vertragsabschlusses bestanden haben, den Kaufgegenstand dem Käufer ganz oder teilweise entziehe.

² Kannte der Käufer zur Zeit des Vertragsabschlusses die Gefahr der Entwehrung, so hat der Verkäufer nur insofern Gewähr zu leisten, als er sich ausdrücklich dazu verpflichtet hat.

³ Eine Vereinbarung über Aufhebung oder Beschränkung der Gewährspflicht ist ungültig, wenn der Verkäufer das Recht des Dritten absichtlich verschwiegen hat.

II. Gewährleistung des veräusserten Rechtes
1. Verpflichtung zur Gewährleistung

Art. 193

¹ Wird von einem Dritten ein Recht geltend gemacht, das den Verkäufer zur Gewährleistung verpflichtet, so hat dieser auf ergangene Streitverkündung je nach den Umständen und den Vorschriften der Prozessordnung dem Käufer im Prozesse beizustehen oder ihn zu vertreten.

² Ist die Streitverkündung rechtzeitig erfolgt, so wirkt ein ungünstiges Ergebnis des Prozesses auch gegen den Verkäufer, sofern er nicht beweist, dass es durch böse Absicht oder grobe Fahrlässigkeit des Käufers verschuldet worden sei.

³ Ist sie ohne Veranlassung des Verkäufers unterblieben, so wird dieser von der Verpflichtung zur Gewährleistung insoweit befreit, als er zu beweisen vermag, dass bei rechtzeitig erfolgter Streitverkündung ein günstigeres Ergebnis des Prozesses zu erlangen gewesen wäre.

2. Verfahren
a. Streitverkündung

Art. 194

¹ Die Pflicht zur Gewährleistung besteht auch dann, wenn der Käufer, ohne es zur richterlichen Entscheidung kommen zu lassen, das Recht des Dritten in guten Treuen anerkannt oder sich einem Schiedsgericht unterworfen hat, sofern dieses dem Verkäufer rechtzeitig angedroht und ihm die Führung des Prozesses erfolglos angeboten worden war.

² Ebenso besteht sie, wenn der Käufer beweist, dass er zur Herausgabe der Sache verpflichtet war.

b. Herausgabe ohne richterliche Entscheidung

Art. 195

¹ Ist die Entwehrung eine vollständige, so ist der Kaufvertrag als aufgehoben zu betrachten und der Käufer zu fordern berechtigt:
1. Rückerstattung des bezahlten Preises samt Zinsen unter Abrechnung der von ihm gewonnenen oder versäumten Früchte und sonstigen Nutzungen;
2. Ersatz der für die Sache gemachten Verwendungen, soweit er nicht von dem berechtigten Dritten erhältlich ist;

3. Ansprüche des Käufers
a. Bei vollständiger Entwehrung

3. Ersatz aller durch den Prozess veranlassten gerichtlichen und aussergerichtlichen Kosten, mit Ausnahme derjenigen, die durch Streitverkündung vermieden worden wären;
4. Ersatz des sonstigen durch die Entwehrung unmittelbar verursachten Schadens.

² Der Verkäufer ist verpflichtet, auch den weitern Schaden zu ersetzen, sofern er nicht beweist, dass ihm keinerlei Verschulden zur Last falle.

Art. 196

b. Bei teilweiser Entwehrung

¹ Wenn dem Käufer nur ein Teil des Kaufgegenstandes entzogen wird, oder wenn die verkaufte Sache mit einer dinglichen Last beschwert ist, für die der Verkäufer einzustehen hat, so kann der Käufer nicht die Aufhebung des Vertrages, sondern nur Ersatz des Schadens verlangen, der ihm durch die Entwehrung verursacht wird.

² Ist jedoch nach Massgabe der Umstände anzunehmen, dass der Käufer den Vertrag nicht geschlossen haben würde, wenn er die teilweise Entwehrung vorausgesehen hätte, so ist er befugt, die Aufhebung des Vertrages zu verlangen.

³ In diesem Falle muss er den Kaufgegenstand, soweit er nicht entwehrt worden ist, nebst dem inzwischen bezogenen Nutzen dem Verkäufer zurückgeben.

Art. 197

III. Gewährleistung wegen Mängel der Kaufsache
1. Gegenstand der Gewährleistung
a. Im allgemeinen

¹ Der Verkäufer haftet dem Käufer sowohl für die zugesicherten Eigenschaften als auch dafür, dass die Sache nicht körperliche oder rechtliche Mängel habe, die ihren Wert oder ihre Tauglichkeit zu dem vorausgesetzten Gebrauche aufheben oder erheblich mindern.

² Er haftet auch dann, wenn er die Mängel nicht gekannt hat.

Art. 198

b. Beim Viehhandel

Beim Handel mit Vieh (Pferden, Eseln, Maultieren, Rindvieh, Schafen, Ziegen und Schweinen) besteht eine Pflicht zur Gewährleistung nur insoweit, als der Verkäufer sie dem Käufer schriftlich zugesichert oder den Käufer absichtlich getäuscht hat.

Art. 199

2. Wegbedingung

Eine Vereinbarung über Aufhebung oder Beschränkung der Gewährspflicht ist ungültig, wenn der Verkäufer dem Käufer die Gewährsmängel arglistig verschwiegen hat.

Art. 200

3. Vom Käufer gekannte Mängel

¹ Der Verkäufer haftet nicht für Mängel, die der Käufer zur Zeit des Kaufes gekannt hat.

² Für Mängel, die der Käufer bei Anwendung gewöhnlicher Aufmerksamkeit hätte kennen sollen, haftet der Verkäufer nur dann, wenn er deren Nichtvorhandensein zugesichert hat.

Art. 201

¹ Der Käufer soll, sobald es nach dem üblichen Geschäftsgange tunlich ist, die Beschaffenheit der empfangenen Sache prüfen und, falls sich Mängel ergeben, für die der Verkäufer Gewähr zu leisten hat, diesem sofort Anzeige machen.

² Versäumt dieses der Käufer, so gilt die gekaufte Sache als genehmigt, soweit es sich nicht um Mängel handelt, die bei der übungsgemässen Untersuchung nicht erkennbar waren.

³ Ergeben sich später solche Mängel, so muss die Anzeige sofort nach der Entdeckung erfolgen, widrigenfalls die Sache auch rücksichtlich dieser Mängel als genehmigt gilt.

4. Mängelrüge
a. Im allgemeinen

Art. 202

¹ Enthält beim Handel mit Vieh die schriftliche Zusicherung keine Fristbestimmung und handelt es sich nicht um Gewährleistung für Trächtigkeit, so haftet der Verkäufer dem Käufer nur, wenn der Mangel binnen neun Tagen, von der Übergabe oder vom Annahmeverzug an gerechnet, entdeckt und angezeigt wird, und wenn binnen der gleichen Frist bei der zuständigen Behörde die Untersuchung des Tieres durch Sachverständige verlangt wird.

² Das Gutachten der Sachverständigen wird vom Richter nach seinem Ermessen gewürdigt.

³ Im übrigen wird das Verfahren durch eine Verordnung des Bundesrates geregelt.

b. Beim Viehhandel

Art. 203

Bei absichtlicher Täuschung des Käufers durch den Verkäufer findet eine Beschränkung der Gewährleistung wegen versäumter Anzeige nicht statt.

5. Absichtliche Täuschung

Art. 204

¹ Wenn die von einem anderen Orte übersandte Sache beanstandet wird und der Verkäufer an dem Empfangsorte keinen Stellvertreter hat, so ist der Käufer verpflichtet, für deren einstweilige Aufbewahrung zu sorgen, und darf sie dem Verkäufer nicht ohne weiteres zurückschicken.

² Er soll den Tatbestand ohne Verzug gehörig feststellen lassen, widrigenfalls ihm der Beweis obliegt, dass die behaupteten Mängel schon zur Zeit der Empfangnahme vorhanden gewesen seien.

6. Verfahren bei Übersendung von anderem Ort

³ Zeigt sich Gefahr, dass die übersandte Sache schnell in Verderbnis gerate, so ist der Käufer berechtigt und, soweit die Interessen des Verkäufers es erfordern, verpflichtet, sie unter Mitwirkung der zuständigen Amtsstelle des Ortes, wo sich die Sache befindet, verkaufen zu lassen, hat aber bei Vermeidung von Schadenersatz den Verkäufer so zeitig als tunlich hievon zu benachrichtigen.

Art. 205

7. Inhalt der Klage des Käufers
a. Wandelung oder Minderung

¹ Liegt ein Fall der Gewährleistung wegen Mängel der Sache vor, so hat der Käufer die Wahl, mit der Wandelungsklage den Kauf rückgängig zu machen oder mit der Minderungsklage Ersatz des Minderwertes der Sache zu fordern.

² Auch wenn die Wandelungsklage angestellt worden ist, steht es dem Richter frei, bloss Ersatz des Minderwertes zuzusprechen, sofern die Umstände es nicht rechtfertigen, den Kauf rückgängig zu machen.

³ Erreicht der geforderte Minderwert den Betrag des Kaufpreises, so kann der Käufer nur die Wandelung verlangen.

Art. 206

b. Ersatzleistung

¹ Geht der Kauf auf die Lieferung einer bestimmten Menge vertretbarer Sachen, so hat der Käufer die Wahl, entweder die Wandelungs- oder die Minderungsklage anzustellen oder andere währhafte Ware derselben Gattung zu fordern.

² Wenn die Sachen dem Käufer nicht von einem andern Orte her zugesandt worden sind, ist auch der Verkäufer berechtigt, sich durch sofortige Lieferung währhafter Ware derselben Gattung und Ersatz allen Schadens von jedem weiteren Ansprüche des Käufers zu befreien.

Art. 207

c. Wandelung bei Untergang der Sache

¹ Die Wandelung kann auch dann begehrt werden, wenn die Sache infolge ihrer Mängel oder durch Zufall untergegangen ist.

² Der Käufer hat in diesem Falle nur das zurückzugeben, was ihm von der Sache verblieben ist.

³ Ist die Sache durch Verschulden des Käufers untergegangen oder von diesem weiter veräussert oder umgestaltet worden, so kann er nur Ersatz des Minderwertes verlangen.

Art. 208

8. Durchführung der Wandelung
a. Im allgemeinen

¹ Wird der Kauf rückgängig gemacht, so muss der Käufer die Sache nebst dem inzwischen bezogenen Nutzen dem Verkäufer zurückgeben.

² Der Verkäufer hat den gezahlten Verkaufspreis samt Zinsen zurückzuerstatten und überdies, entsprechend den Vorschriften über die vollständige Entwehrung, die Prozesskosten, die Verwendungen und den Schaden zu ersetzen, der dem Käufer durch die Lieferung fehlerhafter Ware unmittelbar verursacht worden ist.

³ Der Verkäufer ist verpflichtet, den weitern Schaden zu ersetzen, sofern er nicht beweist, dass ihm keinerlei Verschulden zur Last falle.

Art. 209

¹ Sind von mehreren zusammen verkauften Sachen oder von einer verkauften Gesamtsache bloss einzelne Stücke fehlerhaft, so kann nur rücksichtlich dieser die Wandelung verlangt werden.

b. Bei einer Mehrheit von Kaufsachen

² Lassen sich jedoch die fehlerhaften Stücke von den fehlerfreien ohne erheblichen Nachteil für den Käufer oder den Verkäufer nicht trennen, so muss die Wandelung sich auf den gesamten Kaufgegenstand erstrecken.

³ Die Wandelung der Hauptsache zieht, selbst wenn für die Nebensache ein besonderer Preis festgesetzt war, die Wandelung auch dieser, die Wandelung der Nebensache dagegen nicht auch die Wandelung der Hauptsache nach sich.

Art. 210

¹ Die Klagen auf Gewährleistung wegen Mängel der Sache verjähren mit Ablauf eines Jahres nach deren Ablieferung an den Käufer, selbst wenn dieser die Mängel erst später entdeckt, es sei denn, dass der Verkäufer eine Haftung auf längere Zeit übernommen hat.

9. Verjährung

² Die Einreden des Käufers wegen vorhandener Mängel bleiben bestehen, wenn innerhalb eines Jahres nach Ablieferung die vorgeschriebene Anzeige an den Verkäufer gemacht worden ist.

³ Die mit Ablauf eines Jahres eintretende Verjährung kann der Verkäufer nicht geltend machen, wenn ihm eine absichtliche Täuschung des Käufers nachgewiesen wird.

Art. 211

¹ Der Käufer ist verpflichtet, den Preis nach den Bestimmungen des Vertrages zu bezahlen und die gekaufte Sache, sofern sie ihm von dem Verkäufer vertragsgemäss angeboten wird, anzunehmen.

C. Verpflichtungen des Käufers
I. Zahlung des Preises und Annahme der Kaufsache

² Die Empfangnahme muss sofort geschehen, wenn nicht etwas anderes vereinbart oder üblich ist.

Art. 212

¹ Hat der Käufer fest bestellt, ohne den Preis zu nennen, so wird vermutet, es sei der mittlere Marktpreis gemeint, der zur Zeit und an dem Ort der Erfüllung gilt.

II. Bestimmung des Kaufpreises

² Ist der Kaufpreis nach dem Gewichte der Ware zu berechnen, so wird die Verpackung (Taragewicht) in Abzug gebracht.

³ Vorbehalten bleiben die besonderen kaufmännischen Übungen, nach denen bei einzelnen Handelsartikeln ein festbestimmter oder nach Prozenten berechneter Abzug vom Bruttogewicht erfolgt oder das ganze Bruttogewicht bei der Preisbestimmung angerechnet wird.

Art. 213

III. Fälligkeit und Verzinsung des Kaufpreises

¹ Ist kein anderer Zeitpunkt bestimmt, so wird der Kaufpreis mit dem Übergange des Kaufgegenstandes in den Besitz des Käufers fällig.

² Abgesehen von der Vorschrift über den Verzug infolge Ablaufs eines bestimmten Verfalltages wird der Kaufpreis ohne Mahnung verzinslich, wenn die Übung es mit sich bringt oder wenn der Käufer Früchte oder sonstige Erträgnisse des Kaufgegenstandes beziehen kann.

Art. 214

IV. Verzug des Käufers
1. Rücktrittsrecht des Verkäufers

¹ Ist die verkaufte Sache gegen Vorausbezahlung des Preises oder Zug um Zug zu übergeben und befindet sich der Käufer mit der Zahlung des Kaufpreises im Verzuge, so hat der Verkäufer das Recht, ohne weiteres vom Vertrage zurückzutreten.

² Er hat jedoch dem Käufer, wenn er von seinem Rücktrittsrecht Gebrauch machen will, sofort Anzeige zu machen.

³ Ist der Kaufgegenstand vor der Zahlung in den Besitz des Käufers übergegangen, so kann der Verkäufer nur dann wegen Verzuges des Käufers von dem Vertrage zurücktreten und die übergebene Sache zurückfordern, wenn er sich dieses Recht ausdrücklich vorbehalten hat.

Art. 215

2. Schadenersatz und Schadenberechnung

¹ Kommt der Käufer im kaufmännischen Verkehr seiner Zahlungspflicht nicht nach, so hat der Verkäufer das Recht, seinen Schaden nach der Differenz zwischen dem Kaufpreis und dem Preise zu berechnen, um den er die Sache in guten Treuen weiter verkauft hat.

² Bei Waren, die einen Markt- oder Börsenpreis haben, kann er ohne einen solchen Verkauf die Differenz zwischen dem Vertragspreis und dem Markt- und Börsenpreis zur Erfüllungszeit als Schadenersatz verlangen.

Dritter Abschnitt
Der Grundstückkauf

Art. 216

¹ Kaufverträge, die ein Grundstück zum Gegenstande haben, bedürfen zu ihrer Gültigkeit der öffentlichen Beurkundung.

² Vorverträge sowie Verträge, die ein Vorkaufs-, Kaufs- oder Rückkaufsrecht an einem Grundstück begründen, bedürfen zu ihrer Gültigkeit der öffentlichen Beurkundung.[1]

³ Vorkaufsverträge, die den Kaufpreis nicht zum voraus bestimmen, sind in schriftlicher Form gültig. [1]

A. Formvorschriften

Art. 216a[2]

Vorkaufs- und Rückkaufsrechte dürfen für höchstens 25 Jahre, Kaufsrechte für höchstens zehn Jahre vereinbart und im Grundbuch vorgemerkt werden.

A.bis Befristung und Vormerkung

Art. 216b[2]

¹ Ist nichts anderes vereinbart, so sind vertragliche Vorkaufs-, Kaufs- und Rückkaufsrechte vererblich, aber nicht abtretbar.

² Ist die Abtretung nach Vertrag zulässig, so bedarf sie der gleichen Form wie die Begründung.

A.ter Vererblichkeit und Abtretung

Art. 216c[2]

¹ Das Vorkaufsrecht kann geltend gemacht werden, wenn das Grundstück verkauft wird, sowie bei jedem andern Rechtsgeschäft, das wirtschaftlich einem Verkauf gleichkommt (Vorkaufsfall).

² Nicht als Vorkaufsfall gelten namentlich die Zuweisung an einen Erben in der Erbteilung, die Zwangsversteigerung und der Erwerb zur Erfüllung öffentlicher Aufgaben.

A.quater Vorkaufsrechte I. Vorkaufsfall

Art. 216d[2]

¹ Der Verkäufer muss den Vorkaufsberechtigten über den Abschluss und den Inhalt des Kaufvertrags in Kenntnis setzen.

² Wird der Kaufvertrag aufgehoben, nachdem das Vorkaufsrecht ausgeübt worden ist, oder wird eine erforderliche Bewilligung aus Gründen, die in der Person des Käufers liegen, verweigert, so bleibt dies gegenüber dem Vorkaufsberechtigten ohne Wirkung.

³ Sieht der Vorkaufsvertrag nichts anderes vor, so kann der Vorkaufsberechtigte das Grundstück zu den Bedingungen erwerben, die der Verkäufer mit dem Dritten vereinbart hat.

II. Wirkungen des Vorkaufsfalls, Bedingungen

---

[1] Fassung gemäss Ziff. II des BG vom 4. Okt. 1991, in Kraft seit 1. Jan. 1994 (AS **1993** 1404 1409; BBl **1988** III 953).

[2] Eingefügt durch Ziff. II des BG vom 4. Okt. 1991, in Kraft seit 1. Jan. 1994 (AS **1993** 1404 1409; BBl **1988** III 953).

Art. 216e[1]

III. Ausübung, Verwirkung

Will der Vorkaufsberechtigte sein Vorkaufsrecht ausüben, so muss er es innert dreier Monate gegenüber dem Verkäufer oder, wenn es im Grundbuch vorgemerkt ist, gegenüber dem Eigentümer geltend machen. Die Frist beginnt mit Kenntnis von Abschluss und Inhalt des Vertrags.

Art. 217

B. Bedingter Kauf und Eigentumsvorbehalt

[1] Ist ein Grundstückkauf bedingt abgeschlossen worden, so erfolgt die Eintragung in das Grundbuch erst, wenn die Bedingung erfüllt ist.

[2] Die Eintragung eines Eigentumsvorbehaltes ist ausgeschlossen.

Art. 218[2]

C. Landwirtschaftliche Grundstücke

Für die Veräusserung von landwirtschaftlichen Grundstücken gilt zudem das Bundesgesetz vom 4. Oktober 1991[3] über das bäuerliche Bodenrecht.

Art. 219

D. Gewährleistung

[1] Der Verkäufer eines Grundstückes hat unter Vorbehalt anderweitiger Abrede dem Käufer Ersatz zu leisten, wenn das Grundstück nicht das Mass besitzt, das im Kaufvertrag angegeben ist.

[2] Besitzt ein Grundstück nicht das im Grundbuch auf Grund amtlicher Vermessung angegebene Mass, so hat der Verkäufer dem Käufer nur dann Ersatz zu leisten, wenn er die Gewährleistung hiefür ausdrücklich übernommen hat.

[3] Die Pflicht zur Gewährleistung für die Mängel eines Gebäudes verjährt mit dem Ablauf von fünf Jahren, vom Erwerb des Eigentums an gerechnet.

Art. 220

E. Nutzen und Gefahr

Ist für die Übernahme des Grundstückes durch den Käufer ein bestimmter Zeitpunkt vertraglich festgestellt, so wird vermutet, dass Nutzen und Gefahr erst mit diesem Zeitpunkt auf den Käufer übergehen.

Art. 221

F. Verweisung auf den Fahrniskauf

Im übrigen finden auf den Grundstückkauf die Bestimmungen über den Fahrniskauf entsprechende Anwendung.

---

[1] Eingefügt durch Ziff. II des BG vom 4. Okt. 1991, in Kraft seit 1. Jan. 1994 (AS **1993** 1404 1409; BBl **1988** III 953).
[2] Fassung gemäss Art. 92 Ziff. 2 des BG vom 4. Okt. 1991 über das bäuerliche Bodenrecht, in Kraft seit 1. Jan. 1994 (SR **211.412.11**).
[3] SR **211.412.11**

Vierter Abschnitt
Besondere Arten des Kaufes

Art. 222

¹ Bei dem Kaufe nach Muster ist derjenige, dem das Muster anvertraut wurde, nicht verpflichtet, die Identität des von ihm vorgewiesenen mit dem empfangenen Muster zu beweisen, sondern es genügt seine persönliche Versicherung vor Gericht, und zwar auch dann, wenn das Muster zwar nicht mehr in der Gestalt, die es bei der Übergabe hatte, vorgewiesen wird, diese Veränderung aber die notwendige Folge der Prüfung des Musters ist.

² In allen Fällen steht der Gegenpartei der Beweis der Unechtheit offen.

³ Ist das Muster bei dem Käufer, wenn auch ohne dessen Verschulden, verdorben oder zu Grunde gegangen, so hat nicht der Verkäuter zu beweisen, dass die Sache mustergemäss sei, sondern der Käufer das Gegenteil.

A. Kauf nach Muster

Art. 223

¹ Ist ein Kauf auf Probe oder auf Besicht vereinbart, so steht es im Belieben des Käufers, ob er die Kaufsache genehmigen will oder nicht.

² Solange die Sache nicht genehmigt ist, bleibt sie im Eigentum des Verkäufers, auch wenn sie in den Besitz des Käufers übergegangen ist.

B. Kauf auf Probe oder auf Besicht
I. Bedeutung

Art. 224

¹ Ist die Prüfung bei dem Verkäufer vorzunehmen, so hört dieser auf, gebunden zu sein, wenn der Käufer nicht bis zum Ablaufe der vereinbarten oder üblichen Frist genehmigt.

² In Ermangelung einer solchen Frist kann der Verkäufer nach Ablauf einer angemessenen Zeit den Käufer zur Erklärung über die Genehmigung auffordern und hört auf, gebunden zu sein, wenn der Käufer auf die Aufforderung hin sich nicht sofort erklärt.

II. Prüfung beim Verkäufer

Art. 225

¹ Ist die Sache dem Käufer vor der Prüfung übergeben worden, so gilt der Kauf als genehmigt, wenn der Käufer nicht innerhalb der vertragsmässigen oder üblichen Frist oder in Ermangelung einer solchen sofort auf die Aufforderung des Verkäufers hin die Nichtannahme erklärt oder die Sache zurückgibt.

² Ebenso gilt der Kauf als genehmigt, wenn der Käufer den Preis ohne Vorbehalt ganz oder zum Teile bezahlt oder über die Sache in anderer Weise verfügt, als es zur Prüfung nötig ist.

III. Prüfung beim Käufer

**C. Teilzahlungs-
geschäfte
I. ...**

Art. 226[1)]

Art. 226a–226d[2)]

Art. 226e[3)]

Art. 226f–226k[2)]

Art. 226l[4)]

Art. 226m[2)]

Art. 227[1)]

Art. 227a[5)]

**II. Der Voraus-
zahlungsvertrag
1. Begriff, Form
und Inhalt**

¹ Beim Kauf mit ratenweiser Vorauszahlung verpflichtet sich der Käufer, den Kaufpreis für eine bewegliche Sache zum voraus in Teilzahlungen zu entrichten, und der Verkäufer, die Sache dem Käufer nach der Zahlung des Kaufpreises zu übergeben.

² Der Vorauszahlungsvertrag ist nur gültig, wenn er in schriftlicher Form abgeschlossen wird und folgende Angaben enthält:
1. den Namen und den Wohnsitz der Parteien;
2. den Gegenstand des Kaufes;
3. die Gesamtforderung des Verkäufers;
4. die Zahl, die Höhe und die Fälligkeit der Vorauszahlungen sowie die Vertragsdauer;
5. die zur Entgegennahme der Vorauszahlungen befugte Bank;
6. den dem Käufer geschuldeten Zins;
7.[6)] das Recht des Käufers, innert sieben Tagen den Verzicht auf den Vertragsabschluss zu erklären;
8. das Recht des Käufers, den Vertrag zu kündigen, sowie das dabei zu zahlende Reugeld;
9. den Ort und das Datum der Vertragsunterzeichnung.

[1)] Aufgehoben durch Ziff. I des BG vom 23. März 1962 (AS **1962** 1047; BBl **1960** I 523).
[2)] Aufgehoben durch Anhang 2 Ziff. II 1 des BG vom 23. März 2001 über den Konsumkredit (SR **221.214.1**).
[3)] Aufgehoben durch Ziff. I des BG vom 24. Dez. 1990 (AS **1991** 974; BBl **1989** III 1233, **1990** I 120).
[4)] Aufgehoben durch Anhang, Ziff. 5 des Gerichtsstandsgesetzes vom 24. März 2000 (SR **272**).
[5)] Eingefügt durch Ziff. I des BG vom 23. März 1962, in Kraft seit 1. Jan. 1963 (AS **1962** 1047 1056; BBl **1960** I 523).
[6)] Fassung gemäss Anhang 2 Ziff. II 1 des BG vom 23. März 2001 über den Konsumkredit, in Kraft seit 1. Jan. 2003 (SR **221.214.1**).

Art. 227b[1]

¹ Bei einem überjährigen oder auf unbestimmte Zeit abgeschlossenen Vertrag hat der Käufer die Vorauszahlungen an eine dem Bankengesetz[2] unterstellte Bank zu leisten. Sie sind einem auf seinen Namen lautenden Spar-, Depositen- oder Einlagekonto gutzuschreiben und in der üblichen Höhe zu verzinsen.

² Die Bank hat die Interessen beider Parteien zu wahren. Auszahlungen bedürfen der Zustimmung der Vertragsparteien; diese kann nicht im voraus erteilt werden.

³ Der Verkäufer verliert bei einer Kündigung des Vertrages durch den Käufer gemäss Artikel 227f alle Ansprüche diesem gegenüber.[3]

2. Rechte und Pflichten der Parteien
a. Sicherung der Vorauszahlungen

Art. 227c[1]

¹ Der Käufer ist berechtigt, jederzeit gegen Zahlung des ganzen Kaufpreises die Übergabe der Kaufsache zu verlangen; er hat dabei dem Verkäufer die üblichen Lieferfristen einzuräumen, wenn dieser die Kaufsache erst beschaffen muss.

² ...[4]

³ Hat der Käufer mehrere Sachen gekauft oder sich das Recht zur Auswahl vorbehalten, so ist er befugt, die Ware in Teillieferungen abzurufen, es sei denn, es handle sich um eine Sachgesamtheit. Ist nicht der ganze Kaufpreis beglichen worden, so kann der Verkäufer nur dann zu Teillieferungen verpflichtet werden, wenn ihm 10 Prozent der Restforderung als Sicherheit verbleiben.[5]

b. Bezugsrecht des Käufers

Art. 227d[1]

Bei einem überjährigen oder auf unbestimmte Zeit abgeschlossenen Vertrag ist der Kaufpreis bei der Übergabe der Kaufsache zu begleichen, doch kann der Käufer schon beim Abruf der Ware dem Verkäufer aus seinem Guthaben Beträge bis zu einem Drittel des Kaufpreises freigeben. Eine Verpflichtung hierzu darf nicht beim Vertragsabschluss ausbedungen werden.

c. Zahlung des Kaufpreises

---

[1] Eingefügt durch Ziff. I des BG vom 23. März 1962, in Kraft seit 1. Jan. 1963 (AS **1962** 1047 1056; BBl **1960** I 523).
[2] SR **952.0**
[3] Fassung gemäss Anhang, Ziff. 6 des BG vom 16. Dez. 1994, in Kraft seit 1. Jan. 1997 (AS **1995** 1227 1307; BBl **1991** III 1).
[4] Aufgehoben durch Anhang 2 Ziff. II 1 des BG vom 23. März 2001 über den Konsumkredit (SR **221.214.1**).
[5] Fassung gemäss Anhang 2 Ziff. II 1 des BG vom 23. März 2001 über den Konsumkredit, in Kraft seit 1. Jan. 2003 (SR **221.214.1**).

Art. 227e[1]

d. Preisbestimmung

¹ Wird der Kaufpreis bei Vertragsabschluss bestimmt, so ist der Vorbehalt einer Nachforderung ungültig.

² Ist der Käufer verpflichtet, für einen Höchstbetrag Ware nach seiner Wahl zu beziehen, deren Preis nicht schon im Vertrag bestimmt wurde, so ist ihm die gesamte Auswahl zu den üblichen Barkaufpreisen anzubieten.

³ Abweichende Vereinbarungen sind nur wirksam, sofern sie sich für den Käufer als günstig erweisen.

Art. 227f[1]

3. Beendigung des Vertrages
a. Kündigungsrecht

¹ Einen überjährigen oder auf unbestimmte Zeit abgeschlossenen Vertrag kann der Käufer bis zum Abruf der Ware jederzeit kündigen.

² Ein vom Käufer dabei zu zahlendes Reugeld darf $2^1/_2$ bzw. 5 Prozent der Gesamtforderung des Verkäufers nicht übersteigen und höchstens 100 bzw. 250 Franken betragen, je nachdem, ob die Kündigung innert Monatsfrist seit Vertragsabschluss oder später erfolgt. Anderseits hat der Käufer Anspruch auf Rückgabe der vorausbezahlten Beträge samt den üblichen Bankzinsen, soweit sie das Reugeld übersteigen.

³ Wird ein Vertrag wegen des Todes oder der dauernden Erwerbsunfähigkeit des Käufers oder wegen des Verlustes der Vorauszahlungen gekündigt oder weil der Verkäufer sich weigert, den Vertrag zu handelsüblichen Bedingungen durch einen Abzahlungsvertrag zu ersetzen, so kann kein Reugeld verlangt werden.

Art. 227g[1]

b. Vertragsdauer

¹ Die Pflicht zur Leistung von Vorauszahlungen endigt nach fünf Jahren.

² Hat der Käufer bei einem überjährigen oder auf unbestimmte Zeit abgeschlossenen Vertrag die Kaufsache nach acht Jahren nicht abgerufen, so erlangt der Verkäufer nach unbenütztem Ablauf einer Mahnfrist von drei Monaten die gleichen Ansprüche wie bei einer Kündigung des Käufers.

Art. 227h[1]

4. Verzug des Käufers

¹ Beim Verzug des Käufers mit einer oder mehreren Vorauszahlungen kann der Verkäufer lediglich die fälligen Raten fordern; sind jedoch zwei Vorauszahlungen, die zusammen mindestens einen Zehntel der Gesamtforderung ausmachen, oder ist eine einzige Vorauszahlung, die mindestens einen Viertel der Gesamtforderung ausmacht, oder ist die letzte Vorauszahlung verfallen, so ist er überdies befugt, nach unbenütztem Ablauf einer Mahnfrist von einem Monat vom Vertrag zurückzutreten.

[1] Eingefügt durch Ziff. I des BG vom 23. März 1962, in Kraft seit 1. Jan. 1963 (AS **1962** 1047 1056; BBl **1960** I 523).

² Tritt der Verkäufer von einem Vertrag zurück, dessen Dauer höchstens ein Jahr beträgt, so kann er vom Käufer nur einen angemessenen Kapitalzins sowie Ersatz für eine seit Vertragsabschluss eingetretene Wertverminderung der Kaufsache beanspruchen. Eine allfällige Konventionalstrafe darf 10 Prozent des Barkaufpreises nicht übersteigen.[1]

³ Hat der Käufer bei einem überjährigen Vertrag die Kaufsache abgerufen, so kann der Verkäufer einen angemessenen Kapitalzins sowie Ersatz für eine seit dem Abruf eingetretene Wertverminderung verlangen. Eine allfällige Konventionalstrafe darf 10 Prozent des Kaufpreises nicht übersteigen.

⁴ Ist jedoch die Kaufsache schon geliefert worden, so ist jeder Teil verpflichtet, die empfangenen Leistungen zurückzuerstatten. Der Verkäufer hat überdies Anspruch auf einen angemessenen Mietzins und eine Entschädigung für ausserordentliche Abnützung der Sache. Er kann jedoch nicht mehr fordern, als er bei der rechtzeitigen Erfüllung des Vertrages erhielte.[1]

Art. 227i[2]

Die Artikel 227a–227h finden keine Anwendung, wenn der Käufer als Firma oder als Zeichnungsberechtigter einer Einzelfirma oder einer Handelsgesellschaft im Handelsregister eingetragen ist oder wenn sich der Kauf auf Gegenstände bezieht, die nach ihrer Beschaffenheit vorwiegend für einen Gewerbebetrieb oder vorwiegend für berufliche Zwecke bestimmt sind.

5. Geltungsbereich

Art. 228[1]

Folgende für den Konsumkreditvertrag geltenden Bestimmungen des Bundesgesetzes vom 23. März 2001[3] über den Konsumkredit gelten auch für den Vorauszahlungsvertrag:
  a. Artikel 13 (Zustimmung des gesetzlichen Vertreters);
  b. Artikel 16 (Widerrufsrecht);
  c. Artikel 19 (Einreden);
  d. Artikel 20 (Zahlung und Sicherheit in Form von Wechseln);
  e. Artikel 21 (Mangelhafte Erfüllung des Erwerbsvertrags).

6. Anwendung des Konsumkreditgesetzes

Art. 229

¹ Auf einer Zwangsversteigerung gelangt der Kaufvertrag dadurch zum Abschluss, dass der Versteigerungsbeamte den Gegenstand zuschlägt.

D. Versteigerung
I. Abschluss des Kaufes

---

[1] Fassung gemäss Anhang 2 Ziff. II 1 des BG vom 23. März 2001 über den Konsumkredit, in Kraft seit 1. Jan. 2003 (SR **221.214.1**).
[2] Eingefügt durch Ziff. I des BG vom 23. März 1962, in Kraft seit 1. Jan. 1963 (AS **1962** 1047 1056; BBl **1960** I 523).
[3] SR **221.214.1**; AS **2002** 3846.

² Der Kaufvertrag auf einer freiwilligen Versteigerung, die öffentlich ausgekündigt worden ist und an der jedermann bieten kann, wird dadurch abgeschlossen, dass der Veräusserer den Zuschlag erklärt.

³ Solange kein anderer Wille des Veräusserers kundgegeben ist, gilt der Leitende als ermächtigt, an der Versteigerung auf das höchste Angebot den Zuschlag zu erklären.

Art. 230

II. Anfechtung

¹ Wenn in rechtswidriger oder gegen die guten Sitten verstossender Weise auf den Erfolg der Versteigerung eingewirkt worden ist, so kann diese innert einer Frist von zehn Tagen von jedermann, der ein Interesse hat, angefochten werden.

² Im Falle der Zwangsversteigerung ist die Anfechtung bei der Aufsichtsbehörde, in den andern Fällen beim Richter anzubringen.

Art. 231

III. Gebundenheit des Bietenden
1. Im allgemeinen

¹ Der Bietende ist nach Massgabe der Versteigerungsbedingungen an sein Angebot gebunden.

² Er wird, falls diese nichts anderes bestimmen, frei, wenn ein höheres Angebot erfolgt oder sein Angebot nicht sofort nach dem üblichen Aufruf angenommen wird.

Art. 232

2. Bei Grundstücken

¹ Die Zu- oder Absage muss bei Grundstücken an der Steigerung selbst erfolgen.

² Vorbehalte, durch die der Bietende über die Steigerungsverhandlung hinaus bei seinem Angebote behaftet wird, sind ungültig, soweit es sich nicht um Zwangsversteigerung oder um einen Fall handelt, wo der Verkauf der Genehmigung durch eine Behörde bedarf.

Art. 233

IV. Barzahlung

¹ Bei der Versteigerung hat der Erwerber, wenn die Versteigerungsbedingungen nichts anderes vorsehen, Barzahlung zu leisten.

² Der Veräusserer kann sofort vom Kauf zurücktreten, wenn nicht Zahlung in bar oder gemäss den Versteigerungsbedingungen geleistet wird.

Art. 234

V. Gewährleistung

¹ Bei Zwangsversteigerung findet, abgesehen von besonderen Zusicherungen oder von absichtlicher Täuschung der Bietenden, eine Gewährleistung nicht statt.

² Der Ersteigerer erwirbt die Sache in dem Zustand und mit den Rechten und Lasten, die durch die öffentlichen Bücher oder die Versteigerungsbedingungen bekanntgegeben sind oder von Gesetzes wegen bestehen.

³ Bei freiwilliger öffentlicher Versteigerung haftet der Veräusserer wie ein anderer Verkäufer, kann aber in den öffentlich kundgegebenen Versteigerungsbedingungen die Gewährleistung mit Ausnahme der Haftung für absichtliche Täuschung von sich ablehnen.

Art. 235

¹ Der Ersteigerer erwirbt das Eigentum an einer ersteigerten Fahrnis mit deren Zuschlag, an einem ersteigerten Grundstück dagegen erst mit der Eintragung in das Grundbuch.

² Die Versteigerungsbehörde hat dem Grundbuchverwalter auf Grundlage des Steigerungsprotokolls den Zuschlag sofort zur Eintragung anzuzeigen.

³ Vorbehalten bleiben die Vorschriften über den Eigentumserwerb bei Zwangsversteigerungen.

VI. Eigentumsübergang

Art. 236

Die Kantone können in den Schranken der Bundesgesetzgebung weitere Vorschriften über die öffentliche Versteigerung aufstellen.

VII. Kantonale Vorschriften

Fünfter Abschnitt
Der Tauschvertrag

Art. 237

Auf den Tauschvertrag finden die Vorschriften über den Kaufvertrag in dem Sinne Anwendung, dass jede Vertragspartei mit Bezug auf die von ihr versprochene Sache als Verkäufer und mit Bezug auf die ihr zugesagte Sache als Käufer behandelt wird.

A. Verweisung auf den Kauf

Art. 238

Wird die eingetauschte Sache entwehrt oder wegen ihrer Mängel zurückgegeben, so hat die geschädigte Partei die Wahl, Schadenersatz zu verlangen oder die vertauschte Sache zurückzufordern.

B. Gewährleistung

Siebenter Titel
DIE SCHENKUNG

Art. 239

A. Inhalt der Schenkung

¹ Als Schenkung gilt jede Zuwendung unter Lebenden, womit jemand aus seinem Vermögen einen andern ohne entsprechende Gegenleistung bereichert.

² Wer auf sein Recht verzichtet, bevor er es erworben hat, oder eine Erbschaft ausschlägt, hat keine Schenkung gemacht.

³ Die Erfüllung einer sittlichen Pflicht wird nicht als Schenkung behandelt.

Art. 240

B. Persönliche Fähigkeit
I. Des Schenkers

¹ Wer handlungsfähig ist, kann über sein Vermögen schenkungsweise verfügen, soweit nicht das eheliche Güterrecht oder das Erbrecht ihm Schranken auferlegen.

² Aus dem Vermögen eines Handlungsunfähigen kann eine Schenkung nur unter Vorbehalt der Verantwortlichkeit der gesetzlichen Vertreter sowie unter Beobachtung der Vorschriften des Vormundschaftsrechtes gemacht werden.

³ Eine Schenkung kann auf Klage der Vormundschaftsbehörde für ungültig erklärt werden, wenn der Schenker wegen Verschwendung entmündigt wird und das Entmündigungsverfahren gegen ihn innerhalb eines Jahres seit der Schenkung eröffnet worden ist.

Art. 241

II. Des Beschenkten

¹ Eine Schenkung entgegennehmen und rechtsgültig erwerben kann auch ein Handlungsunfähiger, wenn er urteilsfähig ist.

² Die Schenkung ist jedoch nicht erworben oder wird aufgehoben, wenn der gesetzliche Vertreter deren Annahme untersagt oder die Rückleistung anordnet.

Art. 242

C. Errichtung der Schenkung
I. Schenkung von Hand zu Hand

¹ Eine Schenkung von Hand zu Hand erfolgt durch Übergabe der Sache vom Schenker an den Beschenkten.

² Bei Grundeigentum und dinglichen Rechten an Grundstücken kommt eine Schenkung erst mit der Eintragung in das Grundbuch zustande.

³ Diese Eintragung setzt ein gültiges Schenkungsversprechen voraus.

Art. 243

II. Schenkungsversprechen

¹ Das Schenkungsversprechen bedarf zu seiner Gültigkeit der schriftlichen Form.

² Sind Grundstücke oder dingliche Rechte an solchen Gegenstand der Schenkung, so ist zu ihrer Gültigkeit die öffentliche Beurkundung erforderlich.

³ Ist das Schenkungsversprechen vollzogen, so wird das Verhältnis als Schenkung von Hand zu Hand beurteilt.

Art. 244

Wer in Schenkungsabsicht einem andern etwas zuwendet, kann, auch wenn er es tatsächlich aus seinem Vermögen ausgesondert hat, die Zuwendung bis zur Annahme seitens des Beschenkten jederzeit zurückziehen.

III. Bedeutung der Annahme

Art. 245

¹ Mit einer Schenkung können Bedingungen oder Auflagen verbunden werden.

² Eine Schenkung, deren Vollziehbarkeit auf den Tod des Schenkers gestellt ist, steht unter den Vorschriften über die Verfügungen von Todes wegen.

D. Bedingungen und Auflagen
I. Im allgemeinen

Art. 246

¹ Der Schenker kann die Vollziehung einer vom Beschenkten angenommenen Auflage nach dem Vertragsinhalt einklagen.

² Liegt die Vollziehung der Auflage im öffentlichen Interesse, so kann nach dem Tode des Schenkers die zuständige Behörde die Vollziehung verlangen.

³ Der Beschenkte darf die Vollziehung einer Auflage verweigern, insoweit der Wert der Zuwendung die Kosten der Auflage nicht deckt und ihm der Ausfall nicht ersetzt wird.

II. Vollziehung der Auflagen

Art. 247

¹ Der Schenker kann den Rückfall der geschenkten Sache an sich selbst vorbehalten für den Fall, dass der Beschenkte vor ihm sterben sollte.

² Dieses Rückfallsrecht kann bei Schenkung von Grundstücken oder dinglichen Rechten an solchen im Grundbuche vorgemerkt werden.

III. Verabredung des Rückfalls

Art. 248

¹ Der Schenker ist dem Beschenkten für den Schaden, der diesem aus der Schenkung erwächst, nur im Falle der absichtlichen oder der grobfahrlässigen Schädigung verantwortlich.

² Er hat ihm für die geschenkte Sache oder die abgetretene Forderung nur die Gewähr zu leisten, die er ihm versprochen hat.

E. Verantwortlichkeit des Schenkers

Art. 249

F. Aufhebung der Schenkung
I. Rückforderung der Schenkung

Bei der Schenkung von Hand zu Hand und bei vollzogenen Schenkungsversprechen kann der Schenker die Schenkung widerrufen und das Geschenkte, soweit der Beschenkte noch bereichert ist, zurückfordern:
1. wenn der Beschenkte gegen den Schenker oder gegen eine diesem nahe verbundene Person eine schwere Straftat[1] begangen hat;
2. wenn er gegenüber dem Schenker oder einem von dessen Angehörigen die ihm obliegenden familienrechtlichen Pflichten schwer verletzt hat;
3. wenn er die mit der Schenkung verbundenen Auflagen in ungerechtfertigter Weise nicht erfüllt.

Art. 250

II. Widerruf und Hinfälligkeit des Schenkungsversprechens

¹ Bei dem Schenkungsversprechen kann der Schenker das Versprechen widerrufen und dessen Erfüllung verweigern:
1. aus den gleichen Gründen, aus denen das Geschenkte bei der Schenkung von Hand zu Hand zurückgefordert werden kann;
2. wenn seit dem Versprechen die Vermögensverhältnisse des Schenkers sich so geändert haben, dass die Schenkung ihn ausserordentlich schwer belasten würde;
3. wenn seit dem Versprechen dem Schenker familienrechtliche Pflichten erwachsen sind, die vorher gar nicht oder in erheblich geringerem Umfange bestanden haben.

² Durch Ausstellung eines Verlustscheines oder Eröffnung des Konkurses gegen den Schenker wird jedes Schenkungsversprechen aufgehoben.

Art. 251

III. Verjährung und Klagerecht der Erben

¹ Der Widerruf kann während eines Jahres erfolgen, von dem Zeitpunkt an gerechnet, wo der Schenker von dem Widerrufsgrund Kenntnis erhalten hat.

² Stirbt der Schenker vor Ablauf dieses Jahres, so geht das Klagerecht für den Rest der Frist auf dessen Erben über.

³ Die Erben des Schenkers können die Schenkung widerrufen, wenn der Beschenkte den Schenker vorsätzlich und rechtswidrig getötet oder am Widerruf verhindert hat.

Art. 252

IV. Tod des Schenkers

Hat sich der Schenker zu wiederkehrenden Leistungen verpflichtet, so erlischt die Verbindlichkeit mit seinem Tode, sofern es nicht anders bestimmt ist.

---

[1] Ausdruck gemäss Anhang Ziff. II des BG vom 26. Juni 1998, in Kraft seit 1. Jan. 2000 (AS **1999** 1118; BBl **1996** I 1).

Achter Titel[1])
DIE MIETE

Erster Abschnitt
Allgemeine Bestimmungen

Art. 253
Durch den Mietvertrag verpflichtet sich der Vermieter, dem Mieter eine Sache zum Gebrauch zu überlassen, und der Mieter, dem Vermieter dafür einen Mietzins zu leisten.

A. Begriff und Geltungsbereich
I. Begriff

Art. 253a
¹ Die Bestimmungen über die Miete von Wohn- und Geschäftsräumen gelten auch für Sachen, die der Vermieter zusammen mit diesen Räumen dem Mieter zum Gebrauch überlässt.

² Sie gelten nicht für Ferienwohnungen, die für höchstens drei Monate gemietet werden.

³ Der Bundesrat erlässt die Ausführungsvorschriften.

II. Geltungsbereich
1. Wohn- und Geschäftsräume

Art. 253b
¹ Die Bestimmungen über den Schutz vor missbräuchlichen Mietzinsen (Art. 269ff.) gelten sinngemäss für nichtlandwirtschaftliche Pacht- und andere Verträge, die im wesentlichen die Überlassung von Wohn- oder Geschäftsräumen gegen Entgelt regeln.

² Sie gelten nicht für die Miete von luxuriösen Wohnungen und Einfamilienhäusern mit sechs oder mehr Wohnräumen (ohne Anrechnung der Küche).

³ Die Bestimmungen über die Anfechtung missbräuchlicher Mietzinse gelten nicht für Wohnräume, deren Bereitstellung von der öffentlichen Hand gefördert wurde und deren Mietzinse durch eine Behörde kontrolliert werden.

2. Bestimmungen über den Schutz vor missbräuchlichen Mietzinsen

Art. 254
Ein Koppelungsgeschäft, das in Zusammenhang mit der Miete von Wohn- oder Geschäftsräumen steht, ist nichtig, wenn der Abschluss oder die Weiterführung des Mietvertrags davon abhängig gemacht wird und der Mieter dabei gegenüber dem Vermieter oder einem Dritten eine Verpflichtung übernimmt, die nicht unmittelbar mit dem Gebrauch der Mietsache zusammenhängt.

B. Koppelungsgeschäfte

---

[1]) Fassung gemäss Ziff. I des BG vom 15. Dez. 1989, in Kraft seit 1. Juli 1990 (AS **1990** 802 834; BBl **1985** I 1389). Siehe auch Art. 5 der SchlB zu den Tit. VIII und VIIIbis am Schluss des OR.

Art. 255

C. Dauer des Mietverhältnisses

¹ Das Mietverhältnis kann befristet oder unbefristet sein.
² Befristet ist das Mietverhältnis, wenn es ohne Kündigung mit Ablauf der vereinbarten Dauer endigen soll.
³ Die übrigen Mietverhältnisse gelten als unbefristet.

Art. 256

D. Pflichten des Vermieters
I. Im allgemeinen

¹ Der Vermieter ist verpflichtet, die Sache zum vereinbarten Zeitpunkt in einem zum vorausgesetzten Gebrauch tauglichen Zustand zu übergeben und in demselben zu erhalten.
² Abweichende Vereinbarungen zum Nachteil des Mieters sind nichtig, wenn sie enthalten sind in:
a. vorformulierten Allgemeinen Geschäftsbedingungen;
b. Mietverträgen über Wohn- oder Geschäftsräume.

Art. 256a

II. Auskunftspflicht

¹ Ist bei Beendigung des vorangegangenen Mietverhältnisses ein Rückgabeprotokoll erstellt worden, so muss der Vermieter es dem neuen Mieter auf dessen Verlangen bei der Übergabe der Sache zur Einsicht vorlegen.
² Ebenso kann der Mieter verlangen, dass ihm die Höhe des Mietzinses des vorangegangenen Mietverhältnisses mitgeteilt wird.

Art. 256b

III. Abgaben und Lasten

Der Vermieter trägt die mit der Sache verbundenen Lasten und öffentlichen Abgaben.

Art. 257

E. Pflichten des Mieters
I. Zahlung des Mietzinses und der Nebenkosten
1. Mietzins

Der Mietzins ist das Entgelt, das der Mieter dem Vermieter für die Überlassung der Sache schuldet.

Art. 257a

2. Nebenkosten
a. Im allgemeinen

¹ Die Nebenkosten sind das Entgelt für die Leistungen des Vermieters oder eines Dritten, die mit dem Gebrauch der Sache zusammenhängen.
² Der Mieter muss die Nebenkosten nur bezahlen, wenn er dies mit dem Vermieter besonders vereinbart hat.

Art. 257b

b. Wohn- und Geschäftsräume

¹ Bei Wohn- und Geschäftsräumen sind die Nebenkosten die tatsächlichen Aufwendungen des Vermieters für Leistungen, die mit dem Gebrauch zusammenhängen, wie Heizungs-, Warmwasser- und ähnliche Betriebskosten, sowie für öffentliche Abgaben, die sich aus dem Gebrauch der Sache ergeben.

DIE MIETE

² Der Vermieter muss dem Mieter auf Verlangen Einsicht in die Belege gewähren.

Art. 257c
Der Mieter muss den Mietzins und allenfalls die Nebenkosten am Ende jedes Monats, spätestens aber am Ende der Mietzeit bezahlen, wenn kein anderer Zeitpunkt vereinbart oder ortsüblich ist.

3. Zahlungstermine

Art. 257d
¹ Ist der Mieter nach der Übernahme der Sache mit der Zahlung fälliger Mietzinse oder Nebenkosten im Rückstand, so kann ihm der Vermieter schriftlich eine Zahlungsfrist setzen und ihm androhen, dass bei unbenütztem Ablauf der Frist das Mietverhältnis gekündigt werde. Diese Frist beträgt mindestens zehn Tage, bei Wohn- und Geschäftsräumen mindestens 30 Tage.

² Bezahlt der Mieter innert der gesetzten Frist nicht, so kann der Vermieter fristlos, bei Wohn- und Geschäftsräumen mit einer Frist von mindestens 30 Tagen auf Ende eines Monats kündigen.

4. Zahlungsrückstand des Mieters

Art. 257e
¹ Leistet der Mieter von Wohn- oder Geschäftsräumen eine Sicherheit in Geld oder in Wertpapieren, so muss der Vermieter sie bei einer Bank auf einem Sparkonto oder einem Depot, das auf den Namen des Mieters lautet, hinterlegen.

² Bei der Miete von Wohnräumen darf der Vermieter höchstens drei Monatszinse als Sicherheit verlangen.

³ Die Bank darf die Sicherheit nur mit Zustimmung beider Parteien oder gestützt auf einen rechtskräftigen Zahlungsbefehl oder auf ein rechtskräftiges Gerichtsurteil herausgeben. Hat der Vermieter innert einem Jahr nach Beendigung des Mietverhältnisses keinen Anspruch gegenüber dem Mieter rechtlich geltend gemacht, so kann dieser von der Bank die Rückerstattung der Sicherheit verlangen.

⁴ Die Kantone können ergänzende Bestimmungen erlassen.

II. Sicherheiten durch den Mieter

Art. 257f
¹ Der Mieter muss die Sache sorgfältig gebrauchen.

² Der Mieter einer unbeweglichen Sache muss auf Hausbewohner und Nachbarn Rücksicht nehmen.

³ Verletzt der Mieter trotz schriftlicher Mahnung des Vermieters seine Pflicht zu Sorgfalt oder Rücksichtnahme weiter, so dass dem Vermieter oder den Hausbewohnern die Fortsetzung des Mietverhältnisses nicht mehr zuzumuten ist, so kann der Vermieter fristlos, bei Wohn- und Geschäftsräumen mit einer Frist von mindestens 30 Tagen auf Ende eines Monats kündigen.

III. Sorgfalt und Rücksichtnahme

⁴ Der Vermieter von Wohn- oder Geschäftsräumen kann jedoch fristlos kündigen, wenn der Mieter vorsätzlich der Sache schweren Schaden zufügt.

Art. 257g

IV. Meldepflicht

¹ Der Mieter muss Mängel, die er nicht selber zu beseitigen hat, dem Vermieter melden.

² Unterlässt der Mieter die Meldung, so haftet er für den Schaden, der dem Vermieter daraus entsteht.

Art. 257h

V. Duldungspflicht

¹ Der Mieter muss Arbeiten an der Sache dulden, wenn sie zur Beseitigung von Mängeln oder zur Behebung oder Vermeidung von Schäden notwendig sind.

² Der Mieter muss dem Vermieter gestatten, die Sache zu besichtigen, soweit dies für den Unterhalt, den Verkauf oder die Wiedervermietung notwendig ist.

³ Der Vermieter muss dem Mieter Arbeiten und Besichtigungen rechtzeitig anzeigen und bei der Durchführung auf die Interessen des Mieters Rücksicht nehmen; allfällige Ansprüche des Mieters auf Herabsetzung des Mietzinses (Art. 259d) und auf Schadenersatz (Art. 259e) bleiben vorbehalten.

Art. 258

F. Nichterfüllung oder mangelhafte Erfüllung des Vertrags bei Übergabe der Sache

¹ Übergibt der Vermieter die Sache nicht zum vereinbarten Zeitpunkt oder mit Mängeln, welche die Tauglichkeit zum vorausgesetzten Gebrauch ausschliessen oder erheblich beeinträchtigen, so kann der Mieter nach den Artikeln 107–109 über die Nichterfüllung von Verträgen vorgehen.

² Übernimmt der Mieter die Sache trotz dieser Mängel und beharrt er auf gehöriger Erfüllung des Vertrags, so kann er nur die Ansprüche geltend machen, die ihm bei Entstehung von Mängeln während der Mietdauer zustünden (Art. 259a–259i)

³ Der Mieter kann die Ansprüche nach den Artikeln 259a–259i auch geltend machen, wenn die Sache bei der Übergabe Mängel hat:

a. welche die Tauglichkeit zum vorausgesetzten Gebrauch zwar vermindern, aber weder ausschliessen noch erheblich beeinträchtigen;

b. die der Mieter während der Mietdauer auf eigene Kosten beseitigen müsste (Art. 259).

G. Mängel während der Mietdauer
I. Pflicht des Mieters zu kleinen Reinigungen und Ausbesserungen

Art. 259
Der Mieter muss Mängel, die durch kleine, für den gewöhnlichen Unterhalt erforderliche Reinigungen oder Ausbesserungen behoben werden können, nach Ortsgebrauch auf eigene Kosten beseitigen.

II. Rechte des Mieters
1. Im allgemeinen

Art. 259a
¹ Entstehen an der Sache Mängel, die der Mieter weder zu verantworten noch auf eigene Kosten zu beseitigen hat, oder wird der Mieter im vertragsgemässen Gebrauch der Sache gestört, so kann er verlangen, dass der Vermieter:
a. den Mangel beseitigt;
b. den Mietzins verhältnismässig herabsetzt;
c. Schadenersatz leistet;
d. den Rechtsstreit mit einem Dritten übernimmt.
² Der Mieter einer unbeweglichen Sache kann zudem den Mietzins hinterlegen.

2. Beseitigung des Mangels
a. Grundsatz

Art. 259b
Kennt der Vermieter einen Mangel und beseitigt er ihn nicht innert angemessener Frist, so kann der Mieter:
a. fristlos kündigen, wenn der Mangel die Tauglichkeit einer unbeweglichen Sache zum vorausgesetzten Gebrauch ausschliesst oder erheblich beeinträchtigt oder wenn der Mangel die Tauglichkeit einer beweglichen Sache zum vorausgesetzten Gebrauch vermindert;
b. auf Kosten des Vermieters den Mangel beseitigen lassen, wenn dieser die Tauglichkeit der Sache zum vorausgesetzten Gebrauch zwar vermindert, aber nicht erheblich beeinträchtigt.

b. Ausnahme

Art. 259c
Der Mieter hat keinen Anspruch auf Beseitigung des Mangels, wenn der Vermieter für die mangelhafte Sache innert angemessener Frist vollwertigen Ersatz leistet.

3. Herabsetzung des Mietzinses

Art. 259d
Wird die Tauglichkeit der Sache zum vorausgesetzten Gebrauch beeinträchtigt oder vermindert, so kann der Mieter vom Vermieter verlangen, dass er den Mietzins vom Zeitpunkt, in dem er vom Mangel erfahren hat, bis zur Behebung des Mangels entsprechend herabsetzt.

4. Schadenersatz

Art. 259e
Hat der Mieter durch den Mangel Schaden erlitten, so muss ihm der Vermieter dafür Ersatz leisten, wenn er nicht beweist, dass ihn kein Verschulden trifft.

Art. 259f

5. Übernahme des Rechtsstreits

Erhebt ein Dritter einen Anspruch auf die Sache, der sich mit den Rechten des Mieters nicht verträgt, so muss der Vermieter auf Anzeige des Mieters hin den Rechtsstreit übernehmen.

Art. 259g

6. Hinterlegung des Mietzinses
a. Grundsatz

¹ Verlangt der Mieter einer unbeweglichen Sache vom Vermieter die Beseitigung eines Mangels, so muss er ihm dazu schriftlich eine angemessene Frist setzen und kann ihm androhen, dass er bei unbenütztem Ablauf der Frist Mietzinse, die künftig fällig werden, bei einer vom Kanton bezeichneten Stelle hinterlegen wird. Er muss die Hinterlegung dem Vermieter schriftlich ankündigen.

² Mit der Hinterlegung gelten die Mietzinse als bezahlt.

Art. 259h

b. Herausgabe der hinterlegten Mietzinse

¹ Hinterlegte Mietzinse fallen dem Vermieter zu, wenn der Mieter seine Ansprüche gegenüber dem Vermieter nicht innert 30 Tagen seit Fälligkeit des ersten hinterlegten Mietzinses bei der Schlichtungsbehörde geltend gemacht hat.

² Der Vermieter kann bei der Schlichtungsbehörde die Herausgabe der zu Unrecht hinterlegten Mietzinse verlangen, sobald ihm der Mieter die Hinterlegung angekündigt hat.

Art. 259i

c. Verfahren

¹ Die Schlichtungsbehörde versucht, eine Einigung zwischen den Parteien herbeizuführen. Kommt keine Einigung zustande, so fällt sie einen Entscheid über die Ansprüche der Vertragsparteien und die Verwendung der Mietzinse.

² Ruft die unterlegene Partei nicht innert 30 Tagen den Richter an, so wird der Entscheid rechtskräftig.

Art. 260

H. Erneuerungen und Änderungen
I. Durch den Vermieter

¹ Der Vermieter kann Erneuerungen und Änderungen an der Sache nur vornehmen, wenn sie für den Mieter zumutbar sind und wenn das Mietverhältnis nicht gekündigt ist.

² Der Vermieter muss bei der Ausführung der Arbeiten auf die Interessen des Mieters Rücksicht nehmen; allfällige Ansprüche des Mieters auf Herabsetzung des Mietzinses (Art. 259d) und auf Schadenersatz (Art. 259e) bleiben vorbehalten.

Art. 260a

II. Durch den Mieter

¹ Der Mieter kann Erneuerungen und Änderungen an der Sache nur vornehmen, wenn der Vermieter schriftlich zugestimmt hat.

² Hat der Vermieter zugestimmt, so kann er die Wiederherstellung des früheren Zustandes nur verlangen, wenn dies schriftlich vereinbart worden ist.

³ Weist die Sache bei Beendigung des Mietverhältnisses dank der Erneuerung oder Änderung, welcher der Vermieter zugestimmt hat, einen erheblichen Mehrwert auf, so kann der Mieter dafür eine entsprechende Entschädigung verlangen; weitergehende schriftlich vereinbarte Entschädigungsansprüche bleiben vorbehalten.

Art. 261

¹ Veräussert der Vermieter die Sache nach Abschluss des Mietvertrags oder wird sie ihm in einem Schuldbetreibungs- oder Konkursverfahren entzogen, so geht das Mietverhältnis mit dem Eigentum an der Sache auf den Erwerber über.

² Der neue Eigentümer kann jedoch:
a. bei Wohn- und Geschäftsräumen das Mietverhältnis mit der gesetzlichen Frist auf den nächsten gesetzlichen Termin kündigen, wenn er einen dringenden Eigenbedarf für sich, nahe Verwandte oder Verschwägerte geltend macht;
b. bei einer anderen Sache das Mietverhältnis mit der gesetzlichen Frist auf den nächsten gesetzlichen Termin kündigen, wenn der Vertrag keine frühere Auflösung ermöglicht.

³ Kündigt der neue Eigentümer früher, als es der Vertrag mit dem bisherigen Vermieter gestattet hätte, so haftet dieser dem Mieter für allen daraus entstehenden Schaden.

⁴ Vorbehalten bleiben die Bestimmungen über die Enteignung.

J. Wechsel des Eigentümers
I. Veräusserung der Sache

Art. 261a

Die Bestimmungen über die Veräusserung der Sache sind sinngemäss anwendbar, wenn der Vermieter einem Dritten ein beschränktes dingliches Recht einräumt und dies einem Eigentümerwechsel gleichkommt.

II. Einräumung beschränkter dinglicher Rechte

Art. 261b

¹ Bei der Miete an einem Grundstück kann verabredet werden, dass das Verhältnis im Grundbuch vorgemerkt wird.

² Die Vormerkung bewirkt, dass jeder neue Eigentümer dem Mieter gestatten muss, das Grundstück entsprechend dem Mietvertrag zu gebrauchen.

III. Vormerkung im Grundbuch

Art. 262

¹ Der Mieter kann die Sache mit Zustimmung des Vermieters ganz oder teilweise untervermieten.

² Der Vermieter kann die Zustimmung nur verweigern, wenn:
a. der Mieter sich weigert, dem Vermieter die Bedingungen der Untermiete bekanntzugeben;
b. die Bedingungen der Untermiete im Vergleich zu denjenigen des Hauptmietvertrags missbräuchlich sind;

K. Untermiete

c. dem Vermieter aus der Untermiete wesentliche Nachteile entstehen.

³ Der Mieter haftet dem Vermieter dafür, dass der Untermieter die Sache nicht anders gebraucht, als es ihm selbst gestattet ist. Der Vermieter kann den Untermieter unmittelbar dazu anhalten.

Art. 263

L. Übertragung der Miete auf einen Dritten

¹ Der Mieter von Geschäftsräumen kann das Mietverhältnis mit schriftlicher Zustimmung des Vermieters auf einen Dritten übertragen.

² Der Vermieter kann die Zustimmung nur aus wichtigem Grund verweigern.

³ Stimmt der Vermieter zu, so tritt der Dritte anstelle des Mieters in das Mietverhältnis ein.

⁴ Der Mieter ist von seinen Verpflichtungen gegenüber dem Vermieter befreit. Er haftet jedoch solidarisch mit dem Dritten bis zum Zeitpunkt, in dem das Mietverhältnis gemäss Vertrag oder Gesetz endet oder beendet werden kann, höchstens aber für zwei Jahre.

Art. 264

M. Vorzeitige Rückgabe der Sache

¹ Gibt der Mieter die Sache zurück, ohne Kündigungsfrist oder -termin einzuhalten, so ist er von seinen Verpflichtungen gegenüber dem Vermieter nur befreit, wenn er einen für den Vermieter zumutbaren neuen Mieter vorschlägt; dieser muss zahlungsfähig und bereit sein, den Mietvertrag zu den gleichen Bedingungen zu übernehmen.

² Andernfalls muss er den Mietzins bis zu dem Zeitpunkt leisten, in dem das Mietverhältnis gemäss Vertrag oder Gesetz endet oder beendet werden kann.

³ Der Vermieter muss sich anrechnen lassen, was er:
a. an Auslagen erspart und
b. durch anderweitige Verwendung der Sache gewinnt oder absichtlich zu gewinnen unterlassen hat.

Art. 265

N. Verrechnung

Der Vermieter und der Mieter können nicht im voraus auf das Recht verzichten, Forderungen und Schulden aus dem Mietverhältnis zu verrechnen.

Art. 266

**O. Beendigung des Mietverhältnisses
I. Ablauf der vereinbarten Dauer**

¹ Haben die Parteien eine bestimmte Dauer ausdrücklich oder stillschweigend vereinbart, so endet das Mietverhältnis ohne Kündigung mit Ablauf dieser Dauer.

² Setzen die Parteien das Mietverhältnis stillschweigend fort, so gilt es als unbefristetes Mietverhältnis.

Art. 266a

¹ Die Parteien können das unbefristete Mietverhältnis unter Einhaltung der gesetzlichen Fristen und Termine kündigen, sofern sie keine längere Frist oder keinen anderen Termin vereinbart haben.

² Halten die Parteien die Frist oder den Termin nicht ein, so gilt die Kündigung für den nächstmöglichen Termin.

II. Kündigungsfristen und -termine
1. Im allgemeinen

Art. 266b

Bei der Miete von unbeweglichen Sachen und Fahrnisbauten können die Parteien mit einer Frist von drei Monaten auf einen ortsüblichen Termin oder, wenn es keinen Ortsgebrauch gibt, auf Ende einer sechsmonatigen Mietdauer kündigen.

2. Unbewegliche Sachen und Fahrnisbauten

Art. 266c

Bei der Miete von Wohnungen können die Parteien mit einer Frist von drei Monaten auf einen ortsüblichen Termin oder, wenn es keinen Ortsgebrauch gibt, auf Ende einer dreimonatigen Mietdauer kündigen.

3. Wohnungen

Art. 266d

Bei der Miete von Geschäftsräumen können die Parteien mit einer Frist von sechs Monaten auf einen ortsüblichen Termin oder, wenn es keinen Ortsgebrauch gibt, auf Ende einer dreimonatigen Mietdauer kündigen.

4. Geschäftsräume

Art. 266e

Bei der Miete von möblierten Zimmern und von gesondert vermieteten Einstellplätzen oder ähnlichen Einrichtungen können die Parteien mit einer Frist von zwei Wochen auf Ende einer einmonatigen Mietdauer kündigen.

5. Möblierte Zimmer und Einstellplätze

Art. 266f

Bei der Miete von beweglichen Sachen können die Parteien mit einer Frist von drei Tagen auf einen beliebigen Zeitpunkt kündigen.

6. Bewegliche Sachen

Art. 266g

¹ Aus wichtigen Gründen, welche die Vertragserfüllung für sie unzumutbar machen, können die Parteien das Mietverhältnis mit der gesetzlichen Frist auf einen beliebigen Zeitpunkt kündigen.

² Der Richter bestimmt die vermögensrechtlichen Folgen der vorzeitigen Kündigung unter Würdigung aller Umstände.

III. Ausserordentliche Kündigung
1. Aus wichtigen Gründen

Art. 266h

2. Konkurs des Mieters

¹ Fällt der Mieter nach Übernahme der Sache in Konkurs, so kann der Vermieter für künftige Mietzinse Sicherheit verlangen. Er muss dafür dem Mieter und der Konkursverwaltung schriftlich eine angemessene Frist setzen.

² Erhält der Vermieter innert dieser Frist keine Sicherheit, so kann er fristlos kündigen.

Art. 266i

3. Tod des Mieters

Stirbt der Mieter, so können seine Erben mit der gesetzlichen Frist auf den nächsten gesetzlichen Termin kündigen.

Art. 266k

4. Bewegliche Sachen

Der Mieter einer beweglichen Sache, die seinem privaten Gebrauch dient und vom Vermieter im Rahmen seiner gewerblichen Tätigkeit vermietet wird, kann mit einer Frist von mindestens 30 Tagen auf Ende einer dreimonatigen Mietdauer kündigen. Der Vermieter hat dafür keinen Anspruch auf Entschädigung.

Art. 266l

IV. Form der Kündigung bei Wohn- und Geschäftsräumen
1. Im allgemeinen

¹ Vermieter und Mieter von Wohn- und Geschäftsräumen müssen schriftlich kündigen.

² Der Vermieter muss mit einem Formular kündigen, das vom Kanton genehmigt ist und das angibt, wie der Mieter vorzugehen hat, wenn er die Kündigung anfechten oder eine Erstreckung des Mietverhältnisses verlangen will.

Art. 266m

2. Wohnung der Familie
a. Kündigung durch den Mieter

¹ Dient die gemietete Sache als Wohnung der Familie, kann ein Ehegatte den Mietvertrag nur mit der ausdrücklichen Zustimmung des anderen kündigen.

² Kann der Ehegatte diese Zustimmung nicht einholen oder wird sie ihm ohne triftigen Grund verweigert, so kann er den Richter anrufen.

Art. 266n

b. Kündigung durch den Vermieter

Die Kündigung durch den Vermieter sowie die Ansetzung einer Zahlungsfrist mit Kündigungsandrohung (Art. 257d) sind dem Mieter und seinem Ehegatten separat zuzustellen.

Art. 266o

3. Nichtigkeit der Kündigung

Die Kündigung ist nichtig, wenn sie den Artikeln 266l–266n nicht entspricht.

DIE MIETE

Art. 267

¹ Der Mieter muss die Sache in dem Zustand zurückgeben, der sich aus dem vertragsgemässen Gebrauch ergibt.

² Vereinbarungen, in denen sich der Mieter im voraus verpflichtet, bei Beendigung des Mietverhältnisses eine Entschädigung zu entrichten, die anderes als die Deckung des allfälligen Schadens einschliesst, sind nichtig.

P. Rückgabe der Sache
I. Im allgemeinen

Art. 267a

¹ Bei der Rückgabe muss der Vermieter den Zustand der Sache prüfen und Mängel, für die der Mieter einzustehen hat, diesem sofort melden.

² Versäumt dies der Vermieter, so verliert er seine Ansprüche, soweit es sich nicht um Mängel handelt, die bei übungsgemässer Untersuchung nicht erkennbar waren.

³ Entdeckt der Vermieter solche Mängel später, so muss er sie dem Mieter sofort melden.

II. Prüfung der Sache und Meldung an den Mieter

Art. 268

¹ Der Vermieter von Geschäftsräumen hat für einen verfallenen Jahreszins und den laufenden Halbjahreszins ein Retentionsrecht an den beweglichen Sachen, die sich in den vermieteten Räumen befinden und zu deren Einrichtung oder Benutzung gehören.

² Das Retentionsrecht des Vermieters umfasst die vom Untermieter eingebrachten Gegenstände insoweit, als dieser seinen Mietzins nicht bezahlt hat.

³ Ausgeschlossen ist das Retentionsrecht an Sachen, die durch die Gläubiger des Mieters nicht gepfändet werden könnten.

Q. Retentionsrecht des Vermieters
I. Umfang

Art. 268a

¹ Die Rechte Dritter an Sachen, von denen der Vermieter wusste oder wissen musste, dass sie nicht dem Mieter gehören, sowie an gestohlenen, verlorenen oder sonstwie abhanden gekommenen Sachen gehen dem Retentionsrecht des Vermieters vor.

² Erfährt der Vermieter erst während der Mietdauer, dass Sachen, die der Mieter eingebracht hat, nicht diesem gehören, so erlischt sein Retentionsrecht an diesen Sachen, wenn er den Mietvertrag nicht auf den nächstmöglichen Termin kündigt.

II. Sachen Dritter

Art. 268b

Will der Mieter wegziehen oder die in den gemieteten Räumen befindlichen Sachen fortschaffen, so kann der Vermieter mit Hilfe der zuständigen Amtsstelle so viele Gegenstände zurückhalten, als zur Deckung seiner Forderung notwendig sind.

III. Geltendmachung

² Heimlich oder gewaltsam fortgeschaffte Gegenstände können innert zehn Tagen seit der Fortschaffung mit polizeilicher Hilfe in die vermieteten Räume zurückgebracht werden.

Zweiter Abschnitt
Schutz vor missbräuchlichen Mietzinsen und andern missbräuchlichen Forderungen des Vermieters bei der Miete von Wohn- und Geschäftsräumen

Art. 269

A. Missbräuchliche Mietzinse
I. Regel

Mietzinse sind missbräuchlich, wenn damit ein übersetzter Ertrag aus der Mietsache erzielt wird oder wenn sie auf einem offensichtlich übersetzten Kaufpreis beruhen.

Art. 269a

II. Ausnahmen

Mietzinse sind in der Regel nicht missbräuchlich, wenn sie insbesondere:
a. im Rahmen der orts- oder quartierüblichen Mietzinse liegen;
b. durch Kostensteigerungen oder Mehrleistungen des Vermieters begründet sind;
c. bei neueren Bauten im Rahmen der kostendeckenden Bruttorendite liegen;
d. lediglich dem Ausgleich einer Mietzinsverbilligung dienen, die zuvor durch Umlagerung marktüblicher Finanzierungskosten gewahrt wurde, und in einem dem Mieter im voraus bekanntgegebenen Zahlungsplan festgelegt sind;
e. lediglich die Teuerung auf dem risikotragenden Kapital ausgleichen;
f. das Ausmass nicht überschreiten, das Vermieter- und Mieterverbände oder Organisationen, die ähnliche Interessen wahrnehmen, in ihren Rahmenverträgen empfehlen.

Art. 269b

B. Indexierte Mietzinse

Die Vereinbarung, dass der Mietzins einem Index folgt, ist nur gültig, wenn der Mietvertrag für mindestens fünf Jahre abgeschlossen und als Index der Landesindex der Konsumentenpreise vorgesehen wird.

Art. 269c

C. Gestaffelte Mietzinse

Die Vereinbarung, dass sich der Mietzins periodisch um einen bestimmten Betrag erhöht, ist nur gültig, wenn:
a. der Mietvertrag für mindestens drei Jahre abgeschlossen wird;
b. der Mietzins höchstens einmal jährlich erhöht wird; und
c. der Betrag der Erhöhung in Franken festgelegt wird.

Art. 269d

¹ Der Vermieter kann den Mietzins jederzeit auf den nächstmöglichen Kündigungstermin erhöhen. Er muss dem Mieter die Mietzinserhöhung mindestens zehn Tage vor Beginn der Kündigungsfrist auf einem vom Kanton genehmigten Formular mitteilen und begründen.

² Die Mietzinserhöhung ist nichtig, wenn der Vermieter:
a. sie nicht mit dem vorgeschriebenen Formular mitteilt;
b. sie nicht begründet;
c. mit der Mitteilung die Kündigung androht oder ausspricht.

³ Die Absätze 1 und 2 gelten auch, wenn der Vermieter beabsichtigt, sonstwie den Mietvertrag einseitig zu Lasten des Mieters zu ändern, namentlich seine bisherigen Leistungen zu vermindern oder neue Nebenkosten einzuführen.

D. Mietzinserhöhungen und andere einseitige Vertragsänderungen durch den Vermieter

Art. 270

¹ Der Mieter kann den Anfangsmietzins innert 30 Tagen nach Übernahme der Sache bei der Schlichtungsbehörde als missbräuchlich im Sinne der Artikel 269 und 269a anfechten und dessen Herabsetzung verlangen, wenn:
a. er sich wegen einer persönlichen oder familiären Notlage oder wegen der Verhältnisse auf dem örtlichen Markt für Wohn- und Geschäftsräume zum Vertragsabschluss gezwungen sah; oder
b. der Vermieter den Anfangsmietzins gegenüber dem früheren Mietzins für dieselbe Sache erheblich erhöht hat.

² Im Falle von Wohnungsmangel können die Kantone für ihr Gebiet oder einen Teil davon die Verwendung des Formulars gemäss Artikel 269d beim Abschluss eines neuen Mietvertrags obligatorisch erklären.

E. Anfechtung des Mietzinses
I. Herabsetzungsbegehren
1. Anfangsmietzins

Art. 270a

¹ Der Mieter kann den Mietzins als missbräuchlich anfechten und die Herabsetzung auf den nächstmöglichen Kündigungstermin verlangen, wenn er Grund zur Annahme hat, dass der Vermieter wegen einer wesentlichen Änderung der Berechnungsgrundlagen, vor allem wegen einer Kostensenkung, einen nach den Artikeln 269 und 269a übersetzten Ertrag aus der Mietsache erzielt.

² Der Mieter muss das Herabsetzungsbegehren schriftlich beim Vermieter stellen; dieser muss innert 30 Tagen Stellung nehmen. Entspricht der Vermieter dem Begehren nicht oder nur teilweise oder antwortet er nicht fristgemäss, so kann der Mieter innert 30 Tagen die Schlichtungsbehörde anrufen.

³ Absatz 2 ist nicht anwendbar, wenn der Mieter gleichzeitig mit der Anfechtung einer Mietzinserhöhung ein Herabsetzungsbegehren stellt.

2. Während der Mietdauer

Art. 270b

II. Anfechtung von Mietzinserhöhungen und andern einseitigen Vertragsänderungen

¹ Der Mieter kann eine Mietzinserhöhung innert 30 Tagen, nachdem sie ihm mitgeteilt worden ist, bei der Schlichtungsbehörde als missbräuchlich im Sinne der Artikel 269 und 269a anfechten.

² Absatz 1 gilt auch, wenn der Vermieter sonstwie den Mietvertrag einseitig zu Lasten des Mieters ändert, namentlich seine bisherigen Leistungen vermindert oder neue Nebenkosten einführt.

Art. 270c

III. Anfechtung indexierter Mietzinse

Unter Vorbehalt der Anfechtung des Anfangsmietzinses kann eine Partei vor der Schlichtungsbehörde nur geltend machen, dass die von der andern Partei verlangte Erhöhung oder Herabsetzung des Mietzinses durch keine entsprechende Änderung des Indexes gerechtfertigt sei.

Art. 270d

IV. Anfechtung gestaffelter Mietzinse

Unter Vorbehalt der Anfechtung des Anfangsmietzinses kann der Mieter gestaffelte Mietzinse nicht anfechten.

Art. 270e

F. Weitergeltung des Mietvertrages während des Anfechtungsverfahrens

Der bestehende Mietvertrag gilt unverändert weiter:
a. während des Schlichtungsverfahrens, wenn zwischen den Parteien keine Einigung zustandekommt, und
b. während des Gerichtsverfahrens, unter Vorbehalt vorsorglicher Massnahmen des Richters.

Dritter Abschnitt
Kündigungsschutz bei der Miete von Wohn- und Geschäftsräumen

Art. 271

A. Anfechtbarkeit der Kündigung
I. Im allgemeinen

¹ Die Kündigung ist anfechtbar, wenn sie gegen den Grundsatz von Treu und Glauben verstösst.

² Die Kündigung muss auf Verlangen begründet werden.

Art. 271a

II. Kündigung durch den Vermieter

¹ Die Kündigung durch den Vermieter ist insbesondere anfechtbar, wenn sie ausgesprochen wird:
a. weil der Mieter nach Treu und Glauben Ansprüche aus dem Mietverhältnis geltend macht;
b. weil der Vermieter eine einseitige Vertragsänderung zu Lasten des Mieters oder eine Mietzinsanpassung durchsetzen will;
c. allein um den Mieter zum Erwerb der gemieteten Wohnung zu veranlassen;

d. während eines mit dem Mietverhältnis zusammenhängenden Schlichtungs- oder Gerichtsverfahrens, ausser wenn der Mieter das Verfahren missbräuchlich eingeleitet hat;
e. vor Ablauf von drei Jahren nach Abschluss eines mit dem Mietverhältnis zusammenhängenden Schlichtungs- oder Gerichtsverfahrens, in dem der Vermieter:
  1. zu einem erheblichen Teil unterlegen ist;
  2. seine Forderung oder Klage zurückgezogen oder erheblich eingeschränkt hat;
  3. auf die Anrufung des Richters verzichtet hat;
  4. mit dem Mieter einen Vergleich geschlossen oder sich sonstwie geeinigt hat;
f. wegen Änderungen in der familiären Situation des Mieters, aus denen dem Vermieter keine wesentlichen Nachteile entstehen.

² Absatz 1 Buchstabe e ist auch anwendbar, wenn der Mieter durch Schriftstücke nachweisen kann, dass er sich mit dem Vermieter ausserhalb eines Schlichtungs- oder Gerichtsverfahrens über eine Forderung aus dem Mietverhältnis geeinigt hat.

³ Absatz 1 Buchstaben d und e sind nicht anwendbar bei Kündigungen:
a. wegen dringenden Eigenbedarfs des Vermieters für sich, nahe Verwandte oder Verschwägerte;
b. wegen Zahlungsrückstand des Mieters (Art. 257d);
c. wegen schwerer Verletzung der Pflicht des Mieters zu Sorgfalt und Rücksichtnahme (Art. 257f Abs. 3 und 4);
d. infolge Veräusserung der Sache (Art. 261);
e. aus wichtigen Gründen (Art. 266g);
f. wegen Konkurs des Mieters (Art. 266h).

Art. 272

¹ Der Mieter kann die Erstreckung eines befristeten oder unbefristeten Mietverhältnisses verlangen, wenn die Beendigung der Miete für ihn oder seine Familie eine Härte zur Folge hätte, die durch die Interessen des Vermieters nicht zu rechtfertigen wäre.

B. Erstreckung des Mietverhältnisses
I. Anspruch des Mieters

² Bei der Interessenabwägung berücksichtigt die zuständige Behörde insbesondere:
a. die Umstände des Vertragsabschlusses und den Inhalt des Vertrags;
b. die Dauer des Mietverhältnisses;
c. die persönlichen, familiären und wirtschaftlichen Verhältnisse der Parteien und deren Verhalten;
d. einen allfälligen Eigenbedarf des Vermieters für sich, nahe Verwandte oder Verschwägerte sowie die Dringlichkeit dieses Bedarfs;
e. die Verhältnisse auf dem örtlichen Markt für Wohn- und Geschäftsräume.

³ Verlangt der Mieter eine zweite Erstreckung, so berücksichtigt die zuständige Behörde auch, ob er zur Abwendung der Härte alles unternommen hat, was ihm zuzumuten war.

Art. 272a

II. Ausschluss der Erstreckung

¹ Die Erstreckung ist ausgeschlossen bei Kündigungen:
a. wegen Zahlungsrückstand des Mieters (Art. 257d);
b. wegen schwerer Verletzung der Pflicht des Mieters zu Sorgfalt und Rücksichtnahme (Art. 257f Abs. 3 und 4);
c. wegen Konkurs des Mieters (Art. 266h).
d. eines Mietvertrages, welcher im Hinblick auf ein bevorstehendes Umbau- oder Abbruchvorhaben ausdrücklich nur für die beschränkte Zeit bis zum Baubeginn oder bis zum Erhalt der erforderlichen Bewilligung abgeschlossen wurde.

² Die Erstreckung ist in der Regel ausgeschlossen, wenn der Vermieter dem Mieter einen gleichwertigen Ersatz für die Wohn- oder Geschäftsräume anbietet.

Art. 272b

III. Dauer der Erstreckung

¹ Das Mietverhältnis kann für Wohnräume um höchstens vier, für Geschäftsräume um höchstens sechs Jahre erstreckt werden. Im Rahmen der Höchstdauer können eine oder zwei Erstreckungen gewährt werden.

² Vereinbaren die Parteien eine Erstreckung des Mietverhältnisses, so sind sie an keine Höchstdauer gebunden, und der Mieter kann auf eine zweite Erstreckung verzichten.

Art. 272c

IV. Weitergeltung des Mietvertrags

¹ Jede Partei kann verlangen, dass der Vertrag im Erstreckungsentscheid veränderten Verhältnissen angepasst wird.

² Ist der Vertrag im Erstreckungsentscheid nicht geändert worden, so gilt er während der Erstreckung unverändert weiter; vorbehalten bleiben die gesetzlichen Anpassungsmöglichkeiten.

Art. 272d

V. Kündigung während der Erstreckung

Legt der Erstreckungsentscheid oder die Erstreckungsvereinbarung nichts anderes fest, so kann der Mieter das Mietverhältnis wie folgt kündigen:
a. bei Erstreckung bis zu einem Jahr mit einer einmonatigen Frist auf Ende eines Monats;
b. bei Erstreckung von mehr als einem Jahr mit einer dreimonatigen Frist auf einen gesetzlichen Termin.

Art. 273

C. Verfahren: Behörden und Fristen

¹ Will eine Partei die Kündigung anfechten, so muss sie das Begehren innert 30 Tagen nach Empfang der Kündigung der Schlichtungsbehörde einreichen.

² Will der Mieter eine Erstreckung des Mietverhältnisses verlangen, so muss er das Begehren der Schlichtungsbehörde einreichen:
a. bei einem unbefristeten Mietverhältnis innert 30 Tagen nach Empfang der Kündigung;
b. bei einem befristeten Mietverhältnis spätestens 60 Tage vor Ablauf der Vertragsdauer.

³ Das Begehren um eine zweite Erstreckung muss der Mieter der Schlichtungsbehörde spätestens 60 Tage vor Ablauf der ersten einreichen.

⁴ Die Schlichtungsbehörde versucht, eine Einigung zwischen den Parteien herbeizuführen. Kommt keine Einigung zustande, so fällt sie einen Entscheid über die Ansprüche der Vertragsparteien.

⁵ Ruft die unterlegene Partei nicht innert 30 Tagen den Richter an, so wird der Entscheid rechtskräftig.

Art. 273a

D. Wohnung der Familie

¹ Dient die gemietete Sache als Wohnung der Familie, so kann auch der Ehegatte des Mieters die Kündigung anfechten, die Erstreckung des Mietverhältnisses verlangen oder die übrigen Rechte ausüben, die dem Mieter bei Kündigung zustehen.

² Vereinbarungen über die Erstreckung sind nur gültig, wenn sie mit beiden Ehegatten abgeschlossen werden.

Art. 273b

E. Untermiete

¹ Dieser Abschnitt gilt für die Untermiete, solange das Hauptmietverhältnis nicht aufgelöst ist. Die Untermiete kann nur für die Dauer des Hauptmietverhältnisses erstreckt werden.

² Bezweckt die Untermiete hauptsächlich die Umgehung der Vorschriften über den Kündigungsschutz, so wird dem Untermieter ohne Rücksicht auf das Hauptmietverhältnis Kündigungsschutz gewährt. Wird das Hauptmietverhältnis gekündigt, so tritt der Vermieter anstelle des Mieters in den Vertrag mit dem Untermieter ein.

Art. 273c

F. Zwingende Bestimmungen

¹ Der Mieter kann auf Rechte, die ihm nach diesem Abschnitt zustehen, nur verzichten, wenn dies ausdrücklich vorgesehen ist.

² Abweichende Vereinbarungen sind nichtig.

Vierter Abschnitt
Behörden und Verfahren

Art. 274

A. Grundsatz — Die Kantone bezeichnen die zuständigen Behörden und regeln das Verfahren.

Art. 274a

B. Schlichtungsbehörde

¹ Die Kantone setzen kantonale, regionale oder kommunale Schlichtungsbehörden ein, die bei der Miete unbeweglicher Sachen:

a. die Parteien in allen Mietfragen beraten;
b. in Streitfällen versuchen, eine Einigung zwischen den Parteien herbeizuführen;
c. die nach dem Gesetz erforderlichen Entscheide fällen;
d. die Begehren des Mieters an die zuständige Behörde überweisen, wenn ein Ausweisungsverfahren hängig ist;
e. als Schiedsgericht amten, wenn die Parteien es verlangen.

² Vermieter und Mieter sind durch ihre Verbände oder andere Organisationen, die ähnliche Interessen wahrnehmen, in den Schlichtungsbehörden paritätisch vertreten.

³ Die Kantone können die paritätischen Organe, die in Rahmenmietverträgen oder ähnlichen Abkommen vorgesehen sind, als Schlichtungsbehörden bezeichnen.

C. ...

Art. 274b[1]

Art. 274c

D. Schiedsgericht — Bei der Miete von Wohnräumen dürfen die Parteien die Zuständigkeit der Schlichtungsbehörden und der richterlichen Behörden nicht durch vertraglich vereinbarte Schiedsgerichte ausschliessen. Artikel 274a Absatz 1 Buchstabe e bleibt vorbehalten.

---

[1] Aufgehoben durch Anhang, Ziff. 5 des Gerichtsstandsgesetzes vom 24. März 2000 (SR **272**).

Art. 274d

¹ Die Kantone sehen für Streitigkeiten aus der Miete von Wohn- und Geschäftsräumen ein einfaches und rasches Verfahren vor.

² Das Verfahren vor der Schlichtungsbehörde ist kostenlos; bei mutwilliger Prozessführung kann jedoch die fehlbare Partei zur gänzlichen oder teilweisen Übernahme der Verfahrenskosten und zur Leistung einer Entschädigung an die andere Partei verpflichtet werden.

³ Schlichtungsbehörde und Richter stellen den Sachverhalt von Amtes wegen fest und würdigen die Beweise nach freiem Ermessen; die Parteien müssen ihnen alle für die Beurteilung des Streitfalls notwendigen Unterlagen vorlegen.

E. Verfahren bei der Miete von Wohn- und Geschäftsräumen
I. Grundsatz

Art. 274e

¹ Die Schlichtungsbehörde versucht, eine Einigung zwischen den Parteien herbeizuführen. Die Einigung gilt als gerichtlicher Vergleich.

² Kommt keine Einigung zustande, so fällt die Schlichtungsbehörde in den vom Gesetz vorgesehenen Fällen einen Entscheid; in den anderen Fällen stellt sie das Nichtzustandekommen der Einigung fest.

³ Weist die Schlichtungsbehörde ein Begehren des Mieters betreffend Anfechtbarkeit der Kündigung ab, so prüft sie von Amtes wegen, ob das Mietverhältnis erstreckt werden kann.

II. Schlichtungsverfahren

Art. 274f

¹ Hat die Schlichtungsbehörde einen Entscheid gefällt, so wird dieser rechtskräftig, wenn die Partei, die unterlegen ist, nicht innert 30 Tagen den Richter anruft; hat sie das Nichtzustandekommen der Einigung festgestellt, so muss die Partei, die auf ihrem Begehren beharrt, innert 30 Tagen den Richter anrufen.

² Der Richter entscheidet auch über zivilrechtliche Vorfragen und kann für die Dauer des Verfahrens vorsorgliche Massnahmen treffen.

³ Artikel 274e Absatz 3 gilt sinngemäss.

III. Gerichtsverfahren

Art. 274g

¹ Ficht der Mieter eine ausserordentliche Kündigung an und ist ein Ausweisungsverfahren hängig, so entscheidet die für die Ausweisung zuständige Behörde auch über die Wirkung der Kündigung, wenn der Vermieter gekündigt hat:
a. wegen Zahlungsrückstand des Mieters (Art. 257d);
b. wegen schwerer Verletzung der Pflicht des Mieters zu Sorgfalt und Rücksichtnahme (Art. 257f Abs. 3 und 4);
c. aus wichtigen Gründen (Art. 266g);
d. wegen Konkurs des Mieters (Art. 266h).

F. Ausweisungsbehörde

² Hat der Vermieter aus wichtigen Gründen (Art. 266g) vorzeitig gekündigt, so entscheidet die für die Ausweisung zuständige Behörde auch über die Erstreckung des Mietverhältnisses.

³ Wendet sich der Mieter mit seinen Begehren an die Schlichtungsbehörde, so überweist diese die Begehren an die für die Ausweisung zuständige Behörde.

Achter Titel[bis1)]
DIE PACHT

Art. 275

Durch den Pachtvertrag verpflichtet sich der Verpächter, dem Pächter eine nutzbare Sache oder ein nutzbares Recht zum Gebrauch und zum Bezug der Früchte oder Erträgnisse zu überlassen, und der Pächter, dafür einen Pachtzins zu leisten.

A. Begriff und Geltungsbereich
I. Begriff

Art. 276

Die Bestimmungen über die Pacht von Wohn- und Geschäftsräumen gelten auch für Sachen, die der Verpächter zusammen mit diesen Räumen dem Pächter zur Benutzung überlässt.

II. Geltungsbereich
1. Wohn- und Geschäftsräume

Art. 276a

[1] Für Pachtverträge über landwirtschaftliche Gewerbe oder über Grundstücke zur landwirtschaftlichen Nutzung gilt das Bundesgesetz vom 4. Oktober 1985[2)] über die landwirtschaftliche Pacht, soweit es besondere Regelungen enthält.

[2] Im übrigen gilt das Obligationenrecht, ausser den Bestimmungen über die Pacht von Wohn- und Geschäftsräumen und denjenigen über die Behörden und das Verfahren.

2. Landwirtschaftliche Pacht

Art. 277

Umfasst die Pacht auch Geräte, Vieh oder Vorräte, so muss jede Partei der andern ein genaues, von ihr unterzeichnetes Verzeichnis dieser Gegenstände übergeben und sich an einer gemeinsamen Schätzung beteiligen.

B. Inventaraufnahme

Art. 278

[1] Der Verpächter ist verpflichtet, die Sache zum vereinbarten Zeitpunkt in einem zur vorausgesetzten Benutzung und Bewirtschaftung tauglichen Zustand zu übergeben.

[2] Ist bei Beendigung des vorangegangenen Pachtverhältnisses ein Rückgabeprotokoll erstellt worden, so muss der Verpächter es dem neuen Pächter auf dessen Verlangen bei der Übergabe der Sache zur Einsicht vorlegen.

[3] Ebenso kann der Pächter verlangen, dass ihm die Höhe des Pachtzinses des vorangegangenen Pachtverhältnisses mitgeteilt wird.

C. Pflichten des Verpächters
I. Übergabe der Sache

[1)] Eingefügt durch Ziff. I des BG vom 15. Dez. 1989, in Kraft seit 1. Juli 1990 (AS **1990** 802 834; BBl **1985** I 1389). Siehe auch Art. 5 der SchlB zu den Tit. VIII und VIIIbis am Schluss des OR.
[2)] SR **221.213.2**

Art. 279

II. Hauptreparaturen

Der Verpächter ist verpflichtet, grössere Reparaturen an der Sache, die während der Pachtzeit notwendig werden, auf eigene Kosten vorzunehmen, sobald ihm der Pächter von deren Notwendigkeit Kenntnis gegeben hat.

Art. 280

III. Abgaben und Lasten

Der Verpächter trägt die mit der Sache verbundenen Lasten und öffentlichen Abgaben.

Art. 281

D. Pflichten des Pächters
I. Zahlung des Pachtzinses und der Nebenkosten
1. Im allgemeinen

¹ Der Pächter muss den Pachtzins und allenfalls die Nebenkosten am Ende eines Pachtjahres, spätestens aber am Ende der Pachtzeit bezahlen, wenn kein anderer Zeitpunkt vereinbart oder ortsüblich ist.

² Für die Nebenkosten gilt Artikel 257a.

Art. 282

2. Zahlungsrückstand des Pächters

¹ Ist der Pächter nach der Übernahme der Sache mit der Zahlung fälliger Pachtzinse oder Nebenkosten im Rückstand, so kann ihm der Verpächter schriftlich eine Zahlungsfrist von mindestens 60 Tagen setzen und ihm androhen, dass bei unbenütztem Ablauf der Frist das Pachtverhältnis gekündigt werde.

² Bezahlt der Pächter innert der gesetzten Frist nicht, so kann der Verpächter das Pachtverhältnis fristlos, bei Wohn- und Geschäftsräumen mit einer Frist von mindestens 30 Tagen auf Ende eines Monats kündigen.

Art. 283

II. Sorgfalt, Rücksichtnahme und Unterhalt
1. Sorgfalt und Rücksichtnahme

¹ Der Pächter muss die Sache sorgfältig gemäss ihrer Bestimmung bewirtschaften, insbesondere für nachhaltige Ertragsfähigkeit sorgen.

² Der Pächter einer unbeweglichen Sache muss auf Hausbewohner und Nachbarn Rücksicht nehmen.

Art. 284

2. Ordentlicher Unterhalt

¹ Der Pächter muss für den ordentlichen Unterhalt der Sache sorgen.

² Er muss die kleineren Reparaturen nach Ortsgebrauch vornehmen sowie die Geräte und Werkzeuge von geringem Wert ersetzen, wenn sie durch Alter oder Gebrauch nutzlos geworden sind.

Art. 285

¹ Verletzt der Pächter trotz schriftlicher Mahnung des Verpächters seine Pflicht zu Sorgfalt, Rücksichtnahme oder Unterhalt weiter, so dass dem Verpächter oder den Hausbewohnern die Fortsetzung des Pachtverhältnisses nicht mehr zuzumuten ist, so kann der Verpächter fristlos, bei Wohn- und Geschäftsräumen mit einer Frist von mindestens 30 Tagen auf Ende eines Monats kündigen.

² Der Verpächter von Wohn- oder Geschäftsräumen kann jedoch fristlos kündigen, wenn der Pächter vorsätzlich der Sache schweren Schaden zufügt.

3. Pflichtverletzung

Art. 286

¹ Sind grössere Reparaturen nötig oder masst sich ein Dritter Rechte am Pachtgegenstand an, so muss der Pächter dies dem Verpächter sofort melden.

² Unterlässt der Pächter die Meldung, so haftet er für den Schaden, der dem Verpächter daraus entsteht.

III. Meldepflicht

Art. 287

¹ Der Pächter muss grössere Reparaturen dulden, wenn sie zur Beseitigung von Mängeln oder zur Behebung oder Vermeidung von Schäden notwendig sind.

² Der Pächter muss dem Verpächter gestatten, die Sache zu besichtigen, soweit dies für den Unterhalt, den Verkauf oder die Wiederverpachtung notwendig ist.

³ Der Verpächter muss dem Pächter Arbeiten und Besichtigungen rechtzeitig anzeigen und bei der Durchführung auf die Interessen des Pächters Rücksicht nehmen; für allfällige Ansprüche des Pächters auf Herabsetzung des Pachtzinses und auf Schadenersatz gilt das Mietrecht (Art. 259d und 259e) sinngemäss.

IV. Duldungspflicht

Art. 288

¹ Das Mietrecht (Art. 258 und Art. 259a–259i) gilt sinngemäss, wenn:
a. der Verpächter die Sache nicht zum vereinbarten Zeitpunkt oder in einem mangelhaften Zustand übergibt;
b. Mängel an der Sache entstehen, die der Pächter weder zu verantworten noch auf eigene Kosten zu beseitigen hat, oder der Pächter in der vertragsgemässen Benutzung der Sache gestört wird.

² Abweichende Vereinbarungen zum Nachteil des Pächters sind nichtig, wenn sie enthalten sind in:
a. vorformulierten Allgemeinen Geschäftsbedingungen;
b. Pachtverträgen über Wohn- und Geschäftsräume.

E. Rechte des Pächters bei Nichterfüllung des Vertrags und bei Mängeln

Art. 289

F. Erneuerungen und Änderungen
I. Durch den Verpächter

¹ Der Verpächter kann Erneuerungen und Änderungen an der Sache nur vornehmen, wenn sie für den Pächter zumutbar sind und wenn das Pachtverhältnis nicht gekündigt ist.

² Der Verpächter muss bei der Ausführung der Arbeiten auf die Interessen des Pächters Rücksicht nehmen; für allfällige Ansprüche des Pächters auf Herabsetzung des Pachtzinses und auf Schadenersatz gilt das Mietrecht (Art. 259d und 259e) sinngemäss.

Art. 289a

II. Durch den Pächter

¹ Der Pächter braucht die schriftliche Zustimmung des Verpächters für:
a. Änderungen in der hergebrachten Bewirtschaftung, die über die Pachtzeit hinaus von wesentlicher Bedeutung sein können;
b. Erneuerungen und Änderungen an der Sache, die über den ordentlichen Unterhalt hinausgehen.

² Hat der Verpächter zugestimmt, so kann er die Wiederherstellung des früheren Zustandes nur verlangen, wenn dies schriftlich vereinbart worden ist.

³ Hat der Verpächter einer Änderung nach Absatz 1 Buchstabe a nicht schriftlich zugestimmt und macht der Pächter sie nicht innert angemessener Frist rückgängig, so kann der Verpächter fristlos, bei Wohn- und Geschäftsräumen mit einer Frist von mindestens 30 Tagen auf Ende eines Monats kündigen.

Art. 290

G. Wechsel des Eigentümers

Das Mietrecht (Art. 261–261b) gilt sinngemäss bei:
a. Veräusserung des Pachtgegenstandes;
b. Einräumung beschränkter dinglicher Rechte am Pachtgegenstand;
c. Vormerkung des Pachtverhältnisses im Grundbuch.

Art. 291

H. Unterpacht

¹ Der Pächter kann die Sache mit Zustimmung des Verpächters ganz oder teilweise unterverpachten oder vermieten.

² Der Verpächter kann die Zustimmung zur Vermietung einzelner zur Sache gehörender Räume nur verweigern, wenn:
a. der Pächter sich weigert, dem Verpächter die Bedingungen der Miete bekanntzugeben;
b. die Bedingungen der Miete im Vergleich zu denjenigen des Pachtvertrages missbräuchlich sind;
c. dem Verpächter aus der Vermietung wesentliche Nachteile entstehen.

DIE PACHT

³ Der Pächter haftet dem Verpächter dafür, dass der Unterpächter oder der Mieter die Sache nicht anders benutzt, als es ihm selbst gestattet ist. Der Verpächter kann Unterpächter und Mieter unmittelbar dazu anhalten.

Art. 292
Für die Übertragung der Pacht von Geschäftsräumen auf einen Dritten gilt Artikel 263 sinngemäss.

J. Übertragung der Pacht auf einen Dritten

Art. 293
¹ Gibt der Pächter die Sache zurück, ohne Kündigungsfrist oder -termin einzuhalten, so ist er von seinen Verpflichtungen gegenüber dem Verpächter nur befreit, wenn er einen für den Verpächter zumutbaren neuen Pächter vorschlägt; dieser muss zahlungsfähig und bereit sein, den Pachtvertrag zu den gleichen Bedingungen zu übernehmen.

² Andernfalls muss er den Pachtzins bis zu dem Zeitpunkt leisten, in dem das Pachtverhältnis gemäss Vertrag oder Gesetz endet oder beendet werden kann.

³ Der Verpächter muss sich anrechnen lassen, was er:
a. an Auslagen erspart und
b. durch anderweitige Verwendung der Sache gewinnt oder absichtlich zu gewinnen unterlassen hat.

K. Vorzeitige Rückgabe der Sache

Art. 294
Für die Verrechnung von Forderungen und Schulden aus dem Pachtverhältnis gilt Artikel 265 sinngemäss.

L. Verrechnung

Art. 295
¹ Haben die Parteien eine bestimmte Dauer ausdrücklich oder stillschweigend vereinbart, so endet das Pachtverhältnis ohne Kündigung mit Ablauf dieser Dauer.

² Setzen die Parteien das Pachtverhältnis stillschweigend fort, so gilt es zu den gleichen Bedingungen jeweils für ein weiteres Jahr, wenn nichts anderes vereinbart ist.

³ Die Parteien können das fortgesetzte Pachtverhältnis mit der gesetzlichen Frist auf das Ende eines Pachtjahres kündigen.

M. Beendigung des Pachtverhältnisses
I. Ablauf der vereinbarten Dauer

Art. 296
¹ Die Parteien können das unbefristete Pachtverhältnis mit einer Frist von sechs Monaten auf einen beliebigen Termin kündigen, sofern durch Vereinbarung oder Ortsgebrauch nichts anderes bestimmt und nach Art des Pachtgegenstandes kein anderer Parteiwille anzunehmen ist.

II. Kündigungsfristen und -termine

² Bei der unbefristeten Pacht von Wohn- und Geschäftsräumen können die Parteien mit einer Frist von mindestens sechs Monaten auf einen ortsüblichen Termin oder, wenn es keinen Ortsgebrauch gibt, auf Ende einer dreimonatigen Pachtdauer kündigen. Sie können eine längere Frist und einen anderen Termin vereinbaren.

³ Halten die Parteien die Frist oder den Termin nicht ein, so gilt die Kündigung für den nächstmöglichen Termin.

Art. 297

III. Ausserordentliche Beendigung
1. Aus wichtigen Gründen

¹ Aus wichtigen Gründen, welche die Vertragserfüllung für sie unzumutbar machen, können die Parteien das Pachtverhältnis mit der gesetzlichen Frist auf einen beliebigen Zeitpunkt kündigen.

² Der Richter bestimmt die vermögensrechtlichen Folgen der vorzeitigen Kündigung unter Würdigung aller Umstände.

Art. 297a

2. Konkurs des Pächters

¹ Fällt der Pächter nach Übernahme der Sache in Konkurs, so endet das Pachtverhältnis mit der Konkurseröffnung.

² Erhält jedoch der Verpächter für den laufenden Pachtzins und das Inventar hinreichende Sicherheiten, so muss er die Pacht bis zum Ende des Pachtjahres fortsetzen.

Art. 297b

3. Tod des Pächters

Stirbt der Pächter, so können sowohl seine Erben als auch der Verpächter mit der gesetzlichen Frist auf den nächsten gesetzlichen Termin kündigen.

Art. 298

IV. Form der Kündigung bei Wohn- und Geschäftsräumen

¹ Verpächter und Pächter von Wohn- und Geschäftsräumen müssen schriftlich kündigen.

² Der Verpächter muss mit einem Formular kündigen, das vom Kanton genehmigt ist und das angibt, wie der Pächter vorzugehen hat, wenn er die Kündigung anfechten oder eine Erstreckung des Pachtverhältnisses verlangen will.

³ Die Kündigung ist nichtig, wenn sie diesen Anforderungen nicht entspricht.

Art. 299

N. Rückgabe der Sache
I. Im allgemeinen

¹ Der Pächter gibt die Sache und das gesamte Inventar in dem Zustand zurück, in dem sie sich zum Zeitpunkt der Rückgabe befinden.

² Für Verbesserungen kann der Pächter Ersatz fordern, wenn sie sich ergeben haben aus:

a. Anstrengungen, die über die gehörige Bewirtschaftung hinausgehen;

b. Erneuerungen oder Änderungen, denen der Verpächter schriftlich zugestimmt hat.

³ Für Verschlechterungen, die der Pächter bei gehöriger Bewirtschaftung hätte vermeiden können, muss er Ersatz leisten.

⁴ Vereinbarungen, in denen sich der Pächter im voraus verpflichtet, bei Beendigung des Pachtverhältnisses eine Entschädigung zu entrichten, die anderes als die Deckung des allfälligen Schadens einschliesst, sind nichtig.

Art. 299a

II. Prüfung der Sache und Meldung an den Pächter

¹ Bei der Rückgabe muss der Verpächter den Zustand der Sache prüfen und Mängel, für die der Pächter einzustehen hat, diesem sofort melden.

² Versäumt dies der Verpächter, so verliert er seine Ansprüche, soweit es sich nicht um Mängel handelt, die bei übungsgemässer Untersuchung nicht erkennbar waren.

³ Entdeckt der Verpächter solche Mängel später, so muss er sie dem Pächter sofort melden.

Art. 299b

III. Ersatz von Gegenständen des Inventars

¹ Wurde das Inventar bei der Übergabe der Sache geschätzt, so muss der Pächter bei Beendigung der Pacht ein nach Gattung und Schätzungswert gleiches Inventar zurückgeben oder den Minderwert ersetzen.

² Der Pächter muss für fehlende Gegenstände keinen Ersatz leisten, wenn er nachweist, dass der Verlust auf ein Verschulden des Verpächters oder auf höhere Gewalt zurückzuführen ist.

³ Der Pächter kann für den Mehrwert, der sich aus seinen Aufwendungen und seiner Arbeit ergeben hat, Ersatz fordern.

Art. 299c

O. Retentionsrecht

Der Verpächter von Geschäftsräumen hat für einen verfallenen und einen laufenden Pachtzins das gleiche Retentionsrecht wie der Vermieter für Mietzinsforderungen (Art. 268ff.).

Art. 300

P. Kündigungsschutz bei der Pacht von Wohn- und Geschäftsräumen

¹ Für den Kündigungsschutz bei der Pacht von Wohn- und Geschäftsräumen gilt das Mietrecht (Art. 271–273c) sinngemäss.

² Nicht anwendbar sind die Bestimmungen über die Wohnung der Familie (Art. 273a).

Art. 301

Q. Behörden und Verfahren

Bei Streitigkeiten aus dem Pachtverhältnis richten sich die Zuständigkeit der Behörden und das Verfahren nach dem Mietrecht (Art. 274–274g).

Art. 302

R. Viehpacht und Viehverstellung
I. Rechte und Pflichten des Einstellers

¹ Bei der Viehpacht und Viehverstellung, die nicht mit einer landwirtschaftlichen Pacht verbunden sind, gehört die Nutzung des eingestellten Viehs dem Einsteller, wenn Vertrag oder Ortsgebrauch nichts anderes bestimmen.

² Der Einsteller muss die Fütterung und Pflege des Viehs übernehmen sowie dem Verpächter oder Versteller einen Zins in Geld oder einen Teil des Nutzens entrichten.

Art. 303

II. Haftung

¹ Bestimmen Vertrag oder Ortsgebrauch nichts anderes, so haftet der Einsteller für Schäden am eingestellten Vieh, wenn er nicht beweist, dass er die Schäden trotz sorgfältiger Hut und Pflege nicht vermeiden konnte.

² Für ausserordentliche Pflegekosten kann der Einsteller vom Versteller Ersatz verlangen, wenn er sie nicht schuldhaft verursacht hat.

³ Der Einsteller muss schwerere Unfälle oder Erkrankungen dem Versteller so bald als möglich melden.

Art. 304

III. Kündigung

¹ Ist der Vertrag auf unbestimmte Zeit abgeschlossen, so kann ihn jede Partei auf einen beliebigen Zeitpunkt kündigen, wenn Vertrag oder Ortsgebrauch nichts anderes bestimmen.

² Die Kündigung soll jedoch in guten Treuen und nicht zur Unzeit erfolgen.

Neunter Titel
DIE LEIHE

Erster Abschnitt
Die Gebrauchsleihe

Art. 305
Durch den Gebrauchsleihevertrag verpflichtet sich der Verleiher, dem Entlehner eine Sache zu unentgeltlichem Gebrauche zu überlassen, und der Entlehner, dieselbe Sache nach gemachtem Gebrauche dem Verleiher zurückzugeben.

A. Begriff

Art. 306
[1] Der Entlehner darf von der geliehenen Sache nur denjenigen Gebrauch machen, der sich aus dem Vertrage oder, wenn darüber nichts vereinbart ist, aus ihrer Beschaffenheit oder Zweckbestimmung ergibt.

[2] Er darf den Gebrauch nicht einem andern überlassen.

[3] Handelt der Entlehner diesen Bestimmungen zuwider, so haftet er auch für den Zufall, wenn er nicht beweist, dass dieser die Sache auch sonst getroffen hätte.

B. Wirkung
I. Gebrauchsrecht des Entlehners

Art. 307
[1] Der Entlehner trägt die gewöhnlichen Kosten für die Erhaltung der Sache, bei geliehenen Tieren insbesondere die Kosten der Fütterung.

[2] Für ausserordentliche Verwendungen, die er im Interesse des Verleihers machen musste, kann er von diesem Ersatz fordern.

II. Kosten der Erhaltung

Art. 308
Haben mehrere eine Sache gemeinschaftlich entlehnt, so haften sie solidarisch.

III. Haftung mehrerer Entlehner

Art. 309
[1] Ist für die Gebrauchsleihe eine bestimmte Dauer nicht vereinbart, so endigt sie, sobald der Entlehner den vertragsmässigen Gebrauch gemacht hat oder mit Ablauf der Zeit, binnen deren dieser Gebrauch hätte stattfinden können.

[2] Der Verleiher kann die Sache früher zurückfordern, wenn der Entlehner sie vertragswidrig gebraucht oder verschlechtert oder einem Dritten zum Gebrauche überlässt, oder wenn er selbst wegen eines unvorhergesehenen Falles der Sache dringend bedarf.

C. Beendigung
I. Bei bestimmtem Gebrauch

Art. 310

II. Bei unbestimmtem Gebrauch

Wenn der Verleiher die Sache zu einem weder der Dauer noch dem Zwecke nach bestimmten Gebrauche überlassen hat, so kann er sie beliebig zurückfordern.

Art. 311

III. Beim Tod des Entlehners

Die Gebrauchsleihe endigt mit dem Tode des Entlehners.

Zweiter Abschnitt
Das Darlehen

Art. 312

A. Begriff

Durch den Darlehensvertrag verpflichtet sich der Darleiher zur Übertragung des Eigentums an einer Summe Geldes oder an andern vertretbaren Sachen, der Borger dagegen zur Rückerstattung von Sachen der nämlichen Art in gleicher Menge und Güte.

Art. 313

B. Wirkung
I. Zinse
1. Verzinslichkeit

¹ Das Darlehen ist im gewöhnlichen Verkehre nur dann verzinslich, wenn Zinse verabredet sind.

² Im kaufmännischen Verkehre sind auch ohne Verabredung Zinse zu bezahlen.

Art. 314

2. Zinsvorschriften

¹ Wenn der Vertrag die Höhe des Zinsfusses nicht bestimmt, so ist derjenige Zinsfuss zu vermuten, der zur Zeit und am Orte des Darlehensempfanges für die betreffende Art von Darlehen üblich war.

² Mangels anderer Abrede sind versprochene Zinse als Jahreszinse zu entrichten.

³ Die vorherige Übereinkunft, dass die Zinse zum Kapital geschlagen und mit diesem weiter verzinst werden sollen, ist ungültig unter Vorbehalt von kaufmännischen Zinsberechnungen im Kontokorrent und ähnlichen Geschäftsformen, bei denen die Berechnung von Zinseszinsen üblich ist, wie namentlich bei Sparkassen.

Art. 315

II. Verjährung des Anspruchs auf Aushändigung und Annahme

Der Anspruch des Borgers auf Aushändigung und der Anspruch des Darleihers auf Annahme des Darlehens verjähren in sechs Monaten vom Eintritte des Verzuges an gerechnet.

Art. 316

¹ Der Darleiher kann die Aushändigung des Darlehens verweigern, wenn der Borger seit dem Vertragsabschlusse zahlungsunfähig geworden ist.

² Diese Befugnis steht dem Darleiher auch dann zu, wenn die Zahlungsunfähigkeit schon vor Abschluss des Vertrages eingetreten, ihm aber erst nachher bekannt geworden ist.

III. Zahlungsunfähigkeit des Borgers

Art. 317

¹ Sind dem Borger statt der verabredeten Geldsumme Wertpapiere oder Waren gegeben worden, so gilt als Darlehenssumme der Kurswert oder der Marktpreis, den diese Papiere oder Waren zur Zeit und am Orte der Hingabe hatten.

² Eine entgegenstehende Übereinkunft ist nichtig.

C. Hingabe an Geldes Statt

Art. 318

Ein Darlehen, für dessen Rückzahlung weder ein bestimmter Termin noch eine Kündigungsfrist noch der Verfall auf beliebige Aufforderung hin vereinbart wurde, ist innerhalb sechs Wochen von der ersten Aufforderung an zurückzubezahlen.

D. Zeit der Rückzahlung

Zehnter Titel:[1]

DER ARBEITSVERTRAG

Erster Abschnitt
Der Einzelarbeitsvertrag

Art. 319

A. Begriff und Entstehung
I. Begriff

[1] Durch den Einzelarbeitsvertrag verpflichtet sich der Arbeitnehmer auf bestimmte oder unbestimmte Zeit zur Leistung von Arbeit im Dienst des Arbeitgebers und dieser zur Entrichtung eines Lohnes, der nach Zeitabschnitten (Zeitlohn) oder nach der geleisteten Arbeit (Akkordlohn) bemessen wird.

[2] Als Einzelarbeitsvertrag gilt auch der Vertrag, durch den sich ein Arbeitnehmer zur regelmässigen Leistung von stunden-, halbtage- oder tageweiser Arbeit (Teilzeitarbeit) im Dienst des Arbeitgebers verpflichtet.

Art. 320

II. Entstehung

[1] Wird es vom Gesetz nicht anders bestimmt, so bedarf der Einzelarbeitsvertrag zu seiner Gültigkeit keiner besonderen Form.

[2] Er gilt auch dann als abgeschlossen, wenn der Arbeitgeber Arbeit in seinem Dienst auf Zeit entgegennimmt, deren Leistung nach den Umständen nur gegen Lohn zu erwarten ist.

[3] Leistet der Arbeitnehmer in gutem Glauben Arbeit im Dienste des Arbeitgebers auf Grund eines Arbeitsvertrages, der sich nachträglich als ungültig erweist, so haben beide Parteien die Pflichten aus dem Arbeitsverhältnis in gleicher Weise wie aus gültigem Vertrag zu erfüllen, bis dieses wegen Ungültigkeit des Vertrages vom einen oder andern aufgehoben wird.

Art. 321

B. Pflichten des Arbeitnehmers
I. Persönliche Arbeitspflicht

Der Arbeitnehmer hat die vertraglich übernommene Arbeit in eigener Person zu leisten, sofern nichts anderes verabredet ist oder sich aus den Umständen ergibt.

Art. 321a

II. Sorgfalts- und Treuepflicht

[1] Der Arbeitnehmer hat die ihm übertragene Arbeit sorgfältig auszuführen und die berechtigten Interessen des Arbeitgebers in guten Treuen zu wahren.

---

[1] Fassung gemäss Ziff. I des BG vom 25. Juni 1971, in Kraft seit 1. Jan. 1972 (AS **1971** 1465 1507; BBl **1967** II 241). Siehe auch Art. 7 Schl- und UeB des X. Tit. am Schluss des OR.

² Er hat Maschinen, Arbeitsgeräte, technische Einrichtungen und Anlagen sowie Fahrzeuge des Arbeitgebers fachgerecht zu bedienen und diese sowie Material, die ihm zur Ausführung der Arbeit zur Verfügung gestellt werden, sorgfältig zu behandeln.

³ Während der Dauer des Arbeitsverhältnisses darf der Arbeitnehmer keine Arbeit gegen Entgelt für einen Dritten leisten, soweit er dadurch seine Treuepflicht verletzt, insbesondere den Arbeitgeber konkurrenziert.

⁴ Der Arbeitnehmer darf geheim zu haltende Tatsachen, wie namentlich Fabrikations- und Geschäftsgeheimnisse, von denen er im Dienst des Arbeitgebers Kenntnis erlangt, während des Arbeitsverhältnisses nicht verwerten oder anderen mitteilen; auch nach dessen Beendigung bleibt er zur Verschwiegenheit verpflichtet, soweit es zur Wahrung der berechtigten Interessen des Arbeitgebers erforderlich ist.

Art. 321b

¹ Der Arbeitnehmer hat dem Arbeitgeber über alles, was er bei seiner vertraglichen Tätigkeit für diesen von Dritten erhält, wie namentlich Geldbeträge, Rechenschaft abzulegen und ihm alles sofort herauszugeben.

² Er hat dem Arbeitgeber auch alles sofort herauszugeben, was er in Ausübung seiner vertraglichen Tätigkeit hervorbringt.

III. Rechenschafts- und Herausgabepflicht

Art. 321c

¹ Wird gegenüber dem zeitlichen Umfang der Arbeit, der verabredet oder üblich oder durch Normalarbeitsvertrag oder Gesamtarbeitsvertrag bestimmt ist, die Leistung von Überstundenarbeit notwendig, so ist der Arbeitnehmer dazu soweit verpflichtet, als er sie zu leisten vermag und sie ihm nach Treu und Glauben zugemutet werden kann.

² Im Einverständnis mit dem Arbeitnehmer kann der Arbeitgeber die Überstundenarbeit innert eines angemessenen Zeitraumes durch Freizeit von mindestens gleicher Dauer ausgleichen.

³ Wird die Überstundenarbeit nicht durch Freizeit ausgeglichen und ist nichts anderes schriftlich verabredet oder durch Normalarbeitsvertrag oder Gesamtarbeitsvertrag bestimmt, so hat der Arbeitgeber für die Überstundenarbeit Lohn zu entrichten, der sich nach dem Normallohn samt einem Zuschlag von mindestens einem Viertel bemisst.

IV. Überstundenarbeit

Art. 321d

¹ Der Arbeitgeber kann über die Ausführung der Arbeit und das Verhalten der Arbeitnehmer im Betrieb oder Haushalt allgemeine Anordnungen erlassen und ihnen besondere Weisungen erteilen.

V. Befolgung von Anordnungen und Weisungen

² Der Arbeitnehmer hat die allgemeinen Anordnungen des Arbeitgebers und die ihm erteilten besonderen Weisungen nach Treu und Glauben zu befolgen.

Art. 321e

VI. Haftung des Arbeitnehmers

¹ Der Arbeitnehmer ist für den Schaden verantwortlich, den er absichtlich oder fahrlässig dem Arbeitgeber zufügt.

² Das Mass der Sorgfalt, für die der Arbeitnehmer einzustehen hat, bestimmt sich nach dem einzelnen Arbeitsverhältnis, unter Berücksichtigung des Berufsrisikos, des Bildungsgrades oder der Fachkenntnisse, die zu der Arbeit verlangt werden, sowie der Fähigkeiten und Eigenschaften des Arbeitnehmers, die der Arbeitgeber gekannt hat oder hätte kennen sollen.

Art. 322

C. Pflichten des Arbeitgebers
I. Lohn
1. Art und Höhe im allgemeinen

¹ Der Arbeitgeber hat dem Arbeitnehmer den Lohn zu entrichten, der verabredet oder üblich oder durch Normalarbeitsvertrag oder Gesamtarbeitsvertrag bestimmt ist.

² Lebt der Arbeitnehmer in Hausgemeinschaft mit dem Arbeitgeber, so bildet der Unterhalt im Hause mit Unterkunft und Verpflegung einen Teil des Lohnes, sofern nichts anderes verabredet oder üblich ist.

Art. 322a

2. Anteil am Geschäftsergebnis

¹ Hat der Arbeitnehmer vertraglich Anspruch auf einen Anteil am Gewinn oder am Umsatz oder sonst am Geschäftsergebnis, so ist für die Berechnung des Anteils das Ergebnis des Geschäftsjahres massgebend, wie es nach den gesetzlichen Vorschriften und allgemein anerkannten kaufmännischen Grundsätzen festzustellen ist.

² Der Arbeitgeber hat dem Arbeitnehmer oder an dessen Stelle einem gemeinsam bestimmten oder vom Richter bezeichneten Sachverständigen die nötigen Aufschlüsse zu geben und Einsicht in die Geschäftsbücher zu gewähren, soweit dies zur Nachprüfung erforderlich ist.

³ Ist ein Anteil am Gewinn des Unternehmens verabredet, so ist dem Arbeitnehmer überdies auf Verlangen eine Abschrift der Gewinn- und Verlustrechnung des Geschäftsjahres zu übergeben.

Art. 322b

3. Provision
a. Entstehung

¹ Ist eine Provision des Arbeitnehmers auf bestimmten Geschäften verabredet, so entsteht der Anspruch darauf, wenn das Geschäft mit dem Dritten rechtsgültig abgeschlossen ist.

² Bei Geschäften mit gestaffelter Erfüllung sowie bei Versicherungsverträgen kann schriftlich verabredet werden, dass der Provisionsanspruch auf jeder Rate mit ihrer Fälligkeit oder ihrer Leistung entsteht.

³ Der Anspruch auf Provision fällt nachträglich dahin, wenn das Geschäft vom Arbeitgeber ohne sein Verschulden nicht ausgeführt wird oder wenn der Dritte seine Verbindlichkeiten nicht erfüllt; bei nur teilweiser Erfüllung tritt eine verhältnismässige Herabsetzung der Provision ein.

Art. 322c

¹ Ist vertraglich nicht der Arbeitnehmer zur Aufstellung der Provisionsabrechnung verpflichtet, so hat ihm der Arbeitgeber auf jeden Fälligkeitstermin eine schriftliche Abrechnung, unter Angabe der provisionspflichtigen Geschäfte, zu übergeben.

² Der Arbeitgeber hat dem Arbeitnehmer oder an dessen Stelle einem gemeinsam bestimmten oder vom Richter bezeichneten Sachverständigen die nötigen Aufschlüsse zu geben und Einsicht in die für die Abrechnung massgebenden Bücher und Belege zu gewähren, soweit dies zur Nachprüfung erforderlich ist.

b. Abrechnung

Art. 322d

¹ Richtet der Arbeitgeber neben dem Lohn bei bestimmten Anlässen, wie Weihnachten oder Abschluss des Geschäftsjahres, eine Sondervergütung aus, so hat der Arbeitnehmer einen Anspruch darauf, wenn es verabredet ist.

² Endigt das Arbeitsverhältnis, bevor der Anlass zur Ausrichtung der Sondervergütung eingetreten ist, so hat der Arbeitnehmer einen Anspruch auf einen verhältnismässigen Teil davon, wenn es verabredet ist.

4. Gratifikation

Art. 323

¹ Sind nicht kürzere Fristen oder andere Termine verabredet oder üblich und ist durch Normalarbeitsvertrag oder Gesamtarbeitsvertrag nichts anderes bestimmt, so ist dem Arbeitnehmer der Lohn Ende jedes Monats auszurichten.

² Ist nicht eine kürzere Frist verabredet oder üblich, so ist die Provision Ende jedes Monats auszurichten; erfordert jedoch die Durchführung von Geschäften mehr als ein halbes Jahr, so kann durch schriftliche Abrede die Fälligkeit der Provision für diese Geschäfte hinausgeschoben werden.

³ Der Anteil am Geschäftsergebnis ist auszurichten, sobald dieses festgestellt ist, spätestens jedoch sechs Monate nach Ablauf des Geschäftsjahres.

⁴ Der Arbeitgeber hat dem Arbeitnehmer nach Massgabe der geleisteten Arbeit den Vorschuss zu gewähren, dessen der Arbeitnehmer infolge einer Notlage bedarf und den der Arbeitgeber billigerweise zu gewähren vermag.

II. Ausrichtung des Lohnes
1. Zahlungsfristen und -termine

Art. 323a

2. Lohnrückbehalt

¹ Sofern es verabredet oder üblich oder durch Normalarbeitsvertrag oder Gesamtarbeitsvertrag bestimmt ist, darf der Arbeitgeber einen Teil des Lohnes zurückbehalten.

² Von dem am einzelnen Zahltag fälligen Lohn darf nicht mehr als ein Zehntel des Lohnes und im gesamten nicht mehr als der Lohn für eine Arbeitswoche zurückbehalten werden; jedoch kann ein höherer Lohnrückbehalt durch Normalarbeitsvertrag oder Gesamtarbeitsvertrag vorgesehen werden.

³ Ist nichts anderes verabredet oder üblich oder durch Normalarbeitsvertrag oder Gesamtarbeitsvertrag bestimmt, so gilt der zurückbehaltene Lohn als Sicherheit für die Forderungen des Arbeitgebers aus dem Arbeitsverhältnis und nicht als Konventionalstrafe.

Art. 323b

3. Lohnsicherung

¹ Der Geldlohn ist dem Arbeitnehmer in gesetzlicher Währung innert der Arbeitszeit auszurichten, sofern nichts anderes verabredet oder üblich ist; dem Arbeitnehmer ist eine schriftliche Abrechnung zu übergeben.

² Der Arbeitgeber darf Gegenforderungen mit der Lohnforderung nur soweit verrechnen, als diese pfändbar ist, jedoch dürfen Ersatzforderungen für absichtlich zugefügten Schaden unbeschränkt verrechnet werden.

³ Abreden über die Verwendung des Lohnes im Interesse des Arbeitgebers sind nichtig.

Art. 324

III. Lohn bei Verhinderung an der Arbeitsleistung
1. Bei Annahmeverzug des Arbeitgebers

¹ Kann die Arbeit infolge Verschuldens des Arbeitgebers nicht geleistet werden oder kommt er aus anderen Gründen mit der Annahme der Arbeitsleistung in Verzug, so bleibt er zur Entrichtung des Lohnes verpflichtet, ohne dass der Arbeitnehmer zur Nachleistung verpflichtet ist.

² Der Arbeitnehmer muss sich auf den Lohn anrechnen lassen, was er wegen Verhinderung an der Arbeitsleistung erspart oder durch anderweitige Arbeit erworben oder zu erwerben absichtlich unterlassen hat.

Art. 324a

2. Bei Verhinderung des Arbeitnehmers
a. Grundsatz

¹ Wird der Arbeitnehmer aus Gründen, die in seiner Person liegen, wie Krankheit, Unfall, Erfüllung gesetzlicher Pflichten oder Ausübung eines öffentlichen Amtes, ohne sein Verschulden an der Arbeitsleistung verhindert, so hat ihm der Arbeitgeber für eine beschränkte Zeit den darauf entfallenden Lohn zu entrichten, samt einer angemessenen Vergütung für ausfallenden Naturallohn, sofern das Arbeitsverhältnis mehr als drei Monate gedauert hat oder für mehr als drei Monate eingegangen ist.

² Sind durch Abrede, Normalarbeitsvertrag oder Gesamtarbeitsvertrag nicht längere Zeitabschnitte bestimmt, so hat der Arbeitgeber im ersten Dienstjahr den Lohn für drei Wochen und nachher für eine angemessene längere Zeit zu entrichten, je nach der Dauer des Arbeitsverhältnisses und den besonderen Umständen.

³ Bei Schwangerschaft und Niederkunft der Arbeitnehmerin hat der Arbeitgeber den Lohn im gleichen Umfang zu entrichten.

⁴ Durch schriftliche Abrede, Normalarbeitsvertrag oder Gesamtarbeitsvertrag kann eine von den vorstehenden Bestimmungen abweichende Regelung getroffen werden, wenn sie für den Arbeitnehmer mindestens gleichwertig ist.

Art. 324b

¹ Ist der Arbeitnehmer auf Grund gesetzlicher Vorschrift gegen die wirtschaftlichen Folgen unverschuldeter Arbeitsverhinderung aus Gründen, die in seiner Person liegen, obligatorisch versichert, so hat der Arbeitgeber den Lohn nicht zu entrichten, wenn die für die beschränkte Zeit geschuldeten Versicherungsleistungen mindestens vier Fünftel des darauf entfallenden Lohnes decken.

b. Ausnahmen

² Sind die Versicherungsleistungen geringer, so hat der Arbeitgeber die Differenz zwischen diesen und vier Fünfteln des Lohnes zu entrichten.

³ Werden die Versicherungsleistungen erst nach einer Wartezeit gewährt, so hat der Arbeitgeber für diese Zeit mindestens vier Fünftel des Lohnes zu entrichten.[1]

Art. 325[2]

¹ Zur Sicherung familienrechtlicher Unterhalts- und Unterstützungspflichten kann der Arbeitnehmer künftige Lohnforderungen so weit abtreten oder verpfänden, als sie pfändbar sind; auf Ansuchen eines Beteiligten setzt das Betreibungsamt am Wohnsitz des Arbeitnehmers den nach Artikel 93 des Schuldbetreibungs- und Konkursgesetzes[3] unpfändbaren Betrag fest.

IV. Abtretung und Verpfändung von Lohnforderungen

² Die Abtretung und die Verpfändung künftiger Lohnforderungen zur Sicherung anderer Verbindlichkeiten sind nichtig.

Art. 326

¹ Hat der Arbeitnehmer vertragsgemäss ausschliesslich Akkordlohnarbeit nur für einen Arbeitgeber zu leisten, so hat dieser genügend Arbeit zuzuweisen.

V. Akkordlohnarbeit
1. Zuweisung von Arbeit

---

[1] Eingefügt durch Anhang, Ziff. 12 des Unfallversicherungsgesetzes, in Kraft seit 1. Jan. 1984 (SR **832.20, 832.201** Art. 1 Abs. 1).
[2] Fassung gemäss Ziff. I des BG vom 14. Dez. 1990, in Kraft seit 1. Juli 1991 (AS **1991** 974 975; BBl **1989** III 1233, **1990** I 120).
[3] SR **281.1**

² Ist der Arbeitgeber ohne sein Verschulden ausserstande, vertragsgemässe Akkordlohnarbeit zuzuweisen oder verlangen die Verhältnisse des Betriebes vorübergehend die Leistung von Zeitlohnarbeit, so kann dem Arbeitnehmer solche zugewiesen werden.

³ Ist der Zeitlohn nicht durch Abrede, Normalarbeitsvertrag oder Gesamtarbeitsvertrag bestimmt, so hat der Arbeitgeber dem Arbeitnehmer den vorher durchschnittlich verdienten Akkordlohn zu entrichten.

⁴ Kann der Arbeitgeber weder genügend Akkordlohnarbeit noch Zeitlohnarbeit zuweisen, so bleibt er gleichwohl verpflichtet, nach den Vorschriften über den Annahmeverzug den Lohn zu entrichten, den er bei Zuweisung von Zeitlohnarbeit zu entrichten hätte.

Art. 326a

2. Akkordlohn

¹ Hat der Arbeitnehmer vertraglich Akkordlohnarbeit zu leisten, so hat ihm der Arbeitgeber den Akkordlohnansatz vor Beginn der einzelnen Arbeit bekanntzugeben.

² Unterlässt der Arbeitgeber diese Bekanntgabe, so hat er den Lohn nach dem für gleichartige oder ähnliche Arbeiten festgesetzten Ansatz zu entrichten.

Art. 327

VI. Arbeitsgeräte, Material und Auslagen
1. Arbeitsgeräte und Material

¹ Ist nichts anderes verabredet oder üblich, so hat der Arbeitgeber den Arbeitnehmer mit den Geräten und dem Material auszurüsten, die dieser zur Arbeit benötigt.

² Stellt im Einverständnis mit dem Arbeitgeber der Arbeitnehmer selbst Geräte oder Material für die Ausführung der Arbeit zur Verfügung, so ist er dafür angemessen zu entschädigen, sofern nichts anderes verabredet oder üblich ist.

Art. 327a

2. Auslagen
a. Im allgemeinen

¹ Der Arbeitgeber hat dem Arbeitnehmer alle durch die Ausführung der Arbeit notwendig entstehenden Auslagen zu ersetzen, bei Arbeit an auswärtigen Arbeitsorten auch die für den Unterhalt erforderlichen Aufwendungen.

² Durch schriftliche Abrede, Normalarbeitsvertrag oder Gesamtarbeitsvertrag kann als Auslagenersatz eine feste Entschädigung, wie namentlich ein Taggeld oder eine pauschale Wochen- oder Monatsvergütung festgesetzt werden, durch die jedoch alle notwendig entstehenden Auslagen gedeckt werden müssen.

³ Abreden, dass der Arbeitnehmer die notwendigen Auslagen ganz oder teilweise selbst zu tragen habe, sind nichtig.

Art. 327b

¹ Benützt der Arbeitnehmer im Einverständnis mit dem Arbeitgeber für seine Arbeit ein von diesem oder ein von ihm selbst gestelltes Motorfahrzeug, so sind ihm die üblichen Aufwendungen für dessen Betrieb und Unterhalt nach Massgabe des Gebrauchs für die Arbeit zu vergüten.

² Stellt der Arbeitnehmer im Einverständnis mit dem Arbeitgeber selbst ein Motorfahrzeug, so sind ihm überdies die öffentlichen Abgaben für das Fahrzeug, die Prämien für die Haftpflichtversicherung und eine angemessene Entschädigung für die Abnützung des Fahrzeugs nach Massgabe des Gebrauchs für die Arbeit zu vergüten.

³ ...[1]

b. Motorfahrzeug

Art. 327c

¹ Auf Grund der Abrechnung des Arbeitnehmers ist der Auslagenersatz jeweils zusammen mit dem Lohn auszurichten, sofern nicht eine kürzere Frist verabredet oder üblich ist.

² Hat der Arbeitnehmer zur Erfüllung der vertraglichen Pflichten regelmässig Auslagen zu machen, so ist ihm ein angemessener Vorschuss in bestimmten Zeitabständen, mindestens aber jeden Monat auszurichten.

c. Fälligkeit

Art. 328

¹ Der Arbeitgeber hat im Arbeitsverhältnis die Persönlichkeit des Arbeitnehmers zu achten und zu schützen, auf dessen Gesundheit gebührend Rücksicht zu nehmen und für die Wahrung der Sittlichkeit zu sorgen. Er muss insbesondere dafür sorgen, dass Arbeitnehmerinnen und Arbeitnehmer nicht sexuell belästigt werden und dass den Opfern von sexuellen Belästigungen keine weiteren Nachteile entstehen.[2]

² Er hat zum Schutz von Leben, Gesundheit und persönlicher Integrität der Arbeitnehmerinnen und Arbeitnehmer die Massnahmen zu treffen, die nach der Erfahrung notwendig, nach dem Stand der Technik anwendbar und den Verhältnissen des Betriebes oder Haushaltes angemessen sind, soweit es mit Rücksicht auf das einzelne Arbeitsverhältnis und die Natur der Arbeitsleistung[3] ihm billigerweise zugemutet werden kann.[4]

VII. Schutz der Persönlichkeit des Arbeitnehmers
1. Im allgemeinen

---

[1] Aufgehoben durch Anhang Ziff. 12 des Unfallversicherungsgesetzes (SR **832.20**).
[2] Zweiter Satz eingefügt durch Anhang Ziff. 3 des Gleichstellungsgesetzes vom 24. März 1995, in Kraft seit 1. Juli 1996 (SR **151**).
[3] Berichtigt von der Redaktionskommission der BVers (Art. 33 des Geschäftsverkehrsgesetzes – SR **171.11**).
[4] Fassung gemäss Anhang Ziff. 3 des Gleichstellungsgesetzes vom 24. März 1995, in Kraft seit 1. Juli 1996 (SR **151**).

Art. 328a

2. Bei Hausgemeinschaft

¹ Lebt der Arbeitnehmer in Hausgemeinschaft mit dem Arbeitgeber, so hat dieser für ausreichende Verpflegung und einwandfreie Unterkunft zu sorgen.

² Wird der Arbeitnehmer ohne sein Verschulden durch Krankheit oder Unfall an der Arbeitsleistung verhindert, so hat der Arbeitgeber Pflege und ärztliche Behandlung für eine beschränkte Zeit zu gewähren, im ersten Dienstjahr für drei Wochen und nachher für eine angemessene längere Zeit, je nach der Dauer des Arbeitsverhältnisses und den besonderen Umständen.

³ Bei Schwangerschaft und Niederkunft der Arbeitnehmerin hat der Arbeitgeber die gleichen Leistungen zu gewähren.

Art. 328b[1]

3. Bei der Bearbeitung von Personendaten

Der Arbeitgeber darf Daten über den Arbeitnehmer nur bearbeiten, soweit sie dessen Eignung für das Arbeitsverhältnis betreffen oder zur Durchführung des Arbeitsvertrages erforderlich sind. Im übrigen gelten die Bestimmungen des Bundesgesetzes vom 19. Juni 1992[2] über den Datenschutz.

Art. 329

VIII. Freizeit, Ferien und Urlaub für ausserschulische Jugendarbeit[3]
1. Freizeit

¹ Der Arbeitgeber hat dem Arbeitnehmer jede Woche einen freien Tag zu gewähren, in der Regel den Sonntag oder, wo dies nach den Verhältnissen nicht möglich ist, einen vollen Werktag.

² Unter besonderen Umständen können dem Arbeitnehmer mit dessen Zustimmung ausnahmsweise mehrere freie Tage zusammenhängend oder statt eines freien Tages zwei freie Halbtage eingeräumt werden.

³ Dem Arbeitnehmer sind im übrigen die üblichen freien Stunden und Tage und nach erfolgter Kündigung die für das Aufsuchen einer anderen Arbeitsstelle erforderliche Zeit zu gewähren.

⁴ Bei der Bestimmung der Freizeit ist auf die Interessen des Arbeitgebers wie des Arbeitnehmers angemessen Rücksicht zu nehmen.

Art. 329a

2. Ferien
a. Dauer

¹ Der Arbeitgeber hat dem Arbeitnehmer jedes Dienstjahr wenigstens vier Wochen, dem Arbeitnehmer bis zum vollendeten 20. Altersjahr wenigstens fünf Wochen Ferien zu gewähren.[4]

---

[1] Eingefügt durch Anhang, Ziff. 2 des BG vom 19. Juni 1992 über den Datenschutz, in Kraft seit 1. Juli 1993 (SR **235.1**).

[2] SR **235.1**

[3] Fassung gemäss Art. 13 des Jugendförderungsgesetzes vom 6. Okt. 1989, in Kraft seit 1. Jan. 1991 (SR **446.1**).

[4] Fassung gemäss Ziff. I des BG vom 16. Dez. 1983, in Kraft seit 1. Juli 1984 (AS **1984** 580 581; BBl **1982** III 201).

² ...[1])
³ Für ein unvollständiges Dienstjahr sind Ferien entsprechend der Dauer des Arbeitsverhältnisses im betreffenden Dienstjahr zu gewähren.

Art. 329b

¹ Ist der Arbeitnehmer durch sein Verschulden während eines Dienstjahres insgesamt um mehr als einen Monat an der Arbeitsleistung verhindert, so kann der Arbeitgeber die Ferien für jeden vollen Monat der Verhinderung um einen Zwölftel kürzen.[2]

² Beträgt die Verhinderung insgesamt nicht mehr als einen Monat im Dienstjahr und ist sie durch Gründe, die in der Person des Arbeitnehmers liegen, wie Krankheit, Unfall, Erfüllung gesetzlicher Pflichten, Ausübung eines öffentlichen Amtes oder Jugendurlaub, ohne Verschulden des Arbeitnehmers verursacht, so dürfen die Ferien vom Arbeitgeber nicht gekürzt werden.[3]

³ Die Ferien dürfen vom Arbeitgeber auch nicht gekürzt werden, wenn eine Arbeitnehmerin wegen Schwangerschaft und Niederkunft bis zu zwei Monate an der Arbeitsleistung verhindert ist.

⁴ Durch Normalarbeitsvertrag oder Gesamtarbeitsvertrag kann eine von den Absätzen 2 und 3 abweichende Regelung getroffen werden, wenn sie für den Arbeitnehmer im ganzen mindestens gleichwertig ist.[4]

b. Kürzung

Art. 329c

¹ Die Ferien sind in der Regel im Verlauf des betreffenden Dienstjahres zu gewähren; wenigstens zwei Ferienwochen müssen zusammenhängen.[5]

² Der Arbeitgeber bestimmt den Zeitpunkt der Ferien und nimmt dabei auf die Wünsche des Arbeitnehmers soweit Rücksicht, als dies mit den Interessen des Betriebes oder Haushaltes vereinbar ist.

c. Zusammenhang und Zeitpunkt

Art. 329d

¹ Der Arbeitgeber hat dem Arbeitnehmer für die Ferien den gesamten darauf entfallenden Lohn und eine angemessene Entschädigung für ausfallenden Naturallohn zu entrichten.

d. Lohn

---

[1] Aufgehoben durch Ziff. I des BG vom 16. Dez. 1983 (AS **1984** 580; BBl **1982** III 201).

[2] Fassung gemäss Art. 117 des Arbeitslosenversicherungsgesetzes, in Kraft seit 1. Jan. 1984 (SR **837.0**, **837.01**).

[3] Fassung gemäss Art. 13 des Jugendförderungsgesetzes vom 6. Okt. 1989, in Kraft seit 1. Jan. 1991 (SR **446.1**).

[4] Eingefügt durch Ziff. I des BG vom 16. Dez. 1983, in Kraft seit 1. Juli 1984 (AS **1984** 580 581; BBl **1982** III 201).

[5] Fassung gemäss Ziff. I des BG vom 16. Dez. 1983, in Kraft seit 1. Juli 1984 (AS **1984** 580 581; BBl **1982** III 201).

² Die Ferien dürfen während der Dauer des Arbeitsverhältnisses nicht durch Geldleistungen oder andere Vergünstigungen abgegolten werden.

³ Leistet der Arbeitnehmer während der Ferien entgeltliche Arbeit für einen Dritten und werden dadurch die berechtigten Interessen des Arbeitgebers verletzt, so kann dieser den Ferienlohn verweigern und bereits bezahlten Ferienlohn zurückverlangen.

Art. 329e[1)]

3. Urlaub für ausserschulische Jugendarbeit

¹ Der Arbeitgeber hat dem Arbeitnehmer bis zum vollendeten 30. Altersjahr für unentgeltliche leitende, betreuende oder beratende Tätigkeit im Rahmen ausserschulischer Jugendarbeit in einer kulturellen oder sozialen Organisation sowie für die dazu notwendige Aus- und Weiterbildung jedes Dienstjahr Jugendurlaub bis zu insgesamt einer Arbeitswoche zu gewähren.

² Der Arbeitnehmer hat während des Jugendurlaubs keinen Lohnanspruch. Durch Abrede, Normalarbeitsvertrag oder Gesamtarbeitsvertrag kann zugunsten des Arbeitnehmers eine andere Regelung getroffen werden.

³ Über den Zeitpunkt und die Dauer des Jugendurlaubs einigen sich Arbeitgeber und Arbeitnehmer; sie berücksichtigen dabei ihre beidseitigen Interessen. Kommt eine Einigung nicht zustande, dann muss der Jugendurlaub gewährt werden, wenn der Arbeitnehmer dem Arbeitgeber die Geltendmachung seines Anspruches zwei Monate im voraus angezeigt hat. Nicht bezogene Jugendurlaubstage verfallen am Ende des Kalenderjahres.

⁴ Der Arbeitnehmer hat auf Verlangen des Arbeitgebers seine Tätigkeiten und Funktionen in der Jugendarbeit nachzuweisen.

Art. 330

IX. Übrige Pflichten
1. Kaution

¹ Übergibt der Arbeitnehmer zur Sicherung seiner Verpflichtungen aus dem Arbeitsverhältnis dem Arbeitgeber eine Kaution, so hat sie dieser von seinem Vermögen getrennt zu halten und ihm dafür Sicherheit zu leisten.

² Der Arbeitgeber hat die Kaution spätestens bei Beendigung des Arbeitsverhältnisses zurückzugeben, sofern nicht durch schriftliche Abrede der Zeitpunkt der Rückgabe hinausgeschoben ist.

³ Macht der Arbeitgeber Forderungen aus dem Arbeitsverhältnis geltend und sind diese streitig, so kann er die Kaution bis zum Entscheid darüber insoweit zurückbehalten, muss aber auf Verlangen des Arbeitnehmers den zurückbehaltenen Betrag gerichtlich hinterlegen.

[1)] Eingefügt durch Art. 13 des Jugendförderungsgesetzes vom 6. Okt. 1989, in Kraft seit 1. Jan. 1991 (SR **446.1**).

DER ARBEITSVERTRAG

⁴ Im Konkurs des Arbeitgebers kann der Arbeitnehmer die Rückgabe der von dem Vermögen des Arbeitgebers getrennt gehaltenen Kaution verlangen, unter Vorbehalt der Forderungen des Arbeitgebers aus dem Arbeitsverhältnis.

Art. 330a

¹ Der Arbeitnehmer kann jederzeit vom Arbeitgeber ein Zeugnis verlangen, das sich über die Art und Dauer des Arbeitsverhältnisses sowie über seine Leistungen und sein Verhalten ausspricht.

2. Zeugnis

² Auf besonderes Verlangen des Arbeitnehmers hat sich das Zeugnis auf Angaben über die Art und Dauer des Arbeitsverhältnisses zu beschränken.

Art. 331

¹ Macht der Arbeitgeber Zuwendungen für die Personalvorsorge[2] oder leisten die Arbeitnehmer Beiträge daran, so hat der Arbeitgeber diese Zuwendungen und Beiträge auf eine Stiftung, eine Genossenschaft oder eine Einrichtung des öffentlichen Rechtes zu übertragen.

D. Personalvorsorge
I. Pflichten des Arbeitgebers[1]

² Werden die Zuwendungen des Arbeitgebers und allfällige Beiträge des Arbeitnehmers zu dessen Gunsten für eine Kranken-, Unfall-, Lebens-, Invaliden- oder Todesfallversicherung bei einer der Versicherungsaufsicht unterstellten Unternehmung oder bei einer anerkannten Krankenkasse verwendet, so hat der Arbeitgeber die Übertragung gemäss vorstehendem Absatz nicht vorzunehmen, wenn dem Arbeitnehmer mit dem Eintritt des Versicherungsfalles ein selbständiges Forderungsrecht gegen den Versicherungsträger zusteht.

³ Hat der Arbeitnehmer Beiträge an eine Vorsorgeeinrichtung zu leisten, so ist der Arbeitgeber verpflichtet, zur gleichen Zeit mindestens gleich hohe Beiträge wie die gesamten Beiträge aller Arbeitnehmer zu entrichten; er erbringt seine Beiträge aus eigenen Mitteln oder aus Beitragsreserven der Vorsorgeeinrichtung, die von ihm vorgängig hierfür geäufnet worden und gesondert ausgewiesen sind. Der Arbeitgeber muss den vom Lohn des Arbeitnehmers abgezogenen Beitragsanteil zusammen mit seinem Beitragsanteil spätestens am Ende des ersten Monats nach dem Kalender- oder Versicherungsjahr, für das die Beiträge geschuldet sind, an die Vorsorgeeinrichtung überweisen.[3]

---

[1] Fassung gemäss Anhang Ziff. 2 des Freizügigkeitsgesetzes vom 17. Dez. 1993, in Kraft seit 1. Jan. 1995 (SR **831.42**).
[2] Ausdruck gemäss Anhang Ziff. 2 des Freizügigkeitsgesetzes vom 17. Dez. 1993, in Kraft seit 1. Jan. 1995 (SR **831.42**).
[3] Fassung gemäss Anhang Ziff. 2 des BG vom 3. Okt. 2003 über die berufliche Alters-, Hinterlassenen- und Invalidenvorsorge (1. BVG-Revision), in Kraft seit 1. Jan. 2005 (AS **2004** 1677, BBl **2000** 2637).

⁴ Der Arbeitgeber hat dem Arbeitnehmer über die ihm gegen eine Vorsorgeeinrichtung[1]) oder einen Versicherungsträger zustehenden Forderungsrechte den erforderlichen Aufschluss zu erteilen.

⁵ Auf Verlangen der Zentralstelle 2. Säule ist der Arbeitgeber verpflichtet, ihr die Angaben zu liefern, die ihm vorliegen und die geeignet sind, die Berechtigten vergessener Guthaben oder die Einrichtungen, welche solche Guthaben führen, zu finden.[2])

Art. 331a[3])

II. Beginn und Ende des Vorsorgeschutzes

¹ Der Vorsorgeschutz beginnt mit dem Tag, an dem das Arbeitsverhältnis anfängt, und endet an dem Tag, an welchem der Arbeitnehmer die Vorsorgeeinrichtung verlässt.

² Der Arbeitnehmer geniesst jedoch einen Vorsorgeschutz gegen Tod und Invalidität, bis er in ein neues Vorsorgeverhältnis eingetreten ist, längstens aber während eines Monats.

³ Für den nach Beendigung des Vorsorgeverhältnisses gewährten Vorsorgeschutz kann die Vorsorgeeinrichtung vom Arbeitnehmer Risikobeiträge verlangen.

Art. 331b[3])

III. Abtretung und Verpfändung

Die Forderung auf künftige Vorsorgeleistungen kann vor der Fälligkeit gültig weder abgetreten noch verpfändet werden.

Art. 331c[3])

IV. Gesundheitliche Vorbehalte

Vorsorgeeinrichtungen dürfen für die Risiken Tod und Invalidität einen Vorbehalt aus gesundheitlichen Gründen machen. Dieser darf höchstens fünf Jahre betragen.

Art. 331d[4])

V. Wohneigentumsförderung
1. Verpfändung

¹ Der Arbeitnehmer kann bis drei Jahre vor Entstehung des Anspruchs auf Altersleistungen seinen Anspruch auf Vorsorgeleistungen oder einen Betrag bis zur Höhe seiner Freizügigkeitsleistung für Wohneigentum zum eigenen Bedarf verpfänden.

² Die Verpfändung ist auch zulässig für den Erwerb von Anteilscheinen einer Wohnbaugenossenschaft oder ähnlicher Beteiligungen, wenn der Arbeitnehmer eine dadurch mitfinanzierte Wohnung selbst benutzt.

---

[1]) Ausdruck gemäss Anhang Ziff. 2 des Freizügigkeitsgesetzes vom 17. Dez. 1993, in Kraft seit 1. Jan. 1995 (SR **831.42**).

[2]) Eingefügt durch Ziff. II.2 des BG vom 18. Dezember 1998, in Kraft seit 1. Mai 1999 (AS **1999** 1384; BBl **1998** 5569).

[3]) Fassung gemäss Anhang, Ziff. 2 des Freizügigkeitsgesetzes vom 17. Dez. 1993, in Kraft seit 1. Jan. 1995 (SR **831.42**).

[4]) Eingefügt durch Ziff. II des BG vom 17. Dez. 1993 über die Wohneigentumsförderung mit Mitteln der beruflichen Vorsorge, in Kraft seit 1. Jan. 1995 (SR **831.41**).

³ Die Verpfändung bedarf zu ihrer Gültigkeit der schriftlichen Anzeige an die Vorsorgeeinrichtung.
⁴ Arbeitnehmer, die das 50. Altersjahr überschritten haben, dürfen höchstens die Freizügigkeitsleistung, auf die sie im 50. Altersjahr Anspruch gehabt hätten, oder die Hälfte der Freizügigkeitsleistung im Zeitpunkt der Verpfändung als Pfand einsetzen.
⁵ Ist der Arbeitnehmer verheiratet, so ist die Verpfändung nur zulässig, wenn sein Ehegatte schriftlich zustimmt. Kann er die Zustimmung nicht einholen oder wird sie ihm verweigert, so kann er das Gericht anrufen.
⁶ Wird das Pfand vor dem Vorsorgefall oder vor der Barauszahlung verwertet, so finden die Artikel 30d–30f und 83a des Bundesgesetzes vom 25. Juni 1982[1)] über die berufliche Alters-, Hinterlassenen- und Invalidenvorsorge Anwendung.
⁷ Der Bundesrat bestimmt:
a. die zulässigen Verpfändungszwecke und den Begriff «Wohneigentum zum eigenen Bedarf»;
b. welche Voraussetzungen bei der Verpfändung von Anteilscheinen einer Wohnbaugenossenschaft oder ähnlicher Beteiligungen zu erfüllen sind.

Art. 331e[2)]

¹ Der Arbeitnehmer kann bis drei Jahre vor Entstehung des Anspruchs auf Altersleistungen von seiner Vorsorgeeinrichtung einen Betrag für Wohneigentum zum eigenen Bedarf geltend machen.

2. Vorbezug

² Arbeitnehmer dürfen bis zum 50. Altersjahr einen Betrag bis zur Höhe der Freizügigkeitsleistung beziehen. Versicherte, die das 50. Altersjahr überschritten haben, dürfen höchstens die Freizügigkeitsleistung, auf die sie im 50. Altersjahr Anspruch gehabt hätten, oder die Hälfte der Freizügigkeitsleistung im Zeitpunkt des Bezuges in Anspruch nehmen.
³ Der Arbeitnehmer kann diesen Betrag auch für den Erwerb von Anteilscheinen einer Wohnbaugenossenschaft oder ähnlicher Beteiligungen verwenden, wenn er eine dadurch mitfinanzierte Wohnung selbst benutzt.
⁴ Mit dem Bezug wird gleichzeitig der Anspruch auf Vorsorgeleistungen entsprechend den jeweiligen Vorsorgereglementen und den technischen Grundlagen der Vorsorgeeinrichtung gekürzt. Um eine Einbusse des Vorsorgeschutzes durch eine Leistungskürzung bei Tod oder Invalidität zu vermeiden, bietet die Vorsorgeeinrichtung eine Zusatzversicherung an oder vermittelt eine solche.
⁵ Ist der Arbeitnehmer verheiratet, so ist der Bezug nur zulässig, wenn sein Ehegatte schriftlich zustimmt. Kann er die Zustimmung

---
[1)] SR **831.40**
[2)] Eingefügt durch Ziff. II des BG vom 17. Dez. 1993 über die Wohneigentumsförderung mit Mitteln der beruflichen Vorsorge, in Kraft seit 1. Jan. 1995 (SR **831.41**).

nicht einholen oder wird sie ihm verweigert, so kann er das Gericht anrufen.

⁶ Werden Ehegatten vor Eintritt eines Vorsorgefalls geschieden, so gilt der Vorbezug als Freizügigkeitsleistung und wird nach den Artikeln 122, 123 und 141 des Zivilgesetzbuches[1]) sowie Artikel 22 des Freizügigkeitsgesetzes vom 17. Dezember 1993[2]) geteilt.[3])

⁷ Wird durch den Vorbezug oder die Verpfändung die Liquidität der Vorsorgeeinrichtung in Frage gestellt, so kann diese die Erledigung der entsprechenden Gesuche aufschieben. Sie legt in ihrem Reglement eine Prioritätenordnung für das Aufschieben dieser Vorbezüge beziehungsweise Verpfändungen fest. Der Bundesrat regelt die Einzelheiten.

⁸ Im übrigen gelten die Artikel 30d–30f und 83a des Bundesgesetzes vom 25. Juni 1982[4]) über die berufliche Alters-, Hinterlassenen- und Invalidenvorsorge.

Art. 332[5])

E. Rechte an Erfindungen und Designs

¹ Erfindungen und Designs, die der Arbeitnehmer bei Ausübung seiner dienstlichen Tätigkeit und in Erfüllung seiner vertraglichen Pflichten macht oder an deren Hervorbringung er mitwirkt, gehören unabhängig von ihrer Schutzfähigkeit dem Arbeitgeber.

² Durch schriftliche Abrede kann sich der Arbeitgeber den Erwerb von Erfindungen und Designs ausbedingen, die vom Arbeitnehmer bei Ausübung seiner dienstlichen Tätigkeit, aber nicht in Erfüllung seiner vertraglichen Pflichten gemacht werden.

³ Der Arbeitnehmer, der eine Erfindung oder ein Design gemäss Absatz 2 macht, hat davon dem Arbeitgeber schriftlich Kenntnis zu geben; dieser hat ihm innert sechs Monaten schriftlich mitzuteilen, ob er die Erfindung beziehungsweise des Designs erwerben will oder sie dem Arbeitnehmer freigibt.

⁴ Wird die Erfindung oder das Design dem Arbeitnehmer nicht freigegeben, so hat ihm der Arbeitgeber eine besondere angemessene Vergütung auszurichten; bei deren Festsetzung sind alle Umstände zu berücksichtigen, wie namentlich der wirtschaftliche Wert der Erfindung beziehungsweise des Designs, die Mitwirkung des Arbeitgebers, die Inanspruchnahme seiner Hilfspersonen und Betriebseinrichtungen, sowie die Aufwendungen des Arbeitnehmers und seine Stellung im Betrieb.

---

[1]) SR **210** [Band 1 dieser Reihe].
[2]) SR **831.42**.
[3]) Fassung gemäss Anhang Ziff. II des BG vom 26. Juni 1998, in Kraft seit 1. Jan. 2000 (AS **1999** 1118; BBl **1996** I 1).
[4]) SR **831.40**
[5]) Fassung gemäss Anhang Ziff. II 1 des Designgesetzes vom 5. Okt. 2001, in Kraft seit 1. Juli 2002 (SR **232.12**).

Art. 332a[1)]

Art. 333

¹ Überträgt der Arbeitgeber den Betrieb oder einen Betriebsteil auf einen Dritten, so geht das Arbeitsverhältnis mit allen Rechten und Pflichten mit dem Tage der Betriebsnachfolge auf den Erwerber über, sofern der Arbeitnehmer den Übergang nicht ablehnt.[2)]

¹ᵇⁱˢ Ist auf das übertragene Arbeitsverhältnis ein Gesamtarbeitsvertrag anwendbar, so muss der Erwerber diesen während eines Jahres einhalten, sofern er nicht vorher abläuft oder infolge Kündigung endet.[2)]

² Bei Ablehnung des Überganges wird das Arbeitsverhältnis auf den Ablauf der gesetzlichen Kündigungsfrist aufgelöst; der Erwerber des Betriebes und der Arbeitnehmer sind bis dahin zur Erfüllung des Vertrages verpflichtet.

³ Der bisherige Arbeitgeber und der Erwerber des Betriebes haften solidarisch für die Forderungen des Arbeitnehmers, die vor dem Übergang fällig geworden sind und die nachher bis zum Zeitpunkt fällig werden, auf den das Arbeitsverhältnis ordentlicherweise beendigt werden könnte oder bei Ablehnung des Überganges durch den Arbeitnehmer beendigt wird.

⁴ Im übrigen ist der Arbeitgeber nicht berechtigt, die Rechte aus dem Arbeitsverhältnis auf einen Dritten zu übertragen, sofern nichts anderes verabredet ist oder sich aus den Umständen ergibt.

F. Übergang des Arbeitsverhältnisses
1. Wirkungen

Art. 333a[3)]

¹ Überträgt ein Arbeitgeber den Betrieb oder einen Betriebsteil auf einen Dritten, so hat er die Arbeitnehmervertretung oder, falls es keine solche gibt, die Arbeitnehmer rechtzeitig vor dem Vollzug des Übergangs zu informieren über:
a. den Grund des Übergangs;
b. die rechtlichen, wirtschaftlichen und sozialen Folgen des Übergangs für die Arbeitnehmer.

² Sind infolge des Übergangs Massnahmen beabsichtigt, welche die Arbeitnehmer betreffen, so ist die Arbeitnehmervertretung oder, falls es keine solche gibt, sind die Arbeitnehmer rechtzeitig vor dem Entscheid über diese Massnahmen zu konsultieren.

2. Konsultation der Arbeitnehmervertretung

[1)] Aufgehoben durch Anhang Ziff. II 1 des Designgesetzes vom 5. Okt. 2001 (SR **232.12**).
[2)] Fassung gemäss Ziff. I des BG vom 17. Dez. 1993, in Kraft seit 1. Mai 1994 (AS **1994** 804 807; BBl **1993** I 805).
[3)] Eingefügt durch Ziff. I des BG vom 17. Dez. 1993, in Kraft seit 1. Mai 1994 (AS **1994** 804 807; BBl **1993** I 805).

Art. 334[1]

G. Beendigung des Arbeitsverhältnisses
I. Befristetes Arbeitsverhältnis

¹ Ein befristetes Arbeitsverhältnis endigt ohne Kündigung.

² Wird ein befristetes Arbeitsverhältnis nach Ablauf der vereinbarten Dauer stillschweigend fortgesetzt, so gilt es als unbefristetes Arbeitsverhältnis.

³ Nach Ablauf von zehn Jahren kann jede Vertragspartei ein auf längere Dauer abgeschlossenes befristetes Arbeitsverhältnis jederzeit mit einer Kündigungsfrist von sechs Monaten auf das Ende eines Monats kündigen.

Art. 335[1]

II. Unbefristetes Arbeitsverhältnis
1. Kündigung im allgemeinen

¹ Ein unbefristetes Arbeitsverhältnis kann von jeder Vertragspartei gekündigt werden.

² Der Kündigende muss die Kündigung schriftlich begründen, wenn die andere Partei dies verlangt.

Art. 335a[2]

2. Kündigungsfristen
a. Im allgemeinen

¹ Für Arbeitgeber und Arbeitnehmer dürfen keine verschiedenen Kündigungsfristen festgesetzt werden; bei widersprechender Abrede gilt für beide die längere Frist.

² Hat der Arbeitgeber das Arbeitsverhältnis aus wirtschaftlichen Gründen gekündigt oder eine entsprechende Absicht kundgetan, so dürfen jedoch durch Abrede, Normalarbeitsvertrag oder Gesamtarbeitsvertrag für den Arbeitnehmer kürzere Kündigungsfristen vereinbart werden.

Art. 335b[2]

b. Während der Probezeit

¹ Das Arbeitsverhältnis kann während der Probezeit jederzeit mit einer Kündigungsfrist von sieben Tagen gekündigt werden; als Probezeit gilt der erste Monat eines Arbeitsverhältnisses.

² Durch schriftliche Abrede, Normalarbeitsvertrag oder Gesamtarbeitsvertrag können abweichende Vereinbarungen getroffen werden; die Probezeit darf jedoch auf höchstens drei Monate verlängert werden.

³ Bei einer effektiven Verkürzung der Probezeit infolge Krankheit, Unfall oder Erfüllung einer nicht freiwillig übernommenen gesetzlichen Pflicht erfolgt eine entsprechende Verlängerung der Probezeit.

---

[1] Fassung gemäss Ziff. I des BG vom 18. März 1988, in Kraft seit 1. Jan. 1989 (AS **1988** 1472 1479; BBl **1984** II 551).
[2] Eingefügt durch Ziff. I des BG vom 18. März 1988, in Kraft seit 1. Jan. 1989 (AS **1988** 1472 1479; BBl **1984** II 551).

Art. 335c[1]

¹ Das Arbeitsverhältnis kann im ersten Dienstjahr mit einer Kündigungsfrist von einem Monat, im zweiten bis und mit dem neunten Dienstjahr mit einer Frist von zwei Monaten und nachher mit einer Frist von drei Monaten je auf das Ende eines Monats gekündigt werden.

c. Nach Ablauf der Probezeit

² Diese Fristen dürfen durch schriftliche Abrede, Normalarbeitsvertrag oder Gesamtarbeitsvertrag abgeändert werden; unter einen Monat dürfen sie jedoch nur durch Gesamtarbeitsvertrag und nur für das erste Dienstjahr herabgesetzt werden.

Art. 335d[2]

Als Massenentlassung gelten Kündigungen, die der Arbeitgeber innert 30 Tagen in einem Betrieb aus Gründen ausspricht, die in keinem Zusammenhang mit der Person des Arbeitnehmers stehen, und von denen betroffen werden:

II.bis Massenentlassung
1. Begriff

1. mindestens 10 Arbeitnehmer in Betrieben, die in der Regel mehr als 20 und weniger als 100 Arbeitnehmer beschäftigen;
2. mindestens 10 Prozent der Arbeitnehmer in Betrieben, die in der Regel mindestens 100 und weniger als 300 Arbeitnehmer beschäftigen;
3. mindestens 30 Arbeitnehmer in Betrieben, die in der Regel mindestens 300 Arbeitnehmer beschäftigen.

Art. 335e[2]

¹ Die Bestimmungen über die Massenentlassung gelten auch für befristete Arbeitsverhältnisse, wenn diese vor Ablauf der vereinbarten Dauer enden.

2. Geltungsbereich

² Sie gelten nicht für Betriebseinstellungen infolge gerichtlicher Entscheidungen.

Art. 335f[2]

¹ Beabsichtigt der Arbeitgeber, eine Massenentlassung vorzunehmen, so hat er die Arbeitnehmervertretung oder, falls es keine solche gibt, die Arbeitnehmer zu konsultieren.

3. Konsultation der Arbeitnehmervertretung

² Er gibt ihnen zumindest die Möglichkeit, Vorschläge zu unterbreiten, wie die Kündigungen vermieden oder deren Zahl beschränkt sowie ihre Folgen gemildert werden können.

³ Er muss der Arbeitnehmervertretung oder, falls es keine solche gibt, den Arbeitnehmern alle zweckdienlichen Auskünfte erteilen und ihnen auf jeden Fall schriftlich mitteilen:

---

[1] Eingefügt durch Ziff. I des BG vom 18. März 1988, in Kraft seit 1. Jan. 1989 (AS **1988** 1472 1479; BBl **1984** II 551).
[2] Eingefügt durch Ziff. I des BG vom 17. Dez. 1993, in Kraft seit 1. Mai 1994 (AS **1994** 804 807; BBl **1993** I 805).

a. die Gründe der Massenentlassung;
b. die Zahl der Arbeitnehmer, denen gekündigt werden soll;
c. die Zahl der in der Regel beschäftigten Arbeitnehmer;
d. den Zeitraum, in dem die Kündigungen ausgesprochen werden sollen.

⁴ Er stellt dem kantonalen Arbeitsamt eine Kopie der Mitteilung nach Absatz 3 zu.

Art. 335g[1]

4. Verfahren

¹ Der Arbeitgeber hat dem kantonalen Arbeitsamt jede beabsichtigte Massenentlassung schriftlich anzuzeigen und der Arbeitnehmervertretung oder, falls es keine solche gibt, den Arbeitnehmern eine Kopie dieser Anzeige zuzustellen.

² Die Anzeige muss die Ergebnisse der Konsultation der Arbeitnehmervertretung (Art. 335f) und alle zweckdienlichen Angaben über die beabsichtigte Massenentlassung enthalten.

³ Das kantonale Arbeitsamt sucht nach Lösungen für die Probleme, welche die beabsichtigte Massenentlassung aufwirft. Die Arbeitnehmervertretung oder, falls es keine solche gibt, die Arbeitnehmer können ihm ihre Bemerkungen einreichen.

⁴ Ist das Arbeitsverhältnis im Rahmen einer Massenentlassung gekündigt worden, so endet es 30 Tage nach der Anzeige der beabsichtigten Massenentlassung an das kantonale Arbeitsamt, ausser wenn die Kündigung nach den vertraglichen oder gesetzlichen Bestimmungen auf einen späteren Termin wirksam wird.

Art. 336[2]

III. Kündigungsschutz
1. Missbräuchliche Kündigung
a. Grundsatz

¹ Die Kündigung eines Arbeitsverhältnisses ist missbräuchlich, wenn eine Partei sie ausspricht:
a. wegen einer Eigenschaft, die der anderen Partei kraft ihrer Persönlichkeit zusteht, es sei denn, diese Eigenschaft stehe in einem Zusammenhang mit dem Arbeitsverhältnis oder beeinträchtige wesentlich die Zusammenarbeit im Betrieb;
b. weil die andere Partei ein verfassungsmässiges Recht ausübt, es sei denn, die Rechtsausübung verletze eine Pflicht aus dem Arbeitsverhältnis oder beeinträchtige wesentlich die Zusammenarbeit im Betrieb;
c. ausschliesslich um die Entstehung von Ansprüchen der anderen Partei aus dem Arbeitsverhältnis zu vereiteln;
d. weil die andere Partei nach Treu und Glauben Ansprüche aus dem Arbeitsverhältnis geltend macht;

---

[1] Eingefügt durch Ziff. I des BG vom 17. Dez. 1993, in Kraft seit 1. Mai 1994 (AS **1994** 804 807; BBl **1993** I 805).
[2] Fassung gemäss Ziff. I des BG vom 18. März 1988, in Kraft seit 1. Jan. 1989 (AS **1988** 1472 1479; BBl **1984** II 551).

e.[1]) weil die andere Partei schweizerischen obligatorischen Militär- oder Schutzdienst oder schweizerischen Zivildienst leistet oder eine nicht freiwillig übernommene gesetzliche Pflicht erfüllt.

² Die Kündigung des Arbeitsverhältnisses durch den Arbeitgeber ist im weiteren missbräuchlich, wenn sie ausgesprochen wird:
a. weil der Arbeitnehmer einem Arbeitnehmerverband angehört oder nicht angehört oder weil er eine gewerkschaftliche Tätigkeit rechtmässig ausübt;
b. während der Arbeitnehmer gewählter Arbeitnehmervertreter in einer betrieblichen oder in einer dem Unternehmen angeschlossenen Einrichtung ist, und der Arbeitgeber nicht beweisen kann, dass er einen begründeten Anlass zur Kündigung hatte;
c.[2]) im Rahmen einer Massenentlassung, ohne dass die Arbeitnehmervertretung oder, falls es keine solche gibt, die Arbeitnehmer, konsultiert worden sind (Art. 335f).

³ Der Schutz eines Arbeitnehmervertreters nach Absatz 2 Buchstabe b, dessen Mandat infolge Übergangs des Arbeitsverhältnisses endet (Art. 333), besteht so lange weiter, als das Mandat gedauert hätte, falls das Arbeitsverhältnis nicht übertragen worden wäre.[3])

Art. 336a[3])

¹ Die Partei, die das Arbeitsverhältnis missbräuchlich kündigt, hat der anderen Partei eine Entschädigung auszurichten. *b. Sanktionen*

² Die Entschädigung wird vom Richter unter Würdigung aller Umstände festgesetzt, darf aber den Betrag nicht übersteigen, der dem Lohn des Arbeitnehmers für sechs Monate entspricht. Schadenersatzansprüche aus einem anderen Rechtstitel sind vorbehalten.

³ Ist die Kündigung nach Artikel 336 Absatz 2 Buchstabe c missbräuchlich, so darf die Entschädigung nicht mehr als den Lohn des Arbeitnehmers für zwei Monate betragen.[2])

Art. 336b[3])

¹ Wer gestützt auf Artikel 336 und 336a eine Entschädigung geltend machen will, muss gegen die Kündigung längstens bis zum Ende der Kündigungsfrist beim Kündigenden schriftlich Einsprache erheben. *c. Verfahren*

---

[1]) Ergänzt von der Redaktionskommission der BVers (Art. 33 GVG – SR **171.11**). Anpassung an die Änd. von Art. 336c Abs. 1 Bst. a OR.
[2]) Eingefügt durch Ziff. I des BG vom 17. Dez. 1993, in Kraft seit 1. Mai 1994 (AS **1994** 804 807; BBl **1993** I 805).
[3]) Fassung gemäss Ziff. I des BG vom 18. März 1988, in Kraft seit 1. Jan. 1989 (AS **1988** 1472 1479; BBl **1984** II 551).

² Ist die Einsprache gültig erfolgt und einigen sich die Parteien nicht über die Fortsetzung des Arbeitsverhältnisses, so kann die Partei, der gekündigt worden ist, ihren Anspruch auf Entschädigung geltend machen. Wird nicht innert 180 Tagen nach Beendigung des Arbeitsverhältnisses eine Klage anhängig gemacht, ist der Anspruch verwirkt.

Art. 336c[1]

2. Kündigung zur Unzeit
a. Durch den Arbeitgeber

¹ Nach Ablauf der Probezeit darf der Arbeitgeber das Arbeitsverhältnis nicht kündigen:
a.[2] während die andere Partei schweizerischen obligatorischen Militär- oder Schutzdienst oder schweizerischen Zivildienst[3] leistet, sowie, sofern die Dienstleistung mehr als elf[4] Tage dauert, während vier Wochen vorher und nachher;
b. während der Arbeitnehmer ohne eigenes Verschulden durch Krankheit oder durch Unfall ganz oder teilweise an der Arbeitsleistung verhindert ist, und zwar im ersten Dienstjahr während 30 Tagen, ab zweitem bis und mit fünftem Dienstjahr während 90 Tagen und ab sechstem Dienstjahr während 180 Tagen;
c. während der Schwangerschaft und in den 16 Wochen nach der Niederkunft einer Arbeitnehmerin;
d. während der Arbeitnehmer mit Zustimmung des Arbeitgebers an einer von der zuständigen Bundesbehörde angeordneten Dienstleistung für eine Hilfsaktion im Ausland teilnimmt.

² Die Kündigung, die während einer der in Absatz 1 festgesetzten Sperrfristen erklärt wird, ist nichtig; ist dagegen die Kündigung vor Beginn einer solchen Frist erfolgt, aber die Kündigungsfrist bis dahin noch nicht abgelaufen, so wird deren Ablauf unterbrochen und erst nach Beendigung der Sperrfrist fortgesetzt.

³ Gilt für die Beendigung des Arbeitsverhältnisses ein Endtermin, wie das Ende eines Monats oder einer Arbeitswoche, und fällt dieser nicht mit dem Ende der fortgesetzten Kündigungsfrist zusammen, so verlängert sich diese bis zum nächstfolgenden Endtermin.

---

[1] Fassung gemäss Ziff. I des BG vom 18. März 1988, in Kraft seit 1. Jan. 1989 (AS **1988** 1472 1479; BBl **1984** II 551).
[2] Fassung gemäss Anhang Ziff. 15 des Militärgesetzes vom 3. Febr. 1995, in Kraft seit 1. Jan. 1996 (SR **510.10**).
[3] Fassung gemäss Anhang Ziff. 3 des Zivildienstgesetzes vom 6. Okt. 1995, in Kraft seit 1. Okt. 1996 (SR **824.0**).
[4] Berichtigt von der Redaktionskommission der BVers (Art. 33 des Geschäftsverkehrsgesetzes – SR **171.11**).

Art. 336d[1]

¹ Nach Ablauf der Probezeit darf der Arbeitnehmer das Arbeitsverhältnis nicht kündigen, wenn ein Vorgesetzter, dessen Funktionen er auszuüben vermag, oder der Arbeitgeber selbst unter den in Artikel 336c Absatz 1 Buchstabe a angeführten Voraussetzungen an der Ausübung der Tätigkeit verhindert ist und der Arbeitnehmer dessen Tätigkeit während der Verhinderung zu übernehmen hat.

² Artikel 336c Absätze 2 und 3 sind entsprechend anwendbar.

b. Durch den Arbeitnehmer

Art. 337

¹ Aus wichtigen Gründen kann der Arbeitgeber wie der Arbeitnehmer jederzeit das Arbeitsverhältnis fristlos auflösen; er muss die fristlose Vertragsauflösung schriftlich begründen, wenn die andere Partei dies verlangt.[1]

² Als wichtiger Grund gilt namentlich jeder Umstand, bei dessen Vorhandensein dem Kündigenden nach Treu und Glauben die Fortsetzung des Arbeitsverhältnisses nicht mehr zugemutet werden darf.

³ Über das Vorhandensein solcher Umstände entscheidet der Richter nach seinem Ermessen, darf aber in keinem Fall die unverschuldete Verhinderung des Arbeitnehmers an der Arbeitsleistung als wichtigen Grund anerkennen.

IV. Fristlose Auflösung
1. Voraussetzungen
a. Aus wichtigen Gründen

Art. 337a

Wird der Arbeitgeber zahlungsunfähig, so kann der Arbeitnehmer das Arbeitsverhältnis fristlos auflösen, sofern ihm für seine Forderungen aus dem Arbeitsverhältnis nicht innert angemessener Frist Sicherheit geleistet wird.

b. Wegen Lohngefährdung

Art. 337b

¹ Liegt der wichtige Grund zur fristlosen Auflösung des Arbeitsverhältnisses im vertragswidrigen Verhalten einer Vertragspartei, so hat diese vollen Schadenersatz zu leisten, unter Berücksichtigung aller aus dem Arbeitsverhältnis entstehenden Forderungen.

² In den andern Fällen bestimmt der Richter die vermögensrechtlichen Folgen der fristlosen Auflösung unter Würdigung aller Umstände nach seinem Ermessen.

2. Folgen
a. Bei gerechtfertigter Auflösung

Art. 337c[1]

¹ Entlässt der Arbeitgeber den Arbeitnehmer fristlos ohne wichtigen Grund, so hat dieser Anspruch auf Ersatz dessen, was er verdient hätte, wenn das Arbeitsverhältnis unter Einhaltung der Kündigungsfrist oder durch Ablauf der bestimmten Vertragszeit beendigt worden wäre.

b. Bei ungerechtfertigter Entlassung

---

[1] Fassung gemäss Ziff. I des BG vom 18. März 1988, in Kraft seit 1. Jan. 1989 (AS **1988** 1472 1479; BBl **1984** II 551).

² Der Arbeitnehmer muss sich daran anrechnen lassen, was er infolge der Beendigung des Arbeitsverhältnisses erspart hat und was er durch anderweitige Arbeit verdient oder zu verdienen absichtlich unterlassen hat.

³ Der Richter kann den Arbeitgeber verpflichten, dem Arbeitnehmer eine Entschädigung zu bezahlen, die er nach freiem Ermessen unter Würdigung aller Umstände festlegt; diese Entschädigung darf jedoch den Lohn des Arbeitnehmers für sechs Monate nicht übersteigen.

Art. 337d

c. Bei ungerechtfertigtem Nichtantritt oder Verlassen der Arbeitsstelle

¹ Tritt der Arbeitnehmer ohne wichtigen Grund die Arbeitsstelle nicht an oder verlässt er sie fristlos, so hat der Arbeitgeber Anspruch auf eine Entschädigung, die einem Viertel des Lohnes für einen Monat entspricht; ausserdem hat er Anspruch auf Ersatz weiteren Schadens.

² Ist dem Arbeitgeber kein Schaden oder ein geringerer Schaden erwachsen, als der Entschädigung gemäss dem vorstehenden Absatz entspricht, so kann sie der Richter nach seinem Ermessen herabsetzen.

³ Erlischt der Anspruch auf Entschädigung nicht durch Verrechnung, so ist er durch Klage oder Betreibung innert 30 Tagen seit dem Nichtantritt oder Verlassen der Arbeitsstelle geltend zu machen; andernfalls ist der Anspruch verwirkt.[1]

⁴ ...[2]

Art. 338

V. Tod des Arbeitnehmers oder des Arbeitgebers
1. Tod des Arbeitnehmers

¹ Mit dem Tod des Arbeitnehmers erlischt das Arbeitsverhältnis.

² Der Arbeitgeber hat jedoch den Lohn für einen weiteren Monat und nach fünfjähriger Dienstdauer für zwei weitere Monate, gerechnet vom Todestag an, zu entrichten, sofern der Arbeitnehmer den Ehegatten oder minderjährige Kinder oder bei Fehlen dieser Erben andere Personen hinterlässt, denen gegenüber er eine Unterstützungspflicht erfüllt hat.

Art. 338a

2. Tod des Arbeitgebers

¹ Mit dem Tod des Arbeitgebers geht das Arbeitsverhältnis auf die Erben über; die Vorschriften betreffend den Übergang des Arbeitsverhältnisses bei Betriebsnachfolge sind sinngemäss anwendbar.

---

[1] Fassung gemäss Ziff. I des BG vom 18. März 1988, in Kraft seit 1. Jan. 1989 (AS **1988** 1472 1479; BBl **1984** II 551).

[2] Aufgehoben durch Ziff. I des BG vom 18. März 1988 (AS **1988** 1472; BBl **1984** II 551).

² Ist das Arbeitsverhältnis wesentlich mit Rücksicht auf die Person des Arbeitgebers eingegangen worden, so erlischt es mit dessen Tod; jedoch kann der Arbeitnehmer angemessenen Ersatz für den Schaden verlangen, der ihm infolge der vorzeitigen Beendigung des Arbeitsverhältnisses erwächst.

Art. 339

¹ Mit der Beendigung des Arbeitsverhältnisses werden alle Forderungen aus dem Arbeitsverhältnis fällig.

² Für Provisionsforderungen auf Geschäften, die ganz oder teilweise nach Beendigung des Arbeitsverhältnisses erfüllt werden, kann durch schriftliche Abrede die Fälligkeit hinausgeschoben werden, jedoch in der Regel nicht mehr als sechs Monate, bei Geschäften mit gestaffelter Erfüllung nicht mehr als ein Jahr und bei Versicherungsverträgen sowie Geschäften, deren Durchführung mehr als ein halbes Jahr erfordert, nicht mehr als zwei Jahre.

³ Die Forderung auf einen Anteil am Geschäftsergebnis wird fällig nach Massgabe von Artikel 323 Absatz 3.

VI. Folgen der Beendigung des Arbeitsverhältnisses
1. Fälligkeit der Forderungen

Art. 339a

¹ Auf den Zeitpunkt der Beendigung des Arbeitsverhältnisses hat jede Vertragspartei der andern alles herauszugeben, was sie für dessen Dauer von ihr oder von Dritten für deren Rechnung erhalten hat.

² Der Arbeitnehmer hat insbesondere Fahrzeuge und Fahrausweise zurückzugeben sowie Lohn- oder Auslagenvorschüsse soweit zurückzuerstatten, als sie seine Forderungen übersteigen.

³ Vorbehalten bleiben die Retentionsrechte der Vertragsparteien.

2. Rückgabepflichten

Art. 339b

¹ Endigt das Arbeitsverhältnis eines mindestens 50 Jahre alten Arbeitnehmers nach 20 oder mehr Dienstjahren, so hat ihm der Arbeitgeber eine Abgangsentschädigung auszurichten.

² Stirbt der Arbeitnehmer während des Arbeitsverhältnisses, so ist die Entschädigung dem überlebenden Ehegatten oder den minderjährigen Kindern oder bei Fehlen dieser Erben anderen Personen auszurichten, denen gegenüber er eine Unterstützungspflicht erfüllt hat.

3. Abgangsentschädigung
a. Voraussetzungen

Art. 339c

¹ Die Höhe der Entschädigung kann durch schriftliche Abrede, Normalarbeitsvertrag oder Gesamtarbeitsvertrag bestimmt werden, darf aber den Betrag nicht unterschreiten, der dem Lohn des Arbeitnehmers für zwei Monate entspricht.

b. Höhe und Fälligkeit

² Ist die Höhe der Entschädigung nicht bestimmt, so ist sie vom Richter unter Würdigung aller Umstände nach seinem Ermessen festzusetzen, darf aber den Betrag nicht übersteigen, der dem Lohn des Arbeitnehmers für acht Monate entspricht.

³ Die Entschädigung kann herabgesetzt werden oder wegfallen, wenn das Arbeitsverhältnis vom Arbeitnehmer ohne wichtigen Grund gekündigt oder vom Arbeitgeber aus wichtigem Grund fristlos aufgelöst wird, oder wenn dieser durch die Leistung der Entschädigung in eine Notlage versetzt würde.

⁴ Die Entschädigung ist mit der Beendigung des Arbeitsverhältnisses fällig, jedoch kann eine spätere Fälligkeit durch schriftliche Abrede, Normalarbeitsvertrag oder Gesamtarbeitsvertrag bestimmt oder vom Richter angeordnet werden.

Art. 339d

c. Ersatzleistungen

¹ Erhält der Arbeitnehmer Leistungen von einer Personalfürsorgeeinrichtung, so können sie von der Abgangsentschädigung abgezogen werden, soweit diese Leistungen vom Arbeitgeber oder aufgrund seiner Zuwendungen von der Personalfürsorgeeinrichtung finanziert worden sind.[1]

² Der Arbeitgeber hat auch insoweit keine Entschädigung zu leisten, als er dem Arbeitnehmer künftige Vorsorgeleistungen verbindlich zusichert oder durch einen Dritten zusichern lässt.

Art. 340

VII. Konkurrenzverbot
1. Voraussetzungen

¹ Der handlungsfähige Arbeitnehmer kann sich gegenüber dem Arbeitgeber schriftlich verpflichten, nach Beendigung des Arbeitsverhältnisses sich jeder konkurrenzierenden Tätigkeit zu enthalten, insbesondere weder auf eigene Rechnung ein Geschäft zu betreiben, das mit dem des Arbeitgebers in Wettbewerb steht, noch in einem solchen Geschäft tätig zu sein oder sich daran zu beteiligen.

² Das Konkurrenzverbot ist nur verbindlich, wenn das Arbeitsverhältnis dem Arbeitnehmer Einblick in den Kundenkreis oder in Fabrikations- und Geschäftsgeheimnisse gewährt und die Verwendung dieser Kenntnisse den Arbeitgeber erheblich schädigen könnte.

Art. 340a

2. Beschränkungen

¹ Das Verbot ist nach Ort, Zeit und Gegenstand angemessen zu begrenzen, so dass eine unbillige Erschwerung des wirtschaftlichen Fortkommens des Arbeitnehmers ausgeschlossen ist; es darf nur unter besonderen Umständen drei Jahre überschreiten.

---

[1] Fassung gemäss Anhang Ziff. 2 des BG vom 25. Juni 1982 über die berufliche Alters-, Hinterlassenen- und Invalidenvorsorge, in Kraft seit 1. Jan. 1985 (SR **831.40**).

² Der Richter kann ein übermässiges Konkurrenzverbot unter Würdigung aller Umstände nach seinem Ermessen einschränken; er hat dabei eine allfällige Gegenleistung des Arbeitgebers angemessen zu berücksichtigen.

Art. 340b

¹ Übertritt der Arbeitnehmer das Konkurrenzverbot, so hat er den dem Arbeitgeber erwachsenden Schaden zu ersetzen.

² Ist bei Übertretung des Verbotes eine Konventionalstrafe geschuldet und nichts anderes verabredet, so kann sich der Arbeitnehmer durch deren Leistung vom Verbot befreien; er bleibt jedoch für weiteren Schaden ersatzpflichtig.

³ Ist es besonders schriftlich verabredet, so kann der Arbeitgeber neben der Konventionalstrafe und dem Ersatz weiteren Schadens die Beseitigung des vertragswidrigen Zustandes verlangen, sofern die verletzten oder bedrohten Interessen des Arbeitgebers und das Verhalten des Arbeitnehmers dies rechtfertigen.

3. Folgen der Übertretung

Art. 340c

¹ Das Konkurrenzverbot fällt dahin, wenn der Arbeitgeber nachweisbar kein erhebliches Interesse mehr hat, es aufrechtzuerhalten.

² Das Verbot fällt ferner dahin, wenn der Arbeitgeber das Arbeitsverhältnis kündigt, ohne dass ihm der Arbeitnehmer dazu begründeten Anlass gegeben hat, oder wenn es dieser aus einem begründeten, vom Arbeitgeber zu verantwortenden Anlass auflöst.

4. Wegfall

Art. 341

¹ Während der Dauer des Arbeitsverhältnisses und eines Monats nach dessen Beendigung kann der Arbeitnehmer auf Forderungen, die sich aus unabdingbaren Vorschriften des Gesetzes oder aus unabdingbaren Bestimmungen eines Gesamtarbeitsvertrages ergeben, nicht verzichten.

² Die allgemeinen Vorschriften über die Verjährung sind auf Forderungen aus dem Arbeitsverhältnis anwendbar.

H. Unverzichtbarkeit und Verjährung

Art. 342

¹ Vorbehalten bleiben:
a.[1] Vorschriften des Bundes, der Kantone und Gemeinden über das öffentlich-rechtliche Dienstverhältnis, soweit sie nicht die Artikel 331 Absatz 5 und 331a–331e betreffen;
b. öffentlich-rechtliche Vorschriften des Bundes und der Kantone über die Arbeit und die Berufsbildung.

J. Vorbehalt und zivilrechtliche Wirkungen des öffentlichen Rechts

---

[1] Fassung gemäss Ziff. II 2 des BG vom 18. Dezember 1998, in Kraft seit 1. Mai 1999 (AS **1999** 1384; BBl **1998** 5569).

² Wird durch Vorschriften des Bundes oder der Kantone über die Arbeit und die Berufsbildung dem Arbeitgeber oder dem Arbeitnehmer eine öffentlich-rechtliche Verpflichtung auferlegt, so steht der andern Vertragspartei ein zivilrechtlicher Anspruch auf Erfüllung zu, wenn die Verpflichtung Inhalt des Einzelarbeitsvertrages sein könnte.

Art. 343

K. Zivilrechtspflege

¹ ...[1)]

² Die Kantone haben für Streitigkeiten aus dem Arbeitsverhältnis bis zu einem Streitwert von 30 000 Franken ein einfaches und rasches Verfahren vorzusehen; der Streitwert bemisst sich nach der eingeklagten Forderung, ohne Rücksicht auf Widerklagebegehren.[2)]

³ Bei Streitigkeiten im Sinne des vorstehenden Absatzes dürfen den Parteien weder Gebühren noch Auslagen des Gerichts auferlegt werden; jedoch kann bei mutwilliger Prozessführung der Richter gegen die fehlbare Partei Bussen aussprechen und ihr Gebühren und Auslagen des Gerichts ganz oder teilweise auferlegen.

⁴ Bei diesen Streitigkeiten stellt der Richter den Sachverhalt von Amtes wegen fest und würdigt die Beweise nach freiem Ermessen.[3)]

Zweiter Abschnitt
Besondere Einzelarbeitsverträge

Art. 344

A. Der Lehrvertrag[4)]
I. Begriff und Entstehung
1. Begriff

Durch den Lehrvertrag verpflichten sich der Arbeitgeber, die lernende Person für eine bestimmte Berufstätigkeit fachgemäss zu bilden, und die lernende Person, zu diesem Zweck Arbeit im Dienst des Arbeitgebers zu leisten.

Art. 344a

2. Entstehung und Inhalt

¹ Der Lehrvertrag bedarf zu seiner Gültigkeit der schriftlichen Form.

² Der Vertrag hat die Art und die Dauer der beruflichen Bildung, den Lohn, die Probezeit, die Arbeitszeit und die Ferien zu regeln.

[1)] Aufgehoben durch Anhang Ziff. 5 des Gerichtsstandsgesetzes vom 24. März 2000 (SR **272**).
[2)] Fassung gemäss Ziff. I des BG vom 15. Dez. 2000, in Kraft seit 1. Juni 2001 (AS **2000** 1048; BBl **2000** 3475, 48590).
[3)] Fassung gemäss Ziff. I des BG vom 18. März 1988, in Kraft seit 1. Jan. 1989 (AS **1988** 1472 1479; BBl **1984** II 551).
[4)] Fassung der Art. 344–346a gemäss Anhang Ziff. II 3 des Berufsbildungsgesetzes vom 13. Dez. 2002, in Kraft seit 1. Jan. 2004 (AS **2003** 4557; BBl **2000** 5686, 5775).

³ Die Probezeit darf nicht weniger als einen Monat und nicht mehr als drei Monate betragen. Haben die Vertragsparteien im Lehrvertrag keine Probezeit festgelegt, so gilt eine Probezeit von drei Monaten.

⁴ Die Probezeit kann vor ihrem Ablauf durch Abrede der Parteien und unter Zustimmung der kantonalen Behörde ausnahmsweise bis auf sechs Monate verlängert werden.

⁵ Der Vertrag kann weitere Bestimmungen enthalten, wie namentlich über die Beschaffung von Berufswerkzeugen, Beiträge an Unterkunft und Verpflegung, Übernahme von Versicherungsprämien oder andere Leistungen der Vertragsparteien.

⁶ Abreden, die die lernende Person im freien Entschluss über die berufliche Tätigkeit nach beendigter Lehre beeinträchtigen, sind nichtig.

Art. 345

¹ Die lernende Person hat alles zu tun, um das Lehrziel zu erreichen.

² Die gesetzliche Vertretung der lernenden Person hat den Arbeitgeber in der Erfüllung seiner Aufgabe nach Kräften zu unterstützen und das gute Einvernehmen zwischen dem Arbeitgeber und der lernenden Person zu fördern.

II. Wirkungen
1. Besondere Pflichten der lernenden Person und ihrer gesetzlichen Vertretung

Art. 345a

¹ Der Arbeitgeber hat dafür zu sorgen, dass die Berufslehre unter der Verantwortung einer Fachkraft steht, welche die dafür nötigen beruflichen Fähigkeiten und persönlichen Eigenschaften besitzt.

² Er hat der lernenden Person ohne Lohnabzug die Zeit freizugeben, die für den Besuch der Berufsfachschule und der überbetrieblichen Kurse und für die Teilnahme an den Lehrabschlussprüfungen erforderlich ist.

³ Er hat der lernenden Person bis zum vollendeten 20. Altersjahr für jedes Lehrjahr wenigstens fünf Wochen Freizeit zu gewähren.

⁴ Er darf die lernende Person zu anderen als beruflichen Arbeiten und zu Akkordlohnarbeiten nur so weit einsetzen, als solche Arbeiten mit dem zu erlernenden Beruf in Zusammenhang stehen und die Bildung nicht beeinträchtigt wird.

2. Besondere Pflichten des Arbeitgebers

Art. 346

¹ Das Lehrverhältnis kann während der Probezeit jederzeit mit einer Kündigungsfrist von sieben Tagen gekündigt werden.

² Aus wichtigen Gründen im Sinne von Artikel 337 kann das Lehrverhältnis namentlich fristlos aufgelöst werden, wenn:
a. der für die Bildung verantwortlichen Fachkraft die erforderlichen beruflichen Fähigkeiten oder persönlichen Eigenschaften zur Bildung der lernenden Person fehlen;

III. Beendigung
1. Vorzeitige Auflösung

b. die lernende Person nicht über die für die Bildung unentbehrlichen körperlichen oder geistigen Anlagen verfügt oder gesundheitlich oder sittlich gefährdet ist; die lernende Person und gegebenenfalls deren gesetzliche Vertretung sind vorgängig anzuhören;
c. die Bildung nicht oder nur unter wesentlich veränderten Verhältnissen zu Ende geführt werden kann.

Art. 346a

2. Lehrzeugnis

¹ Nach Beendigung der Berufslehre hat der Arbeitgeber der lernenden Person ein Zeugnis auszustellen, das die erforderlichen Angaben über die erlernte Berufstätigkeit und die Dauer der Berufslehre enthält.

² Auf Verlangen der lernenden Person oder deren gesetzlichen Vertretung hat sich das Zeugnis auch über die Fähigkeiten, die Leistungen und das Verhalten der lernenden Person auszusprechen.

Art. 347

B. Der Handelsreisendenvertrag
I. Begriff und Entstehung
1. Begriff

¹ Durch den Handelsreisendenvertrag verpflichtet sich der Handelsreisende, auf Rechnung des Inhabers eines Handels-, Fabrikations- oder andern nach kaufmännischer Art geführten Geschäftes gegen Lohn Geschäfte jeder Art ausserhalb der Geschäftsräume des Arbeitgebers zu vermitteln oder abzuschliessen.

² Nicht als Handelsreisender gilt der Arbeitnehmer, der nicht vorwiegend eine Reisetätigkeit ausübt oder nur gelegentlich oder vorübergehend für den Arbeitgeber tätig ist, sowie der Reisende, der Geschäfte auf eigene Rechnung abschliesst.

Art. 347a

2. Entstehung und Inhalt

¹ Das Arbeitsverhältnis ist durch schriftlichen Vertrag zu regeln, der namentlich Bestimmungen enthalten soll über
a. die Dauer und Beendigung des Arbeitsverhältnisses,
b. die Vollmachten des Handelsreisenden,
c. das Entgelt und den Auslagenersatz,
d. das anwendbare Recht und den Gerichtsstand, sofern eine Vertragspartei ihren Wohnsitz im Ausland hat.

² Soweit das Arbeitsverhältnis nicht durch schriftlichen Vertrag geregelt ist, wird der im vorstehenden Absatz umschriebene Inhalt durch die gesetzlichen Vorschriften und durch die üblichen Arbeitsbedingungen bestimmt.

³ Die mündliche Abrede gilt nur für die Festsetzung des Beginns der Arbeitsleistung, der Art und des Gebietes der Reisetätigkeit sowie für weitere Bestimmungen, die mit den gesetzlichen Vorschriften und dem schriftlichen Vertrag nicht in Widerspruch stehen.

Art. 348

¹ Der Handelsreisende hat die Kundschaft in der ihm vorgeschriebenen Weise zu besuchen, sofern nicht ein begründeter Anlass eine Änderung notwendig macht; ohne schriftliche Bewilligung des Arbeitgebers darf er weder für eigene Rechnung noch für Rechnung eines Dritten Geschäfte vermitteln oder abschliessen.

² Ist der Handelsreisende zum Abschluss von Geschäften ermächtigt, so hat er die ihm vorgeschriebenen Preise und andern Geschäftsbedingungen einzuhalten und muss für Änderungen die Zustimmung des Arbeitgebers vorbehalten.

³ Der Handelsreisende hat über seine Reisetätigkeit regelmässig Bericht zu erstatten, die erhaltenen Bestellungen dem Arbeitgeber sofort zu übermitteln und ihn von erheblichen Tatsachen, die seinen Kundenkreis betreffen, in Kenntnis zu setzen.

II. Pflichten und Vollmachten des Handelsreisenden
1. Besondere Pflichten

Art. 348a

¹ Abreden, dass der Handelsreisende für die Zahlung oder anderweitige Erfüllung der Verbindlichkeiten der Kunden einzustehen oder die Kosten der Einbringung von Forderungen ganz oder teilweise zu tragen hat, sind nichtig.

² Hat der Handelsreisende Geschäfte mit Privatkunden abzuschliessen, so kann er sich schriftlich verpflichten, beim einzelnen Geschäft für höchstens einen Viertel des Schadens zu haften, der dem Arbeitgeber durch die Nichterfüllung der Verbindlichkeiten der Kunden erwächst, vorausgesetzt dass eine angemessene Delcredere-Provision verabredet wird.

³ Bei Versicherungsverträgen kann sich der reisende Versicherungsvermittler schriftlich verpflichten, höchstens die Hälfte der Kosten der Einbringung von Forderungen zu tragen, wenn eine Prämie oder deren Teile nicht bezahlt werden und er deren Einbringung im Wege der Klage oder Zwangsvollstreckung verlangt.

2. Delcredere

Art. 348b

¹ Ist nichts anderes schriftlich verabredet, so ist der Handelsreisende nur ermächtigt, Geschäfte zu vermitteln.

² Ist der Handelsreisende zum Abschluss von Geschäften ermächtigt, so erstreckt sich seine Vollmacht auf alle Rechtshandlungen, welche die Ausführung dieser Geschäfte gewöhnlich mit sich bringt; jedoch darf er ohne besondere Ermächtigung Zahlungen von Kunden nicht entgegennehmen und keine Zahlungsfristen bewilligen.

³ Artikel 34 des Bundesgesetzes vom 2. April 1908[1]) über den Versicherungsvertrag bleibt vorbehalten.

3. Vollmachten

---

[1]) SR **221.229.1**

Art. 349

III. Besondere Pflichten des Arbeitgebers
1. Tätigkeitskreis

¹ Ist dem Handelsreisenden ein bestimmtes Reisegebiet oder ein bestimmter Kundenkreis zugewiesen und nichts anderes schriftlich verabredet, so gilt er als mit Ausschluss anderer Personen bestellt; jedoch bleibt der Arbeitgeber befugt, mit den Kunden im Gebiet oder Kundenkreis des Handelsreisenden persönlich Geschäfte abzuschliessen.

² Der Arbeitgeber kann die vertragliche Bestimmung des Reisegebietes oder Kundenkreises einseitig abändern, wenn ein begründeter Anlass eine Änderung vor Ablauf der Kündigungsfrist notwendig macht; jedoch bleiben diesfalls Entschädigungsansprüche und das Recht des Handelsreisenden zur Auflösung des Arbeitsverhältnisses aus wichtigem Grund vorbehalten.

Art. 349a

2. Lohn
a. Im allgemeinen

¹ Der Arbeitgeber hat dem Handelsreisenden Lohn zu entrichten, der aus einem festen Gehalt mit oder ohne Provision besteht.

² Eine schriftliche Abrede, dass der Lohn ausschliesslich oder vorwiegend in einer Provision bestehen soll, ist gültig, wenn die Provision ein angemessenes Entgelt für die Tätigkeit des Handelsreisenden ergibt.

³ Für eine Probezeit von höchstens zwei Monaten kann durch schriftliche Abrede der Lohn frei bestimmt werden.

Art. 349b

b. Provision

¹ Ist dem Handelsreisenden ein bestimmtes Reisegebiet oder ein bestimmter Kundenkreis ausschliesslich zugewiesen, so ist ihm die verabredete oder übliche Provision auf allen Geschäften auszurichten, die von ihm oder seinem Arbeitgeber mit Kunden in seinem Gebiet oder Kundenkreis abgeschlossen werden.

² Ist dem Handelsreisenden ein bestimmtes Reisegebiet oder ein bestimmter Kundenkreis nicht ausschliesslich zugewiesen, so ist ihm die Provision nur auf den von ihm vermittelten oder abgeschlossenen Geschäften auszurichten.

³ Ist im Zeitpunkt der Fälligkeit der Provision der Wert eines Geschäftes noch nicht genau bestimmbar, so ist die Provision zunächst auf dem vom Arbeitgeber geschätzten Mindestwert und der Rest spätestens bei Ausführung des Geschäftes auszurichten.

Art. 349c

c. Bei Verhinderung an der Reisetätigkeit

¹ Ist der Handelsreisende ohne sein Verschulden an der Ausübung der Reisetätigkeit verhindert und ist ihm auf Grund des Gesetzes oder des Vertrages der Lohn gleichwohl zu entrichten, so bestimmt sich dieser nach dem festen Gehalt und einer angemessenen Entschädigung für den Ausfall der Provision.

² Beträgt die Provision weniger als einen Fünftel des Lohnes, so kann schriftlich verabredet werden, dass bei unverschuldeter Verhinderung des Handelsreisenden an der Ausübung der Reisetätigkeit eine Entschädigung für die ausfallende Provision nicht zu entrichten ist.

³ Erhält der Handelsreisende bei unverschuldeter Verhinderung an der Reisetätigkeit gleichwohl den vollen Lohn, so hat er auf Verlangen des Arbeitgebers Arbeit in dessen Betrieb zu leisten, sofern er sie zu leisten vermag und sie ihm zugemutet werden kann.

Art. 349d

¹ Ist der Handelsreisende für mehrere Arbeitgeber gleichzeitig tätig und ist die Verteilung des Auslagenersatzes nicht durch schriftliche Abrede geregelt, so hat jeder Arbeitgeber einen gleichen Kostenanteil zu vergüten.

3. Auslagen

² Abreden, dass der Auslagenersatz ganz oder teilweise im festen Gehalt oder in der Provision eingeschlossen sein soll, sind nichtig.

Art. 349e

¹ Zur Sicherung der fälligen Forderungen aus dem Arbeitsverhältnis, bei Zahlungsunfähigkeit des Arbeitgebers auch der nicht fälligen Forderungen, steht dem Handelsreisenden das Retentionsrecht an beweglichen Sachen und Wertpapieren sowie an Zahlungen von Kunden zu, die er auf Grund einer Inkassovollmacht entgegengenommen hat.

4. Retentionsrecht

² An Fahrausweisen, Preistarifen, Kundenverzeichnissen und andern Unterlagen kann das Retentionsrecht nicht ausgeübt werden.

Art. 350

¹ Beträgt die Provision mindestens einen Fünftel des Lohnes und unterliegt sie erheblichen saisonmässigen Schwankungen, so darf der Arbeitgeber dem Handelsreisenden, der seit Abschluss der letzten Saison bei ihm gearbeitet hat, während der Saison nur auf das Ende des zweiten der Kündigung folgenden Monats kündigen.

IV. Beendigung
1. Besondere Kündigung

² Unter den gleichen Voraussetzungen darf der Handelsreisende dem Arbeitgeber, der ihn bis zum Abschluss der Saison beschäftigt hat, bis zum Beginn der nächsten nur auf das Ende des zweiten der Kündigung folgenden Monats kündigen.

Art. 350a

¹ Bei Beendigung des Arbeitsverhältnisses ist dem Handelsreisenden die Provision auf allen Geschäften auszurichten, die er abgeschlossen oder vermittelt hat, sowie auf allen Bestellungen, die bis zur Beendigung dem Arbeitgeber zugehen, ohne Rücksicht auf den Zeitpunkt ihrer Annahme und ihrer Ausführung.

2. Besondere Folgen

² Auf den Zeitpunkt der Beendigung des Arbeitsverhältnisses hat der Handelsreisende die ihm für die Reisetätigkeit zur Verfügung gestellten Muster und Modelle, Preistarife, Kundenverzeichnisse und andern Unterlagen zurückzugeben; das Retentionsrecht bleibt vorbehalten.

Art. 351

C. Der Heimarbeitsvertrag
I. Begriff und Entstehung
1. Begriff

Durch den Heimarbeitsvertrag verpflichtet sich der Heimarbeitnehmer[1], in seiner Wohnung oder in einem andern, von ihm bestimmten Arbeitsraum allein oder mit Familienangehörigen Arbeiten im Lohn für den Arbeitgeber auszuführen.

Art. 351a

2. Bekanntgabe der Arbeitsbedingungen

¹ Vor jeder Ausgabe von Arbeit hat der Arbeitgeber dem Heimarbeitnehmer die für deren Ausführung erheblichen Bedingungen bekanntzugeben, namentlich die Einzelheiten der Arbeit, soweit sie nicht durch allgemein geltende Arbeitsbedingungen geregelt sind; er hat das vom Heimarbeitnehmer zu beschaffende Material und schriftlich die dafür zu leistende Entschädigung sowie den Lohn anzugeben.

² Werden die Angaben über den Lohn und über die Entschädigung für das vom Heimarbeitnehmer zu beschaffende Material nicht vor der Ausgabe der Arbeit schriftlich bekanntgegeben, so gelten dafür die üblichen Arbeitsbedingungen.

Art. 352

II. Besondere Pflichten des Arbeitnehmers
1. Ausführung der Arbeit

¹ Der Heimarbeitnehmer hat mit der übernommenen Arbeit rechtzeitig zu beginnen, sie bis zum verabredeten Termin fertigzustellen und das Arbeitserzeugnis dem Arbeitgeber zu übergeben.

² Wird aus Verschulden des Heimarbeitnehmers die Arbeit mangelhaft ausgeführt, so ist er zur unentgeltlichen Verbesserung des Arbeitserzeugnisses verpflichtet, soweit dadurch dessen Mängel behoben werden können.

---

[1] Ausdruck gemäss Art. 21 Ziff. 1 des Heimarbeitsgesetzes vom 20. März 1981, in Kraft seit 1. April 1983 (SR **822.31**). Diese Änderung ist in den Art. 351–354 und 362 Abs. 1 berücksichtigt.

Art. 352a

¹ Der Heimarbeitnehmer ist verpflichtet, Material und Geräte, die ihm vom Arbeitgeber übergeben werden, mit aller Sorgfalt zu behandeln, über deren Verwendung Rechenschaft abzulegen und den zur Arbeit nicht verwendeten Rest des Materials sowie die erhaltenen Geräte zurückzugeben.

² Stellt der Heimarbeitnehmer bei der Ausführung der Arbeit Mängel an dem übergebenen Material oder an den erhaltenen Geräten fest, so hat er den Arbeitgeber sofort zu benachrichtigen und dessen Weisungen abzuwarten, bevor er die Ausführung der Arbeit fortsetzt.

³ Hat der Heimarbeitnehmer Material oder Geräte, die ihm übergeben wurden, schuldhaft verdorben, so haftet er dem Arbeitgeber höchstens für den Ersatz der Selbstkosten.

2. Material und Arbeitsgeräte

Art. 353

¹ Der Arbeitgeber hat das Arbeitserzeugnis nach Ablieferung zu prüfen und Mängel spätestens innert einer Woche dem Heimarbeitnehmer bekanntzugeben.

² Unterlässt der Arbeitgeber die rechtzeitige Bekanntgabe der Mängel, so gilt die Arbeit als abgenommen.

*III. Besondere Pflichten des Arbeitgebers
1. Abnahme des Arbeitserzeugnisses*

Art. 353a

¹ Steht der Heimarbeitnehmer ununterbrochen im Dienst des Arbeitgebers, so ist der Lohn für die geleistete Arbeit halbmonatlich oder mit Zustimmung des Heimarbeitnehmers am Ende jedes Monats, in den anderen Fällen jeweils bei Ablieferung des Arbeitserzeugnisses auszurichten.

² Bei jeder Lohnzahlung ist dem Heimarbeitnehmer eine schriftliche Abrechnung zu übergeben, in der für Lohnabzüge der Grund anzugeben ist.

*2. Lohn
a. Ausrichtung des Lohnes*

Art. 353b

¹ Steht der Heimarbeitnehmer ununterbrochen im Dienst des Arbeitgebers, so ist dieser nach Massgabe der Artikel 324 und 324a zur Ausrichtung des Lohnes verpflichtet, wenn er mit der Annahme der Arbeitsleistung in Verzug kommt oder wenn der Heimarbeitnehmer aus Gründen, die in seiner Person liegen, ohne sein Verschulden an der Arbeitsleistung verhindert ist.

² In den anderen Fällen ist der Arbeitgeber zur Ausrichtung des Lohnes nach Massgabe der Artikel 324 und 324a nicht verpflichtet.

b. Lohn bei Verhinderung an der Arbeitsleistung

Art. 354

IV. Beendigung

¹ Wird dem Heimarbeitnehmer eine Probearbeit übergeben, so gilt das Arbeitsverhältnis zur Probe auf bestimmte Zeit eingegangen, sofern nichts anderes verabredet ist.

² Steht der Heimarbeitnehmer ununterbrochen im Dienst des Arbeitgebers, so gilt das Arbeitsverhältnis als auf unbestimmte Zeit, in den anderen Fällen als auf bestimmte Zeit eingegangen, sofern nichts anderes verabredet ist.

Art. 355

D. Anwendbarkeit der allgemeinen Vorschriften

Auf den Lehrvertrag, den Handelsreisendenvertrag und den Heimarbeitsvertrag sind die allgemeinen Vorschriften über den Einzelarbeitsvertrag ergänzend anwendbar.

Dritter Abschnitt
Gesamtarbeitsvertrag und Normalarbeitsvertrag

Art. 356

A. Gesamtarbeitsvertrag
I. Begriff, Inhalt, Form und Dauer
1. Begriff und Inhalt

¹ Durch den Gesamtarbeitsvertrag stellen Arbeitgeber oder deren Verbände und Arbeitnehmerverbände gemeinsam Bestimmungen über Abschluss, Inhalt und Beendigung der einzelnen Arbeitsverhältnisse der beteiligten Arbeitgeber und Arbeitnehmer auf.

² Der Gesamtarbeitsvertrag kann auch andere Bestimmungen enthalten, soweit sie das Verhältnis zwischen Arbeitgebern und Arbeitnehmern betreffen, oder sich auf die Aufstellung solcher Bestimmungen beschränken.

³ Der Gesamtarbeitsvertrag kann ferner die Rechte und Pflichten der Vertragsparteien unter sich sowie die Kontrolle und Durchsetzung der in den vorstehenden Absätzen genannten Bestimmungen regeln.

⁴ Sind an einem Gesamtarbeitsvertrag auf Arbeitgeber- oder Arbeitnehmerseite von Anfang an oder auf Grund des nachträglichen Beitritts eines Verbandes mit Zustimmung der Vertragsparteien mehrere Verbände beteiligt, so stehen diese im Verhältnis gleicher Rechte und Pflichten zueinander; abweichende Vereinbarungen sind nichtig.

Art. 356a

2. Freiheit der Organisation und der Berufsausübung

¹ Bestimmungen eines Gesamtarbeitsvertrages und Abreden zwischen den Vertragsparteien, durch die Arbeitgeber oder Arbeitnehmer zum Eintritt in einen vertragschliessenden Verband gezwungen werden sollen, sind nichtig.

² Bestimmungen eines Gesamtarbeitsvertrages und Abreden zwischen den Vertragsparteien, durch die Arbeitnehmer von einem bestimmten Beruf oder einer bestimmten Tätigkeit oder von einer hierfür erforderlichen Ausbildung ausgeschlossen oder darin beschränkt werden, sind nichtig.

³ Bestimmungen und Abreden im Sinne des vorstehenden Absatzes sind ausnahmsweise gültig, wenn sie durch überwiegende schutzwürdige Interessen, namentlich zum Schutz der Sicherheit und Gesundheit von Personen oder der Qualität der Arbeit gerechtfertigt sind; jedoch gilt nicht als schutzwürdig das Interesse, neue Berufsangehörige fernzuhalten.

Art. 356b

¹ Einzelne Arbeitgeber und einzelne im Dienst beteiligter Arbeitgeber stehende Arbeitnehmer können sich mit Zustimmung der Vertragsparteien dem Gesamtarbeitsvertrag anschliessen und gelten als beteiligte Arbeitgeber und Arbeitnehmer.

² Der Gesamtarbeitsvertrag kann den Anschluss näher regeln. Unangemessene Bedingungen des Anschlusses, insbesondere Bestimmungen über unangemessene Beiträge, können vom Richter nichtig erklärt oder auf das zulässige Mass beschränkt werden; jedoch sind Bestimmungen oder Abreden über Beiträge zugunsten einer einzelnen Vertragspartei nichtig.

³ Bestimmungen eines Gesamtarbeitsvertrages und Abreden zwischen den Vertragsparteien, durch die Mitglieder von Verbänden zum Anschluss gezwungen werden sollen, sind nichtig, wenn diesen Verbänden die Beteiligung am Gesamtarbeitsvertrag oder der Abschluss eines sinngemäss gleichen Vertrages nicht offensteht.

3. Anschluss

Art. 356c

¹ Der Abschluss des Gesamtarbeitsvertrages, dessen Änderung und Aufhebung durch gegenseitige Übereinkunft, der Beitritt einer neuen Vertragspartei sowie die Kündigung bedürfen zu ihrer Gültigkeit der schriftlichen Form, ebenso die Anschlusserklärung einzelner Arbeitgeber und Arbeitnehmer und die Zustimmung der Vertragsparteien gemäss Artikel 356b Absatz 1 sowie die Kündigung des Anschlusses.

² Ist der Gesamtarbeitsvertrag nicht auf bestimmte Zeit abgeschlossen und sieht er nichts anderes vor, so kann er von jeder Vertragspartei mit Wirkung für alle anderen Parteien nach Ablauf eines Jahres jederzeit auf sechs Monate gekündigt werden. Diese Bestimmung gilt sinngemäss auch für den Anschluss.

4. Form und Dauer

Art. 357

II. Wirkungen
1. Auf die beteiligten Arbeitgeber und Arbeitnehmer

¹ Die Bestimmungen des Gesamtarbeitsvertrages über Abschluss, Inhalt und Beendigung der einzelnen Arbeitsverhältnisse gelten während der Dauer des Vertrages unmittelbar für die beteiligten Arbeitgeber und Arbeitnehmer und können nicht wegbedungen werden, sofern der Gesamtarbeitsvertrag nichts anderes bestimmt.

² Abreden zwischen beteiligten Arbeitgebern und Arbeitnehmern, die gegen die unabdingbaren Bestimmungen verstossen, sind nichtig und werden durch die Bestimmungen des Gesamtarbeitsvertrages ersetzt; jedoch können abweichende Abreden zugunsten der Arbeitnehmer getroffen werden.

Art. 357a

2. Unter den Vertragsparteien

¹ Die Vertragsparteien sind verpflichtet, für die Einhaltung des Gesamtarbeitsvertrages zu sorgen; zu diesem Zweck haben Verbände auf ihre Mitglieder einzuwirken und nötigenfalls die statutarischen und gesetzlichen Mittel einzusetzen.

² Jede Vertragspartei ist verpflichtet, den Arbeitsfrieden zu wahren und sich insbesondere jeder Kampfmassnahme zu enthalten, soweit es sich um Gegenstände handelt, die im Gesamtarbeitsvertrag geregelt sind; die Friedenspflicht gilt nur unbeschränkt, wenn dies ausdrücklich bestimmt ist.

Art. 357b

3. Gemeinsame Durchführung

¹ In einem zwischen Verbänden abgeschlossenen Gesamtarbeitsvertrag können die Vertragsparteien vereinbaren, dass ihnen gemeinsam ein Anspruch auf Einhaltung des Vertrages gegenüber den beteiligten Arbeitgebern und Arbeitnehmern zusteht, soweit es sich um folgende Gegenstände handelt:
a. Abschluss, Inhalt und Beendigung des Arbeitsverhältnisses, wobei der Anspruch nur auf Feststellung geht;
b. Beiträge an Ausgleichskassen und andere das Arbeitsverhältnis betreffende Einrichtungen, Vertretung der Arbeitnehmer in den Betrieben und Wahrung des Arbeitsfriedens;
c. Kontrolle, Kautionen und Konventionalstrafen in bezug auf Bestimmungen gemäss Buchstaben a und b.

² Vereinbarungen im Sinne des vorstehenden Absatzes können getroffen werden, wenn die Vertragsparteien durch die Statuten oder einen Beschluss des obersten Verbandsorgans ausdrücklich hiezu ermächtigt sind.

DER ARBEITSVERTRAG

³ Auf das Verhältnis der Vertragsparteien unter sich sind die Vorschriften über die einfache Gesellschaft sinngemäss anwendbar, wenn der Gesamtarbeitsvertrag nichts anderes bestimmt.

Art. 358

Das zwingende Recht des Bundes und der Kantone geht den Bestimmungen des Gesamtarbeitsvertrages vor, jedoch können zugunsten der Arbeitnehmer abweichende Bestimmungen aufgestellt werden, wenn sich aus dem zwingenden Recht nichts anderes ergibt.

III. Verhältnis zum zwingenden Recht

Art. 359

¹ Durch den Normalarbeitsvertrag werden für einzelne Arten von Arbeitsverhältnissen Bestimmungen über deren Abschluss, Inhalt und Beendigung aufgestellt.

² Für das Arbeitsverhältnis der landwirtschaftlichen Arbeitnehmer und der Arbeitnehmer im Hausdienst haben die Kantone Normalarbeitsverträge zu erlassen, die namentlich die Arbeits- und Ruhezeit ordnen und die Arbeitsbedingungen der weiblichen und jugendlichen Arbeitnehmer regeln.

³ Artikel 358 ist auf den Normalarbeitsvertrag sinngemäss anwendbar.

B. **Normalarbeitsvertrag**
I. Begriff und Inhalt

Art. 359a

¹ Erstreckt sich der Geltungsbereich des Normalarbeitsvertrages auf das Gebiet mehrerer Kantone, so ist für den Erlass der Bundesrat, andernfalls der Kanton zuständig.

² Vor dem Erlass ist der Normalarbeitsvertrag angemessen zu veröffentlichen und eine Frist anzusetzen, innert deren jedermann, der ein Interesse glaubhaft macht, schriftlich dazu Stellung nehmen kann; ausserdem sind Berufsverbände oder gemeinnützige Vereinigungen, die ein Interesse haben, anzuhören.

³ Der Normalarbeitsvertrag tritt in Kraft, wenn er nach den für die amtlichen Veröffentlichungen geltenden Vorschriften bekanntgemacht worden ist.

⁴ Für die Aufhebung und Abänderung eines Normalarbeitsvertrages gilt das gleiche Verfahren.

II. Zuständigkeit und Verfahren

Art. 360

III. Wirkungen

¹ Die Bestimmungen des Normalarbeitsvertrages gelten unmittelbar für die ihm unterstellten Arbeitsverhältnisse, soweit nichts anderes verabredet wird.

² Der Normalarbeitsvertrag kann vorsehen, dass Abreden, die von einzelnen seiner Bestimmungen abweichen, zu ihrer Gültigkeit der schriftlichen Form bedürfen.

Art. 360a[1)]

IV. Mindestlöhne
1. Voraussetzungen

¹ Werden innerhalb einer Branche oder einem Beruf die orts-, berufs- oder branchenüblichen Löhne wiederholt in missbräuchlicher Weise unterboten und liegt kein Gesamtarbeitsvertrag mit Bestimmungen über Mindestlöhne vor, der allgemein verbindlich erklärt werden kann, so kann die zuständige Behörde zur Bekämpfung oder Verhinderung von Missbräuchen auf Antrag der tripartiten Kommission nach Artikel 360b einen befristeten Normalarbeitsvertrag erlassen, der nach Regionen und gegebenenfalls Orten differenzierte Mindestlöhne vorsieht.

² Die Mindestlöhne dürfen weder dem Gesamtinteresse zuwiderlaufen noch die berechtigten Interessen anderer Branchen oder Bevölkerungskreise beeinträchtigen. Sie müssen den auf regionalen oder betrieblichen Verschiedenheiten beruhenden Minderheitsinteressen der betroffenen Branchen oder Berufe angemessen Rechnung tragen.

Art. 360b[1)]

2. Tripartite Kommissionen

¹ Der Bund und jeder Kanton setzen eine tripartite Kommission ein, die sich aus einer gleichen Zahl von Arbeitgeber- und Arbeitnehmervertretern sowie Vertretern des Staates zusammensetzt.

² Bezüglich der Wahl ihrer Vertreter nach Absatz 1 steht den Arbeitgeber- und Arbeitnehmerverbänden ein Vorschlagsrecht zu.

³ Die Kommissionen beobachten den Arbeitsmarkt. Stellen sie Missbräuche im Sinne von Artikel 360a Absatz 1 fest, so suchen sie in der Regel eine direkte Verständigung mit den betroffenen Arbeitgebern. Gelingt dies innert zwei Monaten nicht, so beantragen sie der zuständigen Behörde den Erlass eines Normalarbeitsvertrages, der für die betroffenen Branchen oder Berufe Mindestlöhne vorsieht.

⁴ Ändert sich die Arbeitsmarktsituation in den betroffenen Branchen, so beantragt die tripartite Kommission der zuständigen Behörde die Änderung oder die Aufhebung des Normalarbeitsvertrags.

[1)] Eingefügt durch Anhang Ziff. 2 des BG vom 8. Okt. 1999 über die in die Schweiz entsandten Arbeitnehmerinnen und Arbeitnehmer, in Kraft seit 1. Juni 2004 (SR **823.20**).

DER ARBEITSVERTRAG

⁵ Um die ihnen übertragenen Aufgaben wahrzunehmen, haben die tripartiten Kommissionen in den Betrieben das Recht auf Auskunft und Einsichtnahme in alle Dokumente, die für die Durchführung der Untersuchung notwendig sind. Im Streitfall entscheidet eine hierfür vom Bund beziehungsweise vom Kanton bezeichnete Behörde.

Art. 360c[1]

¹ Die Mitglieder der tripartiten Kommissionen unterstehen dem Amtsgeheimnis; sie sind insbesondere über betriebliche und private Angelegenheiten, die ihnen in dieser Eigenschaft zur Kenntnis gelangen, zur Verschwiegenheit gegenüber Drittpersonen verpflichtet.

² Die Pflicht zur Verschwiegenheit bleibt auch nach dem Ausscheiden aus der tripartiten Kommission bestehen.

3. Amtsgeheimnis

Art. 360d[1]

¹ Der Normalarbeitsvertrag nach Artikel 360*a* gilt auch für Arbeitnehmer, die nur vorübergehend in seinem örtlichen Geltungsbereich tätig sind, sowie für verliehene Arbeitnehmer.

² Durch Abrede darf vom Normalarbeitsvertrag nach Artikel 360*a* nicht zu Ungunsten des Arbeitnehmers abgewichen werden.

4. Wirkungen

Art. 360e[1]

Den Arbeitgeber- und den Arbeitnehmerverbänden steht ein Anspruch auf gerichtliche Feststellung zu, ob ein Arbeitgeber den Normalarbeitsvertrag nach Artikel 360*a* einhält.

5. Klagerecht der Verbände

Art. 360f[1]

Erlässt ein Kanton in Anwendung von Artikel 360*a* einen Normalarbeitsvertrag, so stellt er dem zuständigen Bundesamt[2] ein Exemplar zu.

6. Meldung

---

[1] Eingefügt durch Anhang Ziff. 2 des BG vom 8. Okt. 1999 über die in die Schweiz entsandten Arbeitnehmerinnen und Arbeitnehmer, in Kraft seit 1. Juni 2003 (SR **823.20**).
[2] Gegenwärtig Staatssekretariat für Wirtschaft (seco)

Vierter Abschnitt
Zwingende Vorschriften

Art. 361

A. Unabänderlichkeit zuungunsten des Arbeitgebers und des Arbeitnehmers

¹ Durch Abrede, Normalarbeitsvertrag oder Gesamtarbeitsvertrag darf von den folgenden Vorschriften weder zuungunsten des Arbeitgebers noch des Arbeitnehmers abgewichen werden:

Artikel 321c:	Absatz 1 (Überstundenarbeit)
Artikel 323:	Absatz 4 (Vorschuss)
Artikel 323b:	Absatz 2 (Verrechnung mit Gegenforderungen)
Artikel 325:	Absatz 2 (Abtretung und Verpfändung von Lohnforderungen)
Artikel 326:	Absatz 2 (Zuweisung von Arbeit)
Artikel 329d:	Absätze 2 und 3 (Ferienlohn)
Artikel 331:	Absätze 1 und 2 (Zuwendungen für die Personalfürsorge)
Artikel 331b:	(Abtretung und Verpfändung von Forderungen auf Vorsorgeleistungen)¹⁾
...²⁾	
Artikel 334:	Absatz 3 (Kündigung beim langjährigen Arbeitsverhältnis)
Artikel 335:	(Kündigung des Arbeitsverhältnisses)
Artikel 336:	Absatz 1 (Missbräuchliche Kündigung)
Artikel 336a:	(Entschädigung bei missbräuchlicher Kündigung)
Artikel 336b:	(Geltendmachung der Entschädigung)
Artikel 336d:	(Kündigung zur Unzeit durch den Arbeitnehmer)
Artikel 337:	Absätze 1 und 2 (Fristlose Auflösung aus wichtigen Gründen)
Artikel 337b:	Absatz 1 (Folgen bei gerechtfertigter Auflösung)
Artikel 337d:	(Folgen bei ungerechtfertigtem Nichtantritt oder Verlassen der Arbeitsstelle)
Artikel 339:	Absatz 1 (Fälligkeit der Forderungen)
Artikel 339a:	(Rückgabepflichten)
Artikel 340b:	Absätze 1 und 2 (Folgen der Übertretung des Konkurrenzverbotes)
Artikel 342:	Absatz 2 (Zivilrechtliche Wirkungen des öffentlichen Rechts)
...³⁾	
Artikel 346:	(Vorzeitige Auflösung des Lehrvertrages)

---

¹⁾ Eingefügt durch Anhang Ziff. 2 des Freizügigkeitsgesetzes vom 17. Dez. 1993, in Kraft seit 1. Jan. 1995 (SR **831.42**).
²⁾ Aufgehoben durch Anhang Ziff. 2 des Freizügigkeitsgesetzes vom 17. Dez. 1993 (SR **831.42**).
³⁾ Aufgehoben durch Anhang Ziff. 5 des Gerichtsstandsgesetzes vom 24. März 2000 (SR **272**).

Artikel 349c: Absatz 3 (Verhinderung an der Reisetätigkeit)
Artikel 350: (Besondere Kündigung)
Artikel 350a: Absatz 2 (Rückgabepflichten)[1]

² Abreden sowie Bestimmungen von Normalarbeitsverträgen und Gesamtarbeitsverträgen, die von den vorstehend angeführten Vorschriften zuungunsten des Arbeitgebers oder des Arbeitnehmers abweichen, sind nichtig.

Art. 362

¹ Durch Abrede, Normalarbeitsvertrag oder Gesamtarbeitsvertrag darf von den folgenden Vorschriften zuungunsten des Arbeitnehmers nicht abgewichen werden:

B. Unabänderlichkeit zuungunsten des Arbeitnehmers

Artikel 321e: (Haftung des Arbeitnehmers)
Artikel 322a: Absätze 2 und 3 (Anteil am Geschäftsergebnis)
Artikel 322b: Absätze 1 und 2 (Entstehung des Provisionsanspruchs)
Artikel 322c: (Provisionsabrechnung)
Artikel 323b: Absatz 1 zweiter Satz (Lohnabrechnung)
Artikel 324: (Lohn bei Annahmeverzug des Arbeitgebers)
Artikel 324a: Absätze 1 und 3 (Lohn bei Verhinderung des Arbeitnehmers)
Artikel 324b: (Lohn bei obligatorischer Versicherung des Arbeitnehmers)
Artikel 326: Absätze 1, 3 und 4 (Akkordlohnarbeit)
Artikel 326a: (Akkordlohn)
Artikel 327a: Absatz 1 (Auslagenersatz im allgemeinen)
Artikel 327b: Absatz 1 (Auslagenersatz bei Motorfahrzeug)
Artikel 327c: Absatz 2 (Vorschuss für Auslagen)
Artikel 328: (Schutz der Persönlichkeit des Arbeitnehmers im allgemeinen)
Artikel 328a: (Schutz der Persönlichkeit bei Hausgemeinschaft)
Artikel 328b: (Schutz der Persönlichkeit bei der Bearbeitung von Personendaten)[2]
Artikel 329: Absätze 1, 2 und 3 (Freizeit)
Artikel 329a: Absätze 1 und 3 (Dauer der Ferien)
Artikel 329b: Absätze 2 und 3 (Kürzung der Ferien)
Artikel 329c: (Zusammenhang und Zeitpunkt der Ferien)
Artikel 329d: Absatz 1 (Ferienlohn)
Artikel 329e: Absätze 1 und 3 (Jugendurlaub)[3]
Artikel 330: Absätze 1, 3 und 4 (Kaution)

---

[1] Fassung gemäss Ziff. I des BG vom 18. März 1988, in Kraft seit 1. Jan. 1989 (AS **1988** 1472 1479; BBl **1984** II 551).
[2] Eingefügt durch Anhang Ziff. 2 des BG vom 19. Juni 1992 über den Datenschutz, in Kraft seit 1. Juli 1993 (SR **235.1**).
[3] Eingefügt durch Art. 13 des Jugendförderungsgesetzes vom 6. Okt. 1989, in Kraft seit 1. Jan. 1991 (SR **446.1**).

Artikel 330a: (Zeugnis)
Artikel 331: Absätze 3 und 4 (Beitragsleistung und Auskunftspflicht bei Personalfürsorge)
Artikel 331a: (Beginn und Ende des Vorsorgeschutzes)[1]
...[2]
Artikel 332: Absatz 4 (Vergütung bei Erfindungen)
Artikel 333: Absatz 3 (Haftung bei Übergang des Arbeitsverhältnisses)
Artikel 336: Absatz 2 (Missbräuchliche Kündigung durch den Arbeitgeber)
Artikel 336c: (Kündigung zur Unzeit durch den Arbeitgeber)
Artikel 337a: (Fristlose Auflösung wegen Lohngefährdung)
Artikel 337c: Absatz 1 (Folgen bei ungerechtfertigter Entlassung)
Artikel 338: (Tod des Arbeitnehmers)
Artikel 338a: (Tod des Arbeitgebers)
Artikel 339b: (Voraussetzungen der Abgangsentschädigung)
Artikel 339d: (Ersatzleistungen)
Artikel 340: Absatz 1 (Voraussetzungen des Konkurrenzverbotes)
Artikel 340a: Absatz 1 (Beschränkung des Konkurrenzverbotes)
Artikel 340c: (Wegfall des Konkurrenzverbotes)
Artikel 341: Absatz 1 (Unverzichtbarkeit)
Artikel 345a: (Pflichten des Lehrmeisters)
Artikel 346a: (Lehrzeugnis)
Artikel 349a: Absatz 1 (Lohn des Handelsreisenden)
Artikel 349b: Absatz 3 (Ausrichtung der Provision)
Artikel 349c: Absatz 1 (Lohn bei Verhinderung an der Reisetätigkeit)
Artikel 349e: Absatz 1 (Retentionsrecht des Handelsreisenden)
Artikel 350a: Absatz 1 (Provision bei Beendigung des Arbeitsverhältnisses)
Artikel 352a: Absatz 3 (Haftung des Heimarbeiters)
Artikel 353: (Abnahme des Arbeitserzeugnisses)
Artikel 353a: (Ausrichtung des Lohnes)
Artikel 353b: Absatz 1 (Lohn bei Verhinderung an der Arbeitsleistung).[3]

---

[1] Fassung gemäss Anhang, Ziff. 2 des Freizügigkeitsgesetzes vom 17. Dez. 1993, in Kraft seit 1. Jan. 1995 (SR **831.42**).
[2] Aufgehoben durch Anhang Ziff. 2 des Freizügigkeitsgesetzes vom 17. Dez. 1993 (SR **831.42**).
[3] Fassung gemäss Ziff. I des BG vom 18. März 1988, in Kraft seit 1. Jan. 1989 (AS **1988** 1472 1479; BBl **1984** II 551).

² Abreden sowie Bestimmungen von Normalarbeitsverträgen und Gesamtarbeitsverträgen, die von den vorstehend angeführten Vorschriften zuungunsten des Arbeitnehmers abweichen, sind nichtig.

Elfter Titel
DER WERKVERTRAG

Art. 363

A. Begriff Durch den Werkvertrag verpflichtet sich der Unternehmer zur Herstellung eines Werkes und der Besteller zur Leistung einer Vergütung.

Art. 364

B. Wirkungen
I. Pflichten des Unternehmers
1. Im allgemeinen

¹ Der Unternehmer haftet im allgemeinen für die gleiche Sorgfalt wie der Arbeitnehmer im Arbeitsverhältnis.[1]

² Er ist verpflichtet, das Werk persönlich auszuführen oder unter seiner persönlichen Leitung ausführen zu lassen, mit Ausnahme der Fälle, in denen es nach der Natur des Geschäftes auf persönliche Eigenschaften des Unternehmers nicht ankommt.

³ Er hat in Ermangelung anderweitiger Verabredung oder Übung für die zur Ausführung des Werkes nötigen Hilfsmittel, Werkzeuge und Gerätschaften auf seine Kosten zu sorgen.

Art. 365

2. Betreffend den Stoff

¹ Soweit der Unternehmer die Lieferung des Stoffes übernommen hat, haftet er dem Besteller für die Güte desselben und hat Gewähr zu leisten wie ein Verkäufer.

² Den vom Besteller gelieferten Stoff hat der Unternehmer mit aller Sorgfalt zu behandeln, über dessen Verwendung Rechenschaft abzulegen und einen allfälligen Rest dem Besteller zurückzugeben.

³ Zeigen sich bei der Ausführung des Werkes Mängel an dem vom Besteller gelieferten Stoffe oder an dem angewiesenen Baugrunde, oder ergeben sich sonst Verhältnisse, die eine gehörige oder rechtzeitige Ausführung des Werkes gefährden, so hat der Unternehmer dem Besteller ohne Verzug davon Anzeige zu machen, widrigenfalls die nachteiligen Folgen ihm selbst zur Last fallen.

Art. 366

3. Rechtzeitige Vornahme und vertragsgemässe Ausführung der Arbeit

¹ Beginnt der Unternehmer das Werk nicht rechtzeitig oder verzögert er die Ausführung in vertragswidriger Weise oder ist er damit ohne Schuld des Bestellers so sehr im Rückstande, dass die rechtzeitige Vollendung nicht mehr vorauszusehen ist, so kann der Besteller, ohne den Lieferungstermin abzuwarten, vom Vertrage zurücktreten.

---

[1] Fassung gemäss Ziff. II Art. 1 Ziff. 6 des BG vom 25. Juni 1971, in Kraft seit 1. Jan. 1972 (am Schluss des OR, Schl- und UeB des X. Tit.).

² Lässt sich während der Ausführung des Werkes eine mangelhafte oder sonst vertragswidrige Erstellung durch Verschulden des Unternehmers bestimmt voraussehen, so kann ihm der Besteller eine angemessene Frist zur Abhilfe ansetzen oder ansetzen lassen mit der Androhung, dass im Unterlassungsfalle die Verbesserung oder die Fortführung des Werkes auf Gefahr und Kosten des Unternehmers einem Dritten übertragen werde.

Art. 367

¹ Nach Ablieferung des Werkes hat der Besteller, sobald es nach dem üblichen Geschäftsgange tunlich ist, dessen Beschaffenheit zu prüfen und den Unternehmer von allfälligen Mängeln in Kenntnis zu setzen.

² Jeder Teil ist berechtigt, auf seine Kosten eine Prüfung des Werkes durch Sachverständige und die Beurkundung des Befundes zu verlangen.

4. Haftung für Mängel
a. Feststellung der Mängel

Art. 368

¹ Leidet das Werk an so erheblichen Mängeln oder weicht es sonst so sehr vom Vertrage ab, dass es für den Besteller unbrauchbar ist oder dass ihm die Annahme billigerweise nicht zugemutet werden kann, so darf er diese verweigern und bei Verschulden des Unternehmers Schadenersatz fordern.

² Sind die Mängel oder die Abweichungen vom Vertrage minder erheblich, so kann der Besteller einen dem Minderwerte des Werkes entsprechenden Abzug am Lohne machen oder auch, sofern dieses dem Unternehmer nicht übermässige Kosten verursacht, die unentgeltliche Verbesserung des Werkes und bei Verschulden Schadenersatz verlangen.

³ Bei Werken, die auf dem Grund und Boden des Bestellers errichtet sind und ihrer Natur nach nur mit unverhältnismässigen Nachteilen entfernt werden können, stehen dem Besteller nur die im zweiten Absatz dieses Artikels genannten Rechte zu.

b. Recht des Bestellers bei Mängeln

Art. 369

Die dem Besteller bei Mangelhaftigkeit des Werkes gegebenen Rechte fallen dahin, wenn er durch Weisungen, die er entgegen den ausdrücklichen Abmahnungen des Unternehmers über die Ausführung erteilte, oder auf andere Weise die Mängel selbst verschuldet hat.

c. Verantwortlichkeit des Bestellers

Art. 370

d. Genehmigung des Werkes

¹ Wird das abgelieferte Werk vom Besteller ausdrücklich oder stillschweigend genehmigt, so ist der Unternehmer von seiner Haftpflicht befreit, soweit es sich nicht um Mängel handelt, die bei der Abnahme und ordnungsmässigen Prüfung nicht erkennbar waren oder vom Unternehmer absichtlich verschwiegen wurden.

² Stillschweigende Genehmigung wird angenommen, wenn der Besteller die gesetzlich vorgesehene Prüfung und Anzeige unterlässt.

³ Treten die Mängel erst später zu Tage, so muss die Anzeige sofort nach der Entdeckung erfolgen, widrigenfalls das Werk auch rücksichtlich dieser Mängel als genehmigt gilt.

Art. 371

e. Verjährung

¹ Die Ansprüche des Bestellers wegen Mängel des Werkes verjähren gleich den entsprechenden Ansprüchen des Käufers.

² Der Anspruch des Bestellers eines unbeweglichen Bauwerkes wegen allfälliger Mängel des Werkes verjährt jedoch gegen den Unternehmer sowie gegen den Architekten oder Ingenieur, die zum Zwecke der Erstellung Dienste geleistet haben, mit Ablauf von fünf Jahren seit der Abnahme.

Art. 372

II. Pflichten des Bestellers
1. Fälligkeit der Vergütung

¹ Der Besteller hat die Vergütung bei der Ablieferung des Werkes zu zahlen.

² Ist das Werk in Teilen zu liefern und die Vergütung nach Teilen bestimmt, so hat Zahlung für jeden Teil bei dessen Ablieferung zu erfolgen.

Art. 373

2. Höhe der Vergütung
a. Feste Übernahme

¹ Wurde die Vergütung zum voraus genau bestimmt, so ist der Unternehmer verpflichtet, das Werk um diese Summe fertigzustellen, und darf keine Erhöhung fordern, selbst wenn er mehr Arbeit oder grössere Auslagen gehabt hat, als vorgesehen war.

² Falls jedoch ausserordentliche Umstände, die nicht vorausgesehen werden konnten oder die nach den von beiden Beteiligten angenommenen Voraussetzungen ausgeschlossen waren, die Fertigstellung hindern oder übermässig erschweren, so kann der Richter nach seinem Ermessen eine Erhöhung des Preises oder die Auflösung des Vertrages bewilligen.

³ Der Besteller hat auch dann den vollen Preis zu bezahlen, wenn die Fertigstellung des Werkes weniger Arbeit verursacht, als vorgesehen war.

Art. 374

Ist der Preis zum voraus entweder gar nicht oder nur ungefähr bestimmt worden, so wird er nach Massgabe des Wertes der Arbeit und der Aufwendungen des Unternehmers festgesetzt.

b. Festsetzung nach dem Wert der Arbeit

Art. 375

[1] Wird ein mit dem Unternehmer verabredeter ungefährer Ansatz ohne Zutun des Bestellers unverhältnismässig überschritten, so hat dieser sowohl während als nach der Ausführung des Werkes das Recht, vom Vertrag zurückzutreten.

[2] Bei Bauten, die auf Grund und Boden des Bestellers errichtet werden, kann dieser eine angemessene Herabsetzung des Lohnes verlangen oder, wenn die Baute noch nicht vollendet ist, gegen billigen Ersatz der bereits ausgeführten Arbeiten dem Unternehmer die Fortführung entziehen und vom Vertrage zurücktreten.

C. Beendigung
I. Rücktritt wegen Überschreitung des Kostenansatzes

Art. 376

[1] Geht das Werk vor seiner Übergabe durch Zufall zugrunde, so kann der Unternehmer weder Lohn für seine Arbeit noch Vergütung seiner Auslagen verlangen, ausser wenn der Besteller sich mit der Annahme im Verzug befindet.

[2] Der Verlust des zugrunde gegangenen Stoffes trifft in diesem Falle den Teil, der ihn geliefert hat.

[3] Ist das Werk wegen eines Mangels des vom Besteller gelieferten Stoffes oder des angewiesenen Baugrundes oder infolge der von ihm vorgeschriebenen Art der Ausführung zugrunde gegangen, so kann der Unternehmer, wenn er den Besteller auf diese Gefahren rechtzeitig aufmerksam gemacht hat, die Vergütung der bereits geleisteten Arbeit und der im Lohne nicht eingeschlossenen Auslagen und, falls den Besteller ein Verschulden trifft, überdies Schadenersatz verlangen.

II. Untergang des Werkes

Art. 377

Solange das Werk unvollendet ist, kann der Besteller gegen Vergütung der bereits geleisteten Arbeit und gegen volle Schadloshaltung des Unternehmers jederzeit vom Vertrag zurücktreten.

III. Rücktritt des Bestellers gegen Schadloshaltung

Art. 378

[1] Wird die Vollendung des Werkes durch einen beim Besteller eingetretenen Zufall unmöglich, so hat der Unternehmer Anspruch auf Vergütung der geleisteten Arbeit und der im Preise nicht inbegriffenen Auslagen.

[2] Hat der Besteller die Unmöglichkeit der Ausführung verschuldet, so kann der Unternehmer überdies Schadenersatz fordern.

IV. Unmöglichkeit der Erfüllung aus Verhältnissen des Bestellers

Art. 379

V. Tod und Unfähigkeit des Unternehmers

¹ Stirbt der Unternehmer oder wird er ohne seine Schuld zur Vollendung des Werkes unfähig, so erlischt der Werkvertrag, wenn er mit Rücksicht auf die persönlichen Eigenschaften des Unternehmers eingegangen war.

² Der Besteller ist verpflichtet, den bereits ausgeführten Teil des Werkes, soweit dieser für ihn brauchbar ist, anzunehmen und zu bezahlen.

Zwölfter Titel
DER VERLAGSVERTRAG

Art. 380
Durch den Verlagsvertrag verpflichten sich der Urheber eines literarischen oder künstlerischen Werkes oder seine Rechtsnachfolger (Verlaggeber), das Werk einem Verleger zum Zwecke der Herausgabe zu überlassen, der Verleger dagegen, das Werk zu vervielfältigen und in Vertrieb zu setzen.

A. Begriff

Art. 381
[1] Die Rechte des Urhebers werden insoweit und auf so lange dem Verleger übertragen, als es für die Ausführung des Vertrages erforderlich ist.

[2] Der Verlaggeber hat dem Verleger dafür einzustehen, dass er zur Zeit des Vertragsabschlusses zu der Verlagsgabe berechtigt war, und wenn das Werk schutzfähig ist, dass er das Urheberrecht daran hatte.

[3] Er hat, wenn das Werk vorher ganz oder teilweise einem Dritten in Verlag gegeben oder sonst mit seinem Wissen veröffentlicht war, dem Verleger vor dem Vertragsabschlusse hievon Kenntnis zu geben.

B. Wirkungen
I. Übertragung des Urheberrechts und Gewährloistung

Art. 382
[1] Solange die Auflagen des Werkes, zu denen der Verleger berechtigt ist, nicht vergriffen sind, darf der Verlaggeber weder über das Werk im ganzen noch über dessen einzelne Teile zum Nachteile des Verlegers anderweitig verfügen.

[2] Zeitungsartikel und einzelne kleinere Aufsätze in Zeitschriften darf der Verlaggeber jederzeit weiter veröffentlichen.

[3] Beiträge an Sammelwerke oder grössere Beiträge an Zeitschriften darf der Verlaggeber nicht vor Ablauf von drei Monaten nach dem vollständigen Erscheinen des Beitrages weiter veröffentlichen.

II. Verfügung des Verlaggebers

Art. 383
[1] Wurde über die Anzahl der Auflagen nichts bestimmt, so ist der Verleger nur zu einer Auflage berechtigt.

[2] Die Stärke der Auflage wird, wenn darüber nichts vereinbart wurde, vom Verleger festgesetzt, er hat aber auf Verlangen des Verlaggebers wenigstens so viele Exemplare drucken zu lassen, als zu einem gehörigen Umsatz erforderlich sind, und darf nach Vollendung des ersten Druckes keine neuen Abdrücke veranstalten.

III. Bestimmung der Auflagen

³ Wurde das Verlagsrecht für mehrere Auflagen oder für alle Auflagen übertragen und versäumt es der Verleger, eine neue Auflage zu veranstalten, nachdem die letzte vergriffen ist, so kann ihm der Verlaggeber gerichtlich eine Frist zur Herstellung einer neuen Auflage ansetzen lassen, nach deren fruchtlosem Ablauf der Verleger sein Recht verwirkt.

Art. 384

IV. Vervielfältigung und Vertrieb

¹ Der Verleger ist verpflichtet, das Werk ohne Kürzungen, ohne Zusätze und ohne Abänderungen in angemessener Ausstattung zu vervielfältigen, für gehörige Bekanntmachung zu sorgen und die üblichen Mittel für den Absatz zu verwenden.

² Die Preisbestimmung hängt von dem Ermessen des Verlegers ab, doch darf er nicht durch übermässige Preisforderung den Absatz erschweren.

Art. 385

V. Verbesserungen und Berichtigungen

¹ Der Urheber behält das Recht, Berichtigungen und Verbesserungen vorzunehmen, wenn sie nicht die Verlagsinteressen verletzen oder die Verantwortlichkeit des Verlegers steigern, ist aber für unvorhergesehene Kosten, die dadurch verursacht werden, Ersatz schuldig.

² Der Verleger darf keine neue Ausgabe oder Auflage machen und keinen neuen Abdruck vornehmen, ohne zuvor dem Urheber Gelegenheit zu geben, Verbesserungen anzubringen.

Art. 386

VI. Gesamtausgaben und Einzelausgaben

¹ Ist die besondere Ausgabe mehrerer einzelner Werke desselben Urhebers zum Verlag überlassen worden, so gibt dieses dem Verleger nicht auch das Recht, eine Gesamtausgabe dieser Werke zu veranstalten.

² Ebensowenig hat der Verleger, dem eine Gesamtausgabe sämtlicher Werke oder einer ganzen Gattung von Werken desselben Urhebers überlassen worden ist, das Recht, von den einzelnen Werken besondere Ausgaben zu veranstalten.

Art. 387

VII. Übersetzungsrecht

Das Recht, eine Übersetzung des Werkes zu veranstalten, bleibt, wenn nichts anderes mit dem Verleger vereinbart ist, ausschliesslich dem Verlaggeber vorbehalten.

Art. 388

VIII. Honorar des Verlaggebers
1. Höhe des Honorars

¹ Ein Honorar an den Verlaggeber gilt als vereinbart, wenn nach den Umständen die Überlassung des Werkes nur gegen ein Honorar zu erwarten war.

² Die Grösse desselben bestimmt der Richter auf das Gutachten von Sachverständigen.

³ Hat der Verleger das Recht zu mehreren Auflagen, so wird vermutet, dass für jede folgende von ihm veranstaltete Auflage dieselben Honorar- und übrigen Vertragsbedingungen gelten wie für die erste Auflage.

Art. 389

¹ Das Honorar wird fällig, sobald das ganze Werk oder, wenn es in Abteilungen (Bänden, Heften, Blättern) erscheint, sobald die Abteilung gedruckt ist und ausgegeben werden kann.

² Wird das Honorar ganz oder teilweise von dem erwarteten Absatze abhängig gemacht, so ist der Verleger zu übungsgemässer Abrechnung und Nachweisung des Absatzes verpflichtet.

³ Der Verlaggeber hat mangels einer andern Abrede Anspruch auf die übliche Zahl von Freiexemplaren.

2. Fälligkeit Abrechnung und Freiexemplare

Art. 390

¹ Geht das Werk nach seiner Ablieferung an den Verleger durch Zufall unter, so ist der Verleger gleichwohl zur Zahlung des Honorars verpflichtet.

² Besitzt der Urheber noch ein zweites Exemplar des untergegangenen Werkes, so hat er es dem Verleger zu überlassen, andernfalls ist er verpflichtet, das Werk wieder herzustellen, wenn ihm dies mit geringer Mühe möglich ist.

³ In beiden Fällen hat er Anspruch auf eine angemessene Entschädigung.

C. Beendigung I. Untergang des Werkes

Art. 391

¹ Geht die vom Verleger bereits hergestellte Auflage des Werkes durch Zufall ganz oder zum Teile unter, bevor sie vertrieben worden ist, so ist der Verleger berechtigt, die untergegangenen Exemplare auf seine Kosten neu herzustellen, ohne dass der Verlaggeber ein neues Honorar dafür fordern kann.

² Der Verleger ist zur Wiederherstellung der untergegangenen Exemplare verpflichtet, wenn dies ohne unverhältnismässig hohe Kosten geschehen kann.

II. Untergang der Auflage

Art. 392

¹ Der Verlagsvertrag erlischt, wenn der Urheber vor der Vollendung des Werkes stirbt oder unfähig oder ohne sein Verschulden verhindert wird, es zu vollenden.

² Ausnahmsweise kann der Richter, wenn die ganze oder teilweise Fortsetzung des Vertragsverhältnisses möglich und billig erscheint, sie bewilligen und das Nötige anordnen.

III. Endigungsgründe in der Person des Urhebers und des Verlegers

³ Gerät der Verleger in Konkurs, so kann der Verlaggeber das Werk einem anderen Verleger übertragen, wenn ihm nicht für Erfüllung der zur Zeit der Konkurseröffnung noch nicht verfallenen Verlagsverbindlichkeiten Sicherheit geleistet wird.

Art. 393

D. Bearbeitung eines Werkes nach Plan des Verlegers

¹ Wenn einer oder mehrere Verfasser nach einem ihnen vom Verleger vorgelegten Plane die Bearbeitung eines Werkes übernehmen, so haben sie nur auf das bedungene Honorar Anspruch.

² Das Urheberrecht am Werke steht dem Verleger zu.

Dreizehnter Titel
DER AUFTRAG

Erster Abschnitt
Der einfache Auftrag

Art. 394

¹ Durch die Annahme eines Auftrages verpflichtet sich der Beauftragte, die ihm übertragenen Geschäfte oder Dienste vertragsgemäss zu besorgen.

² Verträge über Arbeitsleistung, die keiner besondern Vertragsart dieses Gesetzes unterstellt sind, stehen unter den Vorschriften über den Auftrag.

³ Eine Vergütung ist zu leisten, wenn sie verabredet oder üblich ist.

A. Begriff

Art. 395

Als angenommen gilt ein nicht sofort abgelehnter Auftrag, wenn er sich auf die Besorgung solcher Geschäfte bezieht, die der Beauftragte kraft obrigkeitlicher Bestellung oder gewerbsmässig betreibt oder zu deren Besorgung er sich öffentlich empfohlen hat.

B. Entstehung

Art. 396

¹ Ist der Umfang des Auftrages nicht ausdrücklich bezeichnet worden, so bestimmt er sich nach der Natur des zu besorgenden Geschäftes.

² Insbesondere ist in dem Auftrage auch die Ermächtigung zu den Rechtshandlungen enthalten, die zu dessen Ausführung gehören.

³ Einer besonderen Ermächtigung bedarf der Beauftragte, unter Vorbehalt der Bestimmungen des eidgenössischen oder kantonalen Prozessrechtes, wenn es sich darum handelt, einen Prozess anzuheben, einen Vergleich abzuschliessen, ein Schiedsgericht anzunehmen, wechselrechtliche Verbindlichkeiten einzugehen, Grundstücke zu veräussern oder zu belasten oder Schenkungen zu machen.

C. Wirkungen
I. Umfang des Auftrages

Art. 397

¹ Hat der Auftraggeber für die Besorgung des übertragenen Geschäftes eine Vorschrift gegeben, so darf der Beauftragte nur insofern davon abweichen, als nach den Umständen die Einholung einer Erlaubnis nicht tunlich und überdies anzunehmen ist, der Auftraggeber würde sie bei Kenntnis der Sachlage erteilt haben.

II. Verpflichtungen des Beauftragten
1. Vorschriftsgemässe Ausführung

² Ist der Beauftragte, ohne dass diese Voraussetzungen zutreffen, zum Nachteil des Auftraggebers von dessen Vorschriften abgewichen, so gilt der Auftrag nur dann als erfüllt, wenn der Beauftragte den daraus erwachsenen Nachteil auf sich nimmt.

Art. 398

2. Haftung für getreue Ausführung
a. Im allgemeinen

¹ Der Beauftragte haftet im allgemeinen für die gleiche Sorgfalt wie der Arbeitnehmer im Arbeitsverhältnis.[1]

² Er haftet dem Auftraggeber für getreue und sorgfältige Ausführung des ihm übertragenen Geschäftes.

³ Er hat das Geschäft persönlich zu besorgen, ausgenommen, wenn er zur Übertragung an einen Dritten ermächtigt oder durch die Umstände genötigt ist, oder wenn eine Vertretung übungsgemäss als zulässig betrachtet wird.

Art. 399

b. Bei Übertragung der Besorgung auf einen Dritten

¹ Hat der Beauftragte die Besorgung des Geschäftes unbefugterweise einem Dritten übertragen, so haftet er für dessen Handlungen, wie wenn es seine eigenen wären.

² War er zur Übertragung befugt, so haftet er nur für gehörige Sorgfalt bei der Wahl und Instruktion des Dritten.

³ In beiden Fällen kann der Auftraggeber die Ansprüche, die dem Beauftragten gegen den Dritten zustehen, unmittelbar gegen diesen geltend machen.

Art. 400

3. Rechenschaftsablegung

¹ Der Beauftragte ist schuldig, auf Verlangen jederzeit über seine Geschäftsführung Rechenschaft abzulegen und alles, was ihm infolge derselben aus irgend einem Grunde zugekommen ist, zu erstatten.

² Gelder, mit deren Ablieferung er sich im Rückstande befindet, hat er zu verzinsen.

Art. 401

4. Übergang der erworbenen Rechte

¹ Hat der Beauftragte für Rechnung des Auftraggebers in eigenem Namen Forderungsrechte gegen Dritte erworben, so gehen sie auf den Auftraggeber über, sobald dieser seinerseits allen Verbindlichkeiten aus dem Auftragsverhältnisse nachgekommen ist.

² Dieses gilt auch gegenüber der Masse, wenn der Beauftragte in Konkurs gefallen ist.

---

[1] Fassung gemäss Ziff. II Art. 1 Ziff. 7 des BG vom 25. Juni 1971, in Kraft seit 1. Jan. 1972 (am Schluss des OR, Schl- und UeB des X. Tit.).

DER AUFTRAG

³ Ebenso kann der Auftraggeber im Konkurse des Beauftragten, unter Vorbehalt der Retentionsrechte desselben, die beweglichen Sachen herausverlangen, die dieser in eigenem Namen, aber für Rechnung des Auftraggebers zu Eigentum erworben hat.

Art. 402

¹ Der Auftraggeber ist schuldig, dem Beauftragten die Auslagen und Verwendungen, die dieser in richtiger Ausführung des Auftrages gemacht hat, samt Zinsen zu ersetzen und ihn von den eingegangenen Verbindlichkeiten zu befreien.

² Er haftet dem Beauftragten für den aus dem Auftrage erwachsenen Schaden, soweit er nicht zu beweisen vermag, dass der Schaden ohne sein Verschulden entstanden ist.

III. Verpflichtungen des Auftraggebers

Art. 403

¹ Haben mehrere Personen gemeinsam einen Auftrag gegeben, so haften sie dem Beauftragten solidarisch.

² Haben mehrere Personen einen Auftrag gemeinschaftlich übernommen, so haften sie solidarisch und können den Auftraggeber, soweit sie nicht zur Übertragung der Besorgung an einen Dritten ermächtigt sind, nur durch gemeinschaftliches Handeln verpflichten.

IV. Haftung mehrerer

Art. 404

¹ Der Auftrag kann von jedem Teile jederzeit widerrufen oder gekündigt werden.

² Erfolgt dies jedoch zur Unzeit, so ist der zurücktretende Teil zum Ersatze des dem anderen verursachten Schadens verpflichtet.

D. Beendigung
I. Gründe
1. Widerruf, Kündigung

Art. 405

¹ Der Auftrag erlischt, sofern nicht das Gegenteil vereinbart ist oder aus der Natur des Geschäftes gefolgert werden muss, durch den Tod, durch eintretende Handlungsunfähigkeit und durch den Konkurs des Auftraggebers oder des Beauftragten.

² Falls jedoch das Erlöschen des Auftrages die Interessen des Auftraggebers gefährdet, so ist der Beauftragte, sein Erbe oder sein Vertreter verpflichtet, für die Fortführung des Geschäftes zu sorgen, bis der Auftraggeber, sein Erbe oder sein Vertreter in der Lage ist, es selbst zu tun.

2. Tod, Handlungsunfähigkeit, Konkurs

Art. 406

Aus den Geschäften, die der Beauftragte führt, bevor er von dem Erlöschen des Auftrages Kenntnis erhalten hat, wird der Auftraggeber oder dessen Erbe verpflichtet, wie wenn der Auftrag noch bestanden hätte.

II. Wirkung des Erlöschens

Erster Abschnitt^{bis1)}
Auftrag zur Ehe- oder zur Partnerschaftsvermittlung

Art. 406a

A. Begriff und anwendbares Recht

¹ Wer einen Auftrag zur Ehe- oder zur Partnerschaftsvermittlung annimmt, verpflichtet sich, dem Auftraggeber gegen eine Vergütung Personen für die Ehe oder für eine feste Partnerschaft zu vermitteln.

² Auf die Ehe- oder die Partnerschaftsvermittlung sind die Vorschriften über den einfachen Auftrag ergänzend anwendbar.

Art. 406b

B. Vermittlung von oder an Personen aus dem Ausland
I. Kosten der Rückreise

¹ Reist die zu vermittelnde Person aus dem Ausland ein oder reist sie ins Ausland aus, so hat ihr der Beauftragte die Kosten der Rückreise zu vergüten, wenn diese innert sechs Monaten seit der Einreise erfolgt.

² Der Anspruch der zu vermittelnden Person gegen den Beauftragten geht mit allen Rechten auf das Gemeinwesen über, wenn dieses für die Rückreisekosten aufgekommen ist.

³ Der Beauftragte kann vom Auftraggeber nur im Rahmen des im Vertrag vorgesehenen Höchstbetrags Ersatz für die Rückreisekosten verlangen.

Art. 406c

II. Bewilligungspflicht

¹ Die berufsmässige Ehe- oder Partnerschaftsvermittlung von Personen oder an Personen aus dem Ausland bedarf der Bewilligung einer vom kantonalen Recht bezeichneten Stelle und untersteht deren Aufsicht.

² Der Bundesrat erlässt die Ausführungsvorschriften und regelt namentlich:
a. die Voraussetzungen und die Dauer der Bewilligung;
b. die Sanktionen, die bei Zuwiderhandlungen gegen den Beauftragten verhängt werden;
c. die Pflicht des Beauftragten, die Kosten für die Rückreise der zu vermittelnden Personen sicherzustellen.

Art. 406d

C. Form und Inhalt

Der Vertrag bedarf zu seiner Gültigkeit der schriftlichen Form und hat folgende Angaben zu enthalten:
1. den Namen und Wohnsitz der Parteien;
2. die Anzahl und die Art der Leistungen, zu denen sich der Beauftragte verpflichtet, sowie die Höhe der Vergütung und der Kosten, die mit jeder Leistung verbunden sind, namentlich die Einschreibegebühr;

---

¹⁾ Erster Abschnitt^{bis} eingefügt durch Anhang Ziff. II des BG vom 26. Juni 1998, in Kraft seit 1. Jan. 2000 (AS **1999** 1118; BBl **1996** I 1).

3. den Höchstbetrag der Entschädigung, die der Auftraggeber dem Beauftragten schuldet, wenn dieser bei der Vermittlung von oder an Personen aus dem Ausland die Kosten für die Rückreise getragen hat (Art. 406b);
4. die Zahlungsbedingungen;
5. das Recht des Auftraggebers, schriftlich und entschädigungslos innerhalb von sieben Tagen vom Vertrag zurückzutreten;
6. das Verbot für den Beauftragten, vor Ablauf der Frist von sieben Tagen eine Zahlung entgegenzunehmen;
7. das Recht des Auftraggebers, den Vertrag jederzeit entschädigungslos zu kündigen, unter Vorbehalt der Schadenersatzpflicht wegen Kündigung zur Unzeit.

Art. 406e

D. Inkrafttreten, Rücktritt

[1] Der Vertrag tritt für den Auftraggeber erst sieben Tage nach Erhalt eines beidseitig unterzeichneten Vertragsdoppels in Kraft. Innerhalb dieser Frist kann der Auftraggeber dem Beauftragten schriftlich seinen Rücktritt vom Vertrag erklären. Ein im voraus erklärter Verzicht auf dieses Recht ist unverbindlich. Die Postaufgabe der Rücktrittserklärung am siebten Tag der Frist genügt.

[2] Vor Ablauf der Frist von sieben Tagen darf der Beauftragte vom Auftraggeber keine Zahlung entgegennehmen.

[3] Tritt der Auftraggeber vom Vertrag zurück, so kann von ihm keine Entschädigung verlangt werden.

Art. 406f

Die Rücktrittserklärung und die Kündigung bedürfen der Schriftform.

E. Rücktrittserklärung und Kündigung

Art. 406g

F. Information und Datenschutz

[1] Der Beauftragte informiert den Auftraggeber vor der Vertragsunterzeichnung und während der Vertragsdauer über besondere Schwierigkeiten, die im Hinblick auf die persönlichen Verhältnisse des Auftraggebers bei der Auftragserfüllung auftreten können.

[2] Bei der Bearbeitung der Personendaten des Auftraggebers ist der Beauftragte zur Geheimhaltung verpflichtet; die Bestimmungen des Bundesgesetzes über den Datenschutz[1]) bleiben vorbehalten.

Art. 406h

G. Herabsetzung

Sind unverhältnismässig hohe Vergütungen oder Kosten vereinbart worden, so kann sie das Gericht auf Antrag des Auftraggebers auf einen angemessenen Betrag herabsetzen.

---

[1]) SR 235.1

Zweiter Abschnitt
Der Kreditbrief und der Kreditauftrag

Art. 407

A. Kreditbrief

¹ Kreditbriefe, durch die der Adressant den Adressaten mit oder ohne Angabe eines Höchstbetrages beauftragt, einer bestimmten Person die verlangten Beträge auszubezahlen, werden nach den Vorschriften über den Auftrag und die Anweisung beurteilt.

² Wenn kein Höchstbetrag angegeben ist, so hat der Adressat bei Anforderungen, die den Verhältnissen der beteiligten Personen offenbar nicht entsprechen, den Adressanten zu benachrichtigen und bis zum Empfange einer Weisung desselben die Zahlung zu verweigern.

³ Der im Kreditbriefe enthaltene Auftrag gilt nur dann als angenommen, wenn die Annahme bezüglich eines bestimmten Betrages erklärt worden ist.

Art. 408

B. Kreditauftrag
I. Begriff und Form

¹ Hat jemand den Auftrag erhalten und angenommen, in eigenem Namen und auf eigene Rechnung, jedoch unter Verantwortlichkeit des Auftraggebers, einem Dritten Kredit zu eröffnen oder zu erneuern, so haftet der Auftraggeber wie ein Bürge, sofern der Beauftragte die Grenzen des Kreditauftrages nicht überschritten hat.

² Für diese Verbindlichkeit bedarf es der schriftlichen Erklärung des Auftraggebers.

Art. 409

II. Vertragsunfähigkeit des Dritten

Der Auftraggeber kann dem Beauftragten nicht die Einrede entgegensetzen, der Dritte sei zur Eingehung der Schuld persönlich unfähig gewesen.

Art. 410

III. Eigenmächtige Stundung

Die Haftpflicht des Auftraggebers erlischt, wenn der Beauftragte dem Dritten eigenmächtig Stundung gewährt oder es versäumt hat, gemäss den Weisungen des Auftraggebers gegen ihn vorzugehen.

Art. 411

IV. Kreditnehmer und Auftraggeber

Das Rechtsverhältnis des Auftraggebers zu dem Dritten, dem ein Kredit eröffnet worden ist, wird nach den Bestimmungen über das Rechtsverhältnis zwischen dem Bürgen und dem Hauptschuldner beurteilt.

Dritter Abschnitt
Der Mäklervertrag

Art. 412

A. Begriff und Form

¹ Durch den Mäklervertrag erhält der Mäkler den Auftrag, gegen eine Vergütung, Gelegenheit zum Abschlusse eines Vertrages nachzuweisen oder den Abschluss eines Vertrages zu vermitteln.

² Der Mäklervertrag steht im allgemeinen unter den Vorschriften über den einfachen Auftrag.

Art. 413

B. Mäklerlohn
I. Begründung

¹ Der Mäklerlohn ist verdient, sobald der Vertrag infolge des Nachweises oder infolge der Vermittlung des Mäklers zustande gekommen ist.

² Wird der Vertrag unter einer aufschiebenden Bedingung geschlossen, so kann der Mäklerlohn erst verlangt werden, wenn die Bedingung eingetreten ist.

³ Soweit dem Mäkler im Vertrage für Aufwendungen Ersatz zugesichert ist, kann er diesen auch dann verlangen, wenn das Geschäft nicht zustande kommt.

Art. 414

II. Festsetzung

Wird der Betrag der Vergütung nicht festgesetzt, so gilt, wo eine Taxe besteht, diese und in Ermangelung einer solchen der übliche Lohn als vereinbart.

Art. 415

III. Verwirkung

Ist der Mäkler in einer Weise, die dem Vertrage widerspricht, für den andern tätig gewesen, oder hat er sich in einem Falle, wo es wider Treu und Glauben geht, auch von diesem Lohn versprechen lassen, so kann er von seinem Auftraggeber weder Lohn noch Ersatz für Aufwendungen beanspruchen.

Art. 416[1)]

IV. ...

Art. 417[2)]

V. Herabsetzung

Ist für den Nachweis der Gelegenheit zum Abschluss oder für die Vermittlung eines Einzelarbeitsvertrages oder eines Grundstückkaufes ein unverhältnismässig hoher Mäklerlohn vereinbart worden, so kann ihn der Richter auf Antrag des Schuldners auf einen angemessenen Betrag herabsetzen.

[1)] Aufgehoben durch Anhang Ziff. II des BG vom 26. Juni 1998 (AS **1999** 1118; BBl **1996** I 1).

[2)] Fassung gemäss Ziff. II Art. 1 Ziff. 8 bzw. 9 des BG vom 25. Juni 1971, in Kraft seit 1. Jan. 1972 (am Schluss des OR, Schl- und UeB des X. Tit.).

Art. 418

C. Vorbehalt kantonalen Rechtes

Es bleibt den Kantonen vorbehalten, über die Verrichtungen der Börsenmäkler, Sensale und Stellenvermittler besondere Vorschriften aufzustellen.

Vierter Abschnitt[1]
Der Agenturvertrag

Art. 418a

A. Allgemeines
I. Begriff

¹ Agent ist, wer die Verpflichtung übernimmt, dauernd für einen oder mehrere Auftraggeber Geschäfte zu vermitteln oder in ihrem Namen und für ihre Rechnung abzuschliessen, ohne zu den Auftraggebern in einem Arbeitsverhältnis zu stehen.[2]

² Auf Agenten, die als solche bloss im Nebenberuf tätig sind, finden die Vorschriften dieses Abschnittes insoweit Anwendung, als die Parteien nicht schriftlich etwas anderes vereinbart haben. Die Vorschriften über das Delcredere, das Konkurrenzverbot und die Auflösung des Vertrages aus wichtigen Gründen dürfen nicht zum Nachteil des Agenten wegbedungen werden.

Art. 418b

II. Anwendbares Recht

¹ Auf den Vermittlungsagenten sind die Vorschriften über den Mäklervertrag, auf den Abschlussagenten diejenigen über die Kommission ergänzend anwendbar.

² ...[3]

Art. 418c

B. Pflichten des Agenten
I. Allgemeines und Delcredere

¹ Der Agent hat die Interessen des Auftraggebers mit der Sorgfalt eines ordentlichen Kaufmannes zu wahren.

² Er darf, falls es nicht schriftlich anders vereinbart ist, auch für andere Auftraggeber tätig sein.

³ Eine Verpflichtung, für die Zahlung oder anderweitige Erfüllung der Verbindlichkeiten des Kunden einzustehen oder die Kosten der Einbringung von Forderungen ganz oder teilweise zu tragen, kann er nur in schriftlicher Form übernehmen. Der Agent erhält dadurch einen unabdingbaren Anspruch auf ein angemessenes besonderes Entgelt.

---

[1] Eingefügt durch Ziff. I des BG vom 4. Febr. 1949, in Kraft seit 1. Jan. 1950 (AS **1949** I 802 808; BBl **1947** III 661). Siehe die SchlB zu diesem Abschnitt (4. Abschn. des XIII. Tit.) am Schluss des OR.

[2] Fassung gemäss Ziff. II Art. 1 Ziff. 8 bzw. 9 des BG vom 25. Juni 1971, in Kraft seit 1. Jan. 1972 (am Schluss des OR, Schl- und UeB des X. Tit.).

[3] Aufgehoben durch Anhang Ziff. I Bst. b des BG vom 18. Dez. 1987 über das Internationale Privatrecht (SR **291**).

Art. 418d

¹ Der Agent darf Geschäftsgeheimnisse des Auftraggebers, die ihm anvertraut oder auf Grund des Agenturverhältnisses bekannt geworden sind, auch nach Beendigung des Vertrages nicht verwerten oder anderen mitteilen.

² Auf ein vertragliches Konkurrenzverbot sind die Bestimmungen über den Dienstvertrag entsprechend anwendbar. Ist ein Konkurrenzverbot vereinbart, so hat der Agent bei Auflösung des Vertrages einen unabdingbaren Anspruch auf ein angemessenes besonderes Entgelt.

II. Geheimhaltungspflicht und Konkurrenzverbot

Art. 418e

¹ Der Agent gilt nur als ermächtigt, Geschäfte zu vermitteln, Mängelrügen und andere Erklärungen, durch die der Kunde sein Recht aus mangelhafter Leistung des Auftraggebers geltend macht oder sich vorbehält, entgegenzunehmen und die dem Auftraggeber zustehenden Rechte auf Sicherstellung des Beweises geltend zu machen.

² Dagegen gilt er nicht als ermächtigt, Zahlungen entgegenzunehmen, Zahlungsfristen zu gewähren oder sonstige Änderungen des Vertrages mit den Kunden zu vereinbaren.

³ Die Artikel 34 und 44 Absatz 3 des Bundesgesetzes vom 2. April 1908[1]) über den Versicherungsvertrag bleiben vorbehalten.

C. Vertretungsbefugnis

Art. 418f

¹ Der Auftraggeber hat alles zu tun, um dem Agenten die Ausübung einer erfolgreichen Tätigkeit zu ermöglichen. Er hat ihm insbesondere die nötigen Unterlagen zur Verfügung zu stellen.

² Er hat den Agenten unverzüglich zu benachrichtigen, wenn er voraussieht, dass Geschäfte nur in erheblich geringerem Umfange, als vereinbart oder nach den Umständen zu erwarten ist, abgeschlossen werden können oder sollen.

³ Ist dem Agenten ein bestimmtes Gebiet oder ein bestimmter Kundenkreis zugewiesen, so ist er, soweit nicht schriftlich etwas anderes vereinbart wurde, unter Ausschluss anderer Personen beauftragt.

D. Pflichten des Auftraggebers
I. Im allgemeinen

Art. 418g

¹ Der Agent hat Anspruch auf die vereinbarte oder übliche Vermittlungs- oder Abschlussprovision für alle Geschäfte, die er während des Agenturverhältnisses vermittelt oder abgeschlossen hat, sowie, mangels gegenteiliger schriftlicher Abrede, für solche Geschäfte, die während des Agenturverhältnisses ohne seine Mitwirkung vom Auftraggeber abgeschlossen werden, sofern er den Dritten als Kunden für Geschäfte dieser Art geworben hat.

II. Provision
1. Vermittlungs- und Abschlussprovision
a. Umfang und Entstehung

---

[1]) SR **221.229.1**

² Der Agent, dem ein bestimmtes Gebiet oder ein bestimmter Kundenkreis ausschliesslich zugewiesen ist, hat Anspruch auf die vereinbarte oder, mangels Abrede, auf die übliche Provision für alle Geschäfte, die mit Kunden dieses Gebietes oder Kundenkreises während des Agenturverhältnisses abgeschlossen werden.

³ Soweit es nicht anders schriftlich vereinbart ist, entsteht der Anspruch auf die Provision, sobald das Geschäft mit dem Kunden rechtsgültig abgeschlossen ist.

Art. 418h

b. Dahinfallen

¹ Der Anspruch des Agenten auf Provision fällt nachträglich insoweit dahin, als die Ausführung eines abgeschlossenen Geschäftes aus einem vom Auftraggeber nicht zu vertretenden Grunde unterbleibt.

² Er fällt hingegen gänzlich dahin, wenn die Gegenleistung für die vom Auftraggeber bereits erbrachten Leistungen ganz oder zu einem so grossen Teil unterbleibt, dass dem Auftraggeber die Bezahlung einer Provision nicht zugemutet werden kann.

Art. 418i

c. Fälligkeit

Soweit nicht etwas anderes vereinbart oder üblich ist, wird die Provision auf das Ende des Kalenderhalbjahres, in dem das Geschäft abgeschlossen wurde, im Versicherungsgeschäft jedoch nach Massgabe der Bezahlung der ersten Jahresprämie fällig.

Art. 418k

d. Abrechnung

¹ Ist der Agent nicht durch schriftliche Abrede zur Aufstellung einer Provisionsabrechnung verpflichtet, so hat ihm der Auftraggeber auf jeden Fälligkeitstermin eine schriftliche Abrechnung unter Angabe der provisionspflichtigen Geschäfte zu übergeben.

² Auf Verlangen ist dem Agenten Einsicht in die für die Abrechnung massgebenden Bücher und Belege zu gewähren. Auf dieses Recht kann der Agent nicht zum voraus verzichten.

Art. 418l

2. Inkassoprovision

¹ Soweit nicht etwas anderes vereinbart oder üblich ist, hat der Agent Anspruch auf eine Inkassoprovision für die von ihm auftragsgemäss eingezogenen und abgelieferten Beträge.

² Mit Beendigung des Agenturverhältnisses fallen die Inkassoberechtigung des Agenten und sein Anspruch auf weitere Inkassoprovisionen dahin.

Art. 418m

¹ Der Auftraggeber hat dem Agenten eine angemessene Entschädigung zu bezahlen, wenn er ihn durch Verletzung seiner gesetzlichen oder vertraglichen Pflichten schuldhaft daran verhindert, die Provision in dem vereinbarten oder nach den Umständen zu erwartenden Umfange zu verdienen. Eine gegenteilige Abrede ist ungültig.

² Wird ein Agent, der für keinen andern Auftraggeber gleichzeitig tätig sein darf, durch Krankheit, schweizerischen obligatorischen Militärdienst oder ähnliche Gründe ohne sein Verschulden an seiner Tätigkeit verhindert, so hat er für verhältnismässig kurze Zeit Anspruch auf eine angemessene Entschädigung nach Massgabe des eingetretenen Verdienstausfalles, sofern das Agenturverhältnis mindestens ein Jahr gedauert hat. Auf dieses Recht kann der Agent nicht zum voraus verzichten.

III. Verhinderung an der Tätigkeit

Art. 418n

¹ Soweit nicht etwas anderes vereinbart oder üblich ist, hat der Agent keinen Anspruch auf Ersatz für die im regelmässigen Betrieb seines Geschäftes entstandenen Kosten und Auslagen, wohl aber für solche, die er auf besondere Weisung des Auftraggebers oder als dessen Geschäftsführer ohne Auftrag auf sich genommen hat, wie Auslagen für Frachten und Zölle.

² Die Ersatzpflicht ist vom Zustandekommen des Rechtsgeschäftes unabhängig.

IV. Kosten und Auslagen

Art. 418o

¹ Zur Sicherung der fälligen Ansprüche aus dem Agenturverhältnis, bei Zahlungsunfähigkeit des Auftraggebers auch der nicht fälligen Ansprüche, hat der Agent an den beweglichen Sachen und Wertpapieren, die er auf Grund des Agenturverhältnisses besitzt, sowie an den kraft einer Inkassovollmacht entgegengenommenen Zahlungen Dritter ein Retentionsrecht, auf das er nicht zum voraus verzichten kann.

² An Preistarifen und Kundenverzeichnissen kann das Retentionsrecht nicht ausgeübt werden.

V. Retentionsrecht

Art. 418p

¹ Ist der Agenturvertrag auf eine bestimmte Zeit abgeschlossen, oder geht eine solche aus seinem Zweck hervor, so endigt er ohne Kündigung mit dem Ablauf dieser Zeit.

² Wird ein auf eine bestimmte Zeit abgeschlossenes Agenturverhältnis nach Ablauf dieser Zeit für beide Teile stillschweigend fortgesetzt, so gilt der Vertrag als für die gleiche Zeit erneuert, jedoch höchstens für ein Jahr.

E. Beendigung
I. Zeitablauf

³ Hat der Auflösung des Vertrages eine Kündigung vorauszugehen, so gilt ihre beiderseitige Unterlassung als Erneuerung des Vertrages.

Art. 418q

II. Kündigung
1. *Im allgemeinen*

¹ Ist ein Agenturvertrag nicht auf bestimmte Zeit abgeschlossen, und geht eine solche auch nicht aus seinem Zwecke hervor, so kann er im ersten Jahr der Vertragsdauer beiderseits auf das Ende des der Kündigung folgenden Kalendermonates gekündigt werden. Die Vereinbarung einer kürzeren Kündigungsfrist bedarf der schriftlichen Form.

² Wenn das Vertragsverhältnis mindestens ein Jahr gedauert hat, kann es mit einer Kündigungsfrist von zwei Monaten auf das Ende eines Kalendervierteljahres gekündigt werden. Es kann jedoch eine längere Kündigungsfrist oder ein anderer Endtermin vereinbart werden.

³ Für Auftraggeber und Agenten dürfen keine verschiedenen Kündigungsfristen vereinbart werden.

Art. 418r

2. *Aus wichtigen Gründen*

¹ Aus wichtigen Gründen kann sowohl der Auftraggeber als auch der Agent jederzeit den Vertrag sofort auflösen.

² Die Bestimmungen über den Dienstvertrag sind entsprechend anwendbar.

Art. 418s

III. Tod, Handlungsunfähigkeit, Konkurs

¹ Das Agenturverhältnis erlischt durch den Tod und durch den Eintritt der Handlungsunfähigkeit des Agenten sowie durch den Konkurs des Auftraggebers.

² Durch den Tod des Auftraggebers erlischt das Agenturverhältnis, wenn der Auftrag wesentlich mit Rücksicht auf dessen Person eingegangen worden ist.

Art. 418t

IV. Ansprüche des Agenten
1. *Provision*

¹ Für Nachbestellungen eines vom Agenten während des Agenturverhältnisses geworbenen Kunden besteht, falls nicht etwas anderes vereinbart oder üblich ist, ein Anspruch auf Provision nur, wenn die Bestellungen vor Beendigung des Agenturvertrages eingelaufen sind.

² Mit der Beendigung des Agenturverhältnisses werden sämtliche Ansprüche des Agenten auf Provision oder Ersatz fällig.

³ Für Geschäfte, die ganz oder teilweise erst nach Beendigung des Agenturverhältnisses zu erfüllen sind, kann eine spätere Fälligkeit des Provisionsanspruches schriftlich vereinbart werden.

Art. 418u

¹ Hat der Agent durch seine Tätigkeit den Kundenkreis des Auftraggebers wesentlich erweitert, und erwachsen diesem oder seinem Rechtsnachfolger aus der Geschäftsverbindung mit der geworbenen Kundschaft auch nach Auflösung des Agenturverhältnisses erhebliche Vorteile, so haben der Agent oder seine Erben, soweit es nicht unbillig ist, einen unabdingbaren Anspruch auf eine angemessene Entschädigung.

² Dieser Anspruch beträgt höchstens einen Nettojahresverdienst aus diesem Vertragsverhältnis, berechnet nach dem Durchschnitt der letzten fünf Jahre oder, wenn das Verhältnis nicht so lange gedauert hat, nach demjenigen der ganzen Vertragsdauer.

³ Kein Anspruch besteht, wenn das Agenturverhältnis aus einem Grund aufgelöst worden ist, den der Agent zu vertreten hat.

2. Entschädigung für die Kundschaft

Art. 418v

Jede Vertragspartei hat auf den Zeitpunkt der Beendigung des Agenturverhältnisses der andern alles herauszugeben, was sie von ihr für die Dauer des Vertrages oder von Dritten für ihre Rechnung erhalten hat. Vorbehalten bleiben die Retentionsrechte der Vertragsparteien.

V. Rückgabepflichten

Vierzehnter Titel
DIE GESCHÄFTSFÜHRUNG OHNE AUFTRAG

Art. 419

A. Stellung des Geschäftsführers
I. Art der Ausführung

Wer für einen anderen ein Geschäft besorgt, ohne von ihm beauftragt zu sein, ist verpflichtet, das unternommene Geschäft so zu führen, wie es dem Vorteile und der mutmasslichen Absicht des anderen entspricht.

Art. 420

II. Haftung des Geschäftsführers im allgemeinen

¹ Der Geschäftsführer haftet für jede Fahrlässigkeit.

² Seine Haftpflicht ist jedoch milder zu beurteilen, wenn er gehandelt hat, um einen dem Geschäftsherrn drohenden Schaden abzuwenden.

³ Hat er die Geschäftsführung entgegen dem ausgesprochenen oder sonst erkennbaren Willen des Geschäftsherrn unternommen und war dessen Verbot nicht unsittlich oder rechtswidrig, so haftet er auch für den Zufall, sofern er nicht beweist, dass dieser auch ohne seine Einmischung eingetreten wäre.

Art. 421

III. Haftung des vertragsunfähigen Geschäftsführers

¹ War der Geschäftsführer unfähig, sich durch Verträge zu verpflichten, so haftet er aus der Geschäftsführung nur, soweit er bereichert ist oder auf böswillige Weise sich der Bereicherung entäussert hat.

² Vorbehalten bleibt eine weitergehende Haftung aus unerlaubten Handlungen.

Art. 422

B. Stellung des Geschäftsherrn
I. Geschäftsführung im Interesse des Geschäftsherrn

¹ Wenn die Übernahme einer Geschäftsbesorgung durch das Interesse des Geschäftsherrn geboten war, so ist dieser verpflichtet, dem Geschäftsführer alle Verwendungen, die notwendig oder nützlich und den Verhältnissen angemessen waren, samt Zinsen zu ersetzen und ihn in demselben Masse von den übernommenen Verbindlichkeiten zu befreien sowie für andern Schaden ihm nach Ermessen des Richters Ersatz zu leisten.

² Diesen Anspruch hat der Geschäftsführer, wenn er mit der gehörigen Sorgfalt handelte, auch in dem Falle, wo der beabsichtigte Erfolg nicht eintritt.

³ Sind die Verwendungen dem Geschäftsführer nicht zu ersetzen, so hat er das Recht der Wegnahme nach den Vorschriften über die ungerechtfertigte Bereicherung.

Art. 423

¹ Wenn die Geschäftsführung nicht mit Rücksicht auf das Interesse des Geschäftsherrn unternommen wurde, so ist dieser gleichwohl berechtigt, die aus der Führung seiner Geschäfte entspringenden Vorteile sich anzueignen.

² Zur Ersatzleistung an den Geschäftsführer und zu dessen Entlastung ist der Geschäftsherr nur so weit verpflichtet, als er bereichert ist.

II. Geschäftsführung im Interesse des Geschäftsführers

Art. 424

Wenn die Geschäftsbesorgung nachträglich vom Geschäftsherrn gebilligt wird, so kommen die Vorschriften über den Auftrag zur Anwendung.

III. Genehmigung der Geschäftsführung

Fünfzehnter Titel
DIE KOMMISSION

Art. 425

A. Einkaufs- und Verkaufskommission
I. Begriff

¹ Einkaufs- oder Verkaufskommissionär ist, wer gegen eine Kommissionsgebühr (Provision) in eigenem Namen für Rechnung eines anderen (des Kommittenten) den Einkauf oder Verkauf von beweglichen Sachen oder Wertpapieren zu besorgen übernimmt.

² Für das Kommissionsverhältnis kommen die Vorschriften über den Auftrag zur Anwendung, soweit nicht die Bestimmungen dieses Titels etwas anderes enthalten.

Art. 426

II. Pflichten des Kommissionärs
1. Anzeigepflicht, Versicherung

¹ Der Kommissionär hat dem Kommittenten die erforderlichen Nachrichten zu geben und insbesondere von der Ausführung des Auftrages sofort Anzeige zu machen.

² Er ist zur Versicherung des Kommissionsgutes nur verpflichtet, wenn er vom Kommittenten Auftrag dazu erhalten hat.

Art. 427

2. Behandlung des Kommissionsgutes

¹ Wenn das zum Verkaufe zugesandte Kommissionsgut sich in einem erkennbar mangelhaften Zustande befindet, so hat der Kommissionär die Rechte gegen den Frachtführer zu wahren, für den Beweis des mangelhaften Zustandes und soweit möglich für Erhaltung des Gutes zu sorgen und dem Kommittenten ohne Verzug Nachricht zu geben.

² Versäumt der Kommissionär diese Pflichten, so ist er für den aus der Versäumnis entstandenen Schaden haftbar.

³ Zeigt sich Gefahr, dass das zum Verkaufe zugesandte Kommissionsgut schnell in Verderbnis gerate, so ist der Kommissionär berechtigt und, soweit die Interessen des Kommittenten es erfordern, auch verpflichtet, die Sache unter Mitwirkung der zuständigen Amtsstelle des Ortes, wo sie sich befindet, verkaufen zu lassen.

Art. 428

3. Preisansatz des Kommittenten

¹ Hat der Verkaufskommissionär unter dem ihm gesetzten Mindestbetrag verkauft, so muss er dem Kommittenten den Preisunterschied vergüten, sofern er nicht beweist, dass durch den Verkauf von dem Kommittenten Schaden abgewendet worden ist und eine Anfrage bei dem Kommittenten nicht mehr tunlich war.

² Ausserdem hat er ihm im Falle seines Verschuldens allen weitern aus der Vertragsverletzung entstehenden Schaden zu ersetzen.

³ Hat der Kommissionär wohlfeiler gekauft, als der Kommittent vorausgesetzt, oder teurer verkauft, als er ihm vorgeschrieben hatte, so darf er den Gewinn nicht für sich behalten, sondern muss ihn dem Kommittenten anrechnen.

Art. 429

¹ Der Kommissionär, der ohne Einwilligung des Kommittenten einem Dritten Vorschüsse macht oder Kredit gewährt, tut dieses auf eigene Gefahr.

² Soweit jedoch der Handelsgebrauch am Orte des Geschäftes das Kreditieren des Kaufpreises mit sich bringt, ist in Ermangelung einer anderen Bestimmung des Kommittenten auch der Kommissionär dazu berechtigt.

4. Vorschuss- und Kreditgewährung an Dritte

Art. 430

¹ Abgesehen von dem Falle, wo der Kommissionär unbefugterweise Kredit gewährt, hat er für die Zahlung oder anderweitige Erfüllung der Verbindlichkeiten des Schuldners nur dann einzustehen, wenn er sich hiezu verpflichtet hat, oder wenn das am Orte seiner Niederlassung Handelsgebrauch ist.

² Der Kommissionär, der für den Schuldner einsteht, ist zu einer Vergütung (Delcredere-Provision) berechtigt.

5. Delcredere-Stehen

Art. 431

¹ Der Kommissionär ist berechtigt, für alle im Interesse des Kommittenten gemachten Vorschüsse, Auslagen und andere Verwendungen Ersatz zu fordern und von diesen Beträgen Zinse zu berechnen.

² Er kann auch die Vergütung für die benutzten Lagerräume und Transportmittel, nicht aber den Lohn seiner Angestellten in Rechnung bringen.

III. Rechte des Kommissionärs
1. Ersatz für Vorschüsse und Auslagen

Art. 432

¹ Der Kommissionär ist zur Forderung der Provision berechtigt, wenn das Geschäft zur Ausführung gekommen oder aus einem in der Person des Kommittenten liegenden Grunde nicht ausgeführt worden ist.

² Für Geschäfte, die aus einem andern Grunde nicht zur Ausführung gekommen sind, hat der Kommissionär nur den ortsüblichen Anspruch auf Vergütung für seine Bemühungen.

2. Provision
a. Anspruch

Art. 433

b. Verwirkung und Umwandlung in Eigengeschäft

¹ Der Anspruch auf die Provision fällt dahin, wenn sich der Kommissionär einer unredlichen Handlungsweise gegenüber dem Kommittenten schuldig gemacht, insbesondere wenn er einen zu hohen Einkaufs- oder einen zu niedrigen Verkaufspreis in Rechnung gebracht hat.

² Überdies steht dem Kommittenten in den beiden letzterwähnten Fällen die Befugnis zu, den Kommissionär selbst als Verkäufer oder als Käufer in Anspruch zu nehmen.

Art. 434

3. Retentionsrecht

Der Kommissionär hat an dem Kommissionsgute sowie an dem Verkaufserlöse ein Retentionsrecht.

Art. 435

4. Versteigerung des Kommissionsgutes

¹ Wenn bei Unverkäuflichkeit des Kommissionsgutes oder bei Widerruf des Auftrages der Kommittent mit der Zurücknahme des Gutes oder mit der Verfügung darüber ungebührlich zögert, so ist der Kommissionär berechtigt, bei der zuständigen Amtsstelle des Ortes, wo die Sache sich befindet, die Versteigerung zu verlangen.

² Die Versteigerung kann, wenn am Orte der gelegenen Sache weder der Kommittent noch ein Stellvertreter desselben anwesend ist, ohne Anhören der Gegenpartei angeordnet werden.

³ Der Versteigerung muss aber eine amtliche Mitteilung an den Kommittenten vorausgehen, sofern das Gut nicht einer schnellen Entwertung ausgesetzt ist.

Art. 436

5. Eintritt als Eigenhändler
a. Preisberechnung und Provision

¹ Bei Kommissionen zum Einkauf oder zum Verkauf von Waren, Wechseln und anderen Wertpapieren, die einen Börsenpreis oder Marktpreis haben, ist der Kommissionär, wenn der Kommittent nicht etwas anderes bestimmt hat, befugt, das Gut, das er einkaufen soll, als Verkäufer selbst zu liefern, oder das Gut, das er zu verkaufen beauftragt ist, als Käufer für sich zu behalten.

² In diesen Fällen ist der Kommissionär verpflichtet, den zur Zeit der Ausführung des Auftrages geltenden Börsen- oder Marktpreis in Rechnung zu bringen, und kann sowohl die gewöhnliche Provision als die bei Kommissionsgeschäften sonst regelmässig vorkommenden Unkosten berechnen.

³ Im übrigen ist das Geschäft als Kaufvertrag zu behandeln.

Art. 437

Meldet der Kommissionär in den Fällen, wo der Eintritt als Eigenhändler zugestanden ist, die Ausführung des Auftrages, ohne eine andere Person als Käufer oder Verkäufer namhaft zu machen, so ist anzunehmen, dass er selbst die Verpflichtung eines Käufers oder Verkäufers auf sich genommen habe.

b. Vermutung des Eintrittes

Art. 438

Wenn der Kommittent den Auftrag widerruft und der Widerruf bei dem Kommissionär eintrifft, bevor dieser die Anzeige der Ausführung abgesandt hat, so ist der Kommissionär nicht mehr befugt, selbst als Käufer oder Verkäufer einzutreten.

c. Wegfall des Eintrittsrechtes

Art. 439

Wer gegen Vergütung die Versendung oder Weitersendung von Gütern für Rechnung des Versenders, aber in eigenem Namen, zu besorgen übernimmt (Spediteur), ist als Kommissionär zu betrachten, steht aber in bezug auf den Transport der Güter unter den Bestimmungen über den Frachtvertrag.

B. Speditionsvertrag

Sechzehnter Titel
DER FRACHTVERTRAG

Art. 440

A. Begriff

[1] Frachtführer ist, wer gegen Vergütung (Frachtlohn) den Transport von Sachen auszuführen übernimmt.

[2] Für den Frachtvertrag kommen die Vorschriften über den Auftrag zur Anwendung, soweit nicht die Bestimmungen dieses Titels etwas anderes enthalten.

Art. 441

B. Wirkungen
I. Stellung des Absenders
1. Notwendige Angaben

[1] Der Absender hat dem Frachtführer die Adresse des Empfängers und den Ort der Ablieferung, die Anzahl, die Verpackung, den Inhalt und das Gewicht der Frachtstücke, die Lieferungszeit und den Transportweg sowie bei wertvollen Gegenständen auch deren Wert genau zu bezeichnen.

[2] Die aus Unterlassung oder Ungenauigkeit einer solchen Angabe entstehenden Nachteile fallen zu Lasten des Absenders.

Art. 442

2. Verpackung

[1] Für gehörige Verpackung des Gutes hat der Absender zu sorgen.

[2] Er haftet für die Folgen von äusserlich nicht erkennbaren Mängeln der Verpackung.

[3] Dagegen trägt der Frachtführer die Folgen solcher Mängel, die äusserlich erkennbar waren, wenn er das Gut ohne Vorbehalt angenommen hat.

Art. 443

3. Verfügung über das reisende Gut

[1] Solange das Frachtgut noch in Händen des Frachtführers ist, hat der Absender das Recht, dasselbe gegen Entschädigung des Frachtführers für Auslagen oder für Nachteile, die aus der Rückziehung erwachsen, zurückzunehmen, ausgenommen:
1. wenn ein Frachtbrief vom Absender ausgestellt und vom Frachtführer an den Empfänger übergeben worden ist;
2. wenn der Absender sich vom Frachtführer einen Empfangsschein hat geben lassen und diesen nicht zurückgeben kann;
3. wenn der Frachtführer an den Empfänger eine schriftliche Anzeige von der Ankunft des Gutes zum Zwecke der Abholung abgesandt hat;
4. wenn der Empfänger nach Ankunft des Gutes am Bestimmungsorte die Ablieferung verlangt hat.

² In diesen Fällen hat der Frachtführer ausschliesslich die Anweisungen des Empfängers zu befolgen, ist jedoch hiezu, falls sich der Absender einen Empfangsschein hat geben lassen und das Gut noch nicht am Bestimmungsorte angekommen ist, nur dann verpflichtet, wenn dem Empfänger dieser Empfangsschein zugestellt worden ist.

Art. 444

¹ Wenn das Frachtgut nicht angenommen oder die Zahlung der auf demselben haftenden Forderungen nicht geleistet wird oder wenn der Empfänger nicht ermittelt werden kann, so hat der Frachtführer den Absender hievon zu benachrichtigen und inzwischen das Frachtgut auf Gefahr und Kosten des Absenders aufzubewahren oder bei einem Dritten zu hinterlegen.

² Wird in einer den Umständen angemessenen Zeit weder vom Absender noch vom Empfänger über das Frachtgut verfügt, so kann der Frachtführer unter Mitwirkung der am Orte der gelegenen Sache zuständigen Amtsstelle das Frachtgut zugunsten des Berechtigten wie ein Kommissionär verkaufen lassen.

II. Stellung des Frachtführers
1. Behandlung des Frachtgutes
a. Verfahren bei Ablieferungshindernissen

Art. 445

¹ Sind Frachtgüter schnellem Verderben ausgesetzt, oder deckt ihr vermutlicher Wert nicht die darauf haftenden Kosten, so hat der Frachtführer den Tatbestand ohne Verzug amtlich feststellen zu lassen und kann das Frachtgut in gleicher Weise wie bei Ablieferungshindernissen verkaufen lassen.

² Von der Anordnung des Verkaufes sind, soweit möglich, die Beteiligten zu benachrichtigen.

b. Verkauf

Art. 446

Der Frachtführer hat bei Ausübung der ihm in bezug auf die Behandlung des Frachtgutes eingeräumten Befugnisse die Interessen des Eigentümers bestmöglich zu wahren und haftet bei Verschulden für Schadenersatz.

c. Verantwortlichkeit

Art. 447

¹ Wenn ein Frachtgut verloren oder zugrunde gegangen ist, so hat der Frachtführer den vollen Wert zu ersetzen, sofern er nicht beweist, dass der Verlust oder Untergang durch die natürliche Beschaffenheit des Gutes oder durch ein Verschulden oder eine Anweisung des Absenders oder des Empfängers verursacht sei oder auf Umständen beruhe, die durch die Sorgfalt eines ordentlichen Frachtführers nicht abgewendet werden konnten.

² Als ein Verschulden des Absenders ist zu betrachten, wenn er den Frachtführer von dem besonders hohen Wert des Frachtgutes nicht unterrichtet hat.

2. Haftung des Frachtführers
a. Verlust und Untergang des Gutes

³ Verabredungen, wonach ein den vollen Wert übersteigendes Interesse oder weniger als der volle Wert zu ersetzen ist, bleiben vorbehalten.

Art. 448

b. Verspätung, Beschädigung, teilweiser Untergang

¹ Unter den gleichen Voraussetzungen und Vorbehalten wie beim Verlust des Gutes haftet der Frachtführer für allen Schaden, der aus Verspätung in der Ablieferung oder aus Beschädigung oder aus teilweisem Untergange des Gutes entstanden ist.

² Ohne besondere Verabredung kann ein höherer Schadenersatz als für gänzlichen Verlust nicht begehrt werden.

Art. 449

c. Haftung für Zwischenfrachtführer

Der Frachtführer haftet für alle Unfälle und Fehler, die auf dem übernommenen Transporte vorkommen, gleichviel, ob er den Transport bis zu Ende selbst besorgt oder durch einen anderen Frachtführer ausführen lässt, unter Vorbehalt des Rückgriffes gegen den Frachtführer, dem er das Gut übergeben hat.

Art. 450

3. Anzeigepflicht

Der Frachtführer hat sofort nach Ankunft des Gutes dem Empfänger Anzeige zu machen.

Art. 451

4. Retentionsrecht

¹ Bestreitet der Empfänger die auf dem Frachtgut haftende Forderung, so kann er die Ablieferung nur verlangen, wenn er den streitigen Betrag amtlich hinterlegt.

² Dieser Betrag tritt in bezug auf das Retentionsrecht des Frachtführers an die Stelle des Frachtgutes.

Art. 452

5. Verwirkung der Haftungsansprüche

¹ Durch vorbehaltlose Annahme des Gutes und Bezahlung der Fracht erlöschen alle Ansprüche gegen den Frachtführer, die Fälle von absichtlicher Täuschung und grober Fahrlässigkeit ausgenommen.

² Ausserdem bleibt der Frachtführer haftbar für äusserlich nicht erkennbaren Schaden, falls der Empfänger solchen innerhalb der Zeit, in der ihm nach den Umständen die Prüfung möglich oder zuzumuten war, entdeckt und den Frachtführer sofort nach der Entdeckung davon benachrichtigt hat.

³ Diese Benachrichtigung muss jedoch spätestens acht Tage nach der Ablieferung stattgefunden haben.

Art. 453

¹ In allen Streitfällen kann die am Orte der gelegenen Sache zuständige Amtsstelle auf Begehren eines der beiden Teile Hinterlegung des Frachtgutes in dritte Hand oder nötigenfalls nach Feststellung des Zustandes den Verkauf anordnen.

² Der Verkauf kann durch Bezahlung oder Hinterlegung des Betrages aller angeblich auf dem Gute haftenden Forderungen abgewendet werden.

6. Verfahren

Art. 454

¹ Die Ersatzklagen gegen Frachtführer verjähren mit Ablauf eines Jahres, und zwar im Falle des Unterganges, des Verlustes oder der Verspätung von dem Tage hinweg, an dem die Ablieferung hätte geschehen sollen, im Falle der Beschädigung von dem Tage an, wo das Gut dem Adressaten übergeben worden ist.

² Im Wege der Einrede können der Empfänger oder der Absender ihre Ansprüche immer geltend machen, sofern sie innerhalb Jahresfrist reklamiert haben und der Anspruch nicht infolge Annahme des Gutes verwirkt ist.

³ Vorbehalten bleiben die Fälle von Arglist und grober Fahrlässigkeit des Frachtführers.

7. Verjährung der Ersatzklagen

Art. 455

¹ Transportanstalten, zu deren Betrieb es einer staatlichen Genehmigung bedarf, sind nicht befugt, die Anwendung der gesetzlichen Bestimmungen über die Verantwortlichkeit des Frachtführers zu ihrem Vorteile durch besondere Übereinkunft oder durch Reglemente im voraus auszuschliessen oder zu beschränken.

² Jedoch bleiben abweichende Vertragsbestimmungen, die in diesem Titel als zulässig vorgesehen sind, vorbehalten.

³ Die besonderen Vorschriften für die Frachtverträge der Post, der Eisenbahnen und Dampfschiffe bleiben vorbehalten.

C. Staatlich genehmigte und staatliche Transportanstalten

Art. 456

¹ Ein Frachtführer oder Spediteur, der sich zur Ausführung des von ihm übernommenen Transportes einer öffentlichen Transportanstalt bedient oder zur Ausführung des von einer solchen übernommenen Transportes mitwirkt, unterliegt den für diese geltenden besonderen Bestimmungen über den Frachtverkehr.

² Abweichende Vereinbarungen zwischen dem Frachtführer oder Spediteur und dem Auftraggeber bleiben jedoch vorbehalten.

³ Dieser Artikel findet keine Anwendung auf Camionneure.

D. Mitwirkung einer öffentlichen Transportanstalt

Art. 457

E. Haftung des Spediteurs Der Spediteur, der sich zur Ausführung des Vertrages einer öffentlichen Transportanstalt bedient, kann seine Verantwortlichkeit nicht wegen mangelnden Rückgriffes ablehnen, wenn er selbst den Verlust des Rückgriffes verschuldet hat.

Siebzehnter Titel
DIE PROKURA UND ANDERE HANDLUNGSVOLLMACHTEN

Art. 458

¹ Wer von dem Inhaber eines Handels-, Fabrikations- oder eines anderen nach kaufmännischer Art geführten Gewerbes ausdrücklich oder stillschweigend ermächtigt ist, für ihn das Gewerbe zu betreiben und «per procura» die Firma zu zeichnen, ist Prokurist.

² Der Geschäftsherr hat die Erteilung der Prokura zur Eintragung in das Handelsregister anzumelden, wird jedoch schon vor der Eintragung durch die Handlungen des Prokuristen verpflichtet.

³ Zur Betreibung anderer Gewerbe oder Geschäfte kann ein Prokurist nur durch Eintragung in das Handelsregister bestellt werden.

A. Prokura
I. Begriff und Bestellung

Art. 459

¹ Der Prokurist gilt gutgläubigen Dritten gegenüber als ermächtigt, den Geschäftsherrn durch Wechsel-Zeichnungen zu verpflichten und in dessen Namen alle Arten von Rechtshandlungen vorzunehmen, die der Zweck des Gewerbes oder Geschäftes des Geschäftsherrn mit sich bringen kann.

² Zur Veräusserung und Belastung von Grundstücken ist der Prokurist nur ermächtigt, wenn ihm diese Befugnis ausdrücklich erteilt worden ist.

II. Umfang der Vollmacht

Art. 460

¹ Die Prokura kann auf den Geschäftskreis einer Zweigniederlassung beschränkt werden.

² Sie kann mehreren Personen zu gemeinsamer Unterschrift erteilt werden (Kollektiv-Prokura), mit der Wirkung, dass die Unterschrift des Einzelnen ohne die vorgeschriebene Mitwirkung der übrigen nicht verbindlich ist.

³ Andere Beschränkungen der Prokura haben gegenüber gutgläubigen Dritten keine rechtliche Wirkung.

III. Beschränkbarkeit

Art. 461

¹ Das Erlöschen der Prokura ist in das Handelsregister einzutragen, auch wenn bei der Erteilung die Eintragung nicht stattgefunden hat.

² Solange die Löschung nicht erfolgt und bekannt gemacht worden ist, bleibt die Prokura gegenüber gutgläubigen Dritten in Kraft.

IV. Löschung der Prokura

Art. 462

B. Andere Handlungsvollmachten

¹ Wenn der Inhaber eines Handels-, Fabrikations- oder eines andern nach kaufmännischer Art geführten Gewerbes jemanden ohne Erteilung der Prokura, sei es zum Betriebe des ganzen Gewerbes, sei es zu bestimmten Geschäften in seinem Gewerbe, als Vertreter bestellt, so erstreckt sich die Vollmacht auf alle Rechtshandlungen, die der Betrieb eines derartigen Gewerbes oder die Ausführung derartiger Geschäfte gewöhnlich mit sich bringt.

² Jedoch ist der Handlungsbevollmächtigte zum Eingehen von Wechselverbindlichkeiten, zur Aufnahme von Darlehen und zur Prozessführung nur ermächtigt, wenn ihm eine solche Befugnis ausdrücklich erteilt worden ist.

C. ...

Art. 463[1]

Art. 464

D. Konkurrenzverbot

¹ Der Prokurist, sowie der Handlungsbevollmächtigte, der zum Betrieb des ganzen Gewerbes bestellt ist oder in einem Arbeitsverhältnis zum Inhaber des Gewerbes steht, darf ohne Einwilligung des Geschäftsherrn weder für eigene Rechnung noch für Rechnung eines Dritten Geschäfte machen, die zu den Geschäftszweigen des Geschäftsherrn gehören.[2]

² Bei Übertretung dieser Vorschrift kann der Geschäftsherr Ersatz des verursachten Schadens fordern und die betreffenden Geschäfte auf eigene Rechnung übernehmen.

Art. 465

E. Erlöschen der Prokura und der andern Handlungsvollmachten

¹ Die Prokura und die Handlungsvollmacht sind jederzeit widerruflich, unbeschadet der Rechte, die sich aus einem unter den Beteiligten bestehenden Einzelarbeitsvertrag, Gesellschaftsvertrag, Auftrag oder dergleichen ergeben können.[3]

² Der Tod des Geschäftsherrn oder der Eintritt seiner Handlungsunfähigkeit hat das Erlöschen der Prokura oder Handlungsvollmacht nicht zur Folge.

---

[1] Aufgehoben durch Ziff. II Art. 6 Ziff. 1 des BG vom 25. Juni 1971 (am Schluss des OR, Schl- und UeB des X. Tit.).
[2] Fassung gemäss Ziff. II Art. 1 Ziff. 10 des BG vom 25. Juni 1971, in Kraft seit 1. Jan. 1972 (am Schluss des OR, Schl- und UeB des X. Tit.).
[3] Fassung gemäss Ziff. II Art. 1 Ziff. 11 des BG vom 25. Juni 1971, in Kraft seit 1. Jan. 1972 (am Schluss des OR, Schl- und UeB des X. Tit.).

Achtzehnter Titel
DIE ANWEISUNG

Art. 466
Durch die Anweisung wird der Angewiesene ermächtigt, Geld, Wertpapiere oder andere vertretbare Sachen auf Rechnung des Anweisenden an den Anweisungsempfänger zu leisten, und dieser, die Leistung von jenem in eigenem Namen zu erheben.

A. Begriff

Art. 467
¹ Soll mit der Anweisung eine Schuld des Anweisenden an den Empfänger getilgt werden, so erfolgt die Tilgung erst durch die von dem Angewiesenen geleistete Zahlung.

² Doch kann der Empfänger, der die Anweisung angenommen hat, seine Forderung gegen den Anweisenden nur dann wieder geltend machen, wenn er die Zahlung vom Angewiesenen gefordert und nach Ablauf der in der Anweisung bestimmten Zeit nicht erhalten hat.

³ Der Gläubiger, der eine von seinem Schuldner ihm erteilte Anweisung nicht annehmen will, hat diesen bei Vermeidung von Schadenersatz ohne Verzug hievon zu benachrichtigen.

B. Wirkungen
I. Verhältnis des Anweisenden zum Anweisungsempfänger

Art. 468
¹ Der Angewiesene, der dem Anweisungsempfänger die Annahme ohne Vorbehalt erklärt, wird ihm zur Zahlung verpflichtet und kann ihm nur solche Einreden entgegensetzen, die sich aus ihrem persönlichen Verhältnisse oder aus dem Inhalte der Anweisung selbst ergeben, nicht aber solche aus seinem Verhältnisse zum Anweisenden.

² Soweit der Angewiesene Schuldner des Anweisenden ist und seine Lage dadurch, dass er an den Anweisungsempfänger Zahlung leisten soll, in keiner Weise verschlimmert wird, ist er zur Zahlung an diesen verpflichtet.

³ Vor der Zahlung die Annahme zu erklären, ist der Angewiesene selbst in diesem Falle nicht verpflichtet, es sei denn, dass er es mit dem Anweisenden vereinbart hätte.

II. Verpflichtung des Angewiesenen

Art. 469
Verweigert der Angewiesene die vom Anweisungsempfänger geforderte Zahlung oder erklärt er zum voraus, an ihn nicht zahlen zu wollen, so ist dieser bei Vermeidung von Schadenersatz verpflichtet, den Anweisenden sofort zu benachrichtigen.

III. Anzeigepflicht bei nicht erfolgter Zahlung

Art. 470

C. Widerruf

¹ Der Anweisende kann die Anweisung gegenüber dem Anweisungsempfänger widerrufen, wenn er sie nicht zur Tilgung seiner Schuld oder sonst zum Vorteile des Empfängers erteilt hat.

² Gegenüber dem Angewiesenen kann der Anweisende widerrufen, solange jener dem Empfänger seine Annahme nicht erklärt hat.

³ Wird über den Anweisenden der Konkurs eröffnet, so gilt die noch nicht angenommene Anweisung als widerrufen.

Art. 471

D. Anweisung bei Wertpapieren

¹ Schriftliche Anweisungen zur Zahlung an den jeweiligen Inhaber der Urkunde werden nach den Vorschriften dieses Titels beurteilt, in dem Sinne, dass dem Angewiesenen gegenüber jeder Inhaber als Anweisungsempfänger gilt, die Rechte zwischen dem Anweisenden und dem Empfänger dagegen nur für den jeweiligen Übergeber und Abnehmer begründet werden.

² Vorbehalten bleiben die besonderen Bestimmungen über den Check und die wechselähnlichen Anweisungen.

Neunzehnter Titel
DER HINTERLEGUNGSVERTRAG

Art. 472
¹ Durch den Hinterlegungsvertrag verpflichtet sich der Aufbewahrer dem Hinterleger, eine bewegliche Sache, die dieser ihm anvertraut, zu übernehmen und sie an einem sicheren Orte aufzubewahren.

² Eine Vergütung kann er nur dann fordern, wenn sie ausdrücklich bedungen worden ist oder nach den Umständen zu erwarten war.

A. Hinterlegung im allgemeinen
I. Begriff

Art. 473
¹ Der Hinterleger haftet dem Aufbewahrer für die mit Erfüllung des Vertrages notwendig verbundenen Auslagen.

² Er haftet ihm für den durch die Hinterlegung verursachten Schaden, sofern er nicht beweist, dass der Schaden ohne jedes Verschulden von seiner Seite entstanden sei.

II. Pflichten des Hinterlegers

Art. 474
¹ Der Aufbewahrer darf die hinterlegte Sache ohne Einwilligung des Hinterlegers nicht gebrauchen.

² Andernfalls schuldet er dem Hinterleger entsprechende Vergütung und haftet auch für den Zufall, sofern er nicht beweist, dass dieser die Sache auch sonst getroffen hätte.

III. Pflichten des Aufbewahrers
1. Verbot des Gebrauchs

Art. 475
¹ Der Hinterleger kann die hinterlegte Sache nebst allfälligem Zuwachs jederzeit zurückfordern, selbst wenn für die Aufbewahrung eine bestimmte Dauer vereinbart wurde.

² Jedoch hat er dem Aufbewahrer den Aufwand zu ersetzen, den dieser mit Rücksicht auf die vereinbarte Zeit gemacht hat.

2. Rückgabe
a. Recht des Hinterlegers

Art. 476
¹ Der Aufbewahrer kann die hinterlegte Sache vor Ablauf der bestimmten Zeit nur dann zurückgeben, wenn unvorhergesehene Umstände ihn ausserstand setzen, die Sache länger mit Sicherheit oder ohne eigenen Nachteil aufzubewahren.

² Ist keine Zeit für die Aufbewahrung bestimmt, so kann der Aufbewahrer die Sache jederzeit zurückgeben.

b. Rechte des Aufbewahrers

Art. 477
Die hinterlegte Sache ist auf Kosten und Gefahr des Hinterlegers da zurückzugeben, wo sie aufbewahrt werden sollte.

c. Ort der Rückgabe

Art. 478

3. Haftung mehrerer Aufbewahrer

Haben mehrere die Sache gemeinschaftlich zur Aufbewahrung erhalten, so haften sie solidarisch.

Art. 479

4. Eigentumsansprüche Dritter

¹ Wird an der hinterlegten Sache von einem Dritten Eigentum beansprucht, so ist der Aufbewahrer dennoch zur Rückgabe an den Hinterleger verpflichtet, sofern nicht gerichtlich Beschlag auf die Sache gelegt oder die Eigentumsklage gegen ihn anhängig gemacht worden ist.

² Von diesen Hindernissen hat er den Hinterleger sofort zu benachrichtigen.

Art. 480

IV. Sequester

Haben mehrere eine Sache, deren Rechtsverhältnisse streitig oder unklar sind, zur Sicherung ihrer Ansprüche bei einem Dritten (dem Sequester) hinterlegt, so darf dieser die Sache nur mit Zustimmung der Beteiligten oder auf Geheiss des Richters herausgeben.

Art. 481

B. Die Hinterlegung vertretbarer Sachen

¹ Ist Geld mit der ausdrücklichen oder stillschweigenden Vereinbarung hinterlegt worden, dass der Aufbewahrer nicht dieselben Stücke, sondern nur die gleiche Geldsumme zurückzuerstatten habe, so geht Nutzen und Gefahr auf ihn über.

² Eine stillschweigende Vereinbarung in diesem Sinne ist zu vermuten, wenn die Geldsumme unversiegelt und unverschlossen übergeben wurde.

³ Werden andere vertretbare Sachen oder Wertpapiere hinterlegt, so darf der Aufbewahrer über die Gegenstände nur verfügen, wenn ihm diese Befugnis vom Hinterleger ausdrücklich eingeräumt worden ist.

Art. 482

C. Lagergeschäft
I. Berechtigung zur Ausgabe von Warenpapieren

¹ Ein Lagerhalter, der sich öffentlich zur Aufbewahrung von Waren anerbietet, kann von der zuständigen Behörde die Bewilligung erwirken, für die gelagerten Güter Warenpapiere auszugeben.

² Die Warenpapiere sind Wertpapiere und lauten auf die Herausgabe der gelagerten Güter.

³ Sie können als Namen-, Ordre- oder Inhaberpapiere ausgestellt sein.

Art. 483

II. Aufbewahrungspflicht des Lagerhalters

¹ Der Lagerhalter ist zur Aufbewahrung der Güter verpflichtet wie ein Kommissionär.

² Er hat dem Einlagerer, soweit tunlich, davon Mitteilung zu machen, wenn Veränderungen an den Waren eintreten, die weitere Massregeln als rätlich erscheinen lassen.

³ Er hat ihm die Besichtigung der Güter und Entnahme von Proben während der Geschäftszeit sowie jederzeit die nötigen Erhaltungsmassregeln zu gestatten.

Art. 484

¹ Eine Vermengung vertretbarer Güter mit andern der gleichen Art und Güte darf der Lagerhalter nur vornehmen, wenn ihm dies ausdrücklich gestattet ist.

² Aus vermischten Gütern kann jeder Einlagerer eine seinem Beitrag entsprechende Menge herausverlangen.

³ Der Lagerhalter darf die verlangte Ausscheidung ohne Mitwirkung der anderen Einlagerer vornehmen.

III. Vermengung der Güter

Art. 485

¹ Der Lagerhalter hat Anspruch auf das verabredete oder übliche Lagergeld, sowie auf Erstattung der Auslagen, die nicht aus der Aufbewahrung selbst erwachsen sind, wie Frachtlohn, Zoll, Ausbesserung.

² Die Auslagen sind sofort zu ersetzen, die Lagergelder je nach Ablauf von drei Monaten seit der Einlagerung und in jedem Fall bei der vollständigen oder teilweisen Zurücknahme des Gutes zu bezahlen.

³ Der Lagerhalter hat für seine Forderungen an dem Gute ein Retentionsrecht, solange er im Besitze des Gutes ist oder mit Warenpapier darüber verfügen kann.

IV. Anspruch des Lagerhalters

Art. 486

¹ Der Lagerhalter hat das Gut gleich einem Aufbewahrer zurückzugeben, ist aber an die vertragsmässige Dauer der Aufbewahrung auch dann gebunden, wenn infolge unvorhergesehener Umstände ein gewöhnlicher Aufbewahrer vor Ablauf der bestimmten Zeit zur Rückgabe berechtigt wäre.

² Ist ein Warenpapier ausgestellt, so darf und muss er das Gut nur an den aus dem Warenpapier Berechtigten herausgeben.

V. Rückgabe der Güter

Art. 487

¹ Gastwirte, die Fremde zur Beherbergung aufnehmen, haften für jede Beschädigung, Vernichtung oder Entwendung der von ihren Gästen eingebrachten Sachen, sofern sie nicht beweisen, dass der Schaden durch den Gast selbst oder seine Besucher, Begleiter oder Dienstleute oder durch höhere Gewalt oder durch die Beschaffenheit der Sache verursacht worden ist.

D. Gast- und Stallwirte
I. Haftung der Gastwirte
1. Voraussetzung und Umfang

² Diese Haftung besteht jedoch, wenn dem Gastwirte oder seinen Dienstleuten kein Verschulden zur Last fällt, für die Sachen eines jeden einzelnen Gastes nur bis zum Betrage von 1000 Franken.

Art. 488

2. Haftung für Kostbarkeiten insbesondere

¹ Werden Kostbarkeiten, grössere Geldbeträge oder Wertpapiere dem Gastwirte nicht zur Aufbewahrung übergeben, so ist er für sie nur haftbar, wenn ihm oder seinen Dienstleuten ein Verschulden zur Last fällt.

² Hat er die Aufbewahrung übernommen oder lehnt er sie ab, so haftet er für den vollen Wert.

³ Darf dem Gast die Übergabe solcher Gegenstände nicht zugemutet werden, so haftet der Gastwirt für sie wie für die andern Sachen des Gastes.

Art. 489

3. Aufhebung der Haftung

¹ Die Ansprüche des Gastes erlöschen, wenn er den Schaden nicht sofort nach dessen Entdeckung dem Gastwirte anzeigt.

² Der Wirt kann sich seiner Verantwortlichkeit nicht dadurch entziehen, dass er sie durch Anschlag in den Räumen des Gasthofes ablehnt oder von Bedingungen abhängig macht, die im Gesetze nicht genannt sind.

Art. 490

II. Haftung der Stallwirte

¹ Stallwirte haften für die Beschädigung, Vernichtung oder Entwendung der bei ihnen eingestellten oder von ihnen oder ihren Leuten auf andere Weise übernommenen Tiere und Wagen und der dazu gehörigen Sachen, sofern sie nicht beweisen, dass der Schaden durch den Einbringenden selbst oder seine Besucher, Begleiter oder Dienstleute oder durch höhere Gewalt oder durch die Beschaffenheit der Sache verursacht worden ist.

² Diese Haftung besteht jedoch, wenn dem Stallwirte oder seinen Dienstleuten kein Verschulden zur Last fällt, für die übernommenen Tiere, Wagen und dazu gehörigen Sachen eines jeden Einbringenden nur bis zum Betrage von 1000 Franken.

Art. 491

III. Retentionsrecht

¹ Gastwirte und Stallwirte haben an den eingebrachten Sachen ein Retentionsrecht für die Forderungen, die ihnen aus der Beherbergung und Unterkunft zustehen.

² Die Bestimmungen über das Retentionsrecht des Vermieters finden entsprechende Anwendung.

Zwanzigster Titel[1)]
DIE BÜRGSCHAFT

Art. 492

¹ Durch den Bürgschaftsvertrag verpflichtet sich der Bürge gegenüber dem Gläubiger des Hauptschuldners, für die Erfüllung der Schuld einzustehen.

² Jede Bürgschaft setzt eine zu Recht bestehende Hauptschuld voraus. Für den Fall, dass die Hauptschuld wirksam werde, kann die Bürgschaft auch für eine künftige oder bedingte Schuld eingegangen werden.

³ Wer für die Schuld aus einem wegen Irrtums oder Vertragsunfähigkeit für den Hauptschuldner unverbindlichen Vertrag einzustehen erklärt, haftet unter den Voraussetzungen und nach den Grundsätzen des Bürgschaftsrechts, wenn er bei der Eingehung seiner Verpflichtung den Mangel gekannt hat. Dies gilt in gleicher Weise, wenn jemand sich verpflichtet, für die Erfüllung einer für den Hauptschuldner verjährten Schuld einzustehen.

⁴ Soweit sich aus dem Gesetz nicht etwas anderes ergibt, kann der Bürge auf die ihm in diesem Titel eingeräumten Rechte nicht zum voraus verzichten.

A. Voraussetzungen
I. Begriff

Art. 493

¹ Die Bürgschaft bedarf zu ihrer Gültigkeit der schriftlichen Erklärung des Bürgen und der Angabe des zahlenmässig bestimmten Höchstbetrages seiner Haftung in der Bürgschaftsurkunde selbst.

² Die Bürgschaftserklärung natürlicher Personen bedarf ausserdem der öffentlichen Beurkundung, die den am Ort ihrer Vornahme geltenden Vorschriften entspricht. Wenn aber der Haftungsbetrag die Summe von 2000 Franken nicht übersteigt, so genügt die eigenschriftliche Angabe des zahlenmässig bestimmten Haftungsbetrages und gegebenenfalls der solidarischen Haftung in der Bürgschaftsurkunde selbst.

³ Bürgschaften, die gegenüber der Eidgenossenschaft oder ihren öffentlich-rechtlichen Anstalten oder gegenüber einem Kanton für öffentlich-rechtliche Verpflichtungen, wie Zölle, Steuern und dergleichen, oder für Frachten eingegangen werden, bedürfen in allen Fällen lediglich der schriftlichen Erklärung des Bürgen und der Angabe des zahlenmässig bestimmten Höchstbetrages seiner Haftung in der Bürgschaftsurkunde selbst.

II. Form

[1)] Fassung gemäss Ziff. I des BG vom 10. Dez. 1941, in Kraft seit 1. Juli 1942 (AS **58** 279 290 644; BBl **1939** II 841). Die UeB zu diesem Tit. siehe am Schluss des OR.

⁴ Ist der Haftungsbetrag zur Umgehung der Form der öffentlichen Beurkundung in kleinere Beträge aufgeteilt worden, so ist für die Verbürgung der Teilbeträge die für den Gesamtbetrag vorgeschriebene Form notwendig.

⁵ Für nachträgliche Abänderungen der Bürgschaft, ausgenommen die Erhöhung des Haftungsbetrages und die Umwandlung einer einfachen Bürgschaft in eine solidarische, genügt die Schriftform. Wird die Hauptschuld von einem Dritten mit befreiender Wirkung für den Schuldner übernommen, so geht die Bürgschaft unter, wenn der Bürge dieser Schuldübernahme nicht schriftlich zugestimmt hat.

⁶ Der gleichen Form wie die Bürgschaft bedürfen auch die Erteilung einer besonderen Vollmacht zur Eingehung einer Bürgschaft und das Versprechen, dem Vertragsgegner oder einem Dritten Bürgschaft zu leisten. Durch schriftliche Abrede kann die Haftung auf denjenigen Teil der Hauptschuld beschränkt werden, der zuerst abgetragen wird.

⁷ Der Bundesrat kann die Höhe der Gebühren für die öffentliche Beurkundung beschränken.

Art. 494

III. Zustimmung des Ehegatten

¹ Die Bürgschaft einer verheirateten Person bedarf zu ihrer Gültigkeit der im einzelnen Fall vorgängig oder spätestens gleichzeitig abgegebenen schriftlichen Zustimmung des Ehegatten, wenn die Ehe nicht durch richterliches Urteil getrennt ist.

² Diese Zustimmung ist nicht erforderlich für die Bürgschaft einer Person, die im Handelsregister eingetragen ist als Inhaber einer Einzelfirma, als Mitglied einer Kollektivgesellschaft, als unbeschränkt haftendes Mitglied einer Kommanditgesellschaft, als Mitglied der Verwaltung oder Geschäftsführung einer Aktiengesellschaft, als Mitglied der Verwaltung einer Kommanditaktiengesellschaft oder als geschäftsführendes Mitglied einer Gesellschaft mit beschränkter Haftung.

³ Für nachträgliche Abänderungen einer Bürgschaft ist die Zustimmung des andern Ehegatten nur erforderlich, wenn der Haftungsbetrag erhöht oder eine einfache Bürgschaft in eine Solidarbürgschaft umgewandelt werden soll, oder wenn die Änderung eine erhebliche Verminderung der Sicherheiten bedeutet.

⁴ ...[1]

---

[1] Aufgehoben durch Ziff. II 2 des BG vom 5. Okt. 1984 über die Änderung des ZGB (AS **1986** 122; BBl **1979** II 1191).

Art. 495

¹ Der Gläubiger kann den einfachen Bürgen erst dann zur Zahlung anhalten, wenn nach Eingehung der Bürgschaft der Hauptschuldner in Konkurs geraten ist oder Nachlassstundung erhalten hat oder vom Gläubiger unter Anwendung der erforderlichen Sorgfalt bis zur Ausstellung eines definitiven Verlustscheines betrieben worden ist oder den Wohnsitz ins Ausland verlegt hat und in der Schweiz nicht mehr belangt werden kann, oder wenn infolge Verlegung seines Wohnsitzes im Ausland eine erhebliche Erschwerung der Rechtsverfolgung eingetreten ist.

² Bestehen für die verbürgte Forderung Pfandrechte, so kann der einfache Bürge, solange der Hauptschuldner nicht in Konkurs geraten ist oder Nachlassstundung erhalten hat, verlangen, dass der Gläubiger sich vorerst an diese halte.

³ Hat sich der Bürge nur zur Deckung des Ausfalls verpflichtet (Schadlosbürgschaft), so kann er erst belangt werden, wenn gegen den Hauptschuldner ein definitiver Verlustschein vorliegt, oder wenn der Hauptschuldner den Wohnsitz ins Ausland verlegt hat und in der Schweiz nicht mehr belangt werden kann, oder wenn infolge Verlegung des Wohnsitzes im Ausland eine erhebliche Erschwerung der Rechtsverfolgung eingetreten ist. Ist ein Nachlassvertrag abgeschlossen worden, so kann der Bürge für den nachgelassenen Teil der Hauptschuld sofort nach Inkrafttreten des Nachlassvertrages belangt werden.

⁴ Gegenteilige Vereinbarungen bleiben vorbehalten.

B. Inhalt
I. Besonderheiten der einzelnen Bürgschaftsarten
1. Einfache Bürgschaft

Art. 496

¹ Wer sich als Bürge unter Beifügung des Wortes «solidarisch» oder mit andern gleichbedeutenden Ausdrücken verpflichtet, kann vor dem Hauptschuldner und vor der Verwertung der Grundpfänder belangt werden, sofern der Hauptschuldner mit seiner Leistung im Rückstand und erfolglos gemahnt worden oder seine Zahlungsunfähigkeit offenkundig ist.

² Vor der Verwertung der Faustpfand- und Forderungspfandrechte kann er nur belangt werden, soweit diese nach dem Ermessen des Richters voraussichtlich keine Deckung bieten, oder wenn dies so vereinbart worden oder der Hauptschuldner in Konkurs geraten ist oder Nachlassstundung erhalten hat.

2. Solidarbürgschaft

Art. 497

¹ Mehrere Bürgen, die gemeinsam die nämliche teilbare Hauptschuld verbürgt haben, haften für ihre Anteile als einfache Bürgen und für die Anteile der übrigen als Nachbürgen.

3. Mitbürgschaft

² Haben sie mit dem Hauptschuldner oder unter sich Solidarhaft übernommen, so haftet jeder für die ganze Schuld. Der Bürge kann jedoch die Leistung des über seinen Kopfanteil hinausgehenden Betrages verweigern, solange nicht gegen alle solidarisch neben ihm haftenden Mitbürgen, welche die Bürgschaft vor oder mit ihm eingegangen haben und für diese Schuld in der Schweiz belangt werden können, Betreibung eingeleitet worden ist. Das gleiche Recht steht ihm zu, soweit seine Mitbürgen für den auf sie entfallenden Teil Zahlung geleistet oder Realsicherheit gestellt haben. Für die geleisteten Zahlungen hat der Bürge, wenn nicht etwas anderes vereinbart worden ist, Rückgriff auf die solidarisch neben ihm haftenden Mitbürgen, soweit nicht jeder von ihnen den auf ihn entfallenden Teil bereits geleistet hat. Dieser kann dem Rückgriff auf den Hauptschuldner vorausgehen.

³ Hat ein Bürge in der dem Gläubiger erkennbaren Voraussetzung, dass neben ihm für die gleiche Hauptschuld noch andere Bürgen sich verpflichten werden, die Bürgschaft eingegangen, so wird er befreit, wenn diese Voraussetzung nicht eintritt oder nachträglich ein solcher Mitbürge vom Gläubiger aus der Haftung entlassen oder seine Bürgschaft ungültig erklärt wird. In letzterem Falle kann der Richter, wenn es die Billigkeit verlangt, auch bloss auf angemessene Herabsetzung der Haftung erkennen.

⁴ Haben mehrere Bürgen sich unabhängig voneinander für die gleiche Hauptschuld verbürgt, so haftet jeder für den ganzen von ihm verbürgten Betrag. Der Zahlende hat jedoch, soweit nicht etwas anderes vereinbart ist, anteilmässigen Rückgriff auf die andern.

Art. 498

4. Nachbürgschaft und Rückbürgschaft

¹ Der Nachbürge, der sich dem Gläubiger für die Erfüllung der von den Vorbürgen übernommenen Verbindlichkeit verpflichtet hat, haftet neben diesem in gleicher Weise wie der einfache Bürge neben dem Hauptschuldner.

² Der Rückbürge ist verpflichtet, dem zahlenden Bürgen für den Rückgriff einzustehen, der diesem gegen den Hauptschuldner zusteht.

Art. 499

II. Gemeinsamer Inhalt
1. Verhältnis des Bürgen zum Gläubiger
a. Umfang der Haftung

¹ Der Bürge haftet in allen Fällen nur bis zu dem in der Bürgschaftsurkunde angegebenen Höchstbetrag.

² Bis zu diesem Höchstbetrage haftet der Bürge, mangels anderer Abrede, für:

1. den jeweiligen Betrag der Hauptschuld, inbegriffen die gesetzlichen Folgen eines Verschuldens oder Verzuges des Hauptschuldners, jedoch für den aus dem Dahinfallen des Vertrages entstehenden Schaden und für eine Konventionalstrafe nur dann, wenn dies ausdrücklich vereinbart worden ist;

DIE BÜRGSCHAFT

2. die Kosten der Betreibung und Ausklagung des Hauptschuldners, soweit dem Bürgen rechtzeitig Gelegenheit gegeben war, sie durch Befriedigung des Gläubigers zu vermeiden, sowie gegebenenfalls die Kosten für die Herausgabe von Pfändern und die Übertragung von Pfandrechten;
3. vertragsmässige Zinse bis zum Betrage des laufenden und eines verfallenen Jahreszinses, oder gegebenenfalls für eine laufende und eine verfallene Annuität.

³ Wenn sich nicht etwas anderes aus dem Bürgschaftsvertrag oder aus den Umständen ergibt, haftet der Bürge nur für die nach der Unterzeichnung der Bürgschaft eingegangenen Verpflichtungen des Hauptschuldners.

Art. 500

¹ Bei Bürgschaften natürlicher Personen verringert sich der Haftungsbetrag, soweit nicht von vornoherein oder nachträglich etwas anderes vereinbart wird, jedes Jahr um drei Hundertstel, wenn aber diese Forderungen durch Grundpfand gesichert sind, um einen Hundertstel des ursprünglichen Haftungsbetrages. In jedem Falle verringert er sich bei Bürgschaften natürlicher Personen mindestens im gleichen Verhältnis wie die Hauptschuld.

b. Gesetzliche Verringerung des Haftungsbetrages

² Ausgenommen sind die gegenüber der Eidgenossenschaft oder ihren öffentlich-rechtlichen Anstalten oder gegenüber einem Kanton eingegangenen Bürgschaften für öffentlich-rechtliche Verpflichtungen, wie Zölle, Steuern und dergleichen und für Frachten, sowie die Amts- und Dienstbürgschaften und die Bürgschaften für Verpflichtungen mit wechselndem Betrag, wie Kontokorrent, Sukzessivlieferungsvertrag, und für periodisch wiederkehrende Leistungen.

Art. 501

¹ Der Bürge kann wegen der Hauptschuld vor dem für ihre Bezahlung festgesetzten Zeitpunkt selbst dann nicht belangt werden, wenn die Fälligkeit durch den Konkurs des Hauptschuldners vorgerückt wird.

c. Belangbarkeit des Bürgen

² Gegen Leistung von Realsicherheit kann der Bürge bei jeder Bürgschaftsart verlangen, dass der Richter die Betreibung gegen ihn einstellt, bis alle Pfänder verwertet sind und gegen den Hauptschuldner ein definitiver Verlustschein vorliegt oder ein Nachlassvertrag abgeschlossen worden ist.

³ Bedarf die Hauptschuld zu ihrer Fälligkeit der Kündigung durch den Gläubiger oder den Hauptschuldner, so beginnt die Frist für den Bürgen erst mit dem Tage zu laufen, an dem ihm diese Kündigung mitgeteilt wird.

⁴ Wird die Leistungspflicht eines im Ausland wohnhaften Hauptschuldners durch die ausländische Gesetzgebung aufgehoben oder eingeschränkt, wie beispielsweise durch Vorschriften über Verrechnungsverkehr oder durch Überweisungsverbote, so kann der in der Schweiz wohnhafte Bürge sich ebenfalls darauf berufen, soweit er auf diese Einrede nicht verzichtet hat.

Art. 502

d. Einreden

¹ Der Bürge ist berechtigt und verpflichtet, dem Gläubiger die Einreden entgegenzusetzen, die dem Hauptschuldner oder seinen Erben zustehen und sich nicht auf die Zahlungsunfähigkeit des Hauptschuldners stützen. Vorbehalten bleibt die Verbürgung einer für den Hauptschuldner wegen Irrtums oder Vertragsunfähigkeit unverbindlichen oder einer verjährten Schuld.

² Verzichtet der Hauptschuldner auf eine ihm zustehende Einrede, so kann der Bürge sie trotzdem geltend machen.

³ Unterlässt es der Bürge, Einreden des Hauptschuldners geltend zu machen, so verliert er seinen Rückgriff insoweit, als er sich durch diese Einreden hätte befreien können, wenn er nicht darzutun vermag, dass er sie ohne sein Verschulden nicht gekannt hat.

⁴ Dem Bürgen, der eine wegen Spiel und Wette unklagbare Schuld verbürgt hat, stehen, auch wenn er diesen Mangel kannte, die gleichen Einreden zu wie dem Hauptschuldner.

Art. 503

e. Sorgfalts- und Herausgabepflicht des Gläubigers

¹ Vermindert der Gläubiger zum Nachteil des Bürgen bei der Eingehung der Bürgschaft vorhandene oder vom Hauptschuldner nachträglich erlangte und eigens für die verbürgte Forderung bestimmte Pfandrechte oder anderweitige Sicherheiten und Vorzugsrechte, so verringert sich die Haftung des Bürgen um einen dieser Verminderung entsprechenden Betrag, soweit nicht nachgewiesen wird, dass der Schaden weniger hoch ist. Die Rückforderung des zuviel bezahlten Betrages bleibt vorbehalten.

² Bei der Amts- und Dienstbürgschaft ist der Gläubiger dem Bürgen überdies verantwortlich, wenn infolge Unterlassung der Aufsicht über den Arbeitnehmer, zu der er verpflichtet ist, oder der ihm sonst zumutbaren Sorgfalt die Schuld entstanden ist oder einen Umfang angenommen hat, den sie andernfalls nicht angenommen hätte.[1]

---

[1] Fassung gemäss Ziff. II Art. 1 Ziff. 12 des BG vom 25. Juni 1971, in Kraft seit 1. Jan. 1972 (am Schluss des OR, Schl- und UeB des X. Tit.).

³ Der Gläubiger hat dem Bürgen, der ihn befriedigt, die zur Geltendmachung seiner Rechte dienlichen Urkunden herauszugeben und die nötigen Aufschlüsse zu erteilen. Ebenso hat er ihm die bei der Eingehung der Bürgschaft vorhandenen oder vom Hauptschuldner nachträglich eigens für diese Forderung bestellten Pfänder und anderweitigen Sicherheiten herauszugeben oder die für ihre Übertragung erforderlichen Handlungen vorzunehmen. Die dem Gläubiger für andere Forderungen zustehenden Pfand- und Retentionsrechte bleiben vorbehalten, soweit sie denjenigen des Bürgen im Rang vorgehen.

⁴ Weigert sich der Gläubiger ungerechtfertigterweise, diese Handlungen vorzunehmen, oder hat er sich der vorhandenen Beweismittel oder der Pfänder und sonstigen Sicherheiten, für die er verantwortlich ist, böswillig oder grobfahrlässig entäussert, so wird der Bürge frei. Er kann das Geleistete zurückfordern und für den ihm darüber hinaus erwachsenen Schaden Ersatz verlangen.

Art. 504

¹ Ist die Hauptschuld fällig, sei es auch infolge Konkurses des Hauptschuldners, so kann der Bürge jederzeit verlangen, dass der Gläubiger von ihm Befriedigung annehme. Haften für eine Forderung mehrere Bürgen, so ist der Gläubiger auch zur Annahme einer blossen Teilzahlung verpflichtet, wenn sie mindestens so gross ist wie der Kopfanteil des zahlenden Bürgen.

f. Anspruch auf Zahlungsannahme

² Der Bürge wird frei, wenn der Gläubiger die Annahme der Zahlung ungerechtfertigterweise verweigert. In diesem Falle vermindert sich die Haftung allfälliger solidarischer Mitbürgen um den Betrag seines Kopfanteils.

³ Der Bürge kann den Gläubiger auch vor der Fälligkeit der Hauptschuld befriedigen, wenn dieser zur Annahme bereit ist. Der Rückgriff auf den Hauptschuldner kann aber erst nach Eintritt der Fälligkeit geltend gemacht werden.

Art. 505

¹ Ist der Hauptschuldner mit der Bezahlung von Kapital, von Zinsen für ein halbes Jahr oder einer Jahresamortisation sechs Monate im Rückstand, so hat der Gläubiger dem Bürgen Mitteilung zu machen. Auf Verlangen hat er ihm jederzeit über den Stand der Hauptschuld Auskunft zu geben.

g. Mitteilungspflicht des Gläubigers und Anmeldung im Konkurs und Nachlassverfahren des Schuldners

² Im Konkurs und beim Nachlassverfahren des Hauptschuldners hat der Gläubiger seine Forderung anzumelden und alles Weitere vorzukehren, was ihm zur Wahrung der Rechte zugemutet werden kann. Den Bürgen hat er vom Konkurs und von der Nachlassstundung zu benachrichtigen, sobald er von ihnen Kenntnis erhält.

³ Unterlässt der Gläubiger eine dieser Handlungen, so verliert er seine Ansprüche gegen den Bürgen insoweit, als diesem aus der Unterlassung ein Schaden entstanden ist.

Art. 506

2. Verhältnis des Bürgen zum Hauptschuldner a. Recht auf Sicherstellung und Befreiung

Der Bürge kann vom Hauptschuldner Sicherstellung und, wenn die Hauptschuld fällig ist, Befreiung von der Bürgschaft verlangen:
1. wenn der Hauptschuldner den mit dem Bürgen getroffenen Abreden zuwiderhandelt, namentlich die auf einen bestimmten Zeitpunkt versprochene Entlastung des Bürgen nicht bewirkt;
2. wenn der Hauptschuldner in Verzug kommt oder durch Verlegung seines Wohnsitzes in einen andern Staat seine rechtliche Verfolgung erheblich erschwert;
3. wenn durch Verschlimmerung der Vermögensverhältnisse des Hauptschuldners, durch Entwertung von Sicherheiten oder durch Verschulden des Hauptschuldners die Gefahr für den Bürgen erheblich grösser geworden ist, als sie bei der Eingehung der Bürgschaft war.

Art. 507

b. Das Rückgriffsrecht des Bürgen aa. Im allgemeinen

¹ Auf den Bürgen gehen in demselben Masse, als er den Gläubiger befriedigt hat, dessen Rechte über. Er kann sie sofort nach Eintritt der Fälligkeit geltend machen.

² Von den für die verbürgte Forderung haftenden Pfandrechten und andern Sicherheiten gehen aber, soweit nichts anderes vereinbart worden ist, nur diejenigen auf ihn über, die bei Eingehung der Bürgschaft vorhanden waren oder die vom Hauptschuldner nachträglich eigens für diese Forderung bestellt worden sind. Geht infolge bloss teilweiser Bezahlung der Schuld nur ein Teil eines Pfandrechtes auf den Bürgen über, so hat der dem Gläubiger verbleibende Teil vor demjenigen des Bürgen den Vorrang.

³ Vorbehalten bleiben die besonderen Ansprüche und Einreden aus dem zwischen Bürgen und Hauptschuldner bestehenden Rechtsverhältnis.

⁴ Wird ein für eine verbürgte Forderung bestelltes Pfand in Anspruch genommen, oder bezahlt der Pfandeigentümer freiwillig, so kann der Pfandeigentümer auf den Bürgen hiefür nur Rückgriff nehmen, wenn dies zwischen dem Pfandbesteller und dem Bürgen so vereinbart oder das Pfand von einem Dritten nachträglich bestellt worden ist.

⁵ Die Verjährung der Rückgriffsforderung beginnt mit dem Zeitpunkt der Befriedigung des Gläubigers durch den Bürgen zu laufen.

⁶ Für die Bezahlung einer unklagbaren Forderung oder einer für den Hauptschuldner wegen Irrtums oder Vertragsunfähigkeit unverbindlichen Schuld steht dem Bürgen kein Rückgriffsrecht auf den Hauptschuldner zu. Hat er jedoch die Haftung für eine verjährte Schuld im Auftrag des Hauptschuldners übernommen, so haftet ihm dieser nach den Grundsätzen über den Auftrag.

Art. 508

¹ Bezahlt der Bürge die Hauptschuld ganz oder teilweise, so hat er dem Hauptschuldner Mitteilung zu machen.

bb. Anzeigepflicht des Bürgen

² Unterlässt er diese Mitteilung und bezahlt der Hauptschuldner, der die Tilgung nicht kannte und auch nicht kennen musste, die Schuld gleichfalls, so verliert der Bürge seinen Rückgriff auf ihn.

³ Die Forderung gegen den Gläubiger aus ungerechtfertigter Bereicherung bleibt vorbehalten.

Art. 509

¹ Durch jedes Erlöschen der Hauptschuld wird der Bürge befreit.

C. Beendigung der Bürgschaft
I. Dahinfallen von Gesetzes wegen

² Vereinigen sich aber die Haftung als Hauptschuldner und diejenige aus der Bürgschaft in einer und derselben Person, so bleiben dem Gläubiger die ihm aus der Bürgschaft zustehenden besondern Vorteile gewahrt.

³ Jede Bürgschaft natürlicher Personen fällt nach Ablauf von 20 Jahren nach ihrer Eingehung dahin. Ausgenommen sind die gegenüber der Eidgenossenschaft oder ihren öffentlich-rechtlichen Anstalten oder gegenüber einem Kanton für öffentlich-rechtliche Verpflichtungen, wie Zölle, Steuern und dergleichen, und für Frachten eingegangenen Bürgschaften sowie die Amts- und Dienstbürgschaften und die Bürgschaften für periodisch wiederkehrende Leistungen.

⁴ Während des letzten Jahres dieser Frist kann die Bürgschaft, selbst wenn sie für eine längere Frist eingegangen worden ist, geltend gemacht werden, sofern der Bürge sie nicht vorher verlängert oder durch eine neue Bürgschaft ersetzt hat.

⁵ Eine Verlängerung kann durch schriftliche Erklärung des Bürgen für höchstens weitere zehn Jahre vorgenommen werden. Diese ist aber nur gültig, wenn sie nicht früher als ein Jahr vor dem Dahinfallen der Bürgschaft abgegeben wird.

⁶ Wird die Hauptschuld weniger als zwei Jahre vor dem Dahinfallen der Bürgschaft fällig, und konnte der Gläubiger nicht auf einen frühern Zeitpunkt kündigen, so kann der Bürge bei jeder Bürgschaftsart ohne vorherige Inanspruchnahme des Hauptschuldners oder der Pfänder belangt werden. Dem Bürgen steht aber das Rückgriffsrecht auf den Hauptschuldner schon vor der Fälligkeit der Hauptschuld zu.

Art. 510

II. Bürgschaft auf Zeit; Rücktritt

¹ Ist eine zukünftige Forderung verbürgt, so kann der Bürge die Bürgschaft, solange die Forderung nicht entstanden ist, jederzeit durch eine schriftliche Erklärung an den Gläubiger widerrufen, sofern die Vermögensverhältnisse des Hauptschuldners sich seit der Unterzeichnung der Bürgschaft wesentlich verschlechtert haben oder wenn sich erst nachträglich herausstellt, dass seine Vermögenslage wesentlich schlechter ist, als der Bürge in guten Treuen angenommen hatte. Bei einer Amts- oder Dienstbürgschaft ist der Rücktritt nicht mehr möglich, wenn das Amts- oder Dienstverhältnis zustande gekommen ist.

² Der Bürge hat dem Gläubiger Ersatz zu leisten für den Schaden, der ihm daraus erwächst, dass er sich in guten Treuen auf die Bürgschaft verlassen hat.

³ Ist die Bürgschaft nur für eine bestimmte Zeit eingegangen, so erlischt die Verpflichtung des Bürgen, wenn der Gläubiger nicht binnen vier Wochen nach Ablauf der Frist seine Forderung rechtlich geltend macht und den Rechtsweg ohne erhebliche Unterbrechung verfolgt.

⁴ Ist in diesem Zeitpunkt die Forderung nicht fällig, so kann sich der Bürge nur durch Leistung von Realsicherheit von der Bürgschaft befreien.

⁵ Unterlässt er dies, so gilt die Bürgschaft unter Vorbehalt der Bestimmung über die Höchstdauer weiter, wie wenn sie bis zur Fälligkeit der Hauptschuld vereinbart worden wäre.

Art. 511

III. Unbefristete Bürgschaft

¹ Ist die Bürgschaft auf unbestimmte Zeit eingegangen, so kann der Bürge nach Eintritt der Fälligkeit der Hauptschuld vom Gläubiger verlangen, dass er, soweit es für seine Belangbarkeit Voraussetzung ist, binnen vier Wochen die Forderung gegenüber dem Hauptschuldner rechtlich geltend macht, die Verwertung allfälliger Pfänder einleitet und den Rechtsweg ohne erhebliche Unterbrechung verfolgt.

² Handelt es sich um eine Forderung, deren Fälligkeit durch Kündigung des Gläubigers herbeigeführt werden kann, so ist der Bürge nach Ablauf eines Jahres seit Eingehung der Bürgschaft zu dem Verlangen berechtigt, dass der Gläubiger die Kündigung vornehme und nach Eintritt der Fälligkeit seine Rechte im Sinne der vorstehenden Bestimmung geltend mache.

³ Kommt der Gläubiger diesem Verlangen nicht nach, so wird der Bürge frei.

Art. 512

¹ Eine auf unbestimmte Zeit eingegangene Amtsbürgschaft kann unter Wahrung einer Kündigungsfrist von einem Jahr auf das Ende einer Amtsdauer gekündigt werden.

² Besteht keine bestimmte Amtsdauer, so kann der Amtsbürge die Bürgschaft je auf das Ende des vierten Jahres nach dem Amtsantritt unter Wahrung einer Kündigungsfrist von einem Jahr kündigen.

³ Bei einer auf unbestimmte Zeit eingegangenen Dienstbürgschaft steht dem Bürgen das gleiche Kündigungsrecht zu wie dem Amtsbürgen bei unbestimmter Amtsdauer.

⁴ Gegenteilige Vereinbarungen bleiben vorbehalten.

IV. Amts- und Dienstbürgschaft

Einundzwanzigster Titel
SPIEL UND WETTE

Art. 513

A. Unklagbarkeit der Forderung

¹ Aus Spiel und Wette entsteht keine Forderung.

² Dasselbe gilt von Darlehen und Vorschüssen, die wissentlich zum Behufe des Spieles oder der Wette gemacht werden, sowie von Differenzgeschäften und solchen Lieferungsgeschäften über Waren oder Börsenpapiere, die den Charakter eines Spieles oder einer Wette haben.

Art. 514

B. Schuldverschreibungen und freiwillige Zahlung

¹ Eine Schuldverschreibung oder Wechselverpflichtung, die der Spielende oder Wettende zur Deckung der Spiel- oder Wettsumme gezeichnet hat, kann trotz erfolgter Aushändigung, unter Vorbehalt der Rechte gutgläubiger Dritter aus Wertpapieren, nicht geltend gemacht werden.

² Eine freiwillig geleistete Zahlung kann nur zurückgefordert werden, wenn die planmässige Ausführung des Spieles oder der Wette durch Zufall oder durch den Empfänger vereitelt worden ist, oder wenn dieser sich einer Unredlichkeit schuldig gemacht hat.

Art. 515

C. Lotterie- und Ausspielgeschäfte

¹ Aus Lotterie- oder Ausspielgeschäften entsteht nur dann eine Forderung, wenn die Unternehmung von der zuständigen Behörde bewilligt worden ist.

² Fehlt diese Bewilligung, so wird eine solche Forderung wie eine Spielforderung behandelt.

³ Für auswärts gestattete Lotterien oder Ausspielverträge wird in der Schweiz ein Rechtsschutz nur gewährt, wenn die zuständige schweizerische Behörde den Vertrieb der Lose bewilligt hat.

Art. 515a[1)]

D. Spiel in Spielbanken, Darlehen von Spielbanken

¹ Aus Glücksspielen in Spielbanken entstehen klagbare Forderungen, sofern die Spielbank von der zuständigen Behörde genehmigt worden ist.

[1)] Eingefügt durch Anhang Ziff. 5 des Spielbankengesetzes vom 18. Dezember 1999, in Kraft seit 1. April 2000 (SR **935.52**).

Zweiundzwanzigster Titel
DER LEIBRENTENVERTRAG UND DIE VERPFRÜNDUNG

Art. 516

¹ Die Leibrente kann auf die Lebenszeit des Rentengläubigers, des Rentenschuldners oder eines Dritten gestellt werden.

² In Ermangelung einer bestimmten Verabredung wird angenommen, sie sei auf die Lebenszeit des Rentengläubigers versprochen.

³ Eine auf die Lebenszeit des Rentenschuldners oder eines Dritten gestellte Leibrente geht, sofern nicht etwas anderes verabredet ist, auf die Erben des Rentengläubigers über.

A. Leibrentenvertrag
I. Inhalt

Art. 517

Der Leibrentenvertrag bedarf zu seiner Gültigkeit der schriftlichen Form.

II. Form der Entstehung

Art. 518

¹ Die Leibrente ist halbjährlich und zum voraus zu leisten, wenn nicht etwas anderes vereinbart ist.

² Stirbt die Person, auf deren Lebenszeit die Leibrente gestellt ist, vor dem Ablaufe der Periode, für die zum voraus die Rente zu entrichten ist, so wird der volle Betrag geschuldet.

³ Fällt der Leibrentenschuldner in Konkurs, so ist der Leibrentengläubiger berechtigt, seine Ansprüche in Form einer Kapitalforderung geltend zu machen, deren Wert durch das Kapital bestimmt wird, womit die nämliche Leibrente zur Zeit der Konkurseröffnung bei einer soliden Rentenanstalt bestellt werden könnte.

III. Rechte des Gläubigers
1. Geltendmachung des Anspruchs

Art. 519

¹ Der Leibrentengläubiger kann, sofern nicht etwas anderes vereinbart ist, die Ausübung seiner Rechte abtreten.

² ...[2]

2. Übertragbarkeit[1]

---

[1] Fassung gemäss Anhang Ziff. 6 des BG vom 16. Dez. 1994, in Kraft seit 1. Jan. 1997 (AS **1995** 1227 1307; BBl **1991** III 1).

[2] Aufgehoben durch Anhang Ziff. 6 des BG vom 16. Dez. 1994 (AS **1995** 1227; BBl **1991** III 1).

Art. 520

IV. Leibrenten nach dem Gesetz über den Versicherungsvertrag

Die Bestimmungen dieses Gesetzes über den Leibrentenvertrag finden keine Anwendung auf Leibrentenverträge, die unter dem Bundesgesetz vom 2. April 1908[1]) über den Versicherungsvertrag stehen, vorbehältlich der Vorschrift betreffend die Entziehbarkeit des Rentenanspruchs.

Art. 521

B. Verpfründung
I. Begriff

[1] Durch den Verpfründungsvertrag verpflichtet sich der Pfründer, dem Pfrundgeber ein Vermögen oder einzelne Vermögenswerte zu übertragen, und dieser, dem Pfründer Unterhalt und Pflege auf Lebenszeit zu gewähren.

[2] Ist der Pfrundgeber als Erbe des Pfründers eingesetzt, so steht das ganze Verhältnis unter den Bestimmungen über den Erbvertrag.

Art. 522

II. Entstehung
1. Form

[1] Der Verpfründungsvertrag bedarf zu seiner Gültigkeit, auch wenn keine Erbeinsetzung damit verbunden ist, derselben Form wie der Erbvertrag.

[2] Wird der Vertrag mit einer staatlich anerkannten Pfrundanstalt zu den von der zuständigen Behörde genehmigten Bedingungen abgeschlossen, so genügt die schriftliche Vereinbarung.

Art. 523

2. Sicherstellung

Hat der Pfründer dem Pfrundgeber ein Grundstück übertragen, so steht ihm für seine Ansprüche das Recht auf ein gesetzliches Pfandrecht an diesem Grundstück gleich einem Verkäufer zu.

Art. 524

III. Inhalt

[1] Der Pfründer tritt in häusliche Gemeinschaft mit dem Pfrundgeber, und dieser ist verpflichtet, ihm zu leisten, was der Pfründer nach dem Wert des Geleisteten und nach den Verhältnissen, in denen er bisher gestanden hat, billigerweise erwarten darf.

[2] Er hat ihm Wohnung und Unterhalt in angemessener Weise zu leisten und schuldet ihm in Krankheitsfällen die nötige Pflege und ärztliche Behandlung.

[3] Pfrundanstalten können diese Leistungen in ihren Hausordnungen unter Genehmigung durch die zuständige Behörde als Vertragsinhalt allgemein verbindlich festsetzen.

---

[3]) SR **221.229.1**

Art. 525

¹ Ein Verpfründungsvertrag kann von denjenigen Personen angefochten werden, denen ein gesetzlicher Unterstützungsanspruch gegen den Pfründer zusteht, wenn der Pfründer durch die Verpfründung sich der Möglichkeit beraubt, seiner Unterstützungspflicht nachzukommen.

² Anstatt den Vertrag aufzuheben, kann der Richter den Pfrundgeber zu der Unterstützung der Unterstützungsberechtigten verpflichten unter Anrechnung dieser Leistungen auf das, was der Pfrundgeber vertragsgemäss dem Pfründer zu entrichten hat.

³ Vorbehalten bleiben ferner die Klage der Erben auf Herabsetzung und die Anfechtung durch die Gläubiger.

IV. Anfechtung und Herabsetzung

Art. 526

¹ Der Verpfründungsvertrag kann sowohl von dem Pfründer als dem Pfrundgeber jederzeit auf ein halbes Jahr gekündigt werden, wenn nach dem Vertrag die Leistung des einen dem Werte nach erheblich grösser ist als die des andern, und der Empfänger der Mehrleistung nicht die Schenkungsabsicht des andern nachweisen kann.

² Massgebend ist hiefür das Verhältnis von Kapital und Leibrente nach den Grundsätzen einer soliden Rentenanstalt.

³ Was im Zeitpunkt der Aufhebung bereits geleistet ist, wird unter gegenseitiger Verrechnung von Kapitalwert und Zins zurückerstattet.

V. Aufhebung
1. *Kündigung*

Art. 527

¹ Sowohl der Pfründer als der Pfrundgeber kann die Verpfründung einseitig aufheben, wenn infolge von Verletzung der vertraglichen Pflichten das Verhältnis unerträglich geworden ist oder wenn andere wichtige Gründe dessen Fortsetzung übermässig erschweren oder unmöglich machen.

² Wird die Verpfründung aus einem solchen Grunde aufgehoben, so hat neben der Rückgabe des Geleisteten der schuldige Teil dem schuldlosen eine angemessene Entschädigung zu entrichten.

³ Anstatt den Vertrag vollständig aufzuheben, kann der Richter auf Begehren einer Partei oder von Amtes wegen die häusliche Gemeinschaft aufheben und dem Pfründer zum Ersatz dafür eine Leibrente zusprechen.

2. *Einseitige Aufhebung*

Art. 528

¹ Beim Tode des Pfrundgebers kann der Pfründer innerhalb Jahresfrist die Aufhebung des Pfrundverhältnisses verlangen.

² In diesem Falle kann er gegen die Erben eine Forderung geltend machen, wie sie im Konkurse des Pfrundgebers ihm zustände.

3. *Aufhebung beim Tod des Pfrundgebers*

Art. 529

VI. Unübertragbarkeit, Geltendmachung bei Konkurs und Pfändung

¹ Der Anspruch des Pfründers ist nicht übertragbar.

² Im Konkurse des Pfrundgebers besteht die Forderung des Pfründers in dem Betrage, womit die Leistung des Pfrundgebers dem Werte nach bei einer soliden Rentenanstalt in Gestalt einer Leibrente erworben werden könnte.

³ Bei der Betreibung auf Pfändung kann der Pfründer für diese Forderung ohne vorgängige Betreibung an der Pfändung teilnehmen.

Dreiundzwanzigster Titel
DIE EINFACHE GESELLSCHAFT

Art. 530
¹ Gesellschaft ist die vertragsmässige Verbindung von zwei oder mehreren Personen zur Erreichung eines gemeinsamen Zweckes mit gemeinsamen Kräften oder Mitteln.

² Sie ist eine einfache Gesellschaft im Sinne dieses Titels, sofern dabei nicht die Voraussetzungen einer andern durch das Gesetz geordneten Gesellschaft zutreffen.

A. Begriff

Art. 531
¹ Jeder Gesellschafter hat einen Beitrag zu leisten, sei es in Geld, Sachen, Forderungen oder Arbeit.

² Ist nicht etwas anderes vereinbart, so haben die Gesellschafter gleiche Beiträge, und zwar in der Art und dem Umfange zu leisten, wie der vereinbarte Zweck es erheischt.

³ In bezug auf die Tragung der Gefahr und die Gewährspflicht finden, sofern der einzelne Gesellschafter den Gebrauch einer Sache zu überlassen hat, die Grundsätze des Mietvertrages und, sofern er Eigentum zu übertragen hat, die Grundsätze des Kaufvertrages entsprechende Anwendung.

B. Verhältnis der Gesellschafter unter sich
I. Beiträge

Art. 532
Jeder Gesellschafter ist verpflichtet, einen Gewinn, der seiner Natur nach der Gesellschaft zukommt, mit den andern Gesellschaftern zu teilen.

II. Gewinn und Verlust
1. Gewinnteilung

Art. 533
¹ Wird es nicht anders vereinbart, so hat jeder Gesellschafter, ohne Rücksicht auf die Art und Grösse seines Beitrages, gleichen Anteil an Gewinn und Verlust.

² Ist nur der Anteil am Gewinne oder nur der Anteil am Verluste vereinbart, so gilt diese Vereinbarung für beides.

³ Die Verabredung, dass ein Gesellschafter, der zu dem gemeinsamen Zwecke Arbeit beizutragen hat, Anteil am Gewinne, nicht aber am Verluste haben soll, ist zulässig.

2. Gewinn- und Verlustbeteiligung

Art. 534
¹ Gesellschaftsbeschlüsse werden mit Zustimmung aller Gesellschafter gefasst.

² Genügt nach dem Vertrage Stimmenmehrheit, so ist die Mehrheit nach der Personenzahl zu berechnen.

III. Gesellschaftsbeschlüsse

Art. 535

IV. Geschäftsführung

¹ Die Geschäftsführung steht allen Gesellschaftern zu, soweit sie nicht durch Vertrag oder Beschluss einem oder mehreren Gesellschaftern oder Dritten ausschliesslich übertragen ist.

² Steht die Geschäftsführung entweder allen oder mehreren Gesellschaftern zu, so kann jeder von ihnen ohne Mitwirkung der übrigen handeln, es hat aber jeder andere zur Geschäftsführung befugte Gesellschafter das Recht, durch seinen Widerspruch die Handlung zu verhindern, bevor sie vollendet ist.

³ Zur Bestellung eines Generalbevollmächtigten und zur Vornahme von Rechtshandlungen, die über den gewöhnlichen Betrieb der gemeinschaftlichen Geschäfte hinausgehen, ist, sofern nicht Gefahr im Verzuge liegt, die Einwilligung sämtlicher Gesellschafter erforderlich.

Art. 536

V. Verantwortlichkeit unter sich
1. Konkurrenzverbot

Kein Gesellschafter darf zu seinem besonderen Vorteile Geschäfte betreiben, durch die der Zweck der Gesellschaft vereitelt oder beeinträchtigt würde.

Art. 537

2. Ansprüche aus der Tätigkeit für die Gesellschaft

¹ Für Auslagen oder Verbindlichkeiten, die ein Gesellschafter in den Angelegenheiten der Gesellschaft macht oder eingeht, sowie für Verluste, die er unmittelbar durch seine Geschäftsführung oder aus den untrennbar damit verbundenen Gefahren erleidet, sind ihm die übrigen Gesellschafter haftbar.

² Für die vorgeschossenen Gelder kann er vom Tage des geleisteten Vorschusses an Zinse fordern.

³ Dagegen steht ihm für persönliche Bemühungen kein Anspruch auf besondere Vergütung zu.

Art. 538

3. Mass der Sorgfalt

¹ Jeder Gesellschafter ist verpflichtet, in den Angelegenheiten der Gesellschaft den Fleiss und die Sorgfalt anzuwenden, die er in seinen eigenen anzuwenden pflegt.

² Er haftet den übrigen Gesellschaftern für den durch sein Verschulden entstandenen Schaden, ohne dass er damit die Vorteile verrechnen könnte, die er der Gesellschaft in andern Fällen verschafft hat.

³ Der geschäftsführende Gesellschafter, der für seine Tätigkeit eine Vergütung bezieht, haftet nach den Bestimmungen über den Auftrag.

Art. 539

¹ Die im Gesellschaftsvertrage einem Gesellschafter eingeräumte Befugnis zur Geschäftsführung darf von den übrigen Gesellschaftern ohne wichtige Gründe weder entzogen noch beschränkt werden.

² Liegen wichtige Gründe vor, so kann sie von jedem der übrigen Gesellschafter selbst dann entzogen werden, wenn der Gesellschaftsvertrag etwas anderes bestimmt.

³ Ein wichtiger Grund liegt namentlich vor, wenn der Geschäftsführer sich einer groben Pflichtverletzung schuldig gemacht oder die Fähigkeit zu einer guten Geschäftsführung verloren hat.

VI. Entzug und Beschränkung der Geschäftsführung

Art. 540

¹ Soweit weder in den Bestimmungen dieses Titels noch im Gesellschaftsvertrage etwas anderes vorgesehen ist, kommen auf das Verhältnis der geschäftsführenden Gesellschafter zu den übrigen Gesellschaftern die Vorschriften über Auftrag zur Anwendung.

² Wenn ein Gesellschafter, der nicht zur Geschäftsführung befugt ist, Gesellschaftsangelegenheiten besorgt, oder wenn ein zur Geschäftsführung befugter Gesellschafter seine Befugnis überschreitet, so finden die Vorschriften über die Geschäftsführung ohne Auftrag Anwendung.

VII. Geschäftsführende und nicht geschäftsführende Gesellschafter
1. Im allgemeinen

Art. 541

¹ Der von der Geschäftsführung ausgeschlossene Gesellschafter hat das Recht, sich persönlich von dem Gange der Gesellschaftsangelegenheiten zu unterrichten, von den Geschäftsbüchern und Papieren der Gesellschaft Einsicht zu nehmen und für sich eine Übersicht über den Stand des gemeinschaftlichen Vermögens anzufertigen.

² Eine entgegenstehende Vereinbarung ist nichtig.

2. Einsicht in die Gesellschaftsangelegenheiten

Art. 542

¹ Ein Gesellschafter kann ohne die Einwilligung der übrigen Gesellschafter keinen Dritten in die Gesellschaft aufnehmen.

² Wenn ein Gesellschafter einseitig einen Dritten an seinem Anteile beteiligt oder seinen Anteil an ihn abtritt, so wird dieser Dritte dadurch nicht zum Gesellschafter der übrigen und erhält insbesondere nicht das Recht, von den Gesellschaftsangelegenheiten Einsicht zu nehmen.

VIII. Aufnahme neuer Gesellschafter und Unterbeteiligung

Art. 543

¹ Wenn ein Gesellschafter zwar für Rechnung der Gesellschaft, aber in eigenem Namen mit einem Dritten Geschäfte abschliesst, so wird er allein dem Dritten gegenüber berechtigt und verpflichtet.

C. Verhältnis der Gesellschafter gegenüber Dritten
I. Vertretung

² Wenn ein Gesellschafter im Namen der Gesellschaft oder sämtlicher Gesellschafter mit einem Dritten Geschäfte abschliesst, so werden die übrigen Gesellschafter dem Dritten gegenüber nur insoweit berechtigt und verpflichtet, als es die Bestimmungen über die Stellvertretung mit sich bringen.

³ Eine Ermächtigung des einzelnen Gesellschafters, die Gesellschaft oder sämtliche Gesellschafter Dritten gegenüber zu vertreten, wird vermutet, sobald ihm die Geschäftsführung überlassen ist.

Art. 544

II. Wirkung der Vertretung

¹ Sachen, dingliche Rechte oder Forderungen, die an die Gesellschaft übertragen oder für sie erworben sind, gehören den Gesellschaftern gemeinschaftlich nach Massgabe des Gesellschaftsvertrages.

² Die Gläubiger eines Gesellschafters können, wo aus dem Gesellschaftsvertrage nichts anderes hervorgeht, zu ihrer Befriedigung nur den Liquidationsanteil ihres Schuldners in Anspruch nehmen.

³ Haben die Gesellschafter gemeinschaftlich oder durch Stellvertretung einem Dritten gegenüber Verpflichtungen eingegangen, so haften sie ihm solidarisch, unter Vorbehalt anderer Vereinbarung.

Art. 545

D. Beendigung der Gesellschaft
I. Auflösungsgründe
1. Im allgemeinen

¹ Die Gesellschaft wird aufgelöst:
1. wenn der Zweck, zu welchem sie abgeschlossen wurde, erreicht oder wenn dessen Erreichung unmöglich geworden ist;
2. wenn ein Gesellschafter stirbt und für diesen Fall nicht schon vorher vereinbart worden ist, dass die Gesellschaft mit den Erben fortbestehen soll;
3. wenn der Liquidationsanteil eines Gesellschafters zur Zwangsverwertung gelangt oder ein Gesellschafter in Konkurs fällt oder bevormundet wird;
4. durch gegenseitige Übereinkunft;
5. durch Ablauf der Zeit, auf deren Dauer die Gesellschaft eingegangen worden ist;
6. durch Kündigung von seiten eines Gesellschafters, wenn eine solche im Gesellschaftsvertrage vorbehalten oder wenn die Gesellschaft auf unbestimmte Dauer oder auf Lebenszeit eines Gesellschafters eingegangen worden ist;
7. durch Urteil des Richters im Falle der Auflösung aus einem wichtigen Grund.

² Aus wichtigen Gründen kann die Auflösung der Gesellschaft vor Ablauf der Vertragsdauer oder, wenn sie auf unbestimmte Dauer abgeschlossen worden ist, ohne vorherige Aufkündigung verlangt werden.

DIE EINFACHE GESELLSCHAFT

Art. 546

¹ Ist die Gesellschaft auf unbestimmte Dauer oder auf Lebenszeit eines Gesellschafters geschlossen worden, so kann jeder Gesellschafter den Vertrag auf sechs Monate kündigen.

² Die Kündigung soll jedoch in guten Treuen und nicht zur Unzeit geschehen und darf, wenn jährliche Rechnungsabschlüsse vorgesehen sind, nur auf das Ende eines Geschäftsjahres erfolgen.

³ Wird eine Gesellschaft nach Ablauf der Zeit, für die sie eingegangen worden ist, stillschweigend fortgesetzt, so gilt sie als auf unbestimmte Zeit erneuert.

2. Gesellschaft auf unbestimmte Dauer

Art. 547

¹ Wird die Gesellschaft in anderer Weise als durch Kündigung aufgelöst, so gilt die Befugnis eines Gesellschafters zur Geschäftsführung zu seinen Gunsten gleichwohl als fortbestehend, bis er von der Auflösung Kenntnis hat oder bei schuldiger Sorgfalt haben sollte.

² Wird die Gesellschaft durch den Tod eines Gesellschafters aufgelöst, so hat der Erbe des verstorbenen Gesellschafters den andern den Todesfall unverzüglich anzuzeigen und die von seinem Erblasser zu besorgenden Geschäfte in guten Treuen fortzusetzen, bis anderweitige Fürsorge getroffen ist.

³ Die andern Gesellschafter haben in gleicher Weise die Geschäfte einstweilen weiter zu führen.

II. Wirkung der Auflösung auf die Geschäftsführung

Art. 548

¹ Bei der Auseinandersetzung, die nach der Auflösung die Gesellschafter unter sich vorzunehmen haben, fallen die Sachen, die ein Gesellschafter zu Eigentum eingebracht hat, nicht an ihn zurück.

² Er hat jedoch Anspruch auf den Wert, für den sie übernommen worden sind.

³ Fehlt es an einer solchen Wertbestimmung, so geht sein Anspruch auf den Wert, den die Sachen zur Zeit des Einbringens hatten.

*III. Liquidation
1. Behandlung der Einlagen*

Art. 549

¹ Verbleibt nach Abzug der gemeinschaftlichen Schulden, nach Ersatz der Auslagen und Verwendungen an einzelne Gesellschafter und nach Rückerstattung der Vermögensbeiträge ein Überschuss, so ist er unter die Gesellschafter als Gewinn zu verteilen.

² Ist nach Tilgung der Schulden und Ersatz der Auslagen und Verwendungen das gemeinschaftliche Vermögen nicht ausreichend, um die geleisteten Vermögensbeiträge zurückzuerstatten, so haben die Gesellschafter das Fehlende als Verlust zu tragen.

2. Verteilung von Überschuss und Fehlbetrag

Art. 550

3. Vornahme der Auseinandersetzung

¹ Die Auseinandersetzung nach Auflösung der Gesellschaft ist von allen Gesellschaftern gemeinsam vorzunehmen mit Einschluss derjenigen, die von der Geschäftsführung ausgeschlossen waren.

² Wenn jedoch der Gesellschaftsvertrag sich nur auf bestimmte einzelne Geschäfte bezog, die ein Gesellschafter in eigenem Namen auf gemeinsame Rechnung zu besorgen hatte, so hat er diese Geschäfte auch nach Auflösung der Gesellschaft allein zu erledigen und den übrigen Gesellschaftern Rechnung abzulegen.

Art. 551

IV. Haftung gegenüber Dritten

An den Verbindlichkeiten gegenüber Dritten wird durch die Auflösung der Gesellschaft nichts geändert.

DRITTE ABTEILUNG[1])
DIE HANDELSGESELLSCHAFTEN UND DIE GENOSSENSCHAFT

Vierundzwanzigster Titel
DIE KOLLEKTIVGESELLSCHAFT

Erster Abschnitt
Begriff und Errichtung

Art. 552

¹ Die Kollektivgesellschaft ist eine Gesellschaft, in der zwei oder mehrere natürliche Personen, ohne Beschränkung ihrer Haftung gegenüber den Gesellschaftsgläubigern, sich zum Zwecke vereinigen, unter einer gemeinsamen Firma ein Handels-, ein Fabrikations- oder ein anderes nach kaufmännischer Art geführtes Gewerbe zu betreiben.

² Die Gesellschafter haben die Gesellschaft in das Handelsregister eintragen zu lassen.

A. Kaufmännische Gesellschaft

Art. 553

Betreibt eine solche Gesellschaft kein nach kaufmännischer Art geführtes Gewerbe, so entsteht sie als Kollektivgesellschaft erst, wenn sie sich in das Handelsregister eintragen lässt.

B. Nichtkaufmännische Gesellschaft

Art. 554

¹ Die Gesellschaft ist in das Handelsregister des Ortes einzutragen, an dem sie ihren Sitz hat.

² Die Eintragung muss enthalten:
1. den Namen, den Wohnort und die Staatsangehörigkeit jedes Gesellschafters;
2. die Firma der Gesellschaft und den Ort, an dem sie ihren Sitz hat;
3. den Zeitpunkt, mit dem die Gesellschaft ihren Anfang nimmt;
4. die Angaben über eine allfällige Beschränkung der Befugnis zur Vertretung der Gesellschaft.

C. Registereintrag
I. Ort und Inhalt

Art. 555

In das Handelsregister können nur solche Anordnungen über die Vertretung eingetragen werden, die deren Beschränkung auf einen oder einzelne Gesellschafter oder eine Vertretung durch einen

II. Vertretung

---

[1]) Fassung gemäss BG vom 18. Dez. 1936, in Kraft seit 1. Juli 1937 (AS **53** 185; BBl **1928** I 205, **1932** I 217). Siehe die Schl- und UeB zu den Tit. XXIV–XXXIII am Schluss des OR.

Gesellschafter in Gemeinschaft mit andern Gesellschaftern oder mit Prokuristen vorsehen.

Art. 556

III. Formelle Erfordernisse

¹ Die Anmeldung der einzutragenden Tatsachen oder ihrer Veränderung muss von allen Gesellschaftern persönlich beim Handelsregisteramt unterzeichnet oder schriftlich mit beglaubigten Unterschriften eingereicht werden.

² Die Gesellschafter, denen die Vertretung der Gesellschaft zustehen soll, haben die Firma und ihre Namen persönlich beim Handelsregisteramt zu zeichnen oder die Zeichnung in beglaubigter Form einzureichen.

Zweiter Abschnitt
Verhältnis der Gesellschafter unter sich

Art. 557

A. Vertragsfreiheit, Verweisung auf die einfache Gesellschaft

¹ Das Rechtsverhältnis der Gesellschafter untereinander richtet sich zunächst nach dem Gesellschaftsvertrag.

² Soweit keine Vereinbarung getroffen ist, kommen die Vorschriften über die einfache Gesellschaft zur Anwendung, jedoch mit den Abweichungen, die sich aus den nachfolgenden Bestimmungen ergeben.

Art. 558

B. Gewinn- und Verlustrechnung

¹ Für jedes Geschäftsjahr sind auf Grund der Gewinn- und Verlustrechnung sowie der Bilanz der Gewinn oder Verlust zu ermitteln und der Anteil jedes Gesellschafters zu berechnen.

² Jedem Gesellschafter dürfen für seinen Kapitalanteil Zinse gemäss Vertrag gutgeschrieben werden, auch wenn durch den Verlust des Geschäftsjahres der Kapitalanteil vermindert ist. Mangels vertraglicher Abrede beträgt der Zinssatz vier vom Hundert.

³ Ein vertraglich festgesetztes Honorar für die Arbeit eines Gesellschafters wird bei der Ermittlung von Gewinn und Verlust als Gesellschaftsschuld behandelt.

Art. 559

C. Anspruch auf Gewinn, Zinse und Honorar

¹ Jeder Gesellschafter hat das Recht, aus der Gesellschaftskasse Gewinn, Zinse und Honorar des abgelaufenen Geschäftsjahres zu entnehmen.

² Zinse und Honorare dürfen, soweit dies der Vertrag vorsieht, schon während des Geschäftsjahres, Gewinne dagegen erst nach Feststellung der Bilanz bezogen werden.

³ Soweit ein Gesellschafter Gewinne, Zinse und Honorare nicht bezieht, werden sie nach Feststellung der Bilanz seinem Kapitalanteil zugeschrieben, sofern nicht einer der andern Gesellschafter dagegen Einwendungen erhebt.

Art. 560

¹ Ist der Kapitalanteil durch Verluste vermindert worden, so behält der Gesellschafter seinen Anspruch auf Ausrichtung des Honorars und der vom verminderten Kapitalanteil zu berechnenden Zinse; ein Gewinnanteil darf erst dann wieder ausbezahlt werden, wenn die durch den Verlust entstandene Verminderung ausgeglichen ist.

² Die Gesellschafter sind weder verpflichtet, höhere Einlagen zu leisten, als dies im Vertrage vorgesehen ist, noch ihre durch Verlust verminderten Einlagen zu ergänzen.

D. Verluste

Art. 561

Ohne Zustimmung der übrigen Gesellschafter darf ein Gesellschafter in dem Geschäftszweige der Gesellschaft weder für eigene noch für fremde Rechnung Geschäfte machen, noch an einer andern Unternehmung als unbeschränkt haftender Gesellschafter, als Kommanditär oder als Mitglied einer Gesellschaft mit beschränkter Haftung teilnehmen.

E. Konkurrenzverbot

Dritter Abschnitt
Verhältnis der Gesellschaft zu Dritten

Art. 562

Die Gesellschaft kann unter ihrer Firma Rechte erwerben und Verbindlichkeiten eingehen, vor Gericht klagen und verklagt werden.

A. Im allgemeinen

Art. 563

Enthält das Handelsregister keine entgegenstehenden Eintragungen, so sind gutgläubige Dritte zu der Annahme berechtigt, es sei jeder einzelne Gesellschafter zur Vertretung der Gesellschaft ermächtigt.

B. Vertretung
I. Grundsatz

Art. 564

¹ Die zur Vertretung befugten Gesellschafter sind ermächtigt, im Namen der Gesellschaft alle Rechtshandlungen vorzunehmen, die der Zweck der Gesellschaft mit sich bringen kann.

² Eine Beschränkung des Umfangs der Vertretungsbefugnis hat gegenüber gutgläubigen Dritten keine Wirkung.

II. Umfang

Art. 565

III. Entziehung

¹ Die Vertretungsbefugnis kann einem Gesellschafter aus wichtigen Gründen entzogen werden.

² Macht ein Gesellschafter solche Gründe glaubhaft, so kann auf seinen Antrag der Richter, wenn Gefahr im Verzug liegt, die Vertretungsbefugnis vorläufig entziehen. Diese richterliche Verfügung ist im Handelsregister einzutragen.

Art. 566

IV. Prokura und Handlungsvollmacht

Die Prokura sowie eine Handlungsvollmacht zum Betriebe des ganzen Gewerbes können nur mit Einwilligung aller zur Vertretung befugten Gesellschafter bestellt, dagegen durch jeden von ihnen mit Wirkung gegen Dritte widerrufen werden.

Art. 567

V. Rechtsgeschäfte und Haftung aus unerlaubten Handlungen

¹ Die Gesellschaft wird durch die Rechtsgeschäfte, die ein zu ihrer Vertretung befugter Gesellschafter in ihrem Namen schliesst, berechtigt und verpflichtet.

² Diese Wirkung tritt auch dann ein, wenn die Absicht, für die Gesellschaft zu handeln, aus den Umständen hervorgeht.

³ Die Gesellschaft haftet für den Schaden aus unerlaubten Handlungen, die ein Gesellschafter in Ausübung seiner geschäftlichen Verrichtungen begeht.

Art. 568

C. Stellung der Gesellschaftsgläubiger
I. Haftung der Gesellschafter

¹ Die Gesellschafter haften für alle Verbindlichkeiten der Gesellschaft solidarisch und mit ihrem ganzen Vermögen.

² Eine entgegenstehende Verabredung unter den Gesellschaftern hat Dritten gegenüber keine Wirkung.

³ Der einzelne Gesellschafter kann jedoch, auch nach seinem Ausscheiden, für Gesellschaftsschulden erst dann persönlich belangt werden, wenn er selbst in Konkurs geraten ist oder wenn die Gesellschaft aufgelöst oder erfolglos betrieben worden ist. Die Haftung des Gesellschafters aus einer zugunsten der Gesellschaft eingegangenen Solidarbürgschaft bleibt vorbehalten.

Art. 569

II. Haftung neu eintretender Gesellschafter

¹ Wer einer Kollektivgesellschaft beitritt, haftet solidarisch mit den übrigen Gesellschaftern und mit seinem ganzen Vermögen auch für die vor seinem Beitritt entstandenen Verbindlichkeiten der Gesellschaft.

² Eine entgegenstehende Verabredung unter den Gesellschaftern hat Dritten gegenüber keine Wirkung.

Art. 570

¹ Die Gläubiger der Gesellschaft haben Anspruch darauf, aus dem Gesellschaftsvermögen unter Ausschluss der Privatgläubiger der einzelnen Gesellschafter befriedigt zu werden.

² Die Gesellschafter können am Konkurse für ihre Kapitaleinlagen und laufenden Zinse nicht als Gläubiger teilnehmen, wohl aber für ihre Ansprüche auf verfallene Zinse sowie auf Forderungen für Honorar oder für Ersatz von im Interesse der Gesellschaft gemachten Auslagen.

III. Konkurs der Gesellschaft

Art. 571

¹ Der Konkurs der Gesellschaft hat den Konkurs der einzelnen Gesellschafter nicht zur Folge.

² Ebensowenig bewirkt der Konkurs eines Gesellschafters den Konkurs der Gesellschaft.

³ Die Rechte der Gesellschaftsgläubiger im Konkurse des einzelnen Gesellschafters richten sich nach den Vorschriften des Schuldbetreibungs- und Konkursgesetzes[1].

IV. Konkurs von Gesellschaft und Gesellschaftern

Art. 572

¹ Die Privatgläubiger eines Gesellschafters sind nicht befugt, das Gesellschaftsvermögen zu ihrer Befriedigung oder Sicherstellung in Anspruch zu nehmen.

² Gegenstand der Zwangsvollstreckung ist nur, was dem Schuldner an Zinsen, Honorar, Gewinn und Liquidationsanteil aus dem Gesellschaftsverhältnis zukommt.

D. Stellung der Privatgläubiger eines Gesellschafters

Art. 573

¹ Gegen eine Forderung der Gesellschaft kann der Schuldner eine Forderung, die ihm gegen einen einzelnen Gesellschafter zusteht, nicht zur Verrechnung bringen.

² Ebensowenig kann ein Gesellschafter gegenüber seinem Gläubiger eine Forderung der Gesellschaft verrechnen.

³ Ist dagegen ein Gesellschaftsgläubiger gleichzeitig Privatschuldner eines Gesellschafters, so wird die Verrechnung sowohl zugunsten des Gesellschaftsgläubigers als auch des Gesellschafters zugelassen, sobald der Gesellschafter für eine Gesellschaftsschuld persönlich belangt werden kann.

E. Verrechnung

---

[1] SR **281.1**

Vierter Abschnitt
Auflösung und Ausscheiden

Art. 574

A. Im allgemeinen

¹ Die Gesellschaft wird aufgelöst durch die Eröffnung des Konkurses. Im übrigen gelten für die Auflösung die Bestimmungen über die einfache Gesellschaft, soweit sich aus den Vorschriften dieses Titels nicht etwas anderes ergibt.

² Die Gesellschafter haben die Auflösung, abgesehen vom Falle des Konkurses, beim Handelsregisteramt anzumelden.

³ Ist eine Klage auf Auflösung der Gesellschaft angebracht, so kann der Richter auf Antrag einer Partei vorsorgliche Massnahmen anordnen.

Art. 575

B. Kündigung durch Gläubiger eines Gesellschafters

¹ Ist ein Gesellschafter in Konkurs geraten, so kann die Konkursverwaltung unter Beobachtung einer mindestens sechsmonatigen Kündigungsfrist die Auflösung der Gesellschaft verlangen, auch wenn die Gesellschaft auf bestimmte Dauer eingegangen wurde.

² Das gleiche Recht steht dem Gläubiger eines Gesellschafters zu, der dessen Liquidationsanteil gepfändet hat.

³ Die Wirkung einer solchen Kündigung kann aber, solange die Auflösung im Handelsregister nicht eingetragen ist, von der Gesellschaft oder von den übrigen Gesellschaftern durch Befriedigung der Konkursmasse oder des betreibenden Gläubigers abgewendet werden.

Art. 576

C. Ausscheiden von Gesellschaftern
I. Übereinkommen

Sind die Gesellschafter vor der Auflösung übereingekommen, dass trotz des Ausscheidens eines oder mehrerer Gesellschafter die Gesellschaft unter den übrigen fortgesetzt werden soll, so endigt sie nur für die Ausscheidenden; im übrigen besteht sie mit allen bisherigen Rechten und Verbindlichkeiten fort.

Art. 577

II. Ausschliessung durch den Richter

Wenn die Auflösung der Gesellschaft aus wichtigen Gründen verlangt werden könnte und diese vorwiegend in der Person eines oder mehrerer Gesellschafter liegen, so kann der Richter auf deren Ausschliessung und auf Ausrichtung ihrer Anteile am Gesellschaftsvermögen erkennen, sofern alle übrigen Gesellschafter es beantragen.

DIE KOLLEKTIVGESELLSCHAFT

Art. 578
Fällt ein Gesellschafter in Konkurs oder verlangt einer seiner Gläubiger, der dessen Liquidationsanteil gepfändet hat, die Auflösung der Gesellschaft, so können die übrigen Gesellschafter ihn ausschliessen und ihm seinen Anteil am Gesellschaftsvermögen ausrichten.

III. Durch die übrigen Gesellschafter

Art. 579
[1] Sind nur zwei Gesellschafter vorhanden, so kann derjenige, der keine Veranlassung zur Auflösung gegeben hatte, unter den gleichen Voraussetzungen das Geschäft fortsetzen und dem andern Gesellschafter seinen Anteil am Gesellschaftsvermögen ausrichten.

[2] Das gleiche kann der Richter verfügen, wenn die Auflösung wegen eines vorwiegend in der Person des einen Gesellschafters liegenden wichtigen Grundes gefordert wird.

IV. Bei zwei Gesellschaftern

Art. 580
[1] Der dem ausscheidenden Gesellschafter zukommende Betrag wird durch Übereinkunft festgesetzt.

[2] Enthält der Gesellschaftsvertrag darüber keine Bestimmung und können sich die Beteiligten nicht einigen, so setzt der Richter den Betrag in Berücksichtigung der Vermögenslage der Gesellschaft im Zeitpunkt des Ausscheidens und eines allfälligen Verschuldens des ausscheidenden Gesellschafters fest.

V. Festsetzung des Betrages

Art. 581
Das Ausscheiden eines Gesellschafters sowie die Fortsetzung des Geschäftes durch einen Gesellschafter müssen in das Handelsregister eingetragen werden.

VI. Eintragung

Fünfter Abschnitt
Liquidation

Art. 582
Nach der Auflösung der Gesellschaft erfolgt ihre Liquidation gemäss den folgenden Vorschriften, sofern nicht eine andere Art der Auseinandersetzung von den Gesellschaftern vereinbart oder über das Vermögen der Gesellschaft der Konkurs eröffnet ist.

A. Grundsatz

Art. 583
[1] Die Liquidation wird von den zur Vertretung befugten Gesellschaftern besorgt, sofern in ihrer Person kein Hindernis besteht und soweit sich die Gesellschafter nicht auf andere Liquidatoren einigen.

B. Liquidatoren

² Auf Antrag eines Gesellschafters kann der Richter, sofern wichtige Gründe vorliegen, Liquidatoren abberufen und andere ernennen.

³ Die Liquidatoren sind in das Handelsregister einzutragen, auch wenn dadurch die bisherige Vertretung der Gesellschaft nicht geändert wird.

Art. 584

C. Vertretung von Erben

Die Erben eines Gesellschafters haben für die Liquidation einen gemeinsamen Vertreter zu bezeichnen.

Art. 585

D. Rechte und Pflichten der Liquidatoren

¹ Die Liquidatoren haben die laufenden Geschäfte zu beendigen, die Verpflichtungen der aufgelösten Gesellschaft zu erfüllen, die Forderungen einzuziehen und das Vermögen der Gesellschaft, soweit es die Auseinandersetzung verlangt, zu versilbern.

² Sie haben die Gesellschaft in den zur Liquidation gehörenden Rechtsgeschäften zu vertreten, können für sie Prozesse führen, Vergleiche und Schiedsverträge abschliessen und, soweit es die Liquidation erfordert, auch neue Geschäfte eingehen.

³ Erhebt ein Gesellschafter Widerspruch gegen einen von den Liquidatoren beschlossenen Verkauf zu einem Gesamtübernahmepreis, gegen die Ablehnung eines solchen Verkaufs oder gegen die beschlossene Art der Veräusserung von Grundstücken, so entscheidet auf Begehren des widersprechenden Gesellschafters der Richter.

⁴ Die Gesellschaft haftet für Schaden aus unerlaubten Handlungen, die ein Liquidator in Ausübung seiner geschäftlichen Verrichtungen begeht.

Art. 586

E. Vorläufige Verteilung

¹ Die während der Liquidation entbehrlichen Gelder und Werte werden vorläufig auf Rechnung des endgültigen Liquidationsanteiles unter die Gesellschafter verteilt.

² Zur Deckung streitiger oder noch nicht fälliger Verbindlichkeiten sind die erforderlichen Mittel zurückzubehalten.

Art. 587

F. Auseinandersetzung
I. Bilanz

¹ Die Liquidatoren haben bei Beginn der Liquidation eine Bilanz aufzustellen.

² Bei länger andauernder Liquidation sind jährliche Zwischenbilanzen zu errichten.

Art. 588

¹ Das nach Tilgung der Schulden verbleibende Vermögen wird zunächst zur Rückzahlung des Kapitals an die Gesellschafter und sodann zur Entrichtung von Zinsen für die Liquidationszeit verwendet.

² Ein Überschuss ist nach den Vorschriften über die Gewinnbeteiligung unter die Gesellschafter zu verteilen.

II. Rückzahlung des Kapitals und Verteilung des Überschusses

Art. 589

Nach Beendigung der Liquidation haben die Liquidatoren die Löschung der Firma im Handelsregister zu veranlassen.

G. Löschung im Handelsregister

Art. 590

¹ Die Bücher und Papiere der aufgelösten Gesellschaft werden während zehn Jahren nach der Löschung der Firma im Handelsregister an einem von den Gesellschaftern oder, wenn sie sich nicht einigen, vom Handelsregisteramt zu bezeichnenden Ort aufbewahrt.

² Die Gesellschafter und ihre Erben behalten das Recht, in die Bücher und Papiere Einsicht zu nehmen.

H. Aufbewahrung der Bücher und Papiere

Sechster Abschnitt
Verjährung

Art. 591

¹ Die Forderungen von Gesellschaftsgläubigern gegen einen Gesellschafter für Verbindlichkeiten der Gesellschaft verjähren in fünf Jahren nach der Veröffentlichung seines Ausscheidens oder der Auflösung der Gesellschaft im Schweizerischen Handelsamtsblatt, sofern nicht wegen der Natur der Forderung eine kürzere Verjährungsfrist gilt.

² Wird die Forderung erst nach dieser Veröffentlichung fällig, so beginnt die Verjährung mit dem Zeitpunkt der Fälligkeit.

³ Auf Forderungen der Gesellschafter untereinander findet diese Verjährung keine Anwendung.

A. Gegenstand und Frist

Art. 592

¹ Die fünfjährige Verjährung kann dem Gläubiger, der seine Befriedigung nur aus ungeteiltem Gesellschaftsvermögen sucht, nicht entgegengesetzt werden.

B. Besondere Fälle

² Übernimmt ein Gesellschafter das Geschäft mit Aktiven und Passiven, so kann er den Gläubigern die fünfjährige Verjährung nicht entgegenhalten. Dagegen tritt für die ausgeschiedenen Gesellschafter an Stelle der fünfjährigen die zweijährige Frist[1]) nach den Grundsätzen der Schuldübernahme; ebenso wenn ein Dritter das Geschäft mit Aktiven und Passiven übernimmt.

Art. 593

C. Unterbrechung Die Unterbrechung der Verjährung gegenüber der fortbestehenden Gesellschaft oder einem andern Gesellschafter vermag die Verjährung gegenüber einem ausgeschiedenen Gesellschafter nicht zu unterbrechen.

---

[1]) Jetzt: dreijährige Frist, s. Art. 181 Abs. 2. [P. W.]

Fünfundzwanzigster Titel
DIE KOMMANDITGESELLSCHAFT

Erster Abschnitt
Begriff und Errichtung

Art. 594

¹ Eine Kommanditgesellschaft ist eine Gesellschaft, in der zwei oder mehrere Personen sich zum Zwecke vereinigen, ein Handels-, ein Fabrikations- oder ein anderes nach kaufmännischer Art geführtes Gewerbe unter einer gemeinsamen Firma in der Weise zu betreiben, dass wenigstens ein Mitglied unbeschränkt, eines oder mehrere aber als Kommanditäre nur bis zum Betrag einer bestimmten Vermögenseinlage, der Kommanditsumme, haften.

² Unbeschränkt haftende Gesellschafter können nur natürliche Personen, Kommanditäre jedoch auch juristische Personen und Handelsgesellschaften sein.

³ Die Gesellschafter haben die Gesellschaft in das Handelsregister eintragen zu lassen.

A. Kaufmännische Gesellschaft

Art. 595

Betreibt eine solche Gesellschaft kein nach kaufmännischer Art geführtes Gewerbe, so entsteht sie als Kommanditgesellschaft erst, wenn sie sich in das Handelsregister eintragen lässt.

B. Nichtkaufmännische Gesellschaft

Art. 596

¹ Die Gesellschaft ist in das Handelsregister des Ortes einzutragen, an dem sie ihren Sitz hat.

² Die Eintragung muss enthalten:
1. den Namen, den Wohnort und die Staatsangehörigkeit jedes Gesellschafters, für juristische Personen und Handelsgesellschaften die Firma und den Sitz;
2. den Betrag der Kommanditsumme jedes Kommanditärs;
3. die Firma der Gesellschaft und den Ort, an dem sie ihren Sitz hat;
4. den Zeitpunkt, mit dem die Gesellschaft ihren Anfang nimmt;
5. die Angaben über eine allfällige Beschränkung der Befugnis zur Vertretung der Gesellschaft durch die unbeschränkt haftenden Gesellschafter.

³ Soll die Kommanditsumme nicht oder nur teilweise in bar entrichtet werden, so ist die Sacheinlage in der Anmeldung ausdrücklich und mit bestimmtem Wertansatz zu bezeichnen und in das Handelsregister einzutragen.

C. Registereintrag
I. Ort und Inhalt

II. Formelle Erfordernisse

Art. 597

¹ Die Anmeldung der einzutragenden Tatsachen oder ihrer Veränderung muss von allen Gesellschaftern beim Handelsregisteramt unterzeichnet oder schriftlich mit beglaubigten Unterschriften eingereicht werden.

² Die unbeschränkt haftenden Gesellschafter, denen die Vertretung der Gesellschaft zustehen soll, haben die Firma und ihre Namen persönlich beim Handelsregisteramt zu zeichnen oder die Zeichnung in beglaubigter Form einzureichen.

Zweiter Abschnitt
Verhältnis der Gesellschafter unter sich

Art. 598

A. Vertragsfreiheit. Verweisung auf die Kollektivgesellschaft

¹ Das Rechtsverhältnis der Gesellschafter untereinander richtet sich zunächst nach dem Gesellschaftsvertrag.

² Soweit keine Vereinbarung getroffen ist, kommen die Vorschriften über die Kollektivgesellschaft zur Anwendung, jedoch mit den Abweichungen, die sich aus den nachfolgenden Bestimmungen ergeben.

Art. 599

B. Geschäftsführung

Die Geschäftsführung der Gesellschaft wird durch den oder die unbeschränkt haftenden Gesellschafter besorgt.

Art. 600

C. Stellung des Kommanditärs

¹ Der Kommanditär ist als solcher zur Führung der Geschäfte der Gesellschaft weder berechtigt noch verpflichtet.

² Er ist auch nicht befugt, gegen die Vornahme einer Handlung der Geschäftsführung Widerspruch zu erheben, wenn diese Handlung zum gewöhnlichen Geschäftsbetrieb der Gesellschaft gehört.

³ Er ist berechtigt, eine Abschrift der Gewinn- und Verlustrechnung und der Bilanz zu verlangen und deren Richtigkeit unter Einsichtnahme in die Bücher und Papiere zu prüfen oder durch einen unbeteiligten Sachverständigen prüfen zu lassen; im Streitfalle bezeichnet der Richter den Sachverständigen.

Art. 601

D. Gewinn- und Verlustbeteiligung

¹ Am Verlust nimmt der Kommanditär höchstens bis zum Betrage seiner Kommanditsumme teil.

² Fehlt es an Vereinbarungen über die Beteiligung des Kommanditärs am Gewinn und am Verlust, so entscheidet darüber der Richter nach freiem Ermessen.

³ Ist die Kommanditsumme nicht voll einbezahlt oder ist sie nach erfolgter Einzahlung vermindert worden, so dürfen ihr Zinse, Gewinne und allfällige Honorare nur so weit zugeschrieben werden, bis sie ihren vollen Betrag wieder erreicht hat.

Dritter Abschnitt
Verhältnis der Gesellschaft zu Dritten

Art. 602
Die Gesellschaft kann unter ihrer Firma Rechte erwerben und Verbindlichkeiten eingehen, vor Gericht klagen und verklagt werden.

A. Im allgemeinen

Art. 603
Die Gesellschaft wird nach den für die Kollektivgesellschaft geltenden Vorschriften durch den oder die unbeschränkt haftenden Gesellschafter vertreten.

B. Vertretung

Art. 604
Der unbeschränkt haftende Gesellschafter kann für eine Gesellschaftsschuld erst dann persönlich belangt werden, wenn die Gesellschaft aufgelöst oder erfolglos betrieben worden ist.

C. Haftung des unbeschränkt haftenden Gesellschafters

Art. 605
Schliesst der Kommanditär für die Gesellschaft Geschäfte ab, ohne ausdrücklich zu erklären, dass er nur als Prokurist oder als Bevollmächtigter handle, so haftet er aus diesen Geschäften gutgläubigen Dritten gegenüber gleich einem unbeschränkt haftenden Gesellschafter.

D. Haftung des Kommanditärs
I. Handlungen für die Gesellschaft

Art. 606
Ist die Gesellschaft vor der Eintragung in das Handelsregister im Verkehr aufgetreten, so haftet der Kommanditär für die bis zur Eintragung entstandenen Verbindlichkeiten Dritten gegenüber gleich einem unbeschränkt haftenden Gesellschafter, wenn er nicht beweist, dass ihnen die Beschränkung seiner Haftung bekannt war.

II. Mangelnder Eintrag

Art. 607
Ist der Name des Kommanditärs in die Firma der Gesellschaft aufgenommen worden, so haftet dieser den Gesellschaftsgläubigern wie ein unbeschränkt haftender Gesellschafter.

III. Name des Kommanditärs in der Firma

Art. 608

IV. Umfang der Haftung

¹ Der Kommanditär haftet Dritten gegenüber mit der im Handelsregister eingetragenen Kommanditsumme.

² Hat er selbst oder hat die Gesellschaft mit seinem Wissen gegenüber Dritten eine höhere Kommanditsumme kundgegeben, so haftet er bis zu diesem Betrage.

³ Den Gläubigern steht der Nachweis offen, dass der Wertansatz von Sacheinlagen ihrem wirklichen Wert im Zeitpunkt ihres Einbringens nicht entsprochen hat.

Art. 609

V. Verminderung der Kommanditsumme

¹ Wenn der Kommanditär die im Handelsregister eingetragene oder auf andere Art kundgegebene Kommanditsumme durch Vereinbarung mit den übrigen Gesellschaftern oder durch Bezüge vermindert, so wird diese Veränderung Dritten gegenüber erst dann wirksam, wenn sie in das Handelsregister eingetragen und veröffentlicht worden ist.

² Für die vor dieser Bekanntmachung entstandenen Verbindlichkeiten bleibt der Kommanditär mit der unverminderten Kommanditsumme haftbar.

Art. 610

VI. Klagerecht der Gläubiger

¹ Während der Dauer der Gesellschaft haben die Gesellschaftsgläubiger kein Klagerecht gegen den Kommanditär.

² Wird die Gesellschaft aufgelöst, so können die Gläubiger, die Liquidatoren oder die Konkursverwaltung verlangen, dass die Kommanditsumme in die Liquidations- oder Konkursmasse eingeworfen werde, soweit sie noch nicht geleistet oder soweit sie dem Kommanditär wieder zurückerstattet worden ist.

Art. 611

VII. Bezug von Zinsen und Gewinn

¹ Auf Auszahlung von Zinsen und Gewinn hat der Kommanditär nur Anspruch, wenn und soweit die Kommanditsumme durch die Auszahlung nicht vermindert wird.

² Der Kommanditär ist jedoch nicht verpflichtet, Zinse und Gewinn zurückzubezahlen, wenn er auf Grund der ordnungsmässigen Bilanz gutgläubig annehmen durfte, diese Bedingung sei erfüllt.

Art. 612

VIII. Eintritt in eine Gesellschaft

¹ Wer einer Kollektiv- oder Kommanditgesellschaft als Kommanditär beitritt, haftet mit der Kommanditsumme auch für die vor seinem Beitritt entstandenen Verbindlichkeiten.

² Eine entgegenstehende Verabredung unter den Gesellschaftern hat Dritten gegenüber keine Wirkung.

Art. 613

¹ Die Privatgläubiger eines unbeschränkt haftenden Gesellschafters oder eines Kommanditärs sind nicht befugt, das Gesellschaftsvermögen zu ihrer Befriedigung oder Sicherstellung in Anspruch zu nehmen.

² Gegenstand der Zwangsvollstreckung ist nur, was dem Schuldner an Zinsen, Gewinn und Liquidationsanteil sowie an allfälligem Honorar aus dem Gesellschaftsverhältnis zukommt.

E. Stellung der Privatgläubiger

Art. 614

¹ Ein Gesellschaftsgläubiger, der gleichzeitig Privatschuldner des Kommanditärs ist, kann diesem gegenüber eine Verrechnung nur dann beanspruchen, wenn der Kommanditär unbeschränkt haftet.

² Im übrigen richtet sich die Verrechnung nach den Vorschriften über die Kollektivgesellschaft.

F. Verrechnung

Art. 615

¹ Der Konkurs der Gesellschaft hat den Konkurs der einzelnen Gesellschafter nicht zur Folge.

² Ebensowenig bewirkt der Konkurs eines Gesellschafters den Konkurs der Gesellschaft.

G. Konkurs
I. Im allgemeinen

Art. 616

¹ Im Konkurse der Gesellschaft wird das Gesellschaftsvermögen zur Befriedigung der Gesellschaftsgläubiger verwendet unter Ausschluss der Privatgläubiger der einzelnen Gesellschafter.

² Was der Kommanditär auf Rechnung seiner Kommanditsumme an die Gesellschaft geleistet hat, kann er nicht als Forderung anmelden.

II. Konkurs der Gesellschaft

Art. 617

Wenn das Gesellschaftsvermögen zur Befriedigung der Gesellschaftsgläubiger nicht hinreicht, so sind diese berechtigt, für den ganzen unbezahlten Rest ihrer Forderungen aus dem Privatvermögen jedes einzelnen unbeschränkt haftenden Gesellschafters in Konkurrenz mit seinen Privatgläubigern Befriedigung zu suchen.

III. Vorgehen gegen den unbeschränkt haftenden Gesellschafter

Art. 618

Im Konkurse des Kommanditärs haben weder die Gesellschaftsgläubiger noch die Gesellschaft ein Vorzugsrecht vor den Privatgläubigern.

IV. Konkurs des Kommanditärs

Vierter Abschnitt
Auflösung, Liquidation, Verjährung

Art. 619

¹ Für die Auflösung und Liquidation der Gesellschaft und für die Verjährung der Forderungen gegen die Gesellschafter gelten die gleichen Bestimmungen wie bei der Kollektivgesellschaft.

² Fällt ein Kommanditär in Konkurs oder wird sein Liquidationsanteil gepfändet, so sind die für den Kollektivgesellschafter geltenden Bestimmungen entsprechend anwendbar. Dagegen haben der Tod und die Entmündigung des Kommanditärs die Auflösung der Gesellschaft nicht zur Folge.

Sechsundzwanzigster Titel[1]
DIE AKTIENGESELLSCHAFT

Erster Abschnitt
Allgemeine Bestimmungen

Art. 620

¹ Die Aktiengesellschaft ist eine Gesellschaft mit eigener Firma, deren zum voraus bestimmtes Kapital (Aktienkapital[2]) in Teilsummen (Aktien) zerlegt ist und für deren Verbindlichkeiten nur das Gesellschaftsvermögen haftet.

² Die Aktionäre sind nur zu den statutarischen Leistungen verpflichtet und haften für die Verbindlichkeiten der Gesellschaft nicht persönlich.

³ Die Aktiengesellschaft kann auch für andere als wirtschaftliche Zwecke gegründet werden.

A. Begriff

Art. 621[3]

Das Aktienkapital muss mindestens 100 000 Franken betragen.

B. Mindestkapital

Art. 622

¹ Die Aktien lauten auf den Namen oder auf den Inhaber.

² Beide Arten von Aktien können in einem durch die Statuten bestimmten Verhältnis nebeneinander bestehen.

³ Die Statuten können bestimmen, dass Namenaktien später in Inhaberaktien oder Inhaberaktien in Namenaktien umgewandelt werden sollen oder dürfen.

⁴ Der Nennwert der Aktie muss mindestens 1 Rappen betragen.[4]

⁵ Die Aktientitel müssen durch mindestens ein Mitglied des Verwaltungsrates[5] unterschrieben sein. Die Gesellschaft kann bestimmen, dass auch auf Aktien, die in grosser Zahl ausgegeben werden, mindestens eine Unterschrift eigenhändig beigesetzt werden muss.

C. Aktien
I. Arten

---

[1] Siehe auch die SchlB zu diesem Tit. am Ende des OR.
[2] Ausdruck gemäss Ziff. II 1 des BG vom 4. Okt. 1991, in Kraft seit 1. Juli 1992 (AS **1992** 733 786; BBl **1983** II 745). Diese Änderung ist im ganzen Erlass berücksichtigt.
[3] Fassung gemäss Ziff. I des BG vom 4. Okt. 1991, in Kraft seit 1. Juli 1992 (AS **1992** 733 786; BBl **1983** II 745).
[4] Fassung gemäss Ziff. I des BG vom 15. Dez. 2000, in Kraft seit 1. Mai 2001 (AS **2001** 1047; BBl **2000** 4337 4493, 5501).
[5] Ausdruck gemäss Ziff. II 3 des BG vom 4. Okt. 1991, in Kraft seit 1. Juli 1992 (AS **1992** 733 786; BBl **1983** II 745). Diese Änderung ist im ganzen Erlass berücksichtigt.

Art. 623

II. Zerlegung und Zusammenlegung

¹ Die Generalversammlung ist befugt, durch Statutenänderung bei unverändert bleibendem Aktienkapital die Aktien in solche von kleinerem Nennwert zu zerlegen oder zu solchen von grösserem Nennwert zusammenzulegen.

² Die Zusammenlegung von Aktien bedarf der Zustimmung des Aktionärs.

Art. 624

III. Ausgabebetrag

¹ Die Aktien dürfen nur zum Nennwert oder zu einem diesen übersteigenden Betrage ausgegeben werden. Vorbehalten bleibt die Ausgabe neuer Aktien, die an Stelle ausgefallener Aktien treten.

2–3 ... [1]

Art. 625

D. Zahl der Mitglieder

¹ Bei der Gründung muss die Gesellschaft mindestens so viele Aktionäre zählen, als für die Bildung des Verwaltungsrates und der Revisionsstelle[2] nach Vorschrift der Statuten notwendig sind, wenigstens aber drei.

² Sinkt in der Folge die Zahl der Aktionäre unter diese Mindestzahl, oder fehlt es der Gesellschaft an den vorgeschriebenen Organen, so kann der Richter auf Begehren eines Aktionärs oder eines Gläubigers die Auflösung verfügen, sofern die Gesellschaft nicht binnen angemessener Frist den gesetzmässigen Zustand wieder herstellt. Nach Anhebung der Klage kann der Richter auf Antrag einer Partei vorsorgliche Massnahmen anordnen.

Art. 626[3]

E. Statuten
I. Gesetzlich vorgeschriebener Inhalt

Die Statuten müssen Bestimmungen enthalten über:
1. die Firma und den Sitz der Gesellschaft;
2. den Zweck der Gesellschaft;
3. die Höhe des Aktienkapitals und den Betrag der darauf geleisteten Einlagen;
4. Anzahl, Nennwert und Art der Aktien;
5. die Einberufung der Generalversammlung und das Stimmrecht der Aktionäre;
6. die Organe für die Verwaltung und für die Revision;
7. die Form der von der Gesellschaft ausgehenden Bekanntmachungen.

---

[1] Aufgehoben durch Ziff. I des BG vom 4. Okt. 1991 (AS **1992** 733; BBl **1983** II 745).

[2] Ausdruck gemäss Ziff. II 2 des BG vom 4. Okt. 1991, in Kraft seit 1. Juli 1992 (AS **1992** 733 786; BBl **1983** II 745). Diese Änderung ist im ganzen Erlass berücksichtigt.

[3] Fassung gemäss Ziff. I des BG vom 4. Okt. 1991, in Kraft seit 1. Juli 1992 (AS **1992** 733 786; BBl **1983** II 745).

Art. 627[1]

Zu ihrer Verbindlichkeit bedürfen der Aufnahme in die Statuten Bestimmungen über:
1. die Änderung der Statuten, soweit sie von den gesetzlichen Bestimmungen abweichen;
2. die Ausrichtung von Tantiemen;
3. die Zusicherung von Bauzinsen;
4. die Begrenzung der Dauer der Gesellschaft;
5. Konventionalstrafen bei nicht rechtzeitiger Leistung der Einlage;
6. die genehmigte und die bedingte Kapitalerhöhung;
7. die Zulassung der Umwandlung von Namenaktien in Inhaberaktien und umgekehrt;
8. die Beschränkung der Übertragbarkeit von Namenaktien;
9. die Vorrechte einzelner Kategorien von Aktien, über Partizipationsscheine, Genussscheine und über die Gewährung besonderer Vorteile;
10. die Beschränkung des Stimmrechts und des Rechts der Aktionäre, sich vertreten zu lassen;
11. die im Gesetz nicht vorgesehenen Fälle, in denen die Generalversammlung nur mit qualifizierter Mehrheit Beschluss fassen kann;
12. die Ermächtigung zur Übertragung der Geschäftsführung auf einzelne Mitglieder des Verwaltungsrates oder Dritte;
13. die Organisation und die Aufgaben der Revisionsstelle, sofern dabei über die gesetzlichen Vorschriften hinausgegangen wird.

II. Weitere Bestimmungen
1. Im allgemeinen

Art. 628

¹ Leistet ein Aktionär eine Sacheinlage, so müssen die Statuten den Gegenstand und dessen Bewertung sowie den Namen des Einlegers und die ihm zukommenden Aktien angeben.[1]

² Übernimmt die Gesellschaft von Aktionären oder Dritten Vermögenswerte oder beabsichtigt sie solche Sachübernahmen, so müssen die Statuten den Gegenstand, den Namen des Veräusserers und die Gegenleistung der Gesellschaft angeben.[1]

³ Werden bei der Gründung zugunsten der Gründer oder anderer Personen besondere Vorteile ausbedungen, so sind die begünstigten Personen in den Statuten mit Namen aufzuführen, und es ist der gewährte Vorteil nach Inhalt und Wert genau zu bezeichnen.

⁴ Die Generalversammlung kann nach zehn Jahren Bestimmungen der Statuten über Sacheinlagen oder Sachübernahmen aufheben.[2]

2. Im besonderen Sacheinlagen, Sachübernahmen, besondere Vorteile [1]

---

[1] Fassung gemäss Ziff. I des BG vom 4. Okt. 1991, in Kraft seit 1. Juli 1992 (AS **1992** 733 786; BBl **1983** II 745).
[2] Eingefügt durch Ziff. I des BG vom 4. Okt. 1991, in Kraft seit 1. Juli 1992 (AS **1992** 733 786; BBl **1983** II 745).

Art. 629[1]

F. Gründung
I. Errichtungsakt
1. Inhalt

¹ Die Gesellschaft wird errichtet, indem die Gründer in öffentlicher Urkunde erklären, eine Aktiengesellschaft zu gründen, darin die Statuten festlegen und die Organe bestellen.

² In diesem Errichtungsakt zeichnen die Gründer die Aktien und stellen fest:
1. dass sämtliche Aktien gültig gezeichnet sind;
2. dass die versprochenen Einlagen dem gesamten Ausgabebetrag entsprechen;
3. dass die gesetzlichen und statutarischen Anforderungen an die Leistung der Einlagen erfüllt sind.

Art. 630[1]

2. Aktienzeichnung

Die Zeichnung bedarf zu ihrer Gültigkeit:
1. der Angabe von Anzahl, Nennwert, Art, Kategorie und Ausgabebetrag der Aktien;
2. einer bedingungslosen Verpflichtung, eine dem Ausgabebetrag entsprechende Einlage zu leisten.

Art. 631[1]

II. Belege

¹ Im Errichtungsakt muss die Urkundsperson die Belege über die Gründung einzeln nennen und bestätigen, dass sie den Gründern vorgelegen haben.

² Dem Errichtungsakt sind die Statuten, der Gründungsbericht, die Prüfungsbestätigung, die Sacheinlageverträge und die bereits vorliegenden Sachübernahmeverträge beizulegen.

Art. 632[1]

III. Einlagen
1. Mindesteinlage

¹ Bei der Errichtung der Gesellschaft muss die Einlage für mindestens 20 Prozent des Nennwertes jeder Aktie geleistet sein.

² In allen Fällen müssen die geleisteten Einlagen mindestens 50 000 Franken betragen.

Art. 633[1]

2. Leistung
der Einlagen
a. Einzahlungen

¹ Einlagen in Geld müssen bei einem dem Bankengesetz[2] unterstellten Institut zur ausschliesslichen Verfügung der Gesellschaft hinterlegt werden.

² Das Institut gibt den Betrag erst frei, wenn die Gesellschaft in das Handelsregister eingetragen ist.

---

[1] Fassung gemäss Ziff. I des BG vom 4. Okt. 1991, in Kraft seit 1. Juli 1992 (AS **1992** 733 786; BBl **1983** II 745).
[2] SR **952.0**

DIE AKTIENGESELLSCHAFT

Art. 634[1]

Sacheinlagen gelten nur dann als Deckung, wenn:
1. sie gestützt auf einen schriftlichen oder öffentlich beurkundeten Sacheinlagevertrag geleistet werden;
2. die Gesellschaft nach ihrer Eintragung in das Handelsregister sofort als Eigentümerin darüber verfügen kann oder einen bedingungslosen Anspruch auf Eintragung in das Grundbuch erhält;
3. ein Gründungsbericht mit Prüfungsbestätigung vorliegt.

b. Sacheinlagen

Art. 634a[2]

¹ Der Verwaltungsrat beschliesst die nachträgliche Leistung von Einlagen auf nicht voll liberierte Aktien.

² Die nachträgliche Leistung kann in Geld, durch Sacheinlage oder durch Verrechnung erfolgen.

c. Nachträgliche Leistung

Art. 635[1]

Die Gründer geben in einem schriftlichen Bericht Rechenschaft über:
1. die Art und den Zustand von Sacheinlagen oder Sachübernahmen und die Angemessenheit der Bewertung;
2. den Bestand und die Verrechenbarkeit der Schuld;
3. die Begründung und die Angemessenheit besonderer Vorteile zugunsten von Gründern oder anderen Personen.

3. Prüfung der Einlagen a. Gründungsbericht

Art. 635a[2]

Ein Revisor prüft den Gründungsbericht und bestätigt schriftlich, dass dieser vollständig und richtig ist.

b. Prüfungsbestätigung

Art. 636–639[3]

Art. 640

¹ Die Gesellschaft ist in das Handelsregister des Ortes einzutragen, an dem sie ihren Sitz hat.

² Die Anmeldung muss vom Verwaltungsrat beim Handelsregisteramt unterzeichnet oder schriftlich mit beglaubigten Unterschriften eingereicht werden.

³ Der Anmeldung sind beizufügen:
1. eine beglaubigte Ausfertigung der Statuten;
2. der Errichtungsakt mit den Beilagen;

G. Eintragung in das Handelsregister I. Anmeldung[1]

---

[1] Fassung gemäss Ziff. I des BG vom 4. Okt. 1991, in Kraft seit 1. Juli 1992 (AS **1992** 733 786; BBl **1983** II 745).
[2] Eingefügt durch Ziff. I des BG vom 4. Okt. 1991, in Kraft seit 1. Juli 1992 (AS **1992** 733 786; BBl **1983** II 745).
[3] Aufgehoben durch Ziff. I des BG vom 4. Okt. 1991 (AS **1992** 733; BBl **1983** II 745).

3. der Ausweis über die Wahl der Mitglieder des Verwaltungsrates und der Revisionsstelle, unter Angabe des Wohnsitzes oder Sitzes, bei den Mitgliedern des Verwaltungsrates überdies der Staatsangehörigkeit.[1]

⁴ Die mit der Ausübung der Vertretung beauftragten Personen sind anzumelden. Wenn sie durch den Verwaltungsrat bestellt sind, ist das Protokoll im Original oder in beglaubigter Abschrift beizulegen.

Art. 641[1]

II. Inhalt der Eintragung

In das Handelsregister sind einzutragen:
1. das Datum der Statuten;
2. die Firma und der Sitz der Gesellschaft;
3. der Zweck und, wenn die Statuten hierüber eine Bestimmung enthalten, die Dauer der Gesellschaft;
4. die Höhe des Aktienkapitals und der darauf geleisteten Einlagen;
5. Anzahl, Nennwert und Art der Aktien, Beschränkungen der Übertragbarkeit sowie Vorrechte einzelner Kategorien;
6. der Gegenstand der Sacheinlage und die dafür ausgegebenen Aktien, der Gegenstand der Sachübernahme und die Gegenleistung der Gesellschaft sowie Inhalt und Wert der besonderen Vorteile;
7. die Anzahl der Genussscheine mit Angabe des Inhalts der damit verbundenen Rechte;
8. die Art der Ausübung der Vertretung;
9. die Namen der Mitglieder des Verwaltungsrates und der zur Vertretung befugten Personen unter Angabe von Wohnsitz und Staatsangehörigkeit;
10. der Name oder die Firma der Revisoren, unter Angabe des Wohnsitzes, des Sitzes oder einer im Handelsregister eingetragenen Zweigniederlassung;
11. die Art und Weise, wie die von der Gesellschaft ausgehenden Bekanntmachungen erfolgen und, wenn die Statuten hierüber eine Bestimmung enthalten, wie der Verwaltungsrat den Aktionären seine Erklärungen kundgibt.

Art. 642

III. Zweigniederlassungen

¹ Zweigniederlassungen sind unter Bezugnahme auf die Eintragung der Hauptniederlassung in das Handelsregister des Ortes einzutragen, an dem sie sich befinden.

---

[1] Fassung gemäss Ziff. I des BG vom 4. Okt. 1991, in Kraft seit 1. Juli 1992 (AS **1992** 733 786; BBl **1983** II 745).

² Die Anmeldung ist von den mit der Vertretung betrauten Mitgliedern des Verwaltungsrates einzureichen.
³ ...¹⁾

Art. 643

¹ Die Gesellschaft erlangt das Recht der Persönlichkeit erst durch die Eintragung in das Handelsregister.

² Das Recht der Persönlichkeit wird durch die Eintragung auch dann erworben, wenn die Voraussetzungen der Eintragung tatsächlich nicht vorhanden waren.

³ Sind jedoch bei der Gründung gesetzliche oder statutarische Vorschriften missachtet und dadurch die Interessen von Gläubigern oder Aktionären in erheblichem Masse gefährdet oder verletzt worden, so kann der Richter auf Begehren solcher Gläubiger oder Aktionäre die Auflösung der Gesellschaft verfügen. Nach Anhebung der Klage kann der Richter auf Antrag einer Partei vorsorgliche Massnahmen anordnen.

⁴ Das Klagerecht erlischt, wenn die Klage nicht spätestens drei Monate nach der Veröffentlichung im Schweizerischen Handelsamtsblatt angehoben wird.

H. Erwerb der Persönlichkeit
I. Zeitpunkt; mangelnde Voraussetzungen[2]

Art. 644

¹ Die vor der Eintragung der Gesellschaft ausgegebenen Aktien sind nichtig; dagegen werden die aus der Aktienzeichnung hervorgehenden Verpflichtungen dadurch nicht berührt.

² Wer vor der Eintragung Aktien ausgibt, wird für allen dadurch verursachten Schaden haftbar.

II. Vor der Eintragung ausgegebene Aktien

Art. 645

¹ Ist vor der Eintragung in das Handelsregister im Namen der Gesellschaft gehandelt worden, so haften die Handelnden persönlich und solidarisch.

² Wurden solche Verpflichtungen ausdrücklich im Namen der zu bildenden Gesellschaft eingegangen und innerhalb einer Frist von drei Monaten nach der Eintragung in das Handelsregister von der Gesellschaft übernommen, so werden die Handelnden befreit, und es haftet nur die Gesellschaft.

III. Vor der Eintragung eingegangene Verpflichtungen

Art. 646[3]

---

¹⁾ Aufgehoben durch Anhang Ziff. 5 des Gerichtsstandsgesetzes vom 24. März 2000 (SR **272**).
²⁾ Fassung gemäss Ziff. I des BG vom 4. Okt. 1991, in Kraft seit 1. Juli 1992 (AS **1992** 733 786; BBl **1983** II 745).
³⁾ Aufgehoben durch Ziff. I des BG vom 4. Okt. 1991 (AS **1992** 733; BBl **1983** II 745).

Art. 647

J. Statuten-
änderung [1]

¹ Jeder Beschluss der Generalversammlung oder des Verwaltungsrates über eine Änderung der Statuten muss öffentlich beurkundet werden.[1]

² Der Beschluss muss vom Verwaltungsrat beim Handelsregisteramt angemeldet und auf Grund der entsprechenden Ausweise in das Handelsregister eingetragen werden.

³ Er wird auch Dritten gegenüber unmittelbar mit der Eintragung in das Handelsregister wirksam.

Art. 648–649 [2]

Art. 650 [1]

K. Erhöhung des
Aktienkapitals
I. Ordentliche und
genehmigte
Kapitalerhöhung
1. Ordentliche
Kapitalerhöhung

¹ Die Erhöhung des Aktienkapitals wird von der Generalversammlung beschlossen; sie ist vom Verwaltungsrat innerhalb von drei Monaten durchzuführen.

² Der Beschluss der Generalversammlung muss öffentlich beurkundet werden und angeben:

1. den gesamten Nennbetrag, um den das Aktienkapital erhöht werden soll, und den Betrag der darauf zu leistenden Einlagen;
2. Anzahl, Nennwert und Art der Aktien sowie Vorrechte einzelner Kategorien;
3. den Ausgabebetrag oder die Ermächtigung an den Verwaltungsrat, diesen festzusetzen, sowie den Beginn der Dividendenberechtigung;
4. die Art der Einlagen, bei Sacheinlagen deren Gegenstand und Bewertung sowie den Namen des Sacheinlegers und die ihm zukommenden Aktien;
5. bei Sachübernahmen den Gegenstand, den Namen des Veräusserers und die Gegenleistung der Gesellschaft;
6. Inhalt und Wert von besonderen Vorteilen sowie die Namen der begünstigten Personen;
7. eine Beschränkung der Übertragbarkeit neuer Namenaktien;
8. eine Einschränkung oder Aufhebung des Bezugsrechtes und die Zuweisung nicht ausgeübter oder entzogener Bezugsrechte;
9. die Voraussetzungen für die Ausübung vertraglich erworbener Bezugsrechte.

³ Wird die Kapitalerhöhung nicht innerhalb von drei Monaten ins Handelsregister eingetragen, so fällt der Beschluss der Generalversammlung dahin.

---

[1] Fassung gemäss Ziff. I des BG vom 4. Okt. 1991, in Kraft seit 1. Juli 1992 (AS **1992** 733 786; BBl **1983** II 745).
[2] Aufgehoben durch Ziff. I des BG vom 4. Okt. 1991 (AS **1992** 733; BBl **1983** II 745)

Art. 651[1]

¹ Die Generalversammlung kann durch Statutenänderung den Verwaltungsrat ermächtigen, das Aktienkapital innert einer Frist von längstens zwei Jahren zu erhöhen.

² Die Statuten geben den Nennbetrag an, um den der Verwaltungsrat das Aktienkapital erhöhen kann. Das genehmigte Kapital darf die Hälfte des bisherigen Aktienkapitals nicht übersteigen.

³ Die Statuten enthalten überdies die Angaben, welche für die ordentliche Kapitalerhöhung verlangt werden, mit Ausnahme der Angaben über den Ausgabebetrag, die Art der Einlagen, die Sachübernahmen und den Beginn der Dividendenberechtigung.

⁴ Im Rahmen der Ermächtigung kann der Verwaltungsrat Erhöhungen des Aktienkapitals durchführen. Dabei erlässt er die notwendigen Bestimmungen, soweit sie nicht schon im Beschluss der Generalversammlung enthalten sind.

2. Genehmigte Kapitalerhöhung a. Statutarische Grundlage

Art. 651a[2]

¹ Nach jeder Kapitalerhöhung setzt der Verwaltungsrat den Nennbetrag des genehmigten Kapitals in den Statuten entsprechend herab.

² Nach Ablauf der für die Durchführung der Kapitalerhöhung festgelegten Frist wird die Bestimmung über die genehmigte Kapitalerhöhung auf Beschluss des Verwaltungsrates aus den Statuten gestrichen.

b. Anpassung der Statuten

Art. 652[1]

¹ Die Aktien werden in einer besonderen Urkunde (Zeichnungsschein) nach den für die Gründung geltenden Regeln gezeichnet.

² Der Zeichnungsschein muss auf den Beschluss der Generalversammlung über die Erhöhung oder die Ermächtigung zur Erhöhung des Aktienkapitals und auf den Beschluss des Verwaltungsrates über die Erhöhung Bezug nehmen. Verlangt das Gesetz einen Emissionsprospekt, so nimmt der Zeichnungsschein auch auf diesen Bezug.

³ Enthält der Zeichnungsschein keine Befristung, so endet seine Verbindlichkeit drei Monate nach der Unterzeichnung.

3. Gemeinsame Vorschriften a. Aktienzeichnung

Art. 652a[2]

¹ Werden neue Aktien öffentlich zur Zeichnung angeboten, so gibt die Gesellschaft in einem Emissionsprospekt Aufschluss über:

b. Emissionsprospekt

---

[1] Fassung gemäss Ziff. I des BG vom 4. Okt. 1991, in Kraft seit 1. Juli 1992 (AS **1992** 733 786; BBl **1983** II 745).
[2] Eingefügt durch Ziff. I des BG vom 4. Okt. 1991, in Kraft seit 1. Juli 1992 (AS **1992** 733 786; BBl **1983** II 745).

1. den Inhalt der bestehenden Eintragung im Handelsregister, mit Ausnahme der Angaben über die zur Vertretung befugten Personen;
2. die bisherige Höhe und Zusammensetzung des Aktienkapitals unter Angabe von Anzahl, Nennwert und Art der Aktien sowie der Vorrechte einzelner Kategorien von Aktien;
3. Bestimmungen der Statuten über eine genehmigte oder eine bedingte Kapitalerhöhung;
4. die Anzahl der Genussscheine und den Inhalt der damit verbundenen Rechte;
5. die letzte Jahresrechnung und Konzernrechnung mit dem Revisionsbericht und, wenn der Bilanzstichtag mehr als sechs Monate zurückliegt, über die Zwischenabschlüsse;
6. die in den letzten fünf Jahren oder seit der Gründung ausgerichteten Dividenden;
7. den Beschluss über die Ausgabe neuer Aktien.

² Öffentlich ist jede Einladung zur Zeichnung, die sich nicht an einen begrenzten Kreis von Personen richtet.

Art. 652b[1]

c. Bezugsrecht

¹ Jeder Aktionär hat Anspruch auf den Teil der neu ausgegebenen Aktien, der seiner bisherigen Beteiligung entspricht.

² Der Beschluss der Generalversammlung über die Erhöhung des Aktienkapitals darf das Bezugsrecht nur aus wichtigen Gründen aufheben. Als wichtige Gründe gelten insbesondere die Übernahme von Unternehmen, Unternehmensteilen oder Beteiligungen sowie die Beteiligung der Arbeitnehmer. Durch die Aufhebung des Bezugsrechts darf niemand in unsachlicher Weise begünstigt oder benachteiligt werden.

³ Die Gesellschaft kann dem Aktionär, welchem sie ein Recht zum Bezug von Aktien eingeräumt hat, die Ausübung dieses Rechtes nicht wegen einer statutarischen Beschränkung der Übertragbarkeit von Namenaktien verwehren.

Art. 652c[1]

d. Leistung der Einlagen

Soweit das Gesetz nichts anderes vorschreibt, sind die Einlagen nach den Bestimmungen über die Gründung zu leisten.

Art. 652d[1]

e. Erhöhung aus Eigenkapital

¹ Das Aktienkapital kann auch durch Umwandlung von frei verwendbarem Eigenkapital erhöht werden.

---

[1] Eingefügt durch Ziff. I des BG vom 4. Okt. 1991, in Kraft seit 1. Juli 1992 (AS **1992** 733 786; BBl **1983** II 745).

² Die Deckung des Erhöhungsbetrages wird mit der Jahresrechnung in der von den Aktionären genehmigten Fassung oder, wenn der Bilanzstichtag mehr als sechs Monate zurückliegt, mit einem geprüften Zwischenabschluss nachgewiesen.

Art. 652e[1]

Der Verwaltungsrat gibt in einem schriftlichen Bericht Rechenschaft über:
1. die Art und den Zustand von Sacheinlagen oder Sachübernahmen und die Angemessenheit der Bewertung;
2. den Bestand und die Verrechenbarkeit der Schuld;
3. die freie Verwendbarkeit von umgewandeltem Eigenkapital;
4. die Einhaltung des Generalversammlungsbeschlusses, insbesondere über die Einschränkung oder die Aufhebung des Bezugsrechtes und die Zuweisung nicht ausgeübter oder entzogener Bezugsrechte;
5. die Begründung und die Angemessenheit besonderer Vorteile zugunsten einzelner Aktionäre oder anderer Personen.

f. Kapitalerhöhungsbericht

Art. 652f[1]

¹ Die Revisionsstelle prüft den Kapitalerhöhungsbericht und bestätigt schriftlich, dass dieser vollständig und richtig ist.

² Keine Prüfungsbestätigung ist erforderlich, wenn die Einlage auf das neue Aktienkapital in Geld erfolgt, das Aktienkapital nicht zur Vornahme einer Sachübernahme erhöht wird und die Bezugsrechte nicht eingeschränkt oder aufgehoben werden.

g. Prüfungsbestätigung

Art. 652g[1]

¹ Liegen der Kapitalerhöhungsbericht und, sofern erforderlich, die Prüfungsbestätigung vor, so ändert der Verwaltungsrat die Statuten und stellt dabei fest:
1. dass sämtliche Aktien gültig gezeichnet sind;
2. dass die versprochenen Einlagen dem gesamten Ausgabebetrag entsprechen;
3. dass die Einlagen entsprechend den Anforderungen des Gesetzes, der Statuten oder des Generalversammlungsbeschlusses geleistet wurden.

² Beschluss und Feststellungen sind öffentlich zu beurkunden. Die Urkundsperson hat die Belege, die der Kapitalerhöhung zugrunde liegen, einzeln zu nennen und zu bestätigen, dass sie dem Verwaltungsrat vorgelegen haben.

h. Statutenänderung und Feststellungen

---

[1] Eingefügt durch Ziff. I des BG vom 4. Okt. 1991, in Kraft seit 1. Juli 1992 (AS **1992** 733 786; BBl **1983** II 745).

³ Der öffentlichen Urkunde sind die geänderten Statuten, der Kapitalerhöhungsbericht, die Prüfungsbestätigung sowie die Sacheinlageverträge und die bereits vorliegenden Sachübernahmeverträge beizulegen.

Art. 652h[1]

i. Eintragung in das Handelsregister; Nichtigkeit vorher ausgegebener Aktien

¹ Der Verwaltungsrat meldet die Statutenänderung und seine Feststellungen beim Handelsregister zur Eintragung an.

² Einzureichen sind:
1. die öffentlichen Urkunden über die Beschlüsse der Generalversammlung und des Verwaltungsrates mit den Beilagen;
2. eine beglaubigte Ausfertigung der geänderten Statuten.

³ Aktien, die vor der Eintragung der Kapitalerhöhung ausgegeben werden, sind nichtig; die aus der Aktienzeichnung hervorgehenden Verpflichtungen werden dadurch nicht berührt.

Art. 653[2]

II. Bedingte Kapitalerhöhung
1. Grundsatz

¹ Die Generalversammlung kann eine bedingte Kapitalerhöhung beschliessen, indem sie in den Statuten den Gläubigern von neuen Anleihens- oder ähnlichen Obligationen gegenüber der Gesellschaft oder ihren Konzerngesellschaften sowie den Arbeitnehmern Rechte auf den Bezug neuer Aktien (Wandel- oder Optionsrechte) einräumt.

² Das Aktienkapital erhöht sich ohne weiteres in dem Zeitpunkt und in dem Umfang, als diese Wandel- oder Optionsrechte ausgeübt und die Einlagepflichten durch Verrechnung oder Einzahlung erfüllt werden.

Art. 653a[1]

2. Schranken

¹ Der Nennbetrag, um den das Aktienkapital bedingt erhöht werden kann, darf die Hälfte des bisherigen Aktienkapitals nicht übersteigen.

² Die geleistete Einlage muss mindestens dem Nennwert entsprechen.

Art. 653b[1]

3. Statutarische Grundlage

¹ Die Statuten müssen angeben:
1. den Nennbetrag der bedingten Kapitalerhöhung;
2. Anzahl, Nennwert und Art der Aktien;
3. den Kreis der Wandel- oder der Optionsberechtigten;
4. die Aufhebung der Bezugsrechte der bisherigen Aktionäre;

---

[1] Eingefügt durch Ziff. I des BG vom 4. Okt. 1991, in Kraft seit 1. Juli 1992 (AS **1992** 733 786; BBl **1983** II 745).
[2] Fassung gemäss Ziff. I des BG vom 4. Okt. 1991, in Kraft seit 1. Juli 1992 (AS **1992** 733 786; BBl **1983** II 745).

5. Vorrechte einzelner Kategorien von Aktien;
6. die Beschränkung der Übertragbarkeit neuer Namenaktien.

² Werden die Anleihens- oder ähnlichen Obligationen, mit denen Wandel- oder Optionsrechte verbunden sind, nicht den Aktionären vorweg zur Zeichnung angeboten, so müssen die Statuten überdies angeben:
1. die Voraussetzungen für die Ausübung der Wandel- oder der Optionsrechte;
2. die Grundlagen, nach denen der Ausgabebetrag zu berechnen ist.

³ Wandel- oder Optionsrechte, die vor der Eintragung der Statutenbestimmung über die bedingte Kapitalerhöhung im Handelsregister eingeräumt werden, sind nichtig.

Art. 653c[1)]

¹ Sollen bei einer bedingten Kapitalerhöhung Anleihens- oder ähnliche Obligationen, mit denen Wandel- oder Optionsrechte verbunden sind, ausgegeben werden, so sind diese Obligationen vorweg den Aktionären entsprechend ihrer bisherigen Beteiligung zur Zeichnung anzubieten.

4. Schutz der Aktionäre

² Dieses Vorwegzeichnungsrecht kann beschränkt oder aufgehoben werden, wenn ein wichtiger Grund vorliegt.

³ Durch die für eine bedingte Kapitalerhöhung notwendige Aufhebung des Bezugsrechtes sowie durch eine Beschränkung oder Aufhebung des Vorwegzeichnungsrechtes darf niemand in unsachlicher Weise begünstigt oder benachteiligt werden.

Art. 653d[1)]

¹ Dem Gläubiger oder dem Arbeitnehmer, dem ein Wandel- oder ein Optionsrecht zum Erwerb von Namenaktien zusteht, kann die Ausübung dieses Rechtes nicht wegen einer Beschränkung der Übertragbarkeit von Namenaktien verwehrt werden, es sei denn, dass dies in den Statuten und im Emissionsprospekt vorbehalten wird.

5. Schutz der Wandel- oder Optionsberechtigten

² Wandel- oder Optionsrechte dürfen durch die Erhöhung des Aktienkapitals, durch die Ausgabe neuer Wandel- oder Optionsrechte oder auf andere Weise nur beeinträchtigt werden, wenn der Konversionspreis gesenkt oder den Berechtigten auf andere Weise ein angemessener Ausgleich gewährt wird, oder wenn die gleiche Beeinträchtigung auch die Aktionäre trifft.

[1)] Eingefügt durch Ziff. I des BG vom 4. Okt. 1991, in Kraft seit 1. Juli 1992 (AS **1992** 733 786; BBl **1983** II 745).

Art. 653e[1]

6. Durchführung der Kapitalerhöhung
a. Ausübung der Rechte; Einlage

¹ Wandel- oder Optionsrechte werden durch eine schriftliche Erklärung ausgeübt, die auf die Statutenbestimmung über die bedingte Kapitalerhöhung hinweist; verlangt das Gesetz einen Emissionsprospekt, so nimmt die Erklärung auch auf diesen Bezug.

² Die Leistung der Einlage durch Geld oder Verrechnung muss bei einem Bankinstitut erfolgen, das dem Bankengesetz[2] unterstellt ist.

³ Die Aktionärsrechte entstehen mit der Erfüllung der Einlagepflicht.

Art. 653f[1]

b. Prüfungsbestätigung

¹ Ein besonders befähigter Revisor prüft nach Abschluss jedes Geschäftsjahres, auf Verlangen des Verwaltungsrates schon vorher, ob die Ausgabe der neuen Aktien dem Gesetz, den Statuten und, wenn ein solcher erforderlich ist, dem Emissionsprospekt entsprochen hat.

² Er bestätigt dies schriftlich.

Art. 653g[1]

c. Anpassung der Statuten

¹ Nach Eingang der Prüfungsbestätigung stellt der Verwaltungsrat in öffentlicher Urkunde Anzahl, Nennwert und Art der neu ausgegebenen Aktien sowie die Vorrechte einzelner Kategorien und den Stand des Aktienkapitals am Schluss des Geschäftsjahres oder im Zeitpunkt der Prüfung fest. Er nimmt die nötigen Statutenanpassungen vor.

² In der öffentlichen Urkunde stellt die Urkundsperson fest, dass die Prüfungsbestätigung die verlangten Angaben enthält.

Art. 653h[1]

d. Eintragung in das Handelsregister

Der Verwaltungsrat meldet dem Handelsregister spätestens drei Monate nach Abschluss des Geschäftsjahres die Statutenänderung an und reicht die öffentliche Urkunde und die Prüfungsbestätigung ein.

Art. 653i[1]

7. Streichung

¹ Sind die Wandel- oder die Optionsrechte erloschen und wird dies von einem besonders befähigten Revisor in einem schriftlichen Bericht bestätigt, so hebt der Verwaltungsrat die Statutenbestimmungen über die bedingte Kapitalerhöhung auf.

² In der öffentlichen Urkunde stellt die Urkundsperson fest, dass der Bericht des Revisors die verlangten Angaben enthält.

---

[1] Eingefügt durch Ziff. I des BG vom 4. Okt. 1991, in Kraft seit 1. Juli 1992 (AS **1992** 733 786; BBl **1983** II 745).
[2] SR **952.0**

Art. 654

**III. Vorzugsaktien
1. Voraussetzungen**[1]

¹ Die Generalversammlung kann nach Massgabe der Statuten oder auf dem Wege der Statutenänderung die Ausgabe von Vorzugsaktien beschliessen oder bisherige Aktien in Vorzugsaktien umwandeln.

² Hat eine Gesellschaft Vorzugsaktien ausgegeben, so können weitere Vorzugsaktien, denen Vorrechte gegenüber den bereits bestehenden Vorzugsaktien eingeräumt werden sollen, nur mit Zustimmung sowohl einer besonderen Versammlung der beeinträchtigten Vorzugsaktionäre als auch einer Generalversammlung sämtlicher Aktionäre ausgegeben werden. Eine abweichende Ordnung durch die Statuten bleibt vorbehalten.

³ Dasselbe gilt, wenn statutarische Vorrechte, die mit Vorzugsaktien verbunden sind, abgeändert oder aufgehoben werden sollen.

Art. 655[2]

Art. 656

2. Stellung der Vorzugsaktien[1]

¹ Die Vorzugsaktien geniessen gegenüber den Stammaktien die Vorrechte, die ihnen in den ursprünglichen Statuten oder durch Statutenänderung ausdrücklich eingeräumt sind. Sie stehen im übrigen den Stammaktien gleich.

² Die Vorrechte können sich namentlich auf die Dividende mit oder ohne Nachbezugsrecht, auf den Liquidationsanteil und auf die Bezugsrechte für den Fall der Ausgabe neuer Aktien erstrecken.

Art. 656a[3]

**L. Partizipationsscheine
I. Begriff; anwendbare Vorschriften**

¹ Die Statuten können ein Partizipationskapital vorsehen, das in Teilsummen (Partizipationsscheine) zerlegt ist. Diese Partizipationsscheine werden gegen Einlage ausgegeben, haben einen Nennwert und gewähren kein Stimmrecht.

² Die Bestimmungen über das Aktienkapital, die Aktie und den Aktionär gelten, soweit das Gesetz nichts anderes vorsieht, auch für das Partizipationskapital, den Partizipationsschein und den Partizipanten.

³ Die Partizipationsscheine sind als solche zu bezeichnen.

---

[1] Fassung gemäss Ziff. I des BG vom 4. Okt. 1991, in Kraft seit 1. Juli 1992 (AS **1992** 733 786; BBl **1983** II 745).

[2] Aufgehoben durch Ziff. I des BG vom 4. Okt. 1991 (AS **1992** 733; BBl **1983** II 745).

[3] Eingefügt durch Ziff. I des BG vom 4. Okt. 1991, in Kraft seit 1. Juli 1992 (AS **1992** 733 786; BBl **1983** II 745).

Art. 656b[1]

II. Partizipations- und Aktienkapital

¹ Das Partizipationskapital darf das Doppelte des Aktienkapitals nicht übersteigen.

² Die Bestimmungen über das Mindestkapital und über die Mindestgesamteinlage finden keine Anwendung.

³ In den Bestimmungen über die Einschränkungen des Erwerbs eigener Aktien, die allgemeine Reserve, die Einleitung einer Sonderprüfung gegen den Willen der Generalversammlung und über die Meldepflicht bei Kapitalverlust ist das Partizipationskapital dem Aktienkapital zuzuzählen.

⁴ Eine genehmigte oder eine bedingte Erhöhung des Aktien- und des Partizipationskapitals darf insgesamt die Hälfte der Summe des bisherigen Aktien- und Partizipationskapitals nicht übersteigen.

⁵ Partizipationskapital kann im Verfahren der genehmigten oder bedingten Kapitalerhöhung geschaffen werden.

Art. 656c[1]

III. Rechtsstellung des Partizipanten
1. Im allgemeinen

¹ Der Partizipant hat kein Stimmrecht und, sofern die Statuten nichts anderes bestimmen, keines der damit zusammenhängenden Rechte.

² Als mit dem Stimmrecht zusammenhängende Rechte gelten das Recht auf Einberufung einer Generalversammlung, das Teilnahmerecht, das Recht auf Auskunft, das Recht auf Einsicht und das Antragsrecht.

³ Gewähren ihm die Statuten kein Recht auf Auskunft oder Einsicht oder kein Antragsrecht auf Einleitung einer Sonderprüfung (Art. 697a ff.), so kann der Partizipant Begehren um Auskunft oder Einsicht oder um Einleitung einer Sonderprüfung schriftlich zuhanden der Generalversammlung stellen.

Art. 656d[1]

2. Bekanntgabe von Einberufung und Beschlüssen der Generalversammlung

¹ Den Partizipanten muss die Einberufung der Generalversammlung zusammen mit den Verhandlungsgegenständen und den Anträgen bekanntgegeben werden.

² Jeder Beschluss der Generalversammlung ist unverzüglich am Gesellschaftssitz und bei den eingetragenen Zweigniederlassungen zur Einsicht der Partizipanten aufzulegen. Die Partizipanten sind in der Bekanntgabe darauf hinzuweisen.

Art. 656e[1]

3. Vertretung im Verwaltungsrat

Die Statuten können den Partizipanten einen Anspruch auf einen Vertreter im Verwaltungsrat einräumen.

---

[1] Eingefügt durch Ziff. I des BG vom 4. Okt. 1991, in Kraft seit 1. Juli 1992 (AS **1992** 733 786; BBl **1983** II 745).

Art. 656f[1]

¹ Die Statuten dürfen die Partizipanten bei der Verteilung des Bilanzgewinnes und des Liquidationsergebnisses sowie beim Bezug neuer Aktien nicht schlechter stellen als die Aktionäre.

² Bestehen mehrere Kategorien von Aktien, so müssen die Partizipationsscheine zumindest der Kategorie gleichgestellt sein, die am wenigsten bevorzugt ist.

³ Statutenänderungen und andere Generalversammlungsbeschlüsse, welche die Stellung der Partizipanten verschlechtern, sind nur zulässig, wenn sie auch die Stellung der Aktionäre, denen die Partizipanten gleichstehen, entsprechend beeinträchtigen.

⁴ Sofern die Statuten nichts anderes bestimmen, dürfen die Vorrechte und die statutarischen Mitwirkungsrechte von Partizipanten nur mit Zustimmung einer besonderen Versammlung der betroffenen Partizipanten und der Generalversammlung der Aktionäre beschränkt oder aufgehoben werden.

4. Vermögensrechte
a. Im allgemeinen

Art. 656g[1]

¹ Wird ein Partizipationskapital geschaffen, so haben die Aktionäre ein Bezugsrecht wie bei der Ausgabe neuer Aktien.

² Die Statuten können vorsehen, dass Aktionäre nur Aktien und Partizipanten nur Partizipationsscheine beziehen können, wenn das Aktien- und das Partizipationskapital gleichzeitig und im gleichen Verhältnis erhöht werden.

³ Wird das Partizipationskapital oder das Aktienkapital allein oder verhältnismässig stärker als das andere erhöht, so sind die Bezugsrechte so zuzuteilen, dass Aktionäre und Partizipanten am gesamten Kapital gleich wie bis anhin beteiligt bleiben können.

b. Bezugsrechte

Art. 657[2]

¹ Die Statuten können die Schaffung von Genussscheinen zugunsten von Personen vorsehen, die mit der Gesellschaft durch frühere Kapitalbeteiligung oder als Aktionär, Gläubiger, Arbeitnehmer oder in ähnlicher Weise verbunden sind. Sie haben die Zahl der ausgegebenen Genussscheine und den Inhalt der damit verbundenen Rechte anzugeben.

² Durch die Genussscheine können den Berechtigten nur Ansprüche auf einen Anteil am Bilanzgewinn oder am Liquidationsergebnis oder auf den Bezug neuer Aktien verliehen werden.

M. Genussscheine

---

[1] Eingefügt durch Ziff. I des BG vom 4. Okt. 1991, in Kraft seit 1. Juli 1992 (AS **1992** 733 786; BBl **1983** II 745).
[2] Fassung gemäss Ziff. I des BG vom 4. Okt. 1991, in Kraft seit 1. Juli 1992 (AS **1992** 733 786; BBl **1983** II 745).

³ Der Genussschein darf keinen Nennwert haben; er darf weder Partizipationsschein genannt noch gegen eine Einlage ausgegeben werden, die unter den Aktiven der Bilanz ausgewiesen wird.

⁴ Die Berechtigten bilden von Gesetzes wegen eine Gemeinschaft, für welche die Bestimmungen über die Gläubigergemeinschaft bei Anleihensobligationen sinngemäss gelten. Den Verzicht auf einzelne oder alle Rechte aus den Genussscheinen können jedoch nur die Inhaber der Mehrheit aller im Umlauf befindlichen Genussscheintitel verbindlich beschliessen.

⁵ Zugunsten der Gründer der Gesellschaft dürfen Genussscheine nur aufgrund der ursprünglichen Statuten geschaffen werden.

Art. 658[1]

Art. 659[2]

N. Eigene Aktien
I. Einschränkung des Erwerbs

¹ Die Gesellschaft darf eigene Aktien nur dann erwerben, wenn frei verwendbares Eigenkapital in der Höhe der dafür nötigen Mittel vorhanden ist und der gesamte Nennwert dieser Aktien 10 Prozent des Aktienkapitals nicht übersteigt.

² Werden im Zusammenhang mit einer Übertragbarkeitsbeschränkung Namenaktien erworben, so beträgt die Höchstgrenze 20 Prozent. Die über 10 Prozent des Aktienkapitals hinaus erworbenen eigenen Aktien sind innert zweier Jahre zu veräussern oder durch Kapitalherabsetzung zu vernichten.

Art. 659a[3]

II. Folgen des Erwerbs

¹ Das Stimmrecht und die damit verbundenen Rechte eigener Aktien ruhen.

² Die Gesellschaft hat für die eigenen Aktien einen dem Anschaffungswert entsprechenden Betrag gesondert als Reserve auszuweisen.

Art. 659b[3]

III. Erwerb durch Tochtergesellschaften

¹ Ist eine Gesellschaft an Tochtergesellschaften mehrheitlich beteiligt, so gelten für den Erwerb ihrer Aktien durch diese Tochtergesellschaften die gleichen Einschränkungen und Folgen wie für den Erwerb eigener Aktien.

---

[1] Aufgehoben durch Ziff. I des BG vom 4. Okt. 1991 (AS **1992** 733; BBl **1983** II 745).
[2] Fassung gemäss Ziff. I des BG vom 4. Okt. 1991, in Kraft seit 1. Juli 1992 (AS **1992** 733 786; BBl **1983** II 745).
[3] Eingefügt durch Ziff. I des BG vom 4. Okt. 1991, in Kraft seit 1. Juli 1992 (AS **1992** 733 786; BBl **1983** II 745).

DIE AKTIENGESELLSCHAFT

² Erwirbt eine Gesellschaft die Mehrheitsbeteiligung an einer anderen Gesellschaft, die ihrerseits Aktien der Erwerberin hält, so gelten diese Aktien als eigene Aktien der Erwerberin.
³ Die Reservebildung obliegt der Gesellschaft, welche die Mehrheitsbeteiligung hält.

Zweiter Abschnitt
Rechte und Pflichten der Aktionäre

Art. 660[1]

¹ Jeder Aktionär hat Anspruch auf einen verhältnismässigen Anteil am Bilanzgewinn, soweit dieser nach dem Gesetz oder den Statuten zur Verteilung unter die Aktionäre bestimmt ist.
² Bei Auflösung der Gesellschaft hat der Aktionär, soweit die Statuten über die Verwendung des Vermögens der aufgelösten Gesellschaft nichts anderes bestimmen, das Recht auf einen verhältnismässigen Anteil am Ergebnis der Liquidation.
³ Vorbehalten bleiben die in den Statuten für einzelne Kategorien von Aktien festgesetzten Vorrechte.

A. Recht auf Gewinn- und Liquidationsanteil
I. Im allgemeinen

Art. 661

Die Anteile am Gewinn und am Liquidationsergebnis sind, sofern die Statuten nicht etwas anderes vorsehen, im Verhältnis der auf das Aktienkapital einbezahlten Beträge zu berechnen.

II. Berechnungsart

Art. 662[1]

¹ Der Verwaltungsrat erstellt für jedes Geschäftsjahr einen Geschäftsbericht, der sich aus der Jahresrechnung, dem Jahresbericht und einer Konzernrechnung zusammensetzt, soweit das Gesetz eine solche verlangt.
² Die Jahresrechnung besteht aus der Erfolgsrechnung, der Bilanz und dem Anhang.

B. Geschäftsbericht
I. Im allgemeinen
1. Inhalt

Art. 662a[2]

¹ Die Jahresrechnung wird nach den Grundsätzen der ordnungsmässigen Rechnungslegung so aufgestellt, dass die Vermögens- und Ertragslage der Gesellschaft möglichst zuverlässig beurteilt werden kann. Sie enthält auch die Vorjahreszahlen.

2. Ordnungsmässige Rechnungslegung

---

[1] Fassung gemäss Ziff. I des BG vom 4. Okt. 1991, in Kraft seit 1. Juli 1992 (AS **1992** 733 786; BBl **1983** II 745).
[2] Eingefügt durch Ziff. I des BG vom 4. Okt. 1991, in Kraft seit 1. Juli 1992 (AS **1992** 733 786; BBl **1983** II 745).

² Die ordnungsmässige Rechnungslegung erfolgt insbesondere nach den Grundsätzen der:
1. Vollständigkeit der Jahresrechnung;
2. Klarheit und Wesentlichkeit der Angaben;
3. Vorsicht;
4. Fortführung der Unternehmenstätigkeit;
5. Stetigkeit in Darstellung und Bewertung;
6. Unzulässigkeit der Verrechnung von Aktiven und Passiven sowie von Aufwand und Ertrag.

³ Abweichungen vom Grundsatz der Unternehmensfortführung, von der Stetigkeit der Darstellung und Bewertung und vom Verrechnungsverbot sind in begründeten Fällen zulässig. Sie sind im Anhang darzulegen.

⁴ Im übrigen gelten die Bestimmungen über die kaufmännische Buchführung.

Art. 663[1]

II. Erfolgsrechnung; Mindestgliederung

¹ Die Erfolgsrechnung weist betriebliche und betriebsfremde sowie ausserordentliche Erträge und Aufwendungen aus.

² Unter Ertrag werden der Erlös aus Lieferungen und Leistungen, der Finanzertrag sowie die Gewinne aus Veräusserungen von Anlagevermögen gesondert ausgewiesen.

³ Unter Aufwand werden Material- und Warenaufwand, Personalaufwand, Finanzaufwand sowie Aufwand für Abschreibungen gesondert ausgewiesen.

⁴ Die Erfolgsrechnung zeigt den Jahresgewinn oder den Jahresverlust.

Art. 663a[2]

III. Bilanz; Mindestgliederung

¹ Die Bilanz weist das Umlaufvermögen und das Anlagevermögen, das Fremdkapital und das Eigenkapital aus.

² Das Umlaufvermögen wird in flüssige Mittel, Forderungen aus Lieferungen und Leistungen, andere Forderungen sowie Vorräte unterteilt, das Anlagevermögen in Finanzanlagen, Sachanlagen und immaterielle Anlagen.

³ Das Fremdkapital wird in Schulden aus Lieferungen und Leistungen, andere kurzfristige Verbindlichkeiten, langfristige Verbindlichkeiten und Rückstellungen unterteilt, das Eigenkapital in Aktienkapital, gesetzliche und andere Reserven sowie in einen Bilanzgewinn.

---

[1] Fassung gemäss Ziff. I des BG vom 4. Okt. 1991, in Kraft seit 1. Juli 1992 (AS **1992** 733 786; BBl **1983** II 745).
[2] Eingefügt durch Ziff. I des BG vom 4. Okt. 1991, in Kraft seit 1. Juli 1992 (AS **1992** 733 786; BBl **1983** II 745).

⁴ Gesondert angegeben werden auch das nicht einbezahlte Aktienkapital, die Gesamtbeträge der Beteiligungen, der Forderungen und der Verbindlichkeiten gegenüber anderen Gesellschaften des Konzerns oder Aktionären, die eine Beteiligung an der Gesellschaft halten, die Rechnungsabgrenzungsposten sowie ein Bilanzverlust.

Art. 663b[1)]

Der Anhang enthält: IV. Anhang
1. den Gesamtbetrag der Bürgschaften, Garantieverpflichtungen und Pfandbestellungen zugunsten Dritter;
2. den Gesamtbetrag der zur Sicherung eigener Verpflichtungen verpfändeten oder abgetretenen Aktiven sowie der Aktiven unter Eigentumsvorbehalt;
3. den Gesamtbetrag der nichtbilanzierten Leasingverbindlichkeiten;
4. die Brandversicherungswerte der Sachanlagen;
5. Verbindlichkeiten gegenüber Vorsorgeeinrichtungen;
6. die Beträge, Zinssätze und Fälligkeiten der von der Gesellschaft ausgegebenen Anleihensobligationen;
7. jede Beteiligung, die für die Beurteilung der Vermögens- und Ertragslage der Gesellschaft wesentlich ist;
8. den Gesamtbetrag der aufgelösten Wiederbeschaffungsreserven und der darüber hinausgehenden stillen Reserven, soweit dieser den Gesamtbetrag der neugebildeten derartigen Reserven übersteigt, wenn dadurch das erwirtschaftete Ergebnis wesentlich günstiger dargestellt wird;
9. Angaben über Gegenstand und Betrag von Aufwertungen;
10. Angaben über Erwerb, Veräusserung und Anzahl der von der Gesellschaft gehaltenen eigenen Aktien, einschliesslich ihrer Aktien, die eine andere Gesellschaft hält, an der sie mehrheitlich beteiligt ist; anzugeben sind ebenfalls die Bedingungen, zu denen die Gesellschaft die eigenen Aktien erworben oder veräussert hat;
11. den Betrag der genehmigten und der bedingten Kapitalerhöhung;
12. die anderen vom Gesetz vorgeschriebenen Angaben.

[1)] Eingefügt durch Ziff. I des BG vom 4. Okt. 1991, in Kraft seit 1. Juli 1992 (AS **1992** 733 786; BBl **1983** II 745).

Art. 663c[1]

V. Beteiligungsverhältnisse bei Publikumsgesellschaften

¹ Gesellschaften, deren Aktien[2] an einer Börse kotiert sind, haben im Anhang zur Bilanz bedeutende Aktionäre und deren Beteiligungen anzugeben, sofern diese ihnen bekannt sind oder bekannt sein müssten.

² Als bedeutende Aktionäre gelten Aktionäre und stimmrechtsverbundene Aktionärsgruppen, deren Beteiligung 5 Prozent aller Stimmrechte übersteigt. Enthalten die Statuten eine tiefere prozentmässige Begrenzung der Namenaktien (Art. 685d Abs. 1), so gilt für die Bekanntgabepflicht diese Grenze.

Art. 663d[1]

VI. Jahresbericht

¹ Der Jahresbericht stellt den Geschäftsverlauf sowie die wirtschaftliche und finanzielle Lage der Gesellschaft dar.

² Er nennt die im Geschäftsjahr eingetretenen Kapitalerhöhungen und gibt die Prüfungsbestätigung wieder.

Art. 663e[1]

VII. Konzernrechnung
1. Pflicht zur Erstellung

¹ Fasst die Gesellschaft durch Stimmenmehrheit oder auf andere Weise eine oder mehrere Gesellschaften unter einheitlicher Leitung zusammen (Konzern), so erstellt sie eine konsolidierte Jahresrechnung (Konzernrechnung).

² Die Gesellschaft ist von der Pflicht zur Erstellung einer Konzernrechnung befreit, wenn sie zusammen mit ihren Untergesellschaften zwei der nachstehenden Grössen in zwei aufeinanderfolgenden Geschäftsjahren nicht überschreitet:
1. Bilanzsumme von 10 Millionen Franken;
2. Umsatzerlös von 20 Millionen Franken;
3. 200 Arbeitnehmer im Jahresdurchschnitt.

³ Eine Konzernrechnung ist dennoch zu erstellen, wenn:
1. die Gesellschaft Anleihensobligationen ausstehend hat;
2. die Aktien der Gesellschaft an der Börse kotiert sind;
3. Aktionäre, die zusammen mindestens 10 Prozent des Aktienkapitals vertreten, es verlangen;
4. dies für eine möglichst zuverlässige Beurteilung der Vermögens- und Ertragslage der Gesellschaft notwendig ist.

---

[1] Eingefügt durch Ziff. I des BG vom 4. Okt. 1991, in Kraft seit 1. Juli 1992 (AS **1992** 733 786; BBl **1983** II 745).

[2] Berichtigt von der Redaktionskommission der BVers (Art. 33 des Geschäftsverkehrsgesetzes – SR **171.11**).

Art. 663f[1]

2. Zwischengesellschaften

[1] Ist eine Gesellschaft in die Konzernrechnung einer Obergesellschaft einbezogen, die nach schweizerischen oder gleichwertigen ausländischen Vorschriften erstellt und geprüft worden ist, so muss sie keine besondere Konzernrechnung erstellen, wenn sie die Konzernrechnung der Obergesellschaft ihren Aktionären und Gläubigern wie die eigene Jahresrechnung bekanntmacht.

[2] Sie ist jedoch verpflichtet, eine besondere Konzernrechnung zu erstellen, wenn sie ihre Jahresrechnung veröffentlichen muss oder wenn Aktionäre, die zusammen mindestens 10 Prozent des Aktienkapitals vertreten, es verlangen.

Art. 663g[1]

3. Erstellung

[1] Die Konzernrechnung untersteht den Grundsätzen ordnungsmässiger Rechnungslegung.

[2] Im Anhang zur Konzernrechnung nennt die Gesellschaft die Konsolidierungs- und Bewertungsregeln. Weicht sie davon ab, so weist sie im Anhang darauf hin und vermittelt in anderer Weise die für den Einblick in die Vermögens- und Ertragslage des Konzerns nötigen Angaben.

Art. 663h[1]

VIII. Schutz und Anpassung

[1] In der Jahresrechnung, im Jahresbericht und in der Konzernrechnung kann auf Angaben verzichtet werden, welche der Gesellschaft oder dem Konzern erhebliche Nachteile bringen können. Die Revisionsstelle ist über die Gründe zu unterrichten.

[2] Die Jahresrechnung kann im Rahmen der Grundsätze der ordnungsmässigen Rechnungslegung den Besonderheiten des Unternehmens angepasst werden. Sie hat jedoch den gesetzlich vorgeschriebenen Mindestinhalt aufzuweisen.

Art. 664[2]

IX. Bewertung
1. Gründungs-, Kapitalerhöhungs- und Organisationskosten

Gründungs-, Kapitalerhöhungs- und Organisationskosten, die aus der Errichtung, der Erweiterung oder der Umstellung des Geschäfts entstehen, dürfen bilanziert werden. Sie werden gesondert ausgewiesen und innerhalb von fünf Jahren abgeschrieben.

Art. 665[2]

2. Anlagevermögen
a. Im allgemeinen

Das Anlagevermögen darf höchstens zu den Anschaffungs- oder den Herstellungskosten bewertet werden, unter Abzug der notwendigen Abschreibungen.

---

[1] Eingefügt durch Ziff. I des BG vom 4. Okt. 1991, in Kraft seit 1. Juli 1992 (AS **1992** 733 786; BBl **1983** II 745).
[2] Fassung gemäss Ziff. I des BG vom 4. Okt. 1991, in Kraft seit 1. Juli 1992 (AS **1992** 733 786; BBl **1983** II 745).

Art. 665a[1]

b. Beteiligungen

¹ Zum Anlagevermögen gehören auch Beteiligungen und andere Finanzanlagen.

² Beteiligungen sind Anteile am Kapital anderer Unternehmen, die mit der Absicht dauernder Anlage gehalten werden und einen massgeblichen Einfluss vermitteln.

³ Stimmberechtigte Anteile von mindestens 20 Prozent gelten als Beteiligung.

Art. 666[2]

3. Vorräte

¹ Rohmaterialien, teilweise oder ganz fertiggestellte Erzeugnisse sowie Waren dürfen höchstens zu den Anschaffungs- oder den Herstellungskosten bewertet werden.

² Sind die Kosten höher als der am Bilanzstichtag allgemein geltende Marktpreis, so ist dieser massgebend.

Art. 667[2]

4. Wertschriften

¹ Wertschriften mit Kurswert dürfen höchstens zum Durchschnittskurs des letzten Monats vor dem Bilanzstichtag bewertet werden.

² Wertschriften ohne Kurswert dürfen höchstens zu den Anschaffungskosten bewertet werden, unter Abzug der notwendigen Wertberichtigungen.

Art. 668[3]

Art. 669[2]

5. Abschreibungen, Wertberichtigungen und Rückstellungen

¹ Abschreibungen, Wertberichtigungen und Rückstellungen müssen vorgenommen werden, soweit sie nach allgemein anerkannten kaufmännischen Grundsätzen notwendig sind. Rückstellungen sind insbesondere zu bilden, um ungewisse Verpflichtungen und drohende Verluste aus schwebenden Geschäften zu decken.

² Der Verwaltungsrat darf zu Wiederbeschaffungszwecken zusätzliche Abschreibungen, Wertberichtigungen und Rückstellungen vornehmen und davon absehen, überflüssig gewordene Rückstellungen aufzulösen.

---

[1] Eingefügt durch Ziff. I des BG vom 4. Okt. 1991, in Kraft seit 1. Juli 1992 (AS **1992** 733 786; BBl **1983** II 745).

[2] Fassung gemäss Ziff. I des BG vom 4. Okt. 1991, in Kraft seit 1. Juli 1992 (AS **1992** 733 786; BBl **1983** II 745).

[3] Aufgehoben durch Ziff. I des BG vom 4. Okt. 1991 (AS **1992** 733; BBl **1983** II 745).

³ Stille Reserven, die darüber hinausgehen, sind zulässig, soweit die Rücksicht auf das dauernde Gedeihen des Unternehmens oder auf die Ausrichtung einer möglichst gleichmässigen Dividende es unter Berücksichtigung der Interessen der Aktionäre rechtfertigt.

⁴ Bildung und Auflösung von Wiederbeschaffungsreserven und darüber hinausgehenden stillen Reserven sind der Revisionsstelle im einzelnen mitzuteilen.

Art. 670[1]

¹ Ist die Hälfte des Aktienkapitals und der gesetzlichen Reserven infolge eines Bilanzverlustes nicht mehr gedeckt, so dürfen zur Beseitigung der Unterbilanz Grundstücke oder Beteiligungen, deren wirklicher Wert über die Anschaffungs- oder Herstellungskosten gestiegen ist, bis höchstens zu diesem Wert aufgewertet werden. Der Aufwendungsbetrag ist gesondert als Aufwertungsreserve auszuweisen.

6. Aufwertung

² Die Aufwertung ist nur zulässig, wenn die Revisionsstelle zuhanden der Generalversammlung schriftlich bestätigt, dass die gesetzlichen Bestimmungen eingehalten sind.

Art. 671[1]

¹ 5 Prozent des Jahresgewinnes sind der allgemeinen Reserve zuzuweisen, bis diese 20 Prozent des einbezahlten Aktienkapitals erreicht.

C. Reserven
I. Gesetzliche Reserven
1. Allgemeine Reserve

² Dieser Reserve sind, auch nachdem sie die gesetzliche Höhe erreicht hat, zuzuweisen:
1. ein bei der Ausgabe von Aktien nach Deckung der Ausgabekosten über den Nennwert hinaus erzielter Mehrerlös, soweit er nicht zu Abschreibungen oder zu Wohlfahrtszwecken verwendet wird;
2. was von den geleisteten Einzahlungen auf ausgefallene Aktien übrigbleibt, nachdem ein allfälliger Mindererlös aus den dafür ausgegebenen Aktien gedeckt worden ist;
3. zehn Prozent der Beträge, die nach Bezahlung einer Dividende von fünf Prozent als Gewinnanteil ausgerichtet werden.

³ Die allgemeine Reserve darf, soweit sie die Hälfte des Aktienkapitals nicht übersteigt, nur zur Deckung von Verlusten oder für Massnahmen verwendet werden, die geeignet sind, in Zeiten schlechten Geschäftsganges das Unternehmen durchzuhalten, der Arbeitslosigkeit entgegenzuwirken oder ihre Folgen zu mildern.

⁴ Die Bestimmungen in Absatz 2 Ziffer 3 und Absatz 3 gelten nicht für Gesellschaften, deren Zweck hauptsächlich in der Beteiligung an anderen Unternehmen besteht (Holdinggesellschaften).

---
[1] Fassung gemäss Ziff. I des BG vom 4. Okt. 1991, in Kraft seit 1. Juli 1992 (AS **1992** 733 786; BBl **1983** II 745).

⁵ Konzessionierte Transportanstalten sind, unter Vorbehalt abweichender Bestimmungen des öffentlichen Rechts, von der Pflicht zur Bildung der Reserve befreit.

⁶ Versicherungseinrichtungen bilden ihre Reserve nach dem von der zuständigen Aufsichtsbehörde genehmigten Geschäftsplan.

Art. 671a[1]

2. Reserve für eigene Aktien

Die Reserve für eigene Aktien kann bei Veräusserung oder Vernichtung von Aktien im Umfang der Anschaffungswerte aufgehoben werden.

Art. 671b[1]

3. Aufwertungsreserve

Die Aufwertungsreserve kann nur durch Umwandlung in Aktienkapital sowie durch Wiederabschreibung oder Veräusserung der aufgewerteten Aktiven aufgelöst werden.

Art. 672[2]

II. Statutarische Reserven
1. Im allgemeinen

¹ Die Statuten können bestimmen, dass der Reserve höhere Beträge als fünf Prozent des Jahresgewinnes zuzuweisen sind und dass die Reserve mehr als die vom Gesetz vorgeschriebenen 20 Prozent des einbezahlten Aktienkapitals betragen muss.

² Sie können die Anlage weiterer Reserven vorsehen und deren Zweckbestimmung und Verwendung festsetzen.

Art. 673[2]

2. Zu Wohlfahrtszwecken für Arbeitnehmer

Die Statuten können insbesondere auch Reserven zur Gründung und Unterstützung von Wohlfahrtseinrichtungen für Arbeitnehmer des Unternehmens vorsehen.

Art. 674[2]

III. Verhältnis des Gewinnanteils zu den Reserven

¹ Die Dividende darf erst festgesetzt werden, nachdem die dem Gesetz und den Statuten entsprechenden Zuweisungen an die gesetzlichen und statutarischen Reserven abgezogen worden sind.

² Die Generalversammlung kann die Bildung von Reserven beschliessen, die im Gesetz und in den Statuten nicht vorgesehen sind oder über deren Anforderungen hinausgehen, soweit
1. dies zu Wiederbeschaffungszwecken notwendig ist;
2. die Rücksicht auf das dauernde Gedeihen des Unternehmens oder auf die Ausrichtung einer möglichst gleichmässigen Dividende es unter Berücksichtigung der Interessen aller Aktionäre rechtfertigt.

---

[1] Eingefügt durch Ziff. I des BG vom 4. Okt. 1991, in Kraft seit 1. Juli 1992 (AS **1992** 733 786; BBl **1983** II 745).

[2] Fassung gemäss Ziff. I des BG vom 4. Okt. 1991, in Kraft seit 1. Juli 1992 (AS **1992** 733 786; BBl **1983** II 745).

³ Ebenso kann die Generalversammlung zur Gründung und Unterstützung von Wohlfahrtseinrichtungen für Arbeitnehmer des Unternehmens und zu anderen Wohlfahrtszwecken aus dem Bilanzgewinn auch dann Reserven bilden, wenn sie in den Statuten nicht vorgesehen sind.

Art. 675

¹ Zinse dürfen für das Aktienkapital nicht bezahlt werden.
² Dividenden dürfen nur aus dem Bilanzgewinn und aus hierfür gebildeten Reserven ausgerichtet werden.[1]

D. Dividenden, Bauzinse und Tantiemen
I. Dividenden

Art. 676

¹ Für die Zeit, die Vorbereitung und Bau bis zum Anfang des vollen Betriebes des Unternehmens erfordern, kann den Aktionären ein Zins von bestimmter Höhe zu Lasten des Anlagekontos zugesichert werden. Die Statuten müssen in diesem Rahmen den Zeitpunkt bezeichnen, in dem die Entrichtung von Zinsen spätestens aufhört.

² Wird das Unternehmen durch die Ausgabe neuer Aktien erweitert, so kann im Beschlusse über die Kapitalerhöhung den neuen Aktien eine bestimmte Verzinsung zu Lasten des Anlagekontos bis zu einem genau anzugebenden Zeitpunkt, höchstens jedoch bis zur Aufnahme des Betriebes der neuen Anlage zugestanden werden.

II. Bauzinse

Art. 677[1]

Gewinnanteile an Mitglieder des Verwaltungsrates dürfen nur dem Bilanzgewinn entnommen werden und sind nur zulässig, nachdem die Zuweisung an die gesetzliche Reserve gemacht und eine Dividende von fünf Prozent oder von einem durch die Statuten festgesetzten höheren Ansatz an die Aktionäre ausgerichtet worden ist.

III. Tantiemen

Art. 678[1]

¹ Aktionäre und Mitglieder des Verwaltungsrates sowie diesen nahestehende Personen, die ungerechtfertigt und in bösem Glauben Dividenden, Tantiemen, andere Gewinnanteile oder Bauzinse bezogen haben, sind zur Rückerstattung verpflichtet.

² Sie sind auch zur Rückerstattung anderer Leistungen der Gesellschaft verpflichtet, soweit diese in einem offensichtlichen Missverhältnis zur Gegenleistung und zur wirtschaftlichen Lage der Gesellschaft stehen.

³ Der Anspruch auf Rückerstattung steht der Gesellschaft und dem Aktionär zu; dieser klagt auf Leistung an die Gesellschaft.

E. Rückerstattung von Leistungen
I. Im allgemeinen

---

[1] Fassung gemäss Ziff. I des BG vom 4. Okt. 1991, in Kraft seit 1. Juli 1992 (AS **1992** 733 786; BBl **1983** II 745).

⁴ Die Pflicht zur Rückerstattung verjährt fünf Jahre nach Empfang der Leistung.

Art. 679[1]

II. Tantiemen im Konkurs

¹ Im Konkurs der Gesellschaft müssen die Mitglieder des Verwaltungsrates alle Tantiemen, die sie in den letzten drei Jahren vor Konkurseröffnung erhalten haben, zurückerstatten, es sei denn, sie weisen nach, dass die Voraussetzungen zur Ausrichtung der Tantiemen nach Gesetz und Statuten erfüllt waren; dabei ist insbesondere nachzuweisen, dass die Ausrichtung aufgrund vorsichtiger Bilanzierung erfolgte.

² Die Zeit zwischen Konkursaufschub und Konkurseröffnung zählt bei der Berechnung der Frist nicht mit.

Art. 680

F. Leistungspflicht des Aktionärs
I. Gegenstand

¹ Der Aktionär kann auch durch die Statuten nicht verpflichtet werden, mehr zu leisten als den für den Bezug einer Aktie bei ihrer Ausgabe festgesetzten Betrag.

² Ein Recht, den eingezahlten Betrag zurückzufordern, steht dem Aktionär nicht zu.

Art. 681

II. Verzugsfolgen
1. Nach Gesetz und Statuten

¹ Ein Aktionär, der den Ausgabebetrag seiner Aktie nicht zur rechten Zeit einbezahlt, ist zur Zahlung von Verzugszinsen verpflichtet.

² Der Verwaltungsrat ist überdies befugt, den säumigen Aktionär seiner Rechte aus der Zeichnung der Aktien und seiner geleisteten Teilzahlungen verlustig zu erklären und an Stelle der ausgefallenen neue Aktien auszugeben. Wenn die ausgefallenen Titel bereits ausgegeben sind und nicht beigebracht werden können, so ist die Verlustigerklärung im Schweizerischen Handelsamtsblatt sowie in der von den Statuten vorgesehenen Form zu veröffentlichen.

³ Die Statuten können einen Aktionär für den Fall der Säumnis auch zur Entrichtung einer Konventionalstrafe verpflichten.

---

[1] Fassung gemäss Ziff. I des BG vom 4. Okt. 1991, in Kraft seit 1. Juli 1992 (AS **1992** 733 786; BBl **1983** II 745).

Art. 682

¹ Beabsichtigt der Verwaltungsrat, den säumigen Aktionär seiner Rechte aus der Zeichnung verlustig zu erklären oder von ihm die in den Statuten vorgesehene Konventionalstrafe zu fordern, so hat er im Schweizerischen Handelsamtsblatt sowie in der von den Statuten vorgesehenen Form mindestens dreimal eine Aufforderung zur Einzahlung zu erlassen, unter Ansetzung einer Nachfrist von mindestens einem Monat, von der letzten Veröffentlichung an gerechnet. Der Aktionär darf seiner Rechte aus der Zeichnung erst verlustig erklärt oder für die Konventionalstrafe belangt werden, wenn er auch innerhalb der Nachfrist die Einzahlung nicht leistet.

² Bei Namenaktien tritt an die Stelle der Veröffentlichungen eine Zahlungsaufforderung und Ansetzung der Nachfrist an die im Aktienbuch eingetragenen Aktionäre durch eingeschriebenen Brief. In diesem Falle läuft die Nachfrist vom Empfang der Zahlungsaufforderung an.

³ Der säumige Aktionär haftet der Gesellschaft für den Betrag, der durch die Leistungen des neuen Aktionärs nicht gedeckt ist.

Art. 683

¹ Auf den Inhaber lautende Aktien dürfen erst nach der Einzahlung des vollen Nennwertes ausgegeben werden.

² Vor der Volleinzahlung ausgegebene Aktien sind nichtig. Schadenersatzansprüche bleiben vorbehalten.

G. Ausgabe und Übertragung der Aktien
I. Inhaberaktien

Art. 684[1)]

¹ Die Namenaktien sind, wenn nicht Gesetz oder Statuten es anders bestimmen, ohne Beschränkung übertragbar.

² Die Übertragung durch Rechtsgeschäft kann durch Übergabe des indossierten Aktientitels an den Erwerber erfolgen.

II. Namenaktien

Art. 685[1)]

¹ Nicht voll liberierte Namenaktien dürfen nur mit Zustimmung der Gesellschaft übertragen werden, es sei denn, sie werden durch Erbgang, Erbteilung, eheliches Güterrecht oder Zwangsvollstreckung erworben.

² Die Gesellschaft kann die Zustimmung nur verweigern, wenn die Zahlungsfähigkeit des Erwerbers zweifelhaft ist und die von der Gesellschaft geforderte Sicherheit nicht geleistet wird.

H. Beschränkung der Übertragbarkeit
I. Gesetzliche Beschränkung

[1)] Fassung gemäss Ziff. I des BG vom 4. Okt. 1991, in Kraft seit 1. Juli 1992 (AS **1992** 733 786; BBl **1983** II 745).

Art. 685a[1]

II. Statutarische Beschränkung
1. Grundsätze

¹ Die Statuten können bestimmen, dass Namenaktien nur mit Zustimmung der Gesellschaft übertragen werden dürfen.

² Diese Beschränkung gilt auch für die Begründung einer Nutzniessung.

³ Tritt die Gesellschaft in Liquidation, so fällt die Beschränkung der Übertragbarkeit dahin.

Art. 685b[1]

2. Nicht börsenkotierte Namenaktien
a. Voraussetzungen der Ablehnung

¹ Die Gesellschaft kann das Gesuch um Zustimmung ablehnen, wenn sie hierfür einen wichtigen, in den Statuten genannten Grund bekanntgibt oder wenn sie dem Veräusserer der Aktien anbietet, die Aktien für eigene Rechnung, für Rechnung anderer Aktionäre oder für Rechnung Dritter zum wirklichen Wert im Zeitpunkt des Gesuches zu übernehmen.

² Als wichtige Gründe gelten Bestimmungen über die Zusammensetzung des Aktionärskreises, die im Hinblick auf den Gesellschaftszweck oder die wirtschaftliche Selbständigkeit des Unternehmens die Verweigerung rechtfertigen.

³ Die Gesellschaft kann überdies die Eintragung in das Aktienbuch verweigern, wenn der Erwerber nicht ausdrücklich erklärt, dass er die Aktien im eigenen Namen und auf eigene Rechnung erworben hat.

⁴ Sind die Aktien durch Erbgang, Erbteilung, eheliches Güterrecht oder Zwangsvollstreckung erworben worden, so kann die Gesellschaft das Gesuch um Zustimmung nur ablehnen, wenn sie dem Erwerber die Übernahme der Aktien zum wirklichen Wert anbietet.

⁵ Der Erwerber kann verlangen, dass der Richter am Sitz der Gesellschaft den wirklichen Wert bestimmt. Die Kosten der Bewertung trägt die Gesellschaft.

⁶ Lehnt der Erwerber das Übernahmeangebot nicht innert eines Monates nach Kenntnis des wirklichen Wertes ab, so gilt es als angenommen.

⁷ Die Statuten dürfen die Voraussetzungen der Übertragbarkeit nicht erschweren.

Art. 685c[1]

b. Wirkung

¹ Solange eine erforderliche Zustimmung zur Übertragung von Aktien nicht erteilt wird, verbleiben das Eigentum an den Aktien und alle damit verknüpften Rechte beim Veräusserer.

---

[1] Eingefügt durch Ziff. I des BG vom 4. Okt. 1991, in Kraft seit 1. Juli 1992 (AS **1992** 733 786; BBl **1983** II 745).

² Beim Erwerb von Aktien durch Erbgang, Erbteilung, eheliches Güterrecht oder Zwangsvollstreckung gehen das Eigentum und die Vermögensrechte sogleich, die Mitwirkungsrechte erst mit der Zustimmung der Gesellschaft auf den Erwerber über.

³ Lehnt die Gesellschaft das Gesuch um Zustimmung innert dreier Monate nach Erhalt nicht oder zu Unrecht ab, so gilt die Zustimmung als erteilt.

Art. 685d[1]

¹ Bei börsenkotierten Namenaktien kann die Gesellschaft einen Erwerber als Aktionär nur ablehnen, wenn die Statuten eine prozentmässige Begrenzung der Namenaktien vorsehen, für die ein Erwerber als Aktionär anerkannt werden muss, und diese Begrenzung überschritten wird.

3. Börsenkotierte Namenaktien
a. Voraussetzungen der Ablehnung

² Die Gesellschaft kann überdies die Eintragung in das Aktienbuch verweigern, wenn der Erwerber auf ihr Verlangen nicht ausdrücklich erklärt, dass er die Aktien im eigenen Namen und auf eigene Rechnung erworben hat.

³ Sind börsenkotierte[2] Namenaktien durch Erbgang, Erbteilung oder eheliches Güterrecht erworben worden, kann der Erwerber nicht abgelehnt werden.

Art. 685e[1]

Werden börsenkotierte Namenaktien börsenmässig verkauft, so meldet die Veräusserbank den Namen des Veräusserers und die Anzahl der verkauften Aktien unverzüglich der Gesellschaft.

b. Meldepflicht

Art. 685f[1]

¹ Werden börsenkotierte Namenaktien börsenmässig erworben, so gehen die Rechte mit der Übertragung auf den Erwerber über. Werden börsenkotierte Namenaktien ausserbörslich erworben, so gehen die Rechte auf den Erwerber über, sobald dieser bei der Gesellschaft ein Gesuch um Anerkennung als Aktionär eingereicht hat.

c. Rechtsübergang

² Bis zur Anerkennung des Erwerbers durch die Gesellschaft kann dieser weder das mit den Aktien verknüpfte Stimmrecht noch andere mit dem Stimmrecht zusammenhängende Rechte ausüben. In der Ausübung aller übrigen Aktionärsrechte, insbesondere auch des Bezugsrechts, ist der Erwerber nicht eingeschränkt.

---

[1] Eingefügt durch Ziff. I des BG vom 4. Okt. 1991, in Kraft seit 1. Juli 1992 (AS **1992** 733 786; BBl **1983** II 745).
[2] Berichtigt von der Redaktionskommission der BVers (Art. 33 des Geschäftsverkehrsgesetzes – SR **171.11**).

³ Noch nicht von der Gesellschaft anerkannte Erwerber sind nach dem Rechtsübergang als Aktionär ohne Stimmrecht ins Aktienbuch einzutragen. Die entsprechenden Aktien gelten in der Generalversammlung als nicht vertreten.

⁴ Ist die Ablehnung widerrechtlich, so hat die Gesellschaft das Stimmrecht und die damit zusammenhängenden Rechte vom Zeitpunkt des richterlichen Urteils an anzuerkennen und dem Erwerber Schadenersatz zu leisten, sofern sie nicht beweist, dass ihr kein Verschulden zur Last fällt.

Art. 685g[1]

d. Ablehnungsfrist

Lehnt die Gesellschaft das Gesuch des Erwerbers um Anerkennung innert 20 Tagen nicht ab, so ist dieser als Aktionär anerkannt.

Art. 686[2]

4. Aktienbuch
a. Eintragung

¹ Die Gesellschaft führt über die Namenaktien ein Aktienbuch, in welches die Eigentümer und Nutzniesser mit Namen und Adresse eingetragen werden.

² Die Eintragung in das Aktienbuch setzt einen Ausweis über den Erwerb der Aktie zu Eigentum oder die Begründung einer Nutzniessung voraus.

³ Die Gesellschaft muss die Eintragung auf dem Aktientitel bescheinigen.

⁴ Im Verhältnis zur Gesellschaft gilt als Aktionär oder als Nutzniesser, wer im Aktienbuch eingetragen ist.

Art. 686a[1]

b. Streichung

Die Gesellschaft kann nach Anhörung des Betroffenen Eintragungen im Aktienbuch streichen, wenn diese durch falsche Angaben des Erwerbers zustande gekommen sind. Dieser muss über die Streichung sofort informiert werden.

Art. 687

5. Nicht voll einbezahlte Namenaktien[2]

¹ Der Erwerber einer nicht voll einbezahlten Namenaktie ist der Gesellschaft gegenüber zur Einzahlung verpflichtet, sobald er im Aktienbuch eingetragen ist.

² Veräussert der Zeichner die Aktie, so kann er für den nicht einbezahlten Betrag belangt werden, wenn die Gesellschaft binnen zwei Jahren seit ihrer Eintragung in das Handelsregister in Konkurs gerät und sein Rechtsnachfolger seines Rechtes aus der Aktie verlustig erklärt worden ist.

---

[1] Eingefügt durch Ziff. I des BG vom 4. Okt. 1991, in Kraft seit 1. Juli 1992 (AS **1992** 733 786; BBl **1983** II 745).
[2] Fassung gemäss Ziff. I des BG vom 4. Okt. 1991, in Kraft seit 1. Juli 1992 (AS **1992** 733 786; BBl **1983** II 745).

³ Der Veräusserer, der nicht Zeichner ist, wird durch die Eintragung des Erwerbers der Aktie im Aktienbuch von der Einzahlungspflicht befreit.

⁴ Solange Namenaktien nicht voll einbezahlt sind, ist auf jedem Titel der auf den Nennwert einbezahlte Betrag anzugeben.

Art. 688

¹ Auf den Inhaber lautende Interimsscheine dürfen nur für Inhaberaktien ausgegeben werden, deren Nennwert voll einbezahlt ist. Vor der Volleinzahlung ausgegebene, auf den Inhaber lautende Interimsscheine sind nichtig. Schadenersatzansprüche bleiben vorbehalten.

² Werden für Inhaberaktien auf den Namen lautende Interimsscheine ausgestellt, so können sie nur nach den für die Abtretung von Forderungen geltenden Bestimmungen übertragen werden, jedoch ist die Übertragung der Gesellschaft gegenüber erst wirksam, wenn sie ihr angezeigt wird.

³ Interimsscheine für Namenaktien müssen auf den Namen lauten. Die Übertragung solcher Interimsscheine richtet sich nach den für die Übertragung von Namenaktien geltenden Vorschriften.

III. Interimsscheine

Art. 689[1]

¹ Der Aktionär übt seine Rechte in den Angelegenheiten der Gesellschaft, wie Bestellung der Organe, Abnahme des Geschäftsberichtes und Beschlussfassung über die Gewinnverwendung, in der Generalversammlung aus.

² Er kann seine Aktien in der Generalversammlung selbst vertreten oder durch einen Dritten vertreten lassen, der unter Vorbehalt abweichender statutarischer Bestimmungen nicht Aktionär zu sein braucht.

J. Persönliche Mitgliedschaftsrechte
I. Teilnahme an der Generalversammlung
1. Grundsatz

Art. 689a[2]

¹ Die Mitgliedschaftsrechte aus Namenaktien kann ausüben, wer durch den Eintrag im Aktienbuch ausgewiesen oder vom Aktionär dazu schriftlich bevollmächtigt ist.

² Die Mitgliedschaftsrechte aus Inhaberaktien kann ausüben, wer sich als Besitzer ausweist, indem er die Aktien vorlegt. Der Verwaltungsrat kann eine andere Art des Besitzesausweises anordnen.

2. Berechtigung gegenüber der Gesellschaft

---

[1] Fassung gemäss Ziff. I des BG vom 4. Okt. 1991, in Kraft seit 1. Juli 1992 (AS **1992** 733 786; BBl **1983** II 745).
[2] Eingefügt durch Ziff. I des BG vom 4. Okt. 1991, in Kraft seit 1. Juli 1992 (AS **1992** 733 786; BBl **1983** II 745).

Art. 689b[1]

3. Vertretung des Aktionärs
a. Im allgemeinen

[1] Wer Mitwirkungsrechte als Vertreter ausübt, muss die Weisungen des Vertretenen befolgen.

[2] Wer eine Inhaberaktie aufgrund einer Verpfändung, Hinterlegung oder leihweisen Überlassung besitzt, darf die Mitgliedschaftsrechte nur ausüben, wenn er vom Aktionär hierzu in einem besonderen Schriftstück bevollmächtigt wurde.

Art. 689c[1]

b. Organvertreter

Schlägt die Gesellschaft den Aktionären ein Mitglied ihrer Organe oder eine andere abhängige Person für die Stimmrechtsvertretung an einer Generalversammlung vor, so muss sie zugleich eine unabhängige Person bezeichnen, die von den Aktionären mit der Vertretung beauftragt werden kann.

Art. 689d[1]

c. Depotvertreter

[1] Wer als Depotvertreter Mitwirkungsrechte aus Aktien, die bei ihm hinterlegt sind, ausüben will, ersucht den Hinterleger vor jeder Generalversammlung um Weisungen für die Stimmabgabe.

[2] Sind Weisungen des Hinterlegers nicht rechtzeitig erhältlich, so übt der Depotvertreter das Stimmrecht nach einer allgemeinen Weisung des Hinterlegers aus; fehlt eine solche, so folgt er den Anträgen des Verwaltungsrates.

[3] Als Depotvertreter gelten die dem Bankengesetz[2] unterstellten Institute sowie gewerbsmässige Vermögensverwalter.

Art. 689e[1]

d. Bekanntgabe

[1] Organe, unabhängige Stimmrechtsvertreter und Depotvertreter geben der Gesellschaft Anzahl, Art, Nennwert und Kategorie der von ihnen vertretenen Aktien bekannt. Unterbleiben diese Angaben, so sind die Beschlüsse der Generalversammlung unter den gleichen Voraussetzungen anfechtbar wie bei unbefugter Teilnahme an der Generalversammlung.

[2] Der Vorsitzende teilt die Angaben gesamthaft für jede Vertretungsart der Generalversammlung mit. Unterlässt er dies, obschon ein Aktionär es verlangt hat, so kann jeder Aktionär die Beschlüsse der Generalversammlung mit Klage gegen die Gesellschaft anfechten.

---

[1] Eingefügt durch Ziff. I des BG vom 4. Okt. 1991, in Kraft seit 1. Juli 1992 (AS **1992** 733 786; BBl **1983** II 745).
[2] SR **952.0**

Art. 690

¹ Steht eine Aktie in gemeinschaftlichem Eigentum, so können die Berechtigten die Rechte aus der Aktie nur durch einen gemeinsamen Vertreter ausüben.

² Im Falle der Nutzniessung an einer Aktie wird diese durch den Nutzniesser vertreten; er wird dem Eigentümer ersatzpflichtig, wenn er dabei dessen Interessen nicht in billiger Weise Rücksicht trägt.

4. Mehrere Berechtigte[1]

Art. 691

¹ Die Überlassung von Aktien zum Zwecke der Ausübung des Stimmrechts in der Generalversammlung ist unstatthaft, wenn damit die Umgehung einer Stimmrechtsbeschränkung beabsichtigt ist.

² Jeder Aktionär ist befugt, gegen die Teilnahme unberechtigter Personen beim Verwaltungsrat oder zu Protokoll der Generalversammlung Einspruch zu erheben.

³ Wirken Personen, die zur Teilnahme an der Generalversammlung nicht befugt sind, bei einem Beschlusse mit, so kann jeder Aktionär, auch wenn er nicht Einspruch erhoben hat, diesen Beschluss anfechten, sofern die beklagte Gesellschaft nicht nachweist, dass diese Mitwirkung keinen Einfluss auf die Beschlussfassung ausgeübt hatte.

II. Unbefugte Teilnahme

Art. 692

¹ Die Aktionäre üben ihr Stimmrecht in der Generalversammlung nach Verhältnis des gesamten Nennwerts der ihnen gehörenden Aktien aus.

² Jeder Aktionär hat, auch wenn er nur eine Aktie besitzt, zum mindesten eine Stimme. Doch können die Statuten die Stimmenzahl der Besitzer mehrerer Aktien beschränken.

³ Bei der Herabsetzung des Nennwerts der Aktien im Fall einer Sanierung der Gesellschaft kann das Stimmrecht dem ursprünglichen Nennwert entsprechend beibehalten werden.

III. Stimmrecht in der Generalversammlung 1. Grundsatz

Art. 693

¹ Die Statuten können das Stimmrecht unabhängig vom Nennwert nach der Zahl der jedem Aktionär gehörenden Aktien festsetzen, so dass auf jede Aktie eine Stimme entfällt.

² In diesem Falle können Aktien, die einen kleineren Nennwert als andere Aktien der Gesellschaft haben, nur als Namenaktien ausgegeben werden und müssen voll liberiert sein. Der Nennwert der übrigen Aktien darf das Zehnfache des Nennwertes der Stimmrechtsaktien nicht übersteigen.[1]

2. Stimmrechtsaktien

---

[1] Fassung gemäss Ziff. I des BG vom 4. Okt. 1991, in Kraft seit 1. Juli 1992 (AS **1992** 733 786; BBl **1983** II 745).

³ Die Bemessung des Stimmrechts nach der Zahl der Aktien ist nicht anwendbar für:
1. die Wahl der Revisionsstelle;
2. die Ernennung von Sachverständigen zur Prüfung der Geschäftsführung oder einzelner Teile;
3. die Beschlussfassung über die Einleitung einer Sonderprüfung;
4. die Beschlussfassung über die Anhebung einer Verantwortlichkeitsklage.[1]

Art. 694

3. Entstehung des Stimmrechts

Das Stimmrecht entsteht, sobald auf die Aktie der gesetzlich oder statutarisch festgesetzte Betrag einbezahlt ist.

Art. 695

4. Ausschliessung vom Stimmrecht

¹ Bei Beschlüssen über die Entlastung des Verwaltungsrates haben Personen, die in irgendeiner Weise an der Geschäftsführung teilgenommen haben, kein Stimmrecht.

² Dieses Verbot bezieht sich nicht auf die Mitglieder der Revisionsstelle.

Art. 696[1]

IV. Kontrollrechte der Aktionäre
1. Bekanntgabe des Geschäftsberichtes

¹ Spätestens 20 Tage vor der ordentlichen Generalversammlung sind der Geschäftsbericht und der Revisionsbericht den Aktionären am Gesellschaftssitz zur Einsicht aufzulegen. Jeder Aktionär kann verlangen, dass ihm unverzüglich eine Ausfertigung dieser Unterlagen zugestellt wird.

² Namenaktionäre sind hierüber durch schriftliche Mitteilung zu unterrichten, Inhaberaktionäre durch Bekanntgabe im Schweizerischen Handelsamtsblatt sowie in der von den Statuten vorgeschriebenen Form.

³ Jeder Aktionär kann noch während eines Jahres nach der Generalversammlung von der Gesellschaft den Geschäftsbericht in der von der Generalversammlung genehmigten Form sowie den Revisionsbericht verlangen.

Art. 697[1]

2. Auskunft und Einsicht

¹ Jeder Aktionär ist berechtigt, an der Generalversammlung vom Verwaltungsrat Auskunft über die Angelegenheiten der Gesellschaft und von der Revisionsstelle über Durchführung und Ergebnis ihrer Prüfung zu verlangen.

---

[1] Fassung gemäss Ziff. I des BG vom 4. Okt. 1991, in Kraft seit 1. Juli 1992 (AS **1992** 733 786; BBl **1983** II 745).

² Die Auskunft ist insoweit zu erteilen, als sie für die Ausübung der Aktionärsrechte erforderlich ist. Sie kann verweigert werden, wenn durch sie Geschäftsgeheimnisse oder andere schutzwürdige Interessen der Gesellschaft gefährdet werden.

³ Die Geschäftsbücher und Korrespondenzen können nur mit ausdrücklicher Ermächtigung der Generalversammlung oder durch Beschluss des Verwaltungsrates und unter Wahrung der Geschäftsgeheimnisse eingesehen werden.

⁴ Wird die Auskunft oder die Einsicht ungerechtfertigterweise verweigert, so ordnet sie der Richter am Sitz der Gesellschaft auf Antrag an.

Art. 697a[1]

¹ Jeder Aktionär kann der Generalversammlung beantragen, bestimmte Sachverhalte durch eine Sonderprüfung abklären zu lassen, sofern dies zur Ausübung der Aktionärsrechte erforderlich ist und er das Recht auf Auskunft oder das Recht auf Einsicht bereits ausgeübt hat.

² Entspricht die Generalversammlung dem Antrag, so kann die Gesellschaft oder jeder Aktionär innert 30 Tagen den Richter um Einsetzung eines Sonderprüfers ersuchen.

V. Recht auf Einleitung einer Sonderprüfung
1. Mit Genehmigung der Generalversammlung

Art. 697b[1]

¹ Entspricht die Generalversammlung dem Antrag nicht, so können Aktionäre, die zusammen mindestens 10 Prozent des Aktienkapitals oder Aktien im Nennwert von 2 Millionen Franken vertreten, innert dreier Monate den Richter ersuchen, einen Sonderprüfer einzusetzen.

² Die Gesuchsteller haben Anspruch auf Einsetzung eines Sonderprüfers, wenn sie glaubhaft machen, dass Gründer oder Organe Gesetz oder Statuten verletzt und damit die Gesellschaft oder die Aktionäre geschädigt haben.

2. Bei Ablehnung durch die Generalversammlung

Art. 697c[1]

¹ Der Richter entscheidet nach Anhörung der Gesellschaft und des seinerzeitigen Antragstellers.

² Entspricht der Richter dem Gesuch, so beauftragt er einen unabhängigen Sachverständigen mit der Durchführung der Prüfung. Er umschreibt im Rahmen des Gesuches den Prüfungsgegenstand.

³ Der Richter kann die Sonderprüfung auch mehreren Sachverständigen gemeinsam übertragen.

3. Einsetzung

---

[1] Eingefügt durch Ziff. I des BG vom 4. Okt. 1991, in Kraft seit 1. Juli 1992 (AS **1992** 733 786; BBl **1983** II 745).

Art. 697d[1]

4. Tätigkeit
¹ Die Sonderprüfung ist innert nützlicher Frist und ohne unnötige Störung des Geschäftsganges durchzuführen.

² Gründer, Organe, Beauftragte, Arbeitnehmer, Sachwalter und Liquidatoren müssen dem Sonderprüfer Auskunft über erhebliche Tatsachen erteilen. Im Streitfall entscheidet der Richter.

³ Der Sonderprüfer hört die Gesellschaft zu den Ergebnissen der Sonderprüfung an.

⁴ Er ist zur Verschwiegenheit verpflichtet.

Art. 697e[1]

5. Bericht
¹ Der Sonderprüfer berichtet einlässlich über das Ergebnis seiner Prüfung, wahrt aber das Geschäftsgeheimnis. Er legt seinen Bericht dem Richter vor.

² Der Richter stellt den Bericht der Gesellschaft zu und entscheidet auf ihr Begehren, ob Stellen des Berichtes das Geschäftsgeheimnis oder andere schutzwürdige Interessen der Gesellschaft verletzen und deshalb den Gesuchstellern nicht vorgelegt werden sollen.

³ Er gibt der Gesellschaft und den Gesuchstellern Gelegenheit, zum bereinigten Bericht Stellung zu nehmen und Ergänzungsfragen zu stellen.

Art. 697f[1]

6. Behandlung und Bekanntgabe
¹ Der Verwaltungsrat unterbreitet der nächsten Generalversammlung den Bericht und die Stellungnahmen dazu.

² Jeder Aktionär kann während eines Jahres nach der Generalversammlung von der Gesellschaft eine Ausfertigung des Berichtes und der Stellungnahmen verlangen.

Art. 697g[1]

7. Kostentragung
¹ Entspricht der Richter dem Gesuch um Einsetzung eines Sonderprüfers, so überbindet er den Vorschuss und die Kosten der Gesellschaft. Wenn besondere Umstände es rechtfertigen, kann er die Kosten ganz oder teilweise den Gesuchstellern auferlegen.

² Hat die Generalversammlung der Sonderprüfung zugestimmt, so trägt die Gesellschaft die Kosten.

---

[1] Eingefügt durch Ziff. I des BG vom 4. Okt. 1991, in Kraft seit 1. Juli 1992 (AS **1992** 733 786; BBl **1983** II 745).

Art. 697h[1]

¹ Jahresrechnung und Konzernrechnung sind nach der Abnahme durch die Generalversammlung mit den Revisionsberichten entweder im Schweizerischen Handelsamtsblatt zu veröffentlichen oder jeder Person, die es innerhalb eines Jahres seit Abnahme verlangt, auf deren Kosten in einer Ausfertigung zuzustellen, wenn
1. die Gesellschaft Anleihensobligationen ausstehend hat;
2. die Aktien der Gesellschaft an einer Börse kotiert sind.

² Die übrigen Aktiengesellschaften müssen den Gläubigern, die ein schutzwürdiges Interesse nachweisen, Einsicht in die Jahresrechnung, die Konzernrechnung und die Revisionsberichte gewähren. Im Streitfall entscheidet der Richter.

K. Offenlegung von Jahresrechnung und Konzernrechnung

Dritter Abschnitt
Organisation der Aktiengesellschaft

Art. 698

¹ Oberstes Organ der Aktiengesellschaft ist die Generalversammlung der Aktionäre.

² Ihr stehen folgende unübertragbare Befugnisse zu:
1. die Festsetzung und Änderung der Statuten;
2. die Wahl der Mitglieder des Verwaltungsrates und der Revisionsstelle;
3. die Genehmigung des Jahresberichtes und der Konzernrechnung;
4. die Genehmigung der Jahresrechnung sowie die Beschlussfassung über die Verwendung des Bilanzgewinnes, insbesondere die Festsetzung der Dividende und der Tantieme;
5. die Entlastung der Mitglieder des Verwaltungsrates;
6. die Beschlussfassung über die Gegenstände, die der Generalversammlung durch das Gesetz oder die Statuten vorbehalten sind.[2]

A. Die Generalversammlung
I. Befugnisse

Art. 699

¹ Die Generalversammlung wird durch den Verwaltungsrat, nötigenfalls durch die Revisionsstelle einberufen. Das Einberufungsrecht steht auch den Liquidatoren und den Vertretern der Anleihensgläubiger zu.

II. Einberufung und Traktandierung
1. Recht und Pflicht [2]

---
[1] Eingefügt durch Ziff. I des BG vom 4. Okt. 1991, in Kraft seit 1. Juli 1992 (AS **1992** 733 786; BBl **1983** II 745).
[2] Fassung gemäss Ziff. I des BG vom 4. Okt. 1991, in Kraft seit 1. Juli 1992 (AS **1992** 733 786; BBl **1983** II 745).

² Die ordentliche Versammlung findet alljährlich innerhalb sechs Monaten nach Schluss des Geschäftsjahres statt, ausserordentliche Versammlungen werden je nach Bedürfnis einberufen.

³ Die Einberufung einer Generalversammlung kann auch von einem oder mehreren Aktionären, die zusammen mindestens 10 Prozent des Aktienkapitals vertreten, verlangt werden. Aktionäre, die Aktien im Nennwerte von 1 Million Franken vertreten, können die Traktandierung eines Verhandlungsgegenstandes verlangen. Einberufung und Traktandierung werden schriftlich unter Angabe des Verhandlungsgegenstandes und der Anträge anbegehrt.[1]

⁴ Entspricht der Verwaltungsrat diesem Begehren nicht binnen angemessener Frist, so hat der Richter auf Antrag der Gesuchsteller die Einberufung anzuordnen.

Art. 700[1]

2. Form

¹ Die Generalversammlung ist spätestens 20 Tage vor dem Versammlungstag in der durch die Statuten vorgeschriebenen Form einzuberufen.

² In der Einberufung sind die Verhandlungsgegenstände sowie die Anträge des Verwaltungsrates und der Aktionäre bekanntzugeben, welche die Durchführung einer Generalversammlung oder die Traktandierung eines Verhandlungsgegenstandes verlangt haben.

³ Über Anträge zu nicht gehörig angekündigten Verhandlungsgegenständen können keine Beschlüsse gefasst werden; ausgenommen sind Anträge auf Einberufung einer ausserordentlichen Generalversammlung oder auf Durchführung einer Sonderprüfung.

⁴ Zur Stellung von Anträgen im Rahmen der Verhandlungsgegenstände und zu Verhandlungen ohne Beschlussfassung bedarf es keiner vorgängigen Ankündigung.

Art. 701

3. Universal-versammlung

¹ Die Eigentümer oder Vertreter sämtlicher Aktien können, falls kein Widerspruch erhoben wird, eine Generalversammlung ohne Einhaltung der für die Einberufung vorgeschriebenen Formvorschriften abhalten.

² In dieser Versammlung kann über alle in den Geschäftskreis der Generalversammlung fallenden Gegenstände gültig verhandelt und Beschluss gefasst werden, solange die Eigentümer oder Vertreter sämtlicher Aktien anwesend sind.

---

[1] Fassung gemäss Ziff. I des BG vom 4. Okt. 1991, in Kraft seit 1. Juli 1992 (AS **1992** 733 786; BBl **1983** II 745).

Art. 702[1]

¹ Der Verwaltungsrat trifft die für die Feststellung der Stimmrechte erforderlichen Anordnungen.

² Er sorgt für die Führung des Protokolls. Dieses hält fest:
1. Anzahl, Art, Nennwert und Kategorie der Aktien, die von den Aktionären, von den Organen, von unabhängigen Stimmrechtsvertretern und von Depotvertretern vertreten werden;
2. die Beschlüsse und die Wahlergebnisse;
3. die Begehren um Auskunft und die darauf erteilten Antworten;
4. die von den Aktionären zu Protokoll gegebenen Erklärungen.

³ Die Aktionäre sind berechtigt, das Protokoll einzusehen.

III. Vorbereitende Massnahmen; Protokoll

Art. 703

Die Generalversammlung fasst ihre Beschlüsse und vollzieht ihre Wahlen, soweit das Gesetz oder die Statuten es nicht anders bestimmen, mit der absoluten Mehrheit der vertretenen Aktienstimmen.

IV. Beschlussfassung und Wahlen
1. Im allgemeinen[1]

Art. 704[1]

¹ Ein Beschluss der Generalversammlung, der mindestens zwei Drittel der vertretenen Stimmen und die absolute Mehrheit der vertretenen Aktiennennwerte auf sich vereinigt, ist erforderlich für:
1. die Änderung des Gesellschaftszweckes;
2. die Einführung von Stimmrechtsaktien;
3. die Beschränkung der Übertragbarkeit von Namenaktien;
4. eine genehmigte oder eine bedingte Kapitalerhöhung;
5. die Kapitalerhöhung aus Eigenkapital, gegen Sacheinlage oder zwecks Sachübernahme und die Gewährung von besonderen Vorteilen;
6. die Einschränkung oder Aufhebung des Bezugsrechtes;
7. die Verlegung des Sitzes der Gesellschaft;
8. ...[2]

2. Wichtige Beschlüsse

² Statutenbestimmungen, die für die Fassung bestimmter Beschlüsse grössere Mehrheiten als die vom Gesetz vorgeschriebenen festlegen, können nur mit dem vorgesehenen Mehr eingeführt werden.

³ Namenaktionäre, die einem Beschluss über die Zweckänderung oder die Einführung von Stimmrechtsaktien nicht zugestimmt haben, sind während sechs Monaten nach dessen Veröffentlichung im Schweizerischen Handelsamtsblatt an statutarische Beschränkungen der Übertragbarkeit der Aktien nicht gebunden.

---

[1] Fassung gemäss Ziff. I des BG vom 4. Okt. 1991, in Kraft seit 1. Juli 1992 (AS **1992** 733 786; BBl **1983** II 745).
[2] Aufgehoben durch Anhang Ziff. 2 des Fusionsgesetzes vom 3. Okt. 2003 (SR **221.301**).

Art. 705

V. Abberufung des Verwaltungsrates und der Revisionsstelle[1]

¹ Die Generalversammlung ist berechtigt, die Mitglieder des Verwaltungsrates und der Revisionsstelle sowie allfällige von ihr gewählte Bevollmächtigte und Beauftragte abzuberufen.

² Entschädigungsansprüche der Abberufenen bleiben vorbehalten.

Art. 706

VI. Anfechtung von Generalversammlungsbeschlüssen
1. Legitimation und Gründe[1]

¹ Der Verwaltungsrat und jeder Aktionär können Beschlüsse der Generalversammlung, die gegen das Gesetz oder die Statuten verstossen, beim Richter mit Klage gegen die Gesellschaft anfechten.

² Anfechtbar sind insbesondere Beschlüsse, die
1. unter Verletzung von Gesetz oder Statuten Rechte von Aktionären entziehen oder beschränken;
2. in unsachlicher Weise Rechte von Aktionären entziehen oder beschränken;
3. eine durch den Gesellschaftszweck nicht gerechtfertigte Ungleichbehandlung oder Benachteiligung der Aktionäre bewirken;
4. die Gewinnstrebigkeit der Gesellschaft ohne Zustimmung sämtlicher Aktionäre aufheben.[1]

3–4 ...[2]

⁵ Das Urteil, das einen Beschluss der Generalversammlung aufhebt, wirkt für und gegen alle Aktionäre.

Art. 706a[3]

2. Verfahren

¹ Das Anfechtungsrecht erlischt, wenn die Klage nicht spätestens zwei Monate nach der Generalversammlung angehoben wird.

² Ist der Verwaltungsrat Kläger, so bestellt der Richter einen Vertreter für die Gesellschaft.

³ Der Richter verteilt die Kosten bei Abweisung der Klage nach seinem Ermessen auf die Gesellschaft und den Kläger.

Art. 706b[3]

VII. Nichtigkeit

Nichtig sind insbesondere Beschlüsse der Generalversammlung, die:
1. das Recht auf Teilnahme an der Generalversammlung, das Mindeststimmrecht, die Klagerechte oder andere vom Gesetz zwingend gewährte Rechte des Aktionärs entziehen oder beschränken;

---

[1] Fassung gemäss Ziff. I des BG vom 4. Okt. 1991, in Kraft seit 1. Juli 1992 (AS **1992** 733 786; BBl **1983** II 745).
[2] Aufgehoben durch Ziff. I des BG vom 4. Okt. 1991 (AS **1992** 733; BBl **1983** II 745).
[3] Eingefügt durch Ziff. I des BG vom 4. Okt. 1991, in Kraft seit 1. Juli 1992 (AS **1992** 733 786; BBl **1983** II 745).

2. Kontrollrechte von Aktionären über das gesetzlich zulässige Mass hinaus beschränken oder
3. die Grundstrukturen der Aktiengesellschaft missachten oder die Bestimmungen zum Kapitalschutz verletzen.

Art. 707

¹ Der Verwaltungsrat der Gesellschaft besteht aus einem oder mehreren Mitgliedern, die Aktionäre sein müssen.

² Werden andere Personen gewählt, so können sie ihr Amt erst antreten, nachdem sie Aktionäre geworden sind.

³ Ist an der Gesellschaft eine juristische Person oder eine Handelsgesellschaft beteiligt, so ist sie als solche nicht als Mitglied des Verwaltungsrates wählbar; dagegen können an ihrer Stelle ihre Vertreter gewählt werden.

B. Der Verwaltungsrat[1)]
I. Im allgemeinen
1. Wählbarkeit[1)]

Art. 708[1)]

¹ Die Mitglieder des Verwaltungsrates müssen mehrheitlich Personen sein, die in der Schweiz wohnhaft sind und das Schweizer Bürgerrecht besitzen. Der Bundesrat kann für Gesellschaften, deren Zweck hauptsächlich in der Beteiligung an anderen Unternehmen besteht (Holdinggesellschaften), Ausnahmen von dieser Regel bewilligen, wenn die Mehrheit dieser Unternehmen sich im Ausland befindet.

² Wenigstens ein zur Vertretung der Gesellschaft befugtes Mitglied des Verwaltungsrates muss in der Schweiz wohnhaft sein.

³ Ist mit der Verwaltung eine einzige Person betraut, so muss sie in der Schweiz wohnhaft sein und das Schweizer Bürgerrecht besitzen.

⁴ Sind diese Vorschriften nicht mehr erfüllt, so hat der Handelsregisterführer der Gesellschaft eine Frist zur Wiederherstellung des gesetzmässigen Zustandes zu setzen und nach fruchtlosem Ablauf die Gesellschaft von Amtes wegen als aufgelöst zu erklären.

2. Nationalität und Wohnsitz

Art. 709[1)]

¹ Bestehen in bezug auf das Stimmrecht oder die vermögensrechtlichen Ansprüche mehrere Kategorien von Aktien, so ist durch die Statuten den Aktionären jeder Kategorie die Wahl wenigstens eines Vertreters im Verwaltungsrat zu sichern.

² Die Statuten können besondere Bestimmungen zum Schutz von Minderheiten oder einzelnen Gruppen von Aktionären vorsehen.

3. Vertretung von Aktionärskategorien und -gruppen

[1)] Fassung gemäss Ziff. I des BG vom 4. Okt. 1991, in Kraft seit 1. Juli 1992 (AS **1992** 733 786; BBl **1983** II 745).

Art. 710[1)]

4. Amtsdauer

¹ Die Mitglieder des Verwaltungsrates werden auf drei Jahre gewählt, sofern die Statuten nichts anderes bestimmen. Die Amtsdauer darf jedoch sechs Jahre nicht übersteigen.

² Wiederwahl ist möglich.

Art. 711[1)]

5. Ausscheiden aus dem Verwaltungsrat

¹ Die Gesellschaft meldet das Ausscheiden eines Mitgliedes des Verwaltungsrates ohne Verzug beim Handelsregister zur Eintragung an.

² Erfolgt diese Anmeldung nicht innert 30 Tagen, so kann der Ausgeschiedene die Löschung selbst anmelden.

Art. 712[1)]

II. Organisation
1. Präsident und Sekretär

¹ Der Verwaltungsrat bezeichnet seinen Präsidenten und den Sekretär. Dieser muss dem Verwaltungsrat nicht angehören.

² Die Statuten können bestimmen, dass der Präsident durch die Generalversammlung gewählt wird.

Art. 713[1)]

2. Beschlüsse

¹ Die Beschlüsse des Verwaltungsrates werden mit der Mehrheit der abgegebenen Stimmen gefasst. Der Vorsitzende hat den Stichentscheid, sofern die Statuten nichts anderes vorsehen.

² Beschlüsse können auch auf dem Wege der schriftlichen Zustimmung zu einem gestellten Antrag gefasst werden, sofern nicht ein Mitglied die mündliche Beratung verlangt.

³ Über die Verhandlungen und Beschlüsse ist ein Protokoll zu führen, das vom Vorsitzenden und vom Sekretär unterzeichnet wird.

Art. 714[1)]

3. Nichtige Beschlüsse

Für die Beschlüsse des Verwaltungsrates gelten sinngemäss die gleichen Nichtigkeitsgründe wie für die Beschlüsse der Generalversammlung.

Art. 715[1)]

4. Recht auf Einberufung

Jedes Mitglied des Verwaltungsrates kann unter Angabe der Gründe vom Präsidenten die unverzügliche Einberufung einer Sitzung verlangen.

[1)] Fassung gemäss Ziff. I des BG vom 4. Okt. 1991, in Kraft seit 1. Juli 1992 (AS **1992** 733 786; BBl **1983** II 745).

Art. 715a[1]

¹ Jedes Mitglied des Verwaltungsrates kann Auskunft über alle Angelegenheiten der Gesellschaft verlangen.

² In den Sitzungen sind alle Mitglieder des Verwaltungsrates sowie die mit der Geschäftsführung betrauten Personen zur Auskunft verpflichtet.

³ Ausserhalb der Sitzungen kann jedes Mitglied von den mit der Geschäftsführung betrauten Personen Auskunft über den Geschäftsgang und, mit Ermächtigung des Präsidenten, auch über einzelne Geschäfte verlangen.

⁴ Soweit es für die Erfüllung einer Aufgabe erforderlich ist, kann jedes Mitglied dem Präsidenten beantragen, dass ihm Bücher und Akten vorgelegt werden.

⁵ Weist der Präsident ein Gesuch auf Auskunft, Anhörung oder Einsicht ab, so entscheidet der Verwaltungsrat.

⁶ Regelungen oder Beschlüsse des Verwaltungsrates, die das Recht auf Auskunft und Einsichtnahme der Verwaltungsräte erweitern, bleiben vorbehalten.

5. Recht auf Auskunft und Einsicht

Art. 716[2]

¹ Der Verwaltungsrat kann in allen Angelegenheiten Beschluss fassen, die nicht nach Gesetz oder Statuten der Generalversammlung zugeteilt sind.

² Der Verwaltungsrat führt die Geschäfte der Gesellschaft, soweit er die Geschäftsführung nicht übertragen hat.

III. Aufgaben
1. Im allgemeinen

Art. 716a[1]

¹ Der Verwaltungsrat hat folgende unübertragbare und unentziehbare Aufgaben:

1. die Oberleitung der Gesellschaft und die Erteilung der nötigen Weisungen;
2. die Festlegung der Organisation;
3. die Ausgestaltung des Rechnungswesens, der Finanzkontrolle sowie der Finanzplanung, sofern diese für die Führung der Gesellschaft notwendig ist;
4. die Ernennung und Abberufung der mit der Geschäftsführung und der Vertretung betrauten Personen;
5. die Oberaufsicht über die mit der Geschäftsführung betrauten Personen, namentlich im Hinblick auf die Befolgung der Gesetze, Statuten, Reglemente und Weisungen;

2. Unübertragbare Aufgaben

---

[1] Eingefügt durch Ziff. I des BG vom 4. Okt. 1991, in Kraft seit 1. Juli 1992 (AS **1992** 733 786; BBl **1983** II 745).
[2] Fassung gemäss Ziff. I des BG vom 4. Okt. 1991, in Kraft seit 1. Juli 1992 (AS **1992** 733 786; BBl **1983** II 745).

6. die Erstellung des Geschäftsberichtes[1] sowie die Vorbereitung der Generalversammlung und die Ausführung ihrer Beschlüsse;
7. die Benachrichtigung des Richters im Falle der Überschuldung.

² Der Verwaltungsrat kann die Vorbereitung und die Ausführung seiner Beschlüsse oder die Überwachung von Geschäften Ausschüssen oder einzelnen Mitgliedern zuweisen. Er hat für eine angemessene Berichterstattung an seine Mitglieder zu sorgen.

Art. 716b[2]

3. Übertragung der Geschäftsführung

¹ Die Statuten können den Verwaltungsrat ermächtigen, die Geschäftsführung nach Massgabe eines Organisationsreglementes ganz oder zum Teil an einzelne Mitglieder oder an Dritte zu übertragen.

² Dieses Reglement ordnet die Geschäftsführung, bestimmt die hierfür erforderlichen Stellen, umschreibt deren Aufgaben und regelt insbesondere die Berichterstattung. Der Verwaltungsrat orientiert Aktionäre und Gesellschaftsgläubiger, die ein schutzwürdiges Interesse glaubhaft machen, auf Anfrage hin schriftlich über die Organisation der Geschäftsführung.

³ Soweit die Geschäftsführung nicht übertragen worden ist, steht sie allen Mitgliedern des Verwaltungsrates gesamthaft zu.

Art. 717[3]

IV. Sorgfalts- und Treuepflicht

¹ Die Mitglieder des Verwaltungsrates sowie Dritte, die mit der Geschäftsführung befasst sind, müssen ihre Aufgaben mit aller Sorgfalt erfüllen und die Interessen der Gesellschaft in guten Treuen wahren.

² Sie haben die Aktionäre unter gleichen Voraussetzungen gleich zu behandeln.

Art. 718[3]

V. Vertretung
1. Im allgemeinen

¹ Der Verwaltungsrat vertritt die Gesellschaft nach aussen. Bestimmen die Statuten oder das Organisationsreglement nichts anderes, so steht die Vertretungsbefugnis jedem Mitglied einzeln zu.

² Der Verwaltungsrat kann die Vertretung einem oder mehreren Mitgliedern (Delegierte) oder Dritten (Direktoren) übertragen.

³ Mindestens ein Mitglied des Verwaltungsrates muss zur Vertretung befugt sein.

---

[1] Berichtigt von der Redaktionskommission der BVers (Art. 33 des Geschäftsverkehrsgesetzes – SR **171.11**).
[2] Eingefügt durch Ziff. I des BG vom 4. Okt. 1991, in Kraft seit 1. Juli 1992 (AS **1992** 733 786; BBl **1983** II 745).
[3] Fassung gemäss Ziff. I des BG vom 4. Okt. 1991, in Kraft seit 1. Juli 1992 (AS **1992** 733 786; BBl **1983** II 745).

Art. 718a[1)]

¹ Die zur Vertretung befugten Personen können im Namen der Gesellschaft alle Rechtshandlungen vornehmen, die der Zweck der Gesellschaft mit sich bringen kann.

² Eine Beschränkung dieser Vertretungsbefugnis hat gegenüber gutgläubigen Dritten keine Wirkung; ausgenommen sind die im Handelsregister eingetragenen Bestimmungen über die ausschliessliche Vertretung der Hauptniederlassung oder einer Zweigniederlassung oder über die gemeinsame Vertretung der Gesellschaft.

2. Umfang und Beschränkung

Art. 719

Die zur Vertretung der Gesellschaft befugten Personen haben in der Weise zu zeichnen, dass sie der Firma der Gesellschaft ihre Unterschrift beifügen.

3. Zeichnung

Art. 720

Die zur Vertretung der Gesellschaft befugten Personen sind vom Verwaltungsrat zur Eintragung in das Handelsregister anzumelden, unter Vorlegung einer beglaubigten Abschrift des Beschlusses. Sie haben ihre Unterschrift beim Handelsregisteramt zu zeichnen oder die Zeichnung in beglaubigter Form einzureichen.

4. Eintragung

Art. 721[2)]

Der Verwaltungsrat kann Prokuristen und andere Bevollmächtigte ernennen.

5. Prokuristen und Bevollmächtigte

Art. 722[2)]

Die Gesellschaft haftet für den Schaden aus unerlaubten Handlungen, die eine zur Geschäftsführung oder zur Vertretung befugte Person in Ausübung ihrer geschäftlichen Verrichtungen begeht.

VI. Organhaftung

Art. 723–724[3)]

Art. 725[2)]

¹ Zeigt die letzte Jahresbilanz, dass die Hälfte des Aktienkapitals und der gesetzlichen Reserven nicht mehr gedeckt ist, so beruft der Verwaltungsrat unverzüglich eine Generalversammlung ein und beantragt ihr Sanierungsmassnahmen.

VII. Kapitalverlust und Überschuldung
1. Anzeigepflichten

[1)] Eingefügt durch Ziff. I des BG vom 4. Okt. 1991, in Kraft seit 1. Juli 1992 (AS **1992** 733 786, BBl **1983** II 745).
[2)] Fassung gemäss Ziff. I des BG vom 4. Okt. 1991, in Kraft seit 1. Juli 1992 (AS **1992** 733 786; BBl **1983** II 745).
[3)] Aufgehoben durch Ziff. I des BG vom 4. Okt. 1991 (AS **1992** 733; BBl **1983** II 745).

² Wenn begründete Besorgnis einer Überschuldung besteht, muss eine Zwischenbilanz erstellt und diese der Revisionsstelle zur Prüfung vorgelegt werden. Ergibt sich aus der Zwischenbilanz, dass die Forderungen der Gesellschaftsgläubiger weder zu Fortführungs- noch zu Veräusserungswerten gedeckt sind, so hat der Verwaltungsrat den Richter zu benachrichtigen, sofern nicht Gesellschaftsgläubiger im Ausmass dieser Unterdeckung im Rang hinter alle anderen Gesellschaftsgläubiger zurücktreten.

Art. 725a[1]

2. Eröffnung oder Aufschub des Konkurses

¹ Der Richter eröffnet auf die Benachrichtigung hin den Konkurs. Er kann ihn auf Antrag des Verwaltungsrates oder eines Gläubigers aufschieben, falls Aussicht auf Sanierung besteht; in diesem Falle trifft er Massnahmen zur Erhaltung des Vermögens.

² Der Richter kann einen Sachwalter bestellen und entweder dem Verwaltungsrat die Verfügungsbefugnis entziehen oder dessen Beschlüsse von der Zustimmung des Sachwalters abhängig machen. Er umschreibt die Aufgaben des Sachwalters.

³ Der Konkursaufschub muss nur veröffentlicht werden, wenn dies zum Schutze Dritter erforderlich ist.

Art. 726

VIII. Abberufung und Einstellung[2]

¹ Der Verwaltungsrat kann die von ihm bestellten Ausschüsse, Delegierten, Direktoren und andern Bevollmächtigten und Beauftragten jederzeit abberufen.

² Die von der Generalversammlung bestellten Bevollmächtigten und Beauftragten können vom Verwaltungsrat jederzeit in ihren Funktionen eingestellt werden, unter sofortiger Einberufung einer Generalversammlung.

³ Entschädigungsansprüche der Abberufenen oder in ihren Funktionen Eingestellten bleiben vorbehalten.

---

[1] Eingefügt durch Ziff. I des BG vom 4. Okt. 1991, in Kraft seit 1. Juli 1992 (AS **1992** 733 786; BBl **1983** II 745).
[2] Fassung gemäss Ziff. I des BG vom 4. Okt. 1991, in Kraft seit 1. Juli 1992 (AS **1992** 733 786; BBl **1983** II 745).

Art. 727[1]

C. Die Revisionsstelle[1]
I. Wahl
1. Im allgemeinen

[1] Die Generalversammlung wählt einen oder mehrere Revisoren als Revisionsstelle. Sie kann Ersatzleute bezeichnen.

[2] Wenigstens ein Revisor muss in der Schweiz seinen Wohnsitz, seinen Sitz oder eine eingetragene Zweigniederlassung haben.

Art. 727a[2]

2. Befähigung
a. Im allgemeinen

Die Revisoren müssen befähigt sein, ihre Aufgabe bei der zu prüfenden Gesellschaft zu erfüllen.

Art. 727b[2]

b. Besondere Befähigung

[1] Die Revisoren müssen besondere fachliche Voraussetzungen erfüllen, wenn
1. die Gesellschaft Anleihensobligationen ausstehend hat;
2. die Aktien der Gesellschaft an der Börse kotiert sind oder[3]
3. zwei der nachstehenden Grossen in zwei aufeinanderfolgenden Geschäftsjahren überschritten werden:
    a. Bilanzsumme von 20 Millionen Franken,
    b. Umsatzerlös von 40 Millionen Franken,
    c. 200 Arbeitnehmer im Jahresdurchschnitt.

[2] Der Bundesrat umschreibt die fachlichen Anforderungen an die besonders befähigten Revisoren.

Art. 727c[2]

3. Unabhängigkeit

[1] Die Revisoren müssen vom Verwaltungsrat und von einem Aktionär, der über die Stimmenmehrheit verfügt, unabhängig sein. Insbesondere dürfen sie weder Arbeitnehmer der zu prüfenden Gesellschaft sein noch Arbeiten für diese ausführen, die mit dem Prüfungsauftrag unvereinbar sind. Sie dürfen keine besonderen Vorteile annehmen.[4]

[2] Sie müssen auch von Gesellschaften, die dem gleichen Konzern angehören, unabhängig sein, sofern ein Aktionär oder ein Gläubiger dies verlangt.

---

[1] Fassung gemäss Ziff. I des BG vom 4. Okt. 1991, in Kraft seit 1. Juli 1992 (AS **1992** 733 786; BBl **1983** II 745).

[2] Eingefügt durch Ziff. I des BG vom 4. Okt. 1991, in Kraft seit 1. Juli 1992 (AS **1992** 733 786; BBl **1983** II 745).

[3] Berichtigt von der Redaktionskommission der BVers (Art. 33 des Geschäftsverkehrsgesetzes – SR **171.11**).

[4] Fassung gemäss Anhang Ziff. 2 des Fusionsgesetzes vom 3. Okt. 2003, in Kraft seit 1. Juli 2004 (SR **221.301**).

Art. 727d[1]

4. Wahl einer Handelsgesellschaft oder Genossenschaft

[1] In die Revisionsstelle können auch Handelsgesellschaften oder Genossenschaften gewählt werden.

[2] Die Handelsgesellschaft oder die Genossenschaft sorgt dafür, dass Personen die Prüfung leiten, welche die Anforderungen an die Befähigung erfüllen.

[3] Das Erfordernis der Unabhängigkeit gilt sowohl für die Handelsgesellschaft oder die Genossenschaft als auch für alle Personen, welche die Prüfung durchführen.

Art. 727e[1]

II. Amtsdauer, Rücktritt, Abberufung und Löschung im Handelsregister

[1] Die Amtsdauer beträgt höchstens drei Jahre; sie endet mit der Generalversammlung, welcher der letzte Bericht zu erstatten ist. Wiederwahl ist möglich.

[2] Tritt ein Revisor zurück, so gibt er dem Verwaltungsrat die Gründe an; dieser teilt sie der nächsten Generalversammlung mit.

[3] Die Generalversammlung kann einen Revisor jederzeit abberufen. Ausserdem kann ein Aktionär oder ein Gläubiger durch Klage gegen die Gesellschaft die Abberufung eines Revisors verlangen, der die Voraussetzungen für das Amt nicht erfüllt.

[4] Der Verwaltungsrat meldet die Beendigung des Amtes ohne Verzug beim Handelsregister an. Erfolgt diese Anmeldung nicht innert 30 Tagen, so kann der Ausgeschiedene die Löschung selbst anmelden.

Art. 727f[1]

III. Einsetzung durch den Richter

[1] Erhält der Handelsregisterführer davon Kenntnis, dass der Gesellschaft die Revisionsstelle fehlt, so setzt er ihr eine Frist zur Wiederherstellung des gesetzmässigen Zustandes.

[2] Nach unbenütztem Ablauf der Frist ernennt der Richter auf Antrag des Handelsregisterführers die Revisionsstelle für ein Geschäftsjahr. Er bestimmt den Revisor nach seinem Ermessen.

[3] Tritt dieser zurück, so teilt er es dem Richter mit.

[4] Liegen wichtige Gründe vor, so kann die Gesellschaft vom Richter die Abberufung des von ihm ernannten Revisors verlangen.

Art. 728[2]

IV. Aufgaben
1. Prüfung

[1] Die Revisionsstelle prüft, ob die Buchführung und die Jahresrechnung sowie der Antrag über die Verwendung des Bilanzgewinnes Gesetz und Statuten entsprechen.

---

[1] Eingefügt durch Ziff. I des BG vom 4. Okt. 1991, in Kraft seit 1. Juli 1992 (AS **1992** 733 786; BBl **1983** II 745).
[2] Fassung gemäss Ziff. I des BG vom 4. Okt. 1991, in Kraft seit 1. Juli 1992 (AS **1992** 733 786; BBl **1983** II 745).

² Der Verwaltungsrat übergibt der Revisionsstelle alle erforderlichen Unterlagen und erteilt ihr die benötigten Auskünfte, auf Verlangen auch schriftlich.

Art. 729[1]

¹ Die Revisionsstelle berichtet der Generalversammlung schriftlich über das Ergebnis ihrer Prüfung. Sie empfiehlt Abnahme, mit oder ohne Einschränkung, oder Rückweisung der Jahresrechnung.

² Der Bericht nennt die Personen, welche die Revision geleitet haben, und bestätigt, dass die Anforderungen an Befähigung und Unabhängigkeit erfüllt sind.

2. Berichterstattung

Art. 729a[2]

Bei Gesellschaften, die von besonders befähigten Revisoren geprüft werden müssen, erstellt die Revisionsstelle zuhanden des Verwaltungsrates einen Bericht, worin sie die Durchführung und das Ergebnis ihrer Prüfung erläutert.

3. Erläuterungsbericht

Art. 729b[2]

¹ Stellt die Revisionsstelle bei der Durchführung ihrer Prüfung Verstösse gegen Gesetz oder Statuten fest, so meldet sie dies schriftlich dem Verwaltungsrat, in wichtigen Fällen auch der Generalversammlung.

² Bei offensichtlicher Überschuldung benachrichtigt die Revisionsstelle den Richter, wenn der Verwaltungsrat die Anzeige unterlässt.

4. Anzeigepflichten

Art. 729c[2]

¹ Die Generalversammlung darf die Jahresrechnung nur dann abnehmen und über die Verwendung des Bilanzgewinnes beschliessen, wenn ein Revisionsbericht vorliegt und ein Revisor anwesend ist.

² Liegt kein Revisionsbericht vor, so sind diese Beschlüsse nichtig; ist kein Revisor anwesend, so sind sie anfechtbar.

³ Auf die Anwesenheit eines Revisors kann die Generalversammlung durch einstimmigen Beschluss verzichten.

5. Voraussetzungen für die Beschlussfassung der Generalversammlung

---

[1] Fassung gemäss Ziff. I des BG vom 4. Okt. 1991, in Kraft seit 1. Juli 1992 (AS **1992** 733 786; BBl **1983** II 745).
[2] Eingefügt durch Ziff. I des BG vom 4. Okt. 1991, in Kraft seit 1. Juli 1992 (AS **1992** 733 786; BBl **1983** II 745).

Art. 730[1]

6. Wahrung der Geschäftsgeheimnisse; Verschwiegenheit

¹ Die Revisoren wahren bei der Berichterstattung und Auskunftserteilung die Geschäftsgeheimnisse der Gesellschaft.

² Den Revisoren ist untersagt, von den Wahrnehmungen, die sie bei der Ausführung ihres Auftrages gemacht haben, einzelnen Aktionären oder Dritten Kenntnis zu geben. Vorbehalten bleibt die Auskunftspflicht gegenüber einem Sonderprüfer.

Art. 731[1]

V. Besondere Bestimmungen

¹ Die Statuten und die Generalversammlung können die Organisation der Revisionsstelle eingehender regeln und deren Aufgaben erweitern. Sie dürfen jedoch der Revisionsstelle weder Aufgaben des Verwaltungsrates zuteilen, noch solche, die ihre Unabhängigkeit beeinträchtigen.

² Die Generalversammlung kann zur Prüfung der Geschäftsführung oder einzelner ihrer Teile Sachverständige ernennen.

Art. 731a[2]

VI. Prüfung der Konzernrechnung

¹ Hat die Gesellschaft eine Konzernrechnung zu erstellen, so prüft ein besonders befähigter Revisor, ob die Rechnung mit dem Gesetz und den Konsolidierungsregeln übereinstimmt.

² Für den Konzernprüfer gelten die Bestimmungen über die Unabhängigkeit und die Aufgaben der Revisionsstelle sinngemäss, ausgenommen die Bestimmung über die Anzeigepflicht im Falle offensichtlicher Überschuldung.

Vierter Abschnitt
Herabsetzung des Aktienkapitals

Art. 732

A. Herabsetzungsbeschluss

¹ Beabsichtigt eine Aktiengesellschaft, ihr Aktienkapital herabzusetzen, ohne es gleichzeitig bis zur bisherigen Höhe durch neues, voll einzubezahlendes Kapital zu ersetzen, so hat die Generalversammlung eine entsprechende Änderung der Statuten zu beschliessen.

² Dieser Beschluss darf nur gefasst werden, wenn durch einen besonderen Revisionsbericht festgestellt ist, dass die Forderungen der Gläubiger trotz der Herabsetzung des Aktienkapitals voll gedeckt sind. Der Revisionsbericht muss von einem besonders befähigten Revisor erstattet werden. Dieser muss an der Generalversammlung, die den Beschluss fasst, anwesend sein.[1]

---

[1] Fassung gemäss Ziff. I des BG vom 4. Okt. 1991, in Kraft seit 1. Juli 1992 (AS **1992** 733 786; BBl **1983** II 745).

[2] Eingefügt durch Ziff. I des BG vom 4. Okt. 1991, in Kraft seit 1. Juli 1992 (AS **1992** 733 786; BBl **1983** II 745).

³ Im Beschluss ist das Ergebnis des Revisionsberichtes festzustellen und anzugeben, in welcher Art und Weise die Kapitalherabsetzung durchgeführt werden soll.

⁴ Ein aus der Kapitalherabsetzung allfällig sich ergebender Buchgewinn ist ausschliesslich zu Abschreibungen zu verwenden.

⁵ In keinem Fall darf das Aktienkapital unter 100 000 Franken herabgesetzt werden.[1]

Art. 733

Hat die Generalversammlung die Herabsetzung des Aktienkapitals beschlossen, so veröffentlicht der Verwaltungsrat den Beschluss dreimal im Schweizerischen Handelsamtsblatt und überdies in der in den Statuten vorgesehenen Form und gibt den Gläubigern bekannt, dass sie binnen zwei Monaten, von der dritten Bekanntmachung im Schweizerischen Handelsamtsblatt an gerechnet, unter Anmeldung ihrer Forderungen Befriedigung oder Sicherstellung verlangen können.

B. Aufforderung an die Gläubiger

Art. 734

Die Herabsetzung des Aktienkapitals darf erst nach Ablauf der den Gläubigern gesetzten Frist und nach Befriedigung oder Sicherstellung der angemeldeten Gläubiger durchgeführt und erst in das Handelsregister eingetragen werden, wenn durch öffentliche Urkunde festgestellt ist, dass die Vorschriften dieses Abschnittes erfüllt sind. Der Urkunde ist der besondere Revisionsbericht beizulegen.

C. Durchführung der Herabsetzung

Art. 735

Die Aufforderung an die Gläubiger und ihre Befriedigung oder Sicherstellung können unterbleiben, wenn das Aktienkapital zum Zwecke der Beseitigung einer durch Verluste entstandenen Unterbilanz in einem diese letztere nicht übersteigenden Betrage herabgesetzt wird.

D. Herabsetzung im Fall einer Unterbilanz

---

[1] Fassung gemäss Ziff. I des BG vom 4. Okt. 1991, in Kraft seit 1. Juli 1992 (AS **1992** 733 786; BBl **1983** II 745).

Fünfter Abschnitt
Auflösung der Aktiengesellschaft

Art. 736

A. Auflösung im allgemeinen
I. Gründe

Die Gesellschaft wird aufgelöst:
1. nach Massgabe der Statuten;
2. durch einen Beschluss der Generalversammlung, über den eine öffentliche Urkunde zu errichten ist;
3. durch die Eröffnung des Konkurses;
4.[1)] durch Urteil des Richters, wenn Aktionäre, die zusammen mindestens zehn Prozent des Aktienkapitals vertreten, aus wichtigen Gründen die Auflösung verlangen. Statt derselben kann der Richter auf eine andere sachgemässe und den Beteiligten zumutbare Lösung erkennen;
5. in den übrigen vom Gesetze vorgesehenen Fällen.

Art. 737[1)]

II. Anmeldung beim Handelsregister

Erfolgt die Auflösung der Gesellschaft nicht durch Konkurs oder richterliches Urteil, so ist sie vom Verwaltungsrat zur Eintragung in das Handelsregister anzumelden.

Art. 738[2)]

III. Folgen

Die aufgelöste Gesellschaft tritt in Liquidation, unter Vorbehalt der Fälle der Fusion, der Aufspaltung und der Übertragung ihres Vermögens auf eine Körperschaft des öffentlichen Rechts.

Art. 739

B. Auflösung mit Liquidation
I. Zustand der Liquidation. Befugnisse

¹ Tritt die Gesellschaft in Liquidation, so behält sie die juristische Persönlichkeit und führt ihre bisherige Firma, jedoch mit dem Zusatz «in Liquidation», bis die Auseinandersetzung auch mit den Aktionären durchgeführt ist.

² Die Befugnisse der Organe der Gesellschaft werden mit dem Eintritt der Liquidation auf die Handlungen beschränkt, die für die Durchführung der Liquidation erforderlich sind, ihrer Natur nach jedoch nicht von den Liquidatoren vorgenommen werden können.

Art. 740

II. Bestellung und Abberufung der Liquidatoren
1. Bestellung[1)]

¹ Die Liquidation wird durch den Verwaltungsrat besorgt, sofern sie nicht in den Statuten oder durch einen Beschluss der Generalversammlung anderen Personen übertragen wird.

[1)] Fassung gemäss Ziff. I des BG vom 4. Okt. 1991, in Kraft seit 1. Juli 1992 (AS **1992** 733 786; BBl **1983** II 745).
[2)] Fassung gemäss Anhang Ziff. 2 des Fusionsgesetzes vom 3. Okt. 2003, in Kraft seit 1. Juli 2004 (SR **221.301**).

² Die Liquidatoren sind vom Verwaltungsrat zur Eintragung in das Handelsregister anzumelden, auch wenn die Liquidation vom Verwaltungsrat besorgt wird.

³ Wenigstens einer der Liquidatoren muss in der Schweiz wohnhaft und zur Vertretung berechtigt sein. Ist kein zur Vertretung berechtigter Liquidator in der Schweiz wohnhaft, so ernennt der Richter auf Antrag eines Aktionärs oder eines Gläubigers einen Liquidator, der dieses Erfordernis erfüllt.[1]

⁴ Wird die Gesellschaft durch richterliches Urteil aufgelöst, so bestimmt der Richter die Liquidatoren.[1]

⁵ Im Falle des Konkurses besorgt die Konkursverwaltung die Liquidation nach den Vorschriften des Konkursrechtes. Die Organe der Gesellschaft behalten die Vertretungsbefugnis nur, soweit eine Vertretung durch sie noch notwendig ist.

Art. 741[1]

¹ Die Generalversammlung kann die von ihr ernannten Liquidatoren jederzeit abberufen.

² Auf Antrag eines Aktionärs kann der Richter, sofern wichtige Gründe vorliegen, Liquidatoren abberufen und nötigenfalls andere ernennen.

2. Abberufung

Art. 742

¹ Die Liquidatoren haben bei der Übernahme ihres Amtes eine Bilanz aufzustellen.

² Die aus den Geschäftsbüchern ersichtlichen oder in anderer Weise bekannten Gläubiger sind durch besondere Mitteilung, unbekannte Gläubiger und solche mit unbekanntem Wohnort durch öffentliche Bekanntmachung im Schweizerischen Handelsamtsblatt und überdies in der von den Statuten vorgesehenen Form von der Auflösung der Gesellschaft in Kenntnis zu setzen und zur Anmeldung ihrer Ansprüche aufzufordern.

III. Liquidationstätigkeit
1. Bilanz. Schuldenruf

Art. 743

¹ Die Liquidatoren haben die laufenden Geschäfte zu beendigen, noch ausstehende Aktienbeträge nötigenfalls einzuziehen, die Aktiven zu verwerten und die Verpflichtungen der Gesellschaft, sofern die Bilanz und der Schuldenruf keine Überschuldung ergeben, zu erfüllen.

² Sie haben, sobald sie eine Überschuldung feststellen, den Richter zu benachrichtigen; dieser hat die Eröffnung des Konkurses auszusprechen.

2. Übrige Aufgaben

---

[1] Fassung gemäss Ziff. I des BG vom 4. Okt. 1991, in Kraft seit 1. Juli 1992 (AS **1992** 733 786; BBl **1983** II 745).

³ Sie haben die Gesellschaft in den zur Liquidation gehörenden Rechtsgeschäften zu vertreten, können für sie Prozesse führen, Vergleiche und Schiedsverträge abschliessen und, soweit erforderlich, auch neue Geschäfte eingehen.

⁴ Sie dürfen Aktiven auch freihändig verkaufen, wenn die Generalversammlung nichts anderes angeordnet hat.

⁵ Sie haben bei länger andauernder Liquidation jährliche Zwischenbilanzen aufzustellen.

⁶ Die Gesellschaft haftet für den Schaden aus unerlaubten Handlungen, die ein Liquidator in Ausübung seiner geschäftlichen Verrichtungen begeht.

Art. 744

3. Gläubigerschutz

¹ Haben bekannte Gläubiger die Anmeldung unterlassen, so ist der Betrag ihrer Forderungen gerichtlich zu hinterlegen.

² Ebenso ist für die nicht fälligen und die streitigen Verbindlichkeiten der Gesellschaft ein entsprechender Betrag zu hinterlegen, sofern nicht den Gläubigern eine gleichwertige Sicherheit bestellt oder die Verteilung des Gesellschaftsvermögens bis zur Erfüllung dieser Verbindlichkeiten ausgesetzt wird.

Art. 745

4. Verteilung des Vermögens

¹ Das Vermögen der aufgelösten Gesellschaft wird nach Tilgung ihrer Schulden, soweit die Statuten nichts anderes bestimmen, unter die Aktionäre nach Massgabe der einbezahlten Beträge und unter Berücksichtigung der Vorrechte einzelner Aktienkategorien verteilt.[1]

² Die Verteilung darf frühestens nach Ablauf eines Jahres vollzogen werden, von dem Tage an gerechnet, an dem der Schuldenruf zum drittenmal ergangen ist.

³ Eine Verteilung darf bereits nach Ablauf von drei Monaten erfolgen, wenn ein besonders befähigter Revisor bestätigt, dass die Schulden getilgt sind und nach den Umständen angenommen werden kann, dass keine Interessen Dritter gefährdet werden.[1]

Art. 746

IV. Löschung im Handelsregister

Nach Beendigung der Liquidation ist das Erlöschen der Firma von den Liquidatoren beim Handelsregisteramt anzumelden.

---

[1] Fassung gemäss Ziff. I des BG vom 4. Okt. 1991, in Kraft seit 1. Juli 1992 (AS **1992** 733 786; BBl **1983** II 745).

Art. 747

Die Geschäftsbücher der aufgelösten Gesellschaft sind während zehn Jahren an einem sicheren Ort aufzubewahren, der von den Liquidatoren, und wenn sie sich nicht einigen, vom Handelsregisteramt zu bezeichnen ist.

V. Aufbewahrung der Geschäftsbücher

Art. 748–750[1]

C. Auflösung ohne Liquidation
I. ...

Art. 751

¹ Wird das Vermögen einer Aktiengesellschaft vom Bunde, von einem Kanton oder unter Garantie des Kantons von einem Bezirk oder von einer Gemeinde übernommen, so kann mit Zustimmung der Generalversammlung vereinbart werden, dass die Liquidation unterbleiben soll.

² Der Beschluss der Generalversammlung ist nach den Vorschriften über die Auflösung zu fassen und beim Handelsregisteramt anzumelden.

³ Mit der Eintragung dieses Beschlusses ist der Übergang des Vermögens der Gesellschaft mit Einschluss der Schulden vollzogen, und es ist die Firma der Gesellschaft zu löschen.

II. Übernahme durch eine Körperschaft des öffentlichen Rechts

---

[1] Aufgehoben durch Anhang Ziff. 2 des Fusionsgesetzes vom 3. Okt. 2003 (SR **221.301**).

Sechster Abschnitt
Verantwortlichkeit

Art. 752[1]

A. Haftung
I. Für den Emissionsprospekt

Sind bei der Gründung einer Gesellschaft oder bei der Ausgabe von Aktien, Obligationen oder anderen Titeln in Emissionsprospekten oder ähnlichen Mitteilungen unrichtige, irreführende oder den gesetzlichen Anforderungen nicht entsprechende Angaben gemacht oder verbreitet worden, so haftet jeder, der absichtlich oder fahrlässig dabei mitgewirkt hat, den Erwerbern der Titel für den dadurch verursachten Schaden.

Art. 753[1]

II. Gründungshaftung

Gründer, Mitglieder des Verwaltungsrates und alle Personen, die bei der Gründung mitwirken, werden sowohl der Gesellschaft als den einzelnen Aktionären und Gesellschaftsgläubigern für den Schaden verantwortlich, wenn sie
1. absichtlich oder fahrlässig Sacheinlagen, Sachübernahmen oder die Gewährung besonderer Vorteile zugunsten von Aktionären oder anderen Personen in den Statuten, einem Gründungsbericht oder einem Kapitalerhöhungsbericht unrichtig oder irreführend angeben, verschweigen oder verschleiern, oder bei der Genehmigung einer solchen Massnahme in anderer Weise dem Gesetz zuwiderhandeln;
2. absichtlich oder fahrlässig die Eintragung der Gesellschaft in das Handelsregister aufgrund einer Bescheinigung oder Urkunde veranlassen, die unrichtige Angaben enthält;
3. wissentlich dazu beitragen, dass Zeichnungen zahlungsunfähiger Personen angenommen werden.

Art. 754[1]

III. Haftung für Verwaltung, Geschäftsführung und Liquidation

[1] Die Mitglieder des Verwaltungsrates und alle mit der Geschäftsführung oder mit der Liquidation befassten Personen sind sowohl der Gesellschaft als den einzelnen Aktionären und Gesellschaftsgläubigern für den Schaden verantwortlich, den sie durch absichtliche oder fahrlässige Verletzung ihrer Pflichten verursachen.

[2] Wer die Erfüllung einer Aufgabe befugterweise einem anderen Organ überträgt, haftet für den von diesem verursachten Schaden, sofern er nicht nachweist, dass er bei der Auswahl, Unterrichtung und Überwachung die nach den Umständen gebotene Sorgfalt angewendet hat.

---

[1] Fassung gemäss Ziff. I des BG vom 4. Okt. 1991, in Kraft seit 1. Juli 1992 (AS **1992** 733 786; BBl **1983** II 745).

Art. 755[1]

Alle mit der Prüfung der Jahres- und Konzernrechnung, der Gründung, der Kapitalerhöhung oder Kapitalherabsetzung befassten Personen sind sowohl der Gesellschaft als auch den einzelnen Aktionären und Gesellschaftsgläubigern für den Schaden verantwortlich, den sie durch absichtliche oder fahrlässige Verletzung ihrer Pflichten verursachen.

IV. Revisionshaftung

Art. 756[1]

[1] Neben der Gesellschaft sind auch die einzelnen Aktionäre berechtigt, den der Gesellschaft verursachten Schaden einzuklagen. Der Anspruch des Aktionärs geht auf Leistung an die Gesellschaft.

[2] Hatte der Aktionär aufgrund der Sach- und Rechtslage begründeten Anlass zur Klage, so verteilt der Richter die Kosten, soweit sie nicht vom Beklagten zu tragen sind, nach seinem Ermessen auf den Kläger und die Gesellschaft.

B. Schaden der Gesellschaft
I. Ansprüche ausser Konkurs

Art. 757[1]

[1] Im Konkurs der geschädigten Gesellschaft sind auch die Gesellschaftsgläubiger berechtigt, Ersatz des Schadens an die Gesellschaft zu verlangen. Zunächst steht es jedoch der Konkursverwaltung zu, die Ansprüche von Aktionären und Gesellschaftsgläubigern geltend zu machen.

[2] Verzichtet die Konkursverwaltung auf die Geltendmachung dieser Ansprüche, so ist hierzu jeder Aktionär oder Gläubiger berechtigt. Das Ergebnis wird vorab zur Deckung der Forderungen der klagenden Gläubiger gemäss den Bestimmungen des Schuldbetreibungs- und Konkursgesetzes[2] verwendet. Am Überschuss nehmen die klagenden Aktionäre im Ausmass ihrer Beteiligung an der Gesellschaft teil; der Rest fällt in die Konkursmasse.

[3] Vorbehalten bleibt die Abtretung von Ansprüchen der Gesellschaft gemäss Artikel 260 des Schuldbetreibungs- und Konkursgesetzes.

II. Ansprüche im Konkurs

Art. 758[1]

[1] Der Entlastungsbeschluss der Generalversammlung wirkt nur für bekanntgegebene Tatsachen und nur gegenüber der Gesellschaft sowie gegenüber den Aktionären, die dem Beschluss zugestimmt oder die Aktien seither in Kenntnis des Beschlusses erworben haben.

[2] Das Klagerecht der übrigen Aktionäre erlischt sechs Monate nach dem Entlastungsbeschluss.

III. Wirkung des Entlastungsbeschlusses

---

[1] Fassung gemäss Ziff. I des BG vom 4. Okt. 1991, in Kraft seit 1. Juli 1992 (AS **1992** 733 786; BBl **1983** II 745).
[2] SR **281.1**

Art. 759[1]

C. Solidarität und Rückgriff

¹ Sind für einen Schaden mehrere Personen ersatzpflichtig, so ist jede von ihnen insoweit mit den anderen solidarisch haftbar, als ihr der Schaden aufgrund ihres eigenen Verschuldens und der Umstände persönlich zurechenbar ist.

² Der Kläger kann mehrere Beteiligte gemeinsam für den Gesamtschaden einklagen und verlangen, dass der Richter im gleichen Verfahren die Ersatzpflicht jedes einzelnen Beklagten festsetzt.

³ Der Rückgriff unter mehreren Beteiligten wird vom Richter in Würdigung aller Umstände bestimmt.

Art. 760

D. Verjährung

¹ Der Anspruch auf Schadenersatz gegen die nach den vorstehenden Bestimmungen verantwortlichen Personen verjährt in fünf Jahren von dem Tage an, an dem der Geschädigte Kenntnis vom Schaden und von der Person des Ersatzpflichtigen erlangt hat, jedenfalls aber mit dem Ablaufe von zehn Jahren, vom Tage der schädigenden Handlung an gerechnet.

² Wird die Klage aus einer strafbaren Handlung hergeleitet, für die das Strafrecht eine längere Verjährung vorschreibt, so gilt diese auch für den Zivilanspruch.

Art. 761[2]

Siebenter Abschnitt
Beteiligung von Körperschaften des öffentlichen Rechts

Art. 762

¹ Haben Körperschaften des öffentlichen Rechts wie Bund, Kanton, Bezirk oder Gemeinde ein öffentliches Interesse an einer Aktiengesellschaft, so kann der Körperschaft in den Statuten der Gesellschaft das Recht eingeräumt werden, Vertreter in den Verwaltungsrat oder in die Revisionsstelle abzuordnen, auch wenn sie nicht Aktionärin ist.[1]

---

[1] Fassung gemäss Ziff. I des BG vom 4. Okt. 1991, in Kraft seit 1. Juli 1992 (AS **1992** 733 786; BBl **1983** II 745).
[2] Aufgehoben durch Anhang, Ziff. 5 des Gerichtsstandsgesetzes vom 24. März 2000 (SR **272**).

² Bei solchen Gesellschaften sowie bei gemischtwirtschaftlichen Unternehmungen, an denen eine Körperschaft des öffentlichen Rechts als Aktionär beteiligt ist, steht das Recht zur Abberufung der von ihr abgeordneten Mitglieder des Verwaltungsrates und der Revisionsstelle nur ihr selbst zu.

³ Die von einer Körperschaft des öffentlichen Rechts abgeordneten Mitglieder des Verwaltungsrates und der Revisionsstelle haben die gleichen Rechte und Pflichten wie die von der Generalversammlung gewählten.[1]

⁴ Für die von einer Körperschaft des öffentlichen Rechts abgeordneten Mitglieder haftet die Körperschaft der Gesellschaft, den Aktionären und den Gläubigern gegenüber, unter Vorbehalt des Rückgriffs nach dem Recht des Bundes und der Kantone.

Achter Abschnitt
Ausschluss der Anwendung des Gesetzes auf öffentlich-rechtliche Anstalten

Art. 763

¹ Auf Gesellschaften und Anstalten, wie Banken, Versicherungs- oder Elektrizitätsunternehmen, die durch besondere kantonale Gesetze gegründet worden sind und unter Mitwirkung öffentlicher Behörden verwaltet werden, kommen, sofern der Kanton die subsidiäre Haftung für deren Verbindlichkeiten übernimmt, die Bestimmungen über die Aktiengesellschaft auch dann nicht zur Anwendung, wenn das Kapital ganz oder teilweise in Aktien zerlegt ist und unter Beteiligung von Privatpersonen aufgebracht wird.

² Auf Gesellschaften und Anstalten, die vor dem 1. Januar 1883 durch besondere kantonale Gesetze gegründet worden sind und unter Mitwirkung öffentlicher Behörden verwaltet werden, finden die Bestimmungen über die Aktiengesellschaft auch dann keine Anwendung, wenn der Kanton die subsidiäre Haftung für die Verbindlichkeiten nicht übernimmt.

---

[1] Fassung gemäss Ziff. I des BG vom 4. Okt. 1991, in Kraft seit 1. Juli 1992 (AS **1992** 733 786; BBl **1983** II 745).

Siebenundzwanzigster Titel
DIE KOMMANDITAKTIENGESELLSCHAFT

Art. 764

A. Begriff

¹ Die Kommanditaktiengesellschaft ist eine Gesellschaft, deren Kapital in Aktien zerlegt ist und bei der ein oder mehrere Mitglieder den Gesellschaftsgläubigern unbeschränkt und solidarisch gleich einem Kollektivgesellschafter haftbar sind.

² Für die Kommanditaktiengesellschaft kommen, soweit nicht etwas anderes vorgesehen ist, die Bestimmungen über die Aktiengesellschaft zur Anwendung.

³ Wird ein Kommanditkapital nicht in Aktien zerlegt, sondern in Teile, die lediglich das Mass der Beteiligung mehrerer Kommanditäre regeln, so gelten die Vorschriften über die Kommanditgesellschaft.

Art. 765

B. Verwaltung
I. Bezeichnung und Befugnisse

¹ Die unbeschränkt haftenden Mitglieder bilden die Verwaltung der Kommanditaktiengesellschaft. Ihnen steht die Geschäftsführung und die Vertretung zu. Sie sind in den Statuten zu nennen.

² Die Namen der Mitglieder der Verwaltung sind unter Angabe des Wohnortes und der Staatsangehörigkeit in das Handelsregister einzutragen.

³ Für Änderungen im Bestande der unbeschränkt haftenden Mitglieder bedarf es der Zustimmung der bisherigen Mitglieder und der Änderung der Statuten.

Art. 766

II. Zustimmung zu Generalversammlungsbeschlüssen

Beschlüsse der Generalversammlung über Umwandlung des Gesellschaftszweckes, Erweiterung oder Verengerung des Geschäftsbereiches und Fortsetzung der Gesellschaft über die in den Statuten bestimmte Zeit hinaus bedürfen der Zustimmung der Mitglieder der Verwaltung.

Art. 767

III. Entziehung der Geschäftsführung und Vertretung

¹ Den Mitgliedern der Verwaltung kann die Geschäftsführung und Vertretung unter den gleichen Voraussetzungen wie bei der Kollektivgesellschaft entzogen werden.

² Mit der Entziehung endigt auch die unbeschränkte Haftbarkeit des Mitgliedes für die künftig entstehenden Verbindlichkeiten der Gesellschaft.

Art. 768

C. Aufsichtsstelle
I. Bestellung und Befugnisse

¹ Die Kontrolle, in Verbindung mit der dauernden Überwachung der Geschäftsführung, ist einer Aufsichtsstelle zu übertragen, der durch die Statuten weitere Obliegenheiten zugewiesen werden können.

² Bei der Bestellung der Aufsichtsstelle haben die Mitglieder der Verwaltung kein Stimmrecht.

³ Die Mitglieder der Aufsichtsstelle sind in das Handelsregister einzutragen.

Art. 769

II. Verantwortlichkeitsklage

¹ Die Aufsichtsstelle kann namens der Gesellschaft die Mitglieder der Verwaltung zur Rechenschaft ziehen und vor Gericht belangen.

² Bei arglistigem Verhalten von Mitgliedern der Verwaltung ist die Aufsichtsstelle zur Durchführung von Prozessen auch dann berechtigt, wenn ein Beschluss der Generalversammlung entgegensteht.

Art. 770

D. Auflösung

¹ Die Gesellschaft wird beendigt durch das Ausscheiden, den Tod, die Handlungsunfähigkeit oder den Konkurs sämtlicher unbeschränkt haftender Gesellschafter.

² Im übrigen gelten für die Auflösung der Kommanditaktiengesellschaft die gleichen Vorschriften wie für die Auflösung der Aktiengesellschaft; doch kann eine Auflösung durch Beschluss der Generalversammlung vor dem in den Statuten festgesetzten Termin nur mit Zustimmung der Verwaltung erfolgen.

³ ...[1]

Art. 771

E. Kündigung

¹ Dem unbeschränkt haftenden Gesellschafter steht das Recht der Kündigung gleich einem Kollektivgesellschafter zu.

² Macht einer von mehreren unbeschränkt haftenden Gesellschaftern von seinem Kündigungsrechte Gebrauch, so wird die Gesellschaft, sofern die Statuten es nicht anders bestimmen, von den übrigen fortgesetzt.

---

[1] Aufgehoben durch Anhang Ziff. 2 des Fusionsgesetzes vom 3. Okt. 2003 (SR **221.301**).

Achtundzwanzigster Titel
DIE GESELLSCHAFT MIT BESCHRÄNKTER HAFTUNG

Erster Abschnitt
Allgemeine Bestimmungen

Art. 772

A. Begriff

¹ Die Gesellschaft mit beschränkter Haftung ist eine Gesellschaft, in der sich zwei oder mehrere Personen oder Handelsgesellschaften mit eigener Firma und einem zum voraus bestimmten Kapital (Stammkapital) vereinigen.

² Jeder Gesellschafter ist, ohne dass seine Beteiligung als Aktie behandelt wird, mit einer Einlage (Stammeinlage) am Stammkapital beteiligt. Er haftet über seine Stammeinlage hinaus für die Verbindlichkeiten der Gesellschaft in den vom Gesetz bestimmten Fällen bis höchstens zum Betrage des eingetragenen Stammkapitals. Im übrigen ist er zu andern als den statutarischen Leistungen nicht verpflichtet.

³ Die Gesellschaft kann zum Betrieb eines Handels-, eines Fabrikations- oder eines andern nach kaufmännischer Art geführten Gewerbes oder zu andern wirtschaftlichen Zwecken gegründet werden.

Art. 773

B. Stammkapital

Das Stammkapital darf nicht weniger als 20 000 Franken und nicht mehr als 2 Millionen Franken betragen.

Art. 774

C. Stammeinlage

¹ Der Betrag der Stammeinlagen der einzelnen Gesellschafter kann verschieden sein, muss aber auf mindestens 1000 Franken oder ein Vielfaches von 1000 Franken lauten.

² Jeder Gesellschafter kann nur eine Stammeinlage besitzen. Er muss bei der Gründung mindestens 50 vom Hundert seiner Einlage einzahlen oder durch Sacheinlagen decken.

Art. 775

D. Zahl der Mitglieder

¹ Zur Gründung gehören mindestens zwei Gesellschafter.

² Sinkt in der Folge die Zahl der Mitglieder auf eines oder fehlt es der Gesellschaft an den notwendigen Organen, so kann der Rich-

ter auf Begehren eines Gesellschafters oder eines Gläubigers die Auflösung verfügen, sofern die Gesellschaft nicht binnen angemessener Frist den gesetzmässigen Zustand wiederherstellt. Nach Anbringung der Klage kann der Richter auf Antrag einer Partei vorsorgliche Massnahmen anordnen.

Art. 776

Die Statuten müssen Bestimmungen enthalten über:
1. die Firma und den Sitz der Gesellschaft;
2. den Gegenstand des Unternehmens;
3. die Höhe des Stammkapitals und den Betrag der Stammeinlage jedes Gesellschafters;
4. die Form der von der Gesellschaft ausgehenden Bekanntmachungen.

E. Statuten
I. Gesetzlich vorgeschriebener Inhalt

Art. 777

Zu ihrer Verbindlichkeit bedürfen der Aufnahme in die Statuten:
1. die Erhöhung des gesetzlichen Mindestbetrages der auf jede Stammeinlage zu leistenden Einzahlung, von den gesetzlichen Vorschriften abweichende Bestimmungen über die Leistung dieser Einlage sowie Konventionalstrafen bei nicht rechtzeitiger Erfüllung der Einzahlungspflicht;
2. die Begründung der Nachschusspflicht der Gesellschafter sowie der Pflicht zu weiteren Leistungen über die Stammeinlage hinaus, wobei für die nähere Umschreibung dieser Leistungen auf ein Reglement verwiesen werden kann;
3. die Ersetzung der Beschlussfassung in der Gesellschafterversammlung durch schriftliche Abstimmung sowie besondere Vorschriften über die Einberufung dieser Versammlung und die Aufforderung zur schriftlichen Abstimmung;
4. von den gesetzlichen Bestimmungen abweichende Vorschriften über die Bemessung des Stimmrechtes und über die Beschlussfassung der Gesellschafterversammlung;
5. die Ausdehnung des Konkurrenzverbotes auf alle Gesellschafter;
6. von den gesetzlichen Vorschriften abweichende Bestimmungen über die Bestellung von Prokuristen und von Handlungsbevollmächtigten zum Betrieb des ganzen Gewerbes sowie über die Überwachung der Geschäftsführung, insbesondere durch Einsetzung einer besonderen Kontrollstelle;
7. das Verbot oder eine über die gesetzlichen Bestimmungen hinausgehende Beschränkung der Abtretung von Gesellschaftsanteilen;
8. eine von den gesetzlichen Vorschriften abweichende Verteilung des Reingewinnes und das Versprechen von Bauzinsen;

II. Weitere Bestimmungen
1. Im allgemeinen

9. die Gewährung eines Austrittsrechtes und die Bedingungen für dessen Ausübung;
10. die Begrenzung der Dauer des Unternehmens;
11. Bestimmungen über andere als die gesetzlichen Auflösungsgründe.

Art. 778

2. Im besonderen Sacheinlagen und Übernahme von Vermögenswerten

¹ Leistet ein Gesellschafter seine Einlage nicht durch Einzahlung, so haben die Statuten über den Gegenstand seiner Sacheinlage, ihre Bewertung und Anrechnung sowie die Person des Sacheinlegers und den Betrag des ihm dafür zukommenden Stammanteils Aufschluss zu geben.

² Soll die Gesellschaft von Gesellschaftern oder von Dritten Vermögenswerte übernehmen, so ist in den Statuten der zu übernehmende Vermögenswert, der Name des Veräusserers und die Gegenleistung der Gesellschaft anzugeben.

Art. 779

F. Gründung

¹ Die Gesellschaft wird in der Weise errichtet, dass sämtliche Gründer in öffentlicher und von ihnen unterzeichneter Urkunde eine Gesellschaft mit beschränkter Haftung zu gründen erklären und deren Statuten festsetzen.

² In dieser Urkunde haben die Gründer zu bestätigen:
1. dass sie sämtliche Stammeinlagen übernommen haben;
2. dass der gesetzliche oder ein statutarisch festgesetzter höherer Betrag auf jede Stammeinlage zur freien Verfügung der Gesellschaft einbezahlt oder durch in den Statuten bestimmte Sacheinlagen gedeckt ist;
3. dass die Einlage- oder Übernahmeverträge vorgelegt worden sind.

³ In der Urkunde sind ausserdem die Belege einzeln zu nennen, die der Bestätigung zugrunde liegen. Die Urkundsperson hat gleichzeitig zu erklären, dass diese Belege ihr und den Gründern vorgelegen haben.

⁴ Sacheinlagen gelten als Deckung nur dann, wenn die Gesellschaft mit ihrer Eintragung in das Handelsregister sofort als Eigentümerin unmittelbar darüber verfügen kann oder einen bedingungslosen Anspruch auf Eintragung in das Grundbuch erhält.

Art. 780

G. Eintragung in das Handelsregister
I. Anmeldung

¹ Die Gesellschaft ist in das Handelsregister des Ortes einzutragen, an dem sie ihren Sitz hat.

² Die Anmeldung muss von sämtlichen Geschäftsführern beim Handelsregisteramt unterzeichnet oder schriftlich mit beglaubigten Unterschriften eingereicht werden.

³ Sie muss enthalten:
1. die Namen aller Gesellschafter, unter Angabe des Wohnortes und der Staatsangehörigkeit;
2. den Betrag der Stammeinlagen der einzelnen Gesellschafter und der darauf gemachten Leistungen;
3. die Namen der Geschäftsführer, seien es Gesellschafter oder Dritte;
4. die Angaben über die Art, wie die Vertretung ausgeübt wird.

⁴ Der Anmeldung sind eine beglaubigte Ausfertigung der Statuten und der Errichtungsakt beizufügen. Überdies haben die Anmeldenden sich darüber auszuweisen, dass alle Stammeinlagen übernommen, dass der gesetzliche oder ein statutarisch festgesetzter höherer Betrag auf jede Stammeinlage einbezahlt oder durch die in den Statuten bestimmten Sacheinlagen gedeckt ist und dass die Einzahlungen und die Sacheinlagen zur freien Verfügung der Gesellschaft stehen.

Art. 781

In das Handelsregister sind einzutragen:

II. Inhalt der Eintragung

1. das Datum der Statuten;
2. die Firma und der Sitz der Gesellschaft;
3. der Gegenstand und, wenn die Statuten darüber eine Bestimmung enthalten, die Dauer des Unternehmens;
4. der Name, der Wohnort und die Staatsangehörigkeit jedes Gesellschafters, für juristische Personen und Handelsgesellschaften die Firma und der Sitz;
5. die Höhe des Stammkapitals und der Stammeinlagen der einzelnen Gesellschafter;
6. der Gegenstand und die Anrechnung der Sacheinlagen und der übernommenen Vermögenswerte;
7. die Namen der Geschäftsführer unter Angabe des Wohnortes und der Staatsangehörigkeit;
8. die Art der Ausübung der Vertretung;
9. die Art und Weise, wie die von der Gesellschaft ausgehenden Bekanntmachungen erfolgen.

Art. 782

¹ Zweigniederlassungen sind unter Bezugnahme auf die Eintragung der Hauptniederlassung in das Handelsregister des Ortes einzutragen, an dem sie sich befinden.

III. Zweigniederlassungen

² Die Anmeldung ist von sämtlichen Geschäftsführern einzureichen.
³ ...[1]

---

[1] Aufgehoben durch Anhang Ziff. 5 des Gerichtsstandsgesetzes vom 24. März 2000 (SR **272**).

Art. 783

H. Erwerb der Persönlichkeit

¹ Die Gesellschaft erlangt das Recht der Persönlichkeit erst durch die Eintragung in das Handelsregister.

² Ist vor der Eintragung im Namen der Gesellschaft gehandelt worden, so haften die Handelnden persönlich und solidarisch.

³ Wurden solche Verpflichtungen ausdrücklich im Namen der zu bildenden Gesellschaft eingegangen und innerhalb einer Frist von drei Monaten nach der Eintragung in das Handelsregister von der Gesellschaft übernommen, so werden die Handelnden befreit, und es haftet nur die Gesellschaft.

Art. 784

J. Statutenänderung
I. Beschluss

¹ Die Statuten können durch Gesellschaftsbeschluss mit öffentlicher Urkunde abgeändert werden.

² Die Abänderung bedarf, wenn die Statuten nichts anderes vorschreiben, der Zustimmung einer Mehrheit von drei Vierteilen sämtlicher Mitglieder, die mindestens drei Vierteile des Stammkapitals vertreten.

³ Gesellschaftsbeschlüsse, mit denen eine Vermehrung der Leistungen oder eine Ausdehnung der Haftung der Gesellschafter verbunden ist, können nur mit Zustimmung aller Gesellschafter gefasst werden.

Art. 785

II. Eintragung

¹ Jede Statutenänderung muss in gleicher Weise wie die ursprünglichen Statuten beim Handelsregisteramt angemeldet und eingetragen werden.

² Der Beschluss wird auch Dritten gegenüber unmittelbar mit der Eintragung in das Handelsregister wirksam.

Art. 786

III. Erhöhung des Stammkapitals
1. Form

¹ Die Gesellschaft kann unter Beobachtung der für die Gründung geltenden Vorschriften das Stammkapital erhöhen. Insbesondere sind die Bestimmungen über die Sacheinlagen und die Übernahme von Vermögenswerten anwendbar.

² An der Erhöhung des Stammkapitals können sich auch neue Gesellschafter beteiligen.

Art. 787

2. Bezugsrecht der Gesellschafter

Jeder Gesellschafter ist berechtigt, eine seinem bisherigen Anteil entsprechende Erhöhung seiner Einlage zu beanspruchen, soweit nicht die Statuten oder der Beschluss über die Erhöhung des Stammkapitals etwas anderes bestimmen.

Art. 788

¹ Das Stammkapital darf nicht unter 20 000 Franken und die einzelne Stammeinlage nicht unter 1000 Franken herabgesetzt werden.

² Im übrigen finden die Bestimmungen über die Herabsetzung des Grundkapitals von Aktiengesellschaften entsprechende Anwendung. Die Aufforderung an die Gläubiger und die Befriedigung oder Sicherstellung der angemeldeten Forderungen hat auch dann stattzufinden, wenn eine durch Verluste entstandene Unterbilanz durch Abschreibung beseitigt werden soll.

IV. Herabsetzung des Stammkapitals

Zweiter Abschnitt
Rechte und Pflichten der Gesellschafter

Art. 789

¹ Die Stammeinlage eines jeden Gesellschafters bestimmt seinen Gesellschaftsanteil.

² Dieser ist, auch unter den Gesellschaftern selbst, nur nach Massgabe der folgenden Vorschriften veräusserlich und vererblich.

³ Wird über den Gesellschaftsanteil eine Urkunde ausgestellt, so kann sie nicht als Wertpapier, sondern nur als Beweisurkunde errichtet werden.

⁴ Eine Urkunde kann nur über den ganzen Anteil ausgestellt werden.

A. Gesellschaftsanteile
I. Im allgemeinen

Art. 790

¹ Über alle Stammeinlagen ist ein Anteilbuch zu führen, aus dem die Namen der Gesellschafter, der Betrag der einzelnen Stammeinlagen und die darauf erfolgten Leistungen sowie jeder Übergang eines Gesellschaftsanteils und jede sonstige Änderung dieser Tatsachen ersichtlich sein müssen.

² Zu Beginn jedes Kalenderjahres ist dem Handelsregisteramt eine von den Geschäftsführern unterzeichnete Liste der Namen der Gesellschafter, der Stammeinlagen und der darauf erfolgten Leistungen einzureichen oder die Mitteilung zu machen, dass seit der Einreichung der letzten Liste keine Änderung vorgekommen ist.

³ Die dem Handelsregisteramt eingereichten Listen sind öffentlich.

⁴ Die Geschäftsführer haften für einen durch mangelhafte Führung des Anteilbuches und der Listen oder durch unrichtige Angaben verursachten Schaden persönlich und solidarisch.

II. Anteilbuch. Liste

Art. 791

¹ Die Abtretung eines Gesellschaftsanteiles ist der Gesellschaft gegenüber nur dann wirksam, wenn sie ihr mitgeteilt und in das Anteilbuch eingetragen worden ist.

III. Übertragung
1. Abtretung

² Die Eintragung ist nur zulässig, wenn drei Vierteile sämtlicher Gesellschafter, die zugleich mindestens drei Vierteile des Stammkapitals vertreten, zugestimmt haben.

³ Die Abtretung eines Gesellschaftsanteiles kann in den Statuten von weiteren Bedingungen abhängig gemacht oder gänzlich ausgeschlossen werden.

⁴ Die Abtretung eines Gesellschaftsanteiles sowie die Verpflichtung zur Abtretung bedürfen zu ihrer Gültigkeit der öffentlichen Beurkundung.

Art. 792

2. Erbgang. Eheliches Güterrecht

¹ Die Erwerbung eines Gesellschaftsanteiles infolge Erbganges oder ehelichen Güterrechts bedarf der Zustimmung der anderen Gesellschafter nur, wenn die Statuten dies vorschreiben.

² Auch wenn die Statuten eine solche Zustimmung verlangen, kann die Eintragung nur dann verweigert werden, wenn der Anteil durch einen von der Gesellschaft bezeichneten Erwerber zu seinem wirklichen Wert übernommen wird.

Art. 793

*IV. Zwangsvollstreckung
1. Kündigung und Auflösung der Gesellschaft*

¹ Ist ein Gesellschafter in Konkurs geraten, so kann die Konkursverwaltung unter Beobachtung einer sechsmonatigen Kündigungsfrist die Auflösung der Gesellschaft verlangen. Das gleiche Recht steht dem Gläubiger eines Gesellschafters zu, der dessen Gesellschaftsanteil gepfändet hat.

² Führt eine solche Kündigung zur Auflösung und Liquidation der Gesellschaft, so haben die Liquidatoren den auf den betriebenen Gesellschafter entfallenden Liquidationsanteil an die Konkursverwaltung oder an das Betreibungsamt auszuhändigen.

Art. 794

2. Abwendung der Auflösung

¹ Die Gesellschaft muss nicht aufgelöst und nicht liquidiert werden, wenn vor der Eintragung der Auflösung:
1. die Konkursmasse oder der betreibende Gläubiger durch die Gesellschaft oder durch die übrigen Gesellschafter befriedigt wird, oder
2. alle nicht betriebenen Gesellschafter sich damit einverstanden erklären, dass der Anteil durch die Konkursverwaltung oder durch das Betreibungsamt versteigert wird und der Ersteigerer mit allen Rechten und Pflichten eines nachträglich hinzutretenden Gesellschafters in die Gesellschaft aufgenommen wird, oder
3. der Anteil des betriebenen Gesellschafters mit Zustimmung sämtlicher Gesellschafter von einem andern Gesellschafter oder von einem der Gesellschaft beitretenden Dritten übernommen wird, wobei auch das Einverständnis der Konkursverwaltung oder des Betreibungsamtes erforderlich ist, oder

4. die Mehrheit der Gesellschafter, die zugleich die Mehrheit des Stammkapitals vertritt, die Ausschliessung des betriebenen Gesellschafters und dessen Abfindung mit dem wirklichen Werte seiner Stammeinlage beschliesst, wobei die Vorschriften über die Herabsetzung des Stammkapitals zu beobachten sind, wenn und soweit infolge der Leistung der Abfindung der Nennwert des Stammkapitals herabgesetzt werden muss.

² Der Übernahmebetrag oder die Abfindung sind an die Konkursverwaltung oder an das Betreibungsamt auszuhändigen.

Art. 795

Die Teilung eines Gesellschaftsanteiles und die Veräusserung eines Teiles eines solchen sind statthaft, wenn die Statuten dies nicht ausschliessen und die Teile nicht unter 1000 Franken sinken. Sie bedürfen zu ihrer Gültigkeit der gleichen Zustimmung und Eintragung wie die Abtretung des ganzen Anteiles.

V. Teilung

Art. 796

¹ Die Vorschriften über die Übertragung eines Gesellschaftsanteiles gelten auch für die Erwerbung durch einen Gesellschafter.

² Erwirbt ein Gesellschafter den Anteil eines andern ganz oder zum Teil, so erhöht sich seine Stammeinlage um den entsprechenden Nennwert.

VI. Erwerb durch einen Mitgesellschafter

Art. 797

¹ Steht ein Gesellschaftsanteil mehreren Gesellschaftern ungeteilt zu, so haben sie einen gemeinsamen Vertreter zu bestellen.

² Solange eine Auseinandersetzung über den Gesellschaftsanteil unter ihnen nicht stattgefunden hat, haften sie der Gesellschaft für die Leistungen auf den Gesellschaftsanteil solidarisch.

VII. Anteile mehrerer

Art. 798

¹ Die Stammeinlagen sind von den Gesellschaftern nach Verhältnis ihrer Nominalbeträge einzuzahlen, wenn die Statuten es nicht anders bestimmen. Vorbehalten bleiben die Vorschriften über die Sacheinlagen.

² Die Stammeinlagen können den Gesellschaftern weder erlassen noch gestundet werden, ausser im Falle einer Herabsetzung des Stammkapitals.

B. Einzahlung
I. Pflicht und Art

Art. 799

¹ Ein Gesellschafter, der den geforderten Betrag nicht innert der angesetzten Frist einzahlt, hat Verzugszinse und eine allfällig in den Statuten vorgesehene Konventionalstrafe zu zahlen.

II. Verzug
1. Verzugszinse. Ausschluss

² Wenn trotz zweimaliger Aufforderung durch eingeschriebenen Brief ein Gesellschafter die Zahlung binnen einer auf mindestens einen Monat anzusetzenden Nachfrist nicht leistet, so kann er ausgeschlossen werden. Der Ausgeschlossene bleibt für den nicht einbezahlten Betrag haftbar.

Art. 800

2. Verwertung des Anteiles

¹ Die Gesellschaft kann den Anteil eines derart ausgeschlossenen Gesellschafters auf dem Wege der öffentlichen Versteigerung verwerten, sofern nicht ein anderer Gesellschafter den Anteil zum wirklichen Wert übernimmt. Eine andere Verwertung ist nur mit Zustimmung aller Gesellschafter mit Inbegriff des Ausgeschlossenen zulässig.

² Bleibt nach Deckung der fehlenden Einzahlung ein Überschuss, so fällt er dem Ausgeschlossenen zu.

Art. 801

3. Haftung für den Ausfall

¹ Ergibt sich bei der Verwertung des Anteiles des ausgeschlossenen Gesellschafters ein Ausfall, so haften für diesen gegenüber der Gesellschaft nach dem Ausgeschlossenen alle seine Rechtsvorgänger, die in den letzten fünf Jahren vor der Eintragung des Ausgeschlossenen, jedoch nicht weiter zurück als zehn Jahre vor dem Ausschluss, im Anteilbuch eingetragen waren.

² Die Haftung besteht in der Reihenfolge der Eintragungen mit Rückgriff gegenüber den Vorgängern. Der Vorgänger kann belangt werden, wenn sein Nachmann nicht innert Monatsfrist nach der Aufforderung bezahlt hat.

Art. 802

C. Haftung der Gesellschafter

¹ Die Gesellschafter haften nach den für die Kollektivgesellschaft geltenden Vorschriften für alle Verbindlichkeiten der Gesellschaft solidarisch, jedoch nur bis zu der Höhe des eingetragenen Stammkapitals.

² Sie werden von dieser Haftung in dem Masse befreit, als dieses Stammkapital einbezahlt worden ist. Diese Befreiung tritt nicht ein, wenn das Stammkapital durch Rückleistungen oder durch den ungerechtfertigten Bezug von Gewinnbeträgen oder von Zinsen, ausgenommen Bauzinse, vermindert worden ist.

³ Sie sind unter sich nach Massgabe ihrer Stammeinlage zum Rückgriff berechtigt.

⁴ Wird die Gesellschaft aufgelöst, so haben die Liquidatoren oder die Konkursverwaltung die Haftungssummen der Gesellschafter festzustellen und einzufordern.

Art. 803

¹ Die Statuten können die Gesellschafter über die Stammeinlagen hinaus zu Nachschüssen verpflichten. Diese dürfen nur zur Deckung von Bilanzverlusten verwendet werden und stehen nicht unter den Vorschriften über das Stammkapital.

² Die Bestimmungen der Statuten über die Nachschusspflicht sind nur gültig, wenn sie die Höhe, welche die Nachschüsse insgesamt erreichen dürfen, mit einem bestimmten Betrag oder im Verhältnis zum Stammkapital begrenzen.

³ Die Nachschüsse werden durch Gesellschaftsbeschluss in bestimmter Höhe eingefordert und sind, sofern es nicht anders geordnet ist, von den Gesellschaftern im Verhältnis ihrer Stammeinlagen zu entrichten.

⁴ Für die Erfüllung der Nachschusspflicht kommen die Bestimmungen über den Verzug bei der Einzahlung der Einlagen und die Verwertung des Anteils zur Anwendung; dagegen besteht keine Haftung der Rechtsvorgänger des Ausgeschlossenen für den Nachschuss.

D. Nachschüsse

Art. 804

¹ Die Gesellschafter haben im Verhältnis der auf ihre Anteile einbezahlten Beträge Anspruch auf den nach der Jahresbilanz sich ergebenden Reingewinn unter Vorbehalt anderer statutarischer Anordnungen.

² Zinse dürfen für das Stammkapital nicht bezahlt werden; dagegen dürfen nach den für die Aktiengesellschaft geltenden Bestimmungen Bauzinse ausgerichtet werden.

E. Anspruch auf Gewinnanteil
I. Im allgemeinen

Art. 805

Die für die Aktiengesellschaft geltenden Bestimmungen über die Bilanz und die Reservefonds finden auch auf die Gesellschaft mit beschränkter Haftung Anwendung.

II. Bilanzvorschriften und Reservefonds

Art. 806

¹ Der Gesellschafter oder Geschäftsführer, der ungerechtfertigterweise Gewinnbeträge bezogen hat, ist zur Rückerstattung verpflichtet.

² War der Gesellschafter oder der Geschäftsführer im guten Glauben, so besteht eine Pflicht zur Rückerstattung nur insoweit, als dies zur Befriedigung der Gesellschaftsgläubiger erforderlich ist.

³ Der Anspruch auf Rückerstattung verjährt in fünf Jahren, bei gutgläubigem Bezug in zwei Jahren, vom Empfange der Zahlung an gerechnet.

III. Rückerstattung bezogener Gewinnanteile

Art. 807

F. Erwerbung oder Pfandnahme eigener Anteile

¹ Solange die Stammeinlagen nicht voll einbezahlt sind, darf die Gesellschaft eigene Gesellschaftsanteile weder erwerben noch zu Pfand nehmen, es sei denn zur Befriedigung von Forderungen, die nicht aus der Beteiligung am Stammkapital selbst herrühren.

² Sind die Stammeinlagen voll einbezahlt, so darf die Gesellschaft eigene Gesellschaftsanteile erwerben, jedoch nur aus dem über das Stammkapital hinaus vorhandenen Gesellschaftsvermögen.

Dritter Abschnitt
Organisation der Gesellschaft

Art. 808

A. Gesellschafterversammlung
I. Gesellschaftsbeschlüsse

¹ Oberstes Organ der Gesellschaft ist die Gesellschafterversammlung.

² Die Statuten können an Stelle der Beschlussfassung in der Versammlung für alle oder für einzelne Gegenstände die schriftliche Abstimmung anordnen.

³ Die Gesellschaftsbeschlüsse werden, wenn das Gesetz oder die Statuten es nicht anders vorschreiben, mit der absoluten Mehrheit der abgegebenen Stimmen gefasst. Tritt an Stelle der Versammlung die schriftliche Abstimmung, so wird die Mehrheit nach der Gesamtzahl der den Gesellschaftern zustehenden Stimmen berechnet.

⁴ Wenn es die Statuten nicht anders ordnen, bemisst sich das Stimmrecht jedes Gesellschafters nach der Höhe seiner Stammeinlage, wobei auf 1000 Franken eine Stimme entfällt. Durch die Statuten darf indessen das Stimmrecht nicht entzogen werden.

⁵ Ein Gesellschafter darf sein Stimmrecht nicht ausüben, wenn über seine Entlastung abgestimmt wird.

⁶ Die Anfechtung der Gesellschaftsbeschlüsse richtet sich nach den für die Aktiengesellschaft aufgestellten Vorschriften.

Art. 809

II. Einberufung

¹ Eine Gesellschafterversammlung wird durch die Geschäftsführung alljährlich innerhalb sechs Monaten nach Schluss des Geschäftsjahres einberufen, im übrigen nach Massgabe der Statuten und so oft es im Interesse der Gesellschaft als erforderlich erscheint.

² Die Einberufung einer Gesellschafterversammlung kann auch von einem oder mehreren Gesellschaftern, die zusammen mindestens den zehnten Teil des Stammkapitals vertreten, schriftlich unter Angabe des Zweckes verlangt werden.

³ Entspricht die Geschäftsführung diesem Begehren nicht binnen angemessener Frist, so hat der Richter auf Antrag der Gesuchsteller die Einberufung anzuordnen.

⁴ Die Einberufung der Versammlung sowie die Aufforderung zur schriftlichen Abstimmung erfolgt in der durch die Statuten bestimmten Form, in Ermangelung einer solchen Bestimmung durch eingeschriebenen Brief, unter Angabe der Verhandlungsgegenstände und unter Beobachtung einer Frist von mindestens fünf Tagen vor der Versammlung.

⁵ Sämtliche Gesellschafter können, falls kein Widerspruch erhoben wird, eine Gesellschafterversammlung ohne Einhaltung der für die Einberufung vorgeschriebenen Formvorschriften abhalten. In dieser Versammlung kann über alle in den Geschäftskreis der Gesellschafterversammlung fallenden Gegenstände gültig verhandelt und Beschluss gefasst werden, solange sämtliche Gesellschafter anwesend sind.

Art. 810

¹ Der Gesellschafterversammlung stehen folgende unübertragbare Befugnisse zu:
1. die Festsetzung und die Änderung der Statuten;
2. die Bestellung und die Abberufung von Geschäftsführern;
3. die Bestellung der Kontrollstelle, unter Vorbehalt der durch die Statuten den nicht geschäftsführenden Gesellschaftern zugewiesenen Kontrollrechte;
4. die Abnahme der Gewinn- und Verlustrechnung und der Bilanz, sowie die Beschlussfassung über die Verwendung des Reingewinnes;
5. die Entlastung der Geschäftsführer;
6. die Teilung von Gesellschaftsanteilen;
7. die Einforderung der in den Statuten vorgesehenen Nachschüsse;
8. die Geltendmachung von Schadenersatzansprüchen, die der Gesellschaft aus der Gründung oder aus der Geschäftsführung gegen die Organe oder gegen einzelne Gesellschafter zustehen.

² Soweit die Statuten nicht abweichende Bestimmungen treffen, ist die Gesellschafterversammlung auch zuständig zur Einforderung von Einzahlungen auf die Stammeinlagen sowie zur Bestellung von Prokuristen und von Handlungsbevollmächtigten zum Betriebe des ganzen Gewerbes.

III. Befugnisse

Art. 811

¹ Alle Gesellschafter sind zur gemeinsamen Geschäftsführung und Vertretung berechtigt und verpflichtet, sofern nicht etwas anderes bestimmt wird.

² Durch die Statuten oder durch Gesellschaftsbeschluss kann die Geschäftsführung und Vertretung der Gesellschaft einem oder mehreren Gesellschaftern übertragen werden.

B. Geschäftsführung und Vertretung
I. Durch die Gesellschafter

³ Gesellschafter, die erst nach der Gründung hinzutreten, haben das Recht und die Pflicht zur Geschäftsführung und Vertretung nur dann, wenn sie ihnen durch besondern Gesellschaftsbeschluss übertragen werden.

Art. 812

II. Durch andere Personen

¹ Durch die Statuten oder durch Gesellschaftsbeschluss kann die Geschäftsführung und Vertretung auch Personen übertragen werden, die nicht Gesellschafter sind.

² Für ihre Befugnisse und ihre Verantwortlichkeit gelten die für die geschäftsführenden Gesellschafter aufgestellten Vorschriften.

Art. 813

III. Wohnsitz der Geschäftsführer

¹ Wenigstens einer der Geschäftsführer muss in der Schweiz wohnhaft sein.

² Ist diese Vorschrift nicht mehr erfüllt, so hat der Handelsregisterführer der Gesellschaft eine Frist zur Wiederherstellung des gesetzmässigen Zustandes zu setzen und nach fruchtlosem Ablauf die Gesellschaft von Amtes wegen als aufgelöst zu erklären.

Art. 814

IV. Umfang, Beschränkung und Entziehung

¹ Für den Umfang und die Beschränkung der Vertretungsbefugnis der Geschäftsführer gelten die Bestimmungen des Aktienrechts.

² Die Entziehung der Geschäftsführung und Vertretung richtet sich unter den Gesellschaftern nach den für die Kollektivgesellschaft geltenden Vorschriften.

³ Einem Geschäftsführer, der nicht Gesellschafter ist, kann die Geschäftsführung und Vertretung durch Gesellschaftsbeschluss jederzeit entzogen werden. Entschädigungsansprüche der Abberufenen bleiben vorbehalten.

⁴ Die Gesellschaft haftet für den Schaden aus unerlaubten Handlungen, die eine zur Geschäftsführung oder zur Vertretung befugte Person in Ausübung ihrer geschäftlichen Verrichtungen begeht.

Art. 815

V. Zeichnung. Eintragung

¹ Die Geschäftsführer haben in der Weise zu zeichnen, dass sie der Firma der Gesellschaft ihre Unterschrift beifügen. Sie haben mit der Anmeldung ihre Unterschrift beim Handelsregisteramt zu zeichnen oder die Zeichnung in beglaubigter Form einzureichen, gegebenenfalls unter Vorlegung einer beglaubigten Abschrift des Gesellschaftsbeschlusses.

² Gehören der Gesellschaft zur Vertretung ermächtigte Handelsgesellschaften oder Genossenschaften an, so sind im Handelsregister die natürlichen Personen einzutragen, denen die Vertretungsbefugnis für die Gesellschaft mit beschränkter Haftung zustehen soll.

Art. 816

Die Prokura sowie eine Handlungsvollmacht zum Betriebe des ganzen Gewerbes können, soweit die Statuten nichts anderes bestimmen, nur durch Gesellschaftsbeschluss bestellt werden; dagegen ist jeder Geschäftsführer zum Widerruf der Prokura und einer solchen Handlungsvollmacht berechtigt.

VI. Prokura und Handlungsvollmacht

Art. 817

¹ Ist das Stammkapital nicht mehr zur Hälfte gedeckt oder liegt eine Überschuldung vor, so finden die Vorschriften des Aktienrechts entsprechende Anwendung.

² Besteht eine Nachschusspflicht, so muss im Falle der Überschuldung der Richter erst benachrichtigt werden, wenn der durch die Bilanz ausgewiesene Verlust nicht innert drei Monaten durch die Gesellschafter gedeckt wird.

VII. Anzeigepflicht bei Kapitalverlust und bei Überschuldung

Art. 818

¹ Ohne Zustimmung der übrigen Gesellschafter darf ein geschäftsführender Gesellschafter in dem Geschäftszweige der Gesellschaft weder für eigene noch für fremde Rechnung Geschäfte machen, noch an einer andern Unternehmung als unbeschränkt haftender Gesellschafter, als Kommanditär oder als Mitglied einer Gesellschaft mit beschränkter Haftung teilnehmen.

² Durch die Statuten kann dieses Verbot auf alle Gesellschafter ausgedehnt werden.

VIII. Konkurrenzverbot

Art. 819

¹ Steht die Geschäftsführung nicht allen Gesellschaftern zu, so haben die nicht geschäftsführenden Gesellschafter die Befugnis der Kontrolle gleich den nicht geschäftsführenden Mitgliedern einer einfachen Gesellschaft.

² Die Statuten können statt dieser Kontrolle eine besondere Kontrollstelle vorsehen, der auch die Prüfung der ordnungsmässigen Führung des Anteilbuches obliegt. Für ihre Zusammensetzung und ihre Aufgaben gelten die Vorschriften des Aktienrechts. Ist eine besondere Kontrollstelle eingesetzt, so stehen jedem Gesellschafter die gleichen Kontrollrechte zu wie dem Aktionär.

C. Kontrolle

Vierter Abschnitt
Auflösung und Ausscheiden

Art. 820

A. Auflösungsgründe

Die Gesellschaft mit beschränkter Haftung wird aufgelöst:
1. nach Massgabe der Statuten;
2. durch einen öffentlich beurkundeten Gesellschaftsbeschluss, bei dem die Mehrheit, wenn es in den Statuten nicht anders bestimmt ist, drei Vierteile sämtlicher Mitglieder betragen muss, die mindestens drei Vierteile des Stammkapitals vertreten;
3. durch die Eröffnung des Konkurses;
4. durch Urteil des Richters, wenn ein Gesellschafter aus einem wichtigen Grunde die Auflösung verlangt;
5. in den übrigen vom Gesetze vorgesehenen Fällen.

Art. 821

B. Anmeldung beim Handelsregister

Erfolgt die Auflösung nicht durch Konkurs, so ist sie von den Geschäftsführern zur Eintragung in das Handelsregister anzumelden.

Art. 822

C. Austritt und Ausschliessung durch den Richter

¹ Die Statuten können den Gesellschaftern ein Recht auf Austritt einräumen und dieses von bestimmten Bedingungen abhängig machen.

² Jeder Gesellschafter kann aus wichtigen Gründen beim Richter auf Bewilligung des Austritts oder auf Auflösung der Gesellschaft klagen.

³ Die Gesellschaft kann aus wichtigen Gründen beim Richter die Ausschliessung eines Gesellschafters beantragen, wenn die Mehrheit der Gesellschafter, die zugleich die Mehrheit des Stammkapitals vertreten, dieser Massnahme zustimmt.

⁴ Austritt und Ausschliessung werden nur unter Beobachtung der Vorschriften über die Herabsetzung des Stammkapitals wirksam, sofern nicht der ausscheidende Gesellschafter aus weiterem, über das Stammkapital hinaus vorhandenem Vermögen abgefunden oder sein Anteil nach den Vorschriften über den Verzug bei der Einzahlungspflicht verwertet oder von einem andern Gesellschafter übernommen wird.

Art. 823

D. Liquidation

Für die Bestellung und Abberufung von Liquidatoren, für die Durchführung der Liquidation, die Löschung der Gesellschaft im Handelsregister und die Aufbewahrung der Geschäftsbücher gelten die Bestimmungen des Aktienrechts.

Art. 824–826[1]

E. ...

Fünfter Abschnitt
Verantwortlichkeit

Art. 827

Für die Verantwortlichkeit der bei der Gesellschaftsgründung beteiligten und der mit der Geschäftsführung und der Kontrolle betrauten Personen sowie der Liquidatoren gelten die Bestimmungen des Aktienrechts.

---

[1] Aufgehoben durch Anhang Ziff. 2 des Fusionsgesetzes vom 3. Okt. 2003 (SR **221.301**).

Neunundzwanzigster Titel
DIE GENOSSENSCHAFT

Erster Abschnitt
Begriff und Errichtung

Art. 828

A. Genossenschaft des Obligationenrechts

¹ Die Genossenschaft ist eine als Körperschaft organisierte Verbindung einer nicht geschlossenen Zahl von Personen oder Handelsgesellschaften, die in der Hauptsache die Förderung oder Sicherung bestimmter wirtschaftlicher Interessen ihrer Mitglieder in gemeinsamer Selbsthilfe bezweckt.

² Genossenschaften mit einem zum voraus festgesetzten Grundkapital sind unzulässig.

Art. 829

B. Genossenschaften des öffentlichen Rechts

Öffentlich-rechtliche Personenverbände stehen, auch wenn sie genossenschaftlichen Zwecken dienen, unter dem öffentlichen Recht des Bundes und der Kantone.

Art. 830

C. Errichtung
I. Erfordernisse
1. Im allgemeinen

Die Genossenschaft entsteht nach Aufstellung der Statuten und deren Genehmigung in der konstituierenden Versammlung durch Eintragung in das Handelsregister.

Art. 831

2. Zahl der Mitglieder

¹ Bei der Gründung einer Genossenschaft müssen mindestens sieben Mitglieder beteiligt sein.

² Sinkt in der Folge die Zahl der Genossenschafter unter diese Mindestzahl oder fehlt es der Genossenschaft an den notwendigen Organen, so kann der Richter auf Begehren eines Genossenschafters oder eines Gläubigers die Auflösung verfügen, sofern die Genossenschaft nicht binnen angemessener Frist den gesetzmässigen Zustand wiederherstellt. Nach Anbringung der Klage kann der Richter auf Antrag einer Partei vorsorgliche Massnahmen anordnen.

Art. 832

II. Statuten
1. Gesetzlich vorgeschriebener Inhalt

Die Statuten müssen Bestimmungen enthalten über:
1. den Namen (die Firma) und den Sitz der Genossenschaft;
2. den Zweck der Genossenschaft;
3. eine allfällige Verpflichtung der Genossenschafter zu Geld- oder andern Leistungen sowie deren Art und Höhe;
4. die Organe für die Verwaltung und für die Kontrolle und die Art der Ausübung der Vertretung;

5. die Form der von der Genossenschaft ausgehenden Bekanntmachungen.

Art. 833

Zu ihrer Verbindlichkeit bedürfen der Aufnahme in die Statuten:

2. Weitere Bestimmungen

1. Vorschriften über die Schaffung eines Genossenschaftskapitals durch Genossenschaftsanteile (Anteilscheine);
2. Bestimmungen über nicht durch Einzahlung geleistete Einlagen auf das Genossenschaftskapital (Sacheinlagen), deren Gegenstand und deren Anrechnungsbetrag, sowie über die Person des einlegenden Genossenschafters;
3. Bestimmungen über Vermögenswerte, die bei der Gründung übernommen werden, über die hiefür zu leistende Vergütung und über die Person des Eigentümers der zu übernehmenden Vermögenswerte;
4. von den gesetzlichen Bestimmungen abweichende Vorschriften über den Eintritt in die Genossenschaft und über den Verlust der Mitgliedschaft;
5. Bestimmungen über die persönliche Haftung und die Nachschusspflicht der Genossenschafter;
6. von den gesetzlichen Bestimmungen abweichende Vorschriften über die Organisation, die Vertretung, die Abänderung der Statuten und über die Beschlussfassung der Generalversammlung;
7. Beschränkungen und Erweiterungen in der Ausübung des Stimmrechtes;
8. Bestimmungen über die Berechnung und die Verwendung des Reinertrages und des Liquidationsüberschusses.

Art. 834

¹ Die Statuten sind schriftlich abzufassen und einer von den Gründern einzuberufenden Versammlung zur Beratung und Genehmigung vorzulegen.

III. Konstituierende Versammlung

² Überdies ist ein schriftlicher Bericht der Gründer über allfällige Sacheinlagen und zu übernehmende Vermögenswerte der Versammlung bekanntzugeben und von ihr zu beraten.

³ Diese Versammlung bestellt auch die notwendigen Organe.

⁴ Bis zur Eintragung der Genossenschaft in das Handelsregister kann die Mitgliedschaft nur durch Unterzeichnung der Statuten begründet werden.

Art. 835

¹ Die Genossenschaft ist in das Handelsregister des Ortes einzutragen, an dem sie ihren Sitz hat.

IV. Eintragung in das Handelsregister
1. Anmeldung

² In der Anmeldung sind die Mitglieder der Verwaltung und die mit der Ausübung der Vertretung beauftragten Personen unter Angabe des Wohnortes und der Staatsangehörigkeit zu bezeichnen.

³ Die Anmeldung muss von mindestens zwei Mitgliedern der Verwaltung beim Handelsregisteramt unterzeichnet oder schriftlich mit beglaubigten Unterschriften eingereicht werden.

⁴ Der Anmeldung sind die Statuten in der Urschrift oder in einer beglaubigten Ausfertigung, der Bericht über allfällige Sacheinlagen und zu übernehmende Vermögenswerte und, wenn es sich um eine Genossenschaft mit unbeschränkter oder beschränkter persönlicher Haftbarkeit oder mit Nachschusspflicht der Genossenschafter handelt, ein Verzeichnis der Genossenschafter beizulegen.

Art. 836

2. Eintragung und Veröffentlichung

¹ In das Handelsregister sind ausser dem Datum und den vom Gesetze vorgeschriebenen Bestimmungen der Statuten die Namen der mit der Verwaltung und Vertretung beauftragten Personen, unter Angabe des Wohnortes und der Staatsangehörigkeit, einzutragen.

² Zur Veröffentlichung gelangen ein Auszug, der über Firma, Sitz, Zweck, Haftungsverhältnisse und Art und Weise der Bekanntmachungen Aufschluss gibt, sowie alle eingetragenen Angaben über die Vertretung der Genossenschaft.

³ Das Verzeichnis der Genossenschafter, das von Genossenschaften mit persönlicher Haftung und Nachschusspflicht dem Handelsregisteramt einzureichen ist, steht jedermann zur Einsicht offen, wird aber nicht veröffentlicht.

Art. 837

3. Zweigniederlassungen

¹ Zweigniederlassungen sind unter Bezugnahme auf die Eintragung der Hauptniederlassung in das Handelsregister des Ortes einzutragen, an dem sie sich befinden.

² Die Anmeldung ist von den mit der Vertretung betrauten Mitgliedern der Verwaltung einzureichen.

³ ...[1]

Art. 838

V. Erwerb der Persönlichkeit

¹ Die Genossenschaft erlangt das Recht der Persönlichkeit erst durch die Eintragung in das Handelsregister.

² Ist vor der Eintragung im Namen der Genossenschaft gehandelt worden, so haften die Handelnden persönlich und solidarisch.

³ Wurden solche Verpflichtungen ausdrücklich im Namen der zu bildenden Genossenschaft eingegangen und innerhalb einer Frist von drei Monaten nach der Eintragung in das Handelsregister von der Genossenschaft übernommen, so werden die Handelnden befreit, und es haftet die Genossenschaft.

---

[1] Aufgehoben durch Anhang Ziff. 5 des Gerichtsstandsgesetzes vom 24. März 2000 (SR **272**).

Zweiter Abschnitt
Erwerb der Mitgliedschaft

Art. 839

¹ In eine Genossenschaft können jederzeit neue Mitglieder aufgenommen werden.

² Die Statuten können unter Wahrung des Grundsatzes der nicht geschlossenen Mitgliederzahl die nähern Bestimmungen über den Eintritt treffen; sie dürfen jedoch den Eintritt nicht übermässig erschweren.

A. Grundsatz

Art. 840

¹ Zum Beitritt bedarf es einer schriftlichen Erklärung.

² Besteht bei einer Genossenschaft neben der Haftung des Genossenschaftsvermögens eine persönliche Haftung oder eine Nachschusspflicht der einzelnen Genossenschafter, so muss die Beitrittserklärung diese Verpflichtungen ausdrücklich enthalten.

³ Über die Aufnahme neuer Mitglieder entscheidet die Verwaltung, soweit nicht nach den Statuten die blosse Beitrittserklärung genügt oder ein Beschluss der Generalversammlung nötig ist.

B. Beitrittserklärung

Art. 841

¹ Ist die Zugehörigkeit zur Genossenschaft mit einem Versicherungsvertrage bei dieser Genossenschaft verknüpft, so wird die Mitgliedschaft erworben mit der Annahme des Versicherungsantrages durch das zuständige Organ.

² Die von einer konzessionierten Versicherungsgenossenschaft mit den Mitgliedern abgeschlossenen Versicherungsverträge unterstehen in gleicher Weise wie die von ihr mit Dritten abgeschlossenen Versicherungsverträge den Bestimmungen des Bundesgesetzes vom 2. April 1908[1] über den Versicherungsvertrag.

C. Verbindung mit einem Versicherungsvertrag

Dritter Abschnitt
Verlust der Mitgliedschaft

Art. 842

¹ Solange die Auflösung der Genossenschaft nicht beschlossen ist, steht jedem Genossenschafter der Austritt frei.

² Die Statuten können vorschreiben, dass der Austretende zur Bezahlung einer angemessenen Auslösungssumme verpflichtet ist, wenn nach den Umständen durch den Austritt der Genossenschaft ein erheblicher Schaden erwächst oder deren Fortbestand gefährdet wird.

A. Austritt
I. Freiheit des Austrittes

---

[1] SR **221.229.1**

³ Ein dauerndes Verbot oder eine übermässige Erschwerung des Austrittes durch die Statuten oder durch Vertrag sind ungültig.

Art. 843

II. Beschränkung des Austrittes

¹ Der Austritt kann durch die Statuten oder durch Vertrag auf höchstens fünf Jahre ausgeschlossen werden.

² Auch während dieser Frist kann aus wichtigen Gründen der Austritt erklärt werden. Die Pflicht zur Bezahlung einer angemessenen Auslösungssumme unter den für den freien Austritt vorgesehenen Voraussetzungen bleibt vorbehalten.

Art. 844

III. Kündigungsfrist und Zeitpunkt des Austrittes

¹ Der Austritt kann nur auf Schluss des Geschäftsjahres und unter Beobachtung einer einjährigen Kündigungsfrist stattfinden.

² Den Statuten bleibt vorbehalten, eine kürzere Kündigungsfrist vorzuschreiben und den Austritt auch im Laufe des Geschäftsjahres zu gestatten.

Art. 845

IV. Geltendmachung im Konkurs und bei Pfändung

Falls die Statuten dem ausscheidenden Mitglied einen Anteil am Vermögen der Genossenschaft gewähren, kann ein dem Genossenschafter zustehendes Austrittsrecht in dessen Konkurse von der Konkursverwaltung oder, wenn dieser Anteil gepfändet wird, vom Betreibungsamt geltend gemacht werden.

Art. 846

B. Ausschliessung

¹ Die Statuten können die Gründe bestimmen, aus denen ein Genossenschafter ausgeschlossen werden darf.

² Überdies kann er jederzeit aus wichtigen Gründen ausgeschlossen werden.

³ Über die Ausschliessung entscheidet die Generalversammlung. Die Statuten können die Verwaltung als zuständig erklären, wobei dem Ausgeschlossenen ein Rekursrecht an die Generalversammlung zusteht. Dem Ausgeschlossenen steht innerhalb drei Monaten die Anrufung des Richters offen.

⁴ Das ausgeschlossene Mitglied kann unter den für den freien Austritt aufgestellten Voraussetzungen zur Entrichtung einer Auslösungssumme verhalten werden.

Art. 847

C. Tod des Genossenschafters

¹ Die Mitgliedschaft erlischt mit dem Tode des Genossenschafters.

² Die Statuten können jedoch bestimmen, dass die Erben ohne weiteres Mitglieder der Genossenschaft sind.

³ Die Statuten können ferner bestimmen, dass die Erben oder einer unter mehreren Erben auf schriftliches Begehren an Stelle des verstorbenen Genossenschafters als Mitglied anerkannt werden müssen.

⁴ Die Erbengemeinschaft hat für die Beteiligung an der Genossenschaft einen gemeinsamen Vertreter zu bestellen.

Art. 848

Ist die Zugehörigkeit zu einer Genossenschaft mit einer Beamtung oder Anstellung verknüpft oder die Folge eines Vertragsverhältnisses, wie bei einer Versicherungsgenossenschaft, so fällt die Mitgliedschaft, sofern die Statuten es nicht anders ordnen, mit dem Aufhören der Beamtung oder Anstellung oder des Vertrages dahin.

D. Wegfall einer Beamtung oder Anstellung oder eines Vertrages

Art. 849

¹ Die Abtretung der Genossenschaftsanteile und, wenn über die Mitgliedschaft oder den Genossenschaftsanteil eine Urkunde ausgestellt worden ist, die Übertragung dieser Urkunde machen den Erwerber nicht ohne weiteres zum Genossenschafter. Der Erwerber wird erst durch einen dem Gesetz und den Statuten entsprechenden Aufnahmebeschluss Genossenschafter.

² Solange der Erwerber nicht als Genossenschafter aufgenommen ist, steht die Ausübung der persönlichen Mitgliedschaftsrechte dem Veräusserer zu.

³ Ist die Zugehörigkeit zu einer Genossenschaft mit einem Vertrage verknüpft, so können die Statuten bestimmen, dass die Mitgliedschaft mit der Übernahme des Vertrages ohne weiteres auf den Rechtsnachfolger übergeht.

E. Übertragung der Mitgliedschaft
I. Im allgemeinen

Art. 850

¹ Die Mitgliedschaft bei einer Genossenschaft kann durch die Statuten vom Eigentum an einem Grundstück oder vom wirtschaftlichen Betrieb eines solchen abhängig gemacht werden.

² Die Statuten können für solche Fälle vorschreiben, dass mit der Veräusserung des Grundstückes oder mit der Übernahme des wirtschaftlichen Betriebes die Mitgliedschaft ohne weiteres auf den Erwerber oder den Übernehmer übergeht.

³ Die Bestimmung betreffend den Übergang der Mitgliedschaft bei Veräusserung des Grundstückes bedarf zu ihrer Gültigkeit gegenüber Dritten der Vormerkung im Grundbuche.

II. Durch Übertragung von Grundstücken oder wirtschaftlichen Betrieben

Art. 851

Bei Übertragung und Vererbung der Mitgliedschaft gelten für den Rechtsnachfolger die gleichen Austrittsbedingungen wie für das frühere Mitglied.

F. Austritt des Rechtsnachfolgers

Vierter Abschnitt
Rechte und Pflichten der Genossenschafter

Art. 852

A. Ausweis der Mitgliedschaft

¹ Die Statuten können vorschreiben, dass für den Ausweis der Mitgliedschaft eine Urkunde ausgestellt wird.

² Dieser Ausweis kann auch im Anteilschein enthalten sein.

Art. 853

B. Genossenschaftsanteile

¹ Bestehen bei einer Genossenschaft Anteilscheine, so hat jeder der Genossenschaft Beitretende mindestens einen Anteilschein zu übernehmen.

² Die Statuten können bestimmen, dass bis zu einer bestimmten Höchstzahl mehrere Anteilscheine erworben werden dürfen.

³ Die Anteilscheine werden auf den Namen des Mitgliedes ausgestellt. Sie können aber nicht als Wertpapiere, sondern nur als Beweisurkunden errichtet werden.

Art. 854

C. Rechtsgleichheit

Die Genossenschafter stehen in gleichen Rechten und Pflichten, soweit sich aus dem Gesetz nicht eine Ausnahme ergibt.

Art. 855

D. Rechte
I. Stimmrecht

Die Rechte, die den Genossenschaftern in den Angelegenheiten der Genossenschaft, insbesondere in bezug auf die Führung der genossenschaftlichen Geschäfte und die Förderung der Genossenschaft zustehen, werden durch die Teilnahme an der Generalversammlung oder in den vom Gesetz vorgesehenen Fällen durch schriftliche Stimmabgabe (Urabstimmung) ausgeübt.

Art. 856

II. Kontrollrecht der Genossenschafter
1. Bekanntgabe der Bilanz

¹ Spätestens zehn Tage vor der Generalversammlung oder der Urabstimmung, die über die Abnahme der Betriebsrechnung und der Bilanz zu entscheiden hat, sind die Betriebsrechnung und die Bilanz mit dem Revisionsbericht zur Einsicht der Genossenschafter am Sitz der Genossenschaft aufzulegen.

² Die Statuten können bestimmen, dass jeder Genossenschafter berechtigt ist, auf Kosten der Genossenschaft eine Abschrift der Betriebsrechnung und der Bilanz zu verlangen.

Art. 857

2. Auskunfterteilung

¹ Die Genossenschafter können die Kontrollstelle auf zweifelhafte Ansätze aufmerksam machen und die erforderlichen Aufschlüsse verlangen.

² Eine Einsichtnahme in die Geschäftsbücher und Korrespondenzen ist nur mit ausdrücklicher Ermächtigung der Generalversammlung oder durch Beschluss der Verwaltung und unter Wahrung des Geschäftsgeheimnisses gestattet.

³ Der Richter kann verfügen, dass die Genossenschaft dem Genossenschafter über bestimmte, für die Ausübung des Kontrollrechts erhebliche Tatsachen durch beglaubigte Abschrift aus ihren Geschäftsbüchern oder von Korrespondenzen Auskunft zu erteilen hat. Durch diese Verfügung dürfen die Interessen der Genossenschaft nicht gefährdet werden.

⁴ Das Kontrollrecht der Genossenschafter kann weder durch die Statuten noch durch Beschlüsse eines Genossenschaftsorgans aufgehoben oder beschränkt werden.

Art. 858

¹ Die Berechnung des Reinertrages erfolgt auf Grund der Jahresbilanz, die nach den Vorschriften über die kaufmännische Buchführung zu erstellen ist.

² Kreditgenossenschaften und konzessionierte Versicherungsgenossenschaften stehen unter den für die Aktiengesellschaft geltenden Bilanzvorschriften.

III. Allfällige Rechte auf den Reinertrag
1. Feststellung des Reinertrages

Art. 859

¹ Ein Reinertrag aus dem Betriebe der Genossenschaft fällt, wenn die Statuten es nicht anders bestimmen, in seinem ganzen Umfange in das Genossenschaftsvermögen.

² Ist eine Verteilung des Reinertrages unter die Genossenschafter vorgesehen, so erfolgt sie, soweit die Statuten es nicht anders ordnen, nach dem Masse der Benützung der genossenschaftlichen Einrichtungen durch die einzelnen Mitglieder.

³ Bestehen Anteilscheine, so darf die auf sie entfallende Quote des Reinertrages den landesüblichen Zinsfuss für langfristige Darlehen ohne besondere Sicherheiten nicht übersteigen.

2. Verteilungsgrundsätze

Art. 860

¹ Soweit der Reinertrag in anderer Weise als zur Äufnung des Genossenschaftsvermögens verwendet wird, ist davon jährlich ein Zwanzigstel einem Reservefonds zuzuweisen. Diese Zuweisung hat während mindestens 20 Jahren zu erfolgen; wenn Anteilscheine bestehen, hat die Zuweisung auf alle Fälle so lange zu erfolgen, bis der Reservefonds einen Fünftel des Genossenschaftskapitals ausmacht.

² Durch die Statuten kann eine weitergehende Äufnung des Reservefonds vorgeschrieben werden.

3. Pflicht zur Bildung und Äufnung eines Reservefonds

³ Soweit der Reservefonds die Hälfte des übrigen Genossenschaftsvermögens oder, wenn Anteilscheine bestehen, die Hälfte des Genossenschaftskapitals nicht übersteigt, darf er nur zur Deckung von Verlusten oder zu Massnahmen verwendet werden, die geeignet sind, in Zeiten schlechten Geschäftsganges die Erreichung des Genossenschaftszweckes sicherzustellen.

⁴ Bei den konzessionierten Versicherungsgenossenschaften ist der Reservefonds nach Massgabe ihres vom Bundesrat genehmigten Geschäftsplanes zu bilden.

Art. 861

4. Reinertrag bei Kreditgenossenschaften

¹ Kreditgenossenschaften können in den Statuten von den Bestimmungen der vorstehenden Artikel abweichende Vorschriften über die Verteilung des Reinertrages erlassen, doch sind auch sie gehalten, einen Reservefonds zu bilden und den vorstehenden Bestimmungen gemäss zu verwenden.

² Dem Reservefonds ist alljährlich mindestens ein Zehntel des Reinertrages zuzuweisen, bis der Fonds die Höhe von einem Zehntel des Genossenschaftskapitals erreicht hat.

³ Wird auf die Genossenschaftsanteile eine Quote des Reinertrages verteilt, die den landesüblichen Zinsfuss für langfristige Darlehen ohne besondere Sicherheiten übersteigt, so ist von dem diesen Zinsfuss übersteigenden Betrag ein Zehntel ebenfalls dem Reservefonds zuzuweisen.

Art. 862

5. Fonds zu Wohlfahrtszwecken

¹ Die Statuten können insbesondere auch Fonds zur Gründung und Unterstützung von Wohlfahrtseinrichtungen für Angestellte und Arbeiter des Unternehmens sowie für Genossenschafter vorsehen.

2–4 ...[1]

Art. 863

6. Weitere Reserveanlagen

¹ Die dem Gesetz und den Statuten entsprechenden Einlagen in Reserve- und andere Fonds sind in erster Linie von dem zur Verteilung gelangenden Reinertrag in Abzug zu bringen.

² Soweit die Rücksicht auf das dauernde Gedeihen des Unternehmens es als angezeigt erscheinen lässt, kann die Generalversammlung auch solche Reserveanlagen beschliessen, die im Gesetz oder in den Statuten nicht vorgesehen sind oder über deren Anforderungen hinausgehen.

---

[1] Aufgehoben durch Ziff. I Buchst. b des BG vom 21. März 1958 (AS **1958** 379; BBl **1956** II 825).

³ In gleicher Weise können zum Zwecke der Gründung und Unterstützung von Wohlfahrtseinrichtungen für Angestellte, Arbeiter und Genossenschafter sowie zu andern Wohlfahrtszwecken Beiträge aus dem Reinertrag auch dann ausgeschieden werden, wenn sie in den Statuten nicht vorgesehen sind; solche Beiträge stehen unter den Bestimmungen über die statutarischen Wohlfahrtsfonds.

Art. 864

¹ Die Statuten bestimmen, ob und welche Ansprüche an das Genossenschaftsvermögen den ausscheidenden Genossenschaftern oder deren Erben zustehen. Diese Ansprüche sind auf Grund des bilanzmässigen Reinvermögens im Zeitpunkt des Ausscheidens mit Ausschluss der Reserven zu berechnen.

² Die Statuten können dem Ausscheidenden oder seinen Erben ein Recht auf gänzliche oder teilweise Rückzahlung der Anteilscheine mit Ausschluss des Eintrittsgeldes zuerkennen. Sie können die Hinausschiebung der Rückzahlung bis auf die Dauer von drei Jahren nach dem Ausscheiden vorsehen.

³ Die Genossenschaft bleibt indessen auch ohne statutarische Bestimmung hierüber berechtigt, die Rückzahlung bis auf drei Jahre hinauszuschieben, sofern ihr durch diese Zahlung ein erheblicher Schaden erwachsen oder ihr Fortbestand gefährdet würde. Ein allfälliger Anspruch der Genossenschaft auf Bezahlung einer angemessenen Auslösungssumme wird durch diese Bestimmung nicht berührt.

⁴ Die Ansprüche des Ausscheidenden oder seiner Erben verjähren in drei Jahren vom Zeitpunkt an gerechnet, auf den die Auszahlung verlangt werden kann.

IV. Abfindungsanspruch
1. Nach Massgabe der Statuten

Art. 865

¹ Enthalten die Statuten keine Bestimmung über einen Abfindungsanspruch, so können die ausscheidenden Genossenschafter oder ihre Erben keine Abfindung beanspruchen.

² Wird die Genossenschaft innerhalb eines Jahres nach dem Ausscheiden oder nach dem Tode eines Genossenschafters aufgelöst und wird das Vermögen verteilt, so steht dem Ausgeschiedenen oder seinen Erben der gleiche Anspruch zu wie den bei der Auflösung vorhandenen Genossenschaftern.

2. Nach Gesetz

Art. 866

Die Genossenschafter sind verpflichtet, die Interessen der Genossenschaft in guten Treuen zu wahren.

E. Pflichten
I. Treuepflicht

Art. 867

II. Pflicht zu Beiträgen und Leistungen

¹ Die Statuten regeln die Beitrags- und Leistungspflicht.

² Sind die Genossenschafter zur Einzahlung von Genossenschaftsanteilen oder zu andern Beitragsleistungen verpflichtet, so hat die Genossenschaft diese Leistungen unter Ansetzung einer angemessenen Frist und mit eingeschriebenem Brief einzufordern.

³ Wird auf die erste Aufforderung nicht bezahlt und kommt der Genossenschafter auch einer zweiten Zahlungsaufforderung innert Monatsfrist nicht nach, so kann er, sofern ihm dies mit eingeschriebenem Brief angedroht worden ist, seiner Genossenschaftsrechte verlustig erklärt werden.

⁴ Sofern die Statuten es nicht anders ordnen, wird der Genossenschafter durch die Verlustigerklärung nicht von fälligen oder durch die Ausschliessung fällig werdenden Verpflichtungen befreit.

Art. 868

III. Haftung
1. Der Genossenschaft

Für die Verbindlichkeiten der Genossenschaft haftet das Genossenschaftsvermögen. Es haftet ausschliesslich, sofern die Statuten nichts anderes bestimmen.

Art. 869

2. Der Genossenschafter
a. Unbeschränkte Haftung

¹ Die Statuten können, ausgenommen bei konzessionierten Versicherungsgenossenschaften, die Bestimmung aufstellen, dass nach dem Genossenschaftsvermögen die Genossenschafter persönlich unbeschränkt haften.

² In diesem Falle haften, soweit die Gläubiger im Genossenschaftskonkurse zu Verlust kommen, die Genossenschafter für alle Verbindlichkeiten der Genossenschaft solidarisch mit ihrem ganzen Vermögen. Diese Haftung wird bis zur Beendigung des Konkurses durch die Konkursverwaltung geltend gemacht.

Art. 870

b. Beschränkte Haftung

¹ Die Statuten können, ausgenommen bei konzessionierten Versicherungsgenossenschaften, die Bestimmung aufstellen, dass die Genossenschafter über die Mitgliederbeiträge und Genossenschaftsanteile hinaus für die Verbindlichkeiten der Genossenschaft nach dem Genossenschaftsvermögen persönlich, jedoch nur bis zu einem bestimmten Betrage haften.

² Wenn Genossenschaftsanteile bestehen, ist der Haftungsbetrag für die einzelnen Genossenschafter nach dem Betrag ihrer Genossenschaftsanteile zu bestimmen.

³ Die Haftung wird bis zur Beendigung des Konkurses durch die Konkursverwaltung geltend gemacht.

Art. 871

¹ Die Statuten können die Genossenschafter an Stelle oder neben der Haftung zur Leistung von Nachschüssen verpflichten, die jedoch nur zur Deckung von Bilanzverlusten dienen dürfen.

² Die Nachschusspflicht kann unbeschränkt sein, sie kann aber auch auf bestimmte Beträge oder im Verhältnis zu den Mitgliederbeiträgen oder den Genossenschaftsanteilen beschränkt werden.

³ Enthalten die Statuten keine Bestimmungen über die Verteilung der Nachschüsse auf die einzelnen Genossenschafter, so richtet sich diese nach dem Betrag der Genossenschaftsanteile oder, wenn solche nicht bestehen, nach Köpfen.

⁴ Die Nachschüsse können jederzeit eingefordert werden. Im Konkurse der Genossenschaft steht die Einforderung der Nachschüsse der Konkursverwaltung zu.

⁵ Im übrigen sind die Vorschriften über die Einforderung der Leistungen und über die Verlustigerklärung anwendbar.

c. Nachschusspflicht

Art. 872

Bestimmungen der Statuten, welche die Haftung auf bestimmte Zeit oder auf besondere Verbindlichkeiten oder auf einzelne Gruppen von Mitgliedern beschränken, sind ungültig.

d. Unzulässige Beschränkungen

Art. 873

¹ Im Konkurs einer Genossenschaft mit persönlicher Haftung oder mit Nachschusspflicht der Genossenschafter hat die Konkursverwaltung gleichzeitig mit der Aufstellung des Kollokationsplanes die auf die einzelnen Genossenschafter entfallenden vorläufigen Haftungsanteile oder Nachschussbeträge festzustellen und einzufordern.

² Uneinbringliche Beträge sind auf die übrigen Genossenschafter im gleichen Verhältnis zu verteilen, Überschüsse nach endgültiger Feststellung der Verteilungsliste zurückzuerstatten. Der Rückgriff der Genossenschafter unter sich bleibt vorbehalten.

³ Die vorläufige Feststellung der Verpflichtungen der Genossenschafter und die Verteilungsliste können nach den Vorschriften des Schuldbetreibungs- und Konkursgesetzes[1]) durch Beschwerde angefochten werden.

⁴ Das Verfahren wird durch eine Verordnung des Bundesgerichts geregelt.

e. Verfahren im Konkurs

---

[1]) SR **281.1**

Art. 874

f. Änderung der Haftungsbestimmungen

¹ Änderungen an den Haftungs- oder Nachschussverpflichtungen der Genossenschafter sowie die Herabsetzung oder Aufhebung der Anteilscheine können nur auf dem Wege der Statutenrevision vorgenommen werden.

² Auf die Herabsetzung oder Aufhebung der Anteilscheine finden überdies die Bestimmungen über die Herabsetzung des Grundkapitals bei der Aktiengesellschaft Anwendung.

³ Von einer Verminderung der Haftung oder der Nachschusspflicht werden die vor der Veröffentlichung der Statutenrevision entstandenen Verbindlichkeiten nicht betroffen.

⁴ Die Neubegründung oder Vermehrung der Haftung oder der Nachschusspflicht wirkt mit der Eintragung des Beschlusses zugunsten aller Gläubiger der Genossenschaft.

Art. 875

g. Haftung neu eintretender Genossenschafter

¹ Wer in eine Genossenschaft mit persönlicher Haftung oder mit Nachschusspflicht der Genossenschafter eintritt, haftet gleich den andern Genossenschaftern auch für die vor seinem Eintritt entstandenen Verbindlichkeiten.

² Eine entgegenstehende Bestimmung der Statuten oder Verabredung unter den Genossenschaftern hat Dritten gegenüber keine Wirkung.

Art. 876

h. Haftung nach Ausscheiden oder nach Auflösung

¹ Wenn ein unbeschränkt oder beschränkt haftender Genossenschafter durch Tod oder in anderer Weise ausscheidet, dauert die Haftung für die vor seinem Ausscheiden entstandenen Verbindlichkeiten fort, sofern die Genossenschaft innerhalb eines Jahres oder einer statutarisch festgesetzten längern Frist seit der Eintragung des Ausscheidens in das Handelsregister in Konkurs gerät.

² Unter den gleichen Voraussetzungen und für die gleichen Fristen besteht auch die Nachschusspflicht fort.

³ Wird eine Genossenschaft aufgelöst, so bleiben die Mitglieder in gleicher Weise haftbar oder zu Nachschüssen verpflichtet, falls innerhalb eines Jahres oder einer statutarisch festgesetzten längeren Frist seit der Eintragung der Auflösung in das Handelsregister der Konkurs über die Genossenschaft eröffnet wird.

Art. 877

i. Anmeldung von Ein- und Austritt im Handelsregister

¹ Sind die Genossenschafter für die Genossenschaftsschulden unbeschränkt oder beschränkt haftbar oder sind sie zu Nachschüssen verpflichtet, so hat die Verwaltung jeden Eintritt oder Austritt eines Genossenschafters innerhalb drei Monaten beim Handelsregisteramt anzumelden.

² Überdies steht jedem austretenden oder ausgeschlossenen Mitgliede sowie den Erben eines Mitgliedes die Befugnis zu, die Eintragung des Austrittes, des Ausschlusses oder des Todesfalles von sich aus vornehmen zu lassen. Das Handelsregisteramt hat der Verwaltung der Genossenschaft von einer solchen Anmeldung sofort Kenntnis zu geben.

³ Die konzessionierten Versicherungsgenossenschaften sind von der Pflicht zur Anmeldung ihrer Mitglieder beim Handelsregisteramt befreit.

Art. 878

¹ Die Ansprüche der Gläubiger aus der persönlichen Haftung der einzelnen Genossenschafter können noch während der Dauer eines Jahres vom Schlusse des Konkursverfahrens an von jedem Gläubiger geltend gemacht werden, sofern sie nicht nach gesetzlicher Vorschrift schon vorher erloschen sind.

² Der Rückgriff der Genossenschafter unter sich verjährt ebenfalls in einem Jahre vom Zeitpunkt der Zahlung an, für die er geltend gemacht wird.

k. Verjährung der Haftung

Fünfter Abschnitt
Organisation der Genossenschaft

Art. 879

¹ Oberstes Organ der Genossenschaft ist die Generalversammlung der Genossenschafter.

² Ihr stehen folgende unübertragbare Befugnisse zu:
1. die Festsetzung und Änderung der Statuten;
2. die Wahl der Verwaltung und der Kontrollstelle;
3. die Abnahme der Betriebsrechnung und der Bilanz und gegebenenfalls die Beschlussfassung über die Verteilung des Reinertrages;
4. die Entlastung der Verwaltung;
5. die Beschlussfassung über die Gegenstände, die der Generalversammlung durch das Gesetz oder die Statuten vorbehalten sind.

A. Generalversammlung
I. Befugnisse

Art. 880

Bei Genossenschaften, die mehr als 300 Mitglieder zählen oder bei denen die Mehrheit der Mitglieder aus Genossenschaften besteht, können die Statuten bestimmen, dass die Befugnisse der Generalversammlung ganz oder zum Teil durch schriftliche Stimmabgabe (Urabstimmung) der Genossenschafter ausgeübt werden.

II. Urabstimmung

Art. 881

III. Einberufung
1. Recht und Pflicht

¹ Die Generalversammlung wird durch die Verwaltung oder ein anderes nach den Statuten dazu befugtes Organ, nötigenfalls durch die Kontrollstelle einberufen. Das Einberufungsrecht steht auch den Liquidatoren und den Vertretern der Anleihensgläubiger zu.

² Die Generalversammlung muss einberufen werden, wenn wenigstens der zehnte Teil der Genossenschafter oder, bei Genossenschaften von weniger als 30 Mitgliedern, mindestens drei Genossenschafter die Einberufung verlangen.

³ Entspricht die Verwaltung diesem Begehren nicht binnen angemessener Frist, so hat der Richter auf Antrag der Gesuchsteller die Einberufung anzuordnen.

Art. 882

2. Form

¹ Die Generalversammlung ist in der durch die Statuten vorgesehenen Form, jedoch mindestens fünf Tage vor dem Versammlungstag einzuberufen.

² Bei Genossenschaften von über 30 Mitgliedern ist die Einberufung wirksam, sobald sie durch öffentliche Auskündigung erfolgt.

Art. 883

3. Verhandlungsgegenstände

¹ Bei der Einberufung sind die Verhandlungsgegenstände, bei Abänderung der Statuten der wesentliche Inhalt der vorgeschlagenen Änderungen bekanntzugeben.

² Über Gegenstände, die nicht in dieser Weise angekündigt worden sind, können Beschlüsse nicht gefasst werden, ausser über einen Antrag auf Einberufung einer weitern Generalversammlung.

³ Zur Stellung von Anträgen und zu Verhandlungen ohne Beschlussfassung bedarf es der vorgängigen Ankündigung nicht.

Art. 884

4. Universalversammlung

Wenn und solange alle Genossenschafter in einer Versammlung anwesend sind, können sie, falls kein Widerspruch erhoben wird, Beschlüsse fassen, auch wenn die Vorschriften über die Einberufung nicht eingehalten wurden.

Art. 885

IV. Stimmrecht

Jeder Genossenschafter hat in der Generalversammlung oder in der Urabstimmung eine Stimme.

Art. 886

V. Vertretung

¹ Bei der Ausübung seines Stimmrechts in der Generalversammlung kann sich ein Genossenschafter durch einen andern Genossenschafter vertreten lassen, doch kann kein Bevollmächtigter mehr als einen Genossenschafter vertreten.

² Bei Genossenschaften mit über 1000 Mitgliedern können die Statuten vorsehen, dass jeder Genossenschafter mehr als einen, höchstens aber neun andere Genossenschafter vertreten darf.

³ Den Statuten bleibt vorbehalten, die Vertretung durch einen handlungsfähigen Familienangehörigen zulässig zu erklären.

Art. 887

VI. Ausschliessung vom Stimmrecht

¹ Bei Beschlüssen über die Entlastung der Verwaltung haben Personen, die in irgendeiner Weise an der Geschäftsführung teilgenommen haben, kein Stimmrecht.

² Dieses Verbot bezieht sich nicht auf die Mitglieder der Kontrollstelle.

Art. 888

VII. Beschlussfassung
1. Im allgemeinen

¹ Die Generalversammlung fasst ihre Beschlüsse und vollzieht ihre Wahlen, soweit das Gesetz oder die Statuten es nicht anders bestimmen, mit absoluter Mehrheit der abgegebenen Stimmen. Dasselbe gilt für Beschlüsse und Wahlen, die auf dem Wege der Urabstimmung vorgenommen werden.

² Für die Auflösung der Genossenschaft sowie für die Abänderung der Statuten bedarf es einer Mehrheit von zwei Dritteilen der abgegebenen Stimmen. Die Statuten können die Bedingungen für diese Beschlüsse noch erschweren.[1]

Art. 889

2. Bei Erhöhung der Leistungen der Genossenschafter

¹ Beschlüsse über die Einführung oder die Vermehrung der persönlichen Haftung oder der Nachschusspflicht der Genossenschafter bedürfen der Zustimmung von drei Vierteilen sämtlicher Genossenschafter.

² Solche Beschlüsse sind für Genossenschafter, die nicht zugestimmt haben, nicht verbindlich, wenn sie binnen drei Monaten seit der Veröffentlichung des Beschlusses den Austritt erklären. Dieser Austritt ist wirksam auf den Zeitpunkt des Inkrafttretens des Beschlusses.

³ Der Austritt darf in diesem Falle nicht von der Leistung einer Auslösungssumme abhängig gemacht werden.

Art. 890

VIII. Abberufung der Verwaltung und Kontrollstelle

¹ Die Generalversammlung ist berechtigt, die Mitglieder der Verwaltung und der Kontrollstelle sowie andere von ihr gewählte Bevollmächtigte und Beauftragte abzuberufen.

---

[1] Fassung gemäss Anhang Ziff. 2 des Fusionsgesetzes vom 3. Okt. 2003, in Kraft seit 1. Juli 2004 (SR **221.301**).

² Auf den Antrag von wenigstens einem Zehntel der Genossenschafter kann der Richter die Abberufung verfügen, wenn wichtige Gründe vorliegen, insbesondere wenn die Abberufenen die ihnen obliegenden Pflichten vernachlässigt haben oder zu erfüllen ausserstande waren. Er hat in einem solchen Falle, soweit notwendig, eine Neuwahl durch die zuständigen Genossenschaftsorgane zu verfügen und für die Zwischenzeit die geeigneten Anordnungen zu treffen.

³ Entschädigungsansprüche der Abberufenen bleiben vorbehalten.

Art. 891

IX. Anfechtung der Generalversammlungsbeschlüsse

¹ Die Verwaltung und jeder Genossenschafter können von der Generalversammlung oder in der Urabstimmung gefasste Beschlüsse, die gegen das Gesetz oder die Statuten verstossen, beim Richter mit Klage gegen die Genossenschaft anfechten. Ist die Verwaltung Klägerin, so bestimmt der Richter einen Vertreter für die Genossenschaft.

² Das Anfechtungsrecht erlischt, wenn die Klage nicht spätestens zwei Monate nach der Beschlussfassung angehoben wird.

³ Das Urteil, das einen Beschluss aufhebt, wirkt für und gegen alle Genossenschafter.

Art. 892

X. Delegiertenversammlung

¹ Genossenschaften, die mehr als 300 Mitglieder zählen oder bei denen die Mehrheit der Mitglieder aus Genossenschaften besteht, können durch die Statuten die Befugnisse der Generalversammlung ganz oder zum Teil einer Delegiertenversammlung übertragen.

² Zusammensetzung, Wahlart und Einberufung der Delegiertenversammlung werden durch die Statuten geregelt.

³ Jeder Delegierte hat in der Delegiertenversammlung eine Stimme, sofern die Statuten das Stimmrecht nicht anders ordnen.

⁴ Im übrigen gelten für die Delegiertenversammlung die gesetzlichen Vorschriften über die Generalversammlung.

Art. 893

XI. Ausnahmebestimmungen für Versicherungsgenossenschaften

¹ Die konzessionierten Versicherungsgenossenschaften mit über 1000 Mitgliedern können durch die Statuten die Befugnisse der Generalversammlung ganz oder zum Teil der Verwaltung übertragen.

² Unübertragbar sind die Befugnisse der Generalversammlung zur Einführung oder Vermehrung der Nachschusspflicht, zur Auflösung, zur Fusion, zur Spaltung und zur Umwandlung der Rechtsform der Genossenschaft.[1]

---

[1] Fassung gemäss Anhang Ziff. 2 des Fusionsgesetzes vom 3. Okt. 2003, in Kraft seit 1. Juli 2004 (SR **221.301**).

Art. 894

B. Verwaltung
I. Wählbarkeit
1. Mitgliedschaft

¹ Die Verwaltung der Genossenschaft besteht aus mindestens drei Personen; die Mehrheit muss aus Genossenschaftern bestehen.

² Ist an der Genossenschaft eine juristische Person oder eine Handelsgesellschaft beteiligt, so ist sie als solche nicht als Mitglied der Verwaltung wählbar; dagegen können an ihrer Stelle ihre Vertreter gewählt werden.

Art. 895

2. Nationalität und Wohnsitz

¹ Die Mehrheit der Mitglieder der Verwaltung muss aus Schweizerbürgern bestehen, die in der Schweiz wohnhaft sind. Mindestens einer von ihnen muss zur Vertretung der Genossenschaft berechtigt sein.

² Sind diese Vorschriften nicht mehr erfüllt, so hat der Handelsregisterführer der Genossenschaft eine Frist zur Wiederherstellung des gesetzmässigen Zustandes zu setzen und nach fruchtlosem Ablauf die Genossenschaft von Amtes wegen als aufgelöst zu erklären.

Art. 896

II. Amtsdauer

¹ Die Mitglieder der Verwaltung werden auf höchstens vier Jahre gewählt, sind aber, wenn die Statuten nicht etwas anderes bestimmen, wieder wählbar.

² Bei den konzessionierten Versicherungsgenossenschaften finden für die Amtsdauer der Verwaltung die für die Aktiengesellschaft geltenden Vorschriften Anwendung.

Art. 897

III. Verwaltungsausschuss

Die Statuten können einen Teil der Pflichten und Befugnisse der Verwaltung einem oder mehreren von dieser gewählten Verwaltungsausschüssen übertragen.

Art. 898

IV. Geschäftsführung und Vertretung
1. Übertragung

Die Statuten können die Generalversammlung oder die Verwaltung ermächtigen, die Geschäftsführung oder einzelne Zweige derselben und die Vertretung an eine oder mehrere Personen, Geschäftsführer oder Direktoren zu übertragen, die nicht Mitglieder der Genossenschaft zu sein brauchen.

Art. 899

2. Umfang und Beschränkung

¹ Die zur Vertretung befugten Personen sind ermächtigt, im Namen der Genossenschaft alle Rechtshandlungen vorzunehmen, die der Zweck der Genossenschaft mit sich bringen kann.

² Eine Beschränkung dieser Vertretungsbefugnis hat gegenüber gutgläubigen Dritten keine Wirkung, unter Vorbehalt der im Handelsregister eingetragenen Bestimmungen über die ausschliessliche Vertretung der Hauptniederlassung oder einer Zweigniederlassung oder über die gemeinsame Führung der Firma.

³ Die Genossenschaft haftet für den Schaden aus unerlaubten Handlungen, die eine zur Geschäftsführung oder zur Vertretung befugte Person in Ausübung ihrer geschäftlichen Verrichtungen begeht.

Art. 900

3. Zeichnung

Die zur Vertretung der Genossenschaft befugten Personen haben in der Weise zu zeichnen, dass sie der Firma der Genossenschaft ihre Unterschrift beifügen.

Art. 901

4. Eintragung

Die zur Vertretung der Genossenschaft befugten Personen sind von der Verwaltung zur Eintragung in das Handelsregister anzumelden unter Vorlegung einer beglaubigten Abschrift des Beschlusses. Sie haben ihre Unterschrift beim Handelsregisteramt zu zeichnen oder die Zeichnung in beglaubigter Form einzureichen.

Art. 902

V. Pflichten
1. Im allgemeinen

¹ Die Verwaltung hat die Geschäfte der Genossenschaft mit aller Sorgfalt zu leiten und die genossenschaftliche Aufgabe mit besten Kräften zu fördern.

² Sie ist insbesondere verpflichtet:
1. die Geschäfte der Generalversammlung vorzubereiten und deren Beschlüsse auszuführen;
2. die mit der Geschäftsführung und Vertretung Beauftragten im Hinblick auf die Beobachtung der Gesetze, der Statuten und allfälliger Reglemente zu überwachen und sich über den Geschäftsgang regelmässig unterrichten zu lassen.

³ Die Verwaltung ist dafür verantwortlich, dass ihre Protokolle und diejenigen der Generalversammlung, die notwendigen Geschäftsbücher sowie das Genossenschafterverzeichnis regelmässig geführt werden, dass die Betriebsrechnung und die Jahresbilanz nach den gesetzlichen Vorschriften aufgestellt und der Kontrollstelle zur Prüfung unterbreitet und die vorgeschriebenen Anzeigen an das Handelsregisteramt über Eintritt und Austritt der Genossenschafter gemacht werden.

Art. 903

¹ Besteht begründete Besorgnis einer Überschuldung, so hat die Verwaltung sofort auf Grund der Veräusserungswerte eine Zwischenbilanz aufzustellen.

² Zeigt die letzte Jahresbilanz und eine daraufhin zu errichtende Liquidationsbilanz oder zeigt eine Zwischenbilanz, dass die Forderungen der Genossenschaftsgläubiger durch die Aktiven nicht mehr gedeckt sind, so hat die Verwaltung den Richter zu benachrichtigen. Dieser hat die Konkurseröffnung auszusprechen, falls nicht die Voraussetzungen eines Aufschubes gegeben sind.

³ Bei Genossenschaften mit Anteilscheinen hat die Verwaltung unverzüglich eine Generalversammlung einzuberufen und diese von der Sachlage zu unterrichten, wenn die letzte Jahresbilanz ergibt, dass die Hälfte des Genossenschaftskapitals nicht mehr gedeckt ist.

⁴ Bei Genossenschaften mit Nachschusspflicht muss der Richter erst benachrichtigt werden, wenn der durch die Bilanz ausgewiesene Verlust nicht innert drei Monaten durch Nachschüsse der Mitglieder gedeckt wird.

⁵ Auf Antrag der Verwaltung oder eines Gläubigers kann der Richter, falls Aussicht auf Sanierung besteht, die Konkurseröffnung aufschieben. In diesem Falle trifft er die zur Erhaltung des Vermögens geeigneten Massnahmen, wie Inventaraufnahme, Bestellung eines Sachwalters.

⁶ Bei konzessionierten Versicherungsgenossenschaften gelten die Ansprüche der Mitglieder aus Versicherungsverträgen als Gläubigerrechte.

2. Anzeigepflicht bei Überschuldung und bei Kapitalverlust

Art. 904

¹ Im Konkurse der Genossenschaft sind die Mitglieder der Verwaltung den Genossenschaftsgläubigern gegenüber zur Rückerstattung aller in den letzten drei Jahren vor Konkursausbruch als Gewinnanteile oder unter anderer Bezeichnung gemachten Bezüge verpflichtet, soweit diese ein angemessenes Entgelt für Gegenleistungen übersteigen und bei vorsichtiger Bilanzierung nicht hätten ausgerichtet werden sollen.

² Die Rückerstattung ist ausgeschlossen, soweit sie nach den Bestimmungen über die ungerechtfertigte Bereicherung nicht gefordert werden kann.

³ Der Richter entscheidet unter Würdigung aller Umstände nach freiem Ermessen.

VI. Rückerstattung entrichteter Zahlungen

Art. 905

¹ Die Verwaltung kann die von ihr bestellten Ausschüsse, Geschäftsführer, Direktoren und andern Bevollmächtigten und Beauftragten jederzeit abberufen.

VII. Einstellung und Abberufung

² Die von der Generalversammlung bestellten Bevollmächtigten und Beauftragten können von der Verwaltung jederzeit in ihren Funktionen eingestellt werden unter sofortiger Einberufung einer Generalversammlung.

³ Entschädigungsansprüche der Abberufenen oder in ihren Funktionen Eingestellten bleiben vorbehalten.

Art. 906

C. Kontrollstelle
I. Wahl

¹ Die Genossenschaft hat ihre Geschäftsführung und ihre Bilanz für jedes Geschäftsjahr durch eine Kontrollstelle prüfen zu lassen.

² Als Kontrollstelle hat die Generalversammlung für die Dauer mindestens eines Jahres einen oder mehrere Revisoren zu wählen. Sie kann auch Ersatzmänner bezeichnen.

³ Die Revisoren und Ersatzmänner brauchen nicht Mitglieder der Genossenschaft zu sein.

⁴ Als Kontrollstelle können auch Behörden oder juristische Personen, wie Treuhandgesellschaften oder Revisionsverbände, bezeichnet werden.

Art. 907

II. Tätigkeit der Kontrollstelle
1. Prüfungspflicht

¹ Die Revisoren haben insbesondere zu prüfen, ob sich die Betriebsrechnung und die Bilanz in Übereinstimmung mit den Büchern befinden, ob diese ordnungsmässig geführt sind und ob die Darstellung des Geschäftsergebnisses und der Vermögenslage nach den massgebenden Vorschriften sachlich richtig ist. Bei Genossenschaften mit persönlicher Haftung oder Nachschusspflicht der Genossenschafter haben sie auch zu prüfen, ob das Genossenschafterverzeichnis regelrecht geführt wird.

² Zu diesem Zwecke hat die Verwaltung den Revisoren die Bücher und Belege vorzulegen und auf Verlangen über das Inventar und die Grundsätze, nach denen es aufgestellt ist, sowie über einzelne bestimmte Gegenstände Aufschluss zu erteilen.

Art. 908

2. Berichterstattung

¹ Die Revisoren haben der Generalversammlung einen schriftlichen Bericht mit Antrag vorzulegen.

² Ohne Vorlegung eines solchen Berichtes kann die Generalversammlung über die Betriebsrechnung und die Bilanz nicht Beschluss fassen.

³ Die Revisoren haben die bei der Ausführung ihres Auftrages wahrgenommenen Mängel der Geschäftsführung oder die Verletzung gesetzlicher oder statutarischer Vorschriften dem Organe, das dem Verantwortlichen unmittelbar übergeordnet ist, und in wichtigen Fällen auch der Generalversammlung mitzuteilen.

⁴ Die Kontrollstelle ist gehalten, der ordentlichen Generalversammlung beizuwohnen.

Art. 909

Den Revisoren ist untersagt, von den bei der Ausführung ihres Auftrages gemachten Wahrnehmungen einzelnen Genossenschaftern oder Dritten Kenntnis zu geben.

3. Pflicht zur Verschwiegenheit

Art. 910

¹ Die Statuten und die Generalversammlung können über die Organisation der Kontrollstelle weitergehende Bestimmungen treffen, ihre Befugnisse und Pflichten ausdehnen und insbesondere die Vornahme von Zwischenrevisionen vorsehen.

² Die Statuten können neben der ordentlichen Kontrolle die periodische Revision der gesamten Geschäftsführung durch Revisionsverbände anordnen oder eine solche durch besondere Revisoren vorsehen.

4. Besondere Vorschriften

Sechster Abschnitt
Auflösung der Genossenschaft

Art. 911

Die Genossenschaft wird aufgelöst:
1. nach Massgabe der Statuten;
2. durch einen Beschluss der Generalversammlung;
3. durch Eröffnung des Konkurses;
4. in den übrigen vom Gesetze vorgesehenen Fällen.

A. Auflösungsgründe

Art. 912

Erfolgt die Auflösung der Genossenschaft nicht durch Konkurs, so ist sie von der Verwaltung zur Eintragung in das Handelsregister anzumelden.

B. Anmeldung beim Handelsregister

Art. 913

¹ Die Genossenschaft wird, unter Vorbehalt der nachfolgenden Bestimmungen, nach den für die Aktiengesellschaft geltenden Vorschriften liquidiert.

² Das nach Tilgung sämtlicher Schulden und Rückzahlung allfälliger Genossenschaftsanteile verbleibende Vermögen der aufgelösten Genossenschaft darf nur dann unter die Genossenschafter verteilt werden, wenn die Statuten eine solche Verteilung vorsehen.

³ Die Verteilung erfolgt in diesem Falle, wenn die Statuten nicht etwas anderes bestimmen, unter die zur Zeit der Auflösung vorhandenen Genossenschafter oder ihre Rechtsnachfolger nach Köpfen. Der gesetzliche Abfindungsanspruch der ausgeschiedenen Genossenschafter oder ihrer Erben bleibt vorbehalten.

C. Liquidation, Verteilung des Vermögens

⁴ Enthalten die Statuten keine Vorschrift über die Verteilung unter die Genossenschafter, so muss der Liquidationsüberschuss zu genossenschaftlichen Zwecken oder zur Forderung gemeinnütziger Bestrebungen verwendet werden.

⁵ Der Entscheid hierüber steht, wenn die Statuten es nicht anders ordnen, der Generalversammlung zu.

Art. 914[1]

D. ...

Art. 915

E. Übernahme durch eine Körperschaft des öffentlichen Rechts

¹ Wird das Vermögen einer Genossenschaft vom Bunde, von einem Kanton oder unter Garantie des Kantons von einem Bezirk oder von einer Gemeinde übernommen, so kann mit Zustimmung der Generalversammlung vereinbart werden, dass die Liquidation unterbleiben soll.

² Der Beschluss der Generalversammlung ist nach den Vorschriften über die Auflösung zu fassen und beim Handelsregisteramt anzumelden.

³ Mit der Eintragung dieses Beschlusses ist der Übergang des Vermögens der Genossenschaft mit Einschluss der Schulden vollzogen, und es ist die Firma der Genossenschaft zu löschen.

Siebenter Abschnitt
Verantwortlichkeit

Art. 916

A. Haftung gegenüber der Genossenschaft

Alle mit der Verwaltung, Geschäftsführung oder Kontrolle betrauten Personen sowie die Liquidatoren sind der Genossenschaft für den Schaden verantwortlich, den sie ihr durch absichtliche oder fahrlässige Verletzung der ihnen obliegenden Pflichten verursachen.

Art. 917

B. Haftung gegenüber Genossenschaft, Genossenschaftern und Gläubigern

¹ Die Mitglieder der Verwaltung und die Liquidatoren, welche die für den Fall der Überschuldung der Genossenschaft vom Gesetz aufgestellten Pflichten absichtlich oder fahrlässig verletzen, haften der Genossenschaft, den einzelnen Genossenschaftern und den Gläubigern für den entstandenen Schaden.

---

[1] Aufgehoben durch Anhang Ziff. 2 des Fusionsgesetzes vom 3. Okt. 2003 (SR **221.301**).

² Der Ersatz des Schadens, der den Genossenschaftern und den Gläubigern nur mittelbar durch Schädigung der Genossenschaft verursacht wurde, ist nach den für die Aktiengesellschaft aufgestellten Vorschriften geltend zu machen.

Art. 918

C. Solidarität und Rückgriff

¹ Sind mehrere Personen für denselben Schaden verantwortlich, so haften sie solidarisch.

² Der Rückgriff unter mehreren Beteiligten wird vom Richter nach dem Grade des Verschuldens des Einzelnen bestimmt.

Art. 919

D. Verjährung

¹ Der Anspruch auf Schadenersatz gegen die nach den vorstehenden Bestimmungen verantwortlichen Personen verjährt in fünf Jahren von dem Tage an, an dem der Geschädigte Kenntnis vom Schaden und von der Person des Ersatzpflichtigen erlangt hat, jedenfalls aber mit dem Ablaufe von zehn Jahren, vom Tage der schädigenden Handlung an gerechnet.

² Wird die Klage aus einer strafbaren Handlung hergeleitet, für die das Strafrecht eine längere Verjährung vorschreibt, so gilt diese auch für den Zivilanspruch.

Art. 920

E. Bei Kredit- und Versicherungsgenossenschaften

Bei Kreditgenossenschaften und konzessionierten Versicherungsgenossenschaften richtet sich die Verantwortlichkeit nach den Bestimmungen des Aktienrechts.

Achter Abschnitt
Genossenschaftsverbände

Art. 921

A. Voraussetzungen

Drei oder mehr Genossenschaften können einen Genossenschaftsverband bilden und ihn als Genossenschaft ausgestalten.

Art. 922

B. Organisation
I. Delegiertenversammlung

¹ Oberstes Organ des Genossenschaftsverbandes ist, sofern die Statuten es nicht anders ordnen, die Delegiertenversammlung.

² Die Statuten bestimmen die Zahl der Delegierten der angeschlossenen Genossenschaften.

³ Jeder Delegierte hat, unter Vorbehalt anderer Regelung durch die Statuten, eine Stimme.

Art. 923

II. Verwaltung

Die Verwaltung wird, sofern die Statuten es nicht anders bestimmen, aus Mitgliedern der angeschlossenen Genossenschaften gebildet.

Art. 924

III. Überwachung. Anfechtung

¹ Die Statuten können der Verwaltung des Verbandes das Recht einräumen, die geschäftliche Tätigkeit der angeschlossenen Genossenschaften zu überwachen.

² Sie können der Verwaltung des Verbandes das Recht verleihen, Beschlüsse, die von den einzelnen angeschlossenen Genossenschaften gefasst worden sind, beim Richter durch Klage anzufechten.

Art. 925

IV. Ausschluss neuer Verpflichtungen

Der Eintritt in einen Genossenschaftsverband darf für die Mitglieder der eintretenden Genossenschaft keine Verpflichtungen zur Folge haben, denen sie nicht schon durch das Gesetz oder die Statuten ihrer Genossenschaft unterworfen sind.

Neunter Abschnitt
Beteiligung von Körperschaften des öffentlichen Rechts

Art. 926

¹ Bei Genossenschaften, an denen Körperschaften des öffentlichen Rechts, wie Bund, Kanton, Bezirk oder Gemeinde, ein öffentliches Interesse besitzen, kann der Körperschaft in den Statuten der Genossenschaft das Recht eingeräumt werden, Vertreter in die Verwaltung und in die Kontrollstelle abzuordnen.

² Die von einer Körperschaft des öffentlichen Rechts abgeordneten Mitglieder haben die gleichen Rechte und Pflichten wie die von der Genossenschaft gewählten.

³ Die Abberufung der von einer Körperschaft des öffentlichen Rechts abgeordneten Mitglieder der Verwaltung und Kontrollstelle steht nur der Körperschaft selbst zu. Diese haftet gegenüber der Genossenschaft, den Genossenschaftern und den Gläubigern für diese Mitglieder, unter Vorbehalt des Rückgriffs nach dem Rechte des Bundes und der Kantone.

VIERTE ABTEILUNG[1)]
HANDELSREGISTER, GESCHÄFTSFIRMEN UND KAUFMÄNNISCHE BUCHFÜHRUNG

Dreissigster Titel
DAS HANDELSREGISTER

Art. 927

A. Zweck und Einrichtung
I. Im allgemeinen

[1] In jedem Kanton wird ein Handelsregister geführt.

[2] Es steht den Kantonen frei, das Handelsregister bezirksweise zu führen.

[3] Die Kantone haben die Amtsstellen, denen die Führung des Handelsregisters obliegt, und eine kantonale Aufsichtsbehörde zu bestimmen.

Art. 928

II. Haftbarkeit

[1] Die Handelsregisterführer und die ihnen unmittelbar vorgesetzten Aufsichtsbehörden sind persönlich für allen Schaden haftbar, den sie selbst oder die von ihnen ernannten Angestellten durch ihr Verschulden verursachen.

[2] Für die Haftbarkeit der Aufsichtsbehörden sind die Vorschriften massgebend, die über die Verantwortlichkeit der vormundschaftlichen Behörden aufgestellt sind.

[3] Wird der Schaden durch die haftbaren Beamten nicht gedeckt, so hat der Kanton den Ausfall zu tragen.

Art. 929

III. Verordnung des Bundesrates

[1] Der Bundesrat erlässt die Vorschriften über die Einrichtung, die Führung und die Beaufsichtigung des Handelsregisters, über das Verfahren, die Gebühren und die Beschwerdeführung.

[2] Die Gebühren sollen der wirtschaftlichen Bedeutung des Unternehmens angepasst sein.

Art. 930

IV. Öffentlichkeit

Das Handelsregister mit Einschluss der Anmeldungen und der Belege ist öffentlich.

Art. 931

V. Handelsamtsblatt

[1] Die Eintragungen im Handelsregister werden, soweit nicht eine nur teilweise oder auszugsweise Bekanntmachung durch Gesetz

---

[1)] Fassung gemäss BG vom 18. Dez. 1936, in Kraft seit 1. Juli 1937 (AS **53** 185; BBl **1928** I 205, **1932** I 217). Siehe die Schl- und UeB zu den Tit. XXIV–XXXIII am Schluss des OR.

oder Verordnung vorgeschrieben ist, ihrem ganzen Inhalte nach ohne Verzug durch das Schweizerische Handelsamtsblatt bekanntgemacht.

² Ebenso haben alle vom Gesetze vorgeschriebenen Veröffentlichungen im Schweizerischen Handelsamtsblatt zu erfolgen.

³ Der Bundesrat erlässt die Vorschriften über die Einrichtung des Schweizerischen Handelsamtsblattes.

Art. 932

B. Eintragungen
I. Beginn der Wirksamkeit

¹ Für die Bestimmung des Zeitpunktes der Eintragung in das Handelsregister ist die Einschreibung der Anmeldung in das Tagebuch massgebend.

² Gegenüber Dritten wird eine Eintragung im Handelsregister erst an dem nächsten Werktage wirksam, der auf den aufgedruckten Ausgabetag derjenigen Nummer des Schweizerischen Handelsamtsblattes folgt, in der die Eintragung veröffentlicht ist. Dieser Werktag ist auch der massgebende Tag für den Lauf einer Frist, die mit der Veröffentlichung der Eintragung beginnt.

³ Vorbehalten bleiben die besonderen gesetzlichen Vorschriften, nach denen unmittelbar mit der Eintragung auch Dritten gegenüber Rechtswirkungen verbunden sind oder Fristen zu laufen beginnen.

Art. 933

II. Wirkungen

¹ Die Einwendung, dass jemand eine Dritten gegenüber wirksam gewordene Eintragung nicht gekannt habe, ist ausgeschlossen.

² Wurde eine Tatsache, deren Eintragung vorgeschrieben ist, nicht eingetragen, so kann sie einem Dritten nur entgegengehalten werden, wenn bewiesen wird, dass sie diesem bekannt war.

Art. 934

III. Eintragung einer Firma
1. Recht und Pflicht

¹ Wer ein Handels-, Fabrikations- oder ein anderes nach kaufmännischer Art geführtes Gewerbe betreibt, ist verpflichtet, seine Firma am Orte der Hauptniederlassung in das Handelsregister eintragen zu lassen.

² Wer unter einer Firma ein Geschäft betreibt, das nicht eintragspflichtig ist, hat das Recht, sie am Orte der Hauptniederlassung in das Handelsregister eintragen zu lassen.

Art. 935

2. Zweigniederlassungen

¹ Schweizerische Zweigniederlassungen von Firmen, deren Hauptsitz sich in der Schweiz befindet, sind an ihrem Sitz einzutragen, nachdem die Eintragung am Hauptsitz erfolgt ist.

² Die schweizerischen Zweigniederlassungen von Firmen mit Hauptsitz im Auslande sind einzutragen, und zwar in derselben Weise wie diejenigen schweizerischer Firmen, soweit das ausländische Recht keine Abweichung nötig macht. Für solche Zweig-

niederlassungen muss ein Bevollmächtigter mit Wohnsitz in der Schweiz und mit dem Rechte der geschäftlichen Vertretung bestellt werden.

Art. 936

Der Bundesrat erlässt die nähern Vorschriften über die Pflicht zur Eintragung in das Handelsregister.

3. Ausführungsbestimmungen

Art. 936a[1)]

[1] Die im Handelsregister eingetragenen Einzelfirmen, Kollektiv- und Kommanditgesellschaften, Kapitalgesellschaften, Genossenschaften, Vereine, Stiftungen und Institute des öffentlichen Rechts erhalten eine Identifikationsnummer.

[2] Die Identifikationsnummer bleibt während des Bestehens des Rechtsträgers unverändert, so insbesondere auch bei der Sitzverlegung, der Umwandlung und der Änderung des Namens oder der Firma.

[3] Der Bundesrat erlässt Ausführungsvorschriften. Er kann vorsehen, dass die Identifikationsnummer nebst der Firma auf Briefen, Bestellscheinen und Rechnungen anzugeben ist.

4. Identifikationsnummer

Art. 937

Ist eine Tatsache im Handelsregister eingetragen, so muss auch jede Änderung dieser Tatsache eingetragen werden.

IV. Änderungen

Art. 938

Wenn das Geschäft, dessen Firma eingetragen ist, zu bestehen aufhört oder auf eine andere Person übergeht, so sind die bisherigen Inhaber oder deren Erben verpflichtet, die Firma löschen zu lassen.

V. Löschung

Art. 939

[1] Ist über eine Handelsgesellschaft oder über eine Genossenschaft der Konkurs eröffnet worden, so hat der Handelsregisterführer nach Empfang der amtlichen Mitteilung des Konkurserkenntnisses die dadurch bewirkte Auflösung der Gesellschaft oder Genossenschaft in das Handelsregister einzutragen.

[2] Wird der Konkurs widerrufen, so ist auf die amtliche Mitteilung des Widerrufs hin diese Eintragung im Handelsregister zu löschen.

[3] Nach Schluss des Konkursverfahrens ist auf die amtliche Mitteilung des Schlusserkenntnisses hin die Gesellschaft oder Genossenschaft im Handelsregister zu löschen.

VI. Konkurs von Handelsgesellschaften und Genossenschaften

[1)] Eingefügt durch Anhang Ziff. 2 des Fusionsgesetzes vom 3. Okt. 2003, in Kraft seit 1. Juli 2004 (SR **221.301**).

Art. 940

VII. Pflichten des Registerführers
1. Prüfungspflicht

¹ Der Registerführer hat zu prüfen, ob die gesetzlichen Voraussetzungen für die Eintragung erfüllt sind.

² Bei der Eintragung juristischer Personen ist insbesondere zu prüfen, ob die Statuten keinen zwingenden Vorschriften widersprechen und den vom Gesetz verlangten Inhalt aufweisen.

Art. 941

2. Mahnung. Eintragung von Amtes wegen

Der Registerführer hat die Beteiligten zur Erfüllung der Anmeldungspflicht anzuhalten und nötigenfalls die vorgeschriebenen Eintragungen von Amtes wegen vorzunehmen.

Art. 942

VIII. Nichtbefolgung der Vorschriften
1. Haftung für Schaden

Wer zur Anmeldung einer Eintragung in das Handelsregister verpflichtet ist und diese absichtlich oder fahrlässig unterlässt, haftet für den dadurch verursachten Schaden.

Art. 943

2. Ordnungsbussen

¹ Wenn das Gesetz die Beteiligung zur Anmeldung einer Eintragung verpflichtet, hat die Registerbehörde von Amtes wegen gegen die Fehlbaren mit Ordnungsbussen im Betrage von 10 bis 500 Franken einzuschreiten.

² Die nämliche Busse ist gegen die Mitglieder der Verwaltung einer Aktiengesellschaft auszusprechen, die der Aufforderung zur Auflegung der Gewinn- und Verlustrechnung und der Bilanz beim Handelsregisteramt nicht nachkommen.

Einunddreissigster Titel
DIE GESCHÄFTSFIRMEN

Art. 944

¹ Jede Firma darf, neben dem vom Gesetze vorgeschriebenen wesentlichen Inhalt, Angaben enthalten, die zur näheren Umschreibung der darin erwähnten Personen dienen oder auf die Natur des Unternehmens hinweisen oder eine Phantasiebezeichnung darstellen, vorausgesetzt, dass der Inhalt der Firma der Wahrheit entspricht, keine Täuschungen verursachen kann und keinem öffentlichen Interesse zuwiderläuft.

² Der Bundesrat kann Vorschriften darüber erlassen, in welchem Umfange nationale und territoriale Bezeichnungen bei der Bildung von Firmen verwendet werden dürfen.

A. Grundsätze der Firmenbildung
I. Allgemeine Bestimmungen

Art. 945

¹ Wer als alleiniger Inhaber ein Geschäft betreibt, muss den wesentlichen Inhalt seiner Firma aus dem Familiennamen mit oder ohne Vornamen bilden.

² ...[1]

³ Der Firma darf kein Zusatz beigefügt werden, der ein Gesellschaftsverhältnis andeutet.

II. Einzelfirmen
1. Wesentlicher Inhalt

Art. 946

¹ Eine im Handelsregister eingetragene Einzelfirma darf von keinem andern Geschäftsinhaber an demselben Orte verwendet werden, selbst dann nicht, wenn er den gleichen Vor- und Familiennamen hat, mit dem die ältere Firma gebildet worden ist.

² Der neue Geschäftsinhaber hat in einem solchen Falle seinem Namen in der Firma einen Zusatz beizufügen, durch den diese deutlich von der älteren Firma unterschieden wird.

³ Gegenüber einer an einem andern Orte eingetragenen Einzelfirma bleiben die Ansprüche aus unlauterem Wettbewerb vorbehalten.

2. Ausschliesslichkeit der eingetragenen Firma

Art. 947

¹ Die Firma einer Kollektivgesellschaft muss, sofern nicht sämtliche Gesellschafter namentlich aufgeführt werden, den Familiennamen wenigstens eines der Gesellschafter mit einem das Gesellschaftsverhältnis andeutenden Zusatz enthalten.

² Bei Aufnahme weiterer Gesellschafter kann die Kollektivgesellschaft ihre Firma unverändert beibehalten.

III. Gesellschaftsfirmen
1. Kollektiv-, Kommandit- und Kommanditaktiengesellschaft
a. Bildung der Firma

---

[1] Aufgehoben durch Ziff. I des BG vom 4. Okt. 1991 (AS **1992** 733; BBl **1983** II 745).

³ Die Firma einer Kommanditgesellschaft oder Kommanditaktiengesellschaft muss den Familiennamen wenigstens eines unbeschränkt haftenden Gesellschafters mit einem das Gesellschaftsverhältnis andeutenden Zusatz enthalten.

⁴ Die Namen anderer Personen als der unbeschränkt haftenden Gesellschafter dürfen in der Firma einer Kollektivgesellschaft, Kommanditgesellschaft oder Kommanditaktiengesellschaft nicht enthalten sein.

Art. 948

b. Änderung der Firma

¹ Wenn eine Person, deren Familienname in der Firma einer Kollektivgesellschaft, Kommanditgesellschaft oder Kommanditaktiengesellschaft enthalten ist, aus der Gesellschaft ausscheidet, so darf auch mit Einwilligung dieser Person oder ihrer Erben ihr Name in der Gesellschaftsfirma nicht beibehalten werden.

² Ausnahmen können bewilligt werden, wenn das Gesellschaftsverhältnis durch eine verwandtschaftliche Beziehung ausgedrückt ist, solange wenigstens unter zwei unbeschränkt haftenden Gesellschaftern noch eine Verwandtschaft oder Schwägerschaft besteht und einer von ihnen den in der Firma enthaltenen Familiennamen trägt.

Art. 949

2. Gesellschaft mit beschränkter Haftung

¹ Gesellschaften mit beschränkter Haftung können unter Wahrung der allgemeinen Grundsätze der Firmenbildung ihre Firma frei wählen.

² In allen Fällen muss der Firma die Bezeichnung als Gesellschaft mit beschränkter Haftung beigefügt werden.

Art. 950

3. Aktiengesellschaft und Genossenschaft

¹ Aktiengesellschaften und Genossenschaften können unter Wahrung der allgemeinen Grundsätze der Firmenbildung ihre Firma frei wählen.

² Unter den gleichen Voraussetzungen dürfen sie auch Personennamen in die Firma aufnehmen, müssen ihr aber in solchen Fällen die Bezeichnung als Aktiengesellschaft oder Genossenschaft beifügen. Wird diese Bezeichnung den Personennamen vorangestellt, so darf sie nicht abgekürzt werden.

Art. 951

4. Ausschliesslichkeit der eingetragenen Firma

¹ Die Vorschriften über die Ausschliesslichkeit der eingetragenen Einzelfirma gelten auch für die Firma der Kollektivgesellschaft, der Kommanditgesellschaft, der Kommanditaktiengesellschaft und, sofern deren Firma Personennamen enthält, für die Gesellschaft mit beschränkter Haftung.

² Die Firmen der Aktiengesellschaften und Genossenschaften sowie die bei der Gesellschaft mit beschränkter Haftung ohne Personennamen gebildeten Firmen müssen sich von jeder in der Schweiz bereits eingetragenen Firma deutlich unterscheiden.

Art. 952

¹ Zweigniederlassungen müssen die gleiche Firma führen wie die Hauptniederlassung; sie dürfen jedoch ihrer Firma besondere Zusätze beifügen, sofern diese nur für die Zweigniederlassung zutreffen.

² Die Firma der Zweigniederlassung eines Unternehmens, dessen Sitz sich im Auslande befindet, muss überdies den Ort der Hauptniederlassung, den Ort der Zweigniederlassung und die ausdrückliche Bezeichnung als solche enthalten.

IV. Zweigniederlassungen

Art. 953

¹ Wer ein Geschäft übernimmt, ist an die Vorschriften gebunden, die für die Bildung und die Führung einer Firma aufgestellt sind.

² Der Übernehmer darf jedoch mit ausdrücklicher oder stillschweigender Zustimmung der früheren Inhaber oder ihrer Erben die bisherige Firma weiterführen, sofern in einem Zusatz das Nachfolgeverhältnis zum Ausdruck gebracht und der neue Inhaber genannt wird.

V. Übernahme eines Geschäftes

Art. 954

Die bisherige Firma kann beibehalten werden, wenn der darin enthaltene Name des Geschäftsinhabers oder eines Gesellschafters von Gesetzes wegen oder durch die zuständige Behörde geändert worden ist.

VI. Namensänderung

Art. 955

Der Registerführer ist von Amtes wegen verpflichtet, die Beteiligten zur Beobachtung der Bestimmungen über die Firmenbildung anzuhalten.

B. Überwachung

Art. 956

¹ Die im Handelsregister eingetragene und im Schweizerischen Handelsamtsblatt veröffentlichte Firma eines einzelnen Geschäftsinhabers oder einer Handelsgesellschaft oder Genossenschaft steht dem Berechtigten zu ausschliesslichem Gebrauche zu.

² Wer durch den unbefugten Gebrauch einer Firma beeinträchtigt wird, kann auf Unterlassung der weitern Führung der Firma und bei Verschulden auf Schadenersatz klagen.

C. Schutz der Firma

Zweiunddreissigster Titel
DIE KAUFMÄNNISCHE BUCHFÜHRUNG

Art. 957[1]

A. Pflicht zur Führung und Aufbewahrung der Geschäftsbücher

¹ Wer verpflichtet ist, seine Firma in das Handelsregister eintragen zu lassen, ist gehalten, diejenigen Bücher ordnungsgemäss zu führen und aufzubewahren, die nach Art und Umfang seines Geschäftes nötig sind, um die Vermögenslage des Geschäftes und die mit dem Geschäftsbetriebe zusammenhängenden Schuld- und Forderungsverhältnisse sowie die Ergebnisse der einzelnen Geschäftsjahre festzustellen.

² Die Bücher, die Buchungsbelege und die Geschäftskorrespondenz können schriftlich, elektronisch oder in vergleichbarer Weise geführt und aufbewahrt werden, soweit dadurch die Übereinstimmung mit den zu Grunde liegenden Geschäftsvorfällen gewährleistet ist.

³ Betriebsrechnung und Bilanz sind schriftlich und unterzeichnet aufzubewahren. Die übrigen Geschäftsbücher, die Buchungsbelege und die Geschäftskorrespondenz können auch elektronisch oder in vergleichbarer Weise aufbewahrt werden, wenn sie jederzeit lesbar gemacht werden können.

⁴ Elektronisch oder in vergleichbarer Weise aufbewahrte Geschäftsbücher, Buchungsbelege und Geschäftskorrespondenz haben die gleiche Beweiskraft wie solche, die ohne Hilfsmittel lesbar sind.

⁵ Der Bundesrat kann die Voraussetzungen näher umschreiben.

Art. 958

B. Bilanzvorschriften
I. Bilanzpflicht

¹ Wer zur Führung von Geschäftsbüchern verpflichtet ist, hat bei Eröffnung des Geschäftsbetriebes ein Inventar und eine Bilanz und auf Schluss eines jeden Geschäftsjahres ein Inventar, eine Betriebsrechnung und eine Bilanz aufzustellen.

² Inventar, Betriebsrechnung und Bilanz sind innerhalb einer dem ordnungsmässigen Geschäftsgang entsprechenden Frist abzuschliessen.

Art. 959

II. Bilanzgrundsätze
1. Bilanzwahrheit und -klarheit

Betriebsrechnung und Jahresbilanz sind nach allgemein anerkannten kaufmännischen Grundsätzen vollständig, klar und übersichtlich aufzustellen, damit die Beteiligten einen möglichst sicheren Einblick in die wirtschaftliche Lage des Geschäftes erhalten.

Art. 960

2. Wertansätze

¹ Inventar, Betriebsrechnung und Bilanz sind in Landeswährung aufzustellen.

---

[1] Fassung gemäss Ziff. I des BG vom 22. Dez. 1999, in Kraft seit 1. Juni 2002 (AS **2002** 949 952; BBl **1999** 5149).

² Bei ihrer Errichtung sind alle Aktiven höchstens nach dem Werte anzusetzen, der ihnen im Zeitpunkt, auf welchen die Bilanz errichtet wird, für das Geschäft zukommt.
³ Vorbehalten bleiben die abweichenden Bilanzvorschriften, die für Aktiengesellschaften, Kommanditaktiengesellschaften, Gesellschaften mit beschränkter Haftung sowie Versicherungs- und Kreditgenossenschaften aufgestellt sind.

Art. 961[1)]

Betriebsrechnung und Bilanz sind vom Firmeninhaber, gegebenenfalls von sämtlich persönlich haftenden Gesellschaftern und, wenn es sich um eine Aktiengesellschaft, Kommanditaktiengesellschaft, Gesellschaft mit beschränkter Haftung oder Genossenschaft handelt, von den mit der Geschäftsführung betrauten Personen zu unterzeichnen.

III. Unterzeichnung

Art. 962[1)]

¹ Die Geschäftsbücher, die Buchungsbelege und die Geschäftskorrespondenz sind während zehn Jahren aufzubewahren.
² Die Aufbewahrungsfrist beginnt mit dem Ablauf des Geschäftsjahres, in dem die letzten Eintragungen vorgenommen wurden, die Buchungsbelege entstanden sind und die Geschäftskorrespondenz ein- oder ausgegangen ist.

C. Dauer der Aufbewahrungspflicht

Art. 963[1)]

¹ Wer zur Führung von Geschäftsbüchern verpflichtet ist, kann bei Streitigkeiten, die das Geschäft betreffen, angehalten werden, Geschäftsbücher, Buchungsbelege und Geschäftskorrespondenz vorzulegen, wenn ein schutzwürdiges Interesse nachgewiesen wird und das Gericht dies für den Beweis als notwendig erachtet.
² Werden die Geschäftsbücher, die Buchungsbelege oder die Geschäftskorrespondenz elektronisch oder in vergleichbarer Weise aufbewahrt, so kann das Gericht oder die Behörde, die kraft öffentlichen Rechts ihre Edition verlangen kann, anordnen, dass:
1. sie so vorgelegt werden, dass sie ohne Hilfsmittel gelesen werden können; oder
2. die Mittel zur Verfügung gestellt werden, mit denen sie lesbar gemacht werden können.

D. Editionspflicht

Art. 964[2)]

[1)] Fassung gemäss Ziff. I des BG vom 22. Dez. 1999, in Kraft seit 1. Juni 2002 (AS **2002** 949 952; BBl **1999** 5149).
[2)] Aufgehoben durch Ziff. I des BG vom 22. Dez. 1999 (AS **2002** 949; BBl **1999** 5149).

FÜNFTE ABTEILUNG[1)]
DIE WERTPAPIERE

Dreiunddreissigster Titel
DIE NAMEN-, INHABER- UND ORDREPAPIERE

Erster Abschnitt
Allgemeine Bestimmungen

Art. 965

Wertpapier ist jede Urkunde, mit der ein Recht derart verknüpft ist, dass es ohne die Urkunde weder geltend gemacht noch auf andere übertragen werden kann.

A. Begriff des Wertpapiers

Art. 966

[1] Der Schuldner aus einem Wertpapier ist nur gegen Aushändigung der Urkunde zu leisten verpflichtet.

[2] Der Schuldner wird durch eine bei Verfall erfolgte Leistung an den durch die Urkunde ausgewiesenen Gläubiger befreit, wenn ihm nicht Arglist oder grobe Fahrlässigkeit zur Last fällt.

B. Verpflichtung aus dem Wertpapier

Art. 967

[1] Zur Übertragung des Wertpapiers zu Eigentum oder zu einem beschränkten dinglichen Recht bedarf es in allen Fällen der Übertragung des Besitzes an der Urkunde.

[2] Bei Ordrepapieren bedarf es überdies der Indossierung, bei Namenpapieren einer schriftlichen Erklärung, die nicht auf das Wertpapier selbst gesetzt werden muss.

[3] Durch Gesetz oder Vertrag kann für die Übertragung die Mitwirkung anderer Personen, wie namentlich des Schuldners, vorgeschrieben werden.

C. Übertragung des Wertpapiers
I. Allgemeine Form

Art. 968

[1] Die Indossierung erfolgt in allen Fällen nach den Vorschriften über den Wechsel.

[2] Das ausgefüllte Indossament gilt in Verbindung mit der Übergabe der Urkunde als genügende Form der Übertragung.

II. Indossierung
1. Form

[1)] Fassung gemäss BG vom 18. Dez. 1936, in Kraft seit 1. Juli 1937 (AS **53** 185; BBl **1928** I 205, **1932** I 217). Siehe die Schl- und UeB zu den Tit. XXIV–XXXIII am Schluss des OR.

Art. 969

2. Wirkung — Mit der Indossierung und der Übergabe der indossierten Urkunde gehen bei allen übertragbaren Wertpapieren, soweit sich aus dem Inhalt oder der Natur der Urkunde nicht etwas anderes ergibt, die Rechte des Indossanten auf den Erwerber über.

Art. 970

D. Umwandlung — ¹ Ein Namen- oder Ordrepapier kann nur mit Zustimmung aller berechtigten und verpflichteten Personen in ein Inhaberpapier umgewandelt werden. Diese Zustimmung ist auf der Urkunde selbst zu erklären.

² Der gleiche Grundsatz gilt für die Umwandlung von Inhaberpapieren in Namen- oder Ordrepapiere. Fehlt in diesem Falle die Zustimmung einer der berechtigten oder verpflichteten Personen, so ist die Umwandlung wirksam, jedoch nur zwischen dem Gläubiger, der sie vorgenommen hat, und seinem unmittelbaren Rechtsnachfolger.

Art. 971

E. Kraftloserklärung
I. Geltendmachung — ¹ Wird ein Wertpapier vermisst, so kann es durch den Richter kraftlos erklärt werden.

² Die Kraftloserklärung kann verlangen, wer zur Zeit des Verlustes oder der Entdeckung des Verlustes an dem Papier berechtigt ist.

Art. 972

II. Verfahren. Wirkung — ¹ Nach der Kraftloserklärung kann der Berechtigte sein Recht auch ohne die Urkunde geltend machen oder die Ausstellung einer neuen Urkunde verlangen.

² Im übrigen kommen für das Verfahren und die Wirkung der Kraftloserklärung die bei den einzelnen Arten von Wertpapieren aufgestellten Bestimmungen zur Anwendung.

Art. 973

F. Besondere Vorschriften — Die besondern Vorschriften über die Wertpapiere, wie namentlich über den Wechsel, den Check und die Pfandtitel, bleiben vorbehalten.

Zweiter Abschnitt
Die Namenpapiere

Art. 974

A. Begriff — Ein Wertpapier gilt als Namenpapier, wenn es auf einen bestimmten Namen lautet und weder an Ordre gestellt noch gesetzlich als Ordrepapier erklärt ist.

Art. 975

¹ Der Schuldner ist nur demjenigen zu leisten verpflichtet, der Inhaber der Urkunde ist und der sich als die Person oder als Rechtsnachfolger der Person ausweist, auf welche die Urkunde lautet.

² Leistet der Schuldner ohne diesen Ausweis, so wird er gegenüber einem Dritten, der seine Berechtigung nachweist, nicht befreit.

B. Ausweis über das Gläubigerrecht
I. In der Regel

Art. 976

Hat sich der Schuldner im Namenpapier das Recht vorbehalten, jedem Inhaber der Urkunde leisten zu dürfen, so wird er durch die in gutem Glauben erfolgte Leistung an den Inhaber befreit, auch wenn er den Ausweis über das Gläubigerrecht nicht verlangt hat; er ist indessen nicht verpflichtet, an den Inhaber zu leisten.

II. Beim hinkenden Inhaberpapier

Art. 977

¹ Die Namenpapiere werden, wenn keine besondern Vorschriften aufgestellt sind, nach den für die Inhaberpapiere geltenden Bestimmungen kraftlos erklärt.

² Der Schuldner kann in der Urkunde eine vereinfachte Kraftloserklärung durch Herabsetzung der Zahl der öffentlichen Aufforderungen oder durch Verkürzung der Fristen vorsehen, oder sich das Recht vorbehalten, auch ohne Vorweisung der Urkunde und ohne Kraftloserklärung gültig zu leisten, wenn der Gläubiger die Entkräftung des Schuldscheins und die Tilgung der Schuld in einer öffentlichen oder beglaubigten Urkunde ausspricht.

C. Kraftloserklärung

Dritter Abschnitt
Die Inhaberpapiere

Art. 978

¹ Ein Wertpapier gilt als Inhaberpapier, wenn aus dem Wortlaut oder der Form der Urkunde ersichtlich ist, dass der jeweilige Inhaber als Berechtigter anerkannt wird.

² Der Schuldner darf jedoch nicht mehr bezahlen, wenn ein gerichtliches oder polizeiliches Zahlungsverbot an ihn erlassen worden ist.

A. Begriff

Art. 979

¹ Der Schuldner kann der Forderung aus einem Inhaberpapier nur solche Einreden entgegensetzen, die entweder gegen die Gültigkeit der Urkunde gerichtet sind oder aus der Urkunde selbst hervorgehen, sowie solche, die ihm persönlich gegen den jeweiligen Gläubiger zustehen.

² Einreden, die sich auf die unmittelbaren Beziehungen des Schuldners zu einem früheren Inhaber gründen, sind zulässig, wenn

B. Einreden des Schuldners
I. Im allgemeinen

der Inhaber bei dem Erwerb der Urkunde bewusst zum Nachteil des Schuldners gehandelt hat.

³ Ausgeschlossen ist die Einrede, dass die Urkunde wider den Willen des Schuldners in den Verkehr gelangt sei.

Art. 980

II. Bei Inhaberzinscoupons

¹ Gegen die Forderung aus Inhaberzinscoupons kann der Schuldner die Einrede, dass die Kapitalschuld getilgt sei, nicht erheben.

² Der Schuldner ist aber berechtigt, bei Bezahlung der Kapitalschuld den Betrag der erst in Zukunft verfallenden Inhaberzinscoupons, die ihm nicht mit dem Haupttitel abgeliefert werden, bis nach Ablauf der für diese Coupons geltenden Verjährungsfrist zurückzubehalten, es sei denn, dass die nicht abgelieferten Coupons kraftlos erklärt worden sind oder dass deren Betrag sichergestellt wird.

Art. 981

C. Kraftloserklärung
I. Im allgemeinen
1. Begehren

¹ Inhaberpapiere, wie Aktien, Obligationen, Genussscheine, Couponsbogen, Bezugsscheine für Couponsbogen, jedoch mit Ausschluss einzelner Coupons, werden auf Begehren des Berechtigten durch den Richter kraftlos erklärt.

² ...¹⁾

³ Der Gesuchsteller hat den Besitz und Verlust der Urkunde glaubhaft zu machen.

⁴ Ist dem Inhaber eines mit Couponsbogen oder Bezugsschein versehenen Papiers bloss der Couponsbogen oder Bezugsschein abhanden gekommen, so genügt zur Begründung des Begehrens die Vorzeigung des Haupttitels.

Art. 982

2. Zahlungsverbot

¹ Dem aus dem Wertpapier Verpflichteten kann auf Verlangen des Gesuchstellers die Einlösung unter Hinweis auf die Gefahr doppelter Zahlung verboten werden.

² Soll ein Couponsbogen kraftlos erklärt werden, so findet auf die während des Verfahrens verfallenden einzelnen Coupons die Bestimmung über die Kraftloserklärung der Zinscoupons entsprechende Anwendung.

Art. 983

3. Aufgebot, Anmeldungsfrist

Erachtet der Richter die Darstellung des Gesuchstellers über seinen frühern Besitz und über den Verlust der Urkunde für glaubhaft, so fordert er durch öffentliche Bekanntmachung den unbekannten Inhaber auf, das Wertpapier innerhalb bestimmter Frist vorzulegen,

---

¹⁾ Aufgehoben durch Anhang Ziff. 5 des Gerichtsstandsgesetzes vom 24. März 2000 (SR **272**).

widrigenfalls die Kraftloserklärung ausgesprochen werde. Die Frist ist auf mindestens sechs Monate festzusetzen; sie läuft vom Tage der ersten Bekanntmachung an.

Art. 984

¹ Die Aufforderung zur Vorlegung der Urkunde ist dreimal im Schweizerischen Handelsamtsblatt zu veröffentlichen.

² In besonderen Fällen kann der Richter noch in anderer Weise für angemessene Veröffentlichung sorgen.

4. Art der Bekanntmachung

Art. 985

¹ Wird das abhanden gekommene Inhaberpapier vorgelegt, so setzt der Richter dem Gesuchsteller Frist zur Anhebung der Klage auf Herausgabe der Urkunde.

² Klagt der Gesuchsteller nicht binnen dieser Frist, so gibt der Richter die Urkunde zurück und hebt das Zahlungsverbot auf.

5. Wirkung a. Bei Vorlegung der Urkunde

Art. 986

¹ Wird das abhanden gekommene Inhaberpapier innert der angesetzten Frist nicht vorgelegt, so kann der Richter die Urkunde kraftlos erklären oder je nach Umständen weitere Anordnungen treffen.

² Die Kraftloserklärung eines Inhaberpapiers ist sofort im Schweizerischen Handelsamtsblatt, nach Ermessen des Richters auch anderweitig zu veröffentlichen.

³ Nach der Kraftloserklärung ist der Gesuchsteller berechtigt, auf seine Kosten die Ausfertigung einer neuen Urkunde oder die Erfüllung der fälligen Leistung zu fordern.

b. Bei Nichtvorlegung

Art. 987

¹ Sind einzelne Coupons abhanden gekommen, so hat der Richter auf Begehren des Berechtigten zu verfügen, dass der Betrag bei Verfall oder, sofern der Coupon bereits verfallen ist, sofort gerichtlich hinterlegt werde.

² Nach Ablauf von drei Jahren seit dem Verfalltage ist, wenn sich inzwischen kein Berechtigter gemeldet hat, der Betrag nach Verfügung des Richters an den Gesuchsteller herauszugeben.

II. Bei Coupons im besondern

Art. 988

Bei Banknoten und andern in grösserer Anzahl ausgegebenen, auf Sicht zahlbaren Inhaberpapieren, die zum Umlauf als Ersatzmittel für Geld bestimmt sind und auf feste Beträge lauten, findet eine Kraftloserklärung nicht statt.

III. Bei Banknoten und ähnlichen Papieren

Art. 989

Vorbehalten bleiben die besondern Bestimmungen über den Schuldbrief und die Gült, die auf den Inhaber lauten.

D. Schuldbrief und Gült

Vierter Abschnitt
Der Wechsel

Art. 990

A. Wechselfähigkeit

Wer sich durch Verträge verpflichten kann, ist wechselfähig.

Art. 991

B. Gezogener Wechsel
I. Ausstellung und Form des gezogenen Wechsels
1. Erfordernisse

Der gezogene Wechsel enthält:
1. die Bezeichnung als Wechsel im Texte der Urkunde, und zwar in der Sprache, in der sie ausgestellt ist;
2. die unbedingte Anweisung, eine bestimmte Geldsumme zu zahlen;
3. den Namen dessen, der zahlen soll (Bezogener);
4. die Angabe der Verfallzeit;
5. die Angabe des Zahlungsortes;
6. den Namen dessen, an den oder an dessen Ordre gezahlt werden soll;
7. die Angabe des Tages und des Ortes der Ausstellung;
8. die Unterschrift des Ausstellers.

Art. 992

2. Fehlen von Erfordernissen

¹ Eine Urkunde, der einer der im vorstehenden Artikel bezeichneten Bestandteile fehlt, gilt nicht als gezogener Wechsel, vorbehaltlich der in den folgenden Absätzen bezeichneten Fälle.

² Ein Wechsel ohne Angabe der Verfallzeit gilt als Sichtwechsel.

³ Mangels einer besonderen Angabe gilt der bei dem Namen des Bezogenen angegebene Ort als Zahlungsort und zugleich als Wohnort des Bezogenen.

⁴ Ein Wechsel ohne Angabe des Ausstellungsortes gilt als ausgestellt an dem Orte, der bei dem Namen des Ausstellers angegeben ist.

Art. 993

3. Arten

¹ Der Wechsel kann an die eigene Ordre des Ausstellers lauten.
² Er kann auf den Aussteller selbst gezogen werden.
³ Er kann für Rechnung eines Dritten gezogen werden.

Art. 994

4. Zahlstellen. Domizilwechsel

Der Wechsel kann bei einem Dritten, am Wohnorte des Bezogenen oder an einem anderen Orte zahlbar gestellt werden.

Art. 995

¹ In einem Wechsel, der auf Sicht oder auf eine bestimmte Zeit nach Sicht lautet, kann der Aussteller bestimmen, dass die Wechselsumme zu verzinsen ist. Bei jedem anderen Wechsel gilt der Zinsvermerk als nicht geschrieben.

² Der Zinsfuss ist im Wechsel anzugeben; fehlt diese Angabe, so gilt der Zinsvermerk als nicht geschrieben.

³ Die Zinsen laufen vom Tage der Ausstellung des Wechsels, sofern nicht ein anderer Tag bestimmt ist.

5. Zinsversprechen

Art. 996

¹ Ist die Wechselsumme in Buchstaben und in Ziffern angegeben, so gilt bei Abweichungen die in Buchstaben angegebene Summe.

² Ist die Wechselsumme mehrmals in Buchstaben oder mehrmals in Ziffern angegeben, so gilt bei Abweichungen die geringste Summe.

6. Verschiedene Bezeichnung der Wechselsumme

Art. 997

Trägt ein Wechsel Unterschriften von Personen, die eine Wechselverbindlichkeit nicht eingehen können, gefälschte Unterschriften, Unterschriften erdichteter Personen oder Unterschriften, die aus irgendeinem anderen Grunde für die Personen, die unterschrieben haben oder mit deren Namen unterschrieben worden ist, keine Verbindlichkeit begründen, so hat dies auf die Gültigkeit der übrigen Unterschriften keinen Einfluss.

7. Unterschriften von Wechselunfähigen

Art. 998

Wer auf einem Wechsel seine Unterschrift als Vertreter eines anderen setzt, ohne hierzu ermächtigt zu sein, haftet selbst wechselmässig und hat, wenn er den Wechsel einlöst, dieselben Rechte, die der angeblich Vertretene haben würde. Das gleiche gilt von einem Vertreter, der seine Vertretungsbefugnis überschritten hat.

8. Unterschrift ohne Ermächtigung

Art. 999

¹ Der Aussteller haftet für die Annahme und die Zahlung des Wechsels.

² Er kann die Haftung für die Annahme ausschliessen; jeder Vermerk, durch den er die Haftung für die Zahlung ausschliesst, gilt als nicht geschrieben.

9. Haftung des Ausstellers

Art. 1000

10. Blankowechsel — Wenn ein Wechsel, der bei der Begebung unvollständig war, den getroffenen Vereinbarungen zuwider ausgefüllt worden ist, so kann die Nichteinhaltung dieser Vereinbarungen dem Inhaber nicht entgegengesetzt werden, es sei denn, dass er den Wechsel in bösem Glauben erworben hat oder ihm beim Erwerb eine grobe Fahrlässigkeit zur Last fällt.

Art. 1001

II. Indossament
1. Übertragbarkeit

[1] Jeder Wechsel kann durch Indossament übertragen werden, auch wenn er nicht ausdrücklich an Ordre lautet.

[2] Hat der Aussteller in den Wechsel die Worte: «nicht an Ordre» oder einen gleichbedeutenden Vermerk aufgenommen, so kann der Wechsel nur in der Form und mit den Wirkungen einer gewöhnlichen Abtretung übertragen werden.

[3] Das Indossament kann auch auf den Bezogenen, gleichviel ob er den Wechsel angenommen hat oder nicht, auf den Aussteller oder auf jeden anderen Wechselverpflichteten lauten. Diese Personen können den Wechsel weiter indossieren.

Art. 1002

2. Erfordernisse

[1] Das Indossament muss unbedingt sein. Bedingungen, von denen es abhängig gemacht wird, gelten als nicht geschrieben.

[2] Ein Teilindossament ist nichtig.

[3] Ein Indossament an den Inhaber gilt als Blankoindossament.

Art. 1003

3. Form

[1] Das Indossament muss auf den Wechsel oder auf ein mit dem Wechsel verbundenes Blatt (Anhang, Allonge) gesetzt werden. Es muss von dem Indossanten unterschrieben werden.

[2] Das Indossament braucht den Indossatar nicht zu bezeichnen und kann selbst in der blossen Unterschrift des Indossanten bestehen (Blankoindossament). In diesem letzteren Falle muss das Indossament, um gültig zu sein, auf die Rückseite des Wechsels oder auf den Anhang gesetzt werden.

Art. 1004

4. Wirkungen
a. Übertragungsfunktion

[1] Das Indossament überträgt alle Rechte aus dem Wechsel.

[2] Ist es ein Blankoindossament, so kann der Inhaber

1. das Indossament mit seinem Namen oder mit dem Namen eines anderen ausfüllen;
2. den Wechsel durch ein Blankoindossament oder an eine bestimmte Person weiter indossieren;
3. den Wechsel weiter begeben, ohne das Blankoindossament auszufüllen und ohne ihn zu indossieren.

Art. 1005

¹ Der Indossant haftet mangels eines entgegenstehenden Vermerkes für die Annahme und die Zahlung.

² Er kann untersagen, dass der Wechsel weiter indossiert wird; in diesem Falle haftet er denen nicht, an die der Wechsel weiter indossiert wird.

b. Garantiefunktion

Art. 1006

¹ Wer den Wechsel in Händen hat, gilt als rechtmässiger Inhaber, sofern er sein Recht durch eine ununterbrochene Reihe von Indossamenten nachweist, und zwar auch dann, wenn das letzte ein Blankoindossament ist. Ausgestrichene Indossamente gelten hiebei als nicht geschrieben. Folgt auf ein Blankoindossament ein weiteres Indossament, so wird angenommen, dass der Aussteller dieses Indossaments den Wechsel durch das Blankoindossament erworben hat.

² Ist der Wechsel einem früheren Inhaber irgendwie abhanden gekommen, so ist der neue Inhaber, der sein Recht nach den Vorschriften des vorstehenden Absatzes nachweist, zur Herausgabe des Wechsels nur verpflichtet, wenn er ihn in bösem Glauben erworben hat oder ihm beim Erwerb eine grobe Fahrlässigkeit zur Last fällt.

c. Legitimation des Inhabers

Art. 1007

Wer aus dem Wechsel in Anspruch genommen wird, kann dem Inhaber keine Einwendungen entgegensetzen, die sich auf seine unmittelbaren Beziehungen zu dem Aussteller oder zu einem früheren Inhaber gründen, es sei denn, dass der Inhaber bei dem Erwerb des Wechsels bewusst zum Nachteil des Schuldners gehandelt hat.

5. Einreden

Art. 1008

¹ Enthält das Indossament den Vermerk «Wert zur Einziehung», «zum Inkasso», «in Prokura» oder einen anderen nur eine Bevollmächtigung ausdrückenden Vermerk, so kann der Inhaber alle Rechte aus dem Wechsel geltend machen; aber er kann ihn nur durch ein weiteres Vollmachtsindossament übertragen.

² Die Wechselverpflichteten können in diesem Falle dem Inhaber nur solche Einwendungen entgegensetzen, die ihnen gegen den Indossanten zustehen.

³ Die in dem Vollmachtsindossament enthaltene Vollmacht erlischt weder mit dem Tod noch mit dem Eintritt der Handlungsunfähigkeit des Vollmachtgebers.

6. Vollmachtsindossament

Art. 1009

7. Offenes Pfandindossament

¹ Enthält das Indossament den Vermerk «Wert zur Sicherheit», «Wert zum Pfande» oder einen anderen eine Verpfändung ausdrückenden Vermerk, so kann der Inhaber alle Rechte aus dem Wechsel geltend machen; ein von ihm ausgestelltes Indossament hat aber nur die Wirkung eines Vollmachtsindossaments.

² Die Wechselverpflichteten können dem Inhaber keine Einwendungen entgegensetzen, die sich auf ihre unmittelbaren Beziehungen zu dem Indossanten gründen, es sei denn, dass der Inhaber bei dem Erwerb des Wechsels bewusst zum Nachteil des Schuldners gehandelt hat.

Art. 1010

8. Nachindossament

¹ Ein Indossament nach Verfall hat dieselben Wirkungen wie ein Indossament vor Verfall. Ist jedoch der Wechsel erst nach Erhebung des Protestes mangels Zahlung oder nach Ablauf der hiefür bestimmten Frist indossiert worden, so hat das Indossament nur die Wirkungen einer gewöhnlichen Abtretung.

² Bis zum Beweis des Gegenteils wird vermutet, dass ein nicht datiertes Indossament vor Ablauf der für die Erhebung des Protestes bestimmten Frist auf den Wechsel gesetzt worden ist.

Art. 1011

III. Annahme
1. Recht zur Vorlegung

Der Wechsel kann von dem Inhaber oder von jedem, der den Wechsel auch nur in Händen hat, bis zum Verfall dem Bezogenen an seinem Wohnorte zur Annahme vorgelegt werden.

Art. 1012

2. Gebot und Verbot der Vorlegung

¹ Der Aussteller kann in jedem Wechsel mit oder ohne Bestimmung einer Frist vorschreiben, dass der Wechsel zur Annahme vorgelegt werden muss.

² Er kann im Wechsel die Vorlegung zur Annahme untersagen, wenn es sich nicht um einen Wechsel handelt, der bei einem Dritten oder an einem von dem Wohnort des Bezogenen verschiedenen Ort zahlbar ist oder der auf eine bestimmte Zeit nach Sicht lautet.

³ Er kann auch vorschreiben, dass der Wechsel nicht vor einem bestimmten Tage zur Annahme vorgelegt werden darf.

⁴ Jeder Indossant kann, wenn nicht der Aussteller die Vorlegung zur Annahme untersagt hat, mit oder ohne Bestimmung einer Frist vorschreiben, dass der Wechsel zur Annahme vorgelegt werden muss.

Art. 1013

¹ Wechsel, die auf eine bestimmte Zeit nach Sicht lauten, müssen binnen einem Jahre nach dem Tage der Ausstellung zur Annahme vorgelegt werden.

² Der Aussteller kann eine kürzere oder eine längere Frist bestimmen.

³ Die Indossanten können die Vorlegungsfristen abkürzen.

3. Pflicht zur Vorlegung bei Nachsichtwechseln

Art. 1014

¹ Der Bezogene kann verlangen, dass ihm der Wechsel am Tage nach der ersten Vorlegung nochmals vorgelegt wird. Die Beteiligten können sich darauf, dass diesem Verlangen nicht entsprochen worden ist, nur berufen, wenn das Verlangen im Protest vermerkt ist.

² Der Inhaber ist nicht verpflichtet, den zur Annahme vorgelegten Wechsel in der Hand des Bezogenen zu lassen.

4. Nochmalige Vorlegung

Art. 1015

¹ Die Annahmeerklärung wird auf den Wechsel gesetzt. Sie wird durch das Wort «angenommen» oder ein gleichbedeutendes Wort ausgedrückt; sie ist vom Bezogenen zu unterschreiben. Die blosse Unterschrift des Bezogenen auf der Vorderseite des Wechsels gilt als Annahme.

² Lautet der Wechsel auf eine bestimmte Zeit nach Sicht oder ist er infolge eines besonderen Vermerks innerhalb einer bestimmten Frist zur Annahme vorzulegen, so muss die Annahmeerklärung den Tag bezeichnen, an dem sie erfolgt ist, sofern nicht der Inhaber die Angabe des Tages der Vorlegung verlangt. Ist kein Tag angegeben, so muss der Inhaber, um seine Rückgriffsrechte gegen die Indossanten und den Aussteller zu wahren, diese Unterlassung rechtzeitig durch einen Protest feststellen lassen.

5. Form der Annahme

Art. 1016

¹ Die Annahme muss unbedingt sein; der Bezogene kann sie aber auf einen Teil der Wechselsumme beschränken.

² Wenn die Annahmeerklärung irgendeine andere Abweichung von den Bestimmungen des Wechsels enthält, so gilt die Annahme als verweigert. Der Annehmende haftet jedoch nach dem Inhalte seiner Annahmeerklärung.

6. Einschränkungen der Annahme

Art. 1017

7. Domiziliat und Zahlstelle

¹ Hat der Aussteller im Wechsel einen von dem Wohnorte des Bezogenen verschiedenen Zahlungsort angegeben, ohne einen Dritten zu bezeichnen, bei dem die Zahlung geleistet werden soll, so kann der Bezogene bei der Annahmeerklärung einen Dritten bezeichnen. Mangels einer solchen Bezeichnung wird angenommen, dass sich der Annehmer verpflichtet hat, selbst am Zahlungsorte zu zahlen.

² Ist der Wechsel beim Bezogenen selbst zahlbar, so kann dieser in der Annahmeerklärung eine am Zahlungsorte befindliche Stelle bezeichnen, wo die Zahlung geleistet werden soll.

Art. 1018

8. Wirkung der Annahme a. Im allgemeinen

¹ Der Bezogene wird durch die Annahme verpflichtet, den Wechsel bei Verfall zu bezahlen.

² Mangels Zahlung hat der Inhaber, auch wenn er der Aussteller ist, gegen den Annehmer einen unmittelbaren Anspruch aus dem Wechsel auf alles, was auf Grund der Artikel 1045 und 1046 gefordert werden kann.

Art. 1019

b. Bei Streichung

¹ Hat der Bezogene die auf den Wechsel gesetzte Annahmeerklärung vor der Rückgabe des Wechsels gestrichen, so gilt die Annahme als verweigert. Bis zum Beweis des Gegenteils wird vermutet, dass die Streichung vor der Rückgabe des Wechsels erfolgt ist.

² Hat der Bezogene jedoch dem Inhaber oder einer Person, deren Unterschrift sich auf dem Wechsel befindet, die Annahme schriftlich mitgeteilt, so haftet er diesen nach dem Inhalt seiner Annahmeerklärung.

Art. 1020

IV. Wechselbürgschaft 1. Wechselbürgen

¹ Die Zahlung der Wechselsumme kann ganz oder teilweise durch Wechselbürgschaft gesichert werden.

² Diese Sicherheit kann von einem Dritten oder auch von einer Person geleistet werden, deren Unterschrift sich schon auf dem Wechsel befindet.

Art. 1021

2. Form

¹ Die Bürgschaftserklärung wird auf den Wechsel oder auf einen Anhang (Allonge) gesetzt.

² Sie wird durch die Worte «als Bürge» oder einen gleichbedeutenden Vermerk ausgedrückt; sie ist von dem Wechselbürgen zu unterschreiben.

³ Die blosse Unterschrift auf der Vorderseite des Wechsels gilt als Bürgschaftserklärung, soweit es sich nicht um die Unterschrift des Bezogenen oder des Ausstellers handelt.

⁴ In der Erklärung ist anzugeben, für wen die Bürgschaft geleistet wird; mangels einer solchen Angabe gilt sie für den Aussteller.

Art. 1022

¹ Der Wechselbürge haftet in der gleichen Weise wie derjenige, für den er sich verbürgt hat.

² Seine Verpflichtungserklärung ist auch gültig, wenn die Verbindlichkeit, für die er sich verbürgt hat, aus einem andern Grund als wegen eines Formfehlers nichtig ist.

³ Der Wechselbürge, der den Wechsel bezahlt, erwirbt die Rechte aus dem Wechsel gegen denjenigen, für den er sich verbürgt hat, und gegen alle, die diesem wechselmässig haften.

3. Wirkungen

Art. 1023

¹ Ein Wechsel kann gezogen werden:
auf Sicht;
auf eine bestimmte Zeit nach Sicht;
auf eine bestimmte Zeit nach der Ausstellung;
auf einen bestimmten Tag.

² Wechsel mit anderen oder mit mehreren aufeinanderfolgenden Verfallzeiten sind nichtig.

V. Verfall
1. Im allgemeinen

Art. 1024

¹ Der Sichtwechsel ist bei der Vorlegung fällig. Er muss binnen einem Jahre nach der Ausstellung zur Zahlung vorgelegt werden. Der Aussteller kann eine kürzere oder eine längere Frist bestimmen. Die Indossanten können die Vorlegungsfristen abkürzen.

² Der Aussteller kann vorschreiben, dass der Sichtwechsel nicht vor einem bestimmten Tage zur Zahlung vorgelegt werden darf. In diesem Fall beginnt die Vorlegungsfrist mit diesem Tage.

2. Bei Sichtwechseln

Art. 1025

¹ Der Verfall eines Wechsels, der auf eine bestimmte Zeit nach Sicht lautet, richtet sich nach dem in der Annahmeerklärung angegebenen Tage oder nach dem Tage des Protestes.

² Ist in der Annahmeerklärung ein Tag nicht angegeben und ein Protest nicht erhoben worden, so gilt dem Annehmer gegenüber der Wechsel als am letzten Tage der für die Vorlegung zur Annahme vorgesehenen Frist angenommen.

3. Bei Nachsichtwechseln

Art. 1026

4. Fristenberechnung

¹ Ein Wechsel, der auf einen oder mehrere Monate nach der Ausstellung oder nach Sicht lautet, verfällt an dem entsprechenden Tage des Zahlungsmonats. Fehlt dieser Tag, so ist der Wechsel am letzten Tage des Monats fällig.

² Lautet der Wechsel auf einen oder mehrere Monate und einen halben Monat nach der Ausstellung oder nach Sicht, so werden die ganzen Monate zuerst gezählt.

³ Ist als Verfallzeit der Anfang, die Mitte oder das Ende eines Monats angegeben, so ist darunter der erste, der fünfzehnte oder der letzte Tag des Monats zu verstehen.

⁴ Die Ausdrücke «acht Tage» oder «fünfzehn Tage» bedeuten nicht eine oder zwei Wochen, sondern volle acht oder fünfzehn Tage.

⁵ Der Ausdruck «halber Monat» bedeutet fünfzehn Tage.

Art. 1027

5. Zeitberechnung nach altem Stil

¹ Ist ein Wechsel an einem bestimmten Tag an einem Orte zahlbar, dessen Kalender von dem des Ausstellungsortes abweicht, so ist für den Verfalltag der Kalender des Zahlungsortes massgebend.

² Ist ein zwischen zwei Orten mit verschiedenem Kalender gezogener Wechsel eine bestimmte Zeit nach der Ausstellung zahlbar, so wird der Tag der Ausstellung in den nach dem Kalender des Zahlungsortes entsprechenden Tag umgerechnet und hienach der Verfalltag ermittelt.

³ Auf die Berechnung der Fristen für die Vorlegung von Wechseln findet die Vorschrift des vorstehenden Absatzes entsprechende Anwendung.

⁴ Die Vorschriften dieses Artikels finden keine Anwendung, wenn sich aus einem Vermerk im Wechsel oder sonst aus dessen Inhalt ergibt, dass etwas anderes beabsichtigt war.

Art. 1028

VI. Zahlung
1. Vorlegung zur Zahlung

¹ Der Inhaber eines Wechsels, der an einem bestimmten Tag oder bestimmte Zeit nach der Ausstellung oder nach Sicht zahlbar ist, hat den Wechsel am Zahlungstag oder an einem der beiden folgenden Werktage zur Zahlung vorzulegen.

² Die Einlieferung in eine von der Schweizerischen Nationalbank anerkannte Abrechnungsstelle steht der Vorlegung zur Zahlung gleich.[1]

---

[1] Fassung gemäss Nationalbankgesetz vom 3. Okt. 2003, in Kraft seit 1. Mai 2004 (AS **2004** 1985; BBl **2002** 6304).

Art. 1029

¹ Der Bezogene kann vom Inhaber gegen Zahlung die Aushändigung des quittierten Wechsels verlangen.
² Der Inhaber darf eine Teilzahlung nicht zurückweisen.
³ Im Falle der Teilzahlung kann der Bezogene verlangen, dass sie auf dem Wechsel vermerkt und ihm eine Quittung erteilt wird.

2. Recht auf Quittung. Teilzahlung

Art. 1030

¹ Der Inhaber des Wechsels ist nicht verpflichtet, die Zahlung vor Verfall anzunehmen.
² Der Bezogene, der vor Verfall zahlt, handelt auf eigene Gefahr.
³ Wer bei Verfall zahlt, wird von seiner Verbindlichkeit befreit, wenn ihm nicht Arglist oder grobe Fahrlässigkeit zur Last fällt. Er ist verpflichtet, die Ordnungsmässigkeit der Reihe der Indossamente, aber nicht die Unterschriften der Indossanten zu prüfen.

3. Zahlung vor und bei Verfall

Art. 1031

¹ Lautet der Wechsel auf eine Währung, die am Zahlungsorte nicht gilt, so kann die Wechselsumme in der Landeswährung nach dem Werte gezahlt werden, den sie am Verfalltage besitzt. Wenn der Schuldner die Zahlung verzögert, so kann der Inhaber wählen, ob die Wechselsumme nach dem Kurs des Verfalltages oder nach dem Kurs des Zahlungstages in die Landeswährung umgerechnet werden soll.
² Der Wert der fremden Währung bestimmt sich nach den Handelsgebräuchen des Zahlungsortes. Der Aussteller kann jedoch im Wechsel für die zu zahlende Summe einen Umrechnungskurs bestimmen.
³ Die Vorschriften der beiden ersten Absätze finden keine Anwendung, wenn der Aussteller die Zahlung in einer bestimmten Währung vorgeschrieben hat (Effektivvermerk).
⁴ Lautet der Wechsel auf eine Geldsorte, die im Lande der Ausstellung dieselbe Bezeichnung, aber einen anderen Wert hat als in dem der Zahlung, so wird vermutet, dass die Geldsorte des Zahlungsortes gemeint ist.

4. Zahlung in fremder Währung

Art. 1032

Wird der Wechsel nicht innerhalb der im Artikel 1028 bestimmten Frist zur Zahlung vorgelegt, so kann der Schuldner die Wechselsumme bei der zuständigen Behörde auf Gefahr und Kosten des Inhabers hinterlegen.

5. Hinterlegung

VII. Rückgriff mangels Annahme und mangels Zahlung
1. Rückgriff des Inhabers

Art. 1033[1)]

¹ Der Inhaber kann gegen die Indossanten, den Aussteller und die anderen Wechselverpflichteten bei Verfall des Wechsels Rückgriff nehmen, wenn der Wechsel nicht bezahlt worden ist.

² Das gleiche Recht steht dem Inhaber schon vor Verfall zu:
1. wenn die Annahme ganz oder teilweise verweigert worden ist;
2. wenn über das Vermögen des Bezogenen, gleichviel ob er den Wechsel angenommen hat oder nicht, der Konkurs eröffnet worden ist oder wenn der Bezogene auch nur seine Zahlungen eingestellt hat oder wenn eine Zwangsvollstreckung in sein Vermögen fruchtlos verlaufen ist;
3. wenn über das Vermögen des Ausstellers eines Wechsels, dessen Vorlegung zur Annahme untersagt ist, der Konkurs eröffnet worden ist.

2. Protest
a. Fristen und Erfordernisse

Art. 1034

¹ Die Verweigerung der Annahme oder der Zahlung muss durch eine öffentliche Urkunde (Protest mangels Annahme oder mangels Zahlung) festgestellt werden.

² Der Protest mangels Annahme muss innerhalb der Frist erhoben werden, die für die Vorlegung zur Annahme gilt. Ist im Falle des Artikels 1014 Absatz 1 der Wechsel am letzten Tage der Frist zum ersten Male vorgelegt worden, so kann der Protest noch am folgenden Tage erhoben werden.

³ Der Protest mangels Zahlung muss bei einem Wechsel, der an einem bestimmten Tag oder bestimmte Zeit nach der Ausstellung oder nach Sicht zahlbar ist, an einem der beiden auf den Zahlungstag folgenden Werktage erhoben werden. Bei einem Sichtwechsel muss der Protest mangels Zahlung in den gleichen Fristen erhoben werden, wie sie im vorhergehenden Absatz für den Protest mangels Annahme vorgesehen sind.

⁴ Ist Protest mangels Annahme erhoben worden, so bedarf es weder der Vorlegung zur Zahlung noch des Protestes mangels Zahlung.

⁵ Hat der Bezogene, gleichviel ob er den Wechsel angenommen hat oder nicht, seine Zahlungen eingestellt, oder ist eine Zwangsvollstreckung in sein Vermögen fruchtlos verlaufen, so kann der Inhaber nur Rückgriff nehmen, nachdem der Wechsel dem Bezogenen zur Zahlung vorgelegt und Protest erhoben worden ist.

[1)] Im französischen und italienischen Text besteht dieser Artikel aus einem einzigen Absatz.

⁶ Ist über das Vermögen des Bezogenen, gleichviel ob er den Wechsel angenommen hat oder nicht, oder über das Vermögen des Ausstellers eines Wechsels, dessen Vorlegung zur Annahme untersagt ist, Konkurs eröffnet worden, so genügt es zur Ausübung des Rückgriffsrechts, dass der gerichtliche Beschluss über die Eröffnung des Konkurses vorgelegt wird.

Art. 1035

Der Protest muss durch eine hierzu ermächtigte Urkundsperson oder Amtsstelle erhoben werden.

b. Zuständigkeit

Art. 1036

¹ Der Protest enthält:

c. Inhalt

1. den Namen der Person oder die Firma, für die und gegen die der Protest erhoben wird;
2. die Angabe, dass die Person oder die Firma, gegen die der Protest erhoben wird, ohne Erfolg zur Vornahme der wechselrechtlichen Leistung aufgefordert worden oder nicht anzutreffen gewesen ist oder dass ihr Geschäftslokal oder ihre Wohnung sich nicht hat ermitteln lassen;
3. die Angabe des Ortes und des Tages, an dem die Aufforderung vorgenommen oder ohne Erfolg versucht worden ist;
4. die Unterschrift der den Protest erhebenden Person oder Amtsstelle.

² Wird eine Teilzahlung geleistet, so ist dies im Protest zu vermerken.

³ Verlangt der Bezogene, dem der Wechsel zur Annahme vorgelegt worden ist, die nochmalige Vorlegung am nächsten Tage, so ist auch dies im Protest zu vermerken.

Art. 1037

¹ Der Protest ist auf ein besonderes Blatt zu setzen, das mit dem Wechsel verbunden wird.

d. Form

² Wird der Protest unter Vorlegung mehrerer Ausfertigungen desselben Wechsels oder unter Vorlegung der Urschrift und einer Abschrift erhoben, so genügt die Verbindung des Protestes mit einer der Ausfertigungen oder dem Originalwechsel.

³ Auf den anderen Ausfertigungen oder der Abschrift ist zu vermerken, dass sich der Protest auf einer der übrigen Ausfertigungen oder auf der Urschrift befindet.

Art. 1038

Ist der Wechsel nur zu einem Teil der Wechselsumme angenommen worden und wird deshalb Protest erhoben, so ist eine Abschrift des Wechsels auszufertigen und der Protest auf diese Abschrift zu setzen.

e. Bei Teilannahme

Art. 1039

f. Gegen mehrere Personen

Muss eine wechselrechtliche Leistung von mehreren Verpflichteten verlangt werden, so ist über die Proteste nur eine Urkunde erforderlich.

Art. 1040

g. Abschrift der Protesturkunde

¹ Die den Protest erhebende Urkundsperson oder Amtsstelle hat eine Abschrift der Protesturkunde zu erstellen.

² Auf dieser Abschrift sind anzugeben:
1. der Betrag des Wechsels;
2. die Verfallzeit;
3. Ort und Tag der Ausstellung;
4. der Aussteller des Wechsels, der Bezogene sowie der Name der Person oder die Firma, an die oder an deren Ordre gezahlt werden soll;
5. wenn eine vom Bezogenen verschiedene Person oder Firma angegeben ist, durch die die Zahlung erfolgen soll, der Name dieser Person oder diese Firma;
6. die Notadressen und Ehrenannehmer.

³ Die Abschriften der Protesturkunden sind durch die den Protest erhebende Urkundsperson oder Amtsstelle in der Zeitfolge geordnet aufzubewahren.

Art. 1041

h. Mangelhafter Protest

Ist der Protest von einer zuständigen Urkundsperson oder Amtsstelle unterschrieben worden, so ist er auch dann gültig, wenn er nicht vorschriftsgemäss erhoben worden ist oder wenn die darin enthaltenen Angaben unrichtig sind.

Art. 1042

3. Benachrichtigung

¹ Der Inhaber muss seinen unmittelbaren Vormann und den Aussteller von dem Unterbleiben der Annahme oder der Zahlung innerhalb der vier Werktage benachrichtigen, die auf den Tag der Protesterhebung oder, im Falle des Vermerks «ohne Kosten», auf den Tag der Vorlegung folgen. Jeder Indossant muss innerhalb zweier Werktage nach Empfang der Nachricht seinem unmittelbaren Vormanne von der Nachricht, die er erhalten hat, Kenntnis geben und ihm die Namen und Adressen derjenigen mitteilen, die vorher Nachricht gegeben haben, und so weiter in der Reihenfolge bis zum Aussteller. Die Fristen laufen vom Empfang der vorhergehenden Nachricht.

² Wird nach Massgabe des vorhergehenden Absatzes einer Person, deren Unterschrift sich auf dem Wechsel befindet, Nachricht gegeben, so muss die gleiche Nachricht in derselben Frist ihrem Wechselbürgen gegeben werden.

³ Hat ein Indossant seine Adresse nicht oder in unleserlicher Form angegeben, so genügt es, dass sein unmittelbarer Vormann benachrichtigt wird.

⁴ Die Nachricht kann in jeder Form gegeben werden, auch durch die blosse Rücksendung des Wechsels.

⁵ Der zur Benachrichtigung Verpflichtete hat zu beweisen, dass er in der vorgeschriebenen Frist benachrichtigt hat. Die Frist gilt als eingehalten, wenn ein Schreiben, das die Benachrichtigung enthält, innerhalb der Frist zur Post gegeben worden ist.

⁶ Wer die rechtzeitige Benachrichtigung versäumt, verliert nicht den Rückgriff; er haftet für den etwa durch seine Nachlässigkeit entstandenen Schaden, jedoch nur bis zur Höhe der Wechselsumme.

Art. 1043

¹ Der Aussteller sowie jeder Indossant oder Wechselbürge kann durch den Vermerk «ohne Kosten», «ohne Protest» oder einen gleichbedeutenden auf den Wechsel gesetzten und unterzeichneten Vermerk den Inhaber von der Verpflichtung befreien, zum Zwecke der Ausübung des Rückgriffs Protest mangels Annahme oder mangels Zahlung erheben zu lassen.

4. Protesterlass

² Der Vermerk befreit den Inhaber nicht von der Verpflichtung, den Wechsel rechtzeitig vorzulegen und die erforderlichen Nachrichten zu geben. Der Beweis, dass die Frist nicht eingehalten worden ist, liegt demjenigen ob, der sich dem Inhaber gegenüber darauf beruft.

³ Ist der Vermerk vom Aussteller beigefügt, so wirkt er gegenüber allen Wechselverpflichteten; ist er von einem Indossanten oder einem Wechselbürgen beigefügt, so wirkt er nur diesen gegenüber. Lässt der Inhaber ungeachtet des vom Aussteller beigefügten Vermerks Protest erheben, so fallen ihm die Kosten zur Last. Ist der Vermerk von einem Indossanten oder einem Wechselbürgen beigefügt, so sind alle Wechselverpflichteten zum Ersatze der Kosten eines dennoch erhobenen Protestes verpflichtet.

Art. 1044

¹ Alle, die einen Wechsel ausgestellt, angenommen, indossiert oder mit einer Bürgschaftserklärung versehen haben, haften dem Inhaber als Gesamtschuldner.

5. Solidarische Haftung der Wechselverpflichteten

² Der Inhaber kann jeden einzeln oder mehrere oder alle zusammen in Anspruch nehmen, ohne an die Reihenfolge gebunden zu sein, in der sie sich verpflichtet haben.

³ Das gleiche Recht steht jedem Wechselverpflichteten zu, der den Wechsel eingelöst hat.

⁴ Durch die Geltendmachung des Anspruches gegen einen Wechselverpflichteten verliert der Inhaber nicht seine Rechte gegen die anderen Wechselverpflichteten, auch nicht gegen die Nachmänner desjenigen, der zuerst in Anspruch genommen worden ist.

Art. 1045

6. Inhalt des Rückgriffs
a. Des Inhabers

¹ Der Inhaber kann im Wege des Rückgriffs verlangen:
1. die Wechselsumme, soweit der Wechsel nicht angenommen oder nicht eingelöst worden ist, mit den etwa bedungenen Zinsen;
2. Zinsen zu sechs vom Hundert seit dem Verfalltage;
3. die Kosten des Protestes und der Nachrichten sowie die anderen Auslagen;
4. eine Provision von höchstens einem Drittel Prozent.

² Wird der Rückgriff vor Verfall genommen, so werden von der Wechselsumme Zinsen abgezogen. Diese Zinsen werden auf Grund des öffentlich bekanntgemachten Diskontsatzes (Satz der Schweizerischen Nationalbank) berechnet, der am Tage des Rückgriffs am Wohnorte des Inhabers gilt.

Art. 1046

b. Des Einlösers

Wer den Wechsel eingelöst hat, kann von seinen Vormännern verlangen:
1. den vollen Betrag, den er gezahlt hat;
2. die Zinsen dieses Betrages zu sechs vom Hundert seit dem Tage der Einlösung;
3. seine Auslagen;
4. eine Provision von höchstens 2 Promille.

Art. 1047

c. Recht auf Aushändigung von Wechsel, Protest und Quittung

¹ Jeder Wechselverpflichtete, gegen den Rückgriff genommen wird oder genommen werden kann, ist berechtigt, zu verlangen, dass ihm gegen Entrichtung der Rückgriffssumme der Wechsel mit dem Protest und eine quittierte Rechnung ausgehändigt werden.

² Jeder Indossant, der den Wechsel eingelöst hat, kann sein Indossament und die Indossamente seiner Nachmänner ausstreichen.

Art. 1048

d. Bei Teilannahme

Bei dem Rückgriff nach einer Teilannahme kann derjenige, der den nicht angenommenen Teil der Wechselsumme entrichtet, verlangen, dass dies auf dem Wechsel vermerkt und ihm darüber Quittung erteilt wird. Der Inhaber muss ihm ferner eine beglaubigte Abschrift des Wechsels und den Protest aushändigen, um den weiteren Rückgriff zu ermöglichen.

Art. 1049

¹ Wer zum Rückgriff berechtigt ist, kann mangels eines entgegenstehenden Vermerks den Rückgriff dadurch nehmen, dass er auf einen seiner Vormänner einen neuen Wechsel (Rückwechsel) zieht, der auf Sicht lautet und am Wohnort dieses Vormannes zahlbar ist.

e. Rückwechsel

² Der Rückwechsel umfasst, ausser den in den Artikeln 1045 und 1046 angegebenen Beträgen, die Mäklergebühr und die Stempelgebühr für den Rückwechsel.

³ Wird der Rückwechsel vom Inhaber gezogen, so richtet sich die Höhe der Wechselsumme nach dem Kurse, den ein vom Zahlungsorte des ursprünglichen Wechsels auf den Wohnort des Vormannes gezogener Sichtwechsel hat. Wird der Rückwechsel von einem Indossanten gezogen, so richtet sich die Höhe der Wechselsumme nach dem Kurse, den ein vom Wohnorte des Ausstellers des Rückwechsels auf den Wohnort des Vormannes gezogener Sichtwechsel hat.

Art. 1050

¹ Mit der Versäumung der Fristen
für die Vorlegung eines Wechsels, der auf Sicht oder auf eine bestimmte Zeit nach Sicht lautet,
für die Erhebung des Protestes mangels Annahme oder mangels Zahlung,
für die Vorlegung zur Zahlung im Falle des Vermerkes «ohne Kosten»
verliert der Inhaber seine Rechte gegen die Indossanten, den Aussteller und alle anderen Wechselverpflichteten, mit Ausnahme des Annehmers.

7. Präjudizierung
a. Im allgemeinen

² Versäumt der Inhaber die vom Aussteller für die Vorlegung zur Annahme vorgeschriebene Frist, so verliert er das Recht, mangels Annahme und mangels Zahlung Rückgriff zu nehmen, sofern nicht der Wortlaut des Vermerkes ergibt, dass der Aussteller nur die Haftung für die Annahme hat ausschliessen wollen.

³ Ist die Frist für die Vorlegung in einem Indossament enthalten, so kann sich nur der Indossant darauf berufen.

Art. 1051

¹ Steht der rechtzeitigen Vorlegung des Wechsels oder der rechtzeitigen Erhebung des Protestes ein unüberwindliches Hindernis entgegen (gesetzliche Vorschrift eines Staates oder ein anderer Fall höherer Gewalt), so werden die für diese Handlungen bestimmten Fristen verlängert.

b. Höhere Gewalt

² Der Inhaber ist verpflichtet, seinen unmittelbaren Vormann von dem Falle der höheren Gewalt unverzüglich zu benachrichtigen und die Benachrichtigung unter Beifügung des Tages und Ortes sowie seiner Unterschrift auf dem Wechsel oder einem Anhange zu vermerken; im übrigen finden die Vorschriften des Artikels 1042 Anwendung.

³ Fällt die höhere Gewalt weg, so muss der Inhaber den Wechsel unverzüglich zur Annahme oder zur Zahlung vorlegen und gegebenenfalls Protest erheben lassen.

⁴ Dauert die höhere Gewalt länger als 30 Tage nach Verfall, so kann Rückgriff genommen werden, ohne dass es der Vorlegung oder der Protesterhebung bedarf.

⁵ Bei Wechseln, die auf Sicht oder auf eine bestimmte Zeit nach Sicht lauten, läuft die dreissigtägige Frist von dem Tage, an dem der Inhaber seinen Vormann von dem Falle der höheren Gewalt benachrichtigt hat; diese Nachricht kann schon vor Ablauf der Vorlegungsfrist gegeben werden. Bei Wechseln, die auf bestimmte Zeit nach Sicht lauten, verlängert sich die dreissigtägige Frist um die im Wechsel angegebene Nachsichtfrist.

⁶ Tatsachen, die rein persönlich den Inhaber oder denjenigen betreffen, den er mit der Vorlegung des Wechsels oder mit der Protesterhebung beauftragt hat, gelten nicht als Fälle höherer Gewalt.

Art. 1052

c. Ungerechtfertigte Bereicherung

¹ Soweit der Aussteller eines Wechsels und der Annehmer zum Schaden des Wechselinhabers ungerechtfertigt bereichert sind, bleiben sie diesem verpflichtet, auch wenn ihre wechselmässige Verbindlichkeit durch Verjährung oder wegen Unterlassung der zur Erhaltung des Wechselanspruches gesetzlich vorgeschriebenen Handlungen erloschen ist.

² Der Bereicherungsanspruch besteht auch gegen den Bezogenen, den Domiziliaten und die Person oder Firma, für deren Rechnung der Aussteller den Wechsel gezogen hat.

³ Ein solcher Anspruch besteht dagegen nicht gegen die Indossanten, deren wechselmässige Verbindlichkeit erloschen ist.

Art. 1053

VIII. Übergang der Deckung

¹ Ist über den Aussteller eines Wechsels der Konkurs eröffnet worden, so geht ein allfälliger zivilrechtlicher Anspruch des Ausstellers gegen den Bezogenen auf Rückgabe der Deckung oder Erstattung gutgebrachter Beträge auf den Inhaber des Wechsels über.

² Erklärt der Aussteller auf dem Wechsel, dass er seine Ansprüche aus dem Deckungsverhältnisse abtrete, so stehen diese dem jeweiligen Wechselinhaber zu.

³ Der Bezogene darf, sobald der Konkurs veröffentlicht oder ihm die Abtretung angezeigt ist, nur an den gehörig ausgewiesenen Inhaber gegen Rückgabe des Wechsels Zahlung leisten.

Art. 1054

¹ Der Aussteller sowie jeder Indossant oder Wechselbürge kann eine Person angeben, die im Notfall annehmen oder zahlen soll.

² Der Wechsel kann unter den nachstehend bezeichneten Voraussetzungen zu Ehren eines jeden Wechselverpflichteten, gegen den Rückgriff genommen werden kann, angenommen oder bezahlt werden.

³ Jeder Dritte, auch der Bezogene, sowie jeder aus dem Wechsel bereits Verpflichtete, mit Ausnahme des Annehmers, kann einen Wechsel zu Ehren annehmen oder bezahlen.

⁴ Wer zu Ehren annimmt oder zahlt, ist verpflichtet, den Wechselverpflichteten, für den er eintritt, innerhalb zweier Werktage hiervon zu benachrichtigen. Hält er die Frist nicht ein, so haftet er für den etwa durch seine Nachlässigkeit entstandenen Schaden, jedoch nur bis zur Höhe der Wechselsumme.

IX. Ehreneintritt
1. Allgemeine Vorschriften

Art. 1055

¹ Die Ehrenannahme ist in allen Fällen zulässig, in denen der Inhaber vor Verfall Rückgriff nehmen kann, es sei denn, dass es sich um einen Wechsel handelt, dessen Vorlegung zur Annahme untersagt ist.

² Ist auf dem Wechsel eine Person angegeben, die im Notfall am Zahlungsort annehmen oder zahlen soll, so kann der Inhaber vor Verfall gegen denjenigen, der die Notadresse beigefügt hat, und gegen seine Nachmänner nur Rückgriff nehmen, wenn er den Wechsel der in der Notadresse bezeichneten Person vorgelegt hat und im Falle der Verweigerung der Ehrenannahme die Verweigerung durch einen Protest hat feststellen lassen.

³ In den anderen Fällen des Ehreneintritts kann der Inhaber die Ehrenannahme zurückweisen. Lässt er sie aber zu, so verliert er den Rückgriff vor Verfall gegen denjenigen, zu dessen Ehren die Annahme erklärt worden ist, und gegen dessen Nachmänner.

2. Ehrenannahme
a. Voraussetzungen. Stellung des Inhabers

Art. 1056

b. Form — Die Ehrenannahme wird auf dem Wechsel vermerkt; sie ist von demjenigen, der zu Ehren annimmt, zu unterschreiben. In der Annahmeerklärung ist anzugeben, für wen die Ehrenannahme stattfindet; mangels einer solchen Angabe gilt sie für den Aussteller.

Art. 1057

c. Haftung des Ehrenannehmenden. Wirkung auf das Rückgriffsrecht

[1] Wer zu Ehren annimmt, haftet dem Inhaber und den Nachmännern desjenigen, für den er eingetreten ist, in der gleichen Weise wie dieser selbst.

[2] Trotz der Ehrenannahme können der Wechselverpflichtete, zu dessen Ehren der Wechsel angenommen worden ist, und seine Vormänner vom Inhaber gegen Erstattung des im Artikel 1045 angegebenen Betrags die Aushändigung des Wechsels und gegebenenfalls des erhobenen Protestes sowie einer quittierten Rechnung verlangen.

Art. 1058

3. Ehrenzahlung a. Voraussetzungen

[1] Die Ehrenzahlung ist in allen Fällen zulässig, in denen der Inhaber bei Verfall oder vor Verfall Rückgriff nehmen kann.

[2] Die Ehrenzahlung muss den vollen Betrag umfassen, den der Wechselverpflichtete, für den sie stattfindet, zahlen müsste.

[3] Sie muss spätestens am Tage nach Ablauf der Frist für die Erhebung des Protestes mangels Zahlung stattfinden.

Art. 1059

b. Verpflichtung des Inhabers

[1] Ist der Wechsel von Personen zu Ehren angenommen, die ihren Wohnsitz am Zahlungsort haben, oder sind am Zahlungsort wohnende Personen angegeben, die im Notfall zahlen sollen, so muss der Inhaber spätestens am Tage nach Ablauf der Frist für die Erhebung des Protestes mangels Zahlung den Wechsel allen diesen Personen vorlegen und gegebenenfalls Protest wegen unterbliebener Ehrenzahlung erheben lassen.

[2] Wird der Protest nicht rechtzeitig erhoben, so werden derjenige, der die Notadresse angegeben hat oder zu dessen Ehren der Wechsel angenommen worden ist, und die Nachmänner frei.

Art. 1060

c. Folge der Zurückweisung — Weist der Inhaber die Ehrenzahlung zurück, so verliert er den Rückgriff gegen diejenigen, die frei geworden wären.

Art. 1061

d. Recht auf Aushändigung von Wechsel, Protest und Quittung

[1] Über die Ehrenzahlung ist auf dem Wechsel eine Quittung auszustellen, die denjenigen bezeichnet, für den gezahlt wird. Fehlt die Bezeichnung, so gilt die Zahlung für den Aussteller.

[2] Der Wechsel und der etwa erhobene Protest sind dem Ehrenzahler auszuhändigen.

Art. 1062

¹ Der Ehrenzahler erwirbt die Rechte aus dem Wechsel gegen den Wechselverpflichteten, für den er gezahlt hat, und gegen die Personen, die diesem aus dem Wechsel haften. Er kann jedoch den Wechsel nicht weiter indossieren.

² Die Nachmänner des Wechselverpflichteten, für den gezahlt worden ist, werden frei.

³ Sind mehrere Ehrenzahlungen angeboten, so gebührt derjenigen der Vorzug, durch welche die meisten Wechselverpflichteten frei werden. Wer entgegen dieser Vorschrift in Kenntnis der Sachlage zu Ehren zahlt, verliert den Rückgriff gegen diejenigen, die sonst frei geworden wären.

e. Übergang der Inhaberrechte. Mehrere Ehrenzahlungen

Art. 1063

¹ Der Wechsel kann in mehreren gleichen Ausfertigungen (Duplikaten) ausgestellt werden.

² Diese Ausfertigungen müssen im Texte der Urkunde mit fortlaufenden Nummern versehen sein; andernfalls gilt jede Ausfertigung als besonderer Wechsel.

³ Jeder Inhaber eines Wechsels kann auf seine Kosten die Übergabe mehrerer Ausfertigungen verlangen, sofern nicht aus dem Wechsel zu ersehen ist, dass er in einer einzigen Ausfertigung ausgestellt worden ist. Zu diesem Zwecke hat sich der Inhaber an seinen unmittelbaren Vormann zu wenden, der wieder an seinen Vormann zurückgehen muss, und so weiter in der Reihenfolge bis zum Aussteller. Die Indossanten sind verpflichtet, ihre Indossamente auf den neuen Ausfertigungen zu wiederholen.

X. Ausfertigung mehrerer Stücke eines Wechsels (Duplikate), Wechselabschriften (Wechselkopien)
1. Ausfertigungen
a. Recht auf mehrere Ausfertigungen

Art. 1064

¹ Wird eine Ausfertigung bezahlt, so erlöschen die Rechte aus allen Ausfertigungen, auch wenn diese nicht den Vermerk tragen, dass durch die Zahlung auf eine Ausfertigung die anderen ihre Gültigkeit verlieren. Jedoch bleibt der Bezogene aus jeder angenommenen Ausfertigung, die ihm nicht zurückgegeben worden ist, verpflichtet.

² Hat ein Indossant die Ausfertigungen an verschiedene Personen übertragen, so haften er und seine Nachmänner aus allen Ausfertigungen, die ihre Unterschrift tragen und nicht herausgegeben worden sind.

b. Verhältnis der Ausfertigungen

Art. 1065

c. Annahme-
vermerk

¹ Wer eine Ausfertigung zur Annahme versendet, hat auf den anderen Ausfertigungen den Namen dessen anzugeben, bei dem sich die versendete Ausfertigung befindet. Dieser ist verpflichtet, sie dem rechtmässigen Inhaber einer anderen Ausfertigung auszuhändigen.

² Wird die Aushändigung verweigert, so kann der Inhaber nur Rückgriff nehmen, nachdem er durch einen Protest hat feststellen lassen:
1. dass ihm die zur Annahme versendete Ausfertigung auf sein Verlangen nicht ausgehändigt worden ist;
2. dass die Annahme oder die Zahlung auch nicht auf eine andere Ausfertigung zu erlangen war.

Art. 1066

2. Abschriften
a. Form und
Wirkung

¹ Jeder Inhaber eines Wechsels ist befugt, Abschriften (Wechselkopien) davon herzustellen.

² Die Abschrift muss die Urschrift mit den Indossamenten und allen anderen darauf befindlichen Vermerken genau wiedergeben. Es muss angegeben sein, wie weit die Abschrift reicht.

³ Die Abschrift kann auf dieselbe Weise und mit denselben Wirkungen indossiert und mit einer Bürgschaftserklärung versehen werden wie die Urschrift.

Art. 1067

b. Auslieferung der
Urschrift

¹ In der Abschrift ist der Verwahrer der Urschrift zu bezeichnen. Dieser ist verpflichtet, die Urschrift dem rechtmässigen Inhaber der Abschrift auszuhändigen.

² Wird die Aushändigung verweigert, so kann der Inhaber gegen die Indossanten der Abschrift und gegen diejenigen, die eine Bürgschaftserklärung auf die Abschrift gesetzt haben, nur Rückgriff nehmen, nachdem er durch einen Protest hat feststellen lassen, dass ihm die Urschrift auf sein Verlangen nicht ausgehändigt worden ist.

³ Enthält die Urschrift nach dem letzten, vor Anfertigung der Abschrift daraufgesetzten Indossament den Vermerk «von hier ab gelten Indossamente nur noch auf der Abschrift» oder einen gleichbedeutenden Vermerk, so ist ein später auf die Urschrift gesetztes Indossament nichtig.

Art. 1068

XI. Änderungen des
Wechsels

Wird der Text eines Wechsels geändert, so haften diejenigen, die nach der Änderung ihre Unterschrift auf den Wechsel gesetzt haben, entsprechend dem geänderten Text. Wer früher unterschrieben hat, haftet nach dem ursprünglichen Text.

Art. 1069

¹ Die wechselmässigen Ansprüche gegen den Annehmer verjähren in drei Jahren vom Verfalltage.

² Die Ansprüche des Inhabers gegen die Indossanten und gegen den Aussteller verjähren in einem Jahre vom Tage des rechtzeitig erhobenen Protestes oder im Falle des Vermerks «ohne Kosten» vom Verfalltage.

³ Die Ansprüche eines Indossanten gegen andere Indossanten und gegen den Aussteller verjähren in sechs Monaten von dem Tage, an dem der Wechsel vom Indossanten eingelöst oder ihm gegenüber gerichtlich geltend gemacht worden ist.

XII. Verjährung
1. Fristen

Art. 1070

Die Verjährung wird durch Anhebung der Klage, durch Einreichung des Betreibungsbegehrens, durch Streitverkündung oder durch Eingabe im Konkurse unterbrochen.

2. Unterbrechung
a. Gründe

Art. 1071

¹ Die Unterbrechung der Verjährung wirkt nur gegen den Wechselverpflichteten, in Ansehung dessen die Tatsache eingetreten ist, welche die Unterbrechung bewirkt.

² Mit der Unterbrechung der Verjährung beginnt eine neue Verjährungsfrist von gleicher Dauer zu laufen.

b. Wirkungen

Art. 1072

¹ Derjenige, dem ein Wechsel abhanden gekommen ist, kann beim Richter verlangen, dass dem Bezogenen die Bezahlung des Wechsels verboten werde.[1]

² Der Richter ermächtigt mit dem Zahlungsverbot den Bezogenen, am Verfalltage den Wechselbetrag zu hinterlegen, und bestimmt den Ort der Hinterlegung.

XIII. Kraftloserklärung
1. Vorsorgliche Massnahmen

Art. 1073

¹ Ist der Inhaber des Wechsels bekannt, so setzt der Richter dem Gesuchsteller eine angemessene Frist zur Anhebung der Klage auf Herausgabe des Wechsels.

² Klagt der Gesuchsteller nicht binnen dieser Frist, so hebt der Richter das dem Bezogenen auferlegte Zahlungsverbot auf.

2. Bekannter Inhaber

---

[1] Fassung gemäss Anhang Ziff. 5 des Gerichtsstandsgesetzes vom 24. März 2000, in Kraft seit 1. Jan. 2001 (SR **272**).

Art. 1074

3. Unbekannter Inhaber
a. Pflichten des Gesuchstellers

¹ Ist der Inhaber des Wechsels unbekannt, so kann die Kraftloserklärung des Wechsels verlangt werden.

² Wer die Kraftloserklärung begehrt, hat den Besitz und Verlust des Wechsels glaubhaft zu machen und entweder eine Abschrift des Wechsels oder Angaben über dessen wesentlichen Inhalt beizubringen.

Art. 1075

b. Einleitung des Aufgebots

Erachtet der Richter die Darstellung des Gesuchstellers über den frühern Besitz und über den Verlust des Wechsels für glaubhaft, so fordert er durch öffentliche Bekanntmachung den Inhaber auf, innerhalb bestimmter Frist den Wechsel vorzulegen, widrigenfalls die Kraftloserklärung ausgesprochen werde.

Art. 1076

c. Fristen

¹ Die Vorlegungsfrist beträgt mindestens drei Monate und höchstens ein Jahr.

² Der Richter ist indessen an die Mindestdauer von drei Monaten nicht gebunden, wenn bei verfallenen Wechseln die Verjährung vor Ablauf der drei Monate eintreten würde.

³ Die Frist läuft bei verfallenen Wechseln vom Tage der ersten öffentlichen Bekanntmachung, bei noch nicht verfallenen Wechseln vom Verfall an.

Art. 1077

d. Veröffentlichung

¹ Die Aufforderung zur Vorlegung des Wechsels ist dreimal im Schweizerischen Handelsamtsblatt zu veröffentlichen.

² In besondern Fällen kann der Richter noch in anderer Weise für angemessene Veröffentlichung sorgen.

Art. 1078

4. Wirkung
a. Bei Vorlegung des Wechsels

¹ Wird der abhanden gekommene Wechsel vorgelegt, so setzt der Richter dem Gesuchsteller eine Frist zur Anhebung der Klage auf Herausgabe des Wechsels.

² Klagt der Gesuchsteller nicht binnen dieser Frist, so gibt der Richter den Wechsel zurück und hebt das dem Bezogenen auferlegte Zahlungsverbot auf.

Art. 1079

b. Bei Nichtvorlegung

¹ Wird der abhanden gekommene Wechsel innert der angesetzten Frist nicht vorgelegt, so hat der Richter ihn kraftlos zu erklären.

² Nach der Kraftloserklärung des Wechsels kann der Gesuchsteller seinen wechselmässigen Anspruch noch gegen den Annehmenden geltend machen.

Art. 1080

¹ Der Richter kann schon vor der Kraftloserklärung dem Annehmer die Hinterlegung und gegen Sicherstellung selbst die Zahlung des Wechselbetrages zur Pflicht machen.

² Die Sicherheit haftet dem gutgläubigen Erwerber des Wechsels. Sie wird frei, wenn der Wechsel kraftlos erklärt wird oder die Ansprüche aus ihm sonst erlöschen.

5. Richterliche Verfügungen

Art. 1081

¹ Verfällt der Wechsel an einem Sonntag oder einem anderen staatlich anerkannten Feiertag, so kann die Zahlung erst am nächsten Werktage verlangt werden. Auch alle anderen auf den Wechsel bezüglichen Handlungen, insbesondere die Vorlegung zur Annahme und die Protesterhebung, können nur an einem Werktage stattfinden.

² Fällt der letzte Tag einer Frist, innerhalb deren eine dieser Handlungen vorgenommen werden muss, auf einen Sonntag oder einen anderen staatlich anerkannten Feiertag[1], so wird die Frist bis zum nächsten Werktage verlängert. Feiertage, die in den Lauf einer Frist fallen, werden bei der Berechnung der Frist mitgezählt.

XIV. Allgemeine Vorschriften
1. Fristbestimmungen
a. Feiertage

Art. 1082

Bei der Berechnung der gesetzlichen oder im Wechsel bestimmten Fristen wird der Tag, von dem sie zu laufen beginnen, nicht mitgezählt.

b. Fristberechnung

Art. 1083

Weder gesetzliche noch richterliche Respekttage werden anerkannt.

c. Ausschluss von Respekttagen

Art. 1084

¹ Die Vorlegung zur Annahme oder zur Zahlung, die Protesterhebung, das Begehren um Aushändigung einer Ausfertigung des Wechsels sowie alle übrigen bei einer bestimmten Person vorzunehmenden Handlungen müssen in deren Geschäftslokal oder in Ermangelung eines solchen in deren Wohnung vorgenommen werden.

² Geschäftslokal oder Wohnung sind sorgfältig zu ermitteln.

³ Ist jedoch eine Nachfrage bei der Polizeibehörde oder Poststelle des Ortes ohne Erfolg geblieben, so bedarf es keiner weiteren Nachforschungen.

---

[1] Hinsichtlich der gesetzlichen Fristen des eidgenössischen Rechts und der kraft eidgenössischen Rechts von Behörden angesetzten Fristen wird heute der Samstag einem anerkannten Feiertag gleichgestellt (Art. 1 des BG vom 21. Juni 1963 über den Fristenlauf an Samstagen – SR **173.110.3**).

Art. 1085

3. Eigenhändige Unterschrift. Unterschrift des Blinden

¹ Wechselerklärungen müssen eigenhändig unterschrieben sein.

² Die Unterschrift kann nicht durch eine auf mechanischem Wege bewirkte Nachbildung der eigenhändigen Schrift, durch Handzeichen, auch wenn sie beglaubigt sind, oder durch eine öffentliche Beurkundung ersetzt werden.

³ Die Unterschrift des Blinden muss beglaubigt sein.

Art. 1086

XV. Geltungsbereich der Gesetze
1. Wechselfähigkeit

¹ Die Fähigkeit einer Person, eine Wechselverbindlichkeit einzugehen, bestimmt sich nach dem Recht des Landes, dem sie angehört. Erklärt dieses Recht das Recht eines anderen Landes für massgebend, so ist das letztere Recht anzuwenden.

² Wer nach dem im vorstehenden Absatz bezeichneten Recht nicht wechselfähig ist, wird gleichwohl gültig verpflichtet, wenn die Unterschrift in dem Gebiet eines Landes abgegeben worden ist, nach dessen Recht er wechselfähig wäre.

Art. 1087

2. Form und Fristen der Wechselerklärungen
a. Im allgemeinen

¹ Die Form einer Wechselerklärung bestimmt sich nach dem Recht des Landes, in dessen Gebiete die Erklärung unterschrieben worden ist.

² Wenn jedoch eine Wechselerklärung, die nach den Vorschriften des vorstehenden Absatzes ungültig ist, dem Recht des Landes entspricht, in dessen Gebiet eine spätere Wechselerklärung unterschrieben worden ist, so wird durch Mängel in der Form der ersten Wechselerklärung die Gültigkeit der späteren Wechselerklärung nicht berührt.

³ Ebenso ist eine Wechselerklärung, die ein Schweizer im Ausland abgegeben hat, in der Schweiz gegenüber einem anderen Schweizer gültig, wenn sie den Formerfordernissen des schweizerischen Rechtes genügt.

Art. 1088

b. Handlungen zur Ausübung und Erhaltung des Wechselrechts

Die Form des Protestes und die Fristen für die Protesterhebung sowie die Form der übrigen Handlungen, die zur Ausübung oder Erhaltung der Wechselrechte erforderlich sind, bestimmen sich nach dem Recht des Landes, in dessen Gebiet der Protest zu erheben oder die Handlung vorzunehmen ist.

Art. 1089

Die Fristen für die Ausübung der Rückgriffsrechte werden für alle Wechselverpflichteten durch das Recht des Ortes bestimmt, an dem der Wechsel ausgestellt worden ist.

c. Ausübung des Rückgriffs

Art. 1090

¹ Die Wirkungen der Verpflichtungserklärungen des Annehmers eines gezogenen Wechsels und des Ausstellers eines eigenen Wechsels bestimmen sich nach dem Recht des Zahlungsorts.

² Die Wirkungen der übrigen Wechselerklärungen bestimmen sich nach dem Recht des Landes, in dessen Gebiete die Erklärungen unterschrieben worden sind.

3. Wirkung der Wechselerklärungen a. Im allgemeinen

Art. 1091

Das Recht des Zahlungsortes bestimmt, ob die Annahme eines gezogenen Wechsels auf einen Teil der Summe beschränkt werden kann und ob der Inhaber verpflichtet oder nicht verpflichtet ist, eine Teilzahlung anzunehmen.

b. Teilannahme und Teilzahlung

Art. 1092

Die Zahlung des Wechsels bei Verfall, insbesondere die Berechnung des Verfalltages und des Zahlungstages sowie die Zahlung von Wechseln, die auf eine fremde Währung lauten, bestimmen sich nach dem Recht des Landes, in dessen Gebiete der Wechsel zahlbar ist.

c. Zahlung

Art. 1093

Der Bereicherungsanspruch gegen den Bezogenen, den Domiziliaten und die Person oder Firma, für deren Rechnung der Aussteller den Wechsel gezogen hat, bestimmt sich nach dem Recht des Landes, in dessen Gebiet diese Personen ihren Wohnsitz haben.

d. Bereicherungsanspruch

Art. 1094

Das Recht des Ausstellungsortes bestimmt, ob der Inhaber eines gezogenen Wechsels die seiner Ausstellung zugrunde liegende Forderung erwirbt.

e. Übergang der Deckung

Art. 1095

Das Recht des Zahlungsortes bestimmt die Massnahmen, die bei Verlust oder Diebstahl eines Wechsels zu ergreifen sind.

f. Kraftloserklärung

Art. 1096

C. Eigener Wechsel
1. Erfordernisse

Der eigene Wechsel enthält:
1. die Bezeichnung als Wechsel im Texte der Urkunde, und zwar in der Sprache, in der sie ausgestellt ist;
2. das unbedingte Versprechen, eine bestimmte Geldsumme zu zahlen;
3. die Angabe der Verfallzeit;
4. die Angabe des Zahlungsortes;
5. den Namen dessen, an den oder an dessen Ordre gezahlt werden soll;
6. die Angabe des Tages und des Ortes der Ausstellung;
7. die Unterschrift des Ausstellers.

Art. 1097

2. Fehlen von Erfordernissen

¹ Eine Urkunde, der einer der im vorstehenden Artikel bezeichneten Bestandteile fehlt, gilt nicht als eigener Wechsel, vorbehaltlich der in den folgenden Absätzen bezeichneten Fälle.

² Ein eigener Wechsel ohne Angabe der Verfallzeit gilt als Sichtwechsel.

³ Mangels einer besonderen Angabe gilt der Ausstellungsort als Zahlungsort und zugleich als Wohnort des Ausstellers.

⁴ Ein eigener Wechsel ohne Angabe des Ausstellungsortes gilt als ausgestellt an dem Orte, der bei dem Namen des Ausstellers angegeben ist.

Art. 1098

3. Verweisung auf den gezogenen Wechsel

¹ Für den eigenen Wechsel gelten, soweit sie nicht mit seinem Wesen in Widerspruch stehen, die für den gezogenen Wechsel gegebenen Vorschriften über:

das Indossament (Art. 1001–1010);
den Verfall (Art. 1023–1027);
die Zahlung (Art. 1028–1032);
den Rückgriff mangels Zahlung (Art. 1033–1047, 1049–1051);
die Ehrenzahlung (Art. 1054, 1058–1062);
die Abschriften (Art. 1066 und 1067);
die Änderungen (Art. 1068);
die Verjährung (Art. 1069–1071);
die Kraftloserklärung (Art. 1072–1080);
die Feiertage, die Fristenberechnung, das Verbot der Respekttage, den Ort der Vornahme wechselrechtlicher Handlungen und die Unterschrift (Art. 1081–1085).

² Ferner gelten für den eigenen Wechsel die Vorschriften über gezogene Wechsel, die bei einem Dritten oder an einem von dem Wohnort des Bezogenen verschiedenen Ort zahlbar sind (Art. 994 und 1017), über den Zinsvermerk (Art. 995), über die Abweichungen bei der Angabe der Wechselsumme (Art. 996), über die Folgen einer ungültigen Unterschrift (Art. 997) oder die Unterschrift einer Person, die ohne Vertretungsbefugnis handelt oder ihre Vertretungsbefugnis überschreitet (Art. 998), und über den Blankowechsel (Art. 1000).

³ Ebenso finden auf den eigenen Wechsel die Vorschriften über die Wechselbürgschaft Anwendung (Art. 1020–1022); im Falle des Artikels 1021 Absatz 4 gilt die Wechselbürgschaft, wenn die Erklärung nicht angibt, für wen sie geleistet wird, für den Aussteller des eigenen Wechsels.

Art. 1099

¹ Der Aussteller eines eigenen Wechsels haftet in der gleichen Weise wie der Annehmer eines gezogenen Wechsels.

² Eigene Wechsel, die auf eine bestimmte Zeit nach Sicht lauten, müssen dem Aussteller innerhalb der im Artikel 1013 bezeichneten Fristen zur Sicht vorgelegt werden. Die Sicht ist von dem Aussteller auf dem Wechsel unter Angabe des Tages und Beifügung der Unterschrift zu bestätigen. Die Nachsichtfrist läuft vom Tage des Sichtvermerks. Weigert sich der Aussteller, die Sicht unter Angabe des Tages zu bestätigen, so ist dies durch einen Protest festzustellen (Art. 1015); die Nachsichtfrist läuft dann vom Tage des Protestes.

4. Haftung des Ausstellers. Vorlegung zur Sichtnahme

Fünfter Abschnitt
Der Check

Art. 1100

I. Ausstellung und Form des Checks
1. Erfordernisse

Der Check enthält:
1. die Bezeichnung als Check im Texte der Urkunde, und zwar in der Sprache, in der sie ausgestellt ist;
2. die unbedingte Anweisung, eine bestimmte Geldsumme zu zahlen;
3. den Namen dessen, der zahlen soll (Bezogener);
4. die Angabe des Zahlungsortes;
5. die Angabe des Tages und des Ortes der Ausstellung;
6. die Unterschrift des Ausstellers.

Art. 1101

2. Fehlen von Erfordernissen

¹ Eine Urkunde, in der einer der im vorstehenden Artikel bezeichneten Bestandteile fehlt, gilt nicht als Check, vorbehaltlich der in den folgenden Absätzen bezeichneten Fälle.

² Mangels einer besonderen Angabe gilt der bei dem Namen des Bezogenen angegebene Ort als Zahlungsort. Sind mehrere Orte bei dem Namen des Bezogenen angegeben, so ist der Check an dem an erster Stelle angegebenen Orte zahlbar.

³ Fehlt eine solche und jede andere Angabe, so ist der Check an dem Orte zahlbar, an dem der Bezogene seine Hauptniederlassung hat.

⁴ Ein Check ohne Angabe des Ausstellungsortes gilt als ausgestellt an dem Orte, der bei dem Namen des Ausstellers angegeben ist.

Art. 1102

3. Passive Checkfähigkeit

¹ Auf Checks, die in der Schweiz zahlbar sind, kann als Bezogener nur ein Bankier bezeichnet werden.

² Ein auf eine andere Person gezogener Check gilt nur als Anweisung.

Art. 1103

4. Deckungserfordernis

¹ Ein Check darf nur ausgestellt werden, wenn der Aussteller beim Bezogenen ein Guthaben besitzt und gemäss einer ausdrücklichen oder stillschweigenden Vereinbarung, wonach der Aussteller das Recht hat, über dieses Guthaben mittels Checks zu verfügen. Die Gültigkeit der Urkunde als Check wird jedoch durch die Nichtbeachtung dieser Vorschriften nicht berührt.

² Kann der Aussteller beim Bezogenen nur über einen Teilbetrag verfügen, so ist der Bezogene zur Zahlung dieses Teilbetrages verpflichtet.

³ Wer einen Check ausstellt, ohne bei dem Bezogenen für den angewiesenen Betrag verfügungsberechtigt zu sein, hat dem Inhaber des Checks ausser dem verursachten Schaden fünf vom Hundert des nicht gedeckten Betrages der angewiesenen Summe zu vergüten.

Art. 1104

Der Check kann nicht angenommen werden. Ein auf den Check gesetzter Annahmevermerk gilt als nicht geschrieben.

5. Ausschluss der Annahme

Art. 1105

¹ Der Check kann zahlbar gestellt werden:
an eine bestimmte Person, mit oder ohne den ausdrücklichen Vermerk «an Ordre»;
an eine bestimmte Person, mit dem Vermerk «nicht an Ordre» oder mit einem gleichbedeutenden Vermerk;
an den Inhaber.
² Ist dem Check eine bestimmte Person mit dem Zusatz «oder Überbringer» oder mit einem gleichbedeutenden Vermerk als Zahlungsempfänger bezeichnet, so gilt der Check als auf den Inhaber gestellt.
³ Ein Check ohne Angabe des Nehmers gilt als zahlbar an den Inhaber.

6. Bezeichnung des Remittenten

Art. 1106

Ein in den Check aufgenommener Zinsvermerk gilt als nicht geschrieben.

7. Zinsvermerk

Art. 1107

Der Check kann bei einem Dritten, am Wohnort des Bezogenen oder an einem andern Orte zahlbar gestellt werden, sofern der Dritte Bankier ist.

8. Zahlstellen. Domizilcheck

Art. 1108

¹ Der auf eine bestimmte Person zahlbar gestellte Check mit oder ohne den ausdrücklichen Vermerk «an Ordre» kann durch Indossament übertragen werden.
² Der auf eine bestimmte Person zahlbar gestellte Check mit dem Vermerk «nicht an Ordre» oder mit einem gleichbedeutenden Vermerk kann nur in der Form und mit den Wirkungen einer gewöhnlichen Abtretung übertragen werden.
³ Das Indossament kann auch auf den Aussteller oder jeden anderen Checkverpflichteten lauten. Diese Personen können den Check weiter indossieren.

II. Übertragung
1. Übertragbarkeit

Art. 1109

2. Erfordernisse

¹ Das Indossament muss unbedingt sein. Bedingungen, von denen es abhängig gemacht wird, gelten als nicht geschrieben.

² Ein Teilindossament ist nichtig.

³ Ebenso ist ein Indossament des Bezogenen nichtig.

⁴ Ein Indossament an den Inhaber gilt als Blankoindossament.

⁵ Das Indossament an den Bezogenen gilt nur als Quittung, es sei denn, dass der Bezogene mehrere Niederlassungen hat und das Indossament auf eine andere Niederlassung lautet als diejenige, auf die der Check gezogen worden ist.

Art. 1110

3. Legitimation des Inhabers

Wer einen durch Indossament übertragbaren Check in Händen hat, gilt als rechtmässiger Inhaber, sofern er sein Recht durch eine ununterbrochene Reihe von Indossamenten nachweist, und zwar auch dann, wenn das letzte ein Blankoindossament ist. Ausgestrichene Indossamente gelten hiebei als nicht geschrieben. Folgt auf ein Blankoindossament ein weiteres Indossament, so wird angenommen, dass der Aussteller dieses Indossaments den Check durch das Blankoindossament erworben hat.

Art. 1111

4. Inhabercheck

Ein Indossament auf einem Inhabercheck macht den Indossanten nach den Vorschriften über den Rückgriff haftbar, ohne aber die Urkunde in einen Ordrecheck umzuwandeln.

Art. 1112

5. Abhandengekommener Check

Ist der Check einem früheren Inhaber irgendwie abhanden gekommen, so ist der Inhaber, in dessen Hände der Check gelangt ist – sei es, dass es sich um einen Inhabercheck handelt, sei es, dass es sich um einen durch Indossament übertragbaren Check handelt und der Inhaber sein Recht gemäss Artikel 1110 nachweist –, zur Herausgabe des Checks nur verpflichtet, wenn er ihn in bösem Glauben erworben hat oder ihm beim Erwerb eine grobe Fahrlässigkeit zur Last fällt.

Art. 1113

6. Rechte aus dem Nachindossament

¹ Ein Indossament, das nach Erhebung des Protests oder nach Vornahme einer gleichbedeutenden Feststellung oder nach Ablauf der Vorlegungsfrist auf den Check gesetzt wird, hat nur die Wirkungen einer gewöhnlichen Abtretung.

² Bis zum Beweis des Gegenteils wird vermutet, dass ein nicht datiertes Indossament vor Erhebung des Protests oder vor der Vornahme einer gleichbedeutenden Feststellung oder vor Ablauf der Vorlegungsfrist auf den Check gesetzt worden ist.

Art. 1114

¹ Die Zahlung der Checksumme kann ganz oder teilweise durch Checkbürgschaft gesichert werden.

² Diese Sicherheit kann von einem Dritten, mit Ausnahme des Bezogenen, oder auch von einer Person geleistet werden, deren Unterschrift sich schon auf dem Check befindet.

III. Checkbürgschaft

Art. 1115

¹ Der Check ist bei Sicht zahlbar. Jede gegenteilige Angabe gilt als nicht geschrieben.

² Ein Check, der vor Eintritt des auf ihm angegebenen Ausstellungstages zur Zahlung vorgelegt wird, ist am Tage der Vorlegung zahlbar.

IV. Vorlegung und Zahlung
1. Verfallzeit

Art. 1116

¹ Ein Check, der in dem Lande der Ausstellung zahlbar ist, muss binnen acht Tagen zur Zahlung vorgelegt werden.

² Ein Check, der in einem anderen Lande als dem der Ausstellung zahlbar ist, muss binnen 20 Tagen vorgelegt werden, wenn Ausstellungsort und Zahlungsort sich in demselben Erdteile befinden, und binnen 70 Tagen, wenn Ausstellungsort und Zahlungsort sich in verschiedenen Erdteilen befinden.

³ Hiebei gelten die in einem Lande Europas ausgestellten und in einem an das Mittelmeer grenzenden Lande zahlbaren Checks, ebenso wie die in einem an das Mittelmeer grenzenden Lande ausgestellten und in einem Lande Europas zahlbaren Checks als Checks, die in demselben Erdteile ausgestellt und zahlbar sind.

⁴ Die vorstehend erwähnten Fristen beginnen an dem Tage zu laufen, der in dem Check als Ausstellungstag angegeben ist.

2. Vorlegung zur Zahlung

Art. 1117

Ist ein Check auf einen Ort gezogen, dessen Kalender von dem des Ausstellungsortes abweicht, so wird der Tag der Ausstellung in den nach dem Kalender des Zahlungsortes entsprechenden Tag umgerechnet.

3. Zeitberechnung nach altem Stil

Art. 1118

Die Einlieferung in eine von der Schweizerischen Nationalbank anerkannte Abrechnungsstelle steht der Vorlegung zur Zahlung gleich.[1]

4. Einlieferung in eine Abrechnungsstelle

---

[1] Fassung gemäss Nationalbankgesetz vom 3. Okt. 2003, in Kraft seit 1. Mai 2004 (AS **2004** 1985; BBl **2002** 6304).

Art. 1119

5. Widerruf
a. Im allgemeinen

¹ Ein Widerruf des Checks ist erst nach Ablauf der Vorlegungsfrist wirksam.

² Wenn der Check nicht widerrufen ist, kann der Bezogene auch nach Ablauf der Vorlegungsfrist Zahlung leisten.

³ Behauptet der Aussteller, dass der Check ihm oder einem Dritten abhanden gekommen sei, so kann er dem Bezogenen die Einlösung verbieten.

Art. 1120

b. Bei Tod, Handlungsunfähigkeit, Konkurs

Auf die Wirksamkeit des Checks ist es ohne Einfluss, wenn nach der Begebung des Checks der Aussteller stirbt oder handlungsunfähig wird oder wenn über sein Vermögen der Konkurs eröffnet wird.

Art. 1121

6. Prüfung der Indossamente

Der Bezogene, der einen durch Indossament übertragbaren Check einlöst, ist verpflichtet, die Ordnungsmässigkeit der Reihe der Indossamente, aber nicht die Unterschriften der Indossanten, zu prüfen.

Art. 1122

7. Zahlung in fremder Währung

¹ Lautet der Check auf eine Währung, die am Zahlungsorte nicht gilt, so kann die Checksumme in der Landeswährung nach dem Werte gezahlt werden, den sie am Tage der Vorlegung besitzt. Wenn die Zahlung bei Vorlegung nicht erfolgt ist, so kann der Inhaber wählen, ob die Checksumme nach dem Kurs des Vorlegungstages oder nach dem Kurs des Zahlungstages in die Landeswährung umgerechnet werden soll.

² Der Wert der fremden Währung bestimmt sich nach den Handelsgebräuchen des Zahlungsortes. Der Aussteller kann jedoch im Check für die zu zahlende Summe einen Umrechnungskurs bestimmen.

³ Die Vorschriften der beiden ersten Absätze finden keine Anwendung, wenn der Aussteller die Zahlung in einer bestimmten Währung vorgeschrieben hat (Effektivvermerk).

⁴ Lautet der Check auf eine Geldsorte, die im Lande der Ausstellung dieselbe Bezeichnung, aber einen andern Wert hat als in dem der Zahlung, so wird vermutet, dass die Geldsorte des Zahlungsortes gemeint ist.

Art. 1123

¹ Der Aussteller sowie jeder Inhaber können den Check mit den im Artikel 1124 vorgesehenen Wirkungen kreuzen.

² Die Kreuzung erfolgt durch zwei gleichlaufende Striche auf der Vorderseite des Checks. Die Kreuzung kann allgemein oder besonders sein.

³ Die Kreuzung ist allgemein, wenn zwischen den beiden Strichen keine Angabe oder die Bezeichnung «Bankier» oder ein gleichbedeutender Vermerk steht; sie ist eine besondere, wenn der Name eines Bankiers zwischen die beiden Striche gesetzt ist.

⁴ Die allgemeine Kreuzung kann in eine besondere, nicht aber die besondere Kreuzung in eine allgemeine umgewandelt werden.

⁵ Die Streichung der Kreuzung oder des Namens des bezeichneten Bankiers gilt als nicht erfolgt.

V. Gekreuzter Check und Verrechnungscheck
1. Gekreuzter Check
a. Begriff

Art. 1124

¹ Ein allgemein gekreuzter Check darf vom Bezogenen nur an einen Bankier oder an einen Kunden des Bezogenen bezahlt werden.

² Ein besonders gekreuzter Check darf vom Bezogenen nur an den bezeichneten Bankier oder, wenn dieser selbst der Bezogene ist, an dessen Kunden bezahlt werden. Immerhin kann der bezeichnete Bankier einen andern Bankier mit der Einziehung des Checks betrauen.

³ Ein Bankier darf einen gekreuzten Check nur von einem seiner Kunden oder von einem anderen Bankier erwerben. Auch darf er ihn nicht für Rechnung anderer als der vorgenannten Personen einziehen.

⁴ Befinden sich auf einem Check mehrere besondere Kreuzungen, so darf der Check vom Bezogenen nur dann bezahlt werden, wenn nicht mehr als zwei Kreuzungen vorliegen und die eine zum Zwecke der Einziehung durch Einlieferung in eine Abrechnungsstelle erfolgt ist.

⁵ Der Bezogene oder der Bankier, der den vorstehenden Vorschriften zuwiderhandelt, haftet für den entstandenen Schaden, jedoch nur bis zur Höhe der Checksumme.

b. Wirkungen

Art. 1125

¹ Der Aussteller sowie jeder Inhaber eines Checks kann durch den quer über die Vorderseite gesetzten Vermerk «nur zur Verrechnung» oder durch einen gleichbedeutenden Vermerk untersagen, dass der Check bar bezahlt wird.

² Der Bezogene darf in diesem Falle den Check nur im Wege der Gutschrift einlösen (Verrechnung, Überweisung, Ausgleichung). Die Gutschrift gilt als Zahlung.

2. Verrechnungscheck
a. Im allgemeinen

³ Die Streichung des Vermerks «nur zur Verrechnung» gilt als nicht erfolgt.

⁴ Der Bezogene, der den vorstehenden Vorschriften zuwiderhandelt, haftet für den entstandenen Schaden, jedoch nur bis zur Höhe der Checksumme.

Art. 1126

b. Rechte des Inhabers bei Konkurs, Zahlungseinstellung, Zwangsvollstreckung

¹ Der Inhaber eines Verrechnungschecks ist jedoch befugt, vom Bezogenen Barzahlung zu verlangen und bei Nichtzahlung Rückgriff zu nehmen, wenn über das Vermögen des Bezogenen der Konkurs eröffnet worden ist oder wenn er seine Zahlungen eingestellt hat oder wenn eine Zwangsvollstreckung in sein Vermögen fruchtlos verlaufen ist.

² Dasselbe gilt, wenn der Inhaber infolge von Massnahmen, die auf Grund des Bankengesetzes[1]) getroffen worden sind, über die Gutschrift beim Bezogenen nicht verfügen kann.

Art. 1127

c. Rechte des Inhabers bei Verweigerung der Gutschrift oder der Ausgleichung

Der Inhaber eines Verrechnungschecks ist ferner berechtigt, Rückgriff zu nehmen, wenn er nachweist, dass der Bezogene die bedingungslose Gutschrift ablehnt oder dass der Check von der Abrechnungsstelle des Zahlungsortes als zur Ausgleichung von Verbindlichkeiten des Inhabers ungeeignet erklärt worden ist.

Art. 1128

VI. Rückgriff mangels Zahlung
1. Rückgriffsrechte des Inhabers

Der Inhaber kann gegen die Indossanten, den Aussteller und die anderen Checkverpflichteten Rückgriff nehmen, wenn der rechtzeitig vorgelegte Check nicht eingelöst und die Verweigerung der Zahlung festgestellt worden ist:
1. durch eine öffentliche Urkunde (Protest) oder
2. durch eine schriftliche, datierte Erklärung des Bezogenen auf dem Check, die den Tag der Vorlegung angibt, oder
3. durch eine datierte Erklärung einer Abrechnungsstelle, dass der Check rechtzeitig eingeliefert und nicht bezahlt worden ist.

Art. 1129

2. Protesterhebung. Fristen

¹ Der Protest oder die gleichbedeutende Feststellung muss vor Ablauf der Vorlegungsfrist vorgenommen werden.

² Ist die Vorlegung am letzten Tage der Frist erfolgt, so kann der Protest oder die gleichbedeutende Feststellung auch noch an dem folgenden Werktage vorgenommen werden.

---

[1]) SR **952.0**

Art. 1130

Der Inhaber kann im Wege des Rückgriffs verlangen:
1. die Checksumme, soweit der Check nicht eingelöst worden ist;
2. Zinsen zu sechs vom Hundert seit dem Tage der Vorlegung;
3. die Kosten des Protestes oder der gleichbedeutenden Feststellung und der Nachrichten sowie die anderen Auslagen;
4. eine Provision von höchstens einem Drittel Prozent.

3. Inhalt der Rückgriffsforderung

Art. 1131

¹ Steht der rechtzeitigen Vorlegung des Checks oder der rechtzeitigen Erhebung des Protestes oder der Vornahme einer gleichbedeutenden Feststellung ein unüberwindliches Hindernis entgegen (gesetzliche Vorschrift eines Staates oder ein anderer Fall höherer Gewalt), so werden die für diese Handlungen bestimmten Fristen verlängert.

² Der Inhaber ist verpflichtet, seinen unmittelbaren Vormann von dem Falle der höheren Gewalt unverzüglich zu benachrichtigen und die Benachrichtigung unter Beifügung des Tages und Ortes sowie seiner Unterschrift auf dem Check oder einem Anhang zu vermerken; im übrigen finden die Vorschriften des Artikels 1042 Anwendung.

³ Fällt die höhere Gewalt weg, so muss der Inhaber den Check unverzüglich zur Zahlung vorlegen und gegebenenfalls Protest erheben oder eine gleichbedeutende Feststellung vornehmen lassen.

⁴ Dauert die höhere Gewalt länger als 15 Tage seit dem Tage, an dem der Inhaber selbst vor Ablauf der Vorlegungsfrist seinen Vormann von dem Falle der höheren Gewalt benachrichtigt hat, so kann Rückgriff genommen werden, ohne dass es der Vorlegung oder der Protesterhebung oder einer gleichbedeutenden Feststellung bedarf.

⁵ Tatsachen, die rein persönlich den Inhaber oder denjenigen betreffen, den er mit der Vorlegung des Checks oder mit der Erhebung des Protestes oder mit der Herbeiführung einer gleichbedeutenden Feststellung beauftragt hat, gelten nicht als Fälle höherer Gewalt.

4. Vorbehalt der höheren Gewalt

Art. 1132

Der aus der Einlösung eines falschen oder verfälschten Checks sich ergebende Schaden trifft den Bezogenen, sofern nicht dem in dem Check genannten Aussteller ein Verschulden zur Last fällt, wie namentlich eine nachlässige Verwahrung der ihm überlassenen Checkformulare.

VII. Gefälschter Check

Art. 1133

VIII. Ausfertigung mehrerer Stücke eines Checks

Checks, die nicht auf den Inhaber gestellt sind und in einem anderen Lande als dem der Ausstellung oder in einem überseeischen Gebiete des Landes der Ausstellung zahlbar sind, und umgekehrt, oder in dem überseeischen Gebiete eines Landes ausgestellt und zahlbar sind, oder in dem überseeischen Gebiete eines Landes ausgestellt und in einem anderen überseeischen Gebiete desselben Landes zahlbar sind, können in mehreren gleichen Ausfertigungen ausgestellt werden. Diese Ausfertigungen müssen im Texte der Urkunde mit fortlaufenden Nummern versehen sein; andernfalls gilt jede Ausfertigung als besonderer Check.

Art. 1134

IX. Verjährung

[1] Die Rückgriffsansprüche des Inhabers gegen die Indossanten, den Aussteller und die anderen Checkverpflichteten verjähren in sechs Monaten vom Ablauf der Vorlegungsfrist.

[2] Die Rückgriffsansprüche eines Verpflichteten gegen einen andern Checkverpflichteten verjähren in sechs Monaten von dem Tage, an dem der Check von dem Verpflichteten eingelöst oder ihm gegenüber gerichtlich geltend gemacht worden ist.

Art. 1135

X. Allgemeine Vorschriften
1. Begriff des «Bankiers»

In diesem Abschnitt sind unter der Bezeichnung «Bankier» Firmen zu verstehen, die dem Bankengesetz[1] unterstehen.

Art. 1136

2. Fristbestimmungen
a. Feiertage

[1] Die Vorlegung und der Protest eines Checks können nur an einem Werktage stattfinden.

[2] Fällt der letzte Tag einer Frist, innerhalb deren eine auf den Check bezügliche Handlung, insbesondere die Vorlegung, der Protest oder eine gleichbedeutende Feststellung vorgenommen werden muss, auf einen Sonntag oder einen anderen staatlich anerkannten Feiertag[2], so wird die Frist bis zum nächsten Werktag verlängert.

Feiertage, die in den Lauf einer Frist fallen, werden bei der Berechnung der Frist mitgezählt.

Art. 1137

b. Fristberechnung

Bei der Berechnung der in diesem Gesetz vorgesehenen Fristen wird der Tag, an dem sie zu laufen beginnen, nicht mitgezählt.

---

[1] SR **952.0**

[2] Hinsichtlich der gesetzlichen Fristen des eidgenössischen Rechts und der kraft eidgenössischen Rechts von Behörden angesetzten Fristen wird heute der Samstag einem anerkannten Feiertag gleichgestellt (Art. 1 des BG vom 21. Juni 1963 über den Fristenlauf an Samstagen – SR **173.110.3**).

Art. 1138

¹ Das Recht des Landes, in dem der Check zahlbar ist, bestimmt die Personen, auf die ein Check gezogen werden kann.

² Ist nach diesem Recht der Check im Hinblick auf die Person des Bezogenen nichtig, so sind gleichwohl die Verpflichtungen aus Unterschriften gültig, die in Ländern auf den Check gesetzt worden sind, deren Recht die Nichtigkeit aus einem solchen Grunde nicht vorsieht.

XI. Geltungsbereich der Gesetze
1. Passive Checkfähigkeit

Art. 1139

¹ Die Form einer Checkerklärung bestimmt sich nach dem Recht des Landes, in dessen Gebiete die Erklärung unterschrieben worden ist. Es genügt jedoch die Beobachtung der Form, die das Recht des Zahlungsortes vorschreibt.

² Wenn eine Checkerklärung, die nach den Vorschriften des vorstehenden Absatzes ungültig ist, dem Recht des Landes entspricht, in dessen Gebiet eine spätere Checkerklärung unterschrieben worden ist, so wird durch Mängel in der Form der ersten Checkerklärung die Gültigkeit der späteren Checkerklärung nicht berührt.

³ Ebenso ist eine Checkerklärung, die ein Schweizer im Ausland abgegeben hat, in der Schweiz gegenüber einem anderen Schweizer gültig, wenn sie den Formerfordernissen des schweizerischen Rechts genügt.

2. Form und Fristen der Checkerklärungen

Art. 1140

3. Wirkung der Checkerklärungen a. Recht des Ausstellungsortes

Die Wirkungen der Checkerklärungen bestimmen sich nach dem Recht des Landes, in dessen Gebiete die Erklärungen unterschrieben worden sind.

Art. 1141

b. Recht des Zahlungsortes

Das Recht des Landes, in dessen Gebiet der Check zahlbar ist, bestimmt:
1. ob der Check notwendigerweise bei Sicht zahlbar ist oder ob er auf eine bestimmte Zeit nach Sicht gezogen werden kann und welches die Wirkungen sind, wenn auf dem Check ein späterer als der wirkliche Ausstellungstag angegeben ist.
2. die Vorlegungsfrist;
3. ob ein Check angenommen, zertifiziert, bestätigt oder mit einem Visum versehen werden kann, und welches die Wirkungen dieser Vermerke sind;
4. ob der Inhaber eine Teilzahlung verlangen kann und ob er eine solche annehmen muss;
5. ob ein Check gekreuzt oder mit dem Vermerk «nur zur Verrechnung» oder mit einem gleichbedeutenden Vermerk versehen werden kann, und welches die Wirkungen der Kreuzung oder des Verrechnungsvermerks oder eines gleichbedeutenden Vermerks sind;
6. ob der Inhaber besondere Rechte auf die Deckung hat und welches der Inhalt dieser Rechte ist;
7. ob der Aussteller den Check widerrufen oder gegen die Einlösung des Checks Widerspruch erheben kann;
8. die Massnahmen, die im Falle des Verlustes oder des Diebstahls des Checks zu ergreifen sind;
9. ob ein Protest oder eine gleichbedeutende Feststellung zur Erhaltung des Rückgriffs gegen die Indossanten, den Aussteller und die anderen Checkverpflichteten notwendig ist.

Art. 1142

c. Recht des Wohnsitzes

Der Bereicherungsanspruch gegen den Bezogenen oder den Domiziliaten bestimmt sich nach dem Recht des Landes, in dessen Gebiet diese Personen ihren Wohnsitz haben.

Art. 1143

¹ Auf den Check finden die nachstehenden Bestimmungen des Wechselrechts Anwendung:

XII. Anwendbarkeit des Wechselrechts

1. Artikel 990 über die Wechselfähigkeit;
2. Artikel 993 über Wechsel an eigene Ordre, auf den Aussteller und für Rechnung eines Dritten;
3. Artikel 996–1000 über verschiedene Bezeichnung der Wechselsumme, Unterschriften von Wechselunfähigen, Unterschrift ohne Ermächtigung, Haftung des Ausstellers und Blankowechsel;
4. Artikel 1003–1005 über das Indossament;
5. Artikel 1007 über die Wechseleinreden;
6. Artikel 1008 über die Rechte aus dem Vollmachtsindossament;
7. Artikel 1021 und 1022 über Form und Wirkungen der Wechselbürgschaft;
8. Artikel 1029 über das Recht auf Quittung und Teilzahlung;
9. Artikel 1035–1037 und 1039–1041 über den Protest;
10. Artikel 1042 über die Benachrichtigung;
11. Artikel 1043 über den Protesterlass;
12. Artikel 1044 über die solidarische Haftung der Wechselverpflichteten;
13. Artikel 1046 und 1047 über die Rückgriffsforderung bei Einlösung des Wechsels und das Recht auf Aushändigung von Wechsel, Protest und Quittung;
14. Artikel 1052 über den Bereicherungsanspruch;
15. Artikel 1053 über den Übergang der Deckung;
16. Artikel 1064 über das Verhältnis mehrerer Ausfertigungen;
17. Artikel 1068 über Änderungen;
18. Artikel 1070 und 1071 über die Unterbrechung der Verjährung;
19. Artikel 1072–1078 und 1079 Absatz 1 über die Kraftloserklärung;
20. Artikel 1083–1085 über den Ausschluss von Respekttagen, den Ort der Vornahme wechselrechtlicher Handlungen und die eigenhändige Unterschrift;
21. Artikel 1086, 1088 und 1089 über den Geltungsbereich der Gesetze in bezug auf Wechselfähigkeit, Handlungen zur Ausübung und Erhaltung des Wechselrechts und Ausübung der Rückgriffsrechte.

² In Wegfall kommen bei diesen Artikeln die Bestimmungen, die sich auf die Annahme des Wechsels beziehen.

³ Die Artikel 1042 Absatz 1, 1043 Absätze 1 und 3 und 1047 werden für die Anwendung auf den Check in dem Sinne ergänzt, dass an die Stelle des Protestes die gleichbedeutende Feststellung nach Artikel 1128 Ziffern 2 und 3 treten kann.

Art. 1144

XIII. Vorbehalt besondern Rechtes

Vorbehalten bleiben die besondern Bestimmungen über den Postcheck.

Sechster Abschnitt
Wechselähnliche und andere Ordrepapiere

Art. 1145

A. Im allgemeinen
I. Voraussetzungen

Ein Wertpapier gilt als Ordrepapier, wenn es an Ordre lautet oder vom Gesetze als Ordrepapier erklärt ist.

Art. 1146

II. Einreden des Schuldners

¹ Wer aus einem Ordrepapier in Anspruch genommen wird, kann sich nur solcher Einreden bedienen, die entweder gegen die Gültigkeit der Urkunde gerichtet sind oder aus der Urkunde selbst hervorgehen, sowie solcher, die ihm persönlich gegen den jeweiligen Gläubiger zustehen.

² Einreden, die sich auf die unmittelbaren Beziehungen des Schuldners zum Aussteller oder zu einem frühern Inhaber gründen, sind zulässig, wenn der Inhaber bei dem Erwerb des Ordrepapiers bewusst zum Nachteil des Schuldners gehandelt hat.

Art. 1147

B. Wechselähnliche Papiere
I. Anweisungen an Ordre
1. Im allgemeinen

Anweisungen, die im Texte der Urkunde nicht als Wechsel bezeichnet sind, aber ausdrücklich an Ordre lauten und im übrigen den Erfordernissen des gezogenen Wechsels entsprechen, stehen den gezogenen Wechseln gleich.

Art. 1148

2. Keine Annahmepflicht

¹ Die Anweisung an Ordre ist nicht zur Annahme vorzulegen.

² Wird sie trotzdem vorgelegt, aber ihre Annahme verweigert, so steht dem Inhaber ein Rückgriffsrecht aus diesem Grunde nicht zu.

Art. 1149

3. Folgen der Annahme

¹ Wird die Anweisung an Ordre freiwillig angenommen, so steht der Annehmer der Anweisung dem Annehmer des gezogenen Wechsels gleich.

² Der Inhaber kann jedoch nicht vor Verfall Rückgriff nehmen, wenn über den Angewiesenen der Konkurs eröffnet worden ist oder wenn der Angewiesene seine Zahlungen eingestellt hat oder wenn eine Zwangsvollstreckung in sein Vermögen fruchtlos verlaufen ist.

³ Ebenso steht dem Inhaber der Rückgriff vor Verfall nicht zu, wenn über den Anweisenden der Konkurs eröffnet worden ist.

Art. 1150

Die Bestimmungen des Schuldbetreibungs- und Konkursgesetzes[1] betreffend die Wechselbetreibung finden auf die Anweisung an Ordre keine Anwendung.

4. Keine Wechselbetreibung

Art. 1151

[1] Zahlungsversprechen, die im Texte der Urkunde nicht als Wechsel bezeichnet sind, aber ausdrücklich an Ordre lauten und im übrigen den Erfordernissen des eigenen Wechsels entsprechen, stehen den eigenen Wechseln gleich.

[2] Für das Zahlungsversprechen an Ordre gelten jedoch die Bestimmungen über die Ehrenzahlung nicht.

[3] Die Bestimmungen des Schuldbetreibungs- und Konkursgesetzes[1] betreffend die Wechselbetreibung finden auf das Zahlungsversprechen an Ordre keine Anwendung.

II. Zahlungsversprechen an Ordre

Art. 1152

[1] Urkunden, in denen der Zeichner sich verpflichtet, nach Ort, Zeit und Summe bestimmte Geldzahlungen zu leisten oder bestimmte Mengen vertretbarer Sachen zu liefern, können, wenn sie ausdrücklich an Ordre lauten, durch Indossament übertragen werden.

[2] Für diese Urkunden sowie für andere indossierbare Papiere, wie Lagerscheine, Warrants, Ladescheine, gelten die Vorschriften des Wechselrechtes über die Form des Indossaments, die Legitimation des Inhabers, die Kraftloserklärung sowie über die Pflicht des Inhabers zur Herausgabe.

[3] Dagegen sind die Bestimmungen über den Wechselrückgriff auf solche Papiere nicht anwendbar.

C. Andere indossierbare Papiere

Siebenter Abschnitt
Die Warenpapiere

Art. 1153

Warenpapiere, die von einem Lagerhalter oder Frachtführer als Wertpapier ausgestellt werden, müssen enthalten:
1. den Ort und den Tag der Ausstellung und die Unterschrift des Ausstellers;
2. den Namen und den Wohnort des Ausstellers;
3. den Namen und den Wohnort des Einlagerers oder des Absenders;
4. die Bezeichnung der eingelagerten oder aufgegebenen Ware nach Beschaffenheit, Menge und Merkzeichen;

A. Erfordernisse

---

[1] SR **281.1**

5. die Gebühren und Löhne, die zu entrichten sind oder die vorausbezahlt wurden;
6. die besondern Vereinbarungen, die von den Beteiligten über die Behandlung der Ware getroffen worden sind;
7. die Zahl der Ausfertigungen des Warenpapiers;
8. die Angabe des Verfügungsberechtigten mit Namen oder an Ordre oder als Inhaber.

Art. 1154

B. Der Pfandschein

¹ Wird von mehreren Warenpapieren eines für die Pfandbestellung bestimmt, so muss es als Pfandschein (Warrant) bezeichnet sein und im übrigen der Gestalt eines Warenpapiers entsprechen.

² Auf den andern Ausfertigungen ist die Ausstellung des Pfandscheines anzugeben und jede vorgenommene Verpfändung mit Forderungsbetrag und Verfalltag einzutragen.

Art. 1155

C. Bedeutung der Formvorschriften

¹ Scheine, die über lagernde oder verfrachtete Waren ausgestellt werden, ohne den gesetzlichen Formvorschriften für Warenpapiere zu entsprechen, werden nicht als Wertpapiere anerkannt, sondern gelten nur als Empfangsscheine oder andere Beweisurkunden.

² Scheine, die von Lagerhaltern ausgegeben werden, ohne dass die zuständige Behörde die vom Gesetz verlangte Bewilligung erteilt hat, sind, wenn sie den gesetzlichen Formvorschriften entsprechen, als Wertpapiere anzuerkennen. Ihre Aussteller unterliegen einer von der zuständigen kantonalen Behörde zu verhängenden Ordnungsbusse bis zu 1000 Franken.

Vierunddreissigster Titel
ANLEIHENSOBLIGATIONEN

Erster Abschnitt
Prospektzwang bei Ausgabe von Anleihensobligationen

Art. 1156

¹ Anleihensobligationen dürfen nur auf Grund eines Prospektes öffentlich zur Zeichnung aufgelegt oder an der Börse eingeführt werden.

² Die Bestimmungen über den Prospekt bei Ausgabe neuer Aktien finden entsprechende Anwendung; überdies soll der Prospekt die nähern Angaben enthalten über das Anleihen, insbesondere die Verzinsungs- und Rückzahlungsbedingungen, die für die Obligationen bestellten besondern Sicherheiten und gegebenenfalls die Vertretung der Anleihensgläubiger.

³ Sind Obligationen ohne Zugrundelegung eines diesen Vorschriften entsprechenden Prospektes ausgegeben worden, oder enthält dieser unrichtige oder den gesetzlichen Erfordernissen nicht entsprechende Angaben, so sind die Personen, die absichtlich oder fahrlässig mitgewirkt haben, solidarisch für den Schaden haftbar.

Zweiter Abschnitt:[1)]
Gläubigergemeinschaft bei Anleihensobligationen

Art. 1157

¹ Sind Anleihensobligationen von einem Schuldner, der in der Schweiz seinen Wohnsitz oder eine geschäftliche Niederlassung hat, mit einheitlichen Anleihensbedingungen unmittelbar oder mittelbar durch öffentliche Zeichnung ausgegeben, so bilden die Gläubiger von Gesetzes wegen eine Gläubigergemeinschaft.

A. Voraussetzungen

² Sind mehrere Anleihen ausgegeben, so bilden die Gläubiger jedes Anleihens eine besondere Gläubigergemeinschaft.

³ Die Vorschriften dieses Abschnittes sind nicht anwendbar auf Anleihen des Bundes, der Kantone, der Gemeinden und anderer Körperschaften und Anstalten des öffentlichen Rechts.

[1)] Fassung gemäss Ziff. I des BG vom 1. April 1949, in Kraft seit 1. Jan. 1950 (AS **1949** I 791 801; BBl **1947** III 869). Siehe die SchlB zu diesem Abschn. (zweiter Abschn. des XXXIV. Tit.) am Schluss des OR.

Art. 1158

B. Anleihensvertreter
I. Bestellung

¹ Vertreter, die durch die Anleihensbedingungen bestellt sind, gelten mangels gegenteiliger Bestimmung als Vertreter sowohl der Gläubigergemeinschaft wie des Schuldners.

² Die Gläubigerversammlung kann einen oder mehrere Vertreter der Gläubigergemeinschaft wählen.

³ Mehrere Vertreter üben, wenn es nicht anders bestimmt ist, die Vertretung gemeinsam aus.

Art. 1159

II. Befugnisse
1. Im allgemeinen

¹ Der Vertreter hat die Befugnisse, die ihm durch das Gesetz, die Anleihensbedingungen oder die Gläubigerversammlung übertragen werden.

² Er verlangt vom Schuldner, wenn die Voraussetzungen vorliegen, die Einberufung einer Gläubigerversammlung, vollzieht deren Beschlüsse und vertritt die Gemeinschaft im Rahmen der ihm übertragenen Befugnisse.

³ Soweit der Vertreter zur Geltendmachung von Rechten der Gläubiger ermächtigt ist, sind die einzelnen Gläubiger zur selbständigen Ausübung ihrer Rechte nicht befugt.

Art. 1160

2. Kontrolle des Schuldners

¹ Solange der Schuldner sich mit der Erfüllung seiner Verpflichtungen aus dem Anleihen im Rückstande befindet, ist der Vertreter der Gläubigergemeinschaft befugt, vom Schuldner alle Aufschlüsse zu verlangen, die für die Gemeinschaft von Interesse sind.

² Ist eine Aktiengesellschaft, Kommanditaktiengesellschaft, Gesellschaft mit beschränkter Haftung oder Genossenschaft Schuldnerin, so kann der Vertreter unter den gleichen Voraussetzungen an den Verhandlungen ihrer Organe mit beratender Stimme teilnehmen, soweit Gegenstände behandelt werden, welche die Interessen der Anleihensgläubiger berühren.

³ Der Vertreter ist zu solchen Verhandlungen einzuladen und hat Anspruch auf rechtzeitige Mitteilung der für die Verhandlungen massgebenden Grundlagen.

Art. 1161

3. Bei pfandgesicherten Anleihen

¹ Ist für ein Anleihen mit Grundpfandrecht oder mit Fahrnispfand ein Vertreter des Schuldners und der Gläubiger bestellt worden, so stehen ihm die gleichen Befugnisse zu wie dem Pfandhalter nach Grundpfandrecht.

² Der Vertreter hat die Rechte der Gläubiger, des Schuldners und des Eigentümers der Pfandsache mit aller Sorgfalt und Unparteilichkeit zu wahren.

Art. 1162

¹ Die Gläubigerversammlung kann die Vollmacht, die sie einem Vertreter erteilt hat, jederzeit widerrufen oder abändern.

² Die Vollmacht eines durch die Anleihensbedingungen bestellten Vertreters kann durch einen Beschluss der Gläubigergemeinschaft mit Zustimmung des Schuldners jederzeit widerrufen oder abgeändert werden.

³ Der Richter kann aus wichtigen Gründen auf Antrag eines Anleihensgläubigers oder des Schuldners die Vollmacht als erloschen erklären.

⁴ Fällt die Vollmacht aus irgendeinem Grunde dahin, so trifft auf Verlangen eines Anleihensgläubigers oder des Schuldners der Richter die zum Schutze der Anleihensgläubiger und des Schuldners notwendigen Anordnungen.

III. Dahinfallen der Vollmacht

Art. 1163

¹ Die Kosten einer in den Anleihensbedingungen vorgesehenen Vertretung sind vom Anleihensschuldner zu tragen.

² Die Kosten einer von der Gläubigergemeinschaft gewählten Vertretung werden aus den Leistungen des Anleihensschuldners gedeckt und allen Anleihensgläubigern nach Massgabe des Nennwertes der Obligationen, die sie besitzen, in Abzug gebracht.

IV. Kosten

Art. 1164

¹ Die Gläubigergemeinschaft ist befugt, in den Schranken des Gesetzes die geeigneten Massnahmen zur Wahrung der gemeinsamen Interessen der Anleihensgläubiger, insbesondere gegenüber einer Notlage des Schuldners, zu treffen.

² Die Beschlüsse der Gläubigergemeinschaft werden von der Gläubigerversammlung gefasst und sind gültig, wenn die Voraussetzungen erfüllt sind, die das Gesetz im allgemeinen oder für einzelne Massnahmen vorsieht.

³ Soweit rechtsgültige Beschlüsse der Gläubigerversammlung entgegenstehen, können die einzelnen Anleihensgläubiger ihre Rechte nicht mehr selbständig geltend machen.

⁴ Die Kosten der Einberufung und der Abhaltung der Gläubigerversammlung trägt der Schuldner.

C. Gläubigerversammlung
I. Im allgemeinen

Art. 1165

¹ Die Gläubigerversammlung wird durch den Schuldner einberufen.

² Der Schuldner ist verpflichtet, sie binnen 20 Tagen einzuberufen, wenn Anleihensgläubiger, denen zusammen der zwanzigste Teil des im Umlauf befindlichen Kapitals zusteht, oder der Anleihensvertreter die Einberufung schriftlich und unter Angabe des Zweckes und der Gründe verlangen.

II. Einberufung
1. Im allgemeinen

³ Entspricht der Schuldner diesem Begehren nicht, so kann der Richter die Gesuchsteller ermächtigen, von sich aus eine Gläubigerversammlung einzuberufen.

⁴ ...[1]

Art. 1166

2. Stundung

¹ Vom Zeitpunkte der ordnungsmässigen Veröffentlichung der Einladung zur Gläubigerversammlung an bis zur rechtskräftigen Beendigung des Verfahrens vor der Nachlassbehörde bleiben die fälligen Ansprüche der Anleihensgläubiger gestundet.

² Diese Stundung gilt nicht als Zahlungseinstellung im Sinne des Schuldbetreibungs- und Konkursgesetzes[2]; eine Konkurseröffnung ohne vorgängige Betreibung kann nicht verlangt werden.

³ Während der Dauer der Stundung ist der Lauf der Verjährungs- und Verwirkungsfristen, welche durch Betreibung unterbrochen werden können, für die fälligen Ansprüche der Anleihensgläubiger gehemmt.

⁴ Missbraucht der Schuldner das Recht auf Stundung, so kann sie von der oberen kantonalen Nachlassbehörde auf Begehren eines Anleihensgläubigers aufgehoben werden.

Art. 1167

III. Abhaltung
1. Stimmrecht

¹ Stimmberechtigt ist der Eigentümer einer Obligation oder sein Vertreter, bei in Nutzniessung stehenden Obligationen jedoch der Nutzniesser oder sein Vertreter. Der Nutzniesser wird aber dem Eigentümer ersatzpflichtig, wenn er bei der Ausübung des Stimmrechts auf dessen Interessen nicht in billiger Weise Rücksicht nimmt.

² Obligationen, die im Eigentum oder in der Nutzniessung des Schuldners stehen, gewähren kein Stimmrecht. Sind hingegen Obligationen verpfändet, die dem Schuldner gehören, so steht das Stimmrecht dem Pfandgläubiger zu.

³ Ein dem Schuldner an Obligationen zustehendes Pfandrecht oder Retentionsrecht schliesst das Stimmrecht ihres Eigentümers nicht aus.

Art. 1168

2. Vertretung einzelner Anleihensgläubiger

¹ Zur Vertretung von Anleihensgläubigern bedarf es, sofern die Vertretung nicht auf Gesetz beruht, einer schriftlichen Vollmacht.

² Die Ausübung der Vertretung der stimmberechtigten Anleihensgläubiger durch den Schuldner ist ausgeschlossen.

---

[1] Aufgehoben durch Anhang Ziff. 5 des Gerichtsstandsgesetzes vom 24. März 2000 (SR **272**).
[2] SR **281.1**

Art. 1169

Der Bundesrat erlässt die Vorschriften über die Einberufung der Gläubigerversammlung, die Mitteilung der Tagesordnung, die Ausweise zur Teilnahme an der Gläubigerversammlung, die Leitung der Versammlung, die Beurkundung und die Mitteilung der Beschlüsse.

IV. Verfahrensvorschriften

Art. 1170

[1] Eine Mehrheit von mindestens zwei Dritteln des im Umlauf befindlichen Kapitals ist zur Gültigkeit des Beschlusses erforderlich, wenn es sich um folgende Massnahmen handelt:
1. Stundung von Zinsen für die Dauer von höchstens fünf Jahren, mit der Möglichkeit der zweimaligen Verlängerung der Stundung um je höchstens fünf Jahre;
2. Erlass von höchstens fünf Jahreszinsen innerhalb eines Zeitraumes von sieben Jahren;
3. Ermässigung des Zinsfusses bis zur Hälfte des in den Anleihensbedingungen vereinbarten Satzes oder Umwandlung eines festen Zinsfusses in einen vom Geschäftsergebnis abhängigen Zinsfuss, beides für höchstens zehn Jahre, mit der Möglichkeit der Verlängerung um höchstens fünf Jahre;
4. Verlängerung der Amortisationsfrist um höchstens zehn Jahre durch Herabsetzung der Annuität oder Erhöhung der Zahl der Rückzahlungsquoten oder vorübergehende Einstellung dieser Leistungen, mit der Möglichkeit der Erstreckung um höchstens fünf Jahre;
5. Stundung eines fälligen oder binnen fünf Jahren verfallenden Anleihens oder von Teilbeträgen eines solchen auf höchstens zehn Jahre, mit der Möglichkeit der Verlängerung um höchstens fünf Jahre;
6. Ermächtigung zu einer vorzeitigen Rückzahlung des Kapitals;
7. Einräumung eines Vorgangspfandrechts für dem Unternehmen neu zugeführtes Kapital sowie Änderung an den für ein Anleihen bestellten Sicherheiten oder gänzlicher oder teilweiser Verzicht auf solche;
8. Zustimmung zu einer Änderung der Bestimmungen über Beschränkung der Obligationenausgabe im Verhältnis zum Aktienkapital;
9. Zustimmung zu einer gänzlichen oder teilweisen Umwandlung von Anleihensobligationen in Aktien.

[2] Diese Massnahmen können miteinander verbunden werden.

D. Gemeinschaftsbeschlüsse
I. Eingriffe in die Gläubigerrechte
1. Zulässigkeit und erforderliche Mehrheit
a. Bei nur einer Gemeinschaft

Art. 1171

b. Bei mehreren Gemeinschaften

¹ Bei einer Mehrheit von Gläubigergemeinschaften kann der Schuldner eine oder mehrere der im vorangehenden Artikel vorgesehenen Massnahmen den Gemeinschaften gleichzeitig unterbreiten, im ersten Falle mit dem Vorbehalte, dass die Massnahme nur gültig sein soll, falls sie von allen Gemeinschaften angenommen wird, im zweiten Falle mit dem weitern Vorbehalte, dass die Gültigkeit jeder Massnahme von der Annahme der übrigen abhängig ist.

² Die Vorschläge gelten als angenommen, wenn sie die Zustimmung der Vertretung von mindestens zwei Dritteln des im Umlauf befindlichen Kapitals aller dieser Gläubigergemeinschaften zusammen gefunden haben, gleichzeitig von der Mehrheit der Gemeinschaften angenommen worden sind und in jeder Gemeinschaft mindestens die einfache Mehrheit des vertretenen Kapitals zugestimmt hat.

Art. 1172

c. Feststellung der Mehrheit

¹ Für die Feststellung des im Umlauf befindlichen Kapitals fallen Anleihensobligationen, die kein Stimmrecht gewähren, ausser Betracht.

² Erreicht ein Antrag in der Gläubigerversammlung nicht die erforderliche Stimmenzahl, so kann der Schuldner die fehlenden Stimmen durch schriftliche und beglaubigte Erklärungen binnen zwei Monaten nach dem Versammlungstage beim Leiter der Versammlung beibringen und dadurch einen gültigen Beschluss herstellen.

Art. 1173

2. Beschränkungen
a. Im allgemeinen

¹ Kein Anleihensgläubiger kann durch Gemeinschaftsbeschluss verpflichtet werden, andere als die in Artikel 1170 vorgesehenen Eingriffe in die Gläubigerrechte zu dulden oder Leistungen zu machen, die weder in den Anleihensbedingungen vorgesehen noch mit ihm bei der Begebung der Obligation vereinbart worden sind.

² Zu einer Vermehrung der Gläubigerrechte ist die Gläubigergemeinschaft ohne Zustimmung des Schuldners nicht befugt.

Art. 1174

b. Gleichbehandlung

¹ Die einer Gemeinschaft angehörenden Gläubiger müssen alle gleichmässig von den Zwangsbeschlüssen betroffen werden, es sei denn, dass jeder etwa ungünstiger behandelte Gläubiger ausdrücklich zustimmt.

² Unter Pfandgläubigern darf die bisherige Rangordnung ohne deren Zustimmung nicht abgeändert werden. Vorbehalten bleibt Artikel 1170 Ziffer 7.

³ Zusicherungen oder Zuwendungen an einzelne Gläubiger, durch die sie gegenüber andern der Gemeinschaft angehörenden Gläubigern begünstigt werden, sind ungültig.

Art. 1175

Ein Antrag auf Ergreifung der in Artikel 1170 genannten Massnahmen darf vom Schuldner nur eingebracht und von der Gläubigerversammlung nur in Beratung gezogen werden auf Grund eines auf den Tag der Gläubigerversammlung aufgestellten Status oder einer ordnungsgemäss errichteten und gegebenenfalls von der Kontrollstelle als richtig bescheinigten Bilanz, die auf einen höchstens sechs Monate zurückliegenden Zeitpunkt abgeschlossen ist.

c. Status und Bilanz

Art. 1176

¹ Die Beschlüsse, die einen Eingriff in Gläubigerrechte enthalten, sind nur wirksam und für die nicht zustimmenden Anleihensgläubiger verbindlich, wenn sie von der oberen kantonalen Nachlassbehörde genehmigt worden sind.

3. Genehmigung
a. Im allgemeinen

² Der Schuldner hat sie dieser Behörde innerhalb eines Monats seit dem Zustandekommen zur Genehmigung zu unterbreiten.

³ Die Zeit der Verhandlung wird öffentlich bekanntgemacht mit der Anzeige an die Anleihensgläubiger, dass sie ihre Einwendungen schriftlich oder in der Verhandlung auch mündlich anbringen können.

⁴ Die Kosten des Genehmigungsverfahrens trägt der Schuldner.

Art. 1177

Die Genehmigung darf nur verweigert werden:

b. Voraussetzungen

1. wenn die Vorschriften über die Einberufung und das Zustandekommen der Beschlüsse der Gläubigerversammlung verletzt worden sind;
2. wenn der zur Abwendung einer Notlage des Schuldners gefasste Beschluss sich als nicht notwendig herausstellt;
3. wenn die gemeinsamen Interessen der Anleihensgläubiger nicht genügend gewahrt sind;
4. wenn der Beschluss auf unredliche Weise zustande gekommen ist.

Art. 1178

¹ Wird die Genehmigung erteilt, so kann sie von jedem Anleihensgläubiger, der dem Beschluss nicht zugestimmt hat, innerhalb 30 Tagen beim Bundesgericht wegen Gesetzesverletzung oder Unangemessenheit angefochten werden, wobei das für die Rechtspflege in Schuldbetreibungs- und Konkurssachen vorgesehene Verfahren Anwendung findet.

c. Weiterzug

² Ebenso kann der Entscheid, mit dem die Genehmigung verweigert wird, von einem Anleihensgläubiger, der dem Beschluss zugestimmt hat, oder vom Schuldner angefochten werden.

Art. 1179

d. Widerruf

¹ Stellt sich nachträglich heraus, dass der Beschluss der Gläubigerversammlung auf unredliche Weise zustande gekommen ist, so kann die obere kantonale Nachlassbehörde auf Begehren eines Anleihensgläubigers die Genehmigung ganz oder teilweise widerrufen.

² Das Begehren ist binnen sechs Monaten, nachdem der Anleihensgläubiger vom Anfechtungsgrunde Kenntnis erhalten hat, zu stellen.

³ Der Widerruf kann vom Schuldner und von jedem Anleihensgläubiger innerhalb 30 Tagen beim Bundesgericht wegen Gesetzesverletzung oder Unangemessenheit in dem für die Rechtspflege in Schuldbetreibungs- und Konkurssachen vorgesehenen Verfahren angefochten werden. Ebenso kann die Verweigerung des Widerrufs von jedem Anleihensgläubiger, der den Widerruf verlangt hat, angefochten werden.

Art. 1180

II. Andere Beschlüsse
1. Vollmacht des Anleihensvertreters

¹ Die Zustimmung der Vertretung von mehr als der Hälfte des im Umlauf befindlichen Kapitals ist erforderlich für den Widerruf und für die Abänderung der einem Anleihensvertreter erteilten Vollmacht.

² Der gleichen Mehrheit bedarf ein Beschluss, durch welchen einem Anleihensvertreter Vollmacht zur einheitlichen Wahrung der Rechte der Anleihensgläubiger im Konkurs erteilt wird.

Art. 1181

2. Die übrigen Fälle

¹ Für Beschlüsse, die weder in die Gläubigerrechte eingreifen noch den Gläubigern Leistungen auferlegen, genügt die absolute Mehrheit der vertretenen Stimmen, soweit das Gesetz es nicht anders bestimmt oder die Anleihensbedingungen nicht strengere Bestimmungen aufstellen.

² Diese Mehrheit berechnet sich in allen Fällen nach dem Nennwert des in der Versammlung vertretenen stimmberechtigten Kapitals.

Art. 1182

3. Anfechtung

Beschlüsse im Sinne der Artikel 1180 und 1181, die das Gesetz oder vertragliche Vereinbarungen verletzen, können von jedem Anleihensgläubiger der Gemeinschaft, der nicht zugestimmt hat, binnen 30 Tagen, nachdem er von ihnen Kenntnis erhalten hat, beim Richter angefochten werden.

Art. 1183

E. Besondere Anwendungsfälle
I. Konkurs des Schuldners

¹ Gerät ein Anleihensschuldner in Konkurs, so beruft die Konkursverwaltung unverzüglich eine Versammlung der Anleihensgläubiger ein, die dem bereits ernannten oder einem von ihr zu ernennenden Vertreter die Vollmacht zur einheitlichen Wahrung der Rechte der Anleihensgläubiger im Konkursverfahren erteilt.

² Kommt kein Beschluss über die Erteilung einer Vollmacht zustande, so vertritt jeder Anleihensgläubiger seine Rechte selbständig.

Art. 1184

II. Nachlassvertrag

¹ Im Nachlassverfahren wird unter Vorbehalt der Vorschriften über die pfandversicherten Anleihen ein besonderer Beschluss der Anleihensgläubiger über die Stellungnahme zum Nachlassvertrag nicht gefasst, und es gelten für ihre Zustimmung ausschliesslich die Vorschriften des Schuldbetreibungs- und Konkursgesetzes[1].

² Auf die pfandversicherten Anleihensgläubiger kommen, soweit eine über die Wirkungen des Nachlassverfahrens hinausgehende Einschränkung ihrer Gläubigerrechte stattfinden soll, die Bestimmungen über die Gläubigergemeinschaft zur Anwendung.

Art. 1185

III. Anleihen von Eisenbahn- oder Schiffahrtsunternehmungen

¹ Auf die Anleihensgläubiger einer Eisenbahn- oder Schiffahrtsunternehmung sind die Bestimmungen des gegenwärtigen Abschnittes unter Vorbehalt der nachfolgenden besondern Vorschriften anwendbar.

² Das Gesuch um Einberufung einer Gläubigerversammlung ist an das Bundesgericht zu richten.

³ Für die Einberufung der Gläubigerversammlung, die Beurkundung, die Genehmigung und die Ausführung ihrer Beschlüsse ist das Bundesgericht zuständig.

⁴ Das Bundesgericht kann nach Eingang des Gesuches um Einberufung einer Gläubigerversammlung eine Stundung mit den in Artikel 1166 vorgesehenen Wirkungen anordnen.

Art. 1186

F. Zwingendes Recht

¹ Die Rechte, die das Gesetz der Gläubigergemeinschaft und dem Anleihensvertreter zuweist, können durch die Anleihensbedingungen oder durch besondere Abreden zwischen den Gläubigern und dem Schuldner weder ausgeschlossen noch beschränkt werden.

² Die erschwerenden Bestimmungen der Anleihensbedingungen über das Zustandekommen der Beschlüsse der Gläubigerversammlung bleiben vorbehalten.

---

[1] SR **281.1**

SCHLUSS- UND ÜBERGANGSBESTIMMUNGEN

Übergangsbestimmungen des Bundesgesetzes vom 30. März 1911

I. Der Schlusstitel des Zivilgesetzbuches[1] wird abgeändert wie folgt:

Die Artikel 58 und 59 sind aufgehoben.

Die Artikel 60 und 61 werden zu Artikel 58 und 59.

Artikel 62 wird zu Artikel 60 und erhält folgende Fassung:

...[2]

Artikel 63 Absätze 1 und 2 werden zu Artikel 61.

II. Dieses Gesetz tritt mit dem 1. Januar 1912 in Kraft.

Der Bundesrat ist beauftragt, auf Grundlage der Bestimmungen des Bundesgesetzes vom 17. Juni 1874[3] betreffend die Volksabstimmung über Bundesgesetze und Bundesbeschlüsse die Bekanntmachung dieses Gesetzes zu veranstalten.

---

1) SR **210**
2) Text der Änderungen siehe im ZGB.
3) [BS **1** 173; AS **1962** 789 Art. 11 Abs. 3. SR **161.1** Art. 89 Bst. b]

Schlussbestimmungen der Änderung vom 23. März 1962[1]

Art. 1

A. Konkursprivileg

Artikel 219 des Schuldbetreibungs- und Konkursgesetzes[2] erhält folgenden Zusatz:
...[3]

Art. 2

B. Unlauterer Wettbewerb

Die Artikel 1 und 13 des Bundesgesetzes vom 30. September 1943[4] über den unlauteren Wettbewerb werden wie folgt ergänzt:

Art. 3

C. Übergangsrecht

¹ Die Artikel 226f, 226g, 226h, 226i und 226k finden auch auf Abzahlungsverträge Anwendung, die vor dem Inkrafttreten dieses Gesetzes abgeschlossen worden sind.

² Auf Vorauszahlungsverträge, die vor dem Inkrafttreten dieses Gesetzes abgeschlossen wurden, findet nur Artikel 226k Anwendung. Solche Verträge sind indessen innert Jahresfrist den Bestimmungen des Artikels 227b anzupassen, widrigenfalls sie dahinfallen und dem Käufer sein gesamtes Guthaben mit allen ihm gutgeschriebenen Zinsen und Vergünstigungen auszuzahlen ist.

Art. 4

D. Inkrafttreten

Der Bundesrat bestimmt den Zeitpunkt des Inkrafttretens dieses Gesetzes.

---

[1] Eingefügt durch Ziff. II des BG vom 23. März 1962, in Kraft seit 1. Jan. 1963 (AS **1962** 1047 1056; BBl **1960** I 523).
[2] SR **281.1**
[3] Text siehe im genannten BG.
[4] [BS **2** 951; AS **1978** 2057. SR **241** Art. 28]

Schlussbestimmungen zum Achten Titel und zum Achten Titel[bis 1)]

Art. 1
Der Bundesbeschluss vom 30. Juni 1972[2)] über Massnahmen gegen Missbräuche im Mietwesen wird aufgehoben.

Art. 2
Das Bundesgesetz vom 4. Oktober 1985[3)] über die landwirtschaftliche Pacht wird wie folgt geändert:
...[4)]

Art. 3
Das Schuldbetreibungs- und Konkursgesetz[5)] wird wie folgt geändert:
...[4)]

Art. 4
Das Strafgesetzbuch[5)] wird wie folgt geändert:
...[4)]

Art. 5
[1] Die Vorschriften über den Kündigungsschutz bei Miete und Pacht von Wohn- und Geschäftsräumen sind auf alle Miet- und Pachtverhältnisse anwendbar, die nach dem Inkrafttreten dieses Gesetzes gekündigt werden.

[2] Wurde jedoch ein Miet- oder Pachtverhältnis vor dem Inkrafttreten dieses Gesetzes, aber mit Wirkung auf einen Zeitpunkt danach gekündigt, so beginnen die Fristen für die Anfechtung der Kündigung und das Erstreckungsbegehren (Art. 273) mit dem Inkrafttreten des Gesetzes.

Art. 6
[1] Dieses Gesetz untersteht dem fakultativen Referendum.
[2] Der Bundesrat bestimmt das Inkrafttreten.

[1)] Eingefügt durch Ziff. II des BG vom 15. Dez. 1989, in Kraft seit 1. Juli 1990 (AS **1990** 802 834; BBl **1985** I 1389).
[2)] [AS **1972** 1502, **1977** 1269, **1982** 1234, **1987** 1189]
[3)] SR **221.213.2**
[4)] Text eingefügt im genannten Erlass.
[5)] SR **281.1**
[6)] SR **311.0**

Schluss- und Übergangsbestimmungen zum X. Titel[1]

Art. 1

Änderung des OR

Das Obligationenrecht vom 30. März 1911 wird wie folgt geändert:
...[2]

Art. 2

Änderung des ZGB

Das Zivilgesetzbuch (ZGB)[3] wird wie folgt geändert:
...[4]

Art. 3

Änderung des Versicherungsvertragsgesetzes

Das Versicherungsvertragsgesetz[5] wird wie folgt geändert:
Art. 87
...[6]

Art. 4

Änderung des Landwirtschaftsgesetzes

Das Landwirtschaftsgesetz[7] wird wie folgt geändert:
Art. 100 Abs. 1[8]
...

Art. 5

Änderung des Arbeitsgesetzes

Das Arbeitsgesetz[9] wird wie folgt geändert:
...[6]

---

[1] Eingefügt durch Ziff. II des BG vom 25. Juni 1971, in Kraft seit 1. Jan. 1972 (AS **1971** 1465 1507; BBl **1967** II 241).
[2] Text siehe im OR.
[3] SR **210**
[4] Text siehe im ZGB.
[5] SR **221.229.1**
[6] Text siehe im genannten BG.
[7] SR **910.1**
[8] Dieser Artikel ist aufgehoben.
[9] SR **822.11**

Art. 6

Mit dem Inkrafttreten dieses Gesetzes werden aufgehoben:

Aufhebung eidgenössischer Vorschriften

1. Artikel 159 und 463 des Obligationenrechts,
2. Artikel 130 des Bundesgesetzes vom 13. Juni 1911[1] über die Kranken- und Unfallversicherung,
3. Artikel 20 bis 26, 28, 29 und 69 Absätze 2 und 5 des Bundesgesetzes vom 18. Juni 1914[2] über die Arbeit in den Fabriken,
4. Artikel 4, 8 Absätze 1, 2 und 5, 9 und 19 des Bundesgesetzes vom 12. Dezember 1940[3] über die Heimarbeit,
5. das Bundesgesetz vom 13. Juni 1941[4] über das Anstellungsverhältnis der Handelsreisenden,
6. das Bundesgesetz vom 1. April 1949[5] über die Beschränkung der Kündigung von Anstellungsverhältnissen bei Militärdienst,
7. Artikel 96 und 97 des Landwirtschaftsgesetzes[6]
8. Artikel 32 des Bundesgesetzes vom 25. September 1952[7] über die Erwerbsausfallentschädigung an Wehrpflichtige (Erwerbsersatzordnung),
9. Artikel 19 des Bundesgesetzes vom 28. September 1956[8] über die Allgemeinverbindlicherklärung von Gesamtarbeitsverträgen,
10. Artikel 49 des Zivilschutzgesetzes[9]
11. Artikel 20 Absatz 2 und 59 des Bundesgesetzes vom 20. September 1963[10] über die Berufsbildung,
12. Artikel 64 und 72 Absatz 2 Buchstabe a des Arbeitsgesetzes[11].

---

[1] [BS **8** 281; AS **1959** 858, **1964** 965 Ziff. I–III, **1968** 64, **1977** 2249 Ziff. I 611, **1982** 196, **1990** 1091, **1991** 362 Ziff. II 412, **1992** 288 Anhang Ziff. 37 2350, **1995** 511; SR **832.20** Anhang Ziff. 1, **837.0** Art. 114, 961.01 Anhang Ziff. 4. SR **832.10** Anhang Ziff. 1]

[2] SR **821.41**

[3] [BS **8** 229; AS **1951** 1231 Art. 14 Abs. 2; SR **822.11** Art. 68. SR **822.31** Art. 21 Ziff. 3]

[4] [BS **2** 776; AS **1966** 57 Art. 69]

[5] [AS **1949** II 1293]

[6] SR **910.1**

[7] SR **834.1**. Heute: BG über die Erwerbsersatzordnung für Dienstleistende in Armee und Zivilschutz (EOG).

[8] SR **221.215.311**

[9] [AS **1962** 1089, **1969** 310 Ziff. III, **1971** 751, **1978** 50 570, **1985** 1649, **1990** 1882 Anhang Ziff. 7, **1992** 288 Anhang Ziff. 22; SR **520.2** Art. 22 Abs. 2 Bst. b, **520.3** Art. 35, **833.1** Anhang Ziff. 3. SR **520.1** Art. 71]

[10] [AS **1965** 321 428, **1968** 86, **1972** 1681, **1975** 1078 Ziff. III, **1977** 2249 Ziff. I 331. SR **412.10** Art. 75]

[11] SR **822.11**

Art. 7

Anpassung altrechtlicher Verhältnisse

¹ Die im Zeitpunkt des Inkrafttretens dieses Gesetzes bestehenden Arbeitsverträge (Einzelarbeitsverträge, Normalarbeitsverträge und Gesamtarbeitsverträge) sind innert der Frist von einem Jahr seinen Vorschriften anzupassen; nach Ablauf dieser Frist sind seine Vorschriften auf alle Arbeitsverträge anwendbar.

² Die im Zeitpunkt des Inkrafttretens[1] bestehenden Personalfürsorgeeinrichtungen haben bis spätestens zum 1. Januar 1977 ihre Statuten oder Reglemente unter Beachtung der für die Änderung geltenden Formvorschriften den Artikeln 331a, 331b und 331c anzupassen; ab 1. Januar 1977 sind diese Bestimmungen auf alle Personalfürsorgeeinrichtungen anwendbar.[2]

Art. 8

Inkrafttreten des Gesetzes

Der Bundesrat bestimmt den Zeitpunkt des Inkrafttretens dieses Gesetzes.

---

[1] 1. Jan. 1972
[2] Fassung gemäss Ziff. I des BG vom 25. Juni 1976, in Kraft seit 1. Jan. 1977

Schlussbestimmungen zum vierten Abschnitt des XIII. Titels[1]

Art. 1

A. Übergangsrecht

¹ Auf die beim Inkrafttreten des neuen Rechts bereits bestehenden Agenturverträge finden die Artikel 418d Absatz 1, 418f Absatz 1, 418k Absatz 2, 418o, 418p, 418r und 418s sofort Anwendung.

² Im übrigen sind die im Zeitpunkt des Inkrafttretens des neuen Rechts bestehenden Agenturverträge innerhalb der Frist von zwei Jahren seinen Vorschriften anzupassen. Nach Ablauf dieser Frist ist das neue Recht auch auf die früher abgeschlossenen Agenturverträge anwendbar.

³ Auf die beim Inkrafttreten des neuen Rechts bestehenden Agenturverträge von Agenten, die als solche bloss im Nebenberuf tätig sind, finden die Vorschriften dieses Abschnittes mangels gegenteiliger Abrede nach Ablauf von zwei Jahren ebenfalls Anwendung.

Art. 2

B. Konkursprivileg

Der Artikel 219 des Schuldbetreibungs- und Konkursgesetzes[2] erhält folgenden Zusatz:

c. ...[3]

Art. 3

C. Inkrafttreten

Der Bundesrat bestimmt den Zeitpunkt des Inkrafttretens dieses Gesetzes.

---

[1] Eingefügt durch Ziff. II des BG vom 4. Febr. 1949, in Kraft seit 1. Jan. 1950 (AS **1949** I 802 808; BBl **1947** III 661)
[2] SR **281.1**
[3] Text siehe im genannten BG.

Übergangsbestimmungen zum XX. Titel[1]

¹ Die Bestimmungen des neuen Rechts finden Anwendung auf alle Bürgschaften, die nach dem Inkrafttreten dieses Gesetzes eingegangen worden sind.

² Auf Bürgschaften, die vor dem Inkrafttreten dieses Gesetzes eingegangen worden sind, finden die Bestimmungen des neuen Rechts nur hinsichtlich der später eintretenden Tatsachen und mit folgenden Einschränkungen Anwendung:
1. Nicht anwendbar sind die neuen Artikel 492 Absatz 3, 496 Absatz 2, 497 Absätze 3 und 4, 499, 500, 501 Absatz 4, 507 Absätze 4 und 6, 511 Absatz 1.
2. Die Vorschriften der neuen Artikel 493 über die Form und 494 über das Erfordernis der Zustimmung des Ehegatten sind auf altrechtliche Bürgschaften nur anwendbar, soweit sie sich auf nachträgliche Änderungen der Bürgschaft beziehen.
3. Artikel 496 Absatz 1 gilt mit der Massgabe, dass der Bürge nicht nur vor dem Hauptschuldner und vor Verwertung der Grundpfänder, sondern auch vor Verwertung der übrigen Pfandrechte belangt werden kann, sofern der Hauptschuldner mit seiner Leistung im Rückstand und erfolglos gemahnt worden oder seine Zahlungsunfähigkeit offenkundig ist.
4. Für die Mitteilung des Rückstandes gemäss Artikel 505 Absatz 1 wird dem Gläubiger eine Frist von sechs Monaten nach Eintritt des Rückstandes, mindestens aber eine solche von drei Monaten seit dem Inkrafttreten des Gesetzes gewährt.
5. Die Bestimmung des Artikels 505 Absatz 2 findet nur Anwendung auf Konkurse, die mindestens drei Monate nach Inkrafttreten des Gesetzes eröffnet, sowie auf Nachlassstundungen, die mindestens drei Monate nach Inkrafttreten des Gesetzes bewilligt worden sind.
6. Die in Artikel 509 Absatz 3 genannte Frist beginnt für altrechtliche Bürgschaften erst mit dem Inkrafttreten des Gesetzes zu laufen.

³ Die Vorschriften der Artikel 67–71 des Bundesgesetzes vom 1. Oktober 1925[2] über das Zollwesen bleiben vorbehalten.

⁴ Der Bundesrat bestimmt den Zeitpunkt des Inkrafttretens dieses Gesetzes.

---

[1] Eingefügt durch Ziff. II des BG vom 10. Dez. 1941, in Kraft seit 1. Juli 1942 (AS **58** 279 290 644; BBl **1939** II 841).

[2] SR **631.0**. Heute: Zollgesetz (ZG).

Schluss- und Übergangsbestimmungen zu den Titeln XXIV–XXXIII[1)]

Art. 1

Die Vorschriften des Schlusstitels des Zivilgesetzbuches[2)] finden auch Anwendung auf dieses Gesetz.

A. Anwendbarkeit des Schlusstitels

Art. 2

[1] Aktiengesellschaften, Kommanditaktiengesellschaften und Genossenschaften, die im Zeitpunkte des Inkrafttretens dieses Gesetzes im Handelsregister eingetragen sind, jedoch den gesetzlichen Vorschriften nicht entsprechen, haben binnen einer Frist von fünf Jahren ihre Statuten den neuen Bestimmungen anzupassen.

[2] Während dieser Frist unterstehen sie dem bisherigen Rechte, soweit ihre Statuten den neuen Bestimmungen widersprechen.

[3] Kommen die Gesellschaften dieser Vorschrift nicht nach, so sind sie nach Ablauf der Frist durch den Handelsregisterführer von Amtes wegen als aufgelöst zu erklären.

[4] Für Versicherungs- und Kreditgenossenschaften kann der Bundesrat im einzelnen Fall die Anwendbarkeit des alten Rechts verlängern. Der Antrag hierzu muss vor Ablauf von drei Jahren seit Inkrafttreten des Gesetzes gestellt werden.

B. Anpassung alter Gesellschaften an das neue Recht
I. Im allgemeinen

Art. 3

Haben Aktiengesellschaften, Kommanditaktiengesellschaften und Genossenschaften vor dem Inkrafttreten dieses Gesetzes Vermögensteile zur Gründung und Unterstützung von Wohlfahrtseinrichtungen für Angestellte und Arbeiter sowie für Genossenschafter erkennbar gewidmet, so haben sie diese Fonds binnen fünf Jahren den Bestimmungen der Artikel 673[3)] und 862 anzupassen.

II. Wohlfahrtsfonds

Art. 4[4)]

III. ...

[1)] Eingefügt durch das BG vom 18. Dez. 1936 (AS **53** 185; BBl **1928** I 205, **1932** I 217).
[2)] SR **210**
[3)] Dieser Artikel hat heute eine neue Fassung.
[4)] Aufgehoben durch Anhang Ziff. 2 des Fusionsgesetzes vom 3. Okt. 2003 (SR 221.301).

Art. 5

C. Bilanz-vorschriften
I. Vorbehalt ausserordentlicher Verhältnisse

¹ Der Bundesrat ist berechtigt, wenn ausserordentliche wirtschaftliche Verhältnisse es erfordern, Bestimmungen zu erlassen, die den Bilanzpflichtigen Abweichungen von den in diesem Gesetz aufgestellten Bilanzierungsvorschriften gestatten. Ein solcher Beschluss des Bundesrates ist zu veröffentlichen.

² Wenn bei der Aufstellung einer Bilanz ein solcher Bundesratsbeschluss zur Anwendung gekommen ist, ist dies in der Bilanz zu vermerken.

II. ...

Art. 6[1]

Art. 7

D. Haftungsverhältnisse der Genossenschafter

¹ Durch Veränderungen, die nach den Vorschriften dieses Gesetzes in den Haftungsverhältnissen der Genossenschafter eintreten, werden die Rechte der im Zeitpunkte des Inkrafttretens vorhandenen Gläubiger nicht beeinträchtigt.

² Genossenschaften, deren Mitglieder lediglich kraft der Vorschrift des Artikels 689 des bisherigen Obligationenrechts[2] persönlich für die Verbindlichkeiten der Genossenschaft haften, stehen während fünf Jahren unter den Bestimmungen des bisherigen Rechts.

³ Während dieser Frist können Beschlüsse über ganze oder teilweise Ausschliessung der persönlichen Haftung oder über ausdrückliche Feststellung der Haftung in der Generalversammlung mit absoluter Mehrheit der Stimmen gefasst werden. Die Vorschrift des Artikels 889 Absatz 2 über den Austritt findet keine Anwendung.

Art. 8

E. Geschäftsfirmen

¹ Die beim Inkrafttreten dieses Gesetzes bestehenden Firmen, die dessen Vorschriften nicht entsprechen, dürfen während zwei Jahren von diesem Zeitpunkte an unverändert fortbestehen.

² Bei irgendwelcher Änderung vor Ablauf dieser Frist sind sie jedoch mit gegenwärtigem Gesetze in Einklang zu bringen.

---

[1] Gegenstandslos.
[2] AS **27** 317

Art. 9

Die vor dem Inkrafttreten dieses Gesetzes als Namenpapiere ausgestellten Sparkassen- und Depositenhefte, Spareinlage- und Depositenscheine unterstehen den Vorschriften von Artikel 977 über Kraftloserklärung von Schuldurkunden auch dann, wenn der Schuldner in der Urkunde sich nicht ausdrücklich vorbehalten hat, ohne Vorweisung der Schuldurkunde und ohne Kraftloserklärung zu leisten.

F. Früher ausgegebene Wertpapiere
I. Namenpapiere

Art. 10

Aktien, die vor dem Inkrafttreten des Gesetzes ausgegeben worden sind, können
1. einen Nennwert unter 100 Franken beibehalten;
2. innerhalb dreier Jahre seit dem Inkrafttreten des Gesetzes bei einer Herabsetzung des Grundkapitals auf einen Nennwert unter 100 Franken gebracht werden.

II. Aktien
1. Nennwert

Art. 11

[1] Auf den Inhaber lautende Aktien und Interimsscheine, die vor dem Inkrafttreten des Gesetzes ausgegeben worden sind, unterstehen den Bestimmungen der Artikel 683 und 688 Absätze 1 und 3 nicht.

[2] Das Rechtsverhältnis der Zeichner und Erwerber dieser Aktien richtet sich nach dem bisherigen Rechte.

2. Nicht voll einbezahlte Inhaberaktien

Art. 12

Vor dem Inkrafttreten dieses Gesetzes ausgestellte Wechsel und Checks unterstehen in allen Beziehungen dem bisherigen Rechte.

III. Wechsel und Checks

Art. 13

Für Fälle, auf die die Bestimmungen der Verordnung vom 20. Februar 1918[1)] betreffend die Gläubigergemeinschaft bei Anleihensobligationen und der ergänzenden Bundesratsbeschlüsse[2)] angewendet worden sind, gelten diese Vorschriften auch fernerhin.

G. Gläubigergemeinschaft

Art. 14[3)]

H. ...

[1)] [AS **34** 231, **35** 297, **36** 623 893. SR **220** am Schluss, SchlB zum zweiten Abschn. des XXXIV. Tit. Ziff. 4]
[2)] [AS **51** 673, **53** 454, **57** 1514, **58** 934, **62** 1088, **63** 1342]
[3)] Aufgehoben durch Ziff. I Bst. c des Anhangs zum IPRG vom 18. Dez. 1987 (SR **291**).

Art. 15

J. Abänderung des Schuldbetreibungs- und Konkursgesetzes

Das Schuldbetreibungs- und Konkursgesetz[1]) wird abgeändert wie folgt:
...[2])

Art. 16

K. Verhältnis zum Bankengesetz
I. Allgemeiner Vorbehalt

Die Vorschriften des Bankengesetzes[3]) bleiben vorbehalten.

Art. 17

II. Abänderung einzelner Vorschriften

Das Bankengesetz[3]) wird abgeändert wie folgt:
...[4])

Art. 18

L. Aufhebung von Bundeszivilrecht

Mit dem Inkrafttreten dieses Gesetzes sind die damit im Widerspruch stehenden zivilrechtlichen Bestimmungen des Bundes, insbesondere die dritte Abteilung des Obligationenrechts, betitelt: «Die Handelsgesellschaften, Wertpapiere und Geschäftsfirmen» (BG vom 14. Juni 1881[5]) über das Obligationenrecht, Art. 552–715 und 720–880), aufgehoben.

Art. 19

M. Inkrafttreten dieses Gesetzes

[1] Dieses Gesetz tritt mit dem 1. Juli 1937 in Kraft.
[2] Ausgenommen ist der Abschnitt über die Gläubigergemeinschaft bei Anleihensobligationen (Art. 1157–1182), dessen Inkrafttreten der Bundesrat festsetzen wird.[6])
[3] Der Bundesrat wird mit dem Vollzug dieses Gesetzes beauftragt.

---

[1]) SR **281.1**
[2]) Es handelt sich um die Änderungen der Art. 39 Abs. 1 und 2, 47 Abs. 3, 68a, 178 Abs. 2 Ziff. 2, 182 Ziff. 4, 183 und 219 Abs. 4 Zweite Klasse Bst. e, eingefügt im genannten BG.
[3]) SR **952.0**
[4]) Es handelt sich um die Art. 11 Abs. 2, 13 Abs. 2, 14 Abs. 4 und 39, eingefügt im genannten BG.
[5]) [AS **5** 635, **11** 490: SR **221.229.1** Art. 103 Abs. 1. SR **210** SchlT Art. 60 Abs. 2]
[6]) Dieser Abschnitt ist in der Fassung des BG vom 1. April 1949 in Kraft gesetzt worden. Für den Text in der ursprünglichen Fassung siehe AS **53** 185.

Schlussbestimmungen zum Sechsundzwanzigsten Titel[1)]

Art. 1
Der Schlusstitel des Zivilgesetzbuches[2)] gilt für dieses Gesetz.

A. Schlusstitel des Zivilgesetzbuches

Art. 2
[1] Aktiengesellschaften und Kommanditaktiengesellschaften, die im Zeitpunkt des Inkrafttretens dieses Gesetzes im Handelsregister eingetragen sind, jedoch den neuen gesetzlichen Vorschriften nicht entsprechen, müssen innert fünf Jahren ihre Statuten den neuen Bestimmungen anpassen.

[2] Gesellschaften, die ihre Statuten trotz öffentlicher Aufforderung durch mehrfache Publikation im Schweizerischen Handelsamtsblatt und in den kantonalen Amtsblättern nicht innert fünf Jahren den Bestimmungen über das Mindestkapital, die Mindesteinlage und die Partizipations- und Genussscheine anpassen, werden auf Antrag des Handelsregisterführers vom Richter aufgelöst. Der Richter kann eine Nachfrist von höchstens sechs Monaten ansetzen. Gesellschaften, die vor dem 1. Januar 1985 gegründet wurden, sind von der Anpassung ihrer Statutenbestimmung über das Mindestkapital ausgenommen. Gesellschaften, deren Partizipationskapital am 1. Januar 1985 das Doppelte des Aktienkapitals überstieg, sind von dessen Anpassung an die gesetzliche Begrenzung ausgenommen.

[3] Andere statutarische Bestimmungen, die mit dem neuen Recht unvereinbar sind, bleiben bis zur Anpassung, längstens aber noch fünf Jahre, in Kraft.

B. Anpassung an das neue Recht
I. Im allgemeinen

Art. 3
[1] Die Artikel 656a, 656b Absätze 2 und 3, 656c und 656d sowie 656g gelten für bestehende Gesellschaften mit dem Inkrafttreten dieses Gesetzes, auch wenn ihnen die Statuten oder Ausgabebedingungen widersprechen. Sie gelten für Titel, die als Partizipationsscheine oder Genussscheine bezeichnet sind, einen Nennwert haben und in den Passiven der Bilanz ausgewiesen sind.

[2] Die Gesellschaften müssen für die in Absatz 1 genannten Titel innert fünf Jahren die Ausgabebedingungen in den Statuten niederlegen und Artikel 656f anpassen, die erforderlichen Eintragungen in das Handelsregister veranlassen und die Titel, die sich im Umlauf befinden und nicht als Partizipationsscheine bezeichnet sind, mit dieser Bezeichnung versehen.

II. Einzelne Bestimmungen
1. Partizipations- und Genussscheine

[1)] Eingefügt durch Ziff. III des BG vom 4. Okt. 1991, in Kraft seit 1. Juli 1992 (AS **1992** 733 786; BBl **1983** II 745).
[2)] SR **210**

³ Für andere als in Absatz 1 genannte Titel gelten die neuen Vorschriften über die Genussscheine, auch wenn sie als Partizipationsscheine bezeichnet sind. Innert fünf Jahren müssen sie nach dem neuen Recht bezeichnet werden und dürfen keinen Nennwert mehr angeben. Die Statuten sind entsprechend abzuändern. Vorbehalten bleibt die Umwandlung in Partizipationsscheine.

Art. 4

2. Ablehnung von Namenaktionären

In Ergänzung zu Artikel 685d Absatz 1 kann die Gesellschaft, aufgrund statutarischer Bestimmung, Personen als Erwerber börsenkotierter Namenaktien ablehnen, soweit und solange deren Anerkennung die Gesellschaft daran hindern könnte, durch Bundesgesetze geforderte Nachweise über die Zusammensetzung des Kreises der Aktionäre zu erbringen.

Art. 5

3. Stimmrechtsaktien

Gesellschaften, die in Anwendung von Artikel 10 der Schluss- und Übergangsbestimmungen des Bundesgesetzes vom 18. Dezember 1936 über die Revision der Titel 24–33 des Obligationenrechtes[1] Stimmrechtsaktien mit einem Nennwert von unter zehn Franken beibehalten haben, sowie Gesellschaften, bei denen der Nennwert der grösseren Aktien mehr als das Zehnfache des Nennwertes der kleineren Aktien beträgt, müssen ihre Statuten dem Artikel 693 Absatz 2 zweiter Satz nicht anpassen. Sie dürfen jedoch keine neuen Aktien mehr ausgeben, deren Nennwert mehr als das Zehnfache des Nennwertes der kleineren Aktien oder weniger als zehn Prozent des Nennwertes der grösseren Aktien beträgt.

Art. 6

4. Qualifizierte Mehrheiten

Hat eine Gesellschaft durch blosse Wiedergabe von Bestimmungen des bisherigen Rechts für bestimmte Beschlüsse Vorschriften über qualifizierte Mehrheiten in die Statuten übernommen, so kann binnen eines Jahres seit dem Inkrafttreten dieses Gesetzes mit absoluter Mehrheit aller an einer Generalversammlung vertretenen Aktienstimmen die Anpassung an das neue Recht beschlossen werden.

---

[1] Siehe hiervor

Art. 7

Es werden geändert:

C. Änderung von Bundesgesetzen

1. Bundesgesetz vom 27. Juni 1973[1] **über die Stempelabgaben**

...

2. Bundesgesetz vom 13. Oktober 1965[2]
über die Verrechnungssteuer

...

3. Versicherungsaufsichtsgesetz[3]

...

Art. 8

Dieses Gesetz untersteht dem fakultativen Referendum.

D. Referendum

Art. 9

Der Bundesrat bestimmt das Inkrafttreten.

E. Inkrafttreten

---

[1] SR **641.10**
[2] SR **642.21**
[3] SR **961.01**

Schlussbestimmungen zum zweiten Abschnitt des XXXIV. Titels[1)]

1. In Artikel 657 des Obligationenrechts wird Absatz 3 gestrichen; als letzter Absatz wird beigefügt.[2)]
   ...
2. Die Artikel 71 Absatz 1, 72 Absatz 1 und 73 des Bundesgesetzes vom 28. September 1944[3)] über rechtliche Schutzmassnahmen für die Hotel- und die Stickereiindustrie werden aufgehoben und durch folgende Bestimmungen ersetzt:
   ...[4)]
3. Die unter dem bisherigen Recht gefassten Gemeinschaftsbeschlüsse behalten ihre Gültigkeit unter dem neuen Recht.
   Für Beschlüsse, die nach Inkrafttreten dieses Gesetzes gefasst werden, sind die Vorschriften des neuen Rechts massgebend.
   Sind indessen einem Schuldner schon unter dem bisherigen Recht durch Gläubigergemeinschaftsbeschlüsse Erleichterungen gewährt worden, die den in Artikel 1170 vorgesehenen gleich oder entsprechend sind, so müssen sie bei der Anwendung dieser Vorschrift angemessen berücksichtigt werden.
   Im übrigen sind die Schluss- und Übergangsbestimmungen des Bundesgesetzes vom 18. Dezember 1936 über die Revision der Titel XXIV–XXXIII des Obligationenrechts anwendbar.
4. Mit dem Inkrafttreten dieses Gesetzes werden die widersprechenden Bestimmungen, insbesondere die Verordnung des Bundesrates vom 20. Februar 1918[5)] betreffend die Gläubigergemeinschaft bei Anleihensobligationen, aufgehoben.
5. Der Bundesrat bestimmt den Zeitpunkt des Inkrafttretens dieses Gesetzes.

[1)] Eingefügt durch Ziff. II des BG vom 1. April 1949, in Kraft seit 1. Jan. 1950 (AS **1949** I 791 801; BBl **1947** III 869).
[2)] Dieser Art. hat heute eine neue Fassung.
[3)] [BS **10** 454; AS **1949** I 791 Ziff. II 2, II 1665, **1950** II 963, **1953** 509. AS **1955** 1107 Art. 80 Bst. c]
[4)] Für den Text dieser Bestimmungen siehe AS **1949** I 791.
[5)] [AS **34** 231, **35** 297, **36** 623 893]

Gleichstellungsgesetz

A. Bundesgesetz über die Gleichstellung von Frau und Mann (Gleichstellungsgesetz, GIG)
vom 24. März 1995 (Stand am 1. Juli 1996)

Die Bundesversammlung der Schweizerischen Eidgenossenschaft,
gestützt auf die Artikel 4 Absatz 2, 34ter Absatz 1 Buchstabe a, 64 und 85 Ziffer 3 der Bundesverfassung[1],
nach Einsicht in die Botschaft des Bundesrates vom 24. Februar 1993[2],
beschliesst:

1. Abschnitt: Zweck

Art. 1

Dieses Gesetz bezweckt die Förderung der tatsächlichen Gleichstellung von Frau und Mann.

2. Abschnitt: Gleichstellung im Erwerbsleben

Art. 2

Dieser Abschnitt gilt für Arbeitsverhältnisse nach Obligationenrecht[3] sowie für alle öffentlichrechtlichen Arbeitsverhältnisse in Bund, Kantonen und Gemeinden.

Grundsatz

Art. 3

¹ Arbeitnehmerinnen und Arbeitnehmer dürfen aufgrund ihres Geschlechts weder direkt noch indirekt benachteiligt werden, namentlich nicht unter Berufung auf den Zivilstand, auf die familiäre Situation oder, bei Arbeitnehmerinnen, auf eine Schwangerschaft.

² Das Verbot gilt insbesondere für die Anstellung, Aufgabenzuteilung, Gestaltung der Arbeitsbedingungen, Entlöhnung, Aus- und Weiterbildung, Beförderung und Entlassung.

³ Angemessene Massnahmen zur Verwirklichung der tatsächlichen Gleichstellung stellen keine Diskriminierung dar.

Diskriminierungsverbot

Art. 4

Diskriminierend ist jedes belästigende Verhalten sexueller Natur oder ein anderes Verhalten aufgrund der Geschlechtszugehörigkeit, das die Würde von Frauen und Männern am Arbeitsplatz beeinträchtigt. Darunter fallen insbesondere Drohungen, das Versprechen von Vorteilen, das Auferlegen von Zwang und das Ausüben von Druck zum Erlangen eines Entgegenkommens sexueller Art.

Diskriminierung durch sexuelle Belästigung

SR **151.1**; AS **1996** 1498
[1] SR **101**
[2] BBl **1993** I 1248
[3] SR **220**

Art. 5

Rechtsansprüche

¹ Wer von einer Diskriminierung im Sinne der Artikel 3 und 4 betroffen ist, kann dem Gericht oder der Verwaltungsbehörde beantragen:

a. eine drohende Diskriminierung zu verbieten oder zu unterlassen;
b. eine bestehende Diskriminierung zu beseitigen;
c. eine Diskriminierung festzustellen, wenn diese sich weiterhin störend auswirkt;
d. die Zahlung des geschuldeten Lohns anzuordnen.

² Besteht die Diskriminierung in der Ablehnung einer Anstellung oder in der Kündigung eines obligationenrechtlichen Arbeitsverhältnisses, so hat die betroffene Person lediglich Anspruch auf eine Entschädigung. Diese ist unter Würdigung aller Umstände festzusetzen und wird auf der Grundlage des voraussichtlichen oder tatsächlichen Lohnes errechnet.

³ Bei einer Diskriminierung durch sexuelle Belästigung kann das Gericht oder die Verwaltungsbehörde der betroffenen Person zudem auch eine Entschädigung zusprechen, wenn die Arbeitgeberinnen oder die Arbeitgeber nicht beweisen, dass sie Massnahmen getroffen haben, die zur Verhinderung sexueller Belästigungen nach der Erfahrung notwendig und angemessen sind und die ihnen billigerweise zugemutet werden können. Die Entschädigung ist unter Würdigung aller Umstände festzusetzen und wird auf der Grundlage des schweizerischen Durchschnittslohns errechnet.

⁴ Die Entschädigung bei Diskriminierung in der Ablehnung einer Anstellung nach Absatz 2 darf den Betrag nicht übersteigen, der drei Monatslöhnen entspricht. Die Gesamtsumme der Entschädigungen darf diesen Betrag auch dann nicht übersteigen, wenn mehrere Personen einen Anspruch auf eine Entschädigung wegen diskriminierender Ablehnung derselben Anstellung geltend machen. Die Entschädigung bei Diskriminierung in der Kündigung eines obligationenrechtlichen Arbeitsverhältnisses nach Absatz 2 und bei Diskriminierung durch sexuelle Belästigung nach Absatz 3 darf den Betrag nicht übersteigen, der sechs Monatslöhnen entspricht.

⁵ Vorbehalten bleiben Ansprüche auf Schadenersatz und Genugtuung sowie weitergehende vertragliche Ansprüche.

Art. 6

Beweislasterleichterung

Bezüglich der Aufgabenzuteilung, Gestaltung der Arbeitsbedingungen, Entlöhnung, Aus- und Weiterbildung, Beförderung und Entlassung wird eine Diskriminierung vermutet, wenn diese von der betroffenen Person glaubhaft gemacht wird.

Art. 7

¹ Organisationen, die nach ihren Statuten die Gleichstellung von Frau und Mann fördern oder die Interessen der Arbeitnehmerinnen und Arbeitnehmer wahren und seit mindestens zwei Jahren bestehen, können im eigenen Namen feststellen lassen, dass eine Diskriminierung vorliegt, wenn der Ausgang des Verfahrens sich voraussichtlich auf eine grössere Zahl von Arbeitsverhältnissen auswirken wird. Sie müssen der betroffenen Arbeitgeberin oder dem betroffenen Arbeitgeber Gelegenheit zur Stellungnahme geben, bevor sie eine Schlichtungsstelle anrufen oder eine Klage einreichen.

² Im übrigen gelten die Bestimmungen für die Klagen und Beschwerden von Einzelpersonen sinngemäss.

Klagen und Beschwerden von Organisationen

3. Abschnitt: Besondere Bestimmungen für Arbeitsverhältnisse nach Obligationenrecht[1)]

Art. 8

¹ Personen, deren Bewerbung für eine Anstellung nicht berücksichtigt worden ist und die eine Diskriminierung geltend machen, können von der Arbeitgeberin oder vom Arbeitgeber eine schriftliche Begründung verlangen.

² Der Anspruch auf eine Entschädigung nach Artikel 5 Absatz 2 ist verwirkt, wenn nicht innert drei Monaten, nachdem die Arbeitgeberin oder der Arbeitgeber die Ablehnung der Anstellung mitgeteilt hat, die Klage angehoben wird.

Verfahren bei diskriminierender Ablehnung der Anstellung

Art. 9

Wird eine Arbeitnehmerin oder ein Arbeitnehmer durch die Kündigung diskriminiert, ist Artikel 336b des Obligationenrechts[1)] anwendbar.

Verfahren bei diskriminierender Kündigung

Art. 10

¹ Die Kündigung des Arbeitsverhältnisses durch die Arbeitgeberin oder den Arbeitgeber ist anfechtbar, wenn sie ohne begründeten Anlass auf eine innerbetriebliche Beschwerde über eine Diskriminierung oder auf die Anrufung der Schlichtungsstelle oder des Gerichts durch die Arbeitnehmerin oder den Arbeitnehmer folgt.

² Der Kündigungsschutz gilt für die Dauer eines innerbetrieblichen Beschwerdeverfahrens, eines Schlichtungs- oder eines Gerichtsverfahrens sowie sechs Monate darüber hinaus.

Kündigungsschutz

[1)] SR **220**

³ Die Kündigung muss vor Ende der Kündigungsfrist beim Gericht angefochten werden. Das Gericht kann die provisorische Wiedereinstellung der Arbeitnehmerin oder des Arbeitnehmers für die Dauer des Verfahrens anordnen, wenn es wahrscheinlich erscheint, dass die Voraussetzungen für die Aufhebung der Kündigung erfüllt sind.

⁴ Die Arbeitnehmerin oder der Arbeitnehmer kann während des Verfahrens auf die Weiterführung des Arbeitsverhältnisses verzichten und statt dessen eine Entschädigung nach Artikel 336a des Obligationenrechts[1]) geltend machen.

⁵ Dieser Artikel gilt sinngemäss für Kündigungen, die wegen der Klage einer Organisation nach Artikel 7 erfolgen.

Art. 11

Schlichtungsverfahren

¹ Die Kantone bezeichnen Schlichtungsstellen. Diese beraten die Parteien und versuchen, eine Einigung herbeizuführen.

² Das Schlichtungsverfahren ist für die Parteien freiwillig. Die Kantone können jedoch vorsehen, dass die gerichtliche Klage erst nach der Durchführung des Schlichtungsverfahrens angehoben werden kann.

³ Die Schlichtungsstelle muss innerhalb der Klagefrist angerufen werden, wenn das Gesetz eine solche vorsieht. In diesem Fall ist die gerichtliche Klage innerhalb von drei Monaten nach Abschluss des Schlichtungsverfahrens einzureichen.

⁴ Das Schlichtungsverfahren ist kostenlos.

⁵ Durch Gesamtarbeitsvertrag kann die Schlichtung von Streitigkeiten zwischen Arbeitnehmerverbänden und einzelnen Arbeitgeberinnen oder Arbeitgebern unter Ausschluss der staatlichen Schlichtungsstellen auf im Vertrag vorgesehene Organe übertragen werden.

Art. 12

Zivilrechtspflege

¹ In Streitigkeiten über Diskriminierungen im Erwerbsleben dürfen die Kantone das schriftliche Verfahren und die Prozessvertretung nicht ausschliessen.

² Artikel 343 des Obligationenrechts[1]) ist unabhängig vom Streitwert anwendbar.

---

[1]) SR **220**

4. Abschnitt: Rechtsschutz bei öffentlichrechtlichen Arbeitsverhältnissen

Art. 13

[1] Der Rechtsschutz bei öffentlichrechtlichen Arbeitsverhältnissen richtet sich nach den allgemeinen Bestimmungen über die Bundesrechtspflege. Für Beschwerden von Bundespersonal gilt ausserdem Artikel 58 des Beamtengesetzes[1].

[2] Wird eine Person durch die Abweisung ihrer Bewerbung für die erstmalige Begründung eines Arbeitsverhältnisses diskriminiert, so ist Artikel 5 Absatz 2 anwendbar. Die Entschädigung kann direkt mit Beschwerde gegen die abweisende Verfügung verlangt werden.

[3] Auf Antrag der Beschwerdeführerin oder des Beschwerdeführers begutachtet eine Fachkommission Beschwerden gegen erstinstanzliche Verfügungen über das Dienstverhältnis von Bundespersonal.

[4] Artikel 103 Buchstabe b des Bundesrechtspflegegesetzes[2] ist auf Verfügungen letzter kantonaler Instanzen nicht anwendbar.

[5] Das Verfahren ist kostenlos; ausgenommen sind Fälle von mutwilliger Prozessführung.

5. Abschnitt: Finanzhilfen

Art. 14

Förderungsprogramme

[1] Der Bund kann öffentlichen oder privaten Institutionen, die Programme zur Förderung der Gleichstellung von Frau und Mann im Erwerbsleben durchführen, Finanzhilfen gewähren. Er kann selbst Programme durchführen.

[2] Die Programme können dazu dienen:
a. die inner- oder ausserbetriebliche Aus- und Weiterbildung zu fördern;
b. die Vertretung der Geschlechter in den verschiedenen Berufen, Funktionen und Führungsebenen zu verbessern;
c. die Vereinbarkeit von beruflichen und familiären Aufgaben zu verbessern;
d. Arbeitsorganisationen und Infrastrukturen am Arbeitsplatz zu fördern, welche die Gleichstellung begünstigen.

[3] In erster Linie werden Programme mit neuartigem und beispielhaftem Inhalt unterstützt.

---

[1] SR **172.221.10**
[2] SR **173.110**

Art. 15

Beratungsstellen Der Bund kann privaten Institutionen Finanzhilfen gewähren für:
a. die Beratung und die Information von Frauen im Erwerbsleben;
b. die Förderung der Wiedereingliederung von Frauen und Männern, die ihre berufliche Tätigkeit zugunsten familiärer Aufgaben unterbrochen haben.

6. Abschnitt: Eidgenössisches Büro für die Gleichstellung von Frau und Mann

Art. 16

¹ Das Eidgenössische Büro für die Gleichstellung von Frau und Mann fördert die Gleichstellung der Geschlechter in allen Lebensbereichen und setzt sich für die Beseitigung jeglicher Form direkter oder indirekter Diskriminierung ein.

² Zu diesem Zweck nimmt es namentlich folgende Aufgaben wahr:
a. es informiert die Öffentlichkeit;
b. es berät Behörden und Private;
c. es führt Untersuchungen durch und empfiehlt Behörden und Privaten geeignete Massnahmen;
d. es kann sich an Projekten von gesamtschweizerischer Bedeutung beteiligen;
e. es wirkt an der Ausarbeitung von Erlassen des Bundes mit, soweit diese für die Gleichstellung von Bedeutung sind;
f. es prüft die Gesuche um Finanzhilfen nach den Artikeln 14 und 15 und überwacht die Durchführung der Förderungsprogramme.

7. Abschnitt: Schlussbestimmungen

Art. 17

Übergangs-bestimmung Ansprüche nach Artikel 5 Absatz 1 Buchstabe d werden nach neuem Recht beurteilt, wenn die zivilrechtliche Klage nach dem Inkrafttreten des Gesetzes erhoben worden ist oder die erstinstanzlich zuständige Behörde bis zu diesem Zeitpunkt noch keine Verfügung getroffen hat.

Art. 18

Referendum und Inkrafttreten ¹ Dieses Gesetz untersteht dem fakultativen Referendum.
² Der Bundesrat bestimmt das Inkrafttreten.

Datum des Inkrafttretens: 1. Juli 1996[1]

---

[1] BRB vom 25. Okt. 1995 (AS **1996** 1503)

Produktehaftpflichtgesetz

B. Bundesgesetz über die Produktehaftpflicht (Produktehaftpflichtgesetz, PrHG)
vom 18. Juni 1993

Die Bundesversammlung der Schweizerischen Eidgenossenschaft,
gestützt auf Artikel 64 der Bundesverfassung[1],
nach Einsicht in die Botschaft des Bundesrates vom 24. Februar 1993[2],
beschliesst:

Art. 1
Grundsatz

[1] Die herstellende Person (Herstellerin) haftet für den Schaden, wenn ein fehlerhaftes Produkt dazu führt, dass:
a. eine Person getötet oder verletzt wird;
b. eine Sache beschädigt oder zerstört wird, die nach ihrer Art gewöhnlich zum privaten Gebrauch oder Verbrauch bestimmt und vom Geschädigten hauptsächlich privat verwendet worden ist.

[2] Die Herstellerin haftet nicht für den Schaden am fehlerhaften Produkt.

Art. 2
Herstellerin

[1] Als Herstellerin im Sinne dieses Gesetzes gilt:
a. die Person, die das Endprodukt, einen Grundstoff oder ein Teilprodukt hergestellt hat;
b. jede Person, die sich als Herstellerin ausgibt, indem sie ihren Namen, ihr Warenzeichen oder ein anderes Erkennungszeichen auf dem Produkt anbringt;
c. jede Person, die ein Produkt zum Zweck des Verkaufs, der Vermietung, des Mietkaufs oder einer andern Form des Vertriebs im Rahmen ihrer geschäftlichen Tätigkeit einführt; dabei bleiben abweichende Bestimmungen in völkerrechtlichen Verträgen vorbehalten.

[2] Kann die Herstellerin des Produkts nicht festgestellt werden, so gilt jede Person als Herstellerin, welche das Produkt geliefert hat, sofern sie dem Geschädigten nach einer entsprechenden Aufforderung nicht innerhalb einer angemessenen Frist die Herstellerin oder die Person nennt, die ihr das Produkt geliefert hat.

[3] Absatz 2 gilt auch für Produkte, bei denen nicht festgestellt werden kann, wer sie eingeführt hat, selbst wenn der Name der Herstellerin angegeben ist.

SR **221.112.944**; AS **1993** 3122
[1] SR **101**
[2] BBl **1993** I 805

Art. 3

Produkt ¹ Als Produkte im Sinne dieses Gesetzes gelten:
a. jede bewegliche Sache, auch wenn sie einen Teil einer anderen beweglichen Sache oder einer unbeweglichen Sache bildet, und
b. Elektrizität.

² Landwirtschaftliche Bodenerzeugnisse sowie Tierzucht-, Fischerei- und Jagderzeugnisse gelten erst dann als Produkte, wenn sie einer ersten Verarbeitung unterzogen worden sind.

Art. 4

Fehler ¹ Ein Produkt ist fehlerhaft, wenn es nicht die Sicherheit bietet, die man unter Berücksichtigung aller Umstände zu erwarten berechtigt ist; insbesondere sind zu berücksichtigen:
a. die Art und Weise, in der es dem Publikum präsentiert wird;
b. der Gebrauch, mit dem vernünftigerweise gerechnet werden kann;
c. der Zeitpunkt, in dem es in Verkehr gebracht wurde.

² Ein Produkt ist nicht allein deshalb fehlerhaft, weil später ein verbessertes Produkt in Verkehr gebracht wurde.

Art. 5

Ausnahmen von der Haftung ¹ Die Herstellerin haftet nicht, wenn sie beweist, dass:
a. sie das Produkt nicht in Verkehr gebracht hat;
b. nach den Umständen davon auszugehen ist, dass der Fehler, der den Schaden verursacht hat, noch nicht vorlag, als sie das Produkt in Verkehr brachte;
c. sie das Produkt weder für den Verkauf oder eine andere Form des Vertriebs mit wirtschaftlichem Zweck hergestellt noch im Rahmen ihrer beruflichen Tätigkeit hergestellt oder vertrieben hat;
d. der Fehler darauf zurückzuführen ist, dass das Produkt verbindlichen, hoheitlich erlassenen Vorschriften entspricht;
e. der Fehler nach dem Stand der Wissenschaft und Technik im Zeitpunkt, in dem das Produkt in Verkehr gebracht wurde, nicht erkannt werden konnte.

² Die Herstellerin eines Grundstoffs oder eines Teilprodukts haftet ferner nicht, wenn sie beweist, dass der Fehler durch die Konstruktion des Produkts, in das der Grundstoff oder das Teilprodukt eingearbeitet wurde, oder durch die Anleitungen der Herstellerin dieses Produkts verursacht worden ist.

Art. 6

¹ Der Geschädigte muss Sachschäden bis zur Höhe von 900 Franken selber tragen.

² Der Bundesrat kann den Betrag gemäss Absatz 1 den veränderten Verhältnissen anpassen.

Selbstbehalt bei Sachschäden

Art. 7

Sind für den Schaden, der durch ein fehlerhaftes Produkt verursacht worden ist, mehrere Personen ersatzpflichtig, so haften sie solidarisch.

Solidarhaftung

Art. 8

Vereinbarungen, welche die Haftpflicht nach diesem Gesetz gegenüber dem Geschädigten beschränken oder wegbedingen, sind nichtig.

Wegbedingung der Haftung

Art. 9

Ansprüche nach diesem Gesetz verjähren drei Jahre nach dem Tag, an dem der Geschädigte Kenntnis vom Schaden, dem Fehler und von der Person der Herstellerin erlangt hat oder hätte erlangen müssen.

Verjährung

Art. 10

¹ Ansprüche nach diesem Gesetz verwirken zehn Jahre nach dem Tag, an dem die Herstellerin das Produkt, das den Schaden verursacht hat, in Verkehr gebracht hat.

² Die Verwirkungsfrist gilt als gewahrt, wenn gegen die Herstellerin binnen zehn Jahren geklagt wird.

Verwirkung

Art. 11

¹ Soweit dieses Gesetz nichts anderes vorsieht, gelten die Bestimmungen des Obligationenrechts[1]).

² Schadenersatzansprüche aufgrund des Obligationenrechts oder anderer Bestimmungen des eidgenössischen oder des kantonalen öffentlichen Rechts bleiben dem Geschädigten gewahrt.

³ Dieses Gesetz ist nicht anwendbar auf Schäden infolge eines nuklearen Zwischenfalls. Abweichende Bestimmungen in völkerrechtlichen Verträgen sind vorbehalten.

Verhältnis zu anderen Bestimmungen des eidgenössischen oder kantonalen Rechts

Art. 12

Das Kernenergiehaftpflichtgesetz vom 18. März 1983[2]) wird wie folgt geändert:
Art. 2 Abs. 1 Bst. b und c
...[3])

Änderung bisherigen Rechts

---
[1]) SR **220**
[2]) SR **732.44**
[3]) Text eingefügt im genannten BG.

Art. 13

Übergangs-bestimmung
Dieses Gesetz gilt nur für Produkte, die nach seinem Inkrafttreten in Verkehr gebracht wurden.

Art. 14

Referendum und Inkrafttreten
1 Dieses Gesetz untersteht dem fakultativen Referendum.
2 Der Bundesrat bestimmt das Inkrafttreten.

Datum des Inkrafttretens: 1. Januar 1994[1]

---

[1] BRB vom 25. Nov. 1993 (AS **1993** 3125).

Verordnung über die Miete und Pacht von Wohn- und Geschäftsräumen

C. Verordnung über die Miete und Pacht von Wohn- und Geschäftsräumen (VMWG)
vom 9. Mai 1990 (Stand am 1. Oktober 1996)

Der Schweizerische Bundesrat,
gestützt auf Artikel 253a Absatz 3 des Obligationenrechts (OR)[1],
verordnet:

Art. 1
Als Sachen, die der Vermieter dem Mieter zusammen mit Wohn- und Geschäftsräumen zum Gebrauch überlässt, gelten insbesondere Mobilien, Garagen, Autoeinstell- und Abstellplätze sowie Gärten.

Geltungsbereich
(Art. 253a Abs. 1 OR)

Art. 2
[1] Für luxuriöse Wohnungen und Einfamilienhäuser mit sechs oder mehr Wohnräumen (ohne Anrechnung der Küche) gilt der 2. Abschnitt des Achten Titels des OR (Art. 269–270e) nicht.

[2] Für Wohnungen, deren Bereitstellung von der öffentlichen Hand gefördert wurde und deren Mietzinse durch eine Behörde kontrolliert werden, gelten nur die Artikel 253–268b, 269, 269d Absatz 3, 270e und 271–274g OR sowie die Artikel 3–10 und 20–23 dieser Verordnung.

Ausnahmen
(Art. 253, Abs. 2, 253b Abs. 2 und 3 OR)

Art. 3
Als Koppelungsgeschäft im Sinne von Artikel 254 OR gilt insbesondere die Verpflichtung des Mieters, die Mietsache, Möbel oder Aktien zu kaufen oder einen Versicherungsvertrag abzuschliessen.

Koppelungsgeschäfte
(Art. 254 OR)

Art. 4
[1] Erhebt der Vermieter die Nebenkosten aufgrund einer Abrechnung, muss er diese jährlich mindestens einmal erstellen und dem Mieter vorlegen.

[2] Erhebt er sie pauschal, muss er auf Durchschnittswerte dreier Jahre abstellen.

[3] Die für die Erstellung der Abrechnung entstehenden Verwaltungskosten dürfen nach Aufwand oder im Rahmen der üblichen Ansätze angerechnet werden.[2]

Nebenkosten im allgemeinen
(Art. 257a OR)

SR **221.213.11**; AS **1990** 835
[1] SR **220**
[2] Eingefügt durch Ziff. I der V vom 26. Juni 1996, in Kraft seit 1. Aug. 1996 (AS **1996** 2120).

Art. 5

Anrechenbare Heizungs- und Warmwasserkosten
(Art. 257b Abs. 1 OR)

¹ Als Heizungs- und Warmwasserkosten anrechenbar sind die tatsächlichen Aufwendungen, die mit dem Betrieb der Heizungsanlage oder der zentralen Warmwasseraufbereitungsanlage direkt zusammenhängen.

² Darunter fallen insbesondere die Aufwendungen für:
a. die Brennstoffe und die Energie, die verbraucht wurden;
b. die Elektrizität zum Betrieb von Brennern und Pumpen;
c. die Betriebskosten für Alternativenergien;
d. die Reinigung der Heizungsanlage und des Kamins, das Auskratzen, Ausbrennen und Einölen der Heizkessel sowie die Abfall- und Schlackenbeseitigung;
e. die periodische Revision der Heizungsanlage einschliesslich des Öltanks sowie das Entkalken der Warmwasseranlage, der Boiler und des Leitungsnetzes;
f. die Verbrauchserfassung und den Abrechnungsservice für die verbrauchsabhängige Heizkostenabrechnung sowie den Unterhalt der nötigen Apparate;
g. die Wartung;
h. die Versicherungsprämien, soweit sie sich ausschliesslich auf die Heizungsanlage beziehen;
i. die Verwaltungsarbeit, die mit dem Betrieb der Heizungsanlage zusammenhängt.

³ Die Kosten für die Wartung und die Verwaltung dürfen nach Aufwand oder im Rahmen der üblichen Ansätze angerechnet werden.

Art. 6

Nicht anrechenbare Heizungs- und Warmwasserkosten
(Art. 257b Abs. 1 OR)

Nicht als Heizungs- und Warmwasseraufbereitungskosten anrechenbar sind die Aufwendungen für:
a. die Reparatur und Erneuerung der Anlagen;
b. die Verzinsung und Abschreibung der Anlagen.

Art. 6a[1]

Energiebezug von einer ausgelagerten Zentrale

Bezieht der Vermieter Heizenergie oder Warmwasser aus einer nicht zur Liegenschaft gehörenden Zentrale, die nicht Teil der Anlagekosten ist, kann er die tatsächlich anfallenden Kosten in Rechnung stellen.

---

[1] Eingefügt durch Ziff. I der V vom 26. Juni 1996, in Kraft seit 1. Aug. 1996 (AS **1996** 2120).

Art. 7

¹ Die Heizungskosten für nicht vermietete Wohn- und Geschäftsräume trägt der Vermieter.

² Sind keine Geräte zur Erfassung des Wärmeverbrauchs der einzelnen Verbraucher installiert und wurden nicht vermietete Wohn- und Geschäftsräume nachweisbar nur so weit geheizt, als dies zur Verhinderung von Frostschäden notwendig ist, muss der Vermieter nur einen Teil der Heizungskosten übernehmen, die nach dem normalen Verteilungsschlüssel auf Wohn- und Geschäftsräume entfallen. Dieser Teil beträgt in der Regel:

a. ein Drittel für Zwei- bis Dreifamilienhäuser;
b. die Hälfte für Vier- bis Achtfamilienhäuser;
c. zwei Drittel für grössere Gebäude sowie für Büro- und Geschäftshäuser.

Nicht vermietete Wohn- und Geschäftsräume
(Art. 257b Abs. 1 OR)

Art. 8

¹ Erhält der Mieter mit der jährlichen Heizungskostenrechnung nicht eine detaillierte Abrechnung und Aufteilung der Heizungs- und Warmwasseraufbereitungskosten, so ist auf der Rechnung ausdrücklich darauf hinzuweisen, dass er die detaillierte Abrechnung verlangen kann.

² Der Mieter oder sein bevollmächtigter Vertreter ist berechtigt, die sachdienlichen Originalunterlagen einzusehen und über den Anfangs- und Endbestand von Heizmaterialien Auskunft zu verlangen.

Abrechnung
(Art. 257b OR)

Art. 9

¹ Das Formular für die Mitteilung der Kündigung im Sinne von Artikel 266l Absatz 2 OR muss enthalten:

a. die Bezeichnung des Mietgegenstandes, auf welchen sich die Kündigung bezieht;
b. den Zeitpunkt, auf den die Kündigung wirksam wird;
c. den Hinweis, dass der Vermieter die Kündigung auf Verlangen des Mieters begründen muss;
d. die gesetzlichen Voraussetzungen der Anfechtung der Kündigung und der Erstreckung des Mietverhältnisses (Art. 271–273 OR);
e. das Verzeichnis der Schlichtungsbehörden und ihre örtliche Zuständigkeit.

² Die Kantone sorgen dafür, dass in den Gemeinden Formulare in genügender Zahl zur Verfügung stehen. Sie können zu diesem Zweck eigene Formulare in den Gemeindekanzleien auflegen.

Kündigungen
(Art. 266l Abs. 2 OR)

Art. 10

Offensichtlich übersetzter Kaufpreis
(Art. 269 OR)

Als offensichtlich übersetzt im Sinne von Artikel 269 OR gilt ein Kaufpreis, der den Ertragswert einer Liegenschaft, berechnet auf den orts- oder quartierüblichen Mietzinsen für gleichartige Objekte, erheblich übersteigt.

Art. 11

Orts- und quartierübliche Mietzinse
(Art. 269a Bst. a OR)

[1] Massgeblich für die Ermittlung der orts- und quartierüblichen Mietzinse im Sinne von Artikel 269a Buchstabe a OR sind die Mietzinse für Wohn- und Geschäftsräume, die nach Lage, Grösse, Ausstattung, Zustand und Bauperiode mit der Mietsache vergleichbar sind.

[2] Bei Geschäftsräumen kann der Vergleich im Sinne von Artikel 269a Buchstabe a OR mit den quartierüblichen Quadratmeterpreisen gleichartiger Objekte erfolgen.

[3] Ausser Betracht fallen Mietzinse, die auf einer Marktbeherrschung durch einen Vermieter oder eine Vermietergruppe beruhen.

[4] Amtliche Statistiken sind zu berücksichtigen.

Art. 12

Kostensteigerungen
(Art. 269a Bst. b OR)

[1] Als Kostensteigerungen im Sinne von Artikel 269a Buchstabe b OR gelten insbesondere Erhöhungen der Hypothekarzinse, der Gebühren, Objektsteuern, Baurechtszinse, Versicherungsprämien sowie Erhöhungen der Unterhaltskosten.

[2] Aus Handänderungen sich ergebende Kosten gelten als Teil der Erwerbskosten und nicht als Kostensteigerungen.

Art. 13

Hypothekarzinse
(Art. 269a Bst. b OR)

[1] Eine Hypothekarzinserhöhung von einem Viertel Prozent berechtigt in der Regel zu einer Mietzinserhöhung von höchstens:
a. 2 Prozent bei Hypothekarzinssätzen von mehr als 6 Prozent;
b. 2,5 Prozent bei Hypothekarzinssätzen zwischen 5 und 6 Prozent;
c. 3 Prozent bei Hypothekarzinssätzen von weniger als 5 Prozent.
Bei Hypothekarzinssenkungen sind die Mietzinse entsprechend herabzusetzen oder die Einsparungen mit inzwischen eingetretenen Kostensteigerungen zu verrechnen.

[2] Bei Zahlungsplänen im Sinne von Artikel 269a Buchstabe d und Rahmenmietverträgen im Sinne von Artikel 269a Buchstabe f OR gelten bei Hypothekarzinsänderungen statt dessen die für solche Fälle vereinbarten Regelungen.

[3] Wird unter Verzicht auf Quartierüblichkeit und Teuerungsausgleich dauernd mit der reinen Kostenmiete gerechnet, so kann der Mietzins bei Hypothekarzinserhöhungen im Umfang der Mehrbelastung für das gesamte investierte Kapital erhöht werden.

⁴ Bei Mietzinsanpassungen infolge von Hypothekarzinsänderungen ist im übrigen zu berücksichtigen, ob und inwieweit frühere Hypothekarzinsänderungen zu Mietzinsanpassungen geführt haben.

Art. 14

¹ Als Mehrleistungen im Sinne von Artikel 269a Buchstabe b OR gelten Investitionen für wertvermehrende Verbesserungen, die Vergrösserung der Mietsache sowie zusätzliche Nebenleistungen. Die Kosten umfassender Überholungen gelten in der Regel zu 50–70 Prozent als wertvermehrende Investitionen.

² Mietzinserhöhungen wegen wertvermehrender Verbesserungen sind nicht missbräuchlich, wenn sie den angemessenen Satz für Verzinsung, Amortisation und Unterhalt der Investition nicht überschreiten.

³ Mietzinserhöhungen wegen wertvermehrender Investitionen dürfen erst angezeigt werden, wenn die Arbeiten ausgeführt sind und die sachdienlichen Belege vorliegen. Bei grösseren Arbeiten sind gestaffelte Mietzinserhöhungen nach Massgabe bereits erfolgter Zahlungen zulässig.[1]

Mehrleistungen des Vermieters
(Art. 269a Bst. b OR)

Art. 15

¹ Die Bruttorendite im Sinne von Artikel 269a Buchstabe c OR wird auf den Anlagekosten berechnet.

² Ausser Betracht fallen offensichtlich übersetzte Land-, Bau- und Erwerbskosten.

Bruttorendite
(Art. 269a Bst. c OR)

Art. 16

Zum Ausgleich der Teuerung auf dem risikotragenden Kapital im Sinne von Artikel 269a Buchstabe e OR darf der Mietzins um höchstens 40 Prozent der Steigerung des Landesindexes der Konsumentenpreise erhöht werden.

Teuerungsausgleich
(Art. 269a Bst. e OR)

Art. 17

¹ Haben die Parteien für die Miete einer Wohnung einen indexierten Mietzins vereinbart, darf die jeweilige Mietzinserhöhung die Zunahme des Landesindexes der Konsumentenpreise nicht übersteigen.[2]

² Bei einer Senkung des Landesindexes ist der Mietzins entsprechend anzupassen.

Indexierte Mietzinse für Wohnungen
(Art. 269b OR)

---

[1] Eingefügt durch Ziff. I der V vom 26. Juni 1996, in Kraft seit 1. Aug. 1996 (AS **1996** 2120).
[2] Fassung gemäss Ziff. I der V vom 26. Juni 1996, in Kraft seit 1. Aug. 1996 (AS **1996** 2120). Siehe auch die SchlB dieser Änd. am Ende der vorliegenden V.

Art. 18

Unvollständige Mietzinsanpassung

Macht der Vermieter die ihm zustehende Mietzinsanpassung nicht vollständig geltend, hat er diesen Vorbehalt in Franken oder in Prozenten des Mietzinses festzulegen.

Art. 19

Formular zur Mitteilung von Mietzinserhöhungen und anderen einseitigen Vertragsänderungen
(Art. 269d OR)

[1] Das Formular für die Mitteilung von Mietzinserhöhungen und anderen einseitigen Vertragsänderungen im Sinne von Artikel 269d OR muss enthalten:

a.[1] Für Mietzinserhöhungen:
1. den bisherigen Mietzins und die bisherige Belastung des Mieters für Nebenkosten;
2. den neuen Mietzins und die neue Belastung des Mieters für Nebenkosten;
3. den Zeitpunkt, auf den die Erhöhung in Kraft tritt;
4. die klare Begründung der Erhöhung. Werden mehrere Erhöhungsgründe geltend gemacht, so sind diese je in Einzelbeträgen auszuweisen.

b. Für andere einseitige Vertragsänderungen:
1. die Umschreibung dieser Forderung;
2. den Zeitpunkt, auf den sie wirksam wird;
3. die klare Begründung dieser Forderung.

c. Für beide Fälle:
1. die gesetzlichen Voraussetzungen der Anfechtung;
2. das Verzeichnis der Schlichtungsbehörden und ihre örtliche Zuständigkeit.

[1bis] Erfolgt die Begründung in einem Begleitschreiben, so hat der Vermieter im Formular ausdrücklich darauf hinzuweisen.[2]

[2] Die Absätze 1 und 1bis gelten ferner sinngemäss, wenn der Vermieter den Mietzins einem vereinbarten Index anpasst oder ihn aufgrund der vereinbarten Staffelung erhöht. Bei indexgebundenen Mietverhältnissen darf die Mitteilung frühestens nach der öffentlichen Bekanntgabe des neuen Indexstandes erfolgen. Bei gestaffelten Mietzinsen darf die Mitteilung frühestens vier Monate vor Eintritt jeder Mietzinserhöhung erfolgen. Die Kantone können als rechtsgenügendes Formular in diesem Fall die Kopie der Mietzinsvereinbarung bezeichnen.[1]

[3] Die Absätze 1 und 1bis sind sinngemäss anzuwenden, wenn die Kantone im Sinne von Artikel 270 Absatz 2 des Obligationenrechts die Verwendung des Formulars beim Abschluss eines neuen Mietvertrags obligatorisch erklären.[1]

---

[1] Fassung gemäss Ziff. I der V vom 26. Juni 1996, in Kraft seit 1. Aug. 1996 (AS **1996** 2120).
[2] Eingefügt durch Ziff. I der V vom 26. Juni 1996, in Kraft seit 1. Aug. 1996 (AS **1996** 2120).

⁴ Die Kantone sorgen dafür, dass in den Gemeinden Formulare in genügender Zahl zur Verfügung stehen. Sie können zu diesem Zweck eigene Formulare in den Gemeindekanzleien auflegen.

Art. 20

¹ Bei Mietzinserhöhungen wegen Kostensteigerungen oder wegen wertvermehrenden Verbesserungen des Vermieters kann der Mieter verlangen, dass der geltend gemachte Differenzbetrag zahlenmässig begründet wird. Die 30tägige Anfechtungsfrist wird dadurch nicht berührt.

² Im Schlichtungsverfahren kann der Mieter verlangen, dass für alle geltend gemachten Gründe der Mietzinserhöhung die sachdienlichen Belege vorgelegt werden.

Begründungspflicht des Vermieters
(Art. 269d Abs. 2 und 3 OR)

Art. 21

¹ Die Schlichtungsbehörden haben im Schlichtungsverfahren eine Einigung der Parteien anzustreben, die sich auf das gesamte Mietverhältnis (Höhe des Mietzinses, Dauer des Vertrags, Kündigungsfrist usw.) erstreckt. Der Inhalt der Abmachungen ist schriftlich festzuhalten und jeder Partei auszuhändigen.

² Die Schlichtungsbehörden sind verpflichtet, Mieter und Vermieter ausserhalb eines Anfechtungsverfahrens, insbesondere vor Abschluss eines Mietvertrags, zu beraten. Sie haben namentlich Mietern und Vermietern behilflich zu sein, sich selbst ein Urteil darüber zu bilden, ob ein Mietzins missbräuchlich ist.

³ Die Schlichtungsbehörden können einzelne Mitglieder oder das Sekretariat mit der Beratung betrauen.

Aufgaben der Schlichtungsbehörden
(Art. 274a Abs. 1 und 274e OR)

Art. 22

¹ Die Schlichtungsbehörden bestehen aus mindestens je einem Vertreter der Vermieter und der Mieter sowie einem unabhängigen Vorsitzenden.

² Die Kantone sind verpflichtet, die Zusammensetzung der Schlichtungsbehörden und deren Zuständigkeit periodisch zu veröffentlichen.

³ Die Kosten der Schlichtungsbehörden sind von den Kantonen zu tragen.

Zusammensetzung und Kosten der Schlichtungsbehörden
(Art. 274a OR)

Art. 23

Berichterstattung über die Schlichtungsbehörden und Bekanntgabe richterlicher Urteile

¹ Die Kantone haben dem Eidgenössischen Volkswirtschaftsdepartement halbjährlich über die Tätigkeit der Schlichtungsbehörden Bericht zu erstatten. Aus dem Bericht müssen die Zahl der Fälle, der jeweilige Grund der Anrufung sowie die Art der Erledigung ersichtlich sein.

² Die Kantone haben die zuständigen kantonalen richterlichen Behörden zu verpflichten, ein Doppel der Urteile über angefochtene Mietzinse und andere Forderungen der Vermieter dem Eidgenössischen Volkswirtschaftsdepartement zuzustellen.

³ Das Eidgenössische Volkswirtschaftsdepartement sorgt für deren Auswertung und Veröffentlichung in geeigneter Form.

Art. 24

Vollzug

Das Eidgenössische Volkswirtschaftsdepartement ist mit dem Vollzug beauftragt.

Art. 25

Aufhebung bisherigen Rechts

Die Verordnung vom 10. Juli 1972[1] über Massnahmen gegen Missbräuche im Mietwesen wird aufgehoben.

Art. 26

Übergangsbestimmungen

¹ Die Vorschriften über den Schutz vor missbräuchlichen Mietzinsen und andern missbräuchlichen Forderungen des Vermieters bei der Miete von Wohn- und Geschäftsräumen sind anwendbar auf Anfangsmietzinse oder Mietzinserhöhungen, die mit Wirkung auf einen Zeitpunkt nach dem 1. Juli 1990 festgelegt oder mitgeteilt werden.

² Wurde eine Mietzinserhöhung vor dem 1. Juli 1990, aber mit Wirkung auf einen Zeitpunkt danach mitgeteilt, so beginnt die Frist für die Anfechtung (Art. 270b OR) am 1. Juli 1990 zu laufen. Für die Anfechtung eines Anfangsmietzinses, der vor dem 1. Juli 1990, aber mit Wirkung auf einen Zeitpunkt danach festgelegt wurde, gilt die Frist gemäss Artikel 270 OR.

³ Mietverhältnisse mit indexierten oder gestaffelten Mietzinsen, die nach dem 1. Juli 1990 beginnen, unterstehen dem neuen Recht; Mietverhältnisse mit indexierten oder gestaffelten Mietzinsen, die vor dem 1. Juli 1990 begonnen haben, aber erst später enden, unterstehen dem alten Recht.

⁴ Basiert der Mietzins am 1. Juli 1990 auf einem Hypothekarzinsstand von weniger als 6 Prozent, so kann der Vermieter auch später für jedes Viertelprozent, das unter diesem Stand liegt, den Mietzins um 3,5 Prozent erhöhen.

---

[1] [AS **1972** 1559, **1975** 173, **1977** 2233, **1978** 74 1965, **1983** 256, **1989** 1856]

Art. 27

Diese Verordnung tritt am 1. Juli 1990 in Kraft. **Inkrafttreten**

Schlussbestimmung der Änderung vom 26. Juni 1996[1]

Die Vereinbarung einer vollen Indexierung nach Artikel 17 Absatz 1 vor dem Inkrafttreten dieser Verordnungsänderung ist möglich, soweit sie erst nach dem Inkrafttreten wirksam wird.

---

[1] AS **1996** 2120

Konsumkreditgesetz

D. Bundesgesetz über den Konsumkredit (KKG)

vom 23. März 2001 (Stand am 1. Januar 2003)

Die Bundesversammlung der Schweizerischen Eidgenossenschaft,
gestützt auf die Artikel 97 und 122 der Bundesverfassung[1],
nach Einsicht in die Botschaft des Bundesrates vom 14. Dezember 1998[2],
beschliesst:

1. Abschnitt: Begriffe

Art. 1

[1] Der Konsumkreditvertrag ist ein Vertrag, durch den eine kreditgebende Person (Kreditgeberin) einer Konsumentin oder einem Konsumenten einen Kredit in Form eines Zahlungsaufschubs, eines Darlehens oder einer ähnlichen Finanzierungshilfe gewährt oder zu gewähren verspricht.

[2] Als Konsumkreditverträge gelten auch:

a. Leasingverträge über bewegliche, dem privaten Gebrauch des Leasingnehmers dienende Sachen, die vorsehen, dass die vereinbarten Leasingraten erhöht werden, falls der Leasingvertrag vorzeitig aufgelöst wird;
b. Kredit- und Kundenkarten sowie Überziehungskredite, wenn sie mit einer Kreditoption verbunden sind; als Kreditoption gilt die Möglichkeit, den Saldo einer Kredit- oder Kundenkarte in Raten zu begleichen.

Konsumkreditvertrag

Art. 2

Als Kreditgeberin gilt jede natürliche oder juristische Person, die gewerbsmässig Konsumkredite gewährt.

Kreditgeberin

Art. 3

Als Konsumentin oder Konsument gilt jede natürliche Person, die einen Konsumkreditvertrag zu einem Zweck abschliesst, der nicht ihrer beruflichen oder gewerblichen Tätigkeit zugerechnet werden kann.

Konsumentin oder Konsument

SR **221.214.1**; AS **2002** 3846
[1] SR **101**
[2] BBl **1999** 3155

Art. 4

Kreditvermittlerin   Als Kreditvermittlerin gilt jede natürliche oder juristische Person, die gewerbsmässig Konsumkreditverträge vermittelt.

Art. 5

Gesamtkosten des Kredits für die Konsumentin oder den Konsumenten   Als Gesamtkosten des Kredits für die Konsumentin oder den Konsumenten gelten sämtliche Kosten, einschliesslich der Zinsen und sonstigen Kosten, welche die Konsumentin oder der Konsument für den Kredit zu bezahlen hat.

Art. 6

Effektiver Jahreszins   Der effektive Jahreszins drückt die Gesamtkosten des Kredits für die Konsumentin oder den Konsumenten in Jahresprozenten des gewährten Kredits aus.

2. Abschnitt: Geltungsbereich

Art. 7

Ausschluss   ¹ Dieses Gesetz gilt nicht für:
a. Kreditverträge oder Kreditversprechen, die direkt oder indirekt grundpfandgesichert sind;
b. Kreditverträge oder Kreditversprechen, die durch hinterlegte banktübliche Sicherheiten oder durch ausreichende Vermögenswerte, welche die Konsumentin oder der Konsument bei der Kreditgeberin hält, gedeckt sind;
c. Kredite, die zins- und gebührenfrei gewährt oder zur Verfügung gestellt werden;
d. Kreditverträge, nach denen keine Zinsen in Rechnung gestellt werden, sofern die Konsumentin oder der Konsument sich bereit erklärt, den Kredit auf einmal zurückzuzahlen;
e. Verträge über Kredite von weniger als 500 Franken oder mehr als 80 000 Franken;
f. Kreditverträge, nach denen die Konsumentin oder der Konsument den Kredit entweder innert höchstens drei Monaten oder in nicht mehr als vier Raten innert höchstens zwölf Monaten zurückzahlen muss;
g. Verträge über die fortgesetzte Erbringung von Dienstleistungen oder Leistungen von Versorgungsbetrieben, nach denen die Konsumentin oder der Konsument berechtigt ist, während der Dauer der Erbringung Teilzahlungen zu leisten.

² Der Bundesrat kann die Beträge gemäss Absatz 1 Buchstabe e den veränderten Verhältnissen anpassen.

Art. 8

¹ Leasingverträge im Sinne von Artikel 1 Absatz 2 Buchstabe a unterstehen nur den Artikeln 11, 13–16, 17 Absatz 3, 18 Absätze 2 und 3, 19–21, 26, 29, 31–35, 37 und 38. *Einschränkung*

² Konti für Kredit- und Kundenkarten mit Kreditoption sowie Überziehungskredite auf laufendem Konto unterstehen nur den Artikeln 12–16, 17 Absätze 1 und 2, 18 Absätze 1 und 3, 19–21, 27, 30–35, 37 und 38.

3. Abschnitt: Form und Inhalt des Vertrags

Art. 9

¹ Konsumkreditverträge sind schriftlich abzuschliessen; die Konsumentin oder der Konsument erhält eine Kopie des Vertrags. *Barkredite*

² Der Vertrag muss angeben:
a. den Nettobetrag des Kredits;
b. den effektiven Jahreszins oder, wenn dies nicht möglich ist, den Jahreszins und die bei Vertragsschluss in Rechnung gestellten Kosten;
c. die Bedingungen, unter denen der Zinssatz und die Kosten nach Buchstabe b geändert werden können;
d. die Elemente der Gesamtkosten des Kredits, die für die Berechnung des effektiven Jahreszinses nicht berücksichtigt worden sind (Art. 34), mit Ausnahme der bei Nichterfüllung der vertraglichen Verpflichtungen entstehenden Kosten; ist der genaue Betrag dieser Kostenelemente bekannt, so ist er anzugeben; andernfalls ist, soweit möglich, entweder eine Berechnungsmethode oder eine realistische Schätzung aufzuführen;
e. die allfällige Höchstgrenze des Kreditbetrags;
f. die Rückzahlungsmodalitäten, insbesondere den Betrag, die Anzahl und die zeitlichen Abstände oder den Zeitpunkt der Zahlungen, welche die Konsumentin oder der Konsument zur Tilgung des Kredits und zur Entrichtung der Zinsen und sonstigen Kosten vornehmen muss, sowie, wenn möglich, den Gesamtbetrag dieser Zahlungen;
g. dass die Konsumentin oder der Konsument bei vorzeitiger Rückzahlung Anspruch auf Erlass der Zinsen und auf eine angemessene Ermässigung der Kosten hat, die auf die nicht beanspruchte Kreditdauer entfallen;
h. das Widerrufsrecht und die Widerrufsfrist (Art. 16);
i. die allfällig verlangten Sicherheiten;
j. den pfändbaren Teil des Einkommens, der der Kreditfähigkeitsprüfung zu Grunde gelegt worden ist (Art. 28 Abs. 2 und 3); Einzelheiten können in einem vom Konsumkreditvertrag getrennten Schriftstück festgehalten werden; dieses bildet einen integrierenden Bestandteil des Vertrags.

Art. 10

Verträge zur Finanzierung des Erwerbs von Waren oder Dienstleistungen

Dient der Kreditvertrag der Finanzierung des Erwerbs von Waren oder Dienstleistungen, so muss er auch folgende Angaben enthalten:

a. die Beschreibung der Waren oder Dienstleistungen;
b. den Barzahlungspreis und den Preis, der im Rahmen des Kreditvertrags zu bezahlen ist;
c. die Höhe der allfälligen Anzahlung, die Anzahl, die Höhe und die Fälligkeit der Teilzahlungen oder das Verfahren, nach dem diese Elemente bestimmt werden können, falls sie bei Vertragsschluss noch nicht bekannt sind;
d. den Namen der Eigentümerin oder des Eigentümers der Waren, falls das Eigentum daran nicht unmittelbar auf die Konsumentin oder den Konsumenten übergeht, und die Bedingungen, unter denen die Ware in das Eigentum der Konsumentin oder des Konsumenten übergeht;
e. den Hinweis auf die allfällig verlangte Versicherung und, falls die Wahl des Versicherers nicht der Konsumentin oder dem Konsumenten überlassen ist, die Versicherungskosten.

Art. 11

Leasingverträge

¹ Leasingverträge sind schriftlich abzuschliessen; der Leasingnehmer erhält eine Kopie des Vertrags.

² Der Vertrag muss angeben:

a. die Beschreibung der Leasingsache und ihren Barkaufpeis im Zeitpunkt des Vertragsabschlusses;
b. die Anzahl, die Höhe und die Fälligkeit der Leasingraten;
c. die Höhe einer allfälligen Kaution;
d. den Hinweis auf die allfällig verlangte Versicherung und, falls die Wahl des Versicherers nicht dem Leasingnehmer überlassen ist, die Versicherungskosten;
e. den effektiven Jahreszins;
f. den Hinweis auf das Widerrufsrecht und die Widerrufsfrist;
g. eine nach anerkannten Grundsätzen erstellte Tabelle, aus der hervorgeht, was der Leasingnehmer bei einer vorzeitigen Beendigung des Leasingvertrags zusätzlich zu den bereits entrichteten Leasingraten zu bezahlen hat und welchen Restwert die Leasingsache zu diesem Zeitpunkt hat;
h. die Elemente, die der Kreditfähigkeitsprüfung zu Grunde gelegt worden sind (Art. 29 Abs. 2); Einzelheiten können in einem vom Leasingvertrag getrennten Schriftstück festgehalten werden; dieses bildet einen integrierenden Bestandteil des Vertrags.

Art. 12

Überziehungskredit auf laufendem Konto oder Kredit- und Kundenkartenkonto mit Kreditoption

¹ Verträge, mit denen eine Kreditgeberin einen Kredit in Form eines Überziehungskredits auf laufendem Konto oder auf einem Kredit- und Kundenkartenkonto mit Kreditoption gewährt, sind schriftlich abzuschliessen; die Konsumentin oder der Konsument erhält eine Kopie des Vertrags.

² Der Vertrag muss angeben:

a. die Höchstgrenze des Kreditbetrags;
b. den Jahreszins und die bei Vertragsabschluss in Rechnung gestellten Kosten sowie die Bedingungen, unter denen diese geändert werden können;
c. die Modalitäten einer Beendigung des Vertrags;
d. die Elemente, die der Kreditfähigkeitsprüfung zu Grunde gelegt worden sind (Art. 30 Abs. 1); Einzelheiten können in einem vom Kredit- oder Kundenkartenvertrag getrennten Schriftstück festgehalten werden; dieses bildet einen integrierenden Bestandteil des Vertrags.

³ Während der Vertragsdauer ist die Konsumentin oder der Konsument über jede Änderung des Jahreszinses oder der in Rechnung gestellten Kosten unverzüglich zu informieren; diese Information kann in Form eines Kontoauszugs erfolgen.

⁴ Wird eine Kontoüberziehung stillschweigend akzeptiert und das Konto länger als drei Monate überzogen, so ist die Konsumentin oder der Konsument zu informieren über:

a. den Jahreszins und die in Rechnung gestellten Kosten;
b. alle diesbezüglichen Änderungen.

Art. 13

Zustimmung des gesetzlichen Vertreters

¹ Ist die Konsumentin oder der Konsument minderjährig, so bedarf der Konsumkreditvertrag zu seiner Gültigkeit der schriftlichen Zustimmung der gesetzlichen Vertreterin oder des gesetzlichen Vertreters.

² Die Zustimmung ist spätestens abzugeben, wenn die Konsumentin oder der Konsument den Vertrag unterzeichnet.

Art. 14

Höchstzinssatz

Der Bundesrat legt den höchstens zulässigen Zinssatz nach Artikel 9 Absatz 2 Buchstabe b fest. Er berücksichtigt dabei die von der Nationalbank ermittelten, für die Refinanzierung des Konsumkreditgeschäftes massgeblichen Zinssätze. Der Höchstzinssatz soll in der Regel 15 Prozent nicht überschreiten.

Art. 15

Nichtigkeit

¹ Die Nichteinhaltung der Artikel 9–11, 12 Absätze 1, 2 und 4 Buchstabe a, 13 und 14 bewirkt die Nichtigkeit des Konsumkreditvertrags.

² Ist der Konsumkreditvertrag nichtig, so hat die Konsumentin oder der Konsument die bereits empfangene oder beanspruchte Kreditsumme bis zum Ablauf der Kreditdauer zurückzuzahlen, schuldet aber weder Zinsen noch Kosten.

³ Die Kreditsumme ist in gleich hohen Teilzahlungen zurückzuzahlen. Wenn der Vertrag keine längeren Zeitabstände vorsieht, liegen die Teilzahlungen jeweils einen Monat auseinander.

⁴ Bei einem Leasingvertrag hat die Konsumentin oder der Konsument den ihr oder ihm überlassenen Gegenstand zurückzugeben und die Raten zu zahlen, die bis zu diesem Zeitpunkt geschuldet sind. Ein damit nicht abgedeckter Wertverlust geht zu Lasten der Leasinggeberin.

Art. 16

Widerrufsrecht ¹ Die Konsumentin oder der Konsument kann den Antrag zum Vertragsabschluss oder die Annahmeerklärung innerhalb von sieben Tagen schriftlich widerrufen. Kein Widerrufsrecht besteht im Falle von Artikel 12 Absatz 4.

² Die Widerrufsfrist beginnt zu laufen, sobald die Konsumentin oder der Konsument nach den Artikeln 9 Absatz 1, 11 Absatz 1 oder 12 Absatz 1 eine Kopie des Vertrags erhalten hat. Die Frist ist eingehalten, wenn die Widerrufserklärung am siebenten Tag der Post übergeben wird.

³ Ist das Darlehen bereits vor dem Widerruf des Vertrags ausbezahlt worden, so gilt Artikel 15 Absätze 2 und 3. Im Falle eines Abzahlungskaufs, einer auf Kredit beanspruchten Dienstleistung oder eines Leasingvertrags gilt Artikel 40*f* des Obligationenrechts[1]).

4. Abschnitt: Rechte und Pflichten der Parteien

Art. 17

Vorzeitige Rückzahlung ¹ Die Konsumentin oder der Konsument kann die Pflichten aus dem Konsumkreditvertrag vorzeitig erfüllen.

² In diesem Fall besteht ein Anspruch auf Erlass der Zinsen und auf eine angemessene Ermässigung der Kosten, die auf die nicht beanspruchte Kreditdauer entfallen.

³ Der Leasingnehmer kann mit einer Frist von mindestens 30 Tagen auf Ende einer dreimonatigen Leasingdauer kündigen. Der Anspruch des Leasinggebers auf Entschädigung richtet sich nach der Tabelle gemäss Artikel 11 Absatz 2 Buchstabe g.

---

[1]) SR **220**

Art. 18

¹ Die Kreditgeberin kann vom Vertrag zurücktreten, wenn Teilzahlungen ausstehend sind, die mindestens 10 Prozent des Nettobetrags des Kredits beziehungsweise des Barzahlungspreises ausmachen.

² Der Leasinggeber kann vom Vertrag zurücktreten, wenn Teilzahlungen ausstehend sind, die mehr als drei monatlich geschuldete Leasingraten ausmachen.

³ Der Verzugszins darf den für den Konsumkredit oder Leasingvertrag vereinbarten Zinssatz (Art. 9 Abs 2 Bst. b) nicht übersteigen.

Verzug

Art. 19

Die Konsumentin oder der Konsument hat das unabdingbare Recht, die Einreden aus dem Konsumkreditvertrag gegenüber jedem Abtretungsgläubiger geltend zu machen.

Einreden

Art. 20

¹ Die Kreditgeberin darf weder Zahlungen in Form von Wechseln, einschliesslich Eigenwechseln, noch Sicherheiten in Form von Wechseln, einschliesslich Eigenwechseln und Checks, annehmen.

² Ist ein Wechsel oder ein Check entgegen Absatz 1 angenommen worden, so kann ihn die Konsumentin oder der Konsument jederzeit von der Kreditgeberin zurückverlangen.

³ Die Kreditgeberin haftet für den Schaden, welcher der Konsumentin oder dem Konsumenten aus der Begebung des Wechsels oder Checks entstanden ist.

Zahlung und Sicherheit in Form von Wechseln

Art. 21

¹ Wer im Hinblick auf den Erwerb von Waren oder Dienstleistungen einen Konsumkreditvertrag mit einer anderen Person als dem Lieferanten abschliesst, kann gegenüber der Kreditgeberin alle Rechte geltend machen, die ihm gegenüber dem Lieferanten zustehen, wenn folgende Bedingungen erfüllt sind:

a. Zwischen der Kreditgeberin und dem Lieferanten besteht eine Abmachung, wonach Kredite an Kunden dieses Lieferanten ausschliesslich von der Kreditgeberin gewährt werden.

b. Die Konsumentin oder der Konsument erhält den Kredit im Rahmen dieser Abmachung.

c. Die unter den Konsumkreditvertrag fallenden Waren oder Dienstleistungen werden nicht oder nur teilweise geliefert oder entsprechen nicht dem Liefervertrag.

d. Die Konsumentin oder der Konsument hat die Rechte gegenüber dem Lieferanten erfolglos geltend gemacht.

e. Der Betrag des betreffenden Einzelgeschäfts liegt über 500 Franken.

Mangelhafte Erfüllung des Erwerbsvertrags

² Der Bundesrat kann den Betrag gemäss Absatz 1 Buchstabe e den veränderten Verhältnissen anpassen.

5. Abschnitt: Kreditfähigkeit

Art. 22

Grundsatz Die Kreditfähigkeitsprüfung bezweckt die Vermeidung einer Überschuldung der Konsumentin oder des Konsumenten infolge eines Konsumkreditvertrags.

Art. 23

Informationsstelle für Konsumkredit

¹ Die Kreditgeberinnen gründen eine Informationsstelle für Konsumkredit (Informationsstelle). Diese gemeinsame Einrichtung bearbeitet die Daten, die im Rahmen der Artikel 25–27 anfallen.

² Die Statuten der Informationsstelle müssen vom zuständigen Departement[1] genehmigt werden. Sie regeln insbesondere:
a. die Verantwortung für die Datenbearbeitung;
b. die Kategorien der zu erfassenden Daten sowie deren Aufbewahrungsdauer, Archivierung und Löschung;
c. die Zugriffs- und Bearbeitungsberechtigungen;
d. die Zusammenarbeit mit beteiligten Dritten;
e. die Datensicherheit.

³ Die Informationsstelle gilt als Bundesorgan im Sinne von Artikel 3 Buchstabe h des Bundesgesetzes vom 19. Juni 1992[2] über den Datenschutz. Der Bundesrat erlässt die Vollzugsbestimmungen.

⁴ Vorbehältlich der Zuständigkeit gemäss Bundesgesetz vom 19. Juni 1992 über den Datenschutz untersteht die Informationsstelle der Aufsicht des Departements.

⁵ Der Bundesrat kann den Kreditgeberinnen eine Frist setzen, binnen der die gemeinsame Einrichtung errichtet sein muss. Kommt die Gründung der gemeinsamen Einrichtung nicht zu Stande oder wird diese später aufgelöst, so richtet der Bundesrat die Informationsstelle ein.

Art. 24

Datenzugang ¹ Zugang zu den von der Informationsstelle gesammelten Daten haben ausschliesslich die diesem Gesetz unterstellten Kreditgeberinnen, soweit sie die Daten zur Erfüllung ihrer Pflichten nach diesem Gesetz benötigen.

² Im Einzelfall haben auch die von den Kantonen bezeichneten und unterstützten Institutionen der Schuldensanierung Zugang, sofern der Schuldner zustimmt.

---

[1] Zurzeit: Eidgenössisches Justiz- und Polizeidepartement
[2] SR **235.1**

Art. 25

Meldepflicht

¹ Die Kreditgeberin muss der Informationsstelle den von ihr gewährten Konsumkredit melden.

² Sie muss der Informationsstelle auch melden, wenn Teilzahlungen ausstehend sind, die mindestens 10 Prozent des Nettobetrags des Kredits beziehungsweise des Barzahlungspreises ausmachen (Art. 18 Abs. 1).

³ Die Informationsstelle bestimmt in ihren Statuten oder einem darauf gestützten Reglement das Nähere zu Inhalt, Form und Zeitpunkt der Meldung.

Art. 26

Meldepflicht bei Leasing

¹ Bei einem Leasingvertrag meldet die Kreditgeberin der Informationsstelle:
a. die Höhe der Leasingverpflichtung;
b. die Vertragsdauer;
c. die monatlichen Leasingraten.

² Sie muss der Informationsstelle auch melden, wenn drei Leasingraten ausstehen.

Art. 27

Meldepflicht bei Kredit- und Kundenkartenkonti

¹ Hat die Konsumentin oder der Konsument dreimal hintereinander von der Kreditoption Gebrauch gemacht, so ist der ausstehende Betrag der Informationsstelle zu melden. Keine Pflicht zur Meldung besteht, wenn der ausstehende Betrag unter 3000 Franken liegt.

² Der Bundesrat wird ermächtigt, die in Absatz 1 genannte Meldelimite von 3000 Franken mittels Verordnung periodisch der Entwicklung des schweizerischen Indexes der Konsumentenpreise anzupassen.

Art. 28

Prüfung der Kreditfähigkeit

¹ Die Kreditgeberin muss vor Vertragsabschluss nach Artikel 31 die Kreditfähigkeit der Konsumentin oder des Konsumenten prüfen.

² Die Konsumentin oder der Konsument gilt dann als kreditfähig, wenn sie oder er den Konsumkredit zurückzahlen kann, ohne den nicht pfändbaren Teil des Einkommens nach Artikel 93 Absatz 1 des Bundesgesetzes vom 11. April 1889[1] über Schuldbetreibung und Konkurs beanspruchen zu müssen.

---

[1] SR **281.1**

³ Der pfändbare Teil des Einkommens wird nach den Richtlinien über die Berechnung des Existenzminimums des Wohnsitzkantons der Konsumentin oder des Konsumenten ermittelt. Bei der Ermittlung zu berücksichtigen sind in jedem Fall:
a. der tatsächlich geschuldete Mietzins;
b. die nach Quellensteuertabelle geschuldeten Steuern;
c. Verpflichtungen, die bei der Informationsstelle gemeldet sind.

⁴ Bei der Beurteilung der Kreditfähigkeit muss von einer Amortisation des Konsumkredits innerhalb von 36 Monaten ausgegangen werden, selbst wenn vertraglich eine längere Laufzeit vereinbart worden ist. Dies gilt auch für frühere Konsumkredite, soweit diese noch nicht zurückbezahlt worden sind.

Art. 29

Prüfung der Kreditfähigkeit des Leasingnehmers

¹ Der Leasinggeber muss vor Vertragsabschluss die Kreditfähigkeit des Leasingnehmers prüfen.

² Die Kreditfähigkeit ist zu bejahen, wenn der Leasingnehmer die Leasingraten ohne Beanspruchung des nicht pfändbaren Teils des Einkommens nach Artikel 28 Absätze 2 und 3 finanzieren kann oder wenn Vermögenswerte, die dem Leasingnehmer gehören, die Zahlung der Leasingraten sicherstellen.

Art. 30

Prüfung der Kreditfähigkeit bei Kredit- und Kundenkartenkonti

¹ Räumt die Kreditgeberin oder das Kreditkartenunternehmen im Rahmen eines Kredit- oder Kundenkartenkontos mit Kreditoption oder eines Überziehungskredits auf laufendem Konto eine Kreditlimite ein, so prüfen sie zuvor summarisch die Kreditfähigkeit der Antragstellerin oder des Antragstellers. Sie stützen sich dabei auf deren oder dessen Angaben über die Vermögens- und Einkommensverhältnisse. Die Kreditlimite muss den Einkommens- und Vermögensverhältnissen der Konsumentin oder des Konsumenten Rechnung tragen. Dabei sind die bei der Informationsstelle vermeldeten Konsumkredite zu berücksichtigen.

² Die Kreditfähigkeitsprüfung nach Absatz 1 ist zu wiederholen, wenn der Kreditgeber oder das Kreditkartenunternehmen über Informationen verfügt, wonach sich die wirtschaftlichen Verhältnisse der Konsumentin oder des Konsumenten verschlechtert haben.

Art. 31

Bedeutung der Angaben der Konsumentin oder des Konsumenten

¹ Die Kreditgeberin darf sich auf die Angaben der Konsumentin oder des Konsumenten zu den finanziellen Verhältnissen (Art. 28 Abs. 2 und 3) oder zu den wirtschaftlichen Verhältnissen (Art. 29 Abs. 2 und 30 Abs. 1) verlassen.

² Vorbehalten bleiben Angaben, die offensichtlich unrichtig sind oder denjenigen der Informationsstelle widersprechen.

³ Zweifelt die Kreditgeberin an der Richtigkeit der Angaben der Konsumentin oder des Konsumenten, so muss sie deren Richtigkeit anhand einschlägiger amtlicher oder privater Dokumente wie des Auszugs aus dem Betreibungsregister oder eines Lohnausweises überprüfen.

Art. 32

¹ Verstösst die Kreditgeberin in schwerwiegender Weise gegen die Artikel 28, 29 oder 30, so verliert sie die von ihr gewährte Kreditsumme samt Zinsen und Kosten. Die Konsumentin oder der Konsument kann bereits erbrachte Leistungen nach den Regeln über die ungerechtfertigte Bereicherung zurückfordern.

² Verstösst die Kreditgeberin gegen Artikel 25, 26 oder 27 Absatz 1 oder in geringfügiger Weise gegen die Artikel 28, 29 oder 30, so verliert sie nur die Zinsen und die Kosten.

Sanktion

6. Abschnitt: Berechnung des effektiven Jahreszinses

Art. 33

¹ Der effektive Jahreszins ist beim Abschluss des Konsumkreditvertrags nach der im Anhang 1 aufgeführten mathematischen Formel zu berechnen.

² Die Berechnung beruht auf der Annahme, dass der Kreditvertrag für die vereinbarte Dauer gültig bleibt und dass die Parteien ihren Verpflichtungen zu den vereinbarten Terminen nachkommen.

³ Lässt der Kreditvertrag eine Anpassung der Zinsen oder anderer Kosten zu, die in die Berechnung einzubeziehen sind, jedoch zu deren Zeitpunkt nicht beziffert werden können, so beruht die Berechnung auf der Annahme, dass der ursprüngliche Zinssatz und die ursprünglichen anderen Kosten bis zum Ende des Kreditvertrags unverändert bleiben.

⁴ Bei Leasingverträgen wird der effektive Jahreszins auf der Grundlage des Barkaufpreises der Leasingsache bei Vertragsabschluss (Kalkulationsbasis) und bei Vertragsende (Restwert) sowie der einzelnen Tilgungszahlungen (Leasingraten) berechnet.

Zeitpunkt und Berechnungsmethode

Art. 34

¹ Für die Berechnung des effektiven Jahreszinses sind die Gesamtkosten des Kredits für die Konsumentin oder den Konsumenten im Sinne von Artikel 5, einschliesslich des Kaufpreises, massgebend.

² Nicht zu berücksichtigen sind:
a. die Kosten, welche die Konsumentin oder der Konsument bei Nichterfüllung einer im Vertrag aufgeführten Verpflichtung bezahlen muss;

Massgebende Kosten

b. die Kosten, welche die Konsumentin oder der Konsument durch den Erwerb von Waren oder Dienstleistungen unabhängig davon zu tragen hat, ob es sich um ein Bar- oder um ein Kreditgeschäft handelt;
c. die Mitgliederbeiträge für Vereine oder Gruppen, die aus anderen als den im Kreditvertrag vereinbarten Gründen entstehen.

³ Die Überweisungskosten sowie Kosten für die Führung eines Kontos, das für die Kreditrückzahlung sowie für die Zahlung der Zinsen oder anderer Kosten dienen soll, sind nur dann zu berücksichtigen, wenn die Konsumentin oder der Konsument nicht über eine angemessene Wahlfreiheit in diesem Bereich verfügt und sie ungewöhnlich hoch sind. In die Berechnung einzubeziehen sind jedoch die Inkassokosten dieser Rückzahlungen oder Zahlungen, unabhängig davon, ob sie in bar oder in anderer Weise erhoben werden.

⁴ Die Kosten für Versicherungen und Sicherheiten sind so weit zu berücksichtigen, als sie:
a. die Kreditgeberin für die Kreditgewährung zwingend vorschreibt; und
b. der Kreditgeberin bei Tod, Invalidität, Krankheit oder Arbeitslosigkeit der Konsumentin oder des Konsumenten die Rückzahlung eines Betrags sicherstellen sollen, der gleich hoch oder geringer ist als der Gesamtbetrag des Kredits, einschliesslich Zinsen und anderer Kosten.

7. Abschnitt: Kreditvermittlung

Art. 35

¹ Die Konsumentin oder der Konsument schuldet der Kreditvermittlerin für die Vermittlung eines Konsumkredits keine Entschädigung.

² Die Aufwendungen der Kreditgeberin für die Kreditvermittlung bilden Teil der Gesamtkosten (Art. 5 und 34 Abs. 1); sie dürfen dem Konsumenten oder der Konsumentin nicht gesondert in Rechnung gestellt werden.

8. Abschnitt: Werbung

Art. 36

Die Werbung für Konsumkredite richtet sich nach dem Bundesgesetz vom 19. Dezember 1986[1] gegen den unlauteren Wettbewerb.

---

[1] SR **241**

9. Abschnitt: Zwingendes Recht

Art. 37
Von den Bestimmungen dieses Gesetzes darf nicht zu Ungunsten der Konsumentin oder des Konsumenten abgewichen werden.

10. Abschnitt: Zuständigkeiten

Art. 38
Der Bund regelt die Konsumkreditverträge abschliessend.

Verhältnis zum kantonalen Recht

Art. 39
¹ Die Kantone müssen die Gewährung und die Vermittlung von Konsumkrediten einer Bewilligungspflicht unterstellen.

Bewilligungspflicht

² Zuständig für die Erteilung der Bewilligung ist der Kanton, in dem die Kreditgeberin oder die Kreditvermittlerin ihren Sitz hat. Hat die Kreditgeberin oder die Kreditvermittlerin ihren Sitz nicht in der Schweiz, so ist der Kanton für die Erteilung der Bewilligung zuständig, auf dessen Gebiet die Kreditgeberin oder die Kreditvermittlerin hauptsächlich tätig zu werden gedenkt. Die von einem Kanton erteilte Bewilligung gilt für die ganze Schweiz.

³ Keine Bewilligung nach Absatz 2 ist erforderlich, wenn die Kreditgeberin oder die Kreditvermittlerin:
a. dem Bankengesetz vom 8. November 1934[1]) untersteht;
b. Konsumkredite zur Finanzierung des Erwerbs ihrer Waren oder der Beanspruchung ihrer Dienstleistungen gewährt oder vermittelt.

Art. 40
¹ Die Bewilligung ist zu erteilen, wenn der Gesuchsteller:
a. zuverlässig ist und in geordneten Vermögensverhältnissen lebt;
b. die allgemeinen kaufmännischen und fachlichen Kenntnisse und Fertigkeiten besitzt, die zur Ausübung der Tätigkeit erforderlich sind;
c. über eine ausreichende Berufshaftpflichtversicherung verfügt.

Bewilligungsvoraussetzungen

² Gesellschaften und juristischen Personen wird die Bewilligung nur erteilt, wenn alle Mitglieder der Geschäftsleitung die in Absatz 1 Buchstabe b erwähnten Kenntnisse und Fähigkeiten besitzen.

³ Der Bundesrat regelt in einer Verordnung das Nähere zu den Bewilligungsvoraussetzungen nach Absatz 2.

11. Abschnitt: Schlussbestimmungen

Art. 41
Die Aufhebung und die Änderung bisherigen Rechts werden im Anhang 2 geregelt.

Aufhebung und Änderung bisherigen Rechts

---

[1]) SR **952.0**

Art. 42

Referendum und Inkrafttreten

¹ Dieses Gesetz untersteht dem fakultativen Referendum.
² Der Bundesrat bestimmt das Inkrafttreten.

Datum des Inkrafttretens: 1. Januar 2003;
Art. 39 und 40: 1. Januar 2004[1)]

Anhang 1
(Art. 33)

Formel zur Berechnung des effektiven Jahreszinses

$$\sum_{K=1}^{K=m} \frac{A_K}{(1+i)^{t_K}} = \sum_{K'=1}^{K'=m'} \frac{A'_{K'}}{(1+i)^{t_{K'}}}$$

Die in der Formel verwendeten Buchstaben und Symbole haben folgende Bedeutung:

- K   laufende Nummer eines Kredits,
- K'   laufende Nummer einer Tilgungszahlung oder einer Zahlung von Kosten,
- A_K Betrag des Kredits mit der Nummer K,
- $A'_{K'}$ Betrag der Tilgungszahlung oder der Zahlung von Kosten mit der Nummer K',
- $\sum$ Summationszeichen,
- m   laufende Nummer des letzten Kredits,
- m'   laufende Nummer der letzten Tilgungszahlung oder der letzten Zahlung von Kosten,
- t_K in Jahren oder Jahresbruchteilen ausgedrückter Zeitabstand zwischen dem Zeitpunkt der Kreditvergabe mit der Nummer 1 und den Zeitpunkten der späteren Kredite mit der Nummer 2 bis m,
- $t_{K'}$ in Jahren oder Jahresbruchteilen ausgedrückter Zeitabstand zwischen dem Zeitpunkt der Kreditvergabe mit der Nummer 1 und den Zeitpunkten der Tilgungszahlung oder Zahlungen von Kosten mit der Nummer 1 bis m',
- i   effektiver Zinssatz, der entweder algebraisch oder durch schrittweise Annäherungen oder durch ein Computerprogramm errechnet werden kann, wenn die sonstigen Gleichungsgrössen aus dem Vertrag oder auf andere Weise bekannt sind.

Anhang 2
(Art. 41)

Aufhebung und Änderung bisherigen Rechts

...[2)]

[1)] BRB vom 6. November 2002 (AS **2002** 3859)
[2)] Die hiernach aufgeführten Änderungen sind in den genannten Erlassen berücksichtigt.

Verordnung zum Konsumkreditgesetz

E. Verordnung zum Konsumkreditgesetz (VKKG)

vom 6. November 2002 (Stand am 1. Januar 2003)

Der Schweizerische Bundesrat,
gestützt auf die Artikel 14, 23 Absatz 3 und 40 Absatz 3 des Bundesgesetzes vom 23. März 2001[1] über den Konsumkredit (KKG),
verordnet:

1. Abschnitt: Höchstzinssatz

Art. 1

Der Zinssatz nach Artikel 9 Absatz 2 Buchstabe b des Gesetzes darf höchstens 15 Prozent betragen.

2. Abschnitt: Informationsstelle für Konsumkredit

Art. 2

[Organisation]

[1] Die Informationsstelle für Konsumkredit nach Artikel 23 Absatz 1 des Gesetzes (Informationsstelle) darf Dritte zur Erfüllung ihrer Aufgaben beiziehen, soweit es sich dabei um technische Unterstützung, namentlich um die Bereitstellung der nötigen Infrastruktur, handelt.

[2] Sie bleibt für das Verhalten der beigezogenen Dritten verantwortlich.

Art. 3

[Informationssystem über Konsumkredite]

[1] Die Informationsstelle führt ein Informationssystem über Konsumkredite. Im Anhang werden die im Informationssystem enthaltenen Personendaten und die Kategorien der Berechtigung aufgeführt sowie der Umfang des Zugriffs und die Berechtigung zur Datenbearbeitung festgelegt.

[2] Die Informationsstelle kann die von ihr bearbeiteten Personendaten den Kreditgeberinnen auch in einem Abrufverfahren zugänglich machen.

[3] Im Informationssystem dürfen nur Personendaten zur Verfügung gestellt werden, die die Kreditgeberin für die Kreditfähigkeitsprüfung nach den Artikeln 28–30 des Gesetzes benötigt. Die Personendaten dürfen nur für diesen Zweck bearbeitet werden.

[4] Die Informationsstelle ist verantwortlich für das Informationssystem. Sie führt eine Liste der zum Abrufverfahren zugelassenen Kreditgeberinnen und hält sie auf dem neusten Stand. Die Liste ist allgemein zugänglich.

SR **221.214.11**; AS **2002** 3864
[1] SR 221.214.1

3. Abschnitt: Bewilligungsvoraussetzungen für Kreditgewährung und Kreditvermittlung

Art. 4

Persönliche Voraussetzungen

¹ Die Gesuchstellerin muss einen guten Ruf geniessen und Gewähr für eine einwandfreie Geschäftstätigkeit bieten.

² Sie darf in den letzten fünf Jahren nicht wegen Straftaten verurteilt worden sein, die einen Bezug zur bewilligungspflichtigen Tätigkeit erkennen lassen.

³ Gegen die Gesuchstellerin dürfen keine Verlustscheine vorliegen.

Art. 5

Wirtschaftliche Voraussetzungen

¹ Die Gesuchstellerin, die Konsumkredite gewähren will, muss über ein Eigenkapital von 8 Prozent der ausstehenden Konsumkredite, mindestens aber von 250 000 Franken verfügen.

² Handelt es sich bei der Gesuchstellerin um eine natürliche Person, so tritt an die Stelle des Eigenkapitals ihr Nettovermögen.

Art. 6

Fachliche Voraussetzungen

Die Gesuchstellerin verfügt über die nötigen fachlichen Kenntnisse und Fertigkeiten nach Artikel 40 Absatz 1 Buchstabe b des Gesetzes, wenn sie:
a. eine vom Bund anerkannte Berufsprüfung, höhere Fachprüfung oder gleichwertige Ausbildung im Bereich Finanzdienstleistungen hat; oder
b. eine von der kantonalen Bewilligungsbehörde durchgeführte Prüfung zu Fragen der Gewährung und Vermittlung von Konsumkrediten bestanden hat.

Art. 7

Berufshaftpflichtversicherung

¹ Die Berufshaftpflichtversicherung nach Artikel 40 Absatz 1 Buchstabe c des Gesetzes gilt als ausreichend, wenn:
a. die Deckungszusage mindestens 500 000 Franken pro Schadensfall beträgt;
b. sie auch reine Vermögensschäden erfasst.

² Liegen besondere Umstände vor, so kann die Bewilligungsbehörde vom Nachweis einer Berufshaftpflichtversicherung absehen.

³ Bei einer Kreditvermittlerin kann die Bewilligungsbehörde namentlich dann auf den Nachweis einer Berufshaftpflichtversicherung verzichten, wenn eine Kreditgeberin erklärt, für die Schäden aufzukommen, die diese Kreditvermittlerin verursacht.

Art. 8

¹ Die Bewilligung wird auf fünf Jahre befristet.
² Die Bewilligung wird entzogen, wenn:
a. sie mit falschen Angaben erschlichen worden ist;
b. die Bewilligungsvoraussetzungen nicht mehr erfüllt werden.

Befristung und Entzug der Bewilligung

4. Abschnitt: Schlussbestimmungen

Art. 9

Eine vor Inkrafttreten dieser Verordnung erteilte Bewilligung für die gewerbsmässige Kreditgewährung oder Kreditvermittlung fällt spätestens am 31. Dezember 2005 dahin.

Übergangsbestimmung

Art. 10

Die Verordnung vom 23. April 1975[1]) über die Mindestanzahlung und die Höchstdauer beim Abzahlungsvertrag wird aufgehoben.

Aufhebung bisherigen Rechts

Art. 11

¹ Diese Verordnung tritt unter Vorbehalt von Absatz 2 am 1. Januar 2003 in Kraft.
² Die Artikel 4–9 treten am 1. Januar 2004 in Kraft.

Inkrafttreten

**Informationssystem über Konsumkredite:
Inhalt, Umfang und Zugriffsberechtigungen**

**Anhang
(Art. 3 Abs. 1)**

Abkürzungen und Erklärungen
Grunddaten der Konsumentin oder des Konsumenten:
Name, Vorname,
Geburtsdatum (Tag, Monat, Jahr),
Adresse (Strasse mit Hausnummer, Postleitzahl, Wohnort)

Umfang des Zugriffs
a: ansehen
b: bearbeiten (ansehen, eintragen, korrigieren, löschen)
IKO Informationsstelle für Konsumkredit
K1 Kreditgeberin, die einen Konsumkredit gewährt bzw. gewährt hat
K2 Kreditgeberin, die zur Prüfung der Kreditfähigkeit Informationen über bestehende Konsumkredite einer Konsumentin oder eines Konsumenten abfragt

---

[1]) [AS **1975** 711]

Zugriffsberechtigte Personendaten	IKO	K1	K2

I. Bei Barkrediten, Teilzahlungsverträgen und ähnlichen Finanzierungshilfen

1. nach Vertragsabschluss:

– Grunddaten der Konsumentin oder des Konsumenten	b	b	a
– Kreditart: Barkredit, Teilzahlungsvertrag, ähnliche Finanzierungshilfe	b	b	a
– Vertragsbeginn	b	b	a
– Anzahl Raten	b	b	a
– Bruttobetrag des Kredits inklusive vertraglich vereinbarte Zinsen und Kosten	b	b	a
– Vertragsende (soweit vertraglich vereinbart)	b	b	a
– Höhe der Tilgungsraten (soweit vertraglich vereinbart)	b	b	a

2. bei Verzug:

– Grunddaten der Konsumentin oder des Konsumenten	b	b	a
– Vertragsbeginn	b	b	a
– Kreditbetrag	b	b	a
– Verzugsmeldung	b	b	a
– Datum der Verzugsmeldung	b	b	a

II. Bei Leasingverträgen

1. nach Vertragsabschluss:

– Grunddaten der Konsumentin oder des Konsumenten	b	b	a
– Kreditart: Leasing	b	b	a
– Vertragsbeginn	b	b	a
– Anzahl Raten	b	b	a
– Höhe der Leasingverpflichtung (berechnet auf die vereinbarte Vertragsdauer, ohne Restwert)	b	b	a
– Vertragsende	b	b	a
– Höhe der monatlichen Leasingraten (ohne allfällige bei Vertragsabschluss geleistete Beträge)	b	b	a

2. bei Verzug:

– Grunddaten der Konsumentin oder des Konsumenten	b	b	a
– Vertragsbeginn	b	b	a
– Kreditbetrag	b	b	a

– Verzugsmeldung   b   b   a
– Datum der Verzugsmeldung   b   b   a

III. Bei Kredit- und Kundenkartenkonti, die mit einer Kreditoption verbunden sind

1. *Erstmeldung:*
   – Grunddaten der Konsumentin oder des Konsumenten   b   b   a
   – Kreditart: Kartenengagement   b   b   a
   – Vertragsbeginn   b   b   a
   – Datum Meldepflicht für ausstehenden Kreditbetrag (Stichtag Saldo)   b   b   a
   – Ausstehender Kreditbetrag (Saldo)   b   b   a

2. *Nachmeldung:*
   – Ausstehender Kreditbetrag (Saldo)   b   b   a
   – Datum (Stichtag) Nachmeldung   b   b   a

IV. Bei Überziehungskrediten auf laufendem Konto

1. *Erstmeldung:*
   – Grunddaten der Konsumentin oder des Konsumenten   b   b   a
   – Kreditart: Überziehungskredit   b   b   a
   – Referenzdatum des Kredits   b   b   a
   – Datum Meldepflicht für ausstehenden Kreditbetrag (Stichtag Saldo)   b   b   a
   – Ausstehender Kreditbetrag (Saldo)   b   b   a

2. *Nachmeldung:*
   – Ausstehender Kreditbetrag (Saldo)   b   b   a
   – Datum (Stichtag) Nachmeldung   b   b   a

Fusionsgesetz

F. Bundesgesetz über Fusion, Spaltung, Umwandlung und Vermögensübertragung
(Fusionsgesetz, FusG)

vom 3. Oktober 2003 (Stand am 1. Januar 2003)

Die Bundesversammlung der Schweizerischen Eidgenossenschaft,
gestützt auf Artikel 122 Absatz 1 der Bundesverfassung[1],
nach Einsicht in die Botschaft des Bundesrates vom 13. Juni 2002[2],
beschliesst:

1. Kapitel: Gegenstand und Begriffe

Art. 1

¹ Dieses Gesetz regelt die Anpassung der rechtlichen Strukturen von Kapitalgesellschaften, Kollektiv- und Kommanditgesellschaften, Genossenschaften, Vereinen, Stiftungen und Einzelfirmen im Zusammenhang mit Fusionen, Spaltungen, Umwandlungen und Vermögensübertragungen.

² Es gewährleistet dabei die Rechtssicherheit und Transparenz und schützt Gläubigerinnen und Gläubiger, Arbeitnehmerinnen und Arbeitnehmer sowie Personen mit Minderheitsbeteiligungen.

³ Ferner legt es die privatrechtlichen Voraussetzungen fest, unter welchen Institute des öffentlichen Rechts mit privatrechtlichen Rechtsträgern fusionieren, sich in privatrechtliche Rechtsträger umwandeln oder sich an Vermögensübertragungen beteiligen können.

⁴ Die Vorschriften des Kartellgesetzes vom 6. Oktober 1995[3] betreffend die Beurteilung von Unternehmenszusammenschlüssen bleiben vorbehalten.

Gegenstand

Art. 2

In diesem Gesetz gelten als:

a. *Rechtsträger:* Gesellschaften, Stiftungen, im Handelsregister eingetragene Einzelfirmen und Institute des öffentlichen Rechts;

b. *Gesellschaften:* Kapitalgesellschaften, Kollektiv- und Kommanditgesellschaften, Vereine und Genossenschaften, sofern es sich nicht um Vorsorgeeinrichtungen gemäss Buchstabe i handelt;

c. *Kapitalgesellschaften:* Aktiengesellschaften, Kommanditaktiengesellschaften und Gesellschaften mit beschränkter Haftung;

Begriffe

SR **221.301**; AS **2004** 2617
[1] SR **101**
[2] BBl **2000** 4337
[3] SR **251**

d. *Institute des öffentlichen Rechts:* im Handelsregister eingetragene, organisatorisch verselbständigte Einrichtungen des öffentlichen Rechts des Bundes, der Kantone und der Gemeinden, unabhängig davon, ob sie als juristische Person ausgestaltet sind oder nicht;
e. *kleine und mittlere Unternehmen:* Gesellschaften, die keine Anleihensobligationen ausstehend haben, deren Anteile nicht an der Börse kotiert sind und die überdies zwei der nachfolgenden Grössen nicht in den zwei letzten dem Fusions-, dem Spaltungs- oder dem Umwandlungsbeschluss vorangegangenen Geschäftsjahren überschreiten:
   1. Bilanzsumme von 20 Millionen Franken,
   2. Umsatzerlös von 40 Millionen Franken,
   3. 200 Vollzeitstellen im Jahresdurchschnitt;
f. *Gesellschafterinnen und Gesellschafter:* Anteilsinhaberinnen und -inhaber, Gesellschafterinnen und Gesellschafter in der Kollektiv- und der Kommanditgesellschaft, Genossenschafterinnen und Genossenschafter ohne Anteilscheine, Mitglieder im Verein;
g. *Anteilsinhaberinnen und -inhaber:* Inhaberinnen und Inhaber von Aktien, Partizipationsscheinen oder Genussscheinen, Gesellschafterinnen und Gesellschafter von Gesellschaften mit beschränkter Haftung, Genossenschafterinnen und Genossenschafter mit Anteilscheinen;
h. *Generalversammlung:* die Generalversammlung in der Aktiengesellschaft, der Kommanditaktiengesellschaft und in der Genossenschaft; die Gesellschafterversammlung in der Gesellschaft mit beschränkter Haftung; die Versammlung der Mitglieder im Verein; die Delegiertenversammlung, soweit diese in der Genossenschaft oder im Verein nach den Statuten zuständig ist;
i. *Vorsorgeeinrichtungen:* Einrichtungen, die der Aufsicht gemäss Artikel 61 ff. des Bundesgesetzes vom 25. Juni 1982[1)] über die berufliche Alters-, Hinterbliebenen- und Invalidenvorsorge (BVG) unterstellt sind und die als juristische Person ausgestaltet sind.

2. Kapitel: Fusion von Gesellschaften

1. Abschnitt: Allgemeine Bestimmungen

Art. 3

Grundsatz [1] Gesellschaften können fusionieren, indem:
a. die eine die andere übernimmt (Absorptionsfusion);
b. sie sich zu einer neuen Gesellschaft zusammenschliessen (Kombinationsfusion).

[1)] SR **831.40**; AS **2004** 1677

² Mit der Fusion wird die übertragende Gesellschaft aufgelöst und im Handelsregister gelöscht.

Art. 4

¹ Kapitalgesellschaften können fusionieren:

Zulässige Fusionen

a. mit Kapitalgesellschaften;
b. mit Genossenschaften;
c. als übernehmende Gesellschaften mit Kollektiv- und Kommanditgesellschaften;
d. als übernehmende Gesellschaften mit Vereinen, die im Handelsregister eingetragen sind.

² Kollektiv- und Kommanditgesellschaften können fusionieren:
a. mit Kollektiv- und Kommanditgesellschaften;
b. als übertragende Gesellschaften mit Kapitalgesellschaften;
c. als übertragende Gesellschaften mit Genossenschaften.

³ Genossenschaften können fusionieren:
a. mit Genossenschaften;
b. mit Kapitalgesellschaften;
c. als übernehmende Gesellschaften mit Kollektiv- und Kommanditgesellschaften;
d. als übernehmende Gesellschaften mit Vereinen, die im Handelsregister eingetragen sind;
e. falls keine Anteilscheine bestehen, als übertragende Gesellschaften mit Vereinen, die im Handelsregister eingetragen sind.

⁴ Vereine können mit Vereinen fusionieren. Im Handelsregister eingetragene Vereine können überdies fusionieren:
a. als übertragende Gesellschaften mit Kapitalgesellschaften;
b. als übertragende Gesellschaften mit Genossenschaften;
c. als übernehmende Gesellschaften mit Genossenschaften ohne Anteilscheine.

Art. 5

¹ Eine Gesellschaft in Liquidation kann sich als übertragende Gesellschaft an einer Fusion beteiligen, wenn mit der Vermögensverteilung noch nicht begonnen wurde.

Fusion einer Gesellschaft in Liquidation

² Das oberste Leitungs- oder Verwaltungsorgan muss gegenüber dem Handelsregisteramt bestätigen, dass die Voraussetzung nach Absatz 1 erfüllt ist.

Art. 6

¹ Eine Gesellschaft, deren Aktien-, Stamm- oder Genossenschaftskapital und deren gesetzliche Reserven zur Hälfte nicht mehr gedeckt sind oder die überschuldet ist, kann mit einer anderen Gesellschaft nur fusionieren, wenn diese über frei verwendbares Eigenkapital im Umfang der Unterdeckung und gegebenenfalls der Überschuldung verfügt. Diese Voraussetzung entfällt, soweit

Fusion von Gesellschaften im Fall von Kapitalverlust oder Überschuldung

Gläubigerinnen und Gläubiger der an der Fusion beteiligten Gesellschaften im Rang hinter alle anderen Gläubigerinnen und Gläubiger zurücktreten.

² Das oberste Leitungs- oder Verwaltungsorgan muss dem Handelsregisteramt eine Bestätigung einer besonders befähigten Revisorin oder eines besonders befähigten Revisors einreichen, wonach die Voraussetzung nach Absatz 1 erfüllt ist.

2. Abschnitt: Anteils- und Mitgliedschaftsrechte

Art. 7

Wahrung der Anteils- und Mitgliedschaftsrechte

¹ Gesellschafterinnen und Gesellschafter der übertragenden Gesellschaft haben Anspruch auf Anteils- oder Mitgliedschaftsrechte an der übernehmenden Gesellschaft, die unter Berücksichtigung des Vermögens der beteiligten Gesellschaften, der Verteilung der Stimmrechte sowie aller anderen relevanten Umstände ihren bisherigen Anteils- oder Mitgliedschaftsrechten entsprechen.

² Bei der Festlegung des Umtauschverhältnisses für Anteile kann eine Ausgleichszahlung vorgesehen werden, die den zehnten Teil des wirklichen Werts der gewährten Anteile nicht übersteigen darf.

³ Gesellschafterinnen und Gesellschafter ohne Anteilscheine haben bei der Übernahme ihrer Gesellschaft durch eine Kapitalgesellschaft Anspruch auf mindestens einen Anteil.

⁴ Für Anteile ohne Stimmrecht an der übertragenden Gesellschaft muss die übernehmende Gesellschaft gleichwertige Anteile oder Anteile mit Stimmrecht gewähren.

⁵ Für Sonderrechte an der übertragenden Gesellschaft, die mit Anteils- oder Mitgliedschaftsrechten verbunden sind, muss die übernehmende Gesellschaft gleichwertige Rechte oder eine angemessene Abgeltung gewähren.

⁶ Die übernehmende Gesellschaft muss den Inhaberinnen und Inhabern von Genussscheinen der übertragenden Gesellschaft gleichwertige Rechte gewähren oder ihre Genussscheine zum wirklichen Wert im Zeitpunkt des Abschlusses des Fusionsvertrags zurückkaufen.

Art. 8

Abfindung

¹ Die an der Fusion beteiligten Gesellschaften können im Fusionsvertrag vorsehen, dass die Gesellschafterinnen und Gesellschafter zwischen Anteils- oder Mitgliedschaftsrechten und einer Abfindung wählen können.

² Die an der Fusion beteiligten Gesellschaften können im Fusionsvertrag auch vorsehen, dass nur eine Abfindung ausgerichtet wird.

3. Abschnitt:
Kapitalerhöhung, Neugründung und Zwischenbilanz

Art. 9

Kapitalerhöhung bei der Absorptionsfusion

¹ Bei der Absorptionsfusion muss die übernehmende Gesellschaft das Kapital erhöhen, soweit es zur Wahrung der Rechte der Gesellschafterinnen und Gesellschafter der übertragenden Gesellschaft erforderlich ist.

² Die Vorschriften des Obligationenrechts[1] über die Sacheinlagen sowie Artikel 651 Absatz 2 des Obligationenrechts finden bei der Fusion keine Anwendung.

Art. 10

Neugründung bei der Kombinationsfusion

Für die Neugründung einer Gesellschaft im Rahmen einer Kombinationsfusion gelten die Bestimmungen des Zivilgesetzbuches[2] und des Obligationenrechts[1] über die Gründung einer Gesellschaft. Keine Anwendung finden die Vorschriften über die Anzahl der Gründerinnen und Gründer bei Kapitalgesellschaften sowie die Vorschriften über die Sacheinlagen.

Art. 11

Zwischenbilanz

¹ Liegt der Bilanzstichtag bei Abschluss des Fusionsvertrags mehr als sechs Monate zurück oder sind seit Abschluss der letzten Bilanz wichtige Änderungen in der Vermögenslage der an der Fusion beteiligten Gesellschaften eingetreten, so müssen diese eine Zwischenbilanz erstellen.

² Die Erstellung der Zwischenbilanz erfolgt gemäss den Vorschriften und Grundsätzen für den Jahresabschluss unter Vorbehalt folgender Vorschriften:

a. Eine körperliche Bestandesaufnahme ist nicht notwendig.
b. Die in der letzten Bilanz vorgenommenen Bewertungen brauchen nur nach Massgabe der Bewegungen in den Geschäftsbüchern verändert zu werden; Abschreibungen, Wertberichtigungen und Rückstellungen für die Zwischenzeit sowie wesentliche, aus den Büchern nicht ersichtliche Veränderungen der Werte müssen jedoch berücksichtigt werden.

---

[1] SR 220
[2] SR 210

4. Abschnitt: Fusionsvertrag, Fusionsbericht und Prüfung

Art. 12

Abschluss des Fusionsvertrags

¹ Der Fusionsvertrag muss von den obersten Leitungs- oder Verwaltungsorganen der an der Fusion beteiligten Gesellschaften abgeschlossen werden.

² Er bedarf der schriftlichen Form und der Zustimmung der Generalversammlung beziehungsweise der Gesellschafterinnen und Gesellschafter der beteiligten Gesellschaften (Art. 18).

Art. 13

Inhalt des Fusionsvertrags

¹ Der Fusionsvertrag enthält:
a. den Namen oder die Firma, den Sitz und die Rechtsform der beteiligten Gesellschaften, im Fall der Kombinationsfusion auch den Namen oder die Firma, den Sitz und die Rechtsform der neuen Gesellschaft;
b. das Umtauschverhältnis für Anteile und gegebenenfalls die Höhe der Ausgleichszahlung beziehungsweise Angaben über die Mitgliedschaft der Gesellschafterinnen und Gesellschafter der übertragenden Gesellschaft bei der übernehmenden Gesellschaft;
c. die Rechte, welche die übernehmende Gesellschaft den Inhaberinnen und Inhabern von Sonderrechten, von Anteilen ohne Stimmrecht oder von Genussscheinen gewährt;
d. die Modalitäten für den Umtausch der Anteile;
e. den Zeitpunkt, von dem an die Anteils- oder Mitgliedschaftsrechte Anspruch auf einen Anteil am Bilanzgewinn gewähren, sowie alle Besonderheiten dieses Anspruchs;
f. gegebenenfalls die Höhe der Abfindung nach Artikel 8;
g. den Zeitpunkt, von dem an die Handlungen der übertragenden Gesellschaft als für Rechnung der übernehmenden Gesellschaft vorgenommen gelten;
h. jeden besonderen Vorteil, der Mitgliedern eines Leitungs- oder Verwaltungsorgans oder geschäftsführenden Gesellschafterinnen und Gesellschaftern gewährt wird;
i. gegebenenfalls die Bezeichnung der Gesellschafterinnen und Gesellschafter mit unbeschränkter Haftung.

² Bei der Fusion zwischen Vereinen finden Absatz 1 Buchstaben c–f keine Anwendung.

Art. 14

Fusionsbericht

¹ Die obersten Leitungs- oder Verwaltungsorgane der beteiligten Gesellschaften müssen einen schriftlichen Bericht über die Fusion erstellen. Sie können den Bericht auch gemeinsam verfassen.

² Kleine und mittlere Unternehmen können auf die Erstellung eines Fusionsberichts verzichten, sofern alle Gesellschafterinnen und Gesellschafter zustimmen.

³ Im Bericht sind rechtlich und wirtschaftlich zu erläutern und zu begründen:
a. der Zweck und die Folgen der Fusion;
b. der Fusionsvertrag;
c. das Umtauschverhältnis für Anteile und gegebenenfalls die Höhe der Ausgleichszahlung beziehungsweise die Mitgliedschaft der Gesellschafterinnen und Gesellschafter der übertragenden Gesellschaft bei der übernehmenden Gesellschaft;
d. gegebenenfalls die Höhe der Abfindung und die Gründe, weshalb an Stelle von Anteils- oder Mitgliedschaftsrechten nur eine Abfindung gewährt werden soll;
e. Besonderheiten bei der Bewertung der Anteile im Hinblick auf die Festsetzung des Umtauschverhältnisses;
f. gegebenenfalls der Umfang der Kapitalerhöhung der übernehmenden Gesellschaft;
g. gegebenenfalls die Nachschusspflicht, andere persönliche Leistungspflichten und die persönliche Haftung, die sich für die Gesellschafterinnen und Gesellschafter der übertragenden Gesellschaft aus der Fusion ergeben;
h. bei der Fusion von Gesellschaften mit unterschiedlichen Rechtsformen die Pflichten, die den Gesellschafterinnen und Gesellschaftern in der neuen Rechtsform auferlegt werden können;
i. die Auswirkungen der Fusion auf die Arbeitnehmerinnen und Arbeitnehmer der an der Fusion beteiligten Gesellschaften sowie Hinweise auf den Inhalt eines allfälligen Sozialplans;
j. die Auswirkungen der Fusion auf die Gläubigerinnen und Gläubiger der an der Fusion beteiligten Gesellschaften;
k. gegebenenfalls Hinweise auf erteilte und ausstehende behördliche Bewilligungen.

⁴ Bei der Kombinationsfusion ist dem Fusionsbericht der Entwurf der Statuten der neuen Gesellschaft beizufügen.

⁵ Bei der Fusion zwischen Vereinen findet diese Bestimmung keine Anwendung.

Art. 15

¹ Die an der Fusion beteiligten Gesellschaften müssen den Fusionsvertrag, den Fusionsbericht und die der Fusion zu Grunde liegende Bilanz von einer besonders befähigten Revisorin oder einem besonders befähigten Revisor prüfen lassen, falls die übernehmende Gesellschaft eine Kapitalgesellschaft oder eine Genossenschaft mit Anteilscheinen ist. Sie können eine gemeinsame Revisorin oder einen gemeinsamen Revisor bestimmen.

² Kleine und mittlere Unternehmen können auf die Prüfung verzichten, sofern alle Gesellschafterinnen und Gesellschafter zustimmen.

Prüfung des Fusionsvertrags und des Fusionsberichts

³ Die beteiligten Gesellschaften müssen der Revisorin oder dem Revisor alle zweckdienlichen Auskünfte und Unterlagen geben.

⁴ Die Revisorin oder der Revisor legt in einem schriftlichen Prüfungsbericht dar:
a. ob die vorgesehene Kapitalerhöhung der übernehmenden Gesellschaft zur Wahrung der Rechte der Gesellschafterinnen und Gesellschafter der übertragenden Gesellschaft genügt;
b. ob das Umtauschverhältnis für Anteile beziehungsweise die Abfindung vertretbar ist;
c. nach welcher Methode das Umtauschverhältnis bestimmt worden ist und aus welchen Gründen die angewandte Methode angemessen ist;
d. welche relative Bedeutung gegebenenfalls verschiedenen angewendeten Methoden für die Bestimmung des Umtauschverhältnisses beigemessen wurde;
e. welche Besonderheiten bei der Bewertung der Anteile im Hinblick auf die Festsetzung des Umtauschverhältnisses zu beachten waren.

Art. 16

Einsichtsrecht ¹ Jede der an der Fusion beteiligten Gesellschaften muss an ihrem Sitz den Gesellschafterinnen und Gesellschaftern während der 30 Tage vor der Beschlussfassung Einsicht in folgende Unterlagen aller an der Fusion beteiligten Gesellschaften gewähren:
a. den Fusionsvertrag;
b. den Fusionsbericht;
c. den Prüfungsbericht;
d. die Jahresrechnungen und Jahresberichte der letzten drei Geschäftsjahre sowie gegebenenfalls die Zwischenbilanz.

² Kleine und mittlere Unternehmen können auf das Einsichtsverfahren nach Absatz 1 verzichten, sofern alle Gesellschafterinnen und Gesellschafter zustimmen.

³ Die Gesellschafterinnen und Gesellschafter können von den beteiligten Gesellschaften Kopien der Unterlagen nach Absatz 1 verlangen. Diese müssen ihnen unentgeltlich zur Verfügung gestellt werden.

⁴ Jede der an der Fusion beteiligten Gesellschaften muss die Gesellschafterinnen und Gesellschafter in geeigneter Form auf die Möglichkeit zur Einsichtnahme hinweisen.

Art. 17

¹ Treten bei einer der an der Fusion beteiligten Gesellschaften zwischen dem Abschluss des Fusionsvertrags und der Beschlussfassung durch die Generalversammlung wesentliche Änderungen im Aktiv- oder im Passivvermögen ein, so muss deren oberstes Leitungs- oder Verwaltungsorgan die obersten Leitungs- oder Verwaltungsorgane der anderen beteiligten Gesellschaften darüber informieren.

Veränderungen im Vermögen

² Die obersten Leitungs- oder Verwaltungsorgane aller beteiligten Gesellschaften prüfen, ob der Fusionsvertrag abgeändert werden muss oder ob auf die Fusion zu verzichten ist; trifft dies zu, so müssen sie den Antrag auf Genehmigung zurückziehen. Andernfalls müssen sie in der Generalversammlung begründen, warum der Fusionsvertrag keiner Anpassung bedarf.

5. Abschnitt:
Fusionsbeschluss und Eintragung ins Handelsregister

Art. 18

¹ Bei den Kapitalgesellschaften, den Genossenschaften und den Vereinen muss das oberste Leitungs- oder Verwaltungsorgan den Fusionsvertrag der Generalversammlung zur Beschlussfassung unterbreiten. Folgende Mehrheiten sind erforderlich:

Fusionsbeschluss

a. bei Aktiengesellschaften und Kommanditgesellschaften mindestens zwei Drittel der an der Generalversammlung vertretenen Aktienstimmen und die absolute Mehrheit des von ihnen vertretenen Aktiennennwerts;
b. bei einer Kapitalgesellschaft, die von einer Genossenschaft übernommen wird, die Zustimmung aller Aktionärinnen und Aktionäre oder, im Fall der Gesellschaft mit beschränkter Haftung, aller Gesellschafterinnen und Gesellschafter;
c. bei Gesellschaften mit beschränkter Haftung mindestens drei Viertel aller Gesellschafterinnen und Gesellschafter, die zudem mindestens drei Viertel des Stammkapitals vertreten;
d. bei Genossenschaften mindestens zwei Drittel der abgegebenen Stimmen oder, wenn eine Nachschusspflicht, andere persönliche Leistungspflichten oder die persönliche Haftung eingeführt oder erweitert werden, mindestens drei Viertel aller Genossenschafterinnen und Genossenschafter;
e. bei Vereinen mindestens drei Viertel der an der Generalversammlung anwesenden Mitglieder.

² Bei Kollektiv- und bei Kommanditgesellschaften bedarf der Fusionsvertrag der Zustimmung aller Gesellschafterinnen und Gesellschafter. Der Gesellschaftsvertrag kann jedoch vorsehen, dass die Zustimmung von mindestens drei Vierteln der Gesellschafterinnen und Gesellschafter genügt.

³ Übernimmt eine Kommanditaktiengesellschaft eine andere Gesellschaft, so bedarf es zusätzlich zu den Mehrheiten nach Absatz 1 Buchstabe a der schriftlichen Zustimmung aller Gesellschafterinnen und Gesellschafter, die unbeschränkt haften.

⁴ Bei Aktiengesellschaften oder Kommanditaktiengesellschaften, die von einer Gesellschaft mit beschränkter Haftung übernommen werden und bei denen durch diese Übernahme eine Nachschusspflicht oder eine andere persönliche Leistungspflicht eingeführt wird, bedarf es der Zustimmung aller Aktionärinnen und Aktionäre, die davon betroffen werden.

⁵ Sieht der Fusionsvertrag nur eine Abfindung vor, so bedarf der Fusionsbeschluss der Zustimmung von mindestens 90 Prozent der stimmberechtigten Gesellschafterinnen und Gesellschafter der übertragenden Gesellschaft.

⁶ Ergibt sich für die Gesellschafterinnen und Gesellschafter der übertragenden Gesellschaft aus der Fusion eine Änderung des Zwecks der Gesellschaft und ist dafür auf Grund gesetzlicher oder statutarischer Vorschriften eine andere Mehrheit erforderlich als für den Fusionsbeschluss, so gelten für diesen beide Mehrheitserfordernisse.

Art. 19

Austrittsrecht bei der Fusion von Vereinen

¹ Vereinsmitglieder können innerhalb von zwei Monaten nach dem Fusionsbeschluss frei aus dem Verein austreten.

² Der Austritt gilt rückwirkend auf das Datum des Fusionsbeschlusses.

Art. 20

Öffentliche Beurkundung

¹ Der Fusionsbeschluss bedarf der öffentlichen Beurkundung.

² Bei der Fusion zwischen Vereinen findet diese Bestimmung keine Anwendung.

Art. 21

Eintragung ins Handelsregister

¹ Sobald der Fusionsbeschluss aller an der Fusion beteiligten Gesellschaften vorliegt, müssen deren oberste Leitungs- oder Verwaltungsorgane dem Handelsregisteramt die Fusion zur Eintragung anmelden.

² Muss die übernehmende Gesellschaft infolge der Fusion ihr Kapital erhöhen, so sind dem Handelsregisteramt zusätzlich die geänderten Statuten und die erforderlichen Feststellungen über die Kapitalerhöhung (Art. 652g OR[1]) zu unterbreiten.

---

[1] SR **220**

³ Die übertragende Gesellschaft wird mit der Eintragung der Fusion im Handelsregister gelöscht.
⁴ Diese Bestimmung findet keine Anwendung auf Vereine, die im Handelsregister nicht eingetragen sind.

Art. 22

¹ Die Fusion wird mit der Eintragung ins Handelsregister rechtswirksam. In diesem Zeitpunkt gehen alle Aktiven und Passiven der übertragenden Gesellschaft von Gesetzes wegen auf die übernehmende Gesellschaft über. Artikel 34 des Kartellgesetzes vom 6. Oktober 1995[1]) bleibt vorbehalten.

Rechtswirksamkeit

² Die Fusion von Vereinen, die im Handelsregister nicht eingetragen sind, wird mit dem Vorliegen des Fusionsbeschlusses aller beteiligten Vereine rechtswirksam.

6. Abschnitt: Erleichterte Fusion von Kapitalgesellschaften

Art. 23

¹ Kapitalgesellschaften können unter erleichterten Voraussetzungen fusionieren, wenn:

Voraussetzungen

a. die übernehmende Kapitalgesellschaft alle Anteile der übertragenden Kapitalgesellschaft besitzt, die ein Stimmrecht gewähren; oder
b. ein Rechtsträger, eine natürliche Person oder eine gesetzlich oder vertraglich verbundene Personengruppe, alle Anteile der an der Fusion beteiligten Kapitalgesellschaften besitzt, die ein Stimmrecht gewähren.

² Besitzt die übernehmende Kapitalgesellschaft nicht alle, jedoch mindestens 90 Prozent der Anteile der übertragenden Kapitalgesellschaft, die ein Stimmrecht gewähren, so kann die Fusion unter erleichterten Voraussetzungen erfolgen, wenn den Inhaberinnen und Inhabern von Minderheitsanteilen:

a. neben Anteilsrechten an der übernehmenden Kapitalgesellschaft eine Abfindung nach Artikel 8 angeboten wird, die dem wirklichen Wert der Anteile entspricht; und
b. aus der Fusion weder eine Nachschusspflicht, eine andere persönliche Leistungspflicht noch eine persönliche Haftung erwächst.

---

[1]) SR **251**

Art. 24

Erleichterungen

¹ Die an der Fusion beteiligten Kapitalgesellschaften, welche die Voraussetzungen nach Artikel 23 Absatz 1 erfüllen, müssen im Fusionsvertrag nur die Angaben nach Artikel 13 Absatz 1 Buchstaben a und f–i machen. Sie müssen weder einen Fusionsbericht (Art. 14) erstellen noch den Fusionsvertrag prüfen lassen (Art. 15) noch das Einsichtsrecht gewähren (Art. 16) noch den Vertrag der Generalversammlung zur Beschlussfassung unterbreiten (Art. 18).

² Die an der Fusion beteiligten Kapitalgesellschaften, die die Voraussetzungen nach Artikel 23 Absatz 2 erfüllen, müssen im Fusionsvertrag nur die Angaben nach Artikel 13 Absatz 1 Buchstaben a, b und f–i machen. Sie müssen weder einen Fusionsbericht (Art. 14) erstellen noch den Fusionsvertrag der Generalversammlung zur Beschlussfassung unterbreiten (Art. 18). Das Einsichtsrecht nach Artikel 16 muss mindestens 30 Tage vor der Anmeldung der Fusion zur Eintragung ins Handelsregister gewährt werden.

7. Abschnitt: Gläubiger- und Arbeitnehmerschutz

Art. 25

Sicherstellung der Forderungen

¹ Die übernehmende Gesellschaft muss die Forderungen der Gläubigerinnen und Gläubiger der an der Fusion beteiligten Gesellschaften sicherstellen, wenn diese es innerhalb von drei Monaten nach der Rechtswirksamkeit der Fusion verlangen.

² Die an der Fusion beteiligten Gesellschaften müssen ihre Gläubigerinnen und Gläubiger im Schweizerischen Handelsamtsblatt dreimal auf ihre Rechte hinweisen. Sie können von einer Publikation absehen, wenn eine besonders befähigte Revisorin oder ein besonders befähigter Revisor bestätigt, dass keine Forderungen bekannt oder zu erwarten sind, zu deren Befriedigung das freie Vermögen der beteiligten Gesellschaften nicht ausreicht.

³ Die Pflicht zur Sicherstellung entfällt, wenn die Gesellschaft nachweist, dass die Erfüllung der Forderung durch die Fusion nicht gefährdet wird.

⁴ Anstatt eine Sicherheit zu leisten, kann die Gesellschaft die Forderung erfüllen, sofern die anderen Gläubigerinnen und Gläubiger nicht geschädigt werden.

Art. 26

Persönliche Haftung der Gesellschafterinnen und Gesellschafter

¹ Gesellschafterinnen und Gesellschafter der übertragenden Gesellschaft, die vor der Fusion für deren Verbindlichkeiten hafteten, bleiben dafür haftbar, soweit die Verbindlichkeiten vor der Veröffentlichung des Fusionsbeschlusses begründet wurden oder deren Entstehungsgrund vor diesem Zeitpunkt liegt.

² Die Ansprüche aus persönlicher Haftung der Gesellschafterinnen und Gesellschafter für die Verbindlichkeiten der übertragenden Gesellschaft verjähren spätestens drei Jahre nach Eintritt der Rechtswirksamkeit der Fusion. Wird die Forderung erst nach der Veröffentlichung des Fusionsbeschlusses fällig, so beginnt die Verjährung mit der Fälligkeit. Die Begrenzung der persönlichen Haftung gilt nicht für Gesellschafterinnen und Gesellschafter, die auch für die Verbindlichkeiten der übernehmenden Gesellschaft persönlich haften.

³ Bei Anleihensobligationen und anderen Schuldverschreibungen, die öffentlich ausgegeben wurden, besteht die Haftung bis zur Rückzahlung, es sei denn, der Prospekt sehe etwas anderes vor. Vorbehalten bleiben die Bestimmungen über die Gläubigergemeinschaft bei Anleihensobligationen nach den Artikeln 1157 ff. des Obligationenrechts[1]).

Art. 27

¹ Für den Übergang der Arbeitsverhältnisse auf die übernehmende Gesellschaft findet Artikel 333 des Obligationenrechts[1]) Anwendung.

² Die Arbeitnehmerinnen und Arbeitnehmer der an der Fusion beteiligten Gesellschaften können gemäss Artikel 25 die Sicherstellung ihrer Forderungen aus Arbeitsvertrag verlangen, die bis zum Zeitpunkt fällig werden, auf den das Arbeitsverhältnis ordentlicherweise beendigt werden könnte oder, bei Ablehnung des Übergangs, von der Arbeitnehmerin oder dem Arbeitnehmer beendigt wird.

³ Gesellschafterinnen und Gesellschafter der übertragenden Gesellschaft, die vor der Fusion für deren Verbindlichkeiten hafteten, bleiben für alle Verbindlichkeiten aus Arbeitsvertrag haftbar, die bis zum Zeitpunkt fällig werden, auf den das Arbeitsverhältnis ordentlicherweise beendigt werden könnte oder, bei Ablehnung des Übergangs, von der Arbeitnehmerin oder dem Arbeitnehmer beendigt wird.

Übergang der Arbeitsverhältnisse, Sicherstellung und persönliche Haftung

Art. 28

¹ Für die Konsultation der Arbeitnehmervertretung findet für die übertragende wie auch für die übernehmende Gesellschaft Artikel 333a des Obligationenrechts[1]) Anwendung.

² Die Konsultation muss vor der Beschlussfassung gemäss Artikel 18 erfolgen. Das oberste Leitungs- oder Verwaltungsorgan muss die Generalversammlung anlässlich der Beschlussfassung über das Ergebnis der Konsultation informieren.

Konsultation der Arbeitnehmervertretung

---

[1]) SR 220

³ Werden die Vorschriften der Absätze 1 und 2 nicht eingehalten, so kann die Arbeitnehmervertretung vom Gericht verlangen, dass es die Eintragung der Fusion ins Handelsregister untersagt.

⁴ Diese Bestimmung findet auch Anwendung auf übernehmende Gesellschaften mit Sitz im Ausland.

3. Kapitel: Spaltung von Gesellschaften

1. Abschnitt: Allgemeine Bestimmungen

Art. 29

Grundsatz Eine Gesellschaft kann sich spalten, indem sie:
a. ihr ganzes Vermögen aufteilt und auf andere Gesellschaften überträgt. Ihre Gesellschafterinnen und Gesellschafter erhalten Anteils- oder Mitgliedschaftsrechte der übernehmenden Gesellschaften. Die übertragende Gesellschaft wird aufgelöst und im Handelsregister gelöscht (Aufspaltung); oder
b. einen oder mehrere Teile ihres Vermögens auf andere Gesellschaften überträgt. Ihre Gesellschafterinnen und Gesellschafter erhalten dafür Anteils- oder Mitgliedschaftsrechte der übernehmenden Gesellschaften (Abspaltung).

Art. 30

Zulässige Spaltungen Kapitalgesellschaften und Genossenschaften können sich in Kapitalgesellschaften und in Genossenschaften spalten.

2. Abschnitt: Anteils- und Mitgliedschaftsrechte

Art. 31

¹ Bei der Spaltung müssen die Anteils- und Mitgliedschaftsrechte gemäss Artikel 7 gewahrt werden.

² Den Gesellschafterinnen und Gesellschaftern der übertragenden Gesellschaft können:
a. Anteils- oder Mitgliedschaftsrechte an allen an der Spaltung beteiligten Gesellschaften im Verhältnis ihrer bisherigen Beteiligung zugewiesen werden (symmetrische Spaltung);
b. Anteils- oder Mitgliedschaftsrechte an einzelnen oder allen an der Spaltung beteiligten Gesellschaften unter Abänderung der Beteiligungsverhältnisse zugewiesen werden (asymmetrische Spaltung).

3. Abschnitt: Kapitalherabsetzung, Kapitalerhöhung, Neugründung und Zwischenbilanz

Art. 32

Wird im Zusammenhang mit der Abspaltung das Kapital der übertragenden Gesellschaft herabgesetzt, so finden die Artikel 733, 734, 788 Absatz 2 und 874 Absatz 2 des Obligationenrechts[1] keine Anwendung.

Herabsetzung des Kapitals bei der Abspaltung

Art. 33

[1] Die übernehmende Gesellschaft muss das Kapital erhöhen, soweit es zur Wahrung der Rechte der Gesellschafterinnen und Gesellschafter der übertragenden Gesellschaft erforderlich ist.

[2] Die Vorschriften des Obligationenrechts[1] über die Sacheinlagen sowie Artikel 651 Absatz 2 des Obligationenrechts finden bei der Spaltung keine Anwendung.

Kapitalerhöhung

Art. 34

Für die Neugründung einer Gesellschaft im Rahmen einer Spaltung gelten die Bestimmungen des Obligationenrechts[1] über die Gründung einer Gesellschaft. Keine Anwendung finden die Vorschriften über die Anzahl der Gründerinnen und Gründer bei Kapitalgesellschaften sowie die Vorschriften über die Sacheinlagen.

Neugründung

Art. 35

[1] Liegt der Bilanzstichtag beim Abschluss des Spaltungsvertrags oder bei der Erstellung des Spaltungsplans mehr als sechs Monate zurück oder sind seit Abschluss der letzten Bilanz wichtige Änderungen in der Vermögenslage der an der Spaltung beteiligten Gesellschaften eingetreten, so müssen diese eine Zwischenbilanz erstellen.

[2] Die Erstellung der Zwischenbilanz erfolgt gemäss den Vorschriften und Grundsätzen für den Jahresabschluss unter Vorbehalt folgender Vorschriften:

a. Eine körperliche Bestandesaufnahme ist nicht notwendig.
b. Die in der letzten Bilanz vorgenommenen Bewertungen brauchen nur nach Massgabe der Bewegungen in den Geschäftsbüchern verändert zu werden; Abschreibungen, Wertberichtigungen und Rückstellungen für die Zwischenzeit sowie wesentliche, aus den Büchern nicht ersichtliche Veränderungen der Werte müssen jedoch berücksichtigt werden.

Zwischenbilanz

---

[1] SR 220

4. Abschnitt:
Spaltungsvertrag, Spaltungsplan, Spaltungsbericht und Prüfung

Art. 36

Spaltungsvertrag und Spaltungsplan

¹ Überträgt eine Gesellschaft durch Spaltung Vermögensteile auf bestehende Gesellschaften, so schliessen die obersten Leitungs- oder Verwaltungsorgane der beteiligten Gesellschaften einen Spaltungsvertrag ab.

² Will eine Gesellschaft durch Spaltung Vermögensteile auf neu zu gründende Gesellschaften übertragen, so erstellt ihr oberstes Leitungs- oder Verwaltungsorgan einen Spaltungsplan.

³ Der Spaltungsvertrag und der Spaltungsplan bedürfen der schriftlichen Form und der Zustimmung der Generalversammlung (Art. 43).

Art. 37

Inhalt des Spaltungsvertrags oder des Spaltungsplans

Der Spaltungsvertrag oder der Spaltungsplan enthält:

a. die Firma, den Sitz und die Rechtsform der beteiligten Gesellschaften;
b. ein Inventar mit der eindeutigen Bezeichnung, der Aufteilung und der Zuordnung der Gegenstände des Aktiv- und des Passivvermögens sowie der Zuordnung der Betriebsteile; Grundstücke, Wertpapiere und immaterielle Werte sind einzeln aufzuführen;
c. das Umtauschverhältnis für Anteile und gegebenenfalls die Höhe der Ausgleichszahlung beziehungsweise Angaben über die Mitgliedschaft der Gesellschafterinnen und Gesellschafter der übertragenden Gesellschaft bei der übernehmenden Gesellschaft;
d. die Rechte, welche die übernehmende Gesellschaft den Inhaberinnen und Inhabern von Sonderrechten, von Anteilen ohne Stimmrecht oder von Genussscheinen gewährt;
e. die Modalitäten für den Umtausch der Anteile;
f. den Zeitpunkt, von dem an die Anteils- oder Mitgliedschaftsrechte Anspruch auf einen Anteil am Bilanzgewinn gewähren, sowie alle Besonderheiten dieses Anspruchs;
g. den Zeitpunkt, von dem an die Handlungen der übertragenden Gesellschaft als für Rechnung der übernehmenden Gesellschaft vorgenommen gelten;
h. jeden besonderen Vorteil, der Mitgliedern eines Leitungs- oder Verwaltungsorgans oder geschäftsführenden Gesellschafterinnen und Gesellschaftern gewährt wird;
i. eine Liste der Arbeitsverhältnisse, die mit der Spaltung übergehen.

Art. 38

¹ Ein Gegenstand des Aktivvermögens, der sich auf Grund des Spaltungsvertrags oder des Spaltungsplans nicht zuordnen lässt:

a. gehört bei der Aufspaltung allen übernehmenden Gesellschaften zu Miteigentum, und zwar im Verhältnis, in dem das Reinvermögen nach Spaltungsvertrag oder Spaltungsplan auf sie übergeht;
b. verbleibt bei der Abspaltung bei der übertragenden Gesellschaft.

² Absatz 1 gilt sinngemäss für Forderungen und immaterielle Rechte.

³ Die an einer Aufspaltung beteiligten Gesellschaften haften solidarisch für Verbindlichkeiten, die sich auf Grund des Spaltungsvertrags oder des Spaltungsplans nicht zuordnen lassen.

Nicht zugeordnete Vermögenswerte

Art. 39

¹ Die obersten Leitungs- oder Verwaltungsorgane der beteiligten Gesellschaften müssen einen schriftlichen Bericht über die Spaltung erstellen. Sie können den Bericht auch gemeinsam verfassen.

² Kleine und mittlere Unternehmen können auf die Erstellung eines Spaltungsberichts verzichten, sofern alle Gesellschafterinnen und Gesellschafter zustimmen.

³ Im Bericht sind rechtlich und wirtschaftlich zu erläutern und zu begründen:

a. der Zweck und die Folgen der Spaltung;
b. der Spaltungsvertrag oder der Spaltungsplan;
c. das Umtauschverhältnis für Anteile und gegebenenfalls die Höhe der Ausgleichszahlung beziehungsweise die Mitgliedschaft der Gesellschafterinnen und Gesellschafter der übertragenden Gesellschaft bei der übernehmenden Gesellschaft;
d. Besonderheiten bei der Bewertung der Anteile im Hinblick auf die Festsetzung des Umtauschverhältnisses;
e. gegebenenfalls die Nachschusspflicht, andere persönliche Leistungspflichten und die persönliche Haftung, die sich für die Gesellschafterinnen und Gesellschafter aus der Spaltung ergeben;
f. die Pflichten, die den Gesellschafterinnen und Gesellschaftern in der neuen Rechtsform auferlegt werden können, sofern Gesellschaften verschiedener Rechtsformen an der Spaltung beteiligt sind;
g. die Auswirkungen der Spaltung auf die Arbeitnehmerinnen und Arbeitnehmer der an der Spaltung beteiligten Gesellschaften sowie Hinweise auf den Inhalt eines allfälligen Sozialplans;
h. die Auswirkungen der Spaltung auf die Gläubigerinnen und Gläubiger der an der Spaltung beteiligten Gesellschaften.

⁴ Bei der Neugründung einer Gesellschaft im Rahmen einer Spaltung ist dem Spaltungsbericht der Entwurf der Statuten der neuen Gesellschaft beizufügen.

Spaltungsbericht

Art. 40

Prüfung des Spaltungsvertrags oder des Spaltungsplans und des Spaltungsberichts

Für die Prüfung des Spaltungsvertrags oder des Spaltungsplans und des Spaltungsberichts gilt Artikel 15 sinngemäss.

Art. 41

Einsichtsrecht

¹ Jede der an der Spaltung beteiligten Gesellschaften muss an ihrem Sitz den Gesellschafterinnen und Gesellschaftern während zweier Monate vor der Beschlussfassung Einsicht in folgende Unterlagen aller an der Spaltung beteiligten Gesellschaften gewähren:
a. den Spaltungsvertrag oder den Spaltungsplan;
b. den Spaltungsbericht;
c. den Prüfungsbericht;
d. die Jahresrechnungen und die Jahresberichte der letzten drei Geschäftsjahre sowie gegebenenfalls die Zwischenbilanz.

² Kleine und mittlere Unternehmen können auf das Einsichtsverfahren nach Absatz 1 verzichten, sofern alle Gesellschafterinnen und Gesellschafter zustimmen.

³ Die Gesellschafterinnen und Gesellschafter können von den beteiligten Gesellschaften Kopien der Unterlagen nach Absatz 1 verlangen. Diese müssen ihnen unentgeltlich zur Verfügung gestellt werden.

⁴ Jede der an der Spaltung beteiligten Gesellschaften muss im Schweizerischen Handelsamtsblatt auf die Möglichkeit zur Einsichtnahme hinweisen.

Art. 42

Information über Veränderungen im Vermögen

Für die Information über Veränderungen im Vermögen gilt Artikel 17 sinngemäss.

5. Abschnitt: Spaltungsbeschluss und öffentliche Beurkundung

Art. 43

Spaltungsbeschluss

¹ Die obersten Leitungs- oder Verwaltungsorgane der beteiligten Gesellschaften dürfen den Spaltungsvertrag oder den Spaltungsplan erst der Generalversammlung zur Beschlussfassung unterbreiten, wenn die Sicherstellung nach Artikel 46 erfolgt ist.

² Für die Beschlussfassung gelten die erforderlichen Mehrheiten nach Artikel 18 Absätze 1, 3, 4 und 6.

³ Bei der asymmetrischen Spaltung müssen mindestens 90 Prozent aller Gesellschafterinnen und Gesellschafter der übertragenden Gesellschaft, die über ein Stimmrecht verfügen, zustimmen.

Art. 44

Öffentliche Beurkundung

Der Spaltungsbeschluss bedarf der öffentlichen Beurkundung.

6. Abschnitt: Gläubiger- und Arbeitnehmerschutz

Art. 45

Die Gläubigerinnen und Gläubiger aller an der Spaltung beteiligten Gesellschaften müssen im Schweizerischen Handelsamtsblatt dreimal darauf hingewiesen werden, dass sie unter Anmeldung ihrer Forderungen Sicherstellung verlangen können.

Aufforderung an die Gläubigerinnen und Gläubiger

Art. 46

[1] Die an der Spaltung beteiligten Gesellschaften müssen die Forderungen der Gläubigerinnen und Gläubiger sicherstellen, wenn diese es innerhalb von zwei Monaten nach der Aufforderung an die Gläubigerinnen und Gläubiger verlangen.

[2] Die Pflicht zur Sicherstellung entfällt, wenn die Gesellschaft nachweist, dass die Erfüllung der Forderung durch die Spaltung nicht gefährdet wird.

[3] Anstatt eine Sicherheit zu leisten, kann die Gesellschaft die Forderung erfüllen, sofern die anderen Gläubigerinnen und Gläubiger nicht geschädigt werden.

Sicherstellung der Forderungen

Art. 47

[1] Werden die Forderungen einer Gläubigerin oder eines Gläubigers von der Gesellschaft, der die Verbindlichkeiten durch den Spaltungsvertrag oder den Spaltungsplan zugeordnet wurden (primär haftende Gesellschaft), nicht befriedigt, so haften die übrigen an der Spaltung beteiligten Gesellschaften (subsidiär haftende Gesellschaften) solidarisch.

[2] Subsidiär haftende Gesellschaften können nur belangt werden, wenn eine Forderung nicht sichergestellt ist und die primär haftende Gesellschaft:

a. in Konkurs geraten ist;
b. Nachlassstundung oder Konkursaufschub erhalten hat;
c. bis zur Ausstellung eines definitiven Verlustscheins betrieben worden ist;
d. den Sitz ins Ausland verlegt hat und in der Schweiz nicht mehr belangt werden kann;
e. den Sitz im Ausland verlegt hat und dadurch eine erhebliche Erschwerung der Rechtsverfolgung eingetreten ist.

Subsidiäre Haftung der an der Spaltung beteiligten Gesellschaften

Art. 48

Für die persönliche Haftung von Gesellschafterinnen und Gesellschaftern gilt Artikel 26 sinngemäss.

Persönliche Haftung der Gesellschafterinnen und Gesellschafter

Art. 49

Übergang der Arbeitsverhältnisse, Sicherstellung und persönliche Haftung

[1] Für den Übergang der Arbeitsverhältnisse findet Artikel 333 des Obligationenrechts[1] Anwendung.

[2] Die Arbeitnehmerinnen und Arbeitnehmer der an der Spaltung beteiligten Gesellschaften können gemäss Artikel 46 die Sicherstellung ihrer Forderungen aus Arbeitsvertrag verlangen, die bis zum Zeitpunkt fällig werden, auf den das Arbeitsverhältnis ordentlicherweise beendigt werden könnte oder, bei Ablehnung des Übergangs, durch die Arbeitnehmerin oder den Arbeitnehmer beendigt wird.

[3] Artikel 27 Absatz 3 findet entsprechende Anwendung.

Art. 50

Konsultation der Arbeitnehmervertretung

Die Konsultation der Arbeitnehmervertretung richtet sich nach Artikel 28.

7. Abschnitt:
Eintragung ins Handelsregister und Rechtswirksamkeit

Art. 51

Eintragung ins Handelsregister

[1] Sobald der Spaltungsbeschluss vorliegt, muss das oberste Leitungs- oder Verwaltungsorgan dem Handelsregisteramt die Spaltung zur Eintragung anmelden.

[2] Muss die übertragende Gesellschaft infolge der Abspaltung ihr Kapital herabsetzen, so sind dem Handelsregisteramt zusätzlich die geänderten Statuten zu unterbreiten.

[3] Im Falle der Aufspaltung wird die übertragende Gesellschaft mit der Eintragung der Spaltung im Handelsregister gelöscht.

Art. 52

Rechtswirksamkeit

Die Spaltung wird mit der Eintragung ins Handelsregister rechtswirksam. In diesem Zeitpunkt gehen alle im Inventar aufgeführten Aktiven und Passiven von Gesetzes wegen auf die übernehmenden Gesellschaften über. Artikel 34 des Kartellgesetzes vom 6. Oktober 1995[2] bleibt vorbehalten.

---

[1] SR **200**
[2] SR **251**

4. Kapitel: Umwandlung von Gesellschaften

1. Abschnitt: Allgemeine Bestimmungen

Art. 53

Eine Gesellschaft kann ihre Rechtsform ändern (Umwandlung). Ihre Rechtsverhältnisse werden dadurch nicht verändert.

Grundsatz

Art. 54

[1] Eine Kapitalgesellschaft kann sich umwandeln:
a. in eine Kapitalgesellschaft mit einer anderen Rechtsform;
b. in eine Genossenschaft.

[2] Eine Kollektivgesellschaft kann sich umwandeln:
a. in eine Kapitalgesellschaft;
b. in eine Genossenschaft;
c. in eine Kommanditgesellschaft.

[3] Eine Kommanditgesellschaft kann sich umwandeln:
a. in eine Kapitalgesellschaft;
b. in eine Genossenschaft;
c. in eine Kollektivgesellschaft.

[4] Eine Genossenschaft kann sich umwandeln:
a. in eine Kapitalgesellschaft;
b. in einen Verein, falls sie über keine Anteilscheine verfügt und der Verein ins Handelsregister eingetragen wird.

[5] Ein Verein kann sich in eine Kapitalgesellschaft oder in eine Genossenschaft umwandeln, falls er im Handelsregister eingetragen ist.

Zulässige Umwandlungen

Art. 55

[1] Eine Kollektivgesellschaft kann sich in eine Kommanditgesellschaft umwandeln, indem:
a. eine Kommanditärin oder ein Kommanditär in die Kollektivgesellschaft eintritt;
b. eine Gesellschafterin oder ein Gesellschafter zur Kommanditärin oder zum Kommanditär wird.

[2] Eine Kommanditgesellschaft kann sich in eine Kollektivgesellschaft umwandeln, indem:
a. alle Kommanditärinnen und Kommanditäre austreten;
b. alle Kommanditärinnen und Kommanditäre zu unbeschränkt haftenden Gesellschafterinnen und Gesellschaftern werden.

[3] Die Fortführung einer Kollektiv- oder Kommanditgesellschaft als Einzelfirma nach Artikel 579 des Obligationenrechts[1] bleibt vorbehalten.

[4] Auf die Umwandlung gemäss diesem Artikel finden die Bestimmungen dieses Kapitels keine Anwendung.

Sonderregelung für die Umwandlung von Kollektiv- und Kommanditgesellschaften

---
[1] SR **220**

2. Abschnitt: Anteils- und Mitgliedschaftsrechte

Art. 56

Wahrung der Anteils- und Mitgliedschaftsrechte

¹ Die Anteils- und Mitgliedschaftsrechte der Gesellschafterinnen und Gesellschafter sind bei der Umwandlung zu wahren.

² Gesellschafterinnen und Gesellschafter ohne Anteilscheine haben bei der Umwandlung ihrer Gesellschaft in eine Kapitalgesellschaft Anspruch auf mindestens einen Anteil.

³ Für Anteile ohne Stimmrecht müssen gleichwertige Anteile oder Anteile mit Stimmrecht gewährt werden.

⁴ Für Sonderrechte, die mit Anteils- oder Mitgliedschaftsrechten verbunden sind, müssen gleichwertige Rechte oder eine angemessene Abgeltung gewährt werden.

⁵ Für Genussscheine sind gleichwertige Rechte zu gewähren, oder sie sind zum wirklichen Wert im Zeitpunkt der Erstellung des Umwandlungsplans zurückzukaufen.

3. Abschnitt: Gründung und Zwischenbilanz

Art. 57

Gründungsvorschriften

Bei der Umwandlung finden die Bestimmungen des Zivilgesetzbuches[1] und des Obligationenrechts[2] über die Gründung einer entsprechenden Gesellschaft Anwendung. Keine Anwendung finden die Vorschriften über die Anzahl der Gründerinnen und Gründer bei Kapitalgesellschaften und die Vorschriften über die Sacheinlagen.

Art. 58

Zwischenbilanz

¹ Liegt der Bilanzstichtag zum Zeitpunkt der Erstattung des Umwandlungsberichts mehr als sechs Monate zurück oder sind seit Abschluss der letzten Bilanz wichtige Änderungen in der Vermögenslage der Gesellschaft eingetreten, so muss diese eine Zwischenbilanz erstellen.

² Die Erstellung der Zwischenbilanz erfolgt gemäss den Vorschriften und Grundsätzen für den Jahresabschluss unter Vorbehalt folgender Vorschriften:

a. Eine körperliche Bestandesaufnahme ist nicht notwendig.

b. Die in der letzten Bilanz vorgenommenen Bewertungen brauchen nur nach Massgabe der Bewegungen in den Geschäftsbüchern verändert zu werden; Abschreibungen, Wertberichtigungen und Rückstellungen für die Zwischenzeit sowie wesentliche, aus den Büchern nicht ersichtliche Veränderungen der Werte müssen jedoch berücksichtigt werden.

---

[1] SR **210**
[2] SR **220**

4. Abschnitt:
Umwandlungsplan, Umwandlungsbericht und Prüfung

Art. 59

¹ Das oberste Leitungs- oder Verwaltungsorgan erstellt einen Umwandlungsplan.

² Der Umwandlungsplan bedarf der schriftlichen Form und der Zustimmung der Generalversammlung beziehungsweise der Gesellschafterinnen und Gesellschafter gemäss Artikel 64.

Erstellung des Umwandlungsplans

Art. 60

Der Umwandlungsplan enthält:
a. den Namen oder die Firma, den Sitz und die Rechtsform vor und nach der Umwandlung;
b. die neuen Statuten;
c. die Zahl, die Art und die Höhe der Anteile, welche die Anteilsinhaberinnen und -inhaber nach der Umwandlung erhalten, oder Angaben über die Mitgliedschaft der Gesellschafterinnen und Gesellschafter nach der Umwandlung.

Inhalt des Umwandlungsplans

Art. 61

¹ Das oberste Leitungs- oder Verwaltungsorgan muss einen schriftlichen Bericht über die Umwandlung erstellen.

² Kleine und mittlere Unternehmen können auf die Erstellung eines Umwandlungsberichts verzichten, sofern alle Gesellschafterinnen und Gesellschafter zustimmen.

³ Im Bericht sind rechtlich und wirtschaftlich zu erläutern und zu begründen:
a. der Zweck und die Folgen der Umwandlung;
b. die Erfüllung der Gründungsvorschriften für die neue Rechtsform;
c. die neuen Statuten;
d. das Umtauschverhältnis für Anteile beziehungsweise die Mitgliedschaft der Gesellschafterinnen und Gesellschafter nach der Umwandlung;
e. gegebenenfalls die Nachschusspflicht, andere persönliche Leistungspflichten und die persönliche Haftung, die sich für die Gesellschafterinnen und Gesellschafter aus der Umwandlung ergeben;
f. die Pflichten, die den Gesellschafterinnen und Gesellschaftern in der neuen Rechtsform auferlegt werden können.

Umwandlungsbericht

Art. 62

Prüfung des Umwandlungsplans und des Umwandlungsberichts

[1] Die Gesellschaft muss den Umwandlungsplan, den Umwandlungsbericht und die der Umwandlung zu Grunde liegende Bilanz von einer besonders befähigten Revisorin oder von einem besonders befähigten Revisor prüfen lassen.

[2] Kleine und mittlere Unternehmen können auf die Prüfung verzichten, sofern alle Gesellschafterinnen und Gesellschafter zustimmen.

[3] Die Gesellschaft muss der Revisorin oder dem Revisor alle zweckdienlichen Auskünfte und Unterlagen geben.

[4] Die Revisorin oder der Revisor muss prüfen, ob die Voraussetzungen für die Umwandlung erfüllt sind, insbesondere, ob die Rechtsstellung der Gesellschafterinnen und Gesellschafter nach der Umwandlung gewahrt bleibt.

Art. 63

Einsichtsrecht

[1] Die Gesellschaft muss an ihrem Sitz den Gesellschafterinnen und Gesellschaftern während der 30 Tage vor der Beschlussfassung Einsicht in folgende Unterlagen gewähren:
a. den Umwandlungsplan;
b. den Umwandlungsbericht;
c. den Prüfungsbericht;
d. die Jahresrechnungen und Jahresberichte der letzten drei Geschäftsjahre sowie gegebenenfalls die Zwischenbilanz.

[2] Kleine und mittlere Unternehmen können auf das Einsichtsverfahren nach Absatz 1 verzichten, sofern alle Gesellschafterinnen und Gesellschafter zustimmen.

[3] Die Gesellschafterinnen und Gesellschafter können von der Gesellschaft Kopien der Unterlagen nach Absatz 1 verlangen. Diese müssen ihnen unentgeltlich zur Verfügung gestellt werden.

[4] Die Gesellschaft muss die Gesellschafterinnen und Gesellschafter in geeigneter Form auf die Möglichkeit zur Einsichtnahme hinweisen.

5. Abschnitt:
Umwandlungsbeschluss und Eintragung ins Handelsregister

Art. 64

Umwandlungsbeschluss

[1] Bei den Kapitalgesellschaften, den Genossenschaften und den Vereinen muss das oberste Leitungs- oder Verwaltungsorgan den Umwandlungsplan der Generalversammlung zur Beschlussfassung unterbreiten. Folgende Mehrheiten sind erforderlich:
a. bei Aktiengesellschaften und Kommanditaktiengesellschaften mindestens zwei Drittel der an der Generalversammlung vertretenen Aktienstimmen und die absolute Mehrheit des von ihnen vertretenen Aktiennennwerts; werden bei der Umwandlung in

eine Gesellschaft mit beschränkter Haftung eine Nachschusspflicht oder andere persönliche Leistungspflichten eingeführt, die Zustimmung aller Aktionärinnen und Aktionäre, die davon betroffen werden;
b. bei der Umwandlung einer Kapitalgesellschaft in eine Genossenschaft die Zustimmung aller Gesellschafterinnen und Gesellschafter;
c. bei Gesellschaften mit beschränkter Haftung mindestens drei Viertel aller Gesellschafterinnen und Gesellschafter, die zudem mindestens drei Viertel des Stammkapitals vertreten;
d. bei Genossenschaften mindestens zwei Drittel der abgegebenen Stimmen oder, wenn eine Nachschusspflicht, andere persönliche Leistungspflichten oder die persönliche Haftung eingeführt oder erweitert werden, mindestens drei Viertel aller Genossenschafterinnen und Genossenschafter;
e. bei Vereinen mindestens drei Viertel der an der Generalversammlung anwesenden Mitglieder.

² Bei Kollektiv- und bei Kommanditgesellschaften bedarf der Umwandlungsplan der Zustimmung aller Gesellschafterinnen und Gesellschafter. Der Gesellschaftsvertrag kann jedoch vorsehen, dass die Zustimmung von drei Vierteln der Gesellschafterinnen und Gesellschafter genügt.

Art. 65

Der Umwandlungsbeschluss bedarf der öffentlichen Beurkundung.

Öffentliche Beurkundung

Art. 66

Das oberste Leitungs- oder Verwaltungsorgan muss dem Handelsregisteramt die Umwandlung zur Eintragung anmelden.

Eintragung ins Handelsregister

Art. 67

Die Umwandlung wird mit der Eintragung ins Handelsregister rechtswirksam.

Rechtswirksamkeit

6. Abschnitt: Gläubiger- und Arbeitnehmerschutz

Art. 68

¹ Für die persönliche Haftung der Gesellschafterinnen und Gesellschafter findet Artikel 26 entsprechende Anwendung.
² Für die Haftung für Verbindlichkeiten aus Arbeitsvertrag findet Artikel 27 Absatz 3 entsprechende Anwendung.

5. Kapitel: Vermögensübertragung

1. Abschnitt: Allgemeine Bestimmungen

Art. 69

¹ Im Handelsregister eingetragene Gesellschaften und im Handelsregister eingetragene Einzelunternehmen können ihr Vermögen oder Teile davon mit Aktiven und Passiven auf andere Rechtsträger des Privatrechts übertragen. Wenn die Gesellschafterinnen und Gesellschafter der übertragenden Gesellschaft Anteils- oder Mitgliedschaftsrechte der übernehmenden Gesellschaft erhalten, gilt Kapitel 3.

² Vorbehalten bleiben die gesetzlichen und statutarischen Bestimmungen über den Kapitalschutz und die Liquidation.

2. Abschnitt: Übertragungsvertrag

Art. 70

Abschluss des Übertragungsvertrags

¹ Der Übertragungsvertrag muss von den obersten Leitungs- oder Verwaltungsorganen der an der Vermögensübertragung beteiligten Rechtsträger abgeschlossen werden.

² Der Übertragungsvertrag bedarf der schriftlichen Form. Werden Grundstücke übertragen, so bedürfen die entsprechenden Teile des Vertrages der öffentlichen Beurkundung. Eine einzige öffentliche Urkunde genügt auch dann, wenn Grundstücke in verschiedenen Kantonen liegen. Die Urkunde muss durch eine Urkundsperson am Sitz des übertragenden Rechtsträgers errichtet werden.

Art. 71

Inhalt des Übertragungsvertrags

¹ Der Übertragungsvertrag enthält:
a. die Firma oder den Namen, den Sitz und die Rechtsform der beteiligten Rechtsträger;
b. ein Inventar mit der eindeutigen Bezeichnung der zu übertragenden Gegenstände des Aktiv- und des Passivvermögens; Grundstücke, Wertpapiere und immaterielle Werte sind einzeln aufzuführen;
c. den gesamten Wert der zu übertragenden Aktiven und Passiven;
d. die allfällige Gegenleistung;
e. eine Liste der Arbeitsverhältnisse, die mit der Vermögensübertragung übergehen.

² Die Vermögensübertragung ist nur zulässig, wenn das Inventar einen Aktivenüberschuss ausweist.

Art. 72

Gegenstände des Aktivvermögens sowie Forderungen und immaterielle Rechte, die sich auf Grund des Inventars nicht zuordnen lassen, verbleiben beim übertragenden Rechtsträger.

Nicht zugeordnete Gegenstände des Aktivvermögens

3. Abschnitt:
Eintragung ins Handelsregister und Rechtswirksamkeit

Art. 73

[1] Das oberste Leitungs- oder Verwaltungsorgan des übertragenden Rechtsträgers muss dem Handelsregisteramt die Vermögensübertragung zur Eintragung anmelden.

[2] Die Vermögensübertragung wird mit der Eintragung ins Handelsregister rechtswirksam. In diesem Zeitpunkt gehen alle im Inventar aufgeführten Aktiven und Passiven von Gesetzes wegen auf den übernehmenden Rechtsträger über. Artikel 34 des Kartellgesetzes vom 6. Oktober 1995[1]) bleibt vorbehalten.

4. Abschnitt:
Information der Gesellschafterinnen und Gesellschafter

Art. 74

[1] Das oberste Leitungs- oder Verwaltungsorgan der übertragenden Gesellschaft muss die Gesellschafterinnen und Gesellschafter über die Vermögensübertragung im Anhang zur Jahresrechnung informieren. Ist keine Jahresrechnung zu erstellen, so muss über die Vermögensübertragung an der nächsten Generalversammlung informiert werden.

[2] Im Anhang beziehungsweise an der Generalversammlung sind rechtlich und wirtschaftlich zu erläutern und zu begründen:
a. der Zweck und die Folgen der Vermögensübertragung;
b. der Übertragungsvertrag;
c. die Gegenleistung für die Übertragung;
d. die Folgen für die Arbeitnehmerinnen und Arbeitnehmer und Hinweise auf den Inhalt eines allfälligen Sozialplans.

[3] Die Informationspflicht entfällt, falls die übertragenen Aktiven weniger als 5 Prozent der Bilanzsumme der übertragenden Gesellschaft ausmachen.

---

[1]) SR **251**

5. Abschnitt: Gläubiger- und Arbeitnehmerschutz

Art. 75

Solidarische Haftung

¹ Die bisherigen Schuldner haften für die vor der Vermögensübertragung begründeten Schulden während dreier Jahre solidarisch mit dem neuen Schuldner.

² Die Ansprüche gegen den übertragenden Rechtsträger verjähren spätestens drei Jahre nach der Veröffentlichung der Vermögensübertragung. Wird die Forderung erst nach der Veröffentlichung fällig, so beginnt die Verjährung mit der Fälligkeit.

³ Die an der Vermögensübertragung beteiligten Rechtsträger müssen die Forderungen sicherstellen, wenn:
a. die solidarische Haftung vor Ablauf der Frist von drei Jahren entfällt; oder
b. die Gläubigerinnen und Gläubiger glaubhaft machen, dass die solidarische Haftung keinen ausreichenden Schutz bietet.

⁴ Anstatt eine Sicherheit zu leisten, können an der Vermögensübertragung beteiligte Rechtsträger die Forderung erfüllen, sofern die anderen Gläubigerinnen und Gläubiger nicht geschädigt werden.

Art. 76

Übergang der Arbeitsverhältnisse und solidarische Haftung

¹ Für den Übergang der Arbeitsverhältnisse auf den übernehmenden Rechtsträger findet Artikel 333 des Obligationenrechts[1] Anwendung.

² Artikel 75 findet Anwendung auf alle Verbindlichkeiten aus Arbeitsvertrag, die bis zum Zeitpunkt fällig werden, auf den das Arbeitsverhältnis ordentlicherweise beendet werden könnte oder, bei Ablehnung des Übergangs, von der Arbeitnehmerin oder dem Arbeitnehmer beendet wird.

Art. 77

Konsultation der Arbeitnehmervertretung

¹ Für die Konsultation der Arbeitnehmervertretung findet für den übertragenden wie auch für den übernehmenden Rechtsträger Artikel 333a des Obligationenrechts[1] Anwendung.

² Werden die Vorschriften von Absatz 1 nicht eingehalten, so kann die Arbeitnehmervertretung vom Gericht verlangen, dass es die Eintragung der Vermögensübertragung im Handelsregister untersagt.

³ Diese Bestimmung findet auch Anwendung auf übernehmende Rechtsträger mit Sitz im Ausland.

---

[1] SR **220**

6. Kapitel: Fusion und Vermögensübertragung von Stiftungen

1. Abschnitt: Fusion

Art. 78

¹ Stiftungen können miteinander fusionieren.

² Die Fusion ist nur zulässig, wenn sie sachlich gerechtfertigt ist und insbesondere der Wahrung und Durchführung des Stiftungszwecks dient. Allfällige Rechtsansprüche der Destinatäre der beteiligten Stiftungen müssen gewahrt werden. Ist im Hinblick auf eine Fusion eine Zweckänderung erforderlich, so findet Artikel 86 des Zivilgesetzbuchs[1]) Anwendung.

Grundsatz

Art. 79

¹ Der Fusionsvertrag muss von den obersten Organen der Stiftungen abgeschlossen werden.

² Der Vertrag enthält:
a. den Namen, den Sitz und den Zweck der beteiligten Stiftungen, im Fall der Kombinationsfusion auch den Namen, den Sitz und den Zweck der neuen Stiftung;
b. Angaben über die Stellung der Destinatäre mit Rechtsansprüchen in der übernehmenden Stiftung;
c. den Zeitpunkt, ab dem die Handlungen der übertragenden Stiftung als für Rechnung der übernehmenden Stiftung vorgenommen gelten.

³ Der Fusionsvertrag bedarf der schriftlichen Form. Bei Familienstiftungen und kirchlichen Stiftungen bedarf der Fusionsvertrag der öffentlichen Beurkundung.

Fusionsvertrag

Art. 80

Die Stiftungen müssen eine Bilanz und unter den Voraussetzungen von Artikel 11 eine Zwischenbilanz erstellen.

Bilanz

Art. 81

¹ Die Stiftungen müssen den Fusionsvertrag sowie die Bilanzen von einer Revisorin oder einem Revisor prüfen lassen.

² Sie müssen der Revisorin oder dem Revisor alle zweckdienlichen Auskünfte und Unterlagen geben.

³ Die Revisorin oder der Revisor erstellt einen Bericht, in dem insbesondere darzulegen ist, ob die allfälligen Rechtsansprüche der Destinatäre gewahrt sind und ob Forderungen von Gläubigerinnen und Gläubigern bekannt oder zu erwarten sind, zu deren Befriedigung das Vermögen der beteiligten Stiftungen nicht ausreicht.

Prüfung des Fusionsvertrags

---
[1]) SR **210**

Art. 82

Informationspflicht Das oberste Organ der übertragenden Stiftung informiert die Destinatäre mit Rechtsansprüchen vor dem Antrag an die Aufsichtsbehörde über die geplante Fusion und deren Auswirkungen auf ihre Rechtsstellung. Bei Familienstiftungen und kirchlichen Stiftungen erfolgt die Information vor dem Fusionsbeschluss.

Art. 83

Genehmigung und Vollzug der Fusion ¹ Bei Stiftungen, die der Aufsicht des Gemeinwesens unterstehen, beantragen die obersten Stiftungsorgane bei der zuständigen Aufsichtsbehörde die Genehmigung der Fusion. Im Antrag ist schriftlich darzulegen, dass die Voraussetzungen für die Fusion erfüllt sind. Mit dem Antrag sind der Aufsichtsbehörde die von der Revisorin oder dem Revisor geprüften Bilanzen der beteiligten Stiftungen sowie der Prüfungsbericht einzureichen.

² Zuständig ist die Aufsichtsbehörde der übertragenden Stiftung. Bei mehreren übertragenden Stiftungen muss jede Aufsichtsbehörde der Fusion zustimmen.

³ Die Aufsichtsbehörde erlässt nach Prüfung des Begehrens die entsprechende Verfügung und meldet im Fall der Zustimmung die Fusion zur Eintragung in das Handelsregister an.

⁴ Für die Rechtswirksamkeit der Fusion gilt Artikel 22 Absatz 1.

Art. 84

Beschluss und Vollzug der Fusion bei Familienstiftungen und kirchlichen Stiftungen ¹ Bei Familienstiftungen und kirchlichen Stiftungen wird die Fusion mit der Zustimmung der obersten Stiftungsorgane der beteiligten Stiftungen zum Fusionsvertrag rechtswirksam. Bei kirchlichen Stiftungen, die nach öffentlichem Recht der Aufsicht eines Gemeinwesens unterstehen, gilt Artikel 83 sinngemäss.

² Jeder Destinatär mit Rechtsanspruch und jedes Mitglied des obersten Stiftungsorgans, das dem Beschluss nicht zugestimmt hat, kann den Fusionsbeschluss wegen Fehlens der Voraussetzungen innert dreier Monate nach Beschluss gerichtlich anfechten.

Art. 85

Gläubiger- und Arbeitnehmerschutz ¹ Die Aufsichtsbehörde oder, bei Familienstiftungen und kirchlichen Stiftungen, das oberste Stiftungsorgan der übertragenden Stiftung hat vor Erlass der Verfügung beziehungsweise vor dem Beschluss die Gläubigerinnen und Gläubiger der an der Fusion beteiligten Stiftungen im Schweizerischen Handelsamtsblatt dreimal darauf hinzuweisen, dass sie unter Anmeldung ihrer Forderungen Sicherstellung verlangen können. Die Destinatäre mit Rechtsansprüchen haben keinen Anspruch auf Sicherstellung.

² Die Aufsichtsbehörde oder, bei Familienstiftungen und kirchlichen Stiftungen, das oberste Stiftungsorgan kann von einer Aufforderung an die Gläubigerinnen und Gläubiger absehen, wenn auf Grund des Berichts der Revisorin oder des Revisors keine Forderungen bekannt oder zu erwarten sind, zu deren Befriedigung das Stiftungsvermögen der beteiligten Stiftungen nicht ausreicht.

³ Im Falle einer Aufforderung an die Gläubigerinnen und Gläubiger findet Artikel 25 Anwendung.

⁴ Der Arbeitnehmerschutz richtet sich nach den Artikeln 27 und 28.

2. Abschnitt: Vermögensübertragung

Art. 86

¹ Die im Handelsregister eingetragenen Stiftungen können ihr Vermögen oder Teile davon mit Aktiven und Passiven auf andere Rechtsträger übertragen.

² Artikel 78 Absatz 2 findet sinngemäss Anwendung. Der Übergangsvertrag richtet sich nach den Artikeln 70–72, der Gläubiger- und Arbeitnehmerschutz nach den Artikeln 75–77.

Grundsatz

Art. 87

¹ Bei Stiftungen, die der Aufsicht des Gemeinwesens unterstehen, beantragen die obersten Stiftungsorgane bei der zuständigen Aufsichtsbehörde die Genehmigung der Vermögensübertragung. Im Antrag ist schriftlich darzulegen, dass die Voraussetzungen für die Vermögensübertragung erfüllt sind.

² Zuständig ist die Aufsichtsbehörde der übertragenden Stiftung.

³ Die Aufsichtsbehörde erlässt nach Prüfung des Begehrens die entsprechende Verfügung. Nach Eintritt der Rechtskraft der zustimmenden Verfügung meldet sie die Vermögensübertragung zur Eintragung in das Handelsregister an.

⁴ Die Eintragung ins Handelsregister und die Rechtswirksamkeit richten sich nach Artikel 73.

Genehmigung und Vollzug der Vermögensübertragung

7. Kapitel: Fusion, Umwandlung und Vermögensübertragung von Vorsorgeeinrichtungen

1. Abschnitt: Fusion

Art. 88

¹ Vorsorgeeinrichtungen können miteinander fusionieren.

² Die Fusion von Vorsorgeeinrichtungen ist nur zulässig, wenn der Vorsorgezweck und die Rechte und Ansprüche der Versicherten gewahrt bleiben.

Grundsatz

³ Die Bestimmungen des Stiftungsrechts (Art. 80 ff. ZGB[1]) und des BVG[2] bleiben vorbehalten.

Art. 89

Bilanz Die beteiligten Vorsorgeeinrichtungen müssen eine Bilanz und unter den Voraussetzungen von Artikel 11 eine Zwischenbilanz erstellen.

Art. 90

Fusionsvertrag ¹ Der Fusionsvertrag muss von den obersten Leitungsorganen der beteiligten Vorsorgeeinrichtungen abgeschlossen werden.

² Der Fusionsvertrag enthält:

a. den Namen oder die Firma, den Sitz und die Rechtsform der beteiligten Vorsorgeeinrichtungen, im Fall der Kombinationsfusion auch den Namen oder die Firma, den Sitz und die Rechtsform der neuen Vorsorgeeinrichtung;
b. Angaben über die Rechte und Ansprüche der Versicherten bei der übernehmenden Vorsorgeeinrichtung;
c. den Zeitpunkt, von dem an die Handlungen der übertragenden Vorsorgeeinrichtung als für Rechnung der übernehmenden Vorsorgeeinrichtung vorgenommen gelten.

³ Der Fusionsvertrag bedarf der schriftlichen Form.

Art. 91

Fusionsbericht ¹ Die obersten Leitungsorgane der Vorsorgeeinrichtungen müssen einen schriftlichen Bericht über die Fusion erstellen. Sie können den Bericht auch gemeinsam verfassen.

² Im Bericht sind zu erläutern und zu begründen:

a. der Zweck und die Folgen der Fusion;
b. der Fusionsvertrag;
c. die Auswirkungen der Fusion auf die Rechte und Ansprüche der Versicherten.

Art. 92

Prüfung des Fusionsvertrags ¹ Die beteiligten Vorsorgeeinrichtungen müssen den Fusionsvertrag, den Fusionsbericht und die Bilanz von ihren Kontrollstellen sowie von einer anerkannten Expertin oder einem anerkannten Experten für die berufliche Vorsorge prüfen lassen. Sie können eine gemeinsame Expertin oder einen gemeinsamen Experten bestimmen.

² Die beteiligten Vorsorgeeinrichtungen müssen den mit der Prüfung betrauten Personen alle zweckdienlichen Auskünfte und Unterlagen geben.

---

[1] SR **210**
[2] SR **831.40**; AS **2004** 1677

³ Die Revisionsstelle und die Expertin oder der Experte für die berufliche Vorsorge erstellen einen Bericht, in dem darzulegen ist, ob die Rechte und Ansprüche der Versicherten gewahrt sind.

Art. 93

¹ Die zuständigen Organe der Vorsorgeeinrichtung haben spätestens bis zum Zeitpunkt der Gewährung des Einsichtsrechts gemäss Absatz 2 die Versicherten über die geplante Fusion und deren Auswirkungen zu informieren. Sie haben die Versicherten in geeigneter Form auf die Möglichkeit der Einsichtnahme hinzuweisen.

² Die beteiligten Vorsorgeeinrichtungen müssen an ihrem Sitz während der 30 Tage vor dem Antrag an die Aufsichtsbehörde den Versicherten Einsicht in den Fusionsvertrag und in den Fusionsbericht gewähren.

Informationspflicht und Einsichtsrecht

Art. 94

¹ Die Fusion bedarf der Zustimmung des obersten Leitungsorgans und, bei einer Genossenschaft, überdies der Generalversammlung. Für die erforderlichen Mehrheiten gilt Artikel 18 Absatz 1 Buchstabe d.

² Bei Vorsorgeeinrichtungen des öffentlichen Rechts bleibt Artikel 100 Absatz 3 vorbehalten.

Fusionsbeschluss

Art. 95

¹ Die obersten Leitungsorgane der Vorsorgeeinrichtungen beantragen bei der zuständigen Aufsichtsbehörde die Genehmigung der Fusion.

² Zuständig ist die Aufsichtsbehörde der übertragenden Vorsorgeeinrichtung.

³ Die Aufsichtsbehörde prüft, ob die Voraussetzungen einer Fusion gegeben sind, und erlässt eine Verfügung. Die Aufsichtsbehörde kann weitere für die Prüfung der Voraussetzungen erforderliche Belege verlangen.

⁴ Nach Eintritt der Rechtskraft der zustimmenden Verfügung meldet die Aufsichtsbehörde die Fusion zur Eintragung in das Handelsregister an.

⁵ Für die Rechtswirksamkeit der Fusion gilt Artikel 22 Absatz 1.

Genehmigung und Vollzug der Fusion

Art. 96

¹ Die Aufsichtsbehörde hat vor Erlass der Verfügung die Gläubigerinnen und Gläubiger der an der Fusion beteiligten Vorsorgeeinrichtungen im Schweizerischen Handelsamtsblatt dreimal darauf hinzuweisen, dass sie unter Anmeldung ihrer Forderungen Sicherstellung verlangen können.

Gläubiger- und Arbeitnehmerschutz

² Die Aufsichtsbehörde kann von einer Aufforderung an die Gläubigerinnen und Gläubiger absehen, wenn keine Forderungen bekannt oder zu erwarten sind, zu deren Befriedigung das freie Vermögen der beteiligten Vorsorgeeinrichtungen nicht ausreicht.

³ Im Falle einer Aufforderung an die Gläubigerinnen und Gläubiger können diese innerhalb von zwei Monaten nach der Veröffentlichung im Schweizerischen Handelsamtsblatt von der übernehmenden Vorsorgeeinrichtung die Sicherstellung ihrer Forderungen verlangen. Die Versicherten haben keinen Anspruch auf Sicherstellung.

⁴ Die Pflicht zur Sicherstellung entfällt, wenn die Vorsorgeeinrichtung nachweist, dass die Erfüllung der angemeldeten Forderung durch die Fusion nicht gefährdet ist. Artikel 25 Absatz 4 findet Anwendung. Im Streitfall entscheidet die Aufsichtsbehörde.

⁵ Der Arbeitnehmerschutz richtet sich nach den Artikeln 27 und 28.

2. Abschnitt: Umwandlung

Art. 97

¹ Vorsorgeeinrichtungen können sich in eine Stiftung oder in eine Genossenschaft umwandeln.

² Die Umwandlung von Vorsorgeeinrichtungen ist nur zulässig, wenn der Vorsorgezweck und die Rechte und Ansprüche der Versicherten gewahrt bleiben.

³ Die Artikel 89–95 finden sinngemäss Anwendung.

3. Abschnitt: Vermögensübertragung

Art. 98

¹ Vorsorgeeinrichtungen können ihr Vermögen oder Teile davon mit Aktiven und Passiven auf andere Vorsorgeeinrichtungen oder Rechtsträger übertragen.

² Artikel 88 Absatz 2 findet sinngemäss Anwendung. Die Artikel 70–77 finden Anwendung.

³ Vermögensübertragungen im Rahmen einer Teil- oder Gesamtliquidation bedürfen der Genehmigung der Aufsichtsbehörde, wenn dies im Recht der beruflichen Vorsorge vorgesehen ist.

8. Kapitel: Fusion, Umwandlung und Vermögensübertragung unter Beteiligung von Instituten des öffentlichen Rechts

Art. 99

¹ Institute des öffentlichen Rechts können:
a. ihr Vermögen durch Fusion auf Kapitalgesellschaften, Genossenschaften, Vereine oder Stiftungen übertragen;
b. sich in Kapitalgesellschaften, Genossenschaften, Vereine oder Stiftungen umwandeln.

² Institute des öffentlichen Rechts können durch Vermögensübertragung ihr Vermögen oder Teile davon auf andere Rechtsträger übertragen oder das Vermögen oder Teile davon von anderen Rechtsträgern übernehmen.

Zulässige Fusionen, Umwandlungen und Vermögensübertragungen

Art. 100

¹ Auf die Fusion von privatrechtlichen Rechtsträgern mit Instituten des öffentlichen Rechts, auf die Umwandlung solcher Institute in Rechtsträger des Privatrechts und auf die Vermögensübertragung unter Beteiligung eines Rechtsträgers des öffentlichen Rechts finden die Vorschriften dieses Gesetzes sinngemäss Anwendung. Bei der Fusion und der Umwandlung nach Artikel 99 Absatz 1 kann das öffentliche Recht für den beteiligten Rechtsträger des öffentlichen Rechts abweichende Vorschriften vorsehen. Die Artikel 99–101 finden jedoch in jedem Fall Anwendung.

² Institute des öffentlichen Rechts müssen in einem Inventar die Gegenstände des Aktiv- und des Passivvermögens, die von der Fusion, der Umwandlung oder der Vermögensübertragung erfasst werden, eindeutig bezeichnen und bewerten. Grundstücke, Wertpapiere und immaterielle Werte sind einzeln aufzuführen. Das Inventar muss von einer besonders befähigten Revisorin oder von einem besonders befähigten Revisor geprüft werden, sofern nicht in anderer Weise sichergestellt wird, dass die Erstellung und die Bewertung des Inventars den anerkannten Rechnungslegungsgrundsätzen entsprechen.

³ Die Beschlussfassung des Rechtsträgers des öffentlichen Rechts zur Fusion, Umwandlung oder Vermögensübertragung richtet sich nach den öffentlich-rechtlichen Vorschriften und Grundsätzen des Bundes, der Kantone und der Gemeinden.

Anwendbares Recht

Art. 101

¹ Durch Fusionen, Umwandlungen und Vermögensübertragungen von Instituten des öffentlichen Rechts dürfen keine Gläubigerinnen und Gläubiger geschädigt werden. Der Bund, die Kantone und die Gemeinden müssen Vorkehrungen treffen, damit Ansprüche im Sinne der Artikel 26, 68 Absatz 1 und 75 erfüllt werden können.

Verantwortlichkeit von Bund, Kantonen und Gemeinden

² Für Schäden, welche auf mangelhafte Vorkehrungen zurückzuführen sind, haften Bund, Kantone und Gemeinden nach den für sie massgebenden Vorschriften.

9. Kapitel: Gemeinsame Vorschriften

1. Abschnitt: Ausführungsbestimmungen

Art. 102

Der Bundesrat erlässt Vorschriften über:
a. die Einzelheiten der Eintragung ins Handelsregister und die einzureichenden Belege;
b. die Einzelheiten der Eintragung ins Grundbuch und die einzureichenden Belege.

2. Abschnitt: Handänderungsabgaben

Art. 103

Die Erhebung von kantonalen und kommunalen Handänderungsabgaben ist bei Umstrukturierungen im Sinne von Artikel 8 Absatz 3 und Artikel 24 Absätze 3 und 3^{quater} des Bundesgesetzes vom 14. Dezember 1990[1]) über die Harmonisierung der direkten Steuern der Kantone und Gemeinden ausgeschlossen. Kostendeckende Gebühren bleiben vorbehalten.

3. Abschnitt: Anmeldung beim Grundbuchamt

Art. 104

¹ Der übernehmende Rechtsträger oder, im Falle der Umwandlung, der Rechtsträger, der seine Rechtsform ändert, muss alle Änderungen, die sich für das Grundbuch aus der Fusion, der Spaltung oder der Umwandlung ergeben, innert dreier Monate vom Eintritt der Rechtswirksamkeit an beim Grundbuchamt anmelden, sofern nicht die kürzere Frist nach Absatz 2 gilt.

² Der übernehmende Rechtsträger muss den Übergang des Eigentums an einem Grundstück umgehend nach Eintritt der Rechtswirksamkeit beim Grundbuchamt anmelden, wenn:
a. bei einer Fusion von Vereinen oder von Stiftungen der übertragende Rechtsträger nicht im Handelsregister eingetragen ist;
b. das Grundstück durch Abspaltung auf ihn übergegangen ist;
c. das Grundstück durch Vermögensübertragung auf ihn übergegangen ist.

---

[1]) SR **642.14**

³ In den Fällen nach Absatz 2 Buchstaben a und b bedarf es als Ausweis für die Eigentumsübertragung für das Grundbuch einer öffentlichen Urkunde über die Tatsache, dass das Eigentum an den Grundstücken auf den übernehmenden Rechtsträger übergegangen ist.

⁴ Die Urkundsperson, welche eine Feststellungsurkunde nach Absatz 3 oder eine öffentliche Urkunde nach Artikel 70 Absatz 2 errichtet, ist namens des übernehmenden Rechtsträgers zur Anmeldung bei den Grundbuchämtern befugt.

4. Abschnitt: Überprüfung der Anteils- und Mitgliedschaftsrechte

Art. 105

¹ Wenn bei einer Fusion, einer Spaltung oder einer Umwandlung die Anteils- oder Mitgliedschaftsrechte nicht angemessen gewahrt sind oder die Abfindung nicht angemessen ist, kann jede Gesellschafterin und jeder Gesellschafter innerhalb von zwei Monaten nach der Veröffentlichung des Fusions-, des Spaltungs- oder des Umwandlungsbeschlusses verlangen, dass das Gericht eine angemessene Ausgleichszahlung festsetzt. Für die Festsetzung der Ausgleichszahlung gilt Artikel 7 Absatz 2 nicht.

² Das Urteil hat Wirkung für alle Gesellschafterinnen und Gesellschafter des beteiligten Rechtsträgers, sofern sie sich in der gleichen Rechtsstellung wie die Klägerin oder der Kläger befinden.

³ Die Kosten des Verfahrens trägt der übernehmende Rechtsträger. Wenn besondere Umstände es rechtfertigen, kann das Gericht die Kosten ganz oder teilweise den Klägerinnen und Klägern auferlegen.

⁴ Die Klage auf Überprüfung der Wahrung der Anteils- oder Mitgliedschaftsrechte hindert die Rechtswirksamkeit des Fusions-, des Spaltungs- oder des Umwandlungsbeschlusses nicht.

5. Abschnitt: Anfechtung von Fusionen, Spaltungen, Umwandlungen und Vermögensübertragungen durch Gesellschafterinnen und Gesellschafter

Art. 106

¹ Sind die Vorschriften dieses Gesetzes verletzt, so können Gesellschafterinnen und Gesellschafter der beteiligten Rechtsträger, die dem Beschluss über die Fusion, die Spaltung oder die Umwandlung nicht zugestimmt haben, den Beschluss innerhalb von zwei Monaten nach der Veröffentlichung im Schweizerischen Handelsamtsblatt anfechten. Wenn keine Veröffentlichung erforderlich ist, beginnt die Frist mit der Beschlussfassung.

Grundsatz

² Gesellschafterinnen und Gesellschafter können den Beschluss auch anfechten, wenn er vom obersten Leitungs- oder Verwaltungsorgan gefasst wurde.

Art. 107

Folgen eines Mangels

¹ Kann ein Mangel behoben werden, so räumt das Gericht den betroffenen Rechtsträgern dazu eine Frist ein.

² Wird ein Mangel innerhalb der angesetzten Frist nicht behoben oder kann er nicht behoben werden, so hebt das Gericht den Beschluss auf und ordnet die erforderlichen Massnahmen an.

6. Abschnitt: Verantwortlichkeit

Art. 108

¹ Alle mit der Fusion, der Spaltung, der Umwandlung oder der Vermögensübertragung befassten Personen sind sowohl den Rechtsträgern als auch den einzelnen Gesellschafterinnen und Gesellschaftern sowie den Gläubigerinnen und Gläubigern für den Schaden verantwortlich, den sie durch absichtliche oder fahrlässige Verletzung ihrer Pflichten verursachen. Die Verantwortung der Gründerinnen und Gründer bleibt vorbehalten.

² Alle mit der Prüfung der Fusion, der Spaltung oder der Umwandlung befassten Personen sind sowohl den Rechtsträgern als auch den einzelnen Gesellschafterinnen und Gesellschaftern sowie Gläubigerinnen und Gläubigern für den Schaden verantwortlich, den sie durch absichtliche oder fahrlässige Verletzung ihrer Pflichten verursachen.

³ Die Artikel 756, 759 und 760 des Obligationenrechts[1] finden Anwendung. Im Fall des Konkurses einer Kapitalgesellschaft oder einer Genossenschaft gelten die Artikel 757, 764 Absatz 2, 827 und 920 des Obligationenrechts sinngemäss.

⁴ Die Verantwortlichkeit der Personen, die für ein Institut des öffentlichen Rechts tätig sind, richtet sich nach dem öffentlichen Recht.

10. Kapitel: Schlussbestimmungen

Art. 109

Änderung bisherigen Rechts

Die Änderung bisherigen Rechts wird im Anhang geregelt.

Art. 110

Übergangsbestimmung

Dieses Gesetz findet Anwendung auf Fusionen, Spaltungen, Umwandlungen und Vermögensübertragungen, die nach seinem Inkrafttreten beim Handelsregister zur Eintragung angemeldet werden.

---

[1] SR **220**

Art. 111

¹ Dieses Gesetz untersteht dem fakultativen Referendum.
² Der Bundesrat bestimmt das Inkrafttreten.
³ Artikel 103 tritt fünf Jahre nach den übrigen Bestimmungen dieses Gesetzes in Kraft.

Referendum und Inkrafttreten

Datum des Inkrafttretens: 1. Juli 2004
Art. 103: 1. Juli 2009

Anhang
(Art. 109)

Änderungen bisherigen Rechts

...¹⁾

---

¹⁾ Die hiernach aufgeführten Änderungen sind in den genannten Erlassen berücksichtigt.

Handelsregisterverordnung

G. Handelsregisterverordnung (HRegV)[1]

vom 7. Juni 1937 (Stand am 1. Juli 2004)

Der Schweizerische Bundesrat,
in Ausführung der Artikel 929, 936 und 936a des Obligationenrechts[2] (OR) sowie Artikel 102 des Fusionsgesetzes vom 3. Oktober 2003[3] (FusG),
verordnet:[4]

I. Allgemeine Bestimmungen

Art. 1

[1] In jedem Kanton wird ein Handelsregister geführt.

[2] Die Kantone können die bezirksweise Führung des Registers anordnen.

[3] Sie bestimmen die Beamten und deren Stellvertreter, denen die Führung des Handelsregisters obliegt, und die Behörde, welcher für das ganze Kantonsgebiet die Aufsicht über das Handelsregister zusteht.

[4] Ausführungsvorschriften der Kantone zum Gesetz oder zu dieser Verordnung bedürfen der Genehmigung des Bundes[5].

Organisation. Registerführung in den Kantonen

Art. 2

Die Befugnis, gegen Anmeldungspflichtige, die schuldhafterweise ihrer Pflicht nicht genügen, gemäss Artikel 943 OR mit Ordnungsbussen einzuschreiten, steht der kantonalen Aufsichtsbehörde zu. Doch können die Kantone diese Befugnis ganz oder für bestimmte Fälle dem Registerführer übertragen, unter Vorbehalt der Weiterziehung seiner Verfügung an die Aufsichtsbehörde.

Befugnis zur Auferlegung von Bussen

Art. 3

[1] Die Registerführer, ihre Stellvertreter und ihre Aufsichtsbehörden sind gemäss Artikel 928 OR für ihre Amtsführung verantwortlich.

Verantwortlichkeit, Aufsicht

SR **221.411**; AS **2004** 2669

[1] Fassung des Tit. gemäss Ziff. I der V vom 15. Nov. 1989, in Kraft seit 1. Jan. 1990 (AS **1989** 2380).
[2] SR **220**
[3] SR **221.301**; AS **2004** 2617
[4] Fassung gemäss Änderung vom 21. Apr. 2004, in Kraft seit 1. Juli 2004 (AS **2004** 2669).
[5] Ausdruck gemäss Ziff. III des BG vom 15. Dez. 1989 über die Genehmigung kantonaler Erlasse durch den Bund, in Kraft seit 1. Febr. 1991 (AS **1991** 362 369; BBl **1988** II 1333).

² Die kantonalen Aufsichtsbehörden haben die Registerführung in ihrem Kanton alljährlich zu prüfen. Über das Ergebnis der Inspektionen ist dem Eidgenössischen Justiz- und Polizeidepartement Bericht zu erstatten.

³ Die kantonale Aufsichtsbehörde entscheidet über Beschwerden gegen Verfügungen des Registerführers oder bei Säumnis desselben.

⁴ Beschwerden gegen Verfügungen des Registerführers sind binnen 14 Tagen von der Zustellung an zu erheben.

⁴ᵇⁱˢ Ist die kantonale Aufsichtsbehörde keine gerichtliche Instanz, so kann gegen deren Entscheid beim zuständigen kantonalen Gericht Beschwerde erhoben werden (Art. 98a Abs. 1 des Bundesrechtspflegegesetzes[1]) – OG).[2])

⁵ Die kantonalen Aufsichtsbehörden teilen ihre Verfügungen und Entscheidungen dem Eidgenössischen Amt für das Handelsregister mit. Blosse Ermächtigungen sind ausgenommen.[3])

Art. 4

Oberaufsicht

¹ Das Eidgenössische Justiz- und Polizeidepartement übt die Oberaufsicht über die Handelsregisterführung in den Kantonen aus und lässt durch das ihm unterstellte Eidgenössische Amt für das Handelsregister Inspektionen vornehmen.

² Registerführer, die ihre Obliegenheiten nicht ordnungsgemäss erfüllen, sind auf Verlangen des Departements zur Verantwortung zu ziehen und in schweren Fällen ihres Amtes zu entheben.

³ Das Eidgenössische Amt für das Handelsregister kann den kantonalen Behörden allgemeine Weisungen zwingender Natur in Handelsregistersachen erteilen.[4])

Art. 5[3])

Rechtsschutz

¹ Gegen Entscheide und Verfügungen letzter kantonaler Instanzen und gegen Verfügungen des Eidgenössischen Amtes für das Handelsregister kann Verwaltungsgerichtsbeschwerde erhoben werden (Art. 97 und 98 Bst. g OG). Vorbehalten bleibt die Beschwerde an die Eidgenössische Rekurskommission für geistiges Eigentum gegen Verfügungen des Eidgenössischen Amtes für das Handelsregister über die Unzulässigkeit einer Firmenbezeichnung oder des Namens von Vereinen und Stiftungen (Art. 36 Abs. 2 des Markenschutzgesetzes vom 28. August 1992[5])).

---

[1]) SR **173.110**

[2]) Eingefügt durch Ziff. I der V vom 29. Sept. 1997, in Kraft seit 1. Jan. 1998 (AS **1997** 2230).

[3]) Fassung gemäss Ziff. I der V vom 29. Sept. 1997, in Kraft seit 1. Jan. 1998 (AS **1997** 2230).

[4]) Fassung gemäss Anhang Ziff. 4 der V vom 19. Dez. 2003, in Kraft seit 1. Feb. 2004 (AS **2004** 433).

[5]) SR **232.11**

² Das Bundesamt für Justiz ist zur Verwaltungsgerichtsbeschwerde an das Bundesgericht und zu den kantonalen Rechtsmitteln gegen Entscheide der kantonalen Aufsichtsbehörden berechtigt (Art. 103 Bst. b OG).

Art. 6

Die Amtsräume des Handelsregisters sind an jedem Werktage während der durch die kantonalen Behörden zu bestimmenden Stunden offenzuhalten.

Dienststunden

Art. 7[1]

¹ Die Eintragungen ins Handelsregister sind in einer Amtssprache des Bundes abzufassen, die im Registerbezirk nach kantonalem Recht als Amtssprache gilt. Im Kanton Graubünden werden die Eintragungen auf Verlangen zusätzlich in rätoromanischer Sprache vorgenommen.

² Belege können in einer andern Sprache eingereicht werden. Wird die Einsicht Dritter dadurch beeinträchtigt, so kann der Registerführer eine beglaubigte Übersetzung verlangen.

Sprache des Registers

Art. 8

¹ Die Eintragungen sind sorgfältig von Hand oder mit der Schreibmaschine vorzunehmen. Korrekturen auf chemischem oder mechanischem Wege oder durch Zwischenschriften sind untersagt.

² Schriftfehler können am Rande berichtigt werden; Berichtigungen sind zu beglaubigen.

³ Unrichtigkeiten, die nach Vornahme der Eintragung zutage treten, sind durch eine neue Eintragung zu berichtigen, auf welche durch Randvermerk hinzuweisen ist.

Korrektheit der Eintragungen

Art. 9

¹ Das Handelsregister mit Einschluss der Belege zu den Eintragungen ist öffentlich.

² Gegen Entrichtung der festgesetzten Gebühren hat der Registerführer Einsicht in das Register und die Belege zu gestatten. Er hat auf Verlangen Registerauszüge auszustellen sowie zu bescheinigen, dass eine bestimmte Firma nicht eingetragen ist.[2]

³ Auszüge und Bescheinigungen zu amtlichem Gebrauch sind unentgeltlich abzugeben.

⁴ Die einer Eintragung vorausgegangene oder mit ihr zusammenhängende Korrespondenz ist nicht öffentlich.

Öffentlichkeit

---

[1] Fassung gemäss Ziff. I der V vom 15. Nov. 1989, in Kraft seit 1. Jan. 1990 (AS **1989** 2380).
[2] Fassung gemäss Ziff. I des BRB vom 20. Dez. 1971 (AS **1971** 1839).

⁵ Abschriften von Registerakten dürfen nur vom Registerführer erstellt und gegen Entrichtung der Gebühr abgegeben werden.

⁶ Zur Erteilung telefonischer Auskunft über den Inhalt des Registers ist der Registerführer nur verpflichtet, soweit die Verhältnisse seines Amtes es gestatten.

II. Das Register

1. Einrichtung des Handelsregisters

Art. 10

Inhalt des Registers

¹ Das Handelsregister enthält Eintragungen über:[1]
a. Einzelfirmen (Art. 934 Abs. 1 und 2 OR);
b. Kollektivgesellschaften (Tit. 24 OR);
c. Kommanditgesellschaften (Tit. 25 OR);
d. Aktiengesellschaften (Tit. 26 OR);
e. Kommanditaktiengesellschaften (Tit. 27 OR);
f. Gesellschaften mit beschränkter Haftung (Tit. 28 OR);
g. Genossenschaften (Tit. 29 OR);
h. Vereine (Art. 60ff. des Zivilgesetzbuches[2] – ZGB);
i. Stiftungen (Art. 80ff. ZGB);
k.[3] Institute des öffentlichen Rechts (Art. 2 Bst. d FusG);
l. Zweigniederlassungen (Art. 935 OR);
m.[4] nicht kaufmännische Prokuren (Art. 458 Abs. 3 OR);
n.[5] Vertreter von Gemeinderschaften (Art. 341 Abs. 3 ZGB).

² Wo in dieser Verordnung der Ausdruck «Firma» verwendet wird, bezeichnet er die Einzelfirmen, Kollektivgesellschaften, Kommanditgesellschaften und juristischen Personen oder deren Namen.

Art. 11

Tagebuch Die Eintragungen werden in das Tagebuch aufgenommen und aus diesem in das Hauptregister übertragen, sobald sie im Schweizerischen Handelsamtsblatt publiziert worden sind.

---

[1] Fassung gemäss Ziff. I der V vom 15. Nov. 1989, in Kraft seit 1. Jan. 1990 (AS **1989** 2380).

[2] SR **210**

[3] Fassung gemäss Änderung vom 21. April 2004, in Kraft seit 1. Juli 2004 (AS **2004** 2669).

[4] Eingefügt durch Ziff. I der V vom 15. Nov. 1989, in Kraft seit 1. Jan. 1990 (AS **1989** 2380).

[5] Ursprünglich Bst. m.

Art. 12

¹ Das Hauptregister wird in Tabellenform geführt.[1]

² Die Tabellen sind so einzurichten, dass in kurzer Zusammenfassung der Inhalt der Eintragung über eine Gründung, Änderung oder Löschung sowie die Verweisung auf die entsprechende Publikation im Schweizerischen Handelsamtsblatt aufgenommen werden können.[2]

³ Ist die eingetragene Firma zu löschen, so ist der Eintrag mit roter Tinte schräg durchzustreichen und mit einem schwarzen horizontalen Strich abzuschliessen. Überdies wird, neben der Ordnungsnummer und dem Datum der Löschung, der Grund der letzteren erwähnt. Gegebenenfalls ist auf die Nachfolge und den Übergang von Aktiven und Passiven hinzuweisen.

Hauptregister[1]

Art. 13

¹ Wird das Hauptregister in Buchform geführt, so kann das Blatt nach Löschung einer Firma noch für eine andere Firma verwendet werden, sofern diese voraussichtlich nicht mehr als den noch verfügbaren Raum beansprucht.[1]

² Beanspruchen die Eintragung und die nachfolgenden Änderungen einer Firma mehr als ein Blatt, so ist bei der Fortsetzung auf einem neuen Blatt der letzte Totalbestand zu übertragen und auf dem neuen sowohl als auf dem alten Blatt durch eine bezügliche Verweisung der Zusammenhang herzustellen.

Hauptregister in Buchform, Verwendung der Blattseiten. Übertragung[1]

Art. 14

¹ Zum Hauptregister ist ein alphabetisches Verzeichnis der eingetragenen Firmen zu führen.

² Wird das Hauptregister als Kartothek geführt und sind die Registerkarten alphabetisch nach Firmen geordnet, kann auf das Firmenverzeichnis verzichtet werden.[3]

Firmenverzeichnis

Art. 15[4]

Die Tagebucheintragungen sind auf lose Blätter aufzunehmen, die fortlaufend zu numerieren, geordnet aufzubewahren und jahrgangweise einzubinden sind. Bei weniger als 200 Eintragungen im Jahr sind die Blätter mindestens alle fünf Jahre einzubinden.

Form des Tagebuches

---

[1] Fassung gemäss Ziff. I des BRB vom 6. Mai 1970, in Kraft seit 1. Juli 1970 (AS **1970** 733).
[2] Fassung gemäss Ziff. I des BRB vom 20. Dez. 1971 (AS **1971** 1839).
[3] Eingefügt durch Ziff. I des BRB vom 6. Mai 1970, in Kraft seit 1. Juli 1970 (AS **1970** 733).
[4] Fassung gemäss Ziff. I der V vom 15. Nov. 1989, in Kraft seit 1. Jan. 1990 (AS **1989** 2380).

Art. 15a[1]

Form des Hauptregisters und der Verzeichnisse

¹ Das Hauptregister und die Verzeichnisse werden in Buchform oder als Kartothek geführt.

² Die Verzeichnisse können als Aufzeichnungen auf elektronischen Datenträgern geführt werden, sofern die Eintragungen, einschliesslich die Änderungen und Löschungen, jederzeit lesbar gemacht und ausgedruckt werden können. Ausnahmsweise kann das Eidgenössische Amt für das Handelsregister unter den gleichen Voraussetzungen die Führung des Hauptregisters mittels elektronischer Datenverarbeitung gestatten.

Art. 16

Bücher

Die beim Handelsregister verwendeten Bücher müssen gebunden und mit fortlaufenden Seitenzahlen versehen sein. Die Anzahl der Seiten ist auf dem ersten Blatt eines jeden Buches anzugeben und vom Registerführer unterschriftlich zu beglaubigen.

Art. 17

Kartenregister

¹ Die Führung von Kartenregistern bedarf der Genehmigung des Eidgenössischen Amtes für das Handelsregister.

² Wird ein Kartenregister nicht zuverlässig geführt, so kann das Eidgenössische Justiz- und Polizeidepartement die Ersetzung durch die Buchform verfügen.

³ Die Karten, deren Inhalt gelöscht ist, sind geordnet so aufzubewahren, dass sie jederzeit nachgeschlagen werden können.

Art. 18[2]

Formulare

Das Eidgenössische Justiz- und Polizeidepartement kann für die Blätter und Karten des Hauptregisters einheitliche Formulare vorschreiben.

2. Formelle Eintragungsvorschriften, Registerakten

Art. 19

Anmeldung. Eintragung im Tagebuch

¹ Die in das Handelsregister einzutragenden Tatsachen können beim Handelsregisteramt mündlich oder schriftlich angemeldet werden.

² Die Eintragung wird, sobald ihre Voraussetzungen gegeben sind, vom Registerführer unverzüglich in das Tagebuch aufgenommen. Sie ist mit dem Datum und einer jedes Jahr neu beginnenden Ordnungsnummer zu versehen und vom Registerführer zu unterzeichnen.

---

[1] Eingefügt durch Ziff. I der V vom 15. Nov. 1989, in Kraft seit 1. Jan. 1990 (AS **1989** 2380).

[2] Fassung gemäss Ziff. I des BRB vom 20. Dez. 1971 (AS **1971** 1839).

Art. 20

¹ Gesetz und Verordnung bestimmen den Inhalt der Eintragung in das Handelsregister.

² Tatsachen, deren Eintragung nicht vorgesehen ist, können nur dann eingetragen werden, wenn das öffentliche Interesse es rechtfertigt, ihnen Wirkung gegenüber Dritten zu verleihen.

Inhalt der Eintragung

Art. 21

¹ Bevor der Registerführer eine Eintragung vornimmt, hat er zu prüfen, ob hiefür die Voraussetzungen nach Gesetz und Verordnung erfüllt sind.

² Bei der Eintragung juristischer Personen ist insbesondere zu prüfen, ob die Statuten keinen zwingenden Vorschriften widersprechen und den vom Gesetz verlangten Inhalt aufweisen.

Prüfungspflicht des Registerführers

Art. 22

¹ Gesetz und Verordnung bestimmen, wem die Anmeldung einer Eintragung in das Handelsregister obliegt.

² Bei juristischen Personen erfolgt die Anmeldung durch die Verwaltung. Besteht diese aus mehreren Personen, so hat der Präsident oder sein Stellvertreter sowie der Sekretär oder ein zweites Mitglied des Verwaltungsrates die Anmeldung zu unterzeichnen.

Anmeldende Personen

Art. 23

¹ Bei der mündlichen Anmeldung unterzeichnen die anmeldenden Personen die Eintragung vor dem Registerführer. Sie haben sich über ihre Identität auszuweisen, und der Registerführer hat im Anschluss an die Unterzeichnung die Art der Legitimation zu erwähnen.

² Bei der schriftlichen Anmeldung sind die Unterschriften zu beglaubigen. Die einer späteren Anmeldung beigesetzten Unterschriften müssen jedoch nur dann beglaubigt werden, wenn sie nicht schon früher für die nämliche Firma abgegeben wurden, es sei denn, dass der Registerführer Grund hat, ihre Echtheit zu bezweifeln.

³ Stellt der Registerführer den Text der schriftlichen Anmeldung selbst her, so ist er berechtigt, hiefür die im Tarif festgesetzte Gebühr zu erheben.

Mündliche und schriftliche Anmeldung. Unterzeichnung

Art. 24[1]

¹ Haben Erben die Anmeldung zu unterzeichnen, so können an ihrer Stelle auch Willensvollstrecker, Erbschaftsliquidatoren oder andere Stellvertreter zeichnen, die nach den Umständen als hiezu bevollmächtigt zu betrachten sind.

Unterzeichnung in besondern Fällen
a. Erben

---

[1] Fassung gemäss Ziff. I der V vom 15. Nov. 1989, in Kraft seit 1. Jan. 1990 (AS **1989** 2380).

² Der Registerführer kann sich im Falle des Todes des Inhabers einer Einzelfirma zur Löschung dieser Firma mit der Anmeldung eines einzigen Erben begnügen, wenn der Geschäftsbetrieb aufgehört hat.

Art. 25

b. Geschäftslokal, Angaben persönlicher Natur

Die Änderung des Geschäftslokals (der Adresse) bei gleichbleibendem Sitz kann durch einen im Handelsregister eingetragenen Unterschriftsberechtigten der Firma und die Änderung der Angaben über Namen, Heimatort (Staatsangehörigkeit) oder Wohnort einer im Handelsregister eingetragenen Person durch letztere selbst angemeldet werden.

Art. 25a[1]

Ausscheiden einer eintragungspflichtigen Person

¹ Meldet eine juristische Person das Ausscheiden einer eintragungspflichtigen Person beim Handelsregister zur Eintragung nicht an, so kann der Betroffene 30 Tage nach dem Ausscheiden die Löschung selbst anmelden. Er muss dazu die erforderlichen Belege einreichen.

² Der Registerführer teilt der Gesellschaft die Löschung sofort mit.

Art. 26

Firmaunterschrift

¹ Wer zur Führung der Firmaunterschrift befugt ist, hat sie beim Handelsregister zu zeichnen oder in beglaubigter Form einzureichen. Die Zeichnung geschieht in der Weise, dass der Firma der Namenszug beigefügt wird, mit oder ohne Bezeichnung der Eigenschaft, in welcher die Vertretung erfolgt.

² Die Inhaber von Einzelfirmen und die geschäftsführenden Gesellschafter von Kollektiv- und Kommanditgesellschaften können auch die Firma so zeichnen, dass sie diese von Hand schreiben, ohne Beisetzung des Namenszuges.

³ Prokuristen haben in der Weise zu zeichnen, dass sie der Firma einen die Prokura andeutenden Zusatz und ihren Namenszug beifügen.

⁴ Allen spätern Anmeldungen, bei denen es sich nicht um eine neue Firmaunterschrift handelt, sind nur die persönlichen Unterschriften der zur Anmeldung verpflichteten Personen beizusetzen.

---

[1] Eingefügt durch Ziff. I der V vom 21. April 1982 (AS **1982** 558). Fassung gemäss Ziff. I der V vom 9. Juni 1992 (AS **1992** 1213).

Art. 27

Wird eine Firma in mehreren Sprachen geführt, so ist nur eine Firmaunterschrift in jeder Sprache der Anmeldung beizusetzen. Die Erfüllung dieses Erfordernisses vorbehalten, braucht ein Zeichnungsberechtigter seinen Namenszug nur einmal abzugeben.

Firma in verschiedenen Sprachen

Art. 28[1]

[1] Am Schluss der Eintragung sind die Belege einzeln aufzuführen.

Anmeldungsbelege

[2] Beruhen die einzutragenden Tatsachen auf Beschlüssen oder Wahlen von Organen einer juristischen Person, so ist, sofern das Gesetz nicht eine öffentliche Urkunde vorschreibt, das Protokoll oder ein Auszug aus dem Protokoll des Organs als Beleg zur Anmeldung einzureichen. Das Protokoll oder der Auszug aus dem Protokoll muss vom Vorsitzenden und vom Protokollführer des Organs unterzeichnet sein. Anstelle von Originalen können von einer Urkundsperson beglaubigte Fotokopien eingereicht werden.

[3] Das Handelsregisteramt kann die Übereinstimmung des Auszuges mit dem ihm vorgelegten Original bestätigen oder den Auszug oder die Kopie selbst herstellen.

[4] Für das dem Handelsregisteramt einzureichende Exemplar der Statuten einer Genossenschaft oder eines Vereins genügt die Unterzeichnung durch den Vorsitzenden und den Protokollführer der Generalversammlung.

[5] Das Protokoll oder ein Auszug aus dem Protokoll des Organs einer juristischen Person braucht nicht beigebracht zu werden, wenn alle Mitglieder dieses Organs die Anmeldung unterzeichnen und die schriftliche Beschlussfassung für diesen Fall zulässig ist.

Art. 29

Über Handelsgesellschaften und juristische Personen, die sich ausserhalb des Registerbezirks, in dem sie ihren Sitz haben, als Kommanditäre an Kommanditgesellschaften oder als Mitglieder von Gesellschaften mit beschränkter Haftung beteiligen, ist ein Auszug aus dem Handelsregister und, wenn ein solcher nicht erhältlich ist, ein ihm gleichwertiger Ausweis über ihren rechtlichen Bestand beizubringen.

Ausweise über Handelsgesellschaften und juristische Personen

Art. 30[2]

Eine im Ausland errichtete öffentliche Urkunde kann entgegengenommen werden, wenn sie mit einer Bescheinigung der für den Errichtungsort zuständigen Behörde versehen ist, aus welcher sich ergibt, dass sie von der zuständigen öffentlichen Urkundsperson

Im Ausland errichtete öffentliche Urkunde

---

[1] Fassung gemäss Änderung vom 21. Apr. 2004, in Kraft seit 1. Juli 2004 (AS **2004** 2669).
[2] Fassung gemäss Ziff. I des BRB vom 6. Mai 1970, in Kraft seit 1. Juli 1970 (AS **1970** 733).

errichtet worden ist. Ferner sind, unter Vorbehalt abweichender Bestimmungen von Staatsverträgen, die Beglaubigungen der ausländischen Regierung und der zuständigen diplomatischen oder konsularischen Vertretung der Schweiz beizufügen.

Art. 31

Unvollständige Anmeldung

Ist eine Anmeldung nicht vorschriftsgemäss unterzeichnet oder können nicht alle vorgeschriebenen Anmeldungsbelege beigebracht werden, so kann die kantonale Aufsichtsbehörde die Ermächtigung zur Eintragung erteilen, wenn besondere Umstände eine Ausnahme rechtfertigen.

Art. 32

Privatrechtlicher Einspruch gegen eine Eintragung

¹ Erheben Dritte wegen Verletzung ihrer Rechte beim Handelsregisterführer Einspruch gegen eine vollzogene Eintragung, so sind sie an den Richter zu weisen, es sei denn, dass sie sich auf Vorschriften berufen, die von der Registerbehörde von Amtes wegen zu beobachten sind.

² Wird ein privatrechtlicher Einspruch gegen eine noch nicht vollzogene Eintragung erhoben, so hat der Registerführer dem Einsprechenden eine nach dem kantonalen Prozessrecht genügende Frist zur Erwirkung einer vorsorglichen Verfügung des Richters einzuräumen. Wenn innert dieser Frist der Richter die Eintragung nicht untersagt, so ist sie vorzunehmen, sofern im übrigen ihre Voraussetzungen erfüllt sind.

Art. 33

Löschungen und Änderungen

¹ Löschungen und Änderungen sind wie neue Eintragungen zu behandeln. Bei der Löschung einer Firma ist der Grund anzugeben. Die Auflösung einer Gesellschaft wird als Änderung behandelt.

² Werden Prokuristen oder andere Bevollmächtigte gelöscht, die nicht Mitglieder von Organen juristischer Personen sind, so ist der Löschungsgrund nicht zu erwähnen.

Art. 34

Archivierung der Anmeldungsakten

¹ Die zu einer Eintragung gehörenden Akten sind mit Datum und Ordnungsnummer des Tagebuchs zu versehen und jahrgangweise aufzubewahren. Mehrere zur nämlichen Eintragung gehörende Akten sind in einem Umschlag aufzubewahren, der mit Firma, Datum und Ordnungsnummer versehen wird.

² Die Aufbewahrung kann auch in der Weise geschehen, dass alle die nämliche Firma betreffenden Akten in einem Umschlag vereinigt werden. Diese Umschläge sind zu ordnen und so zu überschreiben und aufzubewahren, dass sie jederzeit zur Hand sind.

³ Werden die Akten zusammengeheftet aufbewahrt, so muss dies

so geschehen, dass die Lostrennung eines einzelnen Aktenstückes ohne Beschädigung möglich ist.

Art. 35

Die Urkunden über die Beschlüsse der Gläubigerversammlung von Anleihensobligationen werden beim Handelsregister aufbewahrt. Ihre Einreichung ist im Tagebuch und im Hauptregister unter der Firma des Schuldners einzutragen, im letzteren in der Kolonne «Bemerkungen» unter Erwähnung des Eingangsdatums.

Beschlüsse der Gläubigerversammlungen von Anleihensobligationen

Art. 36[1]

[1] Tagebuch, Hauptregister und, falls nach Artikel 14 obligatorisch, das Firmenregister dürfen nicht vernichtet werden.

[2] Dagegen ist die Vernichtung von Mitgliederlisten (Art. 94 und 99), Meldungen (Art. 91) sowie Belegen (Art. 9 Abs. 1) zehn Jahre nach dem Zeitpunkt der Löschung der betreffenden Firma gestattet. Die eingegangenen und die Kopien der ausgegangenen Korrespondenzen können zehn Jahre nach ihrem Ein- bzw. Ausgang vernichtet werden.

[3] Der Registerführer hat über die Bücher, Verzeichnisse und den Aktenbestand seines Amtes ein Archivverzeichnis zu führen. Das Eidgenössische Amt für das Handelsregister kann Ausnahmen bewilligen.

Aufbewahrung der Register und Akten

Art. 37

[1] Die Bücher und Verzeichnisse dürfen nicht herausgegeben werden, die zu einer Eintragung gehörenden Akten nur auf Befehl des Richters oder der Staatsanwaltschaft, auf Verlangen der kantonalen Aufsichtsbehörde oder des Eidgenössischen Amtes für das Handelsregister, in allen Fällen gegen Empfangsbescheinigung.

[2] Um einer Behörde oder Amtsstelle die verlangte Einsichtnahme in bestimmte Akten zu ermöglichen, kann der Registerführer diese einem andern Registeramt oder dem Eidgenössischen Amt für das Handelsregister für wenige Tage zustellen.

Edition von Akten

3. Besondere Bestimmungen über den Registerinhalt

Art. 38

[1] Alle Eintragungen in das Handelsregister müssen wahr sein, dürfen zu keinen Täuschungen Anlass geben und keinem öffentlichen Interesse widersprechen.

[2] Stellt sich nach dem Vollzug einer Eintragung heraus, dass sie diesen Anforderungen nicht entspricht, so ist sie im Verfahren gemäss Artikel 60 zu ändern oder zu löschen.

Wahrheit der Eintragungen

---

[1] Fassung gemäss Ziff. I des BRB vom 20. Dez. 1971 (AS **1971** 1839).

Art. 39[1]

Art. 40

Personalangaben Unter Vorbehalt der Vorschriften über die Firmenbildung ist bei allen in irgendeiner Eigenschaft im Handelsregister zu erwähnenden Personen neben dem Familiennamen mindestens ein ausgeschriebener Vorname, die Staatsangehörigkeit (bei Schweizerbürgern der Heimatort) und der Wohnort zu nennen.

Art. 41

Gesellschaften als Mitglieder anderer Gesellschaften oder ihrer Organe und als Vertreter Kollektiv- und Kommanditgesellschaften sowie juristische Personen können sich weder als unbeschränkt haftende Gesellschafter an Kollektiv- oder Kommanditgesellschaften beteiligen noch zu Mitgliedern der Verwaltung juristischer Personen oder zeichnungsberechtigten Vertretern bestellt werden. Vorbehalten bleiben die Artikel 811 und 815 Absatz 2 OR und die Wahl zu Liquidatoren.

Art. 42

Natur des Geschäftes, Geschäftslokal

[1] Bei Einzelfirmen, Kollektiv- und Kommanditgesellschaften ist die Natur des Geschäftes und bei juristischen Personen ihr Zweck kurz und sachlich einzutragen.

[2] Ferner ist in allen Fällen in der Eintragung das Geschäftslokal oder das Büro der Geschäftsführung zu bezeichnen, wenn möglich unter Angabe von Strasse und Hausnummer.

Art. 43

Statutarischer Sitz und Domizil

[1] Wenn eine juristische Person am Orte des statutarischen Sitzes kein Geschäftsbüro hat, so muss in die Eintragung aufgenommen werden, bei wem sich an diesem Orte das Domizil befindet.

[2] Der Handelsregisterführer darf weder amtlich noch ausseramtlich das Domizil einer juristischen Person übernehmen.

Art. 44[2]

Prüfung von Firma und Namen

[1] Der Registerführer prüft, ob die Firma oder bei Vereinen und Stiftungen der Name den rechtlichen Anforderungen genügt (Art. 944 ff. OR oder Art. 38 Abs. 1).

[2] Ausnahmsweise kann er von einer Dienststelle der öffentlichen Verwaltung oder von einer privaten Organisation eine Stellungnahme einholen.

---

[1] Aufgehoben durch Ziff. I der V vom 29. Sept. 1997 (AS **1997** 2230).
[2] Fassung gemäss Ziff. I der V vom 29. Sept. 1997, in Kraft seit 1. Jan. 1998 (AS **1997** 2230).

Art. 45[1]

Für die Eintragung der Firma oder des Namens ist für alle sprachlichen Fassungen die Schreibweise massgebend, die enthalten ist in:

a. der Handelsregisteranmeldung bei Einzelunternehmen;
b. dem Gesellschaftsvertrag bei Personengesellschaften;
c. der Stiftungsurkunde bei Stiftungen oder den Statuten bei den anderen juristischen Personen;
d. dem dafür massgeblichen Rechtserlass bei öffentlich-rechtlichen Körperschaften und Anstalten.

Massgebliche Schreibweise für Firma und Namen

Art. 46[1]

[1] Wird eine Firma oder ein Name in mehreren Sprachen gefasst, so sind alle Fassungen in das Handelsregister einzutragen; alle Fassungen müssen inhaltlich übereinstimmen.

[2] Nur die eingetragenen Fassungen der Firma geniessen das Recht auf ausschliesslichen Gebrauch.

Firma und Name in mehreren Sprachen

Art. 47[1]

Auf Briefen, Bestellscheinen und Rechnungen sowie in Bekanntmachungen ist die im Handelsregister eingetragene Firma vollständig und unverändert anzugeben. Zusätzlich können Kurzbezeichnungen, Logos, Geschäftsbezeichnungen, Enseignes und ähnliche Angaben verwendet werden.

Firmengebrauchspflicht

Art. 48[1]

Besondere Bezeichnungen des Geschäftsbetriebes (Geschäftsbezeichnungen) und besondere Bezeichnungen des Geschäftslokals (Enseignes) können im Handelsregister eingetragen werden. Die Eintragung gewährt kein Recht auf ausschliesslichen Gebrauch. Sie untersteht den Bestimmungen der Artikel 38 Absatz 1, 61 und 67.

Geschäftsbezeichnung und Enseignes

Art. 49[2]

[1] Verlegt eine Firma den Sitz in einen andern Registerbezirk, so ist zuerst die Eintragung in das am neuen Sitz zuständige Register vorzunehmen. Neben den für eine Neueintragung vorgeschriebenen Angaben ist der bisherige Sitz zu erwähnen.

Verlegung des Sitzes
1. Innerhalb der Schweiz in einen andern Registerbezirk

---

[1] Fassung gemäss Ziff. I der V vom 29. Sept. 1997, in Kraft seit 1. Jan. 1998 (AS **1997** 2230).
[2] Fassung gemäss Ziff. I der V vom 15. Nov. 1989, in Kraft seit 1. Jan. 1990 (AS **1989** 2380).

² Der Anmeldung am neuen Sitz ist ein Auszug aus dem Register des bisherigen Sitzes beizufügen. Handelt es sich um eine juristische Person, so ist ausserdem der Ausweis über die Statutenänderung und weitere Änderungen, ein vom Registerführer des bisherigen Sitzes beglaubigtes Exemplar der Statuten sowie ein Exemplar der neuen Statuten beizufügen.

³ Der Registerführer am neuen Sitz übermittelt dem Registerführer am bisherigen Sitz spätestens am Tage nach der Eintragung eine Abschrift derselben. Er teilt ihm so bald wie möglich das Publikationsdatum mit. Der Registerführer am bisherigen Sitz nimmt unmittelbar nach dieser Mitteilung von Amtes wegen die Löschung vor.

⁴ Der Registerführer am bisherigen Sitz überweist die Belege (Art. 9 Abs. 1) sowie allfällige Meldungen (Art. 91) oder Mitgliederlisten (Art. 94 und 99) dem Registerführer am neuen Sitz.

Art. 50[1]

2. Vom Ausland in die Schweiz
a. Allgemeine Voraussetzungen

¹ Eine ausländische Gesellschaft kann sich ohne Liquidation und Neugründung dem schweizerischen Recht unterstellen, wenn das ausländische Recht es gestattet, die Gesellschaft die Voraussetzungen des ausländischen Rechts erfüllt und die Anpassung an eine schweizerische Rechtsform möglich ist (Art. 161 Abs. 1 des BG vom 18. Dez. 1987[2] über das Internationale Privatrecht, IPRG).[3]

² Das Eidgenössische Justiz- und Polizeidepartement kann die Unterstellung unter das schweizerische Recht auch ohne Berücksichtigung des ausländischen Rechts zulassen, insbesondere wenn erhebliche schweizerische Interessen es erfordern (Art. 161 Abs. 1 IPRG).[3]

³ Eine Gesellschaft, die nach schweizerischem Recht eintragungspflichtig ist, untersteht schweizerischem Recht, sobald sie nachweist, dass sie den Mittelpunkt der Geschäftstätigkeit in die Schweiz verlegt und sich dem schweizerischen Recht angepasst hat.

---

[1] Fassung gemäss Ziff. I der V vom 15. Nov. 1989, in Kraft seit 1. Jan. 1990 (AS **1989** 2380).

[2] SR **291**

[3] Fassung gemäss Ziff. I 36 der V vom 26. Juni 1996 über die Neuzuordnung von Entscheidungsbefugnissen in der Bundesverwaltung, in Kraft seit 1. Aug. 1996 (AS **1996** 2243).

Art. 50a[1]

Die Anmeldungspflichtigen müssen dem Handelsregisteramt zusätzlich folgende besondere Belege einreichen:
a. einen Ausweis über den rechtlichen Bestand der Gesellschaft im Ausland;
b. eine Bescheinigung der zuständigen ausländischen Behörde über die Zulässigkeit der Sitzverlegung oder eine Genehmigung des Bundesrates nach Artikel 50 Absatz 2;
c. den Nachweis über die Möglichkeit der Anpassung an eine schweizerische Rechtsform;
d. den Nachweis, dass der Mittelpunkt der Geschäftstätigkeit der Gesellschaft in die Schweiz verlegt worden ist;
e. im Fall einer Kapitalgesellschaft einen Bericht einer besonders befähigten Revisorin oder eines besonders befähigten Revisors, der belegt, dass ihr Grundkapital nach schweizerischem Recht gedeckt ist.

b. Besondere Belege

Art. 50b[2]

[1] Unterstellt sich eine ausländische Gesellschaft ohne Liquidation und ohne Neugründung schweizerischem Recht, so gelten für die Eintragung die Bestimmungen über die Neueintragung.

[2] Zusätzlich werden eingetragen:
a. das Datum des Beschlusses, mit dem sich die Gesellschaft nach den Vorschriften des IPRG[3] schweizerischem Recht unterstellt;
b. die Firma oder der Name, die Rechtsform, der Sitz und die Registrierungsstelle, die zuständig war, bevor sich die Gesellschaft schweizerischem Recht unterstellt hat.

c. Eintragung in das Handelsregister

Art. 51[1]

[1] Eine schweizerische Gesellschaft kann sich ohne Liquidation und ohne Neugründung dem ausländischen Recht unterstellen, wenn die Voraussetzungen nach schweizerischem Recht erfüllt sind und sie nach dem ausländischen Recht fortbesteht.

[2] Die Gesellschaft muss die Gläubigerinnen und Gläubiger unter Hinweis auf die bevorstehende Änderung des Gesellschaftsstatuts öffentlich zur Anmeldung ihrer Forderungen auffordern. Artikel 46 FusG findet sinngemäss Anwendung.

*3. Von der Schweiz ins Ausland
a. Allgemeine Voraussetzungen*

---

[1] Fassung gemäss Änderung vom 21. Apr. 2004, in Kraft seit 1. Juli 2004 (AS **2004** 2669).
[2] Eingefügt durch Änderung vom 21. Apr. 2004, in Kraft seit 1. Juli 2004 (AS **2004** 2669).

³ Die Gesellschaft darf nur gelöscht werden, wenn durch einen Bericht einer besonders befähigten Revisorin oder eines besonders befähigten Revisors bestätigt wird, dass die Forderungen der Gläubigerinnen und Gläubiger im Sinne von Artikel 46 FusG sichergestellt oder erfüllt worden sind oder dass die Gläubigerinnen und Gläubiger mit der Löschung einverstanden sind (Art. 164 IPRG[1]).

Art. 51a[2]

b. Eintragung in das Handelsregister

Unterstellt sich eine schweizerische Gesellschaft ohne Liquidation und ohne Neugründung ausländischem Recht, so werden im Handelsregister eingetragen:
a. das Datum des Beschlusses, mit dem sich die Gesellschaft nach den Vorschriften des IPRG ausländischem Recht unterstellt;
b. die Firma oder der Name, die Rechtsform, der Sitz und die zuständige Registrierungsstelle nachdem sich die Gesellschaft ausländischem Recht unterstellt hat;
c. das Datum des Revisionsberichts, der bestätigt, dass die Vorkehrungen zum Schutze der Gläubigerinnen und Gläubiger erfüllt worden sind;
d. die Tatsache, dass die Gesellschaft gelöscht wird.

III. Eintragspflicht und amtliches Verfahren

Art. 52

Eintragspflicht

¹ Wer ein Handels-, ein Fabrikations- oder ein anderes nach kaufmännischer Art geführtes Gewerbe betreibt, ist verpflichtet, sich am Ort seiner Hauptniederlassung in das Handelsregister eintragen zu lassen (Art. 934 Abs. 1 OR).

² Die Eintragspflicht beginnt mit der Eröffnung des Betriebes.

³ Als Gewerbe im Sinne dieser Verordnung ist eine selbständige, auf dauernden Erwerb gerichtete wirtschaftliche Tätigkeit zu betrachten.

Art. 53

Die Arten der eintragspflichtigen Gewerbe

A. Zu den Handelsgewerben gehören insbesondere:
1. der Erwerb von unbeweglichen und beweglichen Sachen irgendwelcher Art und die Wiederveräusserung derselben in unveränderter oder veränderter Form (der Hausierhandel wird nicht zu den Handelsgewerben gerechnet);
2. der Betrieb von Geld-, Wechsel-, Effekten-, Börsen- und Inkassogeschäften;

---

[1] SR **291**

[2] Eingefügt durch Änderung vom 21. Apr. 2004, in Kraft seit 1. Juli 2004 (AS **2004** 2669).

3. die Tätigkeit als Kommissionär, Agent oder Makler;
4. die Treuhand- und Sachwaltergeschäfte;
5. die Beförderung von Personen und Gütern irgendwelcher Art und die Lagerung von Handelsware;
6. die Vermittlung von Nachrichten und die Auskunfterteilung irgendwelcher Art und in irgendeiner Form;
7. die Versicherungsunternehmungen;
8. die Verlagsgeschäfte.

B. Fabrikationsgewerbe sind Gewerbe, die durch Bearbeitung von Rohstoffen und andern Waren mit Hilfe von Maschinen oder andern technischen Hilfsmitteln neue oder veredelte Erzeugnisse herstellen.

C. Zu den andern, nach kaufmännischer Art geführten Gewerben gehören diejenigen, die nicht Handels- oder Fabrikationsgewerbe sind, jedoch nach Art und Umfang des Unternehmens einen kaufmännischen Betrieb und eine geordnete Buchführung erfordern.

Art. 54[1]

Die im vorangehenden Artikel unter den Buchstaben A Ziffern 1, 5 und 8 sowie B und C bezeichneten Gewerbe sind von der Eintragungspflicht befreit, wenn ihre jährliche Roheinnahme die Summe von 100 000 Franken nicht erreicht.

Ausnahmen von der Eintragspflicht. Roheinnahmen

Art. 55

[1] Massgebend ist die Roheinnahme in den zwölf, dem Zeitpunkt der Prüfung der Eintragspflicht unmittelbar vorangegangenen Monaten.

[2] Besteht ein Betrieb noch nicht ein Jahr, so ist die voraussichtliche Roheinnahme massgebend, berechnet für ein ganzes Jahr auf Grund des seit der Eröffnung des Geschäftes erzielten Ergebnisses.

**Bestimmung der Roheinnahmen
a. Zeitlich**

Art. 56

Betreibt der Inhaber eines seiner Natur nach eintragspflichtigen Gewerbes, das die in Artikel 54 vorgesehene Roheinnahme nicht erreicht, noch ein anderes Gewerbe, so ist, selbst wenn dieses an sich der Eintragungspflicht nicht unterliegen würde, in die massgebende jährliche Roheinnahme auch diejenige aus dem Nebengewerbe einzurechnen.

b. Bei mehreren Betrieben

---

[1] Fassung gemäss Ziff. I des BRB vom 20. Dez. 1971 (AS **1971** 1839).

Art. 57

Zwangsweise Eintragung

¹ Wer nach Artikel 934 Absatz 1 OR und den Artikeln 52–56 dieser Verordnung zur Eintragung in das Handelsregister verpflichtet ist und diese Pflicht nicht erfüllt hat, ist vom Registerführer unter Hinweis auf die Vorschriften durch eingeschriebenen Brief oder amtliche Zustellung aufzufordern, binnen zehn Tagen die Eintragung anzumelden oder die Weigerung schriftlich zu begründen.

² Die Eintragung kann auch von dritter Seite verlangt werden. Das Begehren ist zu begründen. Der Registerführer erlässt die Aufforderung, wenn er aus den Umständen schliessen kann, dass die Voraussetzungen der Eintragspflicht gegeben sind.

³ Die aufgeforderten Personen sind verpflichtet, die für die Prüfung der Eintragspflicht und für die Eintragung erforderliche Auskunft zu erteilen und vorhandene Geschäftsbücher vorzulegen.

⁴ Wenn innerhalb der angesetzten Frist weder die Anmeldung erfolgt, noch Weigerungsgründe schriftlich geltend gemacht werden, so nimmt der Registerführer die Eintragung von Amtes wegen vor. Gleichzeitig macht er der kantonalen Aufsichtsbehörde Anzeige. Die Aufsichtsbehörde büsst den Fehlbaren.[1]

Art. 58

Entscheidung der Aufsichtsbehörde

¹ Werden Weigerungsgründe geltend gemacht, so überweist der Registerführer die Angelegenheit der kantonalen Aufsichtsbehörde. Diese prüft die Verhältnisse und entscheidet unverzüglich. Sie teilt den Entscheid mit Begründung den Anmeldepflichtigen, den Dritten, welche die Eintragung verlangt haben, sowie dem Eidgenössischen Amt für das Handelsregister mit.[2]

² ...[3]

³ ...[4]

Art. 59

Änderungen:
a. Im allgemeinen

¹ Ist eine Tatsache im Handelsregister eingetragen, so muss auch jede Änderung dieser Tatsache eingetragen werden (Art. 937 OR).

² Die Anmeldungspflichtigen haben auch die Eintragung der von einer Verwaltungsbehörde oder vom Richter verfügten Einschränkungen oder Änderungen in der Geschäftsführung oder Vertretung von Firmen zu veranlassen, sofern nicht die Verfügung den Registerführer zur unmittelbaren Eintragung anweist.

---

[1] Fassung gemäss Ziff. I der V vom 21. April 1982 (AS **1982** 558).
[2] Fassung gemäss Ziff. I der V vom 21. April 1982 (AS **1982** 558) und gemäss Ziff. I der V vom 29. Sept. 1997, in Kraft seit 1. Jan. 1998 (AS **1997** 2230).
[3] Aufgehoben durch Ziff. I der V vom 29. Sept. 1997 (AS **1997** 2230).
[4] Aufgehoben durch Ziff. I des BRB vom 20. Dez. 1971 (AS **1971** 1839).

Art. 60

¹ Stimmt eine Eintragung im Handelsregister mit den Tatsachen nicht mehr überein, so fordert der Registerführer den oder die Anmeldungspflichtigen unter Hinweis auf die Vorschriften und unter Ansetzung einer angemessenen Frist durch eingeschriebenen Brief oder amtliche Zustellung auf, die erforderliche Änderung oder Löschung anzumelden.

b. Zwangsweise Herbeiführung von Änderungen und Löschungen

² Wenn innerhalb der angesetzten Frist weder die Anmeldung erfolgt, noch Weigerungsgründe schriftlich geltend gemacht werden, so nimmt der Registerführer die Änderung oder die Löschung von Amtes wegen vor. Gleichzeitig macht er der kantonalen Aufsichtsbehörde Anzeige. Die Aufsichtsbehörde büsst den Fehlbaren.[1]

³ Werden Weigerungsgründe geltend gemacht, so überweist der Registerführer die Angelegenheit der kantonalen Aufsichtsbehörde. Diese prüft die Verhältnisse und entscheidet unverzüglich. Sie teilt den Entscheid mit Begründung den Anmeldepflichtigen, den Dritten, welche die Änderung oder die Löschung verlangt haben, sowie dem Eidgenössischen Amt für das Handelsregister mit.[2]

⁴ ...[3]

Art. 61[4]

¹ Das Verfahren nach Artikel 60 gilt sinngemäss, wenn eine Firma nicht oder nicht mehr den Vorschriften entspricht.

Anpassung der Firmen an die Vorschriften

² Wenn innerhalb der angesetzten Frist weder eine Anmeldung erfolgt, noch Weigerungsgründe schriftlich geltend gemacht werden, so setzt der Registerführer den Wortlaut der Firma von Amtes wegen fest und trägt ihn ein. Werden Weigerungsgründe geltend gemacht oder wird eine Firma angemeldet, welche der Registerführer für unzulässig hält, so überweist er die Angelegenheit der kantonalen Aufsichtsbehörde zum Entscheid.

Art. 62

¹ Bei Eintragungen, die im Verfahren der Artikel 57–61 erfolgen, haben die Anmeldungspflichtigen sowohl die Handelsregistergebühr als allfällige Kosten des Verfahrens zu tragen.

Kosten des Verfahrens

² Hat ein Dritter die Vornahme einer Eintragung, Änderung oder Löschung verlangt und ergibt die Prüfung der Verhältnisse, dass sein Begehren unbegründet war, so hat er, wenn das Verfahren böswillig oder leichtfertig veranlasst wurde, allfällige Kosten zu tragen. Für die Deckung solcher Kosten kann der Registerführer einen Vorschuss verlangen, wenn er das Begehren für unbegründet hält.

---

[1] Fassung gemäss Ziff. I der V vom 21. April 1982 (AS **1982** 558).
[2] Fassung gemäss Ziff. I der V vom 21. April 1982 (AS **1982** 558) und gemäss Ziff. I der V vom 29. Sept. 1997, in Kraft seit 1. Jan. 1998 (AS **1997** 2230).
[3] Aufgehoben durch Ziff. I der V vom 29. Sept. 1997 (AS **1997** 2230).
[4] Fassung gemäss Ziff. I der V vom 21. April 1982 (AS **1982** 558).

Art. 63

Ermittlung der Eintragspflichtigen und der eingetretenen Änderungen

¹ Der Registerführer ist verpflichtet, die Inhaber eintragspflichtiger Gewerbe zu ermitteln und ihre Eintragung herbeizuführen.

² Ferner hat er die Eintragungen festzustellen, die mit den Tatsachen nicht mehr übereinstimmen.

³ Zu diesem Zwecke sind sowohl die Gerichte als die Gemeinde- und Bezirksbehörden verpflichtet, dem Registerführer Eintragspflichtige zu melden und ihm von den die Eintrags-, Änderungs- oder Löschungspflicht begründenden Tatsachen Mitteilung zu machen.

⁴ Mindestens einmal in drei Jahren hat der Registerführer die Gemeinde- oder Bezirksbehörden unter Übermittlung einer Liste der ihren Amtskreis betreffenden Eintragungen zu ersuchen, ihm von neu gegründeten Gewerben oder von Änderungen eingetragener Tatsachen Kenntnis zu geben. Die kantonale Aufsichtsbehörde kann auch ein anderes Ermittlungsverfahren anordnen, das den nämlichen Zweck erfüllt.[1]

IV. Konkurse und amtliche Löschungen

Art. 64

1. Konkurs und Nachlassvertrag mit Vermögensabtretung
a. Eintragung

¹ Fällt der Inhaber einer Einzelfirma in Konkurs oder wird eine Gesellschaft durch Konkurs aufgelöst, so hat der Registerführer gestützt auf die Mitteilung des Konkursrichters hierüber eine Änderung einzutragen, unter Erwähnung des Datums des Konkurserkenntnisses. Wird eine besondere Konkursverwaltung eingesetzt, so ist sie gestützt auf die Mitteilung des Konkursamtes einzutragen.

² Der Abschluss eines gerichtlichen Nachlassvertrages mit Vermögensabtretung wird ebenfalls eingetragen. Die Liquidationskommission hat die Eintragung anzumelden und der Anmeldung einen beglaubigten Auszug aus dem Nachlassvertrag und das Dispositiv des Urteils beizufügen. Die Eintragung soll das Datum der gerichtlichen Genehmigung des Nachlassvertrages, die Zusammensetzung der Liquidationskommission, die Vertreter und die Art der Zeichnung enthalten.

Art. 65

b. Widerruf oder Einstellung des Konkurses

Wird der Konkurs widerrufen oder das Konkursverfahren mangels Aktiven eingestellt, so hat dies der Registerführer auf die amtliche Mitteilung hin einzutragen, unter Aufhebung des den Konkurs betreffenden Eintrags.

---

[1] Fassung gemäss Ziff. I der V vom 15. Nov. 1989, in Kraft seit 1. Jan. 1990 (AS **1989** 2380).

Art. 66

¹ Die Einzelfirma wird gelöscht, wenn der Geschäftsbetrieb aufgehört hat, spätestens aber mit dem Schluss des Konkursverfahrens.[1]

c. Löschung

² Eine Gesellschaft wird nach Schluss des Konkursverfahrens auf die amtliche Mitteilung des Schlusserkenntnisses hin gelöscht. Wurde das Konkursverfahren mangels Aktiven eingestellt, so erfolgt die Löschung, wenn nicht innert drei Monaten nach der Publikation der Eintragung der Einstellung gegen die Löschung begründeter Einspruch erhoben wird. Ist der Einspruch berechtigt, so ist die Firma mit dem Zusatz «in Liquidation» einzutragen. Nach durchgeführter Liquidation ist die Löschung unter allen Umständen vorzunehmen.[1]

³ Bei gerichtlichen Nachlassverträgen mit Vermögensabtretung hat die Liquidationskommission nach Beendigung der Liquidation die Löschung anzumelden.

Art. 67[2]

¹ Verfügt der Richter die Änderung einer Firma, ohne den Registerführer unmittelbar zu einer entsprechenden Eintragung anzuweisen, so müssen die Anmeldungspflichtigen um die Eintragung nachsuchen.

2. Verfügung des Richters

² Vorbehalten bleibt die Pflicht des Registerführers, vor Eintragung einer Firma zu prüfen, ob diese mit den Vorschriften übereinstimmt (Art. 955 OR).

Art. 68

¹ Eine Einzelfirma wird von Amtes wegen gelöscht, wenn der Geschäftsbetrieb infolge Wegzugs oder Todes des Inhabers aufgehört hat und seither sechs Monate verflossen sind, ohne dass er selbst oder im Falle des Todes seine Erben zur Löschung angehalten werden konnten.

3. Amtliche Löschung von Einzelfirmen, Kollektiv- und Kommanditgesellschaften

² Eine Kollektiv- oder Kommanditgesellschaft ist von Amtes wegen zu löschen, wenn der Geschäftsbetrieb infolge Todes, Wegzugs, Konkurses oder Bevormundung sämtlicher Gesellschafter aufgehört hat und die zur Veranlassung der Löschung Verpflichteten hiezu nicht angehalten werden konnten.

³ Mit Zustimmung der Aufsichtsbehörde können diese Gesellschaften auch gelöscht werden, wenn die genannten Voraussetzungen nicht bei sämtlichen Gesellschaftern eingetreten sind und auf die Ankündigung der Löschung innert der vom Registerführer angesetzten Frist keine begründete Einsprache erhoben wird.

---

[1] Fassung gemäss Ziff. I der V vom 15. Nov. 1989, in Kraft seit 1. Jan. 1990 (AS **1989** 2380).
[2] Fassung gemäss Ziff. I der V vom 21. Apr. 1982 (AS **1982** 558).

V. Zweigniederlassungen

Art. 69

Gewerbebetrieb als Voraussetzung der Eintragung

Es können nur Zweigniederlassungen von Gewerben in das Handelsregister eingetragen werden.

Art. 70

Firma

¹ Zweigniederlassungen müssen die gleiche Firma führen wie die Hauptniederlassung; sie dürfen jedoch ihrer Firma besondere Zusätze beifügen, sofern diese nur für die Zweigniederlassung zutreffen.

² Die Firma der Zweigniederlassung eines Unternehmens, dessen Sitz sich im Ausland befindet, muss überdies den Ort der Hauptniederlassung, den Ort der Zweigniederlassung und die ausdrückliche Bezeichnung als solche enthalten (Art. 952 OR).

Art. 71

Zweigniederlassung eines schweizerischen Unternehmens
a. Inhalt der Eintragung

Über die Errichtung der Zweigniederlassung einer Firma, deren Hauptsitz sich in der Schweiz befindet, wird in das Handelsregister eingetragen:
a. die rechtliche Natur der Hauptniederlassung, ihre Firma und ihr Sitz;
b. die Feststellung, dass die Hauptniederlassung im Handelsregister ihres Sitzes eingetragen ist;
c. Firma und Sitz der Zweigniederlassung;
d. die Natur des Geschäftes oder der Zweck der Gesellschaft;
e. besondere Bestimmungen, die nur für die Zweigniederlassung gelten;
f.[1] die Vertreter der Zweigniederlassung und die Art der Führung der Unterschrift;
g. das Geschäftslokal.

Art. 72[2]

b. Anmeldung bei Neueintragungen[3]

¹ Sollen Zweigniederlassungen neu eingetragen werden, so ist die Anmeldung zu unterzeichnen:[3]
a. bei Einzelfirmen vom Firmainhaber;
b. bei Kollektiv- und Kommanditgesellschaften von sämtlichen zur Vertretung befugten Gesellschaftern;

---

[1] Fassung gemäss Ziff. I der V vom 15. Nov. 1989, in Kraft seit 1. Jan. 1990 (AS **1989** 2380).
[2] Fassung gemäss Ziff. I des BRB vom 20. Dez. 1971 (AS **1971** 1839).
[3] Fassung gemäss Ziff. I der V vom 15. Nov. 1989, in Kraft seit 1. Jan. 1990 (AS **1989** 2380).

c.[1] bei juristischen Personen von einem Mitglied der Verwaltung, das Einzelunterschrift führt, oder von zwei Mitgliedern, die kollektiv zeichnungsberechtigt sind; vorbehalten bleibt die Unterschrift gemäss Artikel 22 Absatz 2 sowie bei der Gesellschaft mit beschränkter Haftung die Unterzeichnung durch sämtliche Geschäftsführer (Art. 782 Abs. 2 OR).

² Dem Handelsregisteramt ist ein Auszug aus dem Handelsregister der Hauptniederlassung einzureichen, bei juristischen Personen ausserdem ein vom Registerführer am Hauptsitz beglaubigtes Exemplar der Statuten sowie ein beglaubigter Auszug aus dem Protokoll des zuständigen Gesellschaftsorgans, das den Beschluss über die Errichtung der Zweigniederlassung, die Bestellung der Vertreter derselben und die Art ihrer Zeichnung enthält.[1]

Art. 73[1]

Sollen Änderungen eingetragen werden, so ist die Anmeldung zu unterzeichnen:

a. bei Einzelfirmen vom Firmainhaber;

b. bei Kollektiv- und Kommanditgesellschaften von sämtlichen zur Vertretung befugten Gesellschaftern;

c. bei juristischen Personen gemäss Artikel 22 Absatz 2 oder von einem für das Gesamtunternehmen Einzelunterschriftsberechtigten oder von zwei für das Gesamtunternehmen Kollektivunterschriftsberechtigten; vorbehalten bleibt die Unterzeichnung durch sämtliche Geschäftsführer der Gesellschaft mit beschränkter Haftung (Art. 782 Abs. 2 OR).

c. Anmeldung bei Änderungen

Art. 74[2]

¹ Von einer Änderung über die Hauptniederlassung, die zugleich eine Änderung im Register einer Zweigniederlassung nach sich zieht, hat der Registerführer am Hauptsitz, sofern die Filiale in einem andern Registerbezirk eingetragen ist, dem Registeramt dieser Filiale Kenntnis zu geben.

² Im Falle der Revision der Statuten einer juristischen Person ist ein vom Registerführer am Hauptsitz beglaubigtes Exemplar der neuen Statuten dem Registerführer am Ort der Zweigniederlassung zu übermitteln. Die Firma hat zu diesem Zwecke dem Registerführer am Hauptsitz ein Statutenexemplar zur Verfügung zu stellen. Der Registerführer am Ort der Zweigniederlassung merkt den Eingang

d. Meldebedürftige Änderungen über die Hauptniederlassung

---

[1] Fassung gemäss Ziff. I der V vom 15. Nov. 1989, in Kraft seit 1. Jan. 1990 (AS **1989** 2380).

[2] Aufgehoben durch Ziff. I des BRB vom 6. Mai 1970 (AS **1970** 733). Fassung gemäss Ziff. I der V vom 15. Nov. 1989, in Kraft seit 1. Jan. 1990 (AS **1989** 2380).

der Statuten sowohl im Tagebuch als auch im Hauptregister vor, sofern die Akten nicht gemäss Artikel 34 Absatz 2 aufbewahrt werden.

Art. 74a[1]

e. Fusion, Spaltung. Umwandlung. Vermögensübertragung

¹ Im Falle einer Fusion, einer Spaltung, einer Umwandlung oder einer Vermögensübertragung bleiben die Eintragungen der Zweigniederlassungen bestehen, wenn nicht deren Löschung angemeldet wird.

² Ergeben sich aus einer Fusion, einer Spaltung, einer Umwandlung oder einer Vermögensübertragung bei den Zweigniederlassungen Änderungen im Bezug auf die eingetragenen Tatsachen, so müssen diese unverzüglich beim Handelsregisteramt angemeldet werden. Die Anmeldung hat im Falle einer Fusion oder einer Spaltung durch den übernehmenden Rechtsträger zu erfolgen.

Art. 75

Zweigniederlassung eines ausländischen Unternehmens
a. Erste Zweigniederlassung[2]

¹ Die Eintragung der ersten schweizerischen Zweigniederlassung einer Firma, deren Hauptsitz sich im Ausland befindet, muss nach Form und Inhalt der Eintragung einer schweizerischen Hauptniederlassung entsprechen, soweit das ausländische Recht keine Abweichung nötig macht.[2]

² Sofern am Orte der Hauptniederlassung keine dem Handelsregister entsprechende Einrichtung besteht, tritt an Stelle des Auszuges aus dem Handelsregister ein amtlicher Nachweis darüber, dass die Firma am Orte der Hauptniederlassung nach den daselbst geltenden Vorschriften zu Recht besteht.

³ Für die Unterzeichnung der Anmeldung sind die Artikel 72 und 73 anwendbar. Ist die Eintragung der Zweigniederlassung erfolgt, so können Änderungen in ihrer Vertretung von den zur Erteilung der Vertretungsbefugnis Berechtigten angemeldet werden.[2]

Art. 75a[3]

b. Weitere Zweigniederlassungen

¹ Auf weitere Zweigniederlassungen, welche die ausländische Firma in der Schweiz errichtet, finden die Vorschriften über die Zweigniederlassungen schweizerischer Unternehmen Anwendung.

---

[1] Eingefügt durch Änderung vom 21. Apr. 2004, in Kraft seit 1. Juli 2004 (AS **2004** 2669)

[2] Fassung gemäss Ziff. I der V vom 15. Nov. 1989, in Kraft seit 1. Jan. 1990 (AS **1989** 2380).

[3] Eingefügt durch Ziff. I der V vom 15. Nov. 1989, in Kraft seit 1. Jan. 1990 (AS **1989** 2380).

² Die Anmeldung von Änderungen kann von einem hiezu bevollmächtigten Einzelzeichnungsberechtigten, der im schweizerischen Handelsregister eingetragen ist, vorgenommen werden. Die Änderung betreffend die Vertretung der Zweigniederlassungen kann von den zur Erteilung der Vertretungsbefugnis Berechtigten vorgenommen werden.

Art. 76

¹ Der Registerführer hat über die Eintragung, die Löschung und die Sitzverlegung innerhalb seines Registerbezirkes dem Registerführer der Hauptniederlassung von Amtes wegen unverzüglich einen Auszug zu übermitteln. Gestützt auf diesen hat der Registerführer am Hauptsitz die entsprechenden Tatsachen vorzumerken.[1]

² Von der Eintragung im Tagebuch sendet der Registerführer dem Eidgenössischen Amt für das Handelsregister eine Abschrift zur Kenntnisnahme; sie wird nicht veröffentlicht.

Meldung an das Register der Hauptniederlassung

Art. 77

¹ Die zur Anmeldung verpflichteten Personen der Hauptniederlassung haben die Löschung einer Zweigniederlassung zu beantragen, wenn deren Geschäftsbetrieb aufgehört hat.

² Die Zweigniederlassungen werden von Amtes wegen gelöscht:
a. wenn sich der Hauptsitz in der Schweiz befindet, gestützt auf eine Mitteilung des Registerführers dieses Sitzes, laut welcher die Hauptniederlassung gelöscht worden ist;
b.[2] wenn sich der Hauptsitz im Ausland befindet, sofern festgestellt ist, dass der Geschäftsbetrieb der Zweigniederlassung aufgehört hat, und die Hauptniederlassung der Aufforderung des Registerführers zur Löschung der Zweigniederlassung nicht nachkommt oder selbst erloschen ist.

Löschung von Zweigniederlassungen

VI. Besondere Bestimmungen über juristische Personen

1. Aktiengesellschaften

Art. 78[3]

¹ Mit der Anmeldung der Gründung einer Aktiengesellschaft (Art. 629 ff. OR) sind dem Registerführer folgende Belege einzureichen:
a. die öffentliche Urkunde über den Errichtungsakt;
b. eine beglaubigte Ausfertigung der Statuten;

Gründung
a. Belege

---

[1] Fassung gemäss Ziff. I des BRB vom 6. Mai 1970, in Kraft seit 1. Juli 1970 (AS **1970** 733).
[2] Fassung gemäss Ziff. I der V vom 15. Nov. 1989, in Kraft seit 1. Jan. 1990 (AS **1989** 2380).
[3] Fassung gemäss Ziff. I der V vom 9. Juni 1992 (AS **1992** 1213).

c. ein Nachweis, dass die Mitglieder des Verwaltungsrates und die Revisoren ihre Wahl angenommen haben, sofern sich die Wahlannahme nicht aus dem Errichtungsakt ergibt;

d. das Protokoll des Verwaltungsrates über seine Konstituierung, insbesondere über die Wahl des Präsidenten und über die Erteilung der Zeichnungsbefugnisse;

e. eine Bescheinigung, aus der ersichtlich ist, bei welchem Bankinstitut die Einlagen hinterlegt sind, sofern das Bankinstitut in der öffentlichen Urkunde nicht genannt ist;

f. die Erklärung der Anmeldenden, dass die Gesellschaft am angegebenen Domizil ein Geschäftsbüro hat, oder, wenn dieses fehlt, eine Erklärung des Domizilhalters;

g. die Erklärung der Gründer, dass keine anderen Sacheinlagen, Sachübernahmen, Verrechnungstatbestände oder besonderen Vorteile bestehen als die im Errichtungsakt genannten.

² Bei Gründungen mit Sacheinlagen, Sachübernahmen, Verrechnungstatbeständen oder besonderen Vorteilen sind mit der Anmeldung zusätzlich folgende Belege einzureichen:

a. der von allen Gründern oder ihren Vertretern unterzeichnete Gründungsbericht;

b. die uneingeschränkte Prüfungsbestätigung des Revisors;

c. die Sacheinlageverträge und, soweit vorhanden, die Sachübernahmeverträge mit Beilagen.

³ In der öffentlichen Urkunde sind natürliche Personen mit dem Familiennamen, wenigstens einem ausgeschriebenen Vornamen, der Staatsangehörigkeit (bei Schweizerbürgern, dem Heimatort) und dem Wohnort zu bezeichnen; juristische Personen und Handelsgesellschaften mit dem Namen oder der Firma, der Rechtsform und dem Sitz.

Art. 79[1)]

b. Errichtungsakt

¹ Der Registerführer prüft, ob der öffentlich beurkundete Errichtungsakt folgende Angaben enthält:

a. die Gründer und gegebenenfalls ihre Vertreter;

b. die Erklärung, eine Aktiengesellschaft zu gründen;

c. die Bestätigung, dass die Statuten festgelegt sind;

d. die Erklärung jedes Gründers über die Zeichnung seiner Aktien unter Angabe von Anzahl, Nennwert, Art, Kategorie und Ausgabebetrag der Aktien sowie seine bedingungslose Verpflichtung, eine dem Ausgabebetrag entsprechende Bareinlage zu leisten;

e. die Bestellung der Mitglieder des Verwaltungsrates;

f. die Bestellung der Revisionsstelle;

[1)] Fassung gemäss Ziff. I der V vom 9. Juni 1992 (AS **1992** 1213).

g. die Feststellung der Gründer, dass:
 1. sämtliche Aktien gültig gezeichnet sind,
 2. die versprochenen Einlagen dem gesamten Ausgabebetrag entsprechen,
 3. die gesetzlichen und statutarischen Anforderungen an die Leistung der Einlage erfüllt sind;
h. die Nennung der einzelnen Belege und die Bestätigung durch die Urkundsperson, dass sie den Gründern vorgelegen haben;
i. die Unterschrift der Gründer oder ihrer Vertreter.

² Er prüft im weiteren, ob die Nationalitäts- und Wohnsitzvorschriften für die Verwaltungsräte und die Wohnsitzvorschriften für die Revisoren erfüllt sind.

Art. 80[1]

Ordentliche Kapitalerhöhung
a. Belege

¹ Mit der Anmeldung der ordentlichen Kapitalerhöhung (Art. 650 OR) sind dem Registerführer folgende Belege einzureichen:
a. die öffentliche Urkunde über den Beschluss der Generalversammlung;
b. die öffentliche Urkunde über die Feststellungen des Verwaltungsrates und die Statutenänderung;
c. eine beglaubigte Ausfertigung der geänderten Statuten;
d. eine Erklärung des Verwaltungsrates, dass keine anderen Sacheinlagen, Sachübernahmen, Verrechnungstatbestände oder besonderen Vorteile bestehen als die in der Anmeldung genannten;
e. der von einem Mitglied des Verwaltungsrates unterzeichnete Kapitalerhöhungsbericht;
f. die Jahresrechnung oder der Zwischenabschluss;
g. soweit nötig, die uneingeschränkte Prüfungsbestätigung des Revisors;
h. die Sacheinlageverträge und, soweit vorhanden, die Sachübernahmeverträge mit Beilagen;
i. eine Bescheinigung, aus der ersichtlich wird, bei welchem Bankinstitut die Einlagen hinterlegt sind, sofern das Bankinstitut in der öffentlichen Urkunde nicht genannt ist;
k. der Prospekt.

² Die Frist für die vollständige Anmeldung der Kapitalerhöhung beginnt mit dem Generalversammlungsbeschluss. Anmeldungen, die nach der Frist von drei Monaten (Art. 650 Abs. 3 OR) eingereicht werden, sind abzuweisen.

---

[1] Fassung gemäss Ziff. I der V vom 9. Juni 1992 (AS **1992** 1213).

Art. 80a[1]

b. Öffentliche Urkunden

¹ Der Registerführer prüft, ob die öffentliche Urkunde über den Beschluss der Generalversammlung folgende Angaben enthält:

a. den gesamten Nennbetrag, um den das Aktienkapital erhöht werden soll, und den Betrag der darauf zu leistenden Einlagen (mindestens ein Fünftel des Nennwertes jeder Aktie);
b. die Anzahl, den Nennwert und die Art der Aktien;
c. den Ausgabebetrag oder die Ermächtigung an den Verwaltungsrat, diesen festzusetzen;
d. die Art der Einlagen (Geld, Sacheinlagen, Verrechnung oder Umwandlung von Eigenkapital);
e. die mit einzelnen Aktienkategorien verbundenen Vorrechte (Stimmrechtsaktien, Vorzugsaktien) und die Beschränkung der Übertragbarkeit von neuen Namenaktien;
f. bei Sacheinlagen den Gegenstand und die Bewertung der Sacheinlage, den Namen des Sacheinlegers und die ihm zukommenden Aktien;
g. bei Sachübernahmen den Gegenstand, den Namen des Veräusserers und die Gegenleistung der Gesellschaft;
h. bei besonderen Vorteilen Inhalt und Wert des gewährten Vorteils und die Namen der begünstigten Personen.

² Er prüft auch, ob die öffentliche Urkunde über die Feststellungen des Verwaltungsrates und die Statutenänderung festhält, dass:

a. sämtliche Aktien gültig gezeichnet sind;
b. die versprochenen Einlagen dem gesamten Ausgabebetrag entsprechen;
c. die Einlagen entsprechend den Anforderungen des Gesetzes, der Statuten oder des Generalversammlungsbeschlusses geleistet wurden;
d. die Belege, die einzeln genannt sein müssen, dem Verwaltungsrat vorgelegen haben.

Art. 81[2]

Genehmigte Kapitalerhöhung
a. Ermächtigung

¹ Mit der Anmeldung des Generalversammlungsbeschlusses über eine genehmigte Kapitalerhöhung (Art. 651 OR) sind dem Registerführer die öffentliche Urkunde über den Ermächtigungsbeschluss und eine beglaubigte Ausfertigung der Statuten einzureichen.

---

[1] Eingefügt durch Ziff. I der V vom 9. Juni 1992 (AS **1992** 1213).
[2] Fassung gemäss Ziff. I der V vom 9. Juni 1992 (AS **1992** 1213).

² Der Registerführer prüft, ob die von der Generalversammlung geänderten Statuten folgende Angaben enthalten:
a. den Nennbetrag des genehmigten Kapitals, der die Hälfte des bisherigen Aktien- und Partizipationskapitals nicht übersteigen darf;
b. den Betrag der zu leistenden Einlagen (mindestens ein Fünftel des Nennwertes jeder Aktie);
c. den Nennwert und die Art der Aktien;
d. die mit einzelnen Aktienkategorien verbundenen Vorrechte (Stimmrechtsaktien, Vorzugsaktien) und die Beschränkung der Übertragbarkeit von neuen Namenaktien;
e. bei besonderen Vorteilen Inhalt und Wert des gewährten Vorteils und die Namen der begünstigten Personen;
f. die Einschränkung oder Aufhebung des Bezugsrechtes und die Zuweisung nicht ausgeübter oder entzogener Bezugsrechte.

Art. 81a[1]

Bei jedem Erhöhungsbeschluss des Verwaltungsrates prüft der Registerführer, ob darin folgende Angaben enthalten sind:
a. der Nennbetrag, um den das Aktienkapital erhöht werden soll;
b. die Anzahl der neuen Aktien;
c. die Art der Einlagen (Geld, Sacheinlagen oder Verrechnung);
d. bei Sacheinlagen der Gegenstand und die Bewertung der Sacheinlage, der Name des Sacheinlegers und die ihm zukommenden Aktien;
e. bei Sachübernahmen der Gegenstand, der Name des Veräusserers und die Gegenleistung der Gesellschaft.

b. Erhöhungsbeschlüsse des Verwaltungsrates

Art. 81b[1]

¹ Mit der Anmeldung des Verwaltungsratsbeschlusses sind dem Registerführer die in Artikel 80 Absatz 1 genannten Belege einzureichen mit Ausnahme der öffentlichen Urkunde über den Beschluss der Generalversammlung; an deren Stelle tritt der Erhöhungsbeschluss des Verwaltungsrates.

c. Feststellungen des Verwaltungsrates, Statutenänderungen und Belege

² Der Registerführer prüft, ob die öffentliche Urkunde über die Feststellungen des Verwaltungsrates und die Statutenänderung zusätzlich zu den in Artikel 80a Absatz 2 verlangten Angaben den Beschluss des Verwaltungsrates über die Herabsetzung des Nennbetrags des genehmigten Kapitals oder die Streichung der Bestimmungen über die genehmigte Kapitalerhöhung enthält.

³ Der Registerführer trägt die Kapitalerhöhung ein, wenn sie innerhalb der vom Ermächtigungsbeschluss festgelegten Frist, spätestens aber innerhalb von zwei Jahren vollständig angemeldet wird und die Beschlüsse des Verwaltungsrates durch den Generalversammlungsbeschluss gedeckt sind.

---

[1] Eingefügt durch Ziff. I der V vom 9. Juni 1992 (AS **1992** 1213).

Art. 82[1]

Bedingte Kapitalerhöhung
a. Statutarische Grundlage

¹ Mit der Anmeldung einer bedingten Kapitalerhöhung (Art. 653 OR) sind dem Registerführer die öffentliche Urkunde über den Gewährungsbeschluss und eine beglaubigte Ausfertigung der geänderten Statuten einzureichen.

² Er prüft, ob die von der Generalversammlung geänderten Statuten folgende Angaben enthalten:
a. den Nennbetrag der bedingten Kapitalerhöhung, der die Hälfte des bisherigen Aktien- und Partizipationskapitals nicht übersteigen darf;
b. die Anzahl, den Nennwert und die Art der Aktien;
c. den Kreis der Gläubiger oder der Arbeitnehmer, denen ein Wandel- oder Optionsrecht zusteht;
d. die Aufhebung der Bezugsrechte der bisherigen Aktionäre;
e. die mit einzelnen Aktienkategorien verbundenen Vorrechte;
f. die Beschränkung der Übertragbarkeit neuer Namenaktien.

Art. 82a[2]

b. Feststellungen des Verwaltungsrates und Statutenänderungen

¹ Mit der Anmeldung der jeweiligen Feststellungs- und Statutenänderungsbeschlüsse durch den Verwaltungsrat sind dem Registerführer folgende Belege einzureichen:
a. die Prüfungsbestätigung eines besonders befähigten Revisors;
b. die öffentliche Urkunde über die Beschlüsse des Verwaltungsrates;
c. eine beglaubigte Ausfertigung der geänderten Statuten.

² Der Registerführer prüft, ob die öffentliche Urkunde über die Feststellungen des Verwaltungsrates und die Statutenänderungen folgende Angaben enthält:
a. die Feststellungen des Verwaltungsrates über:
  1. die Anzahl, den Nennwert und die Art der neu ausgegebenen Aktien und, soweit vorhanden, über die mit einzelnen Aktienkategorien verbundenen Vorrechte,
  2. die Höhe des Aktienkapitals am Schluss des Geschäftsjahres oder im Zeitpunkt der Prüfung;
b. die Beschlüsse des Verwaltungsrates über die Statutenänderungen betreffend:
  1. die Höhe des Aktienkapitals und dessen Liberierung,
  2. den Betrag des noch verbleibenden bedingten Kapitals;
c. die Feststellung der Urkundsperson, dass die Prüfungsbestätigung die verlangten Angaben enthält.

³ Er weist die Anmeldung ab, wenn die Vorrechte oder die Beschränkungen der Übertragbarkeit der neuen Aktien im Generalversammlungsbeschluss nicht vorgesehen sind.

---

[1] Fassung gemäss Ziff. I der V vom 9. Juni 1992 (AS **1992** 1213).
[2] Eingefügt durch Ziff. I der V vom 9. Juni 1992 (AS **1992** 1213).

Art. 82b[1)]

¹ Mit der Anmeldung der Aufhebung der Statutenbestimmungen sind dem Registerführer folgende Belege einzureichen:

c. Aufhebung der Statutenbestimmungen

a. die öffentliche Urkunde über den Beschluss des Verwaltungsrates;
b. der Bericht des besonders befähigten Revisors;
c. eine beglaubigte Ausfertigung der geänderten Statuten.

² Der Registerführer prüft, ob die öffentliche Urkunde folgende Angaben enthält:
a. den Beschluss des Verwaltungsrates über die Aufhebung der Statutenbestimmungen;
b. die Feststellung der Urkundsperson, dass der Bericht des besonders befähigten Revisors die verlangten Angaben enthält.

Art. 83[2)]

¹ Mit der Anmeldung einer nachträglichen Voll- oder Teilliberierung des Aktienkapitals (Art. 634a OR) sind dem Registerführer folgende Belege einzureichen:

Nachträgliche Liberierung

a. die öffentliche Urkunde über die Beschlüsse des Verwaltungsrates zur Änderung der Statuten und seine Feststellungen;
b. eine beglaubigte Ausfertigung der Statuten;
c. bei Barliberierung eine Bescheinigung, aus der ersichtlich ist, bei welchem Bankinstitut die Einlagen hinterlegt sind, sofern das Bankinstitut in der öffentlichen Urkunde nicht genannt ist;
d. bei Liberierung durch Sacheinlage oder Verrechnung einen von einem Mitglied des Verwaltungsrates unterzeichneten Bericht des Verwaltungsrates, eine uneingeschränkte Prüfungsbestätigung des Revisors und die Sacheinlageverträge mit Beilagen;
e. die Erklärung des Verwaltungsrates, dass keine anderen Sacheinlagen, Sachübernahmen, Verrechnungstatbestände oder besonderen Vorteile bestehen als die in der Anmeldung genannten.

² Der Registerführer prüft, ob die öffentliche Urkunde folgende Angaben enthält:
a. den Beschluss des Verwaltungsrates über die Statutenänderung betreffend die Höhe der geleisteten Einlagen und, gegebenenfalls, die Sacheinlage- und Sachübernahmebestimmungen;
b. die Feststellung, dass die zusätzlichen Einlagen entsprechend den Anforderungen des Gesetzes, der Statuten oder des Beschlusses des Verwaltungsrates geleistet wurden;
c. die Nennung der einzelnen Belege mit Beilagen und die Bestätigung der Urkundsperson, dass sie dem Verwaltungsrat vorgelegen haben.

[1)] Eingefügt durch Ziff. I der V vom 9. Juni 1992 (AS **1992** 1213).
[2)] Fassung gemäss Ziff. I der V vom 9. Juni 1992 (AS **1992** 1213).

Art. 84

Herabsetzung des Grundkapitals[1]

¹ Zur Eintragung der Herabsetzung des Grundkapitals[1] ist dem Handelsregisteramt ausser den bei einer Statutenrevision erforderlichen Belegen der besondere Revisionsbericht einzureichen (Art. 732 Abs. 2 OR).

² In die öffentliche Urkunde ist die Bescheinigung aufzunehmen, dass die den Gläubigern für die Anmeldung ihrer Forderungen gesetzte Frist abgelaufen ist und dass sie befriedigt oder sichergestellt worden sind (Art. 734 OR).

³ Diese Bescheinigung kann unterbleiben, wenn die Herabsetzung des Grundkapitals[1] zur Beseitigung einer durch Verluste entstandenen Unterbilanz erfolgt (Art. 735 OR).

⁴ Sind Aktien zurückgekauft und vernichtet worden, so muss das Kapitalherabsetzungsverfahren eingehalten und die Herabsetzung des Kapitals und der Zahl der Aktien selbst dann eingetragen werden, wenn ein entsprechender Betrag in die Passiven der Bilanz gestellt wird.[2]

Art. 85[3]

Bekanntmachungen

¹ In der Eintragung müssen die öffentlichen Blätter bezeichnet werden, in welchen die von der Gesellschaft ausgehenden Bekanntmachungen erfolgen sollen.

² Die Statuten haben die öffentlichen Blätter zu bezeichnen oder wenigstens das Gesellschaftsorgan, welches sie zu bestimmen befugt ist. Vorbehalten bleibt die Bestimmung, dass alle vom Gesetz vorgeschriebenen Bekanntmachungen im Schweizerischen Handelsamtsblatt zu veröffentlichen sind (Art. 931 Abs. 2 OR).

Art. 86

Nationalität und Wohnsitz der Mitglieder des Verwaltungsrates[2]

¹ Das Bundesamt für Justiz bewilligt die Ausnahmen von den Vorschriften über die Nationalität und den Wohnsitz der Mitglieder des Verwaltungsrates von Holdinggesellschaften (Art. 708 Abs. 1 OR).[4]

¹ᵇⁱˢ Entspricht die Zusammensetzung des Verwaltungsrates einer Aktiengesellschaft oder die Ordnung ihrer Vertretung nicht mehr den Vorschriften von Artikel 708 OR, so fordert der Registerführer die Gesellschaft unter Androhung ihrer Auflösung durch

---

[1] Heute: des Aktienkapitals
[2] Fassung gemäss Ziff. I der V vom 9. Juni 1992 (AS **1992** 1213).
[3] Ursprünglich Art. 82
[4] Eingefügt durch Ziff. I 36 der V vom 26. Juni 1996 über die Neuzuordnung von Entscheidungsbefugnissen in der Bundesverwaltung, in Kraft seit 1. Aug. 1996 (AS **1996** 2243).

eingeschriebenen Brief oder amtliche Zustellung auf, innert einer angemessenen Frist, die wenigstens 30 Tage betragen muss, den gesetzmässigen Zustand wiederherzustellen.[1)][2)]

² Wird bis zum Ablauf der Frist der Aufforderung nicht Folge gegeben, so hat der Registerführer die Auflösung der Gesellschaft einzutragen und letztere hievon in Kenntnis zu setzen. Als Liquidatoren sind die Mitglieder der Verwaltung[3)] zu bezeichnen, es sei denn, dass die Gesellschaft andere Liquidatoren ernennt.

³ Wird binnen drei Monaten nach Eintragung der Auflösung der gesetzliche Zustand wiederhergestellt, so kann mit dessen Eintragung die Auflösung widerrufen werden.

Art. 86a[4)]

¹ Der Registerführer lehnt die Eintragung ab, wenn der Revisor die Unabhängigkeit im Sinne von Artikel 727c OR offensichtlich nicht aufweist.

² Die nach Artikel 3 der Verordnung vom 15. Juni 1992[5)] über die fachlichen Anforderungen an besonders befähigte Revisoren vom Verwaltungsrat eingereichten Unterlagen werden zu den Belegen genommen.

Revisionsstelle

Art. 87

¹ Wird einem Mitglied der Verwaltung einer Kommanditaktiengesellschaft die Geschäftsführung und Vertretung entzogen (Art. 767 OR), so ist die Entziehung im Handelsregister einzutragen und beizufügen, dass mit ihr auch die unbeschränkte Haftbarkeit dieses Mitgliedes für die künftig entstehenden Verbindlichkeiten der Gesellschaft endigt.

² Ist der Name des Mitgliedes in der Firma enthalten, so ist diese zu ändern.

Kommanditaktiengesellschaft, Entziehung der Geschäftsführung

Art. 88

Ist die Verwaltung[6)] einer Aktiengesellschaft nicht in der Lage, deren Auflösung und die Bestellung der Liquidatoren gemäss den Artikeln 737 und 740 Absatz 2 OR zur Eintragung in das Handelsregister anzumelden, so hat die Generalversammlung, welche die Auflösung beschliesst, die Personen zu bezeichnen, die die Anmeldung einzureichen haben.

Anmeldung der Auflösung

[1)] Ursprünglich Abs. 1
[2)] Fassung gemäss Ziff. I der V vom 9. Juni 1992 (AS **1992** 1213).
[3)] Heute: des Verwaltungsrates
[4)] Eingefügt durch Ziff. I der V vom 9. Juni 1992 (AS **1992** 1213).
[5)] SR **221.302**
[6)] Heute: der Verwaltungsrat

Art. 88a[1]

Verlust des Rechtsdomizils

¹ Besitzt eine juristische Person am Ort des statutarischen Sitzes kein Rechtsdomizil mehr, so fordert sie der Handelsregisterführer, sofern nicht Artikel 89 anwendbar ist, unter Androhung ihrer Auflösung durch eingeschriebenen Brief, amtliche Zustellung oder nötigenfalls öffentliche Bekanntmachung auf, innert einer angemessenen, wenigstens 30 Tage betragenden Frist den rechtmässigen Zustand wiederherzustellen.

² Im übrigen findet Artikel 86 Absätze 2 und 3 sinngemässe Anwendung.

Art. 89[2]

Löschung von Amtes wegen

¹ Erhält der Registerführer davon Kenntnis, dass eine Gesellschaft keine verwertbaren Aktiven mehr hat, so fordert er durch eine einmalige Publikation im Schweizerischen Handelsamtsblatt Dritte auf, ihm innert 30 Tagen ihr begründetes Interesse an der Aufrechterhaltung der Eintragung der Gesellschaft schriftlich mitzuteilen. Gleichzeitig ergeht eine entsprechende Aufforderung durch eingeschriebenen Brief an die Mitglieder des Verwaltungsrates. Bei fehlender Wohnadresse genügt die öffentliche Bekanntmachung im Schweizerischen Handelsamtsblatt.

² Wenn innerhalb der angesetzten Frist kein begründetes Interesse an der Aufrechterhaltung der Eintragung schriftlich geltend gemacht wird, so löscht der Registerführer die Gesellschaft von Amtes wegen. Andernfalls überweist er die Angelegenheit der kantonalen Aufsichtsbehörde zum Entscheid.

2. Gesellschaften mit beschränkter Haftung

Art. 90[2]

Anwendung von Vorschriften über die Aktiengesellschaft

Auf die Gesellschaft mit beschränkter Haftung finden neben den allgemeinen Bestimmungen die nachfolgenden Vorschriften dieser Verordnung sinngemäss Anwendung:

a. Bezeichnung der Gründer (Art. 78 Abs. 3);
b. ...[3]
c. Herabsetzung des Stammkapitals (Art. 84 Abs. 1, 2 und 4);
d. Form der Bekanntmachungen (Art. 85);
e. Wohnsitz der Geschäftsführer (Art. 86);
f. Löschung von Amtes wegen (Art. 89).

---

[1] Ursprünglich Art. 88bis. Eingefügt durch Ziff. I des BRB vom 6. Mai 1970 (AS **1970** 733). Fassung gemäss Ziff. I des BRB vom 20. Dez. 1971 (AS **1971** 1839).
[2] Fassung gemäss Ziff. I der V vom 9. Juni 1992 (AS **1992** 1213).
[3] Aufgehoben durch Ziff. I der V vom 29. Sept. 1997 (AS **1997** 2230).

Art. 91

¹ Die gemäss Artikel 790 Absatz 2 OR dem Handelsregisteramt zu Beginn jedes Kalenderjahres einzureichende Liste der Namen der Gesellschafter, ihrer Stammeinlagen und der darauf erfolgten Leistungen, oder die Mitteilung, dass seit der letzten Einreichung keine Änderung vorgekommen sei, soll Ende Januar im Besitze des Registerführers sein.

² Im Falle der Säumnis fordert dieser die Geschäftsführer unter Hinweis auf die Folgen der Unterlassung durch eingeschriebenen Brief oder amtliche Zustellung auf, innert zehn Tagen die Meldung einzureichen. Wird der Aufforderung nicht Folge geleistet, so hat der Registerführer dies seiner Aufsichtsbehörde anzuzeigen, die den Geschäftsführern unter Auferlegung einer Busse eine neue Frist einräumt und nötigenfalls durch Fortsetzung dieses Verfahrens der Meldepflicht Nachachtung verschafft.

³ Für die Eintragung von Änderungen in das Handelsregister findet, sofern die Meldung selbst nicht genügt, das Verfahren nach Artikel 60 dieser Verordnung Anwendung.

Meldungen über den Bestand der Beteiligungen

3. Genossenschaften

Art. 92

¹ Körperschaften, bei welchen eine persönliche Haftbarkeit ausgeschlossen ist und deren Mitglieder nicht ihre wirtschaftlichen Interessen in der Hauptsache in bestimmter, nicht nur in Geldleistung bestehender Weise durch gemeinsame Selbsthilfe zu fördern oder zu sichern suchen, können nicht als Genossenschaften eingetragen werden.

² Dagegen ist die Eintragung von Genossenschaften mit gemeinnützigem Zweck statthaft.

Voraussetzung der Eintragung

Art. 93

¹ Die Eintragung der Genossenschaft soll enthalten:
a. das Datum der Statuten;
b. die Firma und den Sitz der Genossenschaft;
c. den Zweck;
d. eine allfällige Verpflichtung der Genossenschafter zu Geld- oder andern Leistungen sowie deren Art und Höhe;
e. die Ordnung der persönlichen Haftbarkeit und gegebenenfalls der Nachschusspflicht der Genossenschafter;
f. die Form der von der Genossenschaft ausgehenden Bekanntmachungen gemäss Artikel 82 dieser Verordnung;
g. die Namen der mit der Verwaltung und Vertretung beauftragten Personen und die Art der Vertretung.

Inhalt der Eintragung und Veröffentlichung

² Zur Veröffentlichung gelangt ein Auszug, der Aufschluss gibt über Firma, Sitz, Zweck, Bekanntmachungen, den Nominalbetrag allfälliger Stammanteile, die Haftungsverhältnisse, die mit der Vertretung beauftragten Personen und die Art der Vertretung.

Art. 94

Persönlich haftende Genossenschafter
a. Mitgliederliste

¹ Der Registerführer hat für jede Genossenschaft mit persönlicher Haftung oder Nachschusspflicht der Mitglieder, ausgenommen die konzessionierten Versicherungsgenossenschaften (Art. 877 OR), gestützt auf das ihm einzureichende Verzeichnis (Art. 835 Abs. 4 OR) eine Mitgliederliste anzulegen und anhand der ihm gemeldeten Änderungen im Mitgliederbestand nachzuführen.

² Die Liste soll den Familiennamen, den Vornamen, das Geburtsjahr, den Heimatort und den Wohnort der Genossenschafter enthalten und auf die eingereichten Verzeichnisse und Nachträge hinweisen. Eine Mehrheit von Personen darf nur zusammengefasst werden, wenn es sich um Kollektiv- oder Kommanditgesellschaften oder juristische Personen handelt.[1]

Art. 95

b. Verzeichnisse, Nachträge

¹ Die Verzeichnisse und Nachträge der persönlich haftenden Genossenschafter sind vom Sekretär der Verwaltung zu unterzeichnen.

² Zu Beginn jedes Jahres hat der Handelsregisterführer die Verwaltung derjenigen Genossenschaften, die im abgelaufenen Jahre keine Änderung im Mitgliederbestand gemeldet haben, auf die ihr nach dem Gesetz obliegende Pflicht und ihre Verantwortlichkeit (Art. 877 Abs. 1 und 902 Abs. 3 OR) hinzuweisen.

³ Die eingereichten Schriftstücke werden mit dem Eingangsdatum versehen und bei den Akten der Genossenschaft aufbewahrt.

⁴ Eine Veröffentlichung der Verzeichnisse und ihrer Nachträge findet nicht statt, und im Hauptregister wird keine Vormerkung angebracht.

Art. 96

Anwendung von Vorschriften über die Aktiengesellschaft

Auf die Genossenschaft finden ausserdem die nachfolgenden Vorschriften dieser Verordnung entsprechende Anwendung:
a. Artikel 86, wenn die Zusammensetzung der Verwaltung oder die Ordnung ihrer Vertretung nicht mehr den Vorschriften des Artikels 895 OR entspricht;
b. Artikel 88 über die Anmeldung der Auflösung;
c. Artikel 89 über die Löschung von Amtes wegen.

---

[1] Fassung gemäss Ziff. I der V vom 15. Nov. 1989, in Kraft seit 1. Jan. 1990 (AS **1989** 2380).

4. Vereine

Art. 97

Die Eintragung über den Verein soll enthalten: — **Eintragung**
a. das Datum der Statuten;
b. den Namen;
c. den Sitz;
d. den Zweck;
e. die Mittel;
f. die Organisation, die Vertretung und die Art der Zeichnung.

Art. 98

Die Anmeldung ist vom Vorstand des Vereins zu unterzeichnen. Ihr sind beizufügen: — **Belege zur Eintragung**
a. ein beglaubigter Auszug aus dem Protokoll der Generalversammlung über die Annahme der Statuten und die Bestellung der Organe sowie gegebenenfalls der Ausweis über die Bezeichnung der zur Führung der Unterschrift befugten Personen und die Art der Zeichnung;
b. ein Exemplar der Statuten (Art. 28 Abs. 4).

Art. 99

Wenn die Statuten eines Vereins bestimmen, dass die Mitglieder für dessen Verbindlichkeiten persönlich haften oder zu Nachschüssen verpflichtet werden können, so sind diese Statutenbestimmungen in der Eintragung zu erwähnen. Die Liste der Mitglieder ist dem Handelsregisteramt einzureichen, das ein Verzeichnis anzulegen hat. Auf die Meldungen von Änderungen im Mitgliederbestand und die Nachführung des Verzeichnisses finden die für die Genossenschaft geltenden Vorschriften (Art. 94 und 95) entsprechende Anwendung. — **Persönlich haftende Mitglieder**

Art. 100

[1] Auf eingetragene, zur Eintragung verpflichtete Vereine, die in Konkurs geraten sind, finden die Artikel 64–66 dieser Verordnung entsprechende Anwendung. — **Amtliche Löschung**

[2] Eingetragene, aber nicht eintragspflichtige Vereine sind gestützt auf die Mitteilung des Konkurserkenntnisses im Handelsregister von Amtes wegen zu löschen.

[3] Im übrigen wird ein Verein auf Weisung der kantonalen Aufsichtsbehörde von Amtes wegen gelöscht, wenn er aufgelöst ist und keine Vorstandsmitglieder mehr vorhanden sind, die zur Anmeldung der Löschung angehalten werden können.

5. Stiftungen

Art. 101

Eintragung Die Eintragung über die Stiftung soll enthalten:
a. das Datum der Errichtung;
b. den Namen;
c. den Sitz;
d. den Zweck;
e. die Organisation, die Vertretung und die Art der Zeichnung.

Art. 102

Belege zur Eintragung [1] Zu der von der Verwaltung zu unterzeichnenden Eintragung ist die Stiftungsurkunde in Original oder beglaubigter Abschrift einzureichen; ebenso allfällige Reglemente, welche die Organisation und Vertretung der Stiftung ordnen.

[2] Jede spätere Änderung der Stiftungsurkunde und solcher Reglemente ist beim Handelsregisteramt ebenfalls anzumelden. Vorbehalten bleiben Änderungen, die auf Anweisung der zuständigen Aufsichtsbehörde unmittelbar einzutragen sind.[1]

Art. 103

Aufsichtsbehörde [1] Der Registerführer gibt von der Eintragung der Stiftung derjenigen Behörde Kenntnis, der die Stiftungsaufsicht zukommt, und holt von ihr die Bestätigung ein, dass sie die Aufsicht übernommen habe. Bestehen Zweifel darüber, welche Behörde zur Führung der Aufsicht zuständig ist, so hat der Registerführer die Abklärung der Frage herbeizuführen.

[2] Die Bezeichnung der Aufsichtsbehörde ist im Hauptregister vorzumerken und dem Eidgenössischen Amt für das Handelsregister mitzuteilen.

[3] Dieses Amt führt ein nach Kantonen geordnetes Verzeichnis der Stiftungen.

Art. 104

Amtliche Löschung Eine Stiftung wird, nachdem sie aufgehoben worden ist, gestützt auf eine Mitteilung der zuständigen Behörde oder des Richters (Art. 88 und 89 ZGB[2]) von Amtes wegen gelöscht.

---

[1] Fassung gemäss Ziff. I der V vom 15. Nov. 1989, in Kraft seit 1. Jan. 1990 (AS **1989** 2380).
[2] SR **210**

VII. Fusion, Spaltung, Umwandlung und Vermögensübertragung[1)]

1. Fusion von Gesellschaften

Art. 105

¹ Jede an der Fusion beteiligte Gesellschaft muss die sie betreffenden Tatsachen selber zur Eintragung in das Handelsregister anmelden (Art. 21 Abs. 1 FusG).

² Befinden sich nicht alle an der Fusion beteiligten Gesellschaften im selben Registerbezirk, so ist das Handelsregisteramt am Ort der übernehmenden Gesellschaft für die Prüfung der Fusion und sämtlicher Belege zuständig. Es informiert die Handelsregisterämter am Sitz der übertragenden Gesellschaften über die vorzunehmende Eintragung und übermittelt ihnen die sie betreffenden Anmeldungen. Die Löschung der übertragenden Gesellschaften ist ohne weitere Prüfung einzutragen.

a. Anmeldung. Zuständiges Handelsregisteramt

Art. 105a

¹ Mit der Anmeldung zur Eintragung der Fusion müssen die beteiligten Gesellschaften die folgenden Belege einreichen:

a. den Fusionsvertrag (Art. 12 und 13 FusG);
b. die Fusionsbilanzen der übertragenden Gesellschaften, gegebenenfalls die Zwischenbilanzen (Art. 11 FusG);
c. die Fusionsbeschlüsse der beteiligten Gesellschaften, soweit erforderlich, öffentlich beurkundet (Art. 18 und 20 FusG);
d. die Prüfungsberichte der beteiligten Gesellschaften (Art. 15 FusG);
e. die Belege für eine Kapitalerhöhung bei einer Absorptionsfusion (Art. 9 und 21 Abs. 2 FusG);
f. bei der Fusion einer Gesellschaft in Liquidation die von mindestens einem Mitglied des obersten Leitungs- oder Verwaltungsorgans unterzeichnete Bestätigung nach Artikel 5 Absatz 2 des Fusionsgesetzes;
g. bei der Fusion von Gesellschaften mit Kapitalverlust oder Überschuldung die Bestätigung nach Artikel 6 Absatz 2 des Fusionsgesetzes;
h. die Belege für die Neugründung bei einer Kombinationsfusion (Art. 10 FusG).

b. Belege

[1)] VII. Abschnitt eingefügt durch Änderung vom 21. Apr. 2004, in Kraft seit 1. Juli 2004 (AS **2004** 2669).

² Bei Fusionen von kleinen und mittleren Unternehmen können die fusionierenden Gesellschaften anstelle des Belegs nach Absatz 1 Buchstabe d eine von mindestens einem Mitglied des obersten Leitungs- oder Verwaltungsorgans unterzeichnete Erklärung einreichen, in der nachgewiesen wird, dass sämtliche Gesellschafterinnen und Gesellschafter auf die Erstellung des Fusionsberichts oder auf die Prüfung verzichten und die Gesellschaft die Anforderungen nach Artikel 2 Buchstabe e FusG erfüllt. In der Erklärung ist auf die massgeblichen Unterlagen wie Erfolgsrechnungen, Bilanzen, Jahresberichte, Verzichtserklärungen oder das Protokoll der Generalversammlung Bezug zu nehmen.

³ Bei erleichterten Fusionen von Kapitalgesellschaften (Art. 23 FusG) müssen die fusionierenden Gesellschaften anstelle der Belege nach Absatz 1 Buchstaben c und d die Auszüge aus den Protokollen der obersten Leitungs- oder Verwaltungsorgane über den Abschluss des Fusionsvertrages einreichen, sofern der Fusionsvertrag nicht von allen Mitgliedern dieser Organe unterzeichnet ist. Soweit dies nicht aus den anderen Belegen hervorgeht, müssen sie zudem nachweisen, dass die Gesellschaften die Voraussetzungen von Artikel 23 FusG erfüllen.

Art. 105b

c. Eintragung in das Handelsregister

¹ Bei der übernehmenden Gesellschaft werden eingetragen:
a. die Firma oder der Name, der Sitz sowie die Identifikationsnummer der an der Fusion beteiligten Gesellschaften;
b. das Datum des Fusionsvertrages und der Fusionsbilanz;
c. der gesamte Wert der übertragenen Aktiven und Passiven;
d. gegebenenfalls die den Gesellschafterinnen und Gesellschaftern der übertragenden Gesellschaft zugesprochenen Anteils- oder Mitgliedschaftsrechte sowie eine allfällige Ausgleichszahlung (Art. 7 FusG);
e. gegebenenfalls die Abfindung (Art. 8 FusG);
f. gegebenenfalls die durch die Fusion bedingte Kapitalerhöhung;
g. bei einer Kombinationsfusion zudem die für eine Neueintragung erforderlichen Angaben.

² Bei der übertragenden Gesellschaft werden eingetragen:
a. die Firma oder der Name, der Sitz sowie die Identifikationsnummer der an der Fusion beteiligten Gesellschaften;
b. die Tatsache, dass die Gesellschaft infolge Fusion gelöscht wird (Art. 21 Abs. 3 FusG).

Art. 105c

d. Zeitpunkt der Eintragungen

Die Fusion muss bei allen beteiligten Gesellschaften am gleichen Tag ins Tagebuch eingetragen werden. Befinden sich nicht alle Gesellschaften im selben Registerbezirk, so müssen die Handelsregisterämter ihre Eintragungen aufeinander abstimmen.

Art. 105d

Erfüllt eine Fusion die Anforderungen eines meldepflichtigen Zusammenschlusses gemäss Artikel 9 des Kartellgesetzes vom 6. Oktober 1995[1]), so darf sie erst zur Eintragung in das Handelsregister angemeldet werden, wenn die kartellrechtlichen Voraussetzungen erfüllt sind (Art. 22 Abs. 1 FusG).

e. Meldepflichtige Fusionen

2. Spaltung von Kapitalgesellschaften und Genossenschaften

Art. 106

[1] Jede an der Spaltung beteiligte Gesellschaft muss die sie betreffenden Tatsachen selber zur Eintragung in das Handelsregister anmelden (Art. 51 Abs. 1 FusG).

[2] Befinden sich nicht alle an der Spaltung beteiligten Gesellschaften im selben Registerbezirk, so ist das Handelsregisteramt am Ort der übertragenden Gesellschaft für die Prüfung der Spaltung und sämtlicher Belege zuständig. Es informiert die Handelsregisterämter am Sitz der übernehmenden Gesellschaften über die vorzunehmenden Eintragungen und übermittelt ihnen die sie betreffenden Anmeldungen sowie beglaubigte Kopien der massgeblichen Belege. Die Spaltung wird bei den übernehmenden Gesellschaften ohne weitere Prüfung eingetragen.

a. Anmeldung. Zuständiges Handelsregisteramt

Art. 106a

[1] Mit der Anmeldung zur Eintragung der Spaltung müssen die beteiligten Gesellschaften folgende Belege einreichen:

b. Belege

a. den Spaltungsvertrag (Art. 36 Abs. 1 und 37 FusG) oder den Spaltungsplan (Art. 36 Abs. 2 und 37 FusG);
b. die öffentlich beurkundeten Spaltungsbeschlüsse der beteiligten Gesellschaften (Art. 43 und 44 FusG);
c. die Prüfungsberichte der beteiligten Gesellschaften (Art. 40 FusG);
d. soweit erforderlich die Belege für eine Kapitalherabsetzung bei der übertragenden Gesellschaft (Art. 32 i.V.m. 51 Abs. 2 FusG);
e. soweit erforderlich die Belege für eine Kapitalerhöhung bei der übernehmenden Gesellschaft (Art. 33 FusG);
f. die Belege für die Neugründung bei der neu eingetragenen übernehmenden Gesellschaft (Art. 34 FusG).

---

[1]) SR **251**

² Bei Spaltungen von kleinen und mittleren Unternehmen können die beteiligten Gesellschaften anstelle des Belegs nach Absatz 1 Buchstabe c eine von mindestens einem Mitglied des obersten Leitungs- oder Verwaltungsorgans unterzeichnete Erklärung einreichen, in der nachgewiesen wird, dass sämtliche Gesellschafterinnen und Gesellschafter auf die Erstellung des Spaltungsberichts oder auf die Prüfung verzichten und die Gesellschaft die Anforderungen nach Artikel 2 Buchstabe e FusG erfüllt. In der Erklärung ist auf die massgeblichen Unterlagen wie Erfolgsrechnungen, Bilanzen, Jahresberichte, Verzichtserklärungen oder das Protokoll der Generalversammlung Bezug zu nehmen.

Art. 106b

c. Eintragung in das Handelsregister. Aufspaltung

¹ Bei den übernehmenden Gesellschaften werden eingetragen:
a. die Firma, der Sitz sowie die Identifikationsnummer der an der Spaltung beteiligten Gesellschaften;
b. das Datum des Spaltungsvertrages bzw. des Spaltungsplans;
c. der gesamte Wert der gemäss Inventar übertragenen Aktiven und Passiven;
d. die den Gesellschafterinnen und Gesellschaftern der übertragenden Gesellschaft zugesprochenen Anteils- oder Mitgliedschaftsrechte sowie eine allfällige Ausgleichszahlung (Art. 37 Bst. c FusG);
e. gegebenenfalls die durch die Spaltung bedingte Kapitalerhöhung;
f. gegebenenfalls die für eine Neueintragung erforderlichen Angaben.

² Bei der übertragenden Gesellschaft werden eingetragen:
a. die Firma, der Sitz sowie die Identifikationsnummer aller an der Spaltung beteiligten Gesellschaften;
b. die Tatsache, dass die Gesellschaft infolge Aufspaltung gelöscht wird (Art. 51 Abs. 3 FusG).

Art. 106c

Abspaltung

¹ Die Eintragung bei der übernehmenden Gesellschaft im Zusammenhang mit einer Abspaltung bestimmt sich nach Artikel 106b Absatz 1.

² Bei der übertragenden Gesellschaft werden eingetragen:
a. die Firma, der Sitz sowie die Identifikationsnummer aller an der Abspaltung beteiligten Gesellschaften;
b. gegebenenfalls die durch die Abspaltung bedingte Kapitalherabsetzung.

Art. 106d

Die Spaltung muss bei allen beteiligten Gesellschaften am gleichen Tag ins Tagebuch eingetragen werden. Befinden sich nicht alle beteiligten Gesellschaften im selben Registerbezirk, so müssen die Handelsregisterämter ihre Eintragungen aufeinander abstimmen.

d. Zeitpunkt der Eintragungen

Art. 106e

Erfüllt eine Spaltung die Anforderungen eines meldepflichtigen Zusammenschlusses gemäss Artikel 9 des Kartellgesetzes vom 6. Oktober 1995, so darf sie erst zur Eintragung in das Handelsregister angemeldet werden, wenn die kartellrechtlichen Voraussetzungen erfüllt sind (Art. 52 FusG).

e. Meldepflichtige Spaltungen

3. Umwandlung von Gesellschaften

Art. 107

[1] Mit der Anmeldung zur Eintragung der Umwandlung (Art. 66 FusG) muss die Gesellschaft dem Handelsregisteramt folgende Belege einreichen:

a. Anmeldung. Belege

a. den Umwandlungsplan (Art. 59 und 60 FusG);
b. die Umwandlungsbilanz, gegebenenfalls die Zwischenbilanz (Art. 58 FusG);
c. den öffentlich beurkundeten Umwandlungsbeschluss (Art. 64 und 65 FusG);
d. den Prüfungsbericht (Art. 62 FusG);
e. soweit nach den Umständen erforderlich dieselben Belege wie bei der Neugründung der neuen Rechtsform (Art. 57 FusG).

[2] Bei Umwandlungen von kleinen und mittleren Unternehmen kann das oberste Leitungs- oder Verwaltungsorgan anstelle des Belegs nach Absatz 1 Buchstabe d eine von mindestens einem Mitglied unterzeichnete Erklärung einreichen, in der nachgewiesen wird, dass sämtliche Gesellschafterinnen und Gesellschafter auf die Erstellung des Umwandlungsberichts oder auf die Prüfung verzichten und die Gesellschaft die Anforderungen nach Artikel 2 Buchstabe e FusG erfüllt. In der Erklärung ist auf die massgeblichen Unterlagen wie Erfolgsrechnungen, Bilanzen, Jahresberichte, Verzichtserklärungen oder das Protokoll der Generalversammlung Bezug zu nehmen.

Art. 107a

Die Eintragung der Umwandlung enthält Angaben über:

b. Eintragung in das Handelsregister

a. die Firma oder den Namen sowie die Rechtsform vor und nach der Umwandlung;
b. das Datum der neuen Statuten bei juristischen Personen;
c. das Datum des Umwandlungsplans und der Umwandlungsbilanz;

d. den gesamten Wert der Aktiven und Passiven;
e. die den Gesellschafterinnen und Gesellschaftern zugesprochenen Anteils- oder Mitgliedschaftsrechte;
f. die erforderlichen weiteren Angaben bei der neuen Rechtsform.

4. Vermögensübertragung

Art. 108

a. Anmeldung. Belege

Mit der Anmeldung zur Eintragung der Vermögensübertragung (Art. 73 FusG) muss der übertragende Rechtsträger dem Handelsregisteramt folgende Belege einreichen:
a. den Übertragungsvertrag (Art. 71 FusG);
b. die Auszüge aus den Protokollen der obersten Leitungs- oder Verwaltungsorgane der beteiligten Rechtsträger über den Abschluss des Übertragungsvertrages (Art. 70 Abs. 1 FusG), sofern der Vermögensübertragungsvertrag nicht von allen Mitgliedern dieser Organe unterzeichnet ist.

Art. 108a

b. Eintragung in das Handelsregister

Beim übertragenden Rechtsträger werden eingetragen:
a. die Firma oder der Name, der Sitz sowie die Identifikationsnummer der an der Vermögensübertragung beteiligten Rechtsträger;
b. das Datum des Übertragungsvertrages;
c. der gesamte Wert der gemäss Inventar übertragenen Aktiven und Passiven;
d. die allfällige Gegenleistung.

Art. 108b

c. Meldepflichtige Vermögensübertragungen

Erfüllt eine Vermögensübertragung die Anforderungen eines meldepflichtigen Zusammenschlusses gemäss Artikel 9 des Kartellgesetzes, so darf sie erst zur Eintragung in das Handelsregister angemeldet werden, wenn die kartellrechtlichen Voraussetzungen erfüllt sind (Art. 73 Abs. 2 FusG).

5. Fusion und Vermögensübertragung von Stiftungen

Art. 109

Fusion. Anmeldung. Belege. Eintragung in das Handelsregister

[1] Mit der Anmeldung zur Eintragung der Fusion (Art. 83 Abs. 3 FusG) muss die Aufsichtsbehörde der übertragenden Stiftung dem Handelsregisteramt am Sitz der übernehmenden Stiftung folgende Belege einreichen:
a. die Verfügung über die Genehmigung der Fusion (Art. 83 Abs. 3 FusG);
b. den Fusionsvertrag, soweit erforderlich, öffentlich beurkundet (Art. 79 FusG);

c. die Fusionsbilanzen der übertragenden Stiftungen, gegebenenfalls die Zwischenbilanzen (Art. 80 FusG);
d. den Prüfungsbericht (Art. 81 FusG);
e. die Belege für die Errichtung einer Stiftung bei einer Kombinationsfusion.

² Bei Fusionen von Familienstiftungen und kirchlichen Stiftungen muss die übernehmende Stiftung anstelle der Verfügung der Aufsichtsbehörde die Fusionsbeschlüsse der obersten Stiftungsorgane der beteiligten Stiftungen einreichen (Art. 84 Abs. 1 FusG).

³ Für die Eintragung der Fusion in das Handelsregister gilt Artikel 105b sinngemäss. Zusätzlich wird das Datum der Verfügung der Aufsichtsbehörde über die Genehmigung der Fusion eingetragen.

Art. 109a

¹ Mit der Anmeldung zur Eintragung der Vermögensübertragung (Art. 87 Abs. 3 FusG) muss die Aufsichtsbehörde der übertragenden Stiftung dem Handelsregisteramt folgende Belege einreichen:
a. die Verfügung über die Genehmigung der Vermögensübertragung;
b. den Übertragungsvertrag.

Vermögensübertragung. Anmeldung. Belege. Eintragung in das Handelsregister

² Bei Vermögensübertragungen von Familienstiftungen und kirchlichen Stiftungen muss die übertragende Stiftung anstelle der Verfügung der Aufsichtsbehörde die Auszüge aus den Protokollen der obersten Leitungs- oder Verwaltungsorgane der beteiligten Rechtsträger über den Abschluss des Übertragungsvertrages einreichen.

³ Für die Eintragung der Vermögensübertragung in das Handelsregister gilt Artikel 108a sinngemäss. Zusätzlich wird das Datum der Verfügung der Aufsichtsbehörde über die Genehmigung der Vermögensübertragung eingetragen.

6. Fusion, Umwandlung und Vermögensübertragung von Vorsorgeeinrichtungen

Art. 109b

¹ Mit der Anmeldung zur Eintragung der Fusion (Art. 95 Abs. 4 FusG) muss die Aufsichtsbehörde der übertragenden Vorsorgeeinrichtung dem Handelsregisteramt am Sitz der übernehmenden Vorsorgeeinrichtung folgende Belege einreichen:
a. den Fusionsvertrag (Art. 90 FusG);
b. die Fusionsbilanzen der übertragenden Vorsorgeeinrichtungen, gegebenenfalls die Zwischenbilanzen (Art. 89 FusG);
c. die Prüfungsberichte der beteiligten Vorsorgeeinrichtungen (Art. 92 FusG);
d. die Fusionsbeschlüsse der beteiligten Vorsorgeeinrichtungen (Art. 94 FusG);

Fusion. Anmeldung. Belege. Eintragung in das Handelsregister

e. die Verfügung der Aufsichtsbehörde über die Genehmigung der Fusion (Art. 95 Abs. 3 FusG);

f. die Belege für die Neugründung bei einer Kombinationsfusion.

² Für die Eintragung der Fusion in das Handelsregister gilt Artikel 105b sinngemäss. Zusätzlich wird das Datum der Verfügung der Aufsichtsbehörde über die Genehmigung der Fusion eingetragen.

Art. 109c

Umwandlung. Anmeldung. Belege. Eintragung in das Handelsregister

¹ Für die Anmeldung und die Belege findet Artikel 107 sinngemäss Anwendung. Zusätzlich ist dem Handelsregisteramt die Verfügung der Aufsichtsbehörde über die Genehmigung der Umwandlung einzureichen.

² Für die Eintragung in das Handelsregister gilt Artikel 107a sinngemäss. Zusätzlich ist das Datum der Verfügung der Aufsichtsbehörde einzutragen.

Art. 109d

Vermögensübertragung. Anmeldung. Belege. Eintragung in das Handelsregister

¹ Für die Anmeldung und die Belege findet Artikel 108 sinngemäss Anwendung. Zusätzlich ist dem Handelsregisteramt die Verfügung der Aufsichtsbehörde über die Genehmigung der Vermögensübertragung einzureichen.

² Für die Eintragung in das Handelsregister gilt Artikel 108a sinngemäss. Zusätzlich ist das Datum der Verfügung der Aufsichtsbehörde einzutragen.

7. Fusion, Umwandlung und Vermögensübertragung von Instituten des öffentlichen Rechts

Art. 109e

Anmeldung. Belege. Eintragung in das Handelsregister

¹ Auf die Fusion von privatrechtlichen Rechtsträgern mit Instituten des öffentlichen Rechts, auf die Umwandlung solcher Institute in Rechtsträger des Privatrechts und auf die Vermögensübertragung unter Beteiligung eines Rechtsträgers des öffentlichen Rechts finden die Vorschriften dieser Verordnung sinngemäss Anwendung.

² Mit der Anmeldung zur Eintragung der Fusion, der Umwandlung und der Vermögensübertragung muss das Institut des öffentlichen Rechts dem Handelsregisteramt einreichen:

a. die für eine Fusion, eine Umwandlung oder eine Vermögensübertragung vorgeschriebenen Belege, sofern sie auf Grund der sinngemässen Anwendung des Fusionsgesetzes erforderlich sind (Art. 100 Abs. 1 FusG);

b. das Inventar (Art. 100 Abs. 2 FusG);

c. den Beschluss oder andere Rechtsgrundlagen des öffentlichen Rechts, auf die sich die Fusion, Umwandlung oder Vermögensübertragung stützt (Art. 100 Abs. 3 FusG).

[3] Die Handelsregistereintragung muss einen Hinweis auf das Inventar sowie auf den Beschluss oder die anderen Rechtsgrundlagen enthalten.

8. Grenzüberschreitende Fusion

Art. 110

Anmeldung. Belege. Eintragung in das Handelsregister

[1] Mit der Anmeldung zur Eintragung einer Fusion vom Ausland in die Schweiz (Art. 163a IPRG) sind dem Handelsregisteramt zusätzlich zu den Belegen nach Artikel 105a einzureichen:

a. ein Ausweis über den rechtlichen Bestand der übertragenden Gesellschaft im Ausland;
b. eine Bescheinigung der zuständigen ausländischen Behörde über die Zulässigkeit der grenzüberschreitenden Fusion nach dem ausländischen Recht;
c. der Nachweis der Kompatibilität der fusionierenden Gesellschaften.

[2] Mit der Anmeldung zur Eintragung der Löschung der übertragenden Gesellschaft bei einer Fusion von der Schweiz ins Ausland (Art. 163b IPRG) sind dem Handelsregisteramt zusätzlich zu den Belegen nach Artikel 105a einzureichen:

a. ein Ausweis über den rechtlichen Bestand der übernehmenden Gesellschaft im Ausland;
b. eine Bescheinigung der zuständigen ausländischen Behörde über die Zulässigkeit der grenzüberschreitenden Fusion nach dem ausländischen Recht;
c. der Bericht, der Nachweis und die Bestätigung nach Artikel 164 IPRG.

[3] Für die Eintragung in das Handelsregister gelten die Artikel 105b und 105d. Zusätzlich muss die Eintragung erwähnen, dass es sich um eine grenzüberschreitende Fusion nach den Vorschriften des Bundesgesetzes über das internationale Privatrecht handelt.

9. Grenzüberschreitende Spaltung und Vermögensübertragung

Art. 110a

Für die grenzüberschreitende Spaltung und Vermögensübertragung gelten die Artikel 106–106e, 108–108b sowie 110 sinngemäss.

10. Prüfung durch die Handelsregisterbehörden

Art. 111

¹ Die Prüfung der Handelsregisterbehörden bei Fusionen, Spaltungen, Umwandlungen und Vermögensübertragungen richtet sich nach Artikel 21.

² Bei Spaltungen und Vermögensübertragungen lehnt das Handelsregisteramt die Eintragung insbesondere dann ab, wenn die erfassten Gegenstände offensichtlich nicht frei übertragbar sind.

VIII. Identifikationsnummer[1]

Art. 111a

a. Grundsatz Die im Handelsregister eingetragenen Einzelunternehmen, Kollektiv- und Kommanditgesellschaften, Kapitalgesellschaften, Genossenschaften, Vereine, Stiftungen und Institute des öffentlichen Rechts erhalten eine Identifikationsnummer. Dies gilt auch für Zweigniederlassungen.

Art. 111b

b. Unveränderbarkeit ¹ Bei der Absorptionsfusion behält der übernehmende Rechtsträger seine bisherige Identifikationsnummer bei. Bei der Kombinationsfusion erhält der aus der Fusion entstehende Rechtsträger eine neue Identifikationsnummer.

² Bei der Spaltung behalten die übernehmenden Gesellschaften ihre Identifikationsnummern bei. Dasselbe gilt für die übertragende Gesellschaft im Falle einer Abspaltung. Entsteht infolge der Spaltung eine neue Gesellschaft, so erhält sie eine neue Identifikationsnummer.

³ Bei der Fortführung des Geschäfts einer Kollektiv- oder Kommanditgesellschaft als Einzelunternehmen gemäss Artikel 579 OR bleibt die Identifikationsnummer unverändert.

⁴ Identifikationsnummern von gelöschten Rechtsträgern dürfen nicht neu vergeben werden. Wird der gelöschte Rechtsträger wieder im Handelsregister eingetragen, so erhält er seine frühere Identifikationsnummer.

---

[1] VIII. Abschnitt eingefügt durch Änderung vom 21. Apr. 2004, in Kraft seit 1. Juli 2004 (AS **2004** 2669)

IX. Nichtkaufmännische Prokuren und Vertreter von Gemeinderschaften[1)]

Art. 112

[1] Wer für ein nicht eintragungspflichtiges Geschäft einen Prokuristen bestellen will (Art. 458 Abs. 3 OR), hat die Prokura beim Handelsregisteramt zur Eintragung anzumelden.[2)]

[2] Die Eintragung muss den Namen des Vollmachtgebers und denjenigen des Prokuristen enthalten (Art. 40). Sie ist durch den Vollmachtgeber zu unterzeichnen. Der Bevollmächtigte hat dem Namen des Vollmachtgebers seinen Namenszug mit einem die Prokura andeutenden Zusatz beizufügen.

Nichtkaufmännische Prokura
a. Eintragung

Art. 112a[3)]

Die Eintragung der nichtkaufmännischen Prokura wird von Amtes wegen gelöscht:

a. wenn der Vollmachtgeber in Konkurs gerät; die Löschung hat zu erfolgen, sobald das Handelsregisteramt von der Konkurseröffnung Kenntnis erhält;
b. nach dem Tode des Vollmachtgebers, wenn seither ein Jahr verflossen ist und die Erben zur Löschung nicht angehalten werden können;
c. wenn der Prokurist gestorben ist und der Vollmachtgeber nicht zur Löschung angehalten werden kann.

b. Löschung von Amtes wegen

Art. 112b

[1] Soll das Haupt einer Gemeinderschaft in das Handelsregister eingetragen werden (Art. 341 Abs. 3 ZGB), so hat es die Eintragung anzumelden.

[2] Die Eintragung soll die Bezeichnung der Gemeinderschaft[4)], das Datum ihrer Errichtung, deren Sitz sowie den Namen, den Beruf, den Heimatort und den Wohnort des Hauptes der Gemeinderschaft enthalten.

[3] Der Anmeldung ist ein beglaubigter Auszug aus dem Gemeinderschaftsvertrag beizugeben, der über die Zusammensetzung der Gemeinderschaft, über deren Haupt und die Ausschliessung der übrigen Gemeinder von der Vertretung Aufschluss erteilt.

Vertreter von Gemeinderschaften
a. Eintragung

[1)] Ursprünglich VII. Abschnitt, Art. 105–109.
[2)] Fassung gemäss Ziff. I der V vom 15. Nov. 1989, in Kraft seit 1. Jan. 1990 (AS **1989** 2380).
[3)] Fassung gemäss Änderung vom 21. Apr. 2004, in Kraft seit 1. Juli 2004 (AS **2004** 2669).
[4)] Berichtigt nach AS **53** 676. P.W.

Art. 112c

b. Veröffentlichung

¹ Die Eintragungen über die Gemeinderschaftsvertreter sind in den von den Kantonen zu bezeichnenden Publikationsorganen zu veröffentlichen.

² Wird das Schweizerische Handelsamtsblatt als Publikationsorgan bestimmt, so ist für die Veröffentlichung eine besondere Gebühr zu entrichten.

Art. 112d

c. Löschung von Amtes wegen

Die Eintragung ist von Amtes wegen zu löschen, wenn die Vertretungsbefugnis des Hauptes dahingefallen oder die Gemeinderschaft aufgehoben worden ist.

X. Das Eidgenössische Amt für das Handelsregister[1]

Art. 113

Publikation der Eintragungen

¹ Alle Eintragungen in das Handelsregister werden in dem von Gesetz oder Verordnung vorgeschriebenen Inhalt ohne Verzug durch das Eidgenössische Amt für das Handelsregister im Schweizerischen Handelsamtsblatt veröffentlicht (Art. 931 Abs. 1 OR).

² Ausgenommen sind die Eintragungen, die gemäss ausdrücklicher Vorschrift nicht veröffentlicht werden sollen, sowie die Eintragungen über die Vertreter von Gemeinderschaften, welche in den von den Kantonen bezeichneten Amtsblättern veröffentlicht werden.

Art. 114

Übermittlung der Eintragungen an das eidgenössische Amt

¹ Spätestens am Tage nach der Eintragung hat der Registerführer eine von ihm unterzeichnete Abschrift derselben dem Eidgenössischen Amt für das Handelsregister zu übermitteln; dieses kann die elektronische Datenübermittlung bewilligen.[2]

² Handelt es sich um Änderungen oder Löschungen, so ist in allen Fällen die Natur des Geschäftes, bei juristischen Personen der Zweck kurz anzugeben, sofern nicht die Firma darüber Aufschluss gibt.

Art. 115

Genehmigung einer Eintragung durch das eidgenössische Amt

¹ Das Eidgenössische Amt für das Handelsregister prüft die Eintragungen und ordnet, nachdem es festgestellt hat, dass sie den Vorschriften entsprechen, ihre Bekanntmachung an, sofern alle Voraussetzungen für die Publikation erfüllt sind.

---

[1] Ursprünglich IX. Abschnitt.
[2] Fassung gemäss Ziff. I der V vom 9. Juni 1992 (AS **1992** 1213).

² Eine Eintragung, die dem eidgenössischen Amt mitzuteilen ist, wird unter der Voraussetzung der Genehmigung durch dieses Amt wirksam. Vor der Genehmigung dürfen keine Auszüge aus dem Handelsregister ausgestellt werden.

Art. 116[1)]

Die Art und Weise der Veröffentlichung der Eintragungen im Schweizerischen Handelsamtsblatt wird vom Eidgenössischen Amt für das Handelsregister nach Verständigung mit der Leitung des Blattes bestimmt. Über Begehren, die eine Änderung zum Gegenstande haben, entscheidet das Eidgenössische Justiz- und Polizeidepartement.

Form der Veröffentlichung

Art. 117

¹ Verweigert das eidgenössische Amt die Genehmigung einer Eintragung, so hat es ohne Verzug den kantonalen Registerführer hievon unter Angabe der Gründe in Kenntnis zu setzen.

² Eintragungen, die nicht genehmigt werden können, weil wesentliche Erfordernisse nicht erfüllt sind, müssen gestrichen werden. Im Tagebuch ist die Streichung vorzumerken. Sobald die Voraussetzungen der Eintragung gegeben sind, muss diese unter neuem Datum neu vorgenommen werden.

³ Eine Eintragung, deren Veröffentlichung aus irgendeinem Grunde nicht vor Ablauf von zwei Monaten angeordnet werden kann, darf ihr ursprüngliches Eintragsdatum nicht beibehalten. Sie ist zu streichen und erst unter dem Datum desjenigen Tages neu vorzunehmen, an welchem alle Voraussetzungen der Veröffentlichung erfüllt sind.

Beanstandung einer Eintragung

Art. 118

Es ist den Kantonen gestattet, die Eintragungen im Handelsregister noch durch andere Publikationsorgane zu veröffentlichen, nachdem sie im Handelsamtsblatt erschienen sind; jedoch dürfen hiefür keine Gebühren erhoben werden.

Veröffentlichung in kantonalen Blättern

Art. 119

¹ Beim Eidgenössischen Amt für das Handelsregister wird ein Zentralregister sämtlicher im schweizerischen Handelsregister eingetragenen Firmen von juristischen Personen geführt.

² Über die Stiftungen wird das Register gesondert geführt und nach Kantonen geordnet.

Zentralregister

[1)] Im italienischen Text besteht dieser Artikel aus zwei Absätzen. Jeder Satz entspricht einem Absatz.

³ Das Zentralregister kann im Falle des Bedürfnisses nach Weisung des Eidgenössischen Justiz- und Polizeidepartements erweitert werden.

⁴ Über die Eintragung im Zentralregister wird Behörden und Privaten auf Verlangen schriftlich, jedoch nicht mündlich oder telefonisch Auskunft erteilt. Die Auskunft an Private ist gebührenpflichtig.

Art. 120

Handelsamtsblatt ¹ Die kantonalen Handelsregisterämter erhalten das Schweizerische Handelsamtsblatt kostenfrei.

² Die Registerführer haben es sorgfältig zu sammeln und eingebunden aufzubewahren.[1]

XI. Schlussbestimmungen[2]

Art. 121–125[3]

Art. 126

Inkrafttreten ¹ Diese Verordnung tritt am 1. Juli 1937 in Kraft.

² Mit diesem Tage werden die Verordnung vom 6. Mai 1890[4] sowie die Ergänzungsverordnungen I vom 27. Dezember 1910[5] und II vom 16. Dezember 1918[6] aufgehoben.

---

[1] Fassung gemäss Ziff. I der V vom 15. Nov. 1989, in Kraft seit 1. Jan. 1990 (AS **1989** 2380).

[2] Ursprünglich X. Abschnitt.

[3] Aufgehoben durch Ziff. I des BRB vom 6. Mai 1970 (AS **1970** 733)

[4] [AS **11** 492]

[5] [AS **27** 33]

[6] [AS **34** 1226]

Geschäftsbücherverordnung

H. Verordnung über die Führung und Aufbewahrung der Geschäftsbücher (Geschäftsbücherverordnung; GeBüV)

vom 24. April 2002

Der Schweizerische Bundesrat,
gestützt auf Artikel 957 Absatz 5 des Obligationenrechts[1],
verordnet:

1. Abschnitt: Zu führende Bücher

Art. 1

[1] Wer buchführungspflichtig ist, muss ein Hauptbuch und, je nach Art und Umfang des Geschäfts, auch Hilfsbücher führen.

[2] Das Hauptbuch besteht aus:

a. den Konten (sachlogische Gliederung aller verbuchten Geschäftsvorfälle), auf deren Basis Betriebsrechnung und Bilanz erstellt werden;

b. dem Journal (chronologische Erfassung aller verbuchten Geschäftsvorfälle).

[3] Die Hilfsbücher müssen in Ergänzung zum Hauptbuch die Angaben enthalten, die zur Feststellung der Vermögenslage des Geschäftes und der mit dem Geschäftsbetrieb zusammenhängenden Schuld- und Forderungsverhältnisse sowie der Betriebsergebnisse der einzelnen Geschäftsjahre nötig sind. Darunter fallen insbesondere die Lohnbuchhaltung, die Debitoren- und Kreditorenbuchhaltung sowie die fortlaufende Führung der Warenbestände bzw. der nicht fakturierten Dienstleistungen.

2. Abschnitt: Allgemeine Grundsätze

Art. 2

[1] Bei der Führung der Geschäftsbücher und der Erfassung der Buchungsbelege sind die anerkannten kaufmännischen Grundsätze einzuhalten (ordnungsgemässe Buchführung).

[2] Werden die Geschäftsbücher elektronisch oder auf vergleichbare Weise geführt und aufbewahrt und die Buchungsbelege sowie die Geschäftskorrespondenz elektronisch oder auf vergleichbare Weise erfasst und aufbewahrt, so sind die Grundsätze der ordnungsgemässen Datenverarbeitung einzuhalten.

Grundsätze ordnungsgemässer Führung und Aufbewahrung der Bücher

---

SR **221.431**; AS **2002** 1399
[1] SR 220

³ Die Ordnungsmässigkeit der Führung und der Aufbewahrung der Bücher richtet sich nach den allgemein anerkannten Regelwerken und Fachempfehlungen, sofern diese Verordnung oder darauf gestützte Erlasse keine Vorschrift enthalten.

Art. 3

Die Geschäftsbücher müssen so geführt und aufbewahrt und die Buchungsbelege und die Geschäftskorrespondenz müssen so erfasst und aufbewahrt werden, dass sie nicht geändert werden können, ohne dass sich dies feststellen lässt.

Art. 4

¹ Je nach Art und Umfang des Geschäfts sind die Organisation, die Zuständigkeiten, die Abläufe und Verfahren und die Infrastruktur (Maschinen und Programme), die bei der Führung und Aufbewahrung der Geschäftsbücher zur Anwendung gekommen sind, in Arbeitsanweisungen so zu dokumentieren, dass die Geschäftsbücher, die Buchungsbelege und die Geschäftskorrespondenz verstanden werden können.

² Arbeitsanweisungen sind zu aktualisieren und nach den gleichen Grundsätzen und gleich lang aufzubewahren wie die Geschäftsbücher, die danach geführt wurden.

3. Abschnitt: Grundsätze für die ordnungsgemässe Aufbewahrung

Art. 5

Die Geschäftsbücher, die Buchungsbelege und die Geschäftskorrespondenz sind sorgfältig, geordnet und vor schädlichen Einwirkungen geschützt aufzubewahren.

Art. 6

¹ Die Geschäftsbücher, die Buchungsbelege und die Geschäftskorrespondenz müssen so aufbewahrt werden, dass sie bis zum Ende der Aufbewahrungsfrist von einer berechtigten Person innert angemessener Frist eingesehen und geprüft werden können.

² Soweit es für die Einsicht und die Prüfung erforderlich ist, sind das entsprechende Personal sowie die Geräte oder Hilfsmittel verfügbar zu halten.

³ Im Rahmen des Einsichtsrechts muss die Möglichkeit bestehen, die Geschäftsbücher auf Begehren einer berechtigten Person auch ohne Hilfsmittel lesbar zu machen.

Art. 7

¹ Archivierte Informationen sind von aktuellen Informationen zu trennen bzw. so zu kennzeichnen, dass eine Unterscheidung möglich ist. Die Verantwortung für die archivierten Informationen ist klar zu regeln und zu dokumentieren.

² Auf archivierte Daten muss innert nützlicher Frist zugegriffen werden können.

Organisation

Art. 8

Die Informationen sind systematisch zu inventarisieren und vor unbefugtem Zugriff zu schützen. Zugriffe und Zutritte sind aufzuzeichnen. Diese Aufzeichnungen unterliegen derselben Aufbewahrungspflicht wie die Datenträger.

Archiv

4. Abschnitt: Informationsträger

Art. 9

¹ Zur Aufbewahrung von Unterlagen sind zulässig:

a. unveränderbare Informationsträger, namentlich Papier, Bildträger und unveränderbare Datenträger;
b. veränderbare Informationsträger, wenn:
   1. technische Verfahren zur Anwendung kommen, welche die Integrität der gespeicherten Informationen gewährleisten (z. B. digitale Signaturverfahren),
   2. der Zeitpunkt der Speicherung der Informationen unverfälschbar nachweisbar ist (z. B. durch «Zeitstempel»),
   3. die zum Zeitpunkt der Speicherung bestehenden weiteren Vorschriften über den Einsatz der betreffenden technischen Verfahren eingehalten werden, und
   4. die Abläufe und Verfahren zu deren Einsatz festgelegt und dokumentiert sowie die entsprechenden Hilfsinformationen (wie Protokolle und Log files) ebenfalls aufbewahrt werden.

² Informationsträger gelten als veränderbar, wenn die auf ihnen gespeicherten Informationen geändert oder gelöscht werden können, ohne dass die Änderung oder Löschung auf dem Datenträger nachweisbar ist (wie Magnetbänder, magnetische oder magnetooptische Disketten, Fest- oder Wechselplatten, Solid-state-Speicher).

Zulässige Informationsträger

Art. 10

¹ Die Informationsträger sind regelmässig auf ihre Integrität und Lesbarkeit zu prüfen.

² Die Daten können in andere Formate oder auf andere Informationsträger übertragen werden (Datenmigration), wenn sichergestellt wird, dass:

a. die Vollständigkeit und die Richtigkeit der Informationen gewährleistet bleiben; und

Überprüfung und Datenmigration

b. die Verfügbarkeit und die Lesbarkeit den gesetzlichen Anforderungen weiterhin genügen.

³ Die Übertragung von Daten von einem Informationsträger auf einen anderen ist zu protokollieren. Das Protokoll ist zusammen mit den Informationen aufzubewahren.

5 . Abschnitt: Schlussbestimmungen

Art. 11

Die Verordnung vom 2. Juni 1976[1] über die Aufzeichnung von aufzubewahrenden Unterlagen wird aufgehoben.

Art. 12

Diese Verordnung tritt am 1. Juni 2002 in Kraft.

---

[1] **AS 1976** 1334

Bundesgesetz gegen den unlauteren Wettbewerb

I. Bundesgesetz gegen den unlauteren Wettbewerb (UWG)

vom 19. Dezember 1986 (Stand am 1. Januar 2003)

Die Bundesversammlung der Schweizerischen Eidgenossenschaft,
gestützt auf die Artikel 31bis Absatz 2, 31sexies, 64 und 64bis der Bundesverfassung[1],
nach Einsicht in eine Botschaft des Bundesrates vom 18. Mai 1983[2],
beschliesst:

1. Kapitel: Zweck

Art. 1

Dieses Gesetz bezweckt, den lauteren und unverfälschten Wettbewerb im Interesse aller Beteiligten zu gewährleisten.

2. Kapitel: Zivil- und prozessrechtliche Bestimmungen

1. Abschnitt: Widerrechtlichkeit des unlauteren Wettbewerbs

Art. 2

Unlauter und widerrechtlich ist jedes täuschende oder in anderer Weise gegen den Grundsatz von Treu und Glauben verstossende Verhalten oder Geschäftsgebaren, welches das Verhältnis zwischen Mitbewerbern oder zwischen Anbietern und Abnehmern beeinflusst.

Grundsatz

Art. 3

Unlauter handelt insbesondere, wer:
a. andere, ihre Waren, Werke, Leistungen, deren Preise oder ihre Geschäftsverhältnisse durch unrichtige, irreführende oder unnötig verletzende Äusserungen herabsetzt;
b.[3] über sich, seine Firma, seine Geschäftsbezeichnung, seine Waren, Werke oder Leistungen, deren Preise, die vorrätige Menge, die Art der Verkaufsveranstaltung oder über seine Geschäftsverhältnisse unrichtige oder irreführende Angaben macht oder in entsprechender Weise Dritte im Wettbewerb begünstigt;

Unlautere Werbe- und Verkaufsmethoden und anderes widerrechtliches Verhalten

---

SR **241**; AS **1988** 223
[1] [BS **1** 3; AS **1981** 1244]. Den genannten Bestimmungen entsprechen heute den Art. 95, 97, 122 und 123 der BV vom 18. April 1999 (SR **101**).
[2] BBl **1983** II 10
[3] Fassung gemäss Ziff. I des BG vom 24. März 1995, in Kraft seit 1. Nov. 1995 (AS **1995** 4086 4087; BBl **1994** III 442).

c. unzutreffende Titel oder Berufsbezeichnungen verwendet, die geeignet sind, den Anschein besonderer Auszeichnungen oder Fähigkeiten zu erwecken;
d. Massnahmen trifft, die geeignet sind, Verwechslungen mit den Waren, Werken, Leistungen oder dem Geschäftsbetrieb eines anderen herbeizuführen;
e. sich, seine Waren, Werke, Leistungen oder deren Preise in unrichtiger, irreführender, unnötig herabsetzender oder anlehnender Weise mit anderen, ihren Waren, Werken, Leistungen oder deren Preisen vergleicht oder in entsprechender Weise Dritte im Wettbewerb begünstigt;
f. ausgewählte Waren, Werke oder Leistungen wiederholt unter Einstandspreisen anbietet, diese Angebote in der Werbung besonders hervorhebt und damit den Kunden über die eigene oder die Leistungsfähigkeit von Mitbewerbern täuscht; Täuschung wird vermutet, wenn der Verkaufspreis unter dem Einstandspreis vergleichbarer Bezüge gleichartiger Waren, Werke oder Leistungen liegt; weist der Beklagte den tatsächlichen Einstandspreis nach, so ist dieser für die Beurteilung massgebend;
g. den Kunden durch Zugaben über den tatsächlichen Wert des Angebots täuscht;
h. den Kunden durch besonders aggressive Verkaufsmethoden in seiner Entscheidungsfreiheit beeinträchtigt;
i. die Beschaffenheit, die Menge, den Verwendungszweck, den Nutzen oder die Gefährlichkeit von Waren, Werken oder Leistungen verschleiert und dadurch den Kunden täuscht;
k.[1] es bei öffentlichen Auskündigungen über einen Konsumkredit unterlässt, seine Firma eindeutig zu bezeichnen oder den Nettobetrag des Kredits, die Gesamtkosten des Kredits und den effektiven Jahreszins deutlich anzugeben;
l.[1] es bei öffentlichen Auskündigungen über einen Konsumkredit zur Finanzierung von Waren oder Dienstleistungen unterlässt, seine Firma eindeutig zu bezeichnen oder den Barzahlungspreis, den Preis, der im Rahmen des Kreditvertrags zu bezahlen ist, und den effektiven Jahreszins deutlich anzugeben;
m.[1] im Rahmen einer geschäftlichen Tätigkeit einen Konsumkreditvertrag oder einen Vorauszahlungskauf anbietet oder abschliesst und dabei Vertragsformulare verwendet, die unvollständige oder unrichtige Angaben über den Gegenstand des Vertrags, den Preis, die Zahlungsbedingungen, die Vertragsdauer, das Widerrufs- oder Kündigungsrecht des Kunden oder über sein Recht zu vorzeitiger Bezahlung der Restschuld enthalten;

---

[1] Fassung gemäss Anhang 2 Ziff. II 2 des BG vom 23. März 2001 über den Konsumkredit, in Kraft seit 1. Jan. 2003 (SR **221.214.1**).

n.[1]) es bei öffentlichen Auskündigungen über einen Konsumkredit (Bst. k) oder über einen Konsumkredit zur Finanzierung von Waren oder Dienstleistungen (Bst. l) unterlässt, darauf hinzuweisen, dass die Kreditvergabe verboten ist, falls sie zur Überschuldung der Konsumentin oder des Konsumenten führt.

Art. 4

Unlauter handelt insbesondere, wer:

Verleitung zu Vertragsverletzung oder -auflösung

a. Abnehmer zum Vertragsbruch verleitet, um selber mit ihnen einen Vertrag abschliessen zu können;
b. sich oder einem andern Vorteile zu verschaffen sucht, indem er Arbeitnehmern, Beauftragten oder anderen Hilfspersonen eines Dritten Vergünstigungen gewährt oder anbietet, die diesen rechtmässig nicht zustehen und die geeignet sind, diese Personen zu pflichtwidrigem Verhalten bei ihren dienstlichen oder geschäftlichen Verrichtungen zu verleiten;
c. Arbeitnehmer, Beauftragte oder andere Hilfspersonen zum Verrat oder zur Auskundschaftung von Fabrikations- oder Geschäftsgeheimnissen ihres Arbeitgebers oder Auftraggebers verleitet;
d.[2]) einen Käufer oder Kreditnehmer, der einen Vorauszahlungskauf oder einen Konsumkreditvertrag abgeschlossen hat, veranlasst, den Vertrag zu widerrufen, oder wer einen Käufer, der einen Vorauszahlungskauf abgeschlossen hat, veranlasst, diesen zu kündigen, um selber mit ihm einen solchen Vertrag abzuschliessen.

Art. 5

Unlauter handelt insbesondere, wer:

Verwertung fremder Leistung

a. ein ihm anvertrautes Arbeitsergebnis wie Offerten, Berechnungen oder Pläne unbefugt verwertet;
b. ein Arbeitsergebnis eines Dritten wie Offerten, Berechnungen oder Pläne verwertet, obwohl er wissen muss, dass es ihm unbefugterweise überlassen oder zugänglich gemacht worden ist;
c. das marktreife Arbeitsergebnis eines andern ohne angemessenen eigenen Aufwand durch technische Reproduktionsverfahren als solches übernimmt und verwertet.

---

[1]) Eingefügt durch Anhang 2 Ziff. II 2 des BG vom 23. März 2001 über den Konsumkredit, in Kraft seit 1. Jan. 2003 (SR **221.214.1**).
[2]) Fassung gemäss Anhang 2 Ziff. II 2 des BG vom 23. März 2001 über den Konsumkredit, in Kraft seit 1. Jan. 2003 (SR **221.214.1**).

Art. 6

Verletzung von Fabrikations- und Geschäftsgeheimnissen

Unlauter handelt insbesondere, wer Fabrikations- oder Geschäftsgeheimnisse, die er ausgekundschaftet oder sonstwie unrechtmässig erfahren hat, verwertet oder andern mitteilt.

Art. 7

Nichteinhaltung von Arbeitsbedingungen

Unlauter handelt insbesondere, wer Arbeitsbedingungen nicht einhält, die durch Rechtssatz oder Vertrag auch dem Mitbewerber auferlegt, oder berufs- oder ortsüblich sind.

Art. 8

Verwendung missbräuchlicher Geschäftsbedingungen

Unlauter handelt insbesondere, wer vorformulierte allgemeine Geschäftsbedingungen verwendet, die in irreführender Weise zum Nachteil einer Vertragspartei:
a. von der unmittelbar oder sinngemäss anwendbaren gesetzlichen Ordnung erheblich abweichen oder
b. eine der Vertragsnatur erheblich widersprechende Verteilung von Rechten und Pflichten vorsehen.

2. Abschnitt: Klageberechtigung

Art. 9

Grundsatz

[1] Wer durch unlauteren Wettbewerb in seiner Kundschaft, seinem Kredit oder beruflichen Ansehen, in seinem Geschäftsbetrieb oder sonst in seinen wirtschaftlichen Interessen bedroht oder verletzt wird, kann dem Richter beantragen:
a. eine drohende Verletzung zu verbieten;
b. eine bestehende Verletzung zu beseitigen;
c. die Widerrechtlichkeit einer Verletzung festzustellen, wenn sich diese weiterhin störend auswirkt.

[2] Er kann insbesondere verlangen, dass eine Berichtigung oder das Urteil Dritten mitgeteilt oder veröffentlicht wird.

[3] Er kann ausserdem nach Massgabe des Obligationenrechts[1] auf Schadenersatz und Genugtuung sowie auf Herausgabe eines Gewinnes entsprechend den Bestimmungen über die Geschäftsführung ohne Auftrag klagen.

Art. 10

Klagen von Kunden und Organisationen sowie des Bundes[2]

[1] Die Klagen gemäss Artikel 9 stehen ebenso den Kunden zu, die durch unlauteren Wettbewerb in ihren wirtschaftlichen Interessen bedroht oder verletzt sind.

---

[1] SR **220**

[2] Fassung gemäss Ziff. I des BG vom 20. März 1992, in Kraft seit 1. Aug. 1992 (AS **1992** 1514 1515; BBl **1992** I 355).

² Ferner können nach Artikel 9 Absätze 1 und 2 klagen:
a. Berufs- und Wirtschaftsverbände, die nach den Statuten zur Wahrung der wirtschaftlichen Interessen ihrer Mitglieder befugt sind;
b. Organisationen von gesamtschweizerischer oder regionaler Bedeutung, die sich statutengemäss dem Konsumentenschutz widmen;
c.[1]) der Bund, wenn er es zum Schutz des Ansehens der Schweiz im Ausland als nötig erachtet und die klageberechtigten Personen im Ausland ansässig sind.

Art. 11

Ist der unlautere Wettbewerb von Arbeitnehmern oder anderen Hilfspersonen bei dienstlichen oder geschäftlichen Verrichtungen begangen worden, so kann auch gegen den Geschäftsherrn nach Artikel 9 Absätze 1 und 2 geklagt werden.

Klagen gegen den Geschäftsherrn

3. Abschnitt: Prozessrechtliche Bestimmungen

Art. 12

¹ ...[3])

² Steht ein zivilrechtlicher Anspruch wegen unlauteren Wettbewerbs im Zusammenhang mit einer zivilrechtlichen Streitigkeit, für die das entsprechende Bundesgesetz eine einzige kantonale Instanz oder andere Gerichtsstände vorsieht, so kann die Klage wegen unlauteren Wettbewerbs auch an diese angehoben werden. Ist eine einzige kantonale Instanz vorgesehen, so ist die Berufung an das Bundesgericht ohne Rücksicht auf den Streitwert zulässig.

Sachzusammenhang[2])

Art. 13

Die Kantone sehen für Streitigkeiten wegen unlauteren Wettbewerbs bis zu einem vom Bundesrat zu bestimmenden Streitwert ein Schlichtungsverfahren oder ein einfaches und rasches Prozessverfahren vor. Dieses Verfahren ist auch auf Streitigkeiten ohne Streitwert anwendbar.

Schlichtungsverfahren oder einfaches und rasches Prozessverfahren

---

[1]) Eingefügt durch Ziff. I des BG vom 20. März 1992, in Kraft seit 1. Aug. 1992 (AS **1992** 1514 1515; BBl **1992** I 355).
[2]) Fassung gemäss Anhang Ziff. 14 des Gerichtsstandsgesetzes vom 24. März 2000, in Kraft seit 1. Jan. 2001 (SR **272**).
[3]) Aufgehoben durch Anhang Ziff. 14 des Gerichtsstandsgesetzes vom 24. März 2000 (SR **272**).

Art. 13a[1]

Beweislastumkehr

¹ Der Richter kann vom Werbenden den Beweis für die Richtigkeit von in der Werbung enthaltenen Tatsachenbehauptungen verlangen, wenn dies unter Berücksichtigung der berechtigten Interessen des Werbenden und anderer am Verfahren beteiligter Personen im Einzelfall angemessen erscheint.

² Der Richter kann Tatsachenbehauptungen als unrichtig ansehen, wenn der Beweis nicht angetreten oder für unzureichend erachtet wird.

Art. 14

Vorsorgliche Massnahmen

Auf vorsorgliche Massnahmen sind die Artikel 28c–28f des Zivilgesetzbuches[2] sinngemäss anwendbar.

Art. 15

Wahrung von Fabrikations- und Geschäftsgeheimnissen

¹ In Streitigkeiten gemäss Artikel 3 Buchstabe f und im Falle von Artikel 13a sind die Fabrikations- und Geschäftsgeheimnisse der Parteien zu wahren.[3]

² Beweismittel, durch die solche Geheimnisse offenbart werden können, dürfen der Gegenpartei nur so weit zugänglich gemacht werden, als dies mit der Wahrung der Geheimnisse vereinbar ist.

3. Kapitel: Verwaltungsrechtliche Bestimmungen

1. Abschnitt: Preisbekanntgabe an Konsumenten

Art. 16

Pflicht zur Preisbekanntgabe

¹ Für Waren, die dem Konsumenten zum Kaufe angeboten werden, ist der tatsächlich zu bezahlende Preis bekanntzugeben, soweit der Bundesrat keine Ausnahmen vorsieht. Ausnahmen sind insbesondere aus technischen oder Sicherheitsgründen zulässig. Dieselbe Pflicht besteht für die vom Bundesrat bezeichneten Dienstleistungen.

² Der Bundesrat regelt die Bekanntgabe von Preisen und Trinkgeldern.

³ Für messbare Güter und Leistungen gelten zudem die Bestimmungen von Artikel 11 des Bundesgesetzes vom 9. Juni 1977[4] über das Messwesen.

---

[1] Eingefügt durch Ziff. I des BG vom 18. Juni 1993, in Kraft seit 1. April 1994 (AS **1994** 375 376; BBl **1993** I 805).

[2] SR **210**

[3] Fassung gemäss Ziff. I des BG vom 18. Juni 1993, in Kraft seit 1. April 1994 (AS **1994** 375 376; BBl **1993** I 805).

[4] SR **941.20**

Art. 17

Werden Preise oder Preisreduktionen in der Werbung angezeigt, so richtet sich deren Bekanntgabe nach den vom Bundesrat zu erlassenden Bestimmungen.

Preisbekanntgabe in der Werbung

Art. 18

Es ist unzulässig, in irreführender Weise:
a. Preise bekanntzugeben;
b. auf Preisreduktionen hinzuweisen oder
c. neben dem tatsächlich zu bezahlenden Preis weitere Preise aufzuführen.

Irreführende Preisbekanntgabe

Art. 19

[1] Die zuständigen Organe der Kantone können Auskünfte einholen und Unterlagen verlangen, soweit es die Abklärung des Sachverhalts erfordert.

Auskunftspflicht

[2] Der Auskunftspflicht unterstehen:
a. Personen und Firmen, die Konsumenten Waren zum Kauf anbieten oder solche Waren herstellen, kaufen oder damit Handel treiben;
b. Personen und Firmen, die Dienstleistungen anbieten, erbringen, vermitteln oder in Anspruch nehmen;
c. Organisationen der Wirtschaft;
d. Organisationen von gesamtschweizerischer oder regionaler Bedeutung, die sich statutengemäss dem Konsumentenschutz widmen.

[3] Die Auskunftspflicht entfällt, wenn nach Artikel 42 des Bundesgesetzes über den Bundeszivilprozess[1] die Aussage verweigert werden kann.

[4] Bestimmungen der Kantone über das Verwaltungs- und Strafverfahren bleiben vorbehalten.

Art. 20

[1] Der Vollzug obliegt den Kantonen, die Oberaufsicht dem Bund.
[2] Der Bundesrat erlässt die Ausführungsbestimmungen.

Vollzug

2. Abschnitt: Ausverkäufe und ähnliche Veranstaltungen

Art. 21–22[2]

---

[1] SR **273**
[2] Aufgehoben durch Ziff. I des BG vom 24. März 1995 (AS **1995** 4086; BBl **1994** III 442).

4. Kapitel: Strafbestimmungen

Art. 23

Unlauterer Wettbewerb

Wer vorsätzlich unlauteren Wettbewerb nach den Artikeln 3, 4, 5 oder 6 begeht, wird auf Antrag mit Gefängnis oder Busse bis zu 100 000 Franken bestraft. Strafantrag stellen kann, wer nach den Artikeln 9 und 10 zur Zivilklage berechtigt ist.

Art. 24

Verletzung der Pflicht zur Preisbekanntgabe an Konsumenten

[1] Wer vorsätzlich:
a. die Pflicht zur Preisbekanntgabe (Art. 16) verletzt;
b. den Vorschriften über die Preisbekanntgabe in der Werbung (Art. 17) zuwiderhandelt;
c. in irreführender Weise Preise bekanntgibt (Art. 18);
d. die Auskunftspflicht im Zusammenhang mit der Preisbekanntgabe (Art. 19) verletzt;
e. den Ausführungsvorschriften des Bundesrates über die Preisbekanntgabe (Art. 16 und 20) zuwiderhandelt,

wird mit Haft oder Busse bis zu 20 000 Franken bestraft.
[2] Handelt der Täter fahrlässig, so ist die Strafe Busse.

Art. 25[1]

Art. 26

Widerhandlungen in Geschäftsbetrieben

Für Widerhandlungen in Geschäftsbetrieben, durch Beauftragte und dergleichen sind die Artikel 6 und 7 des Verwaltungsstrafrechtsgesetzes[2] anwendbar.

Art. 27

Strafverfolgung

[1] Die Strafverfolgung ist Sache der Kantone.
[2] Die kantonalen Behörden teilen sämtliche Urteile, Strafbescheide und Einstellungsbeschlüsse aus dem Bereich der Preisbekanntgabe an Konsumenten unverzüglich und unentgeltlich in vollständiger Ausfertigung der Bundesanwaltschaft zuhanden des Eidgenössischen Volkswirtschaftsdepartements mit.[3]

---

[1] Aufgehoben durch Ziff. I des BG vom 24. März 1995 (AS **1995** 4086; BBl **1994** III 442).
[2] SR **313.0**
[3] Fassung gemäss Ziff. I des BG vom 24. März 1995, in Kraft seit 1. Nov. 1995 (AS **1995** 4086 4087; BBl **1994** III 442).

5. Kapitel: Schlussbestimmungen

Art. 28

Das Bundesgesetz vom 30. September 1943[1] über den unlauteren Wettbewerb wird aufgehoben.

Aufhebung bisherigen Rechts

Art. 29

[1] Dieses Gesetz untersteht dem fakultativen Referendum.
[2] Der Bundesrat bestimmt das Inkrafttreten.

Referendum und Inkrafttreten

Datum des Inkrafttretens: 1. März 1988[2]

---

[1] [BS **2** 951. AS **1978** 2057; SR **220** SchlB der Änderung vom 23. März 1962 Art. 2]
[2] BRB vom 14. Dez. 1987 (AS **1988** 231)

Preisüberwachungsgesetz

J. Preisüberwachungsgesetz (PüG)

vom 20. Dezember 1985 (Stand am 1. April 1996)

Die Bundesversammlung der Schweizerischen Eidgenossenschaft,
gestützt auf die Artikel 31septies und 64bis der Bundesverfassung[1],
nach Einsicht in eine Botschaft des Bundesrates vom 30. Mai 1984[2],
beschliesst:

1. Abschnitt: Geltungsbereich

Art. 1[3]

Das Gesetz gilt für Preise von Waren und Dienstleistungen einschliesslich der Kredite. Ausgenommen sind Löhne und andere Leistungen aus dem Arbeitsverhältnis sowie die Kredittätigkeit der Schweizerischen Nationalbank.

Sachlicher Geltungsbereich

Art. 2[4]

Das Gesetz gilt für Wettbewerbsabreden im Sinne des Kartellgesetzes vom 6. Oktober 1995[5] und für marktmächtige Unternehmen des privaten und des öffentlichen Rechts.

Persönlicher Geltungsbereich

2. Abschnitt: Beauftragter für die Überwachung der Preise

Art. 3

¹ Der Bundesrat wählt einen Beauftragten für die Überwachung der Preise (Preisüberwacher).

Wahl

² Der Preisüberwacher ist dem Eidgenössischen Volkswirtschaftsdepartement unterstellt. Es steht ihm ein Mitarbeiterstab zur Verfügung.

SR **942.20**; AS **1986** 895
[1] SR **101**
[2] BBl **1984** II 755
[3] Fassung gemäss Ziff. I des BG vom 22. März 1991, in Kraft seit 1. Okt. 1991 (AS **1991** 2092 2093; BBl **1990** I 97).
[4] Fassung gemäss Anhang Ziff. 3 des Kartellgesetzes vom 6. Okt. 1995, in Kraft seit 1. Juli 1996 (SR **251**).
[5] SR **251**

Art. 4

Aufgaben ¹ Der Preisüberwacher beobachtet die Preisentwicklung.

² Er verhindert oder beseitigt die missbräuchliche Erhöhung und Beibehaltung von Preisen. Vorbehalten bleibt die Überwachung bestimmter Preise durch andere Behörden (Art. 15).

³ Er orientiert die Öffentlichkeit über seine Tätigkeit.

Art. 5

Zusammenarbeit ¹ Die Preisüberwachung erfolgt in Zusammenarbeit mit den interessierten Kreisen. Bei Kreditzinsen handelt der Preisüberwacher insbesondere nach eingehender Konsultation mit der Nationalbank und der Eidgenössischen Bankenkommission.[1]

² Der Preisüberwacher arbeitet mit der Wettbewerbskommission[2] zusammen. Er nimmt mit beratender Stimme an deren Sitzungen teil.

³ Preisüberwacher und Wettbewerbskommission orientieren sich gegenseitig über wichtige Entscheidungen.

⁴ Sind Fragen des persönlichen Geltungsbereichs (Art. 2) und des wirksamen Wettbewerbes (Art. 12) zu beurteilen, so haben der Preisüberwacher oder die zuständige Behörde (Art. 15) die Wettbewerbskommission zu konsultieren, bevor sie eine Verfügung treffen. Die Wettbewerbskommission kann die Stellungnahmen veröffentlichen.[1]

3. Abschnitt: Massnahmen zur Verhinderung oder Beseitigung der missbräuchlichen Erhöhung und Beibehaltung von Preisen

Art. 6

Voranmeldung Beabsichtigen Beteiligte an Wettbewerbsabreden oder marktmächtige Unternehmen eine Preiserhöhung, können sie diese dem Preisüberwacher unterbreiten.[3] Dieser erklärt innert 30 Tagen, ob er die Preiserhöhung für unbedenklich hält.

Art. 7

Meldungen Wer vermutet, die Erhöhung oder Beibehaltung eines Preises sei missbräuchlich, kann dies dem Preisüberwacher schriftlich melden.

---

[1] Fassung gemäss Ziff. I des BG vom 22. März 1991, in Kraft seit 1. Okt. 1991 (AS **1991** 2092 2093; BBl **1990** I 97).

[2] Ausdruck gemäss Anhang Ziff. 3 des Kartellgesetzes vom 6. Okt. 1995, in Kraft seit 1. Juli 1996 (SR **251**). Diese Änd. ist im ganzen Erlass berücksichtigt.

[3] Fassung gemäss Anhang Ziff. 3 des Kartellgesetzes vom 6. Okt. 1995, in Kraft seit 1. Juli 1996 (SR **251**).

Art. 8

Aufgrund der Meldungen oder eigener Beobachtungen klärt der Preisüberwacher ab, ob Anhaltspunkte für eine missbräuchliche Preiserhöhung oder -beibehaltung bestehen.

Abklärung

Art. 9

Stellt der Preisüberwacher einen Missbrauch fest, strebt er mit den Betroffenen eine einvernehmliche Regelung an; diese bedarf keiner besonderen Form.

Einvernehmliche Regelung

Art. 10

Kommt keine einvernehmliche Regelung zustande, untersagt der Preisüberwacher die Erhöhung ganz oder teilweise oder verfügt eine Preissenkung.

Entscheid

Art. 11

[1] Die einvernehmliche Regelung oder der Entscheid sind in ihrer Gültigkeit zu befristen.

[2] Der Preisüberwacher erklärt sie auf Antrag des Betroffenen vor Fristablauf als hinfällig, sofern sich die tatsächlichen Verhältnisse inzwischen wesentlich geändert haben.

Veränderte Verhältnisse

4. Abschnitt: Preismissbrauch

Art. 12

[1] Preismissbrauch im Sinne dieses Gesetzes kann nur vorliegen, wenn die Preise auf dem betreffenden Markt nicht das Ergebnis wirksamen Wettbewerbs sind.

[2] Wirksamer Wettbewerb besteht insbesondere, wenn die Abnehmer die Möglichkeit haben, ohne erheblichen Aufwand auf vergleichbare Angebote auszuweichen.

Wettbewerbspolitischer Grundsatz

Art. 13

[1] Bei der Prüfung, ob eine missbräuchliche Erhöhung oder Beibehaltung eines Preises vorliegt, hat der Preisüberwacher insbesondere zu berücksichtigen:

a. die Preisentwicklung auf Vergleichsmärkten;
b. die Notwendigkeit der Erzielung angemessener Gewinne;
c. die Kostenentwicklung;
d. besondere Unternehmerleistungen;
e. besondere Marktverhältnisse.

[2] Bei der Überprüfung der Kosten kann der Preisüberwacher auch den Ausgangspreis (Preissockel) berücksichtigen.

Beurteilungselemente

5. Abschnitt: Massnahmen bei behördlich festgesetzten oder genehmigten Preisen

Art. 14

¹ Ist die Legislative oder die Exekutive des Bundes, eines Kantons oder einer Gemeinde zuständig für die Festsetzung oder Genehmigung einer Preiserhöhung, die von den Beteiligten an einer Wettbewerbsabrede oder einem marktmächtigen Unternehmen beantragt wird, so hört sie zuvor den Preisüberwacher an.[1)] Er kann beantragen, auf die Preiserhöhung ganz oder teilweise zu verzichten oder einen missbräuchlich beibehaltenen Preis zu senken.

² Die Behörde führt die Stellungnahme in ihrem Entscheid an. Folgt sie ihr nicht, so begründet sie dies.

³ Bei der Prüfung der Frage, ob ein Preismissbrauch vorliegt, berücksichtigt der Preisüberwacher allfällige übergeordnete öffentliche Interessen.

6. Abschnitt: Massnahmen bei anderen bundesrechtlichen Preisüberwachungen

Art. 15

¹ Werden verabredete Preise oder Preise eines marktmächtigen Unternehmens bereits aufgrund anderer bundesrechtlicher Vorschriften überwacht, so beurteilt sie die zuständige Behörde anstelle des Preisüberwachers.[1)]

² Die Behörde richtet sich dabei nach dem vorliegenden Gesetz, soweit dies mit den Zielen ihrer Überwachung vereinbar ist.

²bis Die Behörde orientiert den Preisüberwacher über die von ihr vorzunehmenden Preisbeurteilungen. Der Preisüberwacher kann beantragen, auf eine Preiserhöhung ganz oder teilweise zu verzichten oder einen missbräuchlich beibehaltenen Preis zu senken.[2)]

²ter Die Behörde führt die Stellungnahme des Preisüberwachers in ihrem Entscheid an. Folgt sie ihr nicht, so begründet sie dies.[2)]

³ Verfahren, Rechtsschutz und Straffolgen richten sich nach den entsprechenden bundesrechtlichen Erlassen.

[1)] Fassung gemäss Anhang Ziff. 3 des Kartellgesetzes vom 6. Okt. 1995, in Kraft seit 1. Juli 1996 (SR **251**).
[2)] Eingefügt durch Ziff. I des BG vom 22. März 1991, in Kraft seit 1. Okt. 1991 (AS **1991** 2092 2093; BBl **1990** I 97).

7. Abschnitt: Verhältnis von Untersuchungen der Wettbewerbskommission und Entscheidungen des Preisüberwachers

Art. 16[1)]

¹ Die Wettbewerbskommission kann Untersuchungen gegen Wettbewerbsabreden oder marktmächtige Unternehmen einleiten, auch wenn der Preisüberwacher den Preis herabgesetzt oder das Verfahren eingestellt hat.

² Dem Preisüberwacher bleibt die Überprüfung der Missbräuchlichkeit von verabredeten Preisen oder Preisen von marktmächtigen Unternehmen vorbehalten.

8. Abschnitt: Auskunftspflicht, Mitwirkung und Geheimhaltung

Art. 17

Beteiligte an Wettbewerbsabreden, marktmächtige Unternehmen sowie am Markt beteiligte Dritte müssen dem Preisüberwacher alle erforderlichen Auskünfte erteilen und die notwendigen Unterlagen zur Verfügung stellen.[1)] Dritte sind zur Offenbarung von Fabrikations- oder Geschäftsgeheimnissen nicht verpflichtet. — Auskunftspflicht

Art. 18

Der Preisüberwacher kann von Amtsstellen und Aufsichtsbehörden des Bundes, der Kantone und Gemeinden sowie von Organisationen der Wirtschaft verlangen, bei seinen Abklärungen mitzuwirken und die notwendigen Unterlagen zur Verfügung zu stellen. — Mitwirkung

Art. 19

¹ Der Preisüberwacher wahrt das Amtsgeheimnis.
² Er darf keine Geschäftsgeheimnisse preisgeben. — Amts- und Geschäftsgeheimnis

9. Abschnitt: Rechtsschutz

Art. 20[2)]

Verfügungen des Preisüberwachers können innert 30 Tagen mit Beschwerde an die Rekurskommission für Wettbewerbsfragen weitergezogen werden;[1)] deren Entscheid kann mit Verwaltungsgerichtsbeschwerde beim Bundesgericht angefochten werden. — Beschwerdeweg

---

[1)] Fassung gemäss Anhang Ziff. 3 des Kartellgesetzes vom 6. Okt. 1995, in Kraft seit 1. Juli 1996 (SR **251**).
[2)] Fassung gemäss Anhang Ziff. 62 des BG vom 4. Okt. 1991, in Kraft seit 1. Jan. 1994 (AS **1992** 288; SR **173.110.01** Art. 2 Abs. 1; BBl **1991** II 465).

Art. 21

Beschwerdelegitimation von Konsumentenorganisationen

Den Organisationen von nationaler oder regionaler Bedeutung, die sich statutengemäss dem Konsumentenschutz widmen, steht das Beschwerderecht zu.

Art. 22

Verfahren

Die allgemeinen Bestimmungen über die Bundesverwaltungsrechtspflege sind anwendbar.

10. Abschnitt: Strafbestimmungen

Art. 23

Anwendung missbräuchlicher Preise

[1] Wer vorsätzlich:
a. eine verfügte Preissenkung nicht vornimmt,
b. trotz Untersagung einen Preis erhöht oder
c. einvernehmlich geregelte Preise überschreitet,
wird mit Busse bis zu 100 000 Franken bestraft.
[2] Der Versuch ist strafbar.

Art. 24

Verletzung der Auskunftspflicht

Wer vorsätzlich:
a. der Auskunftspflicht (Art. 17) nicht nachkommt oder
b. unrichtige oder unvollständige Angaben macht,
wird mit Busse bis zu 20 000 Franken bestraft.

Art. 25

Anwendbarkeit des Verwaltungsstrafrechts

[1] Für die Verfolgung und Beurteilung der strafbaren Handlungen gilt das Verwaltungsstrafrechtsgesetz[1].
[2] Verfolgende und urteilende Verwaltungsbehörde ist das Eidgenössische Volkswirtschaftsdepartement.

11. Abschnitt: Schlussbestimmungen

Art. 26

Vollzug

[1] Der Preisüberwacher und die zuständigen Behörden (Art. 15) vollziehen dieses Gesetz.
[2] Der Bundesrat erlässt die Ausführungsbestimmungen. Insbesondere kann er Bestimmungen über die Koordination der Tätigkeiten des Preisüberwachers und der zuständigen Behörden (Art. 15) erlassen.[2]

---

[1] SR **313.0**
[2] Fassung gemäss Ziff. I des BG vom 22. März 1991, in Kraft seit 1. Okt. 1991 (AS **1991** 2092 2093; BBl **1990** I 97).

Art. 27

¹ Dieses Gesetz untersteht dem fakultativen Referendum.
² Der Bundesrat bestimmt das Inkrafttreten.

Referendum und Inkrafttreten

Datum des Inkrafttretens: 1. Juli 1986[1)]

[1)] BRB vom 16. April 1986 (AS **1986** 900)

Preisbekanntgabeverordnung

K. Verordnung über die Bekanntgabe von Preisen (Preisbekanntgabeverordnung, PBV)[1]

vom 11. Dezember 1978 (Stand am 1. November 1999)

Der Schweizerische Bundesrat,
gestützt auf die Artikel 16, 17 und 20 des Bundesgesetzes vom 19. Dezember 1986[2] gegen den unlauteren Wettbewerb und Artikel 11 des Bundesgesetzes vom 9. Juni 1977[3] über das Messwesen,[4]
verordnet:

1. Kapitel: Zweck und Geltungsbereich

Art. 1

Zweck dieser Verordnung ist, dass Preise klar und miteinander vergleichbar sind und irreführende Preisangaben verhindert werden.

Zweck

Art. 2

[1] Die Verordnung gilt für:

Geltungsbereich

a. das Angebot von Waren zum Kauf an Konsumenten[5]
b. Rechtsgeschäfte mit Konsumenten mit wirtschaftlich gleichen oder ähnlichen Wirkungen wie der Kauf, beispielsweise Abzahlungsverträge, Mietkaufverträge, Leasingverträge und mit Kaufgeschäften verbundene Eintauschaktionen (kaufähnliche Rechtsgeschäfte);
c. das Angebot der in Artikel 10 genannten Dienstleistungen;
d. die an Konsumenten gerichtete Werbung für sämtliche Waren und Dienstleistungen.

[2] Konsumenten sind Personen, die Waren oder Dienstleistungen für Zwecke kaufen, die nicht im Zusammenhang mit ihrer gewerblichen oder beruflichen Tätigkeit stehen.[6]

SR **942.211**; AS **1978** 2081

[1] Abkürzung gemäss Ziff. I der V vom 14. Dez. 1987, in Kraft seit 1. März 1988 (AS **1988** 241).
[2] SR **241**
[3] SR **941.20**
[4] Fassung gemäss Ziff. I der V vom 14. Dez. 1987, in Kraft seit 1. März 1988 (AS **1988** 241).
[5] Ausdruck gemäss Ziff. I der V vom 14. Dez. 1987, in Kraft seit 1. März 1988 (AS **1988** 241). Diese Änderung ist im ganzen Erlass berücksichtigt.
[6] Fassung gemäss Ziff. I der V vom 28. April 1999, in Kraft seit 1. Nov. 1999 (AS **1999** 1637).

2. Kapitel: Waren

1. Abschnitt: Bekanntgabe des Detailpreises

Art. 3

Bekanntgabepflicht ¹ Für Waren, die dem Konsumenten zum Kauf angeboten werden, ist der tatsächlich zu bezahlende Preis in Schweizerfranken (Detailpreis) bekanntzugeben.

² Die Bekanntgabepflicht gilt auch für kaufähnliche Rechtsgeschäfte.

³ Sie gilt nicht für Waren, die an Versteigerungen, Auktionen und ähnlichen Veranstaltungen verkauft werden.

Art. 4

Öffentliche Abgaben, Vergünstigungen ¹ Überwälzte öffentliche Abgaben müssen im Detailpreis enthalten sein.

¹bis Bei Änderung des Mehrwertsteuersatzes muss innert drei Monaten nach deren Inkrafttreten die Preisanschrift angepasst werden. Die Konsumenten sind während dieser Frist mit einem gut sichtbaren Hinweis darüber in Kenntnis zu setzen, dass in der Preisanschrift die Steuersatzänderung noch nicht berücksichtigt ist.[1]

² Vergünstigungen wie Rabatte, Rabattmarken oder Rückvergütungen, die erst nach dem Kauf realisiert werden können, sind gesondert bekanntzugeben und zu beziffern.

2. Abschnitt: Bekanntgabe des Grundpreises

Art. 5

Bekanntgabepflicht ¹ Für messbare Waren, die dem Konsumenten zum Kauf angeboten werden, ist der Grundpreis bekanntzugeben.

² Für vorverpackte Ware sind Detail- und Grundpreis bekanntzugeben.

³ Der Grundpreis muss nicht angegeben werden bei:
a. Verkauf per Stück oder nach Stückzahl;
b. Verkauf von 1, 2 oder 5 Liter, Kilogramm, Meter, Quadratmeter oder Kubikmeter und ihrer dezimalen Vielfachen und Teile;
c. Behältern mit einem Nenninhalt von 25, 35, 37,5, 70, 75 und 150 cl;
d. Fertigpackungen mit einem Nettogewicht oder einem Abtropfgewicht von 25, 125, 250 und 2500 g;
e. Kombinationspackungen, Mehrteilpackungen und Geschenkpackungen;
f. Lebensmittelkonserven, die aus einer Mischung von festen Produkten bestehen, sofern die Gewichte der Bestandteile angegeben werden;

---

[1] Eingefügt durch Ziff. I der V vom 28. April 1999, in Kraft seit 1. Nov. 1999 (AS **1999** 1637).

g.[1] Waren in Fertigpackungen, deren Detailpreis nicht mehr als 2 Franken beträgt;
h. Waren in Fertigpackungen, deren Grundpreis je Kilogramm oder Liter bei Lebensmitteln 150 Franken und bei den übrigen Waren 750 Franken übersteigt;
i. gastgewerblichen Betrieben.

Art. 6

Messbare Waren und Grundpreis

¹ Messbare Waren sind solche, deren Detailpreis üblicherweise nach Volumen, Gewicht, Masse, Länge oder Fläche bestimmt wird.

² Als Grundpreis gilt der dem Detailpreis zugrundeliegende Preis je Liter, Kilogramm, Meter, Quadratmeter, Kubikmeter oder eines dezimalen Vielfachen oder eines dezimalen Teiles davon.

³ Wird bei Lebensmittelkonserven in Anwendung von Artikel 18 der Deklarationsverordnung vom 15. Juli 1970[2] das Abtropfgewicht angegeben, bezieht sich der Grundpreis auf das Abtropfgewicht.

3. Abschnitt: Art und Weise der Bekanntgabe

Art. 7

Anschrift

¹ Detail- und Grundpreise müssen durch Anschrift an der Ware selbst oder unmittelbar daneben (Anschrift, Aufdruck, Etikette, Preisschild usw.) bekanntgegeben werden.

² Sie können in anderer leicht zugänglicher und gut lesbarer Form bekanntgegeben werden (Regalanschrift, Anschlag von Preislisten, Auflage von Katalogen usw.), wenn die Anschrift an der Ware selbst wegen der Vielzahl preisgleicher Waren oder aus technischen Gründen nicht zweckmässig ist.

³ Die Bekanntgabe nach Absatz 2 ist auch zulässig für Antiquitäten, Kunstgegenstände, Orientteppiche, Pelzwaren, Uhren, Schmuck und andere Gegenstände aus Edelmetallen, wenn der Preis 5000 Franken übersteigt.[3]

Art. 8

Sichtbarkeit und Lesbarkeit

¹ Detail- und Grundpreise müssen leicht sichtbar und gut lesbar sein. Sie sind in Zahlen bekanntzugeben.

² Insbesondere müssen in Schaufenstern die Detailpreise, bei Waren, die offen verkauft werden, die Grundpreise von aussen gut lesbar sein.

---

[1] Fassung gemäss Ziff. I der V vom 14. Dez. 1987, in Kraft seit 1. März 1988 (AS **1988** 241).
[2] SR **941.281**
[3] Eingefügt durch Ziff. I der V vom 14. Dez. 1987, in Kraft seit 1. März 1988 (AS **1988** 241).

Art. 9

Spezifizierung ¹ Aus der Bekanntgabe muss hervorgehen, auf welches Produkt und welche Verkaufseinheit sich der Detailpreis bezieht.

² Die Menge ist nach dem Bundesgesetz vom 9. Juni 1977[1] über das Messwesen anzugeben.

³ Weitergehende Bestimmungen über die Spezifizierung in anderen Erlassen bleiben vorbehalten.

3. Kapitel: Dienstleistungen

Art. 10

Bekanntgabepflicht ¹ Die tatsächlich zu bezahlenden Preise sind für folgende Dienstleistungen beziehungsweise in folgenden Dienstleistungsbereichen in Schweizerfranken bekanntzugeben:
a. Coiffeurgewerbe;
b. Garagegewerbe für Serviceleistungen;
c. Gastgewerbe und Hotellerie;
d. Kosmetische Institute und Fusspflege;
e. Fitnessinstitute, Schwimmbäder, Eisbahnen und andere Sportanlagen;
f. Taxigewerbe;
g. Unterhaltungsgewerbe (Theater, Konzerte, Kinos, Dancings u. dgl.), Museen, Ausstellungen, Messen sowie Sportveranstaltungen;
h. Vermietung von Fahrzeugen, Apparaten und Geräten;
i. Wäschereien und chemische Reinigungsbetriebe (Hauptverfahren und Standardartikel);
k. Parkieren und Einstellen von Autos;
l. Fotobranche (standardisierte Leistungen in den Bereichen Entwickeln, Kopieren, Vergrössern).
m.[2] Kurswesen;
n.[2] Pauschalreisen;
o.[2] die mit der Buchung einer Reise zusammenhängenden und gesondert in Rechnung gestellten Leistungen (Buchung, Reservation, Vermittlung);
p.[2] Fernmeldedienste nach dem Fernmeldegesetz vom 30. April 1997[3], soweit im Mobilfunkbereich nicht Dienste von anderen Fernmeldedienstanbieterinnen im Ausland mitbenützt werden (Roaming);

---

[1] SR **941.20**

[2] Eingefügt durch Ziff. I der V vom 28. April 1999, in Kraft seit 1. Nov. 1999 (AS **1999** 1637).

[3] SR **784.10**

PREISBEKANNTGABEVERORDNUNG **K 11**

q.[1]) auf Fernmeldediensten aufbauende Mehrwertdienste wie Informations-, Beratungs-, Vermarktungs-, Gebührenteilungsdienste, soweit im Mobilfunkbereich nicht Dienste von anderen Fernmeldedienstanbieterinnen im Ausland mitbenützt werden (Roaming);

r.[1]) die Kontoeröffnung, -führung und -schliessung, den Zahlungsverkehr im Inland und grenzüberschreitend, Zahlungsmittel (Kreditkarten) sowie den Kauf und Verkauf ausländischer Währungen (Geldwechsel);

s.[1]) Teilzeitnutzungsrechte an Immobilien.[2])

[2] Überwälzte öffentliche Abgaben müssen im Preis enthalten sein.

[3] Bei Änderung des Mehrwertsteuersatzes muss innert drei Monaten nach dem Inkrafttreten die Preisanschrift angepasst werden. Die Konsumenten sind während dieser Frist mit einem gut sichtbaren Hinweis darüber in Kenntnis zu setzen, dass die Steuersatzänderung in der Preisanschrift noch nicht berücksichtigt ist.[1])

Art. 11

[1] Preisanschläge, Preislisten, Kataloge usw. müssen leicht zugänglich und gut lesbar sein.

[1bis] Bei Mehrwertdiensten (Art. 10 Abs. 1 Bst. q) der Nummernkategorien 156... und 0906... ist der Preis für die Dauer der ersten zehn Minuten mündlich beziehungsweise durch vorgeschaltete Sprechtexte in der entsprechenden Sprache bekanntzugeben, und zwar innerhalb der ersten 20 Sekunden nach Verbindungsaufbau.[1])

[2] Aus der Bekanntgabe muss hervorgehen, auf welche Art und Einheit der Dienstleistung oder auf welche Verrechnungssätze sich der Preis bezieht.

[3] In gastgewerblichen Betrieben muss aus der Bekanntgabe des Preises für Spirituosen, Liköre, Apéritifs, Wein, Bier, Mineralwasser, Süssgetränke, Obst-, Frucht- und Gemüsesäfte sowie für kalte Milch und kalte Milchmischgetränke usw. hervorgehen, auf welche Menge sich der Preis bezieht.

[4] In Betrieben, die gewerbsmässig Personen beherbergen, ist der Preis für die Übernachtung mit oder ohne Frühstück, für Halb- oder Vollpension dem Gast bei seiner Ankunft mündlich oder schriftlich bekanntzugeben und in den Gästezimmern anzuschlagen.

Art und Weise der Bekanntgabe

---

[1]) Eingefügt durch Ziff. I der V vom 28. April 1999, in Kraft seit 1. Nov. 1999 (AS **1999** 1637).
[2]) Fassung gemäss Ziff. I der V vom 28. April 1999, in Kraft seit 1. Nov. 1999 (AS **1999** 1637).

Art. 12

Trinkgeld

[1] Das Trinkgeld muss im Preis inbegriffen oder deutlich als Trinkgeld bezeichnet und beziffert sein.

[2] Hinweise wie «Trinkgeld inbegriffen» oder entsprechende Formulierungen sind zulässig. Hinweise wie «Trinkgeld nicht inbegriffen» oder entsprechende Formulierungen ohne ziffernmässige Bezeichnung sind unzulässig.

[3] Es ist unzulässig, Trinkgelder über den bekanntgegebenen Preis oder das ziffernmässig bekanntgegebene Mass hinaus zu verlangen.

4. Kapitel: Werbung

Art. 13

Preisbekanntgabe in der Werbung

[1] Werden in der Werbung Preise aufgeführt oder bezifferte Hinweise auf Preisrahmen oder Preisgrenzen gemacht, so sind die tatsächlich zu bezahlenden Preise bekanntzugeben.

[1bis] Wird in der Werbung die Telefonnummer eines entgeltlichen Mehrwertdienstes (Art. 10 Abs. 1 Bst q) publiziert, so ist dem Konsumenten der Gesamtpreis pro Minute bekanntzugeben. Wo die Angabe des Minutenpreises nicht möglich ist, muss das zur Anwendung gelangende Taxierungsmodell transparent bekanntgegeben werden.[1]

[2] Hersteller, Importeure und Grossisten können Richtpreise bekanntgeben.[2]

Art. 14

Spezifizierung

[1] Aus der Preisbekanntgabe muss deutlich hervorgehen, auf welche Ware und Verkaufseinheit oder auf welche Art, Einheit und Verrechnungssätze von Dienstleistungen sich der Preis bezieht.

[2] Die Waren sind nach Marke, Typ, Sorte, Qualität und Eigenschaften zu umschreiben.[2]

[3] Die Preisangabe muss sich auf die allenfalls abgebildete oder mit Worten bezeichnete Ware beziehen.

[4] Weitergehende Bestimmungen über die Spezifizierung in anderen Erlassen bleiben vorbehalten.

Art. 15[3]

Irreführende Preisbekanntgabe

Die Bestimmungen über die irreführende Preisbekanntgabe (Art. 16–18) gelten auch für die Werbung.

---

[1] Eingefügt durch Ziff. I der V vom 28. April 1999, in Kraft seit 1. Nov. 1999 (AS **1999** 1637).

[2] Fassung gemäss Ziff. I der V vom 28. April 1999, in Kraft seit 1. Nov. 1999 (AS **1999** 1637).

[3] Fassung gemäss Ziff. I der V vom 14. Dez. 1987, in Kraft seit 1. März 1988 (AS **1988** 241).

5. Kapitel: Irreführende Preisbekanntgabe

Art. 16[1)]

Bekanntgabe weiterer Preise

[1] Neben dem tatsächlich zu bezahlenden Preis darf der Anbieter einen Vergleichspreis bekanntgeben, wenn:

a. er die Ware oder die Dienstleistung unmittelbar vorher tatsächlich zu diesem Preis angeboten hat (Selbstvergleich);
b. er die Ware oder die Dienstleistung unmittelbar danach tatsächlich zu diesem Preis anbieten wird (Einführungspreis); oder
c. andere Anbieter im zu berücksichtigenden Marktgebiet die überwiegende Menge gleicher Waren oder Dienstleistungen tatsächlich zu diesem Preis anbieten (Konkurrenzvergleich).

[2] Aus der Ankündigung muss die Art des Preisvergleichs (Selbstvergleich, Einführungspreis oder Konkurrenzvergleich) hervorgehen. Die Voraussetzungen für die Verwendung von Vergleichspreisen sind vom Anbieter auf Verlangen glaubhaft zu machen.

[3] Der Vergleichspreis nach Absatz 1 Buchstaben a und b darf während der Hälfte der Zeit bekanntgegeben werden, während der er gehandhabt wurde beziehungsweise gehandhabt werden wird, längstens jedoch während zwei Monaten.

[4] Preise für schnell verderbliche Waren dürfen, wenn sie während eines halben Tages gehandhabt wurden, noch während des folgenden Tages als Vergleichspreis bekanntgegeben werden.

[5] Katalog-, Richtpreise und dergleichen sind nur dann als Vergleichspreise zulässig, wenn die Voraussetzungen nach Absatz 1 Buchstabe c erfüllt sind.

Art. 17

Hinweise auf Preisreduktion

[1] Bezifferte Hinweise auf Preisreduktionen, Zugaben, Eintausch- und Rücknahmeangebote sowie auf Geschenke und dergleichen werden wie die Bekanntgabe weiterer Preise neben dem tatsächlich zu bezahlenden Preis beurteilt.[2)]

[2] Für solche Hinweise gilt die Pflicht zur Preisbekanntgabe sowie zur Spezifizierung im Sinne dieser Verordnung. Ausgenommen sind Hinweise auf mehrere Produkte, verschiedene Produkte, Produktegruppen oder Sortimente, soweit für sie der gleiche Reduktionssatz gilt.

[3] Absatz 2 gilt für Dienstleistungen sinngemäss.[3)]

[1)] Fassung gemäss Ziff. I der V vom 28. April 1999, in Kraft seit 1. Nov. 1999 (AS **1999** 1637).
[2)] Fassung gemäss Ziff. I der V vom 14. Dez. 1987, in Kraft seit 1. März 1988 (AS **1988** 241).
[3)] Eingefügt durch Ziff. I der V vom 14. Dez. 1987, in Kraft seit 1. März 1988 (AS **1988** 241).

Art. 18[1]

Hersteller, Importeure und Grossisten

¹ Die Bestimmungen über die irreführende Preisbekanntgabe gelten auch für Hersteller, Importeure und Grossisten.

² Hersteller, Importeure und Grossisten dürfen Konsumenten Preise oder Richtpreise bekanntgeben oder für Konsumenten bestimmte Preislisten, Preiskataloge und dergleichen zur Verfügung stellen, sofern die betreffenden Preise im zu berücksichtigenden Marktgebiet für die überwiegende Menge tatsächlich gehandhabt werden.

Art. 19[2]

6. Kapitel: Bekanntgabepflichtige

Art. 20

Die Pflicht zur vorschriftsgemässen Bekanntgabe von Preisen und zur vorschriftsgemässen Werbung im Sinne dieser Verordnung obliegt dem Leiter von Geschäften aller Art.

7. Kapitel: Strafbestimmungen

Art. 21[3]

Widerhandlungen gegen diese Verordnung werden nach den Bestimmungen des Bundesgesetzes vom 19. Dezember 1986[4] gegen den unlauteren Wettbewerb und des Bundesgesetzes vom 9. Juni 1977[5] über das Messwesen bestraft.

8. Kapitel: Schlussbestimmungen

Art. 22

Vollzug

¹ Die zuständigen kantonalen Stellen überwachen die vorschriftsgemässe Durchführung dieser Verordnung und verzeigen Verstösse den zuständigen Instanzen.

² Das Verfahren richtet sich nach kantonalem Recht.

---

[1] Fassung gemäss Ziff. I der V vom 28. April 1999, in Kraft seit 1. Nov. 1999 (AS **1999** 1637).

[2] Aufgehoben durch Ziff. I der V vom 23. Aug. 1995 (AS **1995** 4186).

[3] Fassung gemäss Ziff. I der V vom 14. Dez. 1987, in Kraft seit 1. März 1988 (AS **1988** 241).

[4] SR **241**

[5] SR **941.20**

Art. 23

¹ Der Bund führt die Oberaufsicht. Sie wird durch das Eidgenössische Volkswirtschaftsdepartement ausgeübt.

² Das Eidgenössische Volkswirtschaftsdepartement kann Weisungen und Kreisschreiben gegenüber den Kantonen erlassen, von den Kantonen Informationen und Unterlagen einverlangen und Verstösse bei den zuständigen kantonalen Instanzen anzeigen.

³ Das Eidgenössische Volkswirtschaftsdepartement kann mit den betroffenen Branchen und interessierten Organisationen Gespräche über die Preisbekanntgabe führen.

Oberaufsicht durch den Bund

Art. 24

...[1]

Änderung bisherigen Rechts

Art. 25

Diese Verordnung tritt am 1. Januar 1979 in Kraft.

Inkrafttreten

---

[1] Nicht abgedruckt

Bundesgesetz über Pauschalreisen

L. Bundesgesetz über Pauschalreisen
vom 18. Juni 1993

Die Bundesversammlung der Schweizerischen Eidgenossenschaft,
gestützt auf die Artikel 31sexies und 64 der Bundesverfassung[1],
nach Einsicht in die Botschaft des Bundesrates vom 24. Februar
1993[2],
beschliesst:

1. Abschnitt: Begriffe

Art. 1

[1] Als Pauschalreise gilt die im voraus festgelegte Verbindung von mindestens zwei der folgenden Dienstleistungen, wenn diese Verbindung zu einem Gesamtpreis angeboten wird und länger als 24 Stunden dauert oder eine Übernachtung einschliesst:

a. Beförderung;
b. Unterbringung;
c. andere touristische Dienstleistungen, die nicht Nebenleistungen von Beförderung oder Unterbringung sind und einen beträchtlichen Teil der Gesamtleistung ausmachen.

[2] Dieses Gesetz ist auch anwendbar, wenn im Rahmen derselben Pauschalreise einzelne Leistungen getrennt berechnet werden.

Pauschalreise

Art. 2

[1] Als Veranstalter oder Veranstalterin (Veranstalter)[3] gilt jede Person, die Pauschalreisen nicht nur gelegentlich organisiert und diese direkt oder über einen Vermittler anbietet.

[2] Als Vermittler oder Vermittlerin (Vermittler)[3] gilt die Person, welche die vom Veranstalter zusammengestellte Pauschalreise anbietet.

[3] Als Konsument oder Konsumentin (Konsument)[3] gilt jede Person:

a. welche eine Pauschalreise bucht oder zu buchen sich verpflichtet;
b. in deren Namen oder zu deren Gunsten eine Pauschalreise gebucht oder eine Buchungsverpflichtung eingegangen wird;
c. welcher die Pauschalreise nach Artikel 17 abgetreten wird.

Veranstalter, Vermittler und Konsument

SR **944.3**; AS **1993** 3152
[1] SR **101**
[2] BBl **1993** I 805
[3] Da die durchgehende Verwendung von Paarformen die Lesbarkeit des vorliegenden Erlasses erschwert, wird im folgenden die männliche Personenbezeichnung als Ausdruck gewählt, der sich auf Personen beider Geschlechter bezieht.

2. Abschnitt: Prospekte

Art. 3

Veröffentlicht ein Veranstalter oder ein Vermittler einen Prospekt, so sind die darin enthaltenen Angaben für ihn verbindlich; sie können nur geändert werden:
a. durch spätere Parteivereinbarung;
b. wenn der Prospekt ausdrücklich auf die Änderungsmöglichkeit hinweist und die Änderung dem Konsumenten vor Vertragsschluss klar mitgeteilt wird.

3. Abschnitt: Information des Konsumenten

Art. 4

Vor Vertragsschluss

[1] Der Veranstalter oder der Vermittler muss dem Konsumenten vor Vertragsschluss alle Vertragsbedingungen schriftlich mitteilen.

[2] Die Vertragsbedingungen können dem Konsumenten auch in einer anderen geeigneten Form vermittelt werden, vorausgesetzt, dass sie ihm vor Vertragsschluss schriftlich bestätigt werden. Die Pflicht zur schriftlichen Bestätigung fällt dahin, wenn ihre Erfüllung eine Buchung oder einen Vertragsschluss verunmöglichen würde.

[3] Soweit dies für die Pauschalreise von Bedeutung ist, muss der Veranstalter oder der Vermittler den Konsumenten vor Vertragsschluss schriftlich oder in einer anderen geeigneten Form allgemein informieren:
a. über die für Staatsangehörige der Staaten der EG und der EFTA geltenden Pass- und Visumserfordernisse, insbesondere über die Fristen für die Erlangung dieser Dokumente;
b. über gesundheitspolizeiliche Formalitäten, die für die Reise und den Aufenthalt erforderlich sind.

[4] Staatsangehörige anderer Staaten haben Anspruch auf die Informationen nach Absatz 3 Buchstabe a, wenn sie diese unverzüglich verlangen.

Art. 5

Vor Reisebeginn

Der Veranstalter oder der Vermittler muss dem Konsumenten rechtzeitig vor dem Abreisetermin schriftlich oder in einer anderen geeigneten Form mitteilen:
a. Uhrzeiten und Orte von Zwischenstationen und Anschlussverbindungen;
b. den vom Reisenden einzunehmenden Platz;

c. Name, Adresse und Telefonnummer der örtlichen Vertretung des Veranstalters oder des Vermittlers oder, wenn eine solche Vertretung fehlt, der örtlichen Stellen, welche dem Konsumenten bei Schwierigkeiten Hilfe leisten können; fehlen auch solche Stellen, so sind dem Konsumenten auf jeden Fall eine Notrufnummer oder sonstige Angaben mitzuteilen, mit deren Hilfe er mit dem Veranstalter oder dem Vermittler Verbindung aufnehmen kann;
d. bei Auslandreisen und -aufenthalten einer minderjährigen Person Angaben darüber, wie eine unmittelbare Verbindung zu dieser Person oder den an ihrem Aufenthaltsort Verantwortlichen hergestellt werden kann;
e. Angaben über den möglichen Abschluss einer Reiserücktrittsversicherung oder einer Versicherung zur Deckung der Rückführungskosten bei Unfall oder Krankheit.

4. Abschnitt: Inhalt des Vertrages

Art. 6

¹ Unabhängig von der Art der vereinbarten Leistungen muss der Vertrag angeben:
a. den Namen und die Adresse des Veranstalters und des allfälligen Vermittlers;
b. das Datum, die Uhrzeit und den Ort von Beginn und Ende der Reise;
c. die Sonderwünsche des Konsumenten, die vom Veranstalter oder vom Vermittler akzeptiert wurden;
d. ob für das Zustandekommen der Pauschalreise eine Mindestteilnehmerzahl erforderlich ist, und, gegebenenfalls, wann spätestens dem Konsumenten eine Annullierung der Reise mitgeteilt wird;
e. den Preis der Pauschalreise sowie den Zeitplan und die Modalitäten für dessen Zahlung;
f. die Frist, innert welcher der Konsument allfällige Beanstandungen wegen Nichterfüllung oder nicht gehöriger Erfüllung des Vertrags erheben muss;
g. den Namen und die Adresse des allfälligen Versicherers.

² Je nach Art der vereinbarten Leistungen muss der Vertrag auch angeben:
a. den Bestimmungsort und, wenn mehrere Aufenthalte vorgesehen sind, deren Dauer und Termine;
b. die Reiseroute;
c. die Transportmittel, ihre Merkmale und Klasse;
d. die Anzahl der Mahlzeiten, die im Preis der Pauschalreise inbegriffen sind;

e. die Lage, die Kategorie oder den Komfort und die Hauptmerkmale der Unterbringung sowie deren Zulassung und touristische Einstufung gemäss den Vorschriften des Gaststaates;
f. die Besuche, die Ausflüge und die sonstigen Leistungen, die im Preis der Pauschalreise inbegriffen sind;
g. die Voraussetzungen einer allfälligen Preiserhöhung nach Artikel 7;
h. allfällige Abgaben für bestimmte Leistungen, wie Landegebühren, Ein- oder Ausschiffungsgebühren in Häfen und entsprechende Gebühren auf Flughäfen und Aufenthaltsgebühren, die nicht im Preis der Pauschalreise inbegriffen sind.

5. Abschnitt: Preiserhöhungen

Art. 7

Eine Erhöhung des vertraglich festgelegten Preises ist nur zulässig, wenn:
a. der Vertrag diese Möglichkeit ausdrücklich vorsieht und genaue Angaben zur Berechnung des neuen Preises enthält;
b. sie mindestens drei Wochen vor dem Abreisetermin erfolgt; und
c. sie mit einem Anstieg der Beförderungskosten, einschliesslich der Treibstoffkosten, einer Zunahme der Abgaben für bestimmte Leistungen, wie Landegebühren, Ein- oder Ausschiffungsgebühren in Häfen und entsprechende Gebühren auf Flughäfen, oder mit einer Änderung der für die Pauschalreise geltenden Wechselkurse begründet ist.

6. Abschnitt: Wesentliche Vertragsänderungen

Art. 8

Begriff ¹ Als wesentliche Vertragsänderung gilt jede erhebliche Änderung eines wesentlichen Vertragspunktes, welche der Veranstalter vor dem Abreisetermin vornimmt.

² Eine Preiserhöhung von mehr als zehn Prozent gilt als wesentliche Vertragsänderung.

Art. 9

Mitteilungspflicht Der Veranstalter teilt dem Konsumenten so bald wie möglich jede wesentliche Vertragsänderung mit und gibt deren Auswirkung auf den Preis an.

Art. 10

Konsumentenrechte ¹ Der Konsument kann eine wesentliche Vertragsänderung annehmen oder ohne Entschädigung vom Vertrag zurücktreten.

² Er teilt den Rücktritt vom Vertrag dem Veranstalter oder dem Vermittler so bald wie möglich mit.

³ Tritt der Konsument vom Vertrag zurück, so hat er Anspruch:
a. auf Teilnahme an einer anderen gleichwertigen oder höherwertigen Pauschalreise, wenn der Veranstalter oder der Vermittler ihm eine solche anbieten kann;
b. auf Teilnahme an einer anderen minderwertigen Pauschalreise sowie auf Rückerstattung des Preisunterschieds; oder
c. auf schnellstmögliche Rückerstattung aller von ihm bezahlten Beträge.

⁴ Vorbehalten bleibt der Anspruch auf Schadenersatz wegen Nichterfüllung des Vertrages.

7. Abschnitt: Annullierung der Pauschalreise

Art. 11

¹ Annulliert der Veranstalter die Reise vor dem Abreisetermin aus einem nicht vom Konsumenten zu vertretenden Umstand, so stehen diesem die Ansprüche nach Artikel 10 zu.

² Der Konsument hat jedoch keinen Anspruch auf Schadenersatz wegen Nichterfüllung des Vertrages:
a. wenn die Annullierung erfolgt, weil die Anzahl der Personen, welche die Pauschalreise gebucht haben, nicht die geforderte Mindestteilnehmerzahl erreicht und die Annullierung dem Konsumenten innert der im Vertrag angegebenen Frist schriftlich mitgeteilt wurde, oder
b. wenn die Annullierung auf höhere Gewalt zurückzuführen ist. Überbuchung gilt nicht als höhere Gewalt.

8. Abschnitt: Nichterfüllung und nicht gehörige Erfüllung des Vertrages

Art. 12

¹ Der Konsument muss jeden Mangel bei der Erfüllung des Vertrages, den er an Ort und Stelle feststellt, so bald wie möglich schriftlich oder in einer anderen geeigneten Form gegenüber dem betreffenden Dienstleistungsträger sowie gegenüber dem Veranstalter oder dem Vermittler beanstanden. — *Beanstandung*

² Im Fall einer Beanstandung bemüht sich der Veranstalter, der Vermittler oder seine örtliche Vertretung nach Kräften um geeignete Lösungen.

Art. 13

¹ Wird nach der Abreise ein erheblicher Teil der vereinbarten Leistungen nicht erbracht oder stellt der Veranstalter fest, dass er einen erheblichen Teil der vorgesehenen Leistungen nicht erbringen kann, so hat er: — *Ersatzmassnahmen*

a. angemessene Vorkehrungen zu treffen, damit die Pauschalreise weiter durchgeführt werden kann;
b. den dem Konsumenten daraus entstandenen Schaden zu ersetzen; die Höhe des Schadenersatzes entspricht dem Unterschied zwischen dem Preis der vorgesehenen und jenem der erbrachten Dienstleistungen.

² Können diese Vorkehrungen nicht getroffen werden oder lehnt sie der Konsument aus wichtigen Gründen ab, so hat der Veranstalter für eine gleichwertige Beförderungsmöglichkeit zu sorgen, mit welcher der Konsument zum Ort der Abreise zurückkehren oder an einen anderen mit ihm vereinbarten Ort reisen kann. Ausserdem hat er dem Konsumenten daraus entstandenen Schaden zu ersetzen.

³ Die Massnahmen dieses Artikels begründen keinen Preisaufschlag.

Art. 14

Haftung; Grundsatz

¹ Der Veranstalter oder der Vermittler, der Vertragspartei ist, haftet dem Konsumenten für die gehörige Vertragserfüllung unabhängig davon, ob er selbst oder andere Dienstleistungsträger die vertraglichen Leistungen zu erbringen haben.

² Der Veranstalter und der Vermittler können gegen andere Dienstleistungsträger Rückgriff nehmen.

³ Vorbehalten bleiben die in internationalen Übereinkommen vorgesehenen Beschränkungen der Entschädigung bei Schäden aus Nichterfüllung oder nicht gehöriger Erfüllung des Vertrages.

Art. 15

Ausnahmen

¹ Der Veranstalter oder der Vermittler haftet dem Konsumenten nicht, wenn die Nichterfüllung oder die nicht gehörige Erfüllung des Vertrages zurückzuführen ist:
a. auf Versäumnisse des Konsumenten;
b. auf unvorhersehbare oder nicht abwendbare Versäumnisse Dritter, die an der Erbringung der vertraglich vereinbarten Leistungen nicht beteiligt sind;
c. auf höhere Gewalt oder auf ein Ereignis, welches der Veranstalter, der Vermittler oder der Dienstleistungsträger trotz aller gebotenen Sorgfalt nicht vorhersehen oder abwenden konnte.

² In den Fällen nach Absatz 1 Buchstaben b und c muss sich der Veranstalter oder der Vermittler, der Vertragspartei ist, darum bemühen, dem Konsumenten bei Schwierigkeiten Hilfe zu leisten.

Art. 16

Beschränkung und Wegbedingung der Haftung

¹ Die Haftung für Personenschäden, die aus der Nichterfüllung oder der nicht gehörigen Erfüllung des Vertrages entstehen, kann vertraglich nicht beschränkt werden.

² Für andere Schäden kann die Haftung vertraglich auf das Zweifache des Preises der Pauschalreise beschränkt werden, ausser bei absichtlich oder grobfahrlässig zugefügten Schäden.

9. Abschnitt: Abtretung der Buchung der Pauschalreise

Art. 17

¹ Ist der Konsument daran gehindert, die Pauschalreise anzutreten, so kann er die Buchung an eine Person abtreten, die alle an die Teilnahme geknüpften Bedingungen erfüllt, wenn er zuvor den Veranstalter oder den Vermittler innert angemessener Frist vor dem Abreisetermin darüber informiert.

² Diese Person und der Konsument haften dem Veranstalter oder dem Vermittler, der Vertragspartei ist, solidarisch für die Zahlung des Preises sowie für die gegebenenfalls durch diese Abtretung entstehenden Mehrkosten.

10. Abschnitt: Sicherstellung

Art. 18

¹ Der Veranstalter oder der Vermittler, der Vertragspartei ist, muss für den Fall der Zahlungsunfähigkeit oder des Konkurses die Erstattung bezahlter Beträge und die Rückreise des Konsumenten sicherstellen.

² Auf Verlangen des Konsumenten muss er die Sicherstellung nachweisen. Erbringt er diesen Nachweis nicht, so kann der Konsument vom Vertrag zurücktreten.

³ Der Rücktritt muss dem Veranstalter oder dem Vermittler vor dem Abreisetermin schriftlich mitgeteilt werden.

11. Abschnitt: Zwingendes Recht

Art. 19

Von den Bestimmungen dieses Gesetzes kann zuungunsten des Konsumenten nur dort abgewichen werden, wo dies ausdrücklich vorgesehen ist.

12. Abschnitt: Referendum und Inkrafttreten

Art. 20

¹ Dieses Gesetz untersteht dem fakultativen Referendum.
² Der Bundesrat bestimmt das Inkrafttreten.

Datum des Inkrafttretens: 1. Juli 1994[1)]

[1)] BRB vom 30. Nov. 1993 (AS **1994** 3158).

Sachregister

Benutzungshinweise:
Stichworte, die mit einem Eigenschaftswort gebildet sind (z.B. guter Glaube), findet man unter dem Hauptwort (Glaube, guter).
Die Zahlen beziehen sich im allgemeinen auf die Artikel des Obligationenrechts. Den Bestimmungen der Nebengesetze und Verordnungen sind die Buchstaben **A** bis **L** vorangestellt, mit denen dieselben bezeichnet sind.

A

ABÄNDERUNG
s. Änderung

ABBERUFUNG
– der Mitglieder des Verwaltungsrates 705, 762, von Geschäftsführern der GmbH 810, 814, der Mitglieder der Verwaltung der Genossenschaft 890, 926
– der Ausschüsse, Delegierten, Direktoren, Geschäftsführer sowie andern Bevollmächtigten und Beauftragten 705, 726, 905
– der Revisionsstelle 705, 727e, 762, des Revisors 727f, der Kontrollstelle 890, 926
– der Liquidatoren 583, 741, 823

ABERKENNUNG
– nicht einbezahlter Aktien 681 f.
– des Anteils an der GmbH 799 ff.
– der Genossenschaftsrechte 867

ABFINDUNG
– eines Gesellschafters 794, 822
– eines Genossenschafters 864 f.
– für Anteils- und Mitgliedschaftsrechte bei Fusion, Spaltung oder Umwandlung F 8, 13 ff., 18, 23, 104

ABGABEN, ÖFFENTLICHE,
– bei Miete 256b, 257b, Pacht 280
– bei Bekanntgabe des Detailpreises K 4

ABGANGSENTSCHÄDIGUNG 339b ff.

ABLEHNUNGSFRIST
s. Frist

ABLIEFERUNGSHINDERNIS 444 f.

ABNÜTZUNG, AUSSERORD. 227h

ABRECHNUNG
– der Auslagen des Arbeitnehmers 327c
– der Lohnzahlung 323b, 353a
– der Provision 322c, 418k
– der Heizungskosten C 8
s. auch Rechenschaftsablage

ABRECHNUNGSSTELLE für Wechsel 1028, Checks 1118, 1124, 1127 f.

ABSCHLAGSZAHLUNG
s. Teilzahlung

ABSCHLUSS DES VERTRAGES 1 ff.
– unter Abwesenden 5, 10
– durch Stellvertreter 32 ff.

ABSCHLUSSAGENT 418b

ABSCHLUSSPROVISION
s. Provision

ABSCHLUSSVOLLMACHT des Handelsreisenden 348b

ABSCHREIBUNGEN in Bilanzen von Aktiengesellschaften 664, 665, 669

ABSCHRIFT
– der Gewinn- und Verlustrechnung 322a, 600
– der Betriebsrechnung, der Bilanz 856 aus den Geschäftsbüchern, von Korrespondenz 857
– eines Wechsels 1037 f., 1048, 1066 f., 1074, 1098
– der Protesturkunde 1040

ABSENDER 441 ff.

ABSICHT 41, 66, 100, 192 f., 248, 321e, 323b, 752 ff., 916 f., 942, 1156
s. auch Arglist; Täuschung; Verschweigen

ABSORPTIONSFUSION F 3, 9

ABTRETUNG
– von Forderungen 164 ff.
– von Vorkaufs-, Kaufs- und Rückkaufsrechten 216b
– künftiger Lohnforderung 325
– der Forderung auf künftige Vorsorgeleistungen 331c
– der Rechte des Leibrentengläubigers 519, des Anspruchs des Pfründers 529
– der Gesellschaftsanteile 542, 791, 796, Genossenschaftsanteile 849, 851
– der Buchung einer Pauschalreise L 17
s. auch Übertragung

ABZAHLUNGSVERTRAG
s. Konsumkreditvertrag

ADRESSANT, ADRESSAT 407

AFFEKTIONSWERT eines Tieres 43

AGENT 418a
– Ermächtigung 418e
– Pflichten 418c f., 418v

A

- Vergütung 418g ff.
- Verhinderung an der Tätigkeit 418m
- Retentionsrecht 418o
- Tod, Handlungsunfähigkeit, Konkurs 418s

AGENTURVERTRAG 418a ff.

AKKORDLOHN, AKKORDLOHNARBEIT 319, 326 f., 345a

AKKREDITIV
s. Kreditbrief

AKTIEN 620, 622 ff., 626, 764
- Zeichnung 629 f., 652 f.
- Vorzugsaktien 654, 656; s. auch Vorrechte
- eigene 659 ff.
- Ausgabe und Übertragung 644, 683 ff.
- Inhaberaktien 622, 683, 689 ff.
- Namenaktien 622, 684 ff., 689a
- – vinkulierte (Beschränkung der Übertragbarkeit) 627, 685 ff., 704, SchlB 26. Tit. 4
- – nicht börsenkotierte 685b f.
- – börsenkotierte 685d ff.
- Stimmrecht, Stimmrechtsaktie 692 ff., SchlB 26. Tit. 5; s. auch Vorrechte
- verpfändete 689b
- s. auch Genussscheine; Partizipationsscheine

AKTIENBUCH 686 f.

AKTIENGESELLSCHAFT 620 ff., **F** 2, 3 ff., **G** 78 ff.
- Statuten 626 ff., 647
- Gründung 629 ff., **G** 78 f.
- Eintragung in das Handelsregister 640 ff., **G** 78 ff.
- Bekanntmachungen 626, 641, 696, 697h, 733, 931, **G** 85
- Persönlichkeit 620, 643 ff.
- Geschäftsbericht 662 ff.
- – Offenlegung 697h
- Generalversammlung 698 ff.
- Verwaltungsrat 707 ff., **G** 86
- Revisionsstelle 727 ff., **G** 86a
- Verantwortlichkeit 752 ff.
- Kapitalerhöhung 650 ff., **G** 80 ff.
- Herabsetzung des Aktienkapitals 732 ff., **G** 84
- Fusion **F** 3 ff., 23 ff., **G** 105 ff.
- Spaltung **F** 29 ff., **G** 106 ff.
- Umwandlung **F** 53 ff., **G** 107 f.
- Vermögensübertragung **F** 69 ff., **G** 108 ff.
- Auflösung 736 ff., **G** 88 ff.
- Rechte und Pflichten der Aktionäre 660 ff.
- Beteiligung öffentlich-rechtlicher Körperschaften 762

AKTIENKAPITAL 620
- Mindestbetrag 621
- Erhöhung 650 ff., **G** 80 ff.
- Herabsetzung 732 ff., **G** 84

AKTIONÄRE
- Rechte und Pflichten 620, 660 ff.
- Gewinn- und Liquidationsanteil 660 f., 675
- Leistungspflicht 680 ff.
- persönliche Mitgliedschaftsrechte 689 ff.
- Stimmrecht 692 ff.
- Kontrollrechte 696 ff.

AKZEPT
s. Annahme des Wechsels

AKZESSORIETÄT der Bürgschaft 492

ALLONGE
s. Anhang, zum Wechsel

ALTENTEIL
s. Verpfründung

ALTERNATIVOBLIGATION 72

AMORTISATION (Tilgung)
- Rückstand mit der Bezahlung bei Bürgschaft 505
- Verlängerung der Frist bei Anleihensobligationen 1170
- s. auch Annuität, Verringerung

AMORTISATION (Kraftloserklärung)
s. Kraftloserklärung

AMT FÜR DAS HANDELSREGISTER, EIDGENÖSSISCHES G 3 ff., 58, 60, 113 ff.

AMTS- UND DIENSTBÜRGSCHAFTEN 500, 503, 509 f., 512

SACHREGISTER **A**

AMTSDAUER
– der Mitglieder des Verwaltungsrates 710, der Verwaltung 896
– der Revisions-, Kontrollstelle 727e, 906

AMTSGEHEIMNIS J 19
s. auch Verschwiegenheitspflicht

AMTSPFLICHTVERLETZUNG
s. Verantwortlichkeit

ANALPHABET
s. Handzeichen

ANATOZISMUS (Zinseszinsverbot)
s. Zinseszins

ÄNDERUNG, ABÄNDERUNG, ANPASSUNG, VERÄNDERUNG
– von Verträgen 12, 356c, 493 f.
– – einseitige, des Handelsreisendenvertrages 349
– – durch Vereinbarung des Kunden mit dem Agenten 418c
– – des Pauschalreisevertrages **L** 7 ff.
– – des Mietvertrages 269d, 270b, 272c, **C** 19 f.
– des Urteils auf Schadenersatz bei Körperverletzung 46
– des Wohnsitzes des Gläubigers 74
– der Verjährungsfristen 129
– der Vermögensverhältnisse des Schenkers 250
– der Mietsache 260 f., der Pachtsache 289 f., 299
– der Verhältnisse 272c, s. auch Umstände, unvorhergesehene
– vorgeschriebener Preise und Geschäftsbedingungen, des Reisegebietes oder Kundenkreises 348 f.
– des Normalarbeitsvertrags 359a
– des Werkes durch den Verleger 384
– der Statuten einer AG 647
– im Handelsregister eingetragener Tatsachen 937, **G** 59
– eines Wechsels 1068, 1098, eines Checks 1143 Ziff. 17
– der Vollmacht des Anleihens-, des Gläubigervertreters 1162, 1180
s. auch Aufhebung

ANERKENNUNG
– des Saldos 117

– der Forderung 135, 137
s. auch Schuldbekenntnis

ANFANGSMIETZINS
s. Miete, Mietzins

ANFECHTBARKEIT, ANFECHTUNG
– von Verträgen 21, 23 ff.
– der Verrechnung im Konkurs des Schuldners 123
– der Versteigerung 230
– missbräuchlicher Mietzinse 253b, 270 ff.
– der Kündigung 271 f., 273 f., 274e, 274g, 298, 300; s. auch Einsprache
– des Verpfründungsvertrages durch unterstützungsberechtigte Personen 525
– von Generalversammlungs- und Gesellschaftsbeschlüssen 691, 706 f., 808, 891
– der Genehmigung von Gemeinschaftsbeschlüssen und deren Verweigerung 1178 und deren Widerrufs 1179
– von Gemeinschaftsbeschlüssen, die keiner Genehmigung bedürfen 1182
– von Fusionen, Spaltungen, Umwandlungen und Vermögensübertragungen **F** 105 f.
s. auch Klagen

ANGEBOT 229, 231 f.
s. auch Antrag

ANGEHÖRIGE 47, 249

ANGELD, DRAUFGELD 158

ANGESTELLTE, ÖFFENTLICHE 61, 342
s. auch Arbeitnehmer

ANGEWIESENER 466, 471

ANHANG
– zur Bilanz der AG 663b
– zum Wechsel (Allonge) 1003, 1021

ANHEBUNG DER BETREIBUNG ODER KLAGE
– Beginn der Verzugszinse für Zins-, Renten- und Schenkungsschulden 105
– Unterbrechung der Verjährung 135, 138, 1070 f.

ANLAGEVERMÖGEN der AG 665 f.

ANLEIHENSOBLIGATIONEN 1156 ff.
– bei der AG 663b, 697h, 727b
– – Verantwortlichkeit 752

A — SACHREGISTER

ANLEIHENSVERTRETER 1158 ff.

ANMELDUNG
– von Forderungen
– – im Konkurs des Hauptschuldners 505
– – bei Herabsetzung des Aktien- oder Stammkapitals 733 ff., 788
– – bei Auflösung der AG 742, 744
– zur Eintragung in das Handelsregister 556, 596 f., 640, 642, 711, 720, 726, 737, 780, 782, 815, 821, 835, 837, 877, 902, 912, 930, 932, 941 ff., **G** 19 ff., 105 ff., s. auch Handelsregister
– beim Grundbuchamt **F** 103

ANNAHME
– des Antrages zum Vertragsabschluss 3 ff., 27; stillschweigende 6, 395; bei Schuldübernahme 176 f., Auftrag 394 f., Kreditbrief 407, Kreditauftrag 408; der Anweisung 467 f.
– eines Wechsels 1011 ff., 1025, 1081, 1084
– – Annahmevermerk 1065
– – Teilannahme 1016, 1038, 1048, 1091
– – Haftung 999, 1005
– – Rückgriff 1033 ff.
– wechselähnlicher Papiere 1148 f.
– deren Ausschluss beim Check 1104, 1141
– der Schenkung 241, 244
– einer Teilzahlung 69
– der geschuldeten Leistung 79, 91, der Kaufsache 211, des Werkes 368
– des Darlehens (Anspruch des Darleihers) 315; des Frachtgutes durch den Frachtführer 442, durch den Empfänger 444, 452, 454, der Befriedigung (Anspruch des Bürgen) 504
s. auch Genehmigung

ANNAHMEVERZUG
s. Verzug des Gläubigers

ANNEXION
s. Fusion

ANNUITÄT (Jahresamortisation) 499, 505, 1170

ANNULLIERUNG der Pauschalreise **L** 11

ANPASSUNG DES VERTRAGES
s. Änderung

ANRECHNUNG
– von Zahlungen 85 ff.
– bei Abtretung zahlungshalber 172
– des Vorteils bei vorzeitiger Rückgabe der Sache auf den Miet- oder Pachtzins 264, 293
– bei Verhinderung an der Arbeitsleistung auf den Lohn 324
– des Gewinns bei der Kommission 428

ANSCHLUSS an den Gesamtarbeitsvertrag 356b f.

ANSCHLUSSPFÄNDUNG 529

ANSPRUCH, ANSPRUCHSGRUNDLAGE
s. Klagen

ANSTALTEN, ÖFFENTLICH-RECHTLICHE 763, 1157

ANSTIFTER, Schadenhaftung 50

ANTEILBUCH der GmbH 790

ANTEILSCHEINE bei der Genossenschaft 833, 852 f., 874

ANWEISENDER 466

ANWEISUNG 466 ff.
– beim Wechsel 991
– beim Check 1100, 1102
– an Ordre 1147 ff.

ANWEISUNGSEMPFÄNGER 466, 471

ANZAHLUNG D 10

ANZEIGE, MITTEILUNG
– bei verspätet eintreffender Annahmeerklärung 5
– bei Pfändung eines Tieres 57
– bei Mängeln der Kaufsache 201 ff., 210
– des Rücktritts des Verkäufers vom Vertrage 214
– des Zuschlags, zwecks Eintragung in das Grundbuch 235
– von Erfindungen des Arbeitnehmers 332
– bei Massenentlassungen 335f f.
– bei Mängeln des vom Besteller gelieferten Stoffs 365, des Werkes 367, 370
– früherer Werkveröffentlichung 381
– des Kommissärs von der Ausführung des Auftrages 426
– vorgängige amtliche, von der Verstei-

gerung des Kommissionsgutes an den Kommittenten 435
- des Frachtführers nach Ankunft des Gutes 450
- des Lagerhalters bei Veränderungen an den Waren 483
- des Gastes wegen eingebrachter Sachen 489
- des Gläubigers gegenüber dem Bürgen bei Verzug des Schuldners 505
- des Bürgen gegenüber dem Schuldner bei Bezahlung der Schuld 508
- des Erben beim Tod eines Gesellschafters 547
s. auch Auskunft; Benachrichtigung; Berichterstattung; Meldung

ARBEITGEBER 319, 344, 347, 351
- Pflichten 322 ff., 345a, 349 ff., 353 ff.
- - bei der Personalvorsorge 331
- Tod 338a

ARBEITGEBERVERBÄNDE 356 ff.

ARBEITNEHMER 319
- als Hilfsperson 110
- Gleichstellung von Frau und Mann **A** 1 ff.
- Pflichten 321 ff., 352 f.
- Lohn und Auslagenersatz 322 ff., 362
- Arbeitsunfähigkeit 45 f.
- Verhinderung an der Arbeitsleistung 324a ff., 336c
- Schutz der Persönlichkeit 328 ff.
- Freizeit, Ferien, Urlaub 329 ff.
- Personalvorsorge 331 ff.
- Erfindungen, gewerbliche Muster und Modelle 332 f.
- Massenentlassung 335d ff.
- Kündigung 336 ff., **A** 9 f.
- Tod 338
- Abgangsentschädigung 339d ff.
- Konkurrenzverbot 340 ff.
- Unverzichtbarkeit und Verjährung 128, 134, 341
- Verantwortlichkeit 321e
- Haftung des Arbeitgebers gegenüber Dritten
- - ausservertraglich 55
- - im Rahmen eines Schuldverhältnisses 101

- - Haftpflichtversicherung 113
s. auch Handelsreisender; Heimarbeiter; Lehrling

ARBEITNEHMERSCHUTZ bei Fusion, Spaltung, Umwandlung und Vermögensübertragung **F** 27 f., 49 f., 68, 76 f., 85, 96

ARBEITNEHMERVERBÄNDE 356 ff.

ARBEITNEHMERVERTRETUNG 333a, 335 ff.

ARBEITSBEDINGUNGEN 347a, 351a, 359
- Nichteinhaltung **I** 7

ARBEITSFRIEDEN 357a

ARBEITSLEISTUNG
- als Inhalt des Auftrages 394
- im Rahmen einer Gesellschaft 531, 533, 558

ARBEITSMATERIAL 327, 327b

ARBEITSUNFÄHIGKEIT
- des Arbeitgebers 336d
- des Unternehmers beim Werkvertrag 379
s. auch Arbeitnehmer

ARBEITSVERHÄLTNIS
- Regelung 347a, 359, **A** 8 ff.
- Übergang bei Betriebsnachfolge 333 f.
- Beendigung 336 ff., 346, 350a, 354
- öffentlich-rechtliches 342, **A** 13

ARBEITSVERTRAG 319 ff.
- Einzelarbeitsvertrag 319 ff.
- Gesamtarbeitsvertrag 356 ff.
- - Friedenspflicht 357a
- - zwingendes Recht 358
- Handelsreisendenvertrag 347 ff., 351
- Heimarbeitsvertrag 351 ff.
- Lehrvertrag 344 ff., 355
- Normalarbeitsvertrag 359 ff.
- Form 320, 344a, 347a, 356c
- - einzelne schriftliche Abreden 321c, 323, 324a, 327a, 330, 332, 335b f., 339, 339c, 340, 340b, 348a, 349a, 351a
- zwingende Vorschriften 361 f.

ARBEITS- UND RUHEZEIT 359

ARGLIST 199, 454

AUFBEWAHRUNG
- unbestellter Sachen 6a

- beanstandeter Kaufsachen 204
- des Frachtguts bei Ablieferungshindernissen 444
- hinterlegter Sachen 472 ff.
- eingelagerter Waren 482 ff.
- Kostbarkeiten usw. im Gasthaus 488
- Geschäftsbücher, -korrespondenz, Belege 590, 747, 823, 962 ff.
- Abschriften der Protesturkunden 1040
- Handelsregister, Akten **G** 36 f.
s. auch Hinterlegung

AUFFORDERUNG
- zur Leistung 682, 799, 867
- zur schriftlichen Abstimmung 777, 809
- zur Vorlegung der Urkunde (Aufgebot) 977, 983 f., 1075 ff.

AUFGABEDEPESCHE 13

AUFHEBUNG
- eines Willensmangels durch Genehmigung 31
- der Forderung durch Übereinkunft 115
- vereinbarte, der Gewährspflicht des Verkäufers 192, 199
- des Kaufvertrags durch Entwehrung 195 f.
- der Schenkung eines Handlungsunfähigen 241, s. auch Widerruf
- des Gesamtarbeitsvertrages 356c
- des Normalarbeitsvertrages 359a
- Verpfründungsvertrages 526 ff.
- Bezugsrechts der Aktionäre 704
- der Anteilscheine der Genossenschaft 874

AUFLAGE
- bei der Schenkung 245 f., 249
- des Druckwerkes 383, 385, 388, 391

AUFLÖSUNG
- fristlose, des Arbeitsverhältnisses 337 ff.
- der einfachen Gesellschaft 545 ff.
- der Kollektivgesellschaft 574 f., 582, 591
- der Kommanditgesellschaft 619
- der Aktiengesellschaft 736 ff.
- – durch den Richter 625, 643
- – von Amtes wegen 708
- der Kommandit-AG 770

- der GmbH 775, 793 f., 813, 820 ff.
- der Genossenschaft 911 ff.
s. auch Liquidation; Beendigung

AUFSCHLÜSSE
- über das Geschäftsergebnis 322a, 322c
- für den Rückgriff des Bürgen nötige 503, 505
- von Interesse für die Gläubigergemeinschaft 1160
s. auch Auskunft

AUFSICHT
- über die berufsmässige Ehe- oder Partnerschaftsvermittlung 406c
- über den Arbeitnehmer bei Amts- und Dienstbürgschaft 503
- über das Handelsregister 927, 929, **G** 1 ff.

AUFSICHTSSTELLE der Kommandit-AG 768 f.

AUFTRAG 394 ff.
- zur Ehe- oder Partnerschaftsvermittlung 406a ff.
- Kreditauftrag 408 ff.
s. auch Agenturvertrag; Kommission; Kreditbrief; Mäklervertrag

AUFWAND, AUFWENDUNGEN 663

AUFWENDUNGSERSATZ
- beim Rücktritt vom Preisausschreiben, von der Auslobung 8
- bei der Pacht 299
- bei Viehverstellung 303
- aus dem Mäklervertrag 413, 415
s. auch Auslagenersatz; Verwendungsersatz

AUFWERTUNG von Grundstücken und Beteiligungen 670
- Aufwertungsreserve 670, 671b

AUSBEUTUNG 21

AUSBILDUNG für einen Beruf
s. Bildung, berufliche

AUSEINANDERSETZUNG
- einfache Gesellschaft 550
- Kollektivgesellschaft 587 f.
- Kommanditgesellschaft 619
- mit den Aktionären 739, 745

– Verteilung unter die Genossenschafter 913
s. auch Liquidation

AUSFALLBÜRGSCHAFT 495

AUSFLUGSFAHRT 40b
s. auch Haustürgeschäft

AUSGABE
– von Aktien 624, 671, 683 f.
– – Ausgabebetrag 624, 650, 680
– von Anleihensobligationen 1156

AUSHÄNDIGUNG von Wechsel, Protest und Quittung gegen Entrichtung der Rückgriffssumme 1047

AUSKÜNDIGUNG
– von Tarifen, Preislisten usw. 7
– Aussetzung einer Belohnung 8

AUSKUNFT
– über die Höhe des früheren Mietzinses 256a, Pachtzinses 278
– über die Angelegenheiten der Aktiengesellschaft 656c, 697, 715a, 728, der Genossenschaft 857
– wettbewerbsrechtliche **I** 19
– zur Preisüberwachung **J** 17
s. auch Aufschlüsse

AUSLAGE von Waren 7

AUSLAGENERSATZ
– Ansprüche des Arbeitnehmers 327 ff.
– des Handelsreisenden 347a, 349d
– des Beauftragten 402
– des Agenten 418n
– des Kommissionärs 431
– des Absenders 443
– des Aufbewahrers 473, 475
– des Lagerhalters 485
– des Gesellschafters 537, 549, 570
– als Inhalt des Rückgriffs beim Wechsel 1045 f., beim Check 1130
s. auch Aufwendungsersatz; Verwendungsersatz

AUSLEGUNG von Verträgen 18

AUSLIEFERUNG der Urkunden, Beweismittel bei Forderungsabtretung 170

AUSLOBUNG 8

AUSLÖSUNGSSUMME bei der Genossenschaft 842 f., 846, 864, 889

AUSSCHEIDEN, AUSSCHLIESSUNG, AUSTRITT
– eines Gesellschafters 545, 576 ff., 619, 770
– eines Gesellschafters einer GmbH 777, 794, 822
– eines Genossenschafters 842 ff.
– – Abfindungsanspruch 864 f.
– – Haftung nach Ausscheiden 876 ff.
– eines Mitgliedes des Verwaltungsrates 711
s. auch Übertragung

AUSSCHLAGUNG der Erbschaft 239

AUSSCHLIESSLICHKEIT der eingetragenen Firma 946, 951

AUSSCHLIESSUNG vom Stimmrecht
– bei der AG 695
– bei der Genossenschaft 887

AUSSCHLUSS
– der Haftung s. dort
– der Verrechnung 125
– der Erstreckung des Mietverhältnisses 272a
– von einem Beruf, einer Tätigkeit oder Ausbildung 356a
– des Gesellschafters bei Nichteinzahlung der Stammeinlage 799 f.
– von Respekttagen 1083, 1143
– der Annahme des Checks 1104

AUSSPIELGESCHÄFTE 515

AUSTRITT
s. Ausscheiden

AUSWEIS
– über den Erwerb der Aktien 686
– der Mitgliedschaft bei einer Genossenschaft 852
– über das Gläubigerrecht bei Namenpapieren 975 f.
– zur Teilnahme an der Gläubigerversammlung 1169
– über auswärtige Handelsgesellschaften und juristische Personen **G** 29
s. auch Legitimation

AUSZUG aus dem Handelsregister **G** 9

AUTOR
s. Urheber

AUTORKORREKTUREN 385

AVAL
s. Wechselbürgschaft

B

BANKDISKONT als Zinsfuss des Verzugszinses 104

BANKIER 1135
- passive Checkfähigkeit 1102
- gekreuzter Check 1124

BANKNOTE, Kraftloserklärung 988

BANKPROVISION als Verzugszins 104

BARZAHLUNG
- bei Versteigerungen 233
- beim Verrechnungscheck 1126

BARZAHLUNGSPREIS D 10, 18, 25, **I** 3 Buchst. 1

BAUGRUND, MANGELHAFTER 365, 376

BAU, BAUWERK 266b, 368, 371, 375

BAUZINSE 627, 676, 678, 777, 804

BEAMTE UND ANGESTELLTE, ÖFFENTLICHE
- Verantwortlichkeit 61
- Vorbehalt des öffentlichen Dienstrechts 342

BEAUFTRAGTER 394 f.
- Ermächtigung 396
- Verpflichtungen 397 ff.
- Vergütung 394, 402
- Tod, Handlungsunfähigkeit, Konkurs 405
s. auch Adressat; Agent; Kommissionär; Mäkler

BEDINGUNG 151 ff.
- aufschiebende (Suspensiv-) 151 ff., 155 ff.
- auflösende (Resolutiv-) 154 ff.
- unzulässige 157
- Kauf 185, 217
- Schenkung 245, 247
- Mäklerlohn für bedingt abgeschlossenen Vertrag 413
- Bürgschaft für eine bedingte Schuld 492
- Aktienzeichnung 630
- Kapitalerhöhung 653 ff.
- statutarische Bedingungen des Austritts aus der GmbH 822, 851
- Wechsel 991, 1016, 1096
- Check 1100, 1109

BEDINGUNGEN (VERTRAGSBESTIMMUNGEN) 216d, 388

BEENDIGUNG, ERLÖSCHEN
- der Vollmacht 34 ff.
- der Obligationen 114 ff.
- der Prokura und anderer Handlungsvollmachten 461, 465
- des Mietverhältnisses 266 ff.
- der Pacht 295 ff.
- der Gebrauchsleihe 309 ff.
- des Arbeitsverhältnisses 334 ff., 357
- – des Handelsreisenden 350
- – des Heimarbeitnehmers 354
- – Folgen 321a, 330, 339 ff., 351
- des Vorsorgeverhältnisses 331a
- des Lehrverhältnisses 346 f.
- des Werkvertrages 375 ff.
- des Verlagsvertrages 390 ff.
- des Auftrages 404 ff.
- des Agenturverhältnisses 418d, 418l, 418p ff.
- der Bürgschaft 509 ff.

BEFREIUNG
- durch Hinterlegung 92, 168
- der Solidarschuldner 147
- gegenüber den Solidargläubigern 150
- durch Leistung an den früheren 167, an den durch die Urkunde ausgewiesenen Gläubiger 966, 1030, an den Inhaber der Urkunde 976
- von der Verpflichtung zur Gewährleistung 193
- durch Ersatzleistung 206
- des Beauftragten, des Geschäftsführers von den eingegangenen Verbindlichkeiten 402, 422
- von der Bürgschaft 497, 503 f., 506, 509 ff.

- der Handelnden von Verpflichtungen im Namen der zu bildenden AG 645, GmbH 783, Genossenschaft 838
- des Veräusserers einer nicht voll einbezahlten Namenaktie 687
- des Gesellschafters durch Einzahlung des Stammkapitals 802

BEFRIEDIGUNG des Gläubigers
- durch einen Dritten 110
- durch den Bürgen 121, 503 f., 507

BEFRISTUNG
- des Mietverhältnisses 255, 266
- des Pachtverhältnisses 295
- des Arbeitsverhältnisses 334
- der Bürgschaft 509 f.

BEGLAUBIGUNG
- des Handzeichens 15
- der Unterschrift 90, 556, 597, 640, 780, 835, 977, 1085
- – eines Blinden 14, 1085
- der Abschrift, Ausfertigung 640, 780, 835

BEGRÜNDUNG
- der Mietzinserhöhung 269d, **C** 20
- der Nichtberücksichtigung einer Bewerbung **A** 8
- der Kündigung, auf Verlangen 271, 335

BEGÜNSTIGER, Haftung für unerlaubte Handlung 50

BEHANDLUNG, ÄRZTLICHE
- Verjährung der Forderungen 128
- des Arbeitnehmers in der Hausgemeinschaft 328a
- des Pfründers 524

BEHERBERGUNG 487 ff.

BEITRÄGE
- des Gesellschafters 531
- des Genossenschafters 867
- s. auch Einlagen

BEITRITT zu einer Gesellschaft 569, 612, Genossenschaft 839 ff., 853
s. auch Anschluss; Eintritt

BEKANNTGABE
- der Arbeitsbedingungen 351a
- von Einberufung und Beschlüssen der Generalversammlung 656d
- der Beteiligungsverhältnisse 663c
- der Anzahl der vertretenen Aktien 689e
- des Geschäftsberichtes 696
- von Bericht und Stellungnahme bei Sonderprüfung 697f
- der Verhandlungsgegenstände und Anträge 700, 883
- der Bilanz 856
- von Preisen **I** 16 ff., 24, **K** 1 ff.
- – Detailpreis **K** 3 f.
- – Grundpreis **K** 5 ff.
- – für Dienstleistungen **K** 10 ff.
- – Art und Weise **K** 7 ff.
- – in der Werbung **I** 17, **K** 13 ff.
- – Irreführung **I** 18, **K** 15 ff.

BEKANNTMACHUNG, VERÖFFENTLICHUNG
- des Normalarbeitsvertrags 359a
- der Löschung der Prokura 461
- der Verminderung der Kommanditsumme 609
- der Aktiengesellschaft 626, 641, 696, 700, 733, **G** 85
- der GmbH 776, 781, 826, **G** 90
- der Genossenschaft 832, 836, 882, **G** 93
- der Eintragungen in das Handelsregister 931 f., **G** 108, 113 ff.
- des Aufgebots zur Kraftloserklärung 983 f., 1075 f., 1143
- des Urteils über unlauteren Wettbewerb **I** 9
- im Handelsamtsblatt s. dort

BEKÖSTIGUNG, Verjährungsfrist 128

BELANGBARKEIT, s. Haftung

BELÄSTIGUNG, SEXUELLE 328, **A** 4 f.

BELASTUNG (mit einem Recht) 261a, 290, 396, 459

BELEGE
- über Mietnebenkosten 257b
- über die Gründung, die Kapitalerhöhung der AG 631, 652g, **G** 78, 80, 81b, 82a ff.
- bei der Gründung einer GmbH 779, **G** 90
- zum Handelsregister **G** 9, 28, 34, 36 f., 50a, 78, 80, 81b, 82a ff., 90, 98, 102, 105a ff.

BENACHRICHTIGUNG
- des Arbeitgebers bei Mängeln an Material oder Arbeitsgeräten 352a
- des Adressanten eines Kreditbriefs ohne Höchstbetrag bei unverhältnismässigen Anforderungen 407
- unverzügliche, des Agenten bei befürchtetem Geschäftsrückgang 418f
- des Frachtführers bei äusserlich nicht erkennbaren Schäden 452
- sofortige, des Anweisenden bei Nichtzahlung 469
- des Hinterlegers von Eigentumsansprüchen Dritter 479
- des Richters bei Überschuldung 725, 817, 903
- des Vormannes vom Unterbleiben der Annahme oder der Zahlung des Wechsels 1042, des Checks 1143
- des Vormannes von der höheren Gewalt bei Vorlegung oder Protesterhebung 1051, 1131
- des Wechselverpflichteten beim Ehreneintritt 1054

BENEFICIUM DIVISIONIS 497

BENEFICIUM EXCUSSIONIS 495 f.

BEREICHERUNG
- ungerechtfertigte 62 ff.
- – die empfangene Gegenleistung bei Unmöglichwerden der Leistung 119
- – die widerrufene Schenkung 249
- – das vom vertragsunfähigen Geschäftsführer Erlangte 421
- – Gewinnanteile nach Genossenschaftskonkurs 904
- – auf Kosten des Wechsel- 1052, des Checkinhabers 1142 f.
- – Vorbehalt der Forderung 39, 503, 508
- Grenze der Ersatzleistung bei unechter Geschäftsführung 423

BERICHTERSTATTUNG
- des Handelsreisenden 348
- der Revisionsstelle 729
- der Revisoren 908

BERICHTIGUNG
- von Rechnungsfehlern 24

- durch den Urheber beim Verlagsvertrag 385

BERUF
- Ausbildung, Bildung 342, 356a; s. auch Lehrvertrag
- Ausübung, Freiheit 344a, 356a
- Verbände 356 ff., 359a, **I** 10
- Vorsorge s. Personalvorsorge
- s. auch Arbeitnehmer; Gewerbe

BESCHÄDIGUNG des Frachtguts 448

BESCHLÜSSE
- der Generalversammlung 703 ff.
- des Verwaltungsrates 713 f.

BESCHRÄNKUNG
- der Ermächtigung, Vollmacht 34;
- der Prokura 460
- der Ermächtigung zur Vertretung der einfachen 543, der Kollektiv- 554 f., 563 f., der Kommanditgesellschaft 596, 603
- der Vertretungsbefugnis der zur Vertretung befugten Personen, bei der AG 718a, der GmbH 812, 814, der Genossenschaft 899
- der Geschäftsführung der Gesellschafter 539, 557, 598 ff.
- der Haftung aus Vertrag 100 f.
- der Gewährspflicht 192, 199
- des Konkurrenzverbotes 340
- des Stimmrechts der Aktionäre 627, 691 f.; ihrer Befugnis, sich vertreten zu lassen 689
- in der Ausübung des Stimmrechts der Genossenschafter 833, 886
- der Abtretung von Gesellschaftsanteilen 777
- des Austritts 843
- keine, des Kontrollrechts der Genossenschafter 857
- des Wechselakzepts auf einen Teil der Wechselsumme 1016, 1038, 1048, 1091
- der Eingriffe in die Gläubigerrechte bei Anleihensobligation 1173 ff.

BESCHWERDE
- im Genossenschaftskonkurs 873
- gegen Verfügungen des Handelsregisterführers 929, **G** 3; gegen Entscheide der Aufsichtsbehörden **G** 3, 5

SACHREGISTER

BESEITIGUNG
- des vertragswidrigen Zustandes
- – bei Nichterfüllung 98
- – bei Übertretung des Konkurrenzverbotes 340b
- der Mängel der Mietsache 259 ff.

BESICHT, KAUF AUF 223 ff.

BESTANDTEIL eines Grundstücks als Kaufgegenstand 187

BESTATTUNGSKOSTEN bei Tötung eines Menschen 45

BESTELLER 363 ff.

BESTELLUNG
  Prokuristen 458
- Handlungsbevollmächtigte 462
- Bürgschaft 135, 492

BETEILIGUNGEN
- einer AG 663a f., 665a
- der Aktionäre 663c

BETREIBUNG
s. Anhebung; Schuldbetreibung

BETRIEB eines Grundstücks, bei der Genossenschaft 850

BETRIEBSERGEBNIS 957

BETRIEBSGEFAHREN 328

BETRIEBSNACHFOLGE 333

BETRIEBSORDNUNG 321d

BETRIEBSRECHNUNG 958 ff.
- der Genossenschaft 856, 879, 902, 907 f.

BETRUG
s. Täuschung

BEURKUNDUNG, ÖFFENTLICHE
- ersetzt die Unterschrift 15
- der Tilgung der Schuld 90
- Kostentragung beim Kauf 188
- des Grundstückskaufs 216
- des Schenkungsversprechens 243
- der Bürgschaftserklärung 493
- des Verpfründungsvertrages 522
- der Gründung einer AG 629, 631, einer GmbH 779
- des Sacheinlagevertrages 634
- der Statutenänderung einer AG 647, einer GmbH 784

- einer Kapitalerhöhung 650, 652g, 653g
- der Abtretung eines Gesellschaftsanteils 791
- des Auflösungsbeschlusses 736, 820
s. auch Beglaubigung; Protest; Urkunde, öffentliche

BEVORMUNDUNG
s. Entmündigung

BEWEISLAST (Art. 8 ZGB)
- bei Mangel der Vollmacht 39
- bei unerlaubter Handlung 42
- bei Zahlung einer Nichtschuld 63
- bei Nichterfüllung 97, verspäteter Erfüllung 103, 106
- bei Konventionalstrafe 160
- bei Übersendung mangelhafter Ware 204
- bei Kauf nach Muster 222
- bei Mängeln der Mietsache 259e
- bei unvollständigem Inventar bei Beendigung der Pacht 299b
- bei Verkauf unter dem gesetzten Mindestpreis 428
- bei Mehrleistung einer Partei des Verpfründungsvertrages 526
- bei der Benachrichtigung von dem Unterbleiben der Annahme oder der Zahlung beim Wechsel 1042
- für die Richtigkeit von Tatsachen in der Werbung **I** 13a
s. auch Entlastungsbeweis; Vermutung

BEWEISLASTERLEICHTERUNG A 8

BEWEISMITTEL, BEWEISURKUNDE
- Quittung 88 ff.
- Schuldschein, -urkunde 88 ff., 116, 170
- – Auslieferung an den Zessionar 170, an den Bürgen 503
- Urkunde über den Gesellschaftsanteil 789
- Anteilscheine einer Genossenschaft 853
- kaufmännische Buchführung 957 ff.
- Warenscheine 1155
s. auch Urkunden; Wertpapiere

BEWEISSICHERUNG
- durch den Agenten 418e
- durch den Kommissionär 427

BEWEISWÜRDIGUNG, FREIE 274d, 301, 343

BEWERTUNG in der kaufmännischen Buchführung 960
- im Geschäftsbericht der AG 664 ff., Kommandit-AG 764, GmbH 805, Genossenschaften 858
- der Sacheinlage bei der AG 628, bei der GmbH 778

BEWILLIGUNG
- der berufsmässigen Ehe- oder Partnerschaftsvermittlung für Personen im Ausland 406c
- der Ausgabe von Warenpapieren 482, 1155
- von Lotterie und Ausspielgeschäften 515
- für Gewährung und Vermittlung von Konsumkrediten **D** 39 f., **E** 4 ff.

BEZOGENER
- beim Wechsel 991, 1033
- beim Check 1100

BEZUGSRECHT
- des Käufers beim Vorauszahlungsvertrag 227c
- der Aktionäre 652b, 653b f., 656, 656g, 704
- des Partizipanten 656f f.
- der Inhaber von Genussscheinen 657
- der Gesellschafter der GmbH 787

BILANZ 958 ff.
- der Kollektiv- 558, 587, der Kommanditgesellschaft 600, 611
- der AG 662 f., 663a ff., 664 ff., der GmbH 805, 810, der Genossenschaft 856 ff., 879, 902, 906 ff.
- des Schuldners einer Anleihensobligation 1175

BILANZGEWINN der AG 663a
- Verwendung 674 f., 677, 698, 728, 729c
- Anspruch der Aktionäre 660, Partizipanten 656f, Inhaber von Genussscheinen 657

BILANZSUMME 663e, 727b

BILANZVERLUST, KAPITALVERLUST 656b, 663a, 670, 725

BILANZWAHRHEIT UND -KLARHEIT 959

BILD- UND DATENTRÄGER 962 f.

BILDUNG, berufliche 342, 344, 346, 356a

BILLIGKEIT 54, 497

BLANKOCHECK 1143

BLANKOINDOSSAMENT 1002 ff., 1006, 1098, 1109 f.

BLANKOWECHSEL 1000, 1098

BLINDE, Gültigkeit der Unterschrift 14, 1085

BONITÄT DES SCHULDNERS
s. Zahlungsfähigkeit

BORGER
s. Darlehen

BÖRSENMÄKLER 418

BÖRSENPAPIERE 513, 667, 1156

BÖRSENPREIS 93, 191, 215, 436

BOTE beim Vertragsabschluss 27

BRANDVERSICHERUNGSWERTE 663b

BÜCHER s. Geschäftsbücher

BUCHFÜHRUNG, KAUFMÄNNISCHE 957 ff.
- Pflicht 957
- Bilanzvorschriften 958 ff.
- Aufbewahrung der Geschäftsbücher 962
- Editionspflicht 963
- Strafbestimmungen 964

BUNDESGERICHT
s. Anfechtung von Gemeinschaftsbeschlüssen

BÜRGERRECHT, SCHWEIZER 708, 895

BÜRGSCHAFT 492 ff.
- Einreden 121, 141, 502
- Erlöschen 114, 178, 493, 509 ff.
- Wechselbürgschaft 1020 ff., 1098
- Checkbürgschaft 1114

BÜRGSCHAFTSSCHEIN, NEUER 116

BÜRO, EIDG., FÜR DIE GLEICHSTELLUNG VON FRAU UND MANN A 16

C

CAMIONNEUR 456

CHECK 1100 ff.
- Form und Inhalt 1100 ff.
- Bezogener, Checkfähigkeit 1102, 1135
- Remittent 1105
- Inhaber-, Ordre- und Rektacheck 1105, 1108 ff.
- Übertragung 1108 ff.
- Indossament 1108 ff.
- - Nachindossament 1113
- - Prüfung 1121
- gutgläubiger Erwerb 1112
- Checkbürgschaft 1114
- Vorlegung und Zahlung 1115 ff.
- - Widerruf und Verbot der Einlösung 1119
- Kreuzung 1123 f.
- Verrechnungscheck 1125 ff.
- Rückgriff 1128 ff.
- gefälschter 1132
- mehrfache Ausfertigung 1133
- Verjährung 1134
- Fristbestimmungen 1136 f.
- internat. Privatrecht 1138 ff.
- Anwendbarkeit des Wechselrechts 1143
- Postcheck (Vorbehalt) 1144

CONDICTIO 62 ff.
- indebiti 63

COUPONS 980, 981 f., 987

D

DAHINFALLEN
- des Vertrages 26, 39, 109, 499
- des Schuldübernahmevertrages 180
- des Provisionsanspruches 322b, 418h, 418l, 433
- des Konkurrenzverbotes 340c
- der Rechte des Bestellers bei Mängeln 369
- der Bürgschaft 509
- der Mitgliedschaft bei der Genossenschaft 848
- der Vollmacht des Anleihensvertreters 1162

DARLEHEN 312 ff.
- Aufnahme durch Handlungsbevollmächtigte 462
- Unklagbarkeit bei Aufnahme zum Behufe des Spieles und der Wette 513

DATENBEARBEITUNG D 23, E 3

DATENSCHUTZ
- bei Ehe- oder Partnerschaftsvermittlung 406g
- beim Konsumkredit D 23

DATENTRÄGER
s. Bild- und Datenträger; Informationsträger

DAUER
- Vorauszahlungsvertrag 227a, 227g
- Mietverhältnis 255
- - Erstreckung 272b
- Pachtdauer 295
- Arbeitsverhältnis 334
- - Ferien 329a
- - der gesundheitlichen Vorbehalte bei der beruflichen Vorsorge 331c
- Lehre 344a, 346a
- Gesamtarbeitsvertrag 356c
- Bürgschaft 509 ff.
- einfache Gesellschaft 545 f.
- Aktiengesellschaft 627, 641, 736
- GmbH 777, 781

DECHARGE
s. Entlastung

DECKUNG
- des Wechsels, Übergang 1053, 1094
- des Checks 1103, 1141
- - Übergang 1143

DECKUNGSKAUF 191

DELCREDERE
- des Handelsreisenden 348a
- des Agenten 418a, 418c
- Delcredere-Stehen des Kommissionärs 430

DELEGIERTER des Verwaltungsrates 718, 726

DELEGIERTENVERSAMMLUNG 892, 922

DELIKT
s. Handlung, unerlaubte

DEPONENT, DEPOSITAR
s. Hinterlegung

DEPOTVERTRETER 689d f., 702

DETAILPREIS K 3 f.

DIENSTBÜRGSCHAFT 500, 503, 509 f., 512

DIENSTLEISTUNG D 10, **K** 10 ff.

DIENSTLEUTE von Gastwirten 487

DIENSTVERTRAG (Redaktionsversehen, jetzt: Arbeitsvertrag) 418d

DIFFERENZGESCHÄFT 513

DIREKTIONSRECHT des Arbeitgebers 321d

DIREKTOREN
– der Aktiengesellschaft 718 ff.
– – Abberufung 726
– der Genossenschaft 898, 905

DISKONTO bei vorzeitiger Erfüllung 81

DISKONTSATZ, BANKDISKONTO
– beim Verzugszins 104
– beim Wechselregress 1045

DISKRIMINIERUNGSVERBOT A 3 f.

DISTANZKAUF
s. Kauf

DIVIDENDEN 674 ff.

DOMIZIL G 43, 88a
– Domizilwechsel 994, 1017, 1098
– Domizilcheck 1107
– Domiziliat (ein Dritter, bei dem der Wechsel oder Check zahlbar gestellt ist) 994, 1017
– – Haftung bei Bereicherung 1052, 1093, 1142

DRAUFGELD 158

DRITTE
– Vertrag zu Lasten eines Dritten 111
– Vertrag zu Gunsten eines Dritten 112 f., 122
– Täuschung und Furchterregung durch Dritte beim Vertragsabschluss 28 f.
– Schutz Dritter bei der Ermächtigung 33 f., 36 f., 459 ff., 899
– Verhältnis der Gesellschaft zu Dritten 543 f., 562 f., 602 ff.
– Wirksamkeit der Eintragungen im Handelsregister 932 f.
– Schutz des Erwerbers einer Forderung 18, 164, 468, 514, 979, 1007, 1143 Ziff. 5, 1146
– Schutz Dritter bei der Schuldübernahme 178, 180
– Befriedigung des Gläubigers durch Dritte 110, 507 f.
– Leistung durch Dritte 68, 321, 398 f., 403
– Rechte Dritter beim Kauf 192 ff., bei Miete 259a, 259f, 268a und Pacht 286, 299c, beim Verlagsvertrag 381, bei Hinterlegung 479
– Veräusserung der Mietsache 261 f.
– Übertragung der Miete 263, der Pacht 292, des Betriebes 333
– Arbeitsleistung für Dritte 321a f., 348, 464, s. auch Konkurrenzverbot
– Vermittlung von Geschäften mit Dritten 322b, 347, 412 ff., 418a ff.
– Verpflichtungen und Leistungen Dritter 321b, 339a, 400, 425 ff., 444
– Leistungen an Dritte und Verpflichtungen dazu 402, 408 ff., 425 ff., 439, 444, 492 ff., 1020 ff.
– – bei der Anweisung 466 ff., beim gezogenen Wechsel 991 ff., 1011 ff., beim Check 1100
– – Zahlbarkeit bei einem Dritten
s. Domizil
– Einspruch gegen eine Eintragung im Handelsregister **G** 32
s. auch Rechtsübergang; Rückgriff

DRITTPFAND
s. Pfandrecht

DROHUNG 29 ff.

DULDUNGSPFLICHT des Mieters 257h, Pächters 287

DUPLIKATE eines Wechsels 1063 ff.

E

EDITION
– von Geschäftsbüchern 963
– von Akten **G** 37

EFFEKTIVVERMERK 84, 1031, 1122

E

EHEGATTEN
– Forderungsverjährung 134
– Wohnung der Familie 266m ff., 273a
– Verpfändung, Vorbezug von Vorsorgeleistungen 331d f.
– Lohnfortzahlung beim Tod 338
– Bürgschaft 494
s. auch Güterrecht

EHE- ODER PARTNERSCHAFTSVERMITTLUNG 406a ff.

EHRENANNAHME 1054, 1055 ff.

EHRENEINTRITT 1054 ff., 1098

EHRENZAHLUNG 1054, 1058 ff., 1098

EIDGENOSSENSCHAFT 493, 500, 509, 1157

EIGENBEDARF 261, 271a f.

EIGENHÄNDIGKEIT
s. Unterschrift

EIGENHÄNDLER 436 ff.

EIGENKAPITAL, EIGENMITTEL der AG 663a

EIGENSCHRIFTLICHKEIT der Angabe des Haftungsbetrages bei Bürgschaft 493

EIGENTÜMERPFANDRECHT 110

EIGENTÜMERWECHSEL 261 ff., 271a, 290

EIGENTUMSÜBERGANG bei der Versteigerung 235

EIGENTUMSÜBERTRAGUNG 531, 548

EIGENTUMSVERSCHAFFUNG 184

EIGENTUMSVORBEHALT 217

EIGENWECHSEL
s. Wechsel

EINFAMILIENHÄUSER 253b

EINGABE IM KONKURSE, Unterbrechung der Verjährung 135, 138, 1070 f.

EINKAUFSKOMMISSION 425 ff.

EINLAGEN, SACHEINLAGEN
– bei der einfachen Gesellschaft 548
– bei der Kommanditgesellschaft 596, 608
– bei der AG 628, 632 ff.
– bei der GmbH 774, 778
– bei der Genossenschaft 833 f.

EINLAGERER
s. Lagergeschäft

EINREDE, EINWENDUNG
– Unterbrechung der Verjährung 135, 138 f.
– der Simulation 18
– der unerlaubten Handlung 60
– des Wegfalls der Bereicherung 64
– des nicht erfüllten Vertrages 82
– der Verjährung 142
– der Solidarschuldner 145
– bei Abtretung der Forderung 164, 169, 228, **D** 19
– bei Schuldübernahme 179
– wegen Mängel der Kaufsache 210
– der Vertragsunfähigkeit des Dritten beim Kreditauftrag 409
– gegen den Frachtführer 454
– des Angewiesenen 468
– des Bürgen 501 f., 507
– gegen Forderungen aus Wertpapieren 979 f., 1007, 1143, 1146

EINSICHTNAHME
– des Mieters 256a, 257b
– des Pächters 278
– des Arbeitnehmers 322a, 322c
– des Gesellschafters 541
– der Aktionäre 697, der Gläubiger der AG 697h, der Verwaltungsräte 715a
– der Genossenschafter 857
s. auch Information und Einsichtsrecht

EINSPRACHE gegen die Kündigung des Arbeitsverhältnisses 336b

EINSPRUCH gegen eine Eintragung im Handelsregister **G** 32

EINSTEHEN 430
s. auch Haftung

EINSTELLER
s. Viehpacht

EINSTELLPLATZ, gesondert vermietet 266e

EINSTELLUNG in den Funktionen von Bevollmächtigten und Beauftragten 726

EINTRAGSPFLICHT im Handelsregister **G** 52 ff.

EINTRAGUNG
- in das Aktienbuch 686
- in das Grundbuch 217, 235, 242, 634, **F** 102
- in das Handelsregister, s. dort

EINTRITT als Eigenhändler 436 ff.
s. auch Beitritt

EINWENDUNG
s. Einrede

EINWILLIGUNG
- in die schädigende Handlung 44
- des Schuldners zur Abtretung 164
- des Kommittenten zu Vorschuss und Kreditgewährung 429
- zu Konkurrenzgeschäften des Prokuristen und Handlungsbevollmächtigten 464
- zum Gebrauch der hinterlegten Sache 474
- sämtlicher Gesellschafter zur Bestellung eines Generalbevollmächtigten 535, zur Aufnahme eines Dritten 542
- aller zur Vertretung befugten Gesellschafter zur Bestellung der Prokura oder Handlungsvollmacht 566

EINZELARBEITSVERTRAG 319 ff., 361 f.
- besondere Arten 344 ff., 355
- – Lehrvertrag 344 ff.
- – Handelsreisendenvertrag 347 ff.
- – Heimarbeitsvertrag 351 ff.
s. auch Arbeitgeber; Arbeitnehmer

EINZELFIRMA, -UNTERNEHMEN 579, 934, 945 f., **F** 2, 55, 69, **G** 10, 45
s. auch Geschäftsfirmen

EISENBAHN, Vorbehalt besonderer Vorschriften für
- Frachtverträge 455 ff.
- Anleihensobligationen 1185

EMISSIONSPROSPEKT 652a, 653d ff., 1156
- Haftung 752

ENERGIEBEZUG des Vermieters **C** 6a

ENSEIGNE (besondere Bezeichnung des Geschäftslokals) **G** 48

ENTEIGNUNG, Vorbehalt bei Miete und Pacht 261, 290

ENTGELT, besonderes beim Konkurrenzverbot 418d

ENTLASSUNG, ungerechtfertigte, des Arbeitnehmers 337c

ENTLASTUNG
- des Bürgen 506
- des Verwaltungsrates 695, 698, 758

ENTLASTUNGSBEWEIS
- in Haftpflichtfällen 54 ff.
- beim Ausbleiben der Erfüllung 97
- beim Verzug des Schuldners 103, 106, 109
- bei Rechtsgewährleistung 193
- bei Sachmängeln 208, 258, 259e, 288
- bei fehlenden Inventargegenständen 299b
- bei Schäden am eingestellten Vieh 303
- bei vertragswidrigem Gebrauch 306, 474
- des Auftraggebers 402
- des Frachtführers 447 f.
- bei Hinterlegung 473 f.
- der Gast- und Stallwirte 487, 490
s. auch Beweislast

ENTLEHNER
s. Gebrauchsleihe

ENTMÜNDIGUNG, BEVORMUNDUNG
- des Schenkers wegen Verschwendung 240
- eines (unbeschränkt haftenden) Gesellschafters 545, 574, 619

ENTSCHÄDIGUNG
- für den Mehrwert bzw. Verbesserungen der Mietsache, Pachtsache, des Inventars 260a, 299, 299b
- bei missbräuchlicher Kündigung des Arbeitsverhältnisses 336a; bei ungerechtfertigter Entlassung 337c
- bei Nichtantritt oder Verlassen der Arbeitsstelle 337d
s. auch Abgangsentschädigung

ENTSTEHUNG der Obligation
s. Obligation

ENTWEHRUNG 192, 195 f., 238, 259a, 259f, 288

ENTWENDUNG, Wirtehaftung 487, 490

ENTWERTUNG von Sicherheiten 506

ENTZIEHUNG, ENTZUG
- der Geschäftsführung und Vertretung
- – einfache Gesellschaft 539, 543
- – Kollektivgesellschaft 557, 565
- – Kommanditgesellschaft 598, 603
- – Kommandit-AG 767
- – bei der GmbH 814
- der Bewilligung zur Kreditgewährung und -vermittlung **E** 8

ERBEINSETZUNG des Pfrundgebers 521

ERBGANG, ERBTEILUNG, Erwerb von Namenaktien 685, 685b ff., eines Geschäftsanteiles 792

ERBRECHT, Schranke der Schenkungsbefugnis 240

ERFINDUNG des Arbeitnehmers 332

ERFOLGSRECHNUNG der AG 663

ERFÜLLUNG 68 ff.
- mangelhafte beim Erwerbsvertrag 228

ERFÜLLUNGSORT
s. Ort der Erfüllung

ERFÜLLUNGSPFLICHT, PERSÖNLICHE 68, 321, 364, 398

ERFÜLLUNGSZEIT 75 ff.

ERGÄNZUNG des Vertrages
s. Vertragsergänzung

ERHÖHUNG
- des Aktienkapitals 650 ff., 704
- des Stammkapitals 786 f.
- des Mietzinses s. dort
- missbräuchliche von Preisen **J** 6 ff.

ERKENNTNIS, STRAFGERICHTLICHES 53

ERKLÄRUNGSIRRTUM, s. Irrtum

ERLASS
s. Aufhebung der Forderung

ERLÄUTERUNGSBERICHT der Revisionsstelle 729a

ERLÖSCHEN DER OBLIGATIONEN 114 ff.
s. auch Beendigung

ERMÄCHTIGUNG, VOLLMACHT 32 ff., 40
- den Zuschlag zu erklären 229
- des Handelsreisenden 348, 348b
- des Beauftragten 396, 398
- des Agenten 418a, 418e
- zur Eingehung einer Bürgschaft 493
- fehlende 38 f., beim Wechsel 998
- des Gläubigers zur Ersatzvornahme, zur Beseitigung des vertragswidrigen Zustandes 98
- des Angewiesenen zur Leistung und des Anweisungsempfängers zur Erhebung der Leistung 466

s. auch Handlungsvollmacht; Prokura

ERNEUERUNGEN UND ÄNDERUNGEN
- der Mietsache 260 f.
- der Pachtsache 289 f.

ERREGUNG GEGRÜNDETER FURCHT 29 f.

ERRICHTUNG
s. Gründung

ERRICHTUNGSAKT (URKUNDE) 629, 640

ERROR
s. Irrtum

ERSATZ
s. Entschädigung; Schadenersatz

ERSATZVORNAHME 98, 366

ERSCHWERUNG der Rechtsverfolgung 495, 506

ERSTRECKUNG
- des Mietverhältnisses 272 ff., 274e ff.
- des Pachtverhältnisses 298, 300 f.

ERWERBSVERTRAG D 10, 21

ESEL 198

EVIKTION
s. Entwehrung

EXKULPATION
s. Entlastungsbeweis

F

FABRIKATIONSGEHEIMNIS
s. Geschäftsgeheimnis

FABRIKATIONSGEWERBE
s. Gewerbe

FAHRLÄSSIGKEIT 41
- beim Irrtum 26

– grobe 100, 193, 248, 452, 1006
– Wegbedingung der Haftung 100 f.

FAHRNISBAU, Miete 266b

FAHRNISKAUF 187 ff.
– Verpflichtungen des Verkäufers 188 ff., des Käufers 211 ff.

FAHRNISPFANDRECHT 140

FAHRZEUG des Arbeitgebers 339a
s. auch Motorfahrzeug

FÄLLIGKEIT
– Zeit der Erfüllung 75 ff.
– als Voraussetzung
– – des Schuldnerverzuges 102
– – der Verrechnung 120, 123
– – der Verjährung 130, 1069
– des Kaufpreises 213
– der Vergütung beim Werkvertrag 372
– Verfall des Wechsels 991 f., 1023 ff., 1081 ff., 1096, 1098; des Checks 1115, 1136
s. auch Verfall

FAMILIENWOHNUNG 266m, 273a

FAUSTPFANDRECHT
s. Pfandrechte

FEHLER EINES PRODUKTES B 4

FEIERTAG 78, 1081

FERIEN UND FREIZEIT
– des Arbeitnehmers 329 ff.
– des Lehrlings 344a, 345a

FERIENWOHNUNG, Miete 253a

FERNMELDEDIENSTE K 10

FILIALE
s. Zweigniederlassung

FIRMA (kaufmännisches Gewerbe oder dessen Inhaber) 227i, 494, **G** 10
s. jedoch Geschäftsfirma

FIRMENVERZEICHNIS G 14

FIXGESCHÄFT 108, 190

FONDS
s. Anlagefonds

FORDERUNG
s. Obligation; Verpflichtung

FORDERUNGSPFANDRECHT
s. Pfandrecht

FORM, SCHRIFTLICHE
– der Verträge 11 ff.
– des Vorvertrags 22
– der Abtretung von Forderungen 165 f.
– des Vorauszahlungsvertrages 227a
– des Konsumkreditvertrages **D** 9, 13
– des Erwerbsvertrages 228, **D** 10, 21
– des Leasingvertrages **D** 11
– des Vertrages über Kredit- oder Kundenkarten **D** 12
– beim Mietverhältnis 257d, 257f, 259g, 260a, 266l
– beim Pachtverhältnis 282, 285, 277, 289a, 298
– beim Arbeitsvertrag 340, 344a, 347a, 356c
– des Auftrags zur Ehe- oder Partnerschaftsvermittlung 406d
– – der Rücktrittserklärung und der Kündigung 406f
– des Kreditauftrages 408
– zur Abkürzung der Kündigungsfrist beim Agenturvertrag 418q
– der Bürgschaft 493, 509
– des Leibrentenvertrages 517
– Anbegehren der Traktandierung eines Verhandlungsgegenstandes für die Generalversammlung 699
– beim Wechsel 991 f., 1003, 1015, 1037, 1063, 1068, 1096 f., 1098
– – im Ausland 1087 ff.
– beim Check 1100 f., 1123, 1125, 1133
– – im Ausland 1139
– wechselähnliche und andere Ordrepapiere 1145 ff.
– Warenpapiere 1153 ff.
s. auch Beurkundung; Beglaubigung; Formular

FORMFREIHEIT 11, 115

FORMULAR bei Miete und Pacht 266l, 269d f., 298, **C** 19

FORTSCHAFFUNG von Sachen aus gemieteten Räumen 268b, 299c

FORTSETZUNG
– stillschweigende

– – des Mietverhältnisses 266
– – des Pachtverhältnisses 295
– – des befristeten Arbeitsverhältnisses 334
– – des Agenturverhältnisses 418p
– – der einfachen Gesellschaft 546
– der Kollektivgesellschaft 576
– – ihres Geschäfts 579 ff.
– der Kommandit-AG 766

FRACHT, Bürgschaft 493, 500, 509

FRACHTBRIEF 443

FRACHTFÜHRER
s. Frachtvertrag

FRACHTVERTRAG 440 ff.

FRANKOLIEFERUNG 189

FREIEXEMPLARE 389

FREISPRECHUNG durch das Strafgericht 53

FREIZEIT
s. Ferien

FREIZÜGIGKEITSLEISTUNG 331d f.

FRIEDENSPFLICHT 357a f.

FRIST
– Berechnung 76 ff., 132, 1026, 1081 f., 1088, 1098, 1136 f.
– zur Annahme des Antrags 3 ff., der Schuldübernahme 177
– zur Genehmigung beim Kauf auf Probe 224 f.
– zur Erfüllung der Verbindlichkeit 76 ff.
– angemessene (evtl. behördliche), zur nachträglichen Erfüllung 107, 257d, 282
– gerichtlich angesetzte, beim Verlagsvertrag 383
– angemessene, zur Mängelbeseitigung durch den
– – Vermieter 258, 259b f., 259g
– – Verpächter 288
– – Unternehmer 366
– angemessene, zur Wiederherstellung des gesetzmässigen Zustandes bei der AG 625
– nützliche, für die Sonderprüfung 697d
– richterliche, im Wertpapierrecht

– – zur Anmeldung oder Vorlegung bei Kraftloserklärung 983
– – zur Klage auf Herausgabe 985, 1073, 1078, 1143 Ziff. 19
– im Wechselrecht 1050 ff., 1081 ff., 1088, 1098
– – für die Vorlegung zur Annahme, Sichtnahme, Zahlung 1012 ff., 1023 ff., 1028, 1043, 1050 f.
– – für die Erhebung des Protestes 1034, 1050 f.

Lebenszeit
– Leibrente 516
– Verpfründung 521
– Gesellschaft 546

20 Jahre
– Höchstdauer der Bürgschaft einer natürlichen Person 509

10 Jahre
– höchstmögliche Verlängerung der Bürgschaft 509
– Aufbewahrung der Bücher und Papiere 590, 619, 747
– Aufhebung von Bestimmungen in den Statuten einer AG über Sacheinlagen 628
– Verjährung der Forderungen 127
– – der Rückgriffsforderung des Bürgen 507
– – absolute, der Verantwortlichkeitsansprüche bei der AG 760, der GmbH 827, der Genossenschaft 919
– Verwirkung der Ansprüche aus Produktehaftpflicht **B** 10

8 Jahre
– Bindung des Verkäufers an den Vorauszahlungsvertrag 227g

5 Jahre
– Verjährung der Forderungen 128
– – von Gesellschaftsgläubigern gegen einen ausgeschiedenen Gesellschafter 591 f., 619
– – der Ansprüche auf Gewährleistung wegen Mängel eines Gebäudes 219, eines unbeweglichen Bauwerkes 371
– – der Rückerstattungsansprüche wegen bösgläubig bezogenen Leistungen bei der AG 678, der GmbH 811

– – der Verantwortlichkeitsansprüche bei der AG 760, der GmbH 827, der Genossenschaft 919
– Bindung des Käufers an den Vorauszahlungsvertrag 227g
– für die Abschreibung der Gründungs-, Kapitalerhöhungs- und Organisationskosten der AG 664
– Ausschluss des Austritts aus der Genossenschaft, höchstens, 843

3 Jahre
– Haftung des bisherigen Schuldners bei Geschäftsübernahme 181, 592, 619
– Kündigungsschutz nach Abschluss eines Schlichtungsverfahrens bei Miete 271a und Pacht 300
– Amtsdauer des Revisors 727e
– Herausgabe des für abhanden gekommene Coupons hinterlegten Betrages 987
– Verjährung der Ansprüche
– – gegen den Annehmer des Wechsels 1069
– – aus Produktehaftpflicht **B** 9

2 Jahre
– Durchführung der genehmigten Kapitalerhöhung 651
– Verjährung der Ansprüche auf Erstattung gutgläubig bezogener Gewinnanteile bei der GmbH 811

1 Jahr
– zur Anfechtung
– – wegen Übervorteilung 21
– – wegen Willensmängel (Irrtum, Täuschung, Drohung) 31
– – wegen unrichtiger Übermittlung 27, 31
– Verjährung der Ansprüche
– – aus unerlaubter Handlung 60
– – aus ungerechtfertigter Bereicherung 67
– – auf Gewährleistung wegen Mängel der Sache 210, des Werkes 371
– – gegen den Frachtführer 454
– – des Inhabers gegen die Indossanten und gegen den Aussteller des Wechsels 1069

– Eröffnung des Entmündigungsverfahrens nach Schenkung als Voraussetzung ihrer Ungültigerklärung 240
– zum Widerruf der Schenkung 251
– Wartefrist
– – für das Begehren des Bürgen, der Gläubiger möge die Hauptschuld kündigen 512
– – vor Verteilung des Vermögens der aufgelösten AG 745
– zur Kündigung
– – einer Amtsbürgschaft auf unbestimmte Zeit 512
– – der Mitgliedschaft in einer Genossenschaft 844
– zur Vorlegung
– – eines Nachsichtwechsels zur Annahme 1013
– – eines Sichtwechsels zur Zahlung 1024

½ Jahr
– zur Kündigung beim Verpfründungsvertrag 526

6 Monate
– Verjährung des Anspruchs
– – auf Aushändigung und Annahme des Darlehens 315
– – eines Indossanten gegen andere Indossanten und gegen den Aussteller des Wechsels 1062
– Verjährung der Rückgriffsansprüche aus dem Check 1134
– zur Kündigung
– – bei Miete von Geschäftsräumen 266d, 266g
– – bei Pacht 296
– – des befristeten Arbeitsverhältnisses nach 10 Jahren 334
– – des Gesamtarbeitsvertrages 356c
– – des Verpfründungsvertrages 526
– – der Gesellschaft 546, 574 f., 619
– – der GmbH 793
– für die Rückreise ins Ausland bei Ehe- oder Partnerschaftsvermittlung 406b
– für Verantwortlichkeitsklage nach Entlastungsbeschluss 758, 827

180 Tage
– Verwirkung der Klage wegen missbräuchlicher Kündigung 336b

3 Monate
- zur Mahnung des Käufers beim Vorauszahlungsvertrag 227g
- zur Kündigung
  - - bei Miete von unbeweglichen Sachen, Fahrnisbauten und Wohnungen 266b f., 266g
  - - des Miet- oder Pachtverhältnisses bei Erstreckung von mehr als einem Jahr 272d, 300
  - - des Arbeitsverhältnisses ab dem 10. Dienstjahr 335c
- Erlöschen des Klagerechts auf Auflösung der AG 643
- Anmeldung der AG beim Handelsregister 650, 653h
- zur Verweigerung der Zustimmung zum Erwerb von Namenaktien 685c

70 Tage
- zur Vorlegung eines Checks zur Zahlung, wenn Ausstellungs- und Zahlungsort sich in verschiedenen Erdteilen befinden 1116

2 Monate
- zur Kündigung
  - - des Arbeitsverhältnisses im 2.–9. Dienstjahr 335c
  - - des Handelsreisendenvertrages 350
  - - des Agenturvertrages nach dem ersten Jahr 418q

60 Tage
- Nachfrist zur Geltendmachung verjährter Ansprüche 139
- beim Kündigungsschutz 273, 300
- zur Zahlung fälliger Pachtzinsen sowie die Kündigung bei Wohn- oder Geschäftsräumen 282

6 Wochen
- zur Kündigung des unbefristeten Darlehens 318

1 Monat
- zur Kündigung des
  - - Miet- oder Pachtverhältnisses bei Erstreckung bis zu einem Jahr 272d, 300
  - - Arbeitsverhältnisses im ersten Jahr 335c
  - - Agenturvertrages im ersten Jahr 418q
- um die Gemeinschaftsbeschlüsse der Behörde zu unterbreiten 1176

30 Tage
- für die Zahlung fälliger Mietzinse für Wohn- oder Geschäftsräume sowie deren Kündigung 257d
- bei Hinterlegung des Mietzinses 259h f.
- zur Anfechtung des Mietzinses 270 ff.
- beim Kündigungsschutz 273, 300
- zur Anrufung des Richters nach Abschluss des Schlichtungsverfahrens 274f
- Anmeldung der Beendigung des Amtes des Revisors 727e

4 Wochen
- zur Geltendmachung der Forderung
  - - nach Ablauf der Bürgschaft 510
  - - nach Fälligkeit der Hauptschuld 511

20 Tage
- zur Ablehnung des Erwerbers vinkulierter Namenaktien 685g
- für die Einberufung
  - - der Generalversammlung 700
  - - der Gläubigerversammlung 1165
- zur Vorlegung eines Checks zur Zahlung, wenn Ausstellungs- und Zahlungsort sich im selben Erdteil befinden 1116, 1129

2 Wochen
- zur Kündigung bei Miete von möblierten Zimmern und Einstellplätzen 266e, 266g

10 Tage
- Anfechtung einer Versteigerung 230
- für die Zahlung fälliger Mietzinse 257d

10 Tage vor Beginn der Kündigungsfrist
- Mietzinserhöhung 269d

9 Tage
- Anzeige von Sachmängeln beim Viehhandel 202

8 Tage
- für die Benachrichtigung des Frachtführers 452
- zur Vorlegung eines Checks zur Zahlung im Land der Ausstellung 1116

7 Tage
- zur Erklärung des Verzichts auf den Vorauszahlungsvertrag 227a
- zum Widerruf des Antrags zum Abschluss eines Konsumkreditvertrags **D** 16

- Inkrafttreten des Auftrags zur Ehe- oder Partnerschaftsvermittlung 406e
- zur Kündigung des Arbeits- bzw. des Lehrverhältnisses während der Probezeit 335b, 346

4 Werktage
- zur Benachrichtigung vom Unterbleiben der Annahme oder der Zahlung beim Wechsel 1042

3 Tage
- zur Kündigung bei Miete von beweglichen Sachen 266f

2 Werktage
- zur Vorlegung eines an einem bestimmten Tag zahlbaren Wechsels 1028
- zur Weitergabe der Nachricht vom Unterbleiben der Annahme oder Zahlung beim Wechsel 1042
- Benachrichtigung vom Ehreneintritt 1054

Sofort
- Anzeige von Sachmängeln beim Fahrniskauf 201, 203
- Mängelrüge des Vermieters, Verpächters bei Rückgabe der Sache 267a, 299a
- Anzeige des Anweisungsempfängers bei nicht erfolgter Zahlung 469

FRISTANSETZUNG 107 f., 257d, 282

FRISTVERLÄNGERUNG 80

FRÜCHTE
- beim Fahrniskauf 187, 195, 213
- bei der Pacht 275

FURCHT, FURCHTERREGUNG 29 f.

FUSION
- von Gesellschaften (Art. 2 FusG) F 3 ff. G 74a, 105 ff.
- – erleichterte von Kapitalgesellschaften F 23 ff.
- – grenzüberschreitende G 110
- von Stiftungen F 78 ff., G 109
- von Vorsorgeeinrichtungen F 88 ff., G 109b
- unter Beteiligung von Instituten des öffentlichen Rechts F 99 ff., G 109e

G

GARANTIE
s. Gewährleistung

GARANTIEFUNKTION des Indossamentes 1005

GARANTIEVERPFLICHTUNGEN einer AG 663b

GARANTIEVERTRAG 111

GASTWIRT, STALLWIRT 487 ff.

GATTUNGSSCHULD 71, 185, 206, 481

GEBÄUDE
- Haftung des Eigentümers 58 f.
- Mängel 219, 368

GEBRAUCHSLEIHE 305 ff.

GEFAHR, EIGENE 429

GEFAHRTRAGUNG, GEFAHRÜBERGANG (PREISGEFAHR) 119
- beim Kaufvertrag 185, 207, 220
- beim Einzelarbeitsvertrag 324a
- beim Werkvertrag 376, 378
- beim Verlagsvertrag 390
- beim Agenturvertrag 418m
- bei der einfachen Gesellschaft 531

s. anderseits Haftung

GEHEIMHALTUNGSPFLICHT
s. Geschäftsgeheimnis

GEHILFE, HILFSPERSON 50, 55, 101

GEHORSAMSPFLICHT des Arbeitnehmers 321d

GELDSCHULD
- Zahlung 84 ff.
- Zahlungsort 74, 991 f., 1096 f., 1100 f., 1141
- Recht des Zahlungsortes 1090 ff.
- Zahlstellen 994, 1098, 1107
- Verzug 104 ff.
- Verrechnung 120

GELTUNGSBEREICH DER GESETZE (IPR) 1086 ff., 1138 ff.

GEMEINDEANLEIHEN 1157

GEMEINDERSCHAFT G 10, 112b ff.

GEMEINSCHAFT, HÄUSLICHE
s. Hausgemeinschaft

GEMEINSCHAFTSBESCHLÜSSE
- bei Genussscheinen 657
- bei Anleihensobligationen 1170 ff.

GENEHMIGUNG
- des unverbindlichen Vertrages 31
- des ohne Ermächtigung abgeschlossenen Vertrages 38
- der Geschäftsbesorgung 424
- der mangelhaften Kaufsache 201
- der auf Probe gekauften Sache 223 ff.
- des Werks 370

GENEHMIGUNG DURCH EINE BEHÖRDE
- bei der Grundstückversteigerung 232
- der Beschlüsse der Gläubigerversammlung 1176 ff.

GENERALBEVOLLMÄCHTIGTER 535

GENERALVERSAMMLUNG F 2
- der AG 698 ff.
- – ausserordentliche 699, 700, 725, 726
- – Universalversammlung 701
- – Rechte der Aktionäre 689 ff.
- – Beschlussfassung 627, 703 f., 729c
- – Anfechtung und Nichtigkeit der Beschlüsse 706 ff., 729c
- – Entlastungsbeschluss 758
- der Kommandit-AG 764, 766, 770
- der Genossenschaft 879 ff.
- – Universalversammlung 884
- – Delegiertenversammlung 892
- – Rechte der Genossenschafter 885 ff.
- – Beschlussfassung 888 f.
- – Anfechtung der Beschlüsse 891

GENOSSENSCHAFT 828 ff., **F** 2, 3 ff., **G** 92 ff.
- Errichtung 830 ff.
- – Statuten 832 f.
- – Eintragung in das Handelsregister 835, **G** 92 f.
- Persönlichkeit 838
- Haftung 868
- Mitgliedschaft 839 ff.
- Rechte und Pflichten der Genossenschafter 852 ff., 885 f.
- – Haftung 869 ff., **G** 94 f.
- – Nachschusspflicht 871
- Generalversammlung 879 ff.
- Verwaltung 890, 894 ff., **G** 96
- Kontrollstelle 890, 906 ff.
- Fusion **F** 3 ff., **G** 105 ff.
- Spaltung **F** 29 ff., **G** 106 ff.
- Umwandlung **F** 53 ff., **G** 107 f.
- Vermögensübertragung **F** 69 ff., **G** 108 ff.
- Auflösung 911 ff., **G** 96
- Verantwortlichkeit 916 ff.
- Genossenschaftsverbände 921 ff.

GENOSSENSCHAFTSANTEIL 853
- Übertragung 849 f.

GENOSSENSCHAFTSBANKEN
s. Kreditgenossenschaften

GENUGTUUNG 47, 49, 60 f., **I** 9

GENUSSSCHEIN 657

GESAMTARBEITSVERTRAG 356 ff.

GESAMTAUSGABE beim Verlag 386

GESAMTKOSTEN eines Kredits **D** 5, 9

GESCHÄFT
s. Firma; Gewerbe

GESCHÄFTSANTEIL 789 ff.

GESCHÄFTSBEDINGUNGEN, ALLGEMEINE
256, 288, 348, 522, **I** 8

GESCHÄFTSBERICHT der AG 662 ff., 696

GESCHÄFTSBEZEICHNUNGEN G 48

GESCHÄFTSBÜCHER 747, 857, 902, 957 ff.
- Führung und Aufbewahrung **H** 1 ff.

GESCHÄFTSFIRMA (Name eines Einzelkaufmanns, einer Handelsgesellschaft oder einer juristischen Person) 934, 944 ff., **G** 10, 44 ff.
- Zeichnung (Firmaunterschrift) **G** 26
- der Kollektivgesellschaft 552, 554, 556, 562, 589
- der Kommanditgesellschaft 594, 596 f., 602, 607
- der AG 620, 626, 641, 719
- der GmbH 772, 776, 780 f.
- der Genossenschaft 832, 836, 900
- Eintragung im Handelsregister 554, 556, 596 f., 641, 780 f., 835 f., 934, **G** 10, 44 ff.
- – massgebliche Schreibweise **G** 45
- Firmengebrauchspflicht **G** 47
- Überwachung 955, **G** 21, 67

G   *SACHREGISTER*

– Anpassung **G** 61, 67
– Löschung 589, **G** 33, 60, 66, 68
– Schutz 956
s. jedoch Firma

GESCHÄFTSFÜHRUNG 535 ff., 547, 557, 598 ff., 716 ff., 765, 811 ff., 898 f.

GESCHÄFTSFÜHRUNG OHNE AUFTRAG 419 ff.

GESCHÄFTSGEHEIMNIS 321a, 418d, **I** 6, 15, **J** 19
– der AG 697, 730
– der Genossenschaft 857
s. auch Revisionsgeheimnis

GESCHÄFTSHERR
– bei unerlaubter Handlung 55
– bei Vertrag (Hilfspersonenhaftung) 101
– Geschäftsführung ohne Auftrag 422 ff.
– Prokura 458 f., 464 f.

GESCHÄFTSKORRESPONDENZ 962 ff.

GESCHÄFTSLOKAL G 42
– besondere Bezeichnung (Enseigne) **G** 48
– bei wechsel- und checkrechtlichen Handlungen 1084, 1098, 1143

GESCHÄFTSRÄUME, in Miete und Pacht 253a f., 276, **C** 1 ff.
– Übertragung 263, 292
– Kündigung 266d, 266l, 296, 298, **C** 9
– Retentionsrecht 268 ff., 299c
– Mietzins 269 ff., **C** 10 ff.
– Nebenkosten **C** 4 ff.
– Kündigungsschutz 271 ff., 300
– Verfahren bei Streitigkeiten 274d f., **C** 21 ff.

GESCHÄFTSÜBERNAHME mit Aktiven und Passiven 181, 592

GESCHÄFTSZEIT, GEWÖHNLICHE 79

GESELLSCHAFT F 2, 3 ff.
– als Mitglied einer anderen Gesellschaft **G** 41
s. auch Aktiengesellschaft; einfache Gesellschaft; Gesellschaft mit beschränkter Haftung; Handelsgesellschaften; Kapitalgesellschaften; Kollektivgesellschaft; Kommanditaktiengesellschaft; Kommanditgesellschaft

GESELLSCHAFT, EINFACHE 530 ff.
– Verhältnis der Gesellschafter
– – unter sich 531 ff.
– – gegenüber Dritten 543 f.
– Beendigung 545
– zwischen den Parteien von Gesamtarbeitsverträgen 357b

GESELLSCHAFT MIT BESCHRÄNKTER HAFTUNG (GMBH) 772 ff., **F** 2, 3 ff., **G** 90 ff.
– Stammkapital 772 f., 776 f., 780 f., 784, 786 ff., 802 ff., 817
– Stammeinlage 772, 774, 776 f., 779 ff., 789 f., 798, 802 f., 807
– Gesellschaftsanteil 777, 787, 789 ff., 800 f., 804, 807, 810
– Rechte und Pflichten der Gesellschafter 789 ff.
– Organisation 808 ff.
– Fusion **F** 3 ff., 23 ff., **G** 105 ff.
– Spaltung **F** 29 ff., **G** 106 ff.
– Umwandlung **F** 53 ff., **G** 107 f.
– Vermögensübertragung **F** 69 ff., **G** 108 ff.
– Auflösung, Ausscheiden 820 ff.
– Verantwortlichkeit 827

GESELLSCHAFTSGLÄUBIGER
s. Gläubiger

GETRÄNKE, GEISTIGE, Klagbarkeit von Forderungen aus dem Kleinvertrieb 186

GEWALT, HÖHERE 299b, 487, 490, 1051, 1131

GEWÄHRLEISTUNG, GEWÄHRSPFLICHT
– bei entgeltlicher Abtretung 171 ff.
– bei veräusserten Rechten (wegen Rechtsmängel) 192 ff., 234, 238, 248, 381, 531
– wegen Mängel der Sache
– – beim Kauf 197 ff., 219, 234
– – beim Viehhandel 198, 202
– – beim Tausch 238
– – bei Schenkung 248
– – bei Gesellschaft 531
– Aufhebung oder Beschränkung 192, 199, 234

GEWERBE
– öffentlich konzessioniertes 100 f.

- zur Entziehung der Vertretungsbefugnis 539, 565
- zur Auflösung der Gesellschaft 545, 574, 577, 822
- zur Verweigerung der Zustimmung zum Erwerb von Namenaktien 685b
- Abberufung der Liquidatoren 741
- Bewilligung des Austritts und Ausschliessung eines Gesellschafters aus der GmbH 822
- Austritt 843 und Ausschliessung 846 aus der Genossenschaft

GRUNDBUCH
s. Anmeldung; Eintragung; Vormerkung

GRÜNDER 625, 628 f., 631, 657, 697d

GRUNDKAPITAL
- der AG, s. Aktienkapital; Partizipationskapital
- der Genossenschaft 828

GRUNDLAGENIRRTUM, s. Irrtum

GRUNDPFAND
s. Pfandrechte

GRUNDPREIS U 5 f.

GRUNDSTÜCK
- landwirtschaftliches 218, 276a
- gesetzliches Pfandrecht des Pfründers nach Übertragung 523

GRUNDSTÜCKKAUF 216 ff.

GRÜNDUNG
- einer AG 629 ff.
- – Bericht 635 f.
- – mangelnde Voraussetzungen 643
- – Haftung 753; s. auch Verantwortlichkeit
- – Kosten 664
- – Verantwortlichkeit 827
- – Vorteile 628, 635, 650 Ziff. 6, 652e, 704, 753
- einer GmbH 779

GÜLT als Inhaberpapier 989

GÜTERRECHT, EHELICHES
- Schranke der Schenkungsbefugnis 240
- Erwerb von
- – Namenaktien 685, 685b ff.
- – eines Geschäftsanteiles 792

H

HAFTBARKEIT
s. Verantwortlichkeit

HAFTGELD 158

HAFTPFLICHT
- aus unerlaubter Handlung 41 ff.
- – bei Notwehr, Notstand und Selbsthilfe 52
- – Urteilsunfähiger 54
- – des Geschäftsherrn 55
- – für Tiere 56 f.
- – des Werkeigentümers 58 f.
- – der Gesellschaft 567
- – Organhaftung 722, 814, 899
- Produktehaftpflicht **B** 1 ff.
- s. auch Haftung; Verantwortlichkeit

HAFTPFLICHTVERSICHERUNG 113, **D** 40, **E** 7

HAFTUNG
- Mass 43 ff., 99 ff.
- für Zufall
- – beim Verzug 103
- – bei vertragswidrigem Gebrauch der geliehenen Sache 306
- – bei Geschäftsführung gegen den Willen des Geschäftsherrn 420
- – beim Gebrauch der aufbewahrten Sache 474
- solidarische 50, 144 ff., 263, 292, 308, 403, 478, 496 f., 568 f., 759, 783, 918
- bei Vermögensübertragung 181, **F** 75 f.
- bei Spaltung einer Gesellschaft **F** 38, 47
- mehrerer aus verschiedenen Rechtsgründen 51, 496 ff.
- aus unerlaubter Handlung s. Haftpflicht
- bei Vertretung 32, 544, 567
- des Stellvertreters ohne Ermächtigung 39
- bei Nichterfüllung 97 ff.
- für gehörige Erfüllung des Pauschalreisevertrages **L** 14 f.
- – Beschränkung und Wegbedingung **L** 16
- beim Verzug des Schuldners 103

- für Hilfspersonen 101, 399
- des Käufers bei unterlassener Benachrichtigung 204
- des Vermieters, Verpächters bei Veräusserung der Sache 261, 290
- des Mieters, Pächters
- – bei unterlassener Meldung, Nachricht 257g, 286
- – bei Untermiete, Unterpacht 262, 291
- des Einstellers 303
- des Entlehners 306
- des Arbeitnehmers 321e, 352a
- des Unternehmers 367 ff.
- des Beauftragten 398 f.
- des Auftraggebers 402 f.
- – beim Kreditauftrag 408, 410
- des Geschäftsführers 420 f.
- des Kommissionärs 427
- des Frachtführers 446 ff., 452, 455
- des Spediteurs 457
- des Hinterlegers 473
- des Aufbewahrers 474, 478
- der Gast- und Stallwirte 487 ff.
- – Ablehnung 489
- des Bürgen 495 ff., 501, 509 ff.
- – Betrag 499 f.
- der Gesellschafter 537 f., 544, 568 f., 598, 604 ff.
- – der GmbH 772, 783
- für Verbindlichkeiten der AG 620
- vor der Eintragung der AG
- – bei Ausgabe von Aktien 644
- – für eingegangene Verpflichtungen 645
- Organhaftung 722, 814, 899
- Prospekthaftung 752, 827
- Gründungshaftung 753, 827
- für Verwaltung, Geschäftsführung und Liquidation 754, 827, 916 f.
- Revisionshaftung 755, 827, 916
- für unterlassene Anmeldung zum Handelsregister 942
- aus dem Wechsel 999, 1005, 1019, 1099

s. auch Gewährleistung; Haftpflicht; Verantwortlichkeit

HANDELSAMTSBLATT, SCHWEIZERISCHES
681 f., 696, 697h, 704, 733, 742, 836, 931 f., 984, 986, 1077, **G** 113, 116, 118, 120

HANDELSBRAUCH
s. Übung

HANDELSGESELLSCHAFTEN 552 ff.
s. auch Kollektivgesellschaft; Kommanditgesellschaft; Aktiengesellschaft; Kommanditaktiengesellschaft; Gesellschaft mit beschränkter Haftung

HANDELSGEWERBE
s. Gewerbe

HANDELSREGISTER
- Zweck und Einrichtung 927 ff., **G** 1 ff., 113 ff.
- Eintragungen 461, 634, 932 ff., **G** 19 ff.
- – Gewerbe 934, **G** 52 ff.
- – Kollektivgesellschaft 552 ff., 574, 581, 583, 589
- – Kommanditgesellschaft 594 ff., 606, 609, 619
- – AG 640 ff., 652a, 652h, 653b, 653h, 718a, 720, 727e, 734, 737, 740, 746, **G** 78 ff.
- – Kommandit-AG 764 f., 768, **G** 87
- – GmbH 780 ff., 785, 815, 821, 823, **G** 90 f.
- – Genossenschaften 830, 835 ff., 876 f., 901, 912, 915, **G** 92 ff.
- – selbständige Gewerbe des öffentlichen Rechts **G** 10, 45
- – Vereine **G** 44 ff., 97 ff.
- – Stiftungen **G** 44 ff., 101 ff.
- – Vertretungsbefugnis, Prokura 458, 461, 720, 815, 901, **G** 105 ff.
- – Zweigniederlassungen 642, 782, 837, 935, **G** 69 ff.
- – Konkurs und Löschungen 737, 740, 746, 770, 821, 823, 912, 915, 938 f., **G** 64 ff.
- – bei Fusion, Spaltung, Umwandlung oder Vermögensübertragung **F** 21 f., 28, 51 f., 66 f., 73, 77, 83, 87, 95, 102, **G** 74a, 105b ff.

HANDELSREISENDENVERTRAG 347 ff.

HANDELSREISENDER 347
s. auch Arbeitnehmer

HANDELSBRÄUCHE
s. Übungen, kaufmännische

HANDLUNG, STRAFBARE 60, 760

HANDLUNG, UNERLAUBTE 41 ff.
s. auch Haftpflicht

HANDLUNGSUNFÄHIGKEIT
- bei Ermächtigung 35, 465, 1008
- bei Schenkung 240 f.
- beim Auftrag 405
- des Agenten 418s
- (Vertragsunfähigkeit) des Geschäftsführers 421
- (Bevormundung) eines Gesellschafters 545
- (Entmündigung) des Kommanditärs 619
- sämtlicher unbeschränkt haftender Gesellschafter 770
- des Ausstellers des Checks 1120

HANDLUNGSVOLLMACHT, -BEVOLLMÄCHTIGTER 40, 462 ff.

HANDWERKSARBEIT, Verjährung der Forderungen 128

HANDZEICHEN, BEGLAUBIGTES 15, 1085, 1143

HAUPTREPARATUREN 279

HAUPTSCHULDNER 136, 492 ff.

HAUSDIENST 359

HAUSGEMEINSCHAFT
- des Arbeitnehmers 322, 328a
- bei Verpfründung 524, 527

HAUSGENOSSE als Hilfsperson 101

HAUSORDNUNG der Pfrundanstalt 524

HAUSTÜRGESCHÄFTE 40a ff.

HEILUNGSKOSTEN
- eines Tieres 42
- bei Tötung und Köperverletzung 45 f.

HEIMARBEITNEHMER 351 ff.
s. auch Arbeitnehmer

HEIMARBEITSVERTRAG 351 ff., 355, 361 f.

HERABSETZUNG
- des Schadenersatzes 44
- der Konventionalstrafe 163
- des Mietzinses 257h, 258, 259a, 259d, 270 f., 270c
- des Pachtzinses 288 f.
- der Vergütung beim Auftrag zur Ehe- oder Partnerschaftsvermittlung 406h
- des Mäklerlohnes 417
- der Haftung mangels Mitbürgen 497
- des Nennwertes der Aktien 622, 692
- des Aktienkapitals 732 ff.
- des Stammkapitals 788

HERABSETZUNGSKLAGE, ERBRECHTLICHE 525

HERAUSGABE
- hinterlegter Geldbeträge 259h, 288, 987
- der Urkunde im Verfahren auf Kraftloserklärung, Klagefrist 985, 1073, 1078, 1143 Ziff. 19, 1152
- eines Gewinnes bei unlauterem Wettbewerb **I** 9
s. auch Auslieferung

HERAUSGABEPFLICHT
- des Arbeitnehmers 321b
- des Beauftragten 400, 401
- des Gläubigers 503
s. auch Rückgabepflicht

HERSTELLER B 1 f.
s. auch Produktehaftpflicht

HILFSPERSON
s. Gehilfe

HINDERUNG DER VERJÄHRUNG 134

HINTERLEGUNG
- beim Gläubigerverzug 92 ff.
- bei Ungewissheit über die Person des Gläubigers 96, 168
- bei Mängeln der Mietsache 259a, 259g ff., der Pachtsache 288
- beim Frachtvertrag 444, 451, 453
- bei Liquidation einer AG 744
- bei abhanden gekommenen Coupons 987
- der Wechselsumme 1032, 1072, 1080, 1098

HINTERLEGUNGSVERTRAG 472 ff.

HÖCHSTBETRAG der Haftung des Bürgen 493 f., 499 f.

HÖCHSTDAUER
s. Dauer

HÖCHSTZINSSATZ D 14, **E** 1

HOLDINGGESELLSCHAFT 671, 708

HONORAR
- des Verlaggebers 388 ff.
- des Gesellschafters
- - bei Kollektivgesellschaft 559 f., 572
- - bei Kommanditgesellschaft 598, 601
s. auch Vergütung

HOTELIER
s. Gastwirt

HYPOTHEKARZINSE bei der Miete und Pacht von Wohn- und Geschäftsräumen **C** 13

I

IDENTIFIKATIONSNUMMER 936a, **G** 111a f.

IDENTITÄT des Musters 222

INDOSSAMENT, INDOSSIERUNG 967 ff., 1001 ff.
- bei Namenaktien 684
- bei Wechseln 1001 ff., 1098
- - Ausstreichung bei Einlösung 1047
- bei Checks 1108 ff., 1143
- bei wechselähnlichen Papieren 1147
- bei anderen Papieren 1152

INFORMATION
- bei Ehe- oder Partnerschaftsvermittlung 406g
- und Einsichtsrecht bei Fusion, Spaltung, Umwandlung und Vermögensübertragung **F** 16, 24, 41, 63, 74, 82, 93
- des Konsumenten **L** 4 f.

INFORMATIONSSTELLE für Konsumkredit **D** 23, **E** 2 f.

INFORMATIONSTRÄGER H 9 f.

INHABERAKTIEN
s. Aktien

INHABERANWEISUNG 471

INHABERCHECK
s. Check

INHABERPAPIERE 978 ff.
- Einreden 979 f.
- Kraftloserklärung 981 ff.

- hinkende 976
- Warenpapier 482
- Interimsschein 688
- Inhabercheck 1105, 1111
s. auch Aktien

INKASSOINDOSSAMENT 1008

INKASSOPROVISION
s. Provision

INKASSOVOLLMACHT 348b, 349e, 418e, 418l, 418o

INSTITUTE des öffentlichen Rechts **F** 2, 99 ff., **G** 10, 109e

INTERIMSSCHEIN 688

INTERVENTION
s. Ehreneintritt

INVALIDITÄT 331a, 331c, 331e

INVENTAR 277, 299, 299b

IRRTUM
- unrichtige Bezeichnung (falsa demonstratio) 18
- beim Vertragsabschluss 23 ff.
- - wesentlicher 23 f.
- - Erklärungsirrtum 24 Abs. 1 Ziff. 1–3
- - Grundlagenirrtum 24 Abs. 1 Ziff. 4
- - Motivirrtum 24 Abs. 1 Ziff. 4; Abs. 2
- - fahrlässiger 26
- bei Bezahlung einer Schuld 63

J

JAHRESBERICHT der AG 662, 663d, 663h, 698

JAHRESBILANZ 958
- der AG 662, 663a
- der GmbH 804 f.
- der Genossenschaft 858, 902 f.

JAHRESRECHNUNG 662 ff., 663h
- konsolidierte (Konzernrechnung) 663e ff., 731a
- Prüfung 728 ff.
- Abnahme 698, 729 ff.
- Offenlegung 697h

JAHRESZINS, EFFEKTIVER D 6, 33 f.

JUGENDURLAUB 329b, 329e

K

KADUZIERUNG
s. Aberkennung

KALENDER, JULIANISCHER 1027, 1117

KAPITALANTEILE der Gesellschafter 558 ff., 577 ff., 598

KAPITALERHÖHUNG F 9, 33
s. auch Erhöhung

KAPITALGESELLSCHAFTEN F 2, 3 ff., 23 ff., **G** 105 ff.
s. auch Aktiengesellschaft, Kommanditaktiengesellschaft, Gesellschaft mit beschränkter Haftung

KAPITALHERABSETZUNG F 32
s. auch Herabsetzung

KAPITALVERLUST 725 f., 735

KARTELLE J 2, 6, 16

KARTENREGISTER G 17

KATEGORIEN VON AKTIEN
s. Vorrechte

KAUF, KAUFVERTRAG 184 ff.
– Fahrniskauf 187 ff.
– – Rechtsgewährleistung 192 ff.
– – – Entwehrung 196 f.
– – Gewährleistung wegen Mängel der Sache 197 ff.
– – – beim Viehhandel 198, 202
– – – Wandelung und Minderung 205, 207 ff.
– – – Ersatzleistung 206
– – Kaufpreis 211 ff.
– Grundstückskauf 216 ff.
– nach Muster 222
– auf Probe oder Besicht 223 ff.
– Versteigerung 229 ff.
– Tauschvertrag 237 f.
s. auch Erwerbsvertrag; Vorauszahlungsvertrag

KAUF BRICHT MIETE/PACHT NICHT 261 ff., 281

KAUFPREIS, OFFENSICHTLICH ÜBERSETZTER 269, **C** 10

KAUFSRECHTE 216 ff.

KAUSALHAFTUNG 55, 56, 58, 103, 306, 420, 447 f., 474, 487, 490
s. auch Gefährdungshaftung

KAUTION S 14
s. auch Sicherheit

KINDER, Verjährung der Forderungen gegen die Eltern 134

KLAGBARKEIT von Forderungen
– aus dem Kleinvertriebe geistiger Getränke und der Wirtszeche 186
– aus Spiel und Wette 502, 513 ff.

KLAGE nach Ablauf der Frist zur nachträglichen Erfüllung 107

KLAGEN, ANSPRÜCHE (einzelne)
– auf Gewährleistung wegen Mängel der Sache (Wandelung, Minderung) 205 ff., 210
– der Vormundschaftsbehörde auf Ungültigerklärung der Schenkung 240
– auf Vollziehung der Auflage 246
– auf Entschädigung wegen missbräuchlicher Kündigung 336b
– aus Verlust, verspäteter Ablieferung des Frachtgutes 447 f., 454
– Anfechtungsklage unterstützungsberechtigter Personen gegen den Pfrundgeber 525
– auf Auflösung der AG wegen Gründungsmängel 643
– Verantwortlichkeitsklagen
– – aktienrechtliche 752 ff.
– – bei der Kommandit-AG 769
– auf Austritt aus der GmbH oder auf deren Auflösung 822
– auf Unterlassung der weiteren Führung der Geschäftsfirma und Schadenersatz 956
– auf Herausgabe
– – eines Inhaberpapiers 985
– – des Wechsels 1006, 1073, 1078
– – des Checks 1143
– – anderer Ordrepapiere 1152
– aus unlauterem Wettbewerb **H** 9
– unmittelbare
– – des Vermieters gegen den Untermieter 262

– – des Verpächters gegen den Unterpächter und Mieter 291
– – des Auftraggebers gegen Dritte 399
s. auch Anfechtung; Anhebung; Haftpflicht; Haftung; Verantwortlichkeit

KLEINVERKAUF, KLEINVERTRIEB
– von Waren 128
– geistiger Getränke 186

KOLLEKTIV-PROKURA 460

KOLLEKTIVGESELLSCHAFT 552 ff., **F** 2, 3 ff.
– Begriff und Errichtung 552 ff.
– Verhältnis der Gesellschafter unter sich 557 ff.
– Verhältnis der Gesellschaft zu Dritten 562 ff.
– Fusion **F** 3 ff.
– Spaltung **F** 29 ff.
– Umwandlung **F** 53 ff.
– Vermögensübertragung **F** 69 ff.
– Auflösung und Ausscheiden 574 ff.
– Liquidation 582 ff.
– Verjährung 591 ff.

KOLLISIONSRECHT
s. Geltungsbereich der Gesetze

KOMBINATIONSFUSION F 3, 10, 13 f., 79, 90

KOMMANDITAKTIENGESELLSCHAFT 764 ff., **F** 2, 3 ff.

KOMMANDITGESELLSCHAFT
– Begriff und Errichtung 594 ff.
– Verhältnis der Gesellschafter unter sich 598 ff.
– Verhältnis der Gesellschaft zu Dritten 602 ff.
– Fusion **F** 3 ff.
– Spaltung **F** 29 ff.
– Umwandlung **F** 53 ff.
– Vermögensübertragung **F** 69 ff.
– Auflösung, Liquidation, Verjährung 619

KOMMANDITSUMME 594, 596, 601, 608 ff.

KOMMISSION 425 ff.
– Speditionsvertrag 439

KOMPENSATION
s. Verrechnung

KOMPLEMENTÄR (unbeschränkt haftender Gesellschafter) 568, 594, 764

KONDIKTIONEN 62 ff.
s. Bereicherung, ungerechtfertigte

KONFUSION
s. Vereinigung

KONKURRENZVERBOT
– des Arbeitnehmers 340 ff.
– des Handelsreisenden 348
– des Agenten 418a, 418d
– des Prokuristen, Handlungsbevollmächtigten 464
– der Gesellschafter 536, 561, 777, 818

KONKURS
– Eintragung in das Handelsregister 939, **G** 64 ff.
– des Vollmachtgebers, des Bevollmächtigten 35
– eines Teiles beim zweiseitigen Vertrage 83
– des Schuldners 123
– des Schenkers 250
– des Vermieters, Verpächters 261, 290
– des Mieters, Pächters 266h, 271a Abs. 3, 272a, 274g, 297a, 300 f.
– des Verlegers 392
– des Beauftragten 401, 405
– des Auftraggebers 405, 418s
– des Anweisenden 470
– des Hauptschuldners 495 f., 501, 504 f.
– des Leibrentenschuldners 518
– des Pfrundgebers 529
– der Gesellschaft 570 f., 574, 615 ff.
– der Gesellschafter 545, 571, 574 f., 615, 618 f., 770
– der AG 679, 687, 725a, 736, 757
– der GmbH 793 f., 802, 820
– der Genossenschaft 869 ff., 903 f., 911
– eines Genossenschafters 845
– des Wechsel-/Checkverpflichteten 1033, 1053, 1070, 1120, 1126

KONSENS 1

KONSUMENT D 1 ff., 3, **K** 2, **L** 2, 4 f.

KONSUMKREDIT D 1 ff.
– Bewilligung für Kreditgewährung und -vermittlung **D** 39 f., **E** 4 f.
– Meldepflicht **D** 25 ff.

KONSUMKREDITVERTRAG D 1, 9 ff., **I** 3 f.

KONTOKORRENT 117, 124, 314, 500

KONTROLLRECHTE
- des Gesellschafters 541
- der Aktionäre 696 f.
- – Sonderprüfung 697a ff.
- der Gesellschafter 819
- der Genossenschafter 856 f.

KONTROLLSTELLE
- der AG s. Revisionsstelle
- der GmbH 819
- der Genossenschaft 906 ff.
- – Verantwortlichkeit 916
- des Schuldners einer Anleihensobligation 1175

KONVENTIONALSTRAFE 160 ff.
- als Verzugszins 105
- bei Teilzahlungsgeschäften 226i, 227h
- im Arbeitsrecht 323a, 340b, 357b
- Haftung des Bürgen 499
- bei der AG 627 Ziff. 5, 681 f.

KONZERN 663e

KONZERNPRÜFER 731a

KONZERNRECHNUNG 663e ff.
- Offenlegung 697h
- Prüfung 731a

KOPPELUNGSGESCHÄFT 254, **C** 3

KÖRPERSCHAFT DES ÖFFENTLICHEN RECHTS
- Übernahme einer AG 751
- Beteiligung an einer AG 762
- Übernahme einer Genossenschaft 915, Beteiligung daran 926

KÖRPERVERLETZUNG 46 f.

KOSTENSTEIGERUNGEN 269a, **C** 12

KRAFTLOSERKLÄRUNG
- eines Schuldscheines 90
- von Wertpapieren 971 ff.
- – Namenpapiere 977
- – Inhaberpapiere 981 ff.
- – Wechsel 1072 ff., 1098
- – Check 1143
- – anderer Ordrepapiere 1152

KRANKHEIT
- des Arbeitnehmers 324a f., 349c
- des Agenten 418m
- des Pfründers 524

KREDITAUFTRAG 408 ff.

KREDITBRIEF 407

KREDITFÄHIGKEIT D 22 ff.

KREDITGENOSSENSCHAFT 858, 861, 920
s. auch Genossenschaftsbanken

KREDITKARTE D 1, 8, 12, 27, 30

KREDITVERMITTLUNG D 35

KUNDENKARTE D 1, 8, 12, 27, 30

KUNDENVERZEICHNISSE 349e, 350a, 418o

KÜNDIGUNG 102, 130
- des Vorauszahlungsvertrags 227f, 227g
- des Mietverhältnisses 264, 266a ff.
- – Fristen und Termine 266a ff.
- – ausserordentliche 266g ff., 257d, 257f, 261, 274g
- – Form 266l ff., **C** 9, s. auch Kündigungsschutz
- des Pachtverhältnisses 296 ff., 282, 285, 290, 293, 297, 297b
- – Fristen und Termine 296
- – ausserordentliche 297 ff.
- – Form 298, **C** 9, s. auch Kündigungsschutz
- – bei Viehpacht und Viehverstellung 304
- des Darlehens 318
- des Arbeitsverhältnisses 335 ff., **A** 9
- – fristlose Auflösung 337 ff., s. auch Kündigungsschutz
- des Lehrverhältnisses 346
- des Handelsreisendenvertrages 350 f.
- des Gesamtarbeitsvertrags 356c
- des einfachen Auftrags 404
- des Auftrags zur Ehe- oder Partnerschaftsvermittlung 406f
- des Agenturvertrages 418q f.
- der verbürgten Hauptschuld 501, 511
- der Amts- und Dienstbürgschaft 512
- des Verpfründungsvertrages 526 f.
- einer Gesellschaft 545 f., 574 f., 619
- eines Gesellschafters einer Kommandit-AG 771
- einer GmbH 793

– der Mitgliedschaft bei einer Genossenschaft 844
– zur Unzeit 304, 336c f., 404, 406d, 546

KÜNDIGUNGSSCHUTZ
– bei Miete und Pacht von Wohn- und Geschäftsräumen 271 ff., 300
– – Anfechtbarkeit der Kündigung 271 f.
– – Erstreckung des Mietverhältnisses 272 ff.
– beim Arbeitsverhältnis 336 ff., A 10 f.

L

LADESCHEIN 1152

LAGERGELD 485

LAGERGESCHÄFT 482 ff.

LAGERHAUS 92

LAGERSCHEIN 1152

LANDESMÜNZE, LANDESWÄHRUNG 84, 323b, 1031, 1122

LEASINGVERTRAG D 1, 8, 11, 26, 29

LEGALZESSION
s. Rechtsübergang

LEGITIMATION
– des Wechselinhabers 1006
– des Checkinhabers 1110
s. auch Ausweis

LEHRLING
s. Person, lernende

LEHRMEISTER 362
s. auch Arbeitgeber

LEHRVERHÄLTNIS, LEHRVERTRAG 344 ff., 355, 361 f.
– Kündigung 346 f., 361
– Lehrzeugnis 346a, 362

LEIBGEDINGE
s. Verpfründung

LEIBRENTE
– Leibrentenvertrag 516 ff.
– Ersatz für Verpfründung 527
– Verjährung der Ansprüche 128, der Forderung im ganzen 131

LEICHTSINN 21

LEIHE 305 ff.
s. auch Darlehen; Gebrauchsleihe

LEISTUNG
– unteilbare 70, 136, 141
– periodische 89, 128, 131
– nachträgliche 107, 634a
– unnütze, nutzlos gewordene 108
– eines Dritten 111
– an einen Dritten 112 f.
– der Einlagen 633 ff., 652c, 653e

LIBERIERUNG von Aktien
s. Leistung der Einlagen

LIEFERUNGSGESCHÄFT mit Spielcharakter 513

LIEFERUNGSTERMIN, BESTIMMTER 190

LIEGENSCHAFT
s. Grundstück

LIQUIDATION
– einfache Gesellschaft 548 ff.
– Kollektivgesellschaft 582 ff.
– Kommanditgesellschaft 619
– Aktiengesellschaft 685a, 738 ff., 754
– GmbH 823
– Genossenschaft 913
s. auch Auflösung; Beendigung

LIQUIDATIONSANTEIL, -ERGEBNIS, -ÜBERSCHUSS
– der Gesellschafter 548 f., 588, 619
– – Zwangsverwertung (Pfändung) 544, 545, 575, 578, 613, 619
– der Aktionäre 656, 660 f., 745
– der Partizipanten 656f
– der Genussscheininhaber 657
– der Gesellschafter der GmbH 823
– der Genossenschafter 913

LOHN 319, 322 ff.
– des Lehrlings 344a, 345a
– des Handelsreisenden 349a ff.
– des Heimarbeiters 353a f.
– der Mäkler s. Mäklervertrag
– Zeitlohn 319
– Akkordlohn 319, 326 f.
– Gratifikation 322d
– Provision 349a f., 350
– für Überstundenarbeit 321c
– Lohnrückbehalt 323a

- Lohnsicherung 323b
- bei Verhinderung an der Arbeitsleistung 324 ff., 349c
- Abtretung und Verpfändung 325
- während der Ferien 329d
- Unverzichtbarkeit 341
- Verjährung 128, 341

LÖSCHUNG IM HANDELSREGISTER G 33, 60
- von Amtes wegen **G** 68, 89 f., 96, 100, 104, 112a, 112d
- der Firma 589 f., 619, 746, 748, 751, 913, 915, 938, **G** 66
- der Prokura 461, **M** 112a

LOSE 515

LOTTERIEGESCHÄFT 515

M

MAHNUNG 102, 496

MÄKLERVERTRAG 412 ff.
- Mäklerlohn, -gebühr 413 ff., 1049

MANDANT, MANDAT
s. Auftrag

MÄNGEL, MANGELHAFTIGKEIT
- des Vertragsinhalts 20
- des Vertragsabschlusses (Willensmängel) 23 ff.
- der Sache
- – beim Kauf 197 ff., 219, 234
- – beim Viehhandel 198, 202
- – beim Tausch 238
- – bei Schenkung 248
- – bei Gesellschaft 531
- – bei Miete 257f f., 259 ff., 267a
- – bei Pacht 288, 299a
- – versteckte 201, 267a, 299a, 370
- am übergebenen Material und an den Arbeitsgeräten 352a
- am Arbeitserzeugnis 353
- des vom Besteller gelieferten Stoffes 365
- des Werkes 366 ff.
- des Kommissionsgutes 427
- der Verpackung 442

MARKTPREIS 93, 191, 212, 215, 317, 436

MARKT- ODER MESSESTAND 40c

MASS
- der Haftung 99
- des Grundstücks 219

MASSNAHMEN, VORSORGLICHE
- bei Miete 270e, 274f
- bei Pacht 301
- bei einer Klage auf Auflösung der AG 625, 643
- bei Überschuldung einer AG 725a
- bei Kraftloserklärung eines Wechsels 1072
- bei unlauterem Wettbewerb **I** 14

MASSREGELN, SICHERNDE, des Gebäude- oder Werkeigentümers 59

MATERIAL AUF ABBRUCH 187

MAXIMALDAUER
s. Dauer

MEHRERLÖS bei Ausgabe von Aktien 671

MEHRWERT
- der Mietsache 260a
- des Inventars 299b
- s. auch Verbesserungen

MELDEPFLICHT beim Konsumkredit **D** 25 ff.

MELDUNG
- von Mängeln der Mietsache 257g, 267a, der Pachtsache 286, 299a
- von Unfällen und Erkrankungen des eingestellten Viehs 303
- eines Normalarbeitsvertrags 360f
- des Verkaufs börsenkotierter Namenaktien 685e
- von Verstössen der Revisionsstelle gegen Gesetz oder Statuten 729b

MIETE 253 ff.
- von Wohn- und Geschäftsräumen 253a ff., 256, 257b, 257d ff., 266c ff., 266l ff., 268, 269 ff., 271 ff., **C** 1 ff.
- Pflichten des Vermieters 256 ff.
- Mietzins, Nebenkosten 257 ff.
- – Herabsetzung 259d, 260
- – Hinterlegung 259g ff.
- Schutz vor missbräuchlichen Mietzinsen und andern missbräuchlichen Forderungen 269 ff.

- Sicherheit (Kaution) 257e
- weitere Pflichten des Mieters 257f ff.
- Nichterfüllung oder mangelhafte Erfüllung bei Übergabe der Sache 258
- Mängel während der Mietdauer 259 ff.
- Wechsel des Eigentümers 261 ff.
- Untermiete 262
- Übertragung auf einen Dritten 263
- Dauer, Beendigung 255, 264, 266 ff., s. auch Kündigung; Kündigungsschutz
- Retentionsrecht des Vermieters 268 ff.
- Behörden und Verfahren bei Mietstreitigkeiten 274 ff.

MIETZINS beim Rücktritt vom Vorauszahlungsvertrag 227h

MILITÄRDIENST
- des Arbeitnehmers 324a f., 336, 336c
- des Agenten 418m

MINDERJÄHRIGE beim Abschluss eines Vorauszahlungsvertrages 228, Konsumkreditvertrages D 13

MINDERUNG 205 ff., 210, 368, 371

MINDESTEINLAGE bei Errichtung einer AG 632

MINDESTGLIEDERUNG
- der Erfolgsrechnung 663
- der Bilanz bei der AG 663a

MINDESTKAPITAL der AG 621

MINDESTLÖHNE 360a ff.

MISSVERHÄLTNIS VON LEISTUNG UND GEGENLEISTUNG 21
- beim Verpfründungsvertrag 526
- bei der AG 678

MITBÜRGSCHAFT 497, 504

MITGLIEDSCHAFTSRECHTE, PERSÖNLICHE 689 ff.
- Teilnahme an der Generalversammlung 689 ff.
- Stimmrecht 692 ff.
- Kontrollrechte 696 ff.

MITTEILUNG
s. Anzeige

MITVERSCHULDEN 44

MOTIVIRRTUM
s. Irrtum

MOTORFAHRZEUG im Arbeitsverhältnis 327b

MÜNZE (Währung)
s. Landesmünze

MUSTER, MODELLE 222, 332a

N

NACHBESSERUNG 368

NACHBILDUNG
s. Unterschrift

NACHBÜRGSCHAFT 498

NACHFRIST
- zur Vertragserfüllung 107, 257d, 282
- zur Geltendmachung verjährter Ansprüche 139

NACHINDOSSAMENT 1010, 1098, 1113

NACHLASSSTUNDUNG beim Hauptschuldner 495 f., 505

NACHLASSVERTRAG
- Erlöschen von Nebenrechten 114
- des Hauptschuldners 495, 501
- des Anleihensschuldners 1184

NACHSCHUSSPFLICHT
- bei der GmbH 803
- bei der Genossenschaft 833, 871, 874 f., 877, 889, 893

NACHSICHTWECHSEL 1012 f., 1025

NAME von Vereinen und Stiftungen im Handelsregister G 44 ff.

NAMENAKTIEN
s. Aktien

NAMENPAPIERE 974 ff.
- Umwandlung 970
- Warenpapiere 482, 1153

NATURALLOHN 322, 329d

NATURALOBLIGATIONEN (unklagbare Forderungen) 513

NATUR DES GESCHÄFTES, RECHTSVERHÄLTNISSES 2, 75, 396

NEBENANSPRÜCHE 133

NEBENBESTIMMUNGEN, NEBENPUNKTE 2, 12

NEBENBÜRGE
s. Mitbürgschaft

NEBENKOSTEN bei Miete und Pacht 257a ff., 269d, 270b, 281 f., **C** 4 ff.

NEBENRECHTE 114, 170, 178, 180

NEBENSACHEN bei der Wandelung 209

NENNWERT 622, 624

NEUERUNG 116 f.

NICHTANTRITT der Arbeitsstelle 337d

NICHTERFÜLLUNG, NICHT GEHÖRIGE ERFÜLLUNG 97 ff., 160, 258, 288, **D** 21, **L** 11, 12 ff.
s. auch Haftung; Vertragsverletzung

NICHTIGKEIT
– des Vertrages 20
– der Wegbedingung der Haftung für rechtswidrige Absicht oder grobe Fahrlässigkeit 100
– der Aufhebung oder Beschränkung
– – der Gewährspflicht 192, 199, 234
– – der Verantwortlichkeit
– – – des Frachtführers 455
– – – des Gastwirtes 489
– des Anspruchs bei unzulässiger Bedingung 157, 136
– von Koppelungsgeschäften 254
– abweichender Vereinbarungen zum Nachteil des Mieters, Pächters 256, 288
– einer Kündigung 266o, 298, 336c f.
– der Vereinbarung einer Entschädigungszahlung 267, 299
– einer Mietzinserhöhung 269d
– des Verzichts auf Kündigungsschutz 273c
– der Vereinbarung der Darlehenssumme 317
– Abreden über die Verwendung des Lohnes im Interesse des Arbeitgebers 323b
– einer dem Recht auf Einsichtnahme in die Gesellschaftsangelegenheiten entgegenstehenden Vereinbarung 541
– von Beschlüssen der Generalversammlung, des Verwaltungsrates 706b, 714
– von Aktien 644, 683

– der Wegbedingung der Produktehaftpflicht **B** 9
– des Konsumkreditvertrages **D** 15
s. auch Ungültigkeit; Unverbindlichkeit

NICHTSCHULD, Zurückforderung des Geleisteten 63

NICHTTUN als Gegenstand der Verpflichtung 98

NOMINALWERT
s. Nennwert

NORMALARBEITSVERTRAG 359 ff.
– zwingende Vorschriften 361 f.

NOTADRESSE 1040, 1054 f.

NOTLAGE
– Übervorteilung 21, 30, 270
– Grund zur Herabsetzung
– – der Schadenersatzpflicht 44
– – der Abgangsentschädigung 339c
– Lohnvorschuss 323

NOTSTAND, NOTWEHR 52

NOVATION
s. Neuerung

NUTZEN, NUTZUNGEN
– vor Eintritt der Bedingung bezogener 153
– Übergang
– – beim Kaufvertrag 185, 220
– – bei Hinterlegung vertretbarer Sachen 481
– bezogene, bei Entwehrung 195
– bei Wandelung 208
– bei Viehpacht und Viehverstellung 302

NUTZNIESSUNG
– an einer Forderung 134
– an Aktien 686, 690
– an Anleihensobligationen 1167

OBERAUFSICHT über die Handelsregisterführung **G** 4

OBLIGATION
– Entstehung
– – durch Vertrag 1 ff.

– – durch unerlaubte Handlungen 41 ff.
– – durch ungerechtfertigte Bereicherung 62 ff.
– Wirkung
– – Erfüllung 68 ff.
– – Folgen der Nichterfüllung 97 ff.
– – Beziehung zu dritten Personen 110 ff.
– Erlöschen 114 ff.
– besondere Verhältnisse
– – Solidarität 143 ff.
– – Bedingungen 151 ff.
– – Haft- und Reugeld, Konventionalstrafe 158 ff.
s. auch Anleihensobligation; Klagen

OFFENLEGUNG von Jahresrechnung und Konzernrechnung 697h

ÖFFENTLICHKEIT des Handelsregisters 930, **G 9**

OFFERTE
s. Antrag

OPTIONSRECHTE 653, 653d f.

ORDNUNG, ÖFFENTLICHE 19

ORDNUNGSBUSSEN 943, **G 2**

ORGANE 40
s. auch Organisation

ORGANHAFTUNG 722, 814, 899

ORGANISATION
– der AG 698 ff.
– – Generalversammlung 698 ff.
– – Verwaltungsrat 707 ff.
– – Revisionsstelle 727 ff.
– der Kommandit-AG
– – Verwaltung 765 ff.
– – Aufsichtsstelle 768 f.
– der GmbH 808 ff.
– – Gesellschafterversammlung 808 ff.
– – Geschäftsführung und Vertretung 811 ff.
– – Kontrolle 819
– der Genossenschaft 879 ff.
– – Generalversammlung 879 ff.
– – Verwaltung 894 ff.
– – Kontrollstelle 906 ff.

ORGANISATIONSKOSTEN der AG 664

ORGANISATIONSREGLEMENT 716b

ORGANVERTRETER 689c, 689e, 702

ORDREPAPIERE 1145 ff.
– Übertragung 967 ff., 1001 ff.
– Umwandlung 970
– Namenaktien 684
– Anweisung an Ordre 1147 ff.
– Zahlungsversprechen an Ordre 1151
– andere 1152
s. auch Wechsel; Check; Warenpapiere

ORIENTIERUNGSPFLICHT des Anbieters bei Haustürgeschäften 40d

ORT
– der Erfüllung 74, 477, 991 f., 994, 1090 ff., 1095 ff., 1100 f., 1107, 1141
– der Hinterlegung 92
– der Ausstellung 991 f., 1094, 1096 f., 1100 f.
– der Vornahme wechselrechtlicher Handlungen 1084, 1090

ORTSGEBRAUCH (Art. 5 ZGB)
– für Kündigungsfristen und -termine bei Miete 266b ff.
– bei der Pacht 296, 304
– für Rechte und Pflichten des Einstellers bei Viehpacht 302 f.

P

PACHT 275 ff.
– von Wohn- und Geschäftsräumen 253b, 276, **C 1** ff.
– landwirtschaftliche 276a
– Pflichten des Verpächters 278 ff.
– Pachtzins und Nebenkosten 281 ff.
– andere Pflichten des Pächters 283 ff.
– Nichterfüllung und Mängel 288
– Erneuerungen und Änderungen der Sache 289 f.
– Eigentümerwechsel 290
– Unterpacht 291
– Übertragung auf einen Dritten 292
– Dauer, Beendigung 293, 295 ff.
s. auch Kündigung; Kündigungsschutz
– Rückgabe der Sache 299 ff.
– – Ersatz für Verbesserungen und Verschlechterungen 299

- Retentionsrecht des Verpächters 299c
- Zuständigkeit bei Streitigkeiten 301
- Viehpacht und Viehverstellung 302 ff.

PARTIZIPANT 656c ff.

PARTIZIPATIONSSCHEINE 656a ff.

PARTNERSCHAFTSVERMITTLUNG 406a ff.

PAUSCHALREISEN K 10, **L** 1 ff.
- Prospekte, Information **L** 3 ff.
- Preiserhöhungen **L** 7
- Vertragsänderungen **L** 8 ff.
- Annullierung **L** 11
- Nichterfüllung und nicht gehörige Erfüllung **L** 12 ff.
- Abtretung der Buchung **L** 17
- Sicherstellung **L** 18

PERSON, LERNENDE 344 ff.

PERSONALDATEN E 3

PERSONALVORSORGE 331 ff., 339d
s. auch Vorsorgeeinrichtung

PERSÖNLICHKEIT
- Verstoss gegen das Recht 19
- Verletzung 49
- Schutz 328 f., 336
- Erwerb 643 ff., 783, 838

PFANDINDOSSAMENT, OFFENES 1009

PFANDRECHT
- als Nebenrecht des Gläubigers (Akzessorietät)
- – bei Hinterlegung 94
- – bei Eintritt eines Dritten 110
- – bei Erfüllung 114
- – bei Verjährung der Forderung 140
- – bei Schuldnerwechsel 178
- an Sachen Dritter (Drittpfandrechte) 94, 110, 178
- Unterbrechung der Verjährung durch Bestellung 135
- und Bürgschaft 495 f., 499, 501, 503, 506 f., 509 ff.
- gesetzliches, des Pfründers 523
- an Anleihensobligationen 1167

PFANDSCHEIN 1154

PFÄNDUNG Schaden anrichtender Tiere 57
s. auch Retentionsrecht

PFÄNDUNG (Betreibung)
- fruchtlose 83
- Teilnahme des Pfründers 529
s. auch Zwangsverwertung

PFLEGE, ANSPRUCH AUF
- des Arbeitnehmers in Hausgemeinschaft 328a
- des Pfründers 521, 524

PFLICHT, SITTLICHE 63, 239

PFLICHTEN, FAMILIENRECHTLICHE 249, 250

PFRUNDANSTALT, PFRÜNDER, PFRUNDGEBER
s. Verpfründung

POLICE L 11 ff.

POLIZEI 59, 268b, 978

POST, Haftpflicht 455

POSTCHECK, Vorbehalt 1144

PRÄJUDIZIERUNG im Wechselrecht 1050 ff., 1098

PRÄSENTATION
s. Vorlegung

PREISANGABE bei Auslage von Waren 7, **K** 1 ff.

PREISAUSSCHREIBEN 8

PREISBEKANNTGABE K 1 ff.
s. auch Bekanntgabe

PREISBESTIMMUNG beim Vorauszahlungsvertrag 227e

PREISERHÖHUNG bei Pauschalreisen **L** 7

PREISGEFAHR
s. Gefahrtragung

PREISLISTEN, Versendung 7

PREISSMISSBRAUCH J 12 f.

PREISÜBERWACHUNG J 1 ff.

PRIMAWECHSEL (das erste von mehreren Duplikaten eines Wechsels) 1063

PRIVATGLÄUBIGER
s. Gläubiger

PROBEZEIT 335b, 344a, 346, 349a, 354

PROCURATOR, FALSUS (Stellvertreter ohne Ermächtigung) 38 f., 998

PRODUKTEHAFTPFLICHT B 1 ff.

PROKURA 40, 458 ff., **G** 6
- Bestellung des Prokuristen 458, 566, 721, 777, 810, 816
- Umfang der Vollmacht 459 f.
- Konkurrenzverbot 464
- Widerruf und Erlöschen 461, 465, 566, 726, 816
- im Handelsregister 458, 461, **G** 6
- nichtkaufmännische 458 Abs. 3, **G** 112 f.

PROKURA-INDOSSAMENT 1008, 1098

PROMESSE
s. Interimsschein

PROSPEKT bei Pauschalreisen **L** 3

PROSPEKTHAFTUNG 752

PROTEST (Bezeugung durch öffentliche Urkunde)
- beim Wechsel
- – der Verweigerung der Annahme oder Zahlung (Protest mangels Annahme oder Zahlung) 1034 ff., 1057, 1098
- – – Zuständigkeit, Inhalt, Form 1035 ff.
- – – Kosten 1045
- – der Verweigerung der Ehrenannahme oder -zahlung 1055, 1059
- – der Verweigerung der Aushändigung der versendeten Ausfertigung 1065
- – Protesterlass 1043
- – Versäumung der Fristen 1050 f.
- – Geltungsbereich der Gesetze 1088
- beim Check 1129 ff., 1143

PROTOKOLL
- der Generalversammlung 702
- über die Verhandlungen und Beschlüsse des Verwaltungsrates 713
- bei der Genossenschaft 902

PROVISION
- des Arbeitnehmers 322b f., 323, 339
- des Handelsreisenden 349a ff., 350 f.
- des Agenten 418g ff., 418t
- – Inkassoprovision 418l

PROZESSFÜHRUNGSBEFUGNIS
- des Handlungsbevollmächtigten bei ausdrücklicher Ermächtigung 462
- der Liquidatoren 585, 619, 743, 823, 913

- der Aufsichtsstelle der Kommandit-AG gegen die Mitglieder der Verwaltung 769

PRÜFUNG
- der Beschaffenheit der Sache, des Werkes 201, 367, 370
- der Buchführung, der Jahresrechnung und des Antrages über die Verwendung des Bilanzgewinns 728
- der Konzernrechnung 731a
- der Betriebsrechnung, Bilanz, Bücher, Darstellung des Geschäftsergebnisses, des Genossenschafterverzeichnisses 907
- der Eintragungsvoraussetzungen 940, **G** 21, 111

PUNKTE, WESENTLICHE, des Vertrages 2

PUBLIKATION
s. Bekanntmachung

PUBLIKUMSGESELLSCHAFTEN, Angaben über die Beteiligungsverhältnisse 663c

Q

QUALITÄT, MITTLERE, bei Gattungsschulden 71

QUITTUNG 88 ff.
- bei mehreren Schulden 86 f.
- beim Wechsel 1029, 1047 f., 1098
- beim Check 1143

R

RAHMENMIETVERTRAG 274a

RATENKAUF
s. Konsumkreditvertrag

REALSICHERHEIT und Bürgschaft 497, 501, 510

RECHENSCHAFTSABLAGE, -ABLEGUNG
- des Arbeitnehmers 321b
- des Heimarbeitnehmers 352a
- des Beauftragten 400
- s. auch Rechnungslegung

RECHNUNGSFEHLER beim Vertragsabschluss 24

RECHNUNGSLEGUNG der AG 662a

RECHT
- ausländisches, Anwendbarkeit
- – auf Bürgschaften mit Hauptschuldner im Ausland 501
- – beim Wechsel 1086 ff.
- – beim Check 1138 ff.
- kantonales 33, 61, 73, 97, 125, 186, 236, 257e, 274d, 342 f., 396, 418, 762 f., **D** 38 ff.
- öffentliches s. Institut
- zwingendes 19, 129, 273c, 358, 361 f., 418a, 1186, **D** 37, **L** 19

RECHTE, BESCHRÄNKTE DINGLICHE
- am Pfand 110
- am Mietobjekt 261a
- am Pachtobjekt 290
- Schenkung 242, 247
- Gesamtberechtigung der Gesellschafter 544
- Bestellung an Wertpapieren 967

RECHTFERTIGUNGSGRÜNDE 52

RECHTSANWÄLTE, RECHTSAGENTEN 128

RECHTSDOMIZIL, G 88a
s. auch Domizil

RECHTSGEWÄHRLEISTUNG
s. Gewährleistung

RECHTSHANDLUNG 33, 77, 459, 462, 535

RECHTSMÄNGEL
s. Gewährleistung

RECHTSÜBERGANG, gesetzlicher 70, 110, 149, 166, 170, 401, 406b, 507
s. auch Übergang

REGRESS
s. Rückgriff

REINGEWINN, REINERTRAG
- der AG, s. Bilanzgewinn
- der GmbH 804
- der Genossenschaft 858 ff.

REKTACHECK, -INDOSSAMENT, -KLAUSEL, -WECHSEL 1001, 1005, 1105
s. auch Namenpapiere

REKTIFIKATIONSVORBEHALT 46

REMESSE
s. Wechsel

REMITTENT
s. Wechselnehmer

RENTE
- als Schadenersatz 43
- Verzugszins 105
- Verjährung 128, 131
s. auch Leibrente

REPARATUREN der Pachtsache 286 f.

RESERVEANLAGEN, -FONDS bei der Genossenschaft 860 ff.

RESERVEN bei der AG
- stille 669
- gesetzliche 656b, 671 ff., 725
- – allgemeine 671
- – für eigene Aktien 659a f., 671a
- – Aufwertungsreserve 671b
- statutarische 672 f.
- freiwillige 674

RESPEKTTAGE 1083, 1098, 1143

RETENTIONSRECHT (Art. 895 ff. ZGB)
- an eingefangenen Tieren 57
- des Vermieters 268 ff.
- des Verpächters 299c
- des Handelsreisenden 349e
- des Beauftragten 401
- des Agenten 418o, 418v
- des Kommissionärs 434
- des Frachtführers 451
- des Lagerhalters 485
- der Gast- und Stallwirte 491
- des Gläubigers einer verbürgten Forderung 503

REUGELD 158
- beim Vorauszahlungsvertrag 227a, 227f, 227h

REVISIONSGEHEIMNIS 697d, 730, 909

REVISIONSHAFTUNG 755

REVISIONSSTELLE 705, 727 ff., 755, 762
s. auch Kontrollstelle

REVISIONSVERBÄNDE 906

REVISOR 635a, 727a ff., 653f, 653i, 731a, 732, 734, 745, 906 ff.

RISIKOBEITRÄGE für den weitergewährten Vorsorgeschutz 331a

RÜCKBÜRGE 498

RÜCKERSTATTUNG
– der ungerechtfertigten Bereicherung 62 ff.
– des bezahlten Preises samt Zinsen bei Entwehrung 195
– bezogener Leistungen bei der AG 678 f.
– bezogener Gewinnanteile bei der GmbH 806
– entrichteter Zahlungen bei der Genossenschaft 904

RÜCKFALL der geschenkten Sache 247

RÜCKFORDERUNG
– des Geleisteten beim Rücktritt vom Vertrage 109
– empfangener Leistungen beim Vorauszahlungsvertrag 227h
– der Schenkung 249
– der verliehenen Sache 309 f.
– der hinterlegten Sache 475
– des zuviel bezahlten Betrages bei verminderter Bürgenhaftung 503
– einer freiwillig bezahlten Spiel- oder Wettschuld 514

RÜCKGABE
– der Vollmachtsurkunde 36
– des Schuldscheins 88
– des Kaufgegenstandes bei teilweiser Entwehrung 196
– der Sache nebst Nutzen bei Wandelung 208
– der eingetauschten Sache 238
– der Mietsache 267 f.
– der Pachtsache 299 ff.
– der hinterlegten Sache 475 ff.
– der gelagerten Güter 486
– vorzeitige 264, 293

RÜCKGABEPFLICHT
– der Parteien des Arbeitsvertrages 339a, 350a, 352a
– des Unternehmers 365
– der Parteien des Agenturvertrages 418v
– des Geleisteten bei Aufhebung des Verpfründungsvertrages 527

RÜCKGABEPROTOKOLL 256a, 278

RÜCKGRIFF
– bei Haftung mehrerer 50 f.
– des Geschäftsherrn 55
– des Tierhalters 56
– des Werkeigentümers 58
– eines von mehreren Schuldnern einer unteilbaren Leistung 70
– des Solidarschuldners 148 f., 759, 918
– des Frachtführers 449
– des Spediteurs 457
– des Bürgen 497 f., 502, 504, 507 ff.
– des Inhabers oder Einlösers
– – eines Wechsels 1033 ff., 1045 ff., 1098
– – eines Checks 1128 ff., 1143
– – eines wechselähnlichen Papieres 1149, 1152
– der Veranstalter und Vermittler von Pauschalreisen gegen andere Dienstleistungsträger L 14

RÜCKKAUFSRECHT
s. Kaufsrechte

RÜCKNAHMERECHT des Schuldners bei Hinterlegung 94

RÜCKREISEKOSTEN bei Ehe- oder Partnerschaftsvermittlung 406b ff.

RÜCKSICHT auf einseitige Zahlungsunfähigkeit 83

RÜCKSICHTNAHME, Pflicht des
– Mieters, Pächters 257f, 271a, 272a, 274g, 283, 285, 300 f.
– Vermieters, Verpächters 257h, 260, 287, 289

RÜCKSTAND
– des Hauptschuldners 496, 505
– des Schuldners aus dem Anleihen 1160

RÜCKSTELLUNGEN 669

RÜCKTRITT
– von Preisausschreiben und Auslobung 8
– wegen Zahlungsunfähigkeit der Gegenpartei 83
– wegen Gläubigerverzuges oder Verhinderung der Erfüllung 95 f., speziell
– – des Verkäufers 214
– wegen Schuldnerverzuges 107 ff., speziell
– – des Käufers im kaufmännischen Verkehr 190
– – beim Vorauszahlungsvertrag 227h

- – beim Konsumkreditvertrag **D** 18
- – des Veräusserers bei der Versteigerung 233
- – des Mieters 258
- – des Pächters 288
- – des Bestellers 366
- – gegen Reugeld 158
- – gegen Erlegung der Konventionalstrafe 160, 162
- – des Darleihers wegen Zahlungsunfähigkeit des Borgers 316
- – des Bestellers
- – – wegen Verzögerung der Ausführung 366
- – – wegen Überschreitung des Kostenansatzes 375
- – – gegen Schadloshaltung 377
- – vom Auftrag zur Ehe- oder Partnerschaftsvermittlung 406e f.
- – des Bürgen vor Entstehung der Forderung 510

RÜCKWECHSEL 1049, 1098

RÜCKZAHLUNG
- des Darlehens 318
- vorzeitige, beim Konsumkreditvertrag **D** 17

S

SACHEN, bewegliche
- Miete 266f, 266k
- Dritter, Retentionsrecht 268a, 299c

SACHEINLAGEN
s. Einlagen

SACHMÄNGEL
s. Gewährleistung

SACHÜBERNAHMEN der AG, GmbH oder Genossenschaft 628, 631, 635, 753, 778 f., 833 f.

SACHVERSTÄNDIGE
- beim Viehhandel 202
- beim Arbeitsverhältnis 322a, 322c
- Prüfung des Werkes 367
- Honorar des Verlaggebers 388
- Prüfung der Geschäftsführung der AG 731

SACHWALTER bei Überschuldung der AG 725a

SALDO beim Kontokorrentverhältnis 117

SAMMELWERKE, Weiterveröffentlichung der Beiträge 382

SANIERUNG der AG 622, 692, 725, 725a

SCHADENBERECHNUNG 191, 215

SCHADENFESTSETZUNG (Abschätzung) 42

SCHADENERSATZ
- beim Dahinfallen
- – des Vertrages 26, 29, 39
- – der Schuldübernahme 180
- aus unerlaubter Handlung 41 ff.
- beim Ausbleiben der Erfüllung 97 f., 190 f., 107, 258, 288
- – Umfang 99 ff.
- wegen verspäteter Erfüllung 103 ff., 215, 258, 288
- aus einem Vertrage zu Lasten eines Dritten 111
- für Mehrschaden bei Konventionalstrafe 161
- wegen Entwehrung 195 f., 238
- wegen Mängeln der Sache 206, 208, 219, 238, 259a, 259e, 288 f.
- wegen Verschlechterung der Sache 299
- wegen vorzeitiger Beendigung der Miete, Pacht nach Veräusserung der Sache 261, 290
- für die fristlose Auflösung des Arbeitsverhältnisses wegen vertragswidrigen Verhaltens der andern Partei 337b
- wegen ungerechtfertigter Entlassung 337c
- wegen vorzeitiger Beendigung des Arbeitsverhältnisses 338a
- wegen Übertretung des Konkurrenzverbotes 340b, 464
- beim Untergang des Werkes oder Unmöglichkeit der Erfüllung aus Verschulden des Bestellers 376, 378
- bei Beendigung des Auftrages zur Unzeit 404, 406d
- bei Geschäftsführung ohne Auftrag 422
- wegen Vertragsverletzung des Kommissionärs 428

– des Anweisungsempfängers bei unterlassener Benachrichtigung des Anweisenden 467, 469
– bei Bürgschaft 503, 510
– für unbefugten Gebrauch der Geschäftsfirma 956
– wegen Versäumens rechtzeitiger Benachrichtigung 1042, 1054
– für fehlende Deckung des Checks 1103
– für unlauteren Wettbewerb **I** 9
s. auch Aufwendungsersatz; Entschädigung; Haftung; Verantwortlichkeit

SCHADLOSBÜRGSCHAFT 495

SCHADLOSHALTUNG beim Rücktritt vom Werkvertrag 377

SCHÄTZUNG des Pachtinventars 277, 299b

SCHECK
s. Check

SCHEINGESCHÄFT
s. Einrede der Simulation

SCHENKUNG 239 ff.

SCHENKUNGSABSICHT 526

SCHIEDSGERICHT 135, 194, 274a, 274c, 301, 396, 585

SCHIFFFAHRTSUNTERNEHMUNGEN, Anleihen 1185

SCHLICHTUNGSBEHÖRDE
– in Mietsachen 274 ff., **C** 21 ff.
– – bei Hinterlegung des Mietzinses 259h f.
– – bei Anfechtung
– – – des Mietzinses 270 ff.
– – – der Kündigung 273
– für Streitigkeiten aus dem Pachtverhältnis 300 f.
– für die Gleichstellung von Frau und Mann **A** 11

SCHRIFTLICHKEIT
s. Form

SCHULDBEKENNTNIS, -SCHEIN 17 f., 88 ff., 116, 164, 170

SCHULDBETREIBUNG
– Verzugszinse für Zins-, Renten- und Schenkungsschulden 105
– Unterbrechung der Verjährung 135, 138

– Entziehung der Mietsache 261, des Pachtgegenstandes 290
– gegen den Hauptschuldner 495
– gegen Solidarbürgen 497
– gegen Bürgen bei Leistung von Realsicherheit 501

SCHULDBETREIBUNGS- UND KONKURSRECHT 97
– Rückforderung der im Wege der Betreibung erlangten Bezahlung einer Nichtschuld 63
– Verrechnung im Konkurs des Schuldners 123
– Hinderung und Stillstand der Verjährung 134

SCHULDBRIEF UND GÜLT (Art. 842 ff. ZGB) 989

SCHULDENRUF
– bei Herabsetzung des Aktienkapitals 733, 735
– bei Liquidation der AG 742
– bei Herabsetzung des Stammkapitals 788

SCHULDSCHEIN
s. Schuldbekenntnis

SCHULDÜBERNAHME 175 ff.
– Zustimmung des Bürgen 493

SCHULDURKUNDE 170
s. auch Schuldbekenntnis

SCHULDVERSCHREIBUNG für Spiel- oder Wettschulden 514

SCHUTZ
– der Aktionäre, Wandel- und Optionsberechtigten bei bedingter Kapitalerhöhung 653c f.
– des Abtretungsempfängers bei Forderungsabtretung 18, 164
– Dritter bei unklagbaren Wertpapieren 514; bei Konkursaufschub 725a

SCHUTZDIENST 336, 336c

SCHUTZPFLICHT des Arbeitgebers 328 f.

SCHWANGERSCHAFT UND NIEDERKUNFT der Arbeitnehmerin
– Lohnanspruch 324a, 328a
– Kündigungsschutz 336c

SCHWARZARBEIT (entgeltliche Arbeit für einen Dritten) 321a, 329d

SCHWEIGEN auf das Vertragsangebot 6, 395

SELBSTBEHALT bei Produktehaftpflicht **B** 6

SELBSTEINTRITT 436 ff.

SELBSTHILFE 52

SELBSTVERSCHULDEN des Geschädigten 44

SENSAL (freiberuflich tätiger Makler) 418

SEQUESTER 480

SICHERHEIT, SICHERSTELLUNG
– für die Schadenersatzrente 43
– für die Gegenleistung 83, durch
– – den Mieter 257e, 266h
– – den Pächter 297a
– – den Arbeitnehmer 323a, 330
– – den Arbeitgeber 337a
– – den Verleger 392
– – den Pfrundgeber 523
– durch den neuen Schuldner 175
– in Form von Wechseln beim Vorauszahlungsvertrag 228, beim Konsumkreditvertrag **D** 20
– familienrechtlicher Unterhalts- und Unterstützungsansprüche 325
– für die verbürgte Forderung 494, 503, für die Bürgschaft 506
– Realsicherheit durch Bürgen 497, 501
– für nicht fällige und streitige Verbindlichkeiten der AG bei Liquidation 744
s. auch Massnahmen, sichernde

SICHERUNG der Vorauszahlungen 227b

SICHERUNGSMASSREGELN bei schwebender Bedingung 152

SICHT
s. Zahlbarkeit; Verfall

SICHTWECHSEL 992, 1024

SIMULATION
s. Einrede

SITTEN, GUTE 19, 20, 230

SITTLICHKEIT 328

SITZ
– einer AG 626, 704

– statutarischer einer juristischen Person **G** 43, 88a
– einer Firma, Verlegung **G** 49 ff.

SKONTO 81

SOLIDARBÜRGSCHAFT 496

SOLIDARITÄT 50, 136, 141, 143 ff., 181, 759, **B** 7
s. auch Haftung, solidarische

SONDERPRÜFUNG 697a ff.

SONN- UND FEIERTAGE 78, 1081, 1136

SORGFALT, SORGFALTSPFLICHT
– gebotene, des Geschäftsherrn 55
– gebotene, des Tierhalters 56
– des Mieters 257f, 271a, 272a, 274g
– des Pächters 283, 285
– des Arbeitnehmers 321a, 321e, 352a
– des Unternehmers 364
– des Beauftragten 398
– des Agenten 418c
– des Frachtführers 447
– dem Gläubiger zumutbare bei der Amts- und Dienstbürgschaft 503
– der Mitglieder des Verwaltungsrates 717

SPALTUNG von Gesellschaften (Art. 2 FusG) **F** 29 ff., **G** 106 ff.
– grenzüberschreitende **G** 110a

SPEDITEUR, SPEDITIONSVERTRAG 439, 456 f.

SPERRFRISTEN für die Kündigung des Arbeitsverhältnisses 336c

SPESEN
s. Auslagenersatz

SPIEL UND WETTE 513 ff.
– Einrede des Bürgen 502

SPRACHE der Eintragungen im Handelsregister **G** 7

STAATSANGEHÖRIGKEIT der Mitglieder des Verwaltungsrates 640, 708

STALLWIRT 490 f.

STAMMAKTIEN 656

STAMMEINLAGE, STAMMKAPITAL
s. Gesellschaft mit beschränkter Haftung

STATUS (Zwischenbilanz) 1175

STATUTEN 626 ff., 776 ff., 832 f.

STATUTENÄNDERUNG
- bei der AG 647 ff., 698
- bei der GmbH 784 ff., 810

STEINBRUCH 187

STELLENVERMITTLUNG 417 f.

STELLVERTRETUNG 32 ff.
s. auch Vertretung

STEUERBÜRGSCHAFT 493, 500, 509

STICHENTSCHEID des Vorsitzenden des Verwaltungsrates 713

STIFTUNGEN F 2, 78 ff., G 10, 44 f., 101 ff., 109 f.

STILLSCHWEIGEN
- als Willensäusserung 1
- – bei Miete und Pacht 266, 295
- – bei Bestellung eines Prokuristen 458
- – bei Hinterlegung von Geld 481
- als Annahme eines Antrages 6
- – des Auftrages 395
- als Nichtgenehmigung des ohne Ermächtigung abgeschlossenen Vertrages 39
- als Genehmigung des Werkes 370
s. auch Fortsetzung, stillschweigende

STILLSTAND der Verjährung 134

STIMMRECHT der
- Aktionäre 685f, 691, 692 ff., 702
- – Stimmrechtsvertreter 689b ff., 702
- Gesellschafter der GmbH 808
- Genossenschafter 885 ff.
- Anleihensgläubiger 1167, 1170 ff., 1180 ff.

STIMMRECHTSAKTIEN 693
s. auch Aktien

STRAFBESTIMMUNGEN über die Verletzung der Pflicht zur Buchführung und Aufbewahrung von Geschäftsbüchern und Geschäftskorrespondenzen 964

STRAFTAT gegen den Schenker 249, 250

STREICHUNG
- des Indossaments 1006, 1047
- des Akzepts 1019
- des Vermerks «nur zur Verrechnung» 1125

STREIK 357a

STREITVERKÜNDUNG 193 f., 259a, 259f, 288, 1070

STÜCKLOHN
s. Akkordlohn

STUNDUNG
- eigenmächtige, beim Kreditauftrag 410
- bei Anleihensobligationen 1166, 1170

SUBROGATION
s. Rechtsübergang

SUBSTITUTION beim Auftrag 399

SÜHNEVERSUCH, amtlicher 135

SUSPENSIVBEDINGUNG
s. Bedingung

T

TANTIEMEN
- des Arbeitnehmers 322a
- der Mitglieder des Verwaltungsrates 627, 677 ff.

TARAGEWICHT 212

TARIFE 7, 418o

TARIFVERTRAG
s. Gesamtarbeitsvertrag

TÄUSCHUNG
- beim Vertragsabschluss 28, 31
- des Käufers durch den Verkäufer 203, 210
- – beim Viehhandel 198
- – bei Versteigerungen 234
- absichtliche, bei Ablieferung des Frachtgutes 452
- s. auch Absicht; Arglist; Verschweigen

TAUSCHVERTRAG 237 f.

TAXE FÜR MÄKLER 414

TEILANNAHME des Wechsels 1016, 1038, 1048, 1091

TEILINDOSSAMENT, Nichtigkeit 1002, 1098, 1109

TEILNICHTIGKEIT eines Vertrags 20

TEILZAHLUNG 69, 85, 88, 135, 162, 227a
- beim Konsumkreditvertrag **D** 7, 10, 15, 18, 25
- Ablieferung und Bezahlung des Werks in Teilen 372
- des Bürgen 504, 507
- beim Wechsel 1029, 1091, 1098
- beim Check 1141, 1143

TEILZAHLUNGSGESCHÄFTE
s. Vorauszahlungsvertrag, Konsumkreditvertrag

TEILZEITARBEIT 319

TELEPHON bei Vertragsabschluss 4

TELEGRAMM 13

TEUERUNGSAUSGLEICH 269a, **C** 16

TIERE
- im häuslichen Bereich 42 f.
- Haftung des Halters 56 f.
- geliehene, Fütterungskosten 307
- Haftung der Stallwirte 490
s. auch Vieh

TOD
- des Vollmachtgebers 35, 465, 1008, 1098
- des Bevollmächtigten 35
- des Schenkers 251 f.
- des Mieters 266i
- des Pächters 297b
- des Entlehners 311
- des Arbeitnehmers 338, 339b
- des Arbeitgebers 338a
- des Unternehmers 379
- des Urhebers 392
- des Auftraggebers, des Beauftragten, des Agenten 405, 418s
- des Leibrentengläubigers, -schuldners oder des Dritten 516, 518
- des Pfrundgebers 528
- eines Gesellschafters 545, 547, 574, 619
- sämtlicher unbeschränkt haftender Gesellschafter bei der Kommandit-AG 770
- eines Genossenschafters 847, 876
- des Ausstellers des Checks 1120

TÖTUNG
- eines Menschen 45, 47
- des schädigenden Tieres 57
- des Schenkers 251

TRÄCHTIGKEIT
s. Viehhandel

TRAKTANDIERUNG eines Verhandlungsgegenstandes für die Generalversammlung, Anbegehren 699 ff.

TRANSPORT
s. Frachtvertrag

TRANSPORTANSTALTEN, staatliche, staatlich genehmigte, konzessionierte, öffentliche 455 f., 671, 1185

TRANSPORTKOSTEN beim Kauf 189

TRATTE
s. Wechsel

TREU UND GLAUBEN (Art. 2 ZGB) 25, 156, 271a, 321c f., 332a, 336, 337, **I** 2

TREUEN, IN GUTEN 8, 191, 194, 215, 304, 321a, 510, 546, 866

TREUEPFLICHT
- des Arbeitnehmers 321a
- des Verwaltungsrates und der Geschäftsführung einer AG 717
- der Genossenschafter 866

TRINKGELD, bei Bekanntgabe von Preisen **K** 12

U

ÜBERGABE
- der verkauften Sache 188 ff.
- der Sache an den Beschenkten 242
- der Mietsache 256 f.
- der Pachtsache 278

ÜBERGANG des
- Mietverhältnisses 261
- Pachtverhältnisses 290
- Arbeitsverhältnisses 333, 338a
s. auch Gefahrtragung; Rechtsübergang

ÜBERMITTLUNG, UNRICHTIGE, des Antrages oder der Annahme beim Vertragsabschluss 27

- kaufmännisches
- – Prokura und andere Handlungsvollmachten 458 ff.
- – Kollektivgesellschaft 552 f.
- – Kommanditgesellschaft 594 f.
- – GmbH 772
- – Eintragungspflicht 934 ff., **G** 52 ff.
- selbständige des öffentlichen Rechts **G** 10, 45

GEWINNANTEIL, -BETEILIGUNG
- der Gesellschafter 532 f., 558 f., 598, 804 ff.
- – der Kommanditäre 598, 601, 611
- der Aktionäre 660 f., 678
- der Partizipanten 656f f.
- der Genussscheinberechtigten 657
- der Mitglieder
- – des Verwaltungsrates 677 ff.
- – der Verwaltung 904
- der Arbeitnehmer 322a, 323, 339

GLAUBE, GUTER UND BÖSER (Art. 3 ZGB)
- beim Vertragsabschluss mit einem Vertreter ohne Ermächtigung 39
- Dritter bei Widerruf, Erlöschen, Beschränkung der
- – Vollmacht 34, 36
- – Prokura 459 ff.
- – Vertretungsbefugnis 563 f., 603, 718a, 814, 899
- bei Geschäftsabschlüssen des Kommanditärs für die Gesellschaft 605
- bei ungerechtfertigter Bereicherung 64 f.
- des Schuldners bei Leistung an den früheren Gläubiger 167
- Dritter beim Dahinfallen des Schuldübernahmevertrags 180
- des Arbeitnehmers bei Ungültigkeit des Vertrages 320
- Dritter bei Schuldverschreibungen für Spiel- und Wettschulden 514
- des Kommanditärs bei Auszahlung von Zinsen und Gewinn 611
- der Aktionäre, Verwaltungsratsmitglieder bei ungerechtfertigtem Bezug von Gewinnanteilen 678
- der Gesellschafter, Geschäftsführer einer GmbH beim Bezug von Gewinnbeträgen 806
- des Erwerbers des Wechsels 514, 1000, 1006, 1080, des Checks 1112

GLÄUBIGER
- mehrere, bei unteilbarer Leistung 70
- Verzug 91 ff.
- Verhinderung der Erfüllung 96
- der Kollektivgesellschaft 568 ff., 573, 591 f.
- – eines Gesellschafters (Privatgläubiger) 570, 572, 575, 578
- der Kommanditgesellschaft 610, 614, 617 ff.
- – eines Gesellschafters (Privatgläubiger) 613, 616 ff.
- der AG 643, 697h, 725 f., 733, 735, 744, 753 ff., 757
- der Genossenschaft 869, 903 f., 917
s. auch Haftung

GLÄUBIGERGEMEINSCHAFT bei Anleihensobligationen 657, 1157 ff.

GLÄUBIGERSCHUTZ bei Fusion, Spaltung, Umwandlung und Vermögensübertragung **F** 25 f., 45 ff., 68, 85, 96

GLÄUBIGERVERSAMMLUNG 1164 ff.

GLÄUBIGERVERZUG 91 ff.

GLEICHSTELLUNG von Frau und Mann **A** 1 ff.

GRATIFIKATION 322d

GRUND, WICHTIGER (Art. 4 ZGB)
- zur Verweigerung der Zustimmung bei Übertragung der Miete 263
- zur ausserordentlichen Kündigung bei Miete 266g, 271a, 274g
- zur ausserordentlichen Beendigung bei Pacht 297, 300 f.
- zur fristlosen Auflösung des
- – Arbeitsverhältnisses 337, 337b, 339c
- – Lehrverhältnisses 346
- zur sofortigen Auflösung des Agenturvertrages 418r
- zur einseitigen Aufhebung der Verpfründung 527
- zu Entzug oder Beschränkung der Geschäftsführung bei einer Gesellschaft 539, 557

ÜBERNAHME
- eines Vermögens oder Geschäfts 181, 953
- von Vermögenswerten durch eine AG, GmbH oder Genossenschaft, s. Sachübernahme
- einer Aktiengesellschaft durch eine Körperschaft des öffentlichen Rechts 751

s. auch Vermögensübertragung

ÜBERSCHULDUNG 725, 817, 903

ÜBERSETZUNGSRECHT 387

ÜBERSTUNDENARBEIT 321c

ÜBERTRAGUNG
- des Mietverhältnisses, der Pacht auf einen Dritten 263, 292
- der Besorgung des Geschäfts an einen Dritten 398 f.
- von Aktien 683 ff.
- der Geschäftsführung an einzelne Mitglieder des Verwaltungsrates oder an Dritte 716b
- eines Gesellschaftsanteils 777, 791 f.
- der Mitgliedschaft 849 f.
- des Wertpapiers 967 ff.
- der Befugnisse der Generalversammlung auf die Verwaltung 893
- des Wechsels 1001
- des Checks 1108

ÜBERVORTEILUNG 21

ÜBUNG, USANCE 14, 213, 314, 323, 418n, 859, 861
- kaufmännische 212, 314

s. auch Ortsgebrauch; Verkehr, kaufmännischer

UMFANG
- des Schadenersatzes 99
- der Haftung
- – des Bürgen 499
- – des Kommanditärs 608
- der Vertretungsbefugnis 718a, 814, 899

UMGEHUNG
- der Form der öffentlichen Beurkundung bei der Bürgschaft 493
- einer Stimmrechtsbeschränkung 691

UMLAUFVERMÖGEN 663a

UMSATZ, vertragliche Beteiligung, des Arbeitnehmers 322a, 323, 339

UMSATZERLÖS 663e, 727b

UMSTÄNDE
- bei der Bemessung des Schadenersatzes 43, 47
- unvorhergesehene 309, 373, 476, 486

UMWANDLUNG
- der einfachen in eine Solidarbürgschaft 493 f.
- spätere, von Aktien 622
- des Gesellschaftszwecks 766
- von Wertpapieren 970
- von Gesellschaften (Art. 2 FusG) **F** 53 ff., **G** 107 f.

UNABÄNDERLICHKEIT 19
- der Verjährungsfristen 129
- arbeitsrechtlicher Bestimmungen 361 f.

s. auch Recht, zwingendes

UNABHÄNGIGKEIT der Revisionsstelle 727c f., 729, 731, 731a

UNERFAHRENHEIT 21

UNFALL
- des Arbeitnehmers 324a f., 336c, 349c, 353b
- auf dem Transport 449

UNGÜLTIGERKLÄRUNG einer Schenkung bei nachträglicher Entmündigung 240

UNGÜLTIGKEIT
- des Vertrages wegen Formmängel 11 f., 16
- des Verzichts auf den Widerruf der Ermächtigung 34
- der Konventionalstrafe 163
- des Vorbehalts einer Nachforderung beim Vorauszahlungsvertrag 227e
- der Behaftung beim Steigerungsangebot 232
- des Verzichts auf die Verrechnung von Forderungen aus dem Miet-, Pachtverhältnis 265, 294
- der Vereinbarung von Zinseszinsen 314
- des Arbeitsvertrages 320
- des Verbots oder der übermässigen Erschwerung des Austritts aus der Genossenschaft 842

- einer Beschränkung der Haftung der Genossenschaft 872
- des Zinsversprechens in einem Wechsel 995, in einem Check 1106
- begünstigende Zusicherungen und Zuwendungen an einzelne Gläubiger von Anleihensobligationen 1174
- Beschränkung oder Wegbedingung der Haftung für Schäden bei Pauschalreisen **L** 16
s. auch Nichtigkeit; Unverbindlichkeit

UNIVERSALVERSAMMLUNG 701, 884

UNKLAGBARKEIT
- der Forderung aus Spiel und Wette 513 ff.

UNMÖGLICHKEIT
- anfängliche 20
- nachträgliche 97 ff., 119, 163, 545
s. auch Untergang

UNSITTLICHKEIT
- der Abweichung von den gesetzlichen Vorschriften 19
- eines Vertrages 20
- des Zwecks der Zuwendung 66
- der Bedingung 157
- des Versprechens bei Konventionalstrafe 163
- der Einwirkung auf die Versteigerung 230

UNTERBILANZ 735, 788

UNTERBRECHUNG DER VERJÄHRUNG
s. Verjährung

UNTERGANG
- der Kaufsache 207
- des Werkes 376
- des literarischen oder künstlerischen Werkes 390
- der Auflage 391
- des Frachtgutes 447 f., 454
s. auch Unmöglichkeit

UNTERHALT (LEBENSUNTERHALT)
- des Arbeitnehmers 322, 328a, 344a
- des Pfründers 521

UNTERHALT (ERHALTUNG)
- der Mietsache 256, 257g f., 258, 259 f.

- der Pachtsache 279, 284 f.
- der geliehenen Sache 307

UNTERHALTS-, UNTERSTÜTZUNGSANSPRÜCHE 125
- Dritter 325, 525

UNTERLASSEN
s. Nichttun

UNTERMIETE 262, 268, 273b

UNTERNEHMEN, kleine und mittlere **F** 2, 14 ff., 39, 41, 61 ff.

UNTERNEHMER
s. Werkvertrag

UNTERNEHMUNG, GEMISCHTWIRTSCHAFTLICHE 762

UNTERPACHT 291

UNTERSCHRIFT 13 ff., 997 f., 1085, 1143

UNTERSTÜTZUNGSANSPRÜCHE
s. Unterhaltsansprüche

UNTERSUCHUNG der Beschaffenheit der Sache, des Werkes 201, 367, 370

UNVERBINDLICHKEIT, einseitige, des Vertrages
- für den Übervorteilten 21
- für den Irrenden 23, bei absichtlicher Täuschung 28; für den Bedrohten 29
-- Aufhebung des Mangels 31
- des strafgerichtlichen Erkenntnisses für den Richter 53
- des Konkurrenzverbotes 340

UNVERZICHTBARKEIT der Forderungen des Arbeitnehmers 341

URABSTIMMUNG 880

URHEBER, URHEBERRECHT
s. Verlagsvertrag

URKUNDE, ÖFFENTLICHE, BEGLAUBIGTE 90, 653g, 977
s. auch Beglaubigung; Beurkundung

URTEIL
- Vorbehalt der Abänderung 46
- Verjährung der festgestellten Forderung 137
- Forderungsübergang kraft Richterspruchs 166
- Veröffentlichung **I** 9

URTEILSFÄHIGKEIT
- Beurteilung 53
- Haftung Urteilsunfähiger 54

USANCE s. Übung

VERANSTALTER der Pauschalreise **L** 2 ff.

VERANTWORTLICHKEIT
- des Vollmachtgebers gegenüber Dritten nach dem Erlöschen der Vollmacht 36
- öffentlicher Beamter und Angestellter 61
- – des Handelsregisterführers 928, **G** 3 f.
- des Schenkers 248
- des Arbeitnehmers 321e
- des Kommissionärs 427
- des Frachtführers 446
- – Ausschliessung oder Beschränkung 455
- des Spediteurs 457
- der Gesellschafter unter sich 536 ff.
- bei Handelsgesellschaften und der Genossenschaft 752 ff., 827, 916 ff.
- bei Fusion, Spaltung, Umwandlung und Vermögensübertragung **F** 101, 107 f.
s. auch Haftpflicht; Haftung

VERÄUSSERUNG
- landw. Grundstücke 218
- der Mietsache 261 f., 271a
- des Pachtgegenstandes 290
- von Grundstücken
- – durch den Beauftragten 396
- – den Prokuristen 459

VERBANDSKLAGE 360e, **I** 10

VERBANDSZWANG, Verbot 356a f.

VERBESSERUNGEN
- der Sache, Ersatzanspruch des Pächters 299, s. auch Mehrwert
- des mangelhaften Werkes 368
- des literarischen/künstlerischen Werkes 385

VERBINDLICHKEIT, befristete 76 ff.

VERBOT von Vorauszahlungen bei Ehe- oder Partnerschaftsvermittlung 406d f.

VERBRECHEN s. Straftat

VEREINE 181, 936a, **F** 2, 3 ff., **G** 10, 44 f., 97 ff.

VEREINIGUNG
- von Gläubiger- und Schuldnereigenschaft 118
- von Geschäften durch wechselseitige Übernahme von Aktiven und Passiven 182

VERERBLICHKEIT
- von Vorkaufs-, Kaufs- und Rückkaufsrechten 216b
- von Gesellschaftsanteilen 789, 792

VERFAHREN
- für die Gewährleistung des veräusserten Rechts 193 f.
- bei Miete und Pacht von Wohn- und Geschäftsräumen 274, 274d ff., 301
- – zwecks Herausgabe des hinterlegten Zinses 259i, 288
- – bei Anfechtung der Kündigung 273, 300
- bei Streitigkeiten aus dem Arbeitsverhältnis 343
- bei Diskriminierung wegen des Geschlechtes **A** 8 ff.

VERFALL (VERFALLENSEIN, VERLORENSEIN)
- der Konventionalstrafe 161
- von Teilzahlungen 162

VERFALL (FÄLLIGKEIT, ZAHLBARKEIT), VERFALLTAG, -ZEIT 81, 84, 87, 102, 213
- von Coupons 980, 982, 987
- des Wechsels 991 f., 1010, 1011, 1023 ff., 1069, 1096 ff.
- des Checks 1115, 1141
- wechselähnlicher Papiere 1149
- der gesicherten Forderung auf dem Pfandschein (Warrant) 1154
s. auch Fälligkeit; Zahlungsfristen

VERFÜGUNGSBEFUGNIS bei Hinterlegung 481

VERGLEICH
- Einigung im Schlichtungsverfahren bei Miet- und Pachtstreitigkeiten 274e

– Abschluss durch den Beauftragten kraft besonderer Ermächtigung 396
– bei der Liquidation einer Kollektivgesellschaft 585

VERGÜTUNG
– beim Werkvertrag (Werklohn) 363, 372 ff., 376
– beim Auftrag 394
– beim Hinterlegungsvertrag
– – für Aufbewahrung der Sache 472
– – für unerlaubten Gebrauch 474
– für persönliche Bemühungen eines Gesellschafters 537

VERHINDERUNG
– des Eintritts der Bedingung 156
– des Arbeitnehmers an der Arbeitsleistung 324 ff., 328a, 336c, 337, 349c, 353b
– eines Vorgesetzten oder des Arbeitgebers an der Ausübung der Tätigkeit 336d
– des Agenten an der Tätigkeit 418m

VERJÄHRUNG 127 ff.
– Rückforderung der Zahlung für eine verjährte Schuld 63
– Verrechnung mit einer verjährten Forderung 120
– Beginn 130 f., 315
– Wirkung auf Nebenansprüche 133
– Hinderung und Stillstand 134
– Unterbrechung 135 ff.
– Nachfrist bei der Klagerückweisung 139
– bei Fahrnispfandrecht 140
– Verzicht darauf 141
– Geltendmachung 142
s. auch Fristen

VERKAUFSMETHODEN, UNLAUTERE I 3

VERKEHR, KAUFMÄNNISCHER, Sonderregeln
– für den Zinsfuss der Verzugszinse 104
– für die Verabredung eines Lieferungstermins 190 f.
– für den Schadenersatz beim Verzug des Käufers 215
– für die Verzinsung von Darlehen 313
s. auch Übung, kaufmännische

VERKEHRSSITTE
s. Ortsgebrauch; Übung

VERLAGSVERTRAG 380 ff.

VERLÄNGERUNG der Bürgschaft 509

VERLASSEN der Arbeitsstelle 337d

VERLEGUNG des Sitzes **G** 49 ff.

VERLETZUNG
– der Persönlichkeit 49
– familienrechtlicher Pflichten, Widerruf der Schenkung 249 f.

VERLUSTE 560, 601

VERLUSTIGERKLÄRUNG
s. Aberkennung

VERLUSTSCHEIN
– gegen den Schenker 250
– gegen den Hauptschuldner 495, 501

VERMENGUNG vertretbarer Güter beim Lagergeschäft 484

VERMINDERUNG der Sicherheiten bei der Bürgschaft 494, 503

VERMÖGENSÜBERTRAGUNG F 69 ff., **G** 108 ff.
– grenzüberschreitende **G** 110a
s. auch Übernahme

VERMÖGENSVERHÄLTNISSE, Änderung bei Fusion oder Spaltung **F** 17, 42
s. auch Verschlimmerung

VERMUTUNG
– der Nichtbindung der Parteien vor Erfüllung der vertraglich vorbehaltenen Form 16
– aufgrund der Quittung 89
– der Neuerung 116 f.
– des mittleren Marktpreises 212
– der Vereinbarung des üblichen Zinsfusses beim Darlehen 314
– des Eintrittes als Eigenhändler 437
– der Ermächtigung des geschäftsführenden Gesellschafters 543
– bei Streichung der Annahmeerklärung auf dem Wechsel 1019

VERÖFFENTLICHUNG
s. Bekanntmachung

VERPACKUNG
– bei Bestimmung des Kaufpreises nach Gewicht 212
– des Frachtguts 441 f.

VERPFÄNDUNG
– künftiger Lohnforderungen 325
– der Forderung auf künftige Vorsorgeleistungen 331b, 331d f.

VERPFLICHTUNG, öffentlich-rechtliche 125, 493, 500, 509

VERPFLICHTUNGSGRUND beim Schuldbekenntnis 17

VERPFRÜNDUNG 521 ff.

VERRECHNUNG 120 ff.
– bei Solidarschuld 147
– kein Verzicht im Voraus bei Miete 265, Pacht 294
– mit Lohnforderungen des Arbeitnehmers 323b
– mit und gegen Forderungen der Gesellschaft 573, 614

VERRECHNUNG (SALDIERUNG) von Leistung und Gegenleistung bei der Aufhebung der Verpfründung 526

VERRECHENBARKEIT der Schuld im Gründungsbericht der AG 625

VERRECHNUNGSCHECK 1125 ff., 1141

VERRINGERUNG des Haftungsbetrages der Bürgschaft 500

VERSÄUMUNG der Fristen beim Wechsel 1050

VERSCHLECHTERUNG der Sache, Ersatzleistung des Pächters 299

VERSCHLIMMERUNG der Vermögensverhältnisse
– des Schenkers 250
– des Bürgen 506

VERSCHOLLENERKLÄRUNG des Vollmachtgebers oder des Bevollmächtigten 35

VERSCHWEIGEN, ABSICHTLICHES, ARGLISTIGES, von Mängeln 192, 199, 370

VERSCHWENDUNG
s. Entmündigung

VERSCHWIEGENHEITSPFLICHT
– der Revisoren s. Revisionsgeheimnis
– des Sonderprüfers 697d
– der Mitglieder der tripartiten Kommission 360c

VERSICHERUNGSEINRICHTUNGEN, Bildung der Reserve 671

VERSICHERUNGSGENOSSENSCHAFT 841, 860, 869, 893, 920

VERSICHERUNGSVERTRAG 841
– Nichtanwendung von Bestimmungen des OR 40a, 100, 418e, 520

VERSORGER, VERSORGERSCHADEN 45

VERSPÄTUNGSSCHADEN 103, 448, 454

VERSTEIGERUNG 229 ff.

VERTEILUNG
– vorläufige, entbehrlicher Gelder und Werte bei der Liquidation der Kollektivgesellschaft 586
– des Überschusses 588
– des Vermögens der aufgelösten AG 745
– des nach Tilgung der Schulden und Rückzahlung der Anteile verbleibenden Vermögens der aufgelösten Genossenschaft 913

VERTRAG
– Abschluss 1 ff.
– Form 11 ff.
– Verpflichtungsgrund (Causa) 17
– Auslegung, Simulation 18
– Inhalt 19 ff.
– Mängel des Vertragsabschlusses 23 ff.
– Abschluss durch Stellvertreter 32 ff.
– Widerrufsrecht bei Haustürgeschäften 40a ff.
– Anspruch auf Erfüllung bei zweiseitigen Verträgen 82 f.
– Rücktritt 107 ff.
– zu Lasten eines Dritten 111
– zu Gunsten eines Dritten 112 f.
– bedingter 151 ff.
– zweiseitiger 82 f., 107, 119

VERTRAGSÄNDERUNG, VERTRAGSANPASSUNG
s. Änderung

VERTRAGSDAUER
s. Dauer

VERTRAGSERGÄNZUNG 2

VERTRAGSFREIHEIT 19

VERTRAGSSTRAFE
s. Konventionalstrafe

VERTRAGSVERLETZUNG I 4

VERTRAUENSSCHUTZ bei Abtretung einer Forderung 18, 164

VERTRETER, GESETZLICHER
– des minderjährigen Vorauszahlungskäufers 228
– des handlungsunfähigen Beschenkten 241

VERTRETUNG
– Stellvertretung mit Ermächtigung 32 ff.
– Stellvertretung ohne Ermächtigung 38 f.
– der einfachen Gesellschaft 543 f.
– der Kollektivgesellschaft 563 ff.
– der Kommanditgesellschaft 603
– der Aktiengesellschaft 718 ff.
– eines Aktionärs bei der Ausübung der Rechte aus der Aktie, insbesondere Stimmrechtsvertretung an Generalversammlungen 689b ff.
– der Kommandit-AG 765, 767
– der GmbH 811 ff.
– der Genossenschaft 898 ff.
– des Schuldners, der Gläubigergemeinschaft bei Anleihensobligationen 1158 ff.
– von Gemeinderschaften **G** 112b ff.
s. auch Geschäftsführung

VERTRETUNGSBEFUGNIS, VERTRETUNGSMACHT bei einfachen Gesellschaften, den Handelsgesellschaften und Genossenschaften
s. Vertretung; Ermächtigung; Handlungsvollmacht; Prokura

VERWALTUNG
– einer AG, s. Verwaltungsrat
– der Genossenschaft 894 ff.
– – Verwaltungsausschuss 897

VERWALTUNGSGERICHTSBESCHWERDE **G** 3, 5, **J** 20

VERWALTUNGSRAT 707 ff.
– Organisation 712 ff.

– Aufgaben 716 ff.
– – bei Erhöhung des Aktienkapitals 650 ff.
– – Anfechtung von Generalversammlungsbeschlüssen 706
– Sorgfalts- und Treuepflicht 717
– Auskunftspflicht 697
– Vertretung der AG 718 ff.
– Abberufung 705
– Organhaftung 722
– Verantwortlichkeit 753 f.

VERWENDUNGSERSATZ
– bei Rückerstattung der ungerechtfertigten Bereicherung 65
– bei Entwehrung der Kaufsache 195
– bei Wandelung 208
– bei Gebrauchsleihe 307
– bei Auftrag 402
– bei Geschäftsführung ohne Auftrag 422
s. auch Aufwendungsersatz, Auslagenersatz

VERWERTUNG
– von Realsicherheiten bei der Bürgschaft 495 ff., 501, 510 f.
– fremder Leistung **I** 5

VERWIRKUNG
s. Fristen

VERZICHT
– auf die Konventionalstrafe, ausdrücklich oder durch vorbehaltlose Annahme der Leistung 160
– auf den Vorauszahlungsvertrag 227a
– auf Kündigungsschutz 273c
– des Hauptschuldners auf Einreden 502
– im Voraus
– – auf das Widerrufsrecht des Vollmachtgebers 34
– – auf die Verjährung 141
– – auf die Verrechnung bei Miete 265, bei Pacht 294
– – auf den ordentlichen Gerichtsstand bei Teilzahlungsgeschäften 226l, 228
– – auf ein Recht ist keine Schenkung 239
– – auf das Rücktrittsrecht bei Ehe- oder Partnerschaftsvermittlung 406e
– – auf die Rechte als Bürge 492

VERZINSUNG
- der Schuldsumme beim Verzug des Schuldners (Verzugszinse) 104 f., 681, 799
- des Kaufpreises 213
- – bei Entwehrung 195
- – bei Wandelung 208
- des Darlehens 313 f.
- von Geldern, mit deren Ablieferung der Beauftragte sich im Rückstande befindet 400
- von Vorschüssen, Auslagen, Verwendungen
- – des Beauftragten 402
- – des Geschäftsführers 422
- – des Kommissionärs 431
- der Kapitalanteile
- – bei der Kollektivgesellschaft 558 f.
- – und der Kommanditsumme bei der Kommanditgesellschaft 598, 611
- keine des Aktienkapitals 675
- keine des Stammkapitals 804
- beim Wechsel 995, 1045 f.
- beim Check 1106, 1130
- s. auch Zinse

VERZUG
- des Gläubigers (Annahmeverzug) 91 ff.
- – des Arbeitgebers 324, 326, 353b
- – des Bestellers 376
- – ungebührliches Zögern des Kommittenten mit der Zurücknahme des Gutes 435
- – Voraussetzung der Verjährung des Anspruchs auf Annahme des Darlehens 315
- des Schuldners (Leistungsverzug) 102 ff.
- – des Verkäufers 190 f.
- – des Käufers 214 f., 227h
- – Zahlungsrückstand des Mieters, Pächters 257d, 271a, 272a, 274g, 282, 300 f.
- – des Unternehmers 366
- – Rückstand des Beauftragten mit der Ablieferung von Geldern 400
- – des Hauptschuldners 496, 499, 505 f.
- – eines Aktionärs 681
- – eines Gesellschafters einer GmbH 799
- – eines Genossenschafters 867
- – Voraussetzung der Verjährung des Anspruchs auf Aushändigung des Darlehens 315

VERZUGSZINSE 104 f., 681, 799

VIEHHANDEL 198, 202

VIEHPACHT, VIEHVERSTELLUNG 302 ff.

VINKULIERUNG (Beschränkung der Übertragbarkeit) von Namenaktien 627, 685 ff., 704

VOLLMACHT
s. Ermächtigung; Handlungsvollmacht; Prokura

VOLLMACHTSINDOSSAMENT 1008, 1098

VOLLMACHTSURKUNDE 36

VORAUSZAHLUNG bei Ehe- oder Partnerschaftsvermittlung 406d f.

VORAUSZAHLUNGSVERTRAG 227a ff., I 4

VORBEHALT
- von Nebenpunkten beim Vertragsabschluss 2
- vertraglicher, der Anwendung einer Form 16
- der besonderen Vorschriften über den Versicherungsvertrag 40a, 100, 418e, 520
- s. auch Recht, kantonales

VORBÜRGE 498

VORKAUFSRECHT
s. Kaufsrechte

VORLEGUNG
- von Geschäftsbüchern 963
- von Wertpapieren im Verfahren zu deren Kraftloserklärung 985, 1078, 1098, 1141, 1143
- eines Wechsels zur Annahme 1011 ff., 1051, 1084
- zur Zahlung 1028, 1084, 1115 f., 1118, 1131
- zur Protesterhebung 1034, 1051, 1059, 1084, 1129, 1131

VORMERKUNG im Grundbuch 247, 261b, 290

VORRÄTE, Bewertung in der Bilanz 666

VORRECHTE einzelner Kategorien von Aktien 627 Ziff. 9, 630, 641 Ziff. 5, 650 Abs. 2 Ziff. 2, 652 Abs. 1 Ziff. 2, 653b Abs. 1 Ziff. 5, 653g, 654, 656, 656f, 660, 689e, 693, 709, 745

VORSCHÜSSE
– des Arbeitgebers 323, 327c, 339a
– des Kommissionärs an Dritte 429, 431
– bei Spiel und Wette 513

VORSORGE, BERUFLICHE
s. Personalvorsorge

VORSORGEEINRICHTUNG F 2, 88 ff., **G** 109b ff.

VORTEILE, besondere 727c

VORVERTRAG 22, 216, 493 Abs. 6

VORWEGZEICHNUNGSRECHT 653c

VORZUGSAKTIEN
s. Vorrechte

VORZUGSRECHTE 170, 503

W

WAHLOBLIGATION 72

WAHRHEIT
– der Geschäftsfirma 944
– der Eintragungen im Handelsregister **G** 38

WÄHRUNG, GESETZLICHE 84, 323b, 1031, 1122

WANDEL- UND OPTIONSRECHTE 653 ff.

WANDELUNG 205 ff., 238

WARENPAPIERE 1153 ff.
– beim Lagergeschäft 482, 486

WARRANT 1152, 1154

WECHSEL 990 ff.
– Wechselfähigkeit 990
– gezogener (Tratte) 991 ff.
– eigener (Solawechsel) 1096 ff.
– Übertragung, durch Indossament, 1001 ff., 1098
– Annahme (Akzept) 1011 ff.
– Wechselbürgschaft 1020 ff.
– Verfall (Fälligkeit) 1023 ff.
– Zahlung 1028 ff.
– Rückgriff (Regress) mangels Annahme oder Zahlung 1033 ff.
– – Protest 1034 ff.; s. dort
– Ehreneintritt 1054 ff.
– Duplikate und Wechselkopien 1063 ff.
– Änderungen, Verjährung, Kraftloserklärung 1068, 1069 ff., 1072 ff.
– Geltungsbereich der Gesetze (IPR) 1086 ff.
– nicht klagbar bei Spiel und Wette 514
s. auch Vorlegung

WEISUNGSRECHT
– des Arbeitgebers 321d
– des vertretenen Aktionärs 689b, 689d

WERBUNG
– für Konsumkredit **D** 36
– unlautere Methoden **I** 3
– mit Preisbekanntgabe **K** 13 f.

WERK
s. Verlagsvertrag, Werkvertrag

WERKEIGENTÜMERHAFTUNG 58 f.

WERKLOHN
s. Vergütung

WERKVERTRAG 363 ff.

WERTBERICHTIGUNGEN 669

WERTPAPIERE 965 ff.
– Namenpapiere 974 ff.
– Inhaberpapiere 978 ff.
– – schriftliche Anweisungen 471
– Wechsel 990 ff.
– Check 1100
– wechselähnliche und andere Ordrepapiere 1145 ff.
– Warenpapiere 482, 1153 ff.
– Anleihensobligationen 1156 ff., s. jeweils auch dort
– Nachbildung der Unterschrift genügend 14
– Hingabe an Geldes Statt 317
– – als Gegenstände der Ein- und Verkaufskommission 425, 436
– – der Leistung bei der Anweisung 466
– – der Hinterlegung 481
– bei der Beherbergung durch Gastwirte 488

- Bewertung von Wertschriften bei der AG 667
- keine: Anteilscheine bei einer Genossenschaft 853
s. auch Derivate

WERTSCHRIFTEN
s. Wertpapiere

WETTBEWERB, UNLAUTERER I 1 ff.

WETTE 513 ff.

WIDERRECHTLICHKEIT
- des Vertragsinhalts 19 f.
- der Schadenszufügung 41
- des Zwecks der Zuwendung 66
- der Bedingung 157
- des durch die Konventionalstrafe bekräftigten Versprechens 163
- des unlauteren Wettbewerbs I 2

WIDERRUF
- des Antrages, der Annahme 9
- der Ermächtigung 34
- – der Prokura, Handlungsvollmacht 34, 465
- – der Vollmacht des Anleihensvertreters 1162, 1180
- der Schenkung 249 ff.
- des Auftrages 404, 435, 438
- der Anweisung 470
- der Bürgschaft für eine noch nicht entstandene Forderung 510
- des Checks 1119
- der Genehmigung des Beschlusses der Gläubigerversammlung 1179

WIDERRUFSRECHT bei Haustürgeschäften 40a ff.; beim Vorauszahlungsvertrag 228; beim Konsumkreditvertrag **D** 16

WIEDERHERSTELLUNG des früheren Zustandes bei Miete und Pacht 260a, 289a

WILLE, übereinstimmender wirklicher 18
- mangelhafter 23, 31

WILLENSÄUSSERUNG, ÜBEREINSTIMMENDE GEGENSEITIGE 1

WILLENSMÄNGEL
s. Irrtum; Täuschung; Erregung gegründeter Furcht

WIRKUNGEN DER OBLIGATIONEN 68 ff.

WIRT
s. Gastwirt; Stallwirt

WOHLFAHRTSEINRICHTUNGEN 673 f., 862 f.
s. auch Personalvorsorge

WOHNRÄUME
- als Ort des Angebotes beim Haustürgeschäft 40b
- (und Geschäftsräume) als Gegenstand der Miete, der Pacht, s. jeweils dort

WOHNUNGEN
- luxuriöse 253b
- von der öffentlichen Hand geförderte 253b

WOHNSITZ DES GLÄUBIGERS als Erfüllungsort 74

WOHNSITZ IM AUSLAND
- einer Partei beim Handelsreisendenvertrag 347a
- des Hauptschuldners 495, 501, 506
- der Mitglieder des Verwaltungsrates 708
- der Geschäftsführer einer GmbH 813

WOHNUNGSMANGEL 270

Z

ZAHLSTELLE beim Wechsel 994, 1017

ZAHLTAG 323

ZAHLUNG
- einer Nichtschuld 63
- zur Erfüllung einer Obligation 84 ff.
- eines Dritten 110
- bei Solidarität 147 f., 150
- bei Abtretung
- – an den früheren Gläubiger 167
- – und Ungewissheit darüber, wem die Forderung zustehe 168
- des Kaufpreises beim Vorauszahlungsvertrag 227d
- – in Form von Wechseln 228, **D** 20
- bei Ehe- oder Partnerschaftsvermittlung 406d f.
- der Wechselsumme 1028 ff., 1098
- der Checksumme 1115 ff.

ZAHLUNGSFÄHIGKEIT
- Gewährleistung bei der Abtretung 171 ff.
- Einstehen des Handelsreisenden 348a
- Einstehen des Agenten 418c
- Einstehen des Kommissionärs 430

ZAHLUNGSFRIST (NACHFRIST) 107 f., 257d, 282

ZAHLUNGSFRISTEN UND -TERMINE 257c, 281, 323
s. auch Fälligkeit, Verfall

ZAHLUNGSORT
s. Ort

ZAHLUNGSRÜCKSTAND
s. Verzug

ZAHLUNGSUNFÄHIGKEIT
- bei zweiseitigem Vertrag 83
- des Borgers vor Auszahlung 316
- des Arbeitgebers 337a
- des Hauptschuldners 496, 502
- des Bezogenen vor Verfall 1033
- – beim Verrechnungscheck 1126

ZAHLUNGSVERSPRECHEN AN ORDRE 1151

ZEICHNUNG der Firma 458
- der AG 719
- der GmbH 815
- der Genossenschaft 900

ZEIT der Erfüllung 75 ff.

ZEITBERECHNUNG NACH ALTEM STIL (dem julianischen Kalender) 1027, 1117

ZEITLOHN, ZEITLOHNARBEIT 319, 326

ZEITUNGSARTIKEL, ZEITSCHRIFTENAUFSÄTZE 382

ZERLEGUNG von Aktien 623

ZESSION
s. Abtretung

ZEUGNIS 330a, 346a

ZIMMER, MÖBLIERTE, Kündigungsfrist 266e

ZINSE
- Anrechnung bei Teilzahlung 85
- Vermutung der Bezahlung bei Quittung für das Kapital 89
- Verzugszinse 104 f., 681, 799
- Zinseszins 105, 314
- beim Erlöschen der Forderung 114
- Verjährung 128, 133, 135
- bei der Abtretung 170, 173
- Mietzins, s. Miete
- Pachtzins, s. Pacht
- Haftung des Bürgen 499
- Bauzinse
- – bei der AG 676, 678
- – bei der GmbH 777 Ziff. 8, 804
- Stundung, Erlass beim Anleihen 1170
s. auch Verzinsung

ZINSABZUG beim Rückgriff vor Verfall des Wechsels 1045

ZINSESZINS 105, 314

ZINSFUSS, ZINSSATZ 73, 314
- Vermutung der Vereinbarung des üblichen Zinsfusses beim Darlehen 314
- bei der Verzinsung des Kapitalanteils der Gesellschafter 558
- landesüblicher, als Grenze für die Quote des Reinertrages bei Anteilscheinen einer Genossenschaft 859, 861
- Angabe in einem Wechsel 995
- der Rückgriffsforderung bei Wechsel und Check 1045, 1130
- Ermässigung bei Anleihensobligationen 1170

ZINSVERBOT
s. Verzinsung

ZINSVERMERK in Wechsel und Check 995, 1106

ZIRKULATIONSBESCHLUSS bei der AG 713

ZIVILDIENST, schweizerischer 336, 336c

ZÖLLE 189, 418n, 485, 493, 500, 509

ZUFALL
s. Gefahrtragung; Haftung

ZUG UM ZUG, ERFÜLLUNG 184

ZURECHNUNGSFÄHIGKEIT, strafrechtliche 53

ZURÜCKBEHALTUNGSRECHT
s. Retentionsrecht

ZURÜCK... s. auch Rück...

ZUSAMMENLEGUNG von Aktien 623

ZUSCHLAG 229, 235

ZUSENDUNG UNBESTELLTER SACHEN 6a

ZUSTIMMUNG
- des gesetzlichen Vertreters
- – zum Vorauszahlungsvertrag 228
- – zum Konsumkreditvertrag **D** 13
- des Vermieters
- – zur Untermiete 262
- – zur Übertragung der Miete 263
- des Verpächters
- – zur Unterpacht 291
- – zur Übertragung der Pacht 292
- des Ehegatten zur Bürgschaft 494

ZWANGSVERSTEIGERUNG 229 ff.

ZWANGSVERWERTUNG des Liquidationsanteils eines Gesellschafters 545

ZWANGSVOLLSTRECKUNG
s. Schuldbetreibung

ZWECK
- der Gesellschaft 530, 552 f., 594 f.
- der AG 620, 626, 641, 704
- der GmbH 772
- der Genossenschaft 828, 832, 836

ZWEIGNIEDERLASSUNGEN
- Eintragung in das Handelsregister 642, 782, 837, 935, **G** 10, 69 ff.
- Firmenbildung 952, **G** 70
- Prokurabeschränkung 460

ZWISCHENBILANZ
- jährliche, bei Liquidation einer Kollektivgesellschaft 587, einer AG 743, einer Genossenschaft 913
- bei Überschuldung einer AG 725, einer Genossenschaft 903

ZWISCHENFRACHTFÜHRER, Haftung des Frachtführers 449

ZWISCHENGESELLSCHAFTEN 663 f.

ZWISCHENREVISION 910